Microsoft Press

Wissen aus erster Hand

Immer gut informiert

News, Service, Updates unter:

www.microsoft-press.de

www.twitter.com/mspress_de

Klaus Fahnenstich, Rainer G. Haselier

Microsoft Word 2013 – Das Handbuch

Klaus Fahnenstich, Rainer G. Haselier

Microsoft Word 2013 – Das Handbuch

Microsoft Press

Klaus Fahnenstich, Rainer G. Haselier: Microsoft Word 2013 – Das Handbuch

Kommentare und Fragen können Sie gerne an uns richten:

Microsoft Press Deutschland
Konrad-Zuse-Straße 1
85716 Unterschleißheim
E-Mail: *mspressde@oreilly.de*

15 14 13 12 11 10 9 8 7 6 5 4 3 2 1
15 14 13

ISBN 978-3-86645-160-5 PDF-ISBN 978-3-8483-3055-3
EPUB-ISBN 978-3-8483-0190-4 MOBI-ISBN 978-3-8483-1191-0

Satz: Ingenieurbüro Fahnenstich und Haselier IT-Services Aachen
Korrektorat: Ulla Otte-Fahnenstich, Aachen und Frauke Wilkens, München
Umschlaggestaltung: Hommer Design GmbH, Haar (www.HommerDesign.com)
Layout: Gerhard Alfes, mediaService, Siegen (www.media-service.tv)
Gesamtherstellung: Kösel, Krugzell (www.KoeselBuch.de)

Übersicht

Teil D
Tabellen und Grafiken ... 349

Teil E
Mit speziellen Dokumenttypen arbeiten ... 515

Teil F
Dokumente gemeinsam nutzen ... 593

Teil G
Umfangreiche und wissenschaftliche Dokumente erstellen 655

Inhaltsverzeichnis

Teil F
Dokumente gemeinsam nutzen

Teil A

Einführung

In diesem Teil:

Kapitel 1

Neue Funktionen in Word 2013

In diesem Kapitel:

Herzlich Willkommen in unserem aktuellen Buch zu Microsoft Word 2013. Seitdem wir vor genau 20 Jahren unser erstes Word-Buch veröffentlich haben – es behandelte Word 5.0 für DOS – haben wir mehr als ein Dutzend Word-Versionen kommen und gehen sehen. Mit diesem Erfahrungsschatz im Rücken, können wir mit ruhigem Gewissen behaupten, dass Word sich im Laufe der Jahre kontinuierlich zu einem enorm leistungsfähigen Produkt entwickelt hat, mit dem sich nahezu alle Aufgaben aus dem Bereich der Textverarbeitung komfortabel lösen lassen.

In der Vergangenheit lag der Fokus bei einem Office-Update stets auf immer mehr und immer ausgefeilteren Funktionen. Dieser Trend passt jedoch nicht mehr in die aktuelle IT-Landschaft. Momentan lauten die Schlagworte soziale Vernetzung, mobiles Arbeiten und natürlich die allgegenwärtige Cloud. Microsoft hat erkannt, dass es allerhöchste Zeit war, diesem Trend Rechnung zu tragen. Das Ergebnis ist eine Office-Familie, die eng mit der Cloud verzahnt ist, auf nahezu jedem mobilen Gerät läuft und soziale Netzwerke einbindet. Diese neuen Fähigkeiten machen Word 2013 zu einer idealen Plattform, wenn Sie Ihre Word-Dokumente im Team erstellen wollen.

Bevor wir gleich im nächsten Kapitel in medias res gehen, wollen wir in diesem Kapitel zunächst kurz auf die wichtigsten Neuerungen in Microsoft Word 2013 geben. Wir gehen dabei bis zu Word 2007 bzw. Office 2007 zurück, denn diese Version markiert in der Entwicklung von Microsoft Office einen ganz entscheidenden Punkt. Damals wurden mit der Einführung der neuen Bedieneroberfläche bereits wichtige Weichen für die aktuelle Version gestellt.

Mit der Berücksichtigung von Office 2007 richten wir uns vor allem an die vielen Anwender, die bisher noch mit Office 2003 oder sogar mit noch älteren Versionen gearbeitet haben und die jetzt durch den Wechsel auf Office 2013 vor einer enormen Veränderung stehen.

Die einzelnen Abschnitte sind mit den Programmsymbolen der entsprechenden Version gekennzeichnet. So können Sie die entsprechenden Passagen einfach überspringen, falls Sie bereits mit Word 2007 oder sogar Word 2010 gearbeitet haben.

Neue Funktionen in Office 2013

Wie Sie gleich sehen werden, handelt es sich bei den beschriebenen Änderungen in erster Linie um neue Konzepte, und erst in zweiter Linie um neue Funktionen. Das liegt ganz einfach daran, dass das Office-Paket schon seit vielen Versionen derart umfangreich ist, dass schon lange nahezu alle denkbaren Funktionen abdeckt sind.

Neue Bedieneroberfläche (seit 2007)

Wenn Sie eine der Anwendungen aus Office 2013 zum ersten Mal starten und vorher mit Office 2003 gearbeitet haben, ist erst einmal alles anders als gewohnt. Die in allen Office-Versionen bis einschließlich Office 2003 vorhandene Menüleiste und auch die Symbolleisten sind verschwunden. Stattdessen befindet sich am oberen Rand der Programmfenster das neue Menüband (es trug in Office 2007 noch den Namen Multifunktionsleiste), das die Menüleiste und die Symbolleisten ersetzt.

Im Menüband sind die Funktionen der einzelnen Programme zu logischen Gruppen zusammengefasst und über verschiedene Registerkarten erreichbar. Jede Registerkarte enthält die Befehle zu einer bestimmten Aktivität, die Sie beim Erstellen eines Dokuments durchführen.

Bild 1.1 Seit Office 2007 befinden sich die Befehle nicht mehr in Menüs, sondern auf dem Menüband

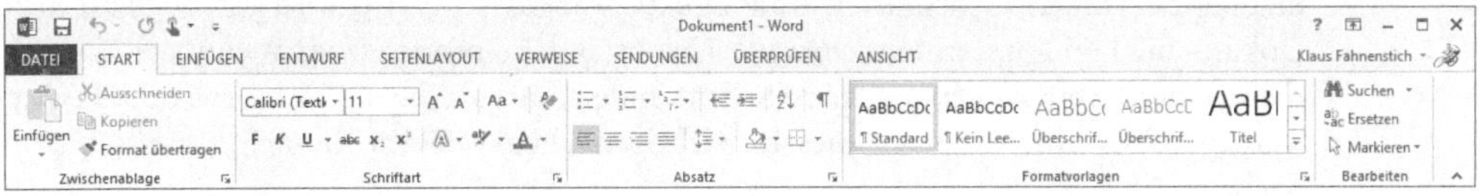

Das Menüband wurde übrigens stufenweise eingeführt. Zunächst wurden in Office 2007 nur Word, Excel, PowerPoint und Access damit ausgestattet. Erst in Office 2010 zogen dann auch die anderen Applikationen wie Outlook und OneNote nach.

Ausführliche Informationen zum Menüband finden Sie im nächsten Kapitel, in dem wir Ihnen die Bedieneroberfläche von Word 2013 vorstellen.

Neues Dateiformat (seit 2007)

Mit Office 2007 hat Microsoft auch ein neues Dateiformat eingeführt. Es basiert auf XML und erleichtert die Weiterverarbeitung mit anderen Programmen. Die Dateien liegen jedoch nicht als normale XML-Dateien vor, sondern werden zusätzlich komprimiert, um ihre Dateigröße zu reduzieren. Laut Aussage von Microsoft ist das Dateiformat dadurch kompakter als seine Vorgängerversionen. Ein weiterer Nebeneffekt der XML-Technologie ist die verbesserte Stabilität des neuen Dateiformats. Während das bis dahin verwendete Dateiformat äußerst anfällig gegenüber Beschädigungen war, verhält sich eine XML-Datei naturgemäß deutlich robuster. Dokumente mit diesem Format erkennen Sie daran, dass ihre Dateinamenserweiterung aus vier statt aus drei Buchstaben besteht (z. B. *.docx* statt *.doc*).

Bei Dokumenten mit Makros endet die Erweiterung auf den Buchstaben *m* (z. B. *.docm* oder *dotm*). Dem Anwender soll so die Möglichkeit gegeben werden, potenziell gefährliche Dokumente direkt beim Öffnen zu erkennen. Durch einfaches Ändern der Dateinamenserweiterung lässt sich dieser Sicherungsmechanismus übrigens nicht überlisten. Die Office-Programme erkennen trotzdem, dass das betreffende Dokument Makros enthält und verhindern deren Ausführung. Dieses Verhalten lässt sich allerdings konfigurieren.

Seit dem Service Pack 2 unterstützt Office 2007 auch das OpenDocument-Format.

Dokumentdesigns (seit 2007)

Mit Office 2007 hat Microsoft auch das Konzept der *Dokumentdesigns* eingeführt. Diese Designs liegen Excel-, Word- und PowerPoint-Dokumenten zugrunde und sollen so die Basis für eine einheitliche Gestaltung von Office-Dokumenten schaffen. Ein Design umfasst dabei folgende Formatierungsmerkmale:

- 10 Designfarben
- 2 Schriftarten (je eine für Überschriften und Textkörper)
- 20 vordefinierte Effekte (Linien und Füll- und Spezialeffekte)
- 12 Hintergrundformate (wird nur von PowerPoint genutzt).

Alle weiteren Formatvorlagen bauen auf diesen Merkmalen auf, d.h. sie verwenden die in ihnen definierten Farben, Schriftarten und Effekte. Auf diese Weise wird es möglich, in allen Office-Dokumenten eine unternehmensweite Layoutvorgabe umzusetzen. Wenn sich dann zum Beispiel die in einer Firma zu verwendende Schrift ändert, muss lediglich das verwendete Design angepasst werden. Wir werden uns mit diesem wichtigen Thema in den Kapiteln 5 und 8 noch ausführlich befassen.

Neue grafische Effekte (seit 2007)

Da viele Dokumente nicht nur aus reinem Text bestehen, sondern auch Grafiken, Diagramme und Ähnliches enthalten, wurden die Grafikfunktionen beginnend mit Office 2007 kontinuierlich verbessert. Auch wenn viele der Funktionen wie Transparenz, Schlagschatten und räumliche Formen bereits in den Vorgängerversionen enthalten waren, so haben sie doch seit Office 2007 eine wesentlich verbesserte Qualität erhalten.

Während die mit Office erstellten Grafiken früher häufig recht ungelenk daherkamen, lassen sich jetzt mit minimalem Aufwand Grafiken erstellen, die über eine anspruchsvolle Form- und Farbgebung verfügen. Ausgefeilte Licht- und Schatteneffekte lassen sich einfach per Katalog zuweisen – unterstützt durch eine Vorschaufunktion, die die Wirkung nicht in einem Dialogfeld, sondern direkt im Dokument sichtbar macht.

Bild 1.2 Grafische Effekte dieser Güte lassen sich in wenigen Sekunden erstellen

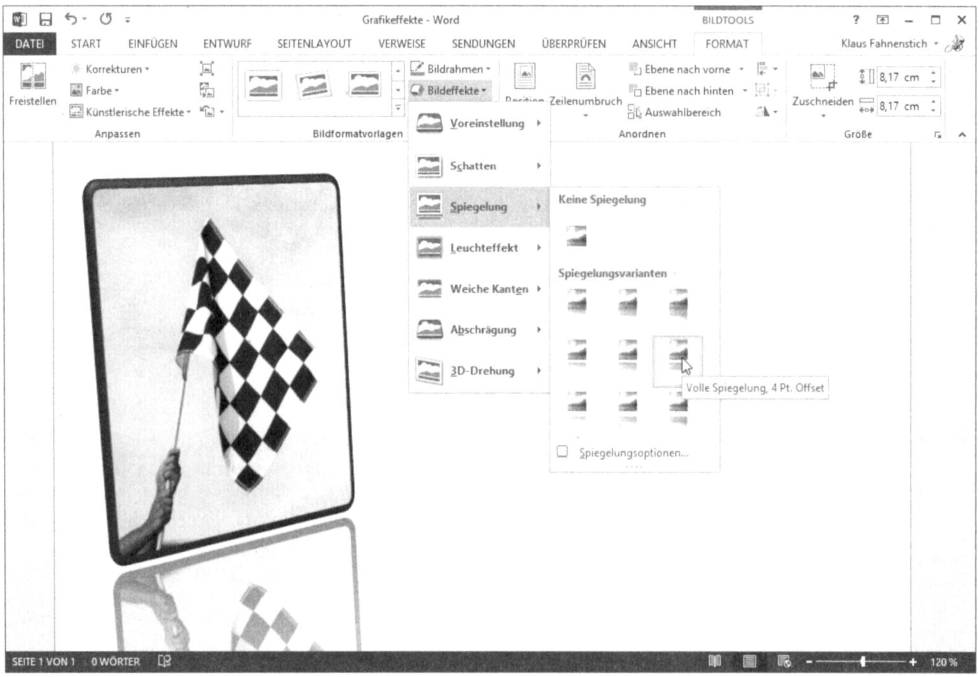

SmartArts (seit 2007)

Wie der Name schon andeutet, handelt es sich bei SmartArts um intelligente Grafiken, mit denen sich zum Beispiel Prozesse, Beziehungen oder Hierarchien visualisieren lassen.

Das Besondere an SmartArts ist das beeindruckende Verhältnis von Aufwand zu Ergebnis. Dank SmartArts können Sie sich auf die inhaltlichen Aspekte Ihrer Dokumente konzentrieren und ersparen sich stundenlanges »Gefummel« beim Erstellen von Grafiken, die trotz hohem Aufwand kein professionelles Aussehen annehmen wollen. Mit SmartArts lassen sich innerhalb weniger Minuten Illustrationen von bestechender Qualität erstellen, die sich durch eine ausgewogene und aufeinander abgestimmte Form- und Farbgebung auszeichnen.

Bild 1.3 Form und Farbe von SmartArts lassen sich schnell per Vorlage ändern

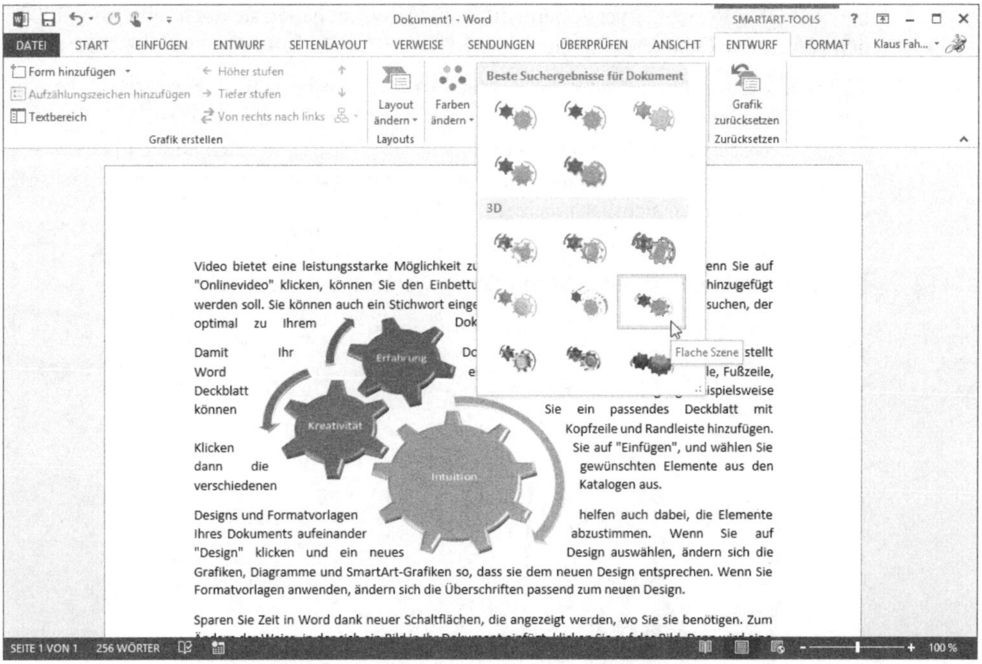

SkyDrive und Web Apps (seit 2010)

Office 2010 bot erstmals die Möglichkeit, Word-, PowerPoint-, Excel- und OneNote-Dokumente auf SkyDrive zu speichern. SkyDrive ist ein kostenloser Microsoft-Dienst, der Ihnen 25 Gigabyte Speicherplatz im Web (der berühmt berüchtigten Cloud) zur Verfügung stellt. Wenn Sie Office-Dokumente dort abspeichern, können Sie diese entweder für andere freigeben oder in einem nichtöffentlichen Bereich ablegen. In beiden Fällen haben Sie – sofern Sie auf das Internet zugreifen können – von überall Zugriff auf diese Dateien:

- Sie können sich in einem Browser bei SkyDrive anmelden und dann die auf SkyDrive liegenden Dokumente mit den Office Web Apps bearbeiten. Die Office Web Apps stellen zwar im Vergleich zu den normalen Office-Anwendungen nur eine eingeschränkte Funktionalität zur Verfügung, dafür muss aber auch auf dem Computer, von dem aus Sie die Office Web Apps verwenden, keine der Desktop-Anwendungen installiert sein. Weitere Informationen zu den Office Web Apps finden Sie in Anhang B dieses Buches.
- Von der SkyDrive-Website können Sie Ihre Dokumente auch direkt in den Desktop-Versionen der Office-Anwendungen bearbeiten. Ihnen steht dann der volle Funktionsumfang der Programme zur Verfügung. SkyDrive dient dann lediglich als Speicherplatz im Web.

In Office 2013 ist die Verzahnung von Office und SkyDrive noch sehr viel enger geworden. Sie als Anwender sollen Ihre Dokumente vorzugsweise in der Cloud speichern, damit Sie jederzeit und überall darauf Zugriff haben – natürlich von beinahe jedem internetfähigen Gerät.

Bild 1.4 Dokumente auf SkyDrive lassen sich mit Hilfe von Web Apps direkt im Browser bearbeiten

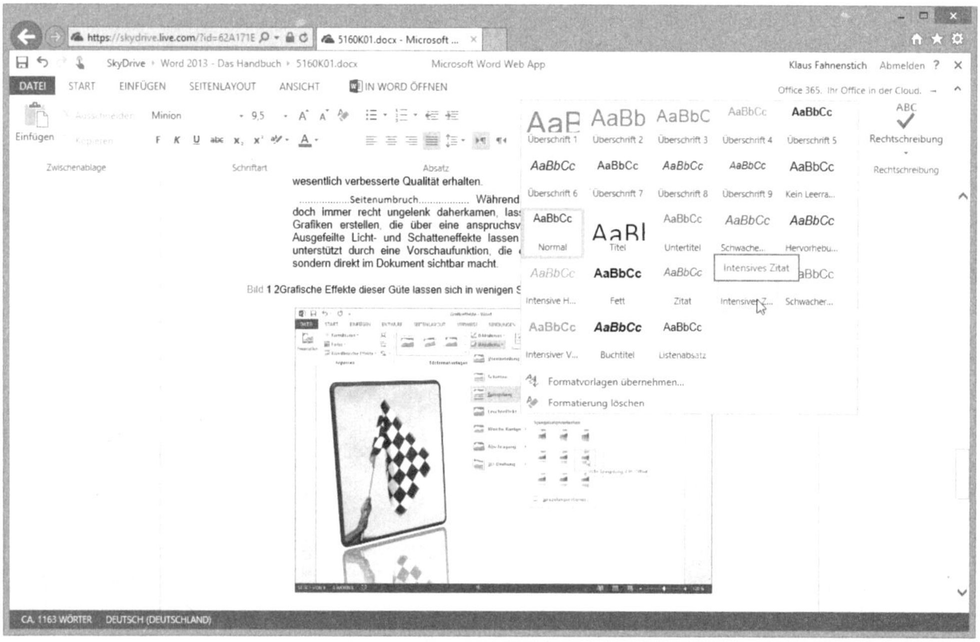

Das wirft natürlich die Frage nach der Sicherheit und dem Schutz der dort gespeicherten Daten auf. Diese Frage ist allerdings schwer zu beantworten. Um die reine Sicherheit Ihrer Daten müssen Sie sich höchstwahrscheinlich wenig Sorgen machen, da Sie davon ausgehen können, dass Microsoft eine höchst professionelle Datensicherung gewährleisten kann. Trotzdem sollten Sie natürlich von wichtigen Daten ein lokales Backup anlegen.

Beim Datenschutz, also dem Zugriff auf Ihre Daten durch Dritte, sieht die Welt schon anders aus. Da Microsoft dem amerikanischen Patriot Act unterliegt, muss die Firma den amerikanischen Behörden auf Anfrage den Zugriff auf die Daten ermöglichen. Das strengere EU-Recht greift lediglich, wenn der Anbieter garantiert, dass die bei ihm gespeicherten Daten den Europäischen Wirtschaftsraum nicht verlassen. Wenn dieses Thema für Sie wichtig ist, sollten Sie die jeweils aktuellen Vertragsbedingungen von SkyDrive daraufhin prüfen.

Apps für Office

Apps – Besitzer eines Smartphones kennen sie schon lange, doch jetzt erobern sie mit Windows 8 und Office 2013 auch die Microsoft-Welt. Apps sind, kurz gesagt, kleine Programme mit einem überschaubaren Funktionsumfang. Daher können sie auch mit relativ wenig Aufwand programmiert werden und sind oft kostenlos oder für einen geringen Preis zu haben.

Mit Office 2013 haben Sie Zugriff auf einen Online Store, der Ihnen Apps für Word, Excel, Outlook, Projekt und SharePoint anbietet. Einmal installiert, können Sie diese Apps über die Registerkarte *EINFÜGEN* in Ihren Dokumenten nutzen. Auf den folgenden Bildern sehen Sie, wie Sie mit einer kostenlosen App eine WordCloud erstellen können, wie sie häufig in Blogs zu finden sind. (Beim Schreiben dieses Buches waren leider nur englischsprachige Apps verfügbar.)

Bild 1.5 Mit Office 2013 haben Sie Zugriff auf den Office Store, in dem Sie auch kostenlose Apps finden

Bild 1.6 Die WordCloud-App stellt die Häufigkeit der im Text gefundenen Schlagworte dar

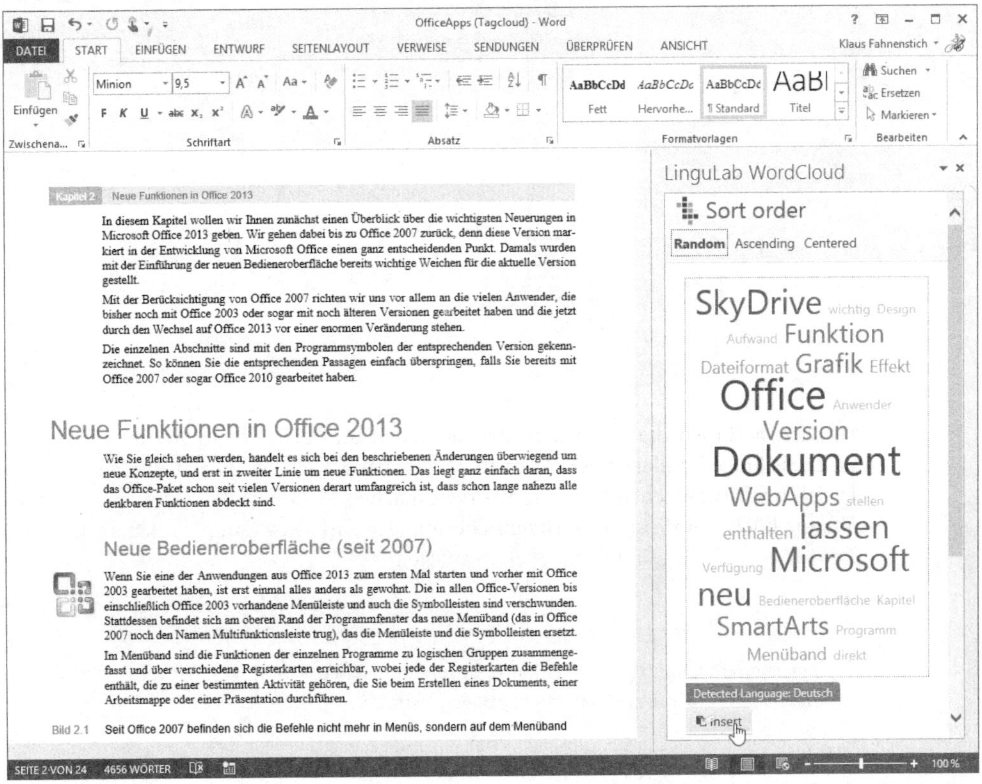

Neue Funktionen in Word 2013

Die meisten Änderungen bzw. Neuerungen von Word sind weniger grundsätzlicher Natur, sondern betreffen vor allem die Layoutfähigkeiten. Noch nie konnten Sie mit so wenig Aufwand so professionell wirkende Dokumente erstellen. Dank einer Vielzahl von Vorlagen und mächtigen Grafikfunktionen lassen sich ausgefeilte und optisch ansprechende Dokumente erstellen, die bei den Vorgängerversionen nur mit einem deutlich höheren Zeitaufwand erstellt werden konnten.

Word-Dokumente im Baukastensystem (seit 2007)

Hinter dem neuen Begriff *Bausteine* verbergen sich alte Bekannte. Unter diesem Oberbegriff sind in Word verschiedene vordefinierte Textelemente zusammengefasst, durch deren Einsatz Sie bei der Texterstellung viel Zeit sparen können. Dazu gehören neben den klassischen AutoTexten auch Kopf- und Fußzeilen, Dokumenteigenschaften, Formeln sowie die neuen Deckblätter.

Am Beispiel der Kopf- und Fußzeilen lässt sich die dahinter stehende Idee gut verdeutlichen. Früher mussten Kopf- bzw. Fußzeilen aus ihren einzelnen Bestandteilen wie Seitenzahl, Datum oder Dokumentname mehr oder weniger mühselig zusammengesetzt und anschließend formatiert werden. Seit Word 2007 werden Kopf- und Fußzeilen eher als eigenständige Textelemente verstanden, die, ähnlich wie eine Grafik, als Ganzes in ein Dokument eingefügt werden.

Bild 1.7 Fertige Deckblätter geben Ihren Dokumenten ein professionelles Outfit

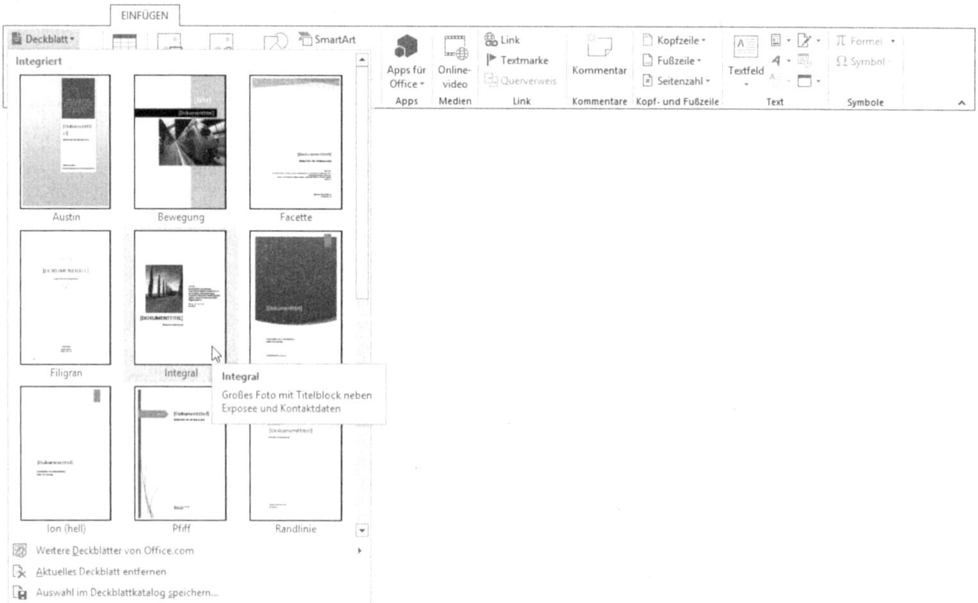

Die verschiedenen Bausteine werden in einem speziellen Organizer verwaltet, wo sie geordnet nach Katalogen, Kategorien und Vorlagen abgelegt sind.

Schnellformatvorlagen (seit 2007)

Formatvorlagen sind seit vielen Versionen ein elementarer Bestandteil von Word. Doch obwohl ihre Verwendung die einheitliche Formatierung eines Dokuments erheblich erleichtert und beschleunigt, gibt es immer noch sehr viele Anwender, denen diese Art der Formatierung zu unhandlich oder zu kompliziert ist. Diesen Anwendern versucht Word seit der Version 2007 mit den so genannten *Schnellformatvorlagen* entgegenzukommen.

Bild 1.8 Katalog mit Schnellformatvorlagen

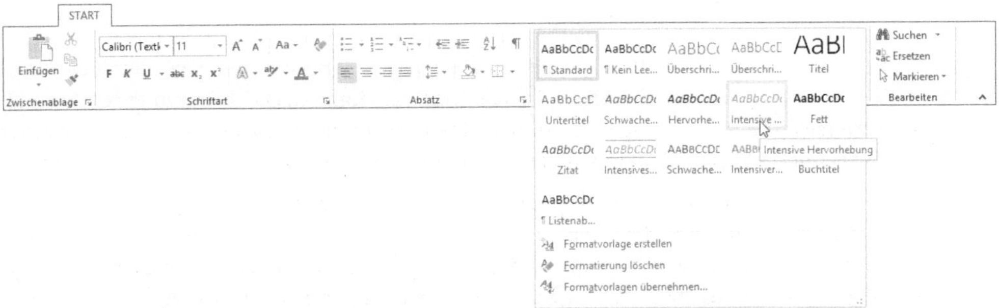

Hinter diesem Begriff verbirgt sich jedoch kein neues Vorlagenkonzept. Es gibt zwar jetzt zusätzlich die Möglichkeit, Zeichen- und Absatzmerkmale in einer Formatvorlage zu kombinieren, doch die auffälligste Neuerung ist die Art und Weise, wie Sie ein Dokument mit Hilfe von Formatvorlagen formatieren können.

Der Clou ist dabei eine Vorschaufunktion, mit der Sie die Wirkung einer Formatvorlage auf Ihren Text anzeigen lassen können, ohne die Formatvorlage wirklich zuzuweisen. Sie müssen lediglich den Katalog der Schnellformatvorlagen öffnen und mit dem Mauszeiger auf die gewünschte Formatvorlage zeigen. Ihre Wirkung wird dann direkt im Dokument angezeigt.

Dokumente im Team bearbeiten (seit 2007)

In vielen Firmen ist es üblich, dass einzelne Dokumente von mehreren Personen bearbeitet werden. In der Regel werden die Dokumente dabei von Person zu Person weitergereicht und von diesen jeweils mit Kommentaren und Ergänzungen versehen. Am Ende dieses Prozesses steht dann der eigentliche Autor des Dokuments vor der Aufgabe, die verschiedenen Anregungen in das endgültige Dokument zu integrieren. Die dazu in Word vorhandenen Funktionen wurden in der neuen Version im Hinblick auf eine bessere Übersichtlichkeit verändert bzw. erweitert.

Zusätzlich erhielt Word 2010 in diesem Zusammenhang eine neue Funktion mit dem sich Kommentare, gelöschte Texte und andere sicherheitsrelevante Informationen zuverlässig aus einem Dokument entfernen lassen. Abgerundet werden die Sicherheitsfunktionen von der neuen Möglichkeit, ein Dokument *abzuschließen*. So geschützte Dokumente können anschließend nur noch gelesen, jedoch nicht mehr bearbeitet werden.

In Word 2013 wurde der Komfort dieser Funktion nochmals erhöht. So werden jetzt die Antworten auf Kommentare im Stil einer E-Mail-Konversation dargestellt. Dadurch ist es deutlich leichter, die zeitliche Reihenfolge der Kommentare nachzuvollziehen.

Formeln erstellen (seit 2007)

Auch für die Bearbeitung von Formeln hat Word seit der Version 2007 eine echte Neuerung zu bieten, denn der aus früheren Versionen bekannte Formel-Editor hat endlich ausgedient. An seine Stelle tritt eine neue XML-basierte Technologie namens MathML, die weltweit standardisiert ist. Word bettet die Formeln in die ebenfalls neu eingeführten Inhaltssteuerelemente ein, in denen sie sich sehr komfortabel bearbeiten lassen.

Bild 1.9 Das Einfügen und Bearbeiten von Formeln ist seit Word 2007 deutlich komfortabler geworden

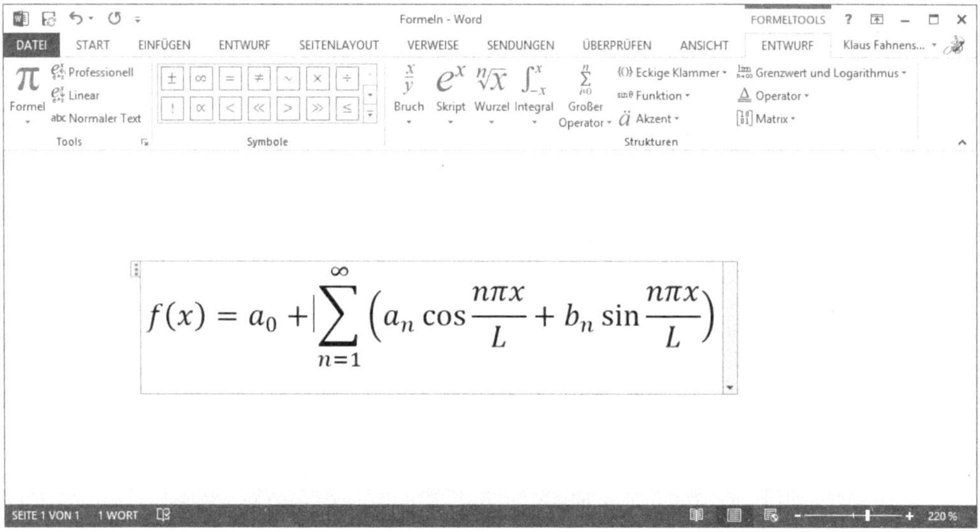

MathML beschreibt dabei nicht nur die Gestaltung einer Formel, sondern auch deren Struktur. Dazu unterscheidet MathML zum Beispiel zwischen Variablen, Operatoren und Zahlen. Durch dieses Konzept lassen sich Formeln problemlos programmgesteuert in MathML erstellen bzw. in anderen Programmen weiterverarbeiten.

PDF erzeugen (seit 2007)

Seit der Office-Version 2007 bietet Microsoft die Möglichkeit, Dokumente im Portable Document Format (PDF) zu speichern. PDF ist ein Format, das von Adobe entwickelt wurde und das das Aussehen des Dokuments beibehält – einschließlich Schriftarten, Grafiken und Formatierung –, sodass das Dokument unabhängig vom Ausgabegerät immer gleich angezeigt wird.

Neben dem PDF-Format unterstützen die Office-Anwendungen auch das Erstellen von XPS-Dateien. Ein XPS-Dokument ist ebenfalls eine plattformunabhängige Datei, die seitenweise die endgültige Darstellung eines Dokuments so speichert, wie es ausgedruckt wird. XPS wurde von Microsoft entwickelt und besitzt Ähnlichkeiten mit PDF, jedoch basiert XPS auf XML. Eine XPS-Datei ist übrigens wie das neue Standarddateiformat von Word eine ZIP-komprimierte Datei, in der sich weitere Dateien und Unterordner befinden, die die eigentlichen Informationen zu den Seiten des Dokuments beinhalten.

Bei Office 2007 musste noch ein Add-In heruntergeladen werden, um PDF- und XPS-Dateien speichern zu können. Ursache dafür waren Lizenzstreitigkeiten zwischen Adobe und Microsoft. Seit Office 2010 ist diese Funktionalität jedoch fest in die Office-Anwendungen integriert.

PDF einfügen und bearbeiten (seit 2013)

Als folgerichtigen Schritt hat Microsoft dem neuen Office-Paket eine Funktion zum Einlesen von PDF-Dokumenten spendiert. Dabei werden die PDF-Dateien automatisch ins Microsoft-Office-Format konvertiert und können anschließend direkt weiterbearbeitet werden. Im folgenden Screenshot sehen Sie z. B. ein PDF-Dokument mit einer Tabelle, die sich nach dem Einlesen in Word sofort mit den Tabellenfunktionen formatieren lässt.

Bild 1.10 PDF-Dokumente lassen sich direkt in Word öffnen und bearbeiten

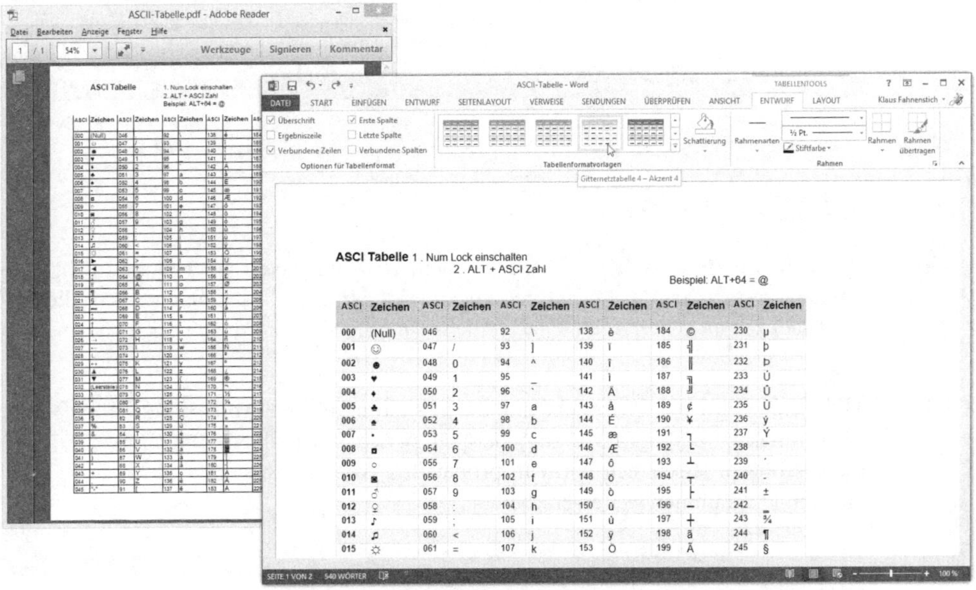

Natürlich hängt das Ergebnis der Konvertierung stark von der Qualität und der Komplexität der PDF-Datei ab. Dass z. B. beim Importieren einer Tabelle keine manuelle Nachbearbeitung mehr notwendig ist, stellt eher die Ausnahme als die Regel dar.

Weiterlesen (neu in 2013)

Wenn Sie ein Dokument, das Sie vor einiger Zeit bereits bearbeitet haben, erneut öffnen, erscheint in Word 2013 ein kleines Hinweisfenster und bietet Ihnen an, zur zuletzt geänderten Textstelle zu springen (siehe Bild 1.11). Wir tun uns allerdings etwas schwer, diese Funktion als neu vorzustellen, denn diesen Service bietet Word schon seit vielen vielen Versionen (definitiv ab Word 95). Man musste lediglich die richtige Tastenkombination [⇧]+[F5] kennen.

Bild 1.11 Nicht wirklich neu, aber trotzdem praktisch: Zur letzten Bearbeitungsposition springen

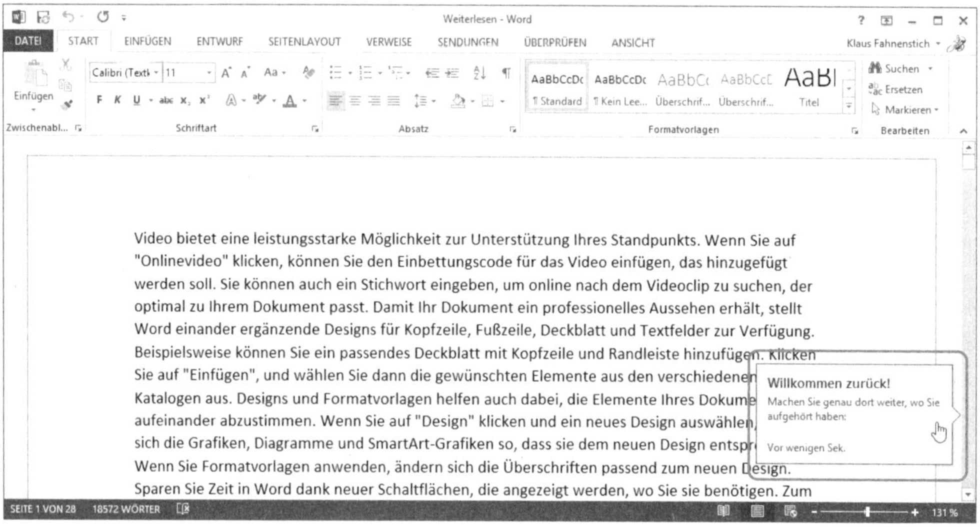

Objektzoom

Wenn Sie im Lesemodus ein Detail in einem Diagramm oder einer Grafik nicht genau erkennen können, können Sie das Objekt per Klick vergrößern. Die Darstellung des restlichen Dokuments wird dadurch nicht verändert – nach einem erneuten Klick können Sie ganz normal weiterlesen.

Bild 1.12 Im Lesemodus lassen sich Grafiken und Diagramme per Doppelklick vergrößern

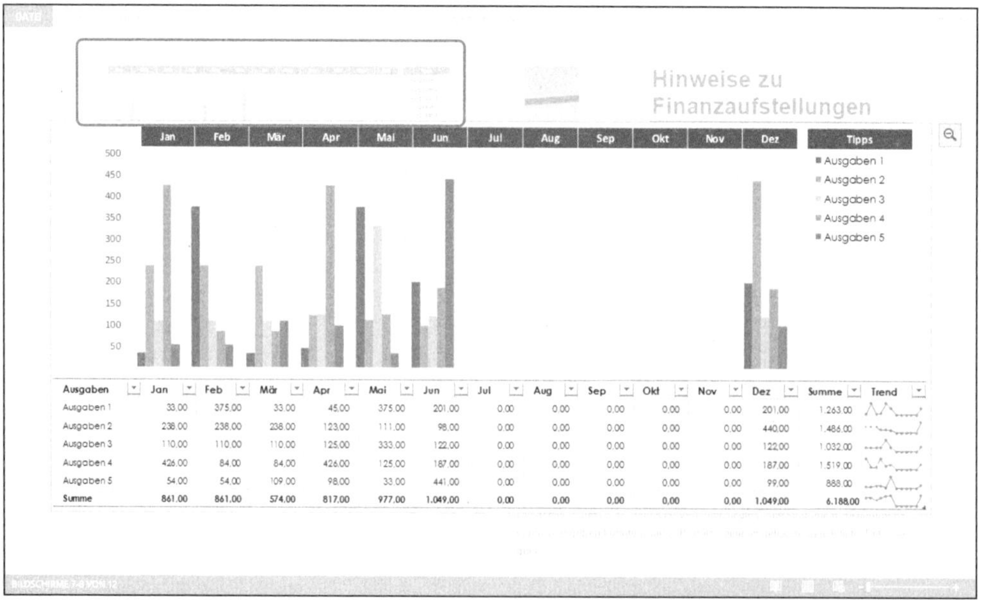

Kapitel 2

Die Benutzeroberfläche von Word 2013

In diesem Kapitel:

Wenn Sie bisher mit Word 2003 gearbeitet haben, werden Sie sich beim ersten Start von Word 2013 vermutlich verwundert die Augen gerieben haben: Die in allen Office-Versionen bis einschließlich Office 2003 vorhandene Menüleiste ist zusammen mit den diversen Symbolleisten verschwunden. Stattdessen befindet sich nun am oberen Rand der Programmfenster das neue Menüband, das in Office 2007 übrigens noch Multifunktionsleiste hieß. Auf ihm sind die Funktionen der einzelnen Programme zu logischen Gruppen zusammengefasst und über verschiedene Registerkarten erreichbar. Die einzelnen Registerkarten enthalten jeweils die Befehle, die zu einer bestimmten Aktivität gehören, die Sie beim Erstellen eines Dokuments, einer Arbeitsmappe oder einer Präsentation durchführen.

Dieses Kapitel stellt Ihnen die wichtigsten Elemente der Benutzeroberfläche von Word 2013 vor. Der Schwerpunkt liegt hierbei darauf, Ihnen die neue Bedienungsphilosophie von Office nahezubringen und Ihnen so den Einstieg in oder den Umstieg auf Word 2013 zu erleichtern.

Falls Sie bereits mit Word 2007 oder Word 2010 gearbeitet haben, können Sie dieses Kapitel überfliegen und sich dabei auf die Abschnitte konzentrieren, die wir mit dem Logo von Word 2013 gekennzeichnet haben.

Sollten Sie Word auf einem Tablet einsetzen oder einen Touchmonitor besitzen, beachten Sie bitte die Abschnitte, die mit einem Tabletsymbol markiert sind.

Das Menüband

Die Versionsgeschichte von Microsoft Office ist unter anderem dadurch geprägt, dass jede neue Version mehr Funktionen enthielt als ihre Vorgängerin. Das führte zwangläufig dazu, dass viele Anwender von der Fülle der Funktionen schlichtweg überfordert waren. Wichtige Funktionen haben sie entweder erst gar nicht in den tief verschachtelten Menüs entdeckt oder sie verstanden ihre Wirkungsweise nicht und konnten so kaum von den Fortschritten profitieren.

Um dieses Problem zu lösen, unternahm Microsoft mit Office 2007 einen neuen, gewagten Anlauf. Getreu dem Sprichwort »Wenn der Berg nicht zum Propheten kommt, muss der Prophet zum Berg gehen.« wurde die Benutzeroberfläche von Word, Excel und PowerPoint komplett umgestaltet. Die übrigen Anwendungen des Office-Pakets mussten sich noch etwas gedulden und wurden erst in der Version 2010 auf die neue Benutzeroberfläche umgestellt.

Zentrales Element der neuen Benutzeroberfläche ist das Menüband, das Sie in Bild 2.1 im oberen Bereich des Word-Fensters sehen. Es besteht z.B. bei Word je nach Konfiguration aus acht bis zehn *Registerkarten*, in der die Word-Features thematisch nach den verschiedenen Aktivitäten, die Sie mit dem Programm vornehmen, gruppiert sind. Um eine Registerkarte zu öffnen, klicken Sie einfach auf ihren Namen.

Dieses Konzept hat den unbestreitbaren Vorteil, dass Sie für den jeweiligen Arbeitsschritt immer optimal viele Befehle im direkten Zugriff haben. Wenn Sie zum Beispiel etwas in Ihr Dokument einfügen möchten, wechseln Sie auf die Registerkarte *EINFÜGEN* und finden dort alle benötigten Funktionen. So können Sie ohne langes Suchen die aktuell wichtigsten Befehle komfortabel auswählen und das ständige Aufklappen von Menüs und Untermenüs gehört der Vergangenheit an.

TIPP **Registerkarte mit Scrollrad wechseln** Wenn Sie eine Maus mit einem Scrollrad verwenden, können Sie zwischen den verschiedenen Registerkarten wechseln, indem Sie den Mauszeiger auf das Menüband bewegen und dann am Scrollrad drehen.

Bild 2.1 Die Benutzeroberfläche von Word 2013 verwendet anstelle der früher üblichen Menü- und Symbolleisten das sogenannte Menüband. Dort stehen die meisten Funktionen – thematisch nach Aktivitäten gruppiert – auf mehreren Registerkarten zur Verfügung.

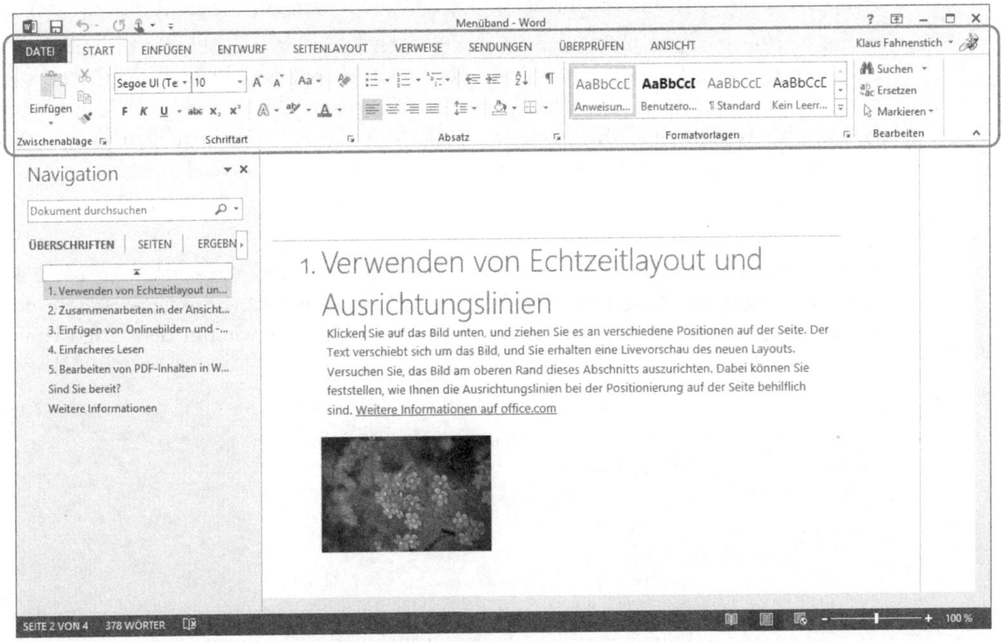

Die Registerkarten enthalten mehrere *Befehlsgruppen*, die eine Aufgabe in Teilaufgaben zerlegen. So finden Sie auf der Registerkarte *START* beispielsweise die Befehlsgruppen *Zwischenablage*, *Schriftart* und *Absatz*. Die Namen der Gruppen werden am unteren Rand des Menübandes angezeigt.

Die Befehlsgruppen wiederum enthalten *Befehlsschaltflächen*, wie Sie sie von den früheren Symbolleisten her kennen. Einige der Befehlsschaltflächen führen einen Befehl sofort aus, wie die Schaltflächen *Ausschneiden* und *Kopieren* der Befehlsgruppe *Zwischenablage;* bei anderen (diese sind mit einem kleinen Pfeil gekennzeichnet) wird zuerst ein Menü geöffnet, in dem weitere Befehle angeboten werden, aus denen Sie dann den gewünschten Befehl auswählen können.

Bild 2.2 Die grundlegenden Elemente des Menübandes

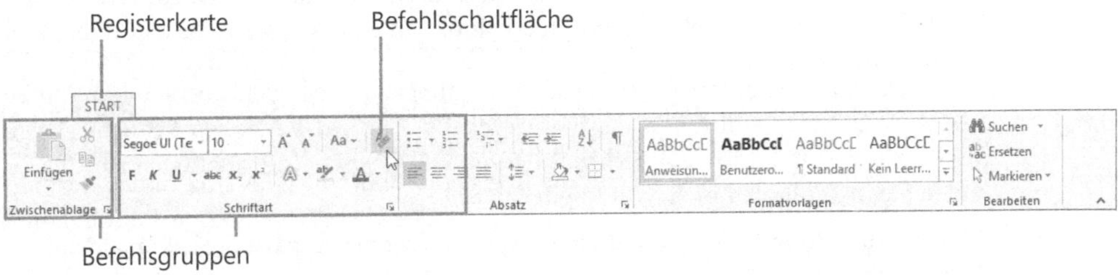

Wenn Sie das Programmfenster vergrößern oder verkleinern, ändert Word automatisch die Größe einzelner Schaltflächen, um möglichst alle Elemente der Registerkarte darstellen zu können. Bei akutem Platzmangel reduziert Word zur Not einzelne Gruppen zu Schaltflächen, in deren Ausklappmenüs Sie dann alle Befehle der Gruppe aufrufen können.

Wenn in einer Gruppe nicht sämtliche relevanten Funktionen in Form von Befehlsschaltflächen enthalten sind, wird neben dem Namen der Befehlsgruppe eine kleine Schaltfläche angezeigt, die von den Office-Machern mit dem Namen *Startprogramm für ein Dialogfeld* getauft wurde. Sobald Sie den Mauszeiger auf eine solche Schaltfläche bewegen, wird in einem kleinen Fenster eine Vorschau des zugehörigen Dialogfeldes angezeigt. In der nachfolgenden Abbildung sehen Sie dies exemplarisch für das Dialogfeld *Schriftart.*

Bild 2.3 Über die kleine Schaltfläche neben einigen Befehlsgruppennamen können Sie ein Dialogfeld oder einen Aufgabenbereich öffnen, in dem Sie weitere Befehle oder Optionen für die Befehlsgruppe finden

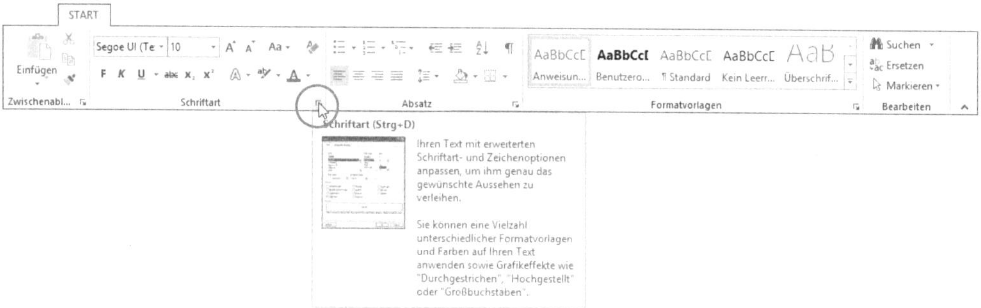

TIPP **QuickInfo-Format einstellen** Falls bei Ihnen keine QuickInfo oder nur eine QuickInfo ohne Dialogfeldvorschau angezeigt wird, wenn Sie mit dem Mauszeiger auf eine Schaltfläche *Startprogramm für ein Dialogfeld* zeigen, können Sie die Funktion mit folgenden Schritten aktivieren:

1. Klicken Sie auf die Registerkarte *DATEI.*
2. Klicken Sie auf *Optionen,* um das Optionen-Dialogfeld von Word anzuzeigen.
3. Wählen Sie in der Kategorie *Allgemein* im Listenfeld *QuickInfo-Format* die Einstellung *Featurebeschreibungen in QuickInfos anzeigen.*
4. Schließen Sie das Dialogfeld mit *OK.*

Einige der Startprogramme für ein Dialogfeld rufen kein Dialogfeld auf, sondern öffnen einen Aufgabenbereich, wie Sie ihn von den vorhergehenden Word-Versionen kennen. Dies ist beispielsweise bei der Befehlsgruppe *Zwischenablage* der Fall. Weitere Informationen zu Aufgabenbereichen finden Sie weiter hinten in diesem Kapitel ab Seite 59.

In Word 2013 können Sie das Menüband auch individuell anpassen. Sie können zum Beispiel neue Registerkarten mit eigenen Befehlsgruppen erstellen, in die Sie dann die gewünschten Befehle einfügen. Dieses Thema behandeln wir in Kapitel 40.

Kontextbezogene Registerkarten

Neben den normalen Registerkarten verfügt Word auch über spezielle Registerkarten, die sich je nach Situation ein- und ausblenden und als *kontextbezogene* Registerkarten bezeichnet werden.

Sie haben das Ziel, Ihnen immer nur diejenigen Befehle anzuzeigen, die Sie in einem bestimmten Arbeitsschritt konkret benötigen. Wenn Sie beispielsweise über die Registerkarte *EINFÜGEN* eine neue Tabelle in Ihr Dokument eingefügt haben und sich die Einfügemarke in der Tabelle befindet, werden die *TABELLENTOOLS* eingeblendet, die aus den beiden Registerkarten *LAYOUT* und *ENTWURF* bestehen, mit deren Werkzeugen Sie den Aufbau der Tabelle und deren Aussehen bearbeiten können.

Eine andere Kontextregisterkarte mit dem Namen *FORMAT* wird für die *BILDTOOLS* eingeblendet, wenn Sie ein Bild oder eine Grafik markiert haben, wie Sie es in der folgenden Abbildung sehen.

Bild 2.4 Kontextregisterkarten werden eingeblendet, wenn sich die Einfügemarke in einem bestimmten Elementtyp (wie einer Tabelle, einer Abbildung, einer SmartArt usw.) befindet

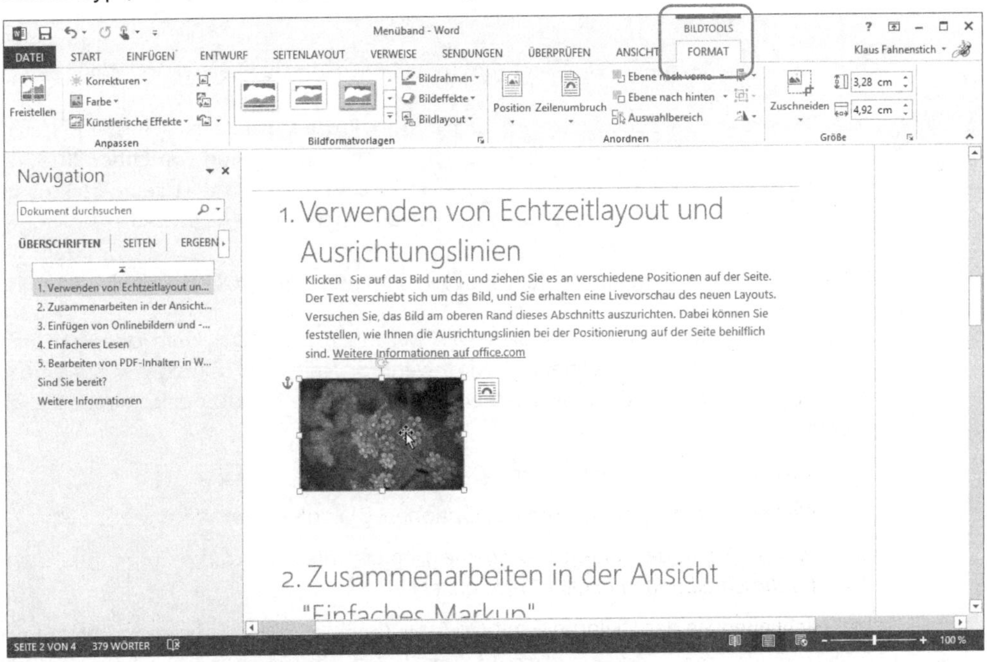

Die Kontextregisterkarten werden automatisch wieder ausgeblendet, sobald Sie die Einfügemarke vom Element wegbewegen, für das sie eingeblendet wurden.

TIPP Normalerweise bleibt beim Einblenden einer Kontextregisterkarte im Menüband zunächst die aktuelle Registerkarte aktiv. Wenn Sie jedoch ein Objekt, also zum Beispiel ein Bild oder eine SmartArt, mit einem Doppelklick markieren, wechselt Office direkt auf die zugehörige Kontextregisterkarte. Dieser Trick funktioniert übrigens auch auf einem Tablet.

Die Registerkarte »ENTWICKLERTOOLS«

Eine weitere Registerkarte mit dem Namen *ENTWICKLERTOOLS* ist standardmäßig nicht eingeblendet. Diese Registerkarte enthält die Werkzeuge, um Makros zu bearbeiten, den Visual Basic-Editor der Office-Anwendung zu starten und dort Code zu erstellen und zu bearbeiten u.v.m. Sie können die Registerkarte einblenden, indem Sie im Menüband auf *DATEI* klicken und dann auf der linken Seite der Backstage-Ansicht auf *Optionen* klicken. Wechseln Sie im Dialogfeld *Word-Optionen* in die Kategorie *Menüband anpassen* und schalten Sie in der Liste rechts im Fenster das Kontrollkästchen *Entwicklertools* ein.

Bild 2.5 Die Registerkarte *ENTWICKLERTOOLS* von Word 2013 enthält u.a. die Befehle zum Erstellen Makros und Formularen

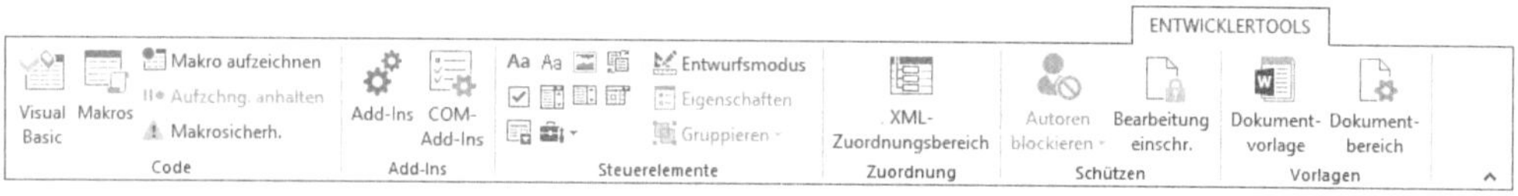

Wie Sie eigene Makros erstellen und einsetzen können, beschreiben wir in Kapitel 39.

Falls Sie Word auf einem Tablet mit einem ARM-Prozessor nutzen, sieht die Registerkarte etwas anders aus. Auf diesen Geräten läuft eine leicht reduzierte Version von Office 2013, die als Office 2013 RT bezeichnet wird. Bedingt durch den Prozessor können dort keine Makros und Add-Ins genutzt werden, so dass die entsprechenden Schaltflächen auf der Registerkarte fehlen.

Bild 2.6 In Word 2013 RT fehlen auf der Registerkarte *ENTWICKLERTOOLS* die beiden Befehlsgruppen *Code* und *Add-Ins*

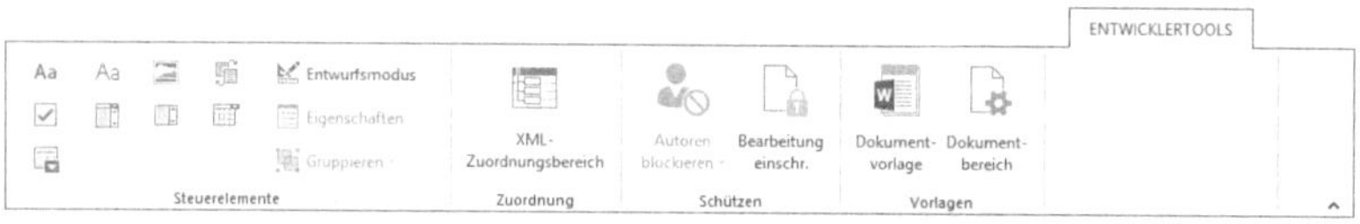

Das Menüband minimieren

Da das Menüband einen relativ großen Teil des Programmfensters beansprucht, können Sie es bei Bedarf minimieren, um mehr Platz auf dem Bildschirm frei zu machen. Im minimierten Modus sind nur noch die Namen der Registerkarten auf dem Bildschirm zu sehen (was dann fast wieder so aussieht wie die Menüleiste in den früheren Versionen).

Zum Minimieren des Menübands haben Sie gleich mehrere Möglichkeiten, wobei sich die Aktionen immer nur auf das aktuelle Programmfenster auswirken:

- Klicken Sie auf den kleinen Pfeil an der rechten Seite des Menübandes.
- Doppelklicken Sie auf den Namen der aktuell angezeigten Registerkarte.
- Drücken Sie Strg+F1.

Wollen Sie das Menüband wieder anzeigen, führen Sie einfach eine der drei Aktionen erneut aus.

Wenn Sie bei minimiertem Menüband eine Registerkarte anzeigen wollen, klicken Sie einfach auf ihren Namen. Die gewünschte Registerkarte wird dann eingeblendet und legt sich dabei über das Dokument. Jetzt können Sie die Schaltflächen der Registerkarte wie gewohnt bedienen. Sobald Sie in Ihr Dokument klicken, zieht sich die Registerkarte wieder vom Bildschirm zurück.

Bild 2.7 Bei minimiertem Menüband legen sich die Registerkarten beim Anzeigen über das Dokument

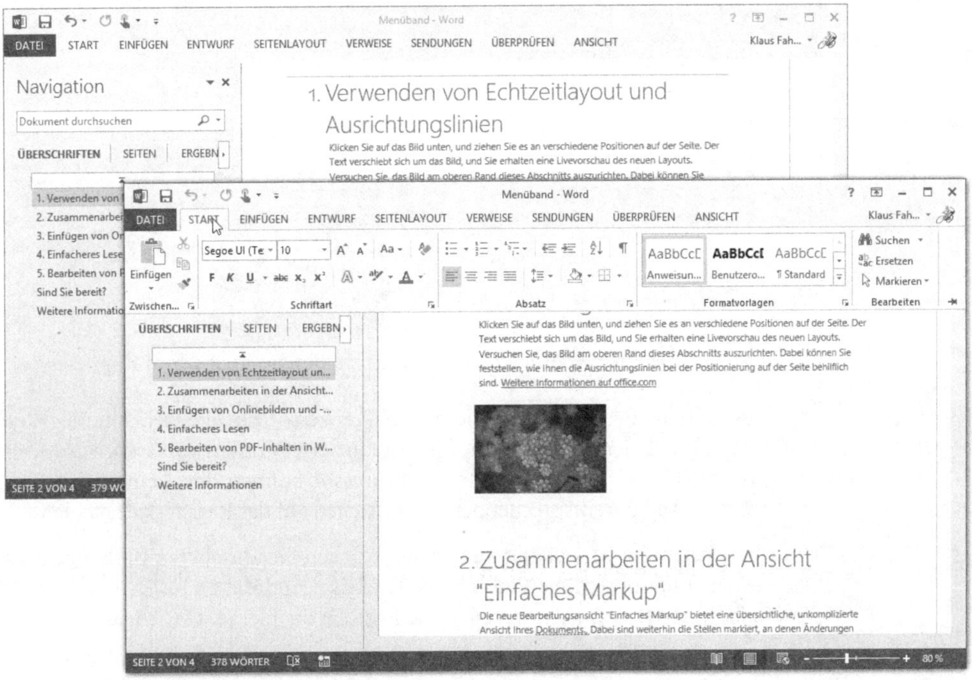

Das Menüband automatisch ausblenden

Wenn Ihnen der Arbeitsbereich trotz minimiertem Menüband immer noch zu klein ist, können Sie das Menüband auch komplett ausblenden. Diese Funktion richtet sich vor allem an die Nutzer von Tablets, mit ihren doch recht kleinen Displays. Aber auch auf einem normalen Monitor kann es durchaus Sinn machen, den Bildschirm vollständig für die Darstellung des Dokuments zu nutzen.

1. Klicken Sie oben rechts im Programmfenster auf die Schaltfläche *Menüband-Anzeigeoptionen.*

Bild 2.8 Über diese Schaltfläche können Sie die Anzeige des Menübands steuern

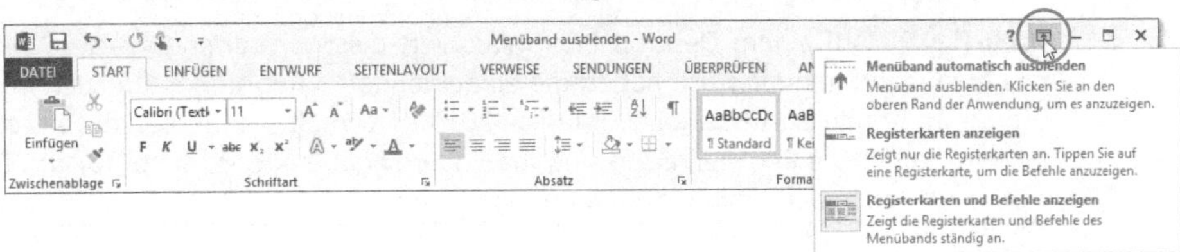

2. Wählen Sie im Auswahlmenü den Befehl *Menüband automatisch ausblenden.* Das Programm schaltet dann in den Vollbildmodus, in dem neben dem Menüband auch die Titelleiste und die Statusleiste ausgeblendet werden.

Bild 2.9 Auch bei ausgeblendetem Menüband können Sie ein Dokument weiterhin bearbeiten

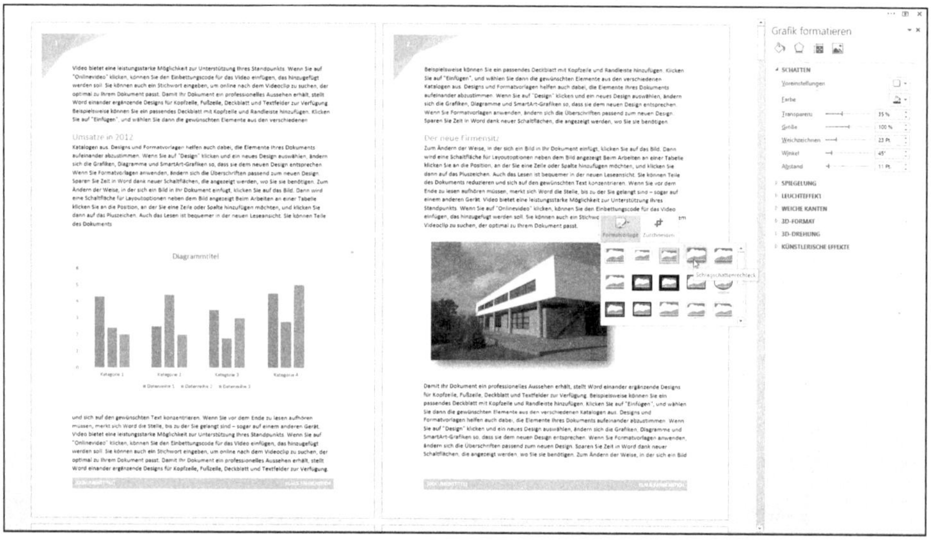

3. Um einen Befehl im Menüband aufzurufen, klicken Sie am oberen Bildschirmrand. Dadurch werden neben dem Menüband auch die Titelleiste und die Statusleiste eingeblendet. Sobald Sie wieder in Ihr Dokument klicken, verschwinden die Elemente wieder.
4. Wenn Sie diesen Anzeigemodus beenden wollen, klicken Sie die Schaltfläche *Menüband-Anzeigeoptionen* erneut an und wählen einen der beiden unteren Befehle.

Das Menüband mit dem Finger bedienen

Auf einem Tablet oder einem Touchmonitor ist die Bedienung des Menübands unter Umständen etwas knifflig. Je nach Größe des Bildschirms und der eigenen Finger ist die Trefferquote beim Antippen doch recht unbefriedigend. In solchen Fällen können Sie das Menüband in den Fingereingabemodus schalten, in dem die Schaltflächen etwas weiter auseinander liegen und dadurch besser zu treffen sind. Klicken Sie dazu oben links im Programmfenster auf die Schaltfläche mit der Hand und wählen Sie dort den Befehl *Fingereingabe* (siehe Bild 2.10 auf der nächsten Seite). Diese Einstellung wirkt sich auf alle Programme von Office 2013 aus.

ACHTUNG Auf einem Desktop-PC funktioniert dies nur bei angezeigtem Menüband. Wenn das Menüband minimiert ist, haben die eingeblendeten Registerkarten auch im Fingereingabemodus ihr normales Aussehen. Nur Office 2013 RT verhält sich in diesem Fall so, wie man es erwarten würde: Die Registerkarten sind im Fingereingabemodus immer für die Touchbedienung optimiert – auch bei minimiertem Menüband.

Bild 2.10 Das Menüband lässt sich in einen Modus schalten, der für die Fingereingabe optimiert ist

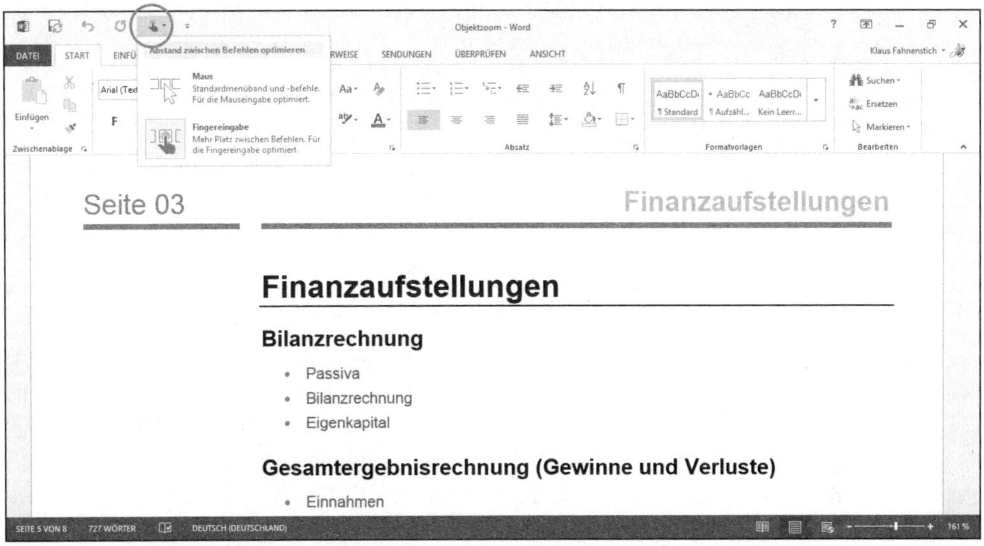

Das Menüband mit der Tastatur bedienen

Auch wenn es sich anbietet, das Menüband mit der Maus zu bedienen, ist es ebenso möglich, alle Befehle des Menübandes mit der Tastatur auszulösen. Sie können sowohl zwischen den verschiedenen Registerkarten wechseln als auch die Schaltflächen und andere Bedienelemente auf den Registerkarten mit der Tastatur aktivieren.

Um Ihnen die Verwendung der Tastenkombinationen zu erleichtern, werden die sogenannten Zugriffstasten in Form von Tastaturtipps auf dem Menüband anzeigt, nachdem Sie die `Alt`-Taste gedrückt haben:

1. Nach dem ersten Drücken der `Alt`-Taste werden zunächst die Tasten angezeigt, die Sie drücken müssen, um entweder eine der Schaltflächen in der Symbolleiste für den Schnellzugriff (Diese Symbolleiste stellen wir auf Seite 55 vor.) oder eine der Registerkarten auszuwählen.

Bild 2.11 Tastaturtipps nach dem ersten Drücken der `Alt`-Taste

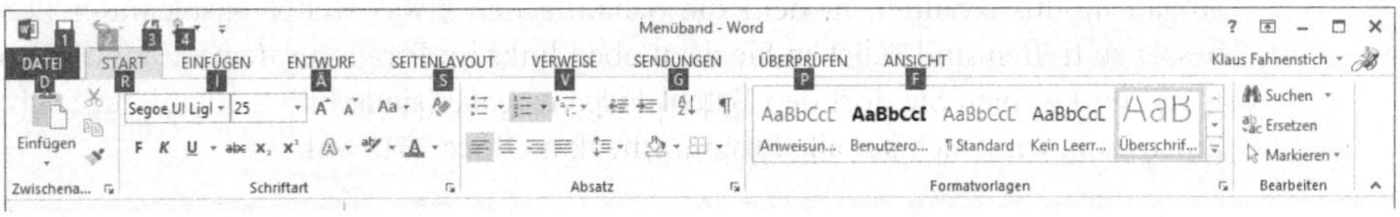

2. Nach Auswahl einer Registerkarte werden dann die Tasten angezeigt, die Sie drücken müssen, um eine der Befehlsschaltflächen auszuwählen. (Für die nächste Bildschirmabbildung wurde die Taste `I` gedrückt.)

Bild 2.12 Tastaturtipps, nachdem mit [Alt], [I] zur Registerkarte *EINFÜGEN* gewechselt wurde

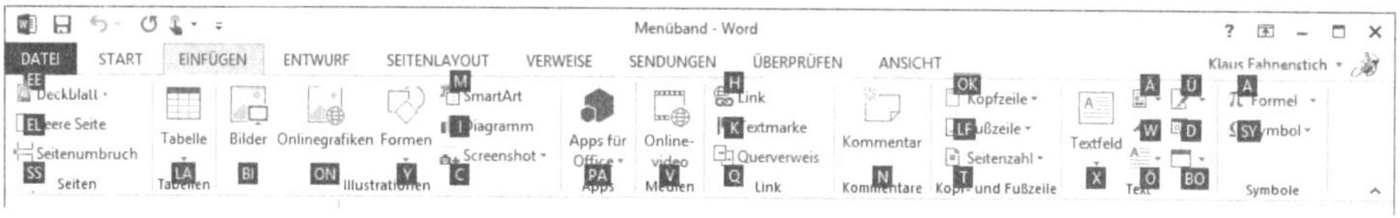

Umsteigen leicht gemacht: Word 2003-Shortcuts verwenden

Falls Sie bisher mit Word 2003 oder einer der Vorgängerversionen gearbeitet haben und dabei vor allem die Tastatur genutzt haben, um in den Menüs einen Befehl auszuwählen, dann haben wir für Sie eine gute Nachricht: Viele Tastenkombinationen aus der Version 2003 können Sie 1:1 auch in Word 2013 verwenden; ein Umlernen ist nicht erforderlich.

Nehmen wir als Beispiel die Tastenkombination [Alt]+[X], [O], mit der Sie in den vorherigen Office-Programmen bis einschließlich Version 2003 das Menü *Extras* öffnen und dann den Befehl *Optionen* auswählen konnten. Wenn Sie jetzt in Word 2013 die Tastenkombination [Alt]+[X] drücken, wird auf dem Menüband das folgende Fenster eingeblendet:

Bild 2.13 Word 2013 erkennt, wenn Sie eine der Menüzugriffstasten drücken, die in der Version 2003 gültig waren. Sie können dann die 2003er-Zugriffstaste für den Befehl drücken, den Sie auswählen möchten.

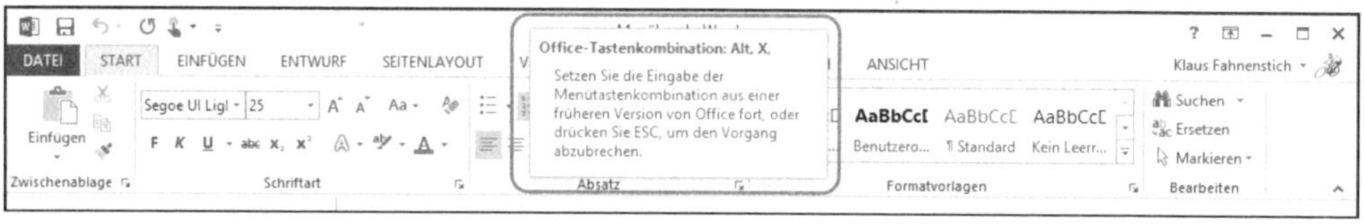

Word 2013 hat also erkannt, dass Sie eine Tastenkombination gedrückt haben, die in der vorherigen Version eine bestimmte Bedeutung hatte (hier das Öffnen des *Extras*-Menüs), und fordert Sie auf, die Befehlssequenz fortzusetzen. Sie können jetzt eine der Menüzugriffstasten aus dem (alten) *Extras*-Menü drücken und der entsprechende Befehl wird ausgelöst. Drücken Sie z. B. die Taste [O], um das Dialogfeld *Word-Optionen* anzuzeigen. Dieses Verfahren funktioniert sogar mit Untermenüs: Die Tastensequenz [Alt]+[E], [E], [N] zeigt genau wie früher das Dialogfeld zum Eingeben einer Fußnote an.

Wenn Sie die Eingabe einer Tastenkombination für das Menü der vorherigen Programmversion abbrechen wollen, drücken Sie die Taste [Esc].

Tastenkombinationen für alle Office-Programme

Sie können jedoch nicht nur die Zugriffstasten für das Menü, sondern auch viele der allgemeinen Tastenkombinationen aus der 2003er-Version von Microsoft Office unverändert in der neuen Version verwenden. Die folgende Tabelle enthält die wichtigsten Tastenkombinationen.

Tabelle 2.1 Wichtige Tastenkombinationen für Office 2013

Bereich	Funktion	Tastenkombination
Datei-Operationen	Öffnen	Strg + O
	Speichern	Strg + S
	Drucken	Strg + P
	Aktuelles Fenster schließen	Alt + F4
Formatierung	Fett	⇧ + Strg + F
	Kursiv	⇧ + Strg + K
	Unterstrichen	⇧ + Strg + U
	Linksbündig	Strg + L
	Zentriert	Strg + E
	Rechtsbündig	Strg + R
Bearbeiten	Ausschneiden	Strg + X
	Kopieren	Strg + C
	Einfügen	Strg + V
	Suchen	Strg + F
	Ersetzen	Strg + H
	Wiederholen	Strg + Y oder F4
	Rückgängig	Strg + Z
	Alles markieren	Strg + A
Überprüfen	Rechtschreibprüfung	F7
	Thesaurus	⇧ + F7

Die Backstage-Ansicht

Wenn Sie ganz links im Menüband auf *DATEI* klicken, gelangen Sie in die sogenannte Backstage-Ansicht. In diesem Bereich finden Sie alle Befehle, die das Dokument als Ganzes betreffen, also Aufgaben wie Öffnen, Speichern und Drucken. Diese Funktionen waren in früheren Versionen von Word hauptsächlich im Menü *Datei* platziert. In Word 2007 verbarg sich der Zugang zu diesem Bereich hinter dem Office-Logo, das als Schaltfläche fungierte, aber auf den ersten Blick nicht als solche zu erkennen war. Diesen Irrweg hat Microsoft zum Glück bereits in der nächsten Version wieder verlassen.

Die Backstage-Ansicht enthält im linken Bereich ein Navigationsmenü, über dessen Befehle Sie die verschiedenen Seiten der Backstage-Ansicht erreichen. Einige Befehle, wie zum Beispiel *Schließen* oder *Speichern* führen allerdings auch sofort eine Aktion aus.

Wenn Sie zum Beispiel auf *Drucken* klicken, wird eine Seite angezeigt, auf der Sie den Druckvorgang konfigurieren und starten können. Praktischerweise enthält diese Seite auch eine Vorschau auf das Dokument, damit Sie direkt beurteilen können, wie sich Ihre Einstellungen auf den Druck auswirken.

Bild 2.14 Wenn Sie nach dem Anklicken von *DATEI* auf die Seite *Drucken* wechseln, sieht die Backstage-Ansicht folgendermaßen aus

Gleichzeitig enthält die Backstage-Ansicht auch viele neue Befehle, die in Word 2003 nicht vorhanden waren. So ist es beispielsweise in Word 2013 möglich, einen Blogbeitrag zu erstellen und zu veröffentlichen. Der Dokumentinspektor hilft, Informationen aus dem Dokument zu entfernen, von denen Sie nicht möchten, dass sie beispielsweise der Empfänger des Dokuments sehen kann. Auch das Erstellen einer PDF-Datei kann nun direkt aus Word heraus erledigt werden.

Weiterführende Informationen zu den verschiedenen Funktionen, die Ihnen in der Backstage-Ansicht zur Verfügung stehen, finden Sie in den folgenden Kapiteln:

- Wie Sie in Word ein neues Dokument erstellen, erfahren Sie in Kapitel 3.
- Die Befehle für das Öffnen und Speichern von Dateien werden in Kapitel 4 vorgestellt. Dort erfahren Sie auch, wie Sie ein PDF-Dokument erstellen können.
- Kapitel 7 beschreibt, wie Sie Dokumente ausdrucken.

Die Symbolleiste für den Schnellzugriff

Die einzige immer sichtbare Symbolleiste, die in Word 2013 übrig geblieben ist, ist die Symbolleiste für den Schnellzugriff, die standardmäßig in der Titelleiste angeordnet ist. In dieser Symbolleiste befinden sich Tools, die häufig verwendet werden und die nicht direkt einer der Registerkarten zugeordnet werden können, wie beispielsweise der Befehl *Rückgängig* oder der Befehl *Wiederholen.*

Schaltflächen hinzufügen und entfernen

Diese Symbolleiste können Sie nach Bedarf anpassen und dort die Werkzeuge einfügen, die Sie besonders häufig benötigen. Schaltflächen, die Sie in die Symbolleiste für den Schnellzugriff eingefügt haben, brauchen Sie dann nicht mehr in den Befehlsgruppen der Registerkarten zu suchen.

Die Aufnahme einer neuen Schaltfläche in die Symbolleiste ist dabei absolut unkompliziert. Alle Befehlsschaltflächen, die Sie auf den verschiedenen Registerkarten finden, besitzen ein Kontextmenü, in dem sich der Befehl *Zu Symbolleiste für den Schnellzugriff hinzufügen* befindet. Klicken Sie einfach die Schaltfläche, die Sie in die Symbolleiste einfügen wollen, mit der rechten Maustaste an und wählen Sie diesen Befehl aus.

Bild 2.15 Alle Befehlsschaltflächen besitzen in ihrem Kontextmenü den Befehl *Zu Symbolleiste für den Schnellzugriff hinzufügen*

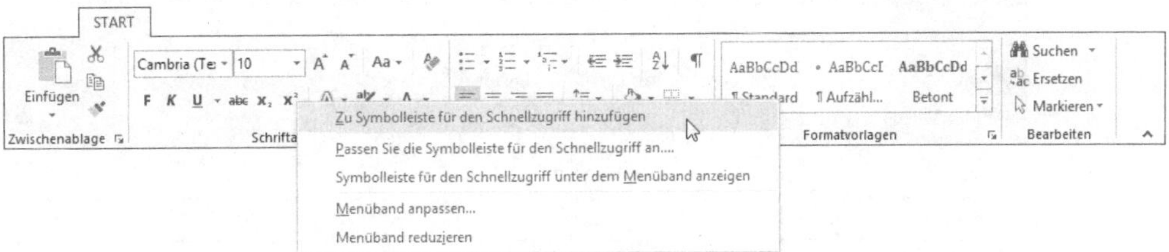

Alternativ können Sie mit der Pfeilschaltfläche am rechten Rand der Symbolleiste ein Auswahlmenü öffnen, in dem Sie einige wichtige Befehle wie *Öffnen* oder *Schnelldruck* finden.

Bild 2.16 Im Ausklappmenü der Symbolleiste finden Sie eine Auswahl häufig benutzter Befehle

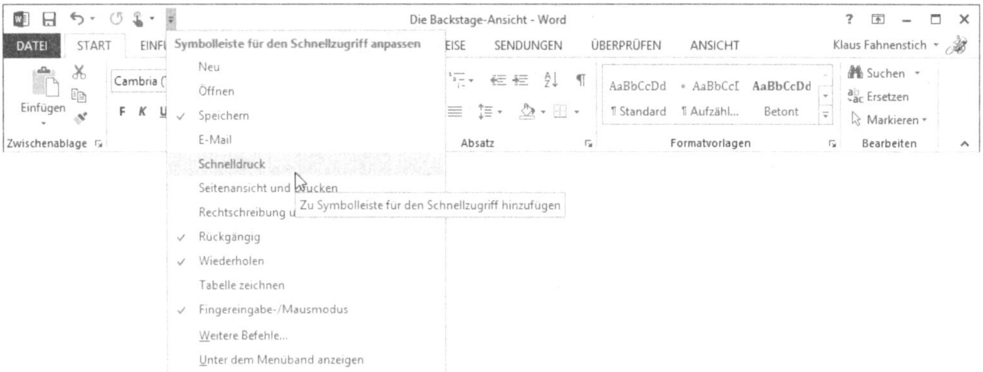

Leider besitzen die Befehle in der Backstage-Ansicht kein Kontextmenü, mit dem Sie sie in die Symbolleiste für den Schnellzugriff aufnehmen könnten. Wie Sie in solchen Fällen vorgehen müssen, beschreiben wir in Kapitel 40.

Um eine Schaltfläche wieder aus der Symbolleiste für den Schnellzugriff zu entfernen, klicken Sie sie in der Symbolleiste mit der rechten Maustaste an und wählen im Kontextmenü den Befehl *Aus Symbolleiste für den Schnellzugriff entfernen*.

Position der Symbolleiste ändern

Die Symbolleiste für den Schnellzugriff lässt sich leider nicht frei auf dem Bildschirm verschieben oder an einem der Fensterränder anheften. Sie besitzt nur zwei mögliche Positionen: entweder links in der Titelleiste oder unterhalb des Menübandes. Zum Verkürzen der Wege, die Sie mit der Maus vom Dokument aus zurücklegen müssen, um eine der Schaltflächen zu erreichen, öffnen Sie mit einem Rechtsklick das Kontextmenü der Symbolleiste und wählen den Befehl *Symbolleiste für den Schnellzugriff unter dem Menüband anzeigen*. Das Ergebnis sehen Sie im folgenden Bild.

Bild 2.17 Die Symbolleiste für den Schnellzugriff wird unterhalb des Menübandes angezeigt

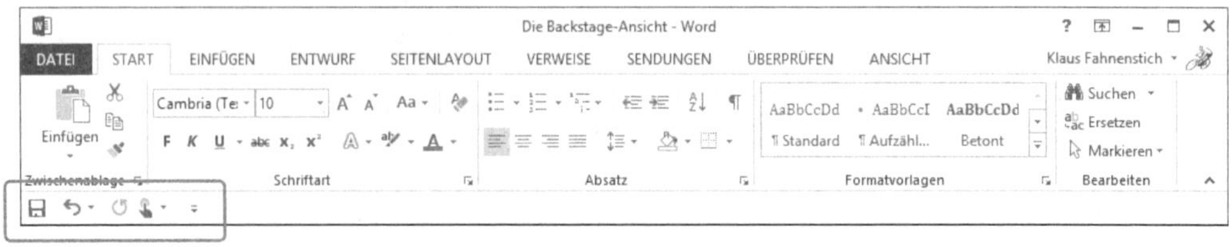

Wenn Sie die Anzeige in den ursprünglichen Zustand zurückversetzen wollen, klicken Sie die Symbolleiste für den Schnellzugriff erneut mit der rechten Maustaste an und wählen diesmal den Befehl *Symbolleiste für den Schnellzugriff über dem Menüband anzeigen*.

Kataloge und die Livevorschau

Um Ihnen das Formatieren Ihrer Dokumente, Arbeitsmappen und Präsentationen zu erleichtern, stehen Ihnen an vielen Stellen des Menübandes sogenannte Kataloge zur Verfügung, in denen die Formatierungsoptionen als kleine Grafiken dargestellt werden. Sie finden die Kataloge beispielsweise bei den Tabellenformatvorlagen, bei den Designs, den Rändern, der Positionierung von grafischen Elementen, bei den SmartArts und natürlich auch bei den WordArt-Objekten.

Wenn ein Katalog nur wenige Einträge enthält, werden diese als Bestandteil der Befehlsgruppe im Menüband angezeigt. Umfangreiche Kataloge werden als Dropdown-Katalog angezeigt, in dem Sie dann Ihre Auswahl treffen können. Sie können damit auf einen Blick sehen, welche Farbkombinationen, Formatierungen, Farbschemata, Übergänge oder Diagrammtypen angeboten werden.

Besonders nützlich sind die Kataloge in Kombination mit der sogenannten Livevorschau. Wenn dieses Feature aktiviert ist, können Sie den Mauszeiger über die Optionen des Katalogs bewegen, und zwar ohne zu klicken. Die Livevorschau zeigt dann die Auswirkung der Option direkt im Dokument an. Der Befehl wird erst definitiv angewendet, wenn Sie eine der Optionen anklicken. So können Sie einfach, bequem und schnell ausprobieren, wie sich eine bestimmte Formatierungsoption auswirken würde. Ein Beispiel für einen Katalog und für die Livevorschau sehen Sie in der folgenden Abbildung, in der eine Grafik mit dem entsprechenden Katalog formatiert wird.

Bild 2.18 Mit den Katalogen können Sie sich einfacher für eine der Formatierungsoptionen entscheiden

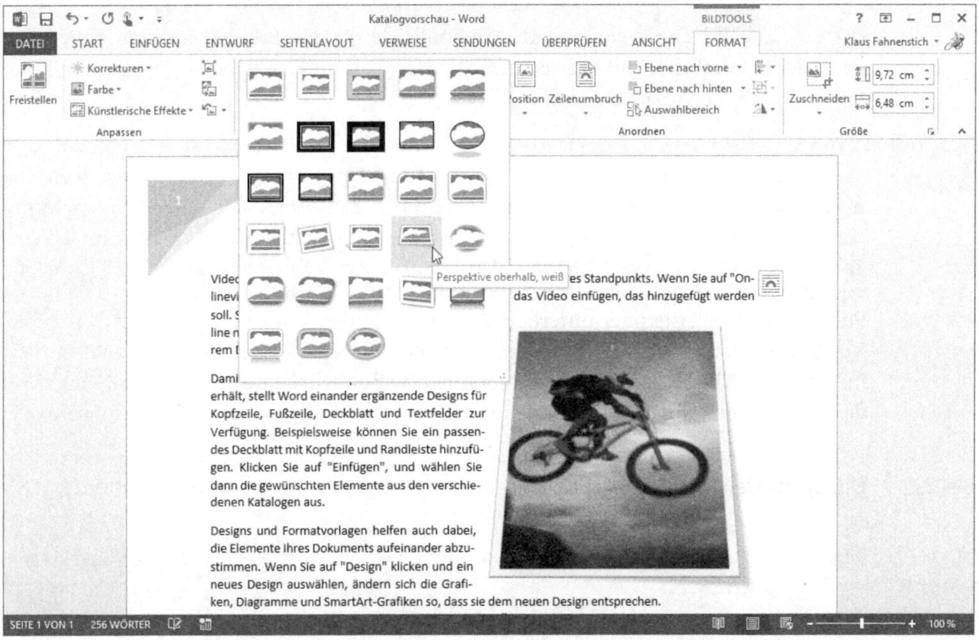

Auch die Livevorschau kann abgeschaltet werden, was Sie wahrscheinlich aber nur dann machen werden, wenn Sie Word 2013 auf einem älteren, langsamen Computer einsetzen. Falls Sie die Livevorschau nicht verwenden möchten, klicken Sie auf die Registerkarte *DATEI* und dann im Menü auf der linken Seite auf *Optionen.* Wechseln Sie im Dialogfeld zur Kategorie *Allgemein* und schalten Sie das Kontrollkästchen *Livevorschau aktivieren* aus.

Die Minisymbolleiste

Wenn Sie in einem Word-Dokument Text markieren, blendet Word automatisch eine kleine Symbolleiste ein, die als Minisymbolleiste bezeichnet wird. In dieser Symbolleiste finden Sie Befehlsschaltflächen, mit denen Sie die Schriftart, die Schriftattribute, Textausrichtung, die Textfarbe, Einzugsebenen sowie Aufzählungen und Nummerierungen festlegen können.

Welche Befehle Ihnen die Minisymbolleiste jeweils anbietet, hängt davon ab, was genau Sie im Dokument markiert haben. Wenn Sie zum Beispiel eine Tabellenzelle markiert haben, wird die Minisymbolleiste um zwei Schaltflächen zum Einfügen und Löschen von Tabellenzellen ergänzt.

Bild 2.19 Diese Minisymbolleiste zeigt Word an, wenn Sie einen Text markieren

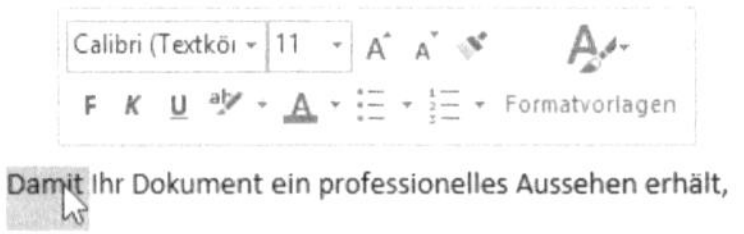

Bild 2.20 Bei Tabellen sieht die Minisymbolleiste etwas anders aus

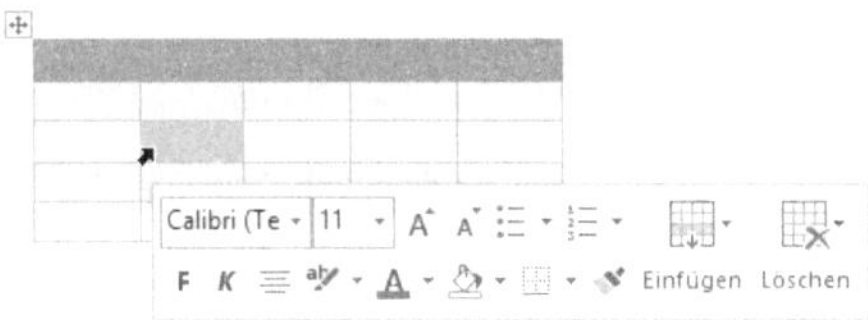

Wenn Sie Word 2013 auf einem Tablet einsetzen, müssen Sie etwas anders vorgehen, um die Minisymbolleiste anzuzeigen. In diesem Fall erscheint die Symbolleiste erst dann, wenn Sie den markierten Bereich noch einmal kurz antippen oder den Finger für einen kurzen Moment auf der Markierung liegen lassen, bis unter Ihrem Finger ein kleiner Rahmen aufzoomt. Wie die nächste Abbildung zeigt, sieht die Minisymbolleiste auf einem Tablet auch etwas anders aus, da sie zusätzlich die Befehle des Kontextmenüs enthält.

Bild 2.21 Auf einem Tablet enthält die Minisymbolleiste auch die Befehle des Kontextmenüs

Kontextsymbole

Eine kleine aber feine Neuerung in Word 2013 sind die neuen Symbole bzw. Schaltflächen, die neben einem markierten Objekt (z. B. einem Bild oder einem Diagramm) angezeigt werden. Über diese Symbole erreichen Sie häufig benutzte Funktionen für den jeweiligen Objekttyp und können sich so den Wechsel auf die passende Registerkarte ersparen.

Wenn Sie Word 2013 auf einem Tablet oder einem Touchmonitor mit dem Finger bedienen, werden Sie diese neuen Tools schnell zu schätzen lernen. Wie Sie in der nächsten Abbildung sehen können, ist die Gestaltung der Menüs für die Fingereingabe optimiert. Die einzelnen Befehle haben genügend Abstand, so dass sie gut zu treffen sind und ein schnelles Arbeiten erlauben. Man muss natürlich ehrlicherweise den Begriff »schnell« etwas relativieren. Word 2013 lässt sich nach wie vor mit Maus und Tastatur deutlich schneller bedienen als mit dem Finger.

Bild 2.22 Markierte Objekte erhalten ein oder mehrere Symbole, über die Sie die wichtigsten Funktionen für das markierte Objekt erreichen

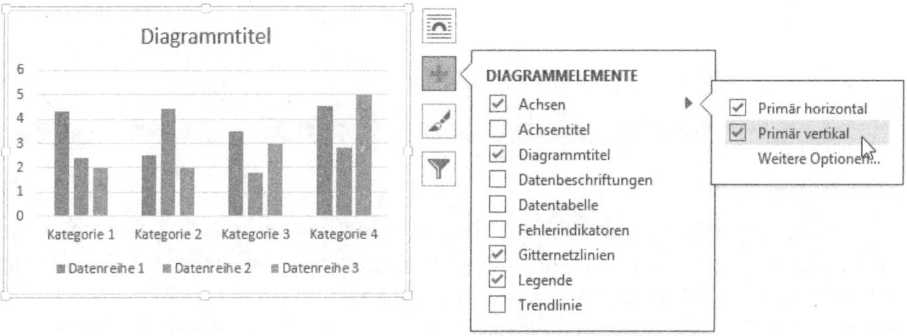

Aufgabenbereiche

Unter einem Aufgabenbereich versteht man in Word 2013 einen Fensterbereich, mit dessen Befehlen sich eine bestimmte Aufgabe erledigen lässt. So gibt es zum Beispiel Aufgabenbereiche zum Erstellen von Texteffekten und zum Formatieren von Diagrammen. Diese Aufgabenbereiche gibt es zwar schon seit mehreren Word-Versionen, doch Word 2013 macht von ihnen deutlich mehr Gebrauch als seine Vorgänger. Auf lange Sicht werden sie wohl die herkömmlichen Dialogfelder ersetzen.

Das Handling der Aufgabenbereiche ist aus unserer Sicht allerdings noch verbesserungswürdig. Für den Anwender ist oft nicht vorhersehbar, ob er beim Aufruf eines Befehls mit einem Dialogfeld oder einem Aufgabenbereich konfrontiert werden wird. Außerdem ist nicht nachvollziehbar, warum sich einige Aufgabenbereiche gezielt ein- und ausblenden lassen (etwa der Arbeitsbereich *Formatvorlagen)*, andere hingegen nur dann auftauchen, wenn bereits ein anderer Aufgabenbereich sichtbar ist, dessen Platz sie dann einnehmen. Und um das Ganze auf die Spitze zu treiben, lassen sich manche Arbeitsbereiche auch als Dialogfeld anzeigen (z. B. *Texteffekte formatieren)*. Ein konsistentes Konzept sieht anders aus.

Bild 2.23 Aufgabenbereich zum Formatieren eines Diagramms

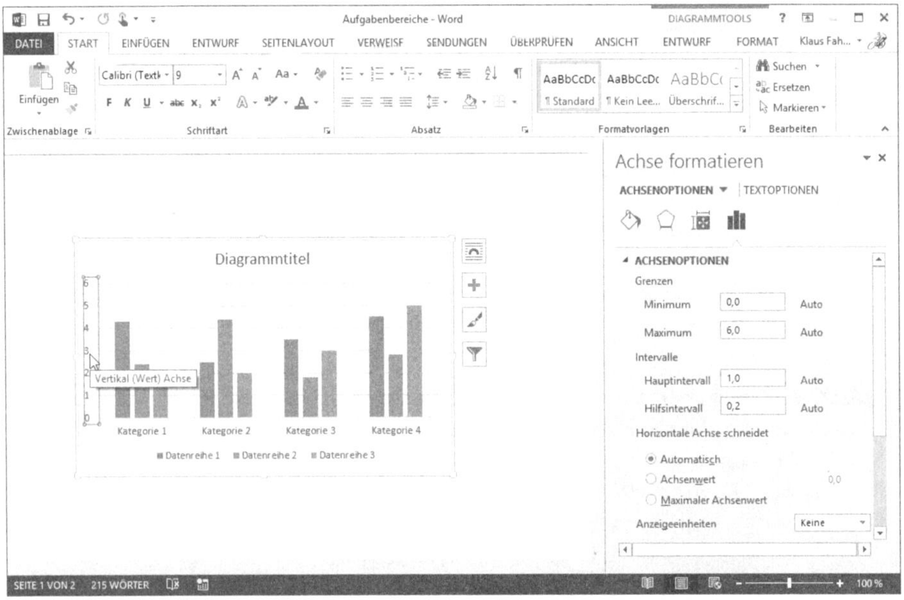

Bild 2.24 Aufgabenbereiche lassen sich frei auf dem Bildschirm bewegen, indem man sie mit ihrer Titelleiste verschiebt. Zum erneuten Andocken bewegt man das Fenster des Aufgabenbereichs in die Nähe des linken oder rechten Programmfensterrandes.

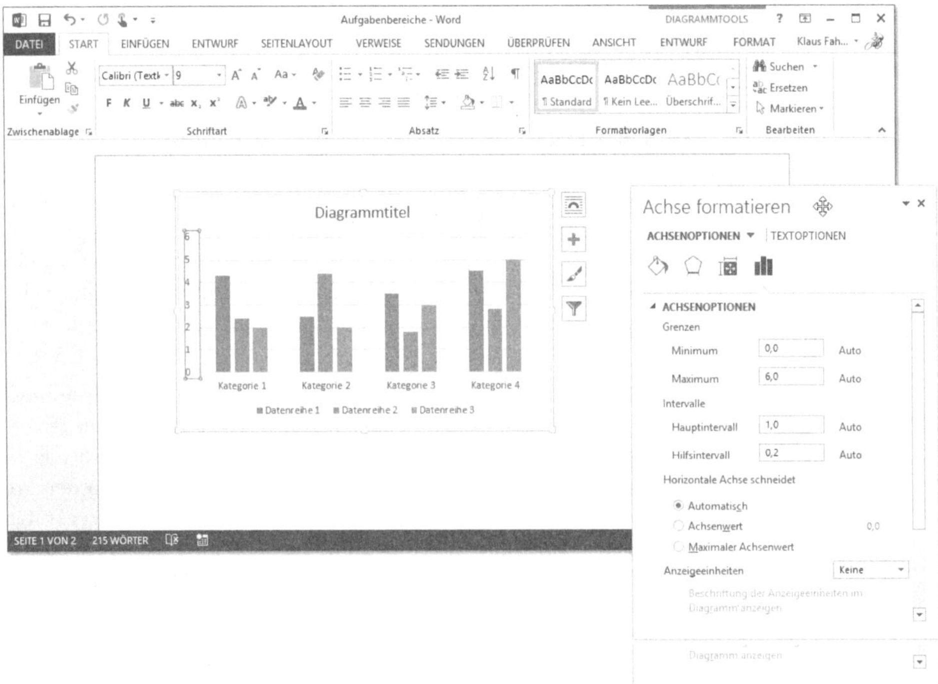

Teil B

Word-Dokumente erstellen

In diesem Teil:

Kapitel 3

Neue Word-Dokumente erstellen

In diesem Kapitel:

Die Befehle zum Arbeiten mit Dokumentdateien, die in Word 2003 über das *Datei*-Menü und in Word 2007 über die *Office-Schaltfläche* erreichbar waren, befinden sich bei Word 2013 in der sogenannten Backstage-Ansicht, die Sie durch Anklicken der Registerkarte *DATEI* öffnen. Dieses Kapitel beschreibt, wie Sie über den Word-Startbildschirm und mit den Befehlen der Backstage-Ansicht neue Word-Dokumente erstellen.

Leeres Word-Dokument erstellen

Um unmittelbar nach dem Programmstart von Word ein neues, leeres Word-Dokument zu erstellen, führen Sie die folgenden Schritte durch.

Leeres Dokument über den Startbildschirm erstellen

1. Starten Sie Word 2013. Nach dem Starten wird standardmäßig der Startbildschirm angezeigt. Hierüber können Sie neue Dokumente erstellen und schnell eines der zuletzt verwendeten Dokumente öffnen.

Bild 3.1 Nach dem Starten von Word wird standardmäßig der Startbildschirm angezeigt

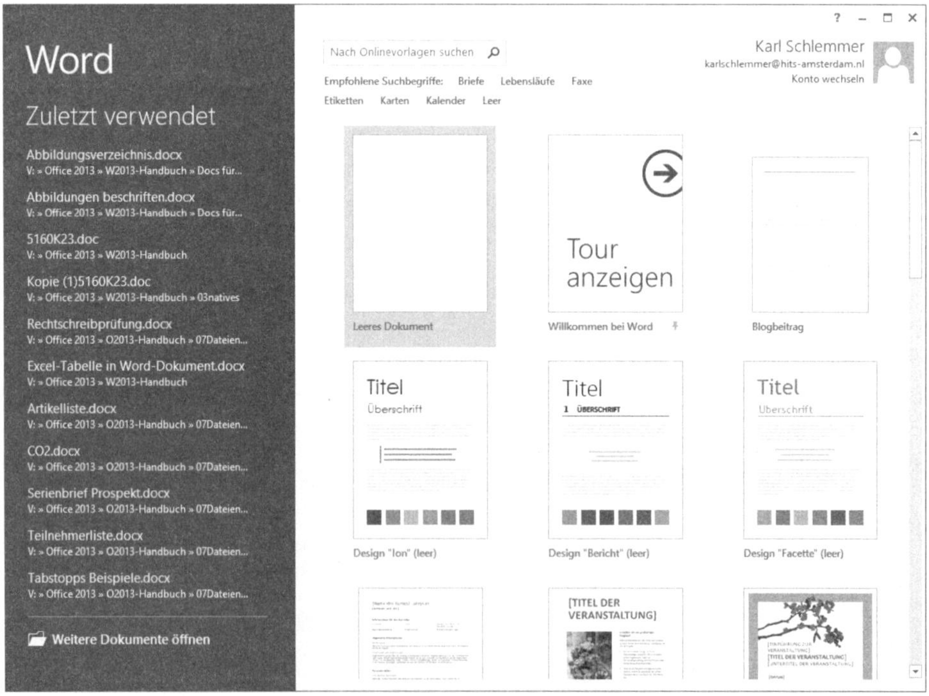

2. Klicken Sie im rechten Bereich des Startbildschirms auf *Leeres Dokument*.

Das neue Dokument wird erstellt und Sie können mit der Bearbeitung beginnen.

Den Startbildschirm deaktivieren

Der neue Startbildschirm stellt zwar ein nettes neues Feature von Word 2013 dar; dennoch kann es sein, dass Sie es bevorzugen, wenn – wie in früheren Versionen – nach dem Start direkt das Fenster der Anwendung mit einem leeren Dokument angezeigt wird, und nicht zuerst der Startbildschirm.

Der Startbildschirm lässt sich in allen Office-Anwendungen deaktivieren. In Word, Excel und PowerPoint können Sie dies in den Programmoptionen einstellen; Sie müssen dies für jede Anwendung einzeln tun. Bei den anderen Office-Anwendungen kann der Startbildschirm nur durch Ändern eines Wertes in der Windows-Registrierungsdatenbank abgeschaltet werden.

Führen Sie folgende Schritte durch, um den Startbildschirm in Word zu deaktivieren:

1. Klicken Sie auf die Registerkarte *DATEI,* um die Backstage-Ansicht zu öffnen.
2. Klicken Sie in der Backstage-Ansicht auf *Optionen.*
3. Öffnen Sie im Dialogfeld *Word-Optionen* die Kategorie *Allgemein.*

Bild 3.2 Deaktivieren des Startbildschirms im Dialogfeld *Word-Optionen*

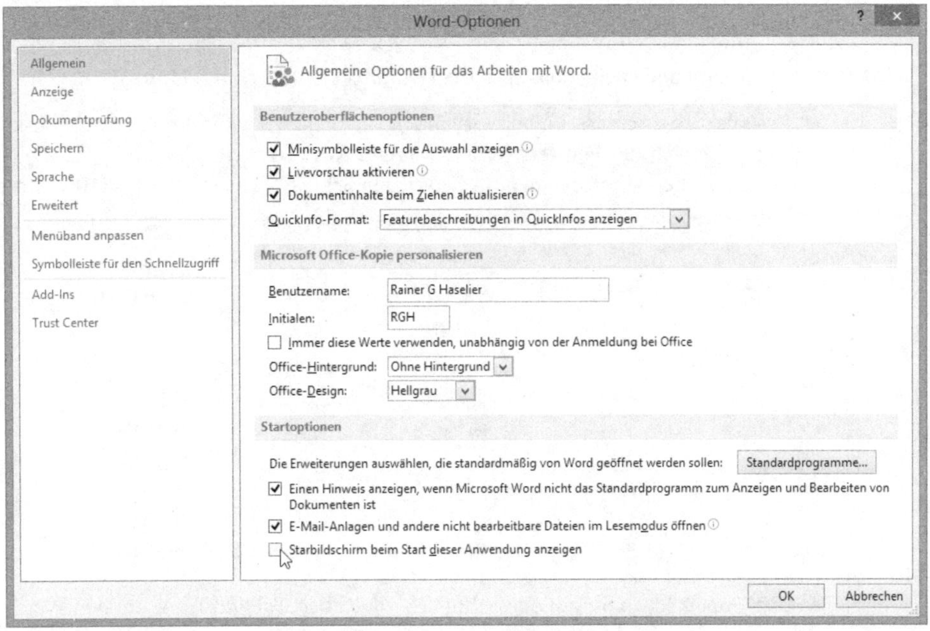

4. Schalten Sie im Bereich *Startoptionen* das Kontrollkästchen *Startbildschirm beim Starten dieser Anwendung anzeigen* aus. (Ignorieren Sie das fehlende t im Wort Startbildschirm im Text des Dialogfeldes.)

PROFITIPP

Anzeige des Startbildschirms für alle Office 2013-Anwendungen festlegen

Falls Sie den Startbildschirm für alle Office-Anwendungen (also auch für Access 2013, Visio 2013 usw.) abschalten wollen, können Sie dies durch Änderung eines Wertes in der Windows-Registrierungsdatenbank vornehmen. Seien Sie bitte vorsichtig, wenn Sie die folgenden Schritte durchführen, um Probleme mit der Registrierungsdatenbank zu vermeiden.

1. Halten Sie die Windows-Taste gedrückt und drücken Sie [R], um das Dialogfeld *Ausführen* zu öffnen.

2. Geben Sie **regedit** ein und klicken Sie auf *OK*, um den Registrierungs-Editor zu öffnen.

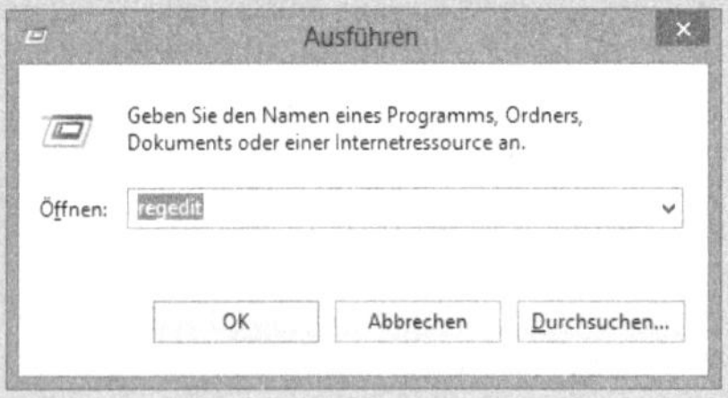

3. Öffnen Sie den Knoten *HKEY_CURRENT_USER\Software\Microsoft\Office\15.0\Common\General* und suchen Sie nach dem Schlüssel *DisableBootToOfficeStart*.

   Falls dieser Schlüssel nicht vorhanden ist, klicken Sie mit der rechten Maustaste in den rechten Bereich des Fensters. Wählen Sie im Kontextmenü *Neu* und dann *DWORD-Wert (32-Bit)*. Geben Sie als Namen für den neuen Schlüssel **DisableBootToOfficeStart** ein.

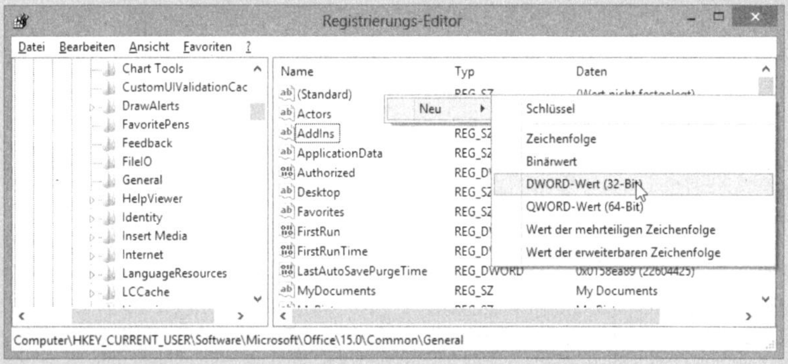

4. Doppelklicken Sie auf den Schlüssel *DisableBootToOfficeStart*, um den Wert zu bearbeiten.

5. Ändern Sie den Wert von 0 auf 1, um den Startbildschirm in allen Office-Anwendungen abzuschalten, oder ändern Sie den Wert von 1 auf 0, um den Startbildschirm wieder anzeigen zu lassen.

Leeres Word-Dokument in der Backstage-Ansicht erstellen

Wenn Sie ein neues Dokument erstellen wollen, während Word bereits geöffnet ist, verwenden Sie in der Backstage-Ansicht die Option *Neu.*

1. Klicken Sie im Menüband auf die Registerkarte *DATEI.* Die Backstage-Ansicht wird geöffnet.
2. Klicken Sie in der Backstage-Ansicht auf *Neu.*

Bild 3.3 Über die Backstage-Ansicht der Registerkarte *DATEI* erreichen Sie die Befehle, die bis zur Word-Version 2003 im Menü *Datei* und bei Word 2007 im Menü der *Office-Schaltfläche* zu finden waren. Klicken Sie die Schaltfläche mit dem Pfeil (oben links in der Backstage-Ansicht) an, um zu Word zurückzukehren.

Die Backstage-Ansicht *Neu* ersetzt das Dialogfeld *Neues Dokument* aus Word 2007 bzw. den gleichnamigen Aufgabenbereich aus Word 2003, sie ist jedoch ähnlich aufgebaut.

3. Klicken Sie im Bereich *Neu* auf *Leeres Dokument.*

   Das neue Dokument wird erstellt und die Backstage-Ansicht geschlossen. Es ist nicht erforderlich, das Dokument zu speichern, bevor Sie mit der Bearbeitung beginnen. Das Speichern und Öffnen von Word-Dokumenten ist ausführlich in Kapitel 4 beschrieben. In Kapitel 5 werden die wichtigsten Bearbeitungs- und Formatierungsmöglichkeiten vorgestellt.

Neue Dokumente auf Vorlagen basieren

Wie bei den vorhergehenden Word-Versionen können Sie auch in Word 2013 für ein neues Dokument eine der zahlreichen fertigen Vorlagen verwenden. Diese Vorlagen können sich auf Ihrem Computer befinden oder aber in der Cloud, hier genauer auf Office.com, der Microsoft-Website mit zahlreichen Informationen zu Office.

Außerdem können Sie ein neues Dokument auf der Basis eines Dokuments erstellen, das Sie zu einem früheren Zeitpunkt fertiggestellt und gespeichert haben. Dieser Abschnitt stellt die verschiedenen Möglichkeiten vor.

Vorinstallierte Vorlagen verwenden

Wenn Word bereits gestartet ist, können Sie die folgenden Schritte durchführen, um ein neues Dokument zu erstellen:

1. Klicken Sie im Menüband auf die Registerkarte *DATEI*. Die Backstage-Ansicht wird geöffnet.
2. Klicken Sie auf *Neu*.

Bild 3.4 Auf der Seite *Neu* haben Sie Zugriff auf die Vorlagen von Word 2013

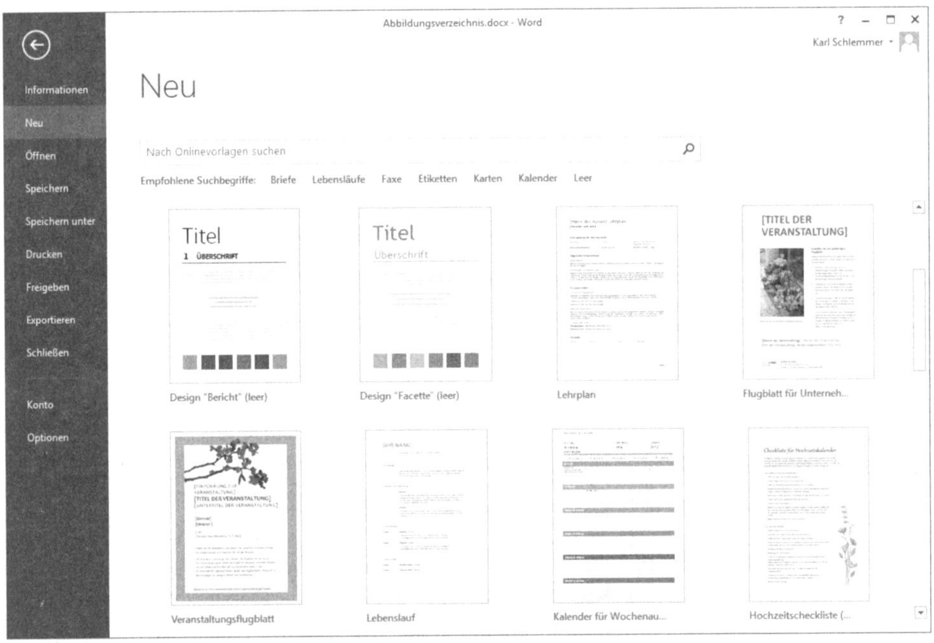

3. Klicken Sie die Beispielvorlage an, die Sie als Grundlage für das neue Dokument verwenden wollen.

   Die Vorlagen, die sich im Lieferumfang von Word befinden, sind für die grundlegenden Bürodokumente (Brief, Fax, Serienbrief, Bericht) geeignet und unterscheiden sich durch die verschiedenen Designs.

Angeheftete Vorlagen verwenden

Falls Sie bestimmte Vorlagen regelmäßig verwenden, können Sie diese in der Liste *Neu* der Backstage-Ansicht oder an das Programmsymbol in der Windows-Taskleiste anheften. So lassen sich neue Dokumente auf der Grundlage dieser Vorlagen schneller erstellen.

Führen Sie folgende Schritte durch, um eine Vorlage an die Seite *Neu* der Backstage-Ansicht anzuheften:

1. Klicken Sie auf die Registerkarte *DATEI* und dann auf *Neu.*
2. Führen Sie auf der Seite *Neu* einen Bildlauf zu der Vorlage durch, die Sie anheften möchten.
3. Klicken Sie auf das Heftzweckensymbol, das unter der Miniaturansicht in der Liste der Vorlagen angezeigt wird.

Bild 3.5 Klicken Sie das Heftzweckensymbol an, um eine Vorlage an die Liste anzuheften

Angeheftete Vorlagen werden immer am Anfang der Liste mit den Vorlagen angezeigt. Für angeheftete Vorlagen wird keine Vorschau angezeigt. Doppelklicken Sie auf die Miniaturansicht der angehefteten Vorlage, um schnell ein neues Dokument basierend auf dieser Vorlage anzulegen.

Ein noch schnelleres Verfahren zum Erstellen eines neuen Dokuments, das auf einer bestimmten Vorlage basiert, besteht darin, die Vorlage an das Menü der Programmschaltfläche in der Windows-Taskleiste anzuheften. Gehen Sie hierzu folgendermaßen vor:

1. Erstellen Sie ein neues Dokument, das auf der Vorlage basiert, die Sie an das Programmsymbol in der Taskleiste anheften wollen.
2. Klicken Sie das Programmsymbol in der Taskleiste mit der rechten Maustaste an. Das Kontextmenü wird geöffnet und die in Schritt 1 verwendete Vorlage wird in der Liste *Zuletzt verwendet* angezeigt (linke Seite in Bild 3.6).

Bild 3.6 Sie können häufig benötigte Vorlagen an das Programmsymbol der Taskleiste anheften

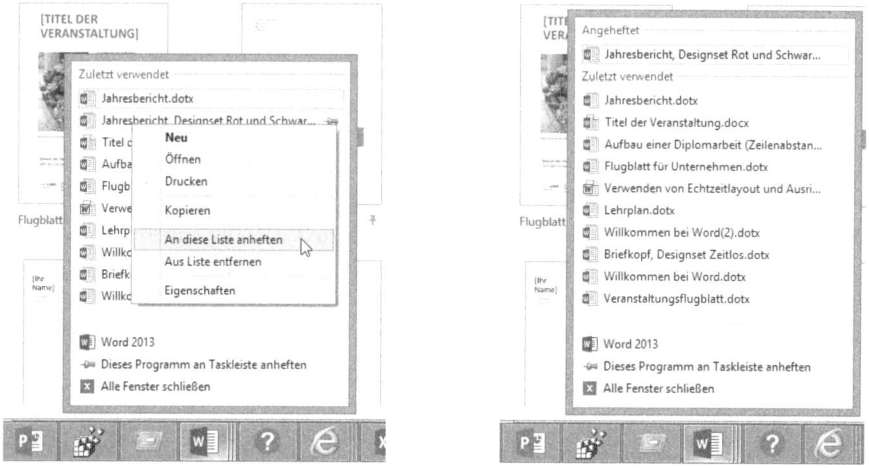

3. Klicken Sie den Namen der Vorlage mit der rechten Maustaste an und wählen Sie im Kontextmenü den Befehl *An diese Liste anheften*. Die ausgewählte Vorlage wird im oberen Bereich des Kontextmenüs des Programmsymbols angeheftet (rechte Seite in Bild 3.6).

Um ein neues Dokument zu erstellen, das auf der angehefteten Vorlage basiert, klicken Sie zuerst das Programmsymbol in der Taskleiste mit der rechten und anschließend den Namen der Vorlage mit der linken Maustaste an.

Vorlagen von Office.com verwenden

Eine Vielzahl weiterer Vorlagen finden Sie auf der Microsoft-Website *Office.com*. Über das Feld *Nach Onlinevorlagen suchen* auf der Seite *Neu* können Sie nach weiteren Vorlagen suchen. Geben Sie den Suchbegriff in das Suchfeld ein oder klicken Sie zum schnellen Zugriff auf beliebte Vorlagen auf eines der Stichwörter unter dem Suchfeld.

Bild 3.7 Suchen Sie auf *Office.com* nach weiteren Vorlagen

Wenn auf *Office.com* mit Ihrem Suchbegriff übereinstimmende Vorlagen gefunden wurden, sehen Sie eine Liste ähnlich der in der Abbildung auf der folgenden Seite.

Bild 3.8 Mit der Schaltfläche *Start* kehren Sie zur Seite mit den vorinstallierten Vorlagen zurück

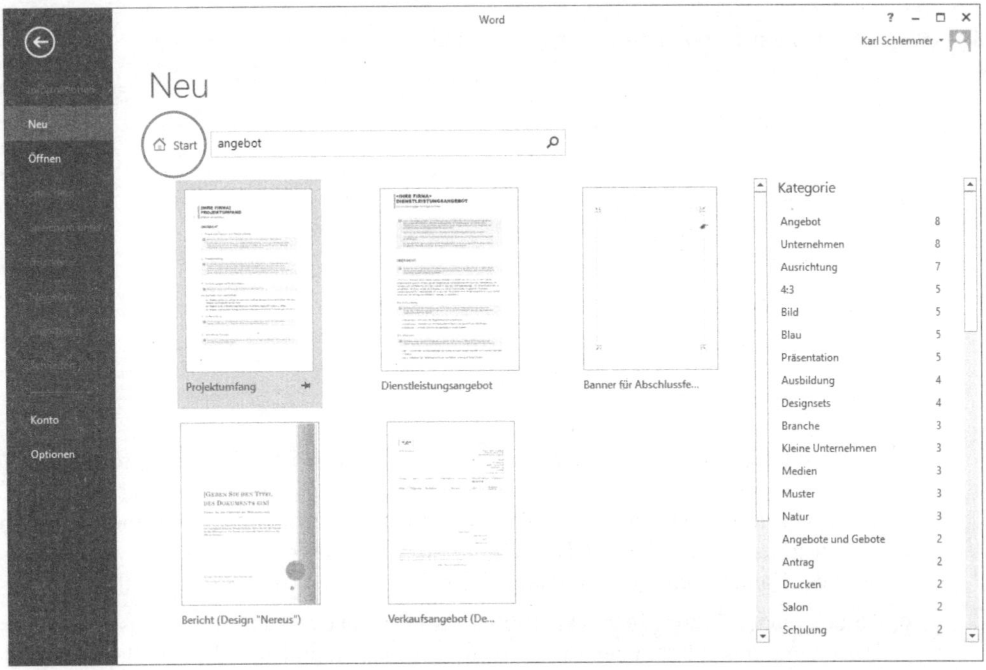

Wenn Sie in der Liste mit den Suchergebnissen eine geeignete Vorlage sehen, klicken Sie die Miniaturansicht an, um eine größere Vorschau und weitere Informationen zur Vorlage zu sehen. Um ein neues Dokument mit dieser Vorlage zu erstellen, klicken Sie auf *Erstellen*.

Bild 3.9 Mit der Schaltfläche *Erstellen* wird die Vorlage heruntergeladen und dann das Dokument erstellt

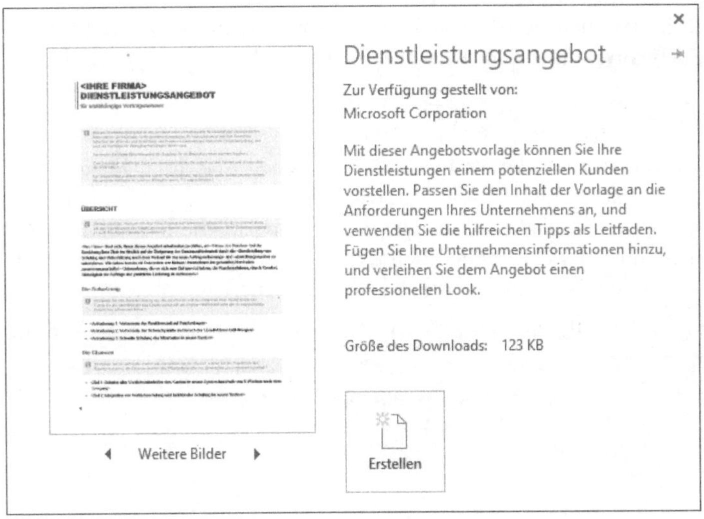

Möglicherweise wird folgende Fehlermeldung angezeigt, nachdem Sie auf *Erstellen* geklickt haben:

Bild 3.10 Lassen Sie sich von dieser Fehlermeldung nicht abschrecken

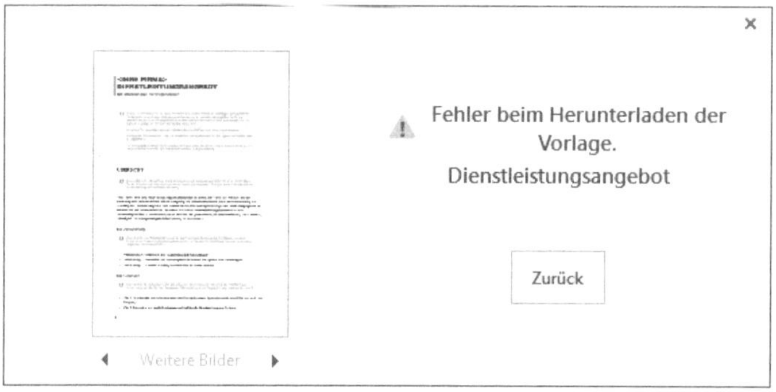

Während der Arbeiten an diesem Buch haben wir diese Fehlermeldung regelmäßig gesehen. Sollten Sie sie ebenfalls erhalten, klicken Sie auf *Zurück* und dann ein weiteres Mal auf *Erstellen*. Dies hat bei uns immer dazu geführt, dass die angeforderte Vorlage heruntergeladen werden konnte.

Eigene Vorlagen verwenden

Wie Sie im weiteren Verlauf dieses Buches noch sehen werden, können Sie in Word auch eigene Vorlagen erstellen und speichern und sich so das Erstellen wiederkehrender Dokumenttypen vereinfachen. Eigene, benutzerdefinierte Vorlagen tauchen weder im Startbildschirm noch auf der Seite *Neu* der Backstage-Ansicht automatisch auf, nachdem Sie sie gespeichert haben. Die folgenden Abschnitte verraten Ihnen, wie Sie Word konfigurieren, um schnell auf Ihre eigenen Vorlagen zugreifen zu können.

Eigene Vorlagen auf der Seite »Neu« der Backstage-Ansicht anzeigen

Damit Ihre eigenen Vorlagen auf der Seite *Neu* der Backstage-Ansicht angezeigt werden, müssen Sie Word darüber informieren, wo sich die benutzerdefinierten Vorlagen befinden. Der Speicherort der benutzerdefinierten Vorlagen ist eine anwendungsspezifische Einstellung und Sie müssen die folgenden Schritte für jedes der Office-Programme (Word, Excel und PowerPoint) durchführen, in dem Sie über die Seite *Neu* auf Ihre eigenen Vorlagen zugreifen wollen.

1. Starten Sie das betreffende Programm, klicken Sie auf die Registerkarte *DATEI* und dann auf *Optionen*.
2. Wählen Sie im Dialogfeld *Word-Optionen* die Kategorie *Speichern*.

3. Geben Sie im Feld *Standardspeicherort für persönliche Vorlagen* den kompletten Pfad des Ordners ein, in dem Sie Ihre eigenen Vorlagen abspeichern. Word verwendet beim Speichern von Vorlagen standardmäßig den Ordner *C:\Users\<Benutzername>\Documents\Benutzerdefinierte Office-Vorlagen.*

Bild 3.11 Im Feld *Standardspeicherort für persönliche Vorlagen* legen Sie den Ordner fest, in dem Word nach Ihren eigenen Vorlagen suchen soll

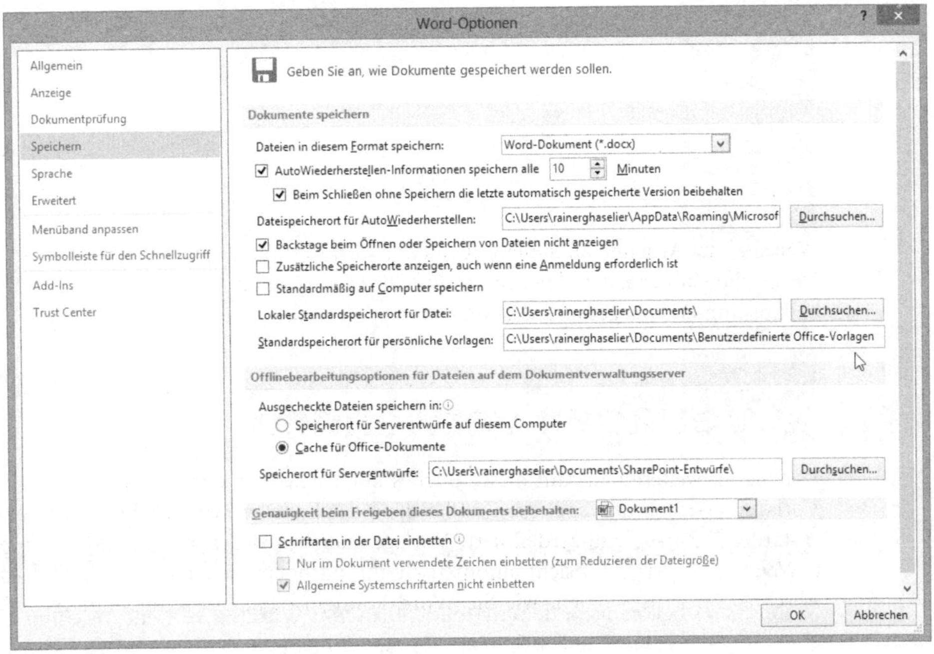

4. Klicken Sie auf *OK*.

Nachdem Sie in den Optionen einen Speicherort für persönliche Vorlagen eingetragen haben, werden in der Backstage-Ansicht *Neu* unterhalb des Suchfeldes die Kategorien *EMPFOHLEN* und *PERSÖNLICH* angezeigt. Klicken Sie auf *PERSÖNLICH,* um eine Liste der persönlichen Vorlagen zu sehen (hierzu gehören auch die Vorlagen, die Sie von Office.com heruntergeladen haben), und klicken Sie auf *EMPFOHLEN,* um die Liste mit den Standardvorlagen anzuzeigen (siehe Bild 3.12).

Bild 3.12 Unter *PERSÖNLICH* auf der Seite *Neu* finden Sie sowohl die heruntergeladenen als auch Ihre selbst erstellten Vorlagen

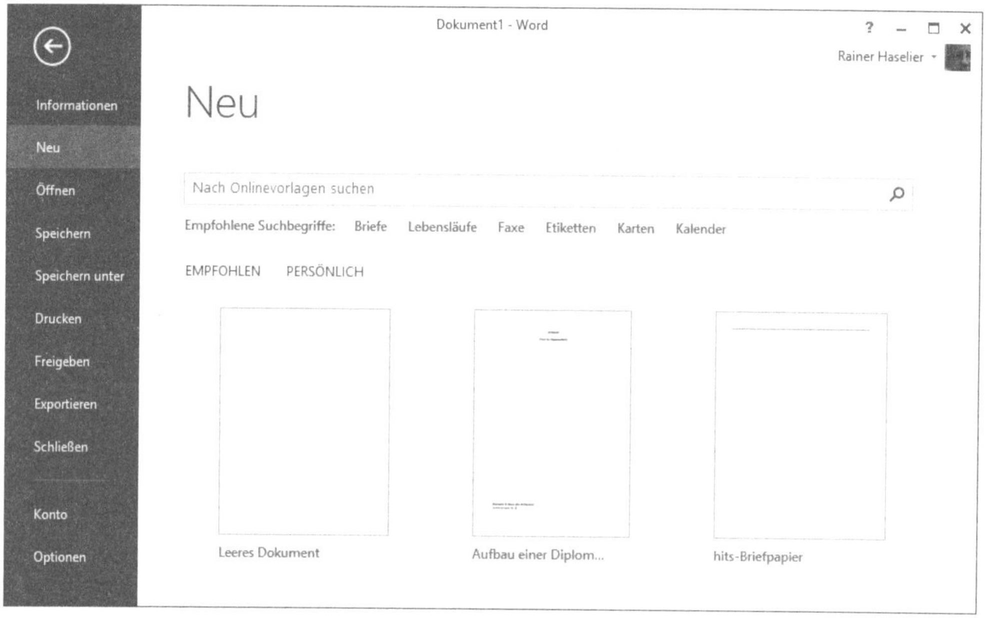

Eigene Vorlagen im Startbildschirm anzeigen

Wenn Sie es bevorzugen, den Startbildschirm von Word zu verwenden, können Sie in der Windows-Registrierungsdatenbank einen Eintrag vornehmen, der bewirkt, dass im Startbildschirm die benutzerdefinierten Vorlagen angezeigt werden.

1. Halten Sie die Windows-Taste gedrückt und drücken Sie R, um das Dialogfeld *Ausführen* zu öffnen.
2. Geben Sie **regedit** ein und klicken Sie auf *OK*, um den Registrierungs-Editor zu öffnen.
3. Öffnen Sie den folgenden Knoten:

   HKEY_CURRENT_USER\Software\Microsoft\Office\15.0\Word\Options
4. Suchen Sie nach dem Schlüssel *officestartdefaulttab*. Falls dieser Schlüssel nicht vorhanden ist, klicken Sie mit der rechten Maustaste in den rechten Bereich des Fensters. Wählen Sie im Kontextmenü *Neu* und dann *DWORD-Wert (32-Bit)*. Geben Sie als Namen für den neuen Schlüssel **officestartdefaulttab** ein.
5. Doppelklicken Sie auf den Schlüssel *officestartdefaulttab*, um den Wert zu bearbeiten.
6. Ändern Sie den Wert von 0 auf 1, um im Startbildschirm der Anwendung die persönlichen Vorlagen anzeigen zu lassen.

Kapitel 4

Word-Dokumente speichern und öffnen

In diesem Kapitel:

Die Befehle zum Arbeiten mit Dokumentdateien, die in Word 2003 über das *Datei*-Menü und in Word 2007 über die *Office-Schaltfläche* erreichbar waren, befinden sich bei Word 2013 in der sogenannten Backstage-Ansicht, die Sie durch Anklicken der Registerkarte *DATEI* öffnen. Dieses Kapitel beschreibt, wie Sie mit den Befehlen der Backstage-Ansicht Dokumente speichern, öffnen und als PDF-Datei veröffentlichen können.

Wie Sie in Teil A dieses Handbuchs bereits erfahren haben, bestand einer der Schwerpunkte bei der Entwicklung von Office und Word 2013 darin, Ihnen von überall aus den Zugriff auf Ihre Office-Dokumente zu ermöglichen. Das Stichwort lautet hier: Speichern in der Cloud. Daher beschreibt ein weiterer Schwerpunkt dieses Kapitels das Speichern auf verschiedenen Webspeicherorten. Neben SkyDrive und SharePoint-Server, die als Webspeicherdienste nach der Installation zur Verfügung stehen, werden Sie sehen, wie Sie Dropbox und Google Drive in Ihre Office-Installation integrieren können.

Ein weiterer Abschnitt dieses Kapitels beschäftigt sich mit dem Dateiformat, das seit Word 2007 verwendet wird. Der Schwerpunkt liegt dabei auf der Frage, wie Sie am besten vorgehen, wenn Sie Dokumente öffnen, die in vorhergehenden Word-Versionen erstellt wurden, und welche Vorgehensweisen sich anbieten, wenn Sie mit Word-Anwendern Dokumente austauschen, die keine der neueren Versionen (2007 bis 2013) verwenden.

Auf dem Computer und im Netzwerk speichern

Die Grundlagen bei der Bearbeitung eines Word-Dokuments lernen Sie im folgenden Kapitel kennen. Für diesen Abschnitt gehen wir einmal davon aus, dass Sie mit der Bearbeitung Ihres Dokuments fertig sind und es nun speichern wollen.

1. Klicken Sie auf die Registerkarte *DATEI* und dann auf *Speichern unter* oder drücken Sie die Tastenkombination Strg+S. Die Backstage-Ansicht *Speichern unter* wird geöffnet.

Bild 4.1 Nach der Auswahl von *Speichern unter* wird in Word 2013 standardmäßig die gleichnamige Backstage-Ansicht geöffnet

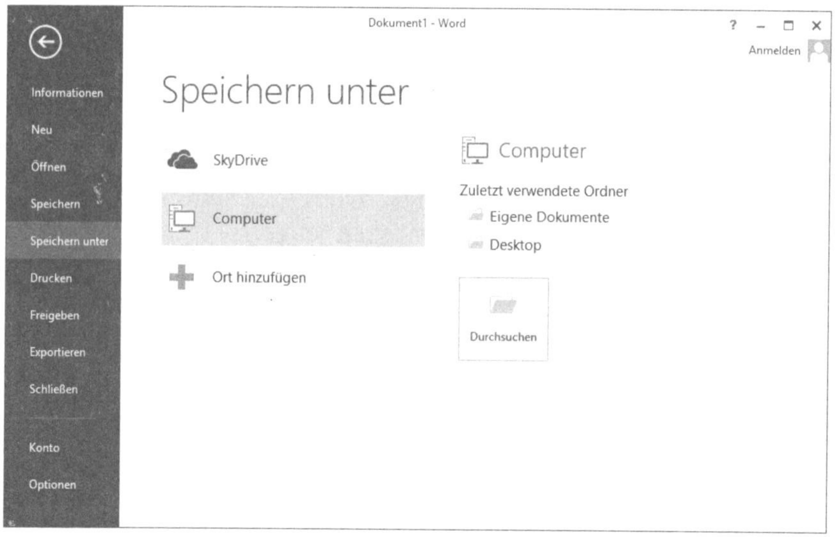

Auf der linken Seite sehen Sie die verschiedenen Speicherorte (hier *SkyDrive* und *Computer)* und rechts daneben die zuletzt verwendeten Ordner, die Sie im jeweiligen Speicherort benutzt haben.

2. Achten Sie darauf, dass auf der linken Seite in der Liste mit den Speicherorten der Eintrag *Computer* ausgewählt ist.

3. Führen Sie eine der folgenden Aktionen aus:

   - Wenn der gewünschte Ordner im Bereich *Zuletzt verwendete Ordner* angezeigt wird, klicken Sie den betreffenden Eintrag an. Das Dialogfeld *Speichern unter* wird geöffnet. Der gewählte Ordner ist voreingestellt.

   - Wenn der gewünschte Ordner **nicht** im Bereich *Zuletzt verwendete Ordner* angezeigt wird, klicken Sie auf *Durchsuchen.* Das Dialogfeld *Speichern unter* wird geöffnet. Standardmäßig wird die Bibliothek *Dokumente* geöffnet. (Sie können den Standardspeicherort ändern; wie das geht, erfahren Sie ab Seite 96.)

     Wechseln Sie zu dem Ordner, in dem Sie das Dokument speichern wollen. Der Ordner kann sich natürlich auch auf einem Netzlaufwerk befinden.

Bild 4.2 Das eigentliche Speichern erfolgt im Dialogfeld *Speichern unter*

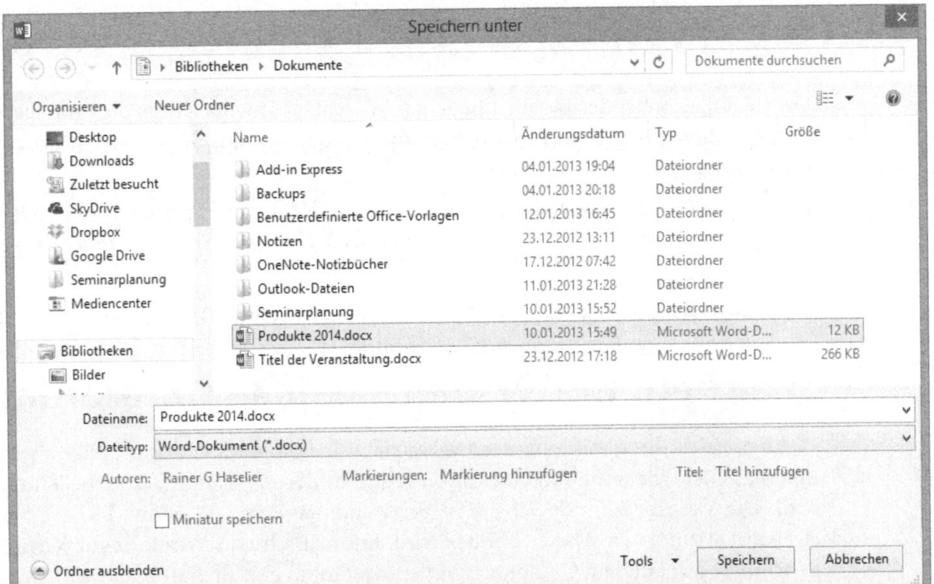

4. Wenn Sie das Dokument gemeinsam mit anderen verwenden, die weder Word 2007 noch Word 2010 noch Word 2013 einsetzen, öffnen Sie die Liste *Dateityp* und wählen die Option *Word 97-2003-Dokument* aus. Das Dokument wird so im Dateiformat der vorherigen Office-Versionen gespeichert. (Weitere Informationen zum Dateiformat von Office 2007 bis 2013 finden Sie im Abschnitt ab Seite 104.)

Bild 4.3 Legen Sie hier das Dateiformat fest, in dem Ihr Dokument gespeichert werden soll

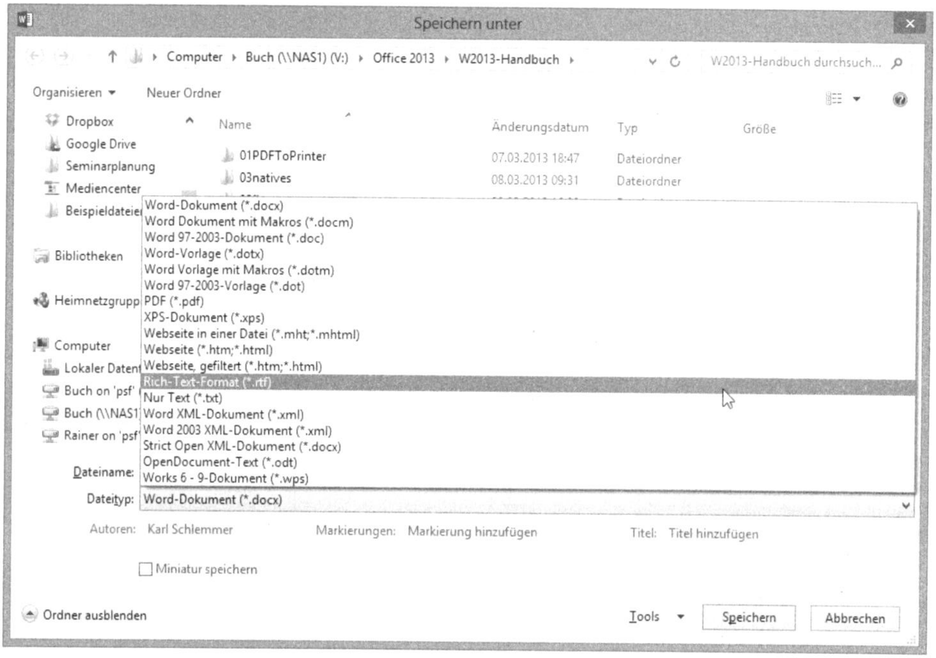

5. Geben Sie in das Feld *Dateiname* den Namen ein, unter dem Sie das Dokument speichern wollen.
6. Klicken Sie auf *Speichern*.

Das Dokument wird gespeichert und in der Titelleiste der Anwendung wird der Dateiname des Dokuments angezeigt.

Speichern mit System – eigene Unterordner

Wenn Sie sich die Abbildung des Dialogfeldes *Speichern unter* etwas näher anschauen, sehen Sie unterhalb der Titelleiste die Navigationsleiste, in der der Name des aktuellen Ordners angezeigt wird. Die Vorgabe zum Speichern ist bei Windows 7 und Windows 8 die Bibliothek mit Ihren eigenen Dokumenten. Dieser Ordner wird automatisch von Windows für jeden Benutzer bereitgestellt, für den auf dem Computer ein Benutzerkonto erstellt wurde.

Wenn Sie nur wenige Dateien speichern, ist das Speichern im Ordner *Dokumente* kein Problem. Wenn es jedoch mehr Dateien werden, bietet es sich an, im Ordner *Dokumente* weitere Unterordner anzulegen und so z.B. die Dokumente in eigenen Projektordnern abzulegen.

So erstellen Sie einen neuen Ordner und verwenden diesen zum Speichern eines Dokuments:

1. Klicken Sie auf die Registerkarte *DATEI* und dann auf *Speichern unter*.
2. Wählen Sie einen der Speicherorte aus und klicken Sie auf *Durchsuchen*.

TIPP **Dateityp ändern** Sie können den Dateityp auch über eine weitere Word-Funktion ändern. Klicken Sie dazu auf die Registerkarte *DATEI* und dann auf *Exportieren*. Klicken Sie anschließend auf *Dateityp ändern*. Wählen Sie nun in der Liste auf der rechten Seite der Backstage-Ansicht den gewünschten Dateityp aus und klicken Sie dann auf *Speichern unter*. Word öffnet das Dialogfeld *Speichern unter*. Geben Sie dort den gewünschten Dateinamen ein und klicken Sie abschließend auf *Speichern*.

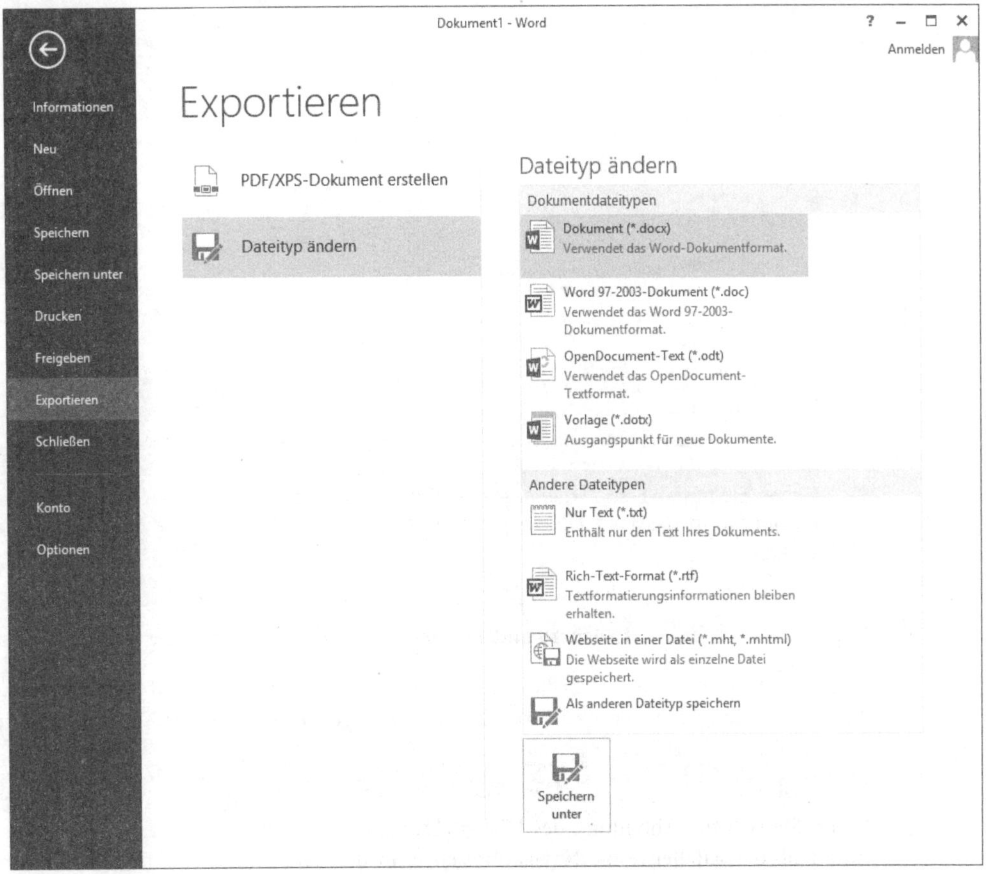

Bitte beachten Sie, dass bei dieser Vorgehensweise ein Duplikat einer bereits vorhandenen Datei erstellt wird.

3. Klicken Sie im Dialogfeld *Speichern unter* auf die Schaltfläche *Neuer Ordner*. Ein neuer Ordner mit dem Namen *Neuer Ordner* wird erstellt. Die Einfügemarke steht im Namen des Ordners.
4. Geben Sie den Namen des neuen Ordners ein (z. B. **Privat, Beruf, Verträge** oder wie auch immer Sie Ihre Dokumente strukturieren) und drücken Sie dann die [↵]-Taste. Der Ordner wird umbenannt und es wird automatisch zu dem neuen Ordner gewechselt.

Bild 4.4 Erstellen Sie über das Dialogfeld *Speichern unter* neue Ordner, um Ihre Dokumentenablage übersichtlicher zu organisieren

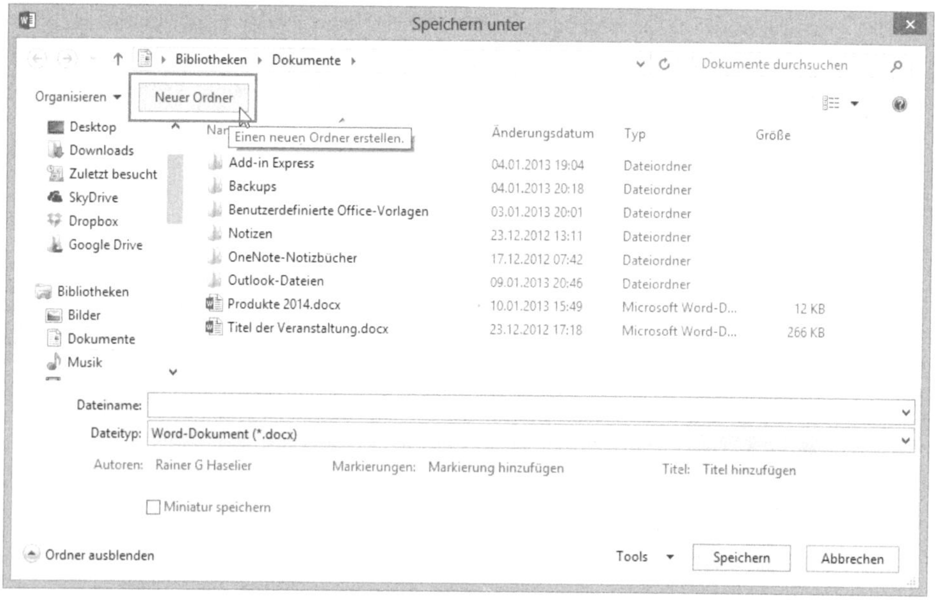

5. Geben Sie in das Feld *Dateiname* den Namen für das Dokument ein und klicken Sie auf *Speichern.*

Favoriten verwenden

In der Navigationsleiste auf der linken Seite der Dialogfelder *Öffnen* und *Speichern unter* sehen Sie die sogenannten Favoriten und verschiedene Standardspeicherorte. Mit den Links in dieser Leiste können Sie schnell zwischen verschiedenen Speicherorten wechseln.

- **Desktop** Wenn Sie eine Datei auf dem Windows-Desktop speichern wollen, klicken Sie auf diesen Link.
- **Zuletzt besucht** Ein Klick auf diesen Link zeigt die Namen der zuletzt benutzten Ordner und Laufwerke an.
- **Bibliotheken** Ein Klick auf diesen Link führt Sie zu den Bibliotheken. Klicken Sie dort auf *Dokumente,* um schnell zu Ihrem persönlichen Ordner *Dokumente* zu gelangen.
- **Computer** Klicken Sie auf diesen Link, um schnell eine Liste aller Datenträger in Ihrem Computer zu erhalten. Doppelklicken Sie dann auf den gewünschten Datenträger und navigieren Sie zu dem Ordner, in dem Sie das Dokument speichern bzw. aus dem heraus Sie es öffnen wollen.

Sie können die Linkfavoriten um eigene Ordner, die Sie häufig verwenden, erweitern. Auf diese Weise lassen sich diese Ordner schnell öffnen, und zwar auch dann, wenn Sie für das Speichern und Öffnen die Backstage-Ansicht deaktivieren (siehe hierzu nächsten Abschnitt). Gehen Sie dazu folgendermaßen vor:

1. Öffnen Sie mit einem der oben beschriebenen Verfahren das Dialogfeld *Speichern unter.*
2. Wechseln Sie zu dem Ordner, den Sie in Ihre Favoriten einfügen wollen.

Bild 4.5 Die Linkfavoriten können Sie anpassen

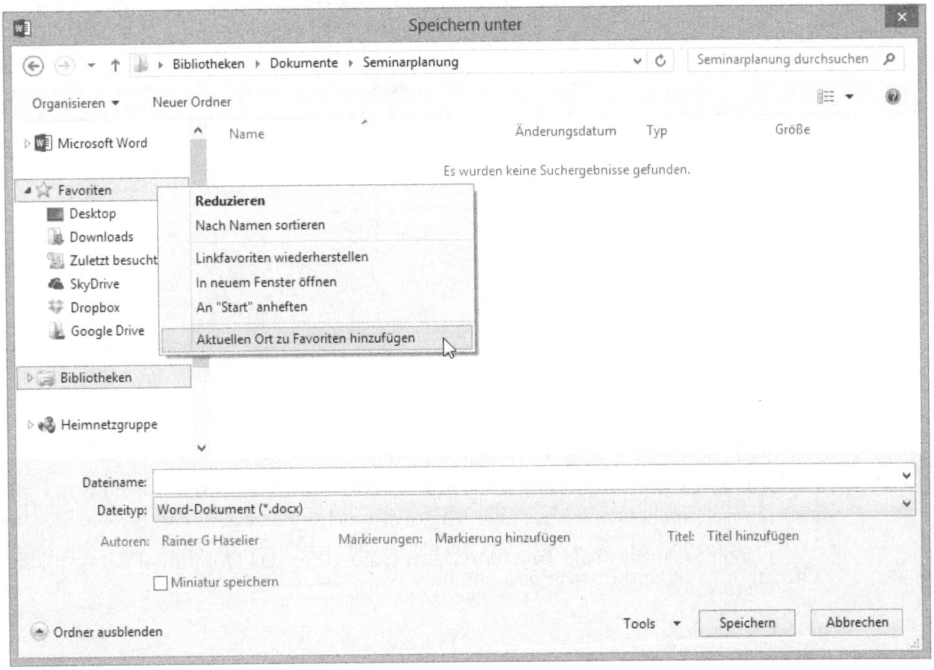

3. Klicken Sie mit der rechten Maustaste auf *Favoriten* und wählen Sie *Aktuellen Ort zu Favoriten* hinzufügen.

Um einen Speicherort wieder aus den Linkfavoriten zu entfernen, klicken Sie dessen Namen mit der rechten Maustaste an und wählen *Entfernen.*

Anzeige der Backstage-Ansicht beim Speichern und Öffnen abschalten

Wenn Sie in Word 2013 *Speichern unter* wählen oder Strg+S drücken wird standardmäßig die Backstage-Ansicht geöffnet, damit Sie festlegen können, ob die Datei auf SkyDrive bzw. einem anderen Webspeicherort oder auf Ihrem Computer/in Ihrem Netzwerk gespeichert werden soll. Falls Sie Ihre Dateien immer auf Ihrem Computer/in Ihrem Netzwerk speichern, können Sie Word so konfigurieren, dass die Backstage-Ansicht nicht angezeigt wird, sondern sofort das Dialogfeld *Speichern unter.* Somit können Sie einen überflüssigen Schritt überspringen.

Gehen Sie folgendermaßen vor, um beim Speichern eines neuen Dokuments sofort das Dialogfeld *Speichern unter* zu erhalten:

1. Klicken Sie auf die Registerkarte *DATEI* und dann auf *Optionen.*
2. Klicken Sie links im Dialogfeld auf die Kategorie *Speichern.*

Bild 4.6 Schalten Sie die Anzeige der Backstage-Ansicht ab, wenn Sie standardmäßig auf Ihrem Computer speichern

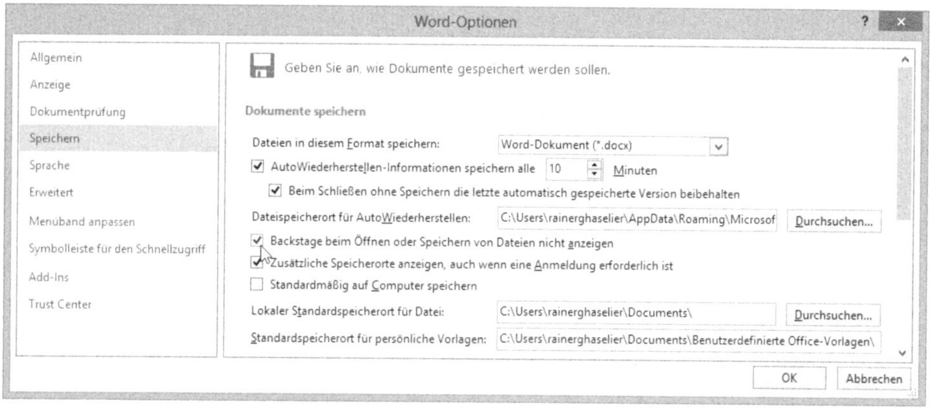

3. Aktivieren Sie das Kontrollkästchen *Backstage beim Öffnen und Speichern von Dateien nicht anzeigen*.

4. Klicken Sie auf *OK*.

Änderungen, die Sie an dieser Option in einer der Office-Anwendungen durchführen, wirken sich automatisch auch auf die anderen Office-Anwendungen aus. Wenn Sie wie hier beschrieben in den Word-Optionen die Anzeige der Backstage-Ansicht deaktivieren, wird sie beim Speichern und Öffnen in Excel und PowerPoint ebenfalls nicht mehr angezeigt.

Auf SkyDrive und SharePoint speichern

Die neue Office-Version und damit auch Word haben sich dem Trend der Zeit angepasst. Wir sind es mittlerweile gewohnt, auch mobil und von unterschiedlichen Orten aus auf alle möglichen Daten zugreifen zu können. Dies spiegelt sich in der im Vergleich zu Office 2010 verbesserten Integration der Microsoft-Cloudspeicherdienste SkyDrive und SharePoint wider.

SkyDrive ist ein kostenloser Microsoft-Dienst, der Ihnen sieben Gigabyte Speicherplatz im Web zur Verfügung stellt. Wenn Sie Office-Dokumente dort abspeichern, können Sie diese entweder für andere freigeben oder in einem nicht öffentlichen Bereich ablegen. In beiden Fällen haben Sie – sofern Sie auf das Internet zugreifen können – von überall Zugriff auf diese Dateien:

- Sie können sich in einem Browser bei SkyDrive anmelden und dann die auf SkyDrive liegenden Dokumente mit den Office Web Apps bearbeiten. Die Office Web Apps stellen zwar im Vergleich zu den normalen Office-Anwendungen nur eine eingeschränkte Funktionalität zur Verfügung, dafür muss aber auch auf dem Computer, von dem aus Sie die Office Web Apps verwenden, keine der Desktopanwendungen installiert sein. Weitere Informationen zu den Office Web Apps finden Sie im Anhang dieses Buches.
- Auf der SkyDrive-Website finden Sie Schaltflächen, mit denen Sie die Dokumente auch direkt in den Desktopversionen der Office-Anwendungen bearbeiten können. Ihnen steht dann der volle Funktionsumfang der Programme zur Verfügung. In dieser Variante dient SkyDrive lediglich als Speicherplatz im Web.

- Mit Office RT können Sie Dokumente, die Sie beispielsweise mit Office 2013 auf Ihrem Desktopcomputer erstellt haben, auf Ihrem Windows-Tablet ansehen und bearbeiten.

Microsoft SharePoint wird vor allem in Unternehmen zur Teamzusammenarbeit eingesetzt. In SharePoint können Sie Dokumente beispielsweise in Dokumentbibliotheken abspeichern und sie so Ihren Teammitgliedern bereitstellen.

SkyDrive erfordert ein Microsoft-Konto

Um Dokumente auf SkyDrive speichern zu können, benötigen Sie ein sogenanntes Microsoft-Konto. Hierbei kann es sich um Ihre Windows Live ID, Ihr Microsoft Messenger-Konto, Ihren Zugang zu Outlook.com oder Hotmail oder auch um Ihr Xbox-Konto handeln. Vor dem erstmaligen Speichern auf SkyDrive müssen Sie sich bei Office anmelden; verwenden Sie hierzu Ihr Microsoft-Konto. Falls Sie noch kein Microsoft-Konto besitzen, können Sie sich im Rahmen der Anmeldung registrieren.

1. Führen Sie eine der folgenden Aktionen durch:
   - Klicken Sie in einer beliebigen Office-Anwendung ganz rechts im Menüband auf *Anmelden*. Wenn Sie dort statt *Anmelden* Ihren Benutzernamen für das Microsoft-Konto sehen, sind Sie bereits angemeldet.
   - Klicken Sie auf *DATEI* und dann auf *Konto*. Klicken Sie in der Backstage-Ansicht *Konto* auf *Anmelden*.

   Die Office-Anwendung zeigt das Anmeldefenster an.

Bild 4.7 Anmelden bei Office ist die Voraussetzung für das Speichern auf SkyDrive

2. Führen Sie eine der folgenden Aktionen durch:

   - Wenn Sie von Ihrer Organisation oder der Schule eine Benutzer-ID erhalten haben, klicken Sie auf *Organisationskonto* und melden sich an, um die Microsoft Online-Dienste aufzurufen. Hier finden Sie alle Ihre Office-Programme, Dokumente und persönlichen Einstellungen genau so vor, wie Sie sie zuvor festgelegt haben. Außerdem können Sie dann auf SkyDrive zugreifen.
   - Falls Sie bereits ein Microsoft-Konto besitzen oder Sie sich hierfür registrieren wollen, klicken Sie auf *Microsoft-Konto*. Geben Sie auf der Anmeldeseite entweder die E-Mail-Adresse und das Kennwort Ihres Microsoft-Kontos ein oder klicken Sie auf *Registrieren*, um ein Microsoft-Konto zu erstellen. Im Rahmen der Registrierung werden Sie möglicherweise aufgefordert, Ihre E-Mail-Adresse zu bestätigen.

Nach der erfolgreichen Anmeldung mit einem Microsoft-Konto sieht die Backstage-Ansicht *Konto* wie in der unten stehenden Abbildung aus. Im Abschnitt *Verbundene Dienste* wird automatisch Ihr SkyDrive-Webspeicherort ausgegeben.

Außerdem wird oben rechts im Fenster Ihr Anmeldename und falls vorhanden, Ihr Profilfoto angezeigt. Sie können Ihren Anmeldenamen, der auch im Menüband sichtbar ist, jederzeit anklicken, um die Einstellungen zu Ihrem Microsoft-Konto zu bearbeiten oder um sich mit einem anderen Konto anzumelden.

Bild 4.8 So sieht die Backstage-Ansicht *Konto* aus, wenn Sie sich mit Ihrem Microsoft-Konto bei Office angemeldet haben

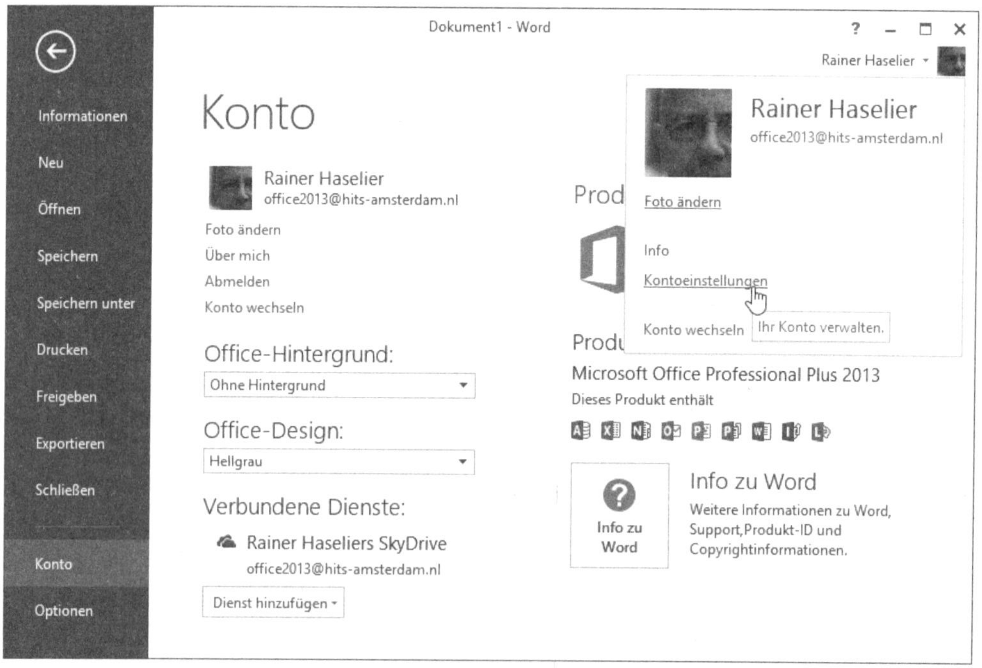

Auf SkyDrive speichern

Nachdem Sie sich bei Office angemeldet haben, können Sie auf SkyDrive speichern.

1. Erstellen Sie ein neues Dokument, klicken Sie auf *DATEI* und dann auf *Speichern* oder drücken Sie Strg+S.

Bild 4.9 Die Backstage-Ansicht *Speichern unter* zeigt Ihr SkyDrive-Laufwerk an

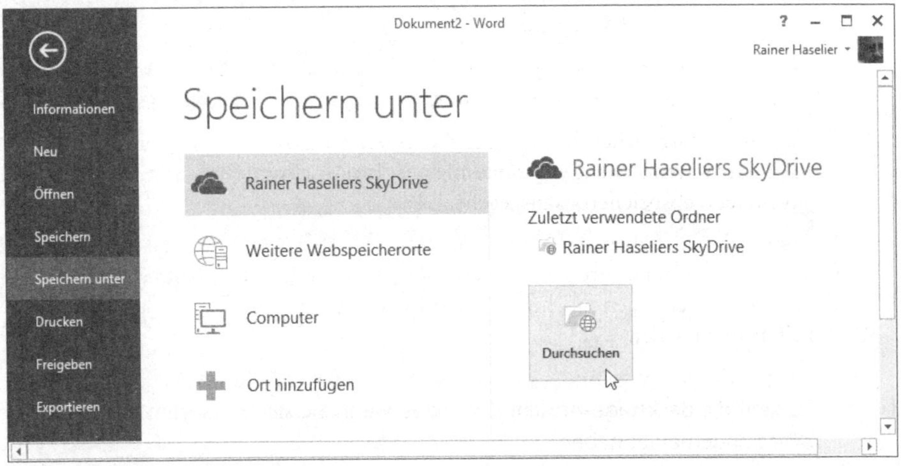

2. Klicken Sie auf *Durchsuchen*. Das Dialogfeld *Speichern unter* wird geöffnet.

Bild 4.10 Im Dialogfeld *Speichern unter* wird Ihr lokaler SkyDrive-Ordner angezeigt

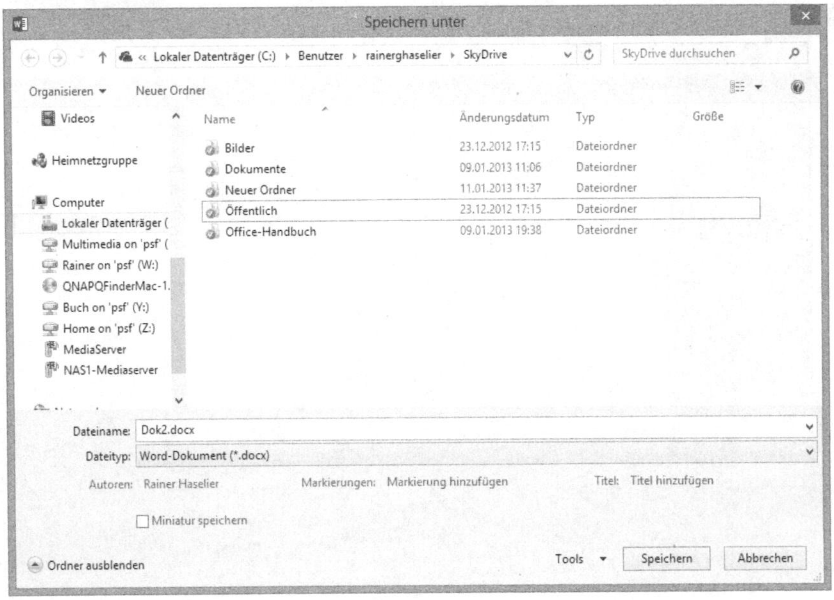

Beachten Sie vor allem die Adressleiste oben im Dialogfeld *Speichern unter*. Wenn Sie auf SkyDrive speichern, wird die Datei zuerst im lokalen Ordner *SkyDrive* gespeichert, der sich in Ihrem persönlichen Ordner befindet. Die Dateien in diesem Ordner werden dann mit Ihrem SkyDrive-Speicherplatz in der Cloud synchronisiert. Auf diese Weise stehen Ihnen Ihre auf SkyDrive gespeicherten Dokumente auch dann zur Verfügung, wenn Sie einmal offline, d. h. ohne Internetverbindung, daran arbeiten müssen.

3. Erstellen Sie bei Bedarf einen neuen Ordner oder wechseln Sie zu einem der bereits vorhandenen Ordner. Geben Sie dann im Feld *Dateiname* den Namen für das Dokument ein und klicken Sie auf *Speichern*.

Wenn Sie jetzt in die Statusleiste der Office-Anwendung schauen, sehen Sie dort kurz die Meldung aufblitzen, dass der Upload des Dokuments auf SkyDrive ausgeführt wird (siehe Bild 4.11).

Bild 4.11 In der Statusleiste werden Sie über den Uploadvorgang auf SkyDrive informiert

Außerdem wird, wenn es noch nicht gestartet ist, das Tool *Upload Center* gestartet. Dieses Tool sorgt dafür, dass die lokal (also in dem SkyDrive-Ordner auf Ihrem Computer) gespeicherten Dokumente in die SkyDrive-Cloud hochgeladen werden. Wenn Sie das Upload Center öffnen (das Programmsymbol befindet sich entweder in der Windows-Taskleiste oder im Infobereich der Taskleiste, können Sie sich über den aktuellen Status der zu synchronisierenden Office-Dokumente informieren.

Bild 4.12 Das Upload Center kümmert sich darum, dass Ihre auf dem Computer gespeicherten Office-Dokumente in die Cloud hochgeladen werden

Falls in dem Moment, in dem Sie das Dokument auf SkyDrive speichern, keine Internetverbindung besteht, sehen Sie in der Statusleiste die Meldung *Upload ausstehend*. Sobald die Internetverbindung wieder zur Verfügung steht, kümmert sich das Upload Center darum, dass die Datei hochgeladen wird.

Bild 4.13 Wenn beim Speichern keine Internetverbindung besteht, sehen Sie diese Meldung in der Statusleiste der Office-Anwendung

SkyDrive konfigurieren

Auf SkyDrive können Sie nicht nur Word- und andere Office-Dokumente, sondern beliebige Dokumente speichern. Beispielsweise können Sie von Ihrem Smartphone aus im SkyDrive-Ordner *Bilder* Fotos ablegen. Diese werden dann mit den SkyDrive-Inhalten auf Ihrem Computer synchronisiert und Sie können sie beispielsweise in Word mit dem Befehl *EINFÜGEN/Illustrationen/Onlinegrafiken* in ein Dokument einfügen.

Bei allen Dokumenten, die keine Office-Dokumente sind, kümmert sich das SkyDrive-Synchronisierungstool darum, dass die Inhalte in Ihrem lokalen SkyDrive-Ordner mit denen in der SkyDrive-Cloud synchron sind. Das Synchronisierungstool kopiert bei diesem Vorgang immer die komplette Datei.

Wenn Sie mit Word ein Dokument bearbeiten und es dabei regelmäßig speichern, haben Sie zwischen den Speichervorgängen meistens nur kleine Änderungen am Dokument vorgenommen. Um den Datenverkehr zwischen dem lokalen SkyDrive-Ordner und der Cloud möglichst gering zu halten, ist SkyDrive standardmäßig so konfiguriert, dass die Synchronisation von Word-Dokumenten nicht vom SkyDrive-Synchronisierungstool, sondern von den Office-Anwendungen selbst vorgenommen wird.

Angenommen, Sie arbeiten an einer 20 Megabyte großen Word-Datei mit zahlreichen Grafiken und ändern eine Bildbeschriftung, ändert Office im Dokument auf der SkyDrive-Cloud auch nur diese eine Beschriftung. Diese Art der smarten Synchronisation wird partieller Upload genannt. Dies ist auch der Grund dafür, dass – wie im Abschnitt »Auf SkyDrive speichern« beschrieben –, das Office Upload Center gestartet wird, wenn Sie ein Dokument auf SkyDrive speichern.

Wenn Sie eine lokale SkyDrive-Datei öffnen, erkennt Office, dass die Datei auf SkyDrive gespeichert ist, und stellt sofort eine Verbindung zur Cloud her. Auf diese Weise öffnen Sie immer die aktuelle Version des Dokuments. Wenn das Dokument freigegeben ist, können Sie außerdem sofort sehen, wer sonst noch an dem Dokument arbeitet. Dies ist insbesondere für die Office-Anwendungen, die das gleichzeitige gemeinsame Arbeiten an Dokumenten unterstützen, ein großer Vorteil.

Sie können verschiedene SkyDrive-Optionen konfigurieren, indem Sie im Infobereich der Taskleiste das SkyDrive-Symbol mit der rechten Maustaste anklicken und dann im Kontextmenü *Einstellungen* wählen.

Bild 4.14 Hier können Sie verschiedene SkyDrive-Einstellungen vornehmen

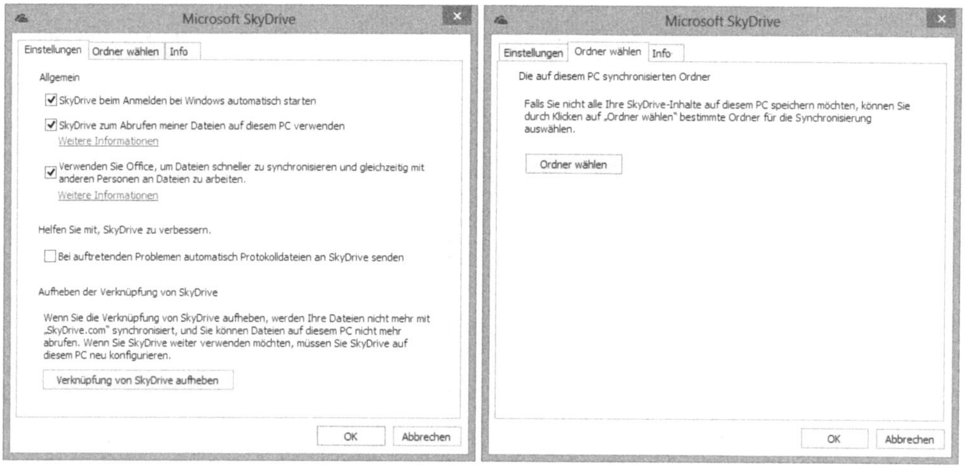

Auf der Registerkarte *Einstellungen* finden Sie das Kontrollkästchen *Verwenden Sie Office, um Dateien schneller zu synchronisieren und gleichzeitig mit anderen Personen an Dateien zu arbeiten.* Dieses Kontrollkästchen steuert, ob die smarte Synchronisierung von Office-Dokumenten aktiv ist oder nicht.

Auf der Registerkarte *Ordner wählen* können Sie einstellen, ob alle Inhalte im lokalen SkyDrive-Ordner und dessen Unterordnern auf SkyDrive synchronisiert werden sollen oder nicht. Standardmäßig werden alle Inhalte synchronisiert. Um diese Voreinstellung zu ändern, klicken Sie auf *Ordner wählen* und markieren dann die Ordner, die synchronisiert werden sollen.

Auf SharePoint speichern

Der zweite Microsoft-Cloudspeicher, der standardmäßig in Office 2013 integriert ist, ist Microsoft SharePoint. Bevor Sie das erste Mal auf SharePoint speichern, sollten Sie Office mit dem SharePoint-Dienst verbinden. Führen Sie dazu folgende Schritte durch:

1. Klicken Sie auf *DATEI,* um die Backstage-Ansicht zu öffnen, und dann auf *Konto.*
2. Klicken Sie im Abschnitt *Verbundene Dienste* auf *Dienst hinzufügen.* Wählen Sie *Speicher* und dann *Office 365 SharePoint.* Das Dialogfeld *Bei Office anmelden* wird angezeigt.
3. Klicken Sie auf *Anmelden.* Die Seite *Anmelden* wird angezeigt.
4. Geben Sie Ihre Benutzer-ID und Ihr Kennwort für den Zugriff auf SharePoint ein.
5. Lassen Sie das Kontrollkästchen *Angemeldet bleiben* eingeschaltet; Sie brauchen dann das Kennwort nicht erneut einzugeben.
6. Klicken Sie auf *Anmelden.*

   Wenn die Anmeldung erfolgreich war, wird im Bereich *Verbundene Dienste* Ihr SharePoint-Server angezeigt.

Bild 4.15 Auf dieser Seite melden Sie sich bei der SharePoint-Website an

Wenn Sie auf mehrere SharePoint-Websites Zugriff haben, wiederholen Sie obige Schritte. Sie können mehr als eine SharePoint-Website als Webspeicherort für Office-Dokumente hinzufügen.

Nachdem Sie Office und die SharePoint-Website verbunden haben, ist das Speichern auf SharePoint ganz einfach:

1. Klicken Sie auf *DATEI* und dann auf *Speichern* oder drücken Sie Strg+S.

Bild 4.16 Die SharePoint-Website wird als weiterer Speicherort aufgeführt

2. Klicken Sie – falls erforderlich – in der Liste der Speicherorte die SharePoint-Website an.
3. Wenn der gewünschte Ordner auf der rechten Seite der Backstage-Ansicht unterhalb von *Aktueller Ordner* oder *Zuletzt verwendete Ordner* angezeigt wird, klicken Sie diesen an. Anderenfalls klicken Sie auf *Durchsuchen*. In beiden Fällen wird das Dialogfeld *Speichern unter* angezeigt. Wenn noch nicht die gewünschte Teamwebsite oder Dokumentbibliothek angezeigt wird, navigieren Sie zu dem Speicherort, den Sie verwenden wollen.

Bild 4.17 Im Dialogfeld *Speichern unter* können Sie innerhalb der SharePoint-Website navigieren

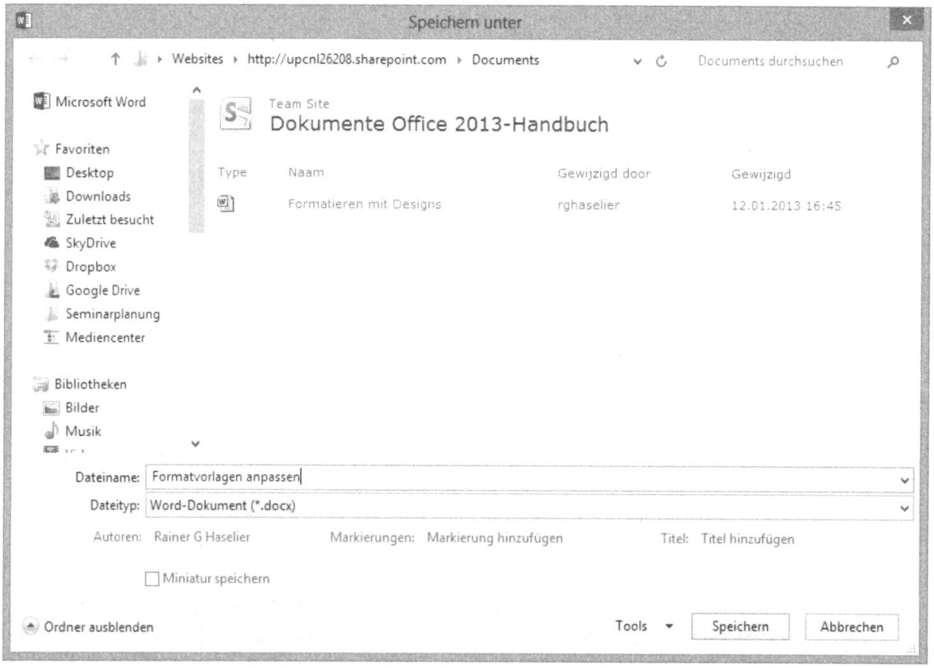

4. Geben Sie in das Feld *Dateiname* den Namen ein, ändern Sie gegebenenfalls den Dateityp und klicken Sie auf *Speichern*.

In Dropbox, auf Google Drive und im Telekom Mediencenter speichern

Sie können in Word nicht nur die Microsoft-Cloudspeicherdienste nutzen, sondern auch die von anderen Anbietern. Microsoft hat die Nutzung anderer Anbieter bereits bei den Arbeiten an Word 2013 berücksichtigt und einen Mechanismus vorgesehen, mit dem sich andere Anbieter von Webspeicher in Office und Word 2013 integrieren können. Einzige Voraussetzung ist, dass der Anbieter ein Tool bereitstellt, mit dem lokal gespeicherte Inhalte mit der Cloud synchronisiert werden (ähnlich wie es auch SkyDrive macht).

Weitere Clouddienste in Office integrieren

Um Ihnen die Einbindung von Dropbox, Google Drive und des Telekom Mediencenters in Word 2013 zu erleichtern, finden Sie im Ordner *Cloudspeicher* unterhalb des Ordners, in den Sie die Beispieldateien zum Buch installiert haben, drei Skriptdateien, die den betreffenden Dienst in Office 2013 einbinden.

Die folgenden Schritte setzen voraus, dass Sie bei einem (oder mehreren) der oben genannten Anbieter ein Konto besitzen und Sie das Synchronisationstool des betreffenden Anbieters installiert haben. Außerdem sollten Sie sich bereits mit Ihrem Microsoft-Konto bei Office angemeldet haben, da die weiteren Dienste Ihrem Microsoft-Konto hinzugefügt werden.

1. Stellen Sie sicher, dass keine der Office 2013-Anwendungen ausgeführt wird.
2. Stellen Sie sicher, dass Sie mit dem Internet verbunden sind. Die Symbole der Dienste, die in der Backstage-Ansicht angezeigt werden, werden aus dem Internet abgerufen.
3. Öffnen Sie den Ordner *Cloudspeicher* unterhalb des Ordners, in den Sie die Beispieldateien zum Buch installiert haben.
4. Doppelklicken Sie auf eine der Skriptdateien *(Dropbox-Office2013.bat, GoogleDrive-Office2013.bat, Mediencenter-Office2013.bat)*, je nachdem, welchen Dienst Sie in Office integrieren wollen.
5. Beachten Sie den Hinweis, der im Fenster der Eingabeaufforderung angezeigt wird. Drücken Sie die ↵-Taste, um fortzufahren, oder drücken Sie Strg+C, um die Integration des Dienstes zu beenden.

Bild 4.18 Geben Sie den Namen des Ordners an, der mit dem Clouddienst Ihres Anbieters synchronisiert wird

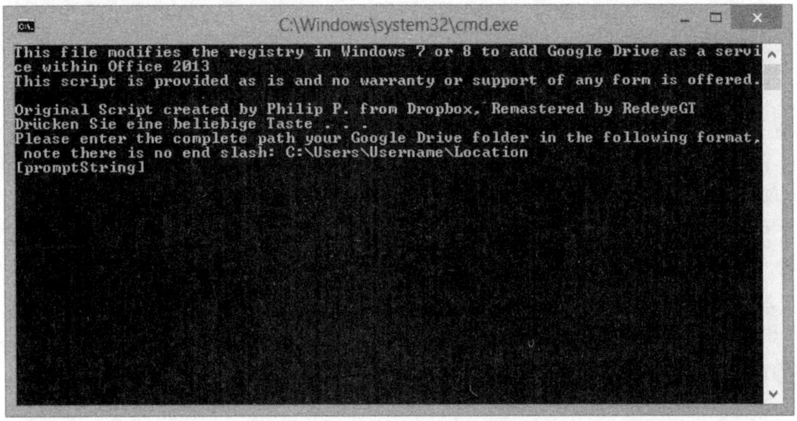

6. Geben Sie nun den Namen des Ordners ein, der mit dem Cloudspeicherort Ihres Anbieters synchronisiert wird. Wenn Sie die Standardeinstellungen übernommen haben, befindet sich der Ordner hier:
   - **Dropbox** C:\Users\<IhrWindowsBenutzername>\Dropbox
   - **Google Drive** C:\Users\<IhrWindowsBenutzername>\Google Drive
   - **Telekom Mediencenter** C:\Users\<IhrWindowsBenutzername>\Mediencenter

Wenn Sie sich nicht sicher sind, öffnen Sie den Explorer, klicken Sie in den Favoriten den Namen Ihres Cloudspeicheranbieters an und klicken dann in die Adressleiste im Explorerfenster. Dort wird der komplette Pfadname des Ordners angezeigt.

Bild 4.19 Im Explorer können Sie den kompletten Pfad des Ordners sehen, der mit dem Cloudspeicher Ihres Anbieters synchronisiert wird

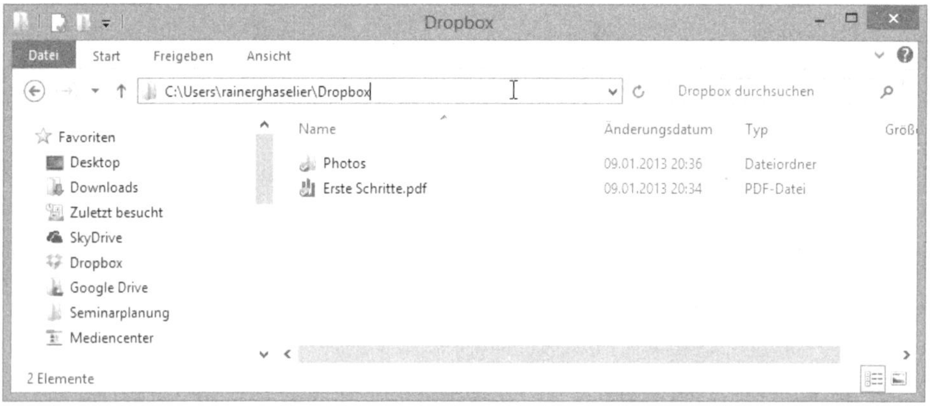

7. Drücken Sie die [↵]-Taste, um den Dienst zu integrieren. Die Skriptdatei sollte ohne Fehlermeldung ausgeführt werden.
8. Beginnen Sie erneut bei Schritt 3, wenn Sie mehr als einen Anbieter für Cloudspeicher nutzen möchten.

Clouddienste mit Office verbinden

Die Schritte aus dem vorigen Abschnitt sind erforderlich, damit Sie Office mit weiteren Cloudspeicherdiensten verbinden können. Verbundene Dienste werden (wie die Microsoft-Dienste SkyDrive und SharePoint) als Webspeicherorte in der Backstage-Ansicht *Speichern* (und auch in *Öffnen*) angezeigt. Ein Klick auf den Namen des Webspeicherorts reicht dann aus, um diesen Speicherort zu öffnen.

Führen Sie folgende Schritte aus, um einen Webspeicherort mit Office zu verbinden:

1. Klicken Sie auf *DATEI* und dann auf *Konto*.
2. Klicken Sie im Abschnitt *Verbundene Dienste* auf *Dienst hinzufügen*. Wählen Sie *Speicher* und dann den Dienst, den Sie zu Office hinzufügen wollen.

Bild 4.20 Im Menü der Schaltfläche *Dienst hinzufügen/Speicher* werden alle Webspeicherorte angezeigt, die Sie mit Office verbinden können

Word zeigt ein Meldungsfenster an, das Sie darüber informiert, dass der Dienst hinzugefügt wird.

Wenn Sie nun zur Backstage-Ansicht *Speichern, Speichern unter* oder *Öffnen* wechseln, sehen Sie, dass der verbundene Dienst links in der Liste der Standardspeicherorte angezeigt wird. Sie können den Dienst nun genauso verwenden, wie es für SkyDrive weiter vorn beschrieben wurde.

Bild 4.21 Alle mit Office verbundenen Speicherorte werden links in der Liste angezeigt

Der Vorteil bei SkyDrive besteht darin, dass Office Ihre Dokumente smart synchronisieren kann, wie es weiter vorn beschrieben wurde. Wenn der kostenlose Speicherplatz bei SkyDrive einmal ausgehen sollte, können Sie ein weiteres Microsoft-Konto erstellen und mit diesem Konto ein weiteres SkyDrive-Laufwerk mit Office verbinden, wie es die obige Abbildung zeigt.

Wenn Sie ein weiteres SkyDrive-Konto hinzufügen und in diesem Webspeicherort eine Datei speichern, landen Sie direkt auf der SkyDrive-Website und nicht in Ihrem lokalen SkyDrive-Ordner, wie es bei Ihrem primären Konto der Fall ist. Im Dialogfeld *Speichern unter* wird daher oben in der Adressleise eine *https://*-Adresse und kein lokaler Ordner angezeigt (siehe folgende Abbildung).

Bild 4.22 Bei Verwendung eines weiteren SkyDrive-Kontos speichern Sie direkt auf der SkyDrive-Website

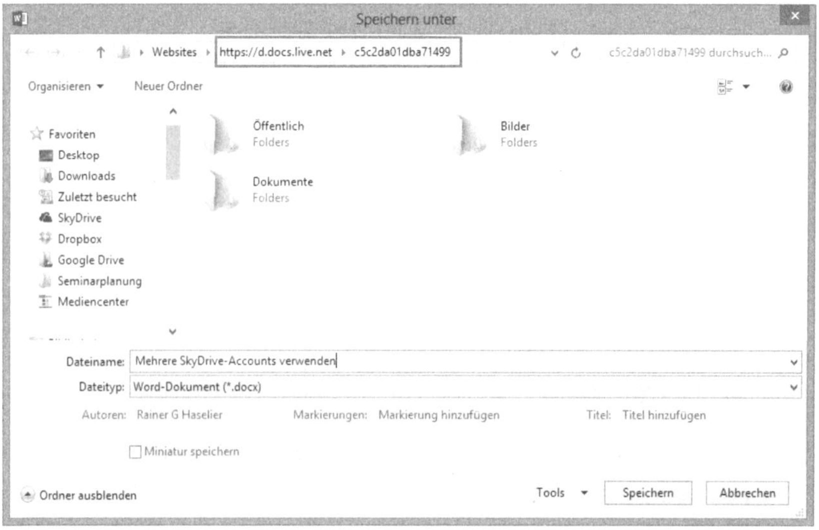

Speicheroptionen einstellen

Sie können Word so konfigurieren, dass Sie bei einem versehentlichen Überschreiben einer Datei oder bei einem Programmabsturz die vorherige Version einer Datei wiederherstellen können. Hierzu aktivieren Sie das Erstellen einer Sicherungskopie. Außerdem können Sie Word anweisen, in einem konfigurierbaren Intervall Informationen zur Dokumentwiederherstellung zu speichern.

Sicherungskopien erstellen lassen

Word kann automatisch eine Sicherungskopie Ihrer Dokumente erstellen. Wenn diese Option aktiviert ist, wird die letzte Version des Dokuments unter dem Namen *Sicherungskopie von (Originalname)* und die aktuelle Version unter dem von Ihnen vergebenen Namen gespeichert. Sollte einmal mit der aktuellen Version des Dokuments etwas schiefgehen, können Sie auf die Sicherungskopie zurückgreifen.

Gehen Sie so vor, um in Word das automatische Erstellen von Sicherungskopien zu aktivieren:

1. Klicken Sie auf die Registerkarte *DATEI* und dann auf *Optionen.*
2. Klicken Sie in der Liste auf der linken Seite auf *Erweitert.*
3. Scrollen Sie auf der rechten Seite bis zur Gruppe *Speichern.*

Bild 4.23 Aktivieren Sie hier das automatische Erstellen von Sicherungskopien für Word-Dokumente

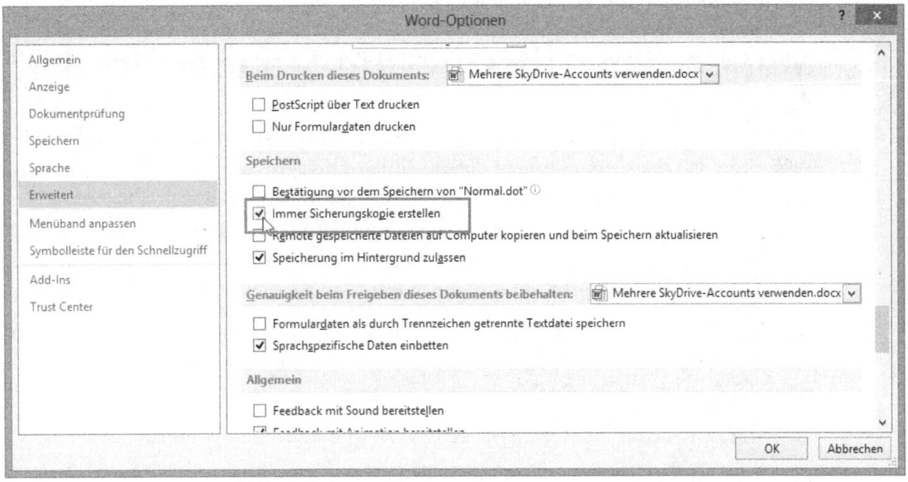

4. Schalten Sie das Kontrollkästchen *Immer Sicherungskopie erstellen* ein.
5. Klicken Sie auf *OK.*

In Zukunft legt Word nun von jeder Datei eine Sicherungskopie an. Diese Dateien besitzen übrigens die Erweiterung *.wbk (Word Backup Document)* und befinden sich im gleichen Ordner wie das Originaldokument. Wenn Sie eine Sicherungsdatei öffnen wollen, müssen Sie im Dialogfeld *Öffnen* die Liste *Dateityp* öffnen und dort den Eintrag *Alle Dateien* auswählen.

Die AutoWiederherstellen-Funktion

Wenn Sie an einem Word-Dokument arbeiten, sollten Sie dieses in regelmäßigen Abständen speichern. Denn selbst wenn moderne Computer und Programme mittlerweile sehr zuverlässig sind, können auch die Office-Programme jederzeit unvermittelt »abstürzen« oder der Rechner kann durch einen Defekt oder einen Stromausfall schlagartig ausfallen. Und wenn dann der letzte Speichervorgang lange zurückliegt, geht unter Umständen viel Arbeit verloren.

Um den Datenverlust in solchen Situationen zu minimieren, gibt es in Word die sogenannte *AutoWiederherstellen*-Funktion. Wenn diese Funktion aktiviert ist, speichert Word in regelmäßigen Abständen die geöffneten Dokumente. Falls es dann zu einem Programmabsturz kommt, kann beim nächsten Start das Dokument wiederhergestellt werden, sodass nur wenige Minuten Arbeit verloren gehen.

So können Sie die AutoWiederherstellen-Funktion konfigurieren:

1. Klicken Sie auf die Registerkarte *DATEI.*
2. Klicken Sie in der Backstage-Ansicht auf *Optionen.*
3. Klicken Sie in der Liste auf der linken Seite des Dialogfeldes *Word-Optionen* auf *Speichern.*
4. Schalten Sie das Kontrollkästchen *AutoWiederherstellen-Informationen speichern* ein.
5. Geben Sie in das Feld *Minuten* das Intervall ein, in dem die AutoWiederherstellen-Informationen gespeichert werden sollen.
6. Klicken Sie auf *OK.*

Standardspeicherort und Standardformat festlegen

Wenn Sie *Speichern unter* oder *Öffnen* wählen und ein Dokument auf Ihrem Computer speichern bzw. öffnen wollen, zeigen die Dialogfelder standardmäßig den Ordner *Eigene Dokumente* an. Wenn Sie Ihre Dokumente regelmäßig in einem anderen Ordner speichern oder aus einem anderen Ordner öffnen, können Sie diese Vorgabe ändern. Sie brauchen dann in den Dialogfeldern *Speichern unter* und *Öffnen* nicht mehr manuell zu diesem Ordner zu wechseln.

Außerdem können Sie das Standarddateiformat einstellen, das zum Speichern der Dokumente verwendet werden soll. Das Standarddateiformat wird automatisch im Dialogfeld *Speichern unter* eingestellt, wenn Sie das Speichern über die Taste F12 initiieren.

1. Klicken Sie auf die Registerkarte *DATEI* und dann auf *Optionen.*
2. Klicken Sie in der Liste auf der linken Seite auf *Speichern.*
3. Öffnen Sie die Liste *Dateien in diesem Format speichern* und legen Sie dann das Standarddateiformat fest.

Bild 4.24 Legen Sie hier das Standarddateiformat und den Standardspeicherort für Word-Dokumente fest

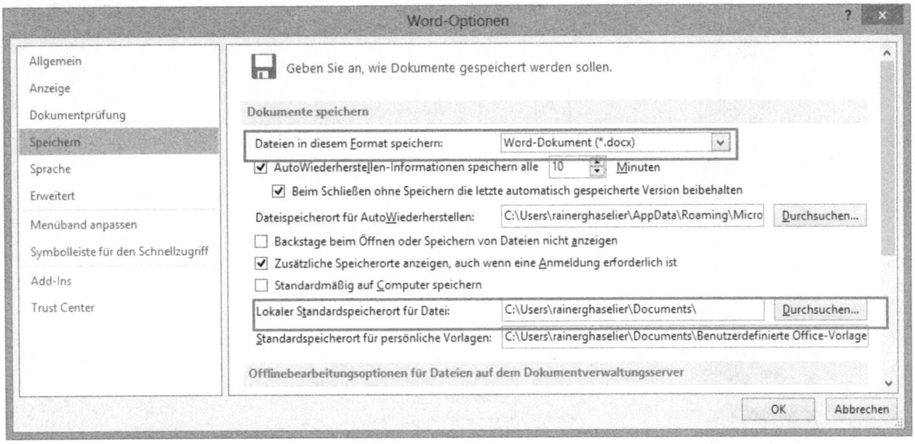

4. Geben Sie in das Feld *Lokaler Standardspeicherort für Datei* den kompletten Pfadnamen des Ordners ein, den Sie als Standardspeicherort verwenden wollen. Oder klicken Sie auf *Durchsuchen,* um das Dialogfeld *Speicherort ändern* anzeigen zu lassen und dort den Ordner auszuwählen.
5. Klicken Sie jeweils auf *OK,* um die geöffneten Dialogfelder zu schließen.

Dokumenteigenschaften verwenden

In Word-Dokumenten können Sie neben dem Dateinamen weitere Informationen aufnehmen, die Ihnen dabei helfen können, ein bestimmtes Dokument wiederzufinden. Diese Informationen, die Dokumenteigenschaften genannt werden, befinden sich in derselben Datei wie das Dokument. Neben Eigenschaften, die Sie selbst definieren und festlegen können, gehören zu den Dokumenteigenschaften statistische Informationen, wie die Anzahl der Seiten im Dokument, das Datum der letzten Speicherung usw., die von Word automatisch erstellt werden.

Dokumenteigenschaften erstellen

Es gibt verschiedene Möglichkeiten, die Eigenschaften eines Dokuments zu erstellen und zu ändern. Ein Weg ist die Verwendung der Backstage-Ansicht *Informationen.* Klicken Sie dazu auf die Registerkarte *DATEI* und dann auf *Informationen.*

Die Dokumenteigenschaften werden auf der rechten Seite der Backstage-Ansicht angezeigt. Klicken Sie eines der Felder an, die mit einem Rahmen markiert werden, wenn Sie den Mauszeiger darauf bewegen, und legen Sie die betreffenden Eigenschaften fest.

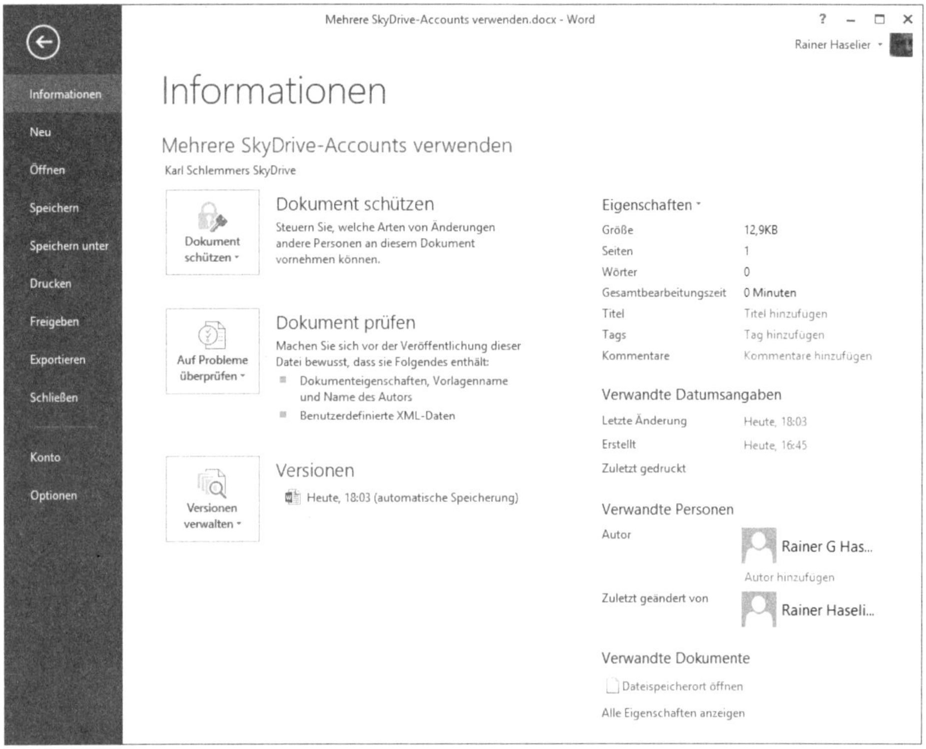

Bild 4.25 Auf der rechten Seite der Backstage-Ansicht *Informationen* werden die Dokumenteigenschaften angezeigt, die Sie dort auch ändern können

Alternativ können Sie die Dokumenteigenschaften auch während des Speicherns festlegen. Klicken Sie dazu im Dialogfeld *Speichern unter* auf *Ordner ausblenden*.

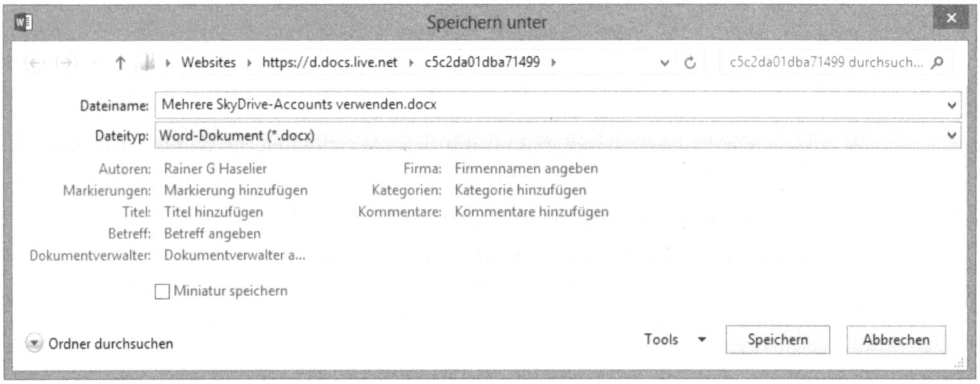

Bild 4.26 Wenn Sie im Dialogfeld *Speichern unter* auf *Ordner ausblenden* klicken, werden die Dokumenteigenschaften angezeigt, die Sie hier auch bearbeiten können

Die Dokumenteigenschaften in Word drucken

Bei Word können Sie die Eigenschaften eines Dokuments separat oder gemeinsam mit dem Dokument ausdrucken. Die erforderlichen Einstellungen finden Sie in der Backstage-Ansicht *Drucken.*

Wenn Sie nur die Dokumenteigenschaften drucken wollen, gehen Sie folgendermaßen vor:

1. Klicken Sie auf die Registerkarte *DATEI* und dann auf *Drucken.*
2. Öffnen Sie die Liste *Druckauswahl* im Bereich *Einstellungen* und klicken Sie auf *Dokumentinformationen.*

Bild 4.27 Hier legen Sie fest, dass lediglich die Dokumenteigenschaften ausgedruckt werden sollen

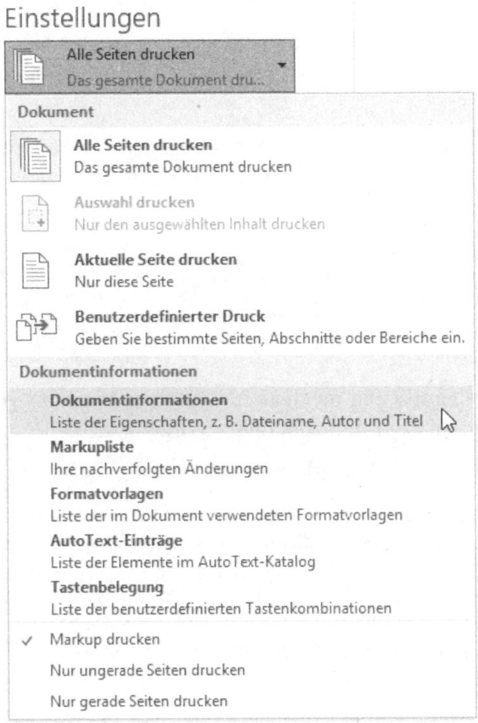

3. Stellen Sie weitere Druckoptionen ein und klicken Sie dann auf *Drucken.*

Wenn Sie das Dokument gemeinsam mit den Dokumenteigenschaften ausdrucken lassen wollen, gehen Sie wie folgt vor:

1. Klicken Sie auf die Registerkarte *DATEI* und dann auf *Optionen.*
2. Wechseln Sie im Dialogfeld *Word-Optionen* zur Kategorie *Anzeige.*
3. Schalten Sie im Abschnitt *Druckoptionen* das Kontrollkästchen *Dokumenteigenschaften drucken* ein. Die Dokumenteigenschaften werden dann auf einer eigenen Seite gedruckt und die aktuellen Werte z. B. für die statistischen Angaben ausgegeben.

Bild 4.28 Wenn Sie diese Option einschalten, werden die Dokumenteigenschaften auf einer eigenen Seite gemeinsam mit dem Dokument ausgedruckt

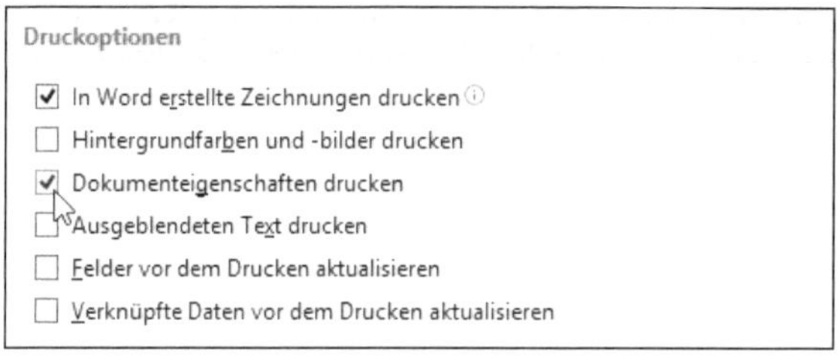

4. Klicken Sie auf *OK*, um das Dialogfeld *Word-Optionen* zu schließen.
5. Klicken Sie auf die Registerkarte *DATEI* und dann auf *Drucken*. Stellen Sie falls gewünscht die Druckoptionen ein und klicken Sie dann auf *Drucken*.

TIPP Beachten Sie, dass das Kontrollkästchen *Dokumenteigenschaften drucken* nur dann aktiviert/deaktiviert werden kann, wenn im Listenfeld *Drucken* der Backstage-Ansicht *Drucken* die Option *Dokument* ausgewählt ist.

Dokument öffnen

Wenn Sie an einem Dokument weiterarbeiten möchten, das Sie bereits einmal gespeichert haben, müssen Sie es zuerst wieder auf den Bildschirm holen; dieser Vorgang wird Öffnen genannt.

1. Klicken Sie auf die Registerkarte *DATEI* und dann auf *Öffnen* oder drücken Sie die Tastenkombination Strg+O.

   Word zeigt daraufhin standardmäßig die Backstage-Ansicht *Öffnen* an. Auf der linken Seite sehen Sie die verschiedenen Speicherorte, die Sie eingerichtet haben. Standardmäßig ist dort die Option *Zuletzt verwendete Dokumente* ausgewählt. Rechts daneben werden die zuletzt verwendeten Dokumente aufgeführt.

2. Führen Sie eine der folgenden Aktionen aus:
   - Wenn das gewünschte Dokument im Bereich *Zuletzt verwendete Dokumente* angezeigt wird, klicken Sie es an. Word öffnet das Dokument. Sie können mit der Bearbeitung des Dokuments beginnen und brauchen keine weiteren Schritte durchzuführen.
   - Wenn das gewünschte Dokumente nicht im Bereich *Zuletzt verwendete Dokumente* angezeigt wird, wählen Sie in der Liste auf der rechten Seite den Speicherort aus, in dem Sie das Dokument gespeichert haben. Das Dialogfeld *Öffnen* wird angezeigt. Machen Sie bei Schritt 3 weiter.

Bild 4.29 Wenn Sie *Öffnen* wählen, wird standardmäßig die Backstage-Ansicht *Öffnen* angezeigt

3. Auf der rechten Seite der Backstage-Ansicht werden nun, falls vorhanden, die im ausgewählten Speicherort zuletzt verwendeten Ordner angezeigt. Falls dort der Ordner angezeigt wird, in dem sich das gesuchte Dokument befindet, klicken Sie ihn an. Klicken Sie anderenfalls auf *Durchsuchen.*

Bild 4.30 Die Backstage-Ansicht *Öffnen* zeigt die im ausgewählten Speicherort zuletzt verwendeten Ordner an

Word zeigt das Dialogfeld *Öffnen* an.

Bild 4.31 Im Dialogfeld *Öffnen* wählen Sie die zu öffnende Datei aus

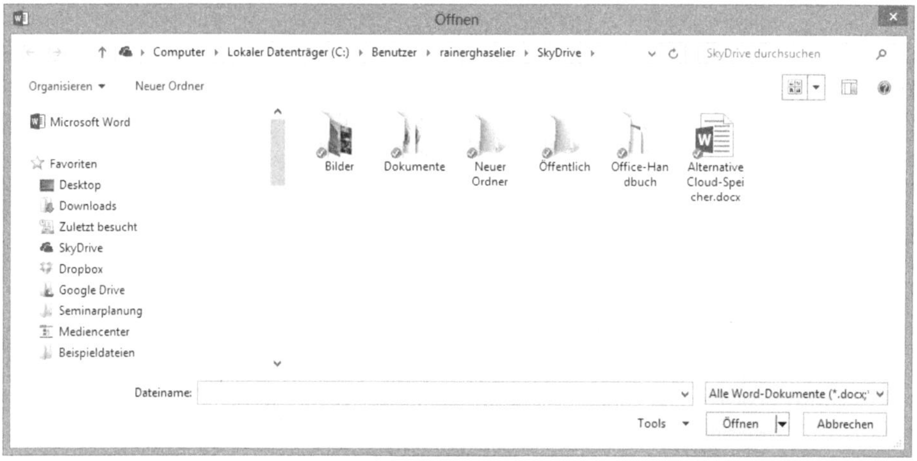

4. Falls sich das Dokument im angezeigten Ordner befindet, doppelklicken Sie auf den Namen, um es zu öffnen. Ansonsten klicken Sie in der Liste einen der Unterordner an, um diesen zu öffnen. Oder verwenden Sie die Navigationsleiste im oberen Bereich oder die Linkfavoriten, um zu dem Laufwerk/Ordner zu wechseln, in dem sich das Dokument befindet.

TIPP Wenn Ihnen die neue Standardsequenz zum Öffnen von Dateien, die die Backstage-Ansicht verwendet, zu umständlich ist, und Sie lieber sofort das Dialogfeld *Öffnen* sehen wollen, lesen Sie den Abschnitt »Anzeige der Backstage-Ansicht beim Speichern und Öffnen abschalten« ab Seite 81.

Dokument schreibgeschützt oder als Kopie öffnen

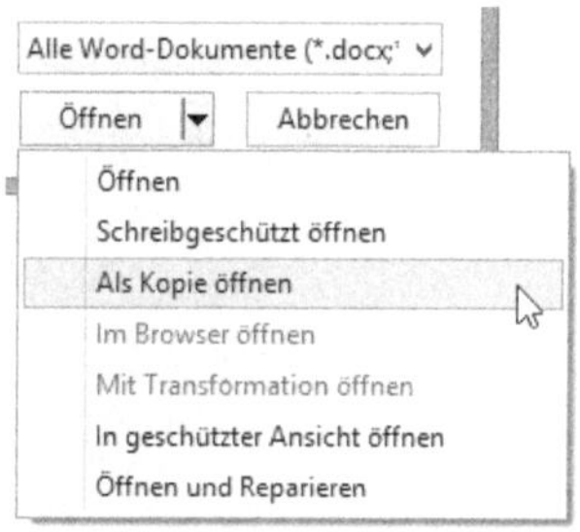

Sie können im Dialogfeld *Öffnen* über die Schaltfläche *Öffnen* weitere Optionen einstellen und beispielsweise festlegen, dass Sie eine Kopie des Dokuments erstellen oder das Dokument mit Schreibschutz öffnen wollen. Markieren Sie zunächst die gewünschte Datei, klicken Sie auf den Pfeil neben *Öffnen* und wählen Sie dann einen der folgenden Befehle aus:

- **Schreibgeschützt öffnen** Wenn Sie nur schnell etwas in dem Dokument nachschauen und sicherstellen wollen, dass Sie keine Änderungen an dem Dokument vornehmen können, wählen Sie diesen Befehl. In der Titelleiste des Fensters wird dann hinter dem Namen der Datei der Text *(Schreibgeschützt)* angezeigt.
- **Als Kopie öffnen** Wenn Sie diesen Befehl wählen, wird ein Duplikat der ursprünglichen Datei erstellt und es wird das Duplikat angezeigt. Wenn Sie an dem Dokument Änderungen vornehmen, werden sie in dieser Kopie gespeichert. Die erstellte Kopie erhält automatisch einen neuen Dateinamen. Standardmäßig wird dem existierenden Namen der Text *Kopie (1) von* vorangestellt.

HINWEIS In Word 2007 und 2010 befand sich in der Backstage-Ansicht *Neu* der Link *Neu aus vorhandenem*. Sie konnten dort diese Option verwenden, um ein neues Dokument zu erstellen, das weitestgehend mit einem bereits vorhandenen übereinstimmt. Diese Option steht in Word 2013 nicht mehr zur Verfügung. Verwenden Sie stattdessen den Befehl *Als Kopie öffnen* und speichern Sie die geöffnete Datei unter einem anderen Namen.

Sie können auch direkt in der Liste *Zuletzt verwendete Dokumente* eine Kopie des Dokuments öffnen. Klicken Sie es dazu mit der rechten Maustaste an und wählen Sie *Kopie öffnen*.

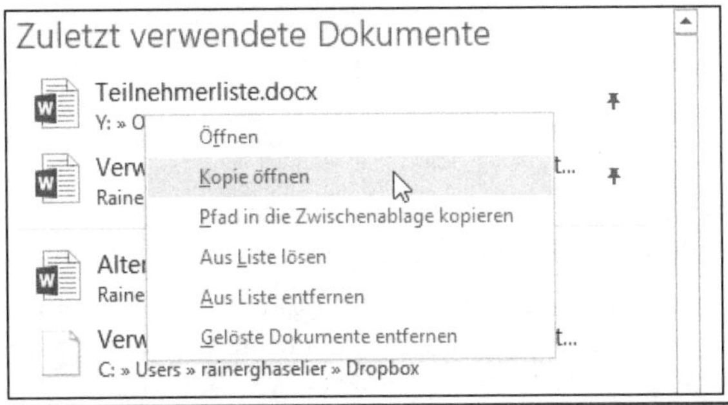

Zuletzt verwendete Dokumente und Ordner

Über die Registerkarte *DATEI* und den Befehl *Zuletzt verwendet* haben Sie direkten Zugriff auf die zuletzt bearbeiteten Dokumente. Um eines dieser Dokumente zu öffnen, reicht es aus, dessen Namen anzuklicken. Sie können ein Dokument auch dauerhaft in dieser Liste belassen, indem Sie es mit der rechten Maustaste anklicken und den Befehl *An Liste anheften* wählen. Alternativ können Sie auch die Heftzwecke an der rechten Seite des Dateinamens anklicken.

Bild 4.32 Dokumente, die Sie häufig benötigen, können Sie an die Liste anheften

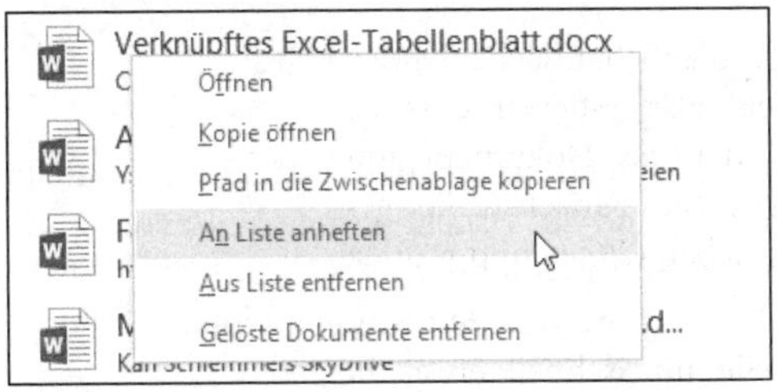

Word merkt sich standardmäßig die letzten 25 Dokumente sowie die letzten fünf Ordner, die Sie geöffnet bzw. verwendet haben. Wenn Sie die Anzahl ändern möchten, gehen Sie so vor:

1. Klicken Sie auf die Registerkarte *DATEI* und dann auf *Optionen*.
2. Klicken Sie in der Liste auf der linken Seite auf *Erweitert*.
3. Scrollen Sie in der Liste auf der rechten Seite, bis die Gruppe *Anzeigen* sichtbar ist.

Bild 4.33 Im Abschnitt *Anzeigen* konfigurieren Sie die Zuletzt-verwendet-Listen

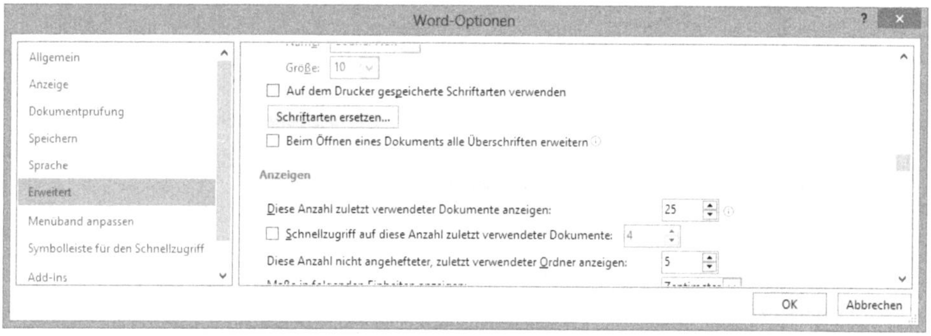

4. Legen Sie im Feld *Diese Anzahl zuletzt verwendeter Dokumente anzeigen* die gewünschte Anzahl fest. Wenn Sie dieses Feature abschalten möchten, geben Sie hier eine 0 ein.
5. Legen Sie im Feld *Diese Anzahl nicht angehefteter, zuletzt verwendeter Ordner anzeigen* die gewünschte Anzahl fest. Wenn Sie dieses Feature abschalten möchten, geben Sie hier eine 0 ein.
6. Klicken Sie auf *OK*.

Das neue Dateiformat von Office

Seit der Office-Version 2007 besitzen Word, Excel und PowerPoint ein neues Dateiformat, das auf XML basiert und der Spezifikation OpenXML entspricht. Das neue Dateiformat ist eigentlich eine ZIP-komprimierte Datei, in deren Struktur sich weitere Dateien und Unterordner befinden, in denen die verschiedenen Elemente abgelegt sind, die den Dokumentinhalt beschreiben, sowie die Dokumenteigenschaften und andere Merkmale. Durch die Komprimierung sind Office-Dokumente, die das neue Dateiformat verwenden, kleiner als in den vorhergehenden Versionen.

Kompatibilitätsmodus

Da sowohl Office 2010 als auch Office 2013 neue Formatierungsmöglichkeiten enthalten, hat sich auch das Dateiformat in den Versionen 2010 und 2013 leicht geändert. Wenn Sie in Word 2013 eine Datei öffnen, die eines der vorherigen Formate (Office 97–2003, Office 2007 oder Office 2010) aufweist, wird die Datei automatisch im sogenannten Kompatibilitätsmodus geöffnet, was auch in der Titelleiste des Fensters angegeben wird.

Wenn Sie ein Dokument im alten Format öffnen, stehen Ihnen jedoch nicht alle Formatierungsmerkmale und Funktionen zur Verfügung, die die neue Word-Version bietet. Durch die Verwendung des Kompatibilitätsmodus wird jedoch sichergestellt, dass die Datei nach der Bearbeitung weiterhin von Anwendern geöffnet werden kann, die die ältere Version des jeweiligen Programms verwenden.

In das neue Dateiformat konvertieren

Wenn Sie ein Dokument in einem der älteren Formate geöffnet haben, können Sie es in das neue Format konvertieren:

1. Klicken Sie auf die Registerkarte *DATEI* und dann auf *Informationen.*

Bild 4.34 In der Backstage-Ansicht *Informationen* können Sie Dateien in das Format von Word 2013 konvertieren

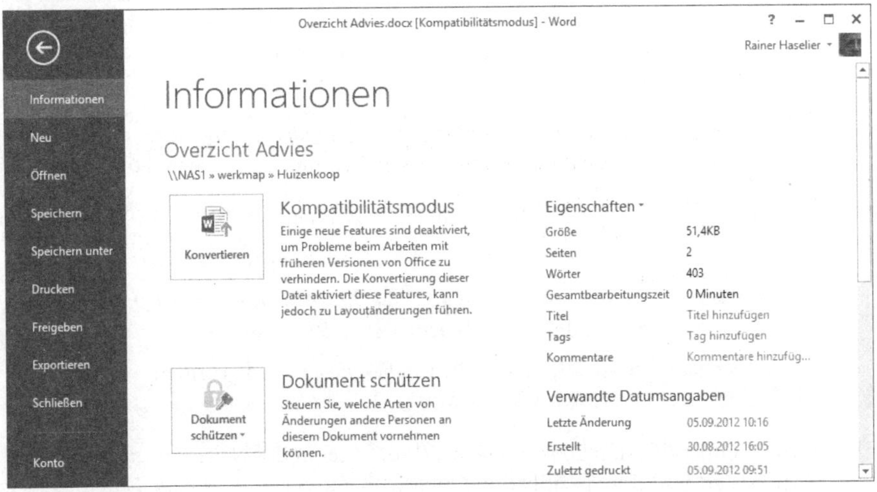

2. Klicken Sie auf *Konvertieren.* Die Office-Anwendung zeigt das folgende Meldungsfeld an:

Bild 4.35 Dieser Warnhinweis wird beim Konvertieren in das neue Dateiformat angezeigt

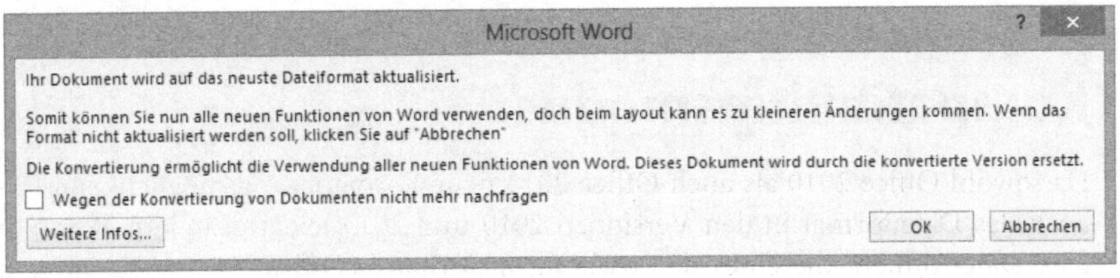

Der entscheidende Satz in diesem Meldungsfeld ist: »… doch beim Layout kann es zu kleinen Änderungen kommen.« Bei einfachen Dokumenten wird die Konvertierung meistens gut über die Bühne gehen, wenn die Dokumente komplexer sind und die fortgeschritteneren Funktionen der alten Versionen verwenden, kann die Konvertierung aber schon mal schiefgehen.

Wenn Sie Dokumente in das neue Format konvertieren, sollten Sie nach der Konvertierung auf die Registerkarte *DATEI* klicken, den Befehl *Speichern unter* wählen und in das Feld *Dateiname* einen neuen Dateinamen eingeben, um so, falls es erforderlich sein sollte, wieder auf die ursprüngliche, intakte Dateiversion im alten Dateiformat zurückgreifen zu können.

Word-Dokumente erstellen

Dokument im XPS- oder PDF-Format erstellen

Seit der Office-Version 2007 bietet Microsoft die Möglichkeit, Dokumente im Portable Document Format (PDF) zu speichern. PDF ist ein Format, das von Adobe entwickelt wurde und das das Aussehen des Dokuments beibehält – einschließlich Schriftarten, Grafiken und Formatierung –, sodass das Dokument unabhängig vom Ausgabegerät immer gleich angezeigt wird.

Neben dem PDF-Format unterstützen die Office-Anwendungen auch das Erstellen von XPS-Dateien. Ein XPS-Dokument ist ebenfalls eine plattformunabhängige Datei, die seitenweise die endgültige Darstellung eines Dokuments so speichert, wie es ausgedruckt wird. XPS wurde von Microsoft entwickelt und besitzt Ähnlichkeiten mit PDF, jedoch basiert XPS auf XML. Eine XPS-Datei ist übrigens wie das neue Standarddateiformat von Word eine ZIP-komprimierte Datei, in der sich weitere Dateien und Unterordner befinden, die die eigentlichen Informationen zu den Seiten des Dokuments beinhalten.

Führen Sie folgende Schritte durch, um ein Dokument als PDF- oder XPS-Datei zu speichern:

1. Klicken Sie auf die Registerkarte *DATEI* und dann auf *Exportieren.*
2. Klicken Sie auf der linken Seite auf *PDF/XPS-Dokument erstellen* und dann auf der rechten Seite auf die Schaltfläche *PDF/XPS-Dokument erstellen.*

   Das Dialogfeld *Als PDF oder XPS veröffentlichen* wird geöffnet.

Bild 4.36 Im Dialogfeld *Als PDF oder XPS veröffentlichen* legen Sie den Dateityp, den Dateinamen und weitere Exporteinstellungen fest

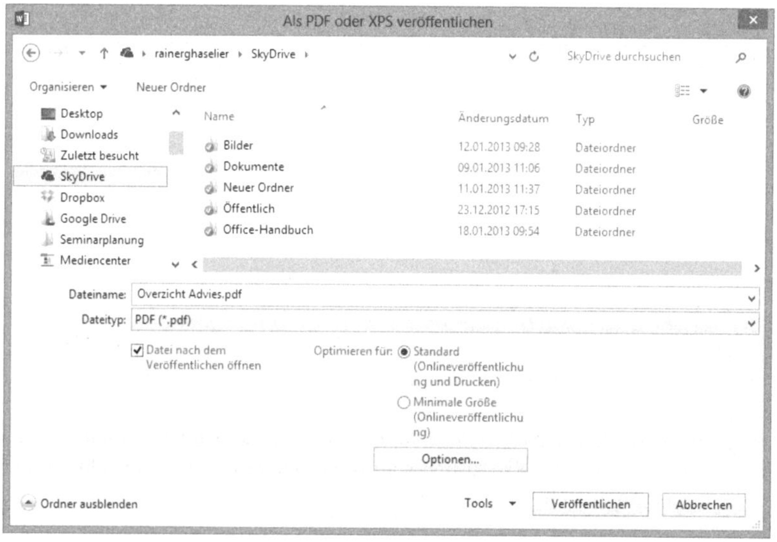

3. Geben Sie in das Feld *Dateiname* den Namen der exportierten Datei ein. Die Office-Programme verwenden standardmäßig den Namen der ursprünglichen Office-Datei.
4. Öffnen Sie die Liste *Dateityp* und legen Sie fest, ob Sie ein PDF- oder ein XPS-Dokument erstellen wollen.

5. Schalten Sie das Kontrollkästchen *Datei nach dem Veröffentlichen öffnen* ein, wenn Sie sich die erzeugte Datei ansehen wollen. (Der Ausdruck *Veröffentlichen* ist hier etwas verwirrend; denken Sie sich an seiner Stelle einfach den Begriff *Erstellen*.)
6. PDF- und XPS-Dateien können entweder für den Druck oder für eine schnelle Bildschirmdarstellung optimiert werden. Wenn Sie bei *Optimieren für* die Option *Minimale Größe (Onlineveröffentlichung)* auswählen, wird die Datei kleiner, jedoch ist die Qualität des Ausdrucks nicht so gut.
7. Klicken Sie die Schaltfläche *Optionen* an, um weitere Optionen für das Erstellen einzustellen.
8. Die Optionen sind bei den beiden Formaten leicht unterschiedlich. Das Dialogfeld für PDF-Dateien zeigt die Grafik auf der linken Seite in Bild 4.37, das für XPS-Dateien sehen Sie auf der rechten Seite.

   Nehmen Sie weitere Einstellungen vor:

   - Legen Sie wie beim Drucken unter *Seitenbereich* fest, ob alle, die aktuelle oder nur bestimmte Seiten des Dokuments exportiert werden sollen.
   - Legen Sie im Bereich *Was veröffentlichen* fest, ob nur das Dokument oder auch die im Dokument enthaltenen Markups (Kommentare) exportiert werden sollen.

Bild 4.37 Links sehen Sie die Optionen beim Erstellen einer PDF-Datei und rechts diejenigen, die für XPS-Dokumente zur Verfügung stehen

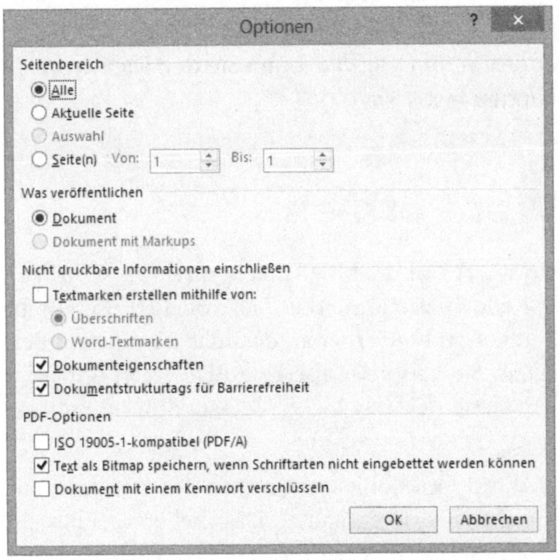

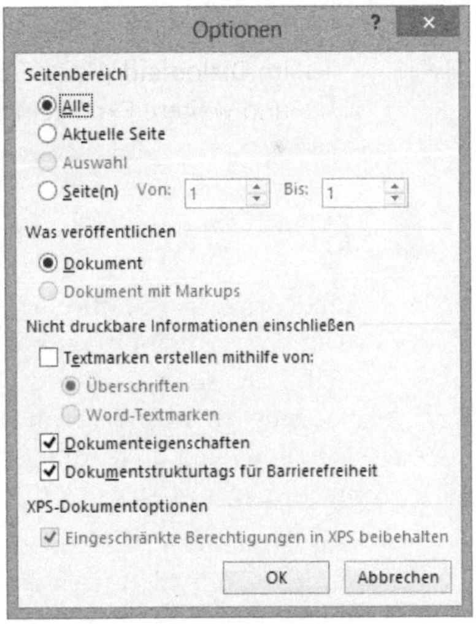

   - Im Bereich *Nicht druckbare Informationen einschließen* können Sie festlegen, ob aus den Überschriften des Dokuments automatisch Textmarken erstellt werden und ob die Dokumenteigenschaften mit eingeschlossen werden sollen.

9. Klicken Sie auf *OK*, um das Dialogfeld *Optionen* zu schließen.
10. Klicken Sie im Dialogfeld *Als PDF oder XPS veröffentlichen* auf die Schaltfläche *Veröffentlichen.*

Nach einer kurzen Wartezeit ist die PDF- bzw. die XPS-Datei erstellt. Wenn Sie das Kontrollkästchen *Datei nach dem Veröffentlichen öffnen* eingeschaltet haben, wird die Datei im entsprechenden Viewer angezeigt.

PDF- und XPS-Dateien ansehen

Ob und wenn ja welche Tools zusätzlich heruntergeladen werden müssen, hängt davon ab, welche Windows-Version zum Ansehen eingesetzt wird und ob es sich um eine PDF- oder um eine XPS-Datei handelt:

- **PDF-Dateien** Um PDF-Dateien ansehen zu können, wird bis einschließlich Windows 7 Adobe Reader benötigt und zwar mindestens die Version 6 (da Office PDF-Dateien in der PDF-Version 1.5 erstellt, die mindestens diese Versionsnummer des Readers benötigt). Adobe Reader kann kostenlos von der Adobe-Website unter *www.adobe.de* heruntergeladen werden. Unter Windows 8 werden PDF-Dateien standardmäßig mit Microsoft Reader geöffnet. Microsoft Reader ist Bestandteil von Windows 8.
- **XPS und Windows 8** Unter Windows 8 werden XPS-Dateien im Microsoft Reader angezeigt.
- **XPS und Windows 7** Unter Windows 7 werden XPS-Dateien im XPS-Viewer angezeigt.
- **XPS und Windows Vista** Unter Windows Vista werden XPS-Dateien standardmäßig im Internet Explorer angezeigt, weitere Downloads sind also nicht erforderlich.
- **XPS und Windows XP** Für Windows XP können Sie die Tools zur Anzeige von XPS-Dateien von der Website des Microsoft Download Center herunterladen. Geben Sie in Ihrem Webbrowser folgende Adresse ein: *www.microsoft.com/downloads/search.aspx?displaylang=de.* Geben Sie anschließend in das Suchfeld **XPS Viewer ein** und klicken Sie auf *Go.* Laden Sie das *XPS Essentials Pack Version 1.1* herunter und installieren Sie es.

Weitere Informationen zu Downloads und zu XPS-Dateien im Allgemeinen finden Sie auf der Microsoft-Website unter *www.microsoft.com/whdc/xps/.*

PDF-Dateien in Word öffnen

Eines der neuen Features von Word 2013 ist die Möglichkeit, direkt in Word PDF-Dateien zu öffnen; diese Funktion wird »PDF Reflow« genannt. Das Ziel von PDF Reflow besteht darin, eine PDF-Datei so in ein Word-Dokument zu konvertieren, dass das Layout und der Textfluss so weit wie möglich erhalten bleiben. Wenn Sie beispielsweise eine PDF-Datei öffnen, die eine Liste enthält, und dann in Word nach dem letzten Eintrag die [↵]-Taste drücken, soll ein neues Listenelement erstellt werden.

Das Öffnen von PDF-Dateien in Word funktioniert am besten mit Dokumenten, die wenig komplizierte Formatierungen und vor allem Texte enthalten. Das Ziel hierbei besteht vor allem darin, Inhalte aus PDF-Dateien auf einfache Weise in Word verfügbar zu machen.

Um eine PDF-Datei zu konvertieren, öffnen Sie sie in Word wie jedes andere unterstützte Dateiformat:

1. Klicken Sie auf die Registerkarte *DATEI* und dann auf *Öffnen.*
2. Wählen Sie den Speicherort der PDF-Datei aus und klicken Sie auf *Durchsuchen.*

3. Markieren Sie die PDF-Datei und klicken Sie auf *Öffnen*. Word zeigt das folgende Meldungsfeld an:

Bild 4.38 Dieser Warnhinweis wird beim Konvertieren einer PDF-Datei angezeigt

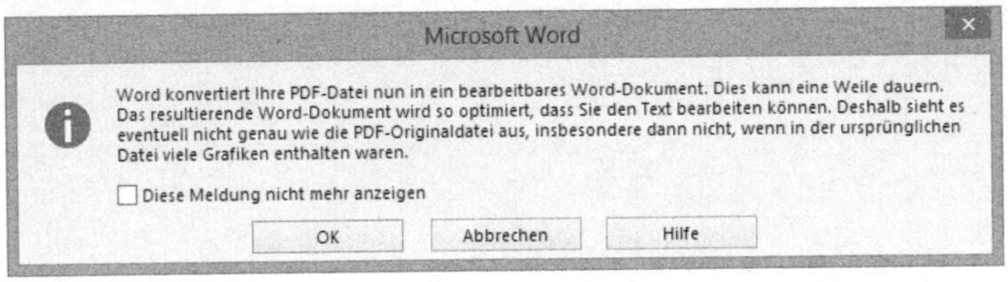

4. Wenn Sie diese Meldung künftig nicht mehr sehen wollen, schalten Sie das Kontrollkästchen *Diese Meldung nicht mehr anzeigen* ein.
5. Klicken Sie auf *OK*.

Kapitel 5

Text eingeben, bearbeiten und mit Designs formatieren

In diesem Kapitel:

In diesem Kapitel lernen Sie wichtige Grundlagen für die Arbeit mit Word kennen. Hierzu gehören neben der reinen Texteingabe und dem Umgang mit der Zwischenablage vor allem das Markieren sowie einfache Formatierungsaufgaben und das Formatieren eines Dokuments mit Designs. Außerdem werden Sie die verschiedenen Ansichten kennenlernen, die Ihnen Word zur Verfügung stellt. Abgerundet wird das Kapitel durch das Thema »Suchen und Ersetzen von Text«.

Die hier vorgestellten Befehle finden Sie auf den Registerkarten *START, ENTWURF* und *ANSICHT.*

Text eingeben

Nachdem Sie ein neues Dokument angelegt und gespeichert haben, geben Sie Ihren Text ein. Das ist ganz einfach und funktioniert fast genau so, wie Sie es von der Schreibmaschine her gewohnt sind.

Es gibt jedoch einen wichtigen und entscheidenden Unterschied: Sie brauchen am Ende einer Zeile *nicht* die Taste für die Zeilenschaltung [↵] zu drücken. Der Grund: Word sorgt automatisch für den Zeilenumbruch. Es prüft, ob das Wort, das Sie gerade eingetippt haben, noch in die aktuelle Zeile passt. Wenn nicht, wird es von Word automatisch in die nächste Zeile verschoben. Drücken Sie die [↵]-Taste also nur dann, wenn Sie einen neuen Absatz erstellen wollen.

Sie fragen sich vielleicht, was dies für Vorteile mit sich bringt. Lassen Sie uns einige aufzählen:

- Wenn Sie den eingegebenen Text später überarbeiten und z.B. in einer Zeile Text ergänzen, kann Word den Zeilenumbruch automatisch anpassen. Wenn Sie stattdessen am Ende einer Zeile immer [↵] drücken würden, müssten Sie den Zeilenumbruch manuell anpassen.
- Das Verwenden des automatischen Zeilenumbruchs erleichtert die Formatierung. In Word können Sie Absätzen Aufzählungszeichen, Nummerierungen usw. zuweisen. Mehr zur Formatierung von Absätzen finden Sie weiter hinten in diesem Kapitel.

Wenn Sie innerhalb eines Absatzes einen Zeilenumbruch erzwingen wollen, drücken Sie die Tastenkombination [⇧]+[↵].

Einzelne Zeichen löschen

Wenn Sie beim Tippen merken, dass Sie sich vertippt haben, können Sie das falsche Zeichen einfach löschen:

- Drücken Sie die Taste [←]. Das Zeichen *links* von der Einfügemarke wird gelöscht. Wenn Sie mehrere Zeichen löschen wollen, halten Sie die Taste [←] gedrückt.
- Um das Zeichen *rechts* von der Einfügemarke zu löschen, drücken Sie [Entf].

Löschen größerer Textpassagen

Wenn Sie längere Textabschnitte löschen möchten, ist die Verwendung der Tasten [←] und [Entf] zu umständlich. In diesem Fall gehen Sie besser so vor:

1. Markieren Sie den betreffenden Text. Die unterschiedlichen Techniken zum Markieren beschreiben wir weiter hinten in diesem Kapitel ab Seite 115.
2. Drücken Sie die Taste [Entf].

Text im Einfüge- und Überschreibmodus ergänzen

Wenn Sie einen Text nachträglich ändern wollen, setzen Sie einfach die Einfügemarke an die gewünschte Stelle und geben den neuen Text ein. Der bereits vorhandene Text rutscht dann automatisch nach rechts und macht Platz für die neuen Zeichen. Dieses Verhalten wird als *Einfügemodus* bezeichnet.

Word kennt jedoch auch den sogenannten *Überschreibmodus*. In dieser Betriebsart werden die bereits vorhandenen Zeichen durch den neuen Text überschrieben, d.h. jedes neue Zeichen, das Sie eintippen, ersetzt ein vorhandenes.

Um zwischen den Betriebsarten hin- und herzuschalten, konfigurieren Sie am besten die Statusleiste so, dass dort der aktuelle Modus angezeigt wird. Klicken Sie dazu die Statusleiste mit der rechten Maustaste an und Sie schalten im Kontextmenü den Befehl *Überschreiben* an. Dadurch erscheint eine Schaltfläche in der Statusleiste, mit der Sie zwischen den beiden Modi wechseln können.

Bild 5.1 Anzeigen und Umschalten zwischen Einfüge- und Überschreibmodus

HINWEIS **Überschreibmodus per Einfg umschalten** In älteren Word-Versionen konnten Sie durch Drücken von Einfg zwischen dem Überschreib- und dem Einfügemodus umschalten. Da dies bei vielen Anwendern zu Irritationen geführt hat, wurde diese Möglichkeit seit Word 2007 deaktiviert. Wenn Sie diese Funktion auch in Word 2013 nutzen möchten, können Sie in den *Word-Optionen* auf der Seite *Erweitert* in der Gruppe *Bearbeitungsoptionen* die Option *EINFG-Taste zum Steuern des Überschreibmodus verwenden* einschalten.

Im Dokument bewegen

Im Word-Fenster sehen Sie einen blinkenden Strich. Dieser Strich wird Einfügemarke genannt und kennzeichnet die Stelle, an der eingetippter Text erscheint. Um Text an einer anderen Stelle des Dokuments einzugeben, müssen Sie zuerst die Einfügemarke an die gewünschte Position verschieben. Dazu können Sie die betreffende Stelle entweder mit der Maus anklicken oder Sie benutzen die Pfeil- oder Cursortasten der Tastatur, um die Einfügemarke dorthin zu bewegen.

Tabelle 5.1 Tasten zum Bewegen der Einfügemarke im Dokument

Um die Einfügemarke zu verschieben ...	... verwenden Sie folgende Tasten
Absatz nach oben	Strg + ↑
Absatz nach unten	Strg + ↓
Anfang des Dokuments	Strg + Pos1
Ende des Dokuments	Strg + Ende

Tabelle 5.1 Tasten zum Bewegen der Einfügemarke im Dokument *(Fortsetzung)*

Um die Einfügemarke zu verschieben ...	... verwenden Sie folgende Tasten
Eine Fensterseite nach oben	Bild↑
Eine Fensterseite nach unten	Bild↓
Ein Wort nach links	Strg + ←
Ein Wort nach rechts	Strg + →
Ein Zeichen nach links	←
Ein Zeichen nach rechts	→
Eine Zeile nach oben	↑
Eine Zeile nach unten	↓
Anfang der aktuellen Zeile	Pos1
Ende der aktuellen Zeile	Ende

PROFITIPP

Text automatisch scrollen

Eine Funktion, die in ähnlicher Form auch im Internet Explorer Verwendung findet, ist der automatische Bildlauf. Dabei wird das Dokument mit gleichbleibender Geschwindigkeit nach oben oder unten über den Bildschirm bewegt.

Zum Einschalten der Funktion drücken Sie das Mausrad. Word zeigt dann einen Mauszeiger mit einem Doppelpfeil an. Befindet sich der Zeiger in der oberen Hälfte der Bildschirmseite, bewegt sich das Dokument nach unten, d.h., Sie wandern in Richtung Dokumentanfang. Soll sich der Text nach oben bewegen, schieben Sie den Pfeil in die untere Hälfte der Seite.

Die Geschwindigkeit der Bewegung steuern Sie ebenfalls durch die Position des Mauszeigers: Je weiter Sie den Pfeil vom Mittelpunkt entfernen, desto schneller scrollt Word das Dokument. Zum Beenden des Modus drücken Sie eine beliebige Taste auf der Tastatur oder der Maus.

Formatierungszeichen anzeigen

Vielleicht sehen Sie auf Ihrem Bildschirm »merkwürdige« Zeichen, die Sie niemals bewusst eingetippt haben, und fragen sich, welche Bedeutung sie besitzen. Diese Zeichen werden Formatierungszeichen genannt und mit ihrer Hilfe können Sie u.a. erkennen, wo Sie statt einem zwei Leerzeichen zwischen zwei Wörtern eingetippt oder mit der ↵-Taste einen neuen Absatz erstellt haben.

Ob die Formatierungszeichen angezeigt werden oder nicht, können Sie mit der Schaltfläche *Alle anzeigen* steuern, die sich auf der Registerkarte *START* befindet (siehe Bild 5.2).

Bild 5.2 Die verschiedenen Formatierungszeichen

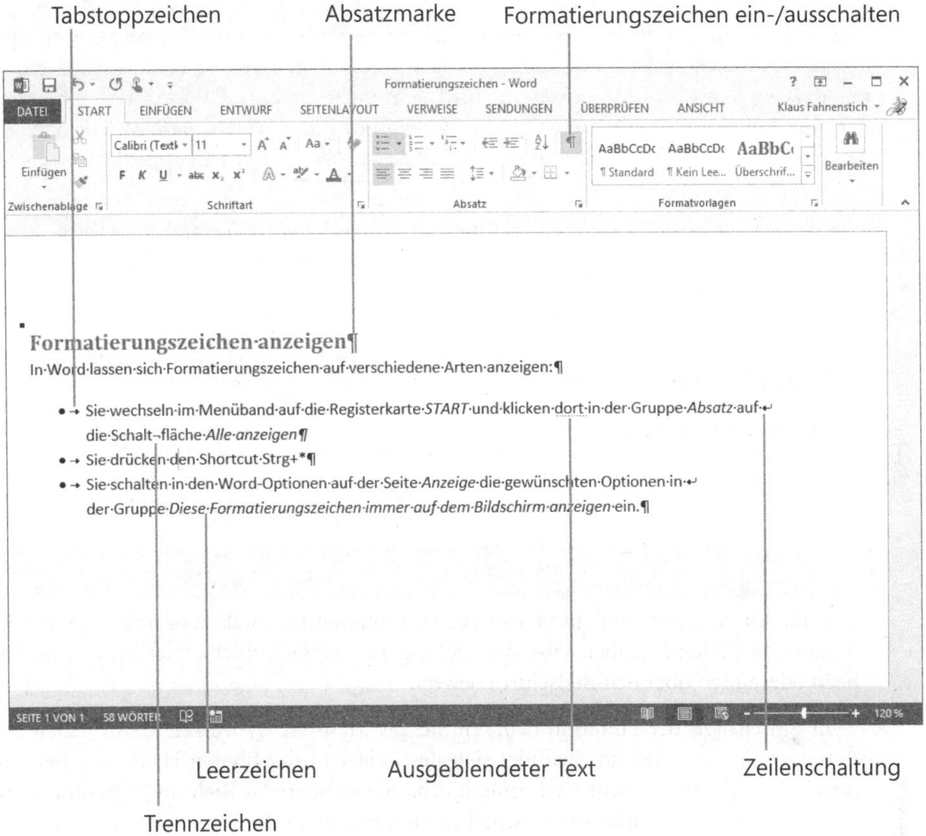

Wenn Sie nur eine bestimmte Auswahl der Formatierungszeichen sichtbar machten möchten, müssen Sie zuvor im Dialogfeld *Word-Optionen*, die entsprechenden Optionsfelder einschalten:

1. Klicken Sie in der Backstage-Ansicht auf *Optionen*.
2. Zeigen Sie im Dialogfeld *Word-Optionen* die Seite *Anzeigen* an.
3. Nehmen Sie im Abschnitt *Diese Formatierungszeichen immer auf dem Bildschirm anzeigen* die betreffenden Einstellungen vor. Beachten Sie, dass Sie die Option *Alle Formatierungszeichen anzeigen* ausschalten müssen, wenn Sie nur einen Teil der Formatierungszeichen anzeigen möchten.

Markieren

Wenn Sie eine längere Textpassage formatieren wollen, müssen Sie diesen Bereich zuerst markieren. Dazu können Sie sowohl die Maus als auch die Tastatur verwenden, wobei beide Techniken ihre Vor- und Nachteile haben. Natürlich können Sie auch auf einem Gerät mit Touchbedienung einen Text markieren, allerdings sind hier die Möglichkeiten doch recht bescheiden.

Mit der Maus markieren: Die Markierungsleiste

Um eine Textstelle mit der Maus zu markieren, zeigen Sie auf den Anfang des zu markierenden Bereichs und ziehen die Markierung dann mit gedrückter Maustaste auf. Sobald die Markierung mehr als ein Wort umfasst, erweitert Word sie immer um ganze Wörter. Wenn Sie dieses Verhalten stört, können Sie es über die Option *Automatisch ganze Wörter markieren* deaktivieren. Sie finden sie im Dialogfeld *Word-Optionen* auf der Seite *Erweitert* in der Gruppe *Bearbeitungsoptionen.*

Zum Markieren größerer Textbereiche verwenden Sie am besten die Markierungsleiste. Dabei handelt es sich um einen unsichtbaren Bereich links neben dem Text, den Sie daran erkennen, dass der Mauszeiger dort nicht wie gewohnt nach links, sondern nach rechts zeigt.

Tabelle 5.2 Markieren mit der Maus

Um dies zu markieren ...	... gehen Sie so vor
ein Wort	Doppelklicken Sie auf das Wort.
eine Zeile	Klicken Sie vor der gewünschten Zeile in die Markierungsleiste.
mehrere Zeilen	Setzen Sie den Mauszeiger in der Markierungsleiste vor die erste zu markierende Zeile, drücken Sie die Maustaste und ziehen Sie mit gedrückter Maustaste die Markierung entweder nach oben oder nach unten auf.
einen Absatz	Setzen Sie den Mauszeiger in der Markierungsleiste vor den zu markierenden Absatz und *doppelklicken* Sie dann mit der Maustaste. Alternativ können Sie einen Dreifachklick auf dem Absatz ausführen.
mehrere Absätze	Setzen Sie den Mauszeiger in der Markierungsleiste vor den ersten zu markierenden Absatz, *doppelklicken* Sie und ziehen Sie mit gedrückter Maustaste die Markierung entweder nach oben oder nach unten auf.
das gesamte Dokument	Führen Sie einen Dreifachklick in der Markierungsleiste aus.

PROFITIPP

Mehrere Absätze mit der Maus markieren

Wenn Sie mehrere Absätze mit der Maus markieren wollen, kann es schnell passieren, dass Sie über das Ziel »hinausschießen«. Word nimmt dann einen Bildlauf vor und Sie müssen erst wieder umständlich die richtige Textstelle suchen. So kommen Sie schneller zum Ziel:

1. Setzen Sie die Einfügemarke an den Anfang des zu markierenden Bereichs.
2. Drücken Sie [F8] oder halten Sie alternativ die [⇧]-Taste fest.
3. Führen Sie einen Bildlauf zum anderen Ende des Bereichs durch, den Sie markieren wollen.
4. Klicken Sie die Textposition an, um die Markierung bis dort zu erweitern.

Nicht zusammenhängenden Text markieren

Sie können mit der Maus auch Text markieren, der nicht direkt nebeneinander steht. Gehen Sie dazu folgendermaßen vor:

1. Drücken Sie die [Strg]-Taste und halten Sie sie gedrückt.
2. Markieren Sie Wörter, Zeilen und Absätze so, wie es in der obigen Tabelle beschrieben ist.

Bild 5.3 Beispiel für eine Mehrfachauswahl

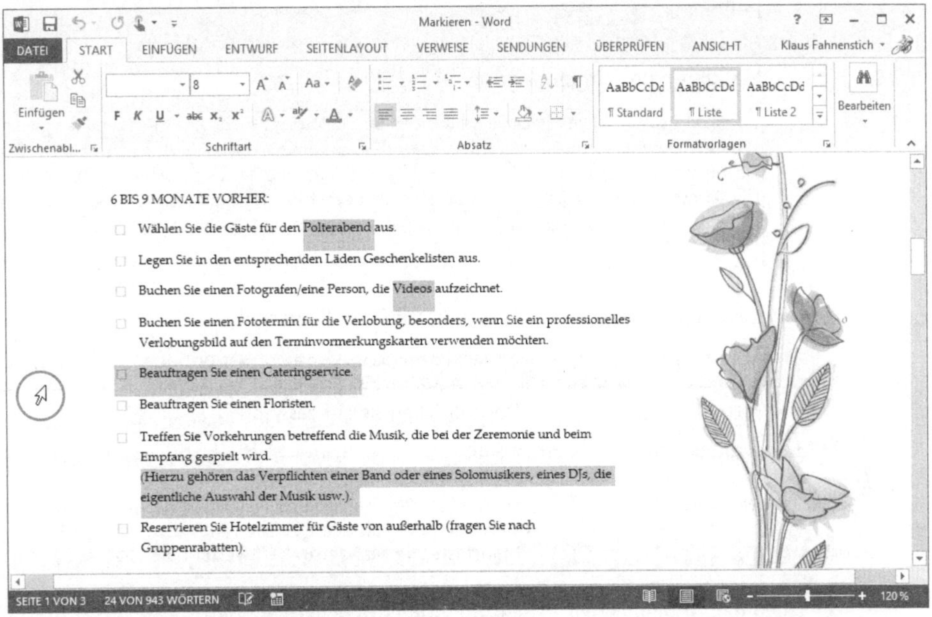

3. Lassen Sie die Strg-Taste wieder los.

Mit der Tastatur markieren

Einzelne Zeichen und kurze Passagen lassen sich in der Regel schneller per Tastatur markieren, da Sie die Hände beim Schreiben sowieso schon auf der Tastatur liegen haben. Die Vorgehensweise ist dabei immer die gleiche:

1. Drücken Sie die ⇧-Taste und halten Sie sie gedrückt.
2. Erweitern Sie die Markierung mit den Cursortasten, die Sie auch zum Bewegen der Einfügemarke verwenden (siehe Abschnitt »Im Dokument bewegen« auf Seite 113).

Sie können sich diesen Vorgang bildlich so vorstellen: Durch das Festhalten der ⇧-Taste wird die Einfügemarke an der aktuellen Position eingefroren. Wenn Sie dann die Cursortasten drücken, wird die Markierung von der Einfügemarke aus erweitert, und zwar in die Richtung, die Sie mit den Tasten angeben. Wenn Sie beispielsweise die ⇧-Taste gemeinsam mit Strg+→ drücken, erweitert Word die Markierung bis zum nächsten Wort.

Per Fingereingabe markieren

Das Markieren per Fingereingabe ist bei Weitem nicht so komfortabel wie mit der Maus oder der Tastatur, denn Sie können grundsätzlich nur eine zusammenhängende Textpassage markieren. Gehen Sie dazu folgendermaßen vor:

1. Tippen Sie auf den Anfang der zu markierenden Passage. Word zeigt dann den Auswahlziehpunkt an.

Bild 5.4 Markieren per Fingereingabe

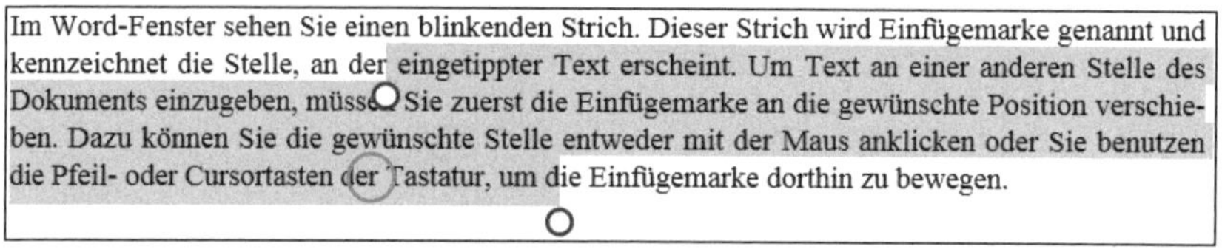
Im Word-Fenster sehen Sie einen blinkenden Strich. Dieser Strich wird Einfügemarke genannt und kennzeichnet die Stelle, an der eingetippter Text erscheint. Um Text an einer anderen Stelle des Dokuments einzugeben, müssen Sie zuerst die Einfügemarke an die gewünschte Position verschieben. Dazu können Sie die gewünschte Stelle entweder mit der Maus anklicken oder Sie benutzen die Pfeil- oder Cursortasten der Tastatur, um die Einfügemarke dorthin zu bewegen.

2. Ziehen Sie den Auswahlziehpunkt mit dem Finger, um die Markierung aufzuziehen.

Um nur ein einzelnes Wort zu markieren, können Sie auch einfach darauf doppeltippen. Und für das Markieren einer einzelnen Zeile gibt es ebenfalls eine schnelle Variante: Doppeltippen Sie dazu in Höhe der gewünschten Zeile links neben (!) das Blatt. Dies entspricht einem Mausklick in die Markierungsleiste, wobei Sie mit der Maus auch auf den Blattrand klicken können.

Text mit ähnlicher Formatierung markieren

Neben den in den letzten Abschnitten beschriebenen Standardtechniken zum Markieren gibt es in Word noch eine besondere Funktion, die in bestimmten Situationen sehr praktisch sein kann. Und zwar können Sie mit ihrer Hilfe sämtlichen Text markieren, der einer vorgegebenen Formatierung ähnelt. Um z.B. alle kursiven Wörter eines Dokuments in Kapitälchen zu formatieren, gehen Sie so vor:

1. Markieren Sie ein kursiv formatiertes Wort.
2. Wechseln Sie zur Registerkarte *START,* klicken Sie ganz rechts auf die Schaltfläche *Markieren* und wählen Sie den Befehl *Text mit ähnlicher Formatierung markieren.*

Bild 5.5 Text mit ähnlicher Formatierung markieren

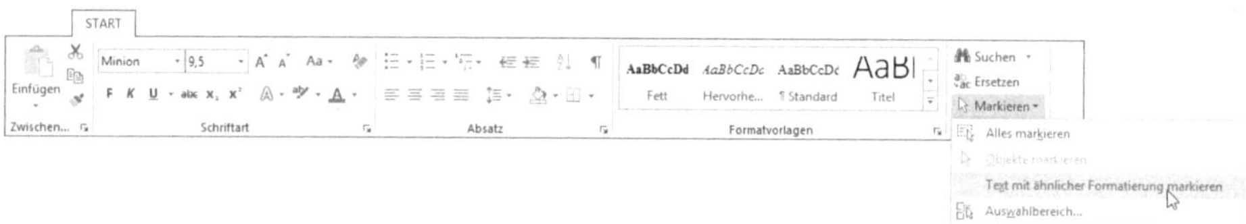

3. Word hat nun automatisch alle Textstellen markiert, die eine ähnliche Formatierung wie der von Ihnen zuvor markierte Text besitzen. Jetzt können Sie diesen Textstellen mit einem einzigen Befehl eine neue Formatierung zuweisen.

Kopieren und Einfügen: Der Aufgabenbereich »Zwischenablage«

Zwei Textverarbeitungsaufgaben, die Sie wahrscheinlich häufig durchführen werden, sind das Kopieren und das Verschieben von Text. Wenn Sie bereits mit Windows-Programmen gearbeitet haben, wissen Sie vermutlich, dass hierfür die sogenannte *Zwischenablage* verwendet wird. Sie funktioniert so ähnlich wie eine Pinnwand: Sie können dort etwas anheften, um es später wieder zu entnehmen. In der Office-Zwischenablage können bis zu 24 Elemente abgelegt werden.

Sie können die Zwischenablage einschalten, indem Sie auf der Registerkarte *START* in der Gruppe *Zwischenablage* auf das *Startprogramm für ein Dialogfeld* klicken.

Bild 5.6 Einschalten der Office-Zwischenablage

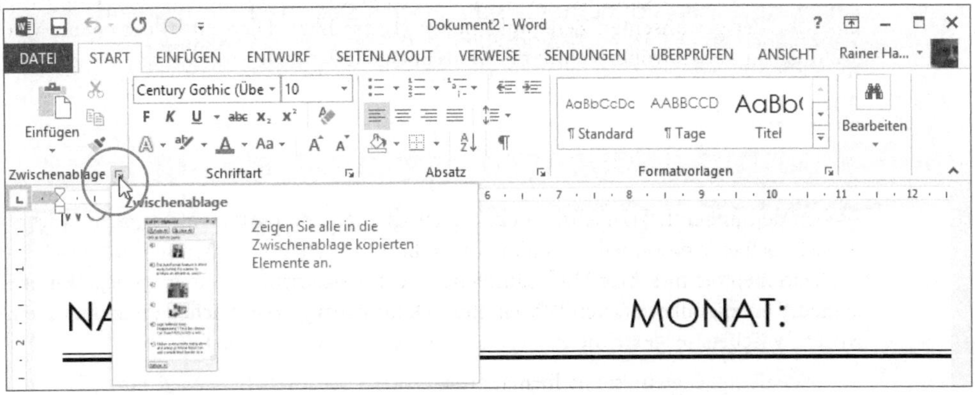

Die folgenden Abschnitte erläutern, wie Sie mithilfe der Zwischenablage Elemente kopieren und verschieben.

Kopieren in vier Schritten

1. Markieren Sie den Text, die Grafik usw., den/die Sie kopieren wollen.

2. Klicken Sie auf der Registerkarte *START* in der Gruppe *Zwischenablage* auf *Kopieren* (oder drücken Sie Strg+C). Eine Kopie der Markierung wird in der Zwischenablage abgelegt.
3. Setzen Sie den Cursor/die Einfügemarke an die Zielstelle.

4. Klicken Sie auf der Registerkarte *START* in der Gruppe *Zwischenablage* auf *Einfügen* (oder drücken Sie Strg+V).

Verschieben in vier Schritten

1. Markieren Sie den Text, die Grafik usw., den/die Sie verschieben wollen.

2. Klicken Sie auf der Registerkarte *START* in der Gruppe *Zwischenablage* auf *Ausschneiden* (oder drücken Sie [Strg]+[X]). Die Markierung wird aus dem Dokument entfernt und in der Zwischenablage abgelegt.
3. Setzen Sie den Cursor/die Einfügemarke an die Zielstelle.

4. Klicken Sie auf der Registerkarte *START* in der Gruppe *Zwischenablage* auf *Einfügen* (oder drücken Sie [Strg]+[V]).

HINWEIS Bitte beachten Sie, dass sich die Einfügestelle nicht unbedingt in demselben Dokument befinden muss, in dem Sie die Markierung kopiert bzw. ausgeschnitten haben. Die Einfügestelle kann sich auch in einem anderen Dokument des gleichen Typs (also Kopieren/Verschieben von Word nach Word) befinden oder in einem Dokument, das Sie mit einer anderen Office-Anwendung erstellen. In diesem Fall wechseln Sie vor dem Einfügen zu der anderen Anwendung.

Beliebiges Element aus Zwischenablage einfügen

Die Schritte, die in den beiden vorigen Abschnitten beschrieben wurden, fügen immer das zuletzt ausgeschnittene bzw. kopierte Element ein. Sie können jedoch auch jedes andere Element, das sich in der Zwischenablage befindet, einfügen. Gehen Sie dazu wie folgt vor:

1. Schalten Sie, wenn sie nicht sichtbar ist, die Office-Zwischenablage ein.

Bild 5.7 Der Aufgabenbereich *Zwischenablage* mit Elementen aus mehreren Office-Anwendungen

2. Klicken Sie auf den Pfeil neben dem Element, das Sie einfügen wollen.
3. Klicken Sie auf *Einfügen.*

Einfügeoptionen verwenden

Beim Einfügen aus der Zwischenablage können Sie das Format bestimmen, in dem das Element eingefügt werden soll. Sie können das Format entweder direkt beim Einfügen oder nach dem Einfügen festlegen. Um das Format beim Einfügen zu wählen, klicken Sie auf den Pfeil der Schaltfläche *Einfügen*, also den unteren Bereich der Schaltfläche. Klicken Sie dann die gewünschte Option an.

Bild 5.8 Über die *Einfügeoptionen* wählen Sie das Format, in dem das Element eingefügt werden soll

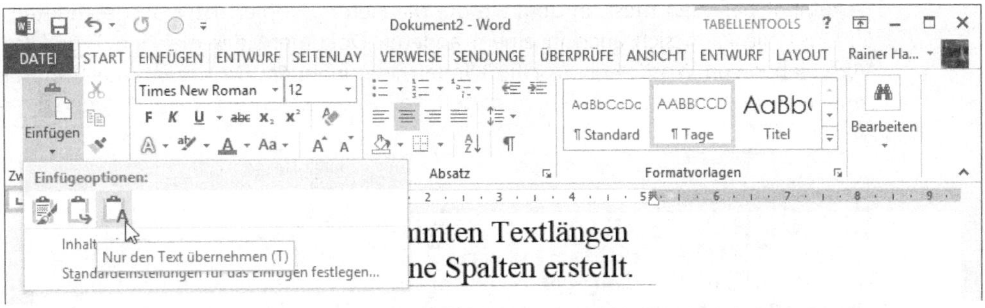

Wenn Sie ein Element eingefügt haben, beispielsweise mit der Tastenkombination Strg+V, wird unterhalb des eingefügten Elements die Schaltfläche *Einfügeoptionen* angezeigt. Sie können diese Schaltfläche verwenden, um das Format zu ändern. Dies ist auch mehrfach möglich; Sie können also mit den verschiedenen Optionen experimentieren.

Bild 5.9 Die Schaltfläche *Einfügeoptionen* erlaubt Ihnen ebenfalls, das einzufügende Format auszuwählen

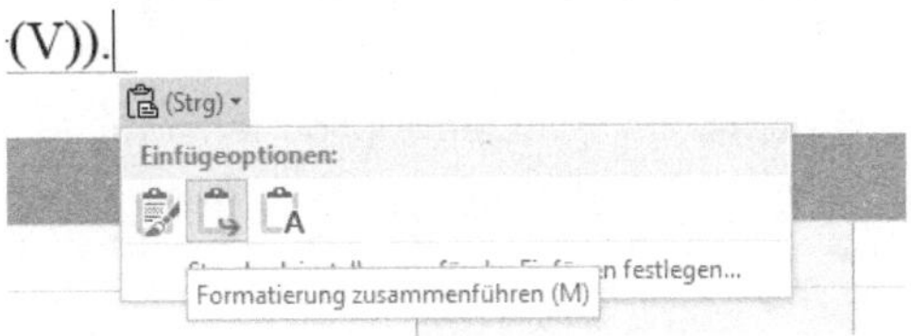

Die Formatoptionen, die Ihnen angeboten werden, hängen davon ab, was Sie in die Zwischenablage kopiert haben (Text, Grafiken, Folienelemente aus PowerPoint, Excel-Zellinhalte) und in welchem Programm Sie die Kopieraktion durchgeführt haben. Hier eine Übersicht der wichtigsten Optionen und ihrer Bedeutung:

- **Ursprüngliche Formatierung beibehalten** Mit dieser Option wird das Erscheinungsbild des Originaltexts beibehalten.
- **Ursprüngliches Tabellenformat beibehalten** Diese Option wird angezeigt, wenn Sie in Excel einen Tabellenbereich kopieren und diesen in Word einfügen. Word übernimmt dann die Formatierung der Tabelle so, wie sie in Excel festgelegt wurde.

- **Tabelle zusammenführen** Diese Option wird angezeigt, wenn Sie in Excel einen Tabellenbereich kopieren und diesen in Word an einer Stelle einfügen, an der sich bereits eine Tabelle befindet. Word führt dann die bereits vorhandene und die eingefügte Tabelle zusammen.
- **Formatierung zusammenführen** Mit dieser Option wird die Formatierung so geändert, dass sie mit dem Text davor und dahinter übereinstimmt.
- **Nur den Text übernehmen** Mit dieser Option wird die gesamte ursprüngliche Formatierung aus dem Text entfernt.
- **Zieldesign verwenden** Mit dieser Option wird die Formatierung des eingefügten Elements, z. B. eines Diagramms aus Excel oder eines in PowerPoint kopierten Folienelements, an das Design angepasst, das im Zieldokument verwendet wird.
- **Grafik** Fügt das Element aus der Zwischenablage als Grafik ein; bei dem Element kann es sich auch um eine in Excel erstellte Tabelle oder ein Diagramm handeln.

HINWEIS Kapitel 16 befasst sich ausführlich mit dem Einfügen von Excel-Tabellen in Word-Dokumente.

Einfügeoptionen konfigurieren

Wenn die Schaltfläche *Einfügeoptionen* nicht bei jedem Einfügen von Inhalt angezeigt werden soll oder falls Sie die Schaltfläche *Einfügeoptionen* nicht sehen, können Sie die betreffende Option aus- bzw. einschalten:

1. Klicken Sie auf die Registerkarte *DATEI*.
2. Klicken Sie auf *Optionen* und dann auf *Erweitert*.
3. Aktivieren bzw. deaktivieren Sie im Abschnitt *Ausschneiden, Kopieren und Einfügen* das Kontrollkästchen *Schaltfläche für Einfügeoptionen anzeigen, wenn Inhalt eingefügt wird*, um die Schaltfläche *Einfügeoptionen* ein- bzw. auszublenden.

Bild 5.10 In Word können Sie das Standardverhalten beim Einfügen konfigurieren

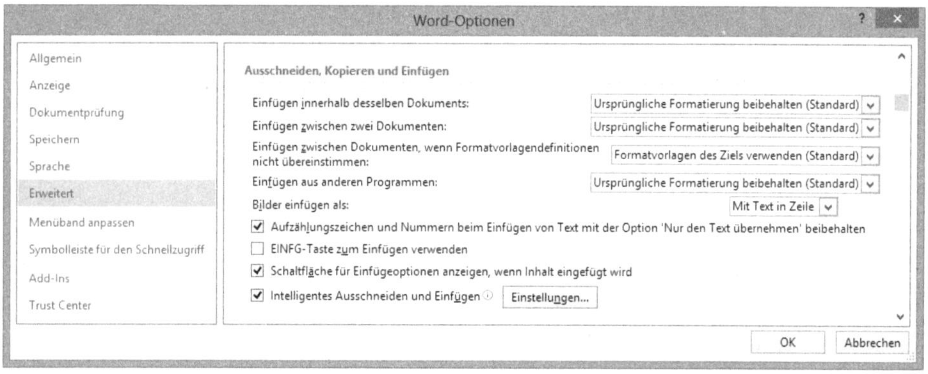

Wenn Sie in Word ein Element aus der Zwischenablage einfügen und dabei auf den oberen Teil der Schaltfläche *Einfügen* klicken bzw. die Tastenkombination [Strg]+[V] drücken, verwendet Word eine Standardeinfügeoption. Sie können festlegen, wie der jeweilige Inhalt standardmäßig eingefügt werden soll.

1. Klicken Sie auf der Registerkarte *START* auf den Pfeil der Schaltfläche *Einfügen.*
2. Klicken Sie auf *Standardoptionen für das Einfügen festlegen.* Word öffnet das Dialogfeld *Word-Optionen* und zeigt den Abschnitt *Ausschneiden, Kopieren und Einfügen* der Kategorie *Erweitert* an.
3. Wählen Sie in den folgenden Feldern die gewünschte Einstellung aus:
   - *Einfügen innerhalb desselben Dokuments*
   - *Einfügen zwischen zwei Dokumenten*
   - *Einfügen zwischen Dokumenten, wenn Formatvorlagendefinitionen nicht übereinstimmen*
   - *Einfügen aus anderen Programmen*
4. Klicken Sie auf *OK,* um das Dialogfeld *Word-Optionen* zu schließen.

Symbole und Sonderzeichen einfügen

Viele der Schriftarten, die auf Ihrem Computer installiert sind, enthalten Sonderzeichen, die auf den Tasten Ihrer Tastatur nicht enthalten sind. Mit den *Wingdings-* und *Webdings-*Zeichensätzen, die zu Windows gehören, steht Ihnen z.B. eine ganze Palette von nützlichen Ornamenten, Kreuzen und Pfeilen zur Verfügung.

Diese Symbole lassen sich ganz einfach über ein Ausklappmenü bzw. ein spezielles Dialogfeld in ein Dokument aufnehmen:

1. Positionieren Sie die Einfügemarke an die Stelle, an der Sie das Symbol einfügen wollen, und wechseln Sie zur Registerkarte *EINFÜGEN.*
2. Klicken Sie ganz rechts in der Gruppe *Symbole* auf die Schaltfläche *Symbole.* Dadurch klappt ein kleines Auswahlmenü herunter, in dem sich die zuletzt von Ihnen eingefügten Symbole (bzw. eine Vorauswahl) befinden. Wenn Sie das gesuchte Symbol hier entdecken, können Sie es einfach anklicken und sind bereits am Ziel.

Bild 5.11 Häufig benutzte Symbole können direkt ausgewählt werden

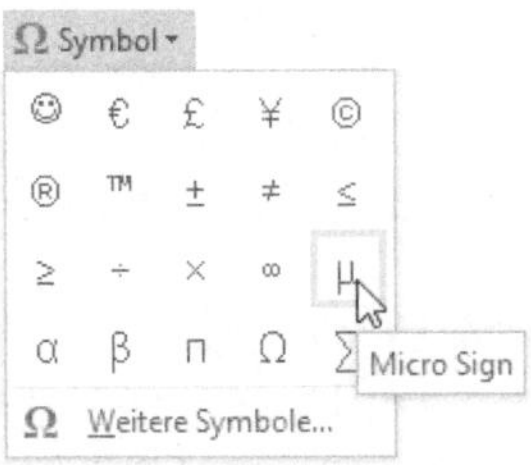

3. Ist das gesuchte Symbol hier nicht aufgeführt, klicken Sie unterhalb der Liste auf *Weitere Symbole.* Das Dialogfeld *Symbol* wird angezeigt.

Bild 5.12 Mit diesem Dialogfeld können Sie weitere Sonderzeichen einfügen

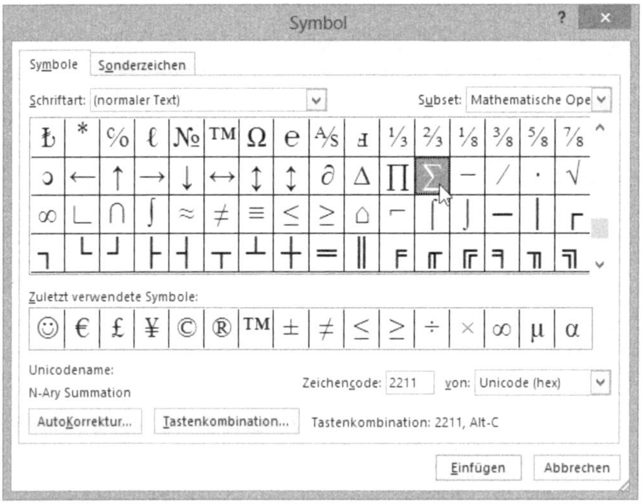

4. Klicken Sie – falls nötig – auf die Registerkarte *Symbole.*
5. Öffnen Sie die Liste *Schriftart* und wählen Sie die Schrift aus, die Sie verwenden wollen.
6. Doppelklicken Sie auf das Zeichen, das Sie einfügen möchten.
7. Wenn Sie alle Sonderzeichen eingefügt haben, klicken Sie auf *Schließen.*

PROFITIPP

Tastenkombinationen für Sonderzeichen

Ein Großteil der Zeichen, die auf der Registerkarte *Sonderzeichen* aufgeführt sind, können auch über eine eigene Tastenkombination eingefügt werden. Interessant sind hier z.B. geschützte Trennstriche oder geschützte Leerzeichen. Die betreffenden Tastenkombinationen sind neben den Sonderzeichen auf der Registerkarte aufgeführt.

Bausteine erstellen und einfügen

Unter Bausteinen können Sie sich kleine »Dokumenthäppchen« vorstellen, die Sie nach Belieben in Ihre Dokumente einfügen können. Im einfachsten Fall besteht ein Baustein aus einem einzelnen Wort, es kann sich aber auch um eine längere Textpassage, eine Tabelle oder sogar um eine aufwendig gestaltete Seite handeln. Bausteine begegnen Ihnen z.B., wenn Sie auf der Registerkarte *EINFÜGEN* ein Deckblatt einfügen. Und auch die vorgefertigten Kopf- und Fußzeilen sind nichts anderes als Bausteine.

Wenn Sie bereits mit früheren Versionen von Word gearbeitet haben, werden Sie vermutlich denken: »Ach so, das sind die alten AutoTexte.« Damit liegen Sie nicht ganz falsch, denn die Bausteine von Word 2013 sind gewissermaßen eine Weiterentwicklung der AutoTexte. Ein entscheidender Unterschied ist dabei die Art und Weise, wie Bausteine verwaltet und abgespeichert werden. Während AutoTexte in früheren Versionen nur mithilfe von Formatvorlagen organisiert werden konnten, lassen sich Bausteine bei Word 2013 in verschiedenen Katalogen speichern, die jeweils in mehrere Kategorien unterteilt werden können.

Am einfachsten lässt sich dieses Prinzip an einem kleinen Beispiel verstehen. Mit den folgenden Schritten werden Sie den Text »Sehr geehrte Damen und Herren,« als Baustein im Katalog *Schnellbausteine* ablegen. Anschließend zeigen wir dann, wie Sie den Baustein in Ihr Dokument einfügen können.

1. Erstellen Sie ein neues Dokument.
2. Geben Sie den Text **Sehr geehrte Damen und Herren,** ein und drücken Sie anschließend die [↵]-Taste.
3. Markieren Sie den soeben eingegebenen Absatz (z.B. indem Sie wie auf Seite 116 beschrieben mit der Maus in die Markierungsleiste klicken).

4. Zeigen Sie die Registerkarte *EINFÜGEN* an und klicken Sie in der Gruppe *Text* auf die Schaltfläche *Schnellbausteine durchsuchen.* Dadurch klappt ein Menü auf, in dem Sie den letzten Befehl *Auswahl im Schnellbaustein-Katalog speichern* wählen. Mit diesem Befehl rufen Sie das Dialogfeld *Neuen Baustein erstellen* auf.

   Im Dialogfeld sehen Sie, dass der neue Baustein im Katalog *Schnellbausteine* und dort in der Kategorie *Allgemein* erstellt wird. Mit dem Listenfeld *Speichern in* wird festgelegt, in welcher Dokumentvorlage er gespeichert werden soll.
5. Geben Sie dem neuen Baustein einen Namen und fügen Sie eine kurze Beschreibung ein. Alle anderen Felder lassen Sie unverändert.

Bild 5.13 Der markierte Text wird im Katalog *Schnellbausteine* gespeichert

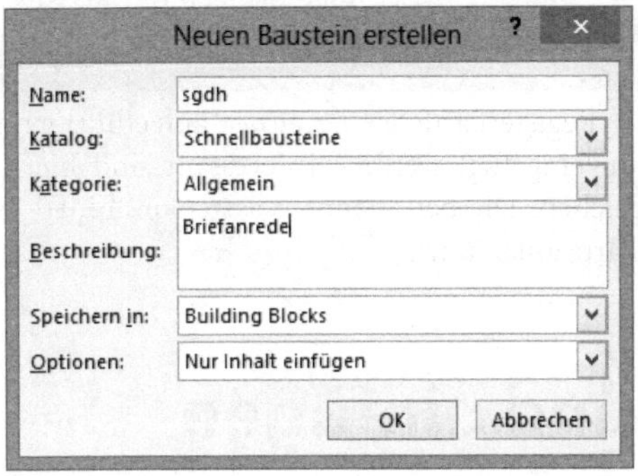

6. Klicken Sie auf *OK,* um den Baustein zu erstellen.

   Im letzten Schritt soll der neue Baustein testweise in das Dokument eingefügt werden. Da Sie ihn im Katalog *Schnellbausteine* abgelegt haben, können Sie ihn konsequenterweise über die gleichnamige Schaltfläche erreichen.
7. Klicken Sie also auf der Registerkarte *EINFÜGEN* wieder auf die Schaltfläche *Schnellbausteine durchsuchen.* Wie Sie sehen, ist das Menü der Schaltfläche um einen Eintrag für den neuen Baustein erweitert worden.

Bild 5.14 Der neue Schnellbaustein

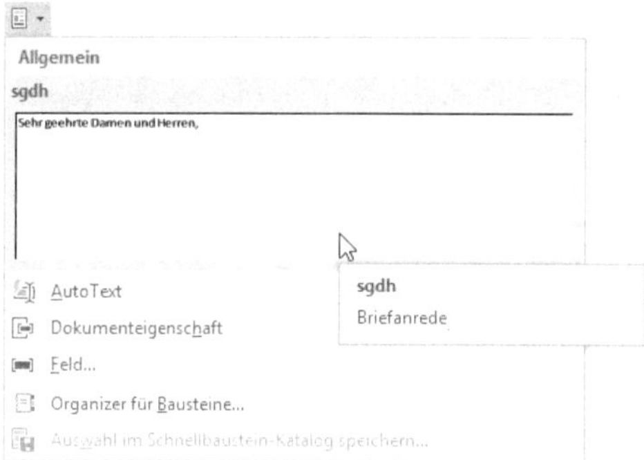

8. Klicken Sie den neuen Eintrag an, um den Schnellbaustein einzufügen.

TIPP **Schnellbausteine per Tastatur einfügen** Wenn Sie den Namen eines Bausteins kennen, können Sie den Baustein einfügen, indem Sie seinen Namen eintippen und direkt danach die Taste F3 drücken.

Der Organizer für Bausteine

Alle Bausteine, die Sie in Ihre Dokumente einfügen können, werden an einer zentralen Stelle, dem sogenannten *Organizer für Bausteine* verwaltet. Dort können Sie sich nun davon überzeugen, dass sich der neue Baustein im richtigen Katalog befindet.

Bild 5.15 Im *Organizer für Bausteine* lässt sich erkennen, in welchen Katalogen und Kategorien die verschiedenen Bausteine organisiert sind

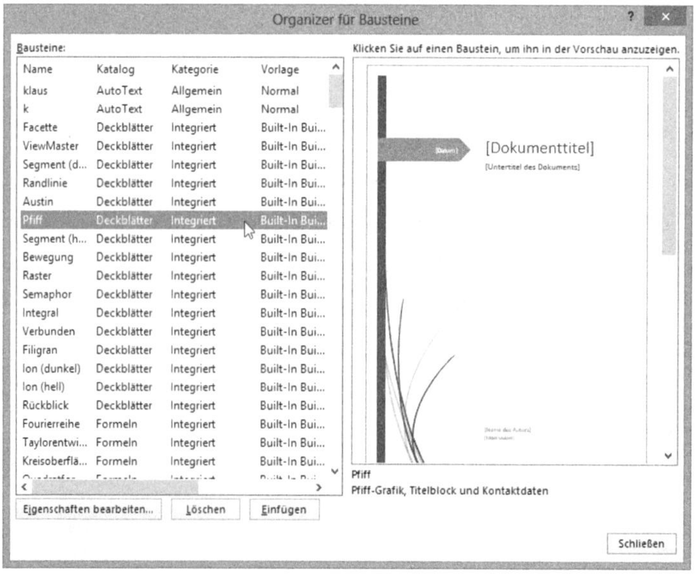

Zum Aufrufen des Organizers klicken Sie auf der Registerkarte *EINFÜGEN* auf *Schnellbausteine durchsuchen* und wählen den Befehl *Organizer für Bausteine.* Im gleichnamigen Dialogfeld können Sie die Bausteine verwalten, um sie z. B. anderen Katalogen oder Kategorien zuzuordnen oder um nicht mehr benötigte Bausteine zu löschen.

Deckblätter einfügen

Wie Sie in Bild 5.15 sehen, enthält Word bereits ein gutes Dutzend Deckblätter, die Sie für Ihre Dokumente verwenden können. Diese Deckblätter sind zum Teil sehr aufwendig gestaltet und lassen sich bei Bedarf leicht anpassen. Das Einfügen eines Deckblatts ist schnell erledigt:

1. Öffnen Sie das Dokument, das ein Deckblatt erhalten soll.
2. Zeigen Sie die Registerkarte *EINFÜGEN* an und klicken Sie in der ersten Gruppe auf *Deckblatt.* Word zeigt dann ein Menü mit den Vorschaubildern der vorhandenen Deckblätter an.

Bild 5.16 Deckblätter werden von Word als erste Seite des Dokuments eingefügt

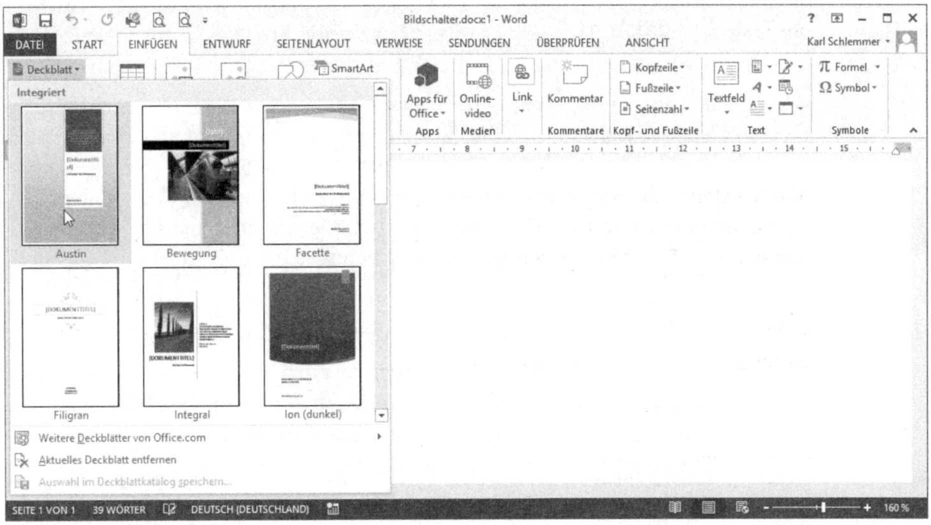

3. Wenn Sie ein Deckblatt auswählen, fügt Word es als erste Seite in Ihr Dokument ein.
4. Klicken Sie die Platzhalter des Deckblatts an und tragen Sie die gewünschten Informationen wie Datum, Titel des Dokuments usw. ein.

Ansichten, Zoomen und Fenster

Sie können das Word-Dokument, das Sie derzeit bearbeiten, in verschiedenen Ansichten darstellen lassen. Die am häufigsten benutzten Ansichten stehen Ihnen direkt über Schaltflächen am rechten Rand der Statusleiste zur Verfügung; sie korrespondieren mit den Befehlen, die Sie auf der Registerkarte *ANSICHT* in der Gruppe *Ansichten* finden.

Bild 5.17 Über das Menüband und über die Statusleiste können Sie zwischen verschiedenen Word-Ansichten wechseln

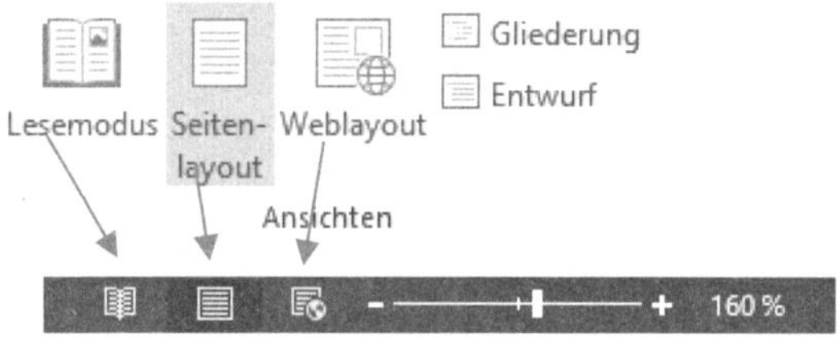

- **Lesemodus** Der Lesemodus von Word eignet sich, wenn Sie am Dokument keine Änderungen vornehmen, sondern Sie sich lediglich über seinen Inhalt informieren wollen. Speziell in Word wird das Dokument so angezeigt, dass es optimal, und zwar auch auf kleineren Displays wie einem Windows-Tablet, gelesen werden kann.
- **Seitenlayout** Zur Bearbeitung von Word-Dokumenten verwenden Sie die Ansicht *Seitenlayout*: Hier wird das Dokument auf dem Bildschirm so dargestellt, wie es gedruckt wird.
- **Weblayout** Verwenden Sie die Ansicht *Weblayout*, wenn Sie mit Word HTML-Dokumente erstellen wollen. Der Text wird hierbei auf die Breite des Fensters angepasst; außerdem werden, wie bei Webseiten, keine Seitenumbrüche und Druckränder angezeigt.
- **Gliederung** Die Ansicht *Gliederung* hilft Ihnen vor allem beim Schreiben längerer Texte dabei, Ihre Gedanken und damit den Aufbau des Dokuments zu strukturieren. Die Gliederungsfunktion von Word wird in Kapitel 31 beschrieben.
- **Entwurf** Der entscheidende Unterschied zwischen der *Entwurfsansicht* und der Ansicht *Seitenlayout* besteht darin, dass in der Entwurfsansicht die Seitenmerkmale (wie Ränder, mehrere Spalten, Kopf- und Fußzeilen usw.) nicht dargestellt werden. Die Schriftarten sowie Schriftgrößen und die Absatzmerkmale können Sie jedoch gut erkennen.

  Wenn Sie einen modernen, schnellen PC besitzen, werden Sie die Entwurfsansicht vermutlich kaum verwenden. Bei einem langsamen PC kann es sich jedoch anbieten, die Entwurfsansicht einzusetzen, da dann das Anzeigen des Dokuments auf dem Bildschirm etwas schneller geht als in der Ansicht *Seitenlayout*. Probieren Sie diese beiden Ansichten einfach aus und verwenden Sie diejenige, die Ihrem Arbeitsstil am besten entspricht.

Zoomen

Ganz rechts in der Statusleiste finden Sie den Zoom-Schieberegler, mit dem Sie den Zoomfaktor festlegen, in dem der Inhalt Ihres Dokuments angezeigt werden soll. Ziehen Sie den Regler einfach, bis Sie genug von Ihrem Dokument sehen. Der aktuelle Zoomfaktor wird neben dem Schieberegler angezeigt. Klicken Sie den Zoomfaktor an, um das Dialogfeld *Zoom* zu öffnen.

Bild 5.18 Das Dialogfeld *Zoom*

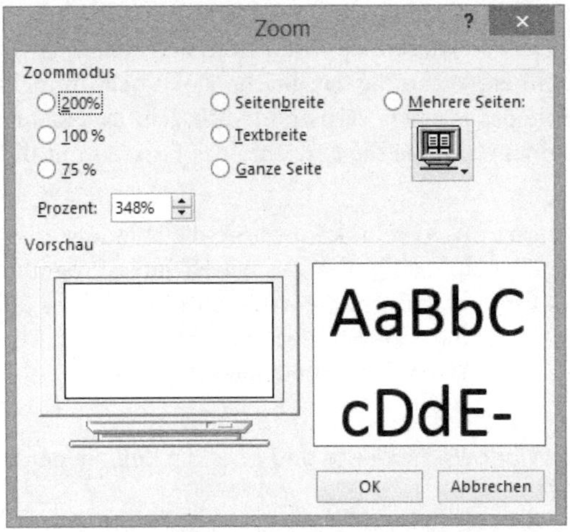

Sie können in diesem Dialogfeld verschiedene vordefinierte Zoomfaktoren auswählen. Nützlich sind die Optionen, die den Zoomfaktor automatisch an die Größe des Programmfensters anpassen. Die Option *Seitenbreite* zoomt das Dokument so, dass der Textbereich und die Seitenränder das Fenster in der Breite ausfüllen; bei der Option *Textbreite* werden die Seitenränder nicht berücksichtigt. Diese beiden Optionen bieten sich für das Schreiben und Bearbeiten des Dokumentinhalts an. Um einen Überblick über das Layout der Seite zu erhalten, verwenden Sie *Ganze Seite.* Alle drei Optionen funktionieren am besten in der Ansicht *Seitenlayout.*

Wie auch bei der Auswahl der Ansicht stehen Ihnen diese und weitere Optionen in der Gruppe *Zoom* auf der Registerkarte *ANSICHT* zur Verfügung. Die *Zoom*-Schaltfläche in der folgenden Abbildung öffnet das gleichnamige Dialogfeld.

Bild 5.19 Die Gruppe *Zoom* der Registerkarte *ANSICHT*

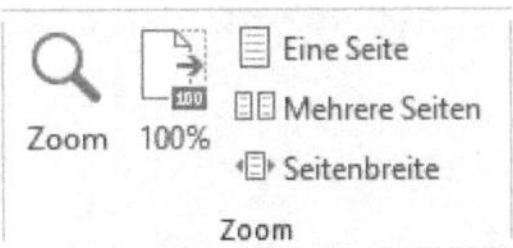

Mit mehreren Fenstern arbeiten

Vermutlich kommen Sie, wenn nicht häufig, dann zumindest ab und zu, in die Lage, mit mehreren Dokumenten gleichzeitig arbeiten zu müssen. Vielleicht wollen Sie in einer Datei etwas nachschauen, während Sie an einer neuen arbeiten. Oder Sie benötigen für das aktuelle Word-Dokument eine Textpassage aus einem bereits fertiggestellten. Oder Sie arbeiten an einem sehr langen Dokument und möchten in einem Fenster einen Abschnitt vom Anfang dieses Dokuments sehen und in einem zweiten Fenster einen vom Ende des Dokuments.

Wenn Sie mit zwei (oder mehr) unterschiedlichen Dokumenten arbeiten wollen, öffnen Sie einfach die einzelnen Dokumente mit den Aktionen, die in Kapitel 4 beschrieben sind. Die Steuerung der verschiedenen Fenster nehmen Sie dann mit den Schaltflächen der Gruppe *Fenster* vor, die Sie auf der Registerkarte *ANSICHT* finden.

In der Gruppe *Fenster* findet sich der Befehl *Neues Fenster*. Mit diesem Befehl können Sie ein weiteres Fenster des aktuellen Dokuments öffnen. Wenn Sie das gleiche Dokument in mehreren Fenstern anzeigen, wird dies in der Titelleiste des Fensters vermerkt. Nach dem Dateinamen sehen Sie dann einen Doppelpunkt gefolgt von einer Zahl, die die Nummer des Fensters mit diesem Dokument anzeigt.

Um zwischen den verschiedenen Fenstern zu wechseln, können Sie die Windows-Taskleiste oder das Menüband verwenden. Klicken Sie dort auf das Symbol des betreffenden Programms und anschließend auf die Miniaturansicht des Fensters, zu dem Sie wechseln wollen. Oder öffnen Sie die Registerkarte *ANSICHT* und klicken Sie in der Gruppe *Fenster* auf *Fenster wechseln*. Klicken Sie anschließend den Namen des Fensters an, zu dem Sie wechseln möchten.

Bild 5.20 Wechseln zwischen Fenstern über die Windows-Taskleiste und über die Befehle der Gruppe *Fenster* auf der Registerkarte *ANSICHT*

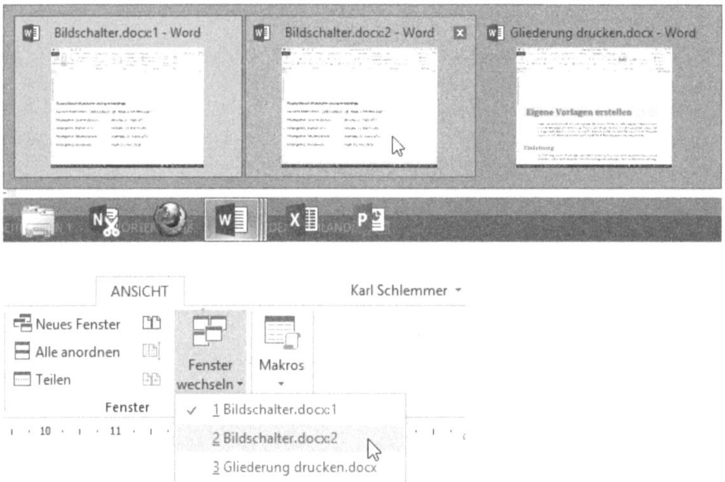

Schnelles Formatieren mit Designs

Seit Office 2007 vereinfachen Designs die Formatierung von Dokumenten, und zwar gleichgültig, ob Sie Word, Excel oder PowerPoint verwenden. Ein Design besteht aus einem Satz von Schriftarten, Farben und Effekten, die so zusammengestellt sind, dass sie gut zueinander passen. Designs werden in eigenen Dateien gespeichert (mit der Endung .thmx), besitzen einen Namen und es stehen Ihnen in Word, Excel und PowerPoint die gleichen Designs zur Verfügung.

Immer wenn Sie ein neues Word-Dokument erstellen, ist dem Dokument automatisch ein Design zugewiesen. Alle Elemente innerhalb des Dokuments (Texte, Tabellen, Überschriften, Diagramme usw.) sind mit dem Design verknüpft. Wenn Sie dem Dokument ein anderes Design zuweisen, passen sich alle Elemente im Dokument automatisch an das neue Design an. Dies macht es sehr einfach, das Aussehen und die Anmutung des Dokuments zu ändern, ohne dass Sie dabei jedes einzelne Dokumentelement getrennt formatieren müssen.

Designs zuweisen

Probieren Sie das Formatieren mit Designs in der folgenden kleinen Übung selbst aus. Das Ziel der Übung besteht nicht darin, alle kleinen Details zu erklären, die beim Einsatz von Designs wichtig sind (Designs werden ausführlicher in Kapitel 8 beschrieben), sondern darum, an einem Beispiel deutlich zu machen, wie Designs prinzipiell funktionieren.

1. Erstellen Sie in ein neues Word-Dokument und verwenden Sie dazu eine der fertigen Vorlagen (siehe hierzu auch Kapitel 3). Achten Sie darauf, eine Vorlage zu verwenden, in der sich bereits Beispieltexte befinden.

2. Überprüfen Sie zunächst, welches Design das Dokument verwendet. Öffnen Sie dazu die Registerkarte *ENTWURF*.

   Diese in Word 2013 neue Registerkarte enthält die wichtigsten Befehle zur Dokumentformatierung, die sich in früheren Office-Versionen auf der Registerkarte *Seitenlayout* befanden.

3. Zeigen Sie in der Gruppe *Dokumentformatierung* auf die Schaltfläche *Designs*. In einer QuickInfo wird angezeigt, welches Design das Word-Dokument aktuell verwendet.

4. Weisen Sie dem Dokument nun ein anderes Design zu und beobachten Sie in der Livevorschau, wie sich dabei die Formatierung des gesamten Dokuments ändert.

   Klicken Sie dazu auf der Registerkarte *ENTWURF* in der Gruppe *Dokumentformatierung* auf *Designs*. Zeigen Sie mit der Maus auf die verschiedenen Designs, die im Katalog angezeigt werden. Wenn Sie ein Design gefunden haben, das Ihnen gefällt, klicken Sie darauf.

Bild 5.21 Auswahl eines anderen Designs im Designkatalog

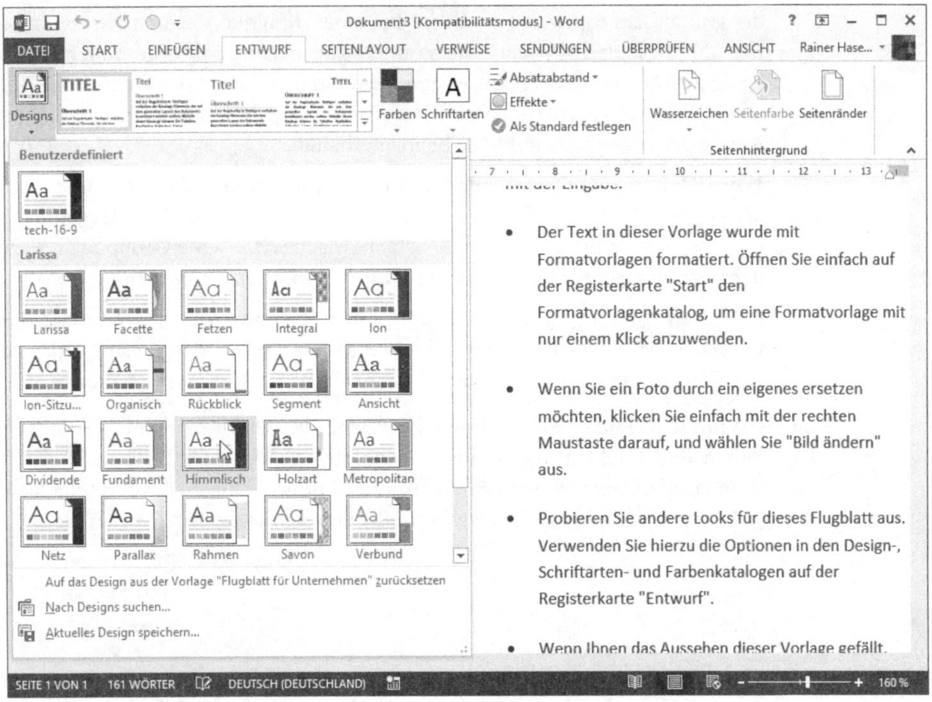

5. In jedem Design sind zwei verschiedene Schriftarten definiert. Eine Schriftart für Überschriften und eine Schriftart für den Textkörper. Welche Schriftart für Überschriften und für den Textkörper verwendet wird, können Sie nachschauen, indem Sie auf der Registerkarte *START* in der Gruppe *Schriftart* die Liste mit den Schriftarten öffnen. Die beiden Designschriftarten stehen oben in der Liste.

Bild 5.22 In jedem Design ist sowohl eine Schriftart für die Überschriften als auch eine für den Textkörper definiert

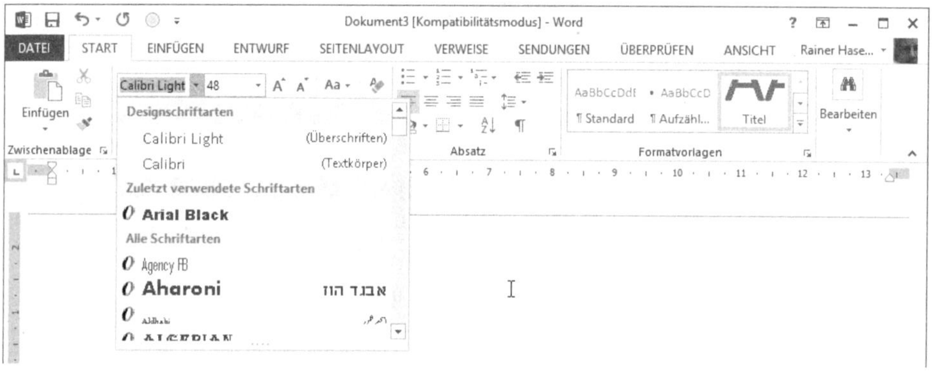

Weisen Sie dem Dokument verschiedene Designs zu und sehen Sie sich an, welche Schriftarten im Design festgelegt sind.

Die Information über die verwendeten Designschriftarten ist wichtig, wenn Sie Ihr Dokument designkonform formatieren wollen. Bei einer designkonformen Formatierung verwenden Sie nur die Designschriftarten. Sie können gleichzeitig beliebige andere Schriftmerkmale der Gruppe *Schriftart* verwenden. Wenn Sie dann das Design des Dokuments ändern, passen sich alle Schriftartformatierungen an die neuen Schriftarten des Designs an und die zusätzlich formatierten Zeichenmerkmale bleiben erhalten.

6. Word-Dokumente formatieren Sie am schnellsten und einheitlich, indem Sie Formatvorlagen verwenden. In Word finden Sie die Formatvorlagen auf der Registerkarte *START* in der Gruppe *Formatvorlagen* und die Formatvorlagensätze (eine Gruppe von Formatvorlagen) auf der Registerkarte *ENTWURF* in der Gruppe *Dokumentformatierung*.

Probieren Sie auch bei den Formatvorlagen aus, was passiert, wenn Sie das Design ändern. Öffnen Sie dazu nach dem Zuweisen des neuen Designs den Formatvorlagenkatalog. Sie können dann gut erkennen, dass sich die Schriftmerkmale geändert haben.

Als Beispiel sehen Sie in der Abbildung auf der folgenden Seite den Formatvorlagenkatalog von Word für zwei verschiedene Designs: auf der linken Seite mit den Merkmalen des Designs *Holzart* und rechts die des Designs *Ion*.

Bild 5.23 Die Formatvorlagen verwenden ebenfalls die grundlegenden Formatierungseigenschaften, die im Design festgelegt sind

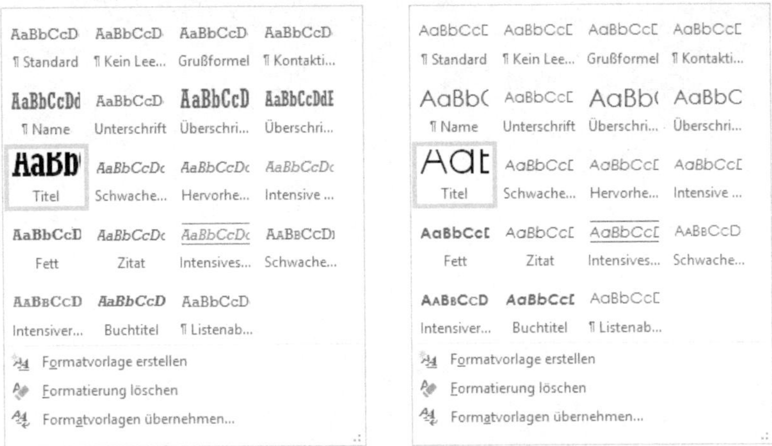

Wenn Sie zur Formatierung Ihres Word-Dokuments die Formatvorlagen verwenden, können Sie zu jedem Zeitpunkt ein anderes Design auswählen. Die mit den Formatvorlagen formatierten Absätze übernehmen dann automatisch die im Design festgelegten Attribute und Schriften.

Das Gleiche gilt übrigens auch für die zahlreichen Effekte, die Sie den verschiedenen grafischen Elementen (Fotos, Diagramme, WordArt usw.) zuweisen, da die Effektmerkmale ebenfalls im Design gespeichert sind.

Designfarben verwenden

Das Zuweisen eines anderen Designs ist die umfassendste Änderung, die Sie an einem Dokument vornehmen können, da hierdurch sowohl die Schriftarten als auch die Designfarben sowie die Designeffekte geändert werden. Sie können jedoch auch lediglich eines der drei Elemente ändern. Angenommen, Sie ändern nur die Designfarben für das Dokument, dann bleiben die Schriftarten und die Effekte so erhalten, wie sie im Design definiert sind.

Führen Sie folgende Schritte durch, um die Designfarben zu ändern:

1. Klicken Sie auf der Registerkarte *ENTWURF* in der Gruppe *Dokumentformatierung* auf *Farben*. Der Katalog mit den Designfarben wird geöffnet.
2. Bewegen Sie die Maus über die verschiedenen Designfarben, um in der Livevorschau die Änderungen zu überprüfen. Klicken Sie den gewünschten Designfarbensatz an, um ihn dem Dokument zuzuweisen.

Word-Dokumente erstellen

Bild 5.24 Auswahl eines anderen Designfarbensatzes

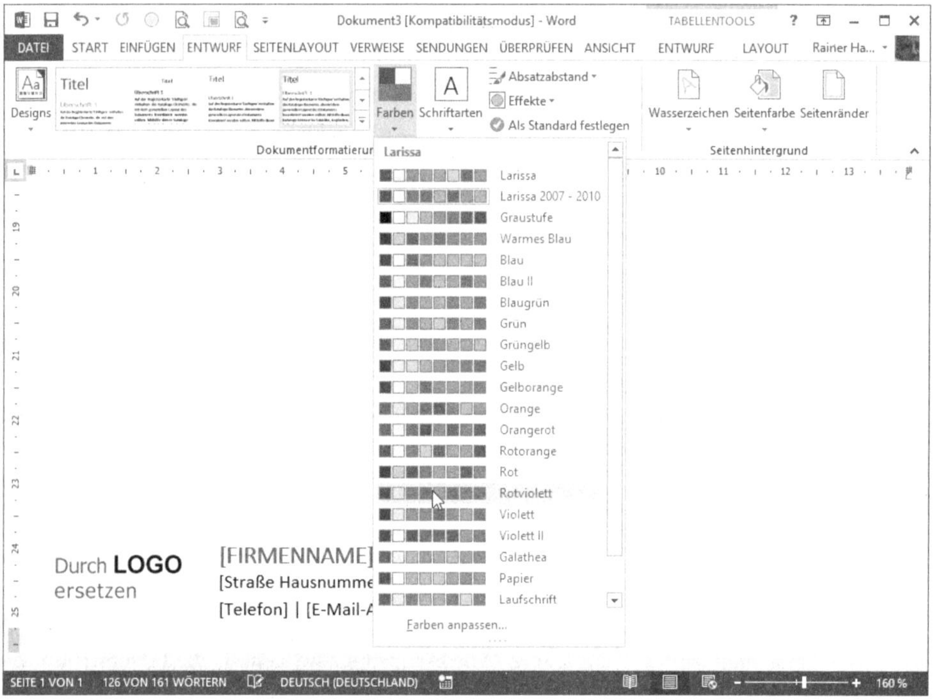

Ein Designfarbensatz besteht aus insgesamt 12 Farbfeldern. Vier Farben werden für den Text und den Hintergrund verwendet. Mit hellen Farben erstellter Text ist auf dunklen Farben immer gut lesbar. Mit dunklen Farben erstellter Text ist immer auf hellen Farben gut zu lesen. Die nächsten sechs Farben sind Akzentfarben, die über den vier potenziellen Hintergrundfarben immer gut erkennbar sind. Die letzten zwei Farben werden für Links und besuchte Links bestimmt.

Die Farbfelder, die Sie in Bild 5.24 neben den Designnamen sehen, stellen die sechs Akzentfarben und die Linkfarben dar.

Nachdem Sie einen neuen Designfarbensatz ausgewählt haben, passen sich die Farbauswahlkataloge, die Sie auf verschiedenen Registerkarten finden, automatisch an den neuen Satz an. Farbauswahlkataloge finden Sie z. B. auf *START/Schriftart/Schriftarbe*, *START/Schriftart/Füllfarbe*, *DIAGRAMMTOOLS/FORMAT/Formenarten/Fülleffekt* und *DIAGRAMMTOOLS/FORMAT/Formenarten/Füllkontur*, um nur einige zu nennen.

Bild 5.25 Die Farbauswahlkataloge zeigen die Farben des aktuellen Designs bzw. des derzeit ausgewählten Designfarbensatzes an

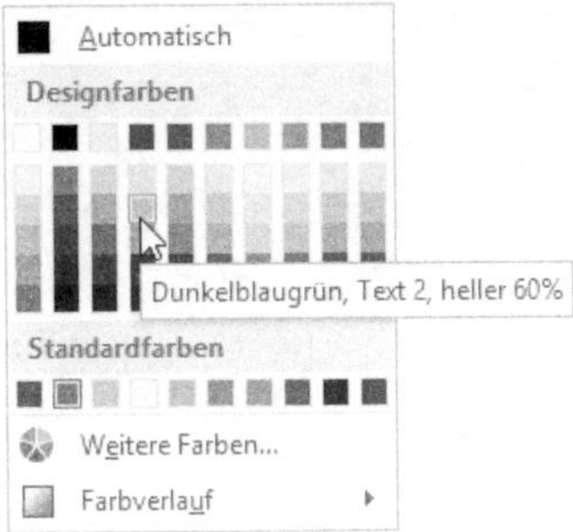

Die obere Zeile zeigt die zehn Grundfarben an. Im ersten und dritten Farbfeld sehen Sie die beiden Farben für den Hintergrund (einmal hell, einmal dunkel) und im zweiten und vierten Farbfeld die Textfarbe (einmal für einen hellen und einmal für einen dunklen Hintergrund). In den letzten sechs Feldern sehen Sie die verschiedenen Akzentfarben, die für Hervorhebungen usw. benutzt werden. Die fünf unteren Zeilen sind Schattierungen/Helligkeitsstufen der Grundfarbe aus der ersten Zeile.

Wenn Sie zum Ändern der Farben nur die Designfarben verwenden (und keine der Standardfarben oder der weiteren Farben), formatieren Sie die Farben designkonform. Elemente, deren Farben designkonform formatiert wurden, ändern ihre Farbe automatisch, wenn Sie ein anderes Design oder einen anderen Designfarbensatz zuweisen. Die Office-Programme speichern dazu nicht die tatsächliche Farbe ab, sondern welches der Elemente aus dem Designfarbensatz zur Formatierung verwendet wurde, z. B. Text 2, heller 60%, wie Sie es in der obigen Abbildung sehen.

Designschriftarten verwenden

Lassen Sie uns zum Schluss dieser Einführung in das Formatieren mit Designs noch einen Blick auf die Designschriftarten werfen. Wie bei den Designfarben können Sie Ihrem Dokument auch lediglich einen anderen Designschriftartensatz zuweisen; die Designfarben und Effekte bleiben dann unverändert.

Führen Sie einen der folgenden Schritte durch, um die Designschriftarten zu ändern:

1. Klicken Sie auf der Registerkarte *ENTWURF* in der Gruppe *Dokumentformatierung* auf *Schriftarten*. Der Katalog mit den Designschriftarten wird geöffnet (siehe Abbildung auf der folgenden Seite).

   In der Liste sehen Sie neben jedem Eintrag den Namen (erste Zeile), die Schriftart für die Überschriften (zweite Zeile) und die Schriftart für den Textkörper (dritte Zeile).

2. Bewegen Sie die Maus über die verschiedenen Designschriftarten, um in der Livevorschau die Änderungen zu überprüfen. Klicken Sie den gewünschten Designschriftartensatz an, um ihn dem Dokument zuzuweisen.

Bild 5.26 Der Katalog zur Auswahl eines anderen Designschriftartensatzes

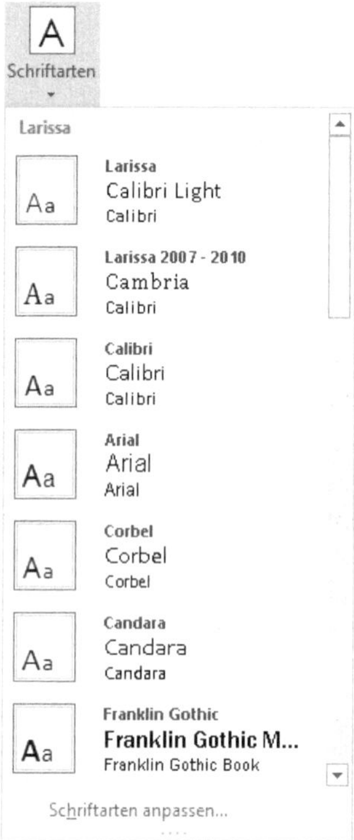

Für den Bereich der Schriftartformatierung gilt das Gleiche, was in diesem Abschnitt bereits mehrmals erwähnt wurde: Um die Schriftartformatierung designkonform vorzunehmen, verwenden Sie in der Schriftartenliste, die Sie über *START/Schriftart/Schriftart* öffnen, lediglich die beiden Einträge, die ganz oben in der Liste unter *Designschriftarten* aufgeführt sind.

Word merkt sich dann nur, dass Sie die Überschriften- bzw. die Textkörperschriftart benutzt haben. Wenn Sie dem Dokument ein anderes Design zuweisen, übernehmen alle Stellen, die Sie mit den Designschriftarten formatiert haben, automatisch die Schriftarten, die im neu zugewiesenen Design festgelegt sind.

Überschriften reduzieren und erweitern

Wenn Sie zur Formatierung der Überschriften die betreffenden Formatvorlagen aus dem Formatvorlagenkatalog der Registerkarte *START* verwenden, legen Sie damit nicht nur das Aussehen, die Formatierung der Überschriften fest, sondern gleichzeitig strukturieren Sie damit das Dokument in Überschriftenebenen und den zugehörigen Textkörpern. Word verwendet die als Überschriften formatierten Absätze, um das Reduzieren und Erweitern des zugehörigen Textkörpers zu ermöglichen (dies wird in diesem Abschnitt beschrieben) und um die Struktur des Dokuments im Navigationsbereich anzuzeigen. Den Navigationsbereich (siehe folgender Abschnitt) verwenden Sie, um schnell zu einer bestimmten Stelle im Dokument zu gelangen.

Beim Bearbeiten langer Dokumente können Sie – und das ist neu in Word 2013 – Textbereiche ausblenden, die Sie momentan nicht interessieren. Das erleichtert die Orientierung in komplexen Dokumenten ungemein.

Wenn Sie schon mit Word gearbeitet haben, kennen Sie dieses Prinzip sicher schon aus der Gliederungsansicht. Word 2013 geht jedoch noch einen ganzen Schritt weiter. Zum einen funktioniert das Ein- und Ausklappen auch in der Seitenlayoutansicht, die Sie normalerweise zum Bearbeiten eines Textes verwenden. Zum anderen ist es jetzt sogar möglich, für einzelne Absätze festzulegen, dass sie beim Öffnen des Dokuments zunächst unsichtbar sind. Der Leser kann sich dann zunächst auf die Essenz des Textes konzentrieren und bestimmte Hintergrundinformationen oder detailliertere Ausführungen erst bei Bedarf einblenden.

Die Handhabung der neuen Funktion ist denkbar einfach: Sobald Sie den Mauszeiger auf eine Überschrift bewegen, zeigt Word vor dem Absatz ein kleines Dreieck an, mit dem sich die untergeordneten Texte ein- und ausklappen lassen.

Bild 5.27 Mit Word 2013 können Sie den einer Überschrift untergeordneten Text ein- und ausblenden

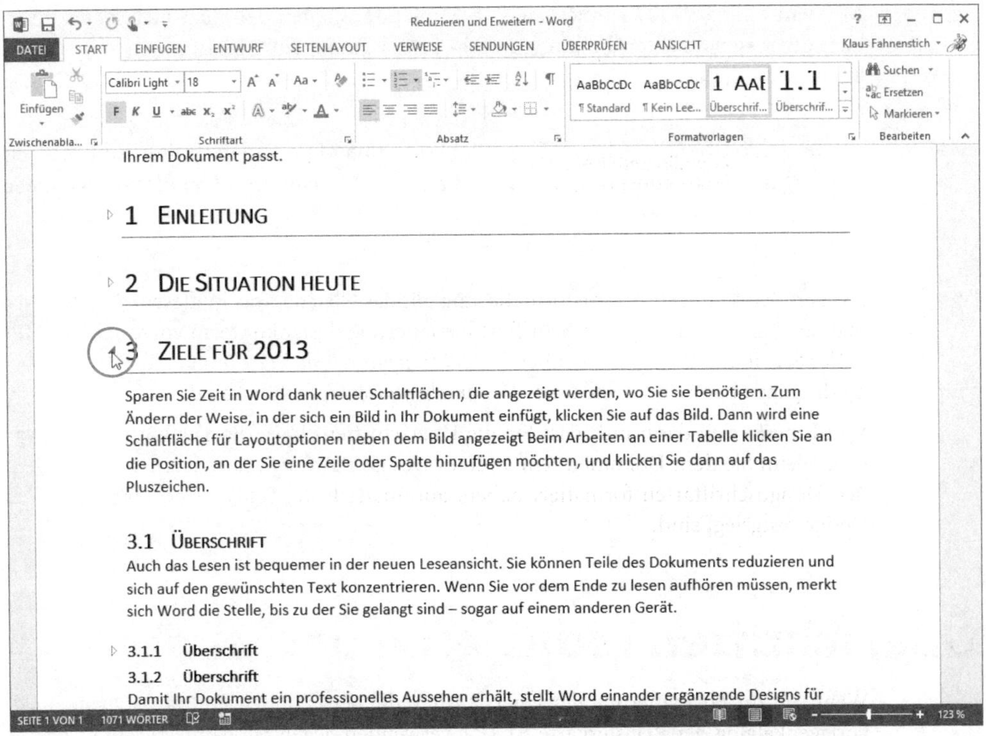

In der obigen Abbildung wurden die Textkörper der beiden Überschriften »Einleitung« und »Die Situation heute« reduziert, um sich ganz auf die Bearbeitung des Abschnitts »Ziele für 2013« konzentrieren zu können.

Den Navigationsbereich verwenden

Die Dokumentstruktur, die Sie mittels der Überschriftenformatvorlagen festgelegt haben, lässt sich im Navigationsbereich deutlich erkennen. Um den Navigationsbereich einzublenden, wechseln Sie zur Registerkarte *ANSICHT* und schalten in der Gruppe *Anzeigen* das Kontrollkästchen *Navigationsbereich* ein.

Oben im Aufgabenbereich *Navigation* sehen Sie das Suchfeld, mit dem Sie innerhalb des Dokuments nach Text suchen können. Dies ist ausführlich im Abschnitt »Texte suchen und ersetzen« ab Seite 141 beschrieben.

Wenn Sie den Link *ÜBERSCHRIFTEN* anklicken, zeigt Word die Struktur des Dokuments an, die automatisch aus den Überschriftenformatvorlagen ermittelt wird (linke Abbildung in Bild 5.28). Falls einer Überschrift weitere Überschriften untergeordnet sind, können Sie diese untergeordneten Überschriften ein- bzw. ausblenden, indem Sie vor der Überschrift auf das kleine Dreieck klicken. Um im Dokument eine bestimmte Überschrift und den zugehörigen Text anzeigen zu lassen, klicken Sie auf die Überschrift.

Mit dem Link *SEITEN* können Sie sich Miniaturansichten der einzelnen Seiten Ihres Dokuments anzeigen lassen (rechte Abbildung in Bild 5.28). Um zu einer bestimmten Seite zu springen reicht es aus, diese einfach anzuklicken.

Bild 5.28 Im Navigationsbereich können Sie sowohl die anhand der Überschriften automatisch ermittelte Struktur des Dokuments anzeigen lassen als auch Miniaturansichten der einzelnen Seiten

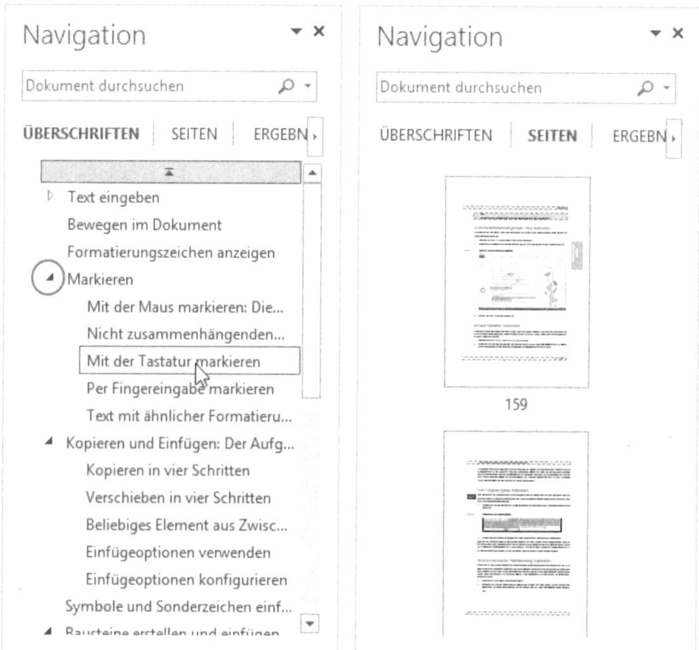

Zeichenformatierung im Überblick

Mit den Designs und den Designschriftarten, die Sie weiter vorn kennengelernt haben, werden lediglich die Schriftarten und die Schriftfarben festgelegt. Darüber hinaus können Sie noch festlegen, wie groß die Schrift sein soll und Sie können zahlreiche Schriftattribute festlegen. Die am häufigsten verwendeten Optionen für die Zeichenformatierung finden Sie auf der Registerkarte *START* und dort in der Gruppe *Schriftart.*

Zeichenformatierungen beziehen sich immer auf einzelne Buchstaben oder mehrere Buchstaben, die aufeinanderfolgen und denen ein gemeinsames Zeichenattribut zugewiesen werden soll.

Erst formatieren, dann tippen Sie können die Zeichenformatierung vornehmen, während Sie den Text eingeben, und mit den Schaltflächen der Gruppe *Schriftart* oder den entsprechenden Tastenkombinationen die Merkmale festlegen, die der Text erhalten soll, den Sie **nachfolgend** eingeben. Um ein Merkmal wieder aufzuheben, klicken Sie die betreffende Schaltfläche erneut an oder drücken ein weiteres Mal die Tastenkombination.

Erst tippen, dann formatieren Sie können Text auch nachträglich formatieren. Markieren Sie dazu die Textpassage, die formatiert werden soll, und verwenden Sie dann entweder die Tastenkombinationen oder die Schaltflächen, um die Formatierungen vorzunehmen. Wichtig ist, sich zu merken, dass sich die Zeichenformatierung immer nur auf den markierten Text bezieht.

Bild 5.29 Die Gruppe *Schriftart* der Registerkarte *START*

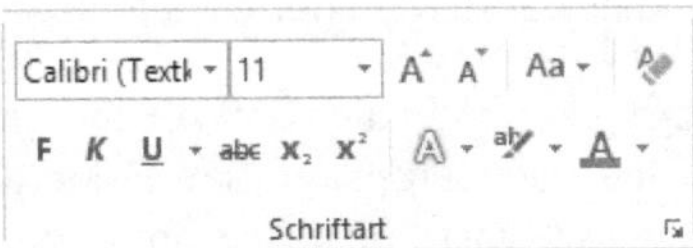

Mit dem ersten Listenfeld können Sie die Schriftart festlegen und mit der Liste rechts davon den Schriftgrad einstellen. Beachten Sie die Hinweise zur designkonformen Schriftartauswahl aus dem Abschnitt zu den Designs, wenn Sie in der Lage sein wollen, durch Zuweisen eines anderen Designs das Aussehen des gesamten Dokuments zu verändern.

Die folgende Tabelle gibt einen Überblick über die weiteren Attribute, die Sie in der Gruppe *Schriftart* einstellen und welche Tastenkombinationen Sie alternativ verwenden können.

Tabelle 5.3 Wichtige Schaltflächen und Tastenkombinationen zur Zeichenformatierung

Schaltfläche	Tastenkombination	Beschreibung
A	Strg + <	Verkleinern des Schriftgrades um eine Stufe.
A	⇧ + Strg + <	Vergrößern des Schriftgrades um eine Stufe
U	⇧ + Strg + U	Durchgehend unterstreichen (ein/aus)
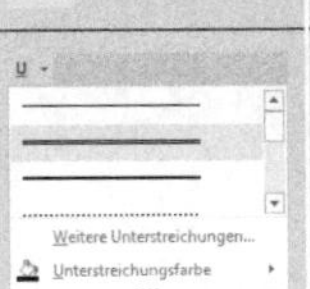	⇧ + Strg + D	Doppelt unterstreichen (ein/aus)

Tabelle 5.3 Wichtige Schaltflächen und Tastenkombinationen zur Zeichenformatierung *(Fortsetzung)*

Schaltfläche	Tastenkombination	Beschreibung
	⇧+Strg+W	Wortweise unterstreichen (ein/aus)
F	⇧+Strg+F	Fett (ein/aus)
K	⇧+Strg+K	Kursiv (ein/aus)
x_2	Strg+#	Tieferstellen (ein/aus)
x^2	Strg++	Höherstellen (ein/aus)
	⇧+Strg+G	Großbuchstaben (ein/aus)
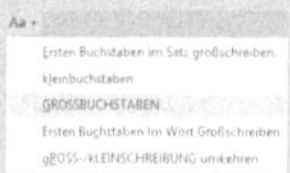	⇧+Strg+Q	Groß-/Kleinschreibung ändern
	⇧+Strg+Q	Kapitälchen (ein/aus)
	⇧+Strg+H	Ausgeblendet (ein/aus)
A ▾	–	Schriftfarbe ändern

Viele dieser Schaltflächen finden Sie auch in der Minisymbolleiste, die von Word immer dann eingeblendet wird, wenn Sie Text markiert haben und den Mauszeiger auf die Markierung bewegen oder wenn Sie in Word die Markierung mit der rechten Maustaste anklicken (im letzteren Fall zeigt Word außer der Minisymbolleiste zusätzlich das Kontextmenü an). Die Minisymbolleiste enthält weniger Schaltflächen zur Zeichenformatierung: Sie können hier aber u. a. die Schriftart und die Schriftgröße ändern und die Schriftmerkmale Fett und Kursiv zuweisen.

Bild 5.30 Die Minisymbolleiste

Zahlreiche weitere Optionen, mit denen Sie vor allem weitere Texteffekte und Einstellungen für den Zeichenabstand vornehmen können, finden Sie im Dialogfeld *Schriftart*. Dieses Dialogfeld öffnen Sie, indem Sie auf der Registerkarte *START* in der Gruppe *Schriftart* auf das Startprogramm für ein Dialogfeld klicken oder indem Sie in Word die Tastenkombination Strg+D drücken.

Bild 5.31 Das Dialogfeld *Schriftart*

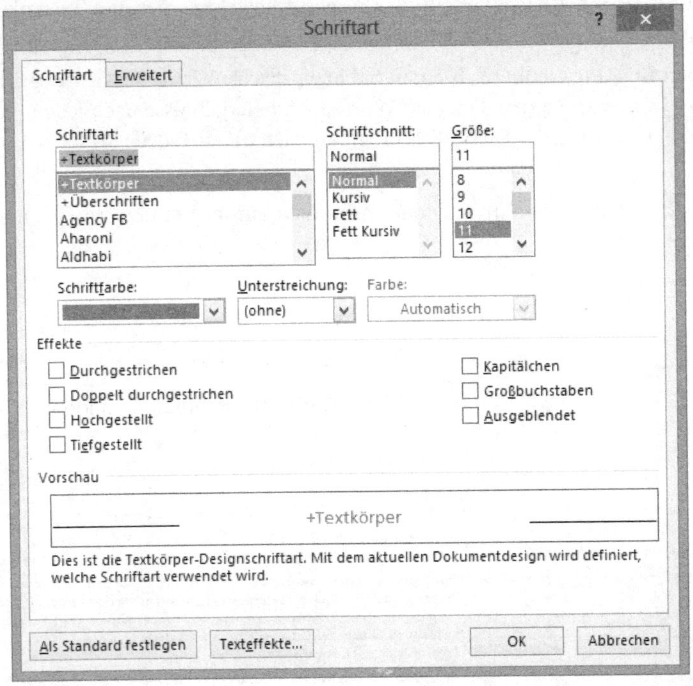

Dieser Abschnitt hat nur einige der Formatierungsmöglichkeiten vorgestellt, die Ihnen Word zur Verfügung stellt. Ausführlichere Informationen zur Formatierung finden Sie in den Kapiteln in Teil C dieses Handbuchs.

Texte suchen und ersetzen

Wenn Sie in einem umfangreichen Dokument nach einer bestimmten Textstelle suchen, hilft Ihnen die Suchfunktion von Word. Mit dieser Funktion können Sie mehrere Aufgaben erledigen:

- Sie können der Reihe nach alle Fundstellen anzeigen, die den gesuchten Begriff enthalten.
- Sie können alle Vorkommen des Begriffs im Dokument markieren.
- Sie können alle Vorkommen des Begriffs im Dokument farbig hervorheben.

Bei allen Methoden lässt sich die Suche durch zusätzliche Kriterien präzisieren, indem Sie z. B. festlegen, dass die Groß-/Kleinschreibung beachtet werden soll.

Die Standardsuche

Die Suchfunktion wurde bereits in Word 2010 erheblich verbessert. Dazu wurde der neue Aufgabenbereich *Navigation* geschaffen, der verschiedene Ansichten auf ein Dokument bietet und so eine schnelle Orientierung in umfangreichen Texten ermöglicht.

1. Wechseln Sie im Menüband zur Registerkarte *START* und klicken Sie dort in der Gruppe *Bearbeiten* auf die Schaltfläche *Suchen.* Alternativ drücken Sie die Tastenkombination [Strg]+[F]. Word zeigt dann neben dem Dokument den Aufgabenbereich *Navigation* an.
2. Geben Sie oben im Aufgabenbereich einen Suchbegriff ein. Wenn Sie den Begriff sehr langsam eintippen, werden Sie feststellen, dass Word die Suchergebnisse nach jedem neu eingegebenen Buchstaben aktualisiert. Dieses Feature nennt sich *inkrementelle Suche.*

Bild 5.32 Gefundene Textstellen werden im Navigationsbereich aufgelistet und im Text markiert

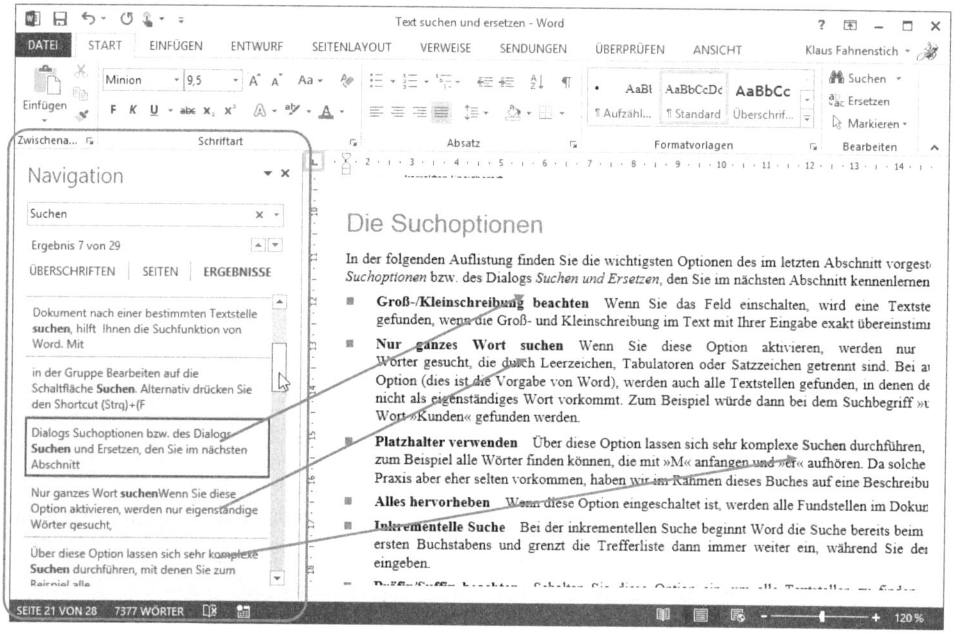

3. Wählen Sie im Navigationsbereich, ob in der Trefferliste *ÜBERSCHRIFTEN, SEITEN* oder *ERGEBNISSE* angezeigt werden sollen. In der Regel empfiehlt sich die Einstellung *ERGEBNISSE,* bei der Word für jede Fundstelle einen kurzen Textschnipsel anzeigt.
4. Markieren Sie einen der Treffer, damit Word die zugehörige Textstelle im Dokumentfenster anzeigt. Wie Sie sehen, sind alle Vorkommen des Suchbegriffs im Dokument hervorgehoben.
5. Wenn Sie die betreffende Textstelle gefunden haben, können Sie die Suche durch einen Klick auf das Kreuzchen rechts neben dem Suchbegriff beenden oder den Navigationsbereich schließen.
6. Falls Ihre Suche jedoch zu viele Übereinstimmungen liefert, können Sie die Suche mithilfe von geeigneten Suchoptionen weiter präzisieren. Klicken Sie dazu rechts oben im Navigationsbereich auf die Pfeilschaltfläche und wählen Sie im Dropdownmenü den Befehl *Optionen* (siehe folgende Abbildung).

Bild 5.33 Erweiterte Optionen aufrufen

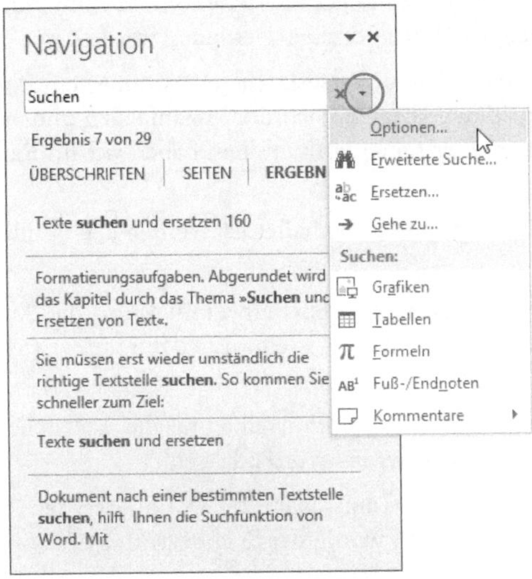

7. Aktivieren Sie im angezeigten Dialogfeld die geeigneten Optionen. Gute Ergebnisse lassen sich oft bereits durch die Beachtung der Groß-/Kleinschreibung oder die Beschränkung auf ganze Wörter erzielen. Eine Beschreibung der einzelnen Optionen finden Sie im nächsten Abschnitt.

Bild 5.34 Hier können Sie Ihre Suche präzisieren

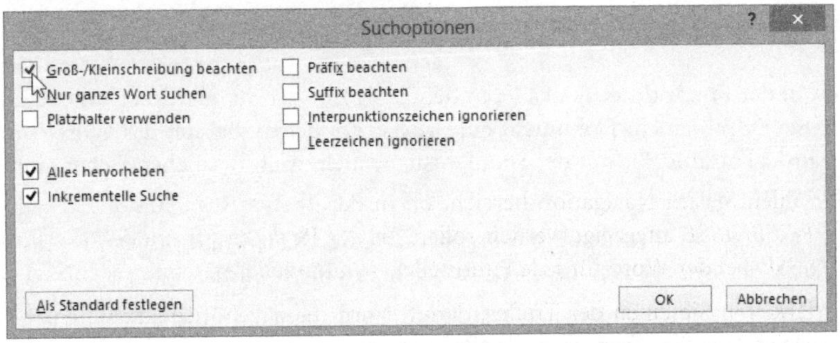

Die Suchoptionen

In der folgenden Auflistung finden Sie die wichtigsten Optionen des im letzten Abschnitt vorgestellten Dialogfeldes *Suchoptionen* bzw. des Dialogfeldes *Suchen und Ersetzen*, das Sie im nächsten Abschnitt kennenlernen werden.

- **Groß-/Kleinschreibung beachten** Wenn Sie das Kontrollkästchen einschalten, wird eine Textstelle nur dann gefunden, wenn die Groß- und Kleinschreibung im Text mit Ihrer Eingabe exakt übereinstimmt.
- **Nur ganzes Wort suchen** Wenn Sie diese Option aktivieren, werden nur eigenständige Wörter gesucht, die durch Leerzeichen, Tabulatoren oder Satzzeichen getrennt sind. Bei aus-

geschalteter Option (dies ist die Vorgabe von Word), werden auch alle Textstellen gefunden, in denen der Suchbegriff nicht als eigenständiges Wort vorkommt. Zum Beispiel würde dann bei dem Suchbegriff »und« auch das Wort »Kunden« gefunden werden.

- **Platzhalter verwenden** Über diese Option lassen sich sehr komplexe Suchen durchführen, mit denen Sie z. B. alle Wörter finden können, die mit »M« anfangen und »er« aufhören. Da solche Suchen in der Praxis aber eher selten vorkommen, haben wir im Rahmen dieses Buches auf eine Beschreibung verzichtet.
- **Alles hervorheben** Wenn diese Option eingeschaltet ist, werden alle Fundstellen im Dokument markiert.
- **Inkrementelle Suche** Bei der inkrementellen Suche beginnt Word die Suche bereits beim Eintippen des ersten Buchstabens und grenzt die Trefferliste dann immer weiter ein, während Sie den Suchbegriff eingeben.
- **Präfix/Suffix beachten** Schalten Sie diese Option ein, um alle Textstellen zu finden, an denen der Suchbegriff am Wortanfang bzw. am Wortende steht.
- **Interpunktionszeichen ignorieren** Bei eingeschalteter Option werden Satzzeichen von Word nicht berücksichtigt. In diesem Fall würde der Suchbegriff »Dr Schuhmann« auch die Schreibweise »Dr. Schuhmann« finden.
- **Leerzeichen ignorieren** Diese Option ist bei der Suche nach Wortkombinationen sehr hilfreich. Wenn Sie z.B. nach den beiden Wörtern »unter anderem« suchen, spüren Sie mit dieser Option auch Textstellen auf, bei denen zwischen den Wörtern unbeabsichtigterweise zwei Leerzeichen stehen.

Die erweiterte Suche

Es gibt in der Praxis durchaus Fälle, in denen Sie mit der Standardsuche nicht zum Ziel kommen. Wenn Sie z. B. in einem Dokument eine Textstelle suchen, bei der das Wort »und« kursiv formatiert wurde, kommen Sie mit der Standardsuche nicht weit. In solchen Fällen müssen Sie zur erweiterten Suche greifen:

1. Zeigen Sie im Menüband die Registerkarte *START* an und öffnen Sie das Menü der Schaltfläche *Suchen.* Wählen Sie dort den Befehl *Erweiterte Suche.*
2. Klicken Sie im erschienenen Dialogfeld gegebenenfalls auf die Schaltfläche *Erweitern,* damit die vollständige Fassung des Dialogfeldes angezeigt wird (wie in der nächsten Abbildung). Wie Sie sehen, kennen Sie viele der Optionen bereits aus der in den letzten Abschnitten vorgestellten Standardsuche.

Bild 5.35 In der erweiterten Suche lässt sich z. B. der Suchbereich festlegen

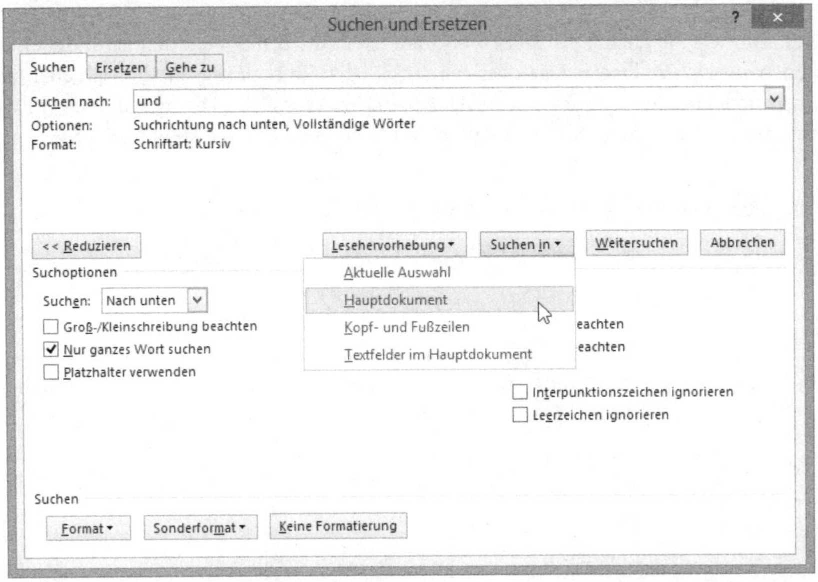

3. Legen Sie die Suchrichtung fest. Word sucht entweder nur in eine Richtung, und zwar ab der aktuellen Position der Einfügemarke nach oben oder unten, oder im gesamten Dokument.
4. Falls Ihr Dokument auch Kopf- und Fußzeilen enthält und/oder wenn Sie zuvor einen Textbereich markiert haben, können Sie nun auswählen, welchen Bereich des Dokuments Sie durchsuchen möchten.
5. Über die Schaltfläche *Format* können Sie angeben, nach welchen Formatierungsmerkmalen Sie suchen. Alternativ können Sie auch die Tastenkombinationen drücken, mit der sich die gesuchte Formatierung zuweisen lässt (also z. B. ⇧+Strg+K für kursive Schrift).
6. Die Schaltfläche *Sonderformat* zeigt eine Auswahl von Sonderzeichen an, nach denen Sie ebenfalls suchen können. Auf diese Weise können Sie z. B. ein Tabstoppzeichen oder eine Absatzmarke in den Suchbegriff einbauen. So findet der Ausdruck »:^p« alle Doppelpunkte, die am Ende eines Absatzes stehen.
7. Klicken Sie auf *Weitersuchen,* um die erste bzw. die nächste Fundstelle anzuzeigen. Um alle Fundstellen auf einmal zu markieren, klicken Sie auf *Suchen.*
8. Um die Fundstellen farbig hervorzuheben, klicken Sie auf *Lesehervorhebung* und dann auf *Alles hervorheben.*
9. Sie können jederzeit zwischen Dialogfeld und Dokument wechseln. Sie können also z. B. die Bildlaufleisten verwenden, um sich die von der Suchfunktion markierten oder hervorgehobenen Textstellen anzusehen. Wenn Sie das Dialogfeld nicht mehr benötigen, schließen Sie es mit *Abbrechen.*

Text ersetzen

Genauso wie Sie nach Text suchen können, ist es auch möglich, den gefundenen Text durch einen neuen ersetzen zu lassen. Dazu verwenden Sie den Befehl *Ersetzen*, der sich ebenfalls in der Gruppe *Bearbeiten* auf der Registerkarte *START* befindet. Wenn das Dialogfeld *Suchen und Ersetzen* bereits angezeigt wird, können Sie auch einfach im Dialogfeld die Registerkarte *Ersetzen* anklicken.

Bild 5.36 Die Registerkarte *Ersetzen* mit eingeblendeten Suchoptionen

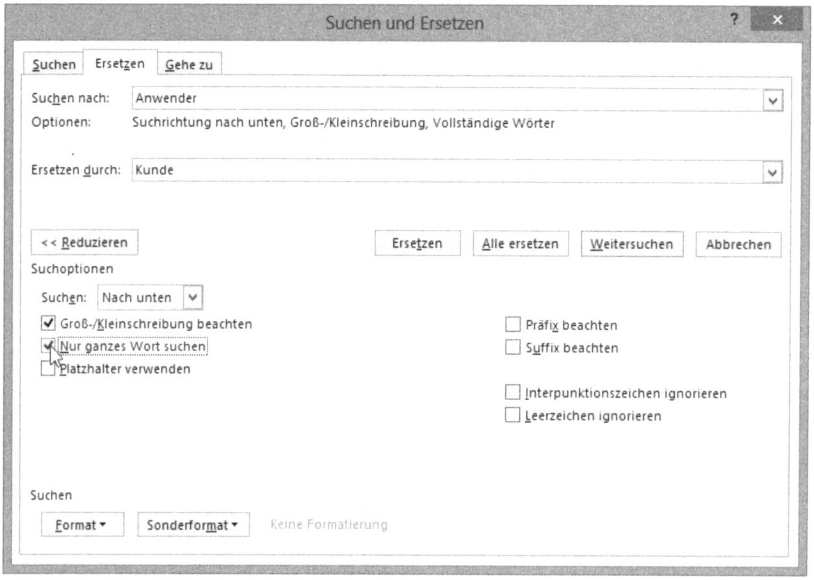

Wie Sie sehen, unterscheidet sich die Registerkarte *Ersetzen* von der Registerkarte *Suchen* im Wesentlichen durch das Feld *Ersetzen durch.* In dieses Feld können Sie den Text eingeben, der anstelle des gefundenen in das Dokument eingefügt werden soll. Wenn Sie dieses Feld leer lassen, wird der gefundene Text aus Ihrem Dokument entfernt.

Nachdem Sie alle Eingaben vorgenommen und die gewünschten Optionen eingeschaltet haben, können Sie mit den folgenden Schaltflächen das Ersetzen starten:

- **Weitersuchen** Sucht das erste bzw. nächste Vorkommen des Suchtextes im Dokument. War die Suche erfolgreich, wird der Inhalt des Dateifensters so gescrollt, dass Sie die gefundene Textstelle lesen können.
- **Ersetzen** Ersetzt den gefundenen Text durch die neue Eingabe. Nachdem Word den markierten Text ersetzt hat, springt es automatisch zur nächsten Fundstelle. Wird der Suchbegriff nicht mehr gefunden, erscheint ein entsprechender Hinweis.
- **Alles ersetzen** Mit dieser Schaltfläche können Sie alle Vorkommen des Suchtextes im gesamten Dokument ersetzen. Benutzen Sie diese Schaltfläche nur, wenn Sie sich Ihrer Sache sicher sind und auf die individuelle Überprüfung der einzelnen Fundstellen verzichten wollen.

Befehle rückgängig machen und wiederholen

Wenn Sie die letzte Aktion (Texteingabe, Löschen, Formatierung) rückgängig machen wollen, ist das bei Word kein Problem. Die entsprechende Schaltfläche finden Sie in der Symbolleiste für den Schnellzugriff, die standardmäßig rechts neben dem Word-Symbol in der Titelleiste angezeigt wird.

Um den letzten Schritt rückgängig zu machen, klicken Sie auf die Schaltfläche *Rückgängig*. Wenn die Schaltfläche inaktiv ist, kann der letzte Schritt nicht rückgängig gemacht werden. Sie können auch die Tastenkombination Strg+Z verwenden.

Wenn Sie auf den Pfeil an der rechten Seite der Schaltfläche *Rückgängig* klicken, wird eine Liste mit allen Schritten angezeigt, die Sie rückgängig machen können. Klicken Sie die Aktion an, bis zu der alle durchgeführten Aktionen rückgängig gemacht werden sollen.

Bild 5.37 Das Menü der Schaltfläche *Rückgängig* enthält eine Liste der letzten Bearbeitungsschritte

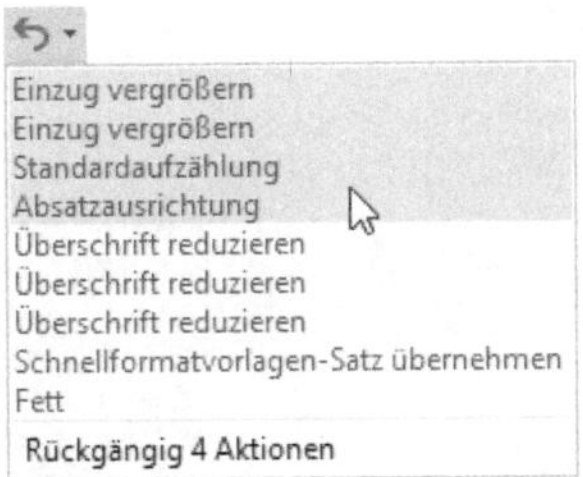

In Word finden Sie in der Symbolleiste für den Schnellzugriff standardmäßig noch die Schaltfläche *Wiederholen*, mit der Sie die letzte Aktion erneut ausführen lassen können. Wiederholen lässt sich auch mit der Tastenkombination Strg+Y auslösen.

Kapitel 6

Sprachtools verwenden

In diesem Kapitel:

In diesem Kapitel lernen Sie die Tools kennen, mit denen Sie in Word 2013 Ihre Dokumente sprachlich optimieren und von Fehlern befreien können:

- Die *Rechtschreib- und Grammatikprüfung* findet im Hintergrund statt, markiert gefundene Rechtschreib- und Grammatikfehler und macht Korrekturvorschläge.
- Die *AutoKorrektur* erkennt typische Rechtschreibfehler, wie Buchstabendreher, und ersetzt den fehlerhaften Text automatisch durch den richtigen.
- Mit dem *Thesaurus* können Sie für ein im Dokument markiertes Wort Synonyme anzeigen und das markierte Wort durch eines der Synonyme ersetzen lassen.
- Mit dem Feature *Definieren* können Sie die Bedeutung eines markierten Wortes in einem Wörterbuch nachschlagen lassen. Die hierfür verwendeten Wörterbücher sind nicht mit denen für die Dokumentprüfung identisch und Sie müssen sie bei Bedarf mithilfe des Aufgabenbereichs *Wörterbuch* installieren.
- Mit der *Silbentrennung*, die entweder automatisch oder manuell durchgeführt werden kann, sorgen Sie dafür, dass bei linksbündigem Text der rechte Rand der Absätze nicht zu sehr flattert und dass bei Absätzen im Blocksatz zu große Wortabstände in den einzelnen Zeilen vermieden werden.

All diese Sprachtools können Sie auch für mehrsprachige Texte einsetzen, indem Sie für die benötigten Sprachen die Wörterbücher zur Dokumentprüfung nachinstallieren und indem Sie dem jeweiligen Text die Sprache zuweisen, die von den Sprachtools verwendet werden soll.

HINWEISE FÜR UMSTEIGER Die Features zur Überprüfung eines Dokuments auf Rechtschreib- und Grammatikfehler sowie der Thesaurus, in dem Sie Synonyme für ein im Dokument markiertes Wort nachschlagen können, sind aus dem Word 2003-Menü *Extras* auf die Word 2013-Registerkarte *ÜBERPRÜFEN* in die Gruppe *Dokumentprüfung* umgezogen. Die Einstellmöglichkeiten für die automatische Korrektur von Fehlern, wie z. B. Buchstabendrehern, finden Sie nun im Dialogfeld *Word-Optionen* auf der Seite *Dokumentprüfung*. Dort können Sie außerdem die Optionen für die Rechtschreib- und Grammatikprüfung von Word einstellen.

Rechtschreib- und Grammatikprüfung

Die verschiedenen Stufen der Rechtschreibreform haben einerseits zu heftigen Auseinandersetzungen zwischen Befürwortern und Gegnern geführt, andererseits auch viele Unsicherheiten im Hinblick darauf ausgelöst, was denn nun richtig ist und was falsch. Heißt es z. B. »Stängel« oder »Stengel«, »aufwendig« oder »aufwändig«, oder ist beides möglich?

Lassen Sie sich hierbei von Word durch die integrierte Rechtschreibprüfung unter die Arme greifen, die Sie, je nachdem, welche Rechtschreibung in Ihrer Organisation verwendet wird, so konfigurieren können, dass entweder die alten oder die neuen Rechtschreibregeln bei der Prüfung verwendet werden.

Neue oder alte Rechtschreibregeln?

Um festzulegen, welche Rechtschreibregeln verwendet werden sollen, gehen Sie folgendermaßen vor:

1. Klicken Sie auf die Registerkarte *DATEI* und dann in der Backstage-Ansicht auf *Optionen.*
2. Wechseln Sie im Dialogfeld *Word-Optionen* zur Seite *Dokumentprüfung.*
3. Schalten Sie das Kontrollkästchen *Deutsch: Neue Rechtschreibung verwenden* ein, wenn Word die neuen Rechtschreibregeln verwenden soll. Andernfalls schalten Sie das Kontrollkästchen aus.
4. Klicken Sie auf *OK.*

Bild 6.1 Auf der Seite *Dokumentprüfung* des Dialogfeldes *Word-Optionen* können Sie zahlreiche Einstellungen dazu vornehmen, wie Word Ihr Dokument auf Fehler hin überprüft und ob gefundene Fehler markiert werden oder nicht

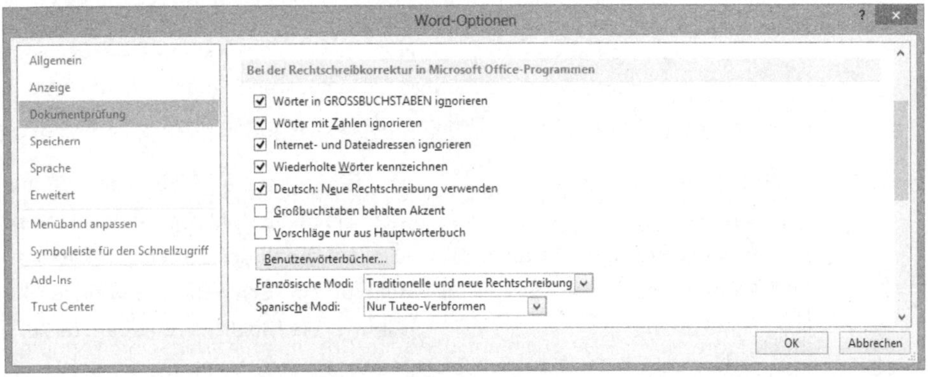

PROFITIPP

Rechtschreibreform in Frankreich

Im Jahre 1990 gab es in Frankreich ebenfalls eine Rechtschreibreform. Wenn Sie Texte in der französischen Sprache erstellen, können Sie im Listenfeld *Französische Modi* einstellen, welche Rechtschreibregeln für diese Texte verwendet werden sollen.

Im Unterschied zur Konfiguration der deutschen Rechtschreibregeln stehen Ihnen hier drei verschiedene Optionen zur Auswahl: Sie können die neue Rechtschreibung, die traditionelle Rechtschreibung oder beide als gültig auswählen. Wenn Sie die Option *Traditionelle und neue Rechtschreibung* auswählen, gelten für die Rechtschreibprüfung Wörter als richtig geschrieben, wenn sie entweder nach den Regeln der neuen oder nach denen der alten Rechtschreibung geschrieben wurden.

Bei falsch geschriebenen Wörtern werden die Vorschläge sowohl aus dem Wörterbuch für die neue als auch aus dem für die traditionelle Rechtschreibung vorgeschlagen.

Rechtschreibung während der Texteingabe überprüfen lassen

Standardmäßig ist in Word die Funktion *Rechtschreibung während der Eingabe überprüfen* aktiviert. (Sie können dieses Feature auf der Seite *Dokumentprüfung* des Dialogfeldes *Word-Optionen* ausschalten; dies ist aber nur dann erforderlich, wenn Sie einen langsamen PC verwenden. Schalten Sie hierzu das Kontrollkästchen *Rechtschreibung während der Eingabe überprüfen* aus.)

Bild 6.2 Wenn die Rechtschreibprüfung bei der Eingabe Fehler findet, werden diese im Dokument mit einer roten Wellenlinie gekennzeichnet

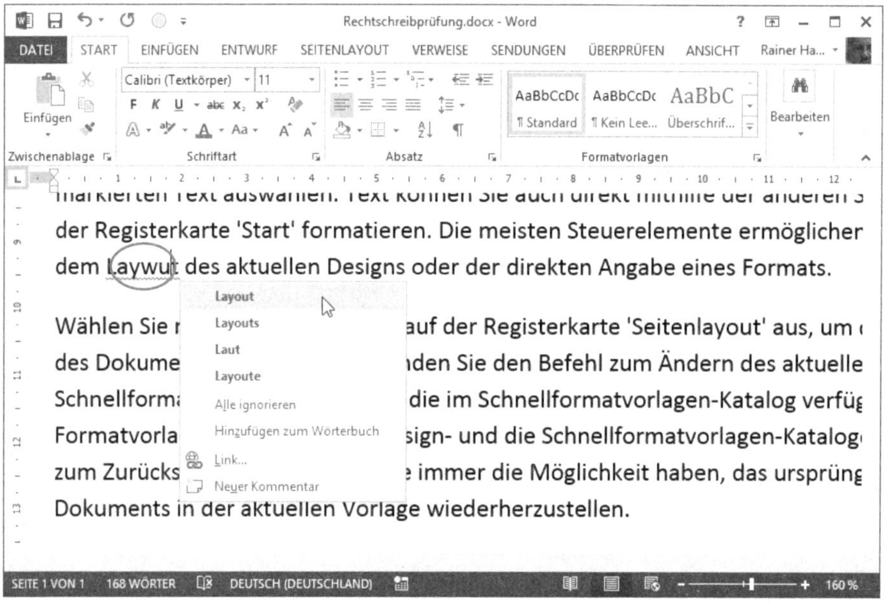

Wenn die Rechtschreibprüfung im Hintergrund aktiv ist, wird in der Statusleiste ein kleines Buchsymbol angezeigt, an dem Sie erkennen können, ob derzeit eine Prüfung stattfindet oder nicht. Wenn ein Fehler gefunden wurde, wird die Textstelle im Dokument mit einer roten Wellenlinie gekennzeichnet.

Um ein Wort, das mit einer roten Wellenlinie markiert wurde, zu korrigieren, gehen Sie folgendermaßen vor:

1. Klicken Sie das Wort mit der rechten Maustaste an. Es öffnet sich ein kleines Menü, in dem oben die Vorschläge der Rechtschreibprüfung stehen.
2. Klicken Sie den richtigen Vorschlag an, um das fehlerhafte Wort durch das korrekte zu ersetzen.

Wörter, die die Rechtschreibprüfung nicht kennt

In dem Kontextmenü, das Sie in der Abbildung auf der vorhergehenden Seite sehen, wird zwar in der Regel die richtige Schreibweise angezeigt, aber es kommt auch häufig vor, dass unbekannte Wörter, wie Eigennamen oder Fachbegriffe, als falsch geschrieben markiert werden. In solchen Fällen können Sie den Befehl *Alle ignorieren* benutzen. Das Programm geht dann für die Prüfung des weiteren Textes im aktuellen Dokument davon aus, dass das Wort richtig geschrieben ist.

Wollen Sie, dass das Wort generell nicht mehr angemahnt wird, wählen Sie im Kontextmenü den Befehl *Hinzufügen zum Wörterbuch*. Es wird dann in das *Standardbenutzerwörterbuch* aufgenommen und in Zukunft immer akzeptiert.

TIPP **Für Standardfehler eignet sich die AutoKorrektur besser** Wenn die Rechtschreibprüfung einen Fehler gefunden hat, der Ihnen häufiger unterläuft – wie z.B. einen Buchstabendreher –, sollten Sie das Wort der AutoKorrektur übergeben. Wenn Sie das Wort dann beim nächsten Mal wieder falsch schreiben, wird es direkt bei der Eingabe durch die richtige Schreibweise ersetzt. Die AutoKorrektur wird in diesem Kapitel ab Seite 158 beschrieben.

Benutzerwörterbücher bearbeiten

Die Benutzerwörterbücher werden in Dateien gespeichert, die Ihrem Windows-Benutzerkonto auf dem Computer zugeordnet sind. Falls Sie versehentlich ein Wort in das Benutzerwörterbuch aufgenommen haben oder wenn Sie eine ganze Liste bestimmter Fachausdrücke auf einen Rutsch in das Benutzerwörterbuch einfügen wollen, gehen Sie so vor:

1. Klicken Sie auf die Registerkarte *DATEI* und dann auf *Optionen*.
2. Wechseln Sie im Dialogfeld *Word-Optionen* zur Seite *Dokumentprüfung*.
3. Klicken Sie auf die Schaltfläche *Benutzerwörterbücher*. Das folgende Dialogfeld wird angezeigt:

Bild 6.3 Dieses Dialogfeld zeigt die vorhandenen Benutzerwörterbücher an. Sie können hier vorhandene Benutzerwörterbücher bearbeiten oder löschen, neue erstellen oder Wörterbücher, die Sie erhalten haben, in Word einbinden (über die Schaltfläche *Hinzufügen*).

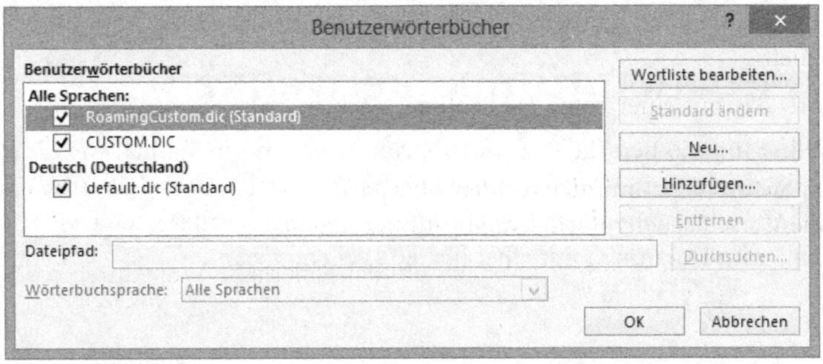

4. Markieren Sie in der Liste *Benutzerwörterbücher* das Wörterbuch, das Sie bearbeiten wollen. (Standardmäßig arbeitet Word mit einem Benutzerwörterbuch mit dem Namen *RoamingCustom.dic*.)

5. Klicken Sie auf *Wortliste bearbeiten*. Das folgende Dialogfeld wird geöffnet:

Bild 6.4 Dieses Dialogfeld zeigt alle Einträge des Benutzerwörterbuches an, dessen Name in der Titelleiste angegeben wird

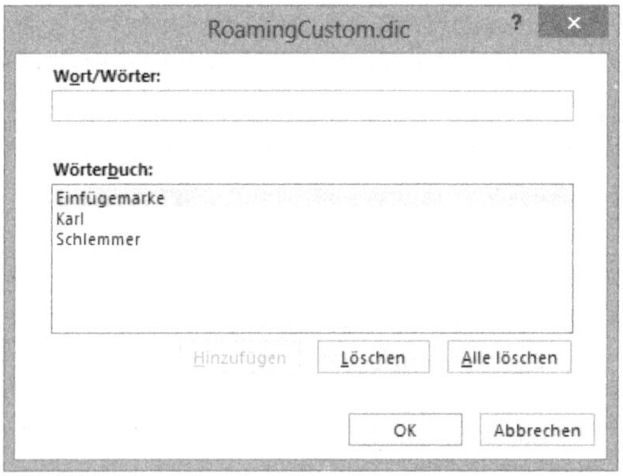

6. Führen Sie eine der folgenden Aktionen durch:
   - Um einen einzelnen Eintrag zu löschen, markieren Sie ihn und klicken dann auf die Schaltfläche *Löschen*.
   - Um alle Einträge zu entfernen, klicken Sie auf die Schaltfläche *Alle löschen*.
   - Um einen neuen Eintrag in das Benutzerwörterbuch aufzunehmen, geben Sie ihn in das Feld *Wort/Wörter* ein und klicken dann auf die Schaltfläche *Hinzufügen*.
7. Schließen Sie die Dialogfelder jeweils mit einem Klick auf *OK*.

TIPP **Standardbenutzerwörterbuch ändern** Wenn Sie für ein von Word als falsch markiertes Wort den Befehl *Hinzufügen zum Wörterbuch* wählen, wird es in das Standardbenutzerwörterbuch eingefügt. Das Standardbenutzerwörterbuch erkennen Sie am Zusatz *(Standard)* in der Liste der Benutzerwörterbücher. Um standardmäßig ein anderes Wörterbuch zu verwenden, markieren Sie es im Dialogfeld *Benutzerwörterbücher* und klicken auf *Standard ändern*.

Die Grammatikprüfung verwenden

Vom Prinzip her funktioniert die Grammatikprüfung von Word ähnlich wie die Rechtschreibprüfung. Wenn Sie auf der Seite *Dokumentprüfung* des Dialogfeldes *Word-Optionen* das Kontrollkästchen *Grammatikfehler während der Eingabe markieren* eingeschaltet haben, zeigt Word gefundene Grammatikfehler im Dokument mit einer blauen Wellenlinie an.

Bild 6.5 Beispiel für einen Grammatikfehler, den Word entdeckt hat. Wie bei der Rechtschreibprüfung finden Sie im Kontextmenü Vorschläge, um den Fehler zu beheben.

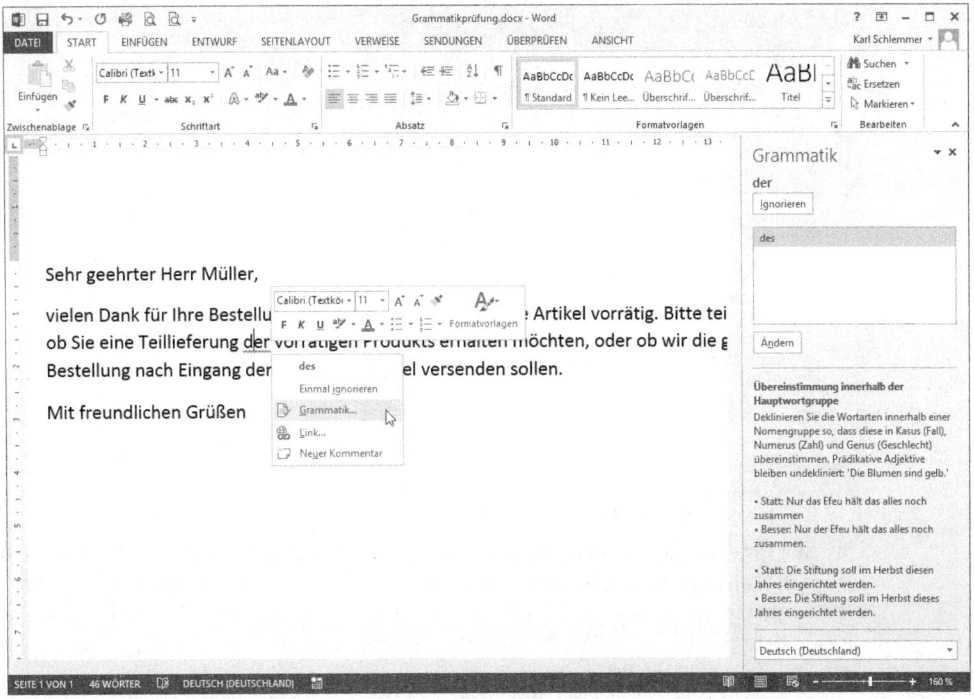

Wenn Sie das als falsch erkannte Wort mit der rechten Maustaste anklicken, wird ein Kontextmenü geöffnet, in dessen oberem Bereich Sie einen oder gegebenenfalls mehrere Korrekturvorschläge finden. Klicken Sie die gewünschte Korrektur an, damit der fehlerhafte Text entsprechend ersetzt wird. Wenn Sie im Kontextmenü den Befehl *Grammatik* anklicken, wird der gleichnamige Aufgabenbereich geöffnet und es werden Informationen zum Fehler angezeigt.

Welche Fehler von der Grammatikprüfung gefunden werden sollen, können Sie auf der Seite *Dokumentprüfung* des Dialogfeldes *Word-Optionen* konfigurieren. Klicken Sie die Schaltfläche *Einstellungen* neben *Schreibstil* an, damit das Dialogfeld *Grammatikeinstellungen* geöffnet wird, das Sie in der Abbildung auf der folgenden Seite sehen.

Bild 6.6 Die Einstellungen in dieser Abbildung sind die Standardeinstellungen der Grammatikprüfung von Word

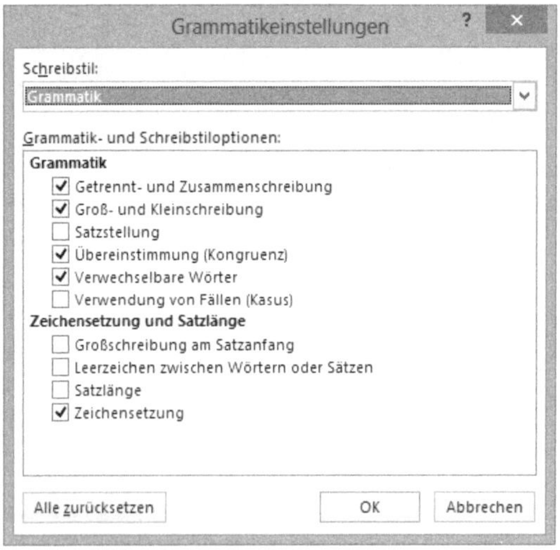

Um eine der Prüfoptionen ein- oder auszuschalten, schalten Sie einfach das entsprechende Kontrollkästchen ein bzw. aus. Nützlich ist auch die Option *Leerzeichen zwischen Wörtern oder Sätzen,* die mehrfache Leerzeichen zwischen zwei Wörtern oder zwischen Sätzen als Fehler markiert, da dies auf dem Bildschirm manchmal nicht gut zu erkennen ist.

Korrekturhilfen für weitere Sprachen

Wenn Sie mit Word 2013 Dokumente in unterschiedlichen Sprachen erstellen, können Sie kostenlos die Korrekturhilfen für zusätzliche Sprachen installieren. Sie können die folgenden Schritte in einem beliebigen Office-Programm durchführen. Korrekturhilfen, die Sie in einer Anwendung hinzufügen, stehen automatisch in allen Anwendungen zur Verfügung.

1. Klicken Sie auf die Registerkarte *DATEI* und dann auf *Optionen.*
2. Wechseln Sie zur Kategorie *Sprache.*
3. Öffnen Sie das Listenfeld mit der Beschriftung *Weitere Bearbeitungssprache hinzufügen* und wählen Sie die gewünschte Sprache aus.
4. Klicken Sie auf *Hinzufügen.*
5. Werfen Sie einen Blick auf die Liste der Bearbeitungssprachen. Wenn in der Spalte *Dokumentprüfung* für die hinzugefügte Sprache die Info *Nicht installiert* angezeigt wird, klicken Sie diesen Text an.

   Die Office-Anwendung öffnet daraufhin die Microsoft-Website, von der Sie die Korrekturhilfen herunterladen können. Eventuell müssen Sie auf der Website ein weiteres Mal die gewünschte Sprache auswählen.

Bild 6.7 Sie können Korrekturhilfen für weitere Sprachen kostenlos herunterladen und dann in den Office-Programmen verwenden

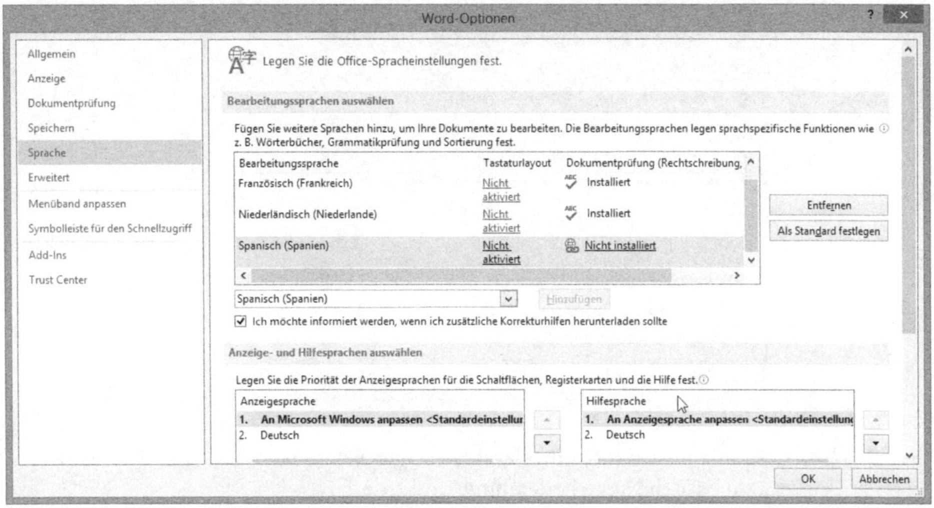

6. Laden Sie das Installationsprogramm für die Korrekturhilfen herunter, starten Sie den Installer und beenden Sie nach Abschluss der Installation die Office-Anwendung. Nach einem Neustart des Programms steht die Sprache zur Verfügung.

Sprache für markierten Text festlegen

Die Rechtschreibprüfung vergleicht den eingegebenen Text mit Wörterbüchern, die für die verschiedensten Sprachen zur Verfügung stehen. Die Sprache des Textes, in dem sich die Einfügemarke befindet, wird in der Statusleiste neben dem Buchsymbol angezeigt.

Word versucht automatisch zu erkennen, welche Sprache der Text in Ihrem Dokument besitzt. Sie können in Word die automatische Spracherkennung komplett abschalten. In Word, PowerPoint und OneNote können Sie manuell festlegen, welche Sprache ein bestimmter Textbereich hat.

Um für eine Textstelle die Sprache festzulegen, gehen Sie so vor:

1. Markieren Sie den Text, dem Sie eine bestimmte Sprache zuweisen wollen.
2. Klicken Sie in der Statusleiste auf die Schaltfläche mit der aktuellen Sprache. (Wenn Sie die Statusleiste so konfiguriert haben, dass dieses Element nicht angezeigt wird, öffnen Sie die Registerkarte *ÜBERPRÜFEN* und klicken in der Gruppe *Dokumentprüfung* auf die Schaltfläche *Sprache* und dann auf *Sprache für die Korrekturhilfen festlegen.)*
3. Wählen Sie in der Liste eine Sprache aus. Für die Sprachen, vor deren Name das Symbol *ABC* erscheint, sind die entsprechenden Wörterbücher installiert.

Bild 6.8 Mit diesem Dialogfeld weisen Sie dem markierten Text eine bestimmte Sprache zu. Word verwendet bei der Dokumentprüfung die Wörterbücher der zugewiesenen Sprache.

4. Schalten Sie das Kontrollkästchen *Sprache automatisch erkennen* aus, wenn Sie in Word die automatische Spracherkennung deaktivieren wollen.
5. Schließen Sie das Dialogfeld mit *OK.*

AutoKorrektur verwenden und anpassen

Wenn Sie viel am Computer schreiben, haben Sie wahrscheinlich auch schon bemerkt, dass Ihnen immer wieder die gleichen Tippfehler unterlaufen. Da wird aus »ist« ständig ein »its« und aus »bereits« das weltmännische »bereist«. Sehr beliebt sind auch Wörter mit zwei großen Anfangsbuchstaben – unwiderlegbarer Beweis, dass sich einer Ihrer Finger mal wieder zu lange auf der ⇧-Taste ausgeruht hat.

Solche Fehler kann Word mit der AutoKorrektur-Funktion bereits während der Texteingabe beheben. Das heißt, wenn die AutoKorrektur-Funktion eingeschaltet ist, wird aus einem »serh« automatisch ein »sehr«. Probieren Sie es einmal in Word aus:

1. Klicken Sie auf die Registerkarte *DATEI,* dann auf *Neu* und schließlich auf *Leeres Dokument,* um ein Dokument zu erstellen, mit dem Sie die Fähigkeiten der AutoKorrektur testen können.
2. Geben Sie folgenden Text ein: **Geben Sie einen Doppelpunkt (:) ein.**
   Word ändert die Zeichen :) automatisch in ☺.
3. Zeigen Sie mit der Maus auf das Symbol ☺.
   Unter dem Symbol erscheint ein kleiner blauer Rahmen.
4. Zeigen Sie mit der Maus auf den Rahmen. Word zeigt unter dem Wort eine Schaltfläche an.

Bild 6.9 Die automatisch vorgenommenen Änderungen sind an dem kleinen blauen Rahmen zu erkennen

5. Klicken Sie auf die Schaltfläche *AutoKorrektur-Optionen.* Es öffnet sich ein Menü, mit dem Sie das Verhalten der AutoKorrektur steuern können.

Bild 6.10 Das Menü mit den AutoKorrektur-Optionen

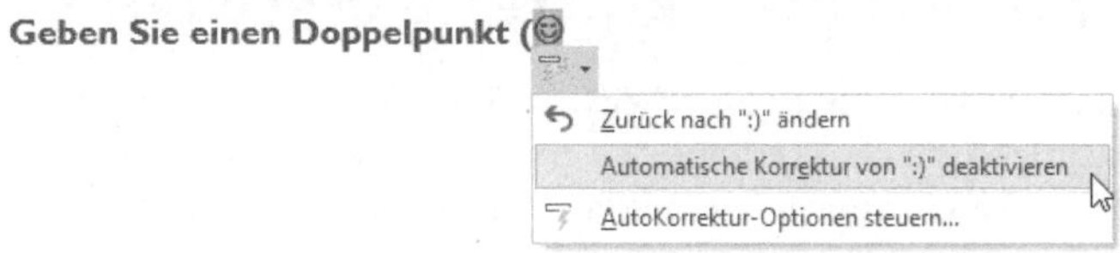

6. Sie können nun die von Word vorgenommene Änderung einmalig rückgängig machen oder festlegen, dass Word diese Schreibweise in Zukunft nicht mehr automatisch korrigiert.

Sonderfälle von der AutoKorrektur ausnehmen

So praktisch die AutoKorrektur-Funktion ist – es gibt auch Fälle, bei denen ihr Eingreifen stört. Dies betrifft vor allem Abkürzungen und Wörter mit unüblicher Groß-/Kleinschreibung.

1. Geben Sie folgenden Text ein: **Die Abgasuntersuchungen** (AUs) **werden ...**
   Word korrigiert »AUs« automatisch in »Aus«.
2. Zeigen Sie mit der Maus auf das Wort »Aus«. Unter dem Wort erscheint ein kleiner blauer Rahmen.
3. Bewegen Sie die Maus in die Nähe des Rahmens und klicken Sie auf die dadurch angezeigte Schaltfläche *AutoKorrektur-Optionen.*
4. Wählen Sie im Menü den Befehl *Automatische Korrektur von "Aus" deaktivieren,* damit die Änderung rückgängig gemacht wird.
5. Klicken Sie erneut auf die Schaltfläche *AutoKorrektur-Optionen* und wählen Sie diesmal *Auto-Korrektur-Optionen steuern.* Das Dialogfeld *AutoKorrektur* wird angezeigt.
6. Klicken Sie auf die Schaltfläche *Ausnahmen.*
7. Wechseln Sie zur Registerkarte *WOrtanfang GRoß.*

Bild 6.11 Das Wort AUs wurde in die Liste der Ausnahmen aufgenommen

Diese Liste können Sie beliebig erweitern. Wenn Sie in einem Office-Programm einen neuen Eintrag erstellen, wird dieser automatisch auch in den anderen Programmen verwendet.

Neue AutoKorrektur-Einträge erstellen

Im Dialogfeld *AutoKorrektur* können Sie sehen, dass Word und die anderen Office-Programme mit den gängigen Flüchtigkeitsfehlern vertraut sind. Trotzdem werden Sie dieser Liste früher oder später auch eigene Einträge hinzufügen wollen. Sie können die AutoKorrektur auch verwenden, um längere Texte, Namen, Grußformeln in einer Abkürzung unterzubringen. Wenn Sie beispielsweise als Korrektur für *mfg* die Grußformel *Mit freundlichen Grüßen* festlegen, ersetzen die Office-Programme *mfg* automatisch durch den gewünschten Text. Neben dem reinen Text kann ein AutoKorrektur-Eintrag auch Formatierungsmerkmale enthalten.

Angenommen, Sie wollen für Ihren Namen einen AutoKorrektur-Eintrag erstellen und erreichen, dass der Name immer in kursiver Schrift erscheint. Dazu gehen Sie am besten so vor:

1. Geben Sie in das Dokument Ihren Namen ein. Formatieren Sie ihn so, wie er ausgegeben werden soll, und markieren Sie ihn.
2. Klicken Sie auf die Registerkarte *DATEI* und dann auf *Optionen.*
3. Wechseln Sie im Dialogfeld zur Kategorie *Dokumentprüfung* und klicken Sie auf *AutoKorrektur-Optionen.* Das Dialogfeld *AutoKorrektur* wird angezeigt.

Bild 6.12 In diesem Dialogfeld können Sie die AutoKorrektur um eigene Einträge ergänzen; ein AutoKorrektur-Eintrag kann auch mehrere Zeilen umfassen

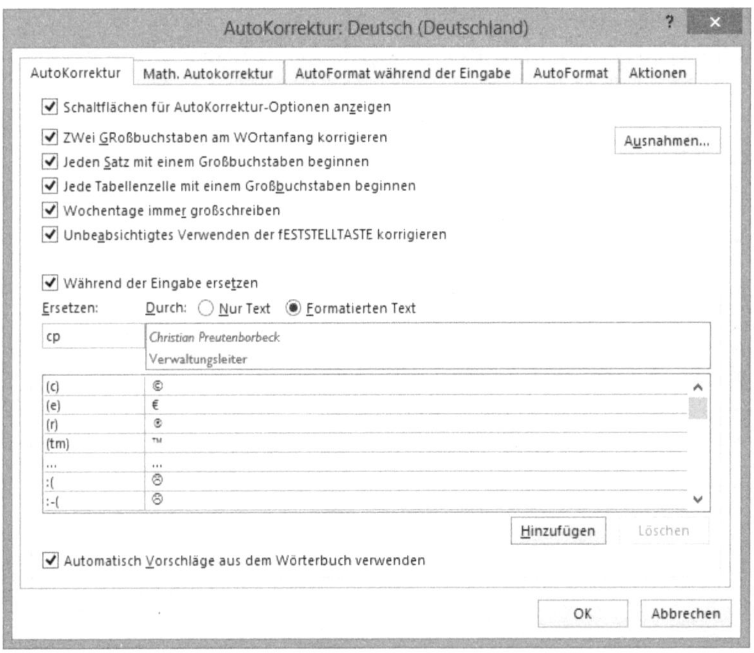

4. Geben Sie im Feld *Ersetzen* den Text ein, auf den die AutoKorrektur-Funktion reagieren soll (also die falsche Version bzw. das Kürzel).
5. Im Feld *Durch* wird bereits der Text angezeigt, den Sie in Schritt 1 eingegeben und markiert haben. Wenn Sie einen neuen Eintrag erstellen und vorher keinen Text markiert haben, können Sie in das Feld *Durch* den Text eintragen, den die AutoKorrektur anstelle des im Feld *Ersetzen* angegebenen einfügen soll.
6. Legen Sie mit den Optionsfeldern *Nur Text* und *Formatierten Text* fest, ob beim automatischen Korrigieren nur der Text oder der Text einschließlich der Formatierungen in das Dokument eingefügt werden soll.
7. Klicken Sie auf *Hinzufügen*, um den neuen Eintrag in die Liste aufzunehmen.
8. Schließen Sie das Dialogfeld mit *OK*.

PROFITIPP

AutoKorrekturregeln für Mathematik

Seit Office 2007 können Sie auch mathematische Symbole von der AutoKorrektur in Ihre Dokumente einfügen lassen, indem Sie das entsprechende Kürzel eingeben. So erhalten Sie beispielsweise nach Eingabe von \Pi das Zeichen Π. Die AutoKorrekturregeln für Mathematik sind normalerweise nur beim Erstellen von Formeln und Gleichungen aktiv.

Wenn Sie diese Funktion auch in normalem Text verwenden wollen, wechseln Sie zur Registerkarte *Math. AutoKorrektur* und schalten dort das Kontrollkästchen *Mathematische AutoKorrekturregeln in nicht mathematischen Bereichen verwenden* ein.

Thesaurus verwenden

Ein weiteres Sprachtool von Word ist der Thesaurus, der Ihnen dabei helfen kann, Ihre Dokumente attraktiv, abwechslungsreich, fesselnd und interessant zu gestalten und Wörter ausfindig zu machen, die einen Sachverhalt anschaulich wiedergeben.

Sie können ein beliebiges Wort im Thesaurus nachschlagen oder aus dem Text, den Sie schreiben, eines an den Thesaurus übergeben. Probieren Sie es aus und schreiben Sie an eine beliebige Stelle in einem Dokument das Wort *Geschehen*.

Öffnen Sie anschließend durch Klicken mit der rechten Maustaste auf das Wort das Kontextmenü und wählen Sie den Befehl *Synonyme*. In einem weiteren Menü werden Ihnen (sofern vorhanden) Vorschläge für ein alternatives Wort unterbreitet. Ist eines dabei, das Sie verwenden wollen, klicken Sie es einfach an.

Bild 6.13 Die Synonyme werden im Kontextmenü angezeigt

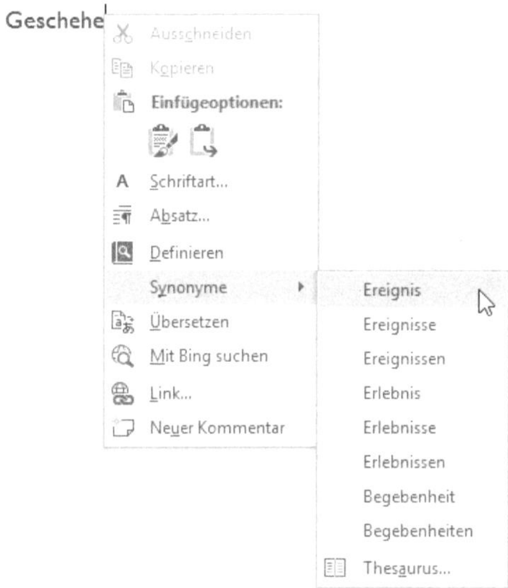

Den Thesaurus im Aufgabenbereich nutzen

Sie können auch den Aufgabenbereich *Thesaurus* verwenden, wenn Sie weitere Auswahlmöglichkeiten haben wollen. Sie öffnen diesen Aufgabenbereich entweder mit dem Befehl *Thesaurus* aus dem Kontextmenü, das Sie in der vorigen Abbildung sehen, oder indem Sie auf der Registerkarte *ÜBERPRÜFEN* in der Gruppe *Dokumentprüfung* auf *Thesaurus* klicken. Am schnellsten geht es mit der Tastenkombination [⇧]+[F7].

Wenn Sie kein Wort markiert haben, geht das Programm davon aus, dass Sie das Wort nachschlagen wollen, das die Einfügemarke enthält oder unmittelbar neben ihr steht. Im oberen Bereich des Aufgabenbereichs (siehe Abbildung auf der folgenden Seite) sehen Sie das Suchfeld, in dem immer das Wort steht, das zurzeit nachgeschlagen wird. In unserem Beispiel enthält das Feld den Eintrag *Geschehen*.

Das scheinbar so schlichte Wort »Geschehen« ist in Wirklichkeit sehr vielseitig. Es hat nämlich diverse Bedeutungen und kann als Substantiv oder als Verb verstanden werden. Die Wortart der verschiedenen Begriffe wird dabei in Klammern angegeben.

Sie können weitere Synonyme recherchieren, indem Sie im Listenfeld einen der Begriffe anklicken. Das angeklickte Wort wird in das Suchfeld übernommen und dann werden dessen Synonyme oder Antonyme angezeigt.

Bild 6.14 Der Aufgabenbereich *Thesaurus*

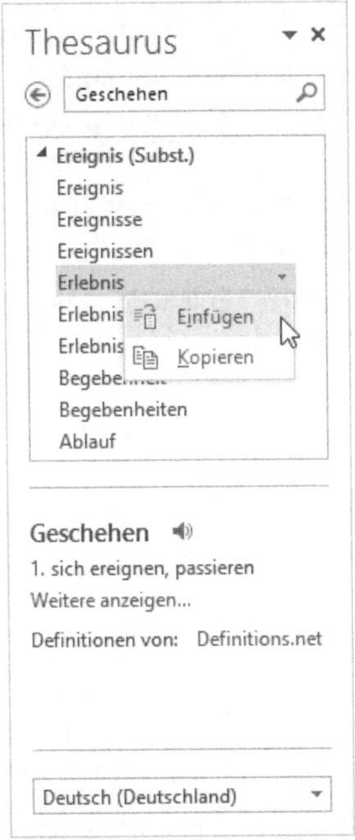

Um einen der Begriffe in das Dokument einfügen zu lassen, klicken Sie auf die Pfeilschaltfläche, die eingeblendet wird, wenn der Mauszeiger sich auf dem Wort befindet. Klicken Sie anschließend im Dropdownmenü auf *Einfügen.*

Wenn Sie sich beim Nachschlagen eines Wortes in den Untiefen des Thesaurus verirrt haben (und das geht sehr schnell), können Sie die Schaltfläche *Zurück* verwenden, die neben dem Suchfeld angezeigt wird, um zum vorherigen Wort zu wechseln.

Wenn Sie Synonymwörterbücher für weitere Sprachen benötigen, können Sie diese kostenlos von der Microsoft-Website herunterladen und installieren (siehe Seite 156). Um eines dieser Synonymwörterbücher zu verwenden, weisen Sie dem Text die gewünschte Sprache zu, wie Sie es bei der Rechtschreibprüfung gesehen haben (siehe hierzu Seite 157).

Definitionen nachschlagen

Bereits in Word 2010 konnten Sie den Befehl *Recherchieren* in der Gruppe *Dokumentprüfung* auf der Registerkarte *ÜBERPRÜFEN* verwenden, um ein Wort nachzuschlagen, das derzeit im Dokument markiert ist. Der Befehl *Recherchieren* wurde in Word 2013 durch den Befehl *Definieren* ersetzt, den Sie sowohl über das Kontextmenü eines markierten Wortes als auch auf der Registerkarte *ÜBERPRÜFEN* finden.

Anders als bei Word 2010 müssen Sie bei Word 2013 zuerst ein (meist kostenloses) Wörterbuch aus dem Office Store installieren, damit Sie das Feature *Definieren* nutzen können.

Probieren Sie einmal aus und geben Sie das Wort **Grammatik** in ein Word-Dokument ein. Klicken Sie das Wort mit der rechten Maustaste an und wählen Sie im Kontextmenü *Definieren*. Wenn Sie den Befehl *Definieren* zum ersten Mal verwenden, zeigt Word den Aufgabenbereich *Wörterbücher* mit einer Liste der deutschsprachigen Wörterbücher an (linke Abbildung in Bild 6.15). Klicken Sie die Schaltfläche *Herunterladen* an, damit das betreffende Wörterbuch heruntergeladen und installiert wird.

Anschließend können Sie den Befehl *Definieren* ein weiteres Mal aufrufen. Word zeigt dann die Definition des markierten Wortes an (mittlere Abbildung in Bild 6.15).

Um Wörterbücher für weitere Sprachen zu installieren, brauchen Sie lediglich darauf zu achten, dass das Wort, das Sie nachschlagen wollen, mit der betreffenden Sprache formatiert ist, bevor Sie den Befehl *Definieren* wählen. Wenn Sie beispielsweise ein englisches Wort nachschlagen und noch kein Wörterbuch für Englisch installiert ist, zeigt Word die Wörterbuchauswahl an, die Sie in der rechten Abbildung in Bild 6.15 sehen.

Bild 6.15 Im Aufgabenbereich *Wörterbuch* wird die Definition eines markierten Wortes angezeigt

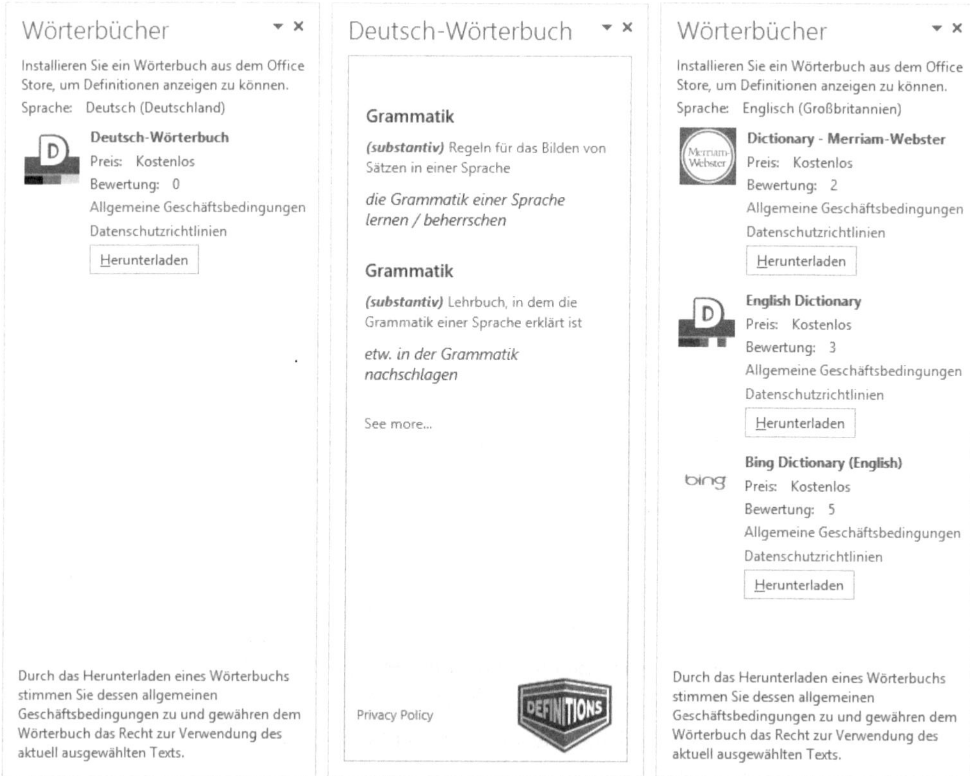

Silbentrennung

Wenn Sie Text eingeben, führt Word einen Zeilenumbruch durch: Passt ein Wort nicht mehr ganz in die aktuelle Zeile, wird es komplett in die nächste Zeile verschoben. Der in den einzelnen Zeilen zur Verfügung stehende Platz wird dadurch nicht optimal ausgenutzt. Dies fällt vor allem auf,

- wenn Sie Absätze im Blocksatz formatieren und dadurch große Lücken in den einzelnen Zeilen erhalten oder
- bei linksbündigen Absätzen einen stark ausgezackten Seitenrand (den sogenannten Flatterrand) erhalten.

Die Lösung des Problems besteht darin, die Wörter zu trennen. In Word stehen Ihnen dazu verschiedene Möglichkeiten zur Verfügung:

- Sie können bereits bei der Texteingabe Trennungen eingeben.
- Sie können die Silbentrennung während der Texteingabe automatisch vornehmen lassen.
- Sie können die Trennungen nach der Fertigstellung des Textes durch die Silbentrennung erledigen lassen und dabei die Stellen angeben, an denen getrennt werden soll.

Wir stellen Ihnen zuerst die Möglichkeit vor, bereits während der Texteingabe eigene Trennungen vorzunehmen und Trennvorschläge zu machen. Dabei lernen Sie auch die drei verschiedenen Arten von Trennstrichen kennen, die Word zur Verfügung stellt.

Silbentrennung bei der Texteingabe

Eine Möglichkeit, die Silbentrennung in Ihrem Dokument zu beeinflussen, besteht darin, bereits während der Eingabe Trennstriche in den Text einzufügen. Word unterscheidet drei verschiedene Arten von Trennstrichen. Diese sehen zwar im Text fast gleich aus, werden jedoch unterschiedlich eingegeben und haben andere Auswirkungen.

- **Reguläre Trennstriche** Reguläre Trennstriche werden mit der Taste [-] eingegeben. Word beginnt nach diesen Trennstrichen dann eine neue Zeile, wenn nur ein Teil des so zusammengesetzten Wortes in die aktuelle Zeile passt. Diese Trennstriche werden immer auf dem Bildschirm angezeigt und sie werden auch immer ausgedruckt. Verwenden Sie diese Trennstriche in Wortgruppen wie »Katz-und-Maus-Spiel«.
- **Bedingte Trennstriche** Bedingte oder optionale Trennstriche werden nur dann auf dem Papier ausgedruckt, wenn sie zur Silbentrennung eines Wortes erforderlich sind. Sie sind ein Hinweis an Word, wo das Programm im Bedarfsfall eine Trennung vornehmen kann. Wenn der optionale Trennstrich nicht benötigt wird, weil das Wort, das ihn enthält, nicht am Ende einer Zeile steht, wird er auch nicht gedruckt.

  Bedingte Trennstriche sind auf dem Bildschirm sichtbar, wenn Sie im Dialogfeld *Word-Optionen* (Sie können dies aufrufen, indem Sie die Registerkarte *DATEI* und dann *Optionen* anklicken) auf der Seite *Anzeige* das Kontrollkästchen *Bedingte Trennstriche* eingeschaltet haben. Bedingte Trennstriche werden über die Tastatur mit der Tastenkombination [Strg]+[-] eingegeben.

Bild 6.16 Die verschiedenen Trennstriche von Word

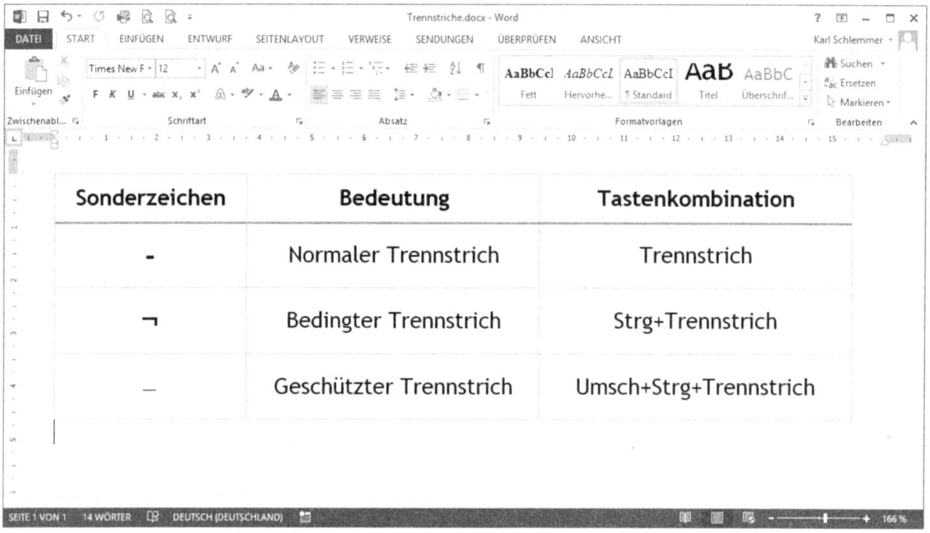

- **Geschützte Trennstriche** Der dritte Trennstrichtyp, der geschützte Trennstrich, sieht wieder ein wenig anders aus als die normalen und bedingten Trennstriche und wird mit der Tastenkombination ⇧+Strg+- eingegeben. Mit dem geschützten Trennstrich weisen Sie Word an, das Wort mit dem geschützten Trennstrich nie zu trennen, sondern es in eine neue Zeile zu setzen. Der geschützte Trennstrich kann beispielsweise bei zusammengesetzten Namen (Herr Müller-Schmitz) oder Aufzählungen (3-5) verwendet werden, die nicht getrennt werden sollen. Diese Trennstriche sind immer sichtbar, da sie auch immer ausgedruckt werden.

Trennstriche können genauso behandelt werden wie anderer Text. Sie können sie löschen, kopieren, einfügen oder formatieren. In diesem Punkt machen die Trennstriche keine Unterschiede.

Automatische Silbentrennung verwenden

Um die automatische Silbentrennung zu verwenden, gehen Sie folgendermaßen vor:

1. Wechseln Sie zur Registerkarte *SEITENLAYOUT*.
2. Klicken Sie in der Gruppe *Seite einrichten* zuerst auf *Silbentrennung* und dann auf *Automatisch*.

Mit diesem Befehl werden immer sogenannte bedingte Trennstriche in den Text eingefügt. Dies hat den Vorteil, dass die Trennstriche auch nur dann gedruckt werden, wenn sie zur Silbentrennung und zur Anpassung des rechten Absatzrandes erforderlich sind. Das Einschalten der automatischen Silbentrennung gilt immer für das gesamte Dokument.

Die automatische Silbentrennung von Word verwendet die sogenannten Korrekturhilfen und zwar für alle Bearbeitungssprachen, die Sie installiert haben. Achten Sie daher darauf, dass der Text des Dokuments mit der richtigen Sprache formatiert ist. Wenn Sie ein Dokument erstellen, in dem mehrsprachiger Text vorkommt, weisen Sie den betreffenden Textbereichen die jeweilige Sprache zu (siehe Seite 157); dann funktioniert die Silbentrennung für das gesamte Dokument.

Bild 6.17 Einschalten der automatischen Silbentrennung

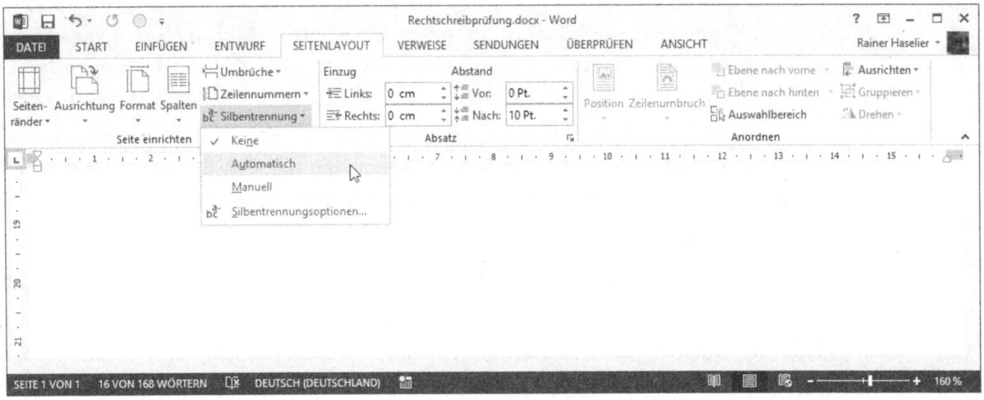

ACHTUNG Falls Sie für ein Dokument die automatische Silbentrennung eingeschaltet haben und es einen oder mehrere Absätze im Dokument gibt, in denen anscheinend nicht getrennt wird, kann dies daran liegen, dass für diese Absätze die Silbentrennung ausgeschaltet wurde.

Sie können dies überprüfen, indem Sie die Einfügemarke in den nicht getrennten Absatz setzen. Wechseln Sie dann zur Registerkarte *START* und klicken Sie in der Gruppe *Absatz* auf das Startprogramm für ein Dialogfeld. Wechseln Sie im Dialogfeld *Absatz* zur Registerkarte *Zeilen- und Seitenumbruch*.

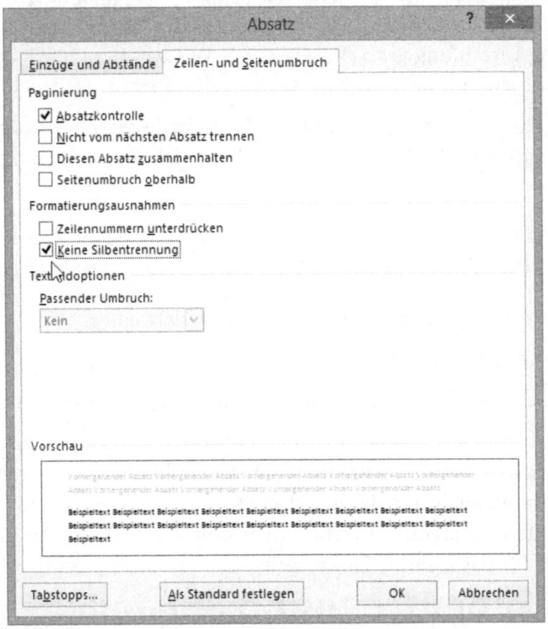

Prüfen Sie, ob das Kontrollkästchen *Keine Silbentrennung* eingeschaltet ist; wenn ja, schalten Sie es aus, damit auch dieser Absatz automatisch von Word getrennt wird.

Manuelle Silbentrennung verwenden

Wenn Sie die automatische Silbentrennung nicht benutzen und die Trennvorschläge bestätigen wollen, können Sie die manuelle Silbentrennung verwenden. Word zeigt Ihnen dann jedes Wort zur Überprüfung an und Sie können entscheiden, ob und wo dieses Wort getrennt werden soll.

1. Wenn Sie die manuelle Silbentrennung im gesamten Dokument vornehmen wollen, achten Sie darauf, dass kein Text markiert ist. Wenn Sie nur einen Teil des Dokuments manuell trennen lassen wollen, markieren Sie die betreffenden Textstellen.

2. Wechseln Sie zur Registerkarte *SEITENLAYOUT.*

3. Klicken Sie in der Gruppe *Seite einrichten* zuerst auf *Silbentrennung* und dann auf *Manuell.*

   Word zeigt das Dialogfeld *Manuelle Silbentrennung* mit möglichen Trennstellen an. Im Textfeld *Trennvorschlag* sieht das am Beispiel des Wortes »manuell« folgendermaßen aus:

Bild 6.18 Anzeige der Trennvorschläge

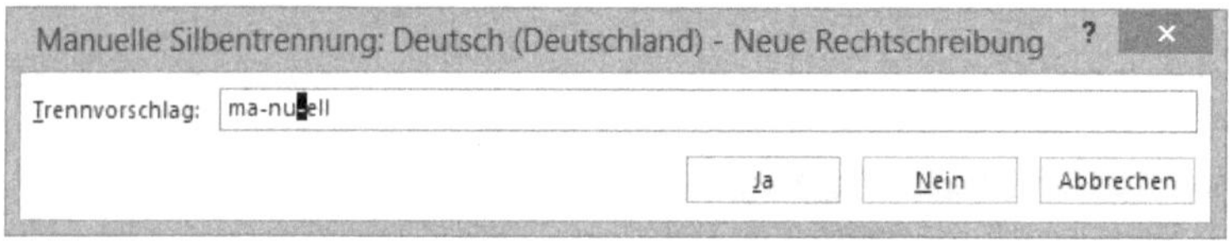

   Die Trennhilfe teilt das Wort in einzelne Silben auf und zeigt alle erlaubten Trennstellen mit einem Trennstrich an. Eventuell sehen Sie zwischen zwei Buchstaben einen senkrechten grauen Strich. Damit wird der Teil des Wortes gekennzeichnet, der maximal in die alte Zeile hineinpasst. Der Trennstrich, den Word Ihnen vorschlägt, liegt immer links von dieser Marke und wird dunkel hinterlegt.

4. Sie können den Trennvorschlag übernehmen, indem Sie die Schaltfläche *Ja* anklicken, oder ihn ändern, indem Sie mit den Tasten ← und → die Trennstelle verschieben und dann auf *Ja* klicken.

   Wenn Sie die Trennstelle rechts neben die graue Linie verschieben, wird das Wort zwar nicht getrennt, jedoch fügt Word einen optionalen Trennstrich ein, der automatisch verwendet wird, wenn sich durch Hinzufügen von Text oder Ändern der Einzüge sowie Ränder der Zeilenumbruch verändert.

5. Sie können die Schaltfläche *Abbrechen* verwenden, wenn Sie die Trennhilfe beenden wollen. Trennstriche, die Sie bereits eingegeben haben, werden dadurch nicht entfernt.

   Sie können jedoch alle eingefügten Trennstriche wieder entfernen, wenn Sie sofort nach dem Beenden der Trennhilfe die Schaltfläche *Rückgängig* in der Symbolleiste für den Schnellzugriff anklicken bzw. die Tastenkombination Strg+Z drücken.

Optionen für die Silbentrennung einstellen

Sowohl für die automatische als auch für die manuelle Silbentrennung können Sie verschiedene Optionen einstellen. Gehen Sie dazu folgendermaßen vor:

1. Wechseln Sie zur Registerkarte *SEITENLAYOUT*.
2. Klicken Sie in der Gruppe *Seite einrichten* zuerst auf *Silbentrennung* und dann auf *Silbentrennungsoptionen*. Das Dialogfeld *Silbentrennung* wird angezeigt.

   Mit dem Kontrollkästchen *Automatische Silbentrennung* können Sie die automatische Silbentrennung für das gesamte Dokument (wenn kein Text markiert ist) bzw. für die markierte Textstelle ein- bzw. ausschalten. Dieses Kontrollkästchen hat die gleiche Funktion wie der Befehl *Automatisch* im Menü der Schaltfläche *Silbentrennung* auf der Registerkarte *SEITENLAYOUT*.

   Mit der Schaltfläche *Manuell* können Sie die manuelle Silbentrennung starten. Diese Schaltfläche hat die gleiche Funktion wie der Befehl *Manuell* im Menü der Schaltfläche *Silbentrennung* auf der Registerkarte *SEITENLAYOUT*.

Bild 6.19 Einstellen der Optionen für die Silbentrennung

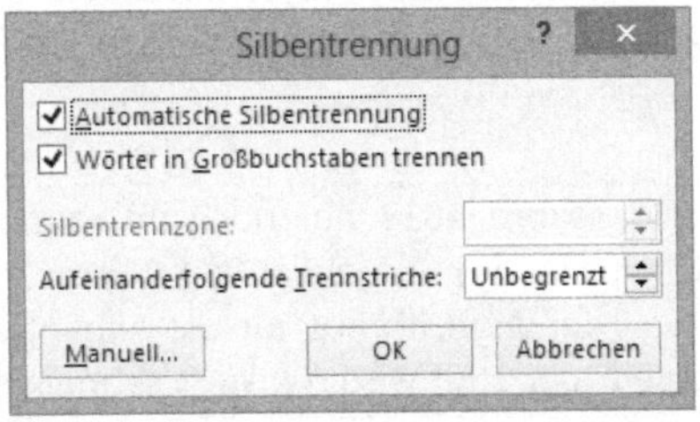

3. Stellen Sie die weiteren Optionen für die Silbentrennung ein.
   - **Wörter in Großbuchstaben trennen** Mit dem Kontrollkästchen *Wörter in Großbuchstaben trennen* können Sie festlegen, ob Wörter, die vollständig aus Großbuchstaben bestehen, auch getrennt werden sollen. Standardmäßig ist dieses Kontrollkästchen eingeschaltet. Wenn Sie nicht wollen, dass Abkürzungen, Länder- oder Eigennamen, die ganz aus Großbuchstaben bestehen, getrennt werden, schalten Sie dieses Kontrollkästchen aus.
   - **Silbentrennzone** Mit dem Wert, der im Textfeld *Silbentrennzone* eingetragen ist, können Sie steuern, wann in einer Zeile getrennt wird und wann nicht. Der Standardwert in diesem Feld beträgt 0,75 cm. Wenn es in einer Zeile mit Blocksatz Leerraum gibt, der größer ist als dieser Wert, oder bei Flattersatz der Leerraum am Ende der Zeile bis zum rechten Einzug größer ist als dieser Wert, versucht Word, das erste Wort der folgenden Zeile mit in die aktuelle Zeile aufzunehmen und es zu trennen.

     Wenn Sie diesen Wert vergrößern, wird die Anzahl der Trennstriche reduziert, jedoch wird der rechte Rand ausgezackter. Wenn Sie den Wert verkleinern, erhöht sich die Anzahl der Trennstellen, jedoch wird der Text am rechten Rand ausgeglichener, wenn die Absätze linksbündig formatiert sind. Haben Sie als Absatzmerkmal Blocksatz verwendet, werden die Freiräume zwischen den einzelnen Wörtern schmaler.
   - **Aufeinanderfolgende Trennstriche** In diesem Feld können Sie die maximale Anzahl von Textzeilen eingeben, die mit einem Trennstrich enden dürfen.

Bild 6.20 Auswirkung des Wertes für die Silbentrennzone

Beispiel 1: Silbentrennzone 0,1 cm
mehr Trennungen, dafür gleichmäßigerer rechter Rand

Bedingte Trennstriche sind auf dem Bildschirm sichtbar, wenn Sie im Dia-
logfeld *Word-Optionen* in der Kategorie *Anzeigen* das Kontrollkästchen *Be-
dingte Trennstriche* eingeschaltet haben. Bedingte Trennstriche werden
auf der Tastatur mit der Tastenkombination Strg+- eingegeben.

Beispiel 2: Silbentrennzone 0,9 cm
weniger Trennungen, dafür ungleichmäßigerer rechter Rand

Bedingte Trennstriche sind auf dem Bildschirm sichtbar, wenn Sie im Dia-
logfeld *Word-Optionen* in der Kategorie *Anzeigen* das Kontrollkästchen
Bedingte Trennstriche eingeschaltet haben. Bedingte Trennstriche werden
auf der Tastatur mit der Tastenkombination Strg+- eingegeben.

HINWEIS Die Silbentrennzone lässt sich in Word 2013 nur noch im Kompatibilitätsmodus einstellen (also für Dokumente alter Word-Versionen). Angeblich hat Microsoft dieses Feature nach eigener Aussage deshalb entfernt, weil der Algorithmus für die Silbentrennung so stark verbessert wurde, dass die Funktion nicht mehr benötigt wird. Wirklich sehr einleuchtend.

Kapitel 7

Dokumente drucken, versenden und vorführen

In diesem Kapitel:

Den Befehl zum Drucken eines Dokuments, der in Word 2003 im Menü *Datei* vorhanden war, finden Sie in Word 2013 in der Backstage-Ansicht *Drucken*, die Sie über die Registerkarte *DATEI* öffnen. Im ersten Abschnitt dieses Kapitels lernen Sie, wie Sie Word-Dokumente drucken können und welche Einstellmöglichkeiten und Optionen Ihnen von Word zur Verfügung gestellt werden. Außerdem erfahren Sie, wie Sie den Befehl *Schnelldruck* in die Symbolleiste für den Schnellzugriff einfügen und wie Sie weitere Ansichten zur Druckvorschau reaktivieren, die in Word 2013 im Verborgenen auf ihren Einsatz warten

Eine Möglichkeit der Veröffentlichung eines Word-Dokuments besteht darin, es im PDF- oder XPS-Format zu speichern. Diese Vorgehensweise ist in Kapitel 4 dieses Buches beschrieben. In diesem Kapitel lernen Sie weitere Möglichkeiten der Veröffentlichung kennen (Dokument per E-Mail senden, Dokument online vorführen). Außerdem erfahren Sie, wie Sie das Dokument vor der Weitergabe auf persönliche Informationen prüfen sowie diese gegebenenfalls entfernen können und wie Sie das Dokument per Kennwort schützen.

Dokument drucken

In Office 2010 wurde in allen Office-Anwendungen die Benutzeroberfläche für das Drucken komplett umgestaltet. In der Office-Version 2013 wurden diese Änderungen beibehalten. Statt des Dialogfeldes *Drucken*, das bis einschließlich Version 2007 verwendet wurde, sind alle Funktionen, die Sie zum Drucken benötigen, in der Backstage-Ansicht *Drucken* zusammengefasst.

Die Backstage-Ansicht *Drucken* ist eine Kombination aus der alten Seitenansicht und dem Dialogfeld *Drucken*, die in früheren Versionen verwendet wurden. In der Backstage-Ansicht *Drucken* können Sie verschiedene Druckparameter einstellen, Änderungen an der Seiteneinrichtung vornehmen und das Dokument in der Seitenansicht prüfen.

Führen Sie folgende Schritte durch, um die Backstage-Ansicht für das Drucken zu verwenden:

1. Klicken Sie auf die Registerkarte *DATEI* und dann auf *Drucken* oder drücken Sie die Tastenkombination Strg+P. Word zeigt die Backstage-Ansicht *Drucken* an (siehe Abbildung auf der nächsten Seite), die aus folgenden Elementen besteht:

   - Auf der rechten Seite des Fensters sehen Sie die Druckvorschau Ihres Dokuments. Sie können die Bildlaufleiste und das Feld mit der Nummer der aktuellen Seite sowie die Pfeilschaltflächen rechts und links davon verwenden, um durch das Dokument zu blättern und so andere Seiten anzeigen zu lassen.
   - Unterhalb der Seitenansicht finden Sie einen Zoomregler, mit dem Sie den Vergrößerungsfaktor des Dokuments stufenlos einstellen können. 
   - 

Der aktuelle Zoomfaktor wird neben dem Zoomregler angezeigt. Wenn Sie den Faktor anklicken, wird das Dialogfeld *Zoom* geöffnet, das Sie aus Kapitel 5 kennen.
   -  Verwenden Sie die Schaltfläche *Auf Seite zoomen*, um den Zoomfaktor so einzustellen, dass Sie jeweils eine Seite vollständig sehen.

Bild 7.1 Die Backstage-Ansicht *Drucken* in Word

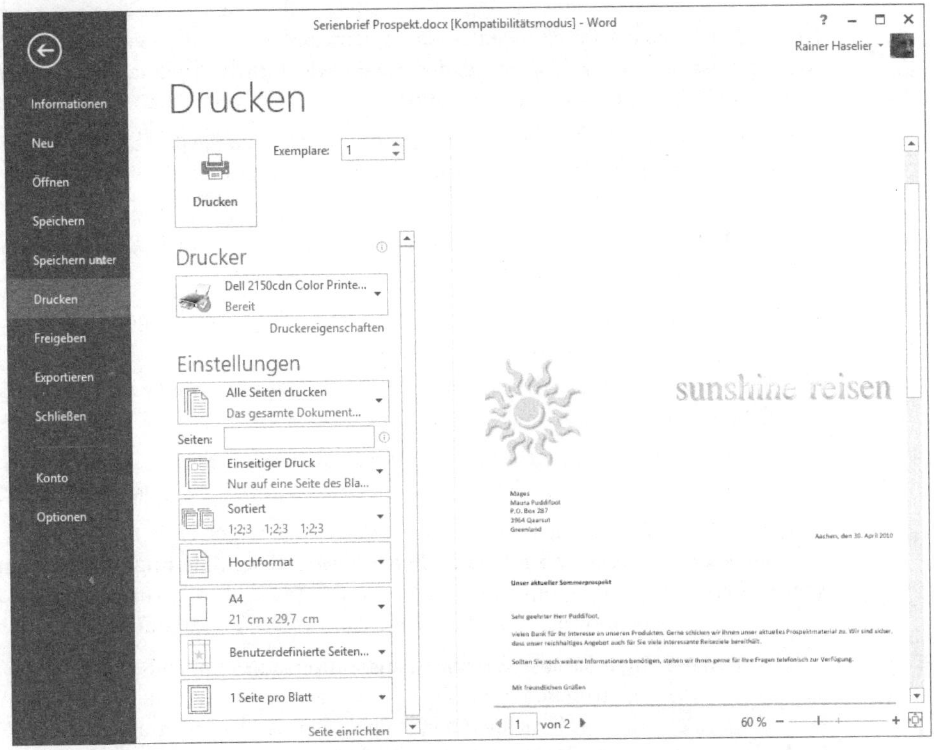

Im Bereich *Drucken* auf der linken Seite können Sie verschiedene Druckparameter einstellen.

2. Im Feld *Exemplare* legen Sie fest, wie viele Kopien gedruckt und ob diese sortiert ausgegeben werden sollen. Wenn im Abschnitt *Einstellungen* die Option *Sortiert* ausgewählt ist, werden zunächst alle Seiten des Dokuments gedruckt und erst danach eine weitere Kopie.

3. In der Liste *Drucker* können Sie, sofern Sie mehr als einen Drucker installiert haben, den Drucker auswählen, auf dem die Ausgabe erfolgen soll. Mit dem Link *Druckereigenschaften* können Sie das *Eigenschaften*-Dialogfeld des ausgewählten Druckers aufrufen und dort weitere Einstellungen vornehmen.

4. Im Bereich *Einstellungen* können Sie festlegen, welche Seiten gedruckt werden soll.

   - Die Option *Alle Seiten drucken* druckt das gesamte Dokument, die Option *Aktuelle Seite drucken* druckt die Seite aus, in der sich die Einfügemarke befindet (was nicht unbedingt die Seite sein muss, die Sie derzeit im Word-Fenster sehen).

   - Wenn Sie nur bestimmte Seiten ausdrucken wollen, geben Sie die Seitenzahlen in das Feld *Seiten* ein; mehrere Seitenangaben trennen Sie durch Kommas. Wenn Sie bestimmte fortlaufende Seiten ausdrucken wollen, setzen Sie zwischen die Start- und die Endseitenzahl einen Bindestrich, wie z. B. **9-13**. Word stellt nach der Eingabe der Seitenzahlen diese Option automatisch auf *Benutzerdefinierter Druck* um.

5. Mit den weiteren Optionen des Bereichs *Einstellungen* können Sie weitere Druckparameter einstellen, die im folgenden Abschnitt beschrieben sind.

6. Klicken Sie auf *Drucken*, wenn Sie alle Einstellungen wie gewünscht vorgenommen haben.

Druckoptionen einstellen

Neben den Standardeinstellungen finden Sie im linken Bereich der Backstage-Ansicht *Drucken* weitere Einstellmöglichkeiten, mit denen Sie die wichtigsten Merkmale der Seiteneinrichtung und zusätzliche Druckoptionen festlegen können.

Um Merkmale der Seiteneinrichtung zu ändern, verwenden Sie die folgenden Optionen, die Ihnen ebenfalls in der Gruppe *Seite einrichten* auf der Registerkarte *SEITENLAYOUT* zur Verfügung stehen:

- **Hochformat/Querformat** Öffnen Sie das Dropdownlistenfeld *Seitenorientierung* und wählen Sie *Hochformat* oder *Querformat* aus.
- **Seitenabmessung** Öffnen Sie das Dropdownlistenfeld *Format* und wählen Sie das gewünschte Papierformat aus.
- **Seitenränder** Öffnen Sie das Dropdownlistenfeld *Seitenränder* und wählen Sie eine der vordefinierten Randeinstellungen aus.
- **Dialogfeld *Seite einrichten* öffnen** Wenn Sie weitere Merkmale der Seiteneinrichtung ändern wollen, klicken Sie den Link *Seite einrichten* an, den Sie ganz unten im Bereich *Einstellungen* finden.

Mit den weiteren Optionen im Bereich *Einstellungen* steuern Sie detailliert, was und wie gedruckt werden soll.

Bild 7.2 In diesem Menü legen Sie fest, was Word ausdrucken soll

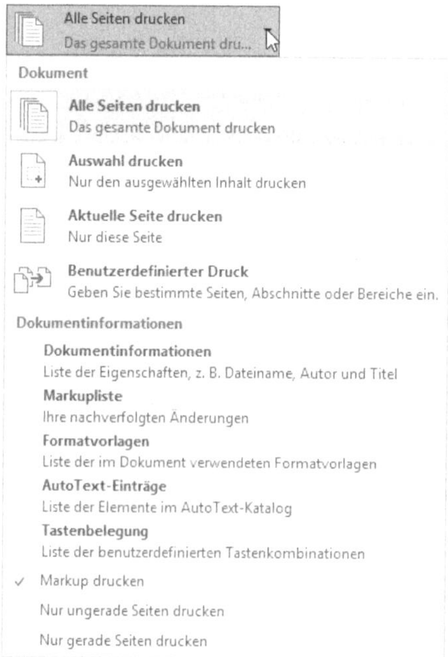

- **Auswahl drucken** Außer den Optionen zum Drucken der aktuellen Seite oder eines Seitenbereichs finden Sie im Dropdownmenü zur Druckauswahl noch die Option *Auswahl drucken*. Diese Option ist nur dann aktiv, wenn Sie vor dem Öffnen der Backstage-Ansicht im Dokument Text markiert haben. Verwenden Sie *Auswahl drucken*, wenn nur der markierte Teil des Dokuments gedruckt werden soll.
- **Ungerade/Gerade Seiten drucken** Ganz unten im Menü finden Sie noch die Optionen *Nur ungerade Seiten drucken* und *Nur gerade Seiten drucken*. Verwenden Sie diese Optionen, wenn Sie das Dokument doppelseitig ausdrucken wollen, Sie aber keinen Drucker besitzen, der mit einer Duplexeinheit ausgestattet ist. Drucken Sie zuerst die ungeraden Seiten, drehen Sie den Papierstapel um und drucken Sie dann die geraden Seiten. Dieses Verfahren ähnelt dem manuellen beidseitigen Druck.
- **Vorder- und Rückseite bedrucken** Manche Laserdrucker unterstützen den Duplexmodus, bei dem ohne Ihr Zutun sowohl die Vorder- als auch die Rückseite des Papiers bedruckt werden. Falls Sie solch einen Drucker verwenden und den beidseitigen Druck nutzen wollen, klicken Sie *Einseitiger Druck* an und wählen *Beidseitiger Druck* aus.

  Wenn Sie einen Drucker verwenden, der den beidseitigen Druck von Hause aus nicht unterstützt, wählen Sie die Option *Beidseitiger manueller Druck* aus. Word druckt dann zuerst auf die Vorderseiten die Seiten mit ungerader Seitenanzahl und fordert Sie anschließend auf, das Papier wieder in den Drucker einzulegen, damit auf die Rückseiten die Seiten mit geraden Seitenzahlen gedruckt werden können. Achten Sie darauf, dass Ihnen dann die Option *Mehrere Seiten pro Blatt* (siehe nächster Punkt) nicht zur Verfügung steht.
- **Mehrere Seiten pro Blatt drucken** Um Papier zu sparen, wenn Sie beispielsweise ein Dokument in der Konzeptversion ausdrucken, können Sie den Ausdruck von Word skalieren lassen, damit mehrere Dokumentseiten auf ein Blatt passen. Öffnen Sie dazu das Menü *Seiten pro Blatt* und legen Sie die Anzahl der Seiten pro Blatt fest.

Bild 7.3 In diesem Menü legen Sie fest, wie viele Seiten pro Blatt gedruckt werden sollen

Zwei weitere nützliche Einstellungen für das Drucken finden Sie im Dialogfeld *Word-Optionen*, und zwar im Abschnitt *Drucken* der Kategorie *Erweitert*.

- **Drucken im Hintergrund** Diese Option ist standardmäßig eingeschaltet. Damit können Sie nach dem Starten des Druckvorgangs Ihre Arbeit in Word fortsetzen und brauchen nicht zu warten, bis der Druckvorgang abgeschlossen ist. Ist diese Option ausgeschaltet, druckt Word zuerst das Dokument aus; erst wenn dieser Vorgang abgeschlossen ist, können Sie das aktuelle oder ein anderes Word-Dokument bearbeiten. Das Drucken im Hintergrund dauert etwas länger als das Drucken im Vordergrund.
- **Seiten in umgekehrter Reihenfolge drucken** Standardmäßig druckt Word die erste Seite eines Dokuments zuerst und dann die nachfolgenden Seiten. Sie können die Druckreihenfolge umkehren, indem Sie das Kontrollkästchen *Seiten in umgekehrter Reihenfolge drucken* einschalten. Diese Option ist nützlich, wenn bei Ihrem Drucker beim Drucken von mehreren Seiten die letzte Seite ganz oben liegt. Schalten Sie dann diese Option ein, damit die letzte Seite zuerst gedruckt wird; nach dem Druckvorgang liegen die Seiten in der richtigen Reihenfolge im Ausgabefach Ihres Druckers.

Bild 7.4 Im Dialogfeld *Word-Optionen* stellen Sie weitere Druckoptionen ein

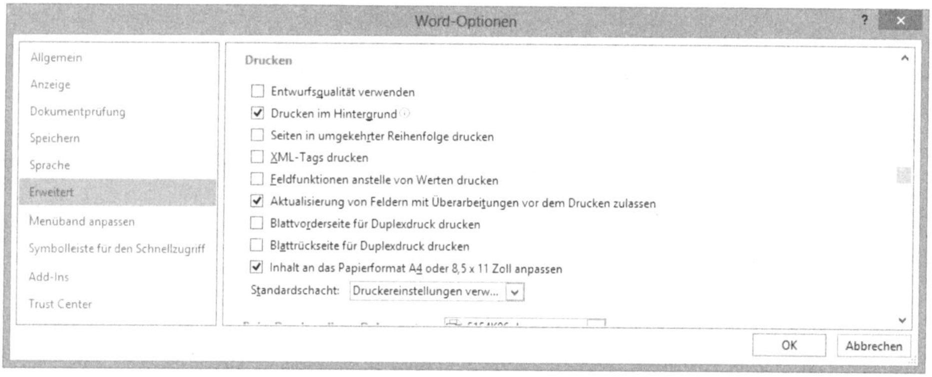

Bitte beachten Sie, dass die Druckeinstellungen, die Sie im Dialogfeld *Word-Optionen* vornehmen, nicht nur für das aktuelle Dokument, sondern generell gelten. Falls Sie beispielsweise das Drucken im Hintergrund nur zeitweise abschalten möchten, müssen Sie die Option wieder aktivieren.

Schnelldruck aktivieren

Um schnell eine Seite auszudrucken, ist die Verwendung der Backstage-Ansicht vielleicht ein wenig umständlich, da diese Aktion mehrere Mausklicks erfordert. Sie können jedoch die Schaltfläche *Schnelldruck* in die Symbolleiste für den Schnellzugriff einfügen. *Schnelldruck* druckt Ihr Dokument mit den eingestellten Standardwerten auf dem Standarddrucker bzw. dem zuletzt im Programm verwendeten Drucker aus.

So fügen Sie die Schaltfläche *Schnelldruck* in die Symbolleiste für den Schnellzugriff ein:

1. Klicken Sie in der Symbolleiste für den Schnellzugriff auf die Schaltfläche *Symbolleiste für den Schnellzugriff anpassen.*

Bild 7.5 *Schnelldruck*-Schaltfläche in die Symbolleiste für den Schnellzugriff aufnehmen

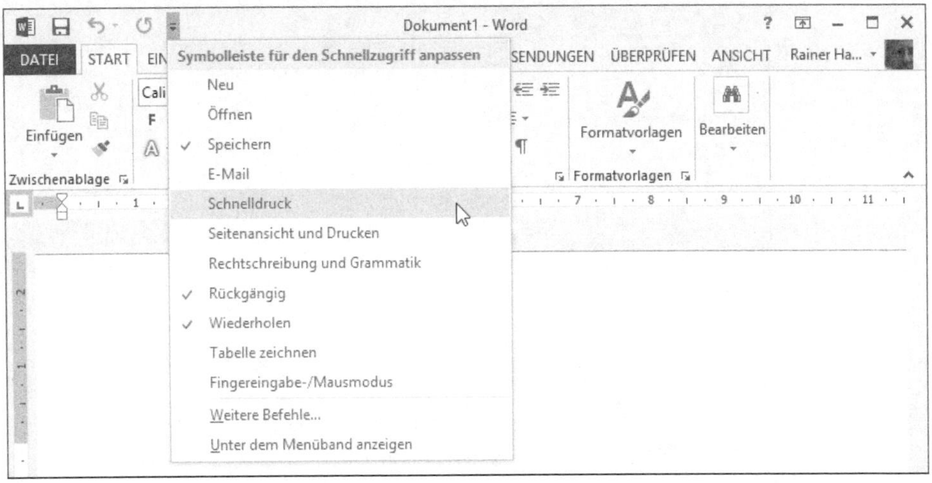

2. Klicken Sie auf *Schnelldruck.*

Bild 7.6 In der QuickInfo der Schaltfläche *Schnelldruck* sehen Sie, welcher Drucker verwendet wird

TIPP Um die Backstage-Ansicht *Drucken* direkt zu öffnen, können Sie zusätzlich noch die Schaltfläche *Seitenansicht und Drucken* in die Symbolleiste für den Schnellzugriff aufnehmen.

Weitere Ansicht für die Druckvorschau

Bis einschließlich zur Word-Version 2003 stand Ihnen eine weitere Seitenansicht zur Verfügung, die wegen der Backstage-Ansicht nun im Verborgenen schlummert. Sie können diese Seitenansicht aktivieren, indem Sie den betreffenden Befehl z. B. in die Symbolleiste für den Schnellzugriff einfügen.

Führen Sie dazu folgende Schritte durch:

1. Klicken Sie in der Symbolleiste für den Schnellzugriff auf die Schaltfläche *Symbolleiste für den Schnellzugriff anpassen.*
2. Klicken Sie auf *Weitere Befehle.* Das Dialogfeld *Word-Optionen* wird angezeigt; die Kategorie *Symbolleiste für den Schnellzugriff* ist bereits geöffnet.
3. Öffnen Sie die Liste *Befehle auswählen* und wählen Sie *Alle Befehle.*
4. Suchen Sie in der Liste mit den Befehlen nach *Seitenansicht-Bearbeitungsmodus* und markieren Sie ihn.

Bild 7.7 Die alte Seitenansicht von Word 2003 können Sie auch in Word 2013 verwenden

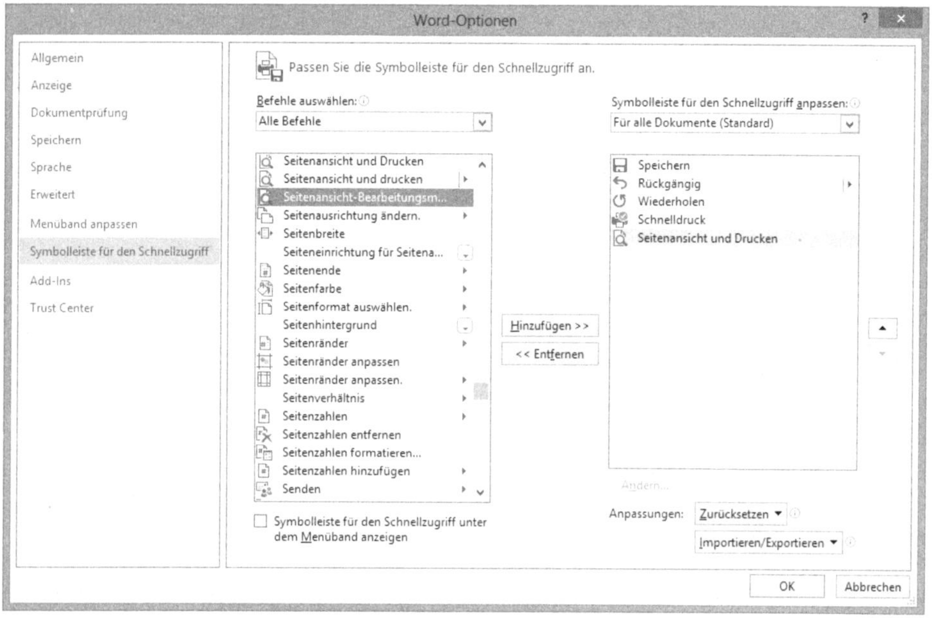

5. Klicken Sie auf *Hinzufügen* und dann auf *OK*.

Mit dieser Schaltfläche können Sie sich in Word schnell einen Überblick darüber verschaffen, wie das Dokument gedruckt aussieht (siehe Abbildung auf der nächsten Seite).

Im Seitenansicht-Bearbeitungsmodus von Word finden Sie u. a. die Schaltfläche *Um eine Seite verkleinern*. Wenn Sie beispielsweise ein achtseitiges Dokument erstellt haben, bei dem sich auf der letzten Seite nur wenige Zeilen befinden, können Sie die Schaltfläche *Um eine Seite verkleinern* anklicken. Word versucht dann, das Dokument um eine Seite zu kürzen, indem es die Schriftgröße und die Zeilenabstände leicht verringert.

In dieser Seitenansicht hat der Mauszeiger eine doppelte Funktion, die Sie in der Gruppe *Vorschau* mit dem Kontrollkästchen *Lupe* steuern können. Wenn das Kontrollkästchen eingeschaltet ist, können Sie eine beliebige Stelle anklicken, die dann vergrößert dargestellt wird. Ein weiterer Klick verkleinert die Darstellung wieder. Die Form des Mauszeigers zeigt die Funktion an, die ausgelöst wird. Wenn Sie das Kontrollkästchen *Lupe* ausschalten, verhält sich der Mauszeiger wie in den anderen Dokumentansichten und Sie können Text oder andere Elemente markieren oder mit einem Klick die Einfügemarke verschieben.

Bild 7.8 In der Seitenansicht von Word finden Sie den Befehl *Um eine Seite verkleinern*

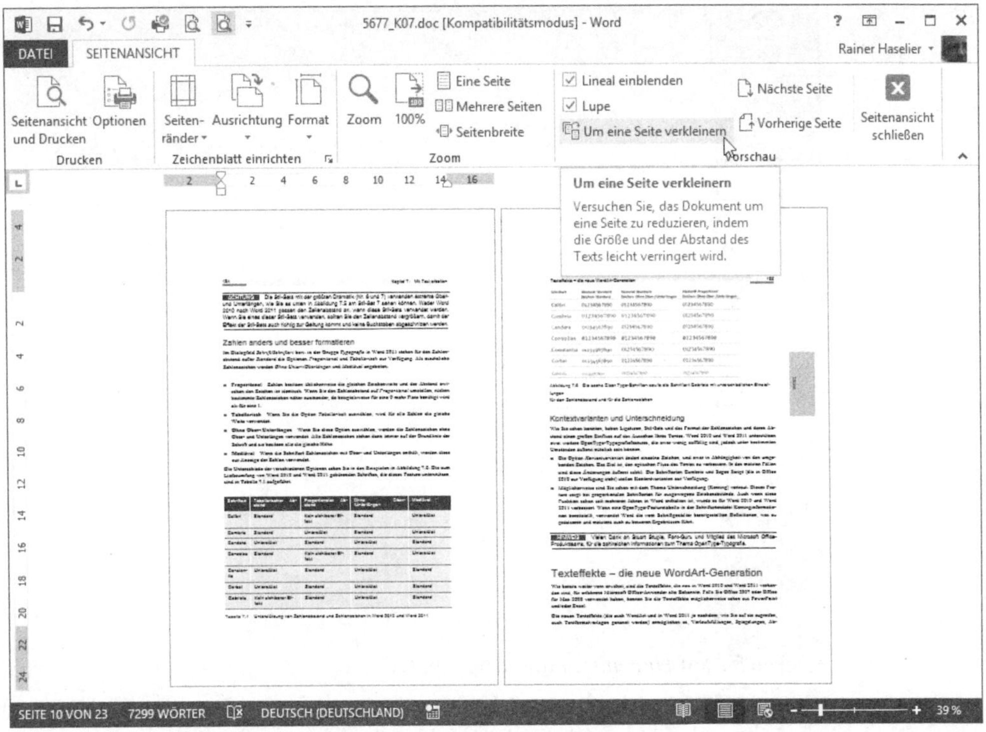

Um von der Seitenansicht aus direkt zu drucken, klicken Sie auf der Registerkarte *SEITENANSICHT* in der Gruppe *Drucken* auf *Seitenansicht und Drucken*. Word öffnet dann die Backstage-Ansicht *Drucken*.

Um die Seitenansicht zu verlassen und zur normalen Ansicht zurückzukehren, klicken Sie auf *Seitenansicht schließen*.

Dokument per E-Mail versenden

Word macht es Ihnen einfach, ein Dokument per E-Mail zu versenden. Bitte beachten Sie die Hinweise zur Dokumentprüfung (siehe Seite 180), mit der Sie vor dem Versenden persönliche Informationen aus dem Dokument entfernen können. Wenn Sie sichergehen wollen, dass nur berechtigte Personen den Inhalt des Dokuments einsehen können, sollten Sie es vor dem Versenden mit einem Kennwort schützen (siehe Seite 183).

Führen Sie folgende Schritte durch, um ein Dokument per E-Mail zu senden:

1. Klicken Sie auf die Registerkarte *DATEI* und dann auf *Freigeben*.
2. Klicken Sie in der Backstage-Ansicht *Freigeben* auf *E-Mail*.

Bild 7.9 Sie können das Word-Dokument in drei Dateiformaten als E-Mail-Anlage versenden

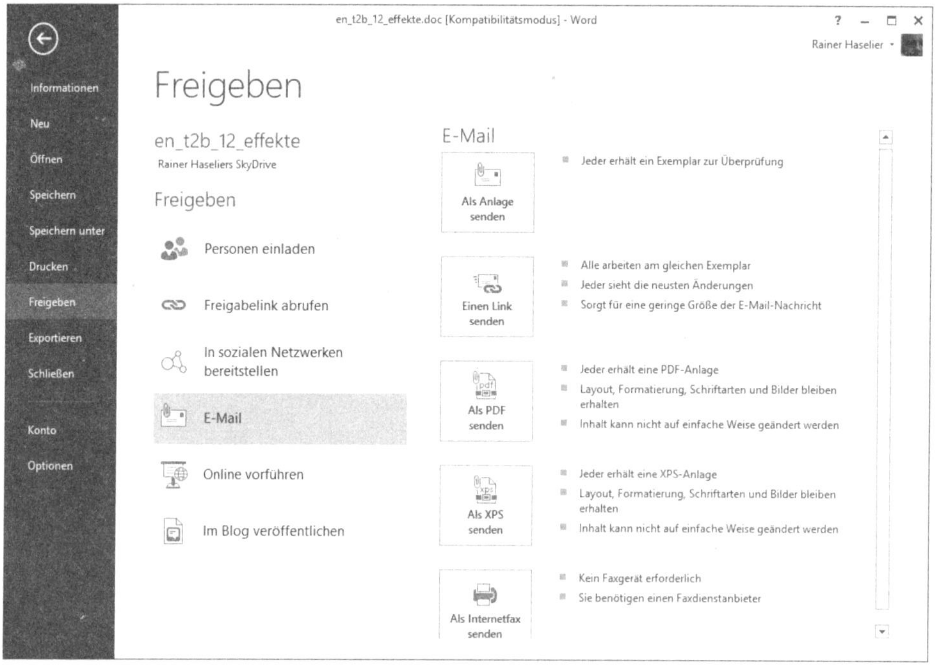

3. Klicken Sie eine der rechts angezeigten Schaltflächen an, je nachdem, ob Sie das Dokument im Word-Format *(Als Anlage senden)*, im PDF-Format *(Als PDF senden)* oder im XPS-Format *(Als XPS senden)* verschicken wollen.
4. Word startet Ihr Standard-E-Mail-Programm. Das Dokument ist der E-Mail bereits als Anlage beigefügt. Legen Sie den/die Empfänger fest, schreiben Sie den Text der E-Mail und versenden Sie sie.

Persönliche Informationen entfernen

Ein wichtiger Aspekt, der von vielen Anwendern allerdings häufig übersehen wird, sind die vielen versteckten Informationen, die man durch die Weitergabe eines Office-Dokuments ungewollt aus der Hand gibt. Zu diesen – als Metadaten – bezeichneten Informationen, gehören z. B. die Namen aller Personen, die das Dokument bearbeitet haben. Häufig lassen sich sogar mit geeigneten Programmen noch gelöschte Texte finden.

Die Lösung des Problems ist der sogenannte *Dokumentinspektor*. Dieses Tool durchsucht ein Dokument nach Metadaten sowie nach persönlichen Informationen und kann sie auf Wunsch entfernen. Wenn Sie planen, ein Dokument weiterzugeben, sollten Sie dieses Tool auf jeden Fall anwenden.

1. Klicken Sie auf die Registerkarte *DATEI* und dann auf *Informationen.*

   Im Bereich *Dokument prüfen* werden nach einem kurzen Moment Hinweise zu Informationen angezeigt, die sich in dem Dokument befinden.

Bild 7.10 Bereits in der Backstage-Ansicht *Informationen* sehen Sie, welche Informationen sich neben den Dokumentinhalten noch im Dokument befinden

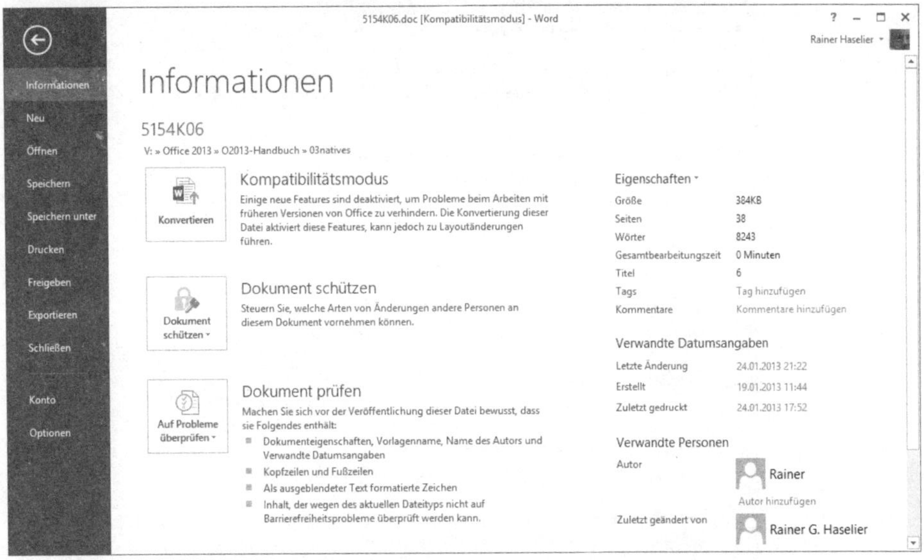

2. Klicken Sie auf die Schaltfläche *Auf Probleme überprüfen* und dann auf *Dokument prüfen.*

Bild 7.11 Das Menü der Schaltfläche *Auf Probleme prüfen*

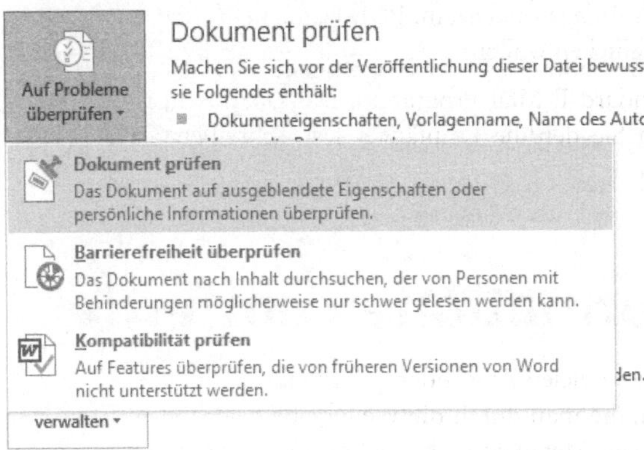

Word zeigt das Dialogfeld *Dokumentprüfung* an.

Wie Sie in der Abbildung auf der folgenden Seite sehen, lässt sich der Umfang der Prüfung detailliert konfigurieren. Wie hoch Ihr Sicherheitsbedürfnis ist, müssen Sie letztendlich selbst einschätzen. Vielen Anwendern genügt es vielleicht schon, wenn ihre persönlichen Daten wie Name und Adresse aus den Dokumenten entfernt werden. Andere hingegen achten mit Argusaugen darauf, dass Dritte keinerlei persönliche Daten (wie z. B. Kommentare) erhalten.

Bild 7.12 Der Dokumentinspektor

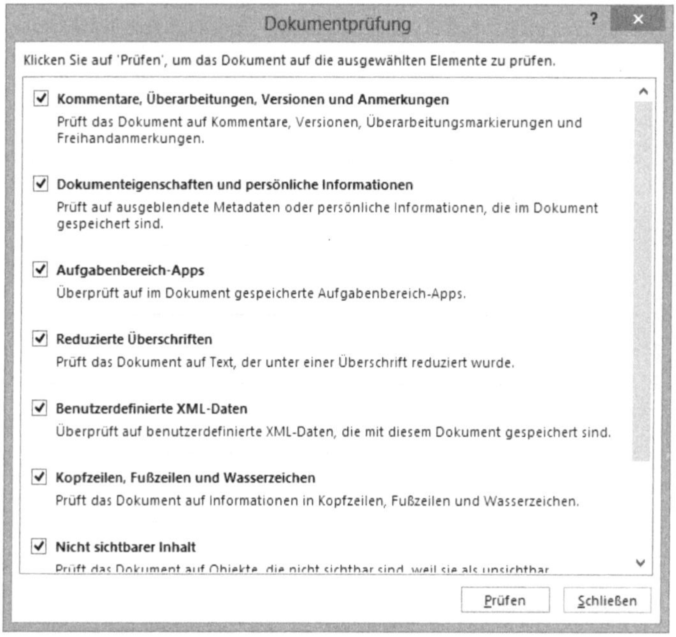

3. Wählen Sie die zu untersuchenden Bereiche des Dokuments aus und klicken Sie auf *Prüfen*, damit der Dokumentinspektor Ihr Word-Dokument analysiert.

Bild 7.13 Bei der Prüfung wurden kritische Bereiche entdeckt

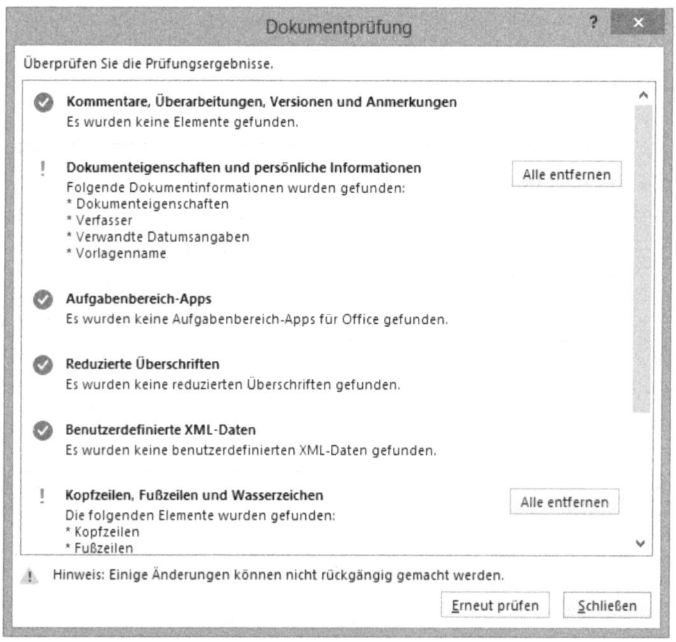

4. Klicken Sie in der Liste der Prüfungsergebnisse bei allen gewünschten Bereichen auf *Alle entfernen*, um die kritischen Informationen zu löschen. Vorsicht: Der Löschvorgang erfolgt ohne vorherige Nachfrage!

Dokument mit Kennwort schützen

Wenn Sie sichergehen wollen, dass ein Dokument nur von autorisierten Personen geöffnet werden kann, können Sie es verschlüsseln. Zum Öffnen des Dokuments muss dann ein Kennwort eingegeben werden.

1. Klicken Sie auf die Registerkarte *DATEI* und dann auf *Informationen.*
2. Klicken Sie in der Backstage-Ansicht auf *Dokument schützen* und dann auf *Mit Kennwort verschlüsseln.*
3. Das Dialogfeld *Dokument verschlüsseln* wird angezeigt und Sie werden zur Eingabe eines Kennworts aufgefordert. Nach dem Verschlüsseln des Dokuments wird dieses Kennwort benötigt, um das Dokument öffnen zu können.

Bild 7.14 Kennworteingabe

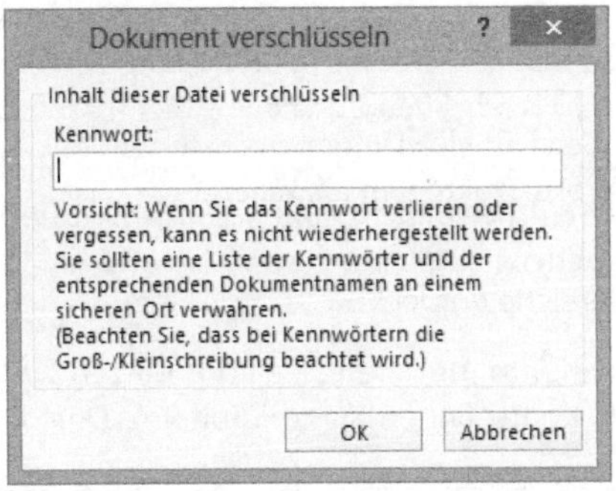

4. Geben Sie ein Kennwort ein und klicken Sie auf *OK.* Es erscheint ein weiteres Dialogfeld, in dem Sie das soeben eingegebene Kennwort bestätigen müssen.
5. Geben Sie das Kennwort erneut ein. Damit wird kontrolliert, ob Sie sich beim ersten Eingeben des Kennworts nicht vertan haben. Klicken Sie abschließend auf *OK.*

Ein so gesichertes Dokument kann nur noch von jemand geöffnet werden, der im Besitz des richtigen Kennworts ist. (Das gilt auch für Sie selbst – vergessen Sie das Kennwort also nicht.) Zusätzlich bietet die Verschlüsselung einen weiteren Schutz gegen Datenspionage, da auch jemand, der die Datei mit einem Hex-Editor öffnet, keine lesbaren Inhalte vorfindet.

Bild 7.15 Öffnen eines verschlüsselten Dokuments

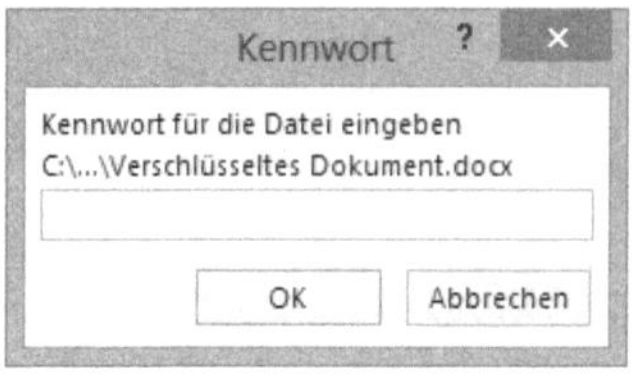

Wenn Sie die Verschlüsselung wieder aufheben möchten, rufen Sie den Befehl *Mit Kennwort verschlüsseln* erneut auf und löschen den Inhalt des Kennwortfeldes.

Dokument online vorführen

Bereits in PowerPoint 2010 war es möglich, eine Präsentation online vorzuführen. Diese Möglichkeit steht Ihnen nun auch in Word 2013 zur Verfügung. Dies kann beispielsweise nützlich sein, wenn Sie während einer Telefonkonferenz anderen Teilnehmern ein Word-Dokument zeigen wollen. Die Betrachter der Onlinepräsentation des Dokuments brauchen keine Software zu installieren; das Word-Dokument wird von Word Web App in einem beliebigen Browser angezeigt. Ein Vorteil bei diesem Verfahren besteht darin, dass das Dokument nur so lange angezeigt wird, wie die Übertragung läuft. Außerdem können Sie während der Übertragung Änderungen am Dokument vornehmen und die Änderungen sind auch bei den Zuschauern sichtbar.

Wenn Sie den Zuschauern während der Übertragung den Download des Dokuments erlauben wollen, ist es sinnvoll, das Dokument vorher auf persönliche und verborgene Informationen hin zu prüfen und diese zu entfernen (siehe hierzu den betreffenden Abschnitt ab Seite 180).

HINWEIS Sie benötigen ein Microsoft-Konto, um dieses Feature nutzen zu können. Weitere allgemeine Hinweise über das Microsoft-Konto finden Sie in Kapitel 4. Dort ist auch beschrieben, wie Sie sich bei Office anmelden.

Führen Sie folgende Schritte durch, um ein Dokument online vorzuführen:

1. Öffnen Sie das Dokument, das Sie vorführen möchten.
2. Klicken Sie auf *DATEI* und dann auf *Freigeben.*
3. Klicken Sie auf *Online vorführen.*
4. Wenn Sie den Teilnehmern der Onlinevorführung das Herunterladen des Dokuments erlauben wollen, schalten Sie auf der rechten Seite der Backstage-Ansicht das *Kontrollkästchen Remotebetrachtern das Herunterladen des Dokuments ermöglichen* ein.

Bild 7.16 Auf der Seite *Online vorführen* starten Sie die Onlinepräsentation eines Dokuments

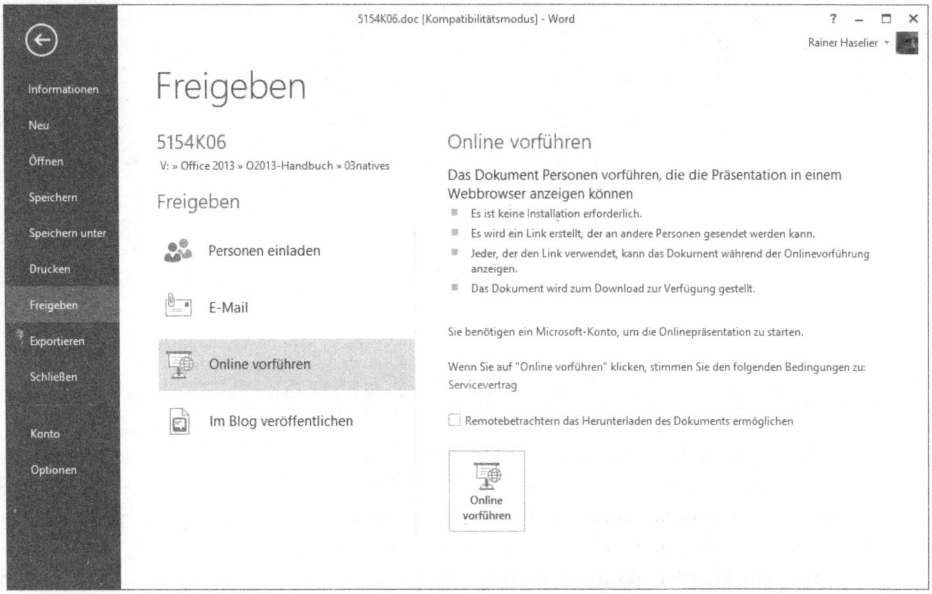

5. Klicken Sie auf *Online vorführen.*

   Word bereitet das Dokument für die Onlinepräsentation vor. Sobald dieser Vorgang abgeschlossen ist, sehen Sie folgendes Fenster:

Bild 7.17 In diesem Fenster wird der Link angezeigt, über den auf die Onlinepräsentation des Word-Dokuments zugegriffen werden kann

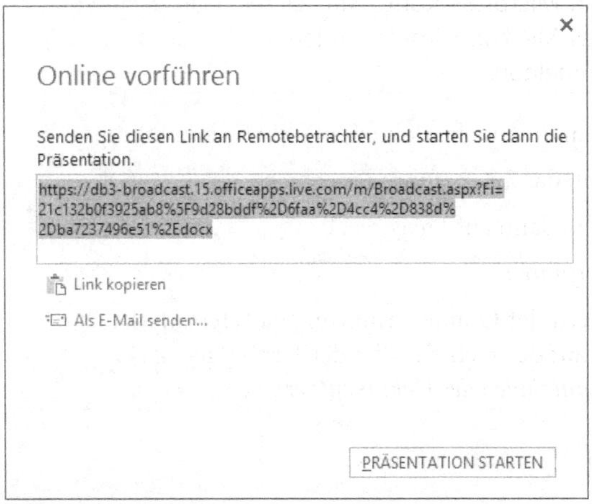

6. Verwenden Sie *Link kopieren*, um den Link in die Zwischenablage einzufügen und ihn dann beispielsweise über ein Chatprogramm anderen verfügbar zu machen. Oder klicken Sie auf *Als E-Mail senden*, wenn Sie den Link in einer Mail versenden wollen.
7. Klicken Sie auf *Präsentation starten.* Word zeigt das Dokument in der Präsentationsansicht an.

Bild 7.18 Während der Onlinepräsentation sind die Bearbeitungsfunktionen von Word ausgeblendet

8. Klicken Sie auf *Bearbeiten*, wenn Sie während der Onlinepräsentation Änderungen am Dokument vornehmen wollen. Word blendet dann die weiteren Registerkarten ein. Klicken Sie auf *Onlinepräsentation fortsetzen*, wenn Sie mit der Bearbeitung fertig sind. Die Ansicht des Dokuments wird dann bei den Zuschauern aktualisiert.

Bild 7.19 So sehen die Zuschauer die Onlinevorführung des Word-Dokuments

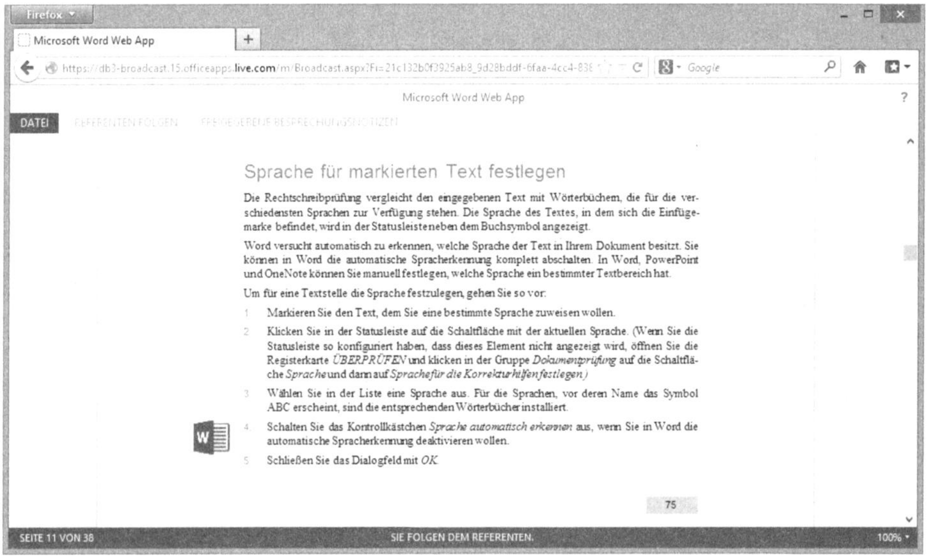

9. Klicken Sie auf *Onlinepräsentation beenden,* wenn Sie die Präsentation beenden wollen.

Teil C

Dokumente formatieren

In diesem Teil:

Kapitel 8

Arbeiten mit Designs

Dokumente formatieren

In diesem Kapitel:

Als die Entwickler bzw. Softwaredesigner von Microsoft das Konzept für Office 2007 entwickelt haben, floss in ihre Überlegungen unter anderem auch die Erkenntnis ein, dass die Wirkung eines Dokuments auf einen Betrachter entscheidend von der Qualität seiner grafischen Elemente abhängt. Und genau hier haben die Entwickler bei älteren Office-Versionen ein deutliches Manko entdeckt. Es waren zwar bereits leistungsfähige Grafikfunktionen vorhanden, doch ihre Bedienung war für normale Nutzer zu kompliziert, als dass sie damit ansprechende Grafiken hätten erzeugen können. Der richtige Einsatz von Licht und Schatten und die Wahl geeigneter Farben erfordern ein Maß an fachlichem Knowhow, über das ein Laie schlichtweg nicht verfügt.

Ähnliches gilt für die Wahl geeigneter Schriftarten, die enormen Einfluss auf die Wirkung eines Dokuments haben. Die Wahrnehmung von Schriften erfolgt jedoch normalerweise unbewusst. Man empfindet eine Schrift als angenehm und harmonisch, kann aber nicht genau sagen, warum. Und da nur wenige Anwender mit den elementaren Regeln der Schriftkunde vertraut sind, ist ihre Schriftwahl häufig eine Frage des Zufalls.

Microsoft hat deshalb ein Konzept entworfen, das das Erstellen von professionellen Dokumenten stark vereinfacht und eine programmübergreifende Gestaltung von Office-Dokumenten erlaubt.

In Kapitel 3 haben Sie bereits die praktische Anwendung von Designs kennengelernt und konnten dabei einen ersten Eindruck von ihrer Leistungsfähigkeit bekommen. Dieses Kapitel legt den Schwerpunkt nun auf das dahinterstehende Konzept und beschreibt die verschiedenen Elemente, aus denen ein Design besteht. Mit diesem Wissen können Sie dann auch eigene Designs erstellen, um zum Beispiel das Corporate Design Ihrer Firma (also Hausschrift, Farbgebung und »Formensprache«) in eine geeignete Formatierung umzusetzen.

Das Konzept der Designs

Wenn Sie schon Erfahrungen mit einer älteren Version von PowerPoint (bis einschließlich 2003) besitzen, haben Sie vermutlich bereits mit Farbschemata gearbeitet, mit denen es möglich war, allen Folien einer Präsentation eine neue Farbgebung zuzuweisen. Die neuen Designs setzen auf dieses Konzept auf und erweitern es um neue Formatierungsmerkmale. Außerdem sind Designs nicht allein auf PowerPoint beschränkt, sondern liegen auch Word- und Excel-Dokumenten und sogar Datenbankformularen und -berichten zugrunde. Selbst Ihren mit Outlook erstellten E-Mails können Sie ein Design zuweisen. Designs schaffen so die Basis für eine einheitliche Gestaltung von Office-Dokumenten.

Damit Designs von so verschiedenen Programmen gemeinsam genutzt werden können, muss die in einem Design enthaltene Formatierungsinformation möglichst abstrakt und einfach gehalten werden. Zum Beispiel schreibt ein Design lediglich zwei Schriftarten vor: eine für die Überschriften und eine für den normalen Textkörper. Und auch die räumlichen Effekte werden in einem Design lediglich in die drei Kategorien »schwach«, »mittel« und »stark« unterteilt. Wie die Effekte im Einzelnen aussehen, ist Sache des jeweiligen Designs. Für Sie als Anwender hat das den Vorteil, dass Sie durch die Auswahl eines Designs einmalig die Stilrichtung für die grafische Gestaltung Ihres Dokuments festlegen und anschließend aus einer überschaubaren Menge von aufeinander abgestimmten Farben und Effekten auswählen können.

Ein Design beeinflusst folgende Formatierungsmerkmale:

- Farben
- Schriftarten
- Effekte (Linien und Füll- und Spezialeffekte; in PowerPoint auch Hintergrundeffekte)

Konkret handelt es sich dabei um zehn sogenannte *Designfarben,* zwei verschiedene Schriftarten (je eine für Überschriften und Textkörper) sowie 12 vordefinierte Effektkombinationen.

Designfarben

Ein Design enthält zehn verschiedene Farben. Sie sind als Gruppe zusammengefasst und lassen sich sehr leicht durch andere Gruppen austauschen. Auf diese Weise können Sie die komplette Farbgebung eines Designs ändern, ohne die anderen Gestaltungsmerkmale zu beeinflussen.

Bei der Wahl der Farben musste u.a. berücksichtigt werden, dass in Word-Dokumenten in aller Regel ein heller (weißer) Untergrund verwendet wird, in PowerPoint-Präsentationen jedoch oft ein dunkler Folienhintergrund zum Einsatz kommt. Ein Design enthält daher vier Hintergrundfarben (die auch für den Text verwendet werden) und sechs Vordergrundfarben, die sich auf allen vier Hintergrundfarben abheben. Zusätzlich gibt es noch zwei Farben zur Darstellung von Hyperlinks bzw. besuchten Hyperlinks.

Bild 8.1 Prinzipieller Aufbau eines Farbschemas aus vier Hintergrund- und sechs Vordergrundfarben

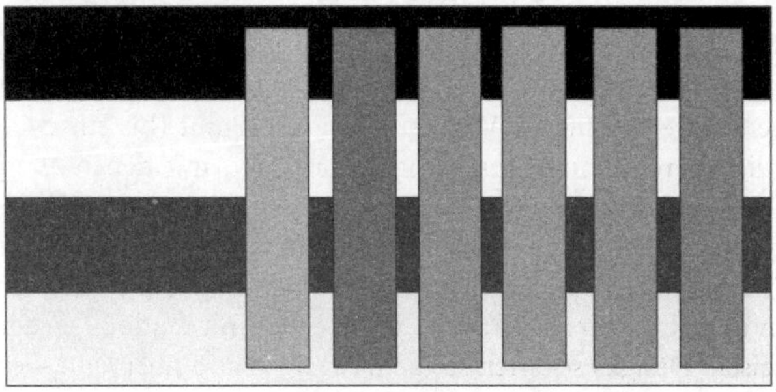

Designfarben erstellen

Wie Sie die Designfarben eines Dokuments wechseln, haben Sie bereits in Kapitel 3 erfahren. Falls Sie jedoch in der angebotenen Auswahl keine Farbkomposition vorfinden, die Ihren Vorstellungen entspricht, können Sie auch eigene Designfarben definieren.

1. Öffnen Sie die Liste der Designfarben, indem Sie auf die Registerkarte *ENTWURF* wechseln und in der Gruppe *Dokumentformatierung* auf die Schaltfläche *Farben* klicken.
2. Wählen Sie unten im Menü den Befehl *Farben anpassen.* Es erscheint das Dialogfeld aus Bild 8.2, in dem Sie gut erkennen können, welche Bedeutung die verschiedenen Farben in einem Design besitzen. Beachten Sie auch die Beispieldarstellung oben rechts im Dialog, die die aktuelle Farbeinstellung reflektiert.

Bild 8.2 Wahl einer neuen Designfarbe

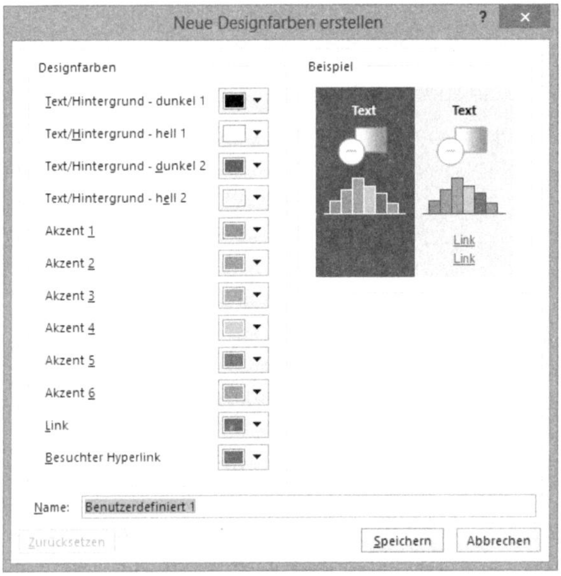

3. Klicken Sie nun die Schaltflächen der Farben an, die Sie ändern möchten, und weisen Sie ihnen neue Werte zu.
4. Geben Sie anschließend einen Namen für das neue Farbset ein und klicken Sie auf *Speichern*.
5. Wenn Sie jetzt erneut die Liste der Designfarben öffnen, werden Sie feststellen, dass das von Ihnen erstellte Farbset ganz oben im Menü in der Gruppe *Benutzerdefiniert* auftaucht.

Bild 8.3 Das neue Farbset taucht bei der Farbauswahl ganz oben in der Liste auf

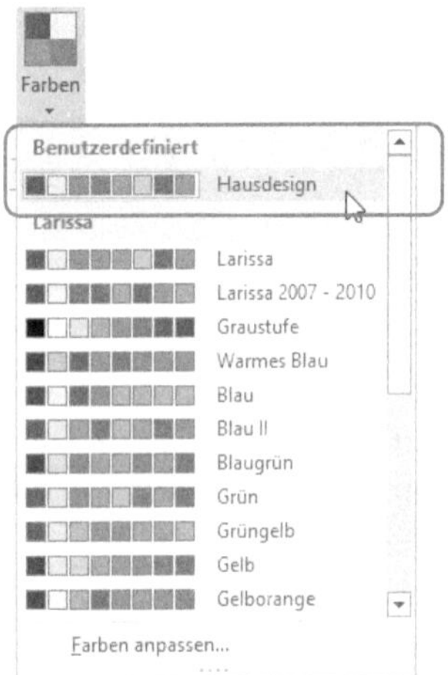

6. Um weitere Änderungen an dem neuen Farbsatz vorzunehmen, klicken Sie ihn im Menü an und wählen im Kontextmenü den Befehl *Bearbeiten*.

Designschriftarten

Sie wissen bereits, dass ein Design lediglich zwei Schriftarten enthält: eine für die Überschriften und eine für den Textkörper. Und genau wie Sie benutzerdefinierte Designfarben erstellen können, können Sie auch eigene Designschriftarten definieren. Dieser Fall ist für die Praxis wesentlich relevanter, denn die konsequente Verwendung einer »Hausschrift« ist mittlerweile in vielen Firmen Standard.

Um eine neue Designschriftart anzulegen, gehen Sie folgendermaßen vor:

1. Öffnen Sie die Liste der Designschriftarten. Wechseln Sie dazu im Menüband auf die Registerkarte *ENTWURF* und klicken Sie in der Gruppe *Dokumentformatierung* auf die Schaltfläche *Schriftarten*.
2. Wählen Sie unten im Menü den Befehl *Schriftarten anpassen*.
3. Stellen Sie die Schriftarten für die Überschriften und den Textkörper ein.

Bild 8.4 Einstellen einer neuen Designschriftart

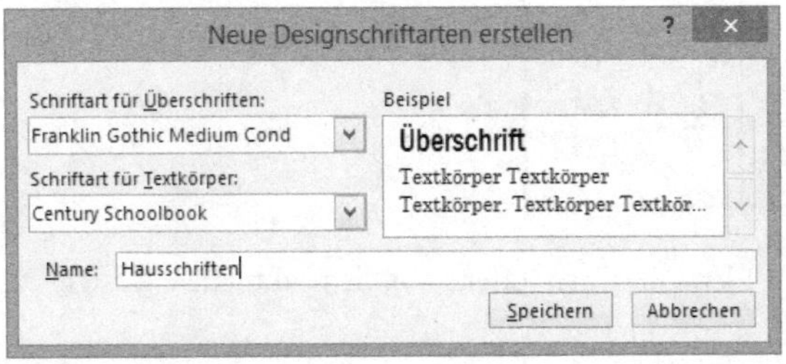

4. Vergeben Sie einen Namen und klicken Sie auf *Speichern*.
5. Wenn Sie anschließend das Menü der Schaltfläche *Designschriftarten* öffnen, sehen Sie, dass jetzt oben im Menü die neue Gruppe *Benutzerdefiniert* auftaucht, die die neue Designschriftart enthält.

Bild 8.5 Die benutzerdefinierten Schriftarten erscheinen oben im Menü

Dokumente formatieren

Designeffekte

Der dritte Bereich eines Designs sind die Designeffekte, mit denen u.a. die Darstellung von Formen, Diagrammen und SmartArts gesteuert wird. Im Gegensatz zu Designfarben und -schriftarten lassen sich die Effekte jedoch nicht individuell bearbeiten, sondern Sie müssen sich für eine der im aktuellen Design angebotenen Effekteinstellungen entscheiden.

Den Effekten liegt eine einfache Matrix zugrunde, die für die drei Eigenschaften Linienart, Füllung und räumliche Tiefe jeweils drei unterschiedliche Formatierungen definiert.

Bild 8.6 Matrix der Designeffekte

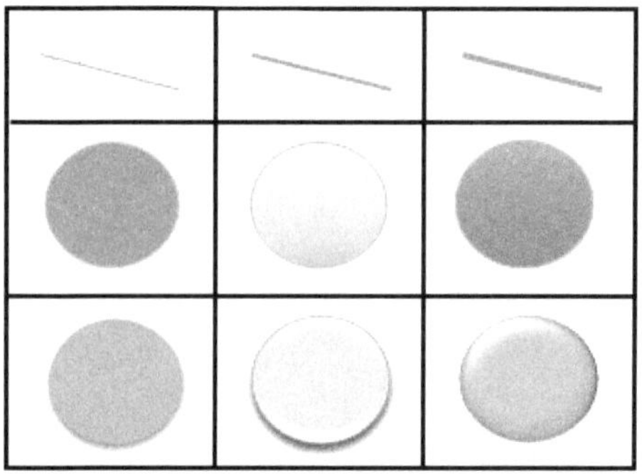

Wenn Sie einem grafischen Element einen Effekt aus dem aktuellen Design zuweisen möchten, gehen Sie so vor:

1. Öffnen Sie die Liste der Designeffekte. Wechseln Sie dazu auf die Registerkarte *ENTWURF* und klicken Sie in der Gruppe *Dokumentformatierung* auf die Schaltfläche *Effekte.*

Bild 8.7 Designeffekte lassen sich leider nicht bearbeiten

2. Zeigen Sie mit dem Mauszeiger auf die verschiedenen Vorschaugrafiken. Die Wirkung des gewählten Effekts wird dann live im Dokument angezeigt (natürlich nur, wenn es mindestens ein grafisches Element mit Effekten enthält).
3. Klicken Sie den gewünschten Designeffekt an, um ihn zu übernehmen.

Hintergrundformate

Neben den bisher vorgestellten Elementen enthält ein Design noch drei weitere Fülleffekte, die als Basis für die so genannten *Hintergrundformate* dienen. Ein Blick in die dem Design zugrunde liegende XML-Datei (siehe Bild 8.8) zeigt, dass diese Elemente (*bgFillStyleList*) den Design-Effekten (*fmtSchema*) untergeordnet sind. Die Formate werden jedoch lediglich von PowerPoint genutzt.

Bild 8.8 Blick in den XML-Code eines Designs

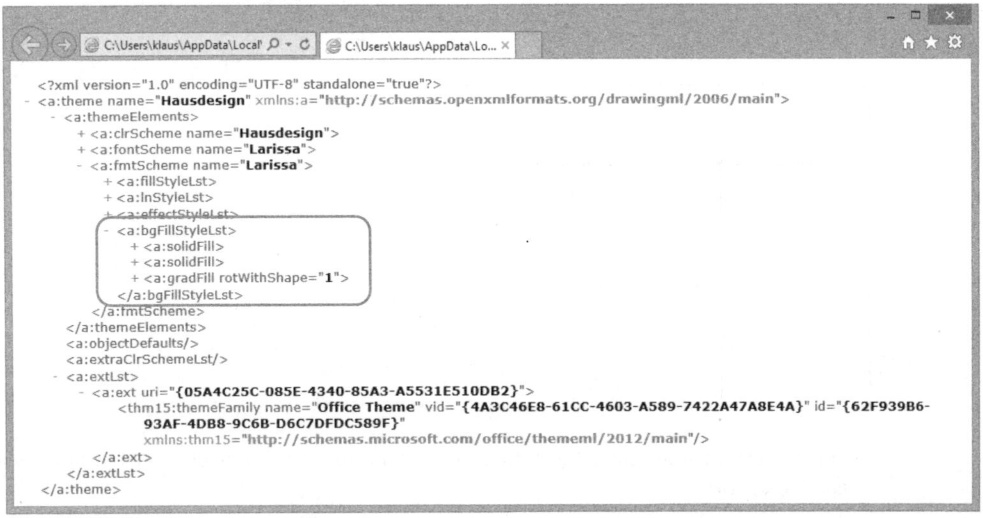

Designs speichern und öffnen

Sie können die aktuellen Einstellungen eines Designs in einer neuen Datei abspeichern. Die so erzeugte Datei hat die Erweiterung *.thmx* und besitzt – genau wie ein Office 2013-Dokument – ein komprimiertes Dateiformat.

1. Öffnen Sie die Liste der Designs. Wechseln Sie dazu auf die Registerkarte *ENTWURF* und klicken Sie in der Gruppe *Dokumentformatierung* auf die Schaltfläche *Designs.*
2. Wählen Sie den Befehl *Aktuelles Design speichern.*
3. Vergeben Sie einen Namen und klicken Sie auf *Speichern.*

Umgekehrt ist es natürlich auch möglich, ein zuvor gespeichertes Design zu laden. Wählen Sie dazu im gleichen Menü den Befehl *Nach Designs suchen* und öffnen Sie das gewünschte Design über das angezeigte Dialogfeld.

Kapitel 9

Zeichenformatierung – Gestalten mit Schrift

In diesem Kapitel:

Neben der Möglichkeit, Texte bequem zu editieren, zu korrigieren, zu ergänzen oder einen neuen Text auf einem bestehenden aufbauen zu lassen, sind die zahlreichen Gestaltungsmerkmale, die Sie Ihrem Text zuweisen können, ein wichtiges Merkmal eines Textverarbeitungsprogramms, das in diesem Moment eher den Charakter eines Gestaltungsprogramms bekommt.

In Kapitel 5 haben Sie bereits einige der Formatierungsmöglichkeiten von Word kennengelernt. Der Schwerpunkt des dritten Teils dieses Buches liegt darin, dieses Wissen zu vertiefen und detaillierte Informationen über weitere Gestaltungsmöglichkeiten für Ihre Dokumente zu liefern. In diesem Kapitel steht das Thema Gestalten mit Schrift, oder im Fachjargon: die Zeichenformatierung, im Mittelpunkt. Neben den praktischen Hinweisen liefern wir Ihnen auch wichtige Hintergrundinformationen über Schriftarten und Schriftgrößen.

Zeichenformatierung – Einführung

Wenn Sie mit Word Zeichen formatieren, betrifft dies vor allem drei Aspekte:

- Sie können bestimmen, welche Schriftart verwendet werden soll,
- wie groß die Schrift sein soll, also den Schriftgrad festlegen, und können außerdem noch
- die Auszeichnung der Zeichen (auch Schriftschnitt oder Stil genannt) verändern und verschiedene Texteffekte verwenden.

Auch bei der Formatierung der Zeichen ist Word flexibel und bietet Ihnen vier Möglichkeiten der Formatierung an. Das Ergebnis ist bei allen Methoden das gleiche, nur der Weg dorthin ist anders:

- Die am häufigsten verwendeten Optionen für die Zeichenformatierung finden Sie auf der Registerkarte *START* in der Gruppe *Schriftart.*

Bild 9.1 Die Befehlsgruppe *Schriftart* auf der Registerkarte *START*

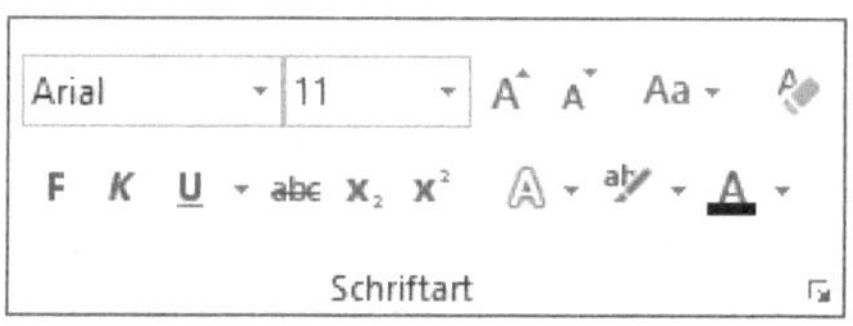

- Die Minisymbolleiste wird von Word immer dann eingeblendet, wenn Sie Text markiert haben und den Mauszeiger auf die Markierung bewegen, oder wenn Sie die Markierung mit der rechten Maustaste anklicken (im letzteren Fall zeigt Word außer der Minisymbolleiste zusätzlich das Kontextmenü an). Die Minisymbolleiste enthält weniger Schaltflächen zur Zeichenformatierung: Sie können hier aber u.a. die Schriftart und die Schriftgröße ändern und die Schriftmerkmale Fett und Kursiv zuweisen.

Bild 9.2 Die Minisymbolleiste

- Zahlreiche weitere Optionen, mit denen Sie vor allem weitere Texteffekte und Einstellungen für den Zeichenabstand vornehmen können, finden Sie im Dialogfeld *Schriftart*. Dieses Dialogfeld lassen Sie anzeigen, indem Sie auf der Registerkarte *START* in der Gruppe *Schriftart* auf das Startprogramm für ein Dialogfeld klicken oder indem Sie die Tastenkombination Strg+D drücken.

Bild 9.3 Das Dialogfeld *Schriftart*

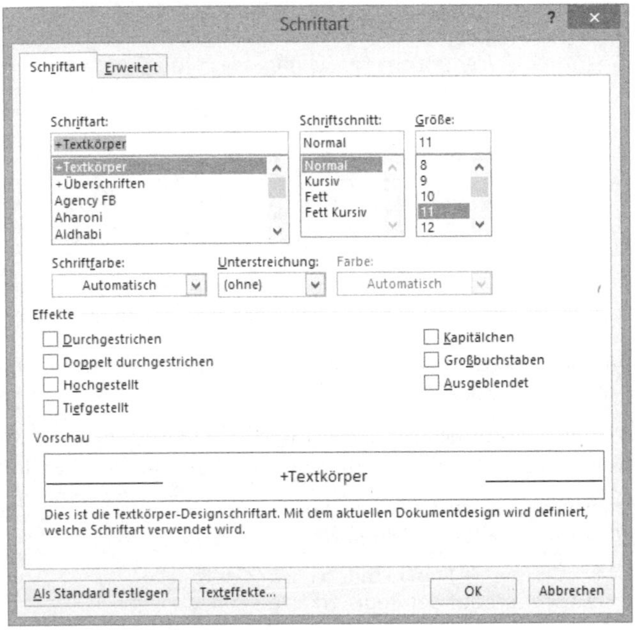

Die Möglichkeiten, die Ihnen mit dem Dialogfeld *Schriftart* zur Verfügung stehen, werden im Verlauf dieses Kapitels noch ausführlich beschrieben.

- Sie können auch die zahlreichen Tastenkombinationen verwenden, die Ihnen Word zur Verfügung stellt. Besonders bei Formatierungen, die Sie häufig vornehmen, erspart Ihnen die Verwendung der Tastenkombinationen den Griff zur Maus, um eine der Schaltflächen im Menüband oder der Minisymbolleiste auszuwählen, und Sie können so das Formatieren Ihrer Dokumente erheblich beschleunigen.

  Die Tabelle auf der folgenden Seite enthält zum Nachschlagen die wichtigsten Tastenkombinationen, die Sie zur Zeichenformatierung verwenden können. Wenn in der Spalte *Beschreibung* der Hinweis *ein/aus* enthalten ist, funktioniert die Tastenkombination wie ein Schalter: ist der markierte Text beispielsweise bereits fett formatiert, dann wird durch Drücken von ⇧+Strg+F diese Formatierung entfernt.

HINWEIS Die Tastenkombinationen sind auch in den kleinen QuickInfos enthalten, die erscheinen, sobald Sie die Maus einen Moment auf einer Schaltfläche stehen lassen. Sollte Word bei Ihnen keine QuickInfos anzeigen, können Sie sie in den Word-Optionen (*DATEI/Optionen)* in der Rubrik *Allgemein* aktivieren. Die entsprechende Option nennt sich *QuickInfo-Format* und befindet sich oben in der Gruppe *Benutzeroberflächenoptionen*.

Dokumente formatieren

Tabelle 9.1 Schnelle Zeichenformatierung mit den Tastenkombinationen

Tastenkombination	Beschreibung
Strg + D	Zeigt das Dialogfeld *Schriftart* an.
Strg + <	Verkleinern der Schriftgrades um eine Stufe
⇧ + Strg + <	Vergrößern des Schriftgrades um eine Stufe
Strg + 8	Verkleinern des Schriftgrades um 1 Punkt
Strg + 9	Vergrößern des Schriftgrades um 1 Punkt
⇧ + Strg + U	Durchgehend unterstreichen (ein/aus)
⇧ + Strg + D	Doppelt unterstreichen (ein/aus)
⇧ + Strg + W	Wortweise unterstreichen (ein/aus)
⇧ + Strg + F	Fett (ein/aus)
⇧ + Strg + K	Kursiv (ein/aus)
Strg + #	Tieferstellen (ein/aus)
Strg + +	Höherstellen (ein/aus)
⇧ + Strg + G	Großbuchstaben (ein/aus)
⇧ + Strg + Q	Kapitälchen (ein/aus)
⇧ + Strg + H	Ausgeblendet (ein/aus)
Strg + Leertaste	Auf Standardformat zurücksetzen

Schriftart und Schriftgröße ändern

Vermutlich werden Sie am häufigsten die Schriftart und die Schriftgröße des Textes ändern. Die beiden Listen, mit denen Sie diese Schriftmerkmale einstellen können, befinden sich darum auch an erster Stelle in der Gruppe *Schriftart* der Registerkarte *START*.

Schriftart ändern

Gehen Sie so vor, um die Schriftart zu ändern:

1. Markieren Sie den Text, dessen Schriftart Sie ändern möchten.
2. Klicken Sie auf der Registerkarte *START* in der Gruppe *Schriftart* auf den Pfeil der Liste *Schriftart*, um diese zu öffnen.
3. Bewegen Sie den Mauszeiger über die Namen der Schriften (der Name wird – sofern möglich – in der Schriftart selbst angezeigt). Wenn der markierte Text nicht von der Schriftenliste überdeckt wird, können Sie im Dokument in der Livevorschau sehen, wie sich die Formatierung auf das Dokument auswirken würde.

Bild 9.4 Das Listenfeld *Schriftart* verwenden

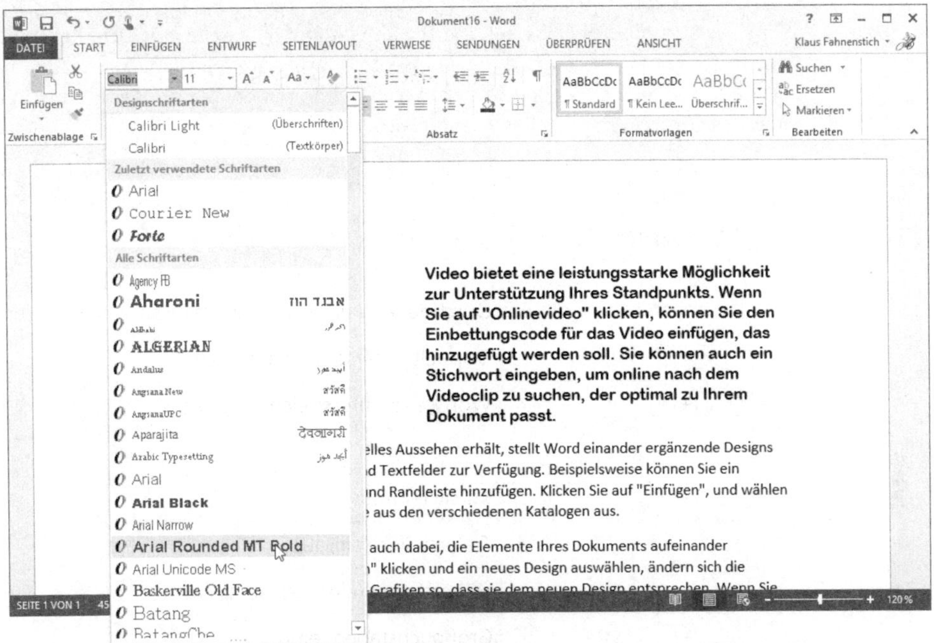

4. Klicken Sie den Namen der gewünschten Schriftart an, um sie dem markierten Text zuzuweisen.

Die Schriften, die Ihnen in Word zur Verfügung stehen, werden in der Liste *Schriftart* in drei Gruppen angezeigt:

- **Designschriftarten** Wenn Sie in dieser Gruppe den Eintrag *Überschriften* oder *Textkörper* und keine bestimmte Schriftart auswählen, wird die Schriftart selbst vom Design festgelegt. Wenn Sie dann zu einem späteren Zeitpunkt dem Dokument über die Registerkarte *Seitenlayout* ein anderes Design zuweisen, werden die Schriftarten automatisch angepasst. Das Thema Design haben Sie bereits in den Kapiteln 5 und 8 kennengelernt.
- **Zuletzt verwendete Schriftarten** Word zeigt Ihnen in dieser Gruppe die Namen der Schriftarten an, die Sie zuletzt zur Formatierung verwendet haben.
- **Alle Schriftarten** In dieser Gruppe werden alle Schriftarten angezeigt, die auf Ihrem Computer installiert sind.

Zur Formatierung der Schriftart können Sie auch das Listenfeld *Schriftart* verwenden, das sich in der Minisymbolleiste befindet und das sich genauso verhält wie das Listenfeld auf der Registerkarte *START*.

Auch im Dialogfeld *Schriftart* können Sie die Zeichenformatierung einstellen. Dies ist aber nur dann empfehlenswert, wenn Sie gleichzeitig auch andere Zeichenformatierungen vornehmen wollen, die Ihnen im Menüband bzw. in der Minisymbolleiste nicht zur Verfügung stehen. Wollen Sie lediglich die Schriftart formatieren, ist die Verwendung des Dialogfeldes *Schriftart* zu umständlich.

PROFITIPP

Namen der Schriftart eintippen

Wenn Sie sehr viele Schriftarten auf Ihrem Computer installiert haben, kann es etwas mühsam sein, in der Liste *Schriftart* die gewünschte Schriftart zu finden. Sollten Sie den Namen der Schriftart, die Sie verwenden wollen, kennen, können Sie auch folgendermaßen vorgehen, um die Schriftformatierung zu beschleunigen:

1. Klicken Sie auf der Registerkarte *START* in das Feld, in dem der Name der aktuellen Schriftart steht.
2. Geben Sie den Namen der gewünschten Schriftart ein.

   Word versucht, anhand der eingegebenen Buchstaben den Namen der Schriftart automatisch zu vervollständigen. Der von Word ergänzte Text ist farbig unterlegt.

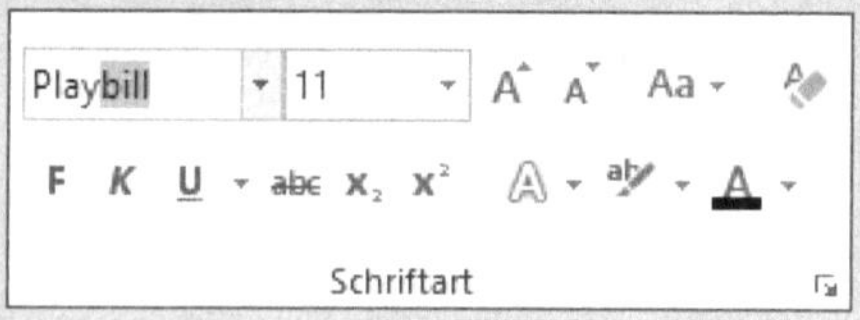

3. Drücken Sie die [↵]-Taste, um den Vorschlag von Word zu übernehmen.

Schriftgröße verändern

Bei Word wird zur Angabe der Schriftgröße die Einheit Punkt verwendet (mit pt abgekürzt). Ausführliche Informationen zu dieser Maßeinheit und wie diese in Beziehung zur Größe der Buchstaben selbst steht, finden Sie im Abschnitt ab Seite 208.

Um die Schriftgröße zu verändern, gehen Sie so vor:

1. Markieren Sie zunächst den Text, den Sie formatieren wollen.
2. Klicken Sie auf der Registerkarte *START* in der Gruppe *Schriftart* auf den Pfeil der Liste *Schriftgrad*, um diese zu öffnen.

   Word zeigt in der Liste lediglich eine Auswahl der Schriftgrößen an, die Sie verwenden können.
3. Führen Sie eine der folgenden Aktionen durch:
   - Wenn sich die gewünschte Schriftgröße in der Liste befindet, klicken Sie diese an.
   - Wenn sich die gewünschte Schriftgröße nicht in der Liste befindet, klicken Sie in das Feld, in dem die aktuelle Schriftgröße angezeigt wird, tippen die gewünschte Schriftgröße ein und drücken dann die [↵]-Taste.

   Sie können in Word Schriftgrößen zwischen 1 pt und 1683 pt verwenden.

Mit zwei Schaltflächen der Gruppe *Schriftart,* die in der nächsten Abbildung markiert sind und die sich auch in der Minisymbolleiste befinden, können Sie die Schriftgröße stufenweise verkleinern bzw. vergrößern. Die Stufen, in denen die Schriftgröße verändert wird, entsprechen den Schriftgrößen, die im Listenfeld *Schriftgrad* angeboten werden. Ist die aktuelle Schriftgröße beispielsweise 22 pt und klicken Sie dann auf die Schalfläche *Schriftart vergrößern,* wird dem markierten Text die Schriftgröße 24 pt zugewiesen.

Bild 9.5 Den Schriftgrad in der Gruppe *Schriftart* verändern

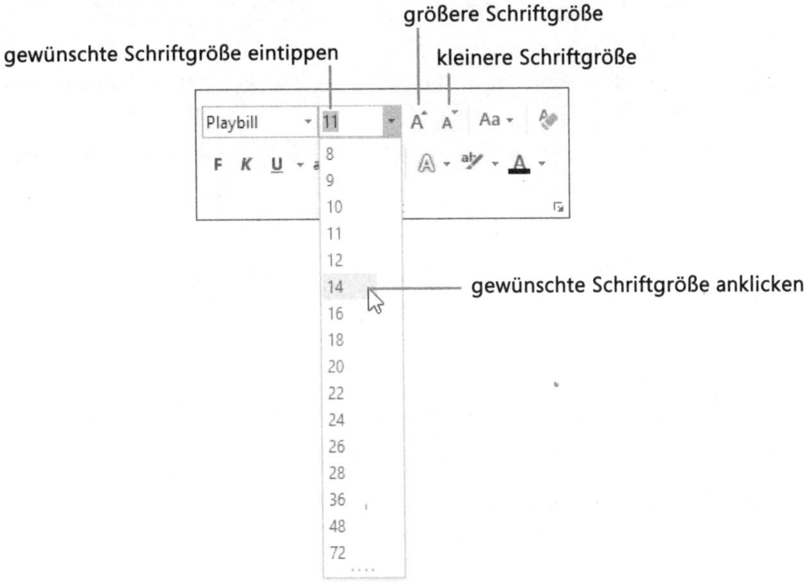

Beachten Sie, dass Sie die stufenweise Änderung der Schriftgröße auch mit zwei Tastenkombinationen vornehmen können. Zwei weitere Tastenkombinationen ermöglichen es, die Schriftgröße jeweils um 1 pt zu verkleinern oder zu vergrößern. Die Tabelle mit den Tastenkombinationen zur Zeichenformatierung finden Sie auf Seite 200.

Standardschriftart einstellen

Wenn Sie ein neues, leeres Dokument erstellen und keine Änderungen an den Standardeinstellungen von Word vorgenommen haben, verwendet Word standardmäßig die Schriftart Calibri in der Schriftgröße 11 pt für allen Text, den Sie nicht ausdrücklich anders formatiert haben. Diese Standardschriftart ist als Formatvorlage *Standard* in der Word-Dokumentvorlage *Normal.dotm* definiert, die als Gerüst für leere Dokumente verwendet wird. (Ausführliche Informationen über Formatvorlagen finden Sie in Kapitel 11; das Konzept der Dokumentvorlagen ist in Kapitel 14 beschrieben.)

Um die Standardschriftart zu ändern, können Sie die Merkmale der Formatvorlage *Standard* ändern, was sich dann anbietet, wenn Sie immer eine bestimmte Schriftart als Standard verwenden wollen. Wenn Sie zur Formatierung der Dokumente die Designs verwenden und die Flexibilität nutzen wollen, die mit den Platzhalterformatvorlagen *+Textkörper* und *+Überschriften* zur Verfügung stehen, können Sie ein neues Design erstellen, in dem Design die Schriftarten festlegen und dieses Design als Standardeinstellung verwenden.

So ändern Sie die Standardschriftart, ohne die Designs zu verwenden:

1. Drücken Sie Strg+D, um das Dialogfeld *Schriftart* zu öffnen.
2. Legen Sie in den Feldern *Schriftart* und *Größe* fest, welche Schrift Sie in welchem Schriftgrad als Standard verwenden wollen.

3. Klicken Sie unten im Dialogfeld auf die Schaltfläche *Als Standard festlegen.*

   Sie werden in einem Dialogfeld gefragt, ob Sie die Standardschriftart ändern möchten.

4. Klicken Sie auf *Ja.*

So legen Sie die Standardschriftart mittels eines Designs fest (das Thema Designs wird ausführlich in Kapitel 8 beschrieben):

1. Klicken Sie auf der Registerkarte *ENTWURF* in der Gruppe *Dokumentformatierung* auf die Schaltfläche *Designschriftarten.*
2. Wählen Sie unten im Menü der Schaltfläche den Befehl *Schriftarten anpassen.*
3. Legen Sie im Dialogfeld *Neue Designschriftarten erstellen* die Schriftarten fest, die für den Textkörper und die Überschriften verwendet werden sollen.
4. Geben Sie in das Feld *Name* einen Namen für die neuen Designschriftarten ein.

Bild 9.6 Festlegen der Schriftarten, die in einem neuen Design verwendet werden sollen

5. Klicken Sie auf *Speichern.*
6. Klicken Sie auf der Registerkarte *ENTWURF* in der Gruppe *Dokumentformatierung* auf die Schaltfläche *Als Standard festlegen.*

Schriftarten im Überblick

Word stellt Ihnen zur Formatierung des Textes verschiedene Schriftarten zur Verfügung. Welche Schriftarten das sind, hängt davon ab, welchen Drucker Sie zur Ausgabe der Word-Dokumente verwenden. Alle Schriften, die in Ihrem Drucker eingebaut sind, können Sie zur Ausgabe verwenden. Die Schriften dieser Gruppe werden *Druckerschriften* genannt.

Darüber hinaus enthält Windows selbst zahlreiche Schriftarten, bei denen es sich meist um TrueType- oder OpenType-Schriftarten handelt. Auch bei der Installation von Word bzw. Office werden weitere Schriftarten installiert. Hierzu gehören u.a. die neuen Standardschriften Calibri und Cambria und auch Schriften, die für die Formatierung der WordArts verwendet werden. Sowohl bei TrueType- als auch bei OpenType-Schriften handelt es sich um sogenannte Outline-Schriften.

Bei Outline-Schriften werden für die einzelnen Buchstaben deren Umrisse (im Englischen: »outlines«) definiert. Jeder Buchstabe besteht aus Geraden und Kurven, die ihn, in richtige Anordnung zueinander gebracht, als Buchstaben erkennen lassen.

Bild 9.7 **Der Buchstabe R als Umriss**

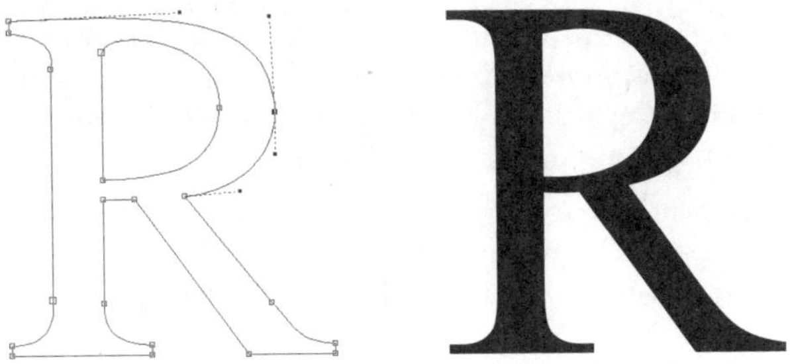

Wenn der Buchstabe dann noch mit einer Farbe gefüllt ist, wie der Buchstabe auf der rechten Seite, können Sie ihn als solchen identifizieren. Wenn Buchstaben als Outline-Schriften designed werden, verwendet man in der Regel einen recht großen Schriftgrad. Dadurch können auch filigrane Details in den Buchstaben aufgenommen werden.

Bei der Ausgabe von Outline-Schriften auf den Bildschirm oder den Drucker wird nach folgendem Verfahren vorgegangen: Zuerst wird die Definition des Buchstabens in seiner optimalen Form aus einer Datei geladen. Durch mathematische Berechnungen werden die Kurven und Geraden auf den gewünschten Schriftgrad verkleinert. Dieser Buchstabe wird auf ein imaginäres Raster gelegt und dabei wird bestimmt, welche einzelnen Punkte im Raster mit der Schriftfarbe gefüllt werden müssen. Dann erst wird der Buchstabe ausgegeben. Dieser Vorgang wird Skalierung genannt. Outline-Schriften werden daher auch oft frei skalierbare Schriften genannt, also Schriften, die ohne Qualitätseinbußen in jeder beliebigen Größe ausgegeben werden können.

Welche Schriftarten auf Ihrem Computer installiert sind, können Sie mit dem Symbol *Schriftarten* der Systemsteuerung in Erfahrung bringen. Die Abbildungen auf der folgenden Seite zeigen, wie das Fenster *Schriftarten* unter Windows 8 aussieht.

Bild 9.8 Das Fenster *Schriftarten* unter Windows 8

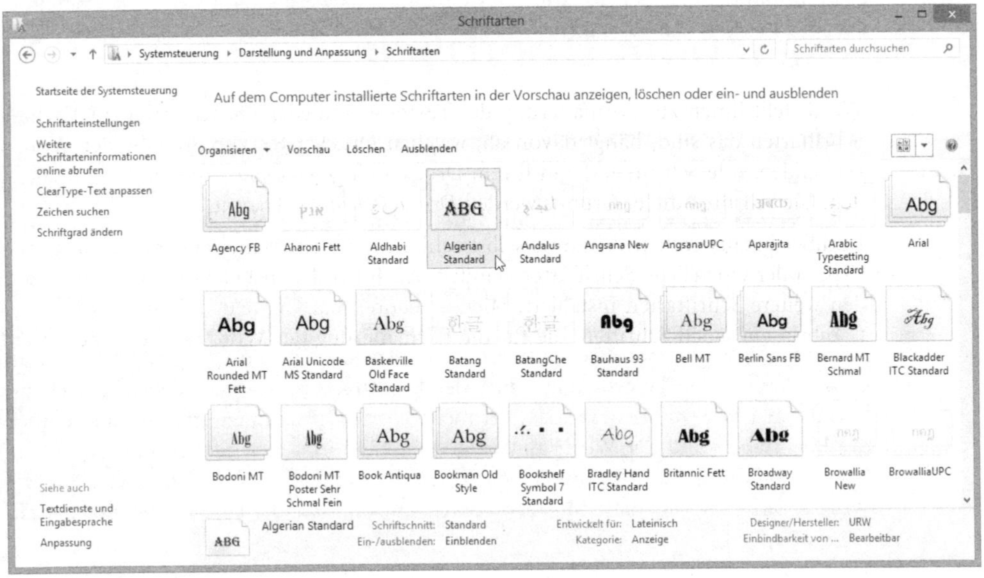

Proportionale vs. feste Zeichenbreite

Grundsätzlich lassen sich alle verschiedenen Schriftarten der Kategorie proportional oder nicht proportional zuordnen. In einer nicht proportionalen Schrift haben alle Zeichen eines Zeichensatzes die gleiche Breite, gleichgültig, ob es sich um ein kleines »i« handelt, das normalerweise recht wenig Platz beansprucht, oder um ein »m«, das sich richtig breitmacht.

Sie kennen nicht proportionale Schriften vor allem von der normalen Schreibmaschine, die für jedes Zeichen denselben Schritt nach rechts macht. Ein typisches Beispiel für eine nicht proportionale Schrift ist Courier, die wir in den ersten Zeilen der folgenden Abbildung verwendet haben.

Bild 9.9 Nicht proportionale und proportionale Schriften

```
Diese Schrift heißt Courier und ist
nicht proportional.
```

Diese Schrift heißt Times New Roman und ist proportional.

Im Gegensatz dazu besitzt jedes Zeichen einer proportionalen Schrift seine eigene Breite, d.h., der Abstand zwischen zwei Zeichen kann unterschiedlich sein, je nachdem, wie viel Platz ein Zeichen in Anspruch nimmt. So benötigt ein »i« beispielsweise weniger Platz als ein »m« usw. Proportionale Schriften kennen Sie vor allem aus dem Buchdruck, aus Zeitungen oder anderen Druckerzeugnissen. Die Schriften Cambria, Calibri und Times New Roman sind proportionale Schriften.

Beide Schriften haben Vor- und Nachteile. Nicht proportionale Schriften garantieren, dass die Zeichen zweier Zeilen stets exakt untereinander stehen. Leerzeichen nehmen genauso viel Platz in Anspruch wie jedes andere Zeichen. Die Leerräume, die bei der Verwendung einer nicht proportionalen Schrift entstehen, ergeben jedoch ein insgesamt unruhiges Schriftbild und machen Fließtext, besonders bei größeren Schriftarten, schwer lesbar.

Proportionale Schriften sehen dagegen sehr viel schöner und ausgewogener aus. Der unschöne Leerraum um ein »i« beispielsweise verschwindet, da wegen der geringen Zeichenbreite das nachfolgende Zeichen näher heranrücken kann.

Serifen vs. serifenlos

Proportionale und nicht proportionale Schriften lassen sich ihrerseits wieder nach der Schriftform unterscheiden. Das wichtigste Merkmal hierbei ist, ob es sich um eine Serifenschrift oder eine serifenlose Schrift (sans serif) handelt.

Serifen sind kleine Abschlussstriche an den End- oder Eckstücken von Buchstaben. Sie erleichtern dem Auge ein Festhalten am Buchstaben sowie am Wort und führen das Auge von Buchstabe zu Buchstabe. Das gesamte Erscheinungsbild des Textes wird ein wenig weicher. Außerdem unterstützen Serifen den Lesevorgang. Eines der Ergebnisse von Forschungen, die sich mit der Frage beschäftigen, wie wir lesen, ist, dass wir meist Worte als Gesamtes erfassen und hierbei das Muster der Buchstaben und der Worte mit in unserem Gehirn vorhandenen und erlernten Mustern in Übereinstimmung zu bringen versuchen. Hierbei achten wir vor allem auf die obere Hälfte des Wortes. Serifen helfen, diese Muster zu erkennen, wodurch der Lesevorgang beschleunigt wird.

Bild 9.10 Serifen- und serifenlose Schriften

Ohne Serifen können wir nicht mehr auf die Mustererkennung bauen, sondern müssen den Text wirklich Buchstabe für Buchstabe lesen, was nicht so effizient ist wie das Erkennen des Sinngehalts aufgrund der Wahrnehmung der Muster. Achten Sie beim Lesen von Zeitungen, Broschüren o.Ä. selber einmal darauf, wie Sie lesen und welche Schriftform verwendet wurde.

Serifenschriften haben ein klassischeres Erscheinungsbild als die serifenlosen Schriften, die einem Text ein moderneres Aussehen geben. Der Nachteil bei Serifenschriften besteht darin, dass diese bei der Verwendung von kleinen Schriftgrößen (kleiner als 8 Punkt) meist ein wenig verwaschener aussehen, die Buchstaben ineinanderlaufen und der Text daher nicht so gut lesbar ist. In diesem Fall bieten sich dann die serifenlosen Schriften an. Auch in größeren Schriftgraden sind serifenlose Schriften meist besser lesbar und werden daher häufig in Überschriften benutzt.

Bild 9.11 Unterschiedliche Lesefreundlichkeit von Serifen- und serifenlosen Schriften

Serifen sind kleine Abschlussstriche an den Buchstaben, die das Auge von Zeichen zu Zeichen führen. Wegen der Serifen ist der Text gut lesbar. Serifenschriften eignen sich daher besonders gut für normalen Fließtext. Serifenlose Schriften glänzen vor allem in großen Schriftgraden; sie eignen sich somit besonders gut für Überschriften oder für Plakate und sollten für Fließtext eigentlich nicht verwendet werden.

Serifen sind kleine Abschlussstriche an den Buchstaben, die das Auge von Zeichen zu Zeichen führen. Wegen der Serifen ist der Text gut lesbar. Serifenschriften eignen sich daher besonders gut für normalen Fließtext. Serifenlose Schriften glänzen vor allem in großen Schriftgraden; sie eignen sich somit besonders gut für Überschriften oder für Plakate und sollten für Fließtext eigentlich nicht verwendet werden.

Machen Sie die Probe aufs Exempel und testen Sie, welchen der beiden Absätze der obigen Abbildung Sie besser lesen können. Der linke Absatz wurde mit der Schriftart Times, einer Serifenschrift formatiert; der Absatz rechts enthält den gleichen Text, jedoch in der serifenlosen Franklin.

Meist können serifenlose und Serifenschriften problemlos miteinander kombiniert werden, wie wir es auch in diesem Buch gemacht haben. Sie sollten jedoch darauf achten, nicht zu viele verschiedene Schriften auf eine Seite zu bringen, um die Harmonie des Gesamteindrucks nicht zu zerstören. Die Seiten wirken dann schnell »über-designed« und lenken die Wahrnehmung mehr auf die Buntheit der Darstellung als auf den Inhalt des Textes.

Dies ist auch der Grund dafür, warum Sie in den Word-Designs zwei verschiedene Schriftarten festlegen können, nämlich eine für die Überschriften und eine für den Textkörper.

Laufweite

Neben der Schriftform und der Breite der Zeichen gibt es weitere Merkmale, nach denen Schriften unterschieden werden. Die meisten von ihnen haben mit der Höhe der Zeichen und der davon beeinflussten »Farbe des Textes« zu tun. Wir kommen darauf im Abschnitt über die Schriftgrade zurück. Ein Kriterium, das mit der Ausnutzung des Platzes zu tun hat, ist die Laufweite.

Jeder Buchstabe besitzt eine bestimmte Dickte. Die Dickte eines Zeichens ist der Platz, den der Buchstabe einnimmt. Hinzugerechnet werden auch die kleinen Leerräume, die vor und nach dem Buchstaben stehen. Diese Werte hängen vom Entwurf der Schrift ab und beschreiben den optimalen Platzbedarf jedes Zeichens. Da die gleichen Buchstaben in unterschiedlichen Schriften verschiedene Dickten besitzen können, kann es sein, dass der gleiche Text in einer anderen Schriftart mehr Platz benötigt. Im nächsten Bild haben wir für Sie den unterschiedlichen Platzbedarf der beiden Schriftarten Cambria (oben) und Times New Roman gegenübergestellt. In beiden Fällen wurde als Schriftgröße 14 pt verwendet.

Bild 9.12 Unterschiedliche Laufweiten

Die Laufweite bestimmt den Platzbedarf einer Schriftart.

Die Laufweite bestimmt den Platzbedarf einer Schriftart.

Dieser Platzbedarf wird in der sogenannten Laufweitenkennzahl ausgedrückt. Sie gibt den Platzbedarf eines Alphabets mit einem Schriftgrad von 10 Punkt an. Diese Laufweitenkennzahl wird umgerechnet auf die Schriftgröße, die Länge der Zeilen und auf die Durchschnittswerte für die Häufigkeitsverteilung der Buchstaben. Als Ergebnis erhält man eine Zahl, die die ungefähre Anzahl der Zeichen pro Zeile angibt, die dann mit den Werten anderer Schriftarten verglichen werden kann.

Schriftgrößen verstehen

Bei Word wird die Schriftgröße in einer typografischen Maßeinheit, dem Punkt, gemessen. Es ist noch recht einfach, diese Maßeinheit auf Zentimeter und Millimeter umzurechnen, um so eine größenmäßige Vorstellung von der Maßeinheit Punkt zu bekommen. Schwieriger ist es jedoch, anhand eines fertigen Textes die Schriftgröße zu ermitteln, mit der er ausgegeben wurde. Diese und andere Fragen klären wir in den folgenden Abschnitten.

Schriftgröße ermitteln

Das Problem bei der Ermittlung der Schriftgröße besteht darin, dass die Höhe der Buchstaben nur wenig mit ihrer Punktgröße zu tun hat. Hintergrund dieses Phänomens ist die Geschichte des Buchdrucks. Aus den frühen Zeiten des Bleisatzes stammen die viereckigen Schriftkörper, Lettern genannt, die mühsam manuell aneinandergereiht wurden, um aus den einzelnen Buchstaben den Text zu generieren.

Eine Letter besteht aus zahlreichen Elementen, die mit unterschiedlichen Fachbegriffen bezeichnet werden. Der erhobene Teil der Letter wird Bild genannt und trägt seitenverkehrt den Buchstaben, auf den die Druckerschwärze aufgetragen wird, die dann auf das Papier gedruckt wird. Die Achselfläche (auch Grat genannt) ist der Bereich von der Kante der Letter bis zum Bild. Die Summe aus Achselfläche und Bild ist die sogenannte Kegelgröße (oder auch Kegelfläche), die den Schriftgrad bestimmt.

Bild 9.13 Eine Letter

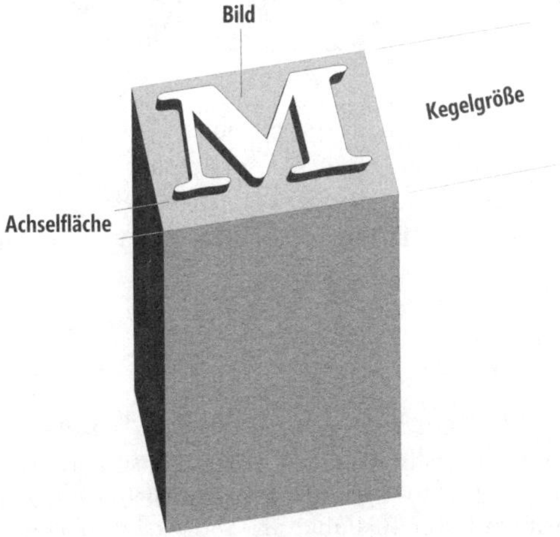

Wichtig ist also, dass der angegebene Schriftgrad der Höhe der Letter (Kegelgröße) und nicht der Größe des Bildes entspricht. Somit wird auch deutlich, warum an der Größe der gedruckten Buchstaben nicht ihr Schriftgrad gemessen werden kann. Dies wird noch einmal verdeutlicht, wenn wir uns anschauen, welche drucktechnischen Begriffe für die verschiedenen Elemente eines Buchstabens verwendet werden.

Unter-, Mittel- und Oberlänge

Auch zur Beschreibung der einzelnen Teile eines Buchstabens werden Fachausdrücke verwendet, die auf einer langen historischen Erfahrung basieren. Die Kleinbuchstaben jeder Schrift stehen auf einer gedachten Linie, die Schriftlinie genannt wird. Die meisten der Kleinbuchstaben (o, r, e, a) beanspruchen den Platz zwischen dieser Schriftlinie und der sogenannten Mittellinie, was Mittellänge genannt wird. Ein Teil der Kleinbuchstaben, beispielsweise b, d und f, ragen über diese Mittellinie hinaus und sind Buchstaben mit Oberlänge. Andere wiederum beanspruchen den Raum unterhalb der Schriftlinie (q, p und g) und heißen Buchstaben mit Unterlänge.

Bild 9.14 Unter-, Mittel- und Oberlänge

Dokumente formatieren

Für das Verhältnis zwischen Mittellänge, Oberlänge und Unterlänge gibt es keinen festen Wert. Dies ergibt sich jedoch aufgrund des Schriftentwurfs und des Charakters, den sie, bei klassischen Schriften, aus der Überlieferung bzw. bei neuen Schriften durch den Designer erhalten haben. Dass die Mittellänge je nach Schriftentwurf unterschiedlich groß sein kann, zeigt das folgende Bild.

Bild 9.15 Beispiele für Mittellängen verschiedener Schriftarten

Die Mittellänge, manchmal auch X-Höhe genannt, ist eine proportionale Beschreibung der Größe der Kleinbuchstaben. Dies bedeutet, dass die Kleinbuchstaben einer Schrift mit einer großen Mittellänge proportional größer sind als bei einer Schrift mit einer kleinen Mittellänge. Anders ausgedrückt: Je größer die Mittellänge, desto kleiner sind die Ober- und die Unterlänge, und umgekehrt.

Schriftgrößen umrechnen

Da Sie nun wissen, welche Aspekte Sie bei der Betrachtung der Größe einer Schrift beachten müssen und dass die Höhe der Buchstaben nur ungefähr ihrem Schriftgrad entspricht, wollen wir das Thema Schriftgrad mit einer kleinen Tabelle abschließen, mit der Sie die Schriftgröße von einer in die andere Maßeinheit umrechnen können.

Als Grundlage dient folgende Regel: 1 Zoll = 2,54 cm = 72 Punkt, mit der Sie auch beliebige andere Größen berechnen können. Eine weitere im drucktechnischen Gewerbe gebräuchliche Maßeinheit ist Pica, für die gilt: 12 Punkt = 1 Pica.

Tabelle 9.2 Umrechnungstabelle für die wichtigsten Schriftgrößen

Punkt	Millimeter	Zoll	Pica
8	2,82	0,1104	0,67
10	3,53	0,138	0,83
12	4,23	0,1656	1
14	4,94	0,1932	1,167
18	6,35	0,2484	1,5
24	8,47	0,3312	2
30	10,58	0,414	2,5
36	12,60	0,5	3
48	18,00	0,666	4
72	25,40	1	6

Schriftschnitt und Schrifteffekte zuweisen

Weitere Merkmale, die Sie über die Zeichenformatierung festlegen können, sind der Schriftschnitt (manchmal auch Schriftstil genannt) und verschiedene Schrifteffekte.

Fett und Kursiv verwenden

Die Schriftschnitte, die Sie auswählen können, sind bei den meisten Schriftarten die normale, die fette, die kursive und die fett-kursive Variante. Bei den meisten Schriften, die in der Liste *Schriftarten* angezeigt werden, handelt es sich in Wahrheit um vier verschiedene Schriftendateien, wobei jede Schriftendatei dann einen der Schriftschnitte enthält.

normal
fett
kursiv
fett-kursiv

Welcher Schriftschnitt für eine bestimmte Schriftart zur Verfügung steht, können Sie erkennen, wenn Sie mit Strg+D das Dialogfeld *Schriftart* öffnen und durch die verschiedenen Schriftarten blättern. Word zeigt dann in der Liste *Schriftschnitt*, welche Schriftschnitte für die jeweilige Schriftart zur Verfügung stehen.

Bild 9.16 Beispiel für eine Schriftart, die nicht alle vier Schriftschnitte enthält

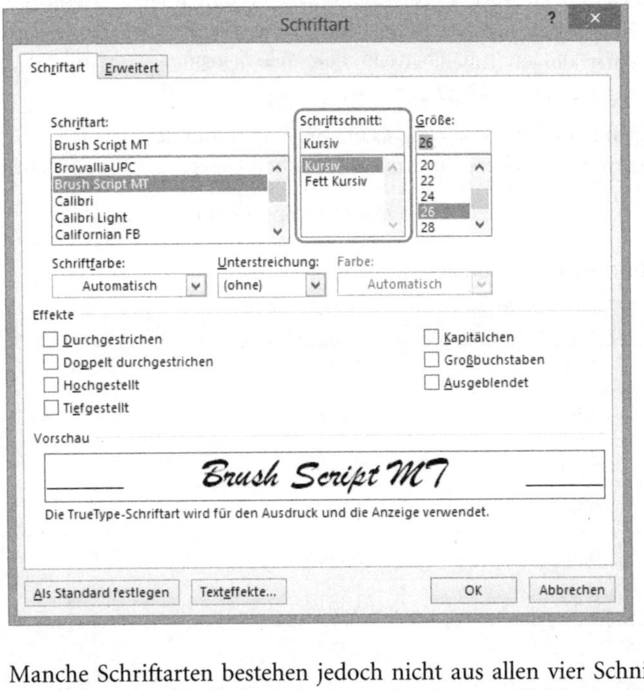

Manche Schriftarten bestehen jedoch nicht aus allen vier Schnitten. Hierzu gehört beispielsweise die Schriftart Brush Script, die Sie in der obigen Abbildung sehen. Diese Schrift ist von Haus aus eine kursive Schrift, daher existieren hier nur zwei Schriftschnitte: ein kursiver und ein fett-kursiver. Die Schriftart Monotype Corsiva besteht ebenfalls nur aus zwei Schnitten: hier gibt es den Schnitt *Standard* und den Schnitt *Fett Kursiv*.

Wenn Schriften mehr als vier Schriftschnitte besitzen (manche Schriftarten besitzen z.B. noch eine halbfette oder halbfett kursiv Variante), werden diese ebenfalls in der Liste *Schriftschnitt* angeboten.

Wenn Sie für eine Schriftart eine fette oder eine kursive Formatierung vornehmen, es aber diese Schriftendatei nicht gibt, wird sie von Word emuliert, was aber häufig nicht besonders gut aussieht. Wenn Sie ganz sicher sein wollen, verwenden Sie zur Formatierung das Dialogfeld *Schriftart;* schneller geht es jedoch mit den Schaltflächen *Fett* bzw. *Kursiv,* die Sie sowohl auf der Registerkarte *START* als auch in der Minisymbolleiste finden:

1. Markieren Sie den Text, dessen Schriftart Sie ändern möchten.
2. Führen Sie eine oder beide der folgenden Aktionen durch, je nachdem, ob der Text nur fett, nur kursiv oder fett und kursiv formatiert werden soll.
   - Klicken Sie auf der Registerkarte *START* in der Gruppe *Schriftart* auf die Schaltfläche *Fett,* wenn Sie den Text fett formatieren wollen.
   - Klicken Sie auf der Registerkarte *START* in der Gruppe *Schriftart* auf die Schaltfläche *Kursiv,* wenn Sie den Text kursiv formatieren wollen.

Text unterstreichen

Zum Unterstreichen von Text stellt Ihnen Word zahlreiche Varianten zur Verfügung. Ein Teil der Optionen zum Unterstreichen steht Ihnen direkt in der Gruppe *Schriftart* der Registerkarte *Start* zur Verfügung; andere wiederum sind nur über das Dialogfeld *Schriftart* zu erreichen.

Gehen Sie so vor, wenn Sie Text unterstreichen wollen:

1. Markieren Sie den Text, den Sie unterstreichen wollen.
2. Klicken Sie auf der Registerkarte *START* in der Gruppe *Schriftart* auf den Pfeil der Schaltfläche *Unterstreichen,* damit Word das zugehörige Dropdownmenü öffnet.

Bild 9.17 Das Dropdownmenü zum Festlegen der Unterstreichungsart

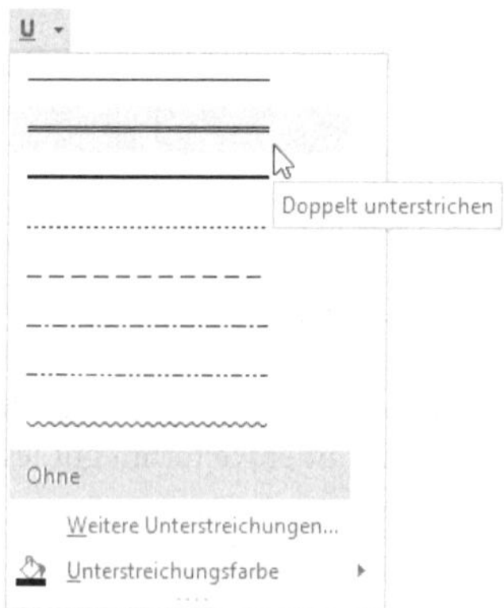

3. Wenn sich die Unterstreichung, die Sie verwenden wollen, in der Auswahlliste befindet, klicken Sie diese an und machen bei Schritt 5 weiter.

Wenn Sie weitere Optionen sehen wollen (hierzu gehören das wortweise Unterstreichen und weitere dekorative Linienarten), klicken Sie im Menü auf *Weitere Unterstreichungen.* Word zeigt daraufhin das Dialogfeld *Schriftart* an.

Bild 9.18 Weitere Unterstreichungen stehen Ihnen im Dialogfeld *Schriftart* zur Verfügung

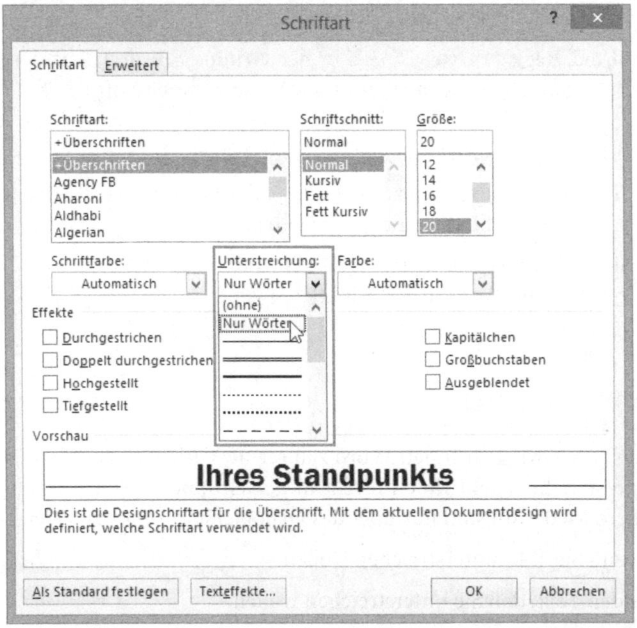

4. Öffnen Sie die Liste *Unterstreichung*, klicken Sie die gewünschte Option an und klicken Sie abschließend auf *OK.*
5. Wenn Sie die Farbe der Unterstreichung ändern wollen, klicken Sie auf der Registerkarte *START* in der Gruppe *Schriftart* auf den Pfeil der Schaltfläche *Unterstreichen* und dann auf *Unterstreichungsfarbe.* Wählen Sie abschließend die gewünschte Farbe aus.

Schriftfarbe ändern

Sofern Sie dem Text in Ihrem Dokument noch keine Farbe zugewiesen haben, verwendet Word die Option *Automatisch.* Hierbei handelt es sich nicht um die Farbe Schwarz; vielmehr verwendet Word hier wahlweise Schwarz oder Weiß und zwar je nachdem, welche dieser beiden Farben den besten Kontrast zur Hintergrundfarbe des Textes ergibt, damit er weiterhin gut lesbar ist.

Seit der Einführung der Designs in Word 2007 hat sich die Art und Weise, wie Sie die Schriftfarbe ändern können, verändert. Sie können entweder eine der Standardfarben von Word verwenden oder eine der Farben bzw. Schattierungen aus den Designs zuweisen. Wenn Sie eine der Standardfarben zuweisen, wird der markierte Text genau mit dieser Farbe formatiert. Weisen Sie hingegen eine der Designfarben zu, dann formatiert Word den Text lediglich mit einem Verweis auf den

Farbplatzhalter im Design. Wenn Sie dem Dokument dann zu einem späteren Zeitpunkt ein anderes Design zuweisen, wird der Text in der im neuen Design festgelegten Farbe angezeigt; auf diese Weise lassen sich auch längere Dokumente schnell und einfach anpassen. (Weitere Informationen zum Thema Farbsets und Designs finden Sie in Kapitel 8.)

Gehen Sie so vor, um die Schriftfarbe zu ändern:

1. Markieren Sie den Text, dessen Farbe Sie ändern wollen.
2. Klicken Sie auf der Registerkarte *START* in der Gruppe *Schriftart* auf den Pfeil der Schaltfläche *Schriftfarbe*, damit Word das zugehörige Dropdownmenü öffnet.

Bild 9.19 Das Dropdownmenü zum Festlegen der Schriftfarbe

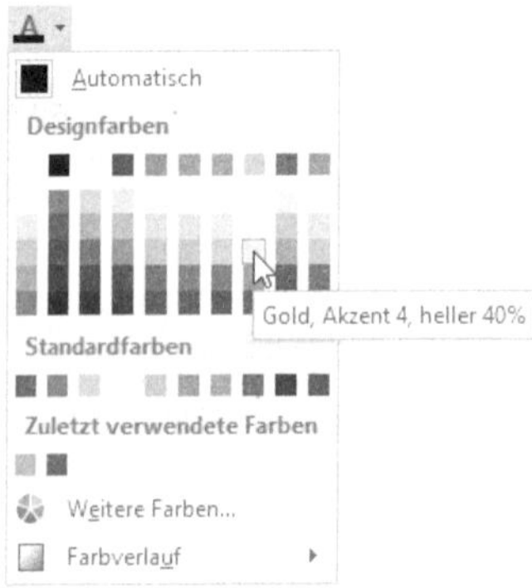

3. Führen Sie eine der folgenden Aktionen durch:
   - Klicken Sie auf *Automatisch*, wenn Word die Schriftfarbe automatisch an den Texthintergrund anpassen soll.
   - Klicken Sie auf eine der Farben bzw. Farbschattierungen im Bereich *Designfarben*, wenn Sie zur Formatierung des Dokuments ein Design verwenden.
   - Klicken Sie auf eine der Farben im Bereich *Standardfarben*, wenn Sie zur Formatierung des Dokuments die Standardfarben verwenden.
   - Klicken Sie auf eine der Farben im Bereich *Zuletzt verwendete Farben*, wenn Sie zur Formatierung bereits eine eigene Farbkombination festgelegt haben.
   - Wenn keine der bisher beschriebenen Optionen die von Ihnen benötigte Farbe enthält, klicken Sie auf *Weitere Farben* und machen bei Schritt 4 weiter.
   - Klicken Sie auf *Farbverlauf* und wählen Sie im Ausklappmenü die gewünschte Farbverlaufsvariante an.
4. Führen Sie eine der folgenden Aktionen durch:
   - Wenn Sie auf der Registerkarte *Standard* die benötigte Farbe sehen, klicken Sie sie an und schließen dann das Dialogfeld mit *OK*.
   - Andernfalls wechseln Sie zur Registerkarte *Benutzerdefiniert*, auf der Sie die Farbwerte der benötigten Farbe im RGB- oder im HSL-Farbmodell eingeben können. Sie können auch eine Farbe im Bereich *Farben* anklicken und dann mit dem Schieberegler die Farbhelligkeit einstellen. Klicken Sie auf *OK*, wenn Sie die gewünschte Farbe eingestellt haben.

Bild 9.20 Die beiden Registerkarten des Dialogfeldes *Farben*

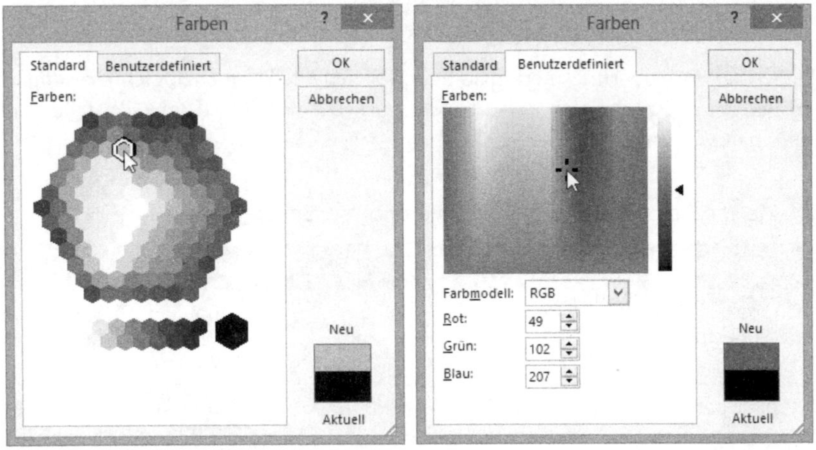

HINWEIS Sie können die Schriftfarben auch dann verwenden, wenn Sie keinen Farbdrucker besitzen, um so bestimmte Textstellen besonders hervorzuheben. Kann Ihr Drucker keine Farbe ausgeben, wird bei der Ausgabe die Standardfarbe des Druckers verwendet oder die Farben werden als Grauschattierungen ausgegeben.

Weitere Schriftattribute verwenden

Mit weiteren Schaltflächen in der Gruppe *Schriftart* auf der Registerkarte *START* und einigen Kontrollkästchen im Bereich *Effekte* des Dialogfeldes *Schriftart* können Sie weitere Attribute und Schriftauszeichnungen einstellen, die wir nachfolgend beschreiben. Die prinzipielle Vorgehensweise ist dabei wie immer: zuerst den gewünschten Text markieren, dann die gewünschte Schaltfläche anklicken bzw. das betreffende Kontrollkästchen im Dialogfeld *Schriftart* einschalten.

Bild 9.21 Die Schaltflächen zum Durchstreichen, zum Tief- und zum Hochstellen und für Texteffekte

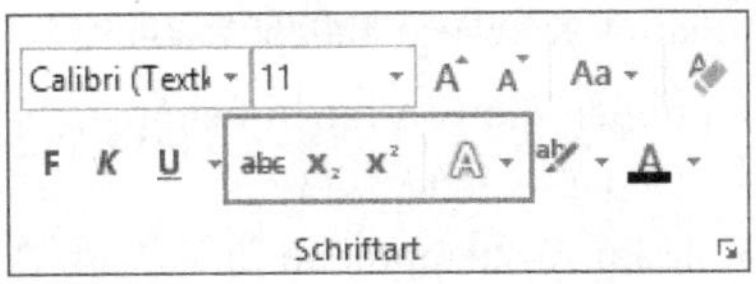

Hier zuerst die Beschreibung der ersten drei markierten Schaltflächen:

- **Durchstreichen** Mit der Schaltfläche *Durchstreichen* können Sie den markierten Text mit einer Linie versehen, die in der Mitte der Zeichen verläuft. (Im Dialogfeld *Schriftart* finden Sie zusätzlich noch das Kontrollkästchen, um den Text doppelt durchzustreichen.)
  Beispiel: ~~Dieser Text ist durchgestrichen.~~
- **Tiefgestellt** Mit der Schaltfläche *Tiefgestellt* wird der markierte Text verkleinert und unter die Grundlinie gesetzt.
  Beispiel: Dieser Text ist teilweise $_{\text{tiefgestellt.}}$

- **Hochgestellt** Mit der Schaltfläche *Hochgestellt* wird der markierte Text verkleinert und über die Grundlinie gesetzt.
  Beispiel: Dieser Text ist teilweise $^{\text{hochgestellt.}}$

Diese drei Formatierungsmerkmale finden Sie ebenfalls im Dialogfeld *Schriftart* wieder, und zwar im Bereich *Effekte* der Registerkarte *Schriftart*. Die weiteren Kontrollkästchen des Bereichs *Effekte* sind in der folgenden Tabelle beschrieben:

Tabelle 9.3 Effekte, die Sie bei der Zeichenformatierung verwenden können

Kontrollkästchen	Beispiel	Beschreibung
Doppelt durchgestrichen	~~Viele Linien~~	Der markierte Text wird mit zwei Linien versehen, die in der Mitte der Zeichen verlaufen.
Kapitälchen	SO SEHEN KAPITÄLCHEN AUS.	Kapitälchen sind eine weitere Möglichkeit, bestimmte Textstellen hervorzuheben. Hierbei werden die Kleinbuchstaben in Großbuchstaben umgewandelt und deren Schriftgrad reduziert. Es handelt sich dabei um sogenannte falsche Kapitälchen. Echte Kapitälchen sind hingegen in der Schriftstärke den Zeichen der normalen Schrift angepasst, was die Lesbarkeit verbessert. Auch wenn Sie für eine bestimmte Schriftart echte Kapitälchen installiert haben, verwendet Word immer falsche Kapitälchen. Falls Sie die echten Kapitälchen benutzen wollen, müssen Sie sie manuell formatieren.
Großbuchstaben	DER TEXT WIRD IN GROSSBUCHSTABEN ANGEZEIGT.	Gibt den markierten Text in Großbuchstaben aus. Mehr zu dieser Option finden Sie im Abschnitt »Groß- und Kleinschreibung ändern« ab Seite 225.
Ausgeblendet	Ausgeblendeter Text	Das Zeichenformat *Ausgeblendet* können Sie verwenden, wenn Sie in einen Text z.B. Kommentare aufnehmen wollen, die am Bildschirm sichtbar sein, jedoch nicht auf dem Papier erscheinen sollen. Wenn Sie einen markierten Text ausgeblendet formatieren, wird er auf dem Bildschirm mit einer dünnen, gepunkteten Linie ausgegeben, falls im Dialogfeld *Word-Optionen* in der Kategorie *Anzeigen* und dort im Abschnitt *Diese Formatierungszeichen immer auf dem Bildschirm anzeigen* das Kontrollkästchen *Ausgeblendeten Text* eingeschaltet ist. Im Bereich *Druckoptionen* der gleichen Kategorie legen Sie fest, ob ausgeblendeter Text gedruckt wird oder nicht. Verschiedene Word-Elemente wie Felder, Indexeinträge usw. werden von Word automatisch ausgeblendet formatiert.

Bitte beachten Sie, dass die Schrifteffekte in der Regel miteinander kombiniert werden können, dass jedoch die folgenden Ausnahmen bestehen:

- Der Text kann entweder einfach oder doppelt durchgestrichen sein.
- Der Text kann entweder tief- oder hochgestellt sein.
- Sie können entweder die Option *Kapitälchen* oder die Option *Großbuchstaben* verwenden.

Texteffekte verwenden

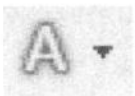

Eine der Neuerungen, die in Word 2010 eingeführt wurde, verbirgt sich hinter der unscheinbaren Schaltfläche *Texteffekte und Typografie* in der Gruppe *Schriftart* auf der Registerkarte *START*. Mit dieser Schaltfläche lässt sich der Text als Kontur darstellen und mit einem Schatten, einer Spiegelung oder mit Leuchten versehen. Diese Texteffekte standen bei früheren Word-Versionen lediglich für WordArt-Objekte zur Verfügung, die immer in einem eigenen Grafikrahmen eingefügt wurden, was das Layouten manchmal etwas umständlich machte.

Die Formatierungen, die Sie über die Schaltfläche *Texteffekte und Typografie* einstellen, werden wie die anderen Formatierungsmerkmale dem markierten Text zugewiesen.

Bild 9.22 Die Schaltfläche *Texteffekte und Typografie* bietet mannigfaltige Formatierungsmöglichkeiten

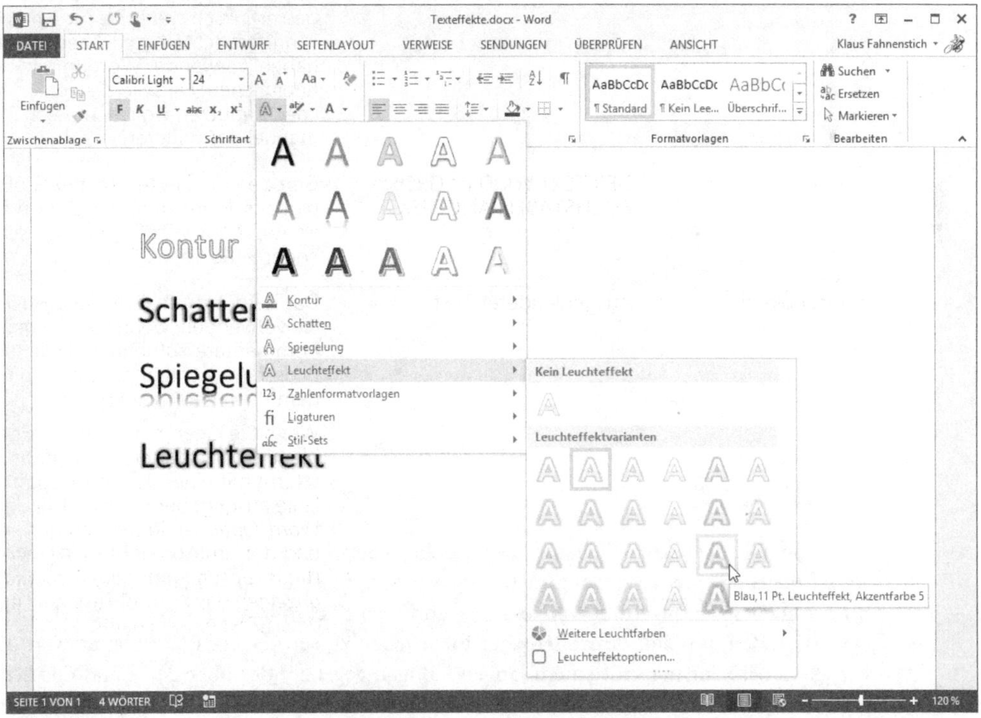

Die Befehle *Zahlenformatvorlagen, Ligaturen und Stil-Sets* werden in den folgenden Abschnitten behandelt.

OpenType-Features verwenden

OpenType ist ein Format für Computerschriftarten, das ursprünglich von Microsoft und später gemeinsam mit Adobe entwickelt wurde. OpenType-Fonts können neben den üblichen Informationen zu den einzelnen Schriftzeichen auch weitere Formatierungsmerkmale enthalten. Die entsprechenden Befehle finden Sie im Auswahlmenü der Schaltfläche *Texteffekte und Typografie* (siehe Bild 9.22 auf der vorigen Seite) und auf der Registerkarte *Erweitert* des Dialogfeldes *Schriftart*.

Welche der nachfolgend beschriebenen OpenType-Features zur Verfügung stehen, hängt von der jeweiligen Schrift ab. Da sich die Fonts unterscheiden, führt das Zuweisen der Formatierungsmerkmale zu unterschiedlichen Ergebnissen.

Bild 9.23 Der Abschnitt *OpenType-Features* im Dialogfeld *Schriftart/Erweitert*

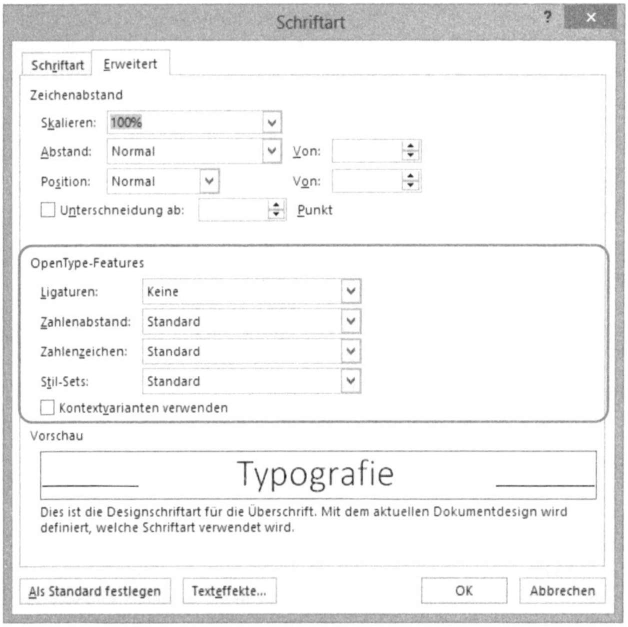

Ligaturen

Der typografische Begriff Ligatur (vom lateinischen *ligare* = binden, verbinden) bezeichnet die Verschmelzung von zwei oder mehr Buchstaben zu einer optischen Einheit. Beim klassischen Schriftsatz wurden Ligaturen verwendet, wenn zwei Buchstaben mit Oberlängen (f, i, l oder t) aufeinandertrafen, um ein »Anstoßen« der Buchstaben zu vermeiden. Beim Bleisatz war diese Gefahr vor allem bei Schriften mit einem langen f-Bogen gegeben, der über den Rand der Letter hinausragte (siehe auch Bild 9.13 auf Seite 209). In deutschsprachigen Texten sind die sogenannten f-Ligaturen, wie ff, ffi, ffl, fj, ffj usw., häufig anzutreffen.

Bild 9.24 Beispiele für Ligaturen aus Kleinbuchstaben. Die Ligaturen für »ct«, »sp« und »st« werden in Word als historische Ligaturen bezeichnet.

ch ck ct fb ff ffb ffh ffi ffj ffk ffl fft fh

fi fj fk fl ft sp st ſb ſh ſi ſk ſl ſſ ſt ſſi ſſl

Ligaturen werden jedoch nicht immer verwendet, wenn diese Buchstabenkombinationen in einem Wort vorkommen. Bei zusammengesetzten Wörtern (wie Kaufleute, Auflage, höflich) sollen die Ligaturen nicht von einem Wortbestandteil in den anderen hineingehen; in allen drei Fällen sollte also die Buchstabenfolge fl nicht durch die entsprechende Ligatur ersetzt werden. Anders ausgedrückt: Ligaturen werden gesetzt, wenn die Buchstaben im Wortstamm zusammengehören. Beispiele: schaffen, erfinden, Pfiff, Leidenschaft, heftig. Zwischen dem Wortstamm und der Endung werden jedoch keine Ligaturen verwendet, z.B. in *höflich* oder in *ich kaufte*. Eine Ausnahme von dieser Regel ist jedoch die Buchstabenfolge fi. Hier werden Ligaturen verwendet, z.B. in affig oder streifig.

Die Umsetzung in Word lässt jedoch keine echte Freude aufkommen. Zwar unterscheidet Word zwischen Standard-, kontextbezogenen und historischen Ligaturen, doch die dahinter stehende Logik will sich uns nicht recht erschließen. Außerdem berücksichtigt Word bei der Anwendung von Ligaturen keine Wortstämme, was zwangsläufig zu falschen Ergebnissen führt.

Im folgenden Beispiel wollen wir dieses Verhalten an dem Wort »Tiefflug« zeigen:

1. Erstellen Sie ein neues Dokument und geben Sie das Wort »Tiefflug« ein. Formatieren Sie es in der Schriftart *Calibri Light* mit einer Schriftgröße von 48 Punkt und einer fetten Auszeichnung. Word stellt das Wort dann zunächst ohne Ligaturen dar.

Bild 9.25 Das Beispielwort ohne Ligaturen

Tiefflug

2. Markieren Sie nun das Wort, wechseln Sie auf die Registerkarte *START* und wählen dort im Auswahlmenü der Schaltfläche *Texteffekte und Typografie* den Befehl *Ligaturen/Nur Standard.* Die Darstellung des Wortes ändert sich wie folgt:

Bild 9.26 Das Beispielwort mit falscher Ligatur (hier rot markiert)

Tiefflug

Es ist deutlich zu erkennen, dass Word die beiden Wortstämme ignoriert hat und nicht nur die Buchstaben »fl« sondern zusätzlich auch noch das erste »f« zu einer gemeinsamen Ligatur zusammengefasst hat.

3. Markieren Sie jetzt nur den ersten Teil des Wortes (also »Tief«) und heben Sie für ihn die Ligaturenformatierung mit *Ligaturen/Keine* wieder auf.

Bild 9.27 Das Beispielwort mit korrekter Ligatur (hier rot markiert)

Fairerweise muss man jedoch zugeben, dass solche Details einem Leser in der Regel nicht auffallen werden und eine manuelle Nachbehandlung daher allenfalls in Überschriften oder Logoschriftzügen sinnvoll ist.

Zahlenabstand

Eine weitere Einstellung, die bei den OpenType-Optionen konfiguriert werden kann, ist der Zahlenabstand. Zahlen besitzen üblicherweise die gleichen Zeichenweite und der Abstand zwischen den Zeichen ist gleich. Dies sorgt dafür, dass Zahlen in Tabellen immer exakt untereinander stehen.

Bei hochwertigen Druckerzeugnissen ist dieses Verhalten für Zahlen im Fließtext jedoch nicht erwünscht. In solchen Fällen können Sie den Zahlenabstand auf *Proportional* umstellen, damit die Ziffern näher zusammenrücken. Je nach Schriftart werden dann verschiedene Zahlenzeichen verwendet, was Sie in der folgenden Abbildung für die Schriftart Calibri an dem fehlenden »Fuß« der Ziffer 1 gut erkennen können.

Bild 9.28 Änderungen am Zahlenabstand stehen nicht bei allen Schriftarten zur Verfügung

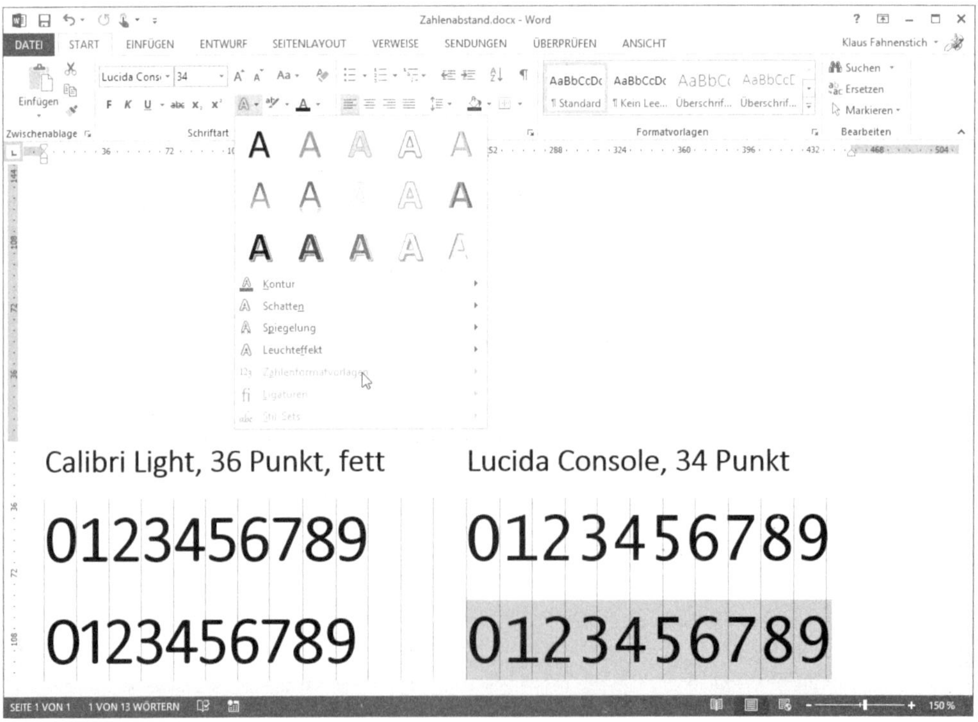

In der obigen Abbildung wurde die erste Zahlenreihe mit der Option *Standard* formatiert und die zweite Reihe mit der Option *Proportional.* Ob diese Option Auswirkungen auf das Erscheinungsbild der Zahlen hat, hängt davon ab, ob der OpenType-Font unterschiedliche Zahlenabstände unterstützt oder nicht. Bei der Schriftart Lucida Console ist dies zum Beispiel nicht der Fall und der entsprechende Befehl im Menü der Schaltfläche *Texteffekte und Typografie* ist deaktiviert.

Zahlenzeichen

Die Einstellung *Zahlenzeichen* im Dialogfeld *Schriftart* kann verwendet werden, um die Darstellung der Zahlen im Dokument zu verändern. Konkret wird dabei ihre Position auf der Schriftlinie beeinflusst, sodass ein Teil der Ziffern Unter- bzw. Oberlängen besitzt (s.a. Bild 9.14 auf Seite 209).

Bild 9.29 Ziffern mit Ober- und Unterlängen

Das Listenfeld *Zahlenzeichen* stellt folgende Optionen zur Verfügung:

- **Standard** Zeigt die Zahlenzeichen in dem Format an, das im OpenType-Font als Standard festgelegt ist. Bei der Schriftart Calibri in Abbildung 11.27 entspricht das Standardformat für Zahlenzeichen der Option *Ohne Ober-/Unterlängen;* bei der Schriftart Gabriola entspricht das Standardformat der Option *Mediäval.*
- **Ohne Ober-/Unterlängen** Wenn Sie diese Option auswählen werden die Zahlenzeichen ohne Ober- und Unterlängen verwendet, d.h., die Zahlenzeichen stehen immer auf der Grundlinie der Schrift.
- **Mediäval** Wenn der OpenType-Font Zahlenzeichen mit Ober- und Unterlängen enthält, werden diese zur Anzeige der Zahlen verwendet, wie dies für die Schriftarten Calibri und Gabriola in der folgenden Abbildung gezeigt wird. Sollte der Font keine entsprechenden Zahlenzeichen aufweisen, werden die Standardzahlenzeichen verwendet, wie für die Schriftart Lucida Bright in der folgenden Abbildung zu sehen ist.

Bild 9.30 Unterschiedliche Darstellung der Zahlenzeichen

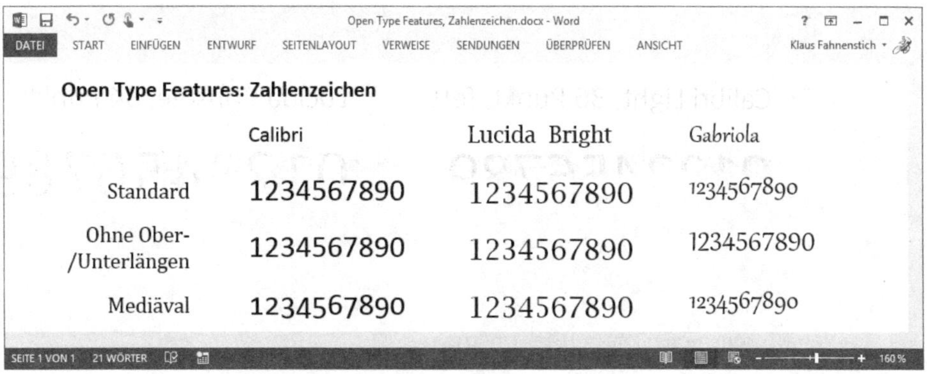

Stil-Sets

Stil-Sets stellen stilistische Alternativen zur Verfügung, die beispielsweise dazu dienen können, Überschriften besonders zu gestalten. Pro Schriftart können maximal 20 Stile definiert werden.

Im Lieferumfang von Word befinden sich die Schriftart Gabriola, die unterschiedliche Stil-Sets zur Verfügung stellt. Beispiele sehen Sie in der folgenden Abbildung. Je nachdem, welches Stil-Set Sie auswählen, werden automatisch auch Ligaturen verwendet.

Bild 9.31 Verschiedene Stil-Sets für die Schriftart Gabriola

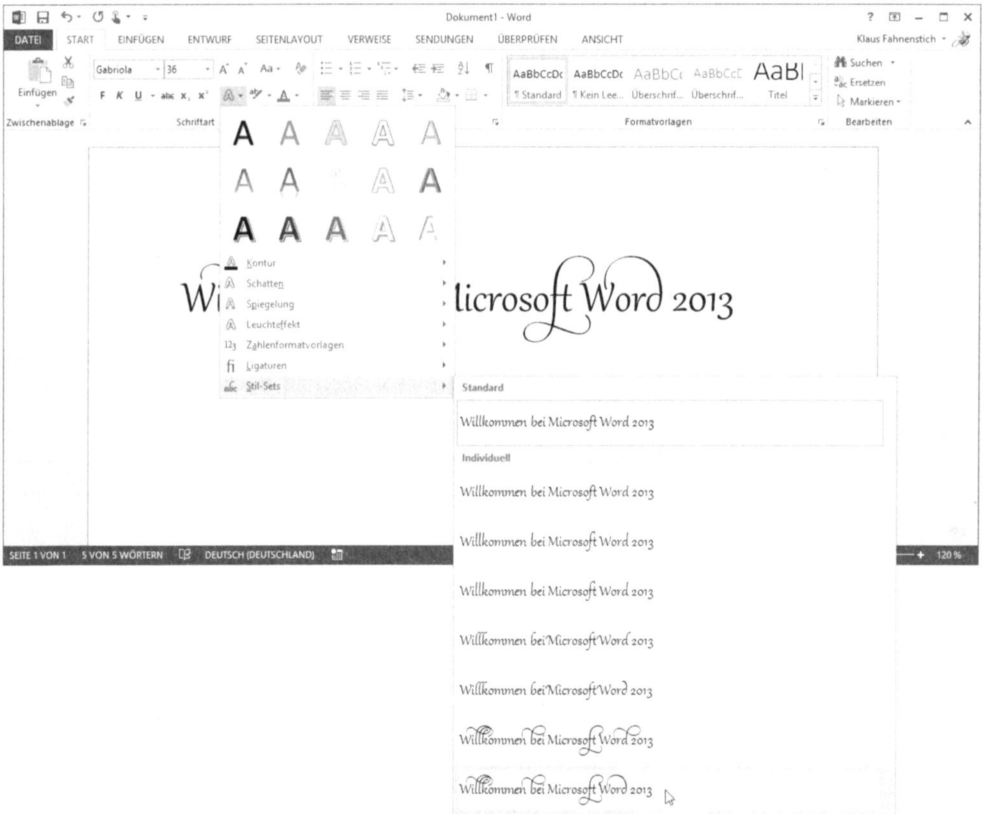

Es gibt jedoch auch durchaus unauffälligere Stil-Sets, wie die folgende Abbildung beweist:

Bild 9.32 Die Stil-Sets der Schriftart Arial Black (beachten Sie das kleine »e«!)

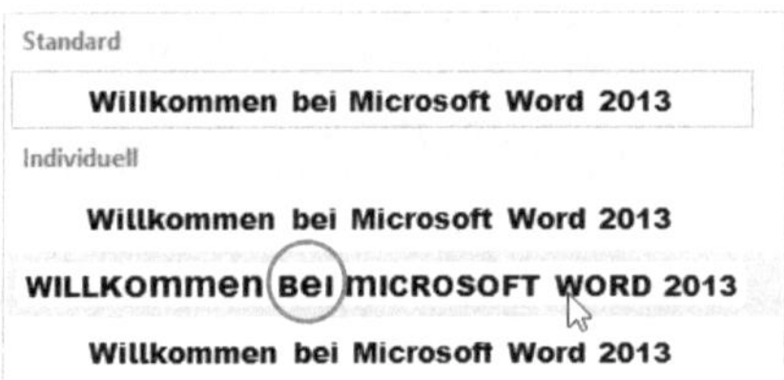

Formatierung löschen

Viele der Schaltflächen und Tastenkombinationen zur Zeichenformatierung funktionieren wie ein Schalter: ist ein Merkmal nicht gesetzt, wird es eingeschaltet; ist das Merkmal gesetzt, wird es ausgeschaltet.

Wenn Sie mehrere Zeichenformatierungen auf den gleichen Text angewendet haben und Sie die Formatierung löschen wollen, kann es etwas mühselig sein, diese einzeln wieder auszuschalten. Um die Zeichenformatierungen des markierten Textes zu löschen, können Sie wie auch bei vorherigen Word-Versionen die Tastenkombination `Strg`+`Leertaste` drücken, nachdem Sie den betreffenden Text markiert haben.

Bild 9.33 Die Schaltfläche *Alle Formatierungen löschen*

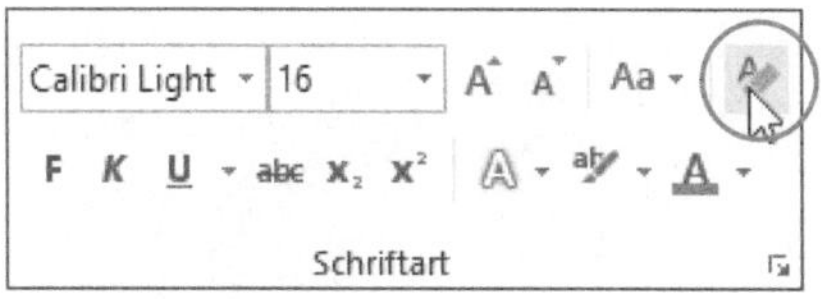

In der Gruppe *Schriftart* gibt es für die Aktion *Formatierung löschen* eine Schaltfläche für diesen Befehl, da vielen Word-Anwendern älterer Versionen die Möglichkeit, die Formatierung zu löschen, überhaupt nicht bekannt war. Wenn Sie diese Schaltfläche verwenden, markieren Sie ebenfalls zuerst den Text, dessen Formatierung Sie löschen möchten.

Beachten Sie, dass die Schaltfläche *Alle Formatierungen löschen* auch die Absatzformatierung entfernt, falls Ihre Markierung eine Absatzmarke enthält. Die betroffenen Absätze erhalten dann die Formatvorlage *Standard* zugewiesen.

Mit der Tastatur sind Sie deutlich flexibler:

- `Strg`+`Leertaste` entfernt nur die Zeichenformatierung
- `Strg`+`N` weist die Absatzformatvorlage *Standard* zu

Formatierung des Textes anzeigen lassen

Wenn Sie die Einfügemarke durch das Dokument bewegen und die Registerkarte *START* geöffnet ist, zeigt Word in der Gruppe *Schriftart* die Formatierungsmerkmale des Zeichens an, das sich *rechts* von der Einfügemarke befindet. Um die Formatierungen zu sehen, die sich nicht über die Gruppe *Schriftart* zuweisen lassen, können Sie das Dialogfeld *Schriftart* aufrufen.

Wenn Sie eine Textpassage markiert haben und die Markierung verschiedene Schriftarten und mehrere Zeichenattribute enthält, kann Word in der Gruppe *Schriftart* keine eindeutigen Angaben zur Formatierung anzeigen und lässt die betreffenden Felder konsequenterweise leer bzw. ausgeschaltet. Das gilt auch für das Dialogfeld *Schriftart*, dessen Textfelder und Kontrollkästchen ebenfalls leer bleiben bzw. mit einem kleinen Quadrat anstelle der gewohnten Häkchen gefüllt sind.

Wenn Sie alle Formatierungsmerkmale des Textes überprüfen wollen, während Sie durch das Dokument scrollen, schalten Sie am besten mit der Tastenkombination `⇧`+`F1` den Aufgabenbereich *Formatierung anzeigen* ein, den Sie in der folgenden Abbildung sehen.

Bild 9.34 Der Aufgabenbereich *Formatierung anzeigen*

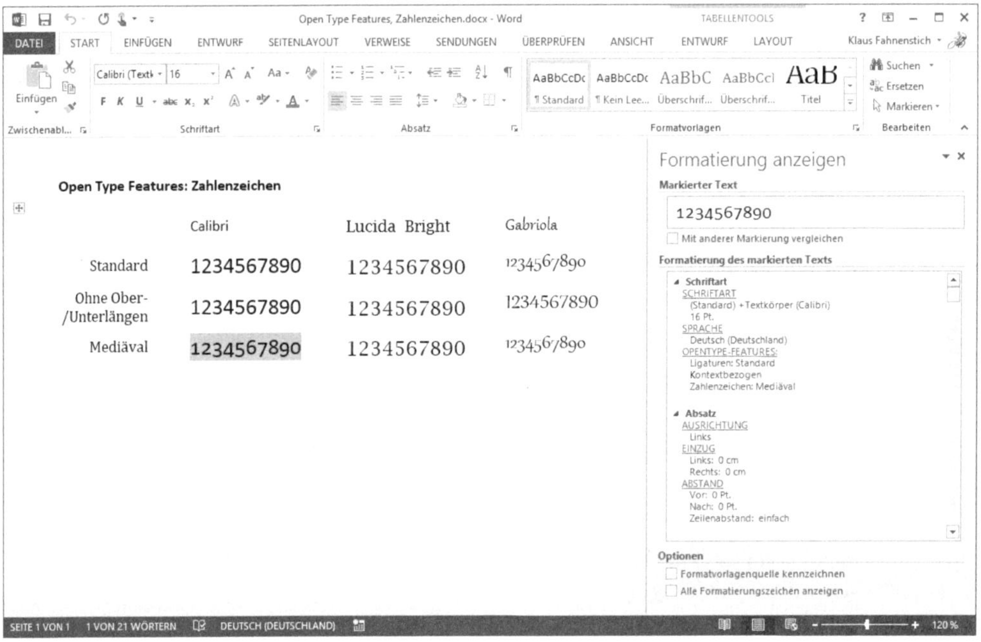

Zeichenformatierung kopieren

Wenn Sie eine komplizierte Zeichenformatierung für mehrere Textpassagen verwenden wollen, ist es nicht erforderlich, die gleichen Formatierungsbefehle wieder und wieder zu verwenden. Word kann erkennen, wie Sie die Zeichen formatiert haben, und kann daher diese Formatierung in einen anderen Text kopieren. Hier die erforderlichen Schritte:

1. Markieren Sie den Text, der richtig formatiert ist. Wenn Sie keine Absatzmerkmale kopieren wollen, müssen Sie darauf achten, dass die Absatzmarke nicht markiert ist.

2. Klicken Sie auf der Registerkarte *START* in der Gruppe *Zwischenablage* auf die Schaltfläche *Format übertragen*. Wenn Sie das Format auf mehrere Textstellen anwenden wollen, doppelklicken Sie auf die Schaltfläche.
3. »Pinseln« Sie mit dem Mauszeiger den Text an, den Sie formatieren wollen.
4. Wenn Sie das markierte Format auf mehrere Textstellen übertragen wollen und die Schaltfläche doppelt angeklickt haben, bleibt der Modus »Format übertragen« so lange aktiv, bis Sie die Taste [Esc] drücken.

TIPP Anstelle der Pinsel-Schaltfläche können Sie auch die Tastatur benutzen. In Anlehnung an die bekannten Shortcuts [Strg]+[C] und [Strg]+[V] zum Kopieren und Einfügen von Text lauten sie analog [Strg]+[⇧]+[C] und [Strg]+[⇧]+[V].

Letzte Formatierung wiederholen

Wenn Sie verschiedenen Textstellen nacheinander die gleiche Zeichenformatierung zuweisen wollen, können Sie sich die Arbeit ein wenig erleichtern, indem Sie in der Symbolleiste für den Schnellzugriff auf die Schaltfläche *Wiederholen* klicken oder die Tastenkombination Strg+Y verwenden.

Beachten Sie dabei, dass mit diesem Befehl immer nur die letzte Formatierungsaktion wiederholt werden kann. Wenn Sie beispielsweise mit den Tastenkombinationen ein Wort zuerst kursiv und dann fett formatiert haben, können Sie mit der Schaltfläche *Wiederholen* nur die Auszeichnung mit dem Zeichenattribut *Fett* wiederholen. Wenn Sie stattdessen das Dialogfeld *Schriftart* verwenden, werden *alle* Formatierungen, die Sie dort vorgenommen haben, als ein Befehl angesehen. Wenn Sie in dem Dialogfeld eine Schriftart und den Schriftschnitt verändern, können alle Formatierungen mit dem Befehl *Wiederholen* wiederholt werden.

1. Formatieren Sie einen Textabschnitt in der gewünschten Weise. Wenn Sie mehrere Formatierungen vornehmen und wiederholen wollen, benutzen Sie das Dialogfeld *Schriftart*, da bei der Verwendung der Schaltflächen oder der Tastenkombinationen nur eine, und zwar die letzte, Formatierung wiederholt werden kann.
2. Markieren Sie die nächste Textpassage, die auf die gleiche Weise formatiert werden soll.
3. Klicken Sie in der Symbolleiste für den Schnellzugriff auf *Wiederholen* oder drücken Sie die Tastenkombination Strg+Y.

Bild 9.35 Im QuickInfo-Fenster der Schaltfläche *Wiederholen* wird angezeigt, welche Aktion wiederholt wird. Die Aktion *Schriftartformatierung* zeigt an, dass die Zeichenformatierung mit dem Dialogfeld *Schriftart* vorgenommen wurde.

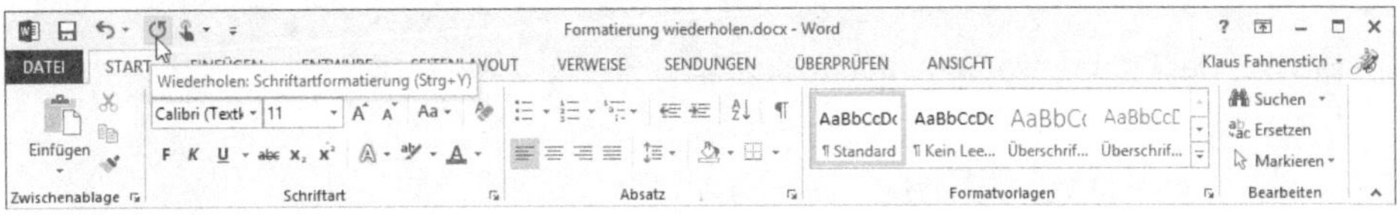

Groß- und Kleinschreibung ändern

Eine Besonderheit bei den Formatierungsmerkmalen nimmt die Groß-/Kleinschreibung des Textes ein. Um die Groß-/Kleinschreibung des Textes zu ändern, stehen Ihnen drei Methoden zur Verfügung:

- Sie können das Kontrollkästchen *Großbuchstaben* im Dialogfeld *Schriftart* verwenden (entspricht der Tastenkombination ⇧+Strg+G).
- Sie setzen die Tastenkombination ⇧+F3 ein.
- Sie verwenden die Schaltfläche *Groß-/Kleinschreibung* in der Gruppe *Schriftart* auf der Registerkarte *START*.

Der Unterschied zwischen den drei Verfahren besteht darin, dass bei der ersten Variante lediglich die *Formatierung* der Zeichen geändert wird, bei Variante 2 und 3 werden die markierten Buchstaben *tatsächlich umgewandelt.* Was bedeutet das?

Mit der Tastenkombination ⇧+Strg+G, die dem Kontrollkästchen *Großbuchstaben* des Dialogfeldes *Schriftart* entspricht, werden die markierten Zeichen als Großbuchstaben **dargestellt**, die Groß-/Kleinschreibung selbst wird dadurch nicht verändert. Geändert wird lediglich die Darstellung auf dem Bildschirm und damit auch die Ausgabe auf dem Drucker. Damit ist *Großbuchstaben* genauso ein Zeichenattribut wie beispielsweise das Attribut *Fett*, durch das auch die Zeichen nicht verändert werden, sondern lediglich deren Darstellung. Wenn Sie einen Teil des Textes mit der Option *Großbuchstaben* formatiert haben, können Sie ihn durch Ausschalten des Kontrollkästchens im Dialogfeld *Schriftart* wieder auf die alte Darstellungsart zurückbringen. Dann erscheint wieder die Groß- und Kleinschreibung, wie Sie sie eingegeben haben.

Anders verhält es sich bei der Tastenkombination ⇧+F3. Word ändert nach dem Drücken von ⇧+F3 die Groß- und Kleinschreibung des Texts, der (evtl. durch mehrmaliges Drücken) folgendermaßen verändert werden kann:

- Der erste Buchstabe jedes Wortes in der Markierung wird in einen Groß-, der Rest in Kleinbuchstaben umgewandelt.
- Die gesamte Markierung wird in Kleinbuchstaben umgewandelt.
- Die gesamte Markierung wird in Großbuchstaben umgewandelt.

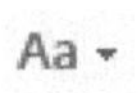

Weitere Möglichkeiten zum Ändern der Groß-/Kleinschreibung bietet Ihnen die gleichnamige Schaltfläche, die sich in der Gruppe *Schriftart* der Registerkarte *START* befindet. Wenn Sie die Schaltfläche anklicken, wird das Dropdownmenü geöffnet, das Sie in der folgenden Abbildung sehen. Klicken Sie die gewünschte Option an, um die Groß-/Kleinschreibung des markierten Textes entsprechend ändern zu lassen.

Bild 9.36 Das Dropdownmenü der Schaltfläche *Groß-/Kleinschreibung*

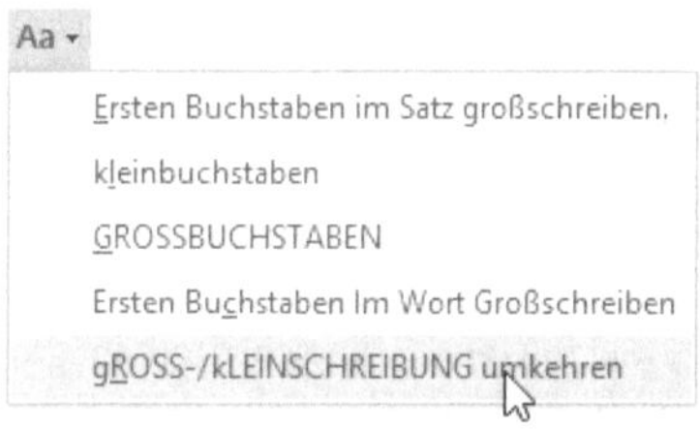

Zeichenabstand festlegen

Auf der Registerkarte *Erweitert* des Dialogfeldes *Schriftart* finden Sie den Bereich *Zeichenabstand,* mit der Sie den Abstand zwischen einzelnen Buchstaben verkleinern oder vergrößern und die Hoch-/Tiefstellung beeinflussen können. Bevor wir Ihnen die möglichen Werte vorstellen, die Sie in den Textfeldern festlegen können, wollen wir ein wenig die typografische Theorie beleuchten, die hinter dieser so unscheinbar aussehenden Optionsgruppe steckt.

Abstand (Laufweite) und Unterschneidung

Hinter dem Listenfeld *Abstand* und dem Feld *Unterschneidung ab* verbirgt sich die Möglichkeit, die Unterschneidung (Kerning) der Buchstaben zu steuern. Dieser typografische Begriff meint, dass der Abstand zwischen bestimmten Buchstabenpaaren individuell angepasst wird. Dieses Erfordernis hängt mit dem Aussehen der Buchstaben zusammen. Lassen Sie uns dies an dem Buchstabenpaar »Tr« verdeutlichen. Der Buchstabe T besitzt eine relativ große Weite, obwohl sie nur für den oberen Strich des Buchstabens benötigt wird. Die vertikale Linie, der Stamm, des T ist schmal. Um ein ausgewogeneres Schriftbild zu erreichen, das nicht durch einen zu großen Leerraum zwischen den Buchstaben gestört wird, verringert man mit der Unterschneidung den Zeichenabstand zwischen diesem Buchstabenpaar.

Bild 9.37 Unterschneiden von Buchstaben- und Buchstabenpaaren

Ohne Unterschneidung	Mit Unterschneidung
Trasse	Trasse
LAVA	LAVA

Für die obige Abbildung haben wir einen großen Schriftgrad verwendet, um das Phänomen besonders deutlich zu machen. Bei einer normalen Lesegröße von 10 oder 12 Punkt ist die manuelle Unterschneidung nicht erforderlich. Das Wort Lava in Großbuchstaben ist ein anderes schönes Beispiel, das die Notwendigkeit der Unterschneidung verdeutlicht. Achten Sie auf den Abstand der Buchstaben AVA.

Der Begriff Unterschneidung stammt aus der Zeit vor dem elektronischen Satz, als zum Setzen noch Bleibuchstaben verwendet wurden, bei denen jeder Buchstabe auf einer eigenen Letter vorhanden war. Bemerkte der Setzer, vor allem beim Setzen von Überschriften in großen Punktgrößen, dass zwei aufeinanderfolgende Buchstaben zur Gruppe der kritischen Buchstabenpaare gehörten, wurde(n) die Letter(n) zurechtgeschnitten, um so den Buchstabenabstand optimal zu gestalten.

Laufweite verändern

Bei Word brauchen Sie jedoch kein Messer, um den Zeichenabstand zu ändern, sondern nur das Listenfeld *Abstand,* womit wir wieder zu den praktischen Möglichkeiten zurückkehren. Mit den Optionen des Listenfeldes *Abstand* und des daneben befindlichen Textfeldes können Sie den Leerraum zwischen markierten Buchstaben vergrößern oder verkleinern. Sie können beispielsweise eine Überschrift gesperrt ausgeben, wenn Sie den Zeichenabstand vergrößern, oder kritische Buchstabenpaare näher aneinanderrücken, sie unterschneiden.

Bild 9.38 Der Bereich *Zeichenabstand* des Dialogfeldes *Schriftart/Erweitert*

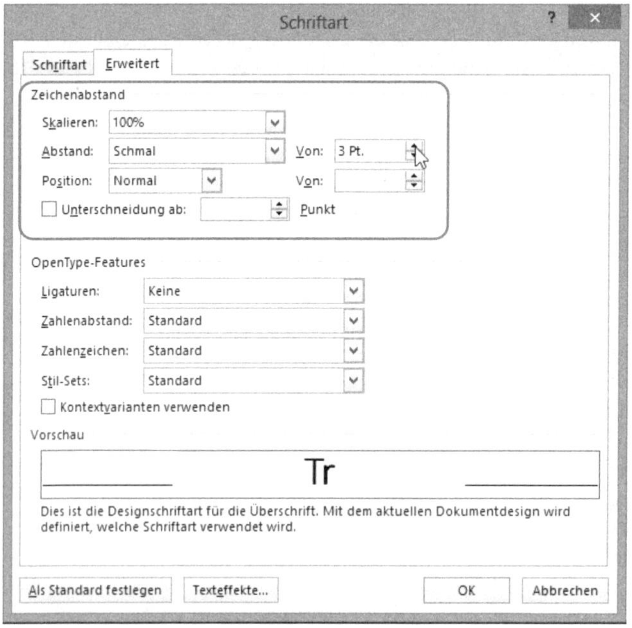

Lassen Sie uns nun die einzelnen Optionen des Listenfeldes *Abstand* vorstellen. Bedenken Sie auch hier, dass Sie vor dem Formatieren die gewünschten Buchstaben markieren müssen:

- **Normal** Wenn Sie die Option *Normal* auswählen, fügt Word keinen zusätzlichen Leerraum zwischen den Zeichen ein. Stattdessen werden die Zeichenabstände verwendet, die vom Designer der Schriftart als optimal angesehen wurde. Die Laufweite der Schrift bleibt unverändert. Für normalen Text in Lesegröße ist dies ausreichend.
- **Erweitert** Wenn Sie die Option *Erweitert* wählen, wird rechts von jedem der markierten Zeichen ein Leerraum hinzugefügt. Die Laufweite der Schrift wird vergrößert. Im Textfeld *Von*, das besser den Namen *Um* haben würde, sehen Sie als Standardvorgabe 1 Punkt. Sie können hier in Schritten von 0,1 Punkt einen anderen Wert eingeben, der größtmögliche ist 1584 Punkt.
- **Schmal** Mit der Option *Schmal* wird rechts von jedem der markierten Zeichen der Leerraum verringert. Die Laufweite der Schrift wird verringert. Die Standardvorgabe im Textfeld ist 1 Punkt, der größtmögliche Wert ist 1584 Punkt. Sie können den Zeichenabstand in Schritten von 0,1 Punkt vermindern.

Textfarbe

Die Änderung des Zeichenabstands bei normalem Fließtext ändert auch die Textfarbe. Mit Farbe ist in diesem Fall nicht die Farbe gemeint, die Sie im Dialogfeld *Schriftart* und über das Menüband einstellen können, sondern der Grad der Schwärzung des bedruckten Papiers, der sich aus dem Verhältnis von gedruckten Zeichen und weißen Flächen ergibt.

Neben dem Charakter der Schrift und dem verwendeten Schriftschnitt und Attribut hat auch die Änderung des Zeichenabstands Einfluss auf die Textfarbe. Vergleichen Sie die beiden Absätze in der folgenden Abbildung, die in der gleichen Schriftart formatiert wurden. Beim rechten Absatz wurde lediglich der Zeichenabstand für den gesamten Text vermindert.

Bild 9.39 Der Zeichenabstand und die Farbe des Textes

Der Begriff Textfarbe beschreibt die Schwärzung des bedruckten Papiers, die sich aus dem Verhältnis von gedruckten Zeichen und weißen Flächen ergibt. Die Textfarbe wird von verschiedenen Faktoren beeinflusst. Hierzu gehören der Charakter der Schrift, die verwendeten Zeichenattribute und auch der Abstand der Buchstaben zueinander. Auch der Zeilenabstand, den Sie im folgenden Kapitel kennenlernen, kann bei unverändertem Zeichenabstand die Textfarbe beeinflussen.

Der Begriff Textfarbe beschreibt die Schwärzung des bedruckten Papiers, die sich aus dem Verhältnis von gedruckten Zeichen und weißen Flächen ergibt. Die Textfarbe wird von verschiedenen Faktoren beeinflusst. Hierzu gehören der Charakter der Schrift, die verwendeten Zeichenattribute und auch der Abstand der Buchstaben zueinander. Auch der Zeilenabstand, den Sie im folgenden Kapitel kennenlernen, kann bei unveränderter Zeichenabstand die Textfarbe beeinflussen.

Automatische Unterschneidung

Auf der Registerkarte *Erweitert* des Dialogfeldes *Schriftart* sehen Sie in der Gruppe *Zeichenabstand* außerdem noch das Kontrollkästchen *Unterschneidung ab*. Wenn Sie dieses Kontrollkästchen einschalten und in das Feld *Ab* einen Schriftgrad eintragen, führt Word für die kritischen Buchstabenpaare automatisch die Unterschneidung durch. Der Vorgabewert für den Schriftgrad ist 48 Punkt, den Sie auch nicht unterschreiten sollten, damit bei kleineren Schriftgraden die Buchstaben nicht zu sehr aneinanderkleben.

Höher- und Tieferstellen

Wenn Sie auf der Registerkarte *Schriftart* das Kontrollkästchen *Hochgestellt* oder *Tiefgestellt* einschalten, wird die Schriftgröße des markierten Textes reduziert (bei einem Schriftgrad von 10 oder 12 Punkt um ca. 3 Punkt) und die Zeichen werden über bzw. unter die Grundlinie (die auch Schriftlinie genannt wird) gesetzt.

Mit dem Listenfeld *Position* können Sie den Stand der hoch- oder tiefergestellten Zeichen weiter beeinflussen. Wenn Sie die Option *Tieferstellen* auswählen, können Sie in das Feld *Von* einen Wert eingeben, der die markierten Zeichen in Bezug auf die Grundlinie weiter nach unten schiebt. Den gegenteiligen Effekt erhalten Sie, wenn Sie die Option *Höherstellen* auswählen.

Das Listenfeld *Position* kann auch dann benutzt werden, wenn Sie weder das Kontrollkästchen *Hochgestellt* noch das Kontrollkästchen *Tiefgestellt* aktiviert haben. Dann wird der Schriftgrad zwar nicht automatisch reduziert, aber Sie haben dennoch die Möglichkeit, die Position der Zeichen in Bezug auf die Grundlinie einzustellen.

Skalieren

Die Option des Dialogfeldes *Schriftart,* die bisher noch nicht beschrieben wurde, lautet *Skalieren* und befindet sich ganz oben auf der Registerkarte *Erweitert.* Beim Skalieren von Text wird die Form der Zeichen prozentual geändert. Sie können Text skalieren, indem Sie ihn strecken oder komprimieren.

1. Markieren Sie den Text, den Sie strecken oder komprimieren möchten.
2. Drücken Sie die Tastenkombination Strg+D, um das Dialogfeld *Schriftart* zu öffnen.
3. Wechseln Sie auf die Registerkarte *Erweitert.*
4. Geben Sie in das Feld *Skalieren* die gewünschte Prozentzahl ein oder wählen Sie eine aus der Liste aus.

   Bei einem Prozentsatz über 100 % wird der Text gestreckt. Bei einem Wert unter 100 % wird der Text komprimiert. Der kleinste Wert, den Sie eingeben können, ist 1, der größte 600.

Schriftarten einbetten und ersetzen

Eines der großen Probleme beim Austauschen von Word-Dokumenten zwischen unterschiedlichen PCs besteht darin, dass nicht alle PCs – was die installierten Schriftarten angeht – gleich konfiguriert sind. Normalerweise steht in den Word-Dateien nur der Name der Schriftart, mit der ein bestimmter Text formatiert wurde. Wenn die von Ihnen erstellte Datei auf einem PC geöffnet wird, auf dem die benutzte Schrift nicht vorhanden ist, zeigt Word im Dialogfeld *Schriftart* und im Listenfeld *Schriftart* zwar den Namen der ursprünglichen Schrift an, im Dokument selbst ist jedoch eine Ersatzschrift zu sehen.

Wenn Sie in Ihren Dokumenten lediglich TrueType-Schriften einsetzen und sicherstellen wollen, dass das Dokument auch auf einem anderen PC mit den von Ihnen ausgewählten Schriftarten angezeigt und ausgedruckt werden kann, können Sie die Schriften selbst in das Dokument einbetten lassen.

Schriften einbetten

Gehen Sie folgendermaßen vor, um die im Dokument verwendeten Schriftarten in das Dokument einzubetten:

1. Klicken Sie auf die Registerkarte *DATEI,* um in die Backstage-Ansicht zu wechseln, dort auf *Speichern unter,* und wählen Sie dann einen Speicherort für das Dokument aus.

   Das Dialogfeld *Speichern unter* wird angezeigt.
2. Klicken Sie auf die Schaltfläche *Tools* und dann auf *Speicheroptionen.*

   Das Dialogfeld *Word-Optionen* wird angezeigt; die Kategorie *Speichern* ist geöffnet.
3. Schalten Sie das Kontrollkästchen *Schriftarten in der Datei einbetten* ein.

Bild 9.40 Hiermit lassen Sie die verwendeten Schriftarten in Ihrem Dokument einbetten

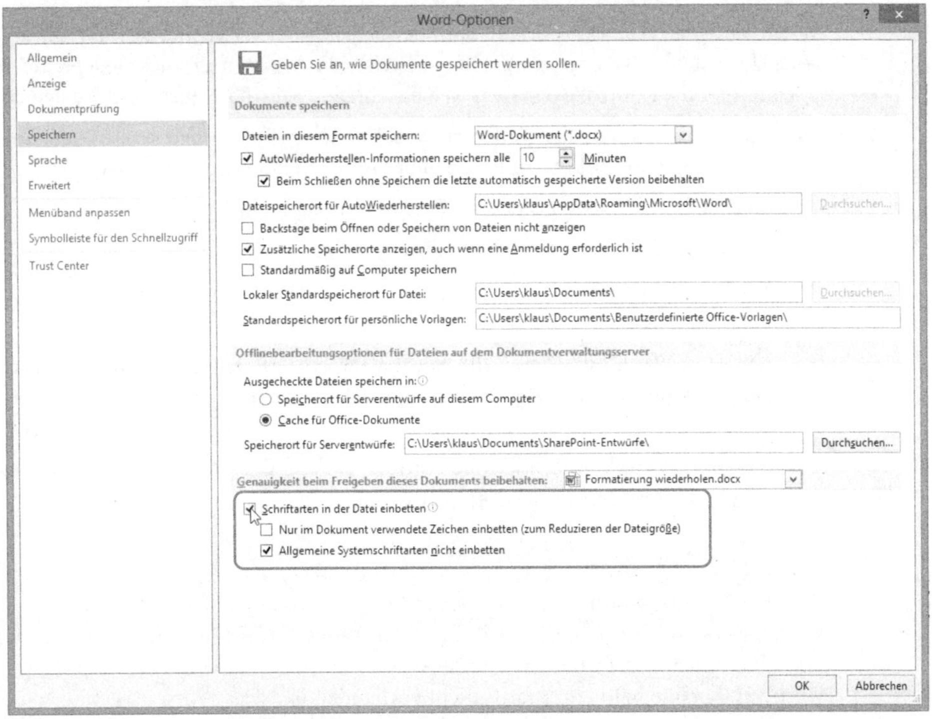

4. Schalten Sie eine oder beide der folgenden Optionen ein:

   - **Nur im Dokument verwendete Zeichen einbetten** Wenn Sie diese Option einschalten, werden von den Schriftarten nur die Buchstaben eingebettet, die auch im Dokument verwendet wurden. Schalten Sie diese Option nicht ein, wenn das Dokument von der Person, an die Sie es weiterleiten, noch bearbeitet werden soll.

   - **Allgemeine Schriften nicht einbetten** Wenn Sie diese Option einschalten, werden die Windows-Standardschriften wie beispielsweise Arial und Times New Roman nicht eingebettet.

5. Klicken Sie auf *OK*.

6. Setzen Sie den Speichervorgang wie gewohnt fort.

Die meisten Schriften sind mit Urheberrechten behaftet. Von daher kann der Hersteller der Schrift auch festlegen, in welcher Art und Weise die Schriftarten eingebettet werden dürfen. Die Informationen darüber, wie TrueType-Schriften eingebettet werden dürfen, stehen in den Schriftdateien zur Verfügung. Word bietet leider keine Möglichkeit, diese Angaben abzurufen. Sie merken daher erst nach dem Einschalten der Einbettungsoption und durch Ausprobieren, welche Art der Einbettung bei den einzelnen Schriften möglich ist.

Schriften ersetzen, die nicht eingebettet wurden

Wenn Sie selber eine Datei erhalten, in der Schriftarten verwendet werden, die auf Ihrem Computer nicht installiert sind, und wenn der Ersteller die Schriftarten nicht eingebettet hat, so haben Sie noch immer die Kontrolle darüber, welche fehlende Schriftart durch welche andere ersetzt wird.

Nehmen Sie in diesem Fall (oder auch dann, wenn Sie prüfen wollen, ob das Dokument nur Schriften enthält, die auf Ihrem PC installiert sind) die folgenden Schritte vor:

1. Klicken Sie auf die Registerkarte *DATEI* und dann auf *Optionen.*

   Das Dialogfeld *Word-Optionen* wird angezeigt.

2. Klicken Sie die Kategorie *Erweitert* an und scrollen Sie, bis Sie den Abschnitt *Dokumentinhalt anzeigen* sehen.

3. Klicken Sie auf die Schaltfläche *Schriftarten ersetzen.* Das gleichnamige Dialogfeld wird angezeigt.

Bild 9.41 Dieses Dialogfeld informiert Sie darüber, welche Dokumentschriftarten fehlen und durch welche andere Schrift diese ersetzt werden

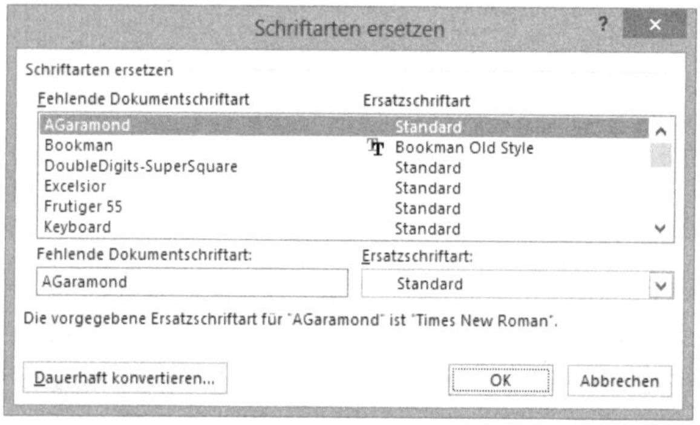

4. Markieren Sie in der Liste eine der fehlenden Schriftarten und wählen Sie im Listenfeld *Ersatzschriftart* bei Bedarf eine andere Schrift aus.

5. Wiederholen Sie Schritt 4 für alle fehlenden Schriftarten, denen Sie eine andere Ersatzschriftart zuordnen möchten.

6. Klicken Sie – falls gewünscht – auf *Dauerhaft konvertieren,* wenn Sie möchten, dass alle fehlenden Dokumentschriftarten dauerhaft durch die Ersatzschriftart ersetzt werden sollen. Sie werden aufgefordert, die permanente Umwandlung zu bestätigen.

   Falls Sie diesen Schritt ausführen, wird die Formatierung dauerhaft geändert und dem Dokument fehlen dann keine Schriftarten mehr. Sie sollten diesen Schritt nicht durchführen, wenn Sie ein Dokument zur Bearbeitung erhalten haben und es dem Ersteller wieder zurücksenden wollen.

7. Klicken Sie auf *OK,* um das Dialogfeld *Schriftarten ersetzen* zu schließen, und ein weiteres Mal auf *OK,* um auch das Dialogfeld *Word-Optionen* vom Bildschirm zu entfernen.

Kapitel 10

Absatzformatierung, Aufzählungen, Linien und Muster

In diesem Kapitel:

Nachdem wir uns im letzten Kapitel ausführlich mit der Zeichenformatierung beschäftigt haben, wollen wir uns nun auf die Formatierung von Absätzen konzentrieren. Absätze spielen in einem Word-Dokument für die Formatierung eine absolut zentrale Rolle, da viele Arten der Textgestaltung mit ihnen verknüpft werden.

Dazu gehören zum Beispiel die Ausrichtung des Textes, die Einzüge sowie die Abstände innerhalb, vor und nach einem Absatz. Auch der Seitenumbruch lässt sich im Zusammenhang mit Absätzen steuern, indem Sie zusammengehörende Absätze definieren – beispielsweise eine Überschrift und der zugehörige Textkörper –, die dann immer zusammen auf einer Seite ausgedruckt werden.

Ein weiteres wichtiges Textelement, das wir in diesem Kapitel behandeln werden, sind nummerierte Listen sowie Aufzählungen, die mit einem Sonderzeichen (wie dem kleinen Quadrat, das wir auch in diesem Buch verwenden) eingeleitet werden.

Außerdem zeigt dieses Kapitel, wie Sie einen Absatz mit einer Umrandung, einer Linie oder einem Füllmuster versehen können. So lassen sich beispielsweise Überschriften oder Kopfzeilen mit einer Linie vom Rest des Textes abheben oder wichtige Textstellen durch Linien am rechten oder linken Absatzrand kennzeichnen.

Was ist ein Absatz?

Bevor wir uns auf die Feinheiten der Absatzformatierung stürzen, ist es erforderlich, den Begriff »Absatz« unter die Lupe zu nehmen und zu klären, was genau Word eigentlich unter einem Absatz versteht.

Die Absatzmarke

Für Word ist ein Absatz alles (sogar eine leere Zeile), was mit einer Absatzmarke endet. Jedes neue Dokument, das Sie erstellen, enthält mindestens eine Absatzmarke (auch wenn Sie die Vorlage *Leeres Dokument* verwenden). Weitere Absatzmarken werden in den Text aufgenommen, wenn Sie die ↵-Taste drücken. Word fügt dann das Sonderzeichen ¶ in das Dokument ein.

Dieses Zeichen wird nicht ausgedruckt, sondern informiert Sie darüber, dass Sie an dieser Stelle die ↵-Taste gedrückt und damit einen neuen Absatz erstellt haben. Es kann sein, dass Sie dieses Zeichen auf dem Bildschirm nicht sehen, da Sie dessen Anzeige (wie auch die von anderen Formatierungszeichen) beliebig ein- und ausschalten können.

Wenn Sie beim Durchlesen dieses Kapitels das eine oder andere ausprobieren, ist es empfehlenswert, die Absatzmarken auf dem Bildschirm einzuschalten. Klicken Sie dazu auf die Registerkarte *DATEI* und dann auf *Optionen*. Wechseln Sie im Dialogfeld *Word-Optionen* zur Kategorie *Anzeige* und schalten Sie im Abschnitt *Diese Formatierungszeichen immer auf dem Bildschirm anzeigen* das Kontrollkästchen *Absatzmarken* ein (siehe Bild 10.1 auf der nächsten Seite).

Sie können auch in der Gruppe *Absatz* der Registerkarte *Ansicht* die Schaltfläche *Alle anzeigen* anklicken. Hiermit schalten Sie jedoch nicht nur die Absatzmarken, sondern auch die anderen Formatierungszeichen ein (siehe hierzu auch den Abschnitt »Formatierungszeichen anzeigen« auf Seite 114 in Kapitel 5).

Bild 10.1 Die Kategorie *Anzeigen* des Dialogfeldes *Word-Optionen*

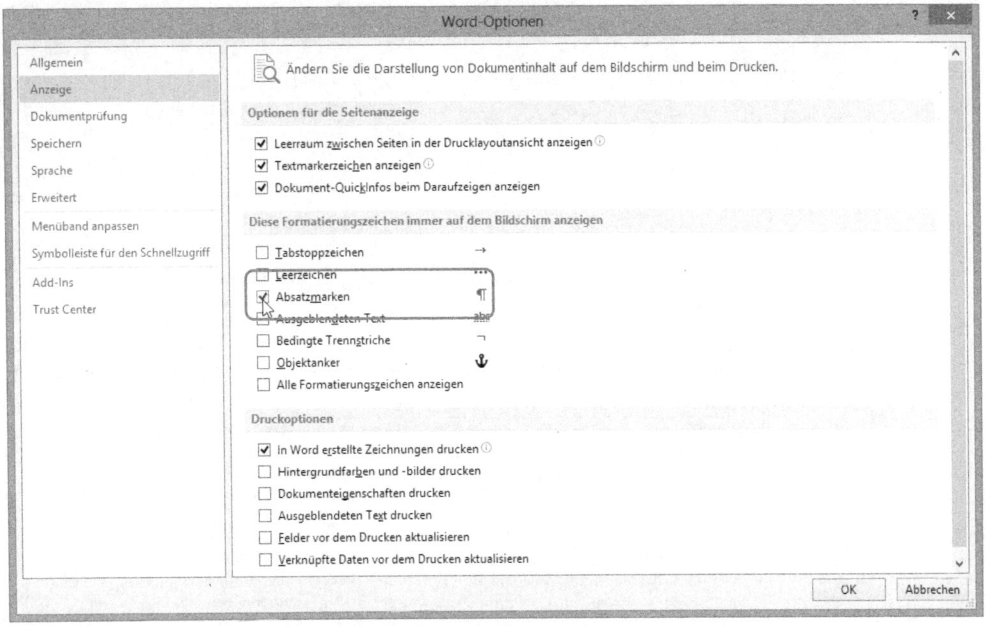

Die Absatzmarke am Ende eines Absatzes enthält alle Formatierungsmerkmale, die dem Absatz zugewiesen wurden. Wenn Sie also eine Absatzmarke löschen, löschen Sie gleichzeitig auch die mit ihr verknüpften Absatzformatierungen; dem zugehörigen Text werden dann die Absatzmerkmale des nachfolgenden Absatzes zugewiesen.

Die unsichtbare Absatzbegrenzung

Jeder Absatz wird durch einen unsichtbaren Rahmen begrenzt, der festlegt, wie viel Platz dem Absatz auf einer Seite zur Verfügung steht. Word verwendet diesen Absatzrahmen beispielsweise beim Drucken, um dafür zu sorgen, dass jeder Absatz für sich steht und nicht zwei Absätze aufeinandergedruckt werden. Der Begriff Rahmen ist vielleicht etwas doppeldeutig, da Sie über die Schaltfläche *Rahmen* (Registerkarte *START,* Gruppe *Absatz)* das Dialogfeld *Rahmen und Schattierung* öffnen können, um einen sichtbaren Rahmen um einen Absatz legen zu können.

Der Standardabsatz von Word

Wenn Sie ein neues Dokument erstellen und noch keine Formatierungen vorgenommen haben, besitzt jeder Absatz ein Standardformat. Der Absatz ist links ausgerichtet und ohne linken oder rechten Einzug formatiert. Vor dem Absatz befindet sich kein Leerraum, hinter dem Absatz ein Leerraum von 8 pt. Eine Seite mit diesen Standardmerkmalen sieht in der Ansicht *Seitenlayout* folgendermaßen aus:

Bild 10.2 Die Breite eines Absatzes ermitteln

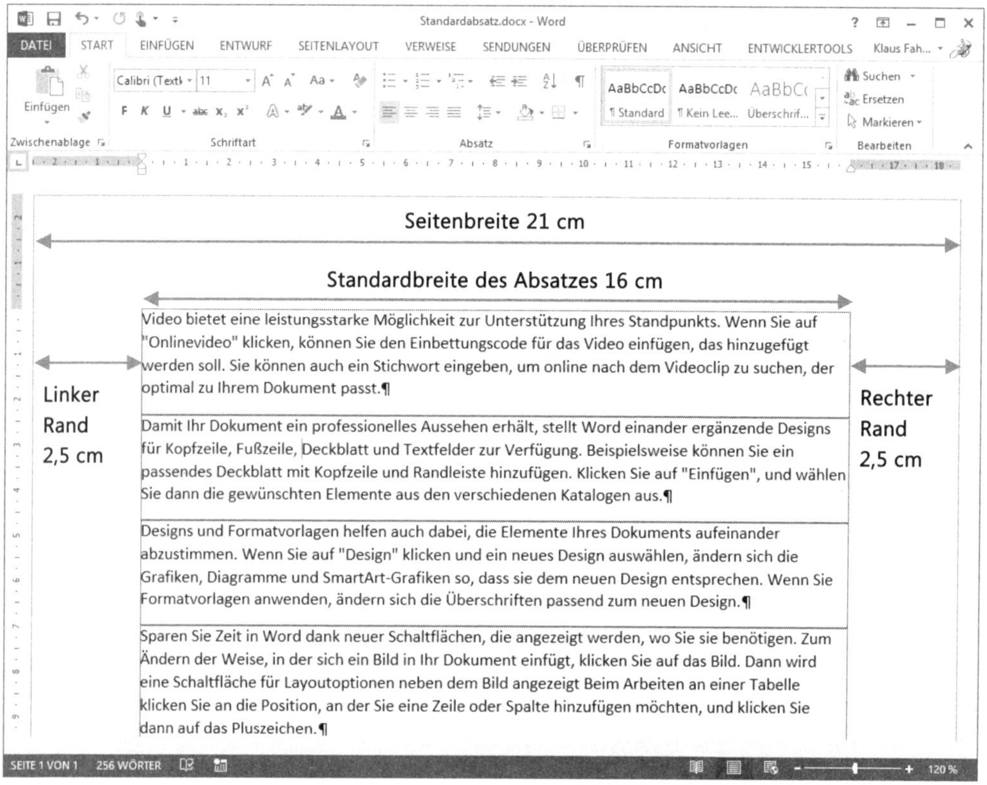

Für die obige Abbildung haben wir die Textbegrenzungen in Word anzeigen lassen. Dazu muss im Dialogfeld *Word-Optionen* auf der Seite *Erweitert* die Option *Textbegrenzung anzeigen* eingeschaltet werden. Sie finden diese Option in der Gruppe *Dokumentinhalt anzeigen.*

Durch die Seitenmaße und die Seitenränder wird die Breite eines Absatzes festgelegt. Bei einer DIN-A4-Seite mit einer Breite von 21 cm und einem linken und einem rechten Rand von 2,5 cm (macht zusammen 5 cm) bleibt für den Text eine Breite von 16 cm. Bei Texten mit einer Spalte (auf mehrspaltige Texte kommen wir in Kapitel 12 zu sprechen) können Sie den Text eines Absatzes nun innerhalb dieses Rahmens formatieren.

Absatzformatierung überprüfen

Word bietet Ihnen die Möglichkeit, die Absatzformatierung für einen beliebigen Text zu überprüfen. Wenn Sie dies ausprobieren wollen, drücken Sie den Shortcut ⇧+F1. Word blendet dann den Aufgabenbereich *Formatierung anzeigen* ein. Klicken Sie nacheinander die Textstellen an, deren Formatierung Sie sehen wollen, und schauen Sie sich die Formatierung im Abschnitt *Absatz* des Aufgabenbereichs an.

Bild 10.3 Prüfen der Zeichen- und Absatzformatierung

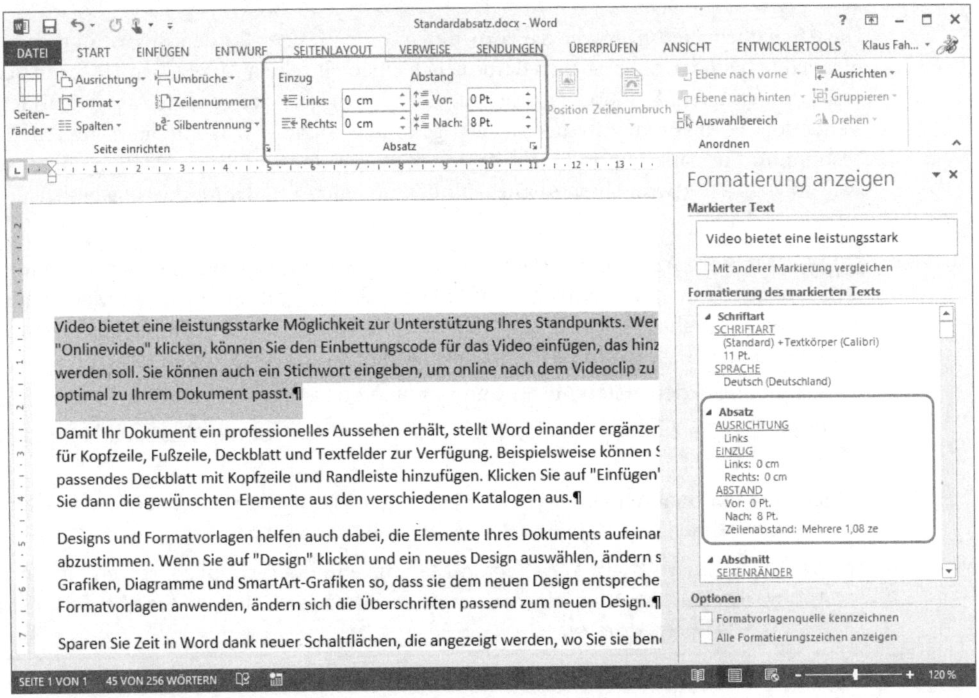

Absatzformatierung im Überblick

Wie bei der Zeichenformatierung stellt Ihnen Word auch für die Formatierung von Absätzen verschiedene Verfahren zur Verfügung.

- Sie können die Gruppe *Absatz* auf den Registerkarten *START* und *SEITENLAYOUT* verwenden. Auf diesen beiden Registerkarten stehen Ihnen unterschiedliche Optionen zur Absatzformatierung zur Verfügung.
- Sie verwenden das Dialogfeld *Absatz*, das Sie über das Startprogramm für ein Dialogfeld in der Gruppe *Absatz* der Registerkarten *START* und *SEITENLAYOUT* aufrufen.
- Sie verwenden die Schaltflächen zur Absatzformatierung in der Minisymbolleiste.
- Sie verwenden die Tastenkombinationen zur Absatzformatierung.
- Einige Absatzmerkmale lassen sich über das Lineal zuweisen. Das Lineal wird auf dem Bildschirm angezeigt, indem Sie auf der Registerkarte *ANSICHT* das Kontrollkästchen *Lineal* in der Gruppe *Anzeigen* einschalten.

Dieser Abschnitt liefert Ihnen weitere allgemeine Informationen zur Absatzformatierung und beschreibt dann anhand des Dialogfeldes *Absatz*, welche Absatzformatierungen Sie vornehmen können. Die weiteren Abschnitte dieses Kapitels stellen dann die verschiedenen Möglichkeiten detailliert vor.

Geltungsbereich für Absatzformatierungen

Die Absatzformatierungen, die Sie vornehmen, gelten immer für den Absatz, in dem sich die Einfügemarke befindet. Sie brauchen darum auch einen einzelnen Absatz, den Sie formatieren wollen, nicht zu markieren. Egal ob kein Zeichen, ein Zeichen oder der gesamte Absatz markiert ist, Word wendet die Formatierung immer auf den gesamten Absatz an. Wenn Sie mehreren Absätzen ein bestimmtes Formatierungsmerkmal zuordnen wollen, müssen Sie die Markierung erweitern, und zwar so, dass alle gewünschten Absätze mindestens einen Teil der Markierung besitzen.

TIPP **Mehrere Absätze während der Texteingabe mit den gleichen Absatzmerkmalen versehen** Wenn Sie mehrere aufeinanderfolgende Absätze mit den gleichen Merkmalen formatieren wollen, empfehlen wir Ihnen das folgende Verfahren, bei dem Sie sich die Tatsache zunutze machen können, dass die Absatzmarke alle Merkmale des Absatzes enthält.

1. Schreiben Sie den ersten Absatz und formatieren Sie ihn.
2. Setzen Sie die Einfügemarke an das Absatzende (also vor die Absatzmarke) und drücken Sie die [↵]-Taste.
3. Sie erhalten dadurch einen neuen Absatz, der die gleichen Formatierungsmerkmale besitzt wie der vorherige, und können die Texteingabe fortsetzen.
4. Wenn Sie einen Absatz mit anderen Merkmalen erhalten wollen, setzen Sie für den leeren Absatz die Formatierungseigenschaften wieder zurück, indem Sie die Tastenkombination [⇧]+[Alt]+[Num5] drücken.

Einzüge und Abstände

Wenn Sie das Dialogfeld *Absatz* anzeigen lassen (klicken Sie dazu das Startprogramm für ein Dialogfeld in der Gruppe *Absatz* der Registerkarte *START* an), erhalten Sie einen Überblick über die Formatierungen, die Sie mit Absätzen vornehmen können. Die Registerkarte *Einzüge und Abstände* enthält folgende Optionen:

- **Ausrichtung** Sie können das Listenfeld *Ausrichtung* verwenden, um die Ausrichtung der einzelnen Zeilen des Absatzes in Bezug auf die Ränder festzulegen.
- **Einzug** Mit den Feldern der Gruppe *Einzug* können Sie den Leerraum zwischen dem linken bzw. dem rechten Seitenrand und der jeweiligen Seite des Absatzes vergrößern oder verkleinern. Außerdem kann für die erste Zeile eines Absatzes ein besonderer Einzug vereinbart werden.
- **Abstand** Mit den Feldern *Vor* und *Nach* legen Sie fest, wie groß der Leerraum vor und nach einem Absatz sein soll.
- **Zeilenabstand** Mit dem Feld *Zeilenabstand* legen Sie fest, wie groß der Abstand innerhalb eines Absatzes sein soll.
- **Tabstopps** Mit der Schaltfläche *Tabstopps* öffnen Sie ein weiteres Dialogfeld, in dem Sie einzelne Tabstopps setzen, löschen und verändern können. (Die Verwendung von Tabstopps zum Formatieren von Tabellen ist in Kapitel 15 beschrieben.)

Bild 10.4 Die Registerkarte *Einzüge und Abstände* des Dialogfeldes *Absatz*

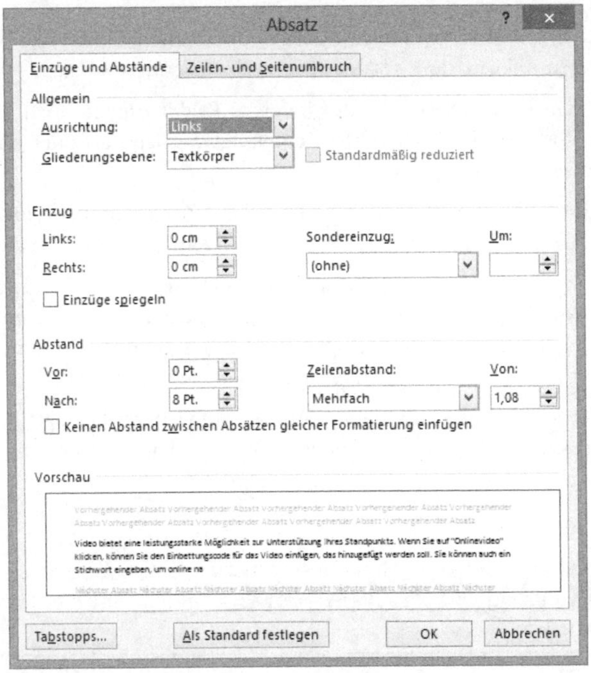

Bild 10.5 Die Registerkarte *Zeilen- und Seitenumbruch* des Dialogfeldes *Absatz*

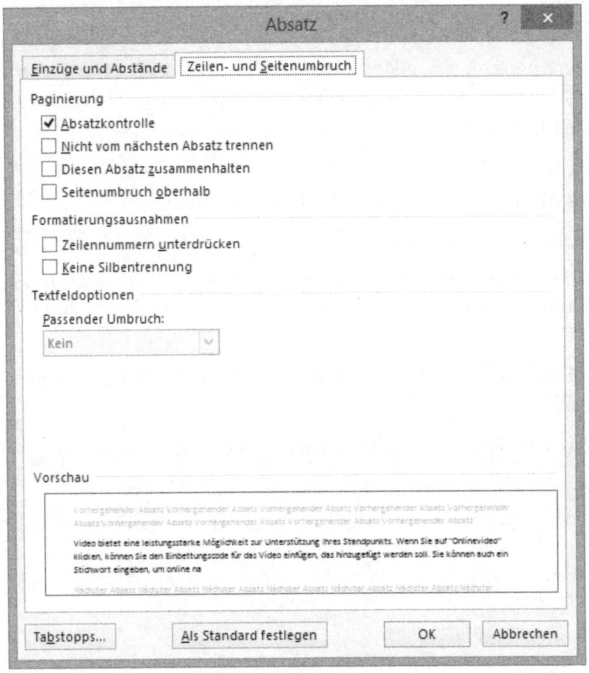

Zeilen- und Seitenumbruch

Auf der Registerkarte *Zeilen- und Seitenumbruch* (siehe vorhergehende Seite) können Sie den Seitenumbruch beeinflussen und Formatierungsausnahmen einstellen:

- **Paginierung** Mit den Kontrollkästchen des Bereichs *Paginierung* können Sie u.a. festlegen, ob *innerhalb* eines Absatzes ein Seitenwechsel eingefügt werden darf oder ob Word *vor* dem Absatz einen Seitenwechsel einfügen soll.
- **Zeilennummern unterdrücken** Das Kontrollkästchen *Zeilennummern unterdrücken* dient dazu, für einen Absatz die Ausgabe von Zeilennummern ein- und auszuschalten.
- **Keine Silbentrennung** Mit der Option *Keine Silbentrennung* können Sie für einzelne Absätze die automatische Silbentrennung ausschalten, die mit der Schaltfläche *Silbentrennung* (Registerkarte *SEITENLAYOUT*, Gruppe *Seite einrichten)* für das gesamte Dokument eingeschaltet werden kann. (Mehr zum Thema Silbentrennung finden Sie in Kapitel 6.)
- **Tabstopps** Mit der Schaltfläche *Tabstopps* öffnen Sie ein weiteres Dialogfeld, in dem Sie einzelne Tabstopps setzen, löschen und verändern können. (Die Verwendung von Tabstopps zum Formatieren von Tabellen ist in Kapitel 15 beschrieben.)

Absatzausrichtung festlegen

Mit der Ausrichtung von Absätzen legen Sie fest, wie der Text eines Absatzes innerhalb des imaginären Absatzrahmens ausgerichtet ist. Die vier möglichen Absatzausrichtungen sehen Sie in der folgenden Abbildung.

Bild 10.6 Die vier Möglichkeiten, einen Absatz auszurichten

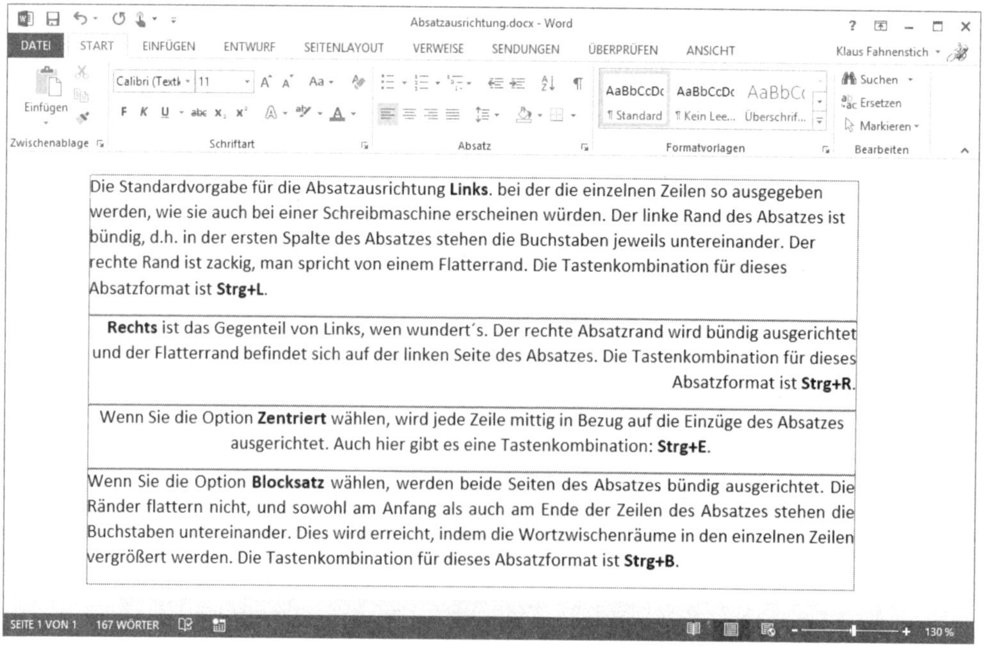

Wir haben für diese Bildschirmabbildung im Dialogfeld *Word-Optionen* in der Kategorie *Erweitert* im Abschnitt *Dokumentinhalt anzeigen* das Kontrollkästchen *Textbegrenzungen* aktiviert, damit Word die Seitenränder und Absatzrahmen als gepunktete Linie darstellt.

- **Linksbündig** Diese Option ist die Standardvorgabe von Word. Die einzelnen Zeilen eines Absatzes werden wie bei einer Schreibmaschine ausgegeben. Der linke Rand des Absatzes ist bündig, d.h., in der ersten Spalte jeder Zeile stehen die Buchstaben untereinander. Der rechte Rand ist ungleichmäßig; man spricht hier von einem Flatterrand.
- **Rechtsbündig** Wenn Sie die Option *Rechtsbündig* verwenden, wird der rechte Rand des Absatzes bündig ausgerichtet und der Flatterrand entsteht auf der linken Seite des Absatzes.
- **Zentriert** Durch die Auswahl der Option *Zentriert* wird jede Zeile mittig in Bezug auf die Einzüge des Absatzes ausgerichtet
- **Blocksatz** Nach der Auswahl der Option *Blocksatz* werden beide Seiten des Absatzes bündig ausgerichtet. Die Ränder flattern nicht, und sowohl am Anfang als auch am Ende der Zeile steht ein Buchstabe. Dies wird erreicht, indem die Wortzwischenräume in den einzelnen Zeilen vergrößert werden. Beim Blocksatz sollten Sie die Silbentrennfunktion von Word nutzen, damit keine zu großen Wortzwischenräume auftreten.

So legen Sie die Absatzausrichtung fest:

1. Setzen Sie die Einfügemarke in den Absatz, wenn Sie einen Absatz formatieren wollen. Oder markieren Sie die gewünschten Absätze, wenn Sie mehrere Absätze formatieren möchten.
2. Klicken Sie eine der in der folgenden Tabelle aufgeführten Schaltflächen in der Gruppe *Absatz* der Registerkarte *Start* an oder drücken Sie die entsprechende Tastenkombination.

Tabelle 10.1 Festlegen der Absatzausrichtung

Schaltfläche	Tastenkombination	Ausrichtung
	Strg + L	Linksbündig
	Strg + R	Rechtsbündig
	Strg + E	Zentriert
	Strg + B	Blocksatz

Absatzeinzüge festlegen

Einzüge sind Freiräume zwischen dem linken oder rechten Seitenrand und dem Rand eines Absatzes. Wir haben eine Beispieldatei vorbereitet, die die Möglichkeiten der Absatzformatierung durch die Veränderung der Einzüge demonstriert. Laden Sie die Datei *Einzüge* und schalten Sie zur Ansicht *Seitenlayout* um. So lässt sich das Verhältnis von Seitenrändern und Einzügen besser erkennen. Im weiteren Verlauf dieses Abschnitts stellen wir Ihnen die einzelnen Beispielabsätze sowie deren Formatierung vor.

Linken Einzug formatieren

Im ersten Beispiel sehen Sie einen Absatz mit einem linken Einzug. Zur Formatierung haben wir in das Feld *Einzug Links* in der Gruppe *Absatz* der Registerkarte *SEITENLAYOUT* den Wert 2 cm eingetragen. Sie können die Formatierung bei eingeschaltetem Lineal auch dort ablesen und einstellen. Die untere Hälfte des halbierten Dreiecks symbolisiert den linken Einzug. Die Zahl 0 steht für die Spalte, in der Absätze ohne einen linken Einzug ausgedruckt werden. In der vertikalen Verlängerung des Nullpunktes sehen Sie die gepunktete Linie, die den linken Seitenrand symbolisiert. Sie erkennen daran, dass die Einzüge immer relativ zur Spaltenbreite eines Absatzes gesetzt werden.

Bild 10.7 Absatz mit einem linken Einzug

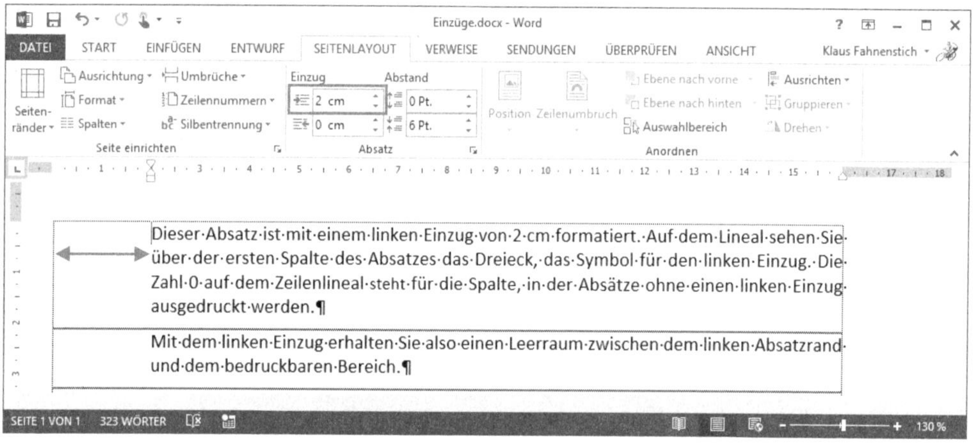

So weisen Sie einem Absatz einen linken Einzug zu:

1. Setzen Sie die Einfügemarke in den Absatz, wenn Sie einen Absatz formatieren wollen. Oder markieren Sie die gewünschten Absätze, wenn Sie mehrere Absätze formatieren möchten.
2. Führen Sie eine der folgenden Aktionen durch:
   - Klicken Sie auf der Registerkarte *START* in der Gruppe *Absatz* auf die Schaltfläche *Einzug vergrößern* oder drücken Sie die Tastenkombination Strg+M.

     Als Maß für den Einzug wird der Wert der Einstellung für den Standardtabstopp verwendet, der im Dialogfeld *Tabstopps* eingestellt werden kann.

     Sie können die Schaltfläche bzw. Tastenkombination auch mehrfach verwenden, um den Einzug schrittweise zu vergrößern.
   - Wechseln Sie zur Registerkarte *SEITENLAYOUT*, geben Sie den gewünschten Einzug in das Feld *Einzug links* in der Gruppe *Absatz* ein und drücken Sie die ↵-Taste
   - Klicken Sie in der Gruppe *Absatz* (Registerkarte *START* oder *SEITENLAYOUT)* auf das Startprogramm für ein Dialogfeld. Geben Sie im Dialogfeld *Absatz* den gewünschten Wert in das Feld *Links* ein und klicken Sie auf *OK*.

Wenn Sie den linken Einzug wieder schrittweise verkleinern wollen, klicken Sie entweder auf die Schaltfläche *Einzug verkleinern* oder verwenden Sie die Tastenkombination Strg+⇧+M.

Rechten Einzug formatieren

Das zweite Beispiel demonstriert die Formatierung eines rechten Einzugs. In das Feld *Einzug rechts* der Registerkarte *SEITENLAYOUT* haben wir 4 cm eingetragen und so einen Leerraum zwischen dem rechten Absatzrand und dem bedruckbaren Bereich geschaffen.

Auch der rechte Einzug wird auf dem Lineal dargestellt, und zwar als Dreieck, dessen Spitze nach oben zeigt. Dieses Symbol sehen Sie an der 12-cm-Marke. Bei 16 cm hört das Lineal auf und symbolisiert so den rechten Seitenrand. Mit der Formel 16 cm – 12 cm ermitteln wir das Maß des Einzugs, nämlich 4 cm.

Bild 10.8 Absatz mit einem rechten Einzug

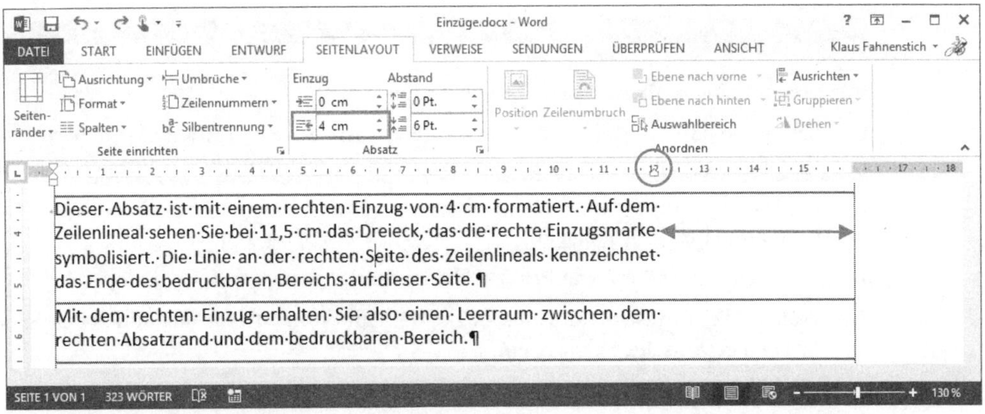

So weisen Sie einem Absatz einen rechten Einzug zu:

1. Setzen Sie die Einfügemarke in den Absatz, wenn Sie einen Absatz formatieren wollen. Oder markieren Sie die gewünschten Absätze, wenn Sie mehrere Absätze formatieren möchten.
2. Führen Sie eine der folgenden Aktionen durch:
   - Wechseln Sie zur Registerkarte *SEITENLAYOUT*, geben Sie den gewünschten Einzug in das Feld *Einzug rechts* in der Gruppe *Absatz* ein und drücken Sie die [↵]-Taste.
   - Klicken Sie in der Gruppe *Absatz* (Registerkarte *START* oder *SEITENLAYOUT)* auf das Startprogramm für ein Dialogfeld. Geben Sie im Dialogfeld *Absatz* den gewünschten Wert in das Feld *Rechts* ein und klicken Sie auf *OK*.

Erstzeileneinzug formatieren

Die Felder *Einzug links* und *Einzug rechts* auf der Registerkarte *SEITENLAYOUT* beeinflussen immer den Einzug des gesamten Absatzes. Sie können auch nur die erste Zeile eines Absatzes anders einziehen als die restlichen Zeilen. Diese Art der Formatierung wird häufig in Büchern verwendet, um bei einem einzeiligen Zeilenabstand die einzelnen Absätze besser voneinander unterscheiden zu können.

Bild 10.9 Absatz mit einem Einzug der ersten Zeile

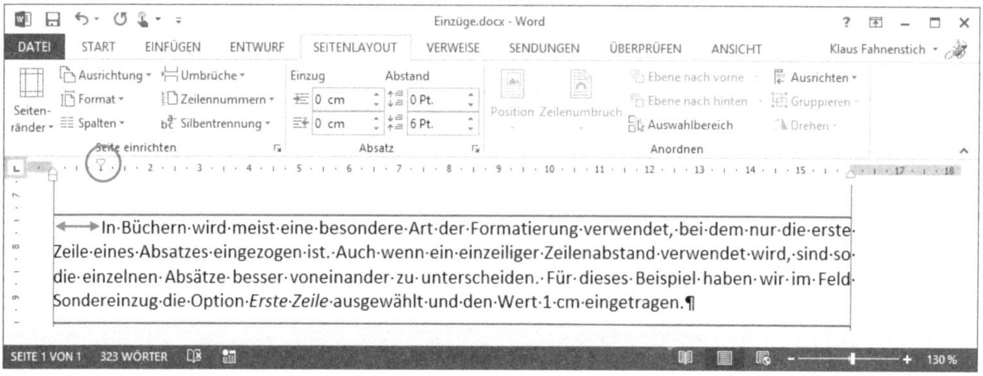

So weisen Sie einem Absatz einen Erstzeileneinzug zu:

1. Setzen Sie die Einfügemarke in den Absatz, wenn Sie einen Absatz formatieren wollen. Oder markieren Sie die gewünschten Absätze, wenn Sie mehrere Absätze formatieren möchten.
2. Klicken Sie in der Gruppe *Absatz* (Registerkarte *START* oder *SEITENLAYOUT)* auf das Startprogramm für ein Dialogfeld.
3. Wechseln Sie, falls erforderlich, zur Registerkarte *Einzüge und Abstände.*
4. Wählen Sie im Listenfeld *Sondereinzug* die Option *Erste Zeile* aus und geben Sie in das Feld *Um* den gewünschten Einzug ein.
5. Klicken Sie auf *OK.*

Hängenden Einzug formatieren

Die letzte Form des Einzugs ist der sogenannte hängende Einzug, der in früheren Versionen von Word negativer Erstzeileneinzug genannt wurde. Bei einem hängenden Einzug werden alle Zeilen des Absatzes, bis auf die erste Zeile, um den festgelegten Wert eingerückt.

Hängende Einzüge benötigen Sie z.B. dann, wenn Sie Listen, die mit einem Aufzählungszeichen, einem Spiegelstrich oder Zahlen versehen sind, manuell erstellen wollen. Sie können diese Listen auch von Word automatisch erstellen lassen; wie dies funktioniert, beschreiben wir weiter hinten in diesem Kapitel.

Wenn Sie an anderen Stellen einen hängenden Einzug benötigen, gehen Sie so vor:

1. Setzen Sie die Einfügemarke in den betreffenden Absatz oder markieren Sie die gewünschten Absätze, falls Sie mehrere Absätze formatieren möchten.
2. Klicken Sie in der Gruppe *Absatz* (Registerkarte *START* oder *SEITENLAYOUT)* auf das Startprogramm für ein Dialogfeld.
3. Wechseln Sie, falls erforderlich, zur Registerkarte *Einzüge und Abstände.*
4. Wählen Sie im Listenfeld *Sondereinzug* die Option *Hängend* aus und tippen Sie in das Feld *Um* den gewünschten Einzug ein.
5. Klicken Sie auf *OK.*

Bild 10.10 Absätze mit hängendem Einzug

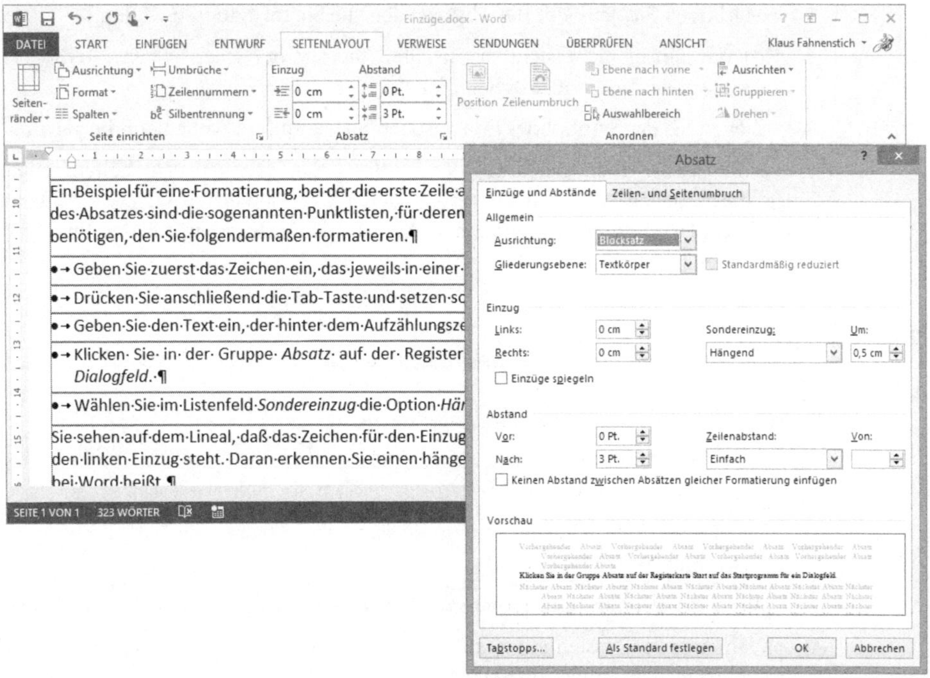

Einzüge mit der Maus verändern

Sie haben gesehen, dass auf dem Lineal verschiedene Symbole den linken Einzug, den rechten Einzug sowie den Einzug der ersten Zeile repräsentieren. Diese Einzüge können Sie direkt mit der Maus verändern. Sie klicken dazu auf eines der Symbole mit der linken Maustaste, halten die Maustaste gedrückt und ziehen das Symbol an die gewünschte Position auf dem Zeilenlineal.

Bild 10.11 Symbole im Lineal zum Verändern von Einzügen

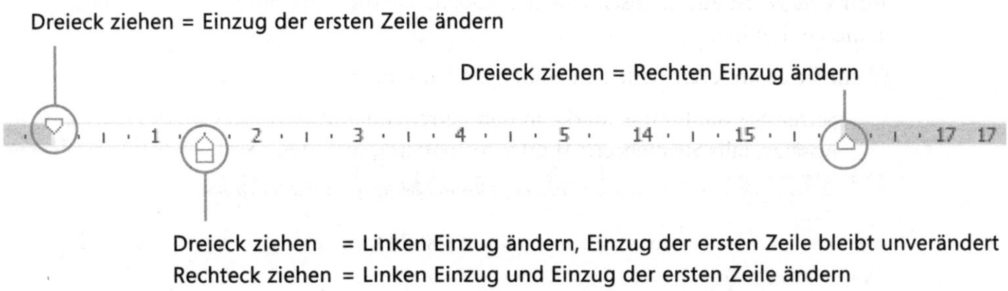

Führen Sie folgende Schritte durch, um die Einzüge mit der Maus zu verändern:

1. Markieren Sie den oder die Absätze, den/die Sie formatieren wollen.
2. Ist das Lineal nicht sichtbar, schalten Sie auf der Registerkarte *ANSICHT* in der Gruppe *Anzeigen* das Kontrollkästchen *Lineal ein.*
3. Ziehen Sie das Symbol des Einzugs, den Sie verändern wollen, an die gewünschte Position.

Wenn Sie beim Ziehen gleichzeitig noch die [Alt]-Taste gedrückt halten, zeigt Ihnen Word im Lineal die aktuellen Werte für die verschiedenen Bereiche des Absatzes an. Wie die folgende Abbildung exemplarisch zeigt, können Sie im Lineal sowohl den Wert für den Einzug als auch die Breite des Absatzes selbst ablesen.

Bild 10.12 Anzeige der genauen Werte der Einzüge

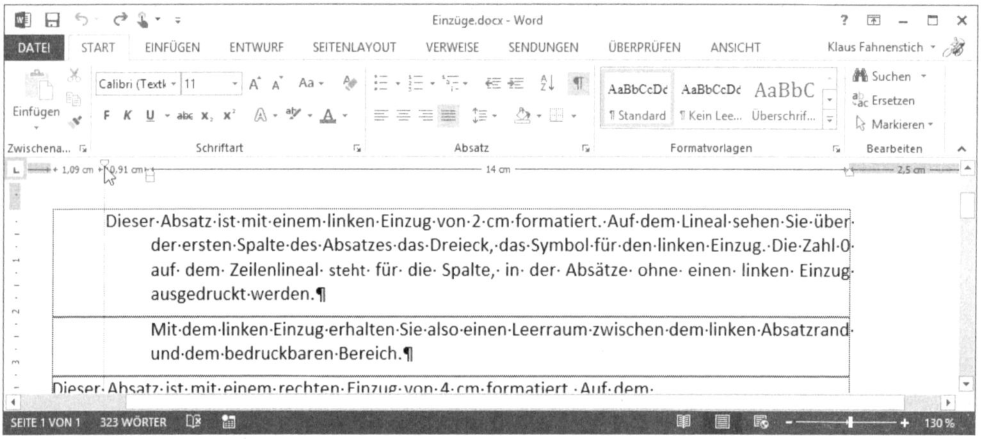

Zeilenabstände

Mit dem Zeilenabstand können Sie den Abstand zwischen den verschiedenen Zeilen eines Absatzes festlegen. Hierbei können Sie wahlweise einen festen Wert in Punkt angeben oder einen prozentualen Wert, der sich dann an den Schriftgrad des Absatzes anpasst.

Außerdem können Sie festlegen, ob vor oder nach dem Absatz ein zusätzlicher Leerraum eingefügt werden soll.

Abstand innerhalb eines Absatzes

Um den Zeilenabstand als Multiplikator festzulegen, der sich an die jeweilige Schriftgröße des Absatzes anpasst, gehen Sie folgendermaßen vor:

1. Markieren Sie den oder die Absätze, den/die Sie formatieren wollen.
2. Klicken Sie in der Gruppe *Absatz* der Registerkarte *START* auf die Schaltfläche *Zeilenabstand.*

Bild 10.13 Das Dropdownmenü der Schaltfläche *Zeilenabstand*

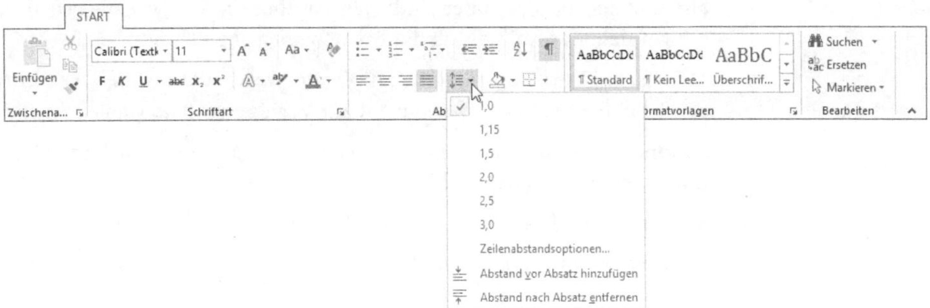

3. Klicken Sie einen der vordefinierten Zeilenabstände an oder wählen Sie den Befehl *Zeilenabstandsoptionen*, falls der gewünschte Abstand nicht im Menü angeboten wird.

Bild 10.14 Weitere Optionen zum Festlegen des Zeilenabstands stehen Ihnen im Dialogfeld *Absatz* zur Verfügung

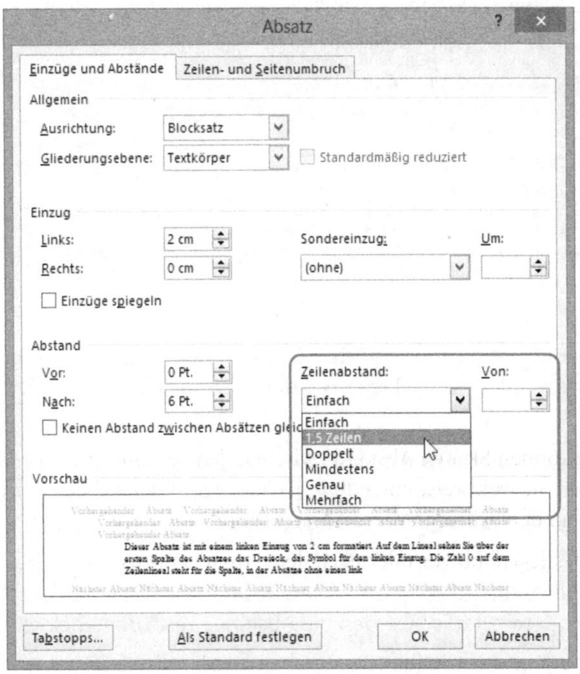

4. Öffnen Sie das Listenfeld *Zeilenabstand* und wählen Sie eine der folgenden Optionen aus:

- **Mindestens** Wenn Sie einen Mindestzeilenabstand festlegen, erhält jede Zeile eine bestimmte Mindesthöhe. Ist ein Zeichen größer als diese Mindesthöhe, wird der Zeilenabstand in dieser Zeile an das höchste Zeichen angepasst.

- **Genau** Wenn Sie einen festen Zeilenabstand festlegen, erhalten alle Zeilen eine feste Höhe. Zeichen, die größer sind, werden über die vorige Zeile gedruckt. Auf dem Bildschirm sieht es so aus, als ob die Zeichen oben abgeschnitten sind.
- **Mehrfach** Wenn Sie einen Multiplikator verwenden wollen, der im Dropdownmenü der Schaltfläche *Zeilenabstand* nicht zur Verfügung steht, wählen Sie diese Option aus.

Die Optionen *Einfach, 1,5 Zeilen* und *Doppelt* entsprechen den Optionen *1, 1,5* und *2* des Dropdownmenüs der Schaltfläche *Zeilenabstand.*

5. Geben Sie in das Feld *Von* den gewünschten Wert ein.

   Bei den Optionen *Genau* und *Mindestens* geben Sie den gewünschten Zeilenabstand als Punktwert ein, bei der Option *Mehrfach* tragen Sie die Anzahl der Zeilen ein (die Vorgabe ist 3).

6. Schließen Sie das Dialogfeld mit *OK.*

Abstand vor und nach einem Absatz

Neben den Abständen innerhalb des Absatzes können Sie noch den Leerraum vor und nach einem Absatz festlegen. Hierzu gehen Sie folgendermaßen vor:

1. Markieren Sie den oder die Absätze, den/die Sie formatieren wollen.
2. Wechseln Sie zur Registerkarte *SEITENLAYOUT.*

Bild 10.15 Festlegen des Anfangs- und Endabstands

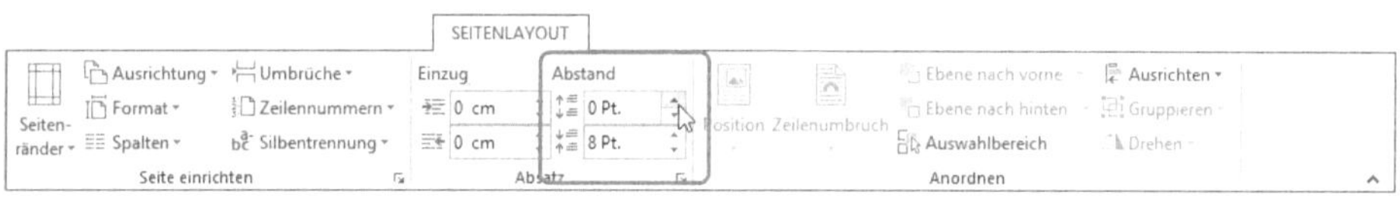

3. Geben Sie in der Gruppe *Absatz* in das Feld *Abstand vor* bzw. *Abstand nach* den gewünschten Abstand ein oder verwenden Sie die Pfeile, um den Wert in Schritten von 0,1 cm zu ändern.

HINWEIS **Besonderheiten der Absatzabstände** Die Zeiten, in denen Word die Abstände exakt so eingehalten hat, wie Sie sie vorgegeben haben, sind leider vorbei. Word ahmt bei der Textformatierung bereits seit einigen Versionen mehr und mehr das Verhalten eines Browsers nach. Sie müssen daher folgende Sonderfälle beachten:

- Wenn im Dialogfeld *Absatz* die Option *Keinen Abstand zwischen Absätzen gleicher Formatierung einfügen* eingeschaltet ist, werden die Abstandswerte dementsprechend ignoriert.
- Falls ein Endeabstand und ein Anfangsabstand aufeinandertreffen und der Anfangsabstand nicht größer als der Endeabstand ist, wird er vollständig ignoriert. (Die Gitternetzlinien in der folgenden Abbildung besitzen einen Abstand von 6 Punkt; die dicke Linie ist Teil des Absatzrahmens.)

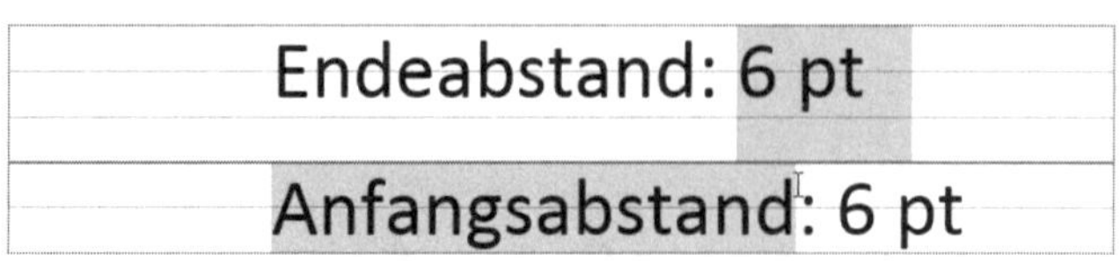

- Falls ein Ende- und ein Anfangsabstand aufeinandertreffen, bei denen der Anfangsabstand größer ist als der Endeabstand, bleibt der Endeabstand erhalten und der Anfangsabstand wird um den Endeabstand reduziert.

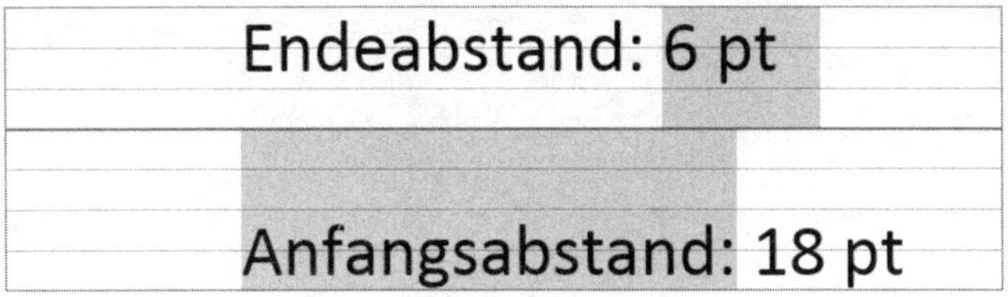

Solange die Option *Keinen Abstand zwischen Absätzen gleicher Formatierung einfügen* deaktiviert ist, wird der eingestellte Endeabstand auf jeden Fall eingehalten. Der Anfangsabstand wird jedoch gegebenenfalls um den Endeabstand des davorstehenden Absatzes gekürzt.

Zur Formatierung der am häufigsten verwendeten Abstandsmerkmale stehen Ihnen die folgenden Tastenkombinationen zur Verfügung:

Tabelle 10.2 Tastenkombinationen für das Formatieren von Absatzabständen

Tastenkombination	Beschreibung
Strg + 1	Einfacher Zeilenabstand
Strg + 2	Doppelter Zeilenabstand
Strg + 5	Eineinhalbfacher Zeilenabstand
Strg + 0 (null)	Öffnet Leerraum (12 pt) vor dem Absatz oder schließt diesen, wenn bereits ein Leerraum vorhanden ist

Absätze und Seitenumbruch

Normalerweise nimmt Word den Seitenumbruch selbstständig vor. In der Ansicht *Seitenlayout* werden die Seitenumbrüche automatisch angepasst, wenn Sie Text löschen oder hinzufügen. Word berechnet, wie viel des Textes jeweils auf eine Seite passt. Ist auf einer Seite kein Platz mehr, fügt Word einen automatischen Seitenumbruch ein und beginnt eine neue Seite.

Dies hat manchmal unerwünschte Nebenwirkungen zur Folge. Es kann zum Beispiel vorkommen, dass die Überschrift zu einem Textabschnitt als letzter Absatz auf einer Seite ausgedruckt wird, was die visuelle Erfassung des Textes schwierig macht und auch unschön aussieht. Sie haben jedoch mit weiteren Formatierungsmerkmalen, die Sie Absätzen zuordnen können, die Möglichkeit, dies zu verhindern.

Diese Einstellmöglichkeiten finden Sie im Abschnitt *Paginierung* auf der Registerkarte *Zeilen- und Seitenumbruch* des Dialogfeldes *Absatz* (siehe Bild 10.16 auf der nächsten Seite).

Bild 10.16 Der Abschnitt *Paginierung* des Dialogfeldes *Absatz*

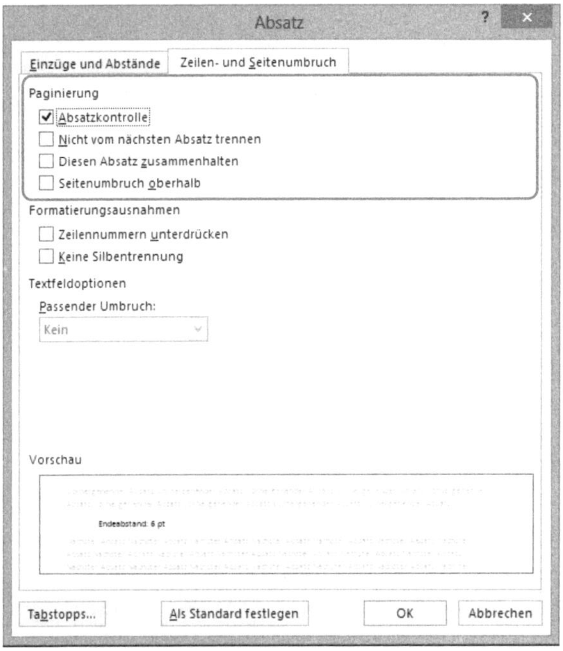

Absatzkontrolle

Beim Einfügen der Seitenumbrüche versucht Word, sogenannte »Hurenkinder« und »Schusterjungen«, zwei Begriffe, die aus dem Buchdruck stammen, zu verhindern. Ein »Hurenkind« ist eine einzelne Zeile am Anfang einer neuen Seite und ein »Schusterjunge« eine einzelne Zeile am Ende einer Seite.

Diese Kontrollfunktion betrifft alle Absätze des gesamten Dokuments und kann auf der Registerkarte *Zeilen- und Seitenumbruch* im Dialogfeld *Absatz* mit dem Kontrollkästchen *Absatzkontrolle* ein- bzw. ausgeschaltet werden. Diese Kontrollfunktion ist normalerweise aktiv. Wenn Sie beispielsweise so viel Text wie möglich auf eine Seite bringen oder auf jeder Seite die gleiche Anzahl an Zeilen haben möchten, können Sie die Absatzkontrolle ausschalten.

Absätze beim Ausdrucken auf eine Seite bringen

Wenn Sie die Absatzkontrolle eingeschaltet haben, kann es passieren, dass Word mitten in einem Absatz einen Seitenumbruch durchführt. Oder Sie wollen zwei oder mehr Absätze auf die gleiche Seite bringen. Dies kann z.B. bei einem Bild und der Bildunterschrift der Fall sein, die nicht durch einen Seitenumbruch getrennt werden sollen. Für diese Zwecke stehen Ihnen die Kontrollkästchen *Nicht vom nächsten Absatz trennen, Diesen Absatz zusammenhalten* und *Seitenumbruch oberhalb* zur Verfügung.

Einen Absatz auf dieselbe Seite bringen

Wenn Sie nicht wollen, dass innerhalb eines Absatzes ein Seitenumbruch vorgenommen wird, dieser also komplett auf eine Seite gedruckt werden soll, gehen Sie so vor:

1. Setzen Sie die Einfügemarke in den Absatz, der nicht durch einen Seitenumbruch getrennt werden soll.
2. Klicken Sie in der Gruppe *Absatz* (Registerkarte *START* oder *SEITENLAYOUT)* auf das Startprogramm für ein Dialogfeld.
3. Wechseln Sie, falls erforderlich, auf die Registerkarte *Zeilen- und Seitenumbruch.*
4. Schalten Sie das Kontrollkäschen *Diesen Absatz zusammenhalten* ein.
5. Schließen Sie das Dialogfeld mit *OK.*

Mehrere Absätze auf dieselbe Seite bringen

Wenn Sie wollen, dass zwei oder mehr Absätze auf der gleichen Seite gedruckt werden sollen, führen Sie folgende Schritte durch:

1. Wenn zwei Absätze auf der gleichen Seite ausgedruckt werden sollen, markieren Sie den ersten der beiden Absätze. Wenn Sie mehrere Absätze, beispielsweise bei einer Tabelle, auf die gleiche Seite bringen wollen, markieren Sie alle Absätze dieses Textblocks bis auf den letzten.

   Sie müssen diese Art der Markierung wählen, da sich der Befehl *Nicht vom nächsten Absatz trennen* immer auf den Absatz nach der Markierung bezieht. Wenn Sie zwei Absätze auf die gleiche Seite bringen wollen und beide markieren, wirkt sich der Befehl auf drei Absätze aus, nämlich auf die beiden markierten und auf den ersten Absatz nach der Markierung.
2. Klicken Sie in der Gruppe *Absatz* (Registerkarte *START* oder *SEITENLAYOUT)* auf das Startprogramm für ein Dialogfeld.
3. Wechseln Sie, falls erforderlich, auf die Registerkarte *Zeilen- und Seitenumbruch.*
4. Schalten Sie das Kontrollkäschen *Nicht vom nächsten Absatz trennen* ein.
5. Schließen Sie das Dialogfeld mit *OK.*

Einen Absatz auf die nächste Seite bringen

Ein weiteres Kontrollkästchen erlaubt Ihnen, vor einem Absatz einen Seitenumbruch einzufügen und damit diesen Absatz auf die nächste Seite zu bringen.

1. Setzen Sie die Einfügemarke in den Absatz, der oben auf einer Seite stehen soll.
2. Klicken Sie in der Gruppe *Absatz* (Registerkarte *START* oder *SEITENLAYOUT)* auf das Startprogramm für ein Dialogfeld.
3. Wechseln Sie, falls erforderlich, auf die Registerkarte *Zeilen- und Seitenumbruch.*
4. Schalten Sie das Kontrollkäschen *Seitenumbruch oberhalb* ein.
5. Schließen Sie das Dialogfeld mit *OK.*

Weitere Möglichkeiten zum Beeinflussen des Seitenumbruchs stellen wir in Kapitel 12 vor.

Absatzformat kopieren

Gerade bei komplexen Absatzformatierungen ist es nützlich, dass Sie das Format eines Absatzes problemlos kopieren können. Rufen Sie sich noch einmal in Erinnerung, dass alle Formatierungen eines Absatzes symbolisch durch seine Absatzmarke repräsentiert werden. Wenn Sie also die Absatzmarke eines Absatzes, der wunschgemäß formatiert ist, an das Ende eines anderen Absatzes bringen, können Sie das Format kopieren:

1. Markieren Sie die Absatzmarke des Absatzes, dessen Format Sie kopieren möchten.

   Eventuell müssen Sie vorher noch die Absatzmarken auf dem Bildschirm anzeigen lassen; siehe hierzu Seite 234.

2. Kopieren Sie die Absatzmarke mit [Strg]+[C] in die Zwischenablage.
3. Setzen Sie die Einfügemarke vor die Absatzmarke des Absatzes, dem das Format zugewiesen werden soll.
4. Drücken Sie die Tastenkombination [Strg]+[V], um die Absatzmarke (die die Formatierungen enthält) einzufügen.
5. Löschen Sie die alte Absatzmarke.

Sie können zum Kopieren der Absatzformatierung auch die Schaltfläche *Format übertragen* verwenden:

1. Markieren Sie den Absatz, dessen Formate Sie übernehmen wollen. Achten Sie darauf, dass Sie auch die Absatzmarke markieren.
2. Klicken Sie auf der Registerkarte *START* in der Gruppe *Zwischenablage* auf die Schaltfläche *Format übertragen*. Wenn Sie das Format auf mehrere Absätze anwenden wollen, doppelklicken Sie auf die Schaltfläche.
3. »Pinseln« Sie mit dem Mauszeiger die Absätze an, die Sie formatieren wollen.
4. Wenn Sie mehrere Absätze formatieren wollen und auf die Schaltfläche doppelt geklickt haben, bleibt der Modus »Format übertragen« so lange aktiv, bis Sie die Taste [Esc] drücken.

Alternativ können Sie eine Formatierung auch per Tastatur übertragen. Verwenden Sie dazu die Shortcuts [Strg]+[⇧]+[C] und [Strg]+[⇧]+[V]. Bei diesem Verfahren ändert sich der Mauszeiger jedoch nicht in einen Pinsel.

Initiale verwenden

Initiale sind Buchstaben am Anfang eines Absatzes, die größer sind als die normale Schrift des Absatzes und zu dekorativen Zwecken verwendet werden. Die Initiale können entweder im Absatz selbst oder vor dem Absatz stehen.

Um einem Absatz eine Initiale zuzuweisen, gehen Sie so vor:

1. Setzen Sie die Einfügemarke in den Absatz, der mit einer Initiale beginnen soll.
2. Klicken Sie auf der Registerkarte *EINFÜGEN* in der Gruppe *Text* auf *Initiale*.
3. Klicken Sie auf *Im Text* oder auf *Im Rand*.

Bild 10.17 Formatierung einer Initiale

Die Initiale, die Sie so erstellen, besitzt die Schriftart des ersten Zeichens des Absatzes. Der Buchstabe selbst ist drei Zeilen hoch. Um eine Initiale wieder zu entfernen, klicken Sie im Dropdownmenü der Schaltfläche *Initiale* auf *Kein.*

Wenn Sie für die Initiale eine andere Schriftart verwenden möchten oder die Initiale höher als drei Zeilen sein soll, gehen Sie folgendermaßen vor:

1. Setzen Sie die Einfügemarke in den Absatz, der mit einer Initiale beginnen soll.
2. Klicken Sie auf der Registerkarte *EINFÜGEN* in der Gruppe *Text* auf *Initiale.*
3. Klicken Sie auf *Initialoptionen.*

Bild 10.18 Das Dialogfeld *Initial*

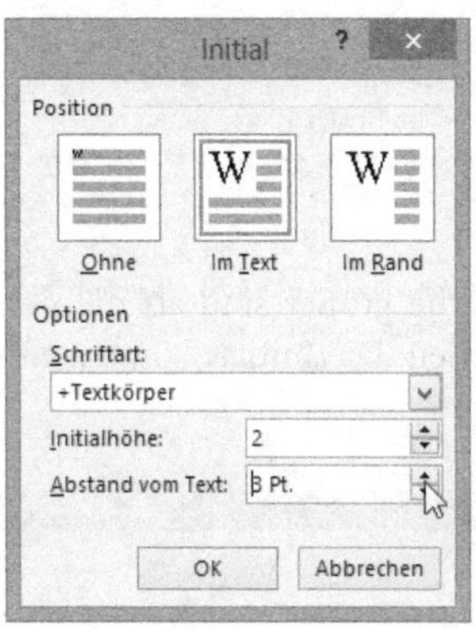

Dokumente formatieren

4. Legen Sie in der Gruppe *Position* fest, ob die Initiale im oder neben dem Absatz stehen soll.
5. Im Listenfeld *Schriftart* können Sie für die Initiale eine andere Schrift auswählen als die, die als Grundschrift für den Absatz benutzt wurde. Da Word hier keine Vorschau anzeigt, suchen Sie am besten vorher eine geeignete Schrift aus.
6. Im Feld *Initialhöhe* können Sie die Höhe der Initiale in Zeilen angeben. Word berücksichtigt bei der Formatierung den im Absatz eingestellten Zeilenabstand.
7. Im Feld *Abstand vom Text* legen Sie den Abstand rechts von der Initiale bis zum nebenstehenden Absatz fest.
8. Klicken Sie anschließend auf *OK*, um die Einstellungen zu übernehmen.

Sie können Initiale auch mit einem Rahmen oder einer Hintergrundfarbe versehen. Auch Texteffekte lassen sich auf Initialen anwenden. Nutzen Sie dazu die bekannten Schaltflächen auf der Registerkarte *START*. In der folgenden Abbildung sehen Sie einige Bespiele für Initiale, die nachträglich noch formatiert wurden.

Bild 10.19 Beispiel für Initiale

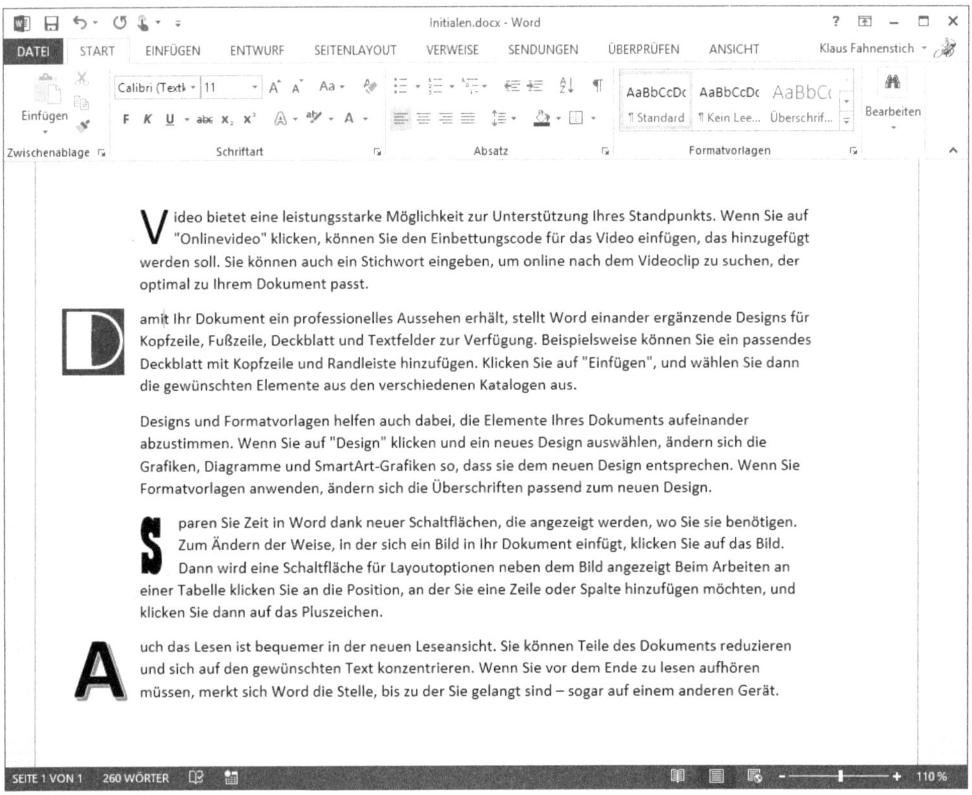

HINWEIS **Initialen gehören nicht zum Fließtext** Die Buchstaben der Initialen sind für Word kein Bestandteil des Fließtextes mehr. Das bedeutet, dass Sie ein Wort, dessen erster Buchstabe als Initiale fungiert, nicht mehr über die Suchfunktion finden können.

Aufzählungszeichen verwenden

Unter Aufzählungen versteht man in Word Listen, deren Absätze jeweils mit einem Sonderzeichen eingeleitet werden. In diesem Buch werden dafür zum Beispiel kleine Quadrate verwendet. Wir wollen Ihnen das Erstellen solcher Listen im Rahmen einer kleinen Übung vorstellen:

1. Öffnen Sie die Beispieldatei *Bullets* aus dem Ordner, in dem sich die Beispiele für dieses Buch befinden.
2. Markieren Sie die sechs letzten Absätze des Textes. Diese sollen mit einem Aufzählungszeichen versehen werden.
3. Klicken Sie auf den Pfeil der Schaltfläche *Aufzählungszeichen* (Registerkarte *START*, Gruppe *Schriftart).*

Bild 10.20 Das Dropdownmenü der Schaltfläche *Aufzählungszeichen*

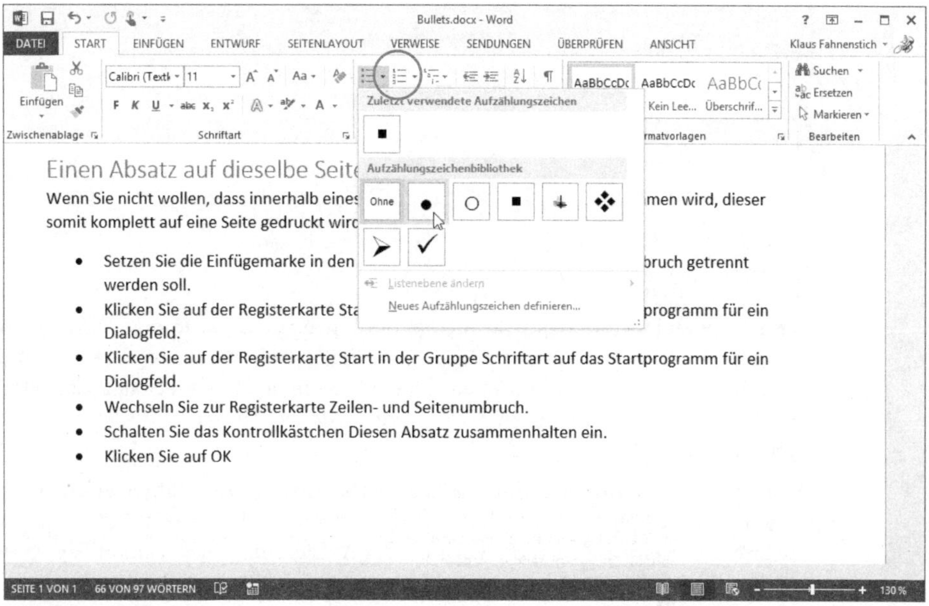

4. Bewegen Sie den Mauszeiger über die verschiedenen Aufzählungszeichen, die im Auswahlmenü angezeigt werden.

   Word zeigt Ihnen in der Livevorschau an, wie das Dokument aussieht, wenn Sie die Option anklicken, auf der sich der Mauszeiger befindet.
5. Klicken Sie auf eines der Aufzählungszeichen.

Wenn Sie wie hier gezeigt ein Aufzählungszeichen zuweisen, versieht Word die markierten Absätze mit einem linken Einzug von 0,63 cm und einem hängenden Einzug von 0,63 cm. Die Absätze werden durch den linken Einzug eingerückt. Durch den hängenden Einzug wird erreicht, dass die erste Zeile des Absatzes wieder nach links geschoben wird, wodurch die Aufzählungszeichen und der Text sauber untereinander stehen.

Bild 10.21 Standardwerte für die Einzüge von Absätzen, die Sie mit einem Aufzählungszeichen formatieren

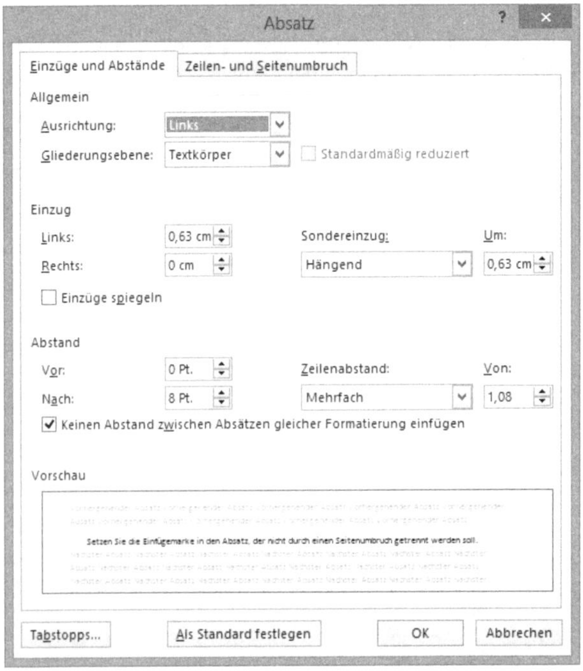

Vielleicht wundern Sie sich, warum für die Einzüge ein »krummer« Wert verwendet wird. Die Antwort hierauf ist ganz einfach: In der amerikanischen Word-Version werden alle Maße in Zoll angegeben (1 Zoll entspricht 2,54 cm). Und 0,63 cm entspricht genau 0,25 Zoll. Die in der amerikanischen Version verwendeten Maße werden für die deutsche Version umgerechnet (und leider nicht angepasst).

Wenn Sie die Einzüge für die Absätze, denen Sie ein Aufzählungszeichen zugewiesen haben, ändern wollen, gehen Sie so vor, wie im Abschnitt »Absatzeinzüge festlegen« auf Seite 241 beschrieben. Wenn Sie auch die Position des Aufzählungszeichens modifizieren wollen, gehen Sie so vor wie im Abschnitt »Listeneinrückungen anpassen» ab Seite 265 beschrieben.

Aufzählungszeichen entfernen

Wenn Sie das Aufzählungszeichen wieder entfernen wollen, markieren Sie zuerst die betreffenden Absätze und klicken dann auf die Schaltfläche *Aufzählungszeichen*. Falls Sie versehentlich auf den Pfeil der Schaltfläche *Aufzählungszeichen* geklickt haben, klicken Sie im Auswahlmenü im Bereich *Aufzählungszeichenbibliothek* auf *Ohne*.

Anderes Symbol als Aufzählungszeichen

Wenn Sie im Auswahlmenü der Schaltfläche *Aufzählungszeichen* kein Zeichen sehen, das Sie verwenden möchten, können Sie auch ein anderes Zeichen als Aufzählungszeichen definieren. Gehen Sie dazu folgendermaßen vor:

1. Markieren Sie die Absätze, die Sie formatieren wollen.
2. Klicken Sie auf den Pfeil der Schaltfläche *Aufzählungszeichen* (Registerkarte *START*, Gruppe *Schriftart)* und im Auswahlmenü auf *Neues Aufzählungszeichen definieren.* Das gleichnamige Dialogfeld wird angezeigt.

Bild 10.22 Das Dialogfeld *Neues Aufzählungszeichen definieren*

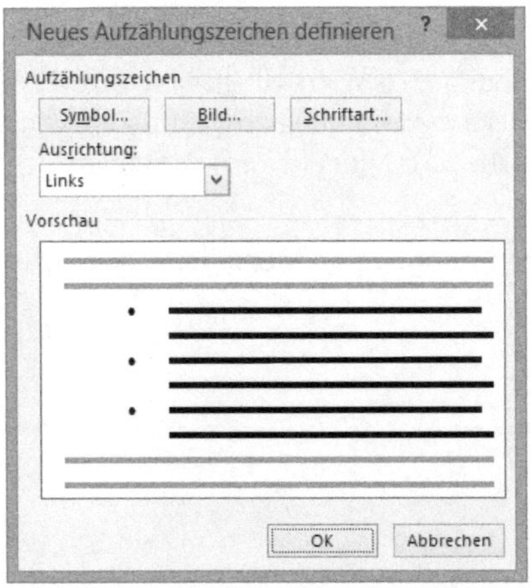

3. Klicken Sie im Dialogfeld auf die Schaltfläche *Symbol.* Das Dialogfeld *Symbol* wird angezeigt.
4. Öffnen Sie die Liste *Schriftart,* um den Schrifttyp auszuwählen.
5. Klicken Sie in der Liste das gewünschte Zeichen an.

Bild 10.23 Hier wählen Sie das Symbol aus, das Sie als Aufzählungszeichen verwenden wollen

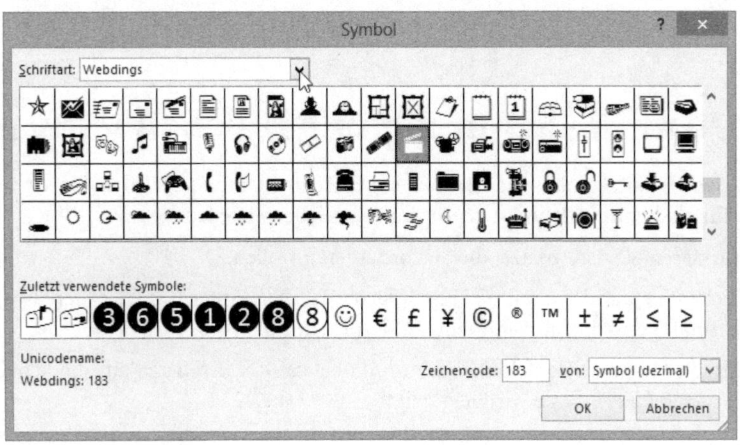

6. Klicken Sie auf *OK*. Das ausgewählte Zeichen wird in der Vorschau des Dialogfeldes *Neues Aufzählungszeichen definieren* angezeigt.
7. Klicken Sie optional auf *Schriftart*, wenn Sie die Größe oder Schriftfarbe des Aufzählungszeichens anpassen wollen.
8. Nehmen Sie im Dialogfeld *Schriftart* die gewünschten Einstellungen vor. Die Schriftart, die Sie in Schritt 4 ausgewählt haben, wird bereits angezeigt. Sie können beispielsweise noch eine andere Schriftgröße oder Schriftfarbe auswählen oder auch einen der Effekte verwenden.
9. Klicken Sie auf *OK*, um zum Dialogfeld *Neues Aufzählungszeichen definieren* zurückzukehren.
10. Öffnen Sie die Liste *Ausrichtung* und wählen Sie eine der Optionen aus. Die Option *Rechts* vergrößert den Abstand zwischen Text und Aufzählungszeichen, die Option *Links* verkleinert ihn.
11. Klicken Sie auf *OK*. Die markierten Absätze werden formatiert.

Wenn Sie ein benutzerdefiniertes Aufzählungszeichen erstellt haben, wird es von Word in das Auswahlmenü eingefügt. Wenn Sie das gleiche Aufzählungszeichen an anderer Stelle benötigen, können Sie es direkt im Menü der Schaltfläche *Aufzählungszeichen* auswählen.

Bild 10.24 Das benutzerdefinierte Aufzählungszeichen steht nun im Menü der Schaltfläche *Aufzählungszeichen* zur Verfügung

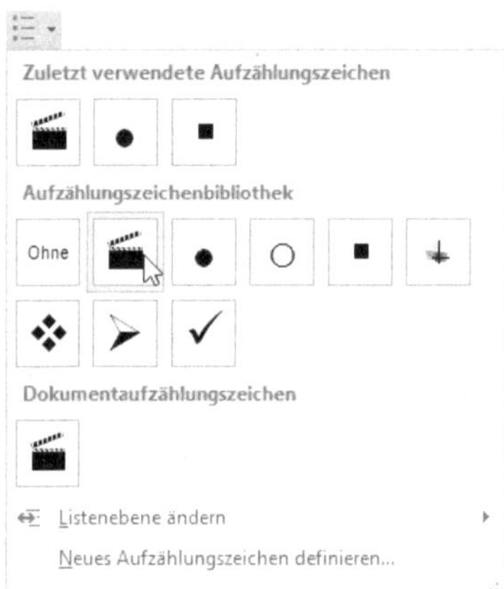

Bild/Grafik als Aufzählungszeichen verwenden

Sie können als Aufzählungszeichen auch ein Bild, eine Grafik oder eine ClipArt verwenden, indem Sie hierfür ein benutzerdefiniertes Aufzählungszeichen erstellen.

1. Markieren Sie die Absätze, die Sie formatieren wollen.
2. Klicken Sie auf den Pfeil der Schaltfläche *Aufzählungszeichen* (Registerkarte *START*, Gruppe *Schriftart)* und im Auswahlmenü auf *Neues Aufzählungszeichen definieren.*
3. Klicken Sie im Dialogfeld *Neues Aufzählungszeichen definieren* auf die Schaltfläche *Bild*. Das Fenster *Bilder einfügen* wird angezeigt.

4. Wählen Sie ein geeignetes Bild aus (Hinweise zur Auswahl von Bildern finden Sie in Kapitel 17). Sie kehren automatisch zum Dialogfeld *Neues Aufzählungszeichen definieren* zurück.
5. Öffnen Sie dort die Liste *Ausrichtung* und wählen Sie eine der Optionen aus. Die Option *Rechts* vergrößert den Abstand zwischen Text und Aufzählungszeichen, die Option *Links* verkleinert ihn.
6. Klicken Sie auf *OK*, um die Formatierung auf die markierten Absätze anzuwenden.

Bild 10.25 Beispiel für die Verwendung eines Bildes als Aufzählungszeichen

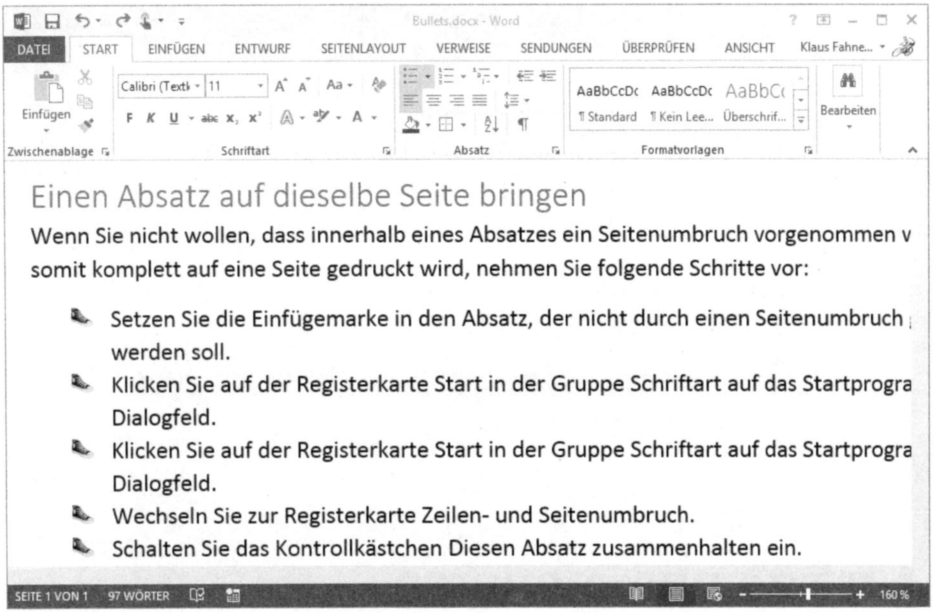

Ebene ändern

Das Beispiel in diesem Abschnitt verwendet eine Liste, die nur eine Ebene hat. Das heißt, alle Absätze, die ein Aufzählungszeichen besitzen, stehen untereinander. Wenn Sie eine Liste mit mehreren Ebenen benötigen, können Sie die Absätze markieren, denen Sie eine andere Ebene zuweisen wollen. Klicken Sie auf den Pfeil der Schaltfläche *Aufzählungszeichen* und zeigen Sie im Menü auf *Listenebene ändern*. Word blendet ein weiteres Menü ein, in dem Sie die gewünschte Ebene auswählen können (siehe Abbildung auf der folgenden Seite). Klicken Sie abschließend die Ebene an, die Sie den markierten Absätzen zuweisen wollen.

Wenn Sie die Listenebene ändern, ändert Word zum einen das Aufzählungszeichen (das Sie ändern können wie ab Seite 257 beschrieben); zum anderen wird der linke Einzug des Absatzes vergrößert (diesen können Sie ändern wie im Abschnitt »Absatzeinzüge festlegen« auf Seite 241 beschrieben).

Sie können die Listeneinrückungen auch mit dem Verfahren ändern, das wir im Abschnitt »Listeneinrückungen anpassen« ab Seite 265 beschreiben.

Bild 10.26 Ändern der Listenebene bei der Verwendung von Aufzählungszeichen

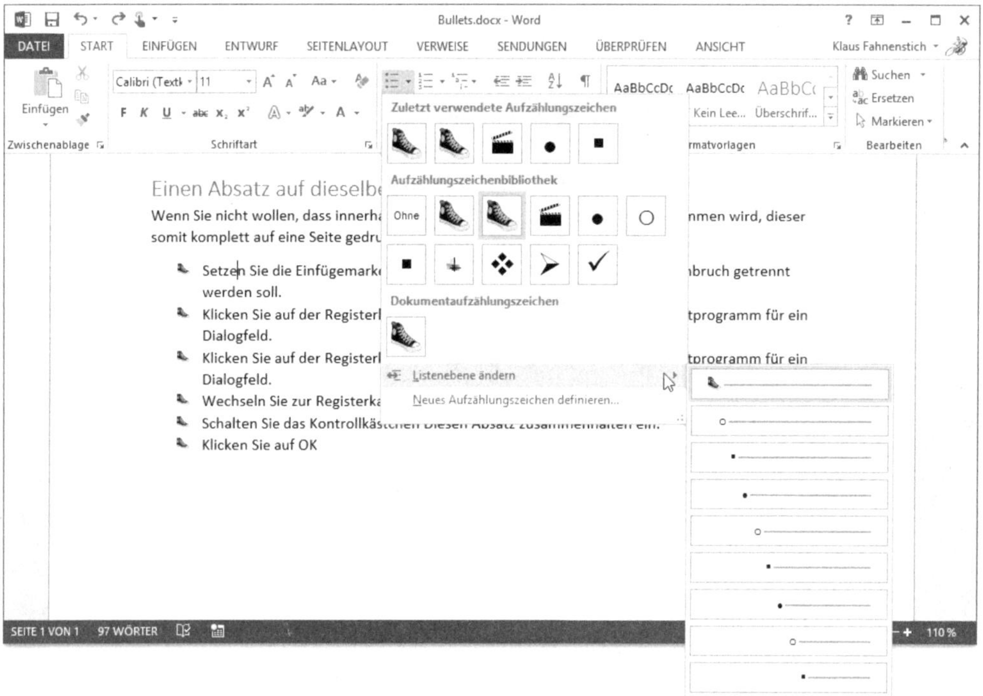

Absätze nummerieren

Das Nummerieren von Absätzen ist genauso einfach wie das Zuweisen von Aufzählungszeichen. Verwenden Sie die Beispieldatei aus dem vorigen Abschnitt, wenn Sie es ausprobieren möchten:

1. Markieren Sie die Absätze, aus denen Sie eine nummerierte Liste machen wollen.
2. Klicken Sie auf den Pfeil der Schaltfläche *Nummerierung* (Registerkarte *START,* Gruppe *Schriftart).*
3. Bewegen Sie den Mauszeiger über die verschiedenen Zahlenformate, die im Auswahlmenü der Schaltfläche angezeigt werden.

   Word zeigt in der Livevorschau, wie das Dokument aussieht, wenn Sie die Option anklicken, auf der sich der Mauszeiger befindet.
4. Klicken Sie eines der Zahlenformate an.

Bild 10.27 Erstellen einer nummerierten Liste

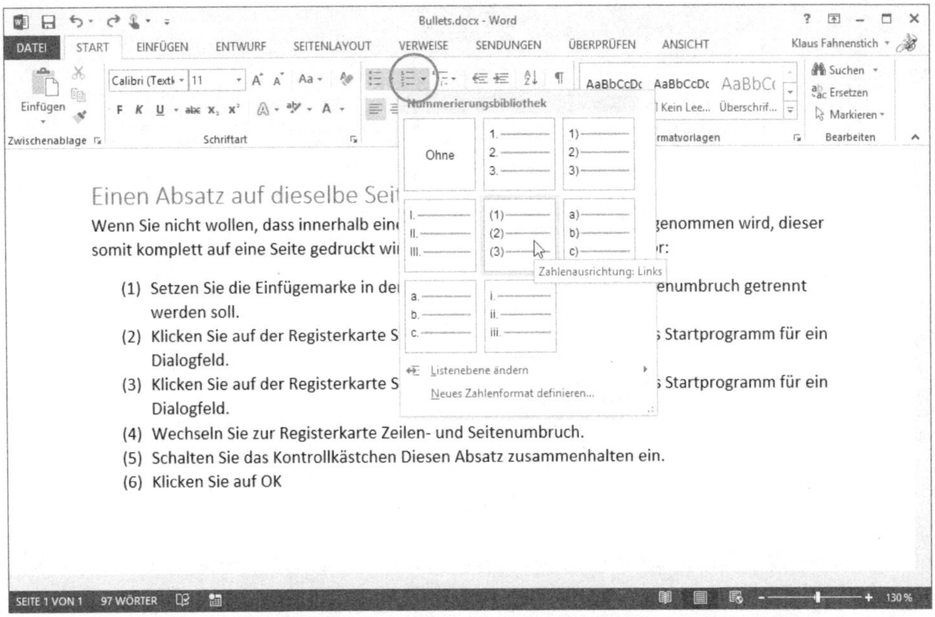

Eigenes Zahlenformat definieren

Wollen Sie keines der vordefinierten Zahlenformate verwenden, können Sie auch ein benutzerdefiniertes Zahlenformat erstellen. Dies bietet sich an, wenn Sie die Schriftart oder Schriftgröße ändern wollen, die für die Nummerierung verwenden wird. Oder dann, wenn Sie in der Nummerierung außer der Zahl noch anderen Text ausgeben lassen wollen. Gehen Sie folgendermaßen vor, um ein benutzerdefiniertes Zahlenformat zu erstellen:

1. Markieren Sie die Absätze, die Sie formatieren wollen.
2. Klicken Sie auf den Pfeil der Schaltfläche *Nummerierung* (Registerkarte *START,* Gruppe *Schriftart)* und im Auswahlmenü auf *Neues Zahlenformat definieren.*
3. Öffnen Sie im angezeigten Dialogfeld die Liste *Zahlenformatvorlage* und wählen Sie eines der angebotenen Formate aus. Folgende Formate stehen zur Verfügung:
   - Arabische Ziffern (1, 2, 3)
   - Arabische Ziffern mit Punkt (1., 2., 3.)
   - Römische Ziffern in Großbuchstaben (I, II, III)
   - Römische Ziffern in Kleinbuchstaben (i, ii, iii)
   - Großbuchstaben (A, B, C)
   - Kleinbuchstaben (a, b, c)
   - Zahlen als Text (Eins, Zwei usw. und Erste, Zweite usw.)
   - Zahlen mit fester Stellenanzahl (01, 001, 0001 usw.)

Bild 10.28 Das Dialogfeld *Neues Zahlenformat definieren*

4. Im Feld *Zahlenformat* wird grau hinterlegt die Zahl angezeigt, die ausgegeben werden soll.

   Sie können dort vor und hinter die Zahl noch weiteren Text eingeben, der vor und hinter der Zahl stehen soll. Sie können dieses Feld beispielsweise verwenden, um das Zeichen festzulegen, das zwischen der Nummer und dem zugehörigen Text ausgegeben werden soll (z.B. den Punkt, den Doppelpunkt oder auch Klammern). Oder Sie geben den Text *Schritt* ein, wenn Sie als Zahlenformat Schritt 1, Schritt 2 usw. verwenden wollen.

5. Klicken Sie optional auf die Schaltfläche *Schriftart*, wenn Sie die Größe oder Schriftfarbe der Nummerierung anpassen wollen. Nehmen Sie dann im Dialogfeld *Schriftart* die gewünschten Einstellungen vor.

6. Klicken Sie auf *OK*, um zum Dialogfeld *Neues Zahlenformat definieren* zurückzukehren.

7. Öffnen Sie die Liste *Ausrichtung*, und wählen Sie eine der Optionen aus. Die Option *Rechts* vergrößert den Abstand zwischen Text und Listenzeichen, die Option *Links* verkleinert ihn.

8. Klicken Sie auf *OK*, um das Zahlenformat zu definieren und es den Absätzen zuzuweisen.

Nummerierungswert anpassen

Die Nummerierung, die Sie wie hier beschrieben vornehmen, ist eine Absatzformatierung. Die Zahlen stehen daher nicht direkt im Text, sondern sind, wie alle Absatzmerkmale, mit der Absatzmarke verbunden. Wenn Sie am Ende eines nummerierten Absatzes ↵ drücken, erstellt Word einen neuen Absatz, der die gleichen Absatzformatierungen enthält wie der vorhergehende.

Was aber, wenn Sie innerhalb einer nummerierten Liste einen Absatz einfügen wollen, der nicht nummeriert ist? Sie können in diesem Absatz die Nummerierung entfernen, müssen dann aber die Nummerierung im nächsten Absatz, der wieder eine Nummer haben soll, fortsetzen.

Solche Aufgaben erledigen Sie am einfachsten mit dem Kontextmenü, das sich öffnet, wenn Sie einen nummerierten Absatz mit der rechten Maustaste anklicken (siehe die folgende Abbildung).

Bild 10.29 Das Kontextmenü mit den Befehlen zur Nummerierung

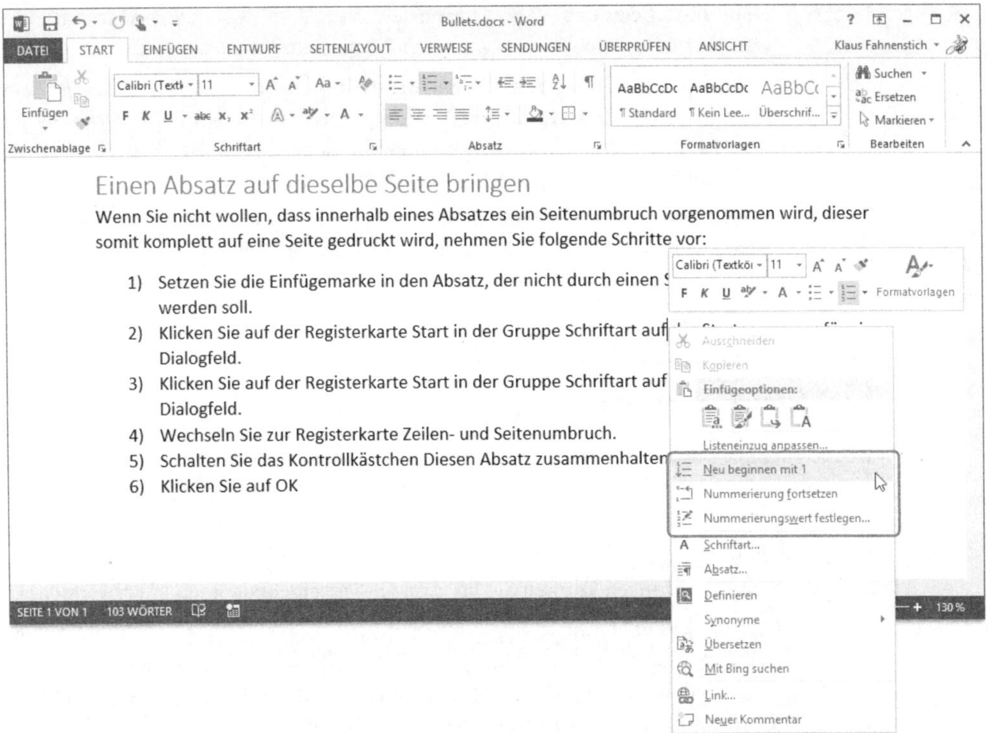

Die Befehle, die im Zusammenhang mit der Nummerierung von Bedeutung sind, sind folgende:

- **Neu beginnen mit 1** Beginnt die Nummerierung des markierten Absatzes wieder bei 1. Hierbei berücksichtigt Word das Zahlenformat (arabische Ziffern usw.), das dem aktuellen Absatz zugewiesen wurde.
- **Nummerierung fortsetzen** Setzt die Nummerierung mit der nächsten Zahl fort. Diesen Befehl verwenden Sie, wenn Sie innerhalb einer nummerierten Liste einen Absatz eingefügt haben, der nicht nummeriert werden soll, und der aktuelle Absatz mit der nächstgrößeren Zahl formatiert werden soll.
- **Nummerierungswert festlegen** Wenn Sie diesen Befehl anklicken, zeigt Word das gleichnamige Dialogfeld an.

Bild 10.30 Das Dialogfeld *Nummerierungswert festlegen*

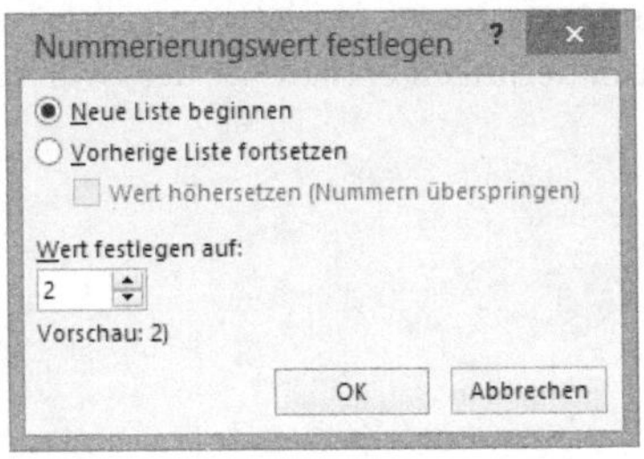

In diesem Dialogfeld stehen Ihnen die folgenden Optionen zur Verfügung:

- **Neue Liste beginnen** Das Optionsfeld *Neue Liste beginnen* entspricht von seiner Wirkung her dem Befehl *Neu beginnen mit 1* aus dem Kontextmenü.
- **Vorherige Liste fortsetzen** Wenn Sie das Optionsfeld *Vorherige Liste fortsetzen* auswählen, entspricht dies von seiner Wirkung her dem Befehl *Nummerierung fortsetzen* aus dem Kontextmenü. Zusätzlich können Sie noch das Kontrollkästchen *Wert höhersetzen* einschalten, wenn Sie eine Nummer überspringen wollen.
- **Wert festlegen auf** Wenn Sie die Nummerierung mit einer bestimmten Zahl beginnen lassen wollen, geben Sie diese in das Feld *Wert festlegen auf* ein.

Nummerierung entfernen und Listenebene anpassen

Wie Sie bereits bei den Aufzählungszeichen gesehen haben, können Sie die Nummerierung eines Absatzes entfernen, indem Sie ihn markieren und dann die Schaltfläche *Nummerierung* anklicken. Sollten Sie versehentlich den Pfeil der Schaltfläche *Nummerierung* erwischt haben, klicken Sie im Bereich *Nummerierungsbibliothek* des Auswahlmenüs auf *Ohne.*

Auch bei Nummerierungen können Sie bis zu neun verschiedene Ebenen verwenden. Um die Ebene eines Absatzes zu ändern, klicken Sie auf den Pfeil der Schaltfläche *Nummerierung,* zeigen auf *Listenebene ändern* und klicken dann die gewünschte Ebene an.

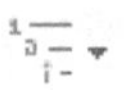

Wenn Sie eine Liste benötigen, die mehrere Nummerierungsebenen enthält, können Sie auch die Schaltfläche *Liste mit mehreren Ebenen* verwenden: Im Menü der Schaltfläche finden Sie mehrere fertige Listen. Wenn Sie eine der Ebenen anpassen wollen, verwenden Sie den Befehl *Neuen Listentyp definieren.* Mit dem Befehl *Neue Liste mit mehreren Ebenen definieren* können Sie eine neue Liste erstellen und dabei das Zahlenformat für jede Ebene einstellen.

Bild 10.31 Das Menü der Schaltfläche *Liste mit mehreren Ebenen*

Listeneinrückungen anpassen

Damit die nummerierten Listen und die Listen, die ein Aufzählungszeichen verwenden, richtig ausgerichtet werden, versieht Word diese mit einem linken und einem hängenden Einzug. Mit dem Listenfeld *Ausrichtung* der Dialogfelder *Neues Aufzählungszeichen definieren* und *Neues Zahlenformat definieren* können Sie für die Position des Aufzählungszeichens und der Nummer zwischen drei verschiedenen Varianten wählen (*Links, Rechts* und *Zentriert*).

Die genaue Position des Aufzählungseichens/der Nummer, die in früheren Word-Versionen direkt beim Definieren eines benutzerdefinierten Formats eingestellt werden konnte, steht auch in Word 2013 noch zur Verfügung, jedoch müssen Sie jetzt einen kleinen Umweg machen:

1. Erstellen Sie ein benutzerdefiniertes Aufzählungszeichen oder Zahlenformat, wie es weiter vorne in diesem Kapitel beschrieben wurde.
2. Markieren Sie die Absätze, für die Sie die Einrückungen ändern möchten, und klicken Sie sie mit der rechten Maustaste an.
3. Klicken Sie im Kontextmenü auf *Listeneinzug anpassen.* Das Dialogfeld *Listeneinrückungen anpassen* wird angezeigt.

Bild 10.32 Hier können Sie die genaue Position des Aufzählungszeichen bzw. der Nummer festlegen

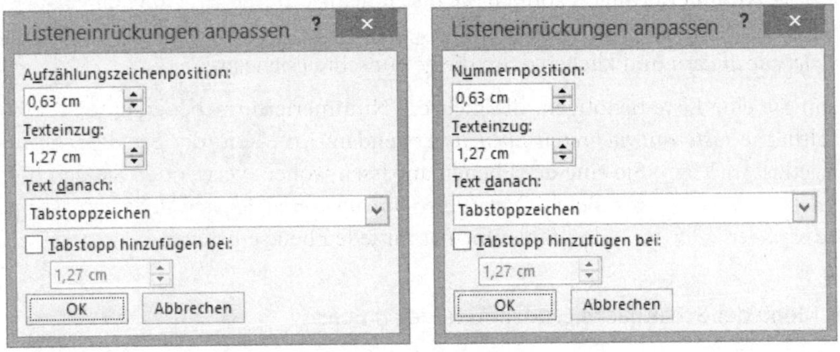

4. Führen Sie eine der folgenden Aktionen aus:
   - Wenn Sie eine Liste mit Aufzählungszeichen formatieren, legen Sie bei *Aufzählungszeichenposition* die Position des Aufzählungszeichens fest.
   - Wenn Sie eine nummerierte Liste formatieren, legen Sie bei *Nummernposition* die Position der Nummerierung fest.

   Der Wert, den Sie hier eingeben, bezieht sich auf den linken Seitenrand des Dokuments.
5. Legen Sie im Feld *Texteinzug* die Position fest, an der der eigentliche Text des Absatzes stehen soll. Auch hier bezieht sich der Wert, den Sie eingeben, auf den linken Seitenrand des Dokuments.
6. Schließen Sie das Dialogfeld mit *OK,* um die geänderten Einstellungen auf die markierten Absätze anzuwenden.

Linien, Rahmen und Muster zuweisen

In der Gruppe *Absatz* auf der Registerkarte *START* befinden sich zwei weitere Schaltflächen, die Sie verwenden können, um einem Absatz eine Hintergrundfarbe bzw. eine Rahmenlinie zuzuweisen. Beide Schaltflächen besitzen ein Dropdownmenü, mit dem Sie schnell die wichtigsten Formatierungen vornehmen können. Wenn Sie weitere Optionen einstellen wollen, können Sie das Dialogfeld *Rahmen und Schattierung* verwenden.

Absatz mit einer Hintergrundfarbe versehen

Gehen Sie so vor, um einem Absatz eine Hintergrundfarbe zuzuweisen:

1. Markieren Sie die Absätze, die Sie formatieren wollen.
2. Klicken Sie auf der Registerkarte *START* in der Gruppe *Absatz* auf den Pfeil der Schaltfläche *Schattierung*, damit Word das zugehörige Dropdownmenü öffnet.

Bild 10.33 Das Dropdownmenü zum Festlegen der Hintergrundfarbe

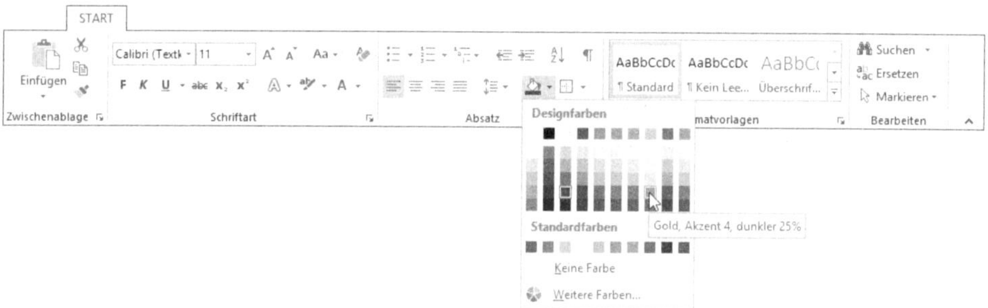

3. Führen Sie eine der folgenden Aktionen durch:
   - Klicken Sie auf eine der Farben bzw. Farbschattierungen im Bereich *Designfarben*, wenn Sie zur Formatierung des Dokuments ein Design verwenden. (Beachten Sie hierzu auch den Hinweis zu Designfarben in Kapitel 8.)
   - Klicken Sie auf eine der Farben im Bereich *Standardfarben*, wenn Sie zur Formatierung des Dokuments die Standardfarben verwenden.
   - Klicken Sie auf *Weitere Farben* und machen Sie bei Schritt 4 weiter, nachdem das Dialogfeld *Farben* angezeigt wurde (siehe Bild 10.34 auf der nächsten Seite).
4. Führen Sie eine der folgenden Aktionen durch:
   - Wenn Sie auf der Registerkarte *Standard* die benötigte Farbe sehen, klicken Sie sie an und schließen dann das Dialogfeld mit *OK*.
   - Andernfalls wechseln Sie zur Registerkarte *Benutzerdefiniert*, auf der Sie die Farbwerte der benötigten Farbe im RGB- oder im HSL-Farbmodell eingeben können. Sie können auch eine Farbe im Bereich *Farben* anklicken und mit dem Schieberegler die Farbhelligkeit einstellen. Klicken Sie auf *OK*, wenn Sie die gewünschte Farbe eingestellt haben.

Die Absätze werden mit der ausgewählten Farbe formatiert.

Bild 10.34 Die beiden Registerkarten des Dialogfeldes *Farben*

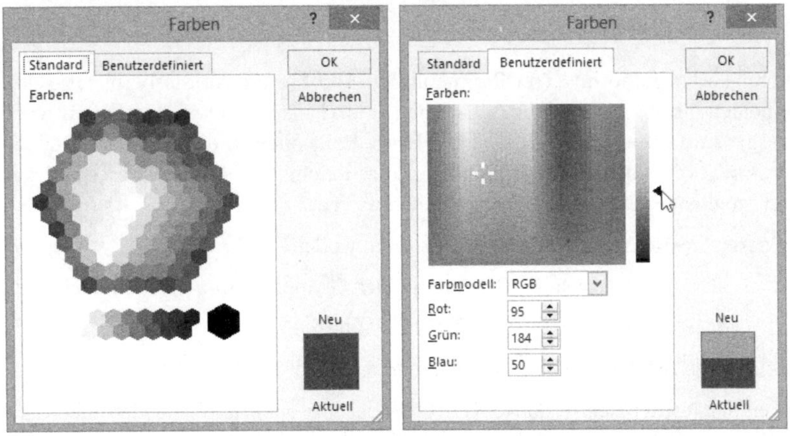

Absatz mit einer Rahmenlinie versehen

Gehen Sie so vor, um einem Absatz eine Rahmenlinie zuzuweisen:

1. Markieren Sie die Absätze, die Sie formatieren wollen.
2. Klicken Sie auf der Registerkarte *START* in der Gruppe *Absatz* auf den Pfeil der Schaltfläche *Rahmen*, damit Word das zugehörige Dropdownmenü öffnet.

Bild 10.35 Das Dropdownmenü zum Festlegen der Rahmenlinie

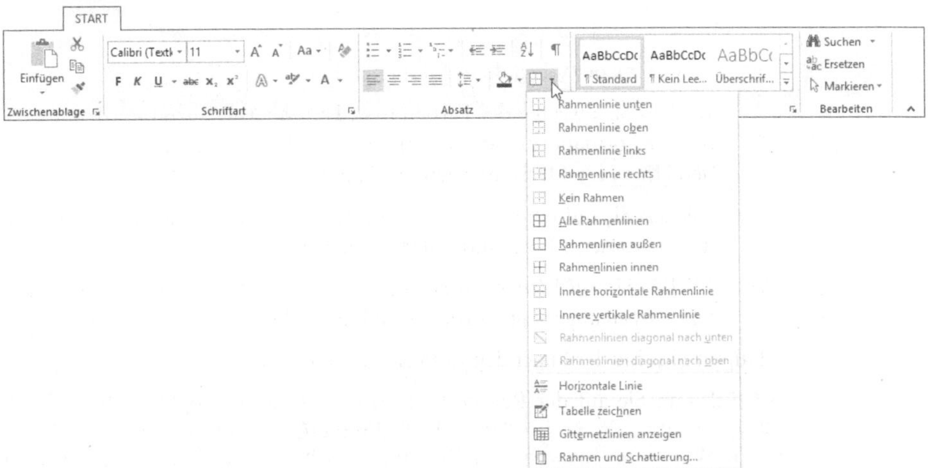

3. Klicken Sie den Befehl an, bei dem diejenige Seite des Absatzes mit einer Linie versehen ist, der Sie eine Linie zuweisen wollen. Wiederholen Sie dies für weitere Seiten, die mit einer Linie versehen werden sollen. Wollen Sie den gesamten Absatz einrahmen, klicken Sie auf die *Rahmenlinien außen*. Um die Rahmenlinie(n) wieder zu entfernen, klicken Sie auf *Kein Rahmen*.

Feintuning von Hintergrundfarbe und Rahmenlinien

Für die schnelle Formatierung von Rahmenlinien und Hintergrundfarbe bietet sich die Verwendung der beiden bisher vorgestellten Schaltflächen an. Falls Sie weitere Optionen (wie den Abstand zwischen Text und Linie oder deren Farbe) einstellen wollen, müssen Sie das Dialogfeld *Rahmen und Schattierung* verwenden. Das Dialogfeld dieses Befehls besitzt auf drei Registerkarten zahlreiche Einstellmöglichkeiten, die wir nun vorstellen wollen.

1. Markieren Sie die Absätze, die Sie formatieren wollen.
2. Klicken Sie auf der Registerkarte *Start* in der Gruppe *Absatz* auf den Pfeil der Schaltfläche *Rahmen*, damit Word das zugehörige Dropdownmenü öffnet.
3. Klicken Sie auf *Rahmen und Schattierung*. Das gleichnamige Dialogfeld wird angezeigt.

Bild 10.36 Die Registerkarte *Rahmen* des Dialogfeldes *Rahmen und Schattierung*

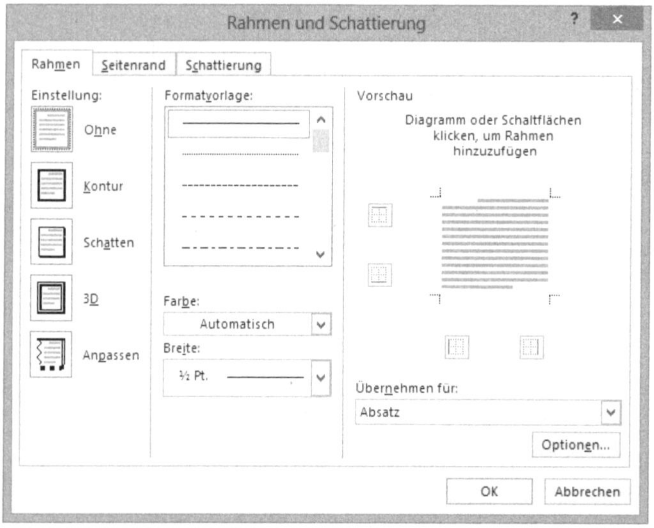

4. Nehmen Sie wie nachfolgend beschrieben die gewünschten Einstellungen vor.
5. Klicken Sie auf *OK*.

Die Registerkarte »Rahmen«

Die einfachste Form der Umrandung besteht darin, dass alle vier Seiten des Absatzes mit einer Linie der gleichen Linienstärke versehen werden. Dazu dienen die Optionen in der Liste *Einstellung*. Mit der Option *Ohne* wird der Rahmen entfernt, die Option *Kontur* erzeugt einen geschlossenen Rahmen, die Option *Schattiert* erzeugt einen geschlossenen Rahmen, bei dem die rechte und die untere Linie dicker sind als die linke und die obere, sodass ein Schatteneffekt entsteht.

HINWEIS **3D-Rahmen** Einen 3D-Rahmen können Sie nicht, wie Sie vielleicht vermuten, durch einfaches Anklicken der Option *3D* erstellen (das war auch bei den vorherigen Word-Versionen schon so). Um einen 3D-Rahmen zu erstellen, wählen Sie in der Liste *Einstellung* die Option *3D* aus, scrollen dann in der Liste *Formatvorlage* nach unten und wählen die dritt- oder die viertletzte Linienart aus. Nur so erhalten Sie einen Rahmen, der aussieht wie ein Fenster oder ein Bilderrahmen.

Mit der Option *Anpassen* können Sie Rahmen erstellen, bei denen die einzelnen Seiten des *Rahmens* unterschiedliche Linienstärken oder -farben aufweisen. Wenn Sie diese Option verwenden, wählen Sie zuerst in der Mitte des Dialogfeldes die Linienart, die Farbe und die Stärke der Linien aus und klicken dann im Vorschaubereich die Schaltfläche der Linie an, die Sie wie eingestellt formatieren wollen. Mehr hierzu finden Sie weiter hinten in diesem Kapitel.

Linienart, Linienstärke, Linienfarbe

Die Liste *Formatvorlage* enthält eine große Auswahl für die Art der Linien. Mit der Liste *Breite* legen Sie die Stärke der Rahmenlinien fest.

Das Listenfeld *Farbe* kann dazu verwendet werden, die Farbe der Linien und des Schattens einzustellen. Die Farben werden natürlich nur dann gedruckt, wenn Sie einen Farbdrucker verwenden. Besitzen Sie einen Schwarz-Weiß-Drucker, können Sie zum Formatieren die Farben verwenden; je nach Druckertyp erhalten Sie hierdurch interessante Ergebnisse.

Den Abstand des Rahmens zum Text einstellen

Durch Anklicken der Schaltfläche *Optionen* wird ein Dialogfeld angezeigt, in dem Sie für alle vier Seiten den Abstand des Rahmens zum Text festlegen können. Bei der Verwendung einer Umrandung wird der Abstand an allen vier Seiten des Absatzes erzeugt; bei der Formatierung einer Linie hingegen befindet sich der Abstand nur zwischen der Linie und dem Text.

Bild 10.37 Einstellen des Abstands zwischen Rahmen und Text

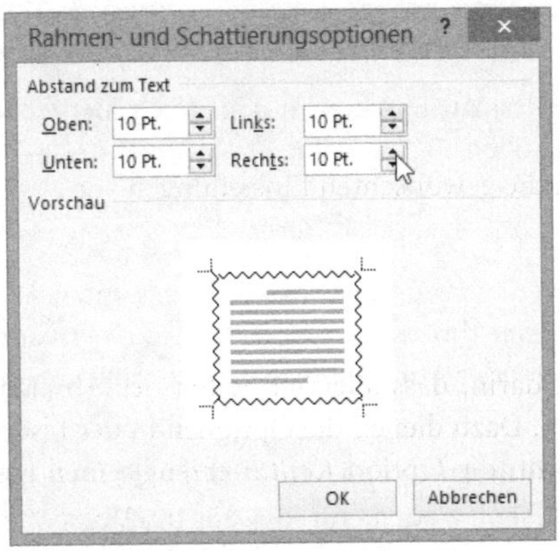

Die Registerkarte »Schattierung«: Füllmuster festlegen

Auf der Registerkarte *Schattierung* verbirgt sich die Möglichkeit, die Rahmen mit einem Füllmuster zu versehen. Mit den Elementen der Registerkarte *Schattierung* können Sie das Füllmuster auswählen und die Vorder- sowie Hintergrundfarbe einstellen.

Bild 10.38 Füllmuster für Rahmen festlegen

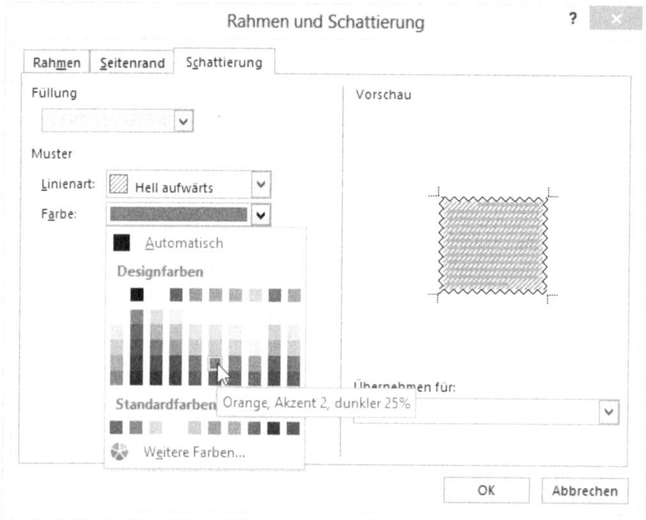

Im ersten Schritt legen Sie im Feld *Füllung* die Hintergrundfarbe des Musters fest. Dazu wählen Sie die Farbe entweder direkt aus der angebotenen Farbpalette aus oder Sie rufen mit dem Befehl *Weitere Farben* das Dialogfeld *Farben* auf, in dem Sie jede beliebige Farbe einstellen können.

Das eigentliche Muster wählen Sie im Listenfeld *Linienart.* Word stellt Ihnen verschiedene Raster mit einer Schwärzung von 0 % (transparent) bis 100 % (einfarbig) zur Verfügung. Darüber hinaus können Sie vertikale, diagonale oder horizontale Linien sowie ein Netz- und ein Karomuster auswählen.

Abschließend können Sie dann noch die Farbe des Musters bestimmen. Auch hier steht Ihnen die gewohnte Farbauswahl zu Verfügung (siehe Bild oben).

Rahmen mit unterschiedlichen Linien erzeugen

Bisher haben wir nur die Umrandungsmöglichkeiten vorgestellt, die einen gesamten Absatz betreffen. Das Dialogfeld *Rahmen und Schattierung* bietet Ihnen auch die Möglichkeit, an allen vier Seiten unterschiedliche Linienstärken zu verwenden oder nur eine, zwei oder drei Seiten des Absatzes mit einer Linie zu versehen.

Der Trick besteht darin, dass die Attribute der mittleren Gruppe des Dialogfeldes (Farbe, Linienart, Stärke) nur den Linien eines Absatzes zugewiesen werden, für die Sie im Vorschaufenster die Schaltflächen angeklickt werden.

Bild 10.39 Unterschiedliche Seiten eines Absatzes mit verschiedenen Rahmenlinien versehen

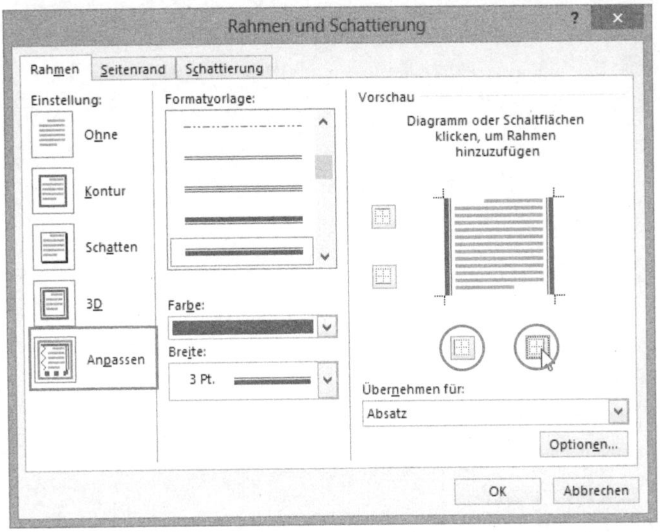

Sie können einzelne Rahmenlinien markieren, indem Sie die gewünschte Linie am Beispielabsatz anklicken. Die vier äußeren Linien stehen immer zur Verfügung. Die horizontale Linie symbolisiert eine Linie zwischen mehreren Absätzen, die vertikale Linie ist nur bei der Verwendung der Tabellenfunktion sichtbar.

Bild 10.40 Oben und unten unterschiedliche Linienstärke und Linienstil

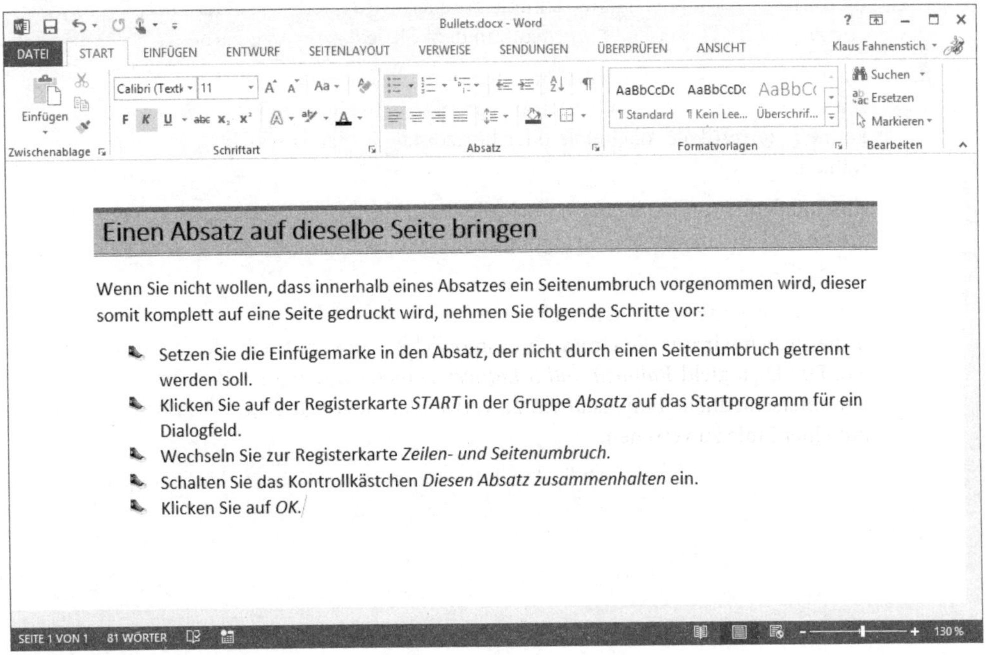

Kapitel 11

Formatvorlagen

In diesem Kapitel:

In diesem Kapitel dreht sich alles um Formatvorlagen. Es gibt in Word wohl kaum eine zweite Funktion, deren Verständnis eine so wichtige Voraussetzung für ein effektives Arbeiten mit Word ist. Gleichzeitig investieren nur wenige Anwender die notwendige Zeit, um das Konzept der Formatvorlagen zu verstehen und es gewinnbringend für sich einzusetzen.

Auch mit der neuen Version von Word wird es wohl leider nicht besser werden. Word signalisiert dem Anwender mehr denn je: »Ein Klick genügt« oder etwas bissiger formuliert: »Nicht denken, klicken!«. Diese Herangehensweise mag auf den ersten Blick verlockend klingen, aber wer je mit Software gearbeitet hat, die versucht, dem Anwender das Denken abzunehmen, kennt das verzweifelte Gefühl, das einen überkommt, wenn sich auf dem Bildschirm Dinge tun, die man weder versteht noch so gewollt hat.

Wir werden das Pferd daher gewissermaßen von hinten aufzäumen und Ihnen zunächst den Sinn und Zweck von Formatvorlagen erklären und erst anschließend auf ihre Anwendung eingehen.

Das Prinzip

Wenn Sie regelmäßig mit Word Dokumente erstellen, werden Sie schnell feststellen, dass Sie die gleichen Formatierungsbefehle immer wieder eingeben, um z. B. alle Überschriften auf die gleiche Art und Weise zu formatieren. Das ist nicht nur mühselig, sondern auch sehr unflexibel.

Formatvorlagen bieten eine Lösung für diese Situation, indem sie viele verschiedene Formatierungsmerkmale (wie Schriftart, Schriftauszeichnungen, Einzüge, Farbeinstellungen usw.) zu einer Art Rezept zusammenfassen. Wenn Sie beispielsweise alle Überschriften fett und zentriert formatieren wollen und außerdem eine Linie sowie Freiräume vor und nach dem Absatz einrichten möchten, können Sie genau *eine* Formatvorlage erstellen, die alle diese Formatierungsmerkmale in sich vereinigt.

Formatvorlagen sind schnell

Wenn Sie einmal eine Formatvorlage erstellt haben, können Sie sie beliebig oft anwenden und einer Textstelle alle in der Formatvorlage gespeicherten Formatierungsmerkmale mit dem berühmten einen Mausklick zuweisen.

Formatvorlagen sind präzise

So ist hundertprozentig garantiert, dass alle Formatierungen konsistent sind. Und falls Sie noch eine Korrektur an der Formatierung vornehmen wollen, können Sie sich auf eine einzige Stelle konzentrieren. Sie ändern einfach die Formatvorlage, die dann die neue Formatierung an die zugehörigen Textstellen »weiterreicht«.

Formatvorlagen sind flexibel

Dieser Mechanismus lässt sich fast beliebig perfektionieren. So können z.B. die Formatvorlagen eines Dokumentes so geschickt aufeinander aufgebaut werden, dass Sie mit einer einzigen Änderung die Schriftart im ganzen Dokument ändern können, und zwar unabhängig davon, in welcher Größe und Auszeichnung (fett, kursiv etc.) Sie die Schrift eingesetzt haben. Wenn Sie das Kapitel 8 gelesen haben, in dem wir Dokumentdesigns und Designschriftarten vorgestellt haben, ahnen Sie vielleicht bereits, welches Komfortpotenzial sich hier verbirgt. Wir werden dieses wichtige Thema im weiteren Verlauf dieses Kapitels noch vertiefen.

Die verschiedenen Typen von Formatvorlagen

In Word gibt es mehrere Typen von Formatvorlagen, die sich dadurch unterscheiden, welche Formatierungsmerkmale in ihnen gespeichert werden können.

- **Zeichen** Speichern die Einstellungen, die Sie auf der Registerkarte *START* in der Gruppe *Schriftart* finden. Mit Zeichenformatvorlagen können einzelne Wörter im Text durch eine Formatierung hervorgehoben werden (wie die Wörter *START* und *Schriftart* in diesem Absatz).
- **Absatz** Enthält lediglich die Einstellungen, die Sie für Absätze vornehmen können. Hierzu gehören die Ausrichtung, Einzüge, Abstände, Tabulatoren, Umrandungen, Linien sowie Schattierungen und die Sprache. Dieser Formatvorlagentyp kann jedoch (vermutlich aus Kompatibilitätsgründen) ebenfalls Zeichenformatierungen speichern.
- **Verknüpft (Absatz und Zeichen)** kombiniert eine Zeichen- mit einer Absatzformatvorlage.
- **Tabellen-Formatvorlagen** enthalten neben den Zeichenformatierungen auch Merkmale wie Füllfarbe, Rahmenarten und die Ausrichtung des Textes innerhalb einer Tabellenzelle.
- **Listen-Formatvorlagen** dienen zur Formatierung von nummerierten Listen und Aufzählungen. Neben der Einrückung und der Schriftart können Sie auch das Aufzählungszeichen aus den verschiedenen Zeichensätzen definieren oder dafür sogar eine Grafik verwenden.

Verwendung von Designschriftarten

In Kapitel 5 haben Sie gesehen, wie Sie die Darstellung eines Dokuments ändern können, indem Sie ein neues Design für das Dokument auswählen. Damit dieser »Trick« auch wirklich gelingen kann, müssen sämtliche Schriftformatierungen der Formatvorlage die Designschriftarten verwenden. Woran Sie diese Schriften erkennen, werden wir weiter hinten in diesem Kapitel noch erklären.

Schnellformatvorlagen

Schnellformatvorlagen sind im Grunde genommen nichts anderes als die soeben vorgestellten Formatvorlagen. Sie heben sich lediglich dadurch ab, dass sie in der Registerkarte *START* in der Gruppe *Formatvorlagen* auftauchen. Dank ihrer exponierten Lage lassen sich diese Formatvorlagen beim Formatieren schneller erreichen und dieser Tatsache verdanken sie ihren Namenszusatz.

Bild 11.1 Die Schnellformatvorlagen in der Registerkarte *START*

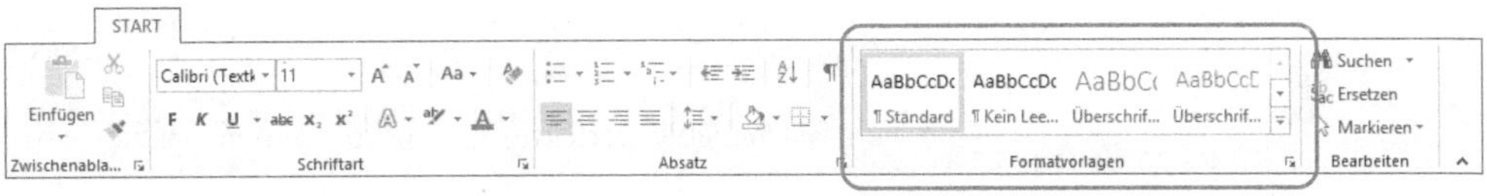

Um diesen Geschwindigkeitsvorsprung zu gewährleisten, verwendet Word zurzeit nur knapp 20 Schnellformatvorlagen. Andernfalls würden Sie zuviel Zeit damit verlieren, eine gewünschte Formatvorlage auf der Registerkarte zu finden. Bei der Auswahl der Formatvorlagen, die zu Schnellformatvorlagen »befördert« wurden, hat man versucht, ein möglichst breites Spektrum an Formatierungsaufgaben abzudecken.

Formatvorlagensätze

Es gibt noch eine weitere Hierarchieebene im Leben einer Formatvorlage: die so genannten Formatvorlagen*sätze.* Dabei handelt es sich einfach um verschiedene Gruppen von Schnellformatvorlagen, die jeweils einen eigenen Namen besitzen. Ihre besondere Wirkung entfalten die Formatvorlagensätze, wenn die in ihnen enthaltenen Formatvorlagen die gleichen Namen tragen. Dann wird es nämlich möglich, durch einfaches Wechseln des Formatvorlagensatzes einem Dokument ein vollständig anderes Aussehen zu geben.

Bild 11.2 Durch den Wechsel des Formatvorlagensatzes auf der Registerkarte *ENTWURF* erhält ein Dokument augenblicklich ein völlig anderes Aussehen

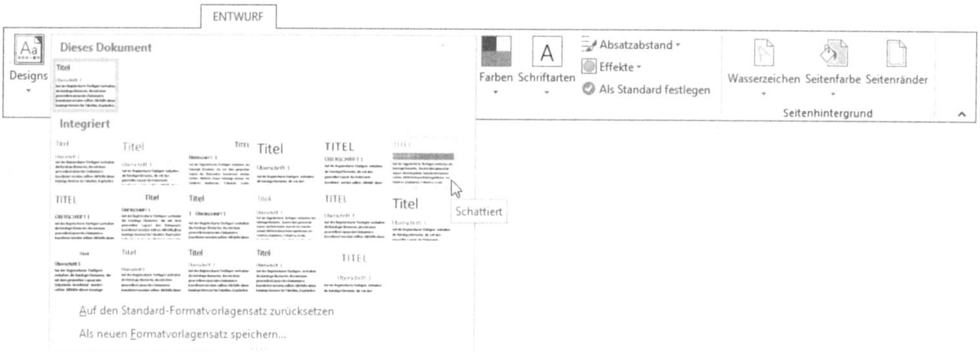

Dokumentdesigns

An oberster Stelle dieser Hierarchie befinden sich die eben schon erwähnten Dokumentdesigns. In ihnen werden unter anderem die *Designschriftarten* und die *Designfarben* festgelegt. Wenn alle in einem Dokument verwendeten Formatvorlagen nur diese Schriftarten und Farben verwenden, wirkt sich eine Änderung bzw. ein Wechsel des Dokumentdesigns automatisch auf das gesamte Dokument aus.

Fluch oder Segen?

Nach dieser kurzen Einführung in das Thema Formatvorlagen verfügen Sie nun über eine erste Vorstellung von der Leistungsfähigkeit dieses Konzepts. Sie haben sicher auch eine Ahnung davon bekommen, dass mit dieser Leistungsfähigkeit auch die Gefahr einhergeht, diesen Automatismus nicht in den Griff zu bekommen.

Unsere Empfehlung lautet daher: Wenden Sie zunächst nur die bereits vorhandenen Formatvorlagen an und beginnen Sie erst später, wenn Sie bereits etwas Erfahrung gesammelt haben, mit dem Erstellen von eigenen Formatvorlagen.

Formatvorlagen anwenden

Das Anwenden von Formatvorlagen ist denkbar unkompliziert. Beginnen wir mit dem einfachsten Fall, dem Anwenden einer Schnellformatvorlage. Mit den folgenden Schritten weisen Sie einem Absatz die Formatvorlage für eine Überschrift zu:

1. Setzen Sie die Einfügemarke in den betreffenden Absatz.
2. Zeigen Sie die Registerkarte *START* an.
3. Öffnen Sie in der Gruppe *Formatvorlagen* den Katalog mit den Schnellformatvorlagen. Word zeigt die wichtigsten Merkmale der Formatvorlagen in kleinen Vorschaubildchen an.

Bild 11.3 Anwenden einer Schnellformatvorlage

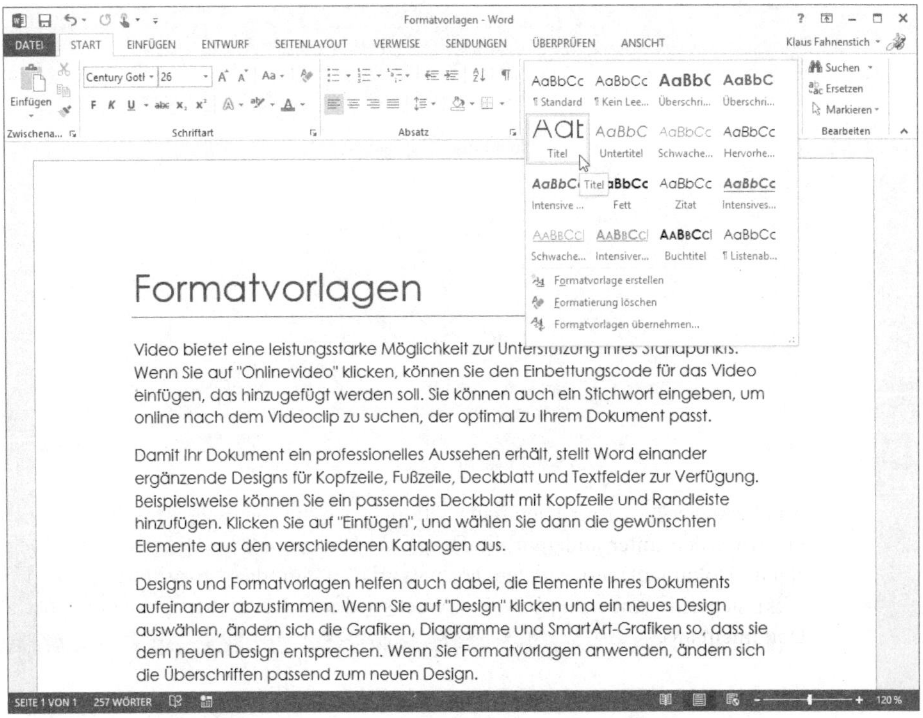

4. Bewegen Sie den Mauszeiger über die verschiedenen Einträge des Katalogs und beobachten Sie, wie sich die Formatierung des vorher ausgewählten Absatzes verändert.
5. Klicken Sie die gewünschte Formatvorlage an, um ihre Formatierungseigenschaften auf den Absatz zu übertragen.

ACHTUNG **Formatvorlagen überschreiben direkte Formatierungen** Wenn ein Absatz bereits direkte Absatzformatierungen besitzt, gehen sie durch das Zuweisen einer Formatvorlage verloren. Sie können jedoch, nachdem Sie dem Absatz die Formatvorlage zugewiesen haben, anschließend noch beliebige Formatierungen vornehmen.

Schnellformatvorlagen mit der Minisymbolleiste zuweisen

Der im letzten Abschnitt beschriebene Weg über die Registerkarte *START* ist in der Regel zu umständlich, da Sie dabei relativ lange Wege mit der Maus zurücklegen müssen. (Das gilt besonders dann, wenn die Registerkarte noch nicht angezeigt ist.) Schnellformatvorlagen lassen sich daher meistens besser über die Minisymbolleiste zuweisen. Zum Anzeigen der Minisymbolleiste klicken Sie entweder einen Absatz mit der rechten Maustaste an oder Sie markieren die gewünschte Textpassage, wodurch automatisch die Minisymbolleiste erscheint.

Bild 11.4 Der Aufruf des Katalogs über die Minisymbolleiste empfiehlt sich vor allem dann, wenn die Registerkarte *START* zurzeit nicht sichtbar ist

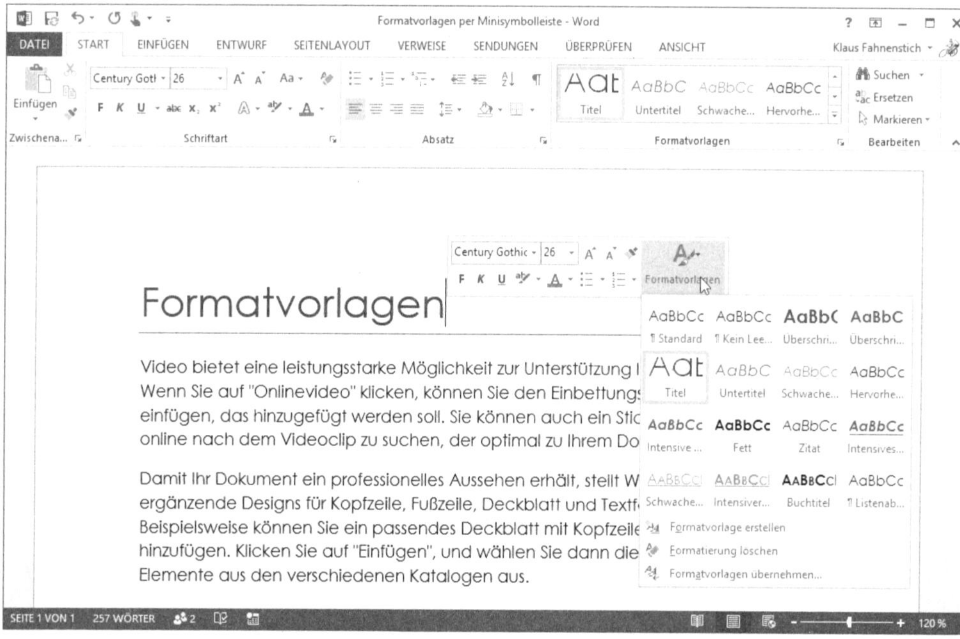

Anzeigen der Minisymbolleiste auf einem Tablet

Wenn Sie Word auf einem Tablet nutzen, ist das Anzeigen der Minisymbolleiste unter Umständen etwas kniffliger. Solange Sie die Formatvorlage einer markierten Textpassage zuweisen wollen, genügt es noch, wenn Sie den markierten Bereich einfach antippen.

Anders sieht es jedoch aus, wenn Sie einem ganzen Absatz eine neue Formatvorlage geben wollen. In diesem Fall muss nämlich entweder der gesamte Absatz markiert sein oder die Einfügemarke muss in dem betreffenden Absatz stehen und blinken. In diesem Fall hilft ein kleiner Trick: Tippen Sie einfach an das Ende des gewünschten Absatzes und lassen Sie den Finger einen kurzen Moment dort ruhen. Beim Loslassen erscheint dann die Minisymbolleiste, ohne dass ein Text markiert ist.

Formatieren mit dem Aufgabenbereich

Wenn sich eine von Ihnen gesuchte Formatvorlage nicht im Katalog der Schnellformatvorlagen befindet, verwenden Sie am besten den Aufgabenbereich *Formatvorlagen.* Um den Aufgabenbereich anzuzeigen, gehen Sie so vor:

1. Markieren Sie den Text, auf den Sie eine Formatvorlage anwenden wollen.
2. Zeigen Sie die Registerkarte *START* an.
3. Klicken Sie in der unteren rechten Ecke der Gruppe *Formatvorlagen* auf die kleine Schaltfläche.

Word blendet den Aufgabenbereich dann entweder rechts neben dem Dokument ein oder zeigt ihn als eigenes Fenster an. Um zwischen den beiden Darstellungsarten umzuschalten, führen Sie einen Doppelklick auf der Titelleiste des Aufgabenbereichs aus bzw. ziehen mit der Maus an seiner Titelleiste, um ihn vom Rand des Wordfensters zu lösen.

Bild 11.5 Im Aufgabenbereich können Sie alle Formatvorlagen erreichen

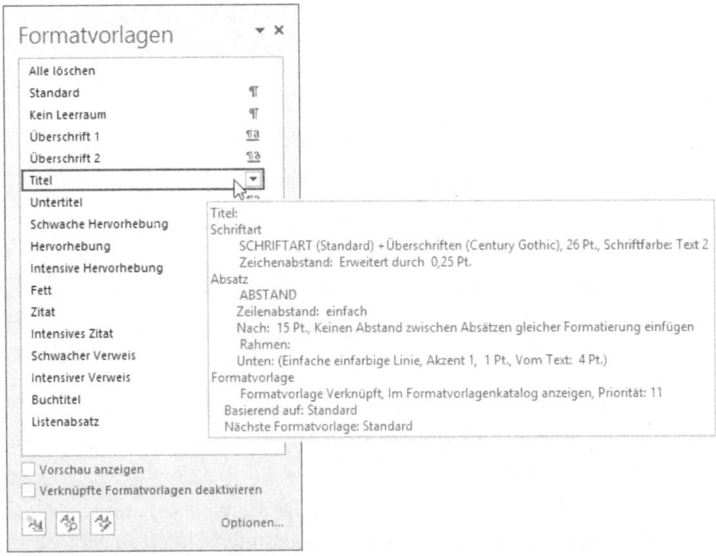

4. Wenn Sie jetzt mit der Maus über die verschiedenen Einträge des Aufgabenbereichs fahren, werden Sie feststellen, dass Word hier keine Livevorschau anbietet.
5. Sie können jedoch unten im Aufgabenbereich die Option *Vorschau anzeigen* einschalten, damit Word zumindest im Aufgabenbereich die Namen der Formatvorlagen in ihrer jeweiligen Formatierung anzeigt.
6. Übernehmen Sie die Formatierung der gewünschte Formatvorlage auf den markierten Text, indem Sie die Formatvorlage in der Liste anklicken.

TIPP **Aufgabenbereich per Shortcut aufrufen** Sie können den Aufgabenbereich auch über einen Shortcut aufrufen. Allerdings bedarf es dazu einer gewissen Fingerfertigkeit, da Sie dabei insgesamt vier Tasten gleichzeitig drücken müssen: Alt+Strg+⇧+S. Schaffen Sie es mit einer Hand? :-)

Optionen des Aufgabenbereichs »Formatvorlagen«

Wenn Sie eine bestimmte Formatvorlage suchen, werden Sie unter Umständen auch im Aufgabenbereich *Formatvorlagen* nicht auf Anhieb fündig. Dies liegt daran, dass Word versucht, Sie mit möglichst wenig Informationen zu konfrontieren und Ihnen deshalb zunächst nur eine Teilauswahl der vorhandenen Formatvorlagen anzeigt.

Um die Auswahl der angezeigten Formatvorlagen zu ändern, gehen Sie so vor:

1. Klicken Sie unten rechts im Aufgabenbereich auf *Optionen.*
2. Wählen Sie im Listenfeld des Dialogs *Optionen für Formatvorlagenbereich* aus, welche Formatvorlagen im Aufgabenbereich angezeigt werden sollen. Zur Auswahl stehen hier: *Empfohlen, Verwendet, Im aktuellen Dokument* und *Alle Formatvorlagen.*

Bild 11.6 Die Optionen des Aufgabenbereichs

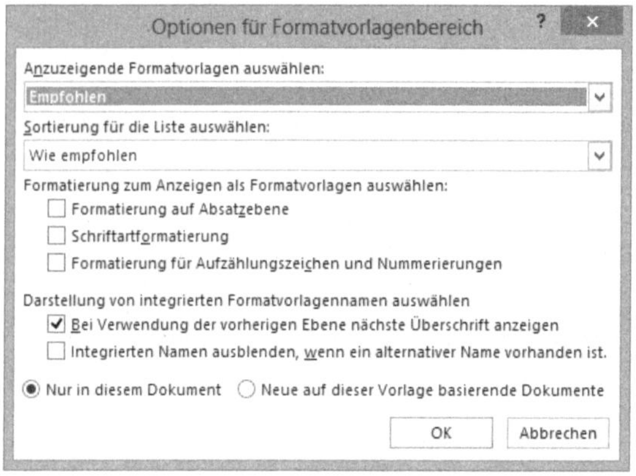

3. Sie können auch Einfluss auf die Sortierung der Formatvorlagen nehmen. Stellen Sie dazu im zweiten Listenfeld eine der Optionen *Alphabetisch, Wie empfohlen, Schriftart, Basierend auf* oder *Nach Typ* ein.
4. In der Gruppe *Formatierung zum Anzeigen als Formatvorlagen auswählen,* deren Namenswahl man wohl nur als kryptisch bezeichnen kann, können Sie einstellen, ob durch eine direkte Formatierung von Zeichen bzw. Absätzen automatisch neue Formatvorlagen erzeugt werden sollen. Wenn Sie zum Beispiel einen Absatz, dem Sie bereits die Formatvorlage *Überschrift 1* zugewiesen haben, anschließend zentriert formatieren, würde bei eingeschalteter Option *Formatierung auf Absatzebene* die neue Formatvorlage *Überschrift 1 + Zentriert* generiert. In der Regel führt dies zu einem erheblichen Chaos im Formatvorlagenbereich, da beinahe jede Änderung an der Formatierung eines Absatzes eine neue Formatvorlage nach sich zieht. Wir raten Ihnen daher vom Aktivieren dieser Optionen ab.
5. Mit den Optionen der Gruppe *Darstellung von integrierten Formatvorlagennamen auswählen* können Sie die Anzahl der angezeigten Formatvorlagen reduzieren. Wenn Sie zum Beispiel die Option *Bei Verwendung der vorherigen Ebene nächste Überschrift anzeigen* einschalten, würde die Formatvorlage *Überschrift 2* erst dann im Aufgabenbereich angezeigt, wenn Sie die Formatvorlage *Überschrift 1* das erste Mal verwenden. Weisen Sie anschließend die Formatvorlage *Überschrift 2* zu, taucht die Formatvorlage *Überschrift 3* auf usw.

6. Zum Schluss müssen Sie noch entscheiden, ob die vorgenommenen Einstellungen nur für das aktuelle Dokument gelten sollen (Option *Nur in diesem Dokument)* oder ob sie in der Vorlage gespeichert werden sollen, die dem aktuellen Dokument zugrunde liegt (Option *Neue auf dieser Vorlage basierende Dokumente)*. Im letzteren Fall würden sich die Einstellungen auf alle Dokumente auswirken, die Sie zukünftig auf Basis dieser Vorlage erstellen. (Ausführliche Informationen über Vorlagen finden Sie in Kapitel 14.)
7. Schließen Sie das Dialogfeld mit *OK*.

Der Aufgabenbereich »Formatvorlage übernehmen«

Es gibt noch einen weiteren Aufgabenbereich, der Sie bei der Arbeit mit Formatvorlagen unterstützt. Er nennt sich *Formatvorlagen übernehmen* und lässt sich wie folgt aufrufen bzw. verwenden:

1. Am schnellsten lässt sich der Aufgabenbereich mit seinem Shortcut Strg+⇧+S aufrufen.

   Falls Sie sich den Shortcut nicht merken können oder aber mit einem Tablet arbeiten, können Sie natürlich auch die Maus (bzw. Ihren Finger) verwenden. Zeigen Sie dazu die Minisymbolleiste an, indem Sie entweder mit der rechten Maustaste in den Text klicken oder das im Abschnitt »Anzeigen der Minisymbolleiste auf einem Tablet« (Seite 278) beschriebene Verfahren anwenden.

   Anschließend öffnen Sie auf der Minisymbolleiste den Katalog der Schnellformatvorlagen (siehe Bild 11.4) und rufen im Ausklappmenü den Befehl *Formatvorlage übernehmen* auf.

Bild 11.7 Der Aufgabenbereich zeigt die Formatvorlage an der Einfügemarke an

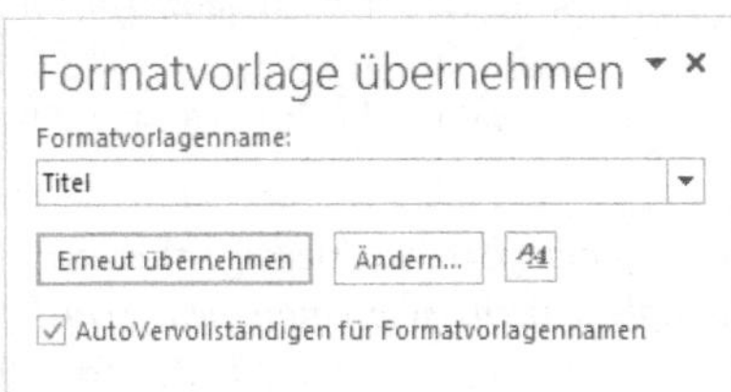

2. Wählen Sie die gewünschte Formatvorlage in der Liste aus.

   Wenn die Option *AutoVervollständigen für Formatvorlagennamen* aktiviert ist, können Sie eine bestimmte Formatvorlage unter Umständen schneller finden, indem Sie ihren Namen in das Feld eintippen. Word zeigt die gesuchte Formatvorlage dann automatisch an, sobald Sie anhand Ihrer Eingabe eindeutig zu identifizieren ist. Um eine so ausgewählte Formatvorlage auf den Text anzuwenden, müssen Sie anschließend noch die Eingabetaste drücken.
3. Die Schaltfläche *Erneut übernehmen* benötigen Sie, wenn ein Text zwar ursprünglich per Formatvorlage, anschließend aber auch noch manuell formatiert wurde. Diese Abweichungen werden im Aufgabenbereich leider nicht angezeigt, lassen sich jedoch mit *Erneut übernehmen* rückgängig machen. Sie können die Wirkung der Schaltfläche leicht nachvollziehen, indem Sie einen Absatz mit der Formatvorlage *Überschrift 1* versehen und ihn anschließend zentriert formatieren.

Sehr praktisch ist auch die rechte der drei Schaltflächen. Mit ihr können Sie den Aufgabenbereich *Formatvorlagen,* den wir Ihnen im letzten Abschnitt vorgestellt haben, ein- und ausblenden.

Praktische Tipps für Formatvorlagen

- **Zeichenformatvorlagen funktionieren genauso** Wenn Sie einem einzelnen Wort eine Zeichenformatvorlage zuweisen wollen, reicht es aus, wenn sich die Einfügemarkierung in dem Wort befindet. Word formatiert dann automatisch das ganze Wort.
- **Einzelne Buchstaben** Wenn Sie nur einzelne Buchstaben innerhalb eines Wortes oder mehrere aufeinander folgende Wörter in einem Absatz formatieren wollen, müssen Sie sie vorher markieren.
- **Absatz auf Standardwerte der Formatvorlage setzen** Haben Sie einen Absatz, dem eine Formatvorlage zugewiesen ist, nachträglich formatiert, können Sie diese Änderungen jederzeit wieder rückgängig machen (dazu müssen Sie die gewünschten Zeichen vorher markieren):
  - Strg+Q entfernt die zusätzlichen Absatzformatierungen
  - Strg+Leertaste hebt die zusätzlichen Zeichenformatierungen auf.
- **Formatvorlage Standard** Mit dem Shortcut Strg+⇧+N weisen Sie einem Absatz die Formatvorlage *Standard* zu, die normalerweise alle Absätze besitzen, die nicht mit einer anderen Formatvorlage belegt wurden.
- **Überschriften formatieren** Die Formatvorlagen *Überschrift 1*, *Überschrift 2* und *Überschrift 3* können Sie mit den Shortcuts Alt+1, Alt+2 und Alt+3 zuweisen.
- **Aufzählungen formatieren** Mit der Tastenkombination Strg+⇧+L können Sie die Formatvorlage *Aufzählungszeichen* zuweisen, mit der sich Listen erstellen lassen.
- **Anzeige der Formatvorlagen auf dem Bildschirm** Beim Formatieren eines Textes ist es manchmal nützlich, wenn man sofort sieht, mit welcher Formatvorlage ein Absatz formatiert ist. Wenn Sie den Aufgabenbereich *Formatierung anzeigen* einblenden und mit der Einfügemarke durch den Text wandern, wird die Anzeige im Aufgabenbereich ständig aktualisiert. Wie Sie den Aufgabenbereich anzeigen können, erfahren Sie im nächsten Abschnitt.
- **Formatvorlagenbereich anzeigen** Wenn Sie sich einen schnellen Überblick über die im Dokument verwendeten Formatvorlagen verschaffen möchten, können Sie den so genannten *Formatvorlagenbereich* einblenden. Word zeigt dann am linken Fensterrand für jeden Absatz den Namen der benutzten Formatvorlage an. Zum Einschalten des Bereichs rufen Sie das Dialogfeld *Word-Optionen* auf, zeigen die Kategorie *Erweitert* an und tragen in der Gruppe *Anzeigen* im Feld *Breite des Formatvorlagenbereichs…* einen Wert größer als 0 cm ein. Weitere Hinweise zum Formatvorlagenbereich finden Sie in Kapitel 31 auf Seite 660.
- **Formatvorlagen suchen** Mit Word können Sie auch nach Textstellen suchen, die mit einer bestimmten Formatvorlage formatiert wurden. Klicken Sie dazu im Dialogfeld *Suchen und Ersetzen* auf die Schaltfläche *Erweitern* und wählen Sie dann die gesuchte Formatvorlage über das Menü der Schaltfläche *Format* aus. Schalten Sie anschließend im Dialogfeld noch die Lesehervorhebung ein, damit Word die gefundenen Textstellen mit einer farblichen Hinterlegung kennzeichnet.
- **Formatvorlagen übertragen** Formatvorlagen lassen sich in andere Dokumente übertragen. Wie Sie dazu vorgehen müssen, beschreiben wir weiter hinten in diesem Kapitel im Abschnitt »Formatvorlagen verwalten« ab Seite 288.

Der Formatinspektor

Wenn Sie prüfen möchten, welche Formatierungsmerkmale ein markierter Text oder ein Absatz besitzt, können Sie den *Formatinspektor* aufrufen:

1. Zeigen Sie die Registerkarte *START* an und klicken Sie in der Gruppe *Formatvorlagen* rechts unten auf die kleine Schaltfläche, um den Aufgabenbereich *Formatvorlagen* anzuzeigen.
2. Klicken Sie unten im Aufgabenbereich auf die mittlere Schaltfläche. Der Formatinspektor erscheint auf dem Bildschirm (siehe Bild 11.8 links).

Bild 11.8 Die Aufgabenbereiche *Formatinspektor* und *Formatierung anzeigen*

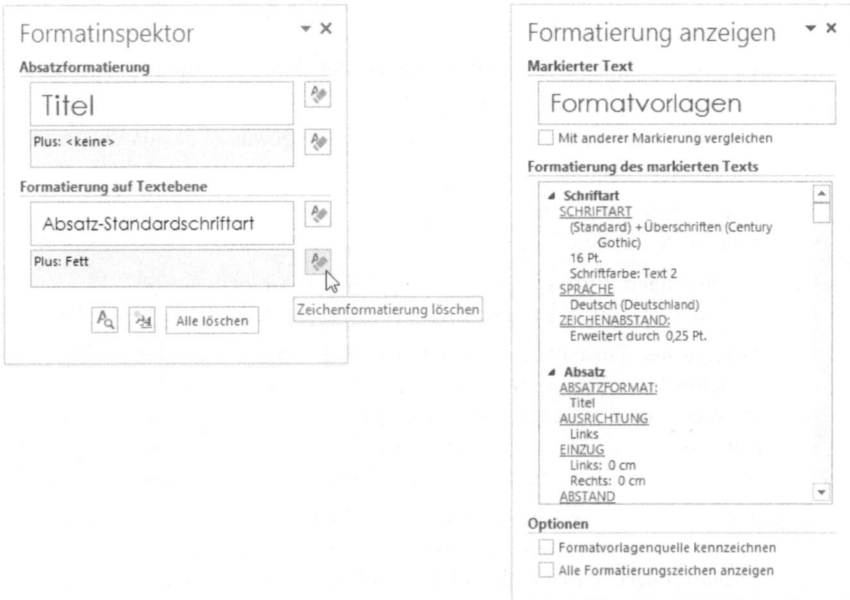

Wie Sie im Bild sehen, liefert der Formatinspektor zum einen die Information, welche Absatz- und welche Zeichenformatvorlage verwendet wurde (im Beispiel *Titel* und *Absatz-Standardschriftart*). Darüber hinaus zeigt er die Formatierungsmerkmale an, mit denen der Absatz bzw. die Zeichen nach dem Zuweisen der Formatvorlage noch formatiert wurden.

3. Mit den vier Schaltflächen, die sich am rechten Fensterrand des Formatinspektors befinden, können Sie die zugehörige Formatierung entfernen. Wenn Sie zum Beispiel die oberste Schaltfläche anklicken, erhält der Text die Absatzformatvorlage *Standard.* Mit der untersten Schaltfläche könnten Sie gezielt die nachträgliche Zeichenformatierung *Fett* entfernen.
4. Über die linke Schaltfläche am unteren Fensterrand des Formatinspektors können Sie den im letzten Abschnitt erwähnten Aufgabenbereich *Formatierung anzeigen* einblenden, der Sie mit detaillierten Informationen über die Formatierung der aktuellen Textposition bzw. des markierten Textes versorgt (siehe Bild 11.8 rechts).

Formatvorlagen ändern

Wenn Sie eine Formatvorlage ändern möchten, weil Ihnen ein bestimmtes Formatierungsdetail nicht zusagt, gehen Sie dazu am einfachsten so vor:

1. Nehmen Sie die Änderungen an einem Absatz oder einem markierten Text vor, dem Sie zuvor die betreffende Formatvorlage zugewiesen haben.
2. Klicken Sie dann den Text bzw. die Markierung mit der rechten Maustaste an und klicken Sie in der dadurch angezeigten Minisymbolleite auf die Schaltfläche *Formatvorlagen,* um deren Auswahlkatalog zu öffnen. Im Katalog ist die betreffende Formatvorlage mit einem Rahmen gekennzeichnet.
3. Zeigen Sie mit einem Rechtsklick das Kontextmenü der Formatvorlage an und wählen Sie wie in der folgenden Abbildung zu sehen, den Befehl *XY aktualisieren, um der Auswahl zu entsprechen,* wobei *XY* der Name der Formatvorlage ist.

Bild 11.9 Übertragen der aktuellen Formatierung in die gewählte Formatvorlage

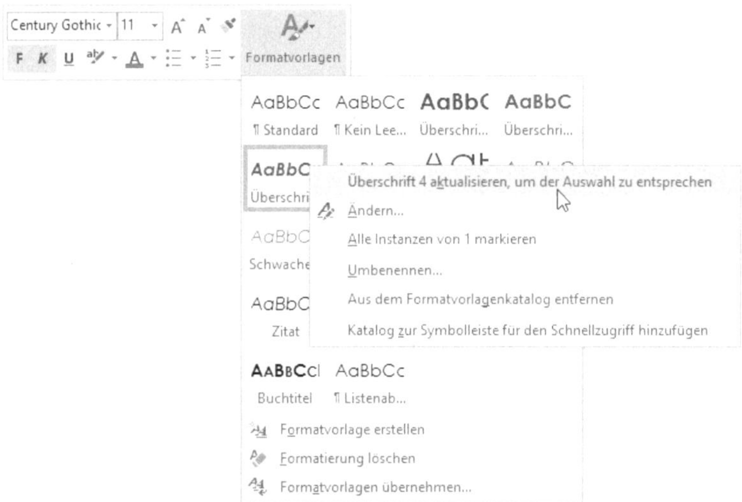

Word übernimmt dadurch die Änderungen in die Formatvorlage, wodurch sich automatisch auch alle Textstellen ändern, die mit dieser Formatvorlage formatiert worden sind.

Formatvorlagen direkt im Dialogfeld bearbeiten

Alternativ zu der im letzten Abschnitt beschriebenen Vorgehensweise können Sie die Eigenschaften einer Formatvorlage auch über ein Dialogfeld ändern. Klicken Sie dazu die gewünschte Formatvorlage entweder im Katalog der Schnellformatvorlagen oder im Aufgabenbereich *Formatvorlagen* mit der rechten Maustaste an und wählen Sie im Kontextmenü den Befehl *Ändern.* Da das Dialogfeld *Formatvorlage ändern* dem Dialogfeld *Neue Formatvorlage von Formatierung erstellen* stark ähnelt, verzichten wir hier auf seine Beschreibung und verweisen Sie auf den nächsten Abschnitt.

Eigene Formatvorlagen erstellen

Wenn Sie die Formatierung eines Absatzes in eine neue Formatvorlage überführen wollen, können Sie mit allen Befehlen, die Sie bisher kennen gelernt haben, die Formatierung des Absatzes festlegen. Da eine Absatzformatvorlage immer die Formatierung des gesamten Absatzes beschreibt, kann pro Formatvorlage nur eine Schriftart, ein Schriftgrad und eine Form der Auszeichnung festgelegt werden. Einzelne Zeichen oder Wörter, die anders formatiert werden sollen, müssen von Hand mit den beschriebenen Verfahren zur Zeichenformatierung erstellt werden.

HINWEIS **Verwenden Sie Designschriftarten und -farben** Beachten Sie bei der Formatierung von Schriftart und Farben, dass Sie nach Möglichkeit die Designschriftarten bzw. -farben verwenden. In den entsprechenden Auswahllisten stehen diese Einträge immer ganz oben.

Hier die einzelnen Schritte, die zum Kopieren einer Absatzformatierung in eine Formatvorlage erforderlich sind:

1. Formatieren Sie den Absatz so, dass er Ihren Vorstellungen von der zu erstellenden Formatvorlage entspricht.
2. Markieren Sie den Absatz.
3. Klicken Sie mit der rechten Maustaste in die Markierung, öffnen Sie auf der Minisymbolleiste das Menü der Schaltfläche *Formatvorlagen* und wählen den Befehl *Formatvorlage erstellen.* Es erscheint folgendes Dialogfeld:

Bild 11.10 Benennen der neuen Formatvorlage

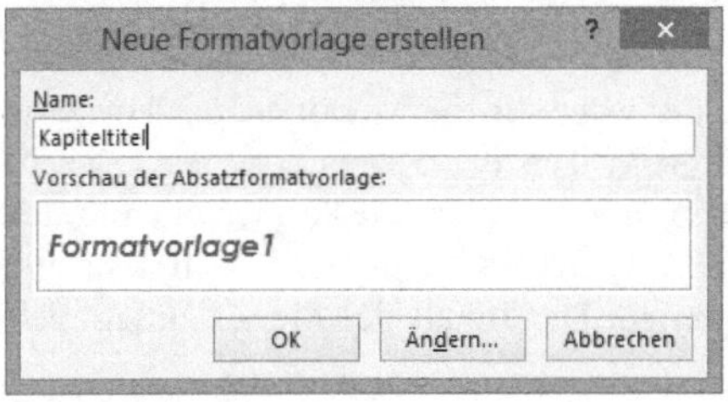

4. Geben Sie einen Namen für die neue Formatvorlage ein und klicken Sie auf *OK.*

Formatvorlage neu definieren

Sie können auch Formatvorlagen definieren, ohne vorher einen Absatz entsprechend formatiert zu haben. In diesem Fall sind folgende Schritte notwendig:

1. Klicken Sie in der Registerkarte *START* auf die kleine Schaltfläche, die sich in der rechten unteren Ecke der Gruppe *Formatvorlagen* befindet. Word zeigt dann den Aufgabenbereich *Formatvorlagen* an.
2. Klicken Sie im Aufgabenbereich unten links auf die Schaltfläche *Neue Formatvorlage,* die folgendes Dialogfeld anzeigt.

Dokumente formatieren

Bild 11.11 Hier können Sie alle Einstellungen für eine Formatvorlage vornehmen

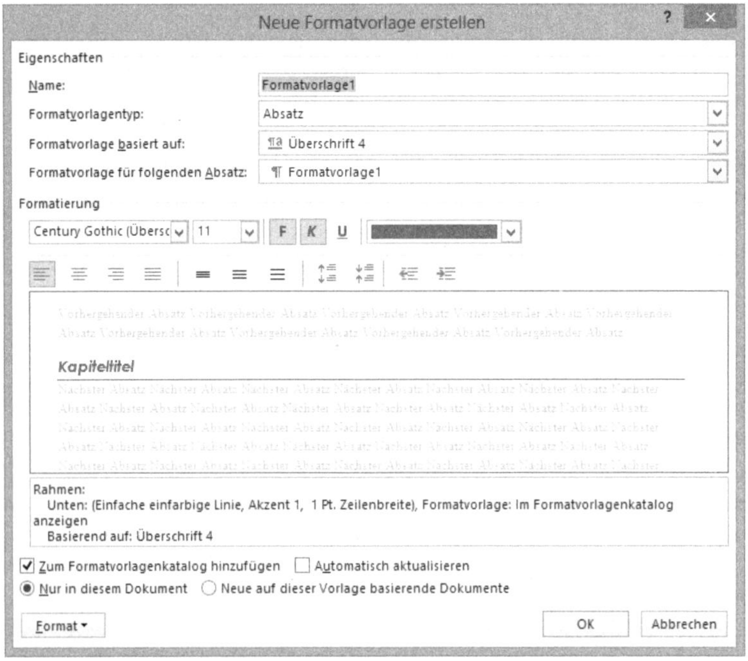

3. Tragen Sie in das Feld *Name* den Namen der neuen Formatvorlage ein.
4. Wählen Sie im nächsten Listenfeld den gewünschten *Formatvorlagentyp* aus. Die verschiedenen Formatvorlagentypen haben wir weiter vorne in diesem Kapitel ab Seite 275 beschrieben.
5. Im mittleren Bereich des Dialogfeldes legen Sie die Merkmale der Formatvorlage fest. Word bietet Ihnen hier in Abhängigkeit vom Typ der Formatvorlage die wichtigsten Formatierungsmöglichkeiten als Schaltflächen und Listen an. Sie können auch im unteren Bereich auf die Schaltfläche *Format* klicken, damit Word ein Menü mit den Merkmalen öffnet, die Sie der neuen Formatvorlage zuweisen können. Der Inhalt des Menüs ändert sich in Abhängigkeit vom gewählten Formatvorlagentyp.

Formatvorlage der Dokumentvorlage hinzufügen

Wenn Sie in einem Dokument (keiner Vorlage) arbeiten und eine neue Formatvorlage erstellen, ist die neue Formatvorlage anschließend nur im aktuellen Dokument enthalten, nicht aber in der Dokumentvorlage, die dem Dokument zugrunde liegt. Wenn Sie die neu erstellte Formatvorlage in die Dokumentvorlage übernehmen wollen, müssen Sie im unteren Bereich des Dialogfeldes *Neue Formatvorlage erstellen* das Optionsfeld *Neue auf dieser Vorlage basierende Dokumente* einschalten. Falls sich das Feld bei Ihnen nicht aktivieren lässt, ist die Dokumentvorlage mit einem Schreibschutz versehen.

Formatvorlage auf bereits vorhandener basieren

Wenn Sie eine Formatvorlage definieren wollen, die sich nur in einigen Kleinigkeiten von einer schon bestehenden unterscheidet, können Sie die Formatierung der neuen Formatvorlage auf der vorhandenen aufbauen.

Stellen Sie die betreffende Formatvorlage einfach im Listenfeld *Formatvorlage basiert auf* ein. Word übernimmt dann alle Merkmale dieser Formatvorlage in die neue Formatvorlage und Sie müssen sich nur noch um die Formatierungsmerkmale kümmern, in denen sich die beiden Formatvorlagen unterscheiden.

Nächste Formatvorlage festlegen

Wenn Sie einen Absatz mit einer Formatvorlage formatiert haben und am Ende des Absatzes mit der [↵]-Taste einen neuen Absatz erstellen, erhält dieser normalerweise dieselbe Formatvorlage.

Sie können aber auch mit dem Listenfeld *Formatvorlage für folgenden Absatz* eine andere Formatvorlage festlegen. Diese Möglichkeit ist bei der Formatierung von vielen Dokumenten äußerst praktisch. Nehmen Sie als Beispiel den Text dieses Kapitels, bei dem nach einer Überschrift in der Regel immer die Standard-Formatvorlage verwendet wird.

Formatvorlagen und Shortcuts

Beim Definieren von Formatvorlagen können Sie auch eine Tastenkombination festlegen, die Sie dann zum Zuweisen der Formatvorlage verwenden können. Gehen Sie dazu wie folgt vor:

1. Klicken Sie im Dialogfeld *Neue Formatvorlage erstellen* bzw. im Dialogfeld *Formatvorlage ändern* erst auf die Schaltfläche *Format* und dann auf *Tastenkombination.*
2. Drücken Sie die gewünschte Tastenkombination.

Bild 11.12 Tastenkombination für eine Formatvorlage festlegen

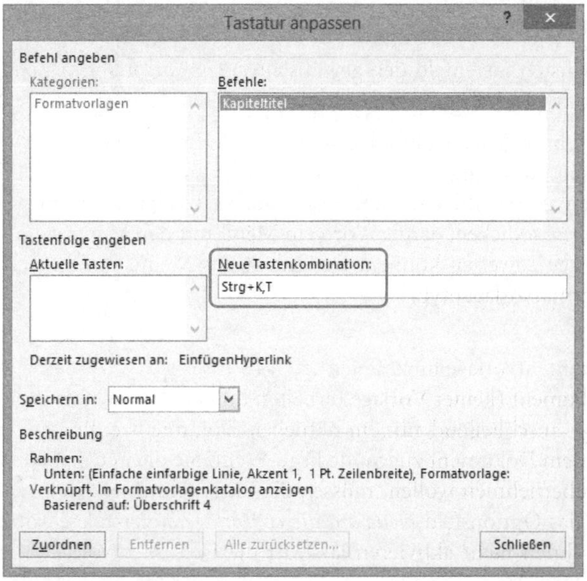

3. Unterhalb des Feldes *Aktuelle Tasten* zeigt Word die Formatvorlage oder den Word-Befehl an, dem die gedrückte Tastenkombination derzeit zugeordnet ist. Wenn Sie die Zuordnung nicht lösen wollen, müssen Sie eine andere Tastenkombination ausprobieren.
4. Klicken Sie auf die Schaltfläche *Zuordnen*, um die Tastenkombination der Formatvorlage dauerhaft zuzuordnen.

Formatvorlagen verwalten

In diesem Abschnitt wollen wir noch auf einige wichtige Verwaltungsaufgaben eingehen, die im Zusammenhang mit Formatvorlagen regelmäßig auftauchen. Dazu gehören z. B. das Löschen von Formatvorlagen und das Übertragen einer Formatvorlage von einem Dokument in ein anderes.

Formatvorlage löschen

Wenn Sie eine Formatvorlage nicht mehr benötigen, können Sie sie aus dem Dokument oder der Vorlage entfernen. Das ist jedoch nur mit den von Ihnen erstellten Formatvorlagen möglich; die internen Formatvorlagen von Word (z.B. *Überschrift 1* oder *Standard)* lassen sich nicht löschen.

Beim Löschen einer Formatvorlage wird den Absätzen, die mit dieser Formatvorlage formatiert waren, die Formatvorlage *Standard* zugewiesen.

1. Öffnen Sie das Dokument, das die zu löschende Formatvorlage enthält.
2. Zeigen Sie den Aufgabenbereich *Formatvorlagen* an.
3. Klicken Sie dort auf die Schaltfläche *Formatvorlagen verwalten.*
4. Wechseln Sie im Dialogfeld *Formatvorlagen verwalten* auf die Registerkarte *Bearbeiten,* falls diese nicht bereits angezeigt wird.

Bild 11.13 Löschen einer Formatvorlage

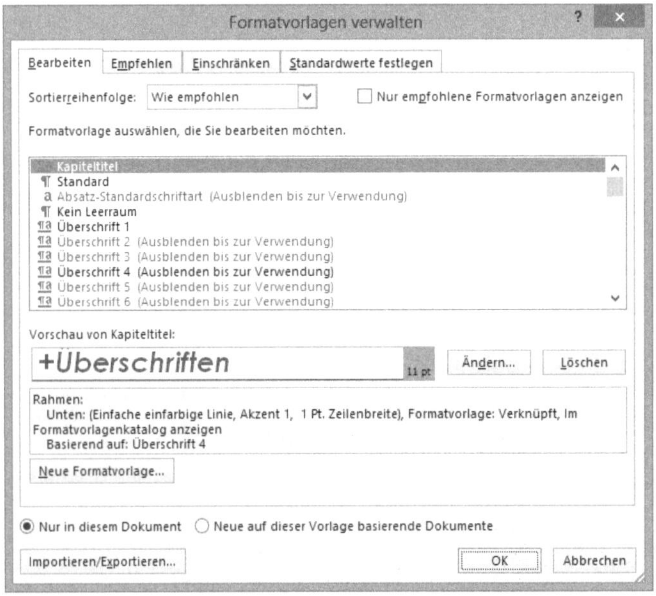

5. Markieren Sie die Formatvorlage in der Liste und ändern Sie dazu eventuell die Sortierreihenfolge der Liste, um die gesuchte Formatvorlage leichter finden zu können.
6. Klicken Sie auf die Schaltfläche *Löschen* und bestätigen Sie die Nachfrage von Word mit *Ja.*

Formatvorlagen importieren und exportieren

Formatvorlagen lassen sich auch aus anderen Dokumenten kopieren. Das heißt, Sie können beim Erstellen von Formatvorlagen auch auf bereits bestehende Formatvorlagen zurückgreifen und diese in das aktuelle Dokument bzw. die aktuelle Vorlage übertragen. Wenn Sie bereits mit älteren Versionen von Word gearbeitet haben, wird Ihnen das Verfahren bekannt vorkommen.

1. Öffnen Sie das Dokument, in das Sie die Formatvorlage einfügen möchten.
2. Zeigen Sie den Aufgabenbereich *Formatvorlagen* an (entweder auf der Registerkarte *START* in der Gruppe *Formatvorlagen* auf die kleine Schaltfläche in der rechten unteren Ecke klicken oder über den Shortcut Alt+Strg+⇧+S).

3. Klicken Sie unten im Aufgabenbereich auf die Schaltfläche *Formatvorlagen verwalten.* Word zeigt dann das gleichnamige Dialogfeld an.
4. Klicken Sie in dem Dialogfeld *Formatvorlagen verwalten* auf *Importieren/Exportieren.* Sie sehen dann folgendes Dialogfeld.

Bild 11.14 Formatvorlagen kopieren

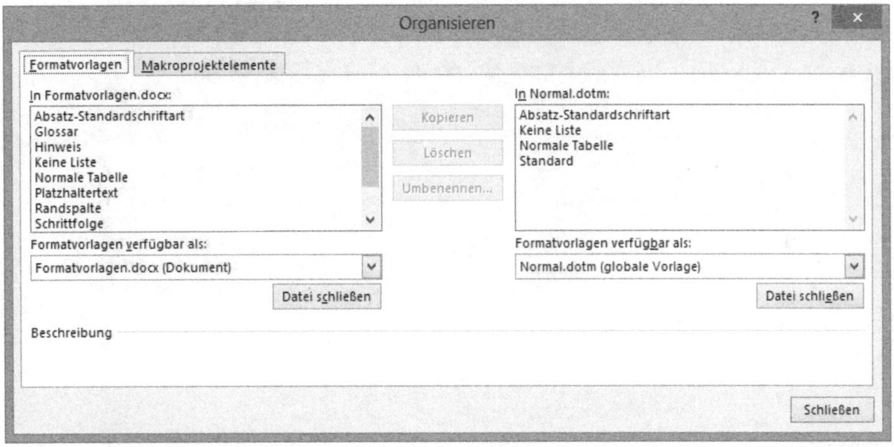

Im linken Bereich des Fensters sehen Sie eine Liste der Formatvorlagen, die sich im aktuellen Dokument befinden. Rechts finden Sie die Formatvorlagen der Vorlage, die dem Dokument zugrunde liegt.

5. Betätigen Sie die Schaltfläche *Datei schließen,* die sich am rechten Fensterrand des Dialogfelds befindet. Die Beschriftung der Schaltfläche ändert sich daraufhin in *Datei öffnen.*
6. Klicken Sie die Schaltfläche erneut an und öffnen Sie die Datei, in der sich die zu kopierende Formatvorlage befindet. Dabei kann es sich um ein Dokument oder um eine Vorlage handeln.
7. Legen Sie in den beiden Listenfeldern *Formatvorlagen verfügbar als* fest, wo sich die zu kopierende Formatvorlage befindet und wo sie gespeichert werden soll. Informationen, wie Vorlagen aufeinander aufbauen, finden Sie in Kapitel 14.
8. Wählen Sie die Formatvorlage(n) aus und übertragen Sie sie mit einem Klick auf *Kopieren.*
9. Wenn Sie das Dialogfeld *Organisieren* wieder schließen, sehen Sie, dass die soeben kopierte(n) Formatvorlage(n) jetzt im Aufgabenbereich *Formatvorlagen* enthalten ist bzw. sind.

Auswahl der empfohlenen Formatvorlagen

Im Abschnitt »Optionen des Aufgabenbereichs *Formatvorlagen*« auf Seite 280 haben Sie gesehen, dass Sie den Umfang der im Aufgabenbereich angezeigten Formatvorlagen steuern können, indem Sie eine der Optionen *Empfohlen, Verwendet, Im aktuellen Dokument* und *Alle Formatvorlagen* auswählen.

Welche Formatvorlagen bei der Variante *Empfohlen* angezeigt werden, können Sie individuell für jede Vorlage festlegen. Diese Funktion ist vor allem dann interessant, wenn Sie eine Vorlage für unerfahrene Anwender erstellen. Sie können dann die Vorlage so konfigurieren, dass die Anwender nur einige wenige Formatvorlagen zu sehen bekommen. Die Benutzer werden so nicht unnötig verwirrt und die Wahrscheinlichkeit, dass die von ihnen erstellten Dokumente korrekt formatiert sind, steigt.

Gehen Sie dazu folgendermaßen vor:

1. Zeigen Sie den Aufgabenbereich *Formatvorlagen* an (z. B. mit Alt+Strg+⇧+S).

2. Klicken Sie unten im Aufgabenbereich auf die Schaltfläche *Formatvorlagen verwalten.* Word zeigt dann das gleichnamige Dialogfeld an.
3. Holen Sie die Registerkarte *Empfehlen* nach vorne.

Bild 11.15 Einstellen der Empfehlungen für die Formatvorlagen einer Vorlage

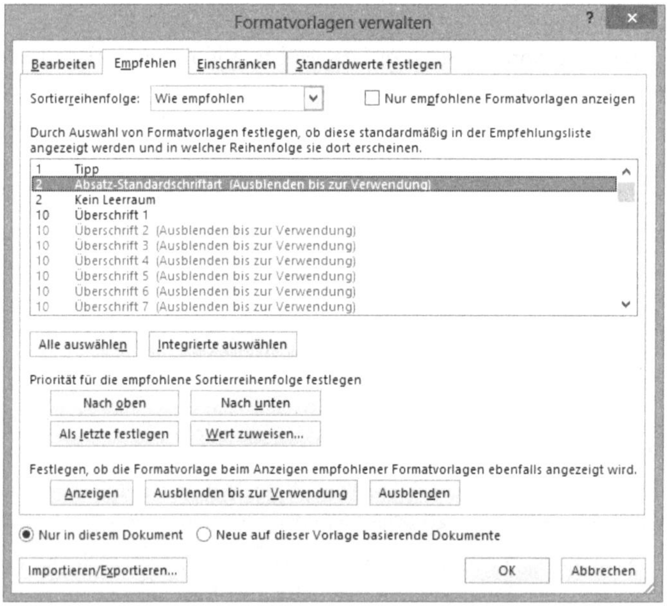

In diesem Dialogfeld können Sie die Reihenfolge festlegen, in der die Formatvorlagen im Aufgabenbereich *Formatvorlagen* angezeigt werden und einstellen, unter welchen Bedingungen die einzelnen Formatvorlagen überhaupt angezeigt werden.

4. Markieren Sie die Formatvorlage, die Sie bearbeiten möchten. Sie können auch mehrere Einträge der Liste markieren (mit Strg bzw. ⇧ oder indem Sie die Schaltflächen *Alle auswählen* oder *Integrierte auswählen* benutzen).

5. Mit den vier Schaltflächen der Gruppe *Priorität für die empfohlene Sortierreihenfolge festlegen,* können Sie dafür sorgen, dass häufig benötigte Formatvorlagen in der Liste ganz oben stehen. Die Sortierung erfolgt dabei anhand der Nummern, die Sie über die Schaltfläche *Wert zuweisen* auch selbst festlegen können.
6. Die Sichtbarkeit der Einträge steuern Sie mit den Schaltflächen *Anzeigen, Ausblenden bis zur Verwendung* und *Ausblenden,* deren Namen ihre Wirkungsweise wohl hinreichend erklärt.
7. Legen Sie mit den Optionsfeldern *Nur in diesem Dokument* und *Neue auf dieser Vorlage basierende Dokumente* fest, ob die Einstellungen auf das aktuelle Dokument beschränkt werden sollen oder ob sie in der zugrundeliegenden Dokumentvorlage gespeichert werden sollen.
8. Schließen Sie das Dialogfeld *Formatvorlagen verwalten* mit *OK.*

HINWEIS Beachten Sie, dass die hier vorgenommenen Einstellungen von Word nur dann berücksichtigt werden, wenn der Benutzer bei den Optionen des Aufgabenbereichs *Formatvorlagen* festgelegt hat, dass er lediglich die empfohlenen Formatvorlagen sehen möchte.

Nutzung von Formatvorlagen einschränken

Das Dialogfeld *Formatvorlagen verwalten* besitzt noch eine sehr interessante Registerkarte, mit der Sie die Handlungsfreiheit beim Formatieren eines Dokuments stark einschränken können. Wie die folgende Abbildung zeigt, können Sie zum Beispiel für jede Formatvorlage festlegen, ob sie vom Benutzer verwendet werden darf oder nicht. Der Sinn solcher Maßnahmen ist natürlich, den Anwender – mit sanfter Gewalt – dazu zu bringen, seine Dokumente »ordentlich« zu formatieren.

Bild 11.16 Auf der Registerkarte *Einschränken* können Sie die Formatierungsfreiheiten begrenzen

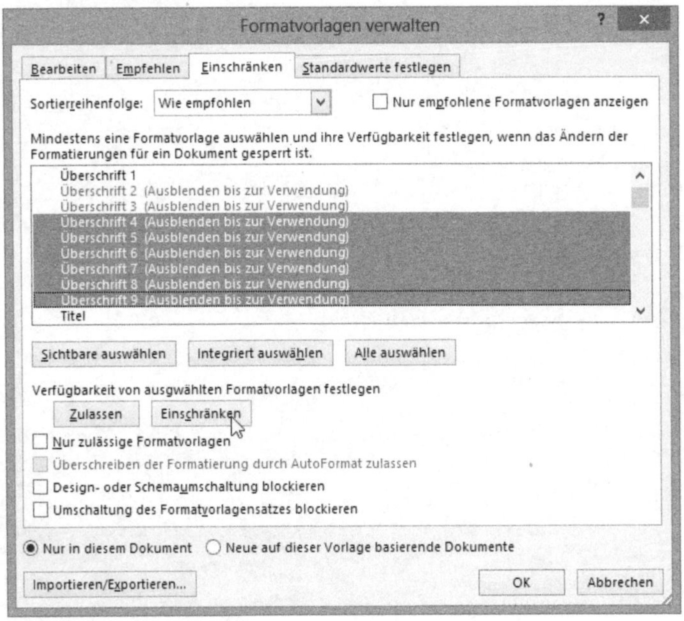

Kapitel 12

Seitenlayout

In diesem Kapitel:

In diesem Kapitel beschäftigen wir uns mit dem Seitenlayout. Sie erfahren, wie Sie die Ränder einer Seite einstellen, wie Sie einen Seitenumbruch einfügen und welche Möglichkeiten die Verwendung von Abschnitten bietet. Im letzten Abschnitt zeigen wir Ihnen dann, wie Sie die Seiten Ihrer Dokumente mit einem Wasserzeichen versehen.

Diese Funktionen befinden sich hauptsächlich auf der Registerkarte *SEITENLAYOUT*. Wenn Sie bisher mit Word 2007 oder Word 2010 gearbeitet haben, werden Sie auf dieser Registerkarte einige Befehle vermissen. Aber keine Sorge: sie sind nicht verschwunden, sondern wurden lediglich auf die neue Registerkarte *ENTWURF* verschoben. Diese Änderung macht auch durchaus Sinn, denn die betroffenen Befehle dienen eher der Formatierung, also der Gestaltung des Textes, und nicht dem Layout der Seite, bei dem es im Wesentlichen darum geht, wo die verschiedenen Textelemente auf einer Seite platziert werden.

Bild 12.1 Die Registerkarte *SEITENLAYOUT* wurde in Word 2013 etwas abgespeckt

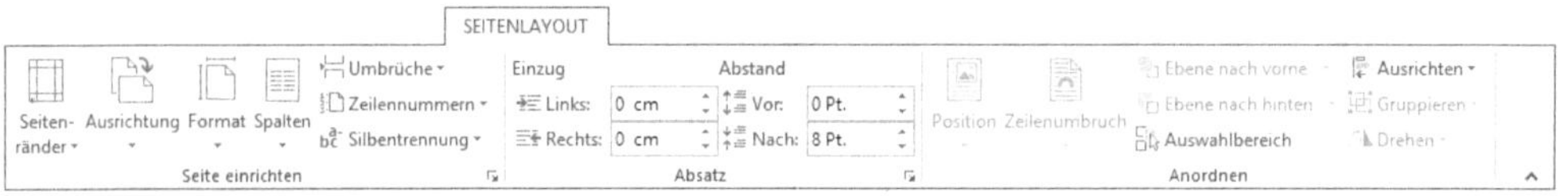

Seiteneinrichtung

Unter dem Begriff *Seiteneinrichtung* versteht man in Word alle Einstellungen, die das Layout der einzelnen Seiten betreffen. Dazu gehören in erster Linie die Papiergröße, seine Orientierung (Hoch- oder Querformat) und die Breite der Seitenränder. Dazu kommen noch weitere Gestaltungsmerkmale wie zum Beispiel die Anzahl der Textspalten.

Zusätzlich wird das Seitenlayout auch von Funktionen wie der Silbentrennung beeinflusst, da es einen großen Unterschied beim Auffüllen der Textzeilen macht, ob Word in Ihrem Text automatische Trennungen vornimmt oder nicht.

Seitenränder einstellen

Durch das Einstellen der Seitenränder legen Sie den Bereich auf der Seite fest, der für den »normalen« Text zur Verfügung steht und auch als *Satzspiegel* bezeichnet wird. Unabhängig davon kann Word immer die gesamte Seite bedrucken.

Die einzige Einschränkung ist der Drucker, der einen schmalen Streifen am Rand der Seite aus technischen Gründen nicht bedrucken kann. Die Größe dieses Bereichs variiert von Drucker zu Drucker und liegt in der Regel zwischen drei und zehn Millimetern. Word kann die Grenzwerte des von Ihnen verwendeten Druckers vom Druckertreiber erfragen und akzeptiert keine Seitenränder die unterhalb dieser Werte liegen.

Im einfachsten Fall stellen Sie die Seitenränder über die Schaltfläche *Seitenränder* ein, die sich auf der Registerkarte *SEITENLAYOUT* in der Gruppe *Seite einrichten* befindet. In ihrem Auswahlmenü finden Sie fünf verschiedene Standardeinstellungen, mit denen Sie in den allermeisten Fällen auskommen werden.

Bild 12.2 Die fünf vordefinierten Standardeinstellungen für die Seitenränder

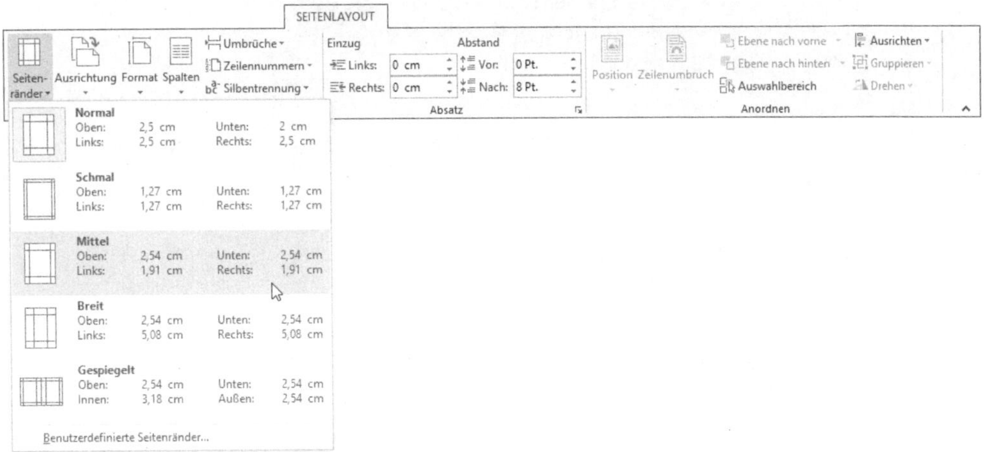

Während sich die ersten vier Varianten nur durch die Breite der Ränder unterscheiden, erzeugt der letzte Eintrag ein Layout mit gespiegelten Seiten. In diesem Fall spricht man nicht mehr von einem *linken* und *rechten* Seitenrand, sondern von *Innen* und *Außen*. Diese Form der Seitenränder wird oft in Büchern verwendet.

Benutzerdefinierte Seitenränder

Wenn Sie die Seitenränder eines Dokuments auf andere Werte einstellen möchten, benötigen Sie dazu das Dialogfeld *Seite einrichten* (siehe Bild 12.3 auf der folgenden Seite). Sie erreichen es am schnellsten über die kleine quadratische Schaltfläche, die sich auf der Registerkarte *SEITENLAYOUT* in der unteren rechten Ecke der Gruppe *Seite einrichten* befindet.

Negative Seitenränder

Eine Besonderheit weisen die beiden Felder *Oben* und *Unten* auf: Sie können hier sowohl einen positiven als auch einen negativen Wert eingeben. Bei positiven Werten passt Word den Seitenrand bei Kopf- und Fußzeilen automatisch so an, dass sich der Text und die Kopf- bzw. Fußzeile nicht überlappen können. Wenn Sie ein negatives Maß eingeben, wird der Seitenrand fest verankert und überschneidet sich ggf. mit der Kopf- oder Fußzeile. Oder anders ausgedrückt: positive Werte beziehen sich auf die Kopf-/Fußzeile, negative auf die Papierkante.

Bundsteg

Wenn Sie ein mehrseitiges Dokument heften oder binden wollen, können Sie am linken Rand einen speziellen Bereich definieren, der für die Bindung reserviert werden soll. Normalerweise liegt dieser Bereich an der linken Blattkante. Haben Sie jedoch ein Layout mit gespiegelten Seiten gewählt, wandert der Bundsteg an den inneren Rand (der dunkel schraffierte Bereich in Bild 12.3).

Bild 12.3 Das exakte Einstellen der Seitenränder ist nur im Dialogfeld möglich

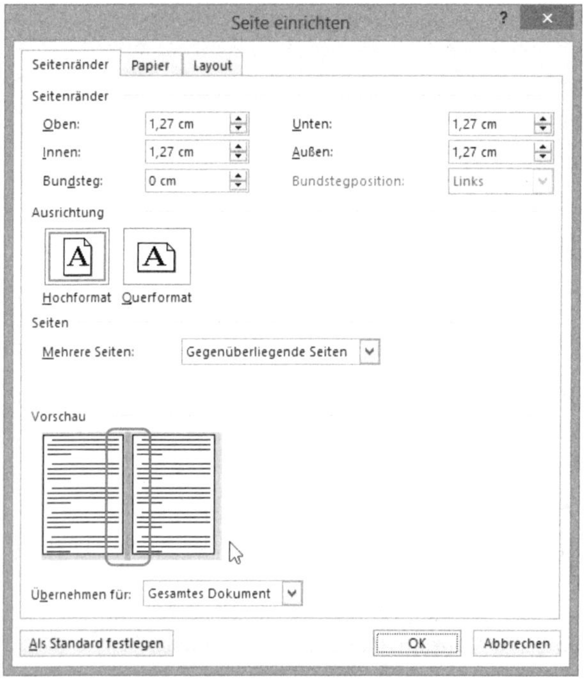

Hoch- und Querformat

Wenn Sie die Orientierung des Papiers ändern, also zwischen Hoch- und Querformat wechseln, müssen Sie beachten, dass Word dabei die Seitenränder »mitdreht«. So wird z.B. der obere Seitenrand zum rechten Seitenrand und der linke zum oberen.

TIPP **Standardeinstellungen ändern** Wenn Sie die Schaltfläche *Als Standard festlegen* betätigen, werden die eingestellten Werte zu Vorgabewerten für alle neuen Dokumente, die auf der gleichen Dokumentvorlage basieren wie das aktive Dokument.

Seitenumbruch

In Abhängigkeit von den Papiermaßen und den eingestellten Seitenrändern berechnet Word beim Anzeigen und Drucken des Dokuments, wie viel Text auf eine Seite passt. Der Vorgang, in dem festgelegt wird, an welcher Stelle eine neue Seite beginnt, wird Paginierung genannt.

Beachten Sie, dass die Anzeige der Seitenwechsel in der Ansicht Seitenlayout von verschiedenen Faktoren beeinflusst wird: Falls das Dokument zum Beispiel Indexeinträge enthält und die Anzeige von ausgeblendetem Text aktiviert ist, stimmen die auf dem Bildschirm angezeigten Umbrüche unter Umständen nicht mit dem späteren Druckergebnis überein.

Wenn Sie ganz sicher sein wollen, wo Word einen automatischen Seitenwechsel vornimmt, sollten Sie das Dokument in der Druckvorschau kontrollieren, die auch als Seitenansicht bezeichnet wird:

1. Klicken Sie auf *DATEI*, um in die Backstage-Ansicht zu gelangen, und gehen Sie dort auf die Seite *Drucken*. Diesen Befehl können Sie übrigens auch in die Symbolleiste für den Schnellzugriff aufnehmen, indem Sie rechts neben der Symbolleiste auf den kleinen Pfeil klicken und im Ausklappmenü den Befehl *Seitenansicht und Drucken* auswählen.
2. Um in dem Dokument zu blättern, können Sie entweder die Bildlaufleisten oder die kleinen Navigationsschaltflächen verwenden, die sich links unten im Vorschaubereich befinden.
3. Zum Verlassen der Backstage-Ansicht klicken Sie links oben auf die Pfeilschaltfläche.

Umbruch bei der Texteingabe festlegen

Sie können bereits bei der Texteingabe festlegen, an welchen Stellen beim Ausdruck eine neue Seite anfangen soll. Sie geben dazu die Tastenkombination Strg+↵ ein, um einen erzwungenen Seitenumbruch einzufügen. Unabhängig davon, ob auf der aktuellen Seite noch Platz für weiteren Text oder Grafiken ist, fängt an der Stelle des erzwungenen Seitenumbruchs eine neue Seite an.

Alternativ wechseln Sie im Menüband auf die Registerkarte *SEITENLAYOUT* und klicken dort auf die Schaltfläche *Umbrüche*. Die Befehle ihres Menüs sind mit aussagekräftigen Symbolen und erläuterndem Text ausgestattet, sodass wir hier auf weitere Erklärungen verzichten können.

Bild 12.4 Menü zum Einfügen von manuellen Umbrüchen

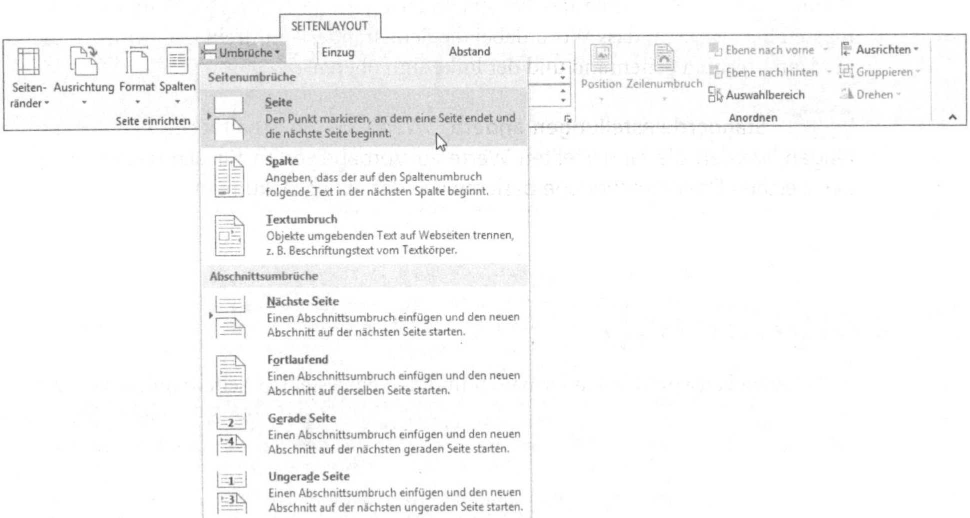

Abschnitte

Jedes Word-Dokument besteht aus mindestens einem Abschnitt. Unter einem Abschnitt versteht man in Word einen zusammenhängenden Textbereich, der über ein gemeinsames Seitenlayout verfügt. Durch die Unterteilung eines Dokuments in mehrere Abschnitte wird es zum Beispiel möglich, einzelne Seiten im Querformat zu bedrucken (etwa für breite Tabellen), während für den restlichen Text das Hochformat benutzt wird. Ein anderes Beispiel, bei dem man mit Abschnitten arbeiten sollte, sind mehrspaltige Dokumente, die wir Ihnen nun vorstellen möchten.

Beispiel: Mehrspaltige Dokumente erstellen

Im folgenden Beispiel erstellen Sie zunächst ein Dokument, das eine Überschrift und einige Absätze mit normalem Text enthält. Anschließend werden die Textabsätze dreispaltig formatiert, wobei die Überschrift weiterhin die volle Breite des Satzspiegels nutzen soll.

1. Erstellen Sie ein neues leeres Dokument.
2. Geben Sie eine Überschrift ein. Drücken Sie die Tastenkombination Alt+1, um ihr das Format *Überschrift 1* zuzuweisen (alternativ über *START/Formatvorlagen)*.
3. Anschließend geben Sie mehrere Absätze mit Text ein. Am schnellsten geht das, wenn Sie in einen leeren Absatz =**rand**() eingeben und die ↵-Taste drücken. Word fügt dann einen so genannten Blindtext ein.
4. Schalten Sie jetzt noch die Anzeige der Formatierungszeichen ein (auf der Registerkarte *START* in der Gruppe *Absatz)*. Das Dokument sollte anschließend ungefähr so aussehen:

Bild 12.5 Die Ausgangssituation: Noch ist der Text einspaltig

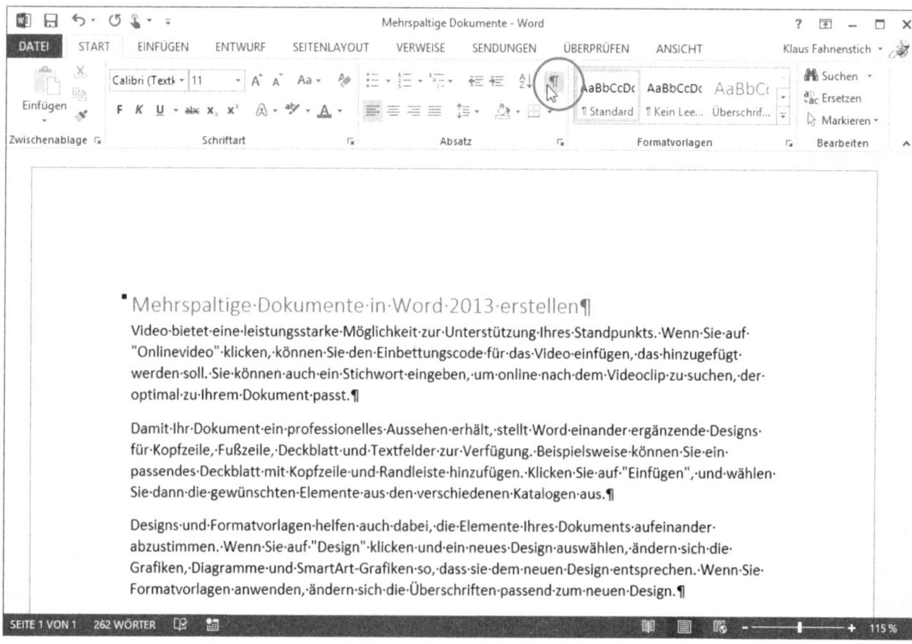

5. Setzen Sie die Einfügemarke an den Anfang des ersten Textabsatzes.
6. Wechseln Sie im Menüband auf die Registerkarte *SEITENLAYOUT* und klicken Sie dort in der Gruppe *Seite einrichten* auf die Schaltfläche *Spalten*. Es öffnet sich folgendes Menü:

Bild 12.6 Halt, so einfach geht es nicht!

7. Wenn Sie jetzt der Versuchung erliegen würden und einfach die Option *Drei* anklicken, wären Sie mit dem Ergebnis nicht zufrieden. In diesem Fall würde Word nämlich das *gesamte* Dokument dreispaltig formatieren – also auch die Überschrift, die gemäß unserer Vorgabe einspaltig bleiben soll.
8. Rufen Sie stattdessen im Menü den Befehl *Weitere Spalten* auf.

Bild 12.7 Mit diesem Dialogfeld haben Sie die Spalten unter Kontrolle

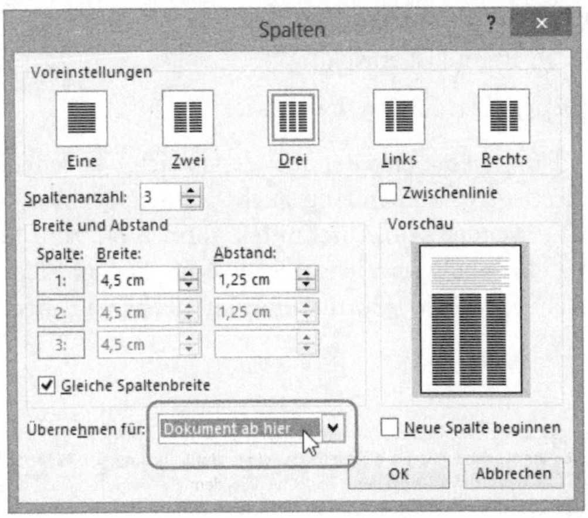

9. Wählen Sie in der Gruppe *Voreinstellungen* die Option *Drei.*
10. Und jetzt kommt der entscheidende Punkt: Da die neue Spaltenanzahl nicht für das gesamte Dokument gelten soll, sondern erst ab der Position der Einfügemarke, wählen Sie im Listenfeld *Übernehmen für* die Option *Dokument ab hier* aus. (Der Standardwert des Listenfeldes lautet *Gesamtes Dokument.)*
11. Beenden Sie das Dialogfeld mit der *OK*-Schaltfläche.

Bild 12.8 Das gewünschte Ergebnis: einspaltige Überschrift, dreispaltiger Text

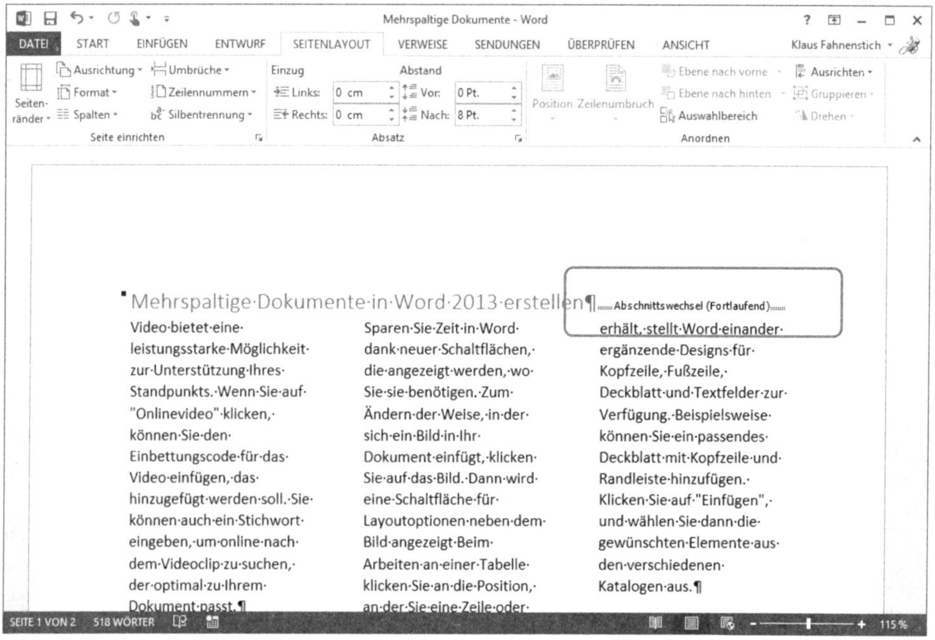

Wie Sie in Bild 12.8 sehen, hat Word an der Position der Einfügemarke einen *Abschnittswechsel* eingefügt, der auf dem Bildschirm als gepunktete Doppellinie dargestellt wird (deshalb sollten Sie in Schritt 4 die Anzeige der Formatierungszeichen einschalten). Das Dokument besteht nun aus zwei Abschnitten:

- Abschnitt 1 enthält die Überschrift und ist einspaltig.
- Abschnitt 2 enthält den restlichen Text und ist dreispaltig.

Nach diesem Prinzip können Sie Dokumente erstellen, bei denen sich das Seitenlayout mehrmals ändert. Zu erwähnen sind in diesem Zusammenhang auch die Seitenzahlen, die ebenfalls ein Abschnittsmerkmal sind. Durch Verwenden von Abschnitten können Sie zum Beispiel die ersten Seiten eines Dokuments, wie etwa ein Inhaltsverzeichnis, mit römischer und die übrigen mit arabischer Seitennummerierung versehen. Nähere Informationen zum Thema Seitenzahlen finden Sie im nächsten Kapitel.

Anzeige der Abschnittsnummer in der Statusleiste

Dass ein Dokument aus mehreren Abschnitten besteht, lässt sich ohne die angezeigten Formatierungszeichen zunächst nicht erkennen. Sie können Word jedoch dazu bringen, dass es die Nummer des aktuellen Abschnitts – also des Abschnitts, in dem sich momentan die Einfügemarke befindet – in der Statusleiste anzeigt. Klicken Sie dazu die Statusleiste mit der rechten Maustaste an und wählen Sie im Kontextmenü den Befehl *Abschnitt*. Wenn Sie dann mit der Einfügemarke durch das Dokument wandern, sehen Sie, wie Word die Abschnittsnummer in der Statusleiste aktualisiert.

Spaltenumbrüche einfügen

Normalerweise füllt Word eine Spalte erst vollständig auf, bevor es die nächste Spalte beginnt. Dieses Verhalten können Sie durch das Einfügen von *Spaltenumbrüchen* beeinflussen. Setzen Sie dazu die Einfügemarke an die gewünschte Position und wählen Sie dann auf der Registerkarte *SEITENLAYOUT* den Befehl *Umbrüche/Spalte*.

Spaltenausgleich

Am Ende eines mehrspaltigen Dokuments, zum Beispiel bei einem Stichwortverzeichnis, sollen die Spalten in der Regel gleichmäßig aufgefüllt werden. Bei einer halbvollen zweispaltigen Seite soll also die zweite Spalte nicht leer bleiben, sondern beide Spalten sollen zur Hälfte gefüllt werden.

1. Setzen Sie die Einfügemarke an das Textende.
2. Wechseln Sie zur Registerkarte *SEITENLAYOUT* und fügen Sie mit *Umbrüche/Fortlaufend* einen fortlaufenden Abschnittsumbruch ein. Fortlaufend bedeutet in diesem Zusammenhang, dass dabei kein Seitenwechsel stattfindet.

Word verteilt den Text nun so auf die vorhandenen Spalten, dass sie die gleiche Höhe erhalten.

Bild 12.9 Die Spalten der rechten Seite wurden durch einen Abschnittsumbruch gleichmäßig gefüllt

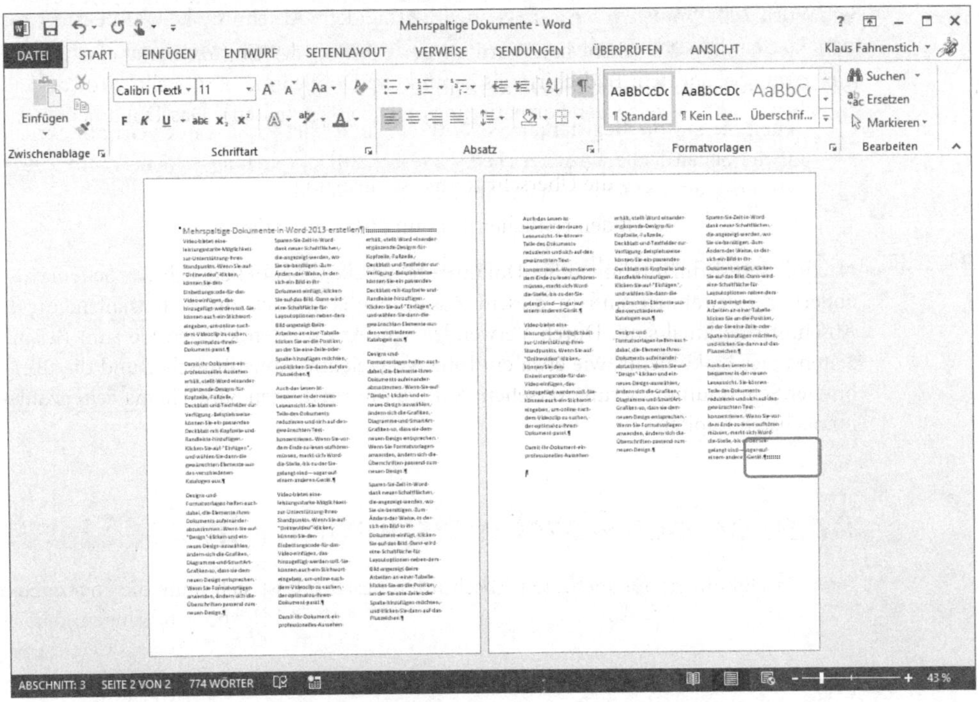

Ob die Spalten dabei tatsächlich exakt gleich hoch werden, hängt von ihrem konkreten Inhalt ab. Eventuell müssen Sie noch etwas nachhelfen, um ein optimales Ergebnis zu erhalten (z.B. mit einem leeren Absatz, einer Zeilenschaltung oder einer kleinen Textkorrektur).

Zwischenlinien einfügen

Um zwischen den Spalten eine Trennlinie anzuzeigen, müssen Sie lediglich im Dialogfeld *Spalten* (siehe Bild 12.7) die Option *Zwischenlinie* einschalten. Die Länge der Linie passt sich automatisch an die Spalten an, das heißt, auch bei dem im letzten Abschnitt beschriebenen Spaltenausgleich stellen sich die Linien auf die passende Länge ein. Die Linie selbst, also Farbe, Strichart und Strichstärke, können Sie nicht verändern. Hier besteht bei Word leider immer noch Nachholbedarf.

Wasserzeichen

Als Wasserzeichen bezeichnet man einen hellen Text oder eine blasse Grafik, die auf jeder Seite eines Dokuments hinter dem Text liegt. Um diesen Effekt in früheren Word-Versionen zu erzeugen, wurden üblicherweise entsprechende Texte bzw. Grafiken in die Kopf- oder Fußzeile eingefügt. Dieser Trick hat in der Vergangenheit vor allem bei kurzen Dokumenten wunderbar funktioniert. Wenn allerdings ein Dokument mehrere Abschnitte besitzt, steigen Aufwand und Komplikationen für diese Art von Wasserzeichen stark an, da jeder Abschnitt eine eigene Kopfzeile besitzt.

Wasserzeichen einfügen

Seit Word 2007 brauchen Sie auf eventuell vorhandene Abschnitte keine Rücksicht mehr zu nehmen. Um ein Dokument mit einem Wasserzeichen zu versehen, gehen Sie einfach so vor:

1. Öffnen Sie das betreffende Dokument.
2. Gehen Sie auf die Registerkarte *ENTWURF* und klicken Sie in der Gruppe *Seitenhintergrund* auf die Schaltfläche *Wasserzeichen*. (Die Schaltfläche befand sich in Word 2007 und Word 2010 noch auf der Registerkarte *SEITENLAYOUT*.)

Bild 12.10 Der Katalog enthält die wichtigsten Standard-Wasserzeichen

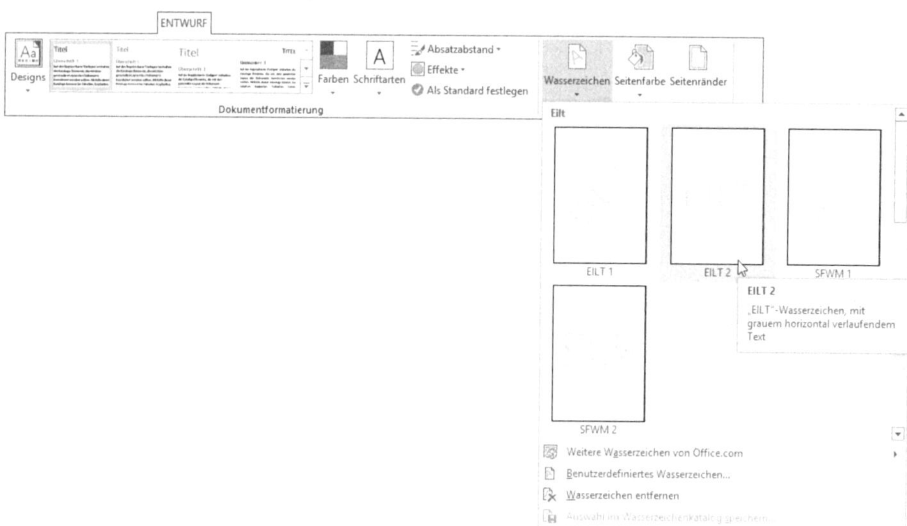

3. Werden Sie im Katalog nicht fündig, wählen Sie den Befehl *Benutzerdefiniertes Wasserzeichen*. Hier können Sie sowohl ein Bild als auch einen eigenen Text als Wasserzeichen hinterlegen.

Bild 12.11 Mit diesem Dialogfeld können Sie eigene Wasserzeichen erstellen

4. Wenn Sie das Wasserzeichen noch individueller gestalten möchten, wechseln Sie nach dem Einfügen des Wasserzeichens in den Fußzeilenmodus. Jetzt können Sie das Wasserzeichen, das in Word als WordArt realisiert ist, nach Belieben verändern.

Bild 12.12 Wasserzeichen sind nichts anderes als WordArt-Objekte

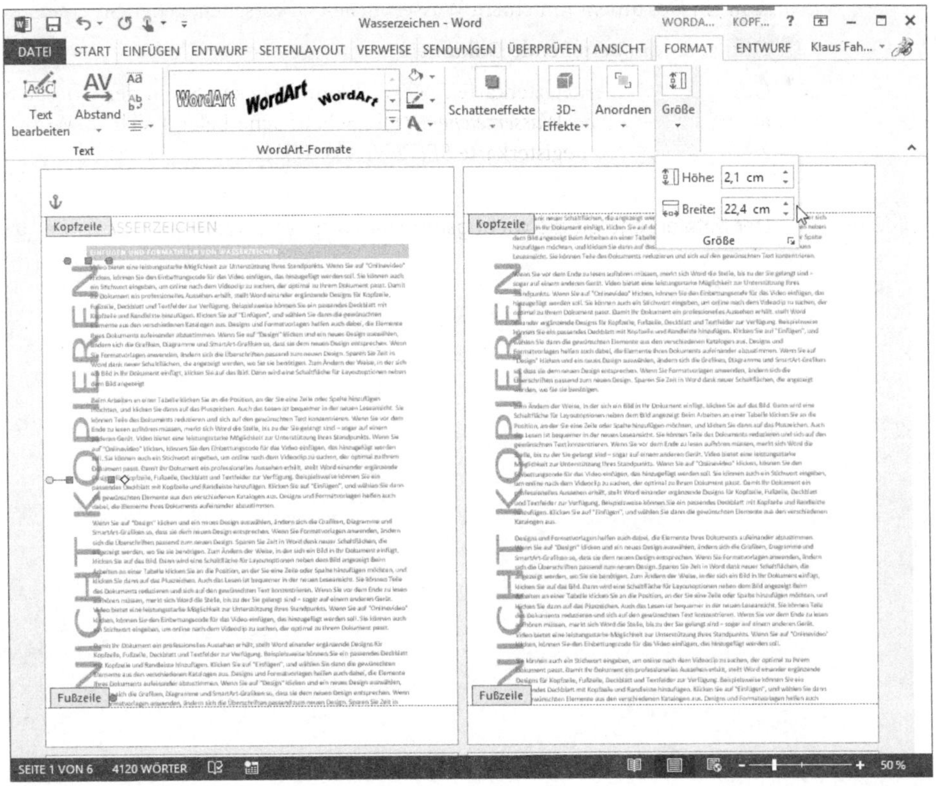

Kapitel 13

Kopf- und Fußzeilen

In diesem Kapitel:

In diesem Kapitel dreht sich alles um Kopf- und Fußzeilen. Darunter versteht man Bereiche am oberen und unteren Rand einer Seite, die alle Informationen aufnehmen, die auf jeder Seite wiederholt werden sollen. Am häufigsten werden Kopf- und Fußzeilen natürlich für die Ausgabe der Seitenzahl benutzt. Wie Sie gleich sehen werden, können Sie mit Kopf- und Fußzeilen jedoch noch viel mehr anstellen.

Die hier vorgestellten Funktionen befinden sich auf der Registerkarte *SEITENLAYOUT*. Wenn Sie bisher mit Word 2007 oder Word 2010 gearbeitet haben, werden Sie auf dieser Registerkarte einige Befehle vermissen. Aber keine Sorge: sie sind nicht verschwunden, sondern wurden lediglich auf die neue Registerkarte *ENTWURF* verschoben. Diese Änderung macht auch durchaus Sinn, denn die betroffenen Befehle dienen eher der Formatierung, also der Gestaltung des Textes, und nicht dem Layout der Seite, bei dem es im Wesentlichen darum geht, wo die verschiedenen Textelemente auf einer Seite platziert werden.

Kopf- und Fußzeilen von der Stange

Unter Kopf- und Fußzeilen versteht man Bereiche am oberen und unteren Rand einer Seite, welche alle Informationen aufnehmen, die auf jeder Seite wiederholt werden sollen. Am häufigsten werden Kopf- und Fußzeilen natürlich für die Ausgabe der Seitenzahl benutzt. Wie Sie gleich sehen werden, können Sie mit Kopf- und Fußzeilen jedoch noch viel mehr anstellen.

Da sich der Inhalt einer Kopf- bzw. Fußzeile im Gegensatz zum restlichen Dokument auf jeder Seite wiederholen soll, wird er von Word separat verwaltet. Für Sie als Anwender hat das die Konsequenz, dass Sie in einen speziellen Modus umschalten müssen, wenn Sie Kopf- und Fußzeilen einfügen oder bearbeiten wollen.

Der damit verbundene Aufwand und auch das dahinterliegende Konzept wurden von vielen Benutzern als zu kompliziert empfunden. Aus diesem Grund haben die Entwickler von Microsoft diesen Bereich mit der Einführung von Word 2007 verbessert. Ihr Ziel war es, die Komplexität des Kopf- und Fußzeilenmechanismus vor dem Anwender zu verbergen und den Zeitaufwand für das Einfügen von Kopf- und Fußzeilen deutlich zu minimieren. Und wie Sie gleich sehen werden, hat Word an dieser Stelle tatsächlich enorm an Komfort gewonnen.

Kopf- und Fußzeilen einfügen

Das Einfügen einer Kopf- oder einer Fußzeile ist mit Word 2013 mit zwei, drei Mausklicks erledigt:

1. Wechseln Sie auf die Registerkarte *EINFÜGEN* und klicken Sie auf die Schaltfläche *Kopfzeile* bzw. auf die Schaltfläche *Fußzeile.*

2. Wählen Sie eine der angebotenen Varianten aus. Beachten Sie, dass es von einigen Kopf- und Fußzeilen auch unterschiedliche Versionen für gerade und ungerade Seiten gibt. In diesem Buch enthalten zum Beispiel die Kopfzeilen der geraden Seiten (das sind immer die linken Seiten eines Buchs) die Nummer des jeweiligen Kapitels und seinen Namen, die Kopfzeilen der ungeraden (also der rechten) Seiten hingegen den Namen der aktuellen Überschrift der zweiten Ebene.

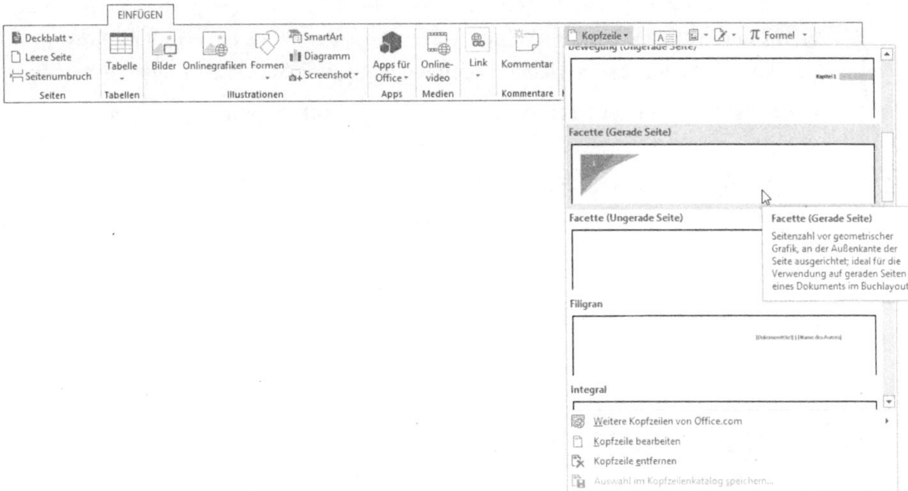

Bild 13.1 Das Einfügen von Kopf- und Fußzeilen kann kaum einfacher sein

3. Wenn die Kopf- bzw. Fußzeile variable Elemente enthält, wie zum Beispiel den Titel des Dokuments oder eine Datumsanzeige, zeigt Word die eingefügte Kopf-/Fußzeile im Bearbeitungsmodus an. Klicken Sie dann die entsprechenden Platzhalter an und geben Sie den gewünschten Text ein.
4. Besonders elegant ist in Word die Eingabe eines Datums gelöst. In diesem Fall enthält die Kopf- bzw. Fußzeile ein spezielles Steuerelement, mit dem Sie das Datum auf einem kleinen Kalender auswählen können.

Bild 13.2 Datumswerte lassen sich über einen kleinen Kalender eingeben

5. Wenn Sie einzelne Elemente der Kopf- bzw. Fußzeile nicht benötigen, können Sie sie einfach löschen.
6. Um wieder zum normalen Dokumenttext zurückzukehren, klicken Sie in der Registerkarte *ENTWURF* ganz rechts auf die Schaltfläche *Kopf- und Fußzeile schließen.* Alternativ können Sie auch in den normalen Dokumentbereich doppelklicken.

Word zeigt den Inhalt der Fuß- bzw. Kopfzeile dann etwas blasser an und verhindert ein direktes Anklicken. Wie Sie diese Bereiche bei Bedarf ändern können, zeigen wir weiter hinten in diesem Kapitel im Abschnitt »Kopf- und Fußzeilen bearbeiten« (ab Seite 310).

Seitenzahlen pur

Wenn Sie in Ihr Dokument keine aufwendigen Kopf- und Fußzeilen einfügen möchten, sondern lediglich die Seitenzahl ausgeben lassen wollen, gehen Sie besser folgendermaßen vor:

1. Klicken Sie in der Registerkarte *EINFÜGEN* auf die Schaltfläche *Seitenzahl.*

Bild 13.3 Einfügen der reinen Seitenzahl

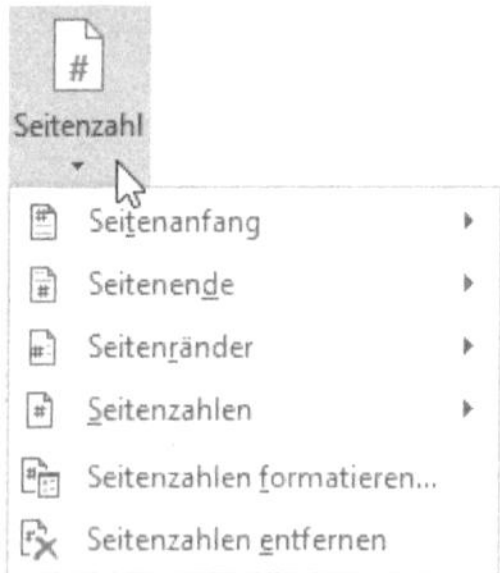

2. Sie sehen nun ein kleines Auswahlmenü, in dem Sie sich zunächst entscheiden müssen, wo die Seitenzahl positioniert werden soll:
   - **Seitenanfang** Die Seitenzahl erscheint oben auf der Seite.
   - **Seitenende** Die Seitenzahl erscheint unten auf der Seite.
   - **Seitenränder** Die Seitenzahl erscheint am linken bzw. rechten Rand.
   - **Seitenzahlen** Die Seitenzahl wird an der aktuellen Position der Einfügemarke in den Text eingefügt.

   Wenn Sie sich für eine der ersten drei Varianten entscheiden, fügt Word die Seitenzahl in eine Kopf- bzw. Fußzeile ein, da nur so erreicht werden kann, dass die Seitenzahl auf jeder Seite ausgegeben wird.
3. Zeigen Sie mit der Maus auf einen der Befehle, damit das zugehörige Untermenü ausklappt. Im Menü sehen Sie dann verschiedene Variationen von Vorschaubildern des gewählten Bereichs (Seitenanfang, Seitenende etc.). Allerdings ist die Seitenzahl dort meistens nur als winzige graue Zahl zu erkennen, sodass Sie hier nicht viel mehr als eine grobe Vorstellung vom späteren Ergebnis bekommen.
4. Wählen Sie die gewünschte Variante aus.
5. Bei den Varianten *Seitenanfang, Seitenende* und *Seitenränder* wechselt Word in den Bearbeitungsmodus für Kopf- bzw. Fußzeilen. Nehmen Sie bei Bedarf noch Änderungen an der Formatierung der Seitenzahl vor und klicken Sie dann auf *Kopf- und Fußzeile schließen*, um zum normalen Dokumenttext zurückzukehren.

ACHTUNG Durch Einfügen einer Seitenzahl an den Seitenanfang, das Seitenende oder in die Seitenränder werden bereits vorhandene Kopf- bzw. Fußzeilen aus dem Dokument entfernt.

Seitenzahlen formatieren

Normalerweise beginnt Word die Seitenzählung mit »1«. Bei umfangreichen Werken (wie zum Beispiel bei einem Buch oder einer Broschüre) kommt es allerdings häufig vor, dass der Text auf mehrere Dokumente aufgeteilt wird. In diesen Fällen müssen Sie in den einzelnen Dokumenten eine individuelle Startnummer für die Seitenzählung festlegen, damit das fertige Werk eine fortlaufende Nummerierung erhält.

Außerdem bietet Word verschiedene Formate für die Seitenzahl an. Sie können zwischen arabischen Ziffern (1, 2, 3), Kleinbuchstaben (a, b, c), Großbuchstaben (A, B, C), römischen Ziffern in Kleinschrift (i, ii, iii) und römischen Ziffern in Großschrift (I, II, III) wählen.

1. Wechseln Sie auf die Registerkarte *EINFÜGEN.*
2. Klicken Sie dort auf die Schaltfläche *Seitenzahl* und wählen Sie in ihrem Menü den Befehl *Seitenzahlen formatieren.* Word zeigt dann das Dialogfeld *Seitenzahlenformat* an.

Bild 13.4 Formatieren der Seitenzahl

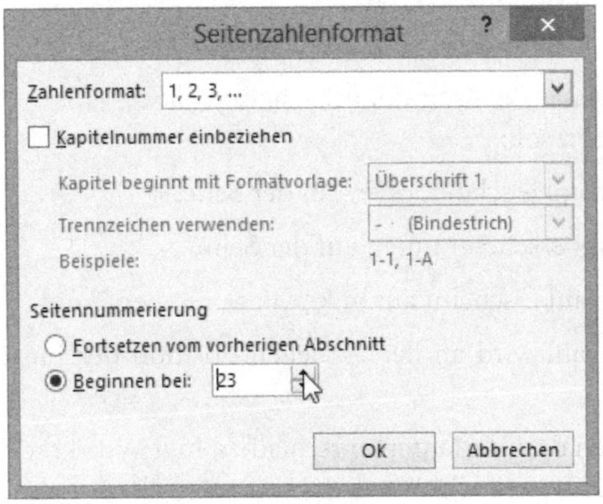

3. Wählen Sie das gewünschte Format aus der Liste *Zahlenformat* aus.
4. Wenn Sie die Überschriften mit den Formatvorlagen *Überschrift ...* formatiert und dann die Gliederungsnummerierungen verwendet haben, können Sie die Kapitelnummer in die Seitenzahl einbeziehen. Wählen Sie dann im Listenfeld *Kapitel beginnt mit Formatvorlage* die Überschriften-Formatvorlage. Das Listenfeld *Trennzeichen verwenden* enthält diverse Zeichen, die zwischen der Kapitelnummer und der Seitenzahl eingefügt werden können.
5. Legen Sie im Feld *Beginnen bei* die Startnummer für die Seitenzählung fest.
6. Schließen Sie das Dialogfeld mit *OK.*

Das Ändern des Startwertes für die Seitenzahl beeinflusst zunächst nicht die Ausgabe der Seitenzahl in der Statuszeile. Das heißt, die Seitenzählung in der Statusleiste beginnt nach wie vor bei 1. Sie können aber auch die tatsächliche Seitenzahl, also die Zahl, die auf der Seite gedruckt wird, in der Statuszeile ausgeben lassen. Klicken Sie dazu die Statuszeile mit der rechten Maustaste an und wählen Sie im Kontextmenü den Befehl *Formatierte Seitenzahl.*

Bild 13.5 Ausgabe der formatierten Seitenzahl in der Statusleiste

Kopf- und Fußzeilen bearbeiten

In den bisherigen Abschnitten dieses Kapitels haben Sie gesehen, wie einfach es mit Word 2013 ist, eine Seitenzahl oder sogar eine komplette Kopf- bzw. Fußzeile in ein Word-Dokument aufzunehmen. In vielen Fällen werden Sie mit den Ergebnissen dieser »Fertiglösungen« zufrieden sein, aber es wird auch Situationen geben, in denen Sie eigene Kopf- und Fußzeilen erstellen müssen oder bereits vorhandene Kopf- und Fußzeilen ändern wollen.

Kopf-/Fußzeilenmodus aktivieren

Kopf- und Fußzeilen werden bei Word immer in der Ansicht *Seitenlayout* eingegeben und bearbeitet. Am einfachsten gelangen Sie in diesen Modus, wenn Sie mit der Maus auf der gewünschten Kopf- bzw. Fußzeile doppelklicken. Alternativ klicken Sie auf der Registerkarte *EINFÜGEN* die Schaltfläche *Kopfzeile* bzw. *Fußzeile* an und wählen in ihrem Menü den Befehl *Kopfzeile bearbeiten* bzw. *Fußzeile bearbeiten*. Falls Sie sich nicht in der Seitenlayoutansicht befinden, wenn Sie den Befehl aufrufen, wird sie von Word automatisch aktiviert.

Bild 13.6 Der Bereich der Fußzeile liegt unterhalb der blauen gestrichelten Linie

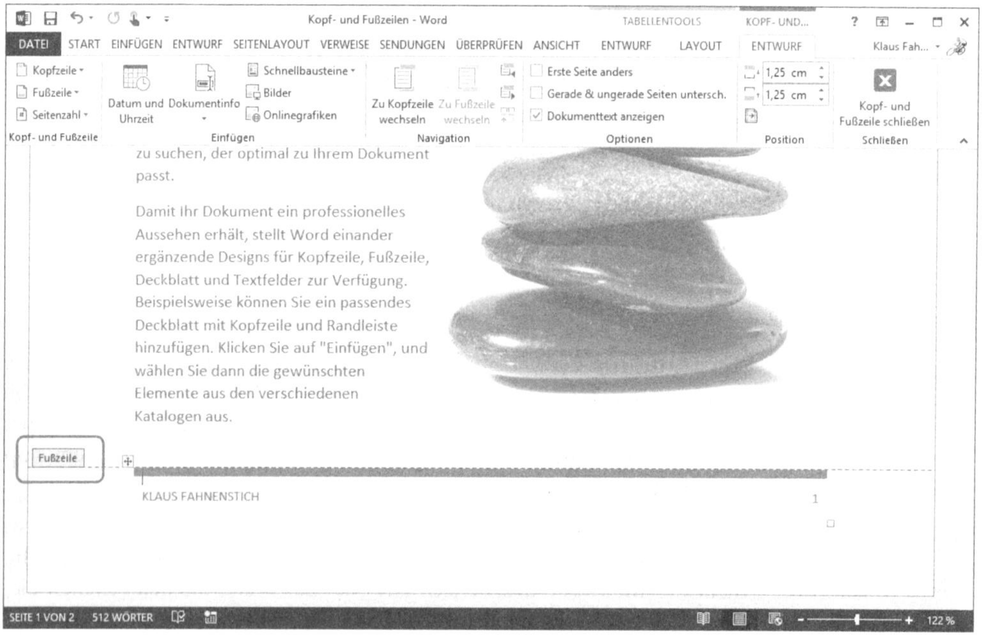

Im Kopf-/Fußzeilenmodus wird das Menüband um die Registerkarte *KOPF- UND FUßZEILENTOOLS/ENTWURF* ergänzt, mit der Sie alle wichtigen Befehle zur Bearbeitung von Kopf- und Fußzeilen im direkten Zugriff haben. Außerdem wird in diesem Modus der normale Dokumenttext abgeblendet und kann nicht bearbeitet werden. Sie können den Dokumenttext sogar ganz ausblenden. Das kann zum Beispiel sinnvoll sein, wenn er sich mit Teilen der Kopf- oder Fußzeile überlappt. Schalten Sie dazu auf der Registerkarte die Option *Dokumenttext anzeigen* aus.

Die verschiedenen Arten von Kopf- und Fußzeilen

An der gestrichelten Linie, die den Bereich der Kopf- bzw. der Fußzeile kennzeichnet, informiert Sie ein kleines Schildchen, um welche Kopf- oder Fußzeile es sich handelt. Word 2013 stellt Ihnen nämlich sechs verschiedene Arten von Kopf- und Fußzeilen zur Verfügung, die Sie nach Bedarf ein- und ausschalten können. Sie sollten daher im Vorfeld ein wenig planen, mit welchen Kopf- oder Fußzeilen Sie arbeiten wollen, bevor Sie mit dem Einfügen beginnen.

Welche und wieviele Kopf-/Fußzeilen in einem Dokument enthalten sind, steuern Sie über die beiden Optionen *Erste Seite anders* und *Gerade & ungerade Seiten untersch.*, die sich auf der Registerkarte *KOPF- UND FUßZEILENTOOLS/ENTWURF* in der Gruppe *Optionen* befinden:

- **Erste Seite anders** Bei vielen Arten von Dokumenten, beispielsweise bei Briefen, ist es so, dass die erste Kopf- oder Fußzeile anders aussehen muss. Ein typisches Beispiel dafür sind Briefe, bei denen die erste Seite meist keine Kopfzeile enthält.
- **Gerade & ungerade Seiten untersch.** Bei vielen gebundenen Publikationen unterscheiden sich die Kopf- und Fußzeilen auf geraden (linken) und ungeraden (rechten) Seiten. Selbst wenn sich in der Fußzeile nur eine Seitenzahl befindet, wird sie in der Regel auf geraden Seiten am linken Seitenrand stehen und bei ungeraden am rechten.

Insgesamt können Sie mit Word also folgende sechs Kopf-/Fußzeilen für ein Dokument definieren:

- Eine Kopfzeile für die erste Seite eines Dokuments.
- Eine Kopfzeile für alle geraden Seiten eines Dokuments.
- Eine Kopfzeile für alle ungeraden Seiten eines Dokuments.
- Eine Fußzeile für die erste Seite eines Dokuments.
- Eine Fußzeile für alle geraden Seiten eines Dokuments.
- Eine Fußzeile für alle ungeraden Seiten eines Dokuments.

Position von Kopf- und Fußzeile

Mit den beiden Textfeldern der Gruppe *Position* können Sie die Kopf- und Fußzeile auf der Seite positionieren. Mit diesem Wert wird der Abstand zwischen der Papierkante bis zur Oberkante der Kopfzeile bzw. der Unterkante der Fußzeile festgelegt. Diese Einstellungen korrespondieren mit den Angaben auf dem Dialogfeld *Seite einrichten*, das Sie zum Beispiel mit einem Doppelklick auf den Kopf-/Fußzeilenbereich aufrufen können (siehe Bild 13.3 auf der Seite 308).

Sie können stattdessen auch das vertikale Lineal verwenden. Zeigen Sie mit dem Mauszeiger auf die obere Markierung des weißen Bereichs, der den Kopf- bzw. Fußzeilenbereich angibt. Ziehen Sie dann mit gedrückter Maustaste den Bereich auf oder zu. Wenn Sie beim Ziehen die `Alt`-Taste gedrückt halten, werden die Maßangaben im Lineal angezeigt. So können Sie den Abstand der Kopf- bzw. Fußzeile unter Sichtbedingungen einstellen. Beachten Sie, dass der Kopf- und Fußzeilenrahmen nur innerhalb des Bereichs bewegt werden kann, der aufgrund der eingestellten Seitenränder für die Kopf- bzw. Fußzeile freigestellt wird (siehe auch Kapitel 12).

TIPP **Lineal automatisch einblenden** Wenn Sie den Mauszeiger in die Nähe des linken bzw. des oberen Fensterrandes schieben, erscheint das zugehörige Lineal automatisch.

Bild 13.7 Einstellen der Kopf-/Fußzeilenposition mit dem vertikalen Lineal

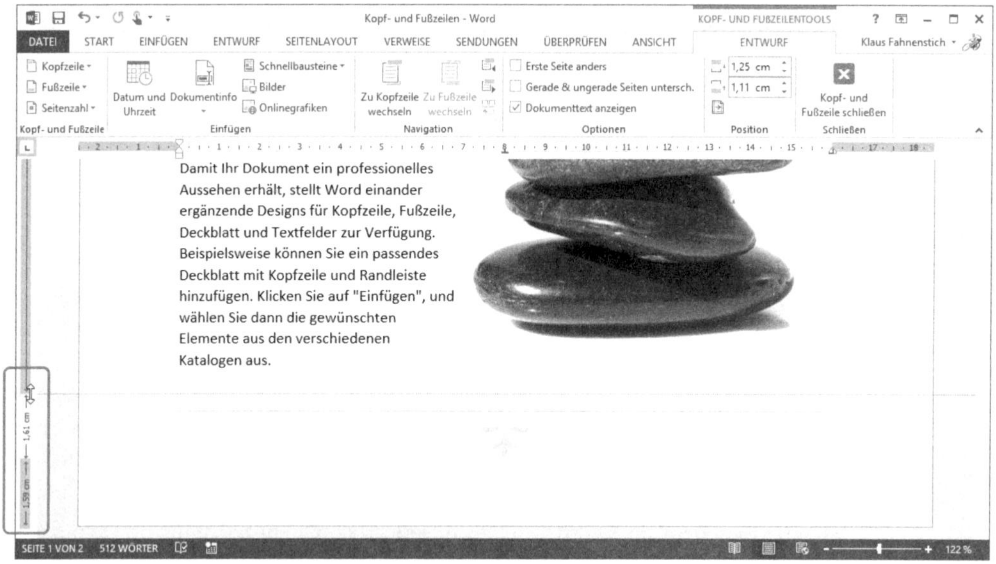

Zwischen Kopf- und Fußzeilen navigieren

Wenn Sie sich im Bearbeitungsmodus für Kopf- und Fußzeilen befinden, können Sie sehr komfortabel zwischen den verschiedenen Kopf- und Fußzeilen hin- und herspringen, indem Sie auf der Registerkarte *KOPF- UND FUßZEILENTOOLS/ENTWURF* die Schaltflächen der Gruppe *Navigation* verwenden.

Bild 13.8 Mit den Schaltflächen der Gruppe *Navigation* wechseln Sie zwischen den verschiedenen Kopf- und Fußzeilen eines Dokuments

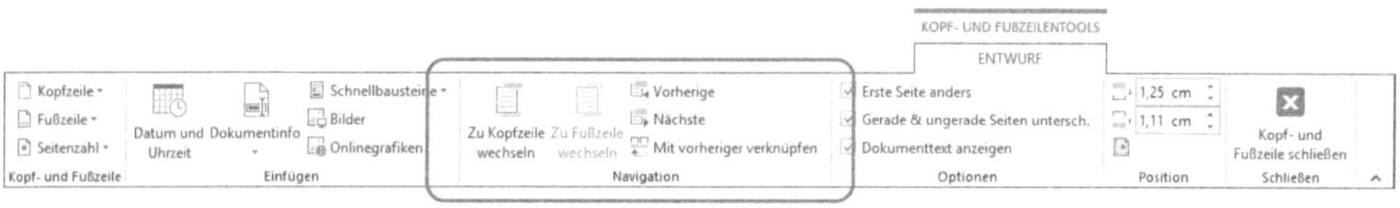

Die ersten beiden Schaltflächen dienen dazu, innerhalb der gleichen Seite zwischen der Kopf- und Fußzeile zu wechseln. Mit den beiden Schaltflächen *Vorherige* und *Nächste* springen Sie zur vorigen bzw. nächsten Kopf-/Fußzeile.

HINWEIS **Hat Ihr Dokument genug Seiten?** Damit Sie überhaupt zwischen den verschiedenen Kopf- und Fußzeilen springen können, müssen sich in Ihrem Dokument auch genügend Seiten befinden. Wenn Sie zum Beispiel ein neues Dokument erstellen und festlegen, dass gerade und ungerade Seiten unterschiedlich behandelt werden sollen, können Sie erst dann in die zweite Kopfzeile gelangen, wenn Ihr Dokument mindestens zwei Seiten enthält.

Abschnitte

In Kapitel 12 haben Sie erfahren, dass Dokumente in mehrere Abschnitte unterteilt werden können. Dies ist zum Beispiel erforderlich, wenn Sie die Seitenorientierung (Hoch- und Querformat) in einem Dokument wechseln wollen oder einzelne Textabschnitte mehrspaltig gestaltet werden sollen. Auch die Formatierungen von Kopf- und Fußzeilen beziehen sich nicht direkt auf das Dokument, sondern auf den Abschnitt, in dem sich die jeweilige Kopf- oder Fußzeile befindet.

Wenn Sie also ein Dokument mit mehreren Abschnitten erstellen, hat das für die Kopf- und Fußzeilen folgende Konsequenzen:

- Jeder Abschnitt kann rein theoretisch sechs verschiedene Kopf- bzw. Fußzeilen enthalten. Damit Sie in diesem Wust nicht die Übersicht verlieren, zeigt Word neben dem Namen der Kopf- und Fußzeilen auch die Nummer des zugehörigen Abschnitts an (Beispiel: »Ungerade Kopfzeile -Abschnitt 2-«).
- Sie müssen entscheiden, ob die verschiedenen Abschnitte die Kopf- und Fußzeilen von ihren Vorgängern übernehmen oder nicht. Diese Eigenschaft steuern Sie über die Schaltfläche *Mit vorheriger verknüpfen,* die sich auf der Registerkarte *KOPF- UND FUßZEILENTOOLS/ENTWURF* in der Gruppe *Navigation* befindet.

Datum und Uhrzeit einfügen

Da für Kopf- und Fußzeilen häufig Zeitangaben benötigt werden, wurde die Funktion zum Einfügen von Datum und Uhrzeit entsprechend komfortabel gestaltet. Klicken Sie dazu nach dem Positionieren der Einfügemarke in der Registerkarte *Entwurf* einfach auf die Schaltfläche *Datum und Uhrzeit.* Word zeigt dann folgendes Dialogfeld an, in dem Sie das gewünschte Zeitformat aus einer Liste wählen können.

Bild 13.9 Word kann Zeitangaben in verschiedenen Formaten ausgeben

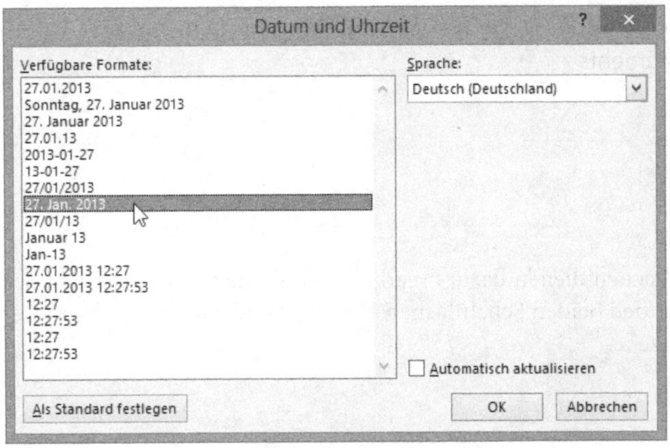

Mit der Option *Automatisch aktualisieren* können Sie festlegen, ob Word die aktuelle Zeitangabe als normalen Text einfügt (Option ausgeschaltet) oder ob stattdessen ein Feld verwendet werden soll, das automatisch das jeweils aktuelle Datum anzeigt (Option eingeschaltet).

HINWEIS **Feldfunktion anzeigen** Mit Feldern weisen Sie Word an, eine bestimmte Aktion auszuführen. Normalerweise zeigt Word das Ergebnis eines Feldes an (zum Beispiel das aktuelle Datum), sodass sich das Feld scheinbar nicht vom normalen Text unterscheidet. Sie können aber die dahinterliegende Feldfunktion anzeigen, indem Sie die Einfügemarke auf das Feldergebnis stellen und ⇧+F9 drücken. Im Falle des Datum-Feldes könnte die zugehörige Feldfunktion zum Beispiel so aussehen: { TIME \@ "d. MMMM yyyy" }

Um wieder das Ergebnis des Feldes anzuzeigen, drücken Sie erneut ⇧+F9.

Dateiname einfügen

In Kopf- und Fußzeilen wird neben der Seitenzahl und einem Datum häufig auch der Name der Datei ausgegeben. Das ist zum Beispiel sinnvoll, um das Dokument bei einer späteren Änderung auf dem Computer leichter wiederzufinden.

In früheren Version von Word war das noch ein ziemlich kompliziertes Unterfangen, da die dazu benötigten Felder noch manuell (bzw. über ein Dialogfeld) erstellt werden mussten. Word 2013 verhält sich an dieser Stelle zum Glück etwas komfortabler und hält auf der Registerkarte *KOPF- UND FUßZEILENTOOLS/ENTWURF* die Schaltfläche *Dokumentinfo* bereit.

Bild 13.10 Sie können nicht nur den Dateinamen, sondern auch diverse Dokumenteigenschaften einfügen

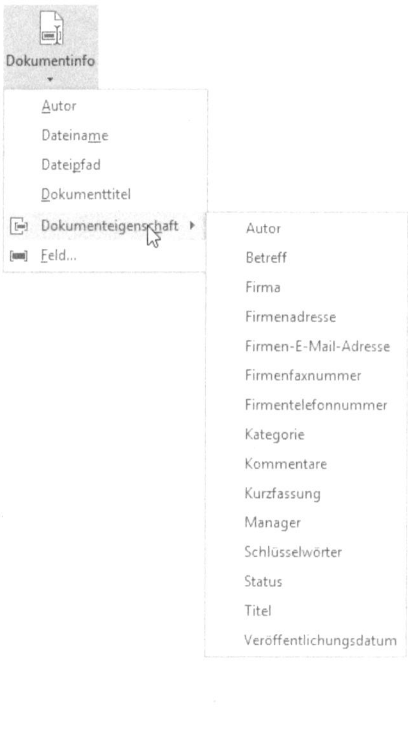

Überschriften in Kopfzeilen wiederholen

In diesem Buch enthält die Kopfzeile der rechten Seiten die jeweils aktuelle Überschrift der zweiten Gliederungsebene. Das heißt, die Kopfzeile sieht nicht auf allen Seiten gleich aus, sondern passt sich dem Inhalt des Dokuments an. Um eine solche Kopfzeile zu realisieren, müssen Sie in Word mit Feldern arbeiten, die Sie im vorletzten Abschnitt schon kurz kennengelernt haben (beim Einfügen eines Datums). In diesem konkreten Fall benötigen Sie das Feld *STYLEREF:*

1. Positionieren Sie die Einfügemarke.
2. Öffnen Sie auf der Registerkarte *KOPF- UND FUßZEILENTOOLS/ENTWURF* das Menü der Schaltfläche *Dokumentinfo* und wählen Sie den Befehl *Feld.*
3. Stellen Sie die Kategorie *Verknüpfungen und Verweise* ein.
4. Markieren Sie in der Liste der Feldnamen den Eintrag *StyleRef.*
5. Wählen Sie den Namen der gewünschten Formatvorlage. In der Regel wird es sich dabei um eine der Überschriften-Formatvorlagen handeln.
6. Schalten Sie die Feldoption *Seite von unten nach oben durchsuchen* ein.

Bild 13.11 Einfügen eines Feldes, das die aktuelle Überschrift anzeigt

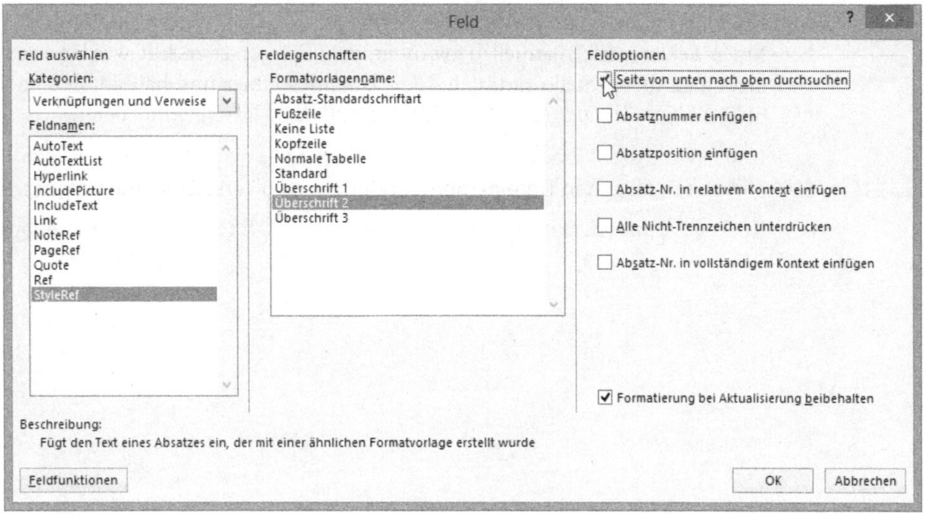

7. Klicken Sie auf *OK,* um das Feld einzufügen.

Inhalte von Kopf- und Fußzeilen positionieren

Wenn Sie ein Element in eine Kopf- oder Fußzeile eingefügt haben, zum Beispiel eine Seitenzahl, werden Sie den neuen Inhalt in der Regel noch innerhalb der Kopf-/Fußzeile positionieren wollen. Üblicherweise verwendet man für diese Aufgabe Tabulatoren und setzt die dazu benötigten

Tabstopps mit Hilfe des Lineals. Es gibt jedoch noch eine etwas einfachere Möglichkeit, die mit einem kleinen Dialogfeld arbeitet:

1. Setzen Sie die Einfügemarke links neben das Element, das Sie positionieren möchten.
2. Klicken Sie in der Registerkarte *KOPF- UND FUßZEILENTOOLS/ENTWURF* in der Gruppe *Position* auf die Schaltfläche *Ausrichtungstabstopp einfügen*. Es erscheint folgendes Dialogfeld:

Bild 13.12 Positionieren von Elementen in Kopf- und Fußzeilen

3. Wählen Sie mit den Optionen der Gruppe *Ausrichtung*, ob das Element links, zentriert oder rechts in der Kopf-/Fußzeile stehen soll.
4. Mit dem Listenfeld *Ausrichten relativ zu* legen Sie fest, ob sich die Angabe zur Ausrichtung auf den eingestellten Seitenrand oder den Einzug des Absatzes bezieht, in dem sich das Element befindet.
5. In der Gruppe *Füllzeichen* können Sie bestimmen, wie der Platz, um den das Element verschoben wird, gefüllt werden soll.
6. Klicken Sie auf *OK* und prüfen Sie, ob das Ergebnis Ihren Erwartungen entspricht.

Kapitel 14

Eigene Vorlagen erstellen

In diesem Kapitel:

Für alle, die projekt- oder firmenbezogene Dokumentvorlagen erstellen wollen, ist das Verständnis des dahinter stehenden Konzepts ein absolutes Muss. Leider schrecken immer noch zu viele Word-Anwender davor zurück, sich in das Konzept der Dokumentvorlagen einzuarbeiten. Dass sie Word mit angezogener Handbremse benutzen, ist ihnen dabei oft gar nicht bewusst.

Dieses Kapitel beschreibt daher an einem Beispiel Schritt für Schritt, wie Sie eine Dokumentvorlage erstellen und vermittelt dann im zweiten Teil das notwendige Wissen, das für die Planung und den optimalen Einsatz von Dokumentvorlagen erforderlich ist.

Eigene Vorlage erstellen

Das Erstellen einer Vorlage gleicht im Wesentlichen dem Erstellen eines »normalen« Dokuments. Sie können eine Vorlage formatieren wie ein Dokument, Grafiken einfügen, Bausteine erstellen, Seitenabmessungen eintragen, Kopf- und Fußzeilen definieren usw. Somit können Sie beim Erstellen einer Vorlage auch eine der drei folgenden Methoden verwenden:

- Erstellen Sie ein neues leeres Dokument.
- Verwenden Sie eine der Vorlagen, die zum Lieferumfang von Word gehören, als Grundlage für Ihre angepasste Vorlage.
- Basieren Sie Ihre Vorlage auf einem bestehenden Dokument.

Wir wollen in diesem Kapitel die dritte Variante wählen und haben dafür ein Dokument vorbereitet, das ein Anschreiben für den Prospektversand eines Reisebüros enthält.

Bild 14.1 Das vorbereitete Dokument mit dem Anschreiben für einen Prospektversand

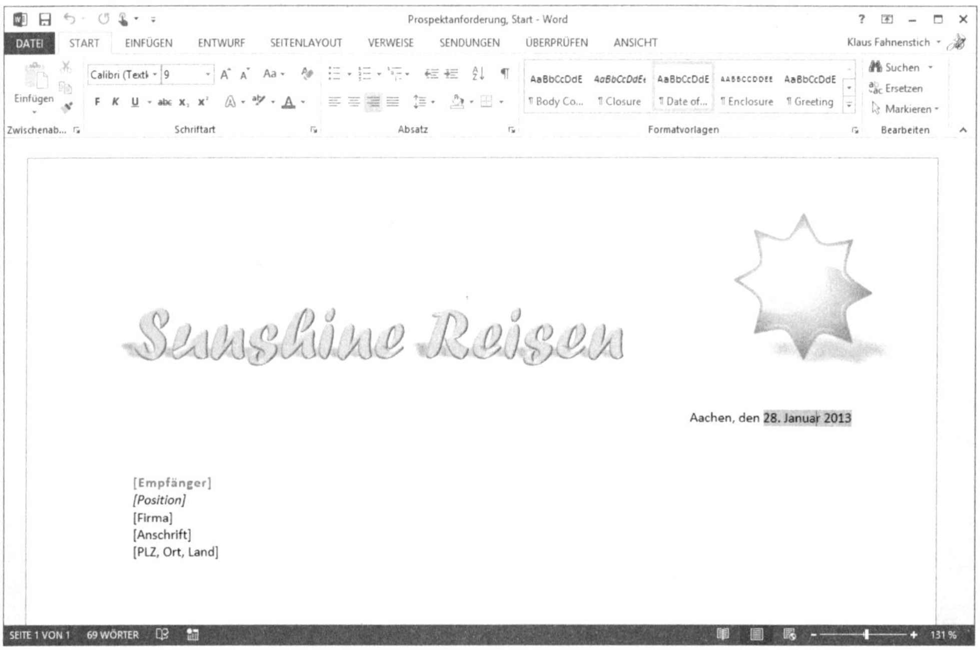

Im Laufe dieses Kapitels werden Sie das Dokument laden, einige Änderungen daran vornehmen, es als Vorlage speichern und abschließend diese Vorlage für ein neues Dokument verwenden.

1. Wechseln Sie in die Backstage-Ansicht und gehen Sie auf die Seite *Öffnen.*
2. Wechseln Sie in den Ordner, in dem die Beispieldateien für dieses Buch installiert wurden.
3. Markieren Sie die Datei mit dem Namen *Prospektanforderung, Start* und klicken Sie auf die Schaltfläche *Öffnen.*

Oben auf der Seite sehen Sie den auffällig formatierten Firmennamen und das Firmenlogo, für das wir eine ClipArt aus *Office.com* genutzt haben. Unterhalb des Logos wird ein Datum angezeigt, das später automatisch aktualisiert werden soll. Damit das funktioniert, haben wir die Feldfunktion *CREATEDATE* mit den entsprechenden Schaltern eingefügt. Die graue Schattierung zeigt an, dass es sich hierbei um ein Feld und nicht um normalen Text handelt; damit Felder so angezeigt werden, muss die Option *Erweitert/Dokumentinhalt anzeigen/Feldschattierung* auf *Immer* oder auf *Wenn ausgewählt* eingestellt sein.

Die Eingabefelder für die Empfängeranschrift sind *Inhaltssteuerelemente.* Zum Eingeben der Anschrift klicken Sie die Felder einfach der Reihe nach an und geben die jeweiligen Daten ein. Hinter dem Feld für den Empfängernamen verbirgt sich übrigens die Dokumenteigenschaft *Betreff.* Durch diesen kleinen Griff in die Trickkiste haben wir erreicht, dass eine Eingabe in dieses Feld automatisch in seinen Doppelgänger in der Anredezeile übernommen wird. Dieser Mechanismus funktioniert nämlich nur mit Dokumenteigenschaften.

Um die Vorlage noch etwas zu vervollständigen, wollen wir sie in den nächsten Schritten noch um ein weiteres Feld ergänzen. Mit ihm soll später beim Erstellen eines neuen Dokuments, das auf dieser Vorlage basiert, der Name des Benutzers aufgenommen werden, der in den Word-Optionen in der Rubrik *Allgemein* im Feld *Benutzername* eingetragen ist. Dadurch wird die Vorlage personalisiert, das heißt, sie kann von verschiedenen Benutzern verwendet werden, wobei jeder Benutzer ein individuelles Dokument erstellt, das seinen Namen enthält.

Dokumente formatieren

Bild 14.2 Einfügen des Benutzernamens

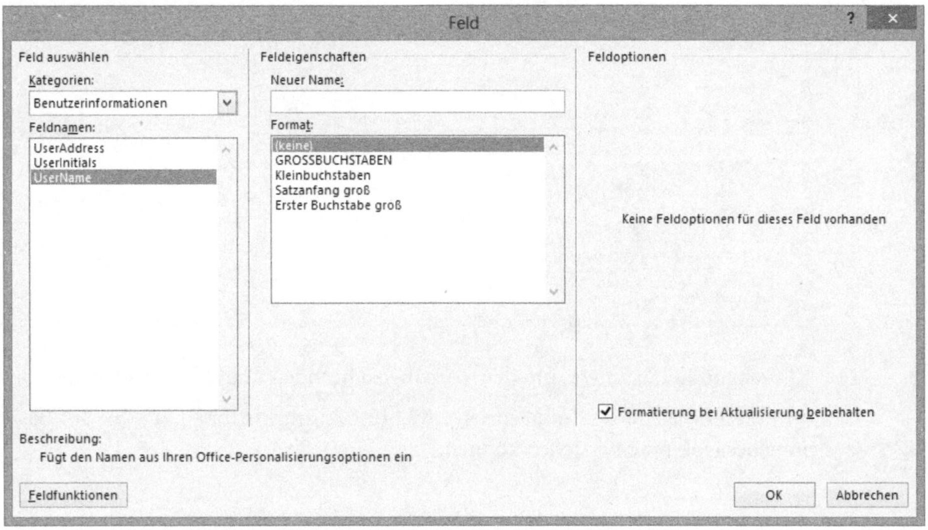

4. Scrollen Sie an das Ende des Dokuments und setzen Sie die Einfügemarke in den leeren Absatz unterhalb der Zeile »Mit freundlichen Grüßen«. Am besten schalten Sie dazu die Anzeige der Formatierungszeichen ein (entweder mit dem Shortcut Strg+* oder via Registerkarte *START*/Gruppe *Absatz*/Schaltfläche *Alle anzeigen*).
5. Wechseln Sie auf die Registerkarte *EINFÜGEN*.
6. Öffnen Sie das Menü der Schaltfläche *Schnellbausteine* und wählen Sie den Befehl *Feld*.
7. Wählen Sie in der Liste *Kategorien* den Eintrag *Benutzerinformationen*, markieren Sie dann in der Liste *Feldnamen* die Option *UserName* und klicken anschließend auf *OK* (siehe Bild 14.2 auf der vorherigen Seite).

   Damit hat die Vorlage ihre endgültige Fassung erreicht und kann jetzt gespeichert werden.
8. Wechseln Sie dazu in die Backstage-Ansicht und klicken Sie auf der Seite *Speichern unter* erst auf *Computer* und dann auf *Durchsuchen*. Word zeigt das Dialogfeld *Speichern unter* an.
9. Stellen Sie im Dialogfeld als Dateityp *Word-Vorlage* ein. Word springt dann automatisch in den Ordner, der für das Speichern von benutzerdefinierten Vorlagen vorgesehen ist. Wenn Sie möchten, können Sie den Ordner jetzt wechseln, aber für einen ersten Test belassen wir es bei der Voreinstellung. Auf jeden Fall müssen Sie sich den Ordner merken, damit Sie ihn gleich wiederfinden.
10. Geben Sie einen Dateinamen für die Vorlage ein.
11. Schalten Sie das Kontrollkästchen *Miniatur speichern* ein, falls es nicht aktiviert sein sollte.

Bild 14.3 Speichern des Dokuments als Vorlage

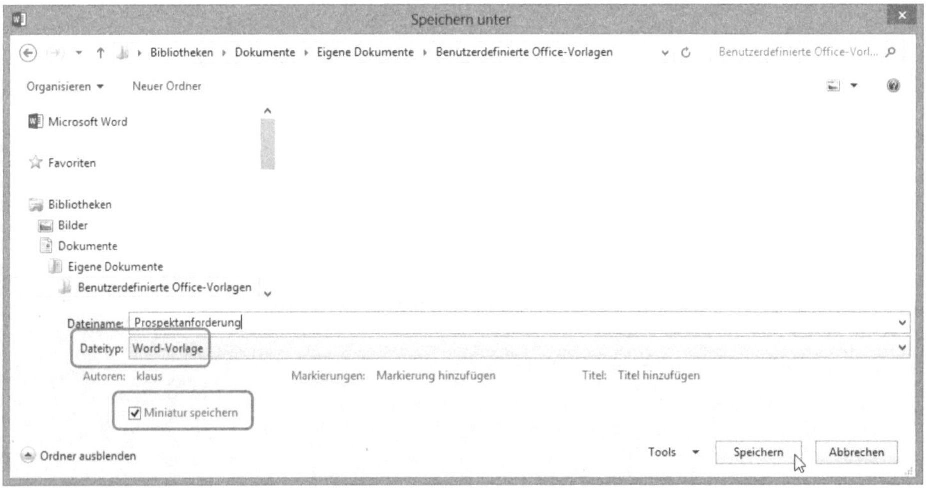

12. Klicken Sie auf *Speichern*, um den Vorgang zu beenden und schließen Sie die Vorlage.

Damit ist die Vorlage fertig. Im nächsten Abschnitt zeigen wir Ihnen, wie Sie auf Basis dieser Vorlage ein neues Dokument erstellen können.

Eigene Vorlagen anwenden

Bevor wir gleich versuchen, ein neues Dokument zu erstellen, wollen wir uns zunächst ansehen, wie die neue Vorlage in einem Ordnerfenster dargestellt wird:

1. Öffnen Sie ein Ordnerfenster und wechseln Sie in den Ordner mit der neuen Vorlage.
2. Zeigen Sie mit dem Mauszeiger auf das Symbol der Vorlagendatei.

Bild 14.4 Darstellung von Vorlagen im Ordnerfenster

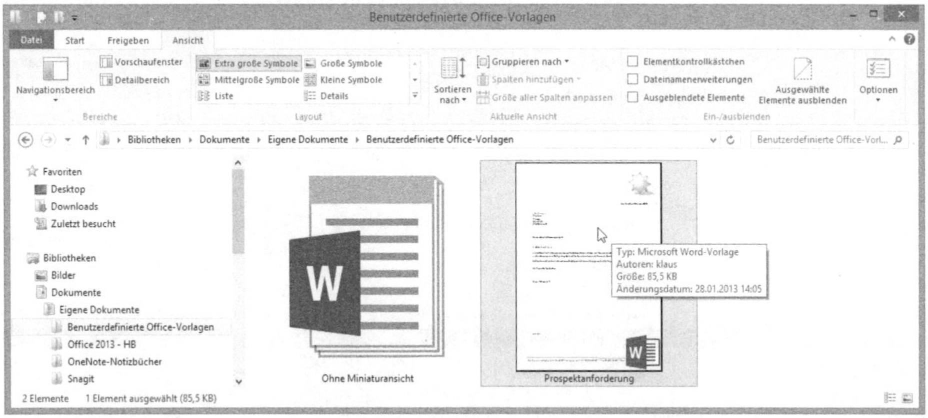

Durch das Speichern der Miniaturansicht kann man der Datei nicht immer direkt ansehen, dass es sich bei ihr um eine Word-Vorlage handelt. Erst wenn Sie mit der Maus auf das Symbol zeigen, können Sie anhand des Tooltipps den Dateityp erkennen. Wenn Sie eine Vorlage ohne Miniaturansicht speichern, erhält sie ein Symbol, das einen Abreißblock darstellt (wie oben im Bild bei der Datei *Ohne Miniaturansicht)*.

Falls Sie im Ordnerfenster für die Ansicht der Symbole eine der Einstellungen *Kleine Symbole, Liste* oder *Details* verwenden, tritt das Problem nicht auf, da in diesem Fall keine Miniaturansichten für die Dateien angezeigt werden.

3. Klicken Sie das Symbol der Vorlage *Projektanforderung* mit der rechten Maustaste an, um das Kontextmenü der Datei anzuzeigen.

   Wie Sie sehen, ist der Befehl *Neu* im Kontextmenü in fetter Schrift dargestellt. Das bedeutet, dass genau dieser Befehl ausgeführt wird, wenn Sie auf dem Symbol doppelklicken. Wenn Sie interessehalber das Kontextmenü eines normalen Word-Dokuments aufrufen, werden Sie feststellen, dass dort der Befehl *Öffnen* hervorgehoben wird.

4. Doppelklicken Sie auf dem Symbol der Vorlage.
5. Überprüfen Sie, ob im oberen Bereich das aktuelle Datum angezeigt wird.
6. Scrollen Sie nach unten und sehen Sie nach, ob unter der Grußformel Ihr Name erscheint.
7. Füllen Sie nun auch die Felder für die Adressangabe aus und überzeugen Sie sich davon, dass der Name des Empfängers wie versprochen automatisch in der Anredeformel übernommen wird. Nicht benötigte Adressfelder können Sie wie normalen Text löschen.
8. Speichern Sie das fertige Dokument.

Bild 14.5 Die fertige Vorlage im Einsatz

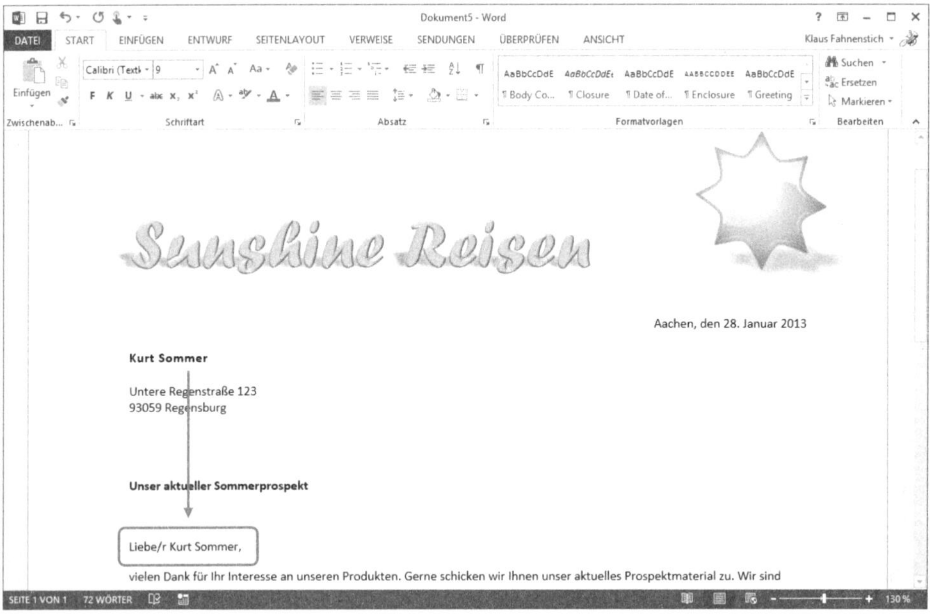

Vorlage in den Vorlagenordner kopieren

Die gerade vorgestellte Methode, um aus einer Vorlage ein neues Dokument zu erstellen, ist natürlich noch nicht der Weisheit letzter Schluss. Ein Anwender würde selbstverständlich erwarten, dass er die Vorlage in der Backstage-Ansicht auf der Seite *Neu* vorfindet.

Damit das funktioniert, müssen Sie Word explizit mitteilen, in welchem Ordner sich Ihre Vorlagen befinden. Am besten wählen Sie dazu den Ordner, den Word beim Speichern einer Vorlage von sich aus vorschlägt, Sie können aber auch jeden anderen Ordner auf Ihrem Computer nutzen.

Der Standardordner für Vorlagen ist allerdings gut versteckt und wird sogar – je nach aktueller Konfiguration Ihres Rechners – noch nicht einmal im Ordnerfenster angezeigt. Mit dem folgenden kleinen Trick kommen Sie dem Ordner jedoch schnell auf die Spur:

1. Erstellen Sie ein neues leeres Dokument und rufen Sie das Dialogfeld *Speichern unter* auf.
2. Wählen Sie den Dateityp *Word Vorlage.* Word wechselt automatisch in den richtigen Ordner.
3. Markieren Sie den Pfad des Ordners in der Adressleiste des Dialogfeldes und kopieren Sie ihn in die Zwischenablage (z. B. mit Rechtsklick und Kopieren).
4. Schließen Sie das Dialogfeld mit *Abbrechen.*
5. Öffnen Sie die Word-Optionen (Backstage-Ansicht/*Optionen*) und fügen Sie den kopierten Pfad auf der Seite *Speichern* in das Feld *Standardspeicherort für persönliche Vorlagen* ein.
6. Wenn Sie jetzt in der Backstage-Ansicht auf die Seite *Neu* gehen, tauchen dort die beiden neuen Einträge *EMPFOHLEN* und *PERSÖNLICH* auf. Klicken Sie auf *PERSÖHNLICH,* um Ihre neue Vorlage anzuzeigen.

Bild 14.6 Die Vorlage lässt sich nun auf dem gewohnten Weg nutzen

Vorlagen organisieren

Wenn Sie viele Vorlagen erstellt haben, kann es im Laufe der Zeit im Vorlagenordner etwas unübersichtlich werden. Doch auch hierfür gibt es eine Lösung: Wenn sich in den Vorlagenordnern weitere Ordner befinden, tauchen sie automatisch auf der Seite *Neu* auf. Das gilt sowohl für den Vorlagenordner auf Ihrem Computer als auch für den Ordner mit den Arbeitsgruppenvorlagen, den wir Ihnen im nächsten Abschnitt vorstellen.

Bild 14.7 Unterordner werden nur angezeigt, wenn sie mindestens eine Vorlage enthalten

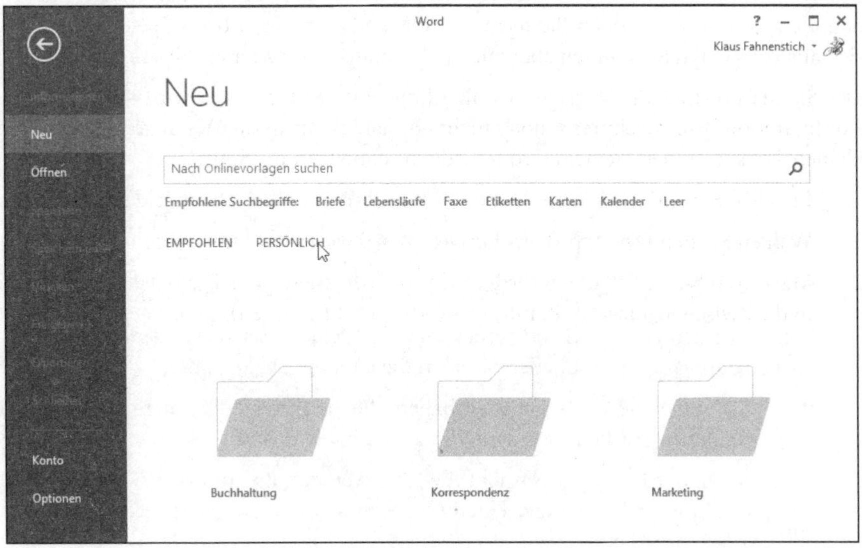

Vorlagen mit mehreren Anwendern nutzen

Word kennt zwei spezielle Ordner, in denen Sie Ihre Vorlagen ablegen können: den Ordner für Benutzervorlagen und den Ordner für die Arbeitsgruppenvorlagen. Der *Benutzer*-Ordner ist für Vorlagen gedacht, mit denen nur Sie allein arbeiten und befindet sich normalerweise auf dem eigenen PC. Diesen Ordner haben Sie im letzten Abschnitt kennengelernt.

Ist ein PC in einem Netzwerk eingebunden, existiert in der Regel auf dem Server ein Verzeichnis, in dem die Vorlagen abgelegt sind, die von allen Mitarbeitern benutzt werden sollen. Dieses Verzeichnis wird in Word als *Arbeitsgruppen*-Ordner bezeichnet. Die gemeinsame Nutzung der Vorlagen hat den Vorteil, dass zum einen alle Mitarbeiter von den Komfortmerkmalen der Vorlagen profitieren können und dass alle Dokumente ein einheitliches Layout erhalten.

Damit Word den Arbeitsgruppen-Ordner verwendet, müssen Sie zunächst angeben, wo sich dieser Ordner befindet. Das erledigen Sie mit folgenden Schritten:

1. Öffnen Sie ein beliebiges Dokument oder erstellen Sie ein leeres Dokument.
2. Wählen Sie in der Backstage-Ansicht *Optionen* und wechseln Sie in die Kategorie *Erweitert*.
3. Dort finden Sie ganz unten, in der Gruppe *Allgemein*, die Schaltfläche *Dateispeicherorte*. Klicken Sie diese Schaltfläche an, um das folgende Dialogfeld anzuzeigen. Diese Schaltfläche ist nur aktiv, wenn ein Dokument geladen ist!

Bild 14.8 In diesem Dialogfeld können Sie den Ordner für die Arbeitsgruppenvorlagen festlegen

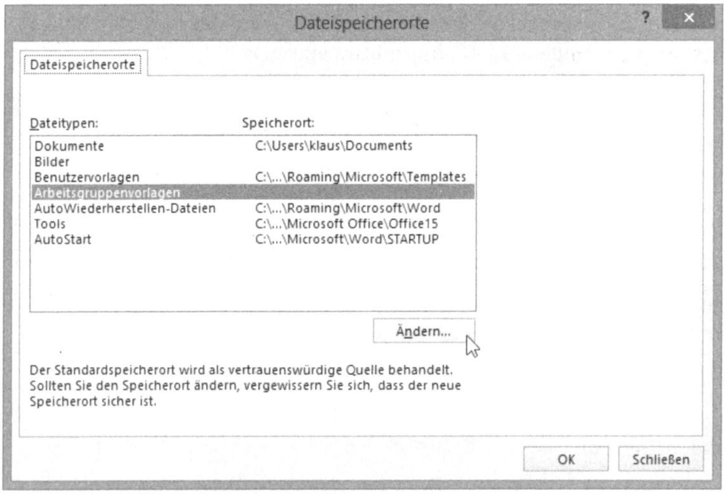

4. Markieren Sie den Eintrag *Arbeitsgruppenvorlagen* und klicken Sie auf *Ändern*.
5. Zeigen Sie den gewünschten Ordner im Dialogfeld *Speicherort ändern* an, markieren ihn und klicken dann auf *OK*. Schließen Sie auch die anderen Dialogfelder.
6. Wenn Sie eine neue Vorlage erstellt haben, die Sie Ihren Kollegen zur Verfügung stellen wollen, verschieben Sie die Dokumentvorlage in diesen Ordner.
7. Rufen Sie in der Backstage-Ansicht die Seite *Neu* auf, um zu prüfen, ob die Ordner dort auftauchen. Hinweis: Word zeigt einen Ordner nur dann an, wenn sich darin auch tatsächlich eine Vorlage befindet.

Bild 14.9 Die Seite *Neu,* nachdem ein Verzeichnis für die Arbeitsgruppenvorlagen angegeben wurde

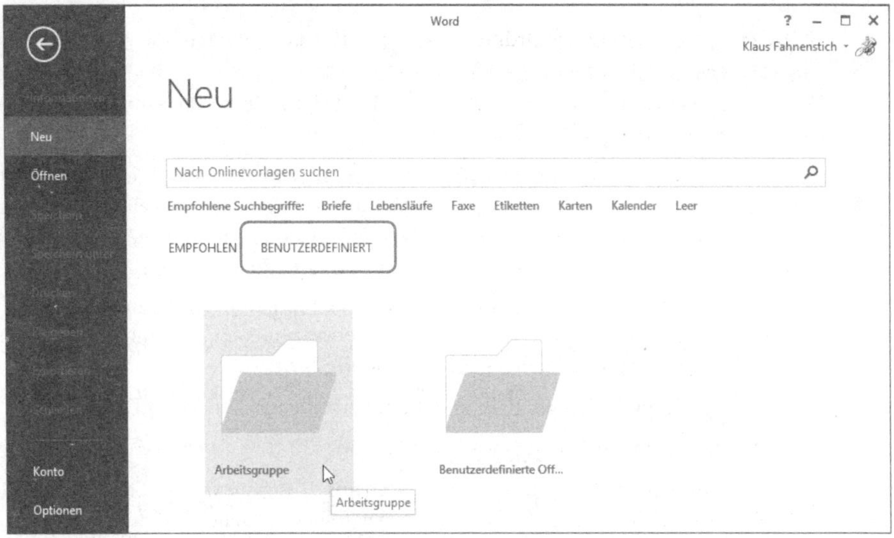

Beachten Sie, dass in der Backstage-Ansicht auf der Seite *Neu* der Link *PERSÖHNLICH* durch *BENUTZERDEFINIERT* ersetzt wurde. Ein Klick auf den neuen Link zeigt zunächst zwei Ordner an: einen für die Arbeitsgruppenvorlagen und einen für die benutzerdefinierten Vorlagen. Um ihren Anwendern an dieser Stelle die Orientierung zu erleichtern, sollten Sie dem Arbeitsgruppenordner einen entsprechend aussagekräftigen Namen geben.

PROFITIPP

Arbeitsgruppenvorlagen-Verzeichnis entfernen

Falls Sie die Verzeichnisangabe für die Arbeitsgruppenvorlagen wieder löschen wollen, haben wir eine schlechte Nachricht für Sie: Uns ist keine Methode bekannt, wie sich das direkt in Word erledigen lässt. Tricks von Vorgängerversionen funktionieren leider nicht mehr, so dass als einziger Ausweg nur die Windows-Registrierungsdatenbank, kurz Registry, bleibt.

1. Halten Sie die Windows-Taste gedrückt und drücken Sie [R], um das Dialogfeld *Ausführen* anzuzeigen.
2. Geben Sie **regedit** ein und starten Sie den Registrierungs-Editor mit *OK.*
3. Navigieren Sie zum Schlüssel *HKEY_CURRENT_USER\Software\Microsoft\Office\15.0\Common\General.*
4. Doppelklicken Sie dort auf den Wert *SharedTemplates.*

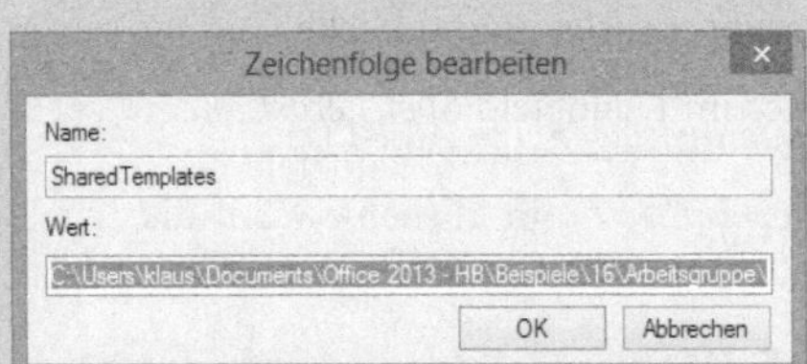

5. Löschen Sie den Eintrag, klicken Sie auf *OK* und schließen Sie den Editor wieder.

Vorlage für alle Dokumente nutzbar machen

Jedes Dokument ist mit genau einer Vorlage verbunden. Sie können aber auch Vorlagen erstellen, die sich dann in allen Dokumenten verwenden lassen. Diese Art der Vorlagen nennt man globale Vorlagen. (Mehr über die konzeptionellen Hintergründe zu diesem Thema finden Sie am Ende dieses Kapitels.)

Als Beispiel für eine Dokumentvorlage, die sich als globale Vorlage einsetzen lässt, haben wir die Datei *Sunshine Logos* vorbereitet. Diese Vorlage enthält drei Schnellbausteine mit dem Firmenschriftzug des fiktiven Reisebüros *Sunshine* in verschiedenen Größen. Sie befindet sich in dem Ordner, in dem die Beispieldateien für dieses Buch installiert wurden.

Und so stellen Sie diese Dokumentvorlage allen Dokumenten zur Verfügung:

1. Öffnen Sie das Dialogfeld *Word-Optionen* und wechseln Sie in die Kategorie *Add-Ins.*
2. Wählen Sie unten im Listenfeld *Verwalten* den Eintrag *Vorlagen* und klicken Sie dann auf die Schaltfläche *Gehe zu.*
3. Klicken Sie auf die Schaltfläche *Hinzufügen.*
4. Wechseln Sie in den Ordner, in dem sich die Beispieldateien zu diesem Buch befinden, markieren die Datei *Sunshine Logos* und klicken auf *OK.* Die Datei taucht jetzt in der Liste *Globale Dokumentvorlagen und Add-Ins* auf.

Bild 14.10 Mit diesem Dialogfeld können Sie globale Dokumentvorlagen laden

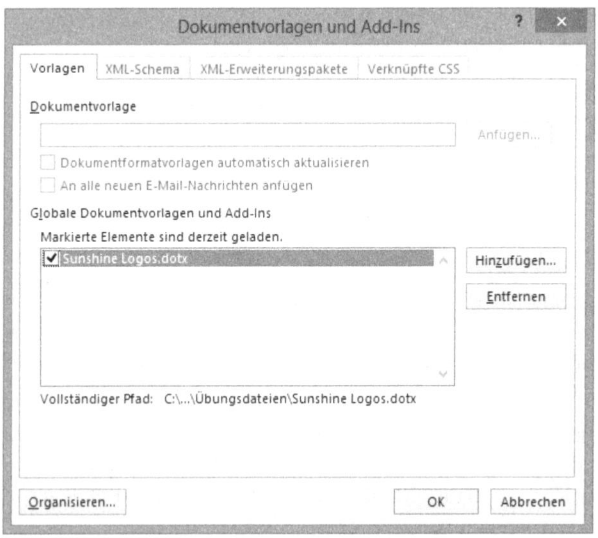

5. Schließen Sie das Dialogfeld *Dokumentvorlagen und Add-Ins.*
6. Wechseln Sie auf die Registerkarte *Einfügen* und klicken Sie auf die Schaltfläche *Schnellbausteine.* Wie angekündigt, tauchen die drei Logos im Menü der Schaltfläche auf.
7. Beenden Sie Word und starten Sie es erneut.
8. Klicken Sie erneut auf die Schaltfläche *Schnellbausteine.* Und siehe da: Die Logos tauchen im Untermenü nicht mehr auf. Was ist passiert?

9. Rufen Sie das Dialogfeld *Dokumentvorlagen und Add-Ins* auf (wie in den Schritten 1 und 2 beschrieben). Aha: Das Kontrollkästchen vor *Sunshine Logos.dotx* ist ausgeschaltet!

10. Schalten Sie es erneut ein und überzeugen sich davon, dass die Schnellbausteine der Vorlage jetzt wieder im Menü der Schaltfläche *Schnellbausteine* auftauchen.

Wie Sie sehen, merkt Word sich zwar, welche Vorlagen Sie global geladen haben. Die globalen Vorlagen bleiben jedoch nur während der aktuellen Word-Sitzung geladen. Nach einem Neustart von Word müssen Sie das Laden wieder manuell einschalten.

Vorlagen automatisch laden

Es gibt aber noch eine andere Lösung, die Sie verwenden können, wenn Sie möchten, dass Word eine Dokumentvorlage bei jedem Starten automatisch lädt. Kopieren Sie dann die Vorlagen in den Autostart-Ordner von Word.

Den für Ihren Rechner gültigen AutoStart-Ordner können Sie im Dialogfeld *Speicherort für Dateien* ablesen. Wie Sie das Dialogfeld aufrufen, haben wir im Abschnitt »Vorlagen mit mehreren Anwendern nutzen« auf Seite 324 beschrieben.

Spezielle Vorlagentypen

Seit Word 2007 gibt es zwei neue Dokumentvorlagentypen, mit denen sich Bausteine bzw. Formatvorlagensätze (früher Schnellformatvorlagen-Sätze) speichern lassen. Genauer gesagt, handelt es sich dabei um normale Dokumentvorlagen, die ihren besonderen Status dadurch erlangen, dass sie in speziellen Ordnern gespeichert werden. Die folgenden Abschnitte machen Sie mit den wichtigsten Details vertraut.

Bausteine

Damit Sie auf die Bausteine einer Vorlage zugreifen können, muss diese (logischerweise) geladen sein. Im letzten Abschnitt haben Sie mit den globalen Vorlagen und dem AutoStart-Ordner bereits zwei prinzipiell geeignete Methoden kennengelernt. Für Vorlagen, die ausschließlich Bausteine enthalten, ist jedoch in Word ein anderes Verfahren vorgesehen.

Beim Starten prüft Word, ob sich in einem bestimmten Ordner Dokumentvorlagen befinden. Wenn diese Vorlagen dann mindestens einen Baustein enthalten, werden sie von Word geladen und die in ihnen gespeicherten Bausteine tauchen in den Baustein-Katalogen auf. Alle anderen Inhalte dieser Vorlagen werden ignoriert.

Der Baustein-Ordner existiert in einer globalen und in einer benutzerdefinierten Version:

- Vorlagen, deren Bausteine allen Benutzern zur Verfügung stehen sollen, müssen im Ordner *C:\Programme\Microsoft Office\Office15\Document Parts\1031\15* abgelegt werden.
- Der Ordner für benutzerdefinierte Baustein-Vorlagen lautet bei Window 7 und Windows 8: *C:\Users\<Benutzername>\AppData\Roaming\Microsoft\Document Building Blocks\1031\15.*

Wenn Sie eine Baustein-Vorlage erstellen wollen, gehen Sie am besten so vor:

1. Erstellen Sie ein neues Dokument und speichern Sie es mit *DATEI/Speichern unter/Word-Vorlage* in dem Ordner *Document Building Blocks*.
2. Fügen Sie mindestens einen Baustein in die Vorlage ein (siehe Kapitel 5).
3. Schließen und starten Sie Word erneut, damit die neue Vorlage geladen wird. Sie können die Bausteine der Vorlage nun verwenden bzw. weitere Bausteine in die Vorlage einfügen.

HINWEIS **Die Dokumentvorlage Building Blocks.dotx** Die im Lieferumfang von Word enthaltenen Standard-Bausteine sind in der Dokumentvorlage *Building Blocks.dotx* gespeichert. Wenn Sie diese Vorlage im Benutzerordner *..\Document Building Blocks* löschen, wird sie beim nächsten Starten von Word neu erstellt (ähnlich wie bei der globalen Vorlage *Normal.dotm).*

Die Originalversion der Datei befindet sich im Ordner *C:\Programme\Microsoft Office\Office15\Document Parts\1031\15.* Wenn Sie die Standard-Bausteine von Word ändern oder entfernen wollen, müssen Sie die globale Version der Datei bearbeiten und anschließend die Versionen in den Ordnern der einzelnen Benutzer löschen.

Formatvorlagen-Sätze

In Kapitel 11 haben wir bereits gezeigt, wie Sie die aktuelle Liste der Schnellformatvorlagen als so genannten *Formatvorlagensatz* speichern können. Auch dabei wird eine Dokumentvorlage erzeugt, die sich in einem speziellen Ordner befinden muss, damit die in ihr enthaltenen Formatvorlagen von Word als Formatvorlagensatz erkannt und geladen werden.

Es handelt sich um den Ordner *QuickStyles*, für den die gleichen Regeln gelten wie für den im letzten Abschnitt vorgestellten Baustein-Ordner. Das heißt, die im Lieferumfang enthaltenen Formatvorlagensätze (bzw. deren Dokumentvorlagen) befinden sich im Ordner *C:\Programme\Microsoft Office\Office15\1031\Quickstyles*; die benutzerdefinierten Versionen finden Sie dementsprechend im Ordner *C:\Users\<Benutzername>\AppData\Roaming\Microsoft\QuickStyles* (Windows 7 und Windows 8).

Ein wenig Vorlagentheorie

Nachdem wir bisher vor allem die praktischen Dinge beim Einsatz von Vorlagen beschrieben haben, befasst sich dieser Abschnitt ein wenig mit der Theorie. Aber keine Angst: Auch hier finden Sie zahlreiche praktische Informationen, die den Einsatz der Dokumentvorlagen einfacher und komfortabler machen.

Word arbeitet mit zwei Arten von Dateien:

- Dokumente, die die Endungen *.docx* (ohne Makros) bzw. *.docm* (mit Makros) besitzen, wobei die Buchstaben »doc« als Kürzel für das englische ***document*** stehen.

- Dokumentvorlagen, die Sie an der Dateinamenserweiterung *.dotx* (ohne Makros) und *.dotm* (mit Makros) erkennen; die Buchstaben »dot« stehen für das englische *document template* (Dokumentschablone).

Grundsätzlich basiert jedes Word-Dokument auf einer Dokumentvorlage. Wenn Sie ein neues, leeres Dokument erstellen, benutzt Word automatisch die Vorlage *Normal.dotx*. Entscheiden Sie sich auf der Seite *Neu* hingegen für eine der anderen dort angebotenen Vorlagen, basiert das neue Dokument anschließend auf der von Ihnen ausgewählten Vorlagendatei.

Der Inhalt einer Dokumentvorlage

Dokumentvorlagen bilden quasi das Fundament neuer Dokumente und liefern im Idealfall sowohl das »Baumaterial« als auch die »Werkzeuge« frei Haus.

- **Standardtext und Grafiken** Wenn Sie ein neues Dokument beginnen, das auf einer Vorlage basiert, übernimmt Word alle Texte und Grafiken der Vorlage in das neue Dokument. Formatierungen, die Sie vorgenommen haben, bleiben dabei ebenfalls erhalten.
- **Standardformatierungen des Dokuments** Hierzu gehören benutzerdefinierte oder Standardformatvorlagen, die Sie selbst erstellt oder angepasst haben. Auch die Seitenabmessungen, Randeinstellungen und die Ausrichtung können in jeder Dokumentvorlage nach Bedarf eingestellt werden. Beim Erstellen eines Dokuments werden diese Formatierungseigenschaften von der Vorlage an das Dokument »vererbt« (dazu gleich mehr).
- **Bausteine** Beim Anlegen eines neuen Bausteins können Sie festlegen, ob der Baustein in der Vorlage gespeichert wird, auf der das aktuelle Dokument basiert, in der globalen Dokumentvorlage *Normal.dotx* oder in der speziellen Bausteinvorlage *Buildung Blocks.dotx*.
- **Anpassungen der Symbolleiste für den Schnellzugriff** Dokumentvorlagen können auch Einfluss auf die Symbolleiste für den Schnellzugriff nehmen. Dazu öffnen Sie die Vorlage, wechseln im Dialogfeld *Word-Optionen* in die Kategorie *Symbolleiste für den Schnellzugriff* und wählen zuerst im Listenfeld *Symbolleiste für den Schnellzugriff anpassen* den Namen der Vorlage aus. Anschließend können Sie die gewünschten Änderungen an der Symbolleiste vornehmen. Wenn Sie dann ein neues Dokument auf Basis dieser Vorlage erstellen, tauchen die zuvor in der Vorlage hinzugefügten Schaltflächen in der Symbolleiste für den Schnellzugriff auf.
- **Tastenkombinationen** Die in Word enthaltenen Tastenkombinationen, die so genannten *Shortcuts*, lassen sich ergänzen bzw. ändern. Im Dialogfeld *Tastatur anpassen (EINFÜGEN/Symbol/Weitere Symbole/Tastenkombination…)* legen Sie mit dem Listenfeld *Speichern in* die Vorlage fest, in der die vorgenommenen Änderungen gespeichert werden sollen.
- **Makros** Mit Makros kann die Funktionalität einer Dokumentvorlage nahezu beliebig erweitert werden. Eine Sonderstellung kommt dem Makro *AutoNew()* zu, das beim Erstellen eines neuen Dokuments automatisch aufgerufen wird. Dieses Makro eignet sich zum Beispiel zum Aufruf benutzerdefinierter Dialogfelder, in die Anwender zentrale Daten eingeben können.
- **Schutz** Einzelne Bereiche einer Dokumentvorlage können vor Änderungen durch den Benutzer geschützt werden. Dies ist zum Beispiel beim Erstellen von Formularen sinnvoll, damit der Anwender das Formular zwar ausfüllen, es aber nicht verändern kann. Das Schützen von Dokumenten behandeln wir in Kapitel 30.

Zusammenspiel von Word und Dokumentvorlagen

Um zu verstehen, wie sich Word, Dokumentvorlagen und Dokumente gegenseitig beeinflussen, muss man das Konzept kennen, das diese drei Elemente zu einer gemeinsamen Architektur verbindet. Dieses Zusammenspiel lässt sich am besten an einem dreischichtigen Modell erläutern.

Bild 14.11 Dokumentvorlagen sind die Schnittstelle zwischen Word und Dokument

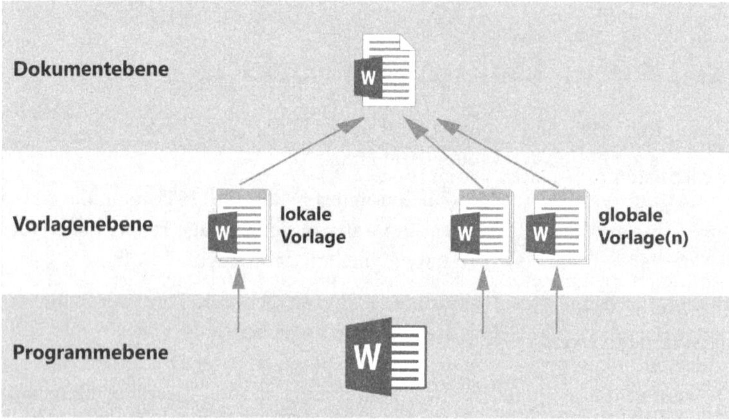

Auf der untersten Ebene befindet sich Word selbst. Das Programm enthält die verschiedenen Funktionen, die Sie nicht verändern können, die aber allen Vorlagen und Dokumenten zur Verfügung stehen.

Auf der mittleren Ebene sind die Dokumentvorlagen angesiedelt, wobei man hier zwischen der lokalen Vorlage und den globalen Vorlagen unterscheiden muss. Diese Zwischenebene ist die Schnittstelle zwischen Word und dem eigentlichen Dokument, in der bestimmt werden kann, wie sich Word dem Anwender bei der Bearbeitung eines Dokuments präsentiert. Auf der obersten Ebene liegt dann das eigentliche Dokument.

Lokale Dokumentvorlagen

Word unterscheidet zwischen lokalen und globalen Dokumentvorlagen. Die lokale Dokumentvorlage ist die Vorlage, die mit einem Dokument direkt verbunden ist. Diese Verbindung wird beim Erstellen des Dokuments festgelegt, sie kann aber jederzeit über das Dialogfeld *Dokumentvorlagen und Add-Ins* geändert werden (siehe Abschnitt »Dokumente mit anderen Vorlagen verbinden« auf Seite 331).

Die Einstellungen in der lokalen Dokumentvorlage werden von Word vorrangig behandelt. Wenn Sie zum Beispiel einem Word-Befehl in der lokalen Vorlage den Shortcut Strg+A und in einer globalen Vorlage dem gleichen Befehl den Shortcut Strg+B zugewiesen haben, müssen Sie in allen Dokumenten, die auf dieser lokalen Vorlage basieren, den Shortcut Strg+A benutzen, um den Befehl aufzurufen.

Wenn Sie zwischen zwei Dokumenten wechseln, die auf unterschiedlichen Vorlagen basieren, verwendet Word immer die Einstellungen (Shortcuts, Makros etc.) aus der jeweiligen lokalen Vorlage. Dadurch ist es möglich, das Verhalten von Word auf das gerade bearbeitete Dokument anzupassen.

So sucht Word nach der Normal.dotx

Die Reihenfolge, in der Word verschiedene Ordner nach der *Normal.dotx* durchsucht, lautet: Word-Programmordner, Ordner mit Benutzervorlagen, Ordner mit Arbeitsgruppenvorlagen. Word bricht die Suche ab, sobald es eine Version der Datei gefunden hat. Konnte die Datei nicht gefunden werden, wird automatisch eine neue, leere *Normal.dotx* mit Standardwerten angelegt.

Globale Dokumentvorlagen

Im Gegensatz zu den lokalen Vorlagen, die sich immer auf ein bestimmtes Dokument beziehen, stehen globale Vorlagen allen Dokumenten zur Verfügung. So können Sie zum Beispiel eine Vorlage erstellen, die ein Makro enthält, das eine Grafik mit einem schattierten Rahmen versieht. Wenn Sie für dieses Makro einen Shortcut vergeben und die Vorlage global laden, haben Sie Word – aus Sicht des Anwenders – um einen neuen Befehl ergänzt, der in allen Dokumenten zur Verfügung steht. Sie kennen diese Technik bereits aus dem Beispiel der Übungsdatei *Sunshine Logos,* in der einige Schnellbausteine enthalten waren (Seite 326).

Erstellen einer globalen Dokumentvorlage

Um aus einer *normalen* Vorlage eine globale Vorlage zu machen, braucht die Datei nicht verändert zu werden. Sie müssen Word lediglich mitteilen, dass es diese Vorlage als globale Vorlage behandeln soll. Das lässt sich auf zwei Wegen erreichen.

Kopieren Sie die Vorlage in den *AutoStart*-Ordner von Word. Alle Vorlagen, die sich in diesem Ordner befinden, werden beim Starten von Word automatisch geladen. Welchen Ordner Word als *AutoStart*-Ordner benutzt, können Sie im Dialogfeld *Speicherort für Dateien* einstellen (siehe Seite 324).

Dokumentvorlagen, die nur gelegentlich als globale Vorlage benötigt werden, sollten nur bei Bedarf geladen werden. Rufen Sie dazu das Dialogfeld *Dokumentvorlagen und Add-Ins* auf (siehe Seite 326), klicken Sie auf *Hinzufügen* und wechseln Sie in den Ordner, in dem sich die gewünschte Vorlage befindet. Dort können Sie sie mit einem Doppelklick in die Liste *Globale Dokumentvorlagen und Add-Ins* des Dialogfeldes übernehmen.

Die Vorlage wird jedoch nur während der aktuellen Word-Sitzung geladen. Wenn Sie das Dialogfeld beim nächsten Starten von Word erneut aufrufen, werden Sie feststellen, dass die Vorlage zwar noch in der Liste auftaucht, jedoch nicht mehr aktiv ist. Um sie erneut zu laden, schalten Sie einfach das Optionsfeld vor dem Namen der Vorlage ein.

Dokumente mit anderen Vorlagen verbinden

Sie können einem Dokument auch jederzeit eine andere Vorlage zuweisen:

1. Öffnen Sie das betreffende Dokument.
2. Zeigen Sie das Dialogfeld *Word-Optionen* an und wechseln Sie zur Kategorie *Add-Ins.*
3. Wählen Sie im Listenfeld *Verwalten* den Eintrag *Vorlagen* und klicken Sie auf *Gehe zu.*
4. Klicken Sie im Dialogfeld *Dokumentvorlagen und Add-Ins* auf *Anfügen.*
5. Wählen Sie die gewünschte Vorlage und klicken Sie auf *Öffnen.*
6. Wenn Sie die Option *Dokumentformatvorlagen automatisch aktualisieren* einschalten, kopiert Word bei jedem Öffnen des Dokuments die Formatvorlagen aus der Vorlage in das Dokument. Das heißt, jede Änderung an den Formatvorlagen der Vorlage wirkt sich automatisch auf das Dokument aus. Vorsicht: Dieser Effekt kann auch unerwünscht sein, zum Beispiel bei Nummerierungen, deren Startwert manuell geändert wurde.

Bild 14.12 Änderungen an den Formatvorlagen der Dokumentvorlage automatisch übernehmen

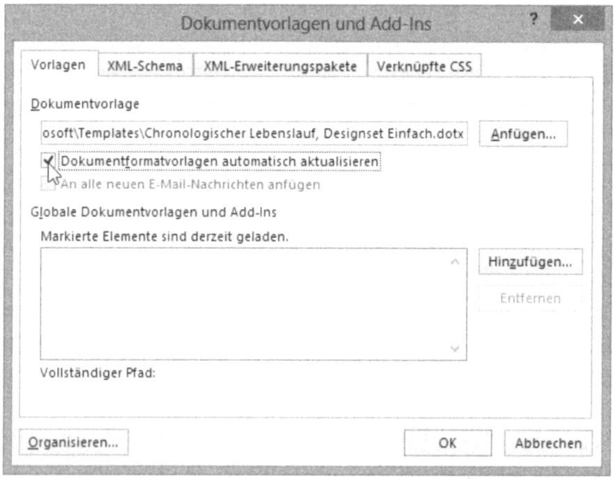

Vorlagen organisieren

Beim Erstellen einer Dokumentvorlage bietet es sich oft an, bereits in anderen Vorlagen vorhandene Formatvorlagen und Makros zu übernehmen. Zu diesem Zweck existiert in Word ein Dialogfeld, mit dem sich diese Elemente zwischen Dokumentvorlagen verschieben und kopieren lassen.

Das Kopieren funktioniert bei allen Elementen gleich:

1. Zeigen Sie das Dialogfeld *Word-Optionen* an *(DATEI/Neu)*.
2. Wechseln Sie in die Kategorie *Add-Ins.*
3. Wählen Sie im Listenfeld *Verwalten* den Eintrag *Vorlagen* und klicken Sie auf *Gehe zu.*
4. Klicken Sie im Dialogfeld *Dokumentvorlagen und Add-Ins* auf *Organisieren.*
5. Wechseln Sie auf die Registerkarte, deren Elemente Sie bearbeiten wollen.

Bild 14.13 Mit diesem Dialogfeld lassen sich Formatvorlagen und Makros verwalten

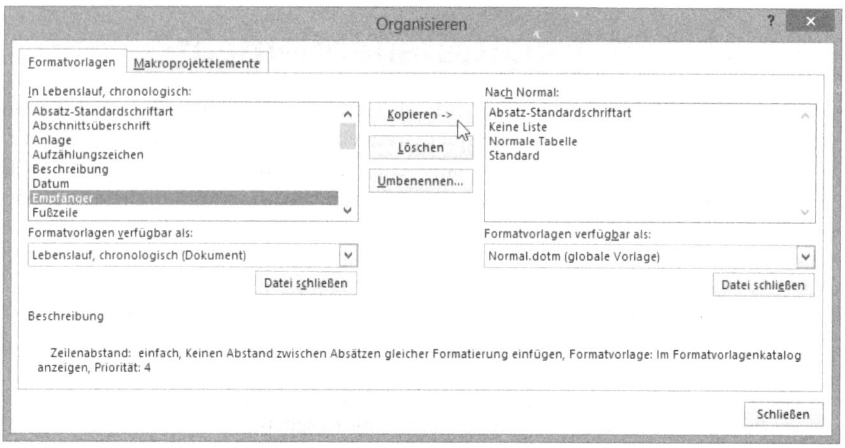

6. Öffnen Sie in der linken Liste (mit *Datei schließen* und anschließendem *Datei öffnen*) die Vorlage, aus der Sie kopieren wollen. Ist die Datei bereits in Word geöffnet, können Sie sie direkt aus dem Listenfeld ... *verfügbar als* wählen.
7. In der rechten Liste öffnen Sie die Zielvorlage.
8. Markieren Sie in der linken Liste die gewünschten Elemente und klicken Sie auf *Kopieren*.

Das Umbenennen und Löschen von Elementen funktioniert nach dem gleichen Prinzip. Zu beachten ist lediglich, dass die internen Formatvorlagen von Word nicht gelöscht werden können.

Inhaltssteuerelemente

Wenn Sie mit Word 2013 eine benutzerfreundliche Dokumentvorlage entwickeln wollen, sollten Sie sich unbedingt mit dem Konzept der Inhaltssteuerelemente vertraut machen. Dabei handelt es sich um eine in Word 2007 eingeführte Gruppe von Steuerelementen, die die alten Formularfelder und ActiveX-Steuerelemente ablösen, die in früheren Word-Versionen zum Erstellen interaktiver Formulare eingesetzt wurden.

HINWEIS **Formularfelder und ActiveX-Steuerelemente** Zwar unterstützt Word 2013 aus Gründen der Kompatibilität auch weiterhin Formularfelder und ActiveX-Steuerelemente. Doch dass sie nun als »Vorversionstools« bezeichnet werden, spricht für sich. Diese Wortschöpfung können Sie durchaus als zarten Wink mit dem Zaunpfahl verstehen, dass Sie diese Tools nach Möglichkeit nicht mehr einsetzen sollten.

Word 2013 ist in dieser Hinsicht auch etwas rigoroser als sein Vorgänger: Bei neuen Dokumenten können Formularfelder und Active-X-Steuerelemente nur noch im Kompatibilitätsmodus eingefügt werden. Wenn Sie das Dokument jedoch anschließend ins aktuelle Dateiformat konvertieren, gibt Word 2013 die Funktionen zum Einfügen bzw. Bearbeiten von Formularfeldern und ActiveX-Steuerelementen frei.

Wie Sie gleich sehen werden, sind die XML-basierten Inhaltssteuerelemente erheblich leistungsfähiger als ihre Vorgänger. Auch Word macht intensiv von den neuen Inhaltssteuerelementen Gebrauch, zum Beispiel wenn Sie ein Deckblatt, eine Kopfzeile oder eine Formel einfügen.

Was ist ein Inhaltssteuerelement?

Sie können sich Inhaltssteuerelemente als Container vorstellen, die im einfachsten Fall Text, aber auch andere Inhalte wie zum Beispiel Grafiken oder die eben angesprochenen Formeln enthalten können. Normalerweise ist ein Inhaltssteuerelement unsichtbar, das heißt, Sie sehen lediglich seinen Inhalt, der sich optisch nicht vom restlichen Dokument unterscheidet. Je nach Typ des Steuerelements kann es sich dabei um normalen (formatierten) Text, um eine Grafik, ein Datum etc. handeln.

Sobald Sie mit der Maus auf ein Inhaltssteuerelement zeigen, wird es mit einer Schattierung hinterlegt. Wenn Sie das Element anklicken, erscheint ein Rahmen mit einer kleinen Griffleiste, die zusätzlich noch mit Schaltflächen ausgestattet sein kann. Außerdem befindet sich bei einigen Inhaltssteuerelementen am rechten Rand eine Schaltfläche, über die ein Auswahlmenü aufgeklappt werden kann (wie in der folgenden Abbildung zu sehen).

Bild 14.14 Aus der Markierung, können Sie auf den aktuellen Status des Inhaltsteuerelements schließen

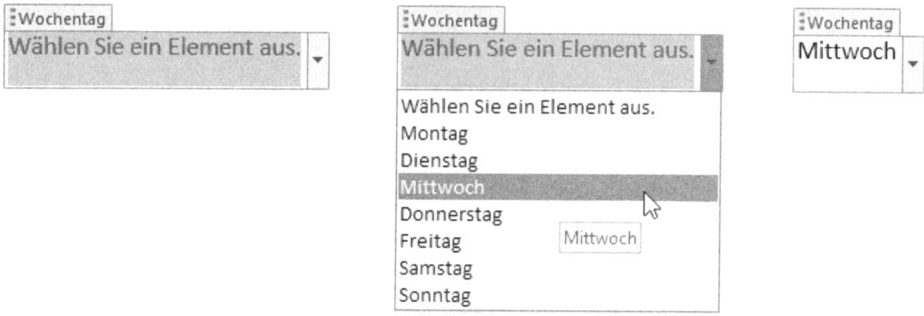

Ist nach dem Anklicken der gesamte Text des Steuerelements markiert, wurde bisher noch nichts in das Steuerelement eingegeben. Bei dem angezeigten Text handelt es sich dann um einen so genannten *Platzhaltertext*, der typischerweise einen Ausfüllhinweis enthält (siehe linkes Steuerelement der obigen Abbildung).

Ist der Inhalt des angeklickten Steuerelements anschließend nicht vollständig markiert, wurde der Platzhaltertext bereits durch einen individuellen Inhalt ersetzt (rechtes Steuerelement in der obigen Abbildung).

Je nach Typ kann ein Steuerelement mit verschiedenen Eigenschaften bzw. Formatierungen versehen sein, die automatisch auf den eingefügten Inhalt angewendet werden. Auf diese Weise können Sie zum Beispiel in einer Vorlage einen Platzhalter für eine Grafik anlegen (also ein Bildinhaltssteuerelement), der die vom Benutzer eingefügte Grafik automatisch in ein Graustufenbild umwandelt oder es mit einem speziellen Rahmeneffekt versieht. Der Vorteil für die Benutzer Ihrer Vorlage liegt auf der Hand: sie erhalten mit minimalem Aufwand ein professionell gestaltetes und in sich stimmiges Dokument.

Bild 14.15 Die voreingestellte Formatierung wird automatisch auf das eingefügte Bild angewendet

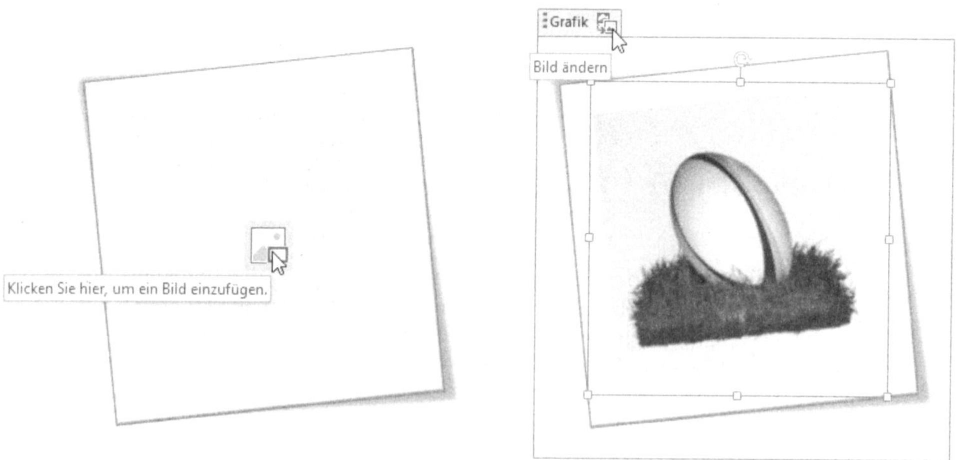

In der folgenden Tabelle haben wir für Sie die verschiedenen Typen der Inhaltssteuerelemente mit einer kurzen Beschreibung zusammengestellt.

Tabelle 14.1 Die verschiedenen Inhaltssteuerelemente von Word 2013

Steuerelement	Beschreibung
Rich-Text	Kann nahezu alle Elemente eines Dokuments aufnehmen: formatierten Text (auch mehrere Absätze), Grafiken, Tabellen usw.
Nur-Text	Kann nur Text aufnehmen (einen Absatz). Der Text kann jedoch beliebig formatiert werden.
Bild	Nimmt Grafiken auf. Das Bild-Inhaltssteuerelement kann mit den gängigen Bildeffekten belegt werden, die dann automatisch auf die eingefügte Grafik angewendet werden.
Kontrollkästchen	Kästchen, das sich ein- und ausschalten lässt. Die Darstellung kann jedoch frei gewählt werden, d.h. Sie können für den ein- und den ausgeschalteten Zustand jeweils ein beliebiges Zeichen festlegen.
Kombinationsfeld	Stellt eine Liste bereit, aus der ein Anwender einen Eintrag auswählen kann. Zum Öffnen der Auswahlliste besitzt das Steuerelement am rechten Rand eine Schaltfläche. Der Anwender kann aber auch direkt einen Text in das Steuerelement eintippen oder den ausgewählten Eintrag bearbeiten.
Dropdownliste	Wie ein Kombinationsfeld. Allerdings ist der Anwender auf die Listeneinträge beschränkt, er kann also weder eigene Einträge eingeben noch vorhandene bearbeiten.
Datumsauswahl	Dient zur Auswahl eines Datums. Dazu kann der Anwender einen kleinen Monatskalender ausklappen, in dem er das gewünschte Datum auswählen kann. Das Format des Datums wird beim Erstellen des Steuerelements vorgegeben.
Bausteinkatalog	Mit diesem Steuerelement kann der Anwender auf die Elemente des zugewiesenen Baustein-Katalogs zugreifen (z.B. AutoTexte, Schnellbausteine, Formeln, etc.)
Wiederholte Abschnitte	Dieses Steuerelement wurde in Word 2013 neu eingeführt. Es ist dafür gedacht, dass der Anwender einen vordefinierten Textabschnitt (z.B. das Textgerüst für den Tagesordnungspunkt eines Protokolls) mit einem einzigen Mausklick ein weiteres Mal in das Dokument einfügen kann. Wir stellen Ihnen dieses interessante Steuerelement im Abschnitt »Wiederholte Abschnitte« ab Seite 342 vor.

HINWEIS **Verhalten der Tabulatortaste** Das Verhalten der Tabulatortaste ist mitunter etwas irritierend. Während zum Beispiel in einem Rich-Text-Inhaltssteuerelement das Drücken von ↹ ein Tabulatorzeichen einfügt, führt die gleiche Aktion in einem Nur-Text- oder Datums-Inhaltssteuerlement dazu, dass Word zum nächsten Steuerelement springt. Es ist jedoch durchaus möglich, auch in Nur-Text-Elementen einen Tabulator einzufügen: Drücken Sie dazu einfach die von der Tabellenbearbeitung her bekannte Tastenkombination Strg+↹.

Von Word verwendete Inhaltssteuerelemente

Wichtige Funktionen bzw. Komfortmerkmale von Word 2013 wurden mit Hilfe von Inhaltssteuerelementen realisiert, von denen Ihnen einige in den bisherigen Kapiteln bereits begegnet sind:

- Deckblätter
- Kopf- und Fußzeilen
- Inhaltsverzeichnisse
- Literaturverzeichnisse
- Formeln
- Dokumenteigenschaften (Schnellbausteine)
- Einige Felder

Bild 14.16 Das Inhaltssteuerelement zur Datumsauswahl kann mit besonderem Komfort auftrumpfen

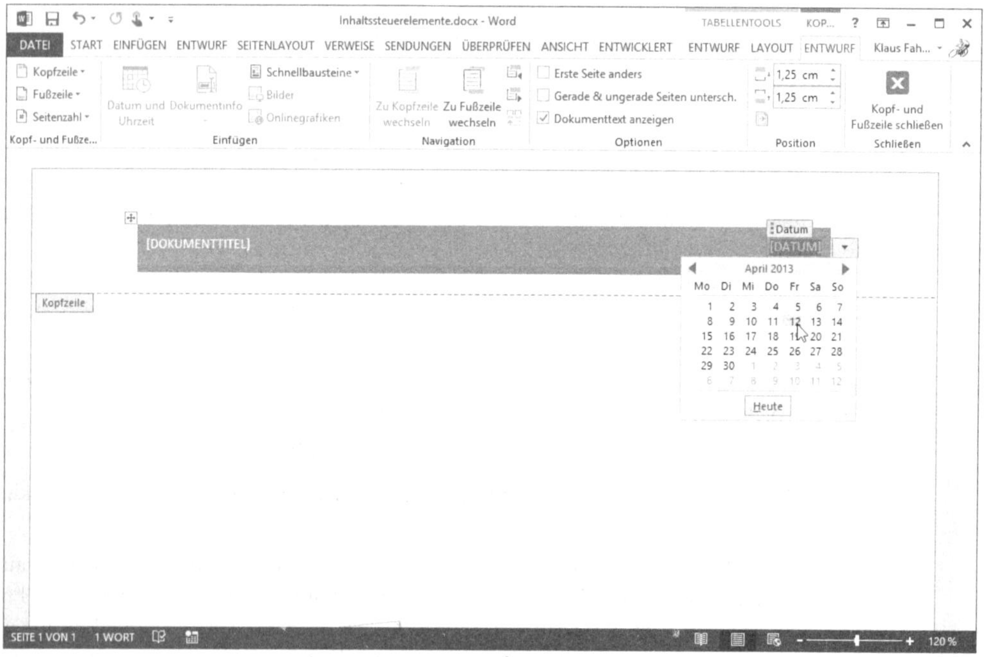

Inhaltssteuerelemente aus Entwicklersicht

Auch wenn die interaktiven Möglichkeiten der neuen Inhaltssteuerelemente im Vergleich mit den alten Formularfeldern und ActiveX-Steuerelementen auf den ersten Blick deutlich magerer ausfällt, lässt sich mit ihnen ein Großteil der benötigten Anwender-Interaktion realisieren. Sogar die in Word 2007 noch schmerzlich vermissten Checkboxen (Kontrollkästchen) hat Microsoft in Word 2010 nachgeliefert.

Als wichtigste Vorteile von Inhaltssteuerelementen lassen sich nennen:

- Inhaltssteuerelemente können ausgefüllt werden, ohne dass das Dokument geschützt werden muss, wie es bei Formularfeldern notwendig war bzw. ist. Dies erleichtert dem Anwender die Handhabung der Dokumente und macht Inhaltssteuerelemente flexibel einsetzbar.
- Das Eingabeverhalten von Inhaltssteuerelementen lässt sich individuell konfigurieren. So können Sie zum Beispiel die Eingabe auf eine einzelne Zeile beschränken und verhindern, dass ein Element gelöscht werden kann.
- Inhaltssteuerelemente können mit Formatierungen versehen werden, die automatisch auf den vom Anwender eingefügten Inhalt angewendet werden.
- Beim Austausch eines Inhaltssteuerelements (z. B. eines Deckblatts) können vom Benutzer bereits eingegebene Daten übernommen werden.
- Inhaltssteuerelemente können ihren Inhalt untereinander synchronisieren (wie z.B. bei den Dokumenteigenschaften). Dazu müssen sie einem XML-Knoten zugeordnet werden. Wir stellen Ihnen diese Technik in Abschnitt »XML-Zuordnung« ab Seite 345 vor.
- Dadurch, dass Inhaltssteuerelemente XML-basiert sind, wird der programmgesteuerte Zugriff bzw. die Auswertung ihrer Inhalte vereinfacht.

Inhaltssteuerelemente einfügen

Um eigene Inhaltssteuerelemente in ein Dokument einfügen zu können, müssen Sie zunächst die Registerkarte *Entwicklertools* einblenden. Dazu klicken Sie auf *DATEI* und wählen in der Backstage-Ansicht den Befehl *Optionen*. Wechseln Sie in die Rubrik *Menüband anpassen* und schalten Sie in der rechten Liste die Hauptregisterkarte *Entwicklertools* ein. Anschließend finden Sie die verschiedenen Inhaltssteuerelemente auf der Registerkarte in der Gruppe *Steuerelemente*.

Die Vorgehensweise beim Einfügen eines Elements ist im Prinzip immer die gleiche und soll hier am Beispiel eines Rich-Text-Inhaltssteuerelementes skizziert werden:

1. Setzen Sie die Einfügemarke an die gewünschte Position.
2. Wechseln Sie im Menüband auf die Registerkarte *ENTWICKLERTOOLS* und klicken Sie das Symbol des Steuerelements an.
3. Wechseln Sie in den Entwurfsmodus, indem Sie in der Gruppe *Steuerelemente* auf die gleichnamige Schaltfläche klicken. In diesem Modus können Sie z. B. einen anderen Platzhaltertext eingeben oder Formatierungen zuweisen. Dass der Entwurfsmodus aktiv ist, erkennen Sie auch daran, dass innerhalb der Inhaltssteuerelemente XML-Tags angezeigt werden, die den Inhalt der Elemente einfassen. Da Sie dem neuen Steuerelement noch keinen Namen zugewiesen haben, enthalten die Tags lediglich zwei kleine Pfeile.

Bild 14.17 Das neue, noch leere Inhaltssteuerelement

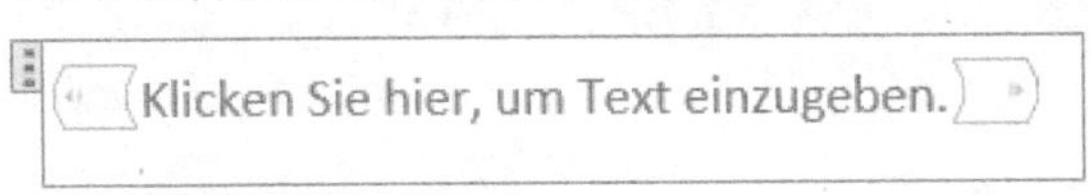

4. Klicken Sie in der Gruppe *Steuerelemente* auf *Eigenschaften*. Word zeigt dann ein Dialogfeld an, mit dem Sie das Verhalten des Steuerelements konfigurieren können – dazu gleich mehr.

Bild 14.18 Dialogfeld zum Einstellen der Eigenschaften des Inhaltssteuerelements

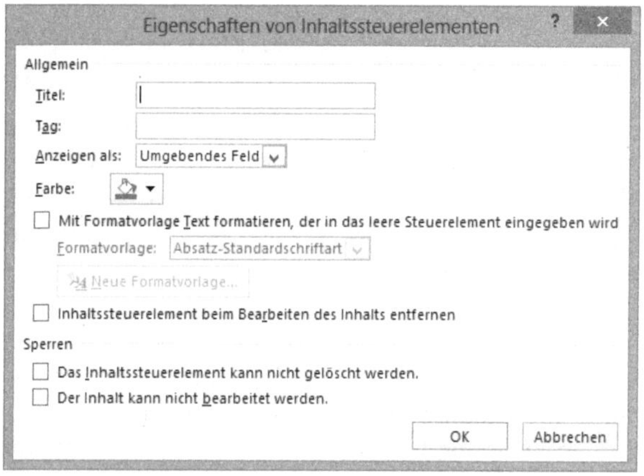

5. Verlassen Sie den Entwurfsmodus, indem Sie die Schaltfläche *Entwurfsmodus* erneut anklicken.

Allgemeine Eigenschaften

Das genaue Aussehen des Dialogfeldes *Eigenschaften von Inhaltssteuerelementen* hängt vom Typ des aktuellen Inhaltsteuerelements ab. Es gibt jedoch einige gemeinsame Eigenschaften, die Sie bei allen Inhaltssteuerelementen vorfinden:

- **Titel** Der Text, den Sie hier eingeben, erscheint in dem Beschriftungsfeld des Inhaltssteuerelements (der kleine Reiter, der oben links am Rahmen angezeigt wird).
- **Tag** Name des XML-Tags, über das auf den Inhalt des Steuerelements zugegriffen werden kann. Der Tag-Name ist in der Regel mit dem Titel des Steuerelements identisch, kann jedoch auch von ihm verschieden sein.
- **Anzeigen als** Seit Word 2013 können Sie die Darstellung der Inhaltssteuerelemente ändern. Neben der Standardeinstellung *Umgebendes Feld* stehen noch die Optionen *Start/Ende-Tag* und *Ohne* zur Verfügung. Im ersten Fall wird beim Anklicken des Elements kein Rahmen angezeigt, im zweiten Fall werden auch die Tags und Schaltflächen ausgeblendet.

Bild 14.19 Inhaltsteuerelemente lassen sich auf drei Arten darstellen

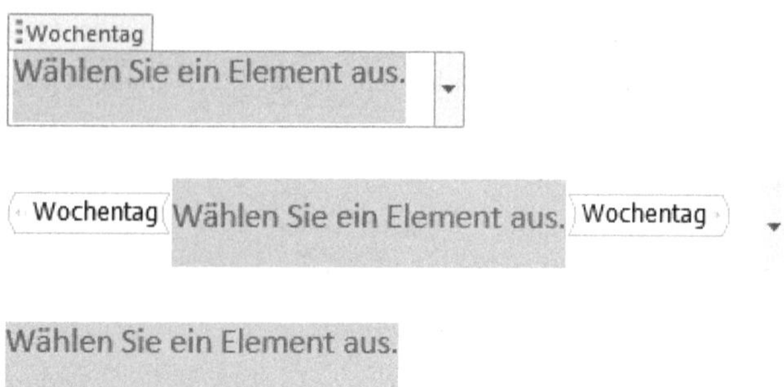

- **Farbe** Ebenfalls neu ist die Möglichkeit, Inhaltssteuerelemente farbig darzustellen. Auf diese Weise können Sie zum Beispiel kenntlich machen, dass ein Anwender nur bestimmte Felder eines Formulars ausfüllen soll. Wenn Sie das Ausfüllen der Inhaltssteuerelemente mittels VBA-Programmierung überwachen, lässt sich diese neue Eigenschaft auch gut dazu nutzen, um den Anwender auf fehlerhafte Eingaben hinzuweisen.
- **Das Inhaltssteuerelement kann nicht gelöscht werden** Wenn Sie diese Option einschalten, kann der Anwender das Steuerelement nicht aus dem Dokument entfernen.
- **Der Inhalt kann nicht bearbeitet werden** Aktivieren Sie diese Option, wenn der Anwender das Steuerelement nicht verändern darf.

Inhaltssteuerelemente schützen

Falls Sie die Bearbeitungsmöglichkeiten eines Steuerelements mit Hilfe der beiden letzten Eigenschaften einschränken wollen, müssen Sie bedenken, dass ein Anwender in einem ungeschützten Dokument ebenfalls Zugriff auf diese Eigenschaften hat und die vorgenommenen Einstellungen rückgängig machen kann. Wenn Sie gewährleisten müssen, dass der Anwender keine Änderungen an dem Verhalten der Inhaltssteuerelemente vornehmen kann, müssen Sie das betreffende Dokument entsprechend schützen. Die dazu notwendigen Schritte sind in Kapitel 30 beschrieben.

Formatierung des Inhalts vorgeben

Normalerweise übernimmt der in ein Inhaltssteuerelement eingegebene Text die Formatierung des Absatzes, in dem sich das Steuerelement befindet. Sie können aber auch in den Eigenschaften der betreffenden Steuerelemente eine Formatvorlage auswählen, die dem Inhalt des Elements zugewiesen wird. Dazu schalten Sie im Eigenschaftendialogfeld des Steuerelements die Option *Mit Formatvorlage Text formatieren, der in das leere Steuerelement eingegeben wird* ein und wählen dann die gewünschte Formatvorlage aus dem Listenfeld aus.

Kombinationsfelder und Dropdownlisten

Mit den beiden Inhaltssteuerelementen *Kombinationsfeld* und *Dropdownliste* kann der Anwender ein Element aus einer vorgegebenen Liste auswählen. Die Steuerelemente unterscheiden sich nur dadurch, dass der Anwender bei einem Kombinationsfeld auch eigene Einträge vornehmen kann, während er bei einer Dropdownliste auf die angebotenen Einträge beschränkt ist.

Zum Erstellen eines solchen Steuerelements gehen Sie folgendermaßen vor:

1. Fügen Sie das gewünschte Steuerelement ein, indem Sie sein Symbol auf der Registerkarte *ENTWICKLERTOOLS* anklicken.
2. Wechseln Sie in den Entwurfsmodus und rufen Sie das Eigenschaftendialogfeld des Steuerelements auf.
3. Nehmen Sie für die allgemeinen Eigenschaften die geeigneten Einstellungen vor.
4. Um einen neuen Wert in die Liste aufzunehmen, klicken Sie auf *Hinzufügen.* Word zeigt dann ein Dialogfeld an, in dem Sie den angezeigten Namen des Listeneintrags und den intern gespeicherten Wert eintragen können. Da der Inhalt dieser beiden Felder im Normalfall identisch ist, wird Ihre Eingabe im oberen Feld automatisch in das untere Feld übernommen.

Bild 14.20 Erstellen eines neuen Eintrags für die Auswahlliste eines Dropdownlisten-Steuerelements

5. Wiederholen Sie den letzten Schritt, um die Liste aufzufüllen.

   Falls Sie anschließend noch die Reihenfolge der Listeneinträge ändern möchten, können Sie sie mit Hilfe der Schaltflächen *Nach oben* und *Nach unten* neu arrangieren. Auch zum Ändern und Löschen eines Eintrags stehen eigene Schaltflächen zur Verfügung.

6. Schließen Sie das Eigenschaftendialogfeld und verlassen Sie den Entwurfsmodus.

7. Klicken Sie zum Abschluss auf die Pfeilschaltfläche am rechten Rand des Steuerelements, um die Auswahlliste aufzuklappen.

Bild 14.21 Die fertige Auswahlliste

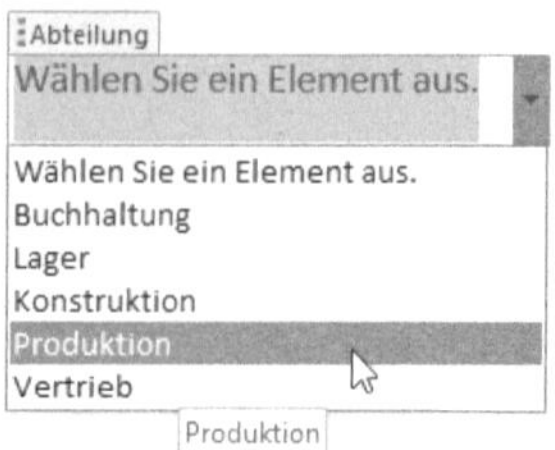

Auf Bausteinkataloge zugreifen

Ein sehr komfortables Inhaltssteuerelement ist der Typ *Bausteinkatalog.* Mit ihm lassen sich Auswahllisten erstellen, mit denen ein Anwender Bausteine aus einem vorhandenen Katalog auswählen kann. Eine solche Liste passt sich natürlich dem aktuellen Inhalt des betreffenden Katalogs an, d. h. neue Einträge im Katalog tauchen automatisch auch im Listenfeld auf.

Bild 14.22 Konfiguration eines Bausteinkatalog-Steuerelements

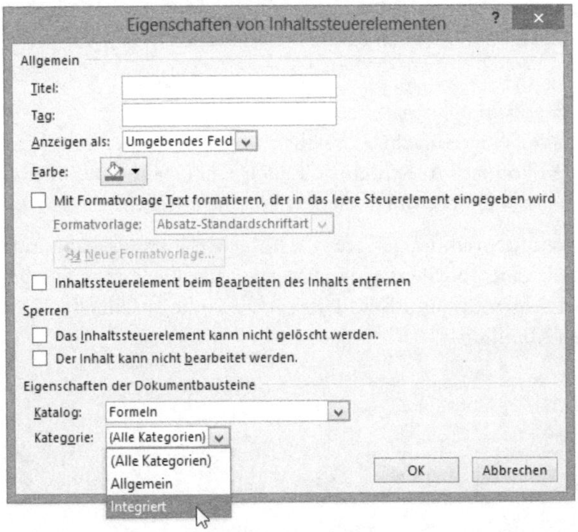

Die Verknüpfung zwischen Steuerelement und Bausteinkatalog erfolgt im Eigenschaftendialogfeld des Steuerelements. Bei umfangreichen Katalogen empfiehlt es sich zudem, die Anzahl der Listeneinträge durch die Auswahl einer Kategorie einzuschränken (siehe Abbildung oben).

Bild 14.23 Das fertige Steuerelement in Aktion

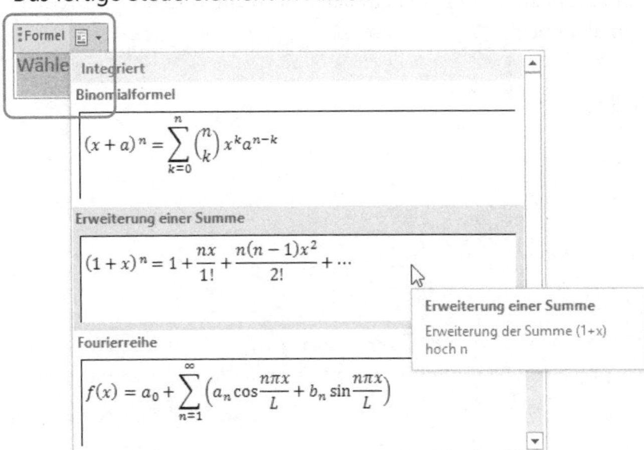

Wiederholte Abschnitte

Das letzte Inhaltssteuerelement, das wir Ihnen vorstellen wollen, ist das *Inhaltssteuerelement für wiederholte Abschnitte.* Es ist in Word 2013 neu eingeführt worden, war aber bereits in ähnlicher Form schon in InfoPath 2010 enthalten. Sein Name ist leider etwas unglücklich gewählt, denn das Steuerelement hat nichts mit den normalen Word-Abschnitten zu tun, die Sie in Kapitel 12 kennengelernt haben.

Mit diesem Steuerelement können Sie einen frei wählbaren Bereich eines Dokuments durch einen einzigen Mausklick beliebig oft erneut in das Dokument einfügen. Auf diese Weise lassen sich zum Beispiel Endlosformulare erzeugen oder Tabellen bequem erweitern.

Beispiel: Tabelle mit Inhaltssteuerelementen erweitern

Im folgenden Beispiel werden wir eine einfache Adressliste erstellen, in der verschiedene persönliche Daten eingetragen werden können. Außerdem soll auch eine Spalte für Bilder der Personen vorhanden sein. Die Eingabe soll dabei über Inhaltssteuerelemente erfolgen.

1. Erstellen Sie ein neues Dokument und fügen Sie eine Tabelle mit zwei Zeilen und fünf Spalten ein. Weisen Sie der Tabelle eine Tabellenformatvorlage zu und benennen Sie die Spalten mit **Name, Adresse, Mitglied seit, Aktiv** und **Bild.** Die Tabelle sollte anschließend etwa so aussehen, wie in der folgenden Abbildung.

Bild 14.24 Die leere Adresstabelle

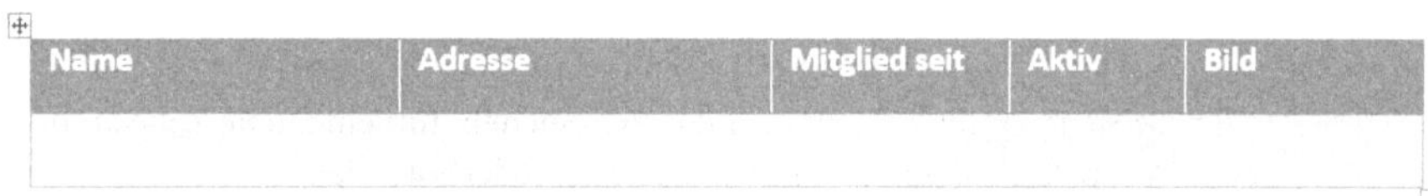

2. Fügen Sie in der zweiten Zeile fünf geeignete Inhaltssteuerelemente ein (Nur-Text, Nur-Text, Datumsauswahl, Kontrollkästchen und Bild). Das Ergebnis sieht dann ungefähr so aus:

Bild 14.25 Die Adresstabelle enthält fünf Inhaltssteuerelemente

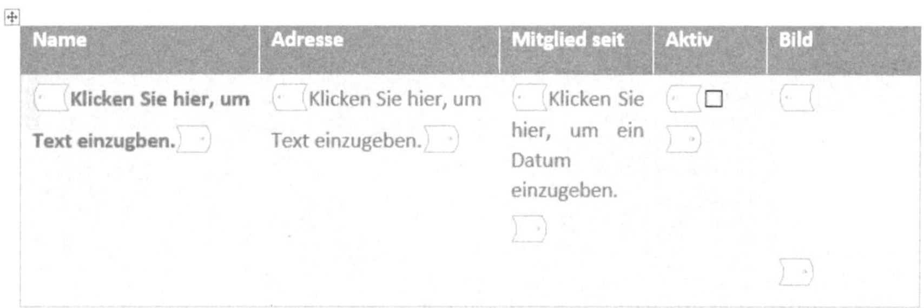

3. Markieren Sie jetzt die zweite Zeile der Tabelle. Das geht am schnellsten, indem Sie mit der Maus links neben die Zeile klicken (der Mauszeiger zeigt dort nach rechts).
4. Klicken Sie auf der Registerkarte *ENTWICKLERTOOLS* in der Gruppe *Steuerelemente* auf die Schaltfläche *Inhaltssteuerelement für wiederholte Abschnitte.* Word fasst dann die gesamte Zeile in das Steuerelement ein.

Bild 14.26 Die zweite Tabellenzeile ist nun als zu wiederholender Abschnitt gekennzeichnet (erkennbar an den doppelten Tag-Symbolen)

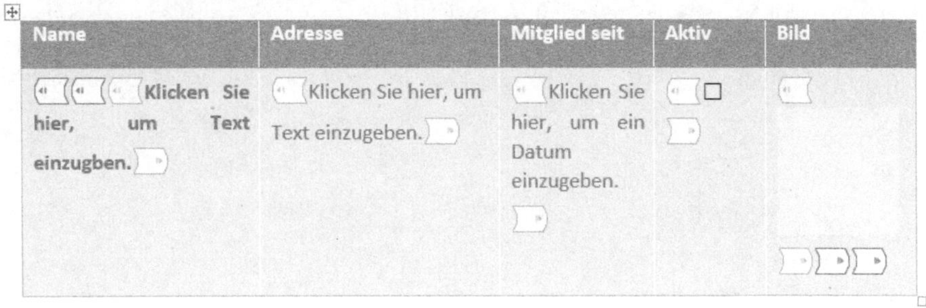

5. Verlassen Sie den Entwurfsmodus und füllen Sie die Felder der Tabelle aus.

Bild 14.27 Der Rahmen des Inhaltssteuerelementes umfasst die komplette Tabellenzeile

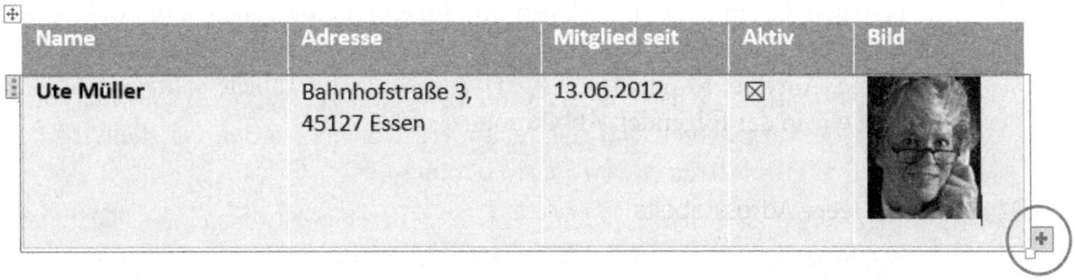

6. Klicken Sie jetzt unten rechts auf das Pluszeichen, um eine neue Zeile an die Tabelle anzuhängen. Word fügt dann eine Kopie des zu wiederholenden Abschnitts (also der Tabellenzeile samt den darin enthaltenen Inhaltssteuerelementen) in das Dokument ein.

Bild 14.28 Die neue Zeile ist automatisch mit Inhaltssteuerelementen ausgestattet

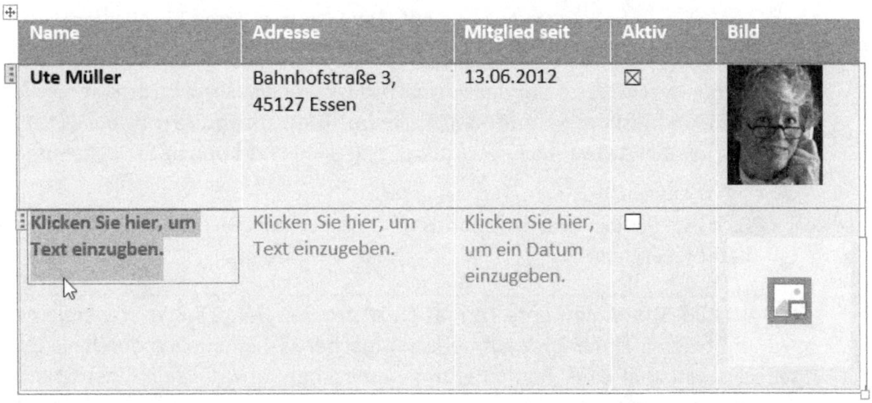

7. Füllen Sie auch die neue Zeile aus. Wenn Sie anschließend die Einfügemarke in die zweite Tabellenzeile setzen, sehen Sie, dass das Pluszeichen mit nach oben wandert. Sie können also auch innerhalb der Tabelle eine neue Zeile einfügen.

Bild 14.29 Sie können auch innerhalb der Tabelle neue Zeilen einfügen

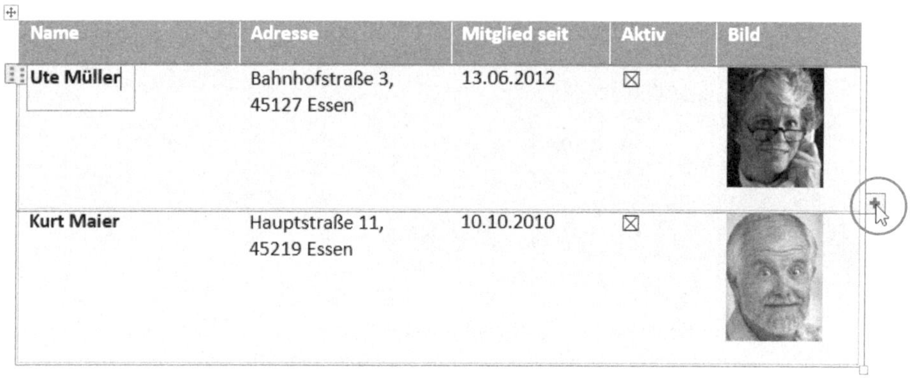

Name	Adresse	Mitglied seit	Aktiv	Bild
Ute Müller	Bahnhofstraße 3, 45127 Essen	13.06.2012	☒	
Kurt Maier	Hauptstraße 11, 45219 Essen	10.10.2010	☒	

Platzhaltertext formatieren

Für die Formatierung des Platzhaltertextes verwendet Word die Formatvorlage *Platzhaltertext*. Wenn Sie die vorgegebene Darstellung ändern wollen, um den Platzhaltertext zum Beispiel etwas auffälliger zu formatieren, gehen Sie am besten so vor:

1. Markieren Sie ein vorhandenes Inhaltssteuerelement, das einen Platzhaltertext enthält, oder erstellen Sie ein neues Text-Inhaltssteuerelement.
2. Wechseln Sie in den Entwurfsmodus.
3. Markieren Sie den Platzhaltertext und formatieren Sie ihn nach Ihren Vorstellungen.
4. Zeigen Sie den Aufgabenbereich *Formatvorlagen* an, indem Sie die Tastenkombination [Alt]+[Strg]+[⇧]+[S] drücken. Alternativ klicken Sie auf der Registerkarte *START* in der Gruppe *Formatvorlagen* auf die kleine Schaltfläche in der rechten unteren Ecke.
5. Klicken Sie im Aufgabenbereich auf *Optionen* und lassen Sie alle Formatvorlagen in alphabetischer Reihenfolge anzeigen.
6. Suchen Sie in der Liste die Formatvorlage *Platzhaltertext*. Klicken Sie den Eintrag mit der rechten Maustaste an und wählen Sie im Kontextmenü den Befehl *Platzhaltertext aktualisieren, um der Auswahl zu entsprechen*. Anschließend können Sie den Aufgabenbereich wieder schließen.
7. Verlassen Sie den Entwurfsmodus und löschen Sie gegebenenfalls das im ersten Schritt eingefügte Steuerelement.

TIPP **Bild-Steuerelemente formatieren** Am Beispiel des Bild-Steuerelements wollen wir Sie noch auf einen kleinen Trick aufmerksam machen. Es ist nämlich durchaus möglich, auch dieses Steuerelement mit einer Formatierung zu versehen, obwohl sein Eigenschaftendialogfeld diese Möglichkeit gar nicht vorsieht.

Dazu muss man wissen, dass die Formatierungsinformationen für den Inhalt eines Inhaltssteuerelements mit dem linken XML-Tag verknüpft sind. Sie können dieses Tag einfach markieren und ihm zum Beispiel eine Absatzformatierung zuweisen, um vor und hinter dem Steuerelement etwas Leerraum einzufügen.

Inhaltssteuerelemente löschen

Sofern Sie das Löschen eines Inhaltssteuerelements nicht in seinem Eigenschaftendialogfeld untersagt haben, können Sie das Steuerelement auf zwei Arten aus dem Dokument entfernen:

- Sie markieren das Element durch einen Klick auf seine Griffleiste und drücken die [Entf]-Taste. Dadurch wird das Steuerelement mitsamt seinem Inhalt aus dem Dokument gelöscht.
- Alternativ können Sie das Element mit der rechten Maustaste anklicken und in seinem Kontextmenü den Befehl *Inhaltssteuerelement entfernen* wählen. In diesem Fall wird zwar auch das Inhaltssteuerelement entfernt, doch sein Inhalt verbleibt im Dokument. Diese Aktion ist also mit der Umwandlung einer Feldfunktion vergleichbar (Shortcut [⇧]+[Strg]+[F9]), bei der eine Feldfunktion durch ihren aktuellen Inhalt ersetzt wird.

  Dieser Befehl steht jedoch nicht bei allen Inhaltssteuerelementen zur Verfügung.

XML-Zuordnung von Inhaltssteuerelementen

Im letzten Abschnitt dieses Kapitels wollen wir den Zusammenhang von Inhaltssteuerelementen und XML etwas näher beleuchten. Als Ausgangspunkt für unsere Überlegungen dienen dabei die Dokumenteigenschaften, bei denen es sich wie bereits erwähnt, ebenfalls um Inhaltssteuerelemente handelt.

Inhaltssteuerelemente für Dokumenteigenschaften haben nämlich eine besondere Eigenschaft: sie synchronisieren sich automatisch. Wenn Sie zum Beispiel die Dokumenteigenschaft *Titel* zweimal in ein Dokument einfügen und anschließend eines der beiden Exemplare ändern, wird der neue Eintrag automatisch in die zweite Version übertragen.

Lassen Sie uns diesen Effekt kurz nachvollziehen:

1. Erstellen Sie ein neues leeres Dokument.
2. Wechseln Sie auf die Registerkarte *EINFÜGEN* und wählen Sie in der Gruppe *Text* den Befehl *Schnellbausteine durchsuchen/Dokumenteigenschaft/Titel*. Word fügt dann ein Inhaltssteuerelement für die Dokumenteigenschaft *Titel* ein.
3. Fügen Sie die Dokumenteigenschaft *Titel* ein zweites Mal ein.
4. Tragen Sie in eines der beiden Elemente einen Titel ein. Sobald Sie das Steuerelement verlassen, wird die Änderung automatisch in das andere Element übernommen.

Dass dieser »Trick« funktioniert, hängt damit zusammen, dass sämtliche Inhaltssteuerelemente für Dokumenteigenschaften an eine sogenannte *XML-Komponente* gebunden sind, in der die aktuellen Werte der Dokumenteigenschaften gespeichert sind. Bei diesen Komponenten handelt es sich um eine XML-Datei, die fester Bestandteil eines jeden Word-Dokuments ist. Wir haben ja bereits bei der Vorstellung des neuen Dateiformats erwähnt, dass ein Word-Dokument in Wirklichkeit aus einer Gruppe komprimierter XML-Dateien besteht. Den Aufbau der Datei sehen Sie in Bild 14.30 auf der nächsten Seite.

Die näheren Details sollen uns hier jedoch gar nicht weiter interessieren. Wichtig zu wissen ist an dieser Stelle nur, dass Sie einem Word-Dokument auch eigene XML-Komponenten »injizieren« können. So lässt sich die Synchronisierung von Inhaltssteuerelementen auch für eigene Steuerelemente realisieren.

Bild 14.30 Die XML-Komponente *\docProps\core.xml* enthält verschiedene Dokumenteigenschaften

```
<?xml version="1.0" encoding="UTF-8" standalone="true"?>
- <cp:coreProperties xmlns:xsi="http://www.w3.org/2001/XMLSchema-instance"
xmlns:dcmitype="http://purl.org/dc/dcmitype/" xmlns:dcterms="http://purl.org/dc/terms/"
xmlns:dc="http://purl.org/dc/elements/1.1/"
xmlns:cp="http://schemas.openxmlformats.org/package/2006/metadata/core-properties">
    <dc:title>XML-Zuordnung</dc:title>
    <dc:subject/>
    <dc:creator>Klaus Fahnenstich</dc:creator>
    <cp:keywords/>
    <dc:description>Word 2013 Handbuch, Kapitel 14</dc:description>
    <cp:lastModifiedBy>Klaus Fahnenstich</cp:lastModifiedBy>
    <cp:revision>2</cp:revision>
    <dcterms:created xsi:type="dcterms:W3CDTF">2013-03-25T15:29:00Z</dcterms:created>
    <dcterms:modified xsi:type="dcterms:W3CDTF">2013-03-25T16:10:00Z</dcterms:modified>
</cp:coreProperties>
```

Erstellen einer geeigneten XML-Datei

Der Aufbau einer XML-Datei ist vom Prinzip recht simpel: Die einzelnen Elemente werden durch sogenannte *Tags* festgelegt, die auch ineinander verschachtelt sein können. Die Datei selbst können Sie in einem beliebigen Texteditor wie zum Beispiel dem Editor von Windows erstellen.

In der nächsten Abbildung sehen Sie eine einfache Datei, die für die Aufnahme von folgenden Kundendaten gedacht ist (Sie finden die Datei *kundendaten.xml* im Verzeichnis der Übungsdateien für dieses Buch):

- Name des Kunden
- Kundennummer
- Login (z.B. für einen Online-Shop)
- E-Mail-Adresse, mit der der Kunde registriert ist
- Ansprechpartner für den Kunden (Name, Telefonnummer und E-Mail-Adresse)

Bild 14.31 Die XML-Datei soll einige Kundendaten speichern können

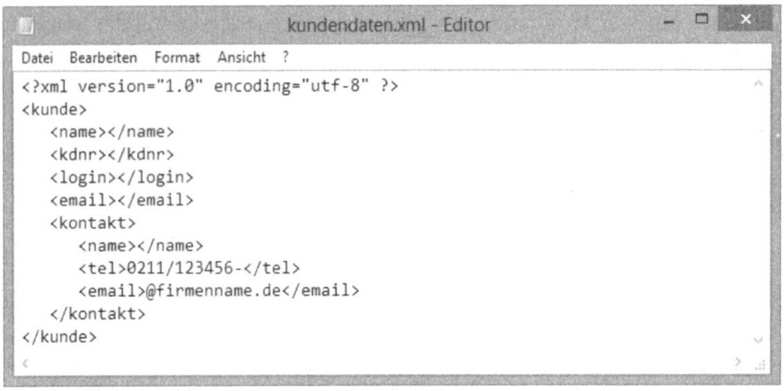


```
<?xml version="1.0" encoding="utf-8" ?>
<kunde>
   <name></name>
   <kdnr></kdnr>
   <login></login>
   <email></email>
   <kontakt>
      <name></name>
      <tel>0211/123456-</tel>
      <email>@firmenname.de</email>
   </kontakt>
</kunde>
```

Beachten Sie auch, dass bei einigen Elementen bereits Nutzdaten eingetragen sind.

XML-Komponente hinzufügen

Um die XML-Datei in ein Word-Dokument aufzunehmen, sind nur wenige Schritte erforderlich:

1. Öffnen Sie das gewünschte Word-Dokument.
2. Wechseln Sie auf die Registerkarte *ENTWICKLERTOOLS* und klicken Sie auf die Schaltfläche *XML-Zuordnungsbereich*. Word zeigt dann den Aufgabenbereich *XML-Zuordnung* an.
3. Öffnen Sie das Listenfeld des Aufgabenbereichs und wählen Sie den Eintrag *Neue Komponente hinzufügen*. Navigieren Sie im Dialogfeld *Öffnen* zu der gewünschten XML-Datei und wählen Sie die Datei aus.
4. Wenn Sie sich anschließend den Inhalt des Word-Dokuments ansehen (z.B. indem Sie den Dateinamen um die Erweiterung *.zip* ergänzen und die Datei dann im Windows-Explorer öffnen), finden Sie den Inhalt der XML-Datei im Verzeichnis *customXml*.

Bild 14.32 Benutzerdefinierte XML-Komponenten werden im Zweig */customXml* gespeichert

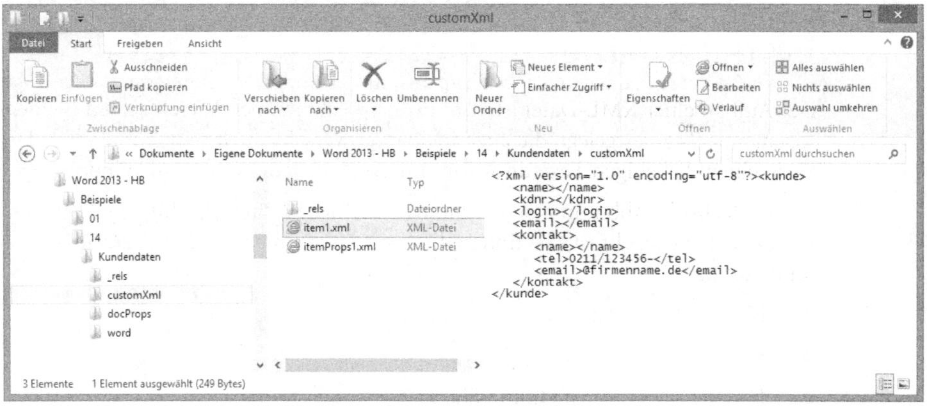

Inhaltssteuerelemente zuordnen

Nach diesen Vorarbeiten können Sie jetzt damit beginnen, die gewünschten Inhaltssteuerelemente in Ihr Dokument einzufügen bzw. bereits vorhandene Steuerelemente der eingefügten XML-Komponente zuzuordnen.

1. Öffnen Sie das gewünschte Dokument und zeigen Sie wie im letzten Abschnitt beschrieben den Aufgabenbereich *XML-Zuordnung* an.
2. Wählen Sie im Listenfeld des Aufgabenbereichs den Eintrag *(kein Namespace)* aus. Word zeigt dann die Struktur der XML-Komponente im Aufgabenbereich an (siehe Abbildung auf der folgenden Seite).
3. Setzen Sie die Einfügemarke an die Position, an der Sie ein Inhaltssteuerelement in das Dokument einfügen wollen.
4. Klicken Sie im Aufgabenbereich einen der Einträge mit der rechten Maustaste an und öffnen Sie das Untermenü des Befehls *Inhaltssteuerelement einfügen*. Word bietet Ihnen dann die dazu passenden Steuerelementtypen an.

Bild 14.33 Einfügen eines zugeordneten Inhaltssteuerelementes

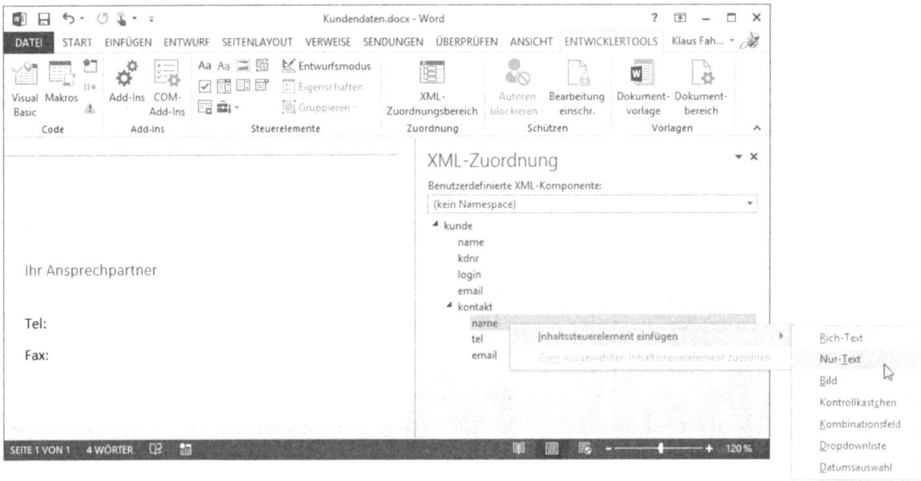

5. Wählen Sie den gewünschten Typ aus, um das Inhaltssteuerelement einzufügen.
6. Fügen Sie auch ein Steuerelement ein, für das in der XML-Datei bereits Daten vorhanden waren. In unserem Beispiel sind das die Elemente *kontakt.tel* und *kontakt.email.*

Bild 14.34 In der XML-Datei vorhandene Daten werden beim Einfügen direkt übernommen

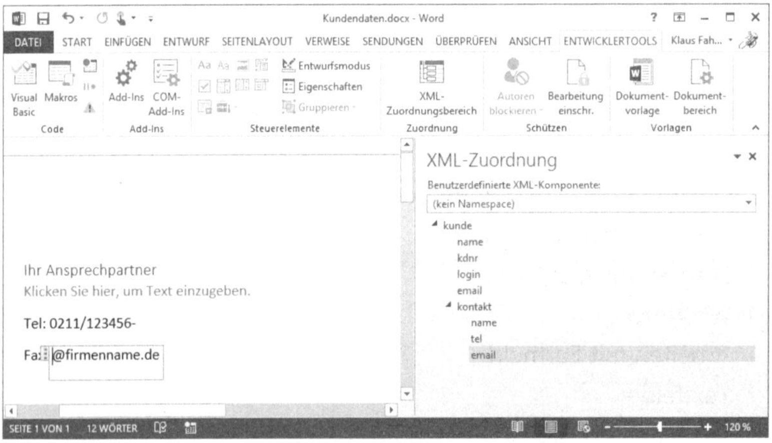

7. Prüfen Sie, ob sich die Inhaltssteuerelemente tatsächlich synchron verhalten, indem Sie für ein Element mehrere Steuerelemente einfügen und dann in einem von ihnen eine Eingabe vornehmen.

Die hier vorgestellte Technik eignet sich zum Beispiel für Dokumente, bei denen verschiedene Daten erfasst werden (Namen, Bezeichnungen, Datumswerte etc.), die dann im weiteren Verlauf des Dokuments mehrfach verwendet werden. Durch die Synchronisierung der Inhaltssteuerelemente ist garantiert, dass sich jede Änderung in einem der Inhaltssteuerelemente automatisch auf alle anderen Versionen des Elements überträgt.

Teil D

Tabellen und Grafiken

In diesem Teil:

Kapitel 15

Tabellen erstellen

In diesem Kapitel:

Sie können in Word auf verschiedene Arten Tabellen erstellen. Kapitel 16 beschreibt, wie Sie eine Excel-Tabelle in ein Word-Dokument einfügen. Außerdem können Sie, wie Sie es vielleicht von einer Schreibmaschine her gewohnt sind, Tabulatoren verwenden; diese Möglichkeit beschreiben die Abschnitte am Ende dieses Kapitels. Als dritte Option steht Ihnen ein komfortables Tabellenfeature zur Verfügung, das Sie in den ersten Abschnitten dieses Kapitels kennenlernen.

Wann eignet sich welche Option am besten?

- **Tabellen mit dem Word-Tabellenfeature erstellen** Verwenden Sie das Word-Tabellenfeature für umfangreiche und komplizierte Tabellen, die vor allem Text enthalten. Solche Word-Tabellen sind ähnlich wie Excel-Tabellen aus einzelnen Tabellenzellen aufgebaut. Längere Texte in einer Zelle stellen wegen des automatischen Zellenumbruchs kein Problem dar. Dank der Tabellenformatvorlagen, die Bestandteil des Dokumentdesigns sind, lassen sich Word-Tabellen einfach und ansprechend formatieren.
- **Tabellen mit Tabstopps erstellen** Verwenden Sie Tabellen mit Tabstopps für Tabellen mit wenig Zeilen, bei denen jeder Eintrag nur aus einer Zeile besteht, wie Preislisten, Teilnehmerlisten o. Ä.
- **Eingebundene Excel-Tabellen verwenden** Verwenden Sie eingebundene Excel-Tabellen, wenn Sie in der Tabelle Berechnungen durchführen wollen (z. B. Summenspalten), wenn die Tabelle vor allem Zahlen enthält oder wenn die zu verwendende Tabelle bereits in Excel vorliegt. Sie können zwar auch in Word-Tabellen Berechnungen durchführen; dies ist jedoch nicht so komfortabel wie in Excel und es stehen weniger Rechenfunktionen zur Verfügung als in Excel.

Leere Tabelle einfügen – die Varianten

Um in ein Word-Dokument eine leere Tabelle einzufügen, stehen Ihnen verschiedene Vorgehensweisen zur Verfügung. Sie können

- die Tabelle als neues Objekt einfügen,
- die Tabelle mit einem »Stift« zeichnen.

Während sich das Einfügen als Objekt durch die Geschwindigkeit auszeichnet, liegt der Vorteil beim Zeichnen einer Tabelle bei der nahezu uneingeschränkten Flexibilität.

Leeres Tabellenobjekt einfügen

Um ein leeres Tabellenobjekt einzufügen, verwenden Sie die Schaltfläche *Tabelle* auf der Registerkarte *EINFÜGEN*. Die so in Word eingefügte Tabelle befindet sich standardmäßig in einem leeren Absatz.

1. Setzen Sie die Einfügemarke an die Stelle, an der die Tabelle eingefügt werden soll. Am besten setzen Sie die Einfügemarke in einen leeren Absatz.

   Wenn sich die Einfügemarke innerhalb eines Absatzes befindet, fügt Word nach dem Erstellen der Tabelle an der Position der Einfügemarke einen Absatzumbruch ein. Hierdurch wird der Text, der sich nach der Einfügemarke befindet, hinter die Tabelle verschoben.

Sie können in Word Tabellen auch verschachtelt einfügen; d.h., in einer Zelle einer bereits vorhandenen Tabelle können Sie eine weitere Tabelle erstellen lassen.

2. Öffnen Sie die Registerkarte *EINFÜGEN* und klicken Sie in der Gruppe *Tabellen* auf die Schaltfläche *Tabelle.*

3. Bewegen Sie den Mauszeiger auf die Stelle, die der gewünschten Anzahl von Zeilen und Spalten entspricht. Wenn die Livevorschau aktiviert ist, wird im Dokument eine Vorschau der Tabelle angezeigt.

Bild 15.1 Eine in Word eingefügte Tabelle besitzt standardmäßig schwarze Rahmenlinien

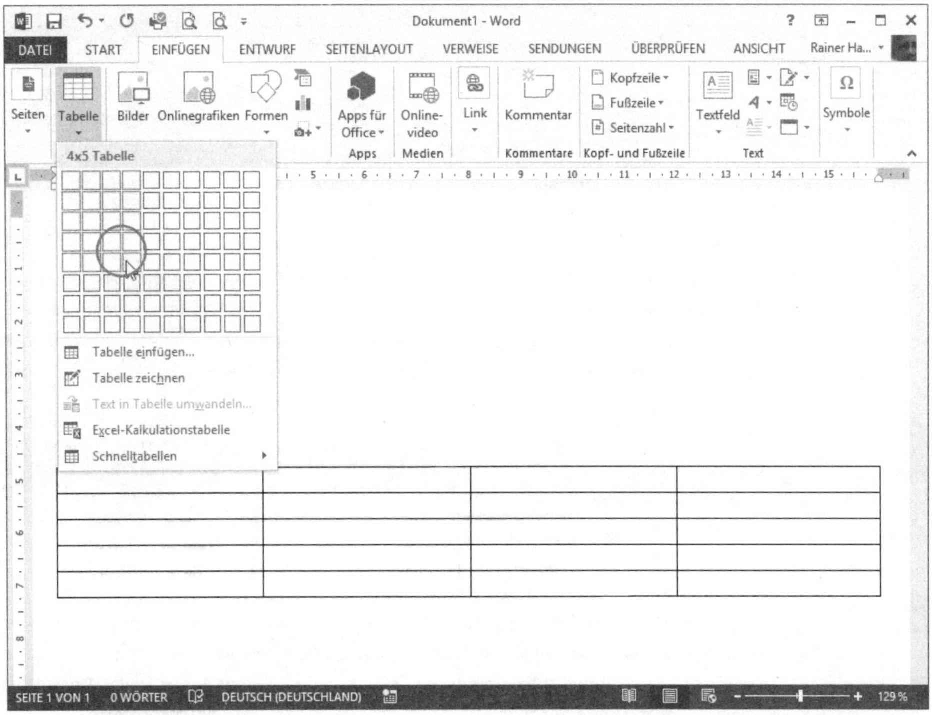

4. Klicken Sie im Menü in der kleinen Tabelle auf die Stelle, die der Anzahl der Zeilen und Spalten entspricht, die die neue Tabelle haben soll. (Während Sie den Mauszeiger über die kleine Tabelle bewegen, wird im oberen Bereich des Menüs die aktuelle Zeilen- und Spaltenanzahl angezeigt.)

In Word werden alle Felder/Zellen der neuen Tabelle automatisch mit einem Rahmen versehen. Um die Tabelle zu formatieren, ist es am einfachsten, Tabellenformatvorlagen zu verwenden. Weitere Informationen zur Verwendung von Tabellenformatvorlagen finden Sie weiter hinten im Abschnitt ab Seite 357.

Die Word-Tabelle befindet sich standardmäßig in einem eigenen Absatz, was den Vorteil hat, dass die Tabelle »mitwandert«, wenn Sie vor der Tabelle Text einfügen oder löschen. Sie können in Word die Umbruchseigenschaften der Tabelle so ändern, dass sie frei auf der Seite verschoben werden kann. Verwenden Sie den Ziehpunkt, der an der rechten unteren Ecke der eingefügten Tabelle angezeigt wird. Mit diesem Ziehpunkt können Sie die Breite der Tabelle ändern. Word passt dabei die einzelnen Spalten so an, dass deren Breite nach der Größenänderung der Tabelle gleich bleibt.

Um die Tabelle im Word-Dokument frei auf der Seite zu verschieben, verwenden Sie den Tabellenanfasser an der oberen linken Ecke der Tabelle. Der Tabellenanfasser wird automatisch eingeblendet, wenn sich die Einfügemarke irgendwo innerhalb der Tabelle befindet. Ziehen Sie den Anfasser, um die Tabelle zu verschieben. Word zeigt während des Ziehens die neue Position in Form eines gestrichelten Rahmens an.

Bild 15.2 Verschieben Sie die Word-Tabelle an die gewünschte Position, indem Sie den Tabellenanfasser ziehen

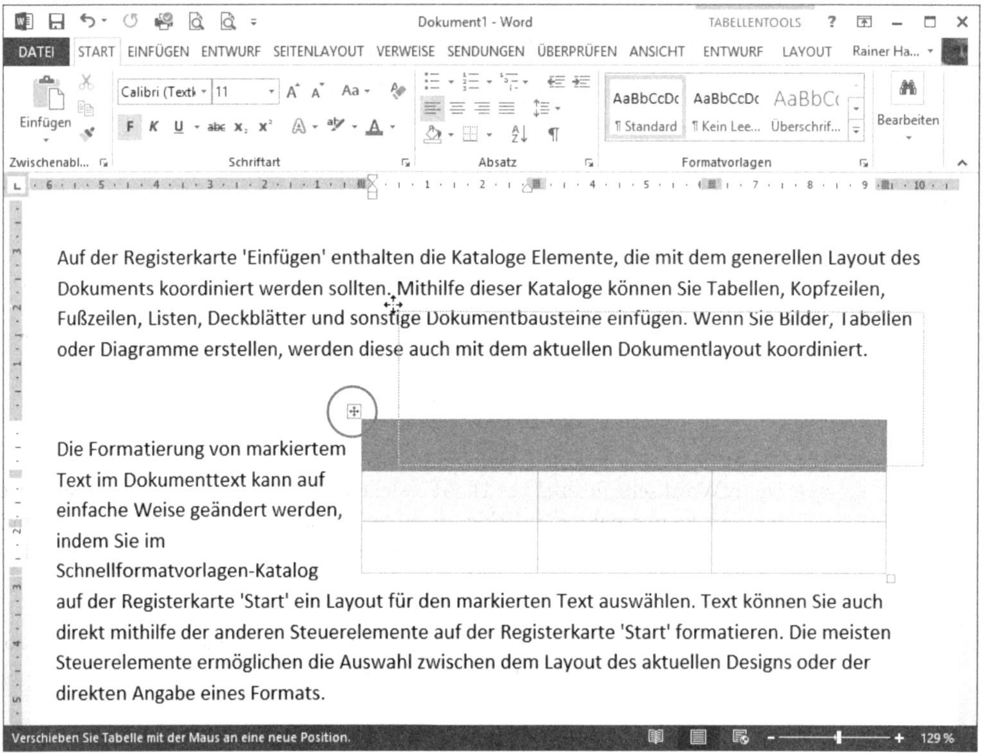

Durch das Ziehen des Tabellenanfassers wird automatisch die Umbruchsart der Tabelle von *Ohne* auf *Umgebend* geändert: Der Text umfließt dann die Tabelle. Falls Sie die Umbruchsart versehentlich geändert haben, können Sie dies einfach korrigieren:

1. Klicken Sie die Tabelle mit der rechten Maustaste an und wählen Sie *Tabelleneigenschaften.*
2. Wechseln Sie, falls erforderlich, im Dialogfeld *Tabelleneigenschaften* zur Registerkarte *Tabelle.*
3. Klicken Sie im Bereich *Textumbruch* auf *Ohne.*
4. Klicken Sie auf *OK.*

Bild 15.3 Im Dialogfeld *Tabelleneigenschaften* legen Sie u. a. die Art des Textumbruchs fest

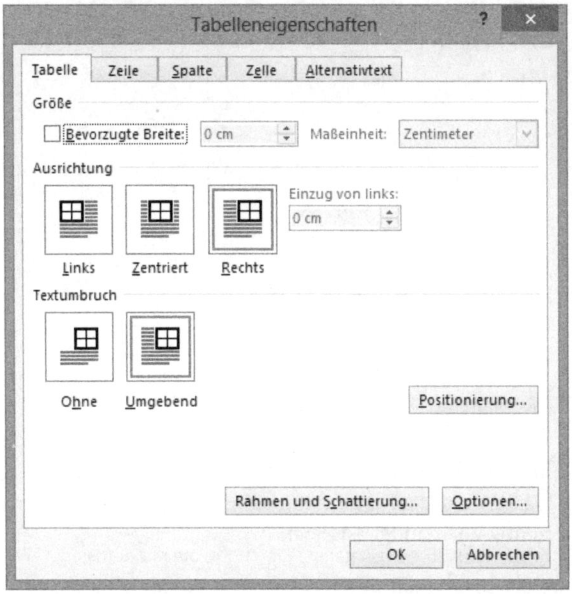

Tabelle zeichnen

Tabellen, deren Spalten und Zeilen nicht regelmäßig wie bei den Standardtabellen angeordnet sind, können Sie in Word sehr flexibel per Hand erstellen. Mit diesem Verfahren können Sie die Zellen einer Tabelle nicht nur nahezu beliebig anordnen, sondern Sie können auch die Stärke und die Farbe der Linien komfortabel festlegen. Außerdem ist es beim Zeichnen einer Tabelle sogar möglich, Tabellenzellen diagonal zu unterteilen.

TIPP Sie können die Zeichenfunktion jederzeit für eine bestehende Tabelle aufrufen, um Korrekturen oder Änderungen an ihr vorzunehmen.

Das Prinzip der Zeichenfunktion ist denkbar einfach:

1. Öffnen Sie die Registerkarte *EINFÜGEN* und klicken Sie in der Gruppe *Tabellen* auf die Schaltfläche *Tabelle.*
2. Klicken Sie auf *Tabelle zeichnen.* Word wechselt in den Zeichenmodus für Tabellen. Sie erkennen dies daran, dass der Mauszeiger die Form eines Stiftes erhält.
3. Ziehen Sie mit dem Stiftmauszeiger einen Rahmen in der gewünschten Tabellengröße auf. Sobald Sie die Maustaste loslassen, wird die Tabelle eingefügt.

Bild 15.4 Von der neuen Tabelle ist zunächst nur ein leerer Rahmen zu sehen

4. Nehmen Sie mit dem Stift weitere Unterteilungen vor, indem Sie die gewünschten Linien einfach einzeichnen.

   Die Linienart, -stärke und -farbe können Sie in den Listenfeldern auf der Registerkarte *TABELLENTOOLS/ENTWURF* in der Gruppe *Rahmen* festlegen. Word sorgt dabei automatisch dafür, dass die Linien richtig aneinander ansetzen.

Bild 15.5 Weitere Linien in eine bestehende Tabelle einfügen. Die Linienart und Linienstärke können Sie in Word über die Listenfelder der Gruppe *Rahmen* festlegen.

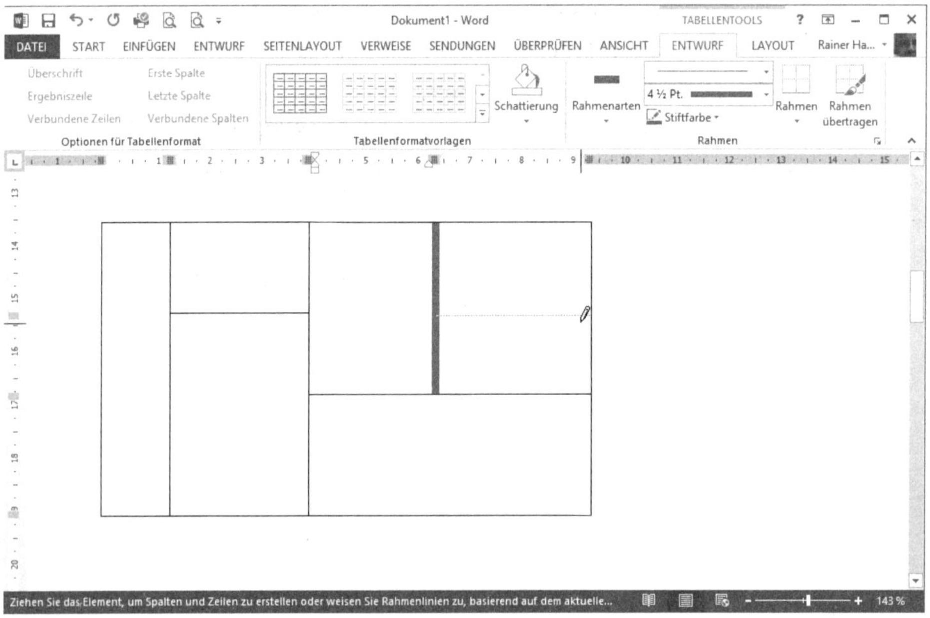

5. Falsche oder nicht mehr benötigte Linien entfernen Sie mit dem Radiergummi. Um den Radiergummi zu verwenden, klicken Sie dazu auf der Registerkarte *TABELLENTOOLS/LAYOUT* in der Gruppe *Zeichnen* die Schaltfläche *Radierer* an und dann die Linie, die Sie entfernen wollen.

Der Radierermodus bleibt so lange aktiv, bis Sie die Schaltfläche *Radierer* ein weiteres Mal anklicken.

6. Beenden Sie den Zeichenmodus mit der Taste [Esc] oder indem Sie auf der Registerkarte *TABELLENTOOLS/LAYOUT* in der Gruppe *Zeichnen* die Schaltfläche *Tabelle zeichnen* anklicken.

Formatieren mit Tabellenformatvorlagen

Nachdem Sie die Tabelle erstellt und in die einzelnen Tabellenzellen die gewünschten Informationen eingegeben haben, können Sie die Tabelle formatieren, um ihr eine ansprechende Optik zuzuweisen. Verwenden Sie hierfür am besten die Tabellenformatvorlagen, die Ihnen in Word zur Verfügung stehen und mit denen das Formatieren einer Tabelle nur wenige Sekunden dauert.

Tabellenformatvorlagen sind, wie auch die anderen Formatvorlagen, Bestandteil eines Designs. Wie in den Kapiteln 5, 8 und 11 ausführlicher erläutert, ist jedes Word-Dokument mit einem Design verknüpft, in dem u. a. die Designschriften und die Designfarben definiert sind. Die Tabellenformatvorlagen von Word verwenden für den Text die Designschriftart für den Textkörper und die verschiedenen Farben eines Designfarbensatzes werden zur farbigen Formatierung des Textes, der Rahmenlinien und des Tabellenhintergrunds verwendet.

Solange Sie zur Formatierung von Word-Tabellen die Tabellenformatvorlagen, die für den Textkörper definierte Schriftart und die verschiedenen Farben des Designfarbensatzes verwenden, passen sich die Tabellen automatisch an, wenn Sie dem Dokument ein anderes Design zuweisen.

Das Zuweisen einer Tabellenformatvorlage ist, wie gesagt, sehr einfach:

1. Setzen Sie die Einfügemarke in die Tabelle.
2. Öffnen Sie die Registerkarte *TABELLENTOOLS/ENTWURF.*
3. Klicken Sie in der Gruppe *Tabellenformatvorlagen* auf eine der Abbildungen mit den Tabellenformaten. Word weist der Tabelle die betreffende Tabellenformatvorlage zu.

Bild 15.6 Mit den Tabellenformatvorlagen lässt sich eine komplette Tabelle in Sekunden formatieren

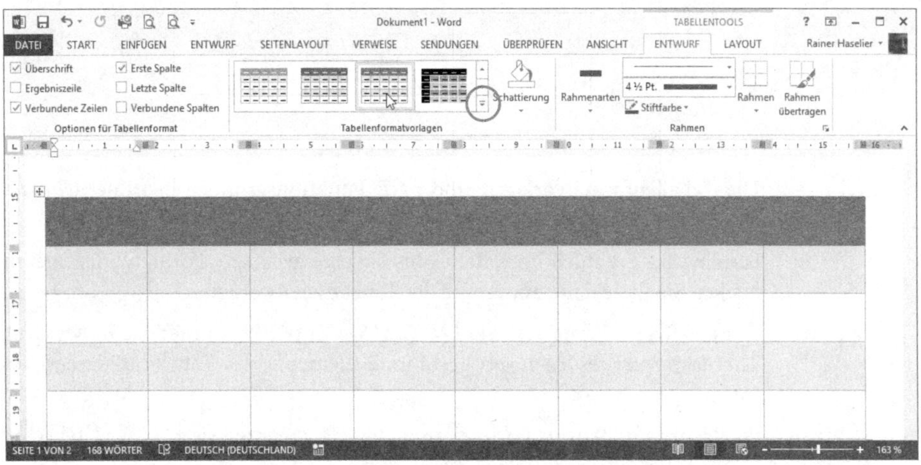

4. Falls in der Gruppe *Tabellenformatvorlagen* keine Formatierung sichtbar ist, die Ihnen geeignet erscheint, klicken Sie auf die Schaltfläche *Weitere* (in Bild 15.6 mit einem Kreis markiert), um den Formatvorlagenkatalog zu öffnen.

Bild 15.7 Im Formatvorlagenkatalog, den Sie über die Schaltfläche *Weitere* öffnen, finden Sie zahlreiche weitere Tabellenformatvorlagen

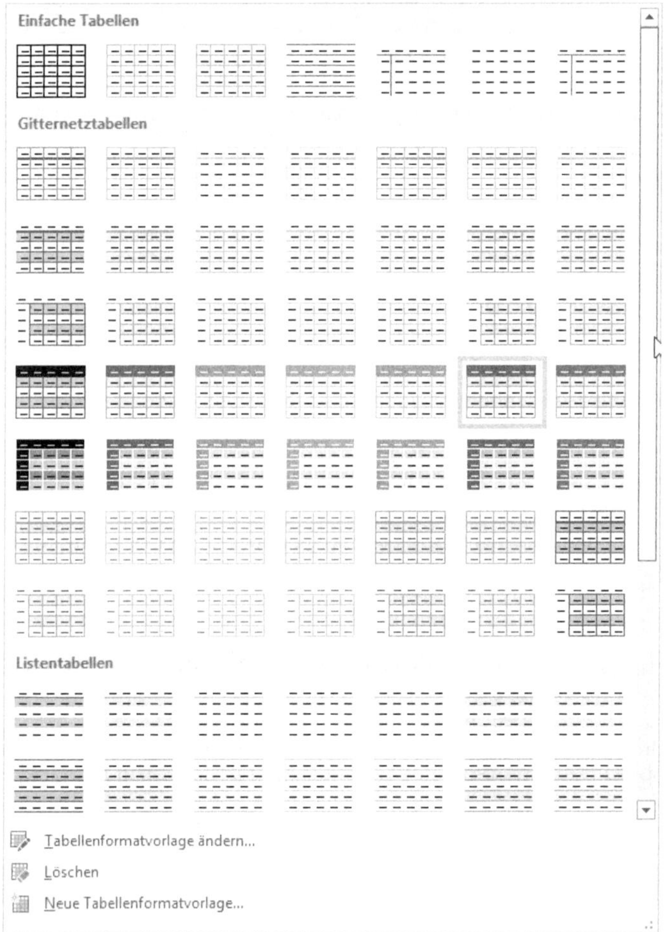

Die Tabellenformatvorlagen sind nach Funktionsgruppen geordnet (*Einfache Tabellen, Gitternetztabellen* und *Listentabellen*).

5. Scrollen Sie eventuell im Katalog, bis Sie eine geeignete Formatvorlage gefunden haben, und klicken Sie diese dann an, um sie der Tabelle zuzuweisen.

6. Auf der Registerkarte *TABELLENTOOLS/ENTWURF* können Sie in der Gruppe *Optionen für Tabellenformat* festlegen, ob bestimmte Elemente der Tabelle besonders formatiert werden sollen.

   Die Informationen zur Formatierung dieser Elemente, wie z. B. der Überschrift, sind ebenfalls in der Tabellenformatvorlage gespeichert.

Bild 15.8 Mit den Kontrollkästchen der Gruppe *Optionen für Tabellenformat* legen Sie fest, ob bestimmte Elemente der Tabelle besonders formatiert werden sollen

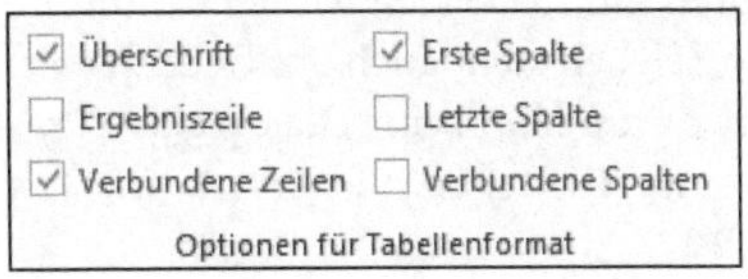

Welche der Kontrollkästchen Sie einschalten, hängt davon ab, welche Informationen sich in der Tabelle befinden. Wenn Sie beispielsweise eine Tabelle erstellt haben, in der sich in der ersten Zeile die Spaltenüberschriften befinden, schalten Sie das Kontrollkästchen *Überschriften* ein. Bei Tabellenarten, bei denen in der letzten Spalte die Summe der einzelnen Zeilen angezeigt wird, bietet es sich an, das Kontrollkästchen *Letzte Spalte* einzuschalten.

Die Bedeutung der Kontrollkästchen *Verbundene Zeilen* und *Verbundene Spalten* ist auf den ersten Blick nicht so leicht ersichtlich. Hiermit erreichen Sie, dass jede zweite Zeile/Spalte anders formatiert wird, was die Lesbarkeit von Tabellen verbessert.

TIPP Sie können die Kontrollkästchen der Gruppe *Optionen für Tabellenformat* auch ein- und ausschalten, nachdem Sie das Grundformat mittels einer Tabellenformatvorlage zugewiesen haben. Falls eine Option doch nicht geeignet ist, schalten Sie das entsprechende Kontrollkästchen einfach wieder aus.

Wenn Sie eine Tabelle mit einer Formatierung versehen wollen, die so in keiner der Tabellenformatvorlagen vorhanden ist, können Sie die gesamte Tabelle oder auch einzelne Zeilen, Spalten oder Zellen manuell formatieren. Wie das geht, beschreiben die Abschnitte weiter hinten in diesem Kapitel.

In Tabellen navigieren

Für Tabellen gelten fast die gleichen Regeln wie für normalen Text – aber eben nur fast. Im Folgenden haben wir für Sie die wichtigsten Ausnahmen und Besonderheiten zusammengestellt.

Tabellenfelder und Gitternetzlinien

Jede Tabelle besteht aus einer beliebigen Anzahl von Tabellenfeldern. Um die einzelnen Felder auch dann besser erkennen zu können, wenn Sie in der Tabelle keine Rahmenlinien verwenden, schalten Sie am besten immer die Gitternetzlinien ein:

1. Setzen Sie den Mauszeiger an eine beliebige Stelle in der Tabelle. Die Registerkarten *ENTWURF* und *LAYOUT* der *TABELLENTOOLS* werden eingeblendet.
2. Öffnen Sie die Registerkarte *TABELLENTOOLS/LAYOUT*.
3. Klicken Sie in der Gruppe *Tabelle* auf *Gitternetzlinien anzeigen*.

Diese Linien zeigen Ihnen die Ausmaße der einzelnen Tabellenfelder und erleichtern Ihnen beim Bewegen der Einfügemarke die Orientierung.

Das Zellenendezeichen

In jedem Tabellenfeld einer Word-Tabelle gibt es ein *Zellenendezeichen* ¤, mit dem das Ende der Tabellenzelle gekennzeichnet wird. Das gleiche Zeichen steht auch am Ende der Zeile. Dort heißt es *Zeilenendezeichen*. Ob es angezeigt wird, hängt davon ab, ob im Dialogfeld *Word-Optionen* in der Kategorie *Anzeigen* die Option *Absatzmarken* eingeschaltet ist oder nicht. (Weitere Informationen zu den Word-Optionen finden Sie in Kapitel 38.)

Bewegen der Einfügemarke

Wenn Sie die Einfügemarke in einer Tabelle bewegen, haben einige Pfeiltasten und die [Tab]-Taste eine andere Bedeutung als im normalen Text. Die folgende Tabelle informiert Sie über die Unterschiede.

Tabelle 15.1 Bewegen der Einfügemarke in Tabellen

Dahin wollen Sie ...	Diese Tasten müssen Sie drücken ...
Anfang der aktuellen Zelle	[Pos1]
Ende der aktuellen Zelle	[Ende]
nächste Zelle	[Tab], [Alt]+[↑]
vorherige Zelle	[⇧]+[Tab], [Alt]+[↓]
erste Zelle in aktueller Zeile	[Alt]+[Pos1]
letzte Zelle in aktueller Zeile	[Alt]+[Ende]

HINWEIS **Tabulatoren in Tabellen eingeben** Um in normalem Text einen Tabulator einzufügen, verwenden Sie die Taste [Tab]. Da diese Taste innerhalb einer Tabelle eine besondere Bedeutung hat, müssen Sie die Tastenkombination [Strg]+[Tab] verwenden, wenn Sie innerhalb einer Tabelle Tabulatoren setzen wollen.

In Tabellen markieren

Auch das Markieren funktioniert in Tabellen etwas anders als in normalem Text und ist daher etwas gewöhnungsbedürftig.

Markieren mit der Tastatur

Sie können die Kombination von [⇧]+Pfeiltasten verwenden, um einzelne Zeichen zu markieren.

- Wenn Sie dabei das Ende eines Tabellenzelle (in Word genauer das Zellenendezeichen) ebenfalls markieren, wird automatisch die gesamte Zelle markiert.

- Wenn Sie, nachdem eine Zelle ganz markiert wurde, die Markierung erweitern, wird die Markierung zellenweise, und nicht zeichenweise, vergrößert.

Markieren mit der Maus

Innerhalb einer Zelle gelten für das Markieren mit der Maus die gleichen Regeln wie in normalem Text. Darüber hinaus gibt es einige Besonderheiten, um bequem Zellen, Zeilen oder Spalten einer Tabelle zu markieren.

Ganze Spalte markieren

1. Setzen Sie den Mauszeiger auf die oberste Gitternetzlinie einer Spalte, bis er zu einem schwarzen Pfeil wird, der nach unten weist.

Bild 15.9 Der Mauszeiger wird oberhalb der obersten Zeile zum Markierungspfeil

Staffel (Einheiten pro Monat)	Jahresgebühr (Netto)
bis 50	150,00 €
510 bis 100	200,00 €
101 bis 250	250,00 €
251 bis 500	300,00 €
ab 501	400,00 €

2. Klicken Sie, um die Spalte zu markieren.

Ganze Zeile markieren

Um einzelne oder mehrere Zeilen einer Tabelle zu markieren, benutzen Sie, genau wie beim Markieren von normalen Textzeilen, die Markierungsleiste (das ist der leere Bereich links neben dem Text).

Einzelne Zelle markieren

1. Verschieben Sie den Mauszeiger an den Anfang einer Zelle, bis der Zeiger die Form eines diagonal nach oben zeigenden Pfeils annimmt.

Bild 15.10 Die Form des Mauszeigers ändert sich beim Markieren einer einzelnen Zelle

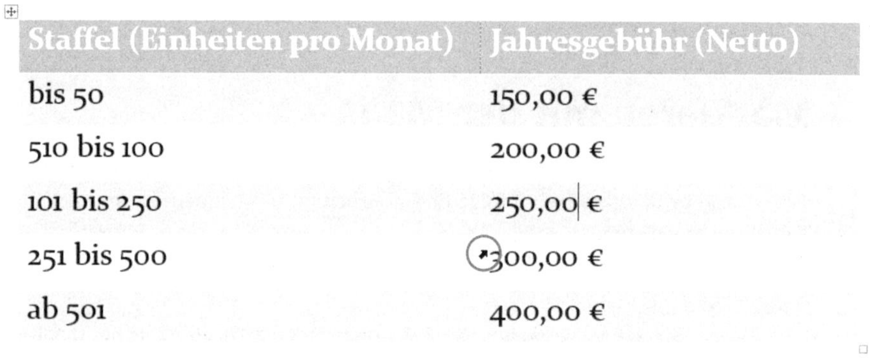

Staffel (Einheiten pro Monat)	Jahresgebühr (Netto)
bis 50	150,00 €
510 bis 100	200,00 €
101 bis 250	250,00 €
251 bis 500	300,00 €
ab 501	400,00 €

2. Klicken Sie, um die Zelle zu markieren.

Markieren mit Befehlen im Menüband

Wenn Ihnen das Markieren mit der Maus oder der Tastatur zu umständlich ist, können Sie auch die Befehle des Menüs *Auswählen* verwenden, das Sie auf der Registerkarte *TABELLENTOOLS/ LAYOUT* in der Gruppe *Tabelle* finden. Mit den Unterpunkten des Menüs können Sie zumindest die rudimentären Markierungsaufgaben erledigen.

Bild 15.11 Über das Menü *Auswählen* können Sie eine Zelle, Spalte, Zeile oder die gesamte Tabelle markieren

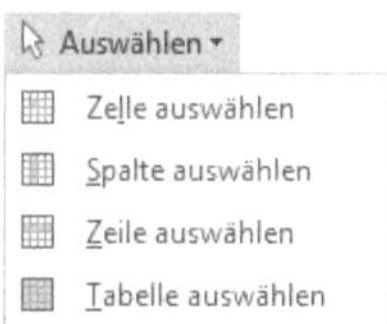

Tabellenstruktur ändern

Die erste Einteilung der Zeilen und Spalten wird nicht immer der endgültigen Version der Tabelle entsprechen. Früher oder später werden Sie vor der Aufgabe stehen, die Aufteilung einer Tabelle ändern zu müssen. Dabei können Sie

- neue Zeilen und Spalten einfügen,
- nicht mehr benötigte Zeilen und Spalten löschen,
- einzelne Zellen teilen oder verbinden.

Zeilen und Spalten einfügen

Die erste Einteilung der Zeilen und Spalten wird selten der endgültigen Version der Tabelle entsprechen. Früher oder später werden Sie also vor der Aufgabe stehen, die Aufteilung der Tabelle ändern zu müssen.

Neue Zeile am Ende der Tabelle einfügen

Im einfachsten Fall werden Sie der Tabelle eine neue Zeile hinzufügen wollen. Dazu setzen Sie die Einfügemarke einfach in die letzte Zelle der Tabelle und drücken dort die ⭾-Taste.

Die neuen Einfügemarkierungen verwenden

In Word 2013 ist das Einfügen von Zeilen und Spalten in eine Tabelle noch einfacher geworden: Wenn Sie mit der Maus links an der Tabelle auf die Trennlinie zwischen zwei Zeilen oder oben an der Tabelle auf die Trennlinie zwischen zwei Spalten zeigen, blendet Word eine Einfügemarkierung mit einer Plusschaltfläche ein. Klicken Sie auf diese Schaltfläche, um eine Zeile bzw. eine Spalte einzufügen.

Bild 15.12 Die neuen Einfügemarkierungen in Word 2013 erleichtern das Erweitern von Tabellen

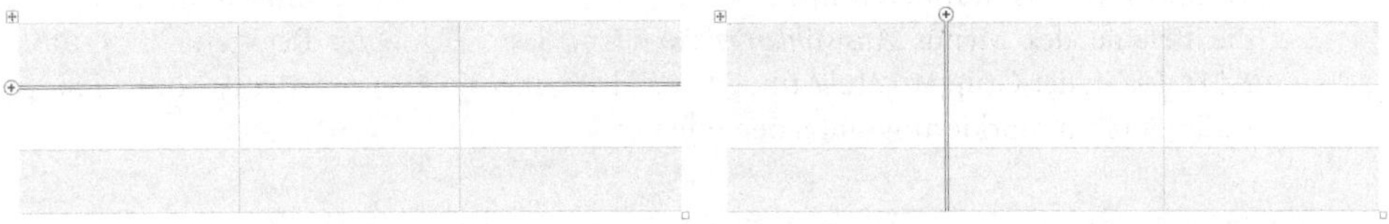

Zeilen und Spalten über das Menüband einfügen

Wenn Sie innerhalb der Tabelle eine neue Zeile einfügen wollen, gehen Sie folgendermaßen vor:

1. Klicken Sie in die Zeile, über oder unter der Sie eine neue Zeile einfügen wollen.
2. Öffnen Sie die Registerkarte *TABELLENTOOLS/LAYOUT.*
3. Klicken Sie in der Gruppe *Zeilen und Spalten* auf *Darüber einfügen* bzw. auf *Darunter einfügen.*

Bild 15.13 Die Schaltflächen zum Einfügen von Spalten und Zeilen befinden sich auf der Registerkarte *TABELLENTOOLS/LAYOUT*

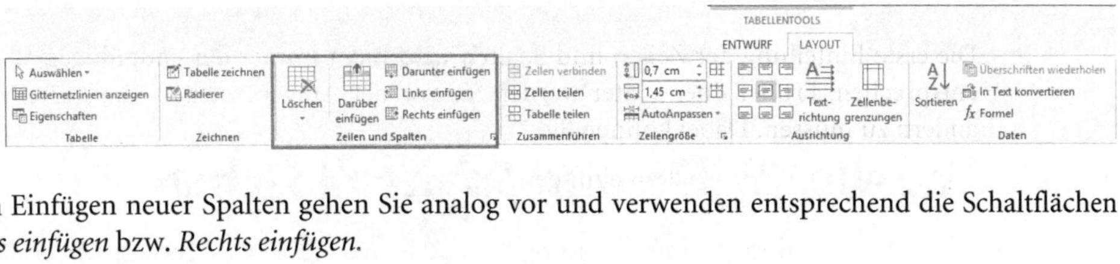

Zum Einfügen neuer Spalten gehen Sie analog vor und verwenden entsprechend die Schaltflächen *Links einfügen* bzw. *Rechts einfügen.*

PROFITIPP

Mehrere Zeilen/Spalten einfügen

Wollen Sie mehrere Zeilen oder Spalten gleichzeitig einfügen, können Sie vorher entsprechend viele Zeilen bzw. Spalten in der Tabelle markieren und müssen den Befehl dann nicht mehrfach aufrufen.

TIPP **Zeilen, Spalten und Zellen mit dem Kontextmenü oder der Minisymbolleiste einfügen** Im Kontextmenü für Word-Tabellen und in der Minisymbolleiste finden Sie den Befehl *Einfügen,* den Sie ebenfalls verwenden können, um in eine vorhandene Tabelle weitere Spalten oder Zeilen einzufügen. Die Verwendung des Kontextmenüs oder der Minisymbolleiste erspart Ihnen die Navigation zur richtigen Registerkarte im Menüband.

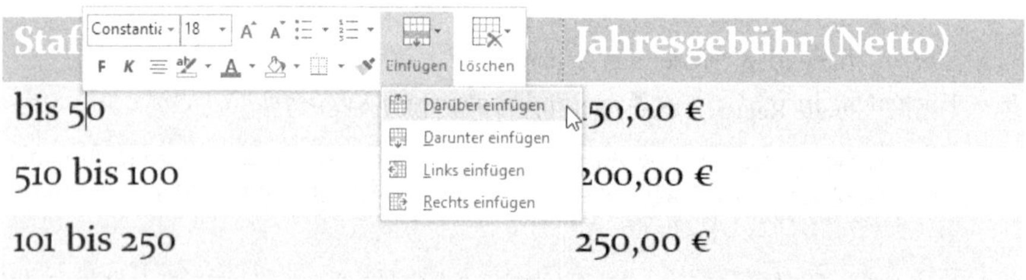

Tabelle, Zeilen und Spalten löschen

Wenn Sie überflüssige Zeilen und Spalten aus einer Tabelle entfernen wollen, können Sie diese Elemente am schnellsten mit den Befehlen der Schaltfläche *Löschen* der Minisymbolleiste entfernen. Diese Schaltfläche wird in der Minisymbolleiste angezeigt, wenn sich die Einfügemarke in einer Tabelle befindet. Die Befehle der Schaltfläche sind mit denen identisch, die Sie auf der Registerkarte *TABELLENTOOLS/LAYOUT* in der Gruppe *Zeilen und Spalten* finden.

Bild 15.14 Löschen von Spalten und Zeilen mit den Befehlen in der Minisymbolleiste

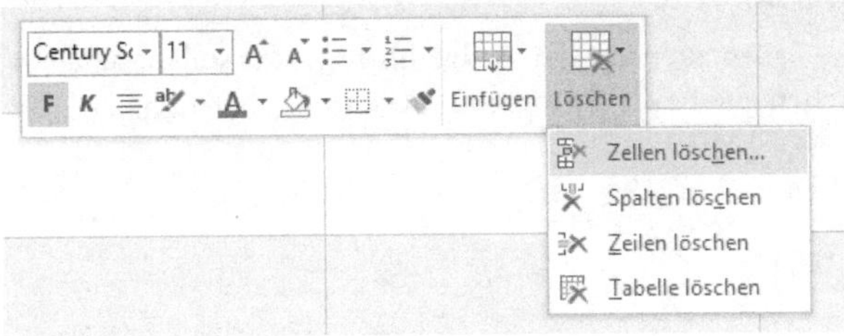

Um mehrere Zeilen oder Spalten zu löschen, müssen Sie diese vor dem Aufruf des entsprechenden Befehls markieren.

Mit dem Befehl *Tabelle löschen*, den Sie jeweils ganz unten im Menü der Schaltfläche *Löschen* finden, löschen Sie die gesamte Tabelle.

Tabellenzellen verbinden und teilen

Wenn Sie beispielsweise eine Tabelle erstellen, bei der sich eine Überschrift über mehrere Spalten erstrecken soll, können Sie zwei oder mehr Tabellenzellen zu einer einzigen zusammenführen.

1. Markieren Sie die Zellen, die Sie zusammenführen wollen; dies können sowohl nebeneinander als auch untereinander stehende Zellen sein.
2. Öffnen Sie die Registerkarte *TABELLENTOOLS/LAYOUT.*
3. Klicken Sie in der Gruppe *Zusammenführen* auf *Zellen verbinden.*

Wenn sich bereits Text in den markierten Zellen befand, wird der Text in den einzelnen Zellen in einen eigenen Absatz in der zusammengeführten Zelle übernommen.

Auch der umgekehrte Weg ist möglich, nämlich dass Sie aus einer Zelle mehrere machen:

1. Klicken Sie die Zelle an, die Sie teilen wollen. Wenn Sie mehr als eine Zelle teilen wollen, markieren Sie die betreffenden Zellen.
2. Öffnen Sie die Registerkarte *TABELLENTOOLS/LAYOUT.*
3. Klicken Sie in der Gruppe *Zusammenführen* auf *Zellen teilen.* Das gleichnamige Dialogfeld wird angezeigt.

Bild 15.15 Hier legen Sie fest, in wie viele Spalten und Zeilen die markierte(n) Zelle(n) aufgeteilt werden soll(en)

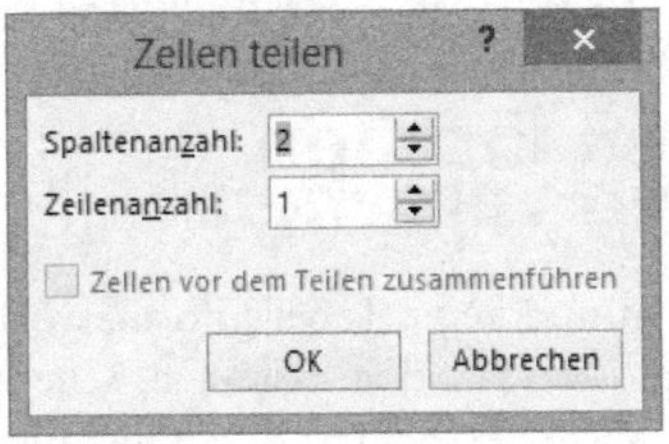

4. Geben Sie im Dialogfeld die Anzahl der Zeilen und Spalten an, in die die markierte(n) Zelle(n) aufgeteilt werden soll(en).

5. Wenn die Zellen vor dem Teilen zuerst zusammengeführt werden sollen, schalten Sie das entsprechende Kontrollkästchen ein, bevor Sie auf *OK* klicken.

Linien formatieren

Einzelne Linien in einer Tabelle formatieren Sie am einfachsten mit der Zeichenfunktion. Auf der Registerkarte *TABELLENTOOLS/ENTWURF* finden Sie in der Gruppe *Rahmen* drei Elemente, mit denen Sie die Linienart, die Linienstärke und die Linienfarbe einstellen können.

1. Setzen Sie die Einfügemarke in die Tabelle.
2. Öffnen Sie die Registerkarte *TABELLENTOOLS/LAYOUT*. Klicken Sie in der Gruppe *Zeichnen* auf die *Tabelle zeichnen*, um den Zeichenmodus zu aktivieren.
3. Klicken Sie auf den Pfeil neben dem Feld *Stiftart*, um die Auswahlliste zu öffnen.

Bild 15.16 Mit den Schaltflächen der Gruppe *Rahmen* können Sie die Linienart, Stiftstärke und Stiftfarbe auswählen

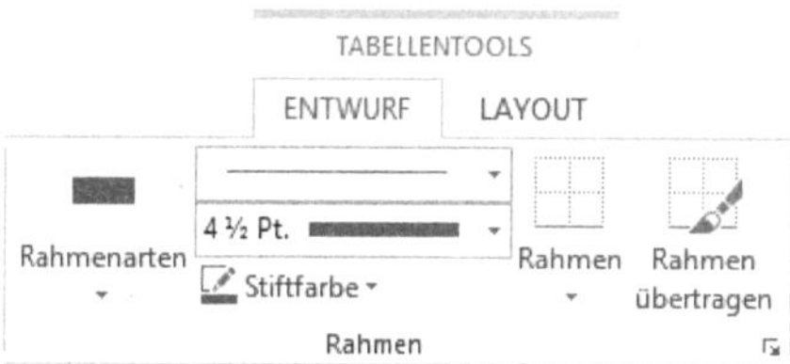

4. Wählen Sie in der Liste eine Linienart aus.
5. Klicken Sie auf den Pfeil der Schaltfläche *Stiftfarbe* und wählen Sie die Farbe aus, die die Linie haben soll.
6. Klicken Sie auf den Pfeil neben dem Feld *Stiftstärke* und stellen Sie im Dropdownmenü die Linienstärke ein. Je nachdem, welchen Linienstil Sie ausgewählt haben, stehen Ihnen unterschiedliche Linienstärken zur Verfügung.
7. Klicken Sie nun mit dem Stift die Linien an, die Sie wie eingestellt formatieren wollen. Ändern Sie die Linieneigenschaften wie oben beschrieben, wenn Sie andere Linien der Tabelle anders formatieren möchten.
8. Klicken Sie auf die Schaltfläche *Tabelle zeichnen*, um den Zeichenmodus zu beenden.

Gesamte Tabelle mit Linien versehen

Wenn Sie die gesamte Tabelle mit Linien versehen und keine Tabellenformatvorlagen verwenden wollen, wäre es etwas mühselig, jede einzelne Linie von Hand zu zeichnen. Eine weitere Schaltfläche auf der Registerkarte *TABELLENTOOLS/ENTWURF* erleichtert Ihnen hier die Arbeit.

1. Setzen Sie die Einfügemarke in die Tabelle und drücken Sie die Tastenkombination Alt+5 auf der Zehnertastatur (die Num-Taste muss dabei deaktiviert sein), um die gesamte Tabelle zu markieren. (Sie können auch auf der Registerkarte *TABELLENTOOLS/LAYOUT* in der Gruppe *Tabelle* auf *Auswählen* und dann auf *Tabelle auswählen* klicken.)
2. Öffnen Sie die Registerkarte *TABELLENTOOLS/ENTWURF.*
3. Legen Sie die Linienmerkmale fest, wie in den Schritten 4 bis 7 im vorigen Abschnitt beschrieben.
4. Klicken Sie in der Gruppe *Rahmen* auf den Pfeil neben der Schaltfläche *Rahmen,* um das Dropdownmenü zu öffnen.

Bild 15.17 Das Dropdownmenü *Rahmen*

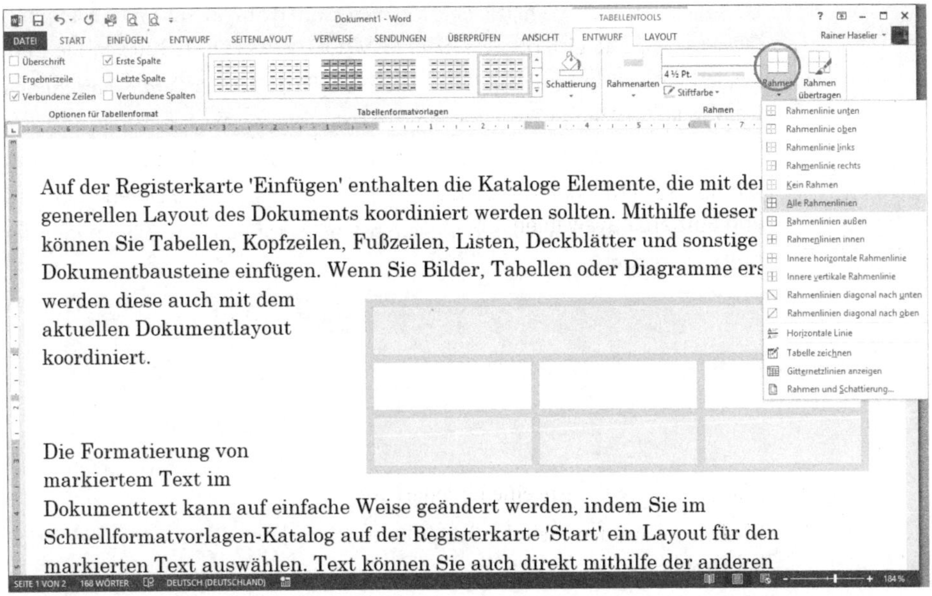

5. Klicken Sie auf *Alle Rahmenlinien,* um das eingestellte Format allen Rahmenlinien zuzuweisen.

Über das Dropdownmenü *Rahmen* können Sie nicht nur alle Rahmenlinien der Tabelle formatieren, sondern auch nur die inneren, die äußeren oder Linien an einer bestimmten Seite der Tabelle. Was genau formatiert wird, hängt (Sie ahnen es schon) davon ab, was vorher markiert wurde.

Hintergrund der Tabellenzellen ändern

Eine weitere Schaltfläche auf der Registerkarte *TABELLENTOOLS/ENTWURF* ist dafür vorgesehen, die Farbe festzulegen, mit der die Tabellenzellen gefüllt werden sollen.

1. Markieren Sie die gewünschte(n) Zelle(n).
2. Öffnen Sie die Registerkarte *TABELLENTOOLS/ENTWURF.*

3. Klicken Sie in der Gruppe *Tabellenformatvorlagen* auf die Schaltfläche *Schattierung.*
4. Wählen Sie eine der angebotenen Farben aus.

Muster für den Hintergrund verwenden

Neben der Farbe können Sie noch ein Muster festlegen, mit dem die Zelle(n) versehen werden soll(en). Die Einstellungen für das Hintergrundmuster erreichen Sie über die Schaltfläche *Rahmen* in der Gruppe *Tabellenformatvorlagen:*

1. Markieren Sie die Zelle(n), die Sie formatieren wollen.
2. Öffnen Sie die Registerkarte *TABELLENTOOLS/ENTWURF.*

3. Klicken Sie auf die Schaltfläche *Rahmen* und dann im Dropdownmenü auf *Rahmen und Schattierung.*
4. Wechseln Sie – falls erforderlich – im Dialogfeld *Rahmen und Schattierung* zur Registerkarte *Schattierung.*
5. Öffnen Sie die Liste *Linienart.* Die Muster befinden sich am unteren Ende der Liste.

Bild 15.18 Auf dieser Registerkarte können Sie ein Muster für einzelne Zellen oder die gesamte Tabelle festlegen

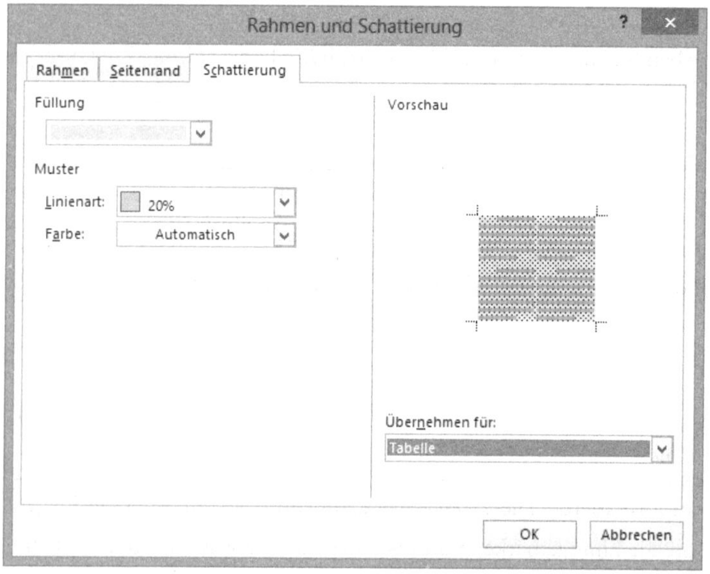

6. Wenn Sie die Formatierung statt für die markierte(n) Zelle(n) doch für die gesamte Tabelle verwenden wollen, öffnen Sie die Liste *Übernehmen für* und wählen den Eintrag *Tabelle* aus.
7. Wählen Sie anschließend noch eine Farbe aus und klicken Sie dann auf *OK.*

Spaltenbreite und Zeilenhöhe ändern

Die Breite einer Spalte bzw. die Höhe einer Zeile verändern Sie am einfachsten mit der Maus:

1. Schalten Sie das Lineal ein, wenn es nicht sichtbar ist. Schalten Sie dazu auf der Registerkarte *ANSICHT* in der Gruppe *Anzeigen* das Kontrollkästchen *Lineal* ein.
2. Setzen Sie den Mauszeiger auf die Trennlinie an der Zelle, die Sie verändern wollen. Der Mauszeiger verändert sich dort in einen Doppelpfeil.

Bild 15.19 Mit der Maus lassen sich Breite und Höhe der Tabellenspalten und -zeilen einfach ändern

Staffel (Einheiten pro Monat)	Jahresgebühr (Netto)
bis 50	150,00 €
510 bis 100	200,00 €
101 bis 250	250,00 €
251 bis 500	300,00 €
ab 501	400,00 €

3. Verschieben Sie die Trennlinie, bis die Spalte/Zeile die gewünschte Größe hat, und lassen Sie dann die Maustaste wieder los.

TIPP **Gleichzeitig die Breite der Tabelle ändern** Wenn Sie die ⇧-Taste drücken, bevor Sie auf eine Trennlinie klicken und diese mit gedrückter Maustaste ziehen, können Sie gleichzeitig auch die Breite der Tabelle ändern. Die Breite der Spalte rechts von der Linie, die Sie ziehen, bleibt unverändert, die Spalte links davon wird breiter/schmaler (je nachdem, in welche Richtung Sie mit der Maus ziehen) und die Tabelle wird entsprechend breiter/schmaler.

Überschriften für mehrseitige Tabellen

Wenn sich eine Word-Tabelle über mehrere Seiten erstreckt, können Sie die erste Zeile der Tabelle als Überschrift formatieren. Diese Zeile wird dann von Word auf jeder der Folgeseiten wiederholt.

1. Setzen Sie die Einfügemarke in die erste Zeile der Tabelle. Sie können auch mehrere Zeilen als Überschrift definieren. Allerdings muss auch dann die erste Zeile Bestandteil der Überschrift sein.
2. Wechseln Sie zur Registerkarte *TABELLENTOOLS/LAYOUT*, klicken Sie auf die Schaltfläche *Daten* und dann auf *Überschriften wiederholen.*

Zum Bearbeiten der Tabellenüberschrift ändern Sie nur die Version am Tabellenanfang. Die Änderungen werden von Word automatisch auf den nachfolgenden Seiten übernommen.

Fertige Tabelle als Schnelltabelle speichern

Wenn Sie häufig ähnlich aufgebaute Tabellen verwenden, können Sie eine mit Sorgfalt erstellte Tabelle als sogenannte Schnelltabelle speichern. Eine Schnelltabelle ist so etwas wie ein Textbaustein, der aber nicht nur ein Wort enthält, sondern eben eine komplette Tabelle. Word speichert die Schnelltabellen im Schnelltabellenkatalog, und Sie können eine einmal erstellte Schnelltabelle einfach in anderen Dokumenten wiederverwenden.

Gehen Sie folgendermaßen vor, um eine Tabelle in den Schnelltabellenkatalog aufzunehmen:

1. Setzen Sie die Einfügemarke an eine beliebige Stelle in der Tabelle.
2. Nach einem kurzen Moment blendet Word in der linken oberen Ecke den Tabellenanfasser ein. Klicken Sie diesen an. Dadurch wird die gesamte Tabelle markiert.
3. Öffnen Sie die Registerkarte *EINFÜGEN.*
4. Klicken Sie in der Gruppe *Tabellen* auf *Tabelle* und dann auf *Schnelltabellen.*

Bild 15.20 Das Menü *Schnelltabellen*

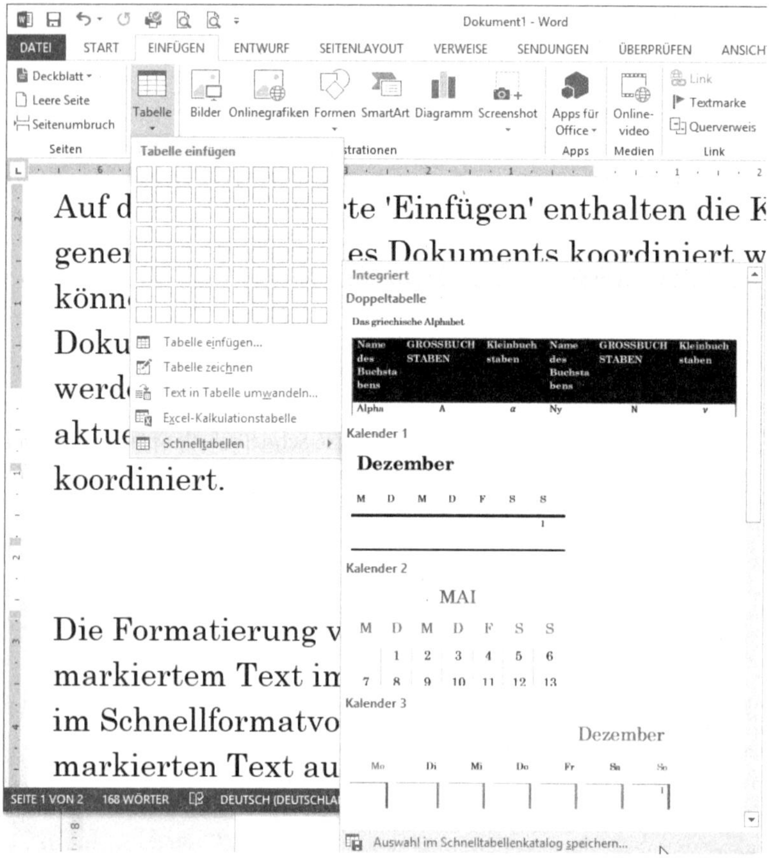

5. Klicken Sie im Untermenü ganz unten auf *Auswahl im Schnelltabellenkatalog speichern.* Das Dialogfeld *Neuen Baustein erstellen* wird angezeigt.

Bild 15.21 Hier legen Sie fest, unter welchem Namen, wo und mit welchen Optionen die Schnelltabelle gespeichert werden soll

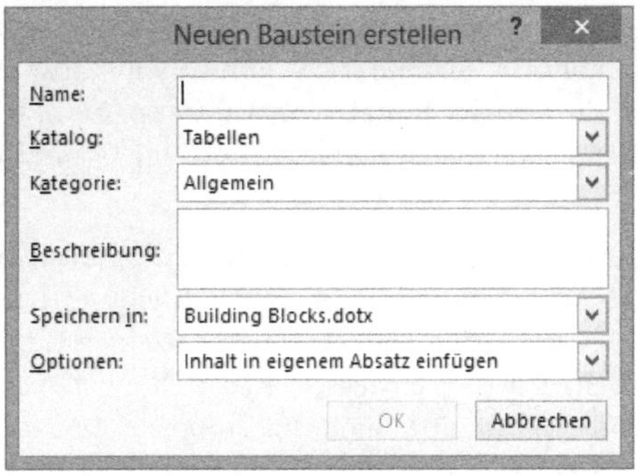

6. Geben Sie in das Feld *Name* den Namen ein, unter dem die Schnelltabelle gespeichert werden soll. Den Eintrag in der Liste *Katalog* können Sie unverändert lassen.
7. Sie können Schnelltabellen jeweils einer Kategorie zuordnen. Wenn Sie nur wenige Schnelltabellen erstellen, können Sie die Kategorie *Allgemein* verwenden. Bei vielen Schnelltabellen empfiehlt es sich, neue Kategorien anzulegen. Klicken Sie dazu auf den Pfeil neben dem Feld *Kategorie* und dann auf *Neue Kategorie erstellen.* Geben Sie den Namen der Kategorie ein und klicken Sie auf *OK.* Wählen Sie dann die Kategorie aus, der Sie die Schnelltabelle zuweisen wollen.
8. Wenn der Name nicht aussagekräftig genug ist, können Sie im Feld *Beschreibung* einen ausführlicheren erklärenden Text eingeben.
9. Im Listenfeld *Speichern in* legen Sie fest, in welcher Dokumentvorlage die Schnelltabelle gespeichert werden soll. Als eine Option wird Ihnen hier die Standarddokumentvorlage *Normal* angeboten; wenn das Dokument auf Basis einer anderen Dokumentvorlage erstellt wurde, wird deren Name hier ebenfalls angezeigt. Schnelltabellen, die Sie in unterschiedlichen Dokumenten verwenden wollen, speichern Sie am besten in der Dokumentvorlage *Normal* oder in den *Building Blocks.*
10. Im Listenfeld *Optionen* legen Sie fest, wie die Schnelltabelle später in ein Dokument eingefügt werden soll. Übernehmen Sie hier die Option *Inhalt in eigenem Absatz einfügen.*
11. Klicken Sie abschließend auf *OK.*

Schnelltabelle in einem anderen Dokument verwenden

Das Einfügen einer einmal definierten Schnelltabelle ist ein einfacher Vorgang. Setzen Sie die Einfügemarke im Dokument an die Stelle, an der die Tabelle eingefügt werden soll. Wechseln Sie zur Registerkarte *EINFÜGEN,* klicken Sie auf *Tabellen* und dann auf *Schnelltabellen.* Word zeigt alle vorhandenen Schnelltabellen in einer Liste an, die auch eine Vorschau der Tabelle enthält. Klicken Sie die Schnelltabelle an, die Sie einfügen wollen.

Schnellkurs: Tabstopps verwenden

Für Tabellen, die nur aus wenigen Zeilen und bei denen jeder Eintrag nur aus einer Zeile besteht, wie Preislisten, Teilnehmerlisten o. Ä., können Sie diese auch mithilfe von Tabstopps erstellen. Bevor wir auf die Einzelheiten eingehen, die es beim Einsatz von Tabstopps zu beachten gilt, wollen wir dieses Thema mit einem kleinen Schnellkurs beginnen und Ihnen die Grundlagen für den Einsatz von Tabstopps an einem Beispiel vorstellen.

Die vorbereitete Übungsdatei enthält in einer Tabelle eine Artikelliste, die vierspaltig organisiert ist. In den ersten beiden Spalten stehen die Artikelnummer und die Beschreibung. Die Spalten 3 und 4 enthalten den Umsatz für die Jahre 2011 und 2012. Zwischen den einzelnen Einträgen jeder Zeile wurde jeweils ein Tabstopp eingegeben. Da den einzelnen Absätzen noch keine individuellen Tabstopps zugeordnet wurden, verwendet Word die Standardtabstopps.

Bild 15.22 Die Beispieldatei mit der Artikelliste

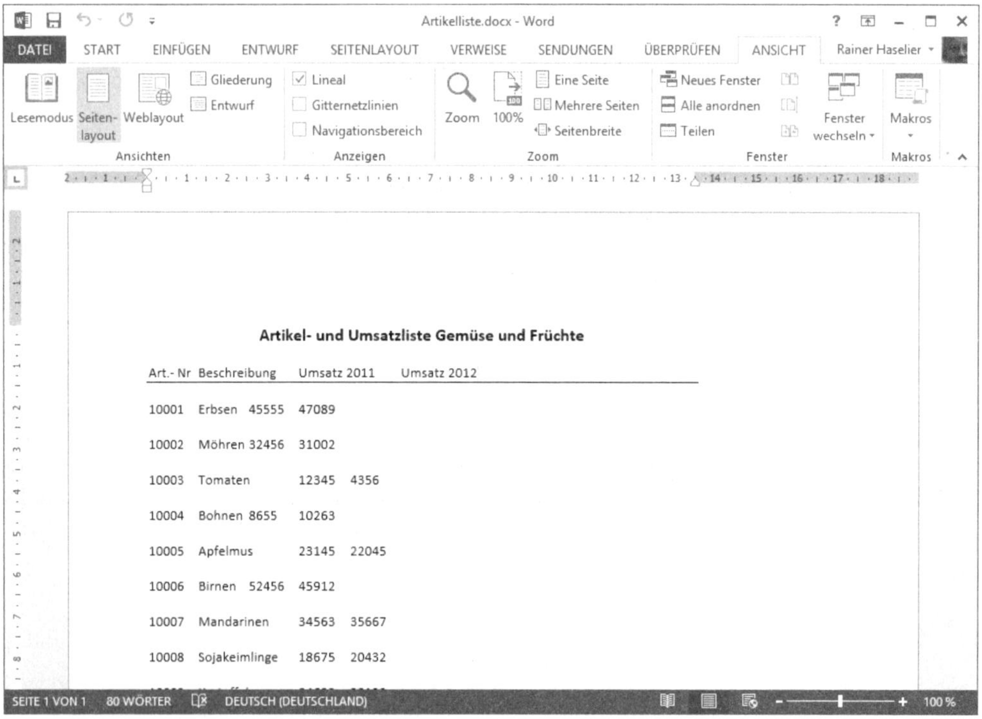

Die ersten beiden Spalten *(Art.-Nr.* und *Beschreibung)* sollen linksbündig ausgerichtet werden. Die Zahlen in den letzten beiden Spalten *(Umsatz 2011* und *Umsatz 2012)* hingegen rechtsbündig, da dann die Einer, Zehner usw. untereinander stehen.

1. Laden Sie das Dokument *Artikelliste,* das sich im Ordner mit den Beispieldateien befindet.
2. Wechseln Sie zur Registerkarte *ANSICHT* und schalten Sie in der Gruppe *Anzeigen* das Kontrollkästchen *Lineal* ein, falls das Lineal nicht sichtbar ist.
3. Markieren Sie die komplette Artikelliste (bis auf die Überschrift).

4. Links im Lineal sehen Sie ein kleines Quadrat mit einem Symbol. Diese Schaltfläche können Sie verwenden, um den Typ des Tabstopps festzulegen. Klicken Sie, falls erforderlich, auf dieses Quadrat, bis Sie dort das Zeichen für linksbündige Tabstopps sehen.
5. Klicken Sie im Lineal bei 2 cm. Die zweite Spalte steht dadurch an der richtigen Position. Im Lineal sehen Sie das Symbol für den gesetzten Tabstopp.
6. Klicken Sie wieder auf das Quadrat, bis das Symbol für rechtsbündig ausgerichtete Tabstopps erscheint.
7. Klicken Sie im Lineal bei 8 cm und bei 12 cm. Dadurch werden auch die beiden letzten Spalten richtig angeordnet.

Falls Sie einen Tabstopp versehentlich an eine falsche Position gesetzt haben, können Sie ihn löschen, indem Sie ihn aus dem Lineal herausziehen. Um die Position eines gesetzten Tabstopps zu verändern, klicken Sie im Lineal das Tabstoppsymbol an und ziehen es mit gedrückter Maustaste an die neue Position.

Tabstopps setzen

Wenn Sie Tabstopps formatieren, können Sie drei verschiedene Merkmale mit dem Tabstopp verbinden: seine Position, die Ausrichtung und das Füllzeichen, das ausgegeben werden soll. Sie können Tabstopps entweder im Dialogfeld *Tabstopps* oder mit der Maus im Lineal setzen. Schalten Sie beim Setzen von Tabstopps am besten die Ansicht *Seitenlayout* ein, damit Word den Text so zeigt, wie er später gedruckt wird. Sie können mit dem Kontrollkästchen *Tabstoppzeichen* in der Kategorie *Anzeigen* des Dialogfeldes *Word-Optionen* gleichzeitig die Anzeige der Tabstoppzeichen einschalten, die dann auf dem Bildschirm mit dem Sonderzeichen → dargestellt werden.

Standardtabstopps und individuelle Tabstopps

Neben den Tabstopps, die Sie individuell festlegen können, enthält das gesamte Dokument von vornherein Standardtabstopps, die in einem Abstand von 1,25 cm angeordnet sind. Die Standardtabstopps werden an der unteren Kante des Lineals durch kleine graue Striche symbolisiert. So können Sie den Wert für die Standardtabstopps ändern:

1. Wechseln Sie zur Registerkarte *START.*
2. Klicken Sie in der Gruppe *Absatz* auf das Startprogramm für ein Dialogfeld und dann im Dialogfeld *Absatz* auf die Schaltfläche *Tabstopps.*
3. Geben Sie in das Textfeld *Standardtabstopps* den gewünschten Wert ein.
4. Klicken Sie auf *OK.*

Tabstoppmerkmale bestimmen

Um einzelne Tabstopps zu setzen und alle vorhandenen Optionen einstellen zu können, lassen Sie das Dialogfeld *Tabstopps* anzeigen.

1. Markieren Sie die Absätze, für die Sie Tabstopps festlegen wollen. Wenn Sie die Tabstopps nur für einen Absatz einstellen wollen, reicht es aus, wenn sich die Einfügemarke im betreffenden Absatz befindet.
2. Wechseln Sie zur Registerkarte *START* und klicken Sie in der Gruppe *Absatz* auf das Startprogramm für ein Dialogfeld und dann im Dialogfeld *Absatz* auf die Schaltfläche *Tabstopps*.
3. Geben Sie in das Feld *Tabstoppposition* die gewünschte Position des Tabstopps ein. Der Wert, den Sie hier eingeben, ist der Abstand von der linken Absatzbegrenzung bis zum Tabstopp.
4. Nachdem Sie die Position festgelegt haben, können Sie die Ausrichtung des Tabstopps bestimmen. Word bietet Ihnen in der gleichnamigen Gruppe fünf verschiedene Optionen an:
   - **Links** Wenn Sie einen links ausrichtenden Tabstopp verwenden, wird der linke Rand am Tabstopp ausgerichtet.
   - **Zentriert** Wenn Sie einen zentriert ausrichtenden Tabstopp verwenden, wird der Spaltentext am Tabstopp zentriert.
   - **Rechts** Wenn Sie einen rechts ausrichtenden Tabstopp verwenden, wird der rechte Rand des Spaltentextes am Tabstopp ausgerichtet.
   - **Dezimal** Wenn Sie einen dezimalen Tabstopp verwenden, wird das Dezimaltrennzeichen am Tabstopp ausgerichtet. Enthält der Text kein Dezimaltrennzeichen, wird der Spaltentext rechtsbündig ausgerichtet.
   - **Vertikale Linie** Wenn Sie einen vertikalen Tabstopp verwenden, zeichnet Word eine vertikale Linie an der Stelle, die der Position des Tabstopps entspricht.

Bild 15.23 In diesem Dialogfeld können Sie alle Merkmale von Tabstopps einstellen

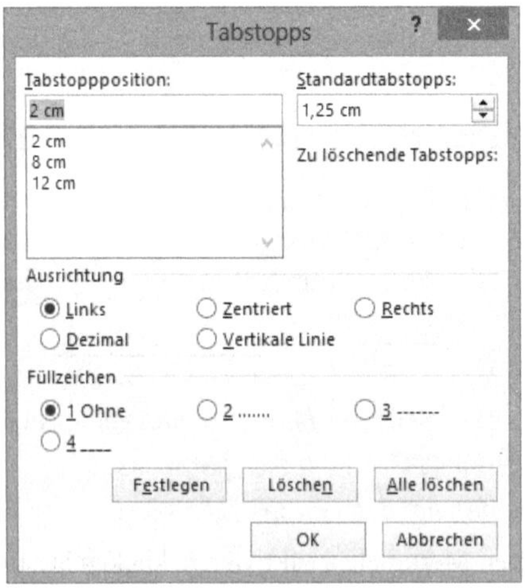

Klicken Sie die gewünschte Ausrichtung an. Die Abbildung auf der folgenden Seite zeigt Beispiele für die verschiedenen Ausrichtungen von Tabstopps.

Bild 15.24 Tabstopps und deren Ausrichtung

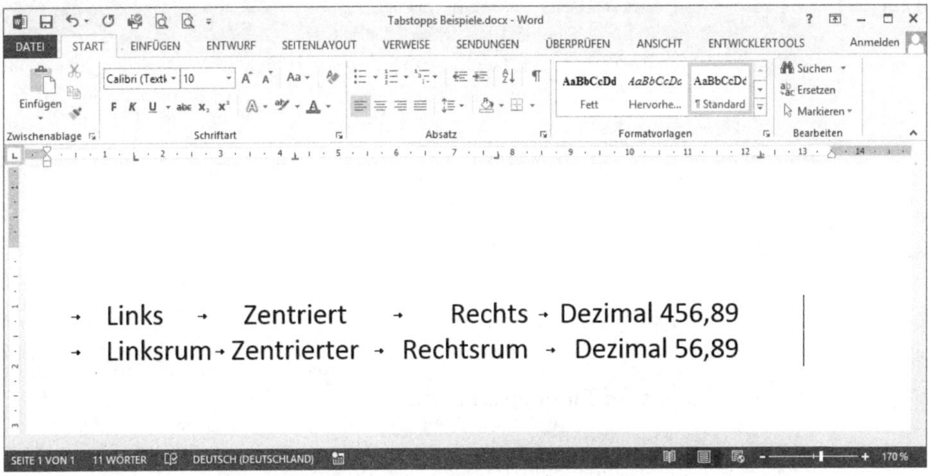

5. Legen Sie nun fest, welches Füllzeichen verwendet werden soll.

   Der Raum, den das Tabstoppzeichen einnimmt, bleibt normalerweise leer. In der Gruppe *Füllzeichen* können Sie jedoch ein anderes Zeichen bestimmen, das diesen Raum einnehmen soll. Word stellt Ihnen den Punkt (.), den Trennstrich (-) und den Unterstrich (_) zur Verfügung. Wählen Sie das gewünschte Zeichen aus. Beispiele für die Verwendung von Füllzeichen sehen Sie in der folgenden Abbildung.

Bild 15.25 Tabstopps und ihre Füllzeichen

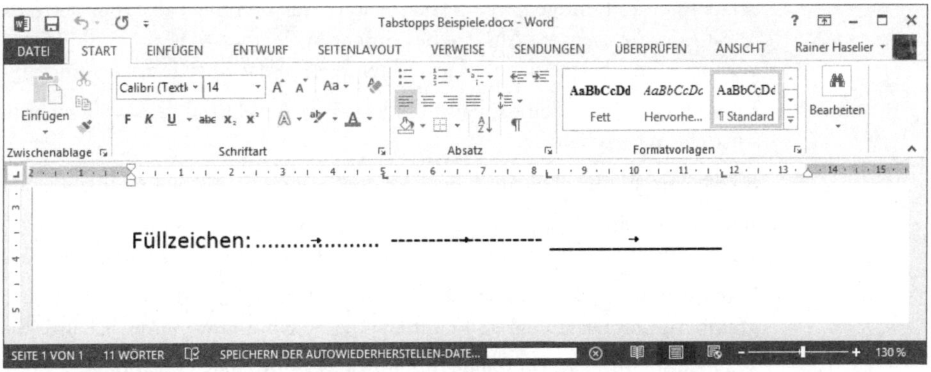

6. Um die für den Tabstopp festgelegten Merkmale zu aktivieren, klicken Sie auf *Festlegen.*
7. Wiederholen Sie die Schritte 3 bis 6 für alle weiteren Tabstopps, die Sie festlegen wollen.
8. Klicken Sie auf *OK*, um das Dialogfeld *Tabstopps* zu schließen.

PROFITIPP

Anzahl der Punkte als Füllzeichen bei Tabulatoren

Wenn Sie die Punkte als Füllzeichen verwenden (wie wir es auch im Inhaltsverzeichnis dieses Buches gemacht haben), können Sie die Anzahl der Punkte und deren Abstand nicht direkt, sondern nur indirekt über die Zeichenformatierung ändern. Gehen Sie dazu wie folgt vor:

1. Markieren Sie im Dokument das Tabstoppzeichen, damit die Punktlinie markiert wird.
2. Wechseln Sie zur Registerkarte *START* und klicken Sie in der Gruppe *Schriftart* auf das Startprogramm für ein Dialogfeld.
3. Wechseln Sie im Dialogfeld *Schriftart* zur Registerkarte *Erweitert.*
4. Wählen Sie im Listenfeld *Abstand* den Eintrag *Erweitert,* wenn Sie den Abstand vergrößern und die Anzahl der Punkte verkleinern wollen, bzw. den Eintrag *Schmal,* wenn Sie den Abstand verkleinern und die Anzahl der Punkte erhöhen wollen.
5. Tragen Sie in das Feld *Von* (das besser mit *Um* beschriftet wäre) den Wert ein, um den der Zeichenabstand verkleinert bzw. vergrößert werden soll. Eventuell müssen Sie hier ein wenig probieren, bis Sie das gewünschte Ergebnis erhalten.

Tabstopps mit der Maus setzen

Sie können Tabstopps auch mit der Maus setzen, indem Sie im Lineal die Position anklicken, an der der Tabstopp gesetzt werden soll.

1. Schalten Sie das Lineal ein, sofern es nicht bereits sichtbar ist. Wechseln Sie dazu zur Registerkarte *ANSICHT* und schalten Sie in der Gruppe *Anzeigen* das Kontrollkästchen *Lineal* ein.
2. Setzen Sie die Einfügemarke in den Absatz, für den Sie Tabstopps setzen wollen. Wenn Sie Tabstopps für mehrere Absätze bestimmen wollen, erweitern Sie die Markierung, damit alle gewünschten Absätze sich wenigstens teilweise in der Markierung befinden.
3. Klicken Sie auf das kleine Quadrat links neben dem Lineal, bis das Symbol für die gewünschte Ausrichtung erscheint.
4. Klicken Sie auf die Stelle im Lineal, an der Sie einen Tabstopp einfügen wollen.

Das Füllzeichen kann nicht mit der Maus im Lineal festgelegt werden. Um das Füllzeichen zu bestimmen, müssen Sie in einem zweiten Schritt das Dialogfeld *Tabstopps* verwenden:

1. Wechseln Sie zur Registerkarte *START* und klicken Sie in der Gruppe *Absatz* auf das Startprogramm für ein Dialogfeld und dann im Dialogfeld *Absatz* auf die Schaltfläche *Tabstopps.*
2. Wählen Sie im Feld *Tabstoppposition* den gewünschten Tabstopp aus. (In dieser Liste sehen Sie alle Tabstopps, die für den markierten Absatz bereits festgelegt wurden.)
3. Klicken Sie auf eines der Optionsfelder in der Gruppe *Füllzeichen.*
4. Klicken Sie auf *Festlegen.*
5. Schließen Sie das Dialogfeld mit *OK.*

Bild 15.26 Ausrichtung der Tabstopps mit der Maus festlegen

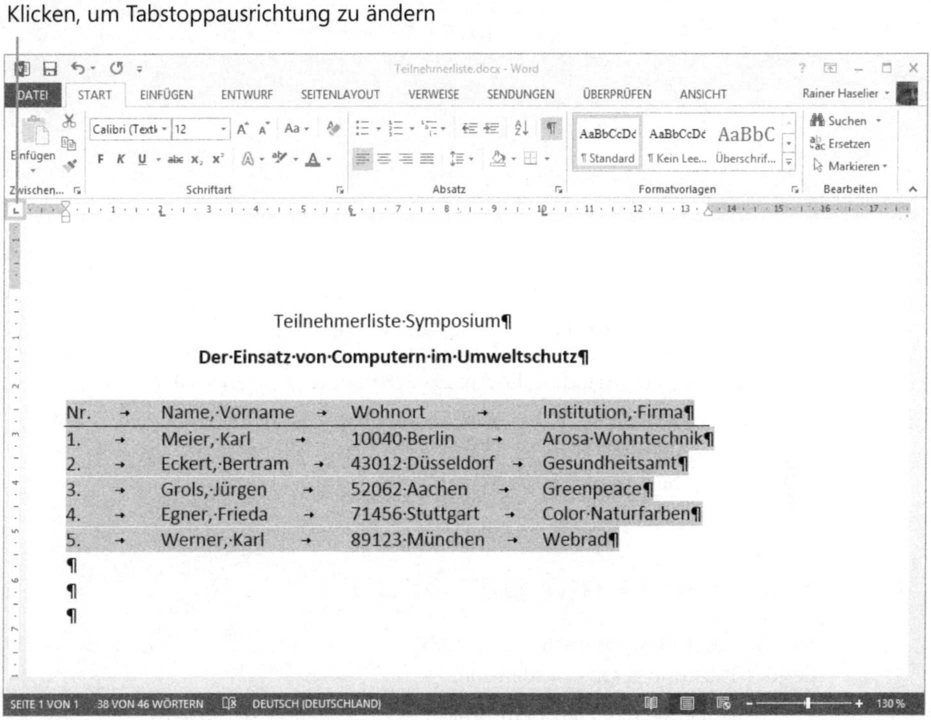

Übung: Tabstopps setzen

Probieren Sie es selbst einmal aus und laden Sie die Beispieldatei *Teilnehmerliste.docx*, die wir für Sie vorbereitet haben. Das Dokument enthält eine Teilnehmerliste, in der zwischen den einzelnen Elementen jeder Zeile bereits ein Tabulator eingegeben wurde. Da den einzelnen Absätzen noch keine individuellen Tabstopps zugeordnet wurden, verwendet Word die Standardtabstopps.

Formatieren Sie diese Tabelle um und verwenden Sie je nach Lust und Laune das Maus- oder das Tastaturverfahren. Wir empfehlen Ihnen folgende Tabstopppositionen: 2 cm, 6 cm und 10 cm. Verwenden Sie für die Tabelle links ausgerichtete Tabstopps.

Bild 15.27 Die Teilnehmerliste mit den Standardtabstopps

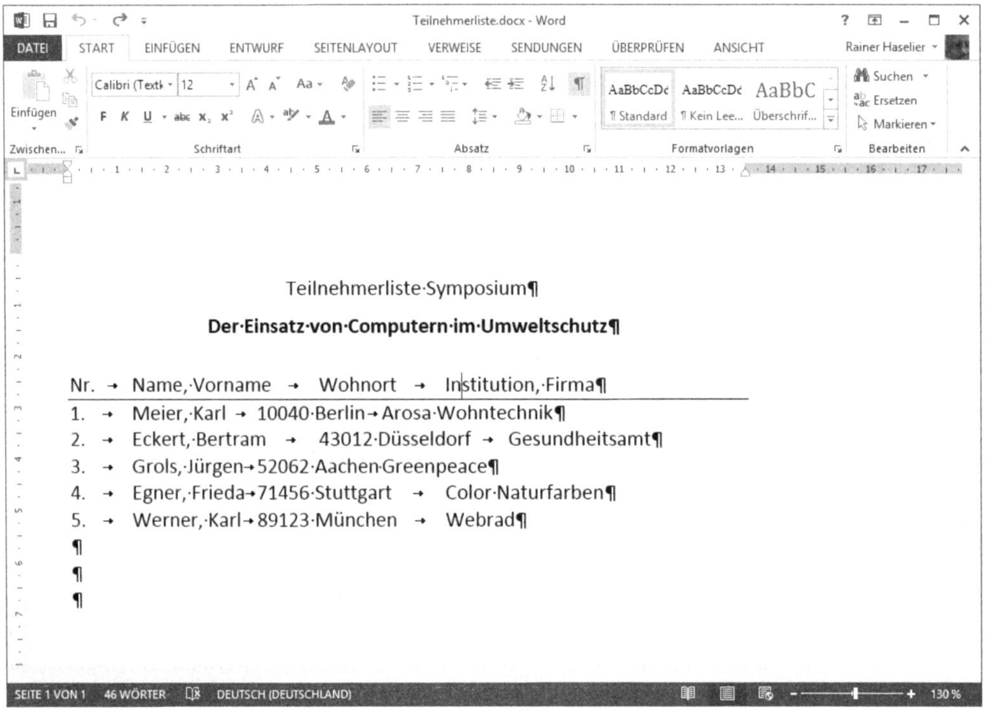

Wichtig ist, dass Sie vor dem Formatieren sowohl die Tabellenüberschrift als auch die Zeilen mit den einzelnen Teilnehmern markieren.

Tabstopps löschen

Sie können Tabstopps, die Sie gesetzt haben, auch wieder entfernen. Hierbei können Sie einzelne Tabstopps oder alle Tabstopps in den markierten Absätzen löschen. Den Absätzen wird dann wieder der Standardtabstopp zugewiesen, der im Dialogfeld *Tabstopps* eingestellt werden kann.

Einzelne Tabstopps im Dialogfeld löschen

Führen Sie folgende Schritte durch, um einzelne Tabstopps zu löschen:

1. Setzen Sie die Einfügemarke in den Absatz, in dem Sie den Tabstopp löschen wollen. Wenn Sie Tabstopps in mehreren Absätzen löschen wollen, erweitern Sie die Markierung, damit alle gewünschten Absätze sich wenigstens teilweise in der Markierung befinden.
2. Wechseln Sie zur Registerkarte *START* und klicken Sie in der Gruppe *Absatz* auf das Startprogramm für ein Dialogfeld und dann im Dialogfeld *Absatz* auf die Schaltfläche *Tabstopps.*
3. Markieren Sie im Listenfeld *Tabstoppposition* den Tabstopp, den Sie löschen wollen.

4. Klicken Sie auf *Löschen*. Der Tabstopp wird daraufhin in die Liste *Zu löschende Tabstopps* aufgenommen.
5. Wiederholen Sie die beiden letzten Schritte für weitere zu löschende Tabstopps.
6. Drücken Sie die [↵]-Taste oder klicken Sie auf *OK*.

Alle Tabstopps löschen

Sie können auch alle Tabstopps im Absatz oder den markierten Absätzen löschen:

1. Setzen Sie dazu die Einfügemarke wie gewohnt in den Absatz oder markieren Sie die Absätze, deren Tabstopps gelöscht werden sollen.
2. Wechseln Sie zur Registerkarte *START* und klicken Sie in der Gruppe *Absatz* auf das Startprogramm für ein Dialogfeld und dann im Dialogfeld *Absatz* auf die Schaltfläche *Tabstopps*.
3. Klicken Sie im Dialogfeld auf die Schaltfläche *Alle löschen*.

Einzelne Tabstopps mit der Maus löschen

Einzelne Tabstopps können Sie mithilfe des Lineals und der Maus löschen:

1. Setzen Sie die Einfügemarke in den Absatz, in dem Sie einen Tabstopp löschen wollen. Wenn Sie Tabstopps in mehreren Absätzen löschen wollen, erweitern Sie die Markierung, damit alle gewünschten Absätze sich wenigstens teilweise in der Markierung befinden.
2. Schalten Sie das Lineal ein, sofern es nicht bereits sichtbar ist. Wechseln Sie dazu zur Registerkarte *ANSICHT* und schalten Sie in der Gruppe *Anzeigen* das Kontrollkästchen *Lineal* ein.
3. Zeigen Sie mit der Maus auf das Tabstoppsymbol im Lineal und ziehen Sie es nach unten weg.

Tabstopps verschieben

Wenn Sie eine Tabelle mit Tabstopps eingerichtet haben und später weitere Einträge aufnehmen müssen, die länger sind als die bisherigen Einträge, kommt es oft vor, dass Sie einzelne Tabstopps an eine neue Position verschieben müssen, um den vielleicht in Unordnung geratenen Gesamteindruck der Tabelle zu restaurieren.

Tabstopps verschieben ohne Maus

Setzen Sie die Einfügemarke in den Absatz, in dem Sie einen Tabstopp neu positionieren wollen. Wenn Sie Tabstopps für mehrere Absätze verschieben wollen, erweitern Sie die Markierung, damit alle gewünschten Absätze sich wenigstens teilweise in der Markierung befinden. Sie müssen nun zuerst den alten Tabstopp löschen und dann einen neuen an der gewünschten Position setzen:

1. Wechseln Sie zur Registerkarte *START* und klicken Sie in der Gruppe *Absatz* auf das Startprogramm für ein Dialogfeld und dann im Dialogfeld *Absatz* auf die Schaltfläche *Tabstopps*.
2. Markieren Sie im Feld *Tabstoppposition* den betreffenden Tabstopp.

3. Klicken Sie auf *Löschen*.
4. Wenn das Textfeld *Tabstoppposition* nicht leer ist, drücken Sie `Entf` und geben dann die neue Tabstoppposition ein.
5. Klicken Sie auf *Festlegen* und schließen Sie das Dialogfeld mit *OK*.

Tabstopps mit der Maus verschieben

Mit der Maus funktioniert das Verschieben eines Tabstopps jedoch weitaus komfortabler.

1. Schalten Sie das Lineal ein, sofern es nicht bereits sichtbar ist. Wechseln Sie dazu zur Registerkarte *ANSICHT* und schalten Sie in der Gruppe *Anzeigen* das Kontrollkästchen *Lineal* ein.
2. Verschieben Sie die Einfügemarke in den Absatz, für den Sie Tabstopps neu positionieren wollen. Wenn Sie Tabstopps für mehrere Absätze verschieben wollen, erweitern Sie die Markierung, damit alle gewünschten Absätze sich wenigstens teilweise in der Markierung befinden. Beachten Sie, dass im Lineal Tabstopps, die nicht für alle markierten Absätze gelten, grau angezeigt werden.
3. Zeigen Sie mit dem Mauszeiger auf das Tabstoppsymbol, das Sie verschieben wollen, und ziehen Sie es mit gedrückter Maustaste an die neue Position.

HINWEIS Die Formatierung von Tabstopps erfolgt über das Dialogfeld *Tabstopps*, das Sie über das Dialogfeld *Absatz* aufrufen. Dieser Umstand weist bereits darauf hin, dass Tabstopps immer absatzweise zugeordnet und mit der Absatzmarke verbunden sind. Wenn Sie also die Absatzmarke hinter einem Absatz löschen, werden dadurch gleichzeitig auch die Tabstoppeinstellungen für diesen Absatz gelöscht.

Kapitel 16

Excel-Tabellen in Word verwenden

Der Vorteil bei einem Programmpaket wie Microsoft Office besteht darin, dass Sie für jede Aufgabe das jeweils beste Tool verwenden können. Auch wenn die in Word integrierten Tabellenfunktionen (siehe Kapitel 15) sehr viele Features bieten, kann es vorkommen, dass Sie in einem Word-Dokument eine Tabelle benötigen, die die ausgefeilteren Kalkulations- und Rechenmöglichkeiten von Excel erfordert.

Um eine Excel-Tabelle in Word zu verwenden, stehen Ihnen verschiedene Möglichkeiten zur Verfügung:

- **Neue Excel-Tabelle als Objekt einfügen** Verwenden Sie diese Option, wenn Sie eine neue Tabelle einfügen wollen. Die eingefügte Excel-Tabelle wird in der gleichen Datei wie das Word-Dokument gespeichert. Beim Einfügen und späteren Bearbeiten der Excel-Tabelle stehen Ihnen alle Excel-Features zur Verfügung.
- **Daten aus Excel-Tabelle als Kopie einfügen** Verwenden Sie diese Option, wenn die Excel-Tabelle bereits vorliegt. Nach dem Einfügen als Kopie besteht keine Verbindung/Verknüpfung mehr zur Excel-Arbeitsmappe, aus der die Excel-Daten stammen. Die Excel-Tabelle wird als Text eingefügt und Sie können sie mit den Formatierungswerkzeugen von Word formatieren und bearbeiten. Falls sich die Daten in der Excel-Quelldatei ändern, müssen Sie den Einfügevorgang wiederholen.
- **Daten aus Excel-Tabelle verknüpft einfügen** Wenn Sie Daten aus einer bereits vorhandenen Arbeitsmappe verknüpft einfügen, besteht eine Verbindung zwischen der in Word eingefügten Excel-Tabelle und der Quelldatei, aus der diese Tabelle stammt. Sie können die in Word eingefügte Tabelle aktualisieren lassen, wenn die Daten in der Quelldatei geändert wurden.
- **Daten aus Excel-Tabelle als Bild einfügen** Das Einfügen einer Excel-Tabelle als Bild bietet sich vor allem bei breiten Excel-Tabellen an, die Sie in ein Word-Dokument einfügen, dessen Seitenorientierung Hochformat ist. Wenn Sie die Excel-Tabelle als Bild einfügen, lässt sich die Tabelle um 90 Grad drehen, sodass sie im Querformat angezeigt wird.

Dieses Kapitel stellt Ihnen alle vier Möglichkeiten vor, mit denen Sie eine Excel-Tabelle in einem Word-Dokument verwenden können.

Neue Excel-Tabelle als Objekt einfügen

Dieser Abschnitt beschreibt, wie Sie in ein Word-Dokument eine neue Excel-Tabelle als Objekt einfügen. Bei diesem Verfahren wird die Excel-Tabelle in derselben Datei gespeichert, in der sich auch die anderen Daten des Dokuments befinden. Dies vereinfacht die Weitergabe des Dokuments. Die Verwendung eines eingefügten Objekts hat außerdem den Vorteil, dass seine Bearbeitung innerhalb von Word stattfinden kann.

Der Nachteil bei diesem Verfahren ist, dass es keine Verknüpfung zu der ursprünglichen Excel-Datei gibt und somit die Daten innerhalb des Excel-Objekts nicht mehr aktualisiert werden können, wenn die Daten in der ursprünglichen Excel-Datei geändert werden.

So fügen Sie eine Excel-Tabelle als Objekt in ein Word-Dokument ein:

1. Setzen Sie die Einfügemarke an die Stelle im Dokument, an der Sie die Excel-Tabelle einfügen wollen.
2. Wechseln Sie zur Registerkarte *EINFÜGEN*, klicken Sie auf die Schaltfläche *Tabelle* und dann auf *Excel-Kalkulationstabelle*.

In dem Word-Dokument ist nun eine Excel-Tabelle mit den vertrauten Zeilen- und Spaltenköpfen sichtbar und Sie können das Excel-Arbeitsblatt innerhalb des Word-Dokuments bearbeiten. Beachten Sie, dass in der Titelleiste »Word« steht und auch die Statusleiste von Word angezeigt wird. Das Menüband jedoch ist das von Excel. Die Registerkarte *DATEI* ist ebenfalls nicht sichtbar, stattdessen sehen Sie unterhalb der Titelleiste das von vorhergehenden Word-Versionen her bekannte *Datei*-Menü.

Bild 16.1 Im Word-Dokument ist der Arbeitsbereich der Excel-Tabelle sichtbar. Während Sie die Excel-Tabelle bearbeiten, wird innerhalb des Word-Fensters das Menüband von Excel eingeblendet.

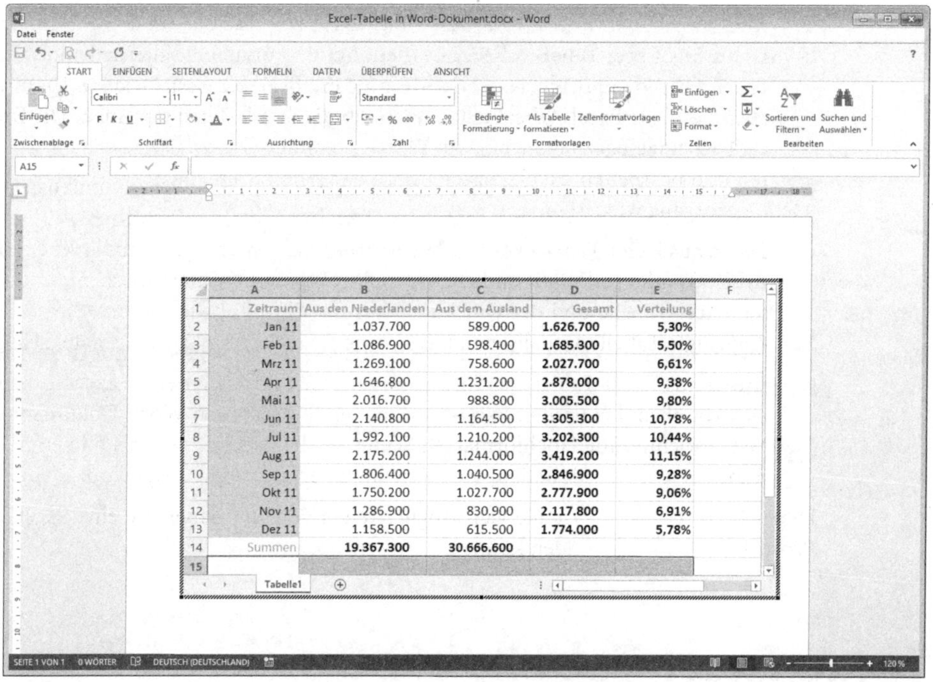

3. Erstellen Sie die Tabelle auf dem Arbeitsblatt, wie Sie es von Excel gewohnt sind. Achten Sie darauf, dass die Tabelle oben links in der Zelle A1 beginnt.
4. Passen Sie die Größe des Arbeitsblattes an die fertige Tabelle an, indem Sie die rechte untere Ecke des schraffierten Rahmens verschieben. Achten Sie darauf, dass im schraffierten Rahmen nur der Teil der Tabelle sichtbar ist, der auch im Word-Dokument zu sehen sein soll. Andernfalls kann es passieren, dass auch leere Tabellenzellen angezeigt werden, was nicht so schön aussieht (siehe Bild 16.2 auf der folgenden Seite).
5. Klicken Sie außerhalb des Excel-Objekts, um den Bearbeitungsmodus für Excel-Tabellen zu verlassen.
6. Wenn Sie die Tabelle noch vergrößern oder verkleinern wollen, verwenden Sie dazu die Anfasser an den Ecken des Objektrahmens.

In Word wird der eingefügten Excel-Tabelle die Umbruchsart *Mit Text in Zeile* zugewiesen. Die Tabelle wandert daher automatisch mit, wenn Sie vor oder nach der Tabelle im Word-Dokument Text ergänzen oder löschen.

Um im Word-Dokument die Tabelle frei positionieren zu können, markieren Sie das Tabellenobjekt, wechseln zur Registerkarte *SEITENLAYOUT* und klicken in der Gruppe *Anordnen* auf *Zeilenumbruch* und dann auf *Passend* oder eine der anderen Optionen, die ausführlich in Kapitel 17 beschrieben werden.

Wollen Sie anschließend die Excel-Tabelle erneut bearbeiten, gelangen Sie mit einem Doppelklick in den Bearbeitungsmodus. Alternativ klicken Sie die Excel-Tabelle mit der rechten Maustaste an und zeigen dann im Kontextmenü auf *Arbeitsblatt-Objekt.*

- Klicken Sie auf *Bearbeiten,* wenn Sie die Excel-Tabelle wiederum innerhalb des Word-Dokuments bearbeiten wollen. Für diese Aktion können Sie alternativ auch auf die eingefügte Excel-Tabelle doppelklicken. Nachdem Sie die Bearbeitung in Excel abgeschlossen haben, klicken Sie an eine beliebige Stelle außerhalb der Excel-Tabelle; hierdurch wird deren Bearbeitung beendet und Sie kehren zum Word-Dokument zurück.
- Klicken Sie auf *Öffnen,* um das Excel-Objekt im normalen Programmfenster von Excel zu bearbeiten. Solange das eingefügte Tabellenobjekt in Excel geöffnet ist, wird es im Word-Dokument schraffiert angezeigt. Wenn Sie mit der Bearbeitung fertig sind, öffnen Sie in Excel die Registerkarte *DATEI* und klicken auf *Schließen.*

Bild 16.2 Über das Kontextmenü des Arbeitsblattobjekts lässt sich die eingefügte Excel-Tabelle bearbeiten

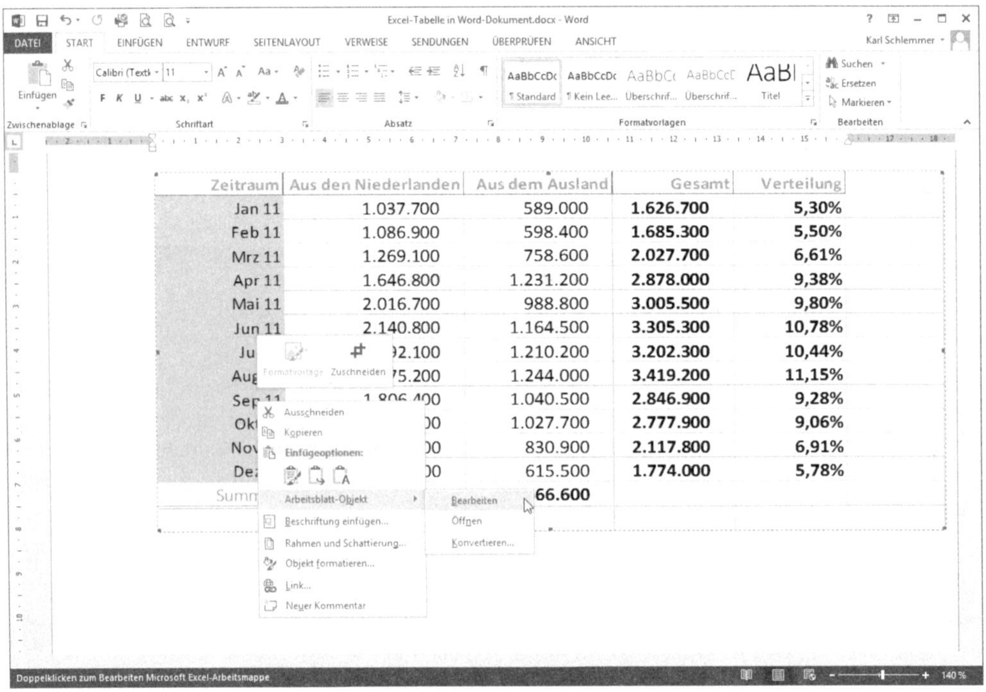

Die Excel-Tabelle im Zieldokument wird aktualisiert und Sie kehren zu Word zurück.

TIPP Damit die eingefügte Tabelle sich optisch gut an das Word-Dokument anpasst, ist es empfehlenswert, zur Formatierung in Word und Excel das gleiche Dokumentdesign zu verwenden. Sie erreichen so, dass die verwendeten Schriftarten und Farben gut zueinander passen und das gesamte Dokument wie aus einem Guss wirkt.

Daten aus vorhandener Excel-Tabelle als Kopie einfügen

Wenn Sie bereits eine Tabelle mit Excel erstellt haben und diese in ein Word-Dokument einfügen wollen, gehen Sie folgendermaßen vor:

1. Starten Sie Excel und öffnen Sie dort die Arbeitsmappe, in der sich die betreffende Tabelle befindet (z.B. die Übungsdatei *Businessplan)*.
2. Markieren Sie in der Excel-Tabelle den Bereich, den Sie in das Word-Dokument einfügen wollen.
3. Klicken Sie auf der Registerkarte *START* in der Gruppe *Zwischenablage* auf *Kopieren.*
4. Wechseln Sie zum Word-Dokument. Setzen Sie die Einfügemarke an die Stelle, an der die Excel-Tabelle eingefügt werden soll.
5. Klicken Sie auf der Registerkarte *START* in der Gruppe *Zwischenablage* auf *Einfügen.*

Bild 16.3 Im Menü der Schaltfläche *Einfügen* können Sie das Format der einzufügenden Daten vorgeben

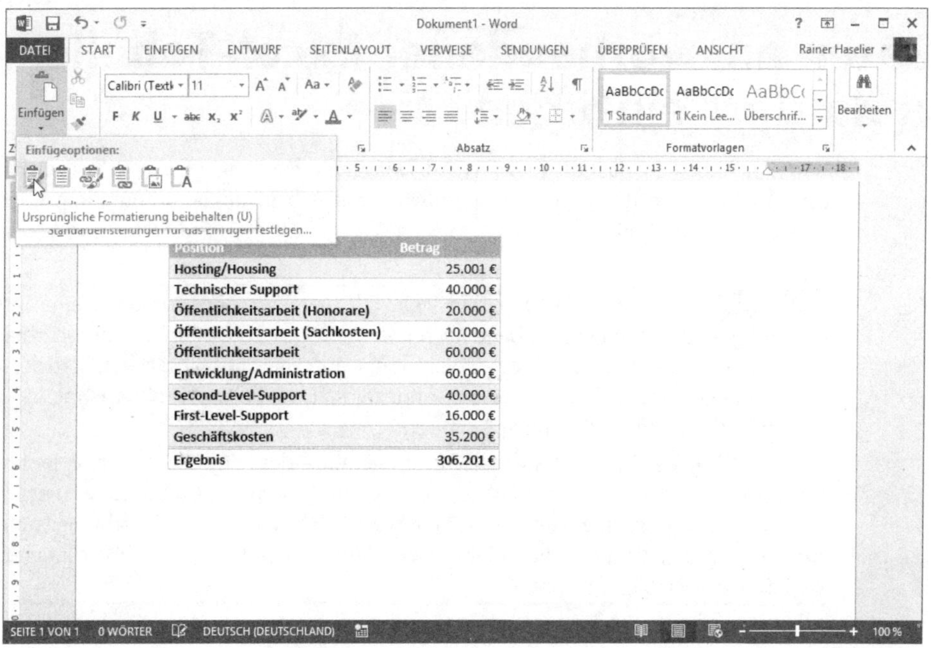

Im Menü der Schaltfläche *Einfügen* können Sie wählen, in welchem Format die Daten eingefügt werden sollen. Bewegen Sie dazu einfach die Maus auf die angebotenen Eingabeoptionen. Im Word-Dokument sehen Sie dann eine Vorschau der einzufügenden Daten.

6. Wählen Sie eine der folgenden Optionen, um die Excel-Tabelle nicht verknüpft einzufügen:

   - **Ursprüngliche Formatierung beibehalten** Fügt die Excel-Tabelle statisch ein und übernimmt die Formatierungen, wie sie in Excel vorgenommen wurden. Nach dem Einfügen können Sie die Formatierungsbefehle von Word verwenden, um die Optik der Tabelle anzupassen.
   - **Zielformatvorlagen verwenden** Fügt die Excel-Tabelle statisch ein. Die Tabelle wird als einfache Tabelle mit Rahmenlinien formatiert; außerdem wird beim Einfügen berücksichtigt, welches Design derzeit für das Dokument ausgewählt ist. Auch bei dieser Option können Sie nach dem Einfügen die Formatierungsbefehle von Word verwenden, um die Optik der Tabelle anzupassen.
   - **Grafik** Fügt die Tabelle als Grafik ein, deren Größe geändert werden kann. Bei dieser Option können die Tabellendaten selbst nicht mehr geändert werden.
   - **Nur den Text übernehmen** Wenn Sie diese Option verwenden, werden die Excel-Daten nicht als Tabelle eingefügt, sondern die Inhalte der einzelnen Excel-Zellen durch Tabstopps voneinander getrennt. Sie können anschließend die entsprechenden Tabstoppeinstellungen festlegen, um die Tabelle wie gewünscht zu formatieren.

Gleichgültig, welche der Optionen Sie verwenden, besteht nach dem Einfügen keine Verbindung mehr zwischen der ursprünglichen und der eingefügten Tabelle. Wenn Sie die Daten der Tabelle im originalen Arbeitsblatt ändern, hat dies auf die Tabelle in Ihrem Dokument keinerlei Auswirkung.

Daten aus vorhandener Excel-Tabelle verknüpft einfügen

Wenn Sie möchten, dass die in das Word-Dokument eingefügte Excel-Tabelle in Ihrem Dokument eine Änderung an der zugrunde liegenden Excel-Arbeitsmappe automatisch übernehmen kann, müssen Sie sie verknüpft einfügen.

ACHTUNG Seit Office 2007 haben viele Office-Anwender Probleme, eine in Word als Verknüpfung eingefügte Excel-Tabelle nach dem Einfügen zu öffnen und zu bearbeiten. Außerdem wird häufig das verknüpfte Excel-Objekt nicht automatisch aktualisiert; stattdessen werden die unterschiedlichsten Fehlermeldungen angezeigt. Das gleiche Problem trat in Office 2010 auf und ist auch in Office 2013 nicht behoben.

Für die Office-Version 2010 hat Microsoft bestätigt, dass das Problem mit dem neuen Dateiformat zusammenhängt, das mit Office 2007 eingeführt wurde. Damit die in diesem Abschnitt beschriebenen Verfahren zuverlässig funktionieren, müssen Sie die Excel-Arbeitsmappe im Format Excel 97-2003 speichern, bevor Sie die Verknüpfung einfügen. Informationen zum Ändern des Dateityps finden Sie in Kapitel 4.

Excel-Tabelle verknüpft in Word-Dokument einfügen

1. Starten Sie Excel und öffnen Sie dort die Arbeitsmappe, in der sich die betreffende Tabelle befindet. Stellen Sie sicher, dass die Arbeitsmappe im Format *Excel 97-2003-Arbeitsmappe* gespeichert ist.
2. Markieren Sie in der Excel-Tabelle den Bereich, den Sie in das Word-Dokument einfügen wollen.
3. Klicken Sie auf der Registerkarte *START* in der Gruppe *Zwischenablage* auf *Kopieren.*
4. Wechseln Sie zum Word-Dokument und setzen Sie die Einfügemarke an die Stelle, an der die Excel-Tabelle eingefügt werden soll.
5. Klicken Sie auf der Registerkarte *START* in der Gruppe *Zwischenablage* auf *Einfügen.*

Bild 16.4 Die beiden Optionen zum verknüpften Einfügen erkennen Sie am Verknüpfungszeichen ∞

6. Wählen Sie im Menü der Schaltfläche *Einfügen* eine der folgenden Optionen:
   - **Verknüpfen und ursprüngliche Formatierung beibehalten** Wenn Sie diese Option wählen, übernimmt die eingefügte Tabelle die Formatierungsmerkmale, wie sie in Excel zugewiesen wurden. Außerdem wird im Word-Dokument gespeichert, aus welcher Excel-Datei die Daten stammen. Wenn die Daten in Excel geändert werden, kann die Tabelle in Word aktualisiert werden.
   - **Verknüpfen und Zielformatvorlagen verwenden** Dieser Befehl entspricht der vorigen Option, nur dass Sie die Formatierung der Tabelle anpassen können. Wenn die Daten in der Excel-Tabelle geändert werden, können sie aufgrund der Verknüpfung aktualisiert werden.

Wenn Sie das Dokument dann schließen und anschließend erneut öffnen, zeigt Word ein Dialogfeld an, in dem Sie darauf hingewiesen werden, dass das Dokument Verknüpfungen enthält. Mit einem Klick auf die Schaltfläche *Ja* können Sie nun die Aktualisierung der Daten veranlassen.

Bild 16.5 Word weist Sie auf die Verknüpfung hin

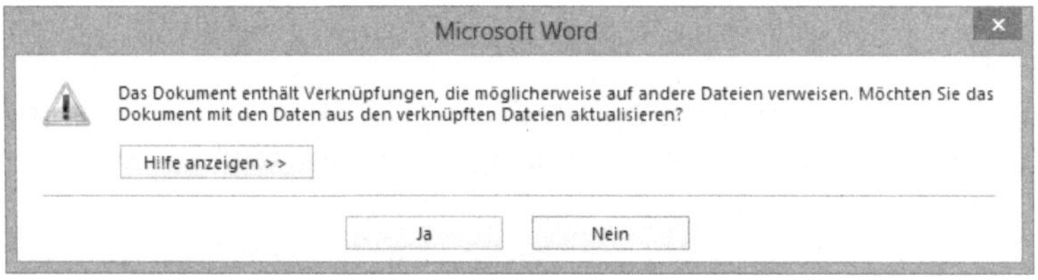

Bitte beachten Sie, dass Word kein Meldungsfenster anzeigt, falls die Datei, auf die verwiesen wird, nicht gefunden werden kann. Stattdessen sehen Sie an der Stelle im Dokument, an der die Verknüpfung eingefügt wurde, eine Fehlermeldung wie es die folgende Abbildung zeigt.

In diesem Fall müssen Sie die Verknüpfung bearbeiten und Word mitteilen, wo sich die Excel-Arbeitsmappe nun befindet. Gehen Sie dazu so vor wie im Abschnitt »Verknüpfung bearbeiten« ab Seite 389 beschrieben.

Bild 16.6 Word kann die Quelldatei, auf die verwiesen wird, nicht mehr finden

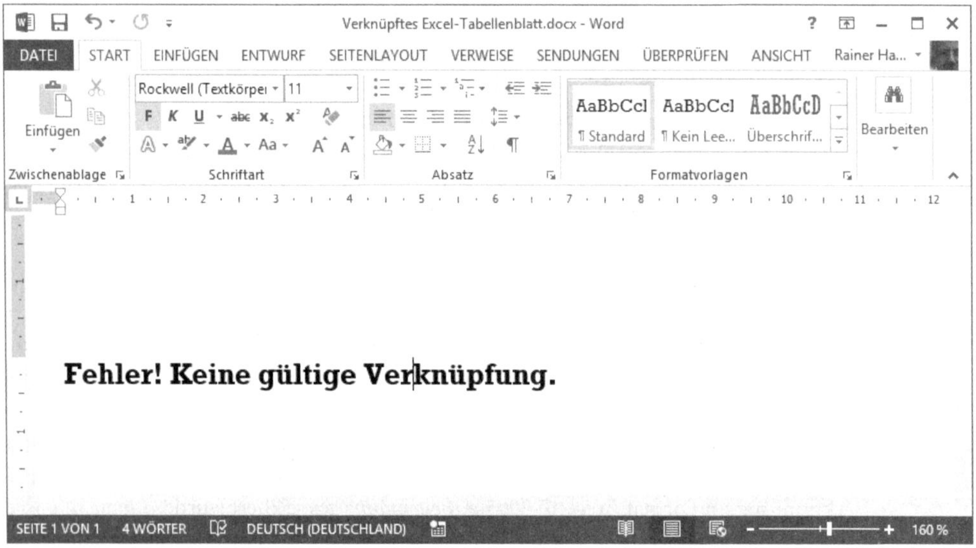

Verknüpfte Daten bearbeiten und aktualisieren

Wenn Sie eine Excel-Tabelle verknüpft eingefügt haben, stehen Ihnen im Kontextmenü der eingefügten Tabelle Befehle zur Verfügung, um vom Word-Dokument aus das Bearbeiten der Excel-Tabelle zu initiieren, um die eingefügte Tabelle zu aktualisieren, wenn die Tabelle in Excel geändert wurde, und um die Verknüpfungseigenschaften anzusehen und zu ändern.

1. Klicken Sie die eingefügte Tabelle mit der rechten Maustaste an, um das Kontextmenü zu öffnen, das Sie in der folgenden Abbildung sehen.

Bild 16.7 Im Kontextmenü finden Sie die Befehle zum Aktualisieren und Bearbeiten der verknüpften Tabelle

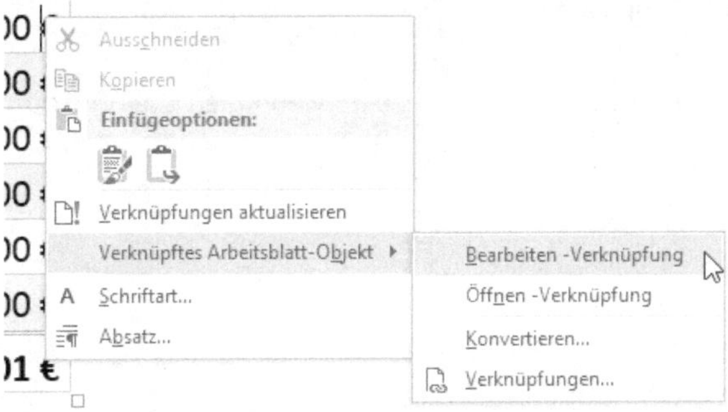

2. Wählen Sie einen der folgenden Befehle:

- **Verknüpfungen aktualisieren** Klicken Sie diesen Befehl an, wenn Sie wissen, dass die Excel-Tabelle geändert wurde und die eingefügte Tabelle aktualisiert werden soll. Standardmäßig aktualisiert Word die Verknüpfungen automatisch, wenn Sie das Dokument öffnen. Sie können die Verknüpfung auch aktualisieren, indem Sie die Tabelle markieren und dann die Taste F9 drücken.
- **Verknüpftes Arbeitsblatt-Objekt/Bearbeiten, Öffnen** Klicken Sie einen dieser Befehle an, wenn Sie die Excel-Arbeitsmappe, aus der die eingefügte Tabelle stammt, in Excel bearbeiten wollen. Klicken Sie in Excel auf die Registerkarte *DATEI* und dann auf den Befehl *Schließen,* wenn Sie mit der Bearbeitung fertig sind, und lassen Sie anschließend im Word-Dokument die verknüpfte Tabelle aktualisieren.
- **Verknüpftes Arbeitsblatt-Objekt/Verknüpfungen** Wählen Sie diesen Befehl, um das Dialogfeld *Verknüpfungen* anzeigen zu lassen. In dem Dialogfeld können Sie u. a. die Datenquelle der Verknüpfung ansehen und ändern, festlegen, ob die Daten manuell oder automatisch aktualisiert werden sollen, und bestimmen, ob die Formatierung nach der Aktualisierung erhalten bleiben soll oder nicht.

Bitte beachten Sie den Hinweis im Achtung-Kasten auf Seite 386. Das Bearbeiten, Öffnen und Aktualisieren funktioniert nur dann zuverlässig, wenn die Excel-Arbeitsmappe vor dem Einfügen der Verknüpfung im Format *Excel 97-2003-Arbeitsmappe* gespeichert wurde.

Verknüpfung bearbeiten

Wenn das Dokument, auf das sich eine Verknüpfung bezieht, umbenannt oder in ein anderes Verzeichnis verschoben wurde, kann Word natürlich nicht mehr auf die Originaldaten zugreifen. In diesem Fall müssen Sie Word den neuen Speicherort des Dokuments mitteilen.

1. Öffnen Sie das Dokument, das die defekte Verknüpfung enthält.
2. Klicken Sie auf die Registerkarte *DATEI* und dann auf *Informationen.*

3. Klicken Sie im Bereich *Verwandte Dokumente* auf *Verknüpfungen mit Dateien bearbeiten.*

   Dieser Befehl befindet sich unten rechts und ist nur vorhanden, wenn das aktuelle Dokument mindestens eine Verknüpfung enthält.

Bild 16.8 Der Bereich *Verwandte Dokumente* wird angezeigt, wenn die Datei Verknüpfungen enthält

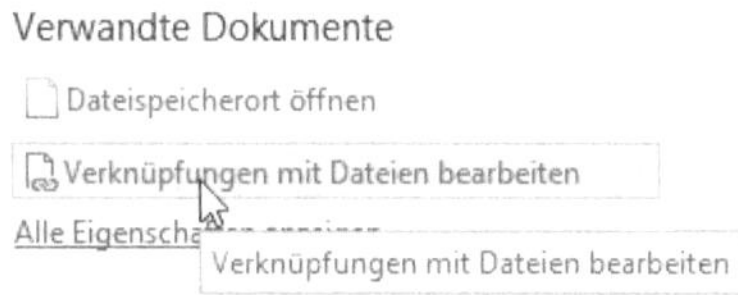

Das Dialogfeld *Links* wird geöffnet.

Bild 16.9 Das Dialogfeld *Links* zeigt Informationen über verknüpfte Dateien an

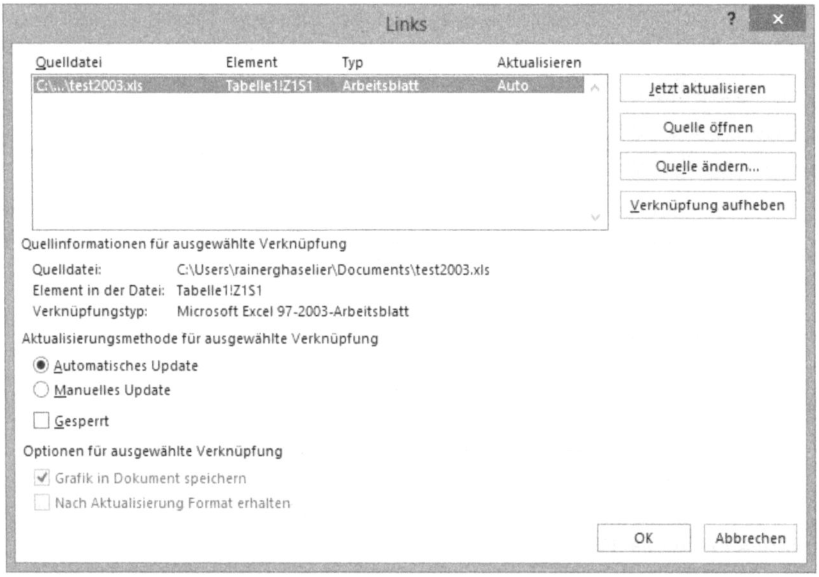

4. Markieren Sie die betreffende Verknüpfung und klicken Sie auf *Quelle ändern.* Das Dialogfeld *Quelle ändern* wird geöffnet.
5. Wechseln Sie zu dem Ordner, in dem sich die Quelldatei befindet, wählen Sie sie aus und klicken Sie auf *OK.*
6. Prüfen Sie mit einem Klick auf die Schaltfläche *Jetzt aktualisieren* im Dialogfeld *Links,* ob die geänderte Verknüpfung funktioniert.
7. Schließen Sie das Dialogfeld *Links.*

Excel-Tabelle in Word im Querformat einfügen

Excel-Arbeitsmappen enthalten oft Tabellen mit vielen Spalten; hier kann es passieren, dass eine eingefügte Excel-Tabelle in einem Word-Dokument, das das Hochformat verwendet, nicht gut dargestellt wird. Wenn Sie diese Tabelle im Querformat einfügen wollen, besteht der einfachste Weg darin, die Tabelle bereits in Excel als Grafik zu kopieren. Nach dem Einfügen können Sie die Zeichentools von Word verwenden, um die Tabelle um 90 Grad zu drehen.

Wenn Sie eine Excel-Tabelle in Word als Grafik einfügen, handelt es sich um eine statische Verknüpfung; d.h., wenn sich die Excel-Daten ändern, müssen Sie den Einfügevorgang wiederholen. Möglicherweise ist es aber auch gewünscht, dass die Excel-Daten nicht geändert werden können.

Führen Sie folgende Schritte durch, um eine Excel-Tabelle im Querformat in ein Word-Dokument einzufügen:

1. Formatieren Sie in der Excel-Tabelle den Bereich, den Sie im Word-Dokument verwenden wollen, so, wie er im Dokument erscheinen soll.
2. Markieren Sie in Excel den Bereich des Arbeitsblattes, den Sie in das Word-Dokument einfügen wollen.

Bild 16.10 Breite Tabellen lassen sich in Word am besten als Grafik einfügen

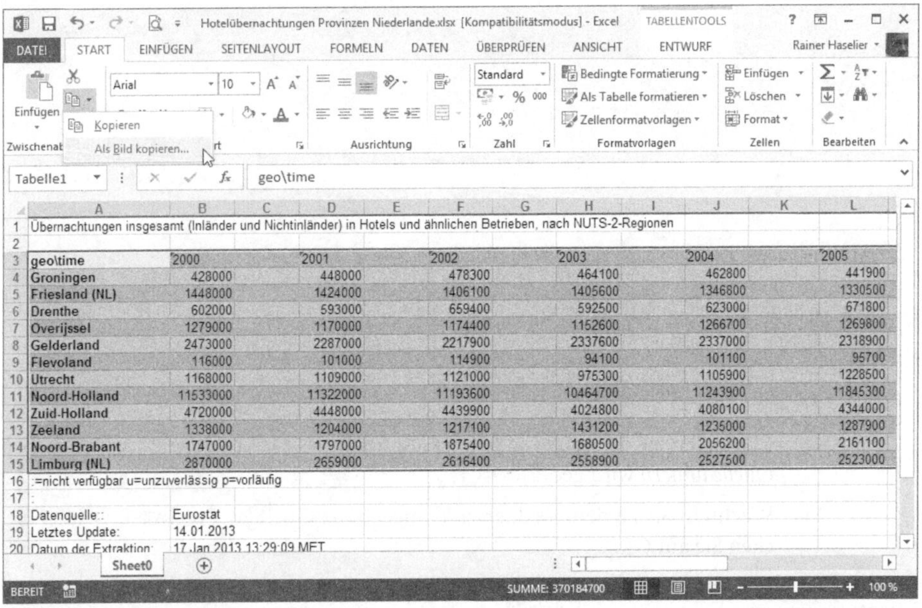

3. Öffnen Sie die Registerkarte *START* und klicken Sie in der Gruppe *Zwischenablage* auf den Pfeil der Schaltfläche *Kopieren*. Wählen Sie im Menü den Befehl *Als Bild kopieren*.
4. Übernehmen Sie die Optionen *Wie angezeigt* und *Bild*. Sie erhalten so die besten Ergebnisse.

Bild 16.11 Wenn Sie die Option *Bild* wählen, wird die Excel-Tabelle als Windows-Metadatei kopiert

5. Wechseln Sie zum Word-Dokument, setzen Sie die Einfügemarke an die Stelle, an der die Tabelle eingefügt werden soll, und klicken Sie auf der Registerkarte *START* in der Gruppe *Zwischenablage* auf *Einfügen*. Die Excel-Tabelle wird als Grafik eingefügt.
6. Klicken Sie die eingefügte Grafik an und verwenden Sie den Drehpunkt, um die Grafik um 90 Grad zu drehen.

HINWEIS Weitere Informationen zu den zahlreichen Tools für Bilder und Grafiken finden Sie in den Kapiteln 17 und 18 dieses Handbuchs.

Kapitel 17

Illustrationen einfügen und positionieren

In diesem Kapitel:

Die Funktionen, die Ihnen in Word 2013 für die Bildbearbeitung zur Verfügung stehen, kann man ruhigen Gewissens als üppig bezeichnen. Wir geben Ihnen in diesem Kapitel zunächst einen Überblick, wie Sie die verschiedenen grafischen Elemente, die in Word als *Bilder* bzw. als *Illustrationen* bezeichnet werden, in ein Dokument einfügen. Im nächsten Kapitel lernen Sie dann die Verfahren kennen, mit denen Sie eine Illustration nachträglich bearbeiten können.

Die Befehle zum Einfügen der verschiedenen grafischen Elemente finden Sie auf der Registerkarte *EINFÜGEN* in der Gruppe *Illustrationen.*

Bild 17.1 Über die Schaltflächen der Gruppe *Illustrationen* können Sie die verschiedenen grafischen Elemente in Ihre Dokumente einfügen

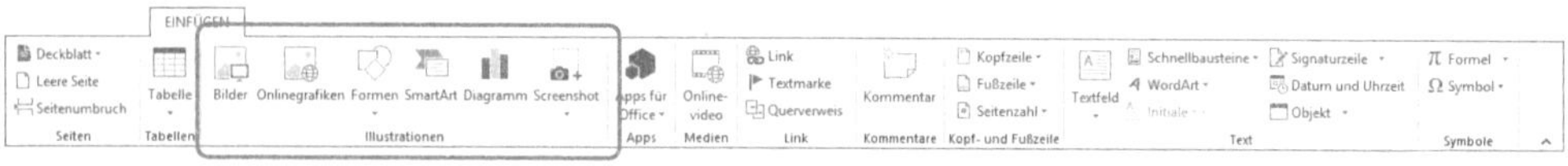

Bilder einfügen

Im einfachsten Fall liegt das Bild, das Sie einfügen wollen, bereits als Datei auf Ihrem Rechner vor. Dabei ist es völlig egal, ob Sie das Bild mit einem Zeichenprogramm selbst erstellt haben oder ob es fertig von einem Programm, z.B. auf CD-ROM, mitgeliefert wurde. Sie müssen nur wissen, in welchem Ordner es sich befindet.

1. Legen Sie die Position fest, an der Sie das Bild einfügen möchten.
2. Wechseln Sie auf die Registerkarte *EINFÜGEN* und klicken Sie auf die Schaltfläche *Bilder.* Das Dialogfeld *Grafik einfügen* wird angezeigt.

Bild 17.2 Auswahl der einzufügenden Grafik

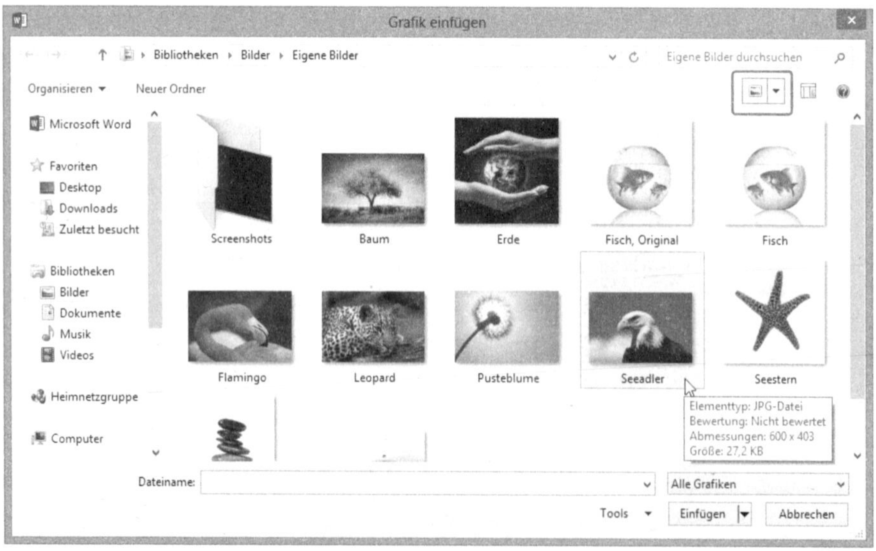

3. Falls Sie nach Bildern eines bestimmten Typs suchen (z.B. TIF, BMP, GIF etc.), können Sie ihn im Dialogfeld als Dateityp voreinstellen. Das erleichtert die Suche, weil dann im Dialogfeld nur diese Dateien aufgelistet werden.
4. Lassen Sie bei Bedarf mit Hilfe der Schaltfläche *Ansicht ändern* Vorschaubilder (Miniaturansichten) der Grafiken im Dialogfeld anzeigen.
5. Wechseln Sie in den Ordner, in dem sich die gesuchte Datei befindet, und markieren Sie sie.
6. Klicken Sie auf *Einfügen*, um das Bild im Dokument zu platzieren.

Bild 17.3 Die eingefügte Grafik

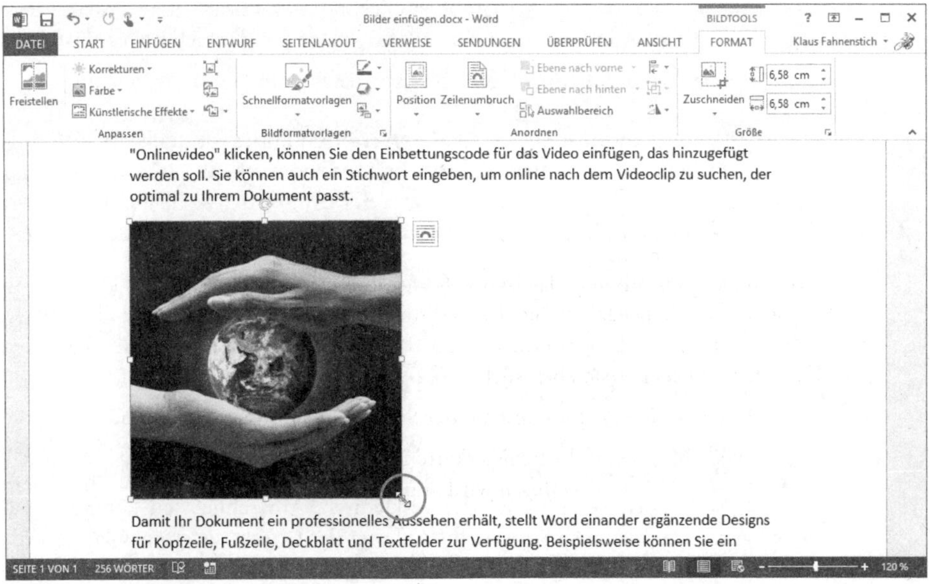

Bilder verknüpft einfügen

Wenn Sie möchten, dass sich spätere Änderungen an der Grafik automatisch auf das Dokument auswirken (z.B. bei einem Firmenlogo), müssen Sie die Grafik *verknüpft* einfügen:

1. Führen Sie die Schritte 1 bis 5 des vorigen Beispiels aus, um das Dialogfeld *Grafik einfügen* zu öffnen und die gesuchte Grafik auszuwählen.
2. Klicken Sie jetzt auf das kleine Dreieck der Schaltfläche *Einfügen*, um das Menü der Schaltfläche aufzuklappen.

Bild 17.4 Grafiken verknüpft einfügen

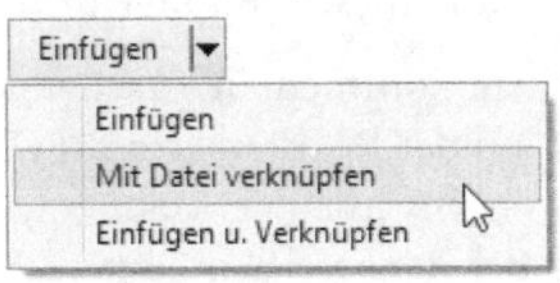

Das Ausklappmenü enthält zwei Befehle zum verknüpften Einfügen von Grafiken:

- **Mit Datei verknüpfen** Wenn Sie die Grafik mit diesem Befehl einfügen, wird im Dokument lediglich eine Verknüpfung zu der Datei gespeichert, also die Information, wo sich die Datei der Grafik befindet. Das heißt, die Grafik wird zwar ganz normal im Dokument angezeigt, ist jedoch kein fester Bestandteil des Dokuments. Diese Variante hat den Vorteil, dass die Größe des Dokuments durch das Einfügen der Grafik kaum ansteigt. Allerdings ist damit der Nachteil verbunden, dass Sie zum Anzeigen und Bearbeiten des Dokuments Zugriff auf die Grafikdatei benötigen.
- **Einfügen u. Verknüpfen** Mit diesem Befehl wird zusätzlich zur Verknüpfung auch noch eine Kopie der Grafik im Dokument gespeichert. Das Dokument kann dadurch unabhängig von der Grafikdatei geöffnet und bearbeitet werden. Allerdings erkaufen Sie diesen Komfort durch eine unter Umständen deutlich höhere Dateigröße.

3. Wählen Sie im Menü den gewünschten Befehl, um die Grafik einzufügen.

HINWEIS **Verknüpfungen zu Grafiken werden immer aktualisiert** Wenn Sie ein Dokument öffnen, in dem sich eine verknüpfte Grafik befindet, greift Word unabhängig von der Art der Verknüpfung immer auf die Originaldatei der Grafik zu. Das heißt, eine Änderung der Originaldatei wirkt sich auf jeden Fall auf das Dokument aus. Dieses Verhalten kann – im Gegensatz zu früheren Word-Versionen – nicht nachträglich beeinflusst werden.

Größe einer Grafik ändern

Beim Einfügen einer Grafik versucht Word, die Originalgröße des Bildes beizubehalten. Da das aber in den seltensten Fällen die richtige Größe sein wird, müssen Sie die Grafik in der Regel anschließend noch vergrößern oder verkleinern. Am schnellsten können Sie das mit der Maus erledigen. Dazu benutzen Sie die acht Anfasser der Grafik, die erscheinen, sobald Sie die Grafik mit der Maus anklicken (siehe Bild 17.3).

- Mit den Anfassern an den Ecken des Rahmens können Sie die Größe der Grafik verändern, ohne die Grafik dabei zu verzerren, d.h. ihr Höhen-/Breitenverhältnis bleibt erhalten.
- Wenn Sie einen der seitlichen Anfasser ziehen, können Sie die Grafik nur in der Breite bzw. der Höhe verändern. Dabei wird die Grafik verzerrt.

Zusätzlich können Sie die Größenänderung der Grafik durch Drücken zweier Tasten beeinflussen:

- Wenn Sie beim Bewegen der Maus die Taste `Strg` festhalten, erfolgt die Größenänderung bezogen auf den Mittelpunkt der Grafik (d.h. ihr Mittelpunkt wird nicht verschoben). Dies funktioniert jedoch nur, wenn der Zeilenumbruch der Grafik nicht auf *Mit Text in Zeile* steht.
- Wenn Sie `Alt` drücken, schalten Sie die Wirkung des Rasters um. Das Raster erleichtert das Ausrichten von grafischen Elementen, indem es dafür sorgt, dass sich Objekte nicht stufenlos, sondern nur in einer voreingestellten Schrittweite bewegen lassen. Durch das Drücken von `Alt` schalten Sie ein aktiviertes Raster aus bzw. ein deaktiviertes Raster ein. Weitere Informationen zu diesem Thema finden Sie weiter hinten in diesem Kapitel ab Seite 409.

Wenn Sie die Größe einer Grafik exakt einstellen wollen, kommen Sie mit der Maus nicht weiter. In diesem Fall tragen Sie die gewünschte Größe besser auf der Registerkarte *BILDTOOLS/FORMAT* ein, die automatisch angezeigt wird, sobald Sie die Grafik mit der Maus angeklickt (markiert) haben. Die benötigten Eingabefelder befinden sich auf der Registerkarte ganz rechts.

Onlinegrafiken einfügen

Mit Onlinegrafiken sind in Office ganz allgemein Bilder gemeint, die Sie aus dem Internet herunterladen. Das können sowohl normale Fotos oder auch ClipArts (kleine Zeichnungen) sein. Für Sie ist zunächst entscheidend, wo genau Sie nach den Bildern suchen. Wenn Sie sich auf den Onlinebereich von *Office.com* beschränken, sind die Bilder auf jeden Fall lizenzgebührenfrei, also kostenlos. Bei allen anderen Bildern, die Sie im Internet finden, müssen Sie zunächst prüfen, ob Sie sie in Ihren Dokumenten bzw. Publikationen nutzen dürfen. Denken Sie daran: Das Heer der Abmahnanwälte ist groß und Abmahngebühren bis knapp 2000 Euro durchaus üblich.

1. Legen Sie die Position fest, an der Sie die Grafik einfügen möchten.
2. Klicken Sie auf der Registerkarte *EINFÜGEN* auf die Schaltfläche *Onlinegrafiken.* Dadurch wird das Fenster *Bilder einfügen* angezeigt.

Bild 17.5 Hier können Sie entscheiden, wo Sie nach Bildern suchen wollen

In diesem Fenster geben Sie an, wo Office nach Bildern suchen soll. Die ersten beiden Einträge sind immer vorhanden, alle weiteren Einträge der Liste sind Bilderdienste, die Sie mit Ihrem Office-Konto verbunden haben *(DATEI/Konto/Dienst hinzufügen).*

- **ClipArt von Office.com** Alle Bilder, die Sie hier finden, dürfen Sie kostenlos herunterladen und in Ihren Dokumenten nutzen.
- **Bing-Bildersuchen** Mit dieser Option durchsuchen Sie das komplette Internet. Bilder, die Sie hier finden, sind in der Regel nicht frei verfügbar. Beachten Sie in Ihrem eigenen Interesse auch die im Suchfenster angezeigten Hinweise zum Urheberrecht.
- **Flickr** Sie können sogar ein Account des Bilderdienstes flickr mit Office verbinden. Auf diese Weise können Sie direkt von Office aus auf Ihre Fotos und Videos bei flickr.com zugreifen.
- **SkyDrive** Selbstverständlich kann Office auch Ihren Speicherbereich auf SkyDrive nach Bildern durchsuchen.

3. Geben Sie einen Suchbegriff ein.

Bild 17.6 Ergebnis einer Bildersuche bei *Office.com*

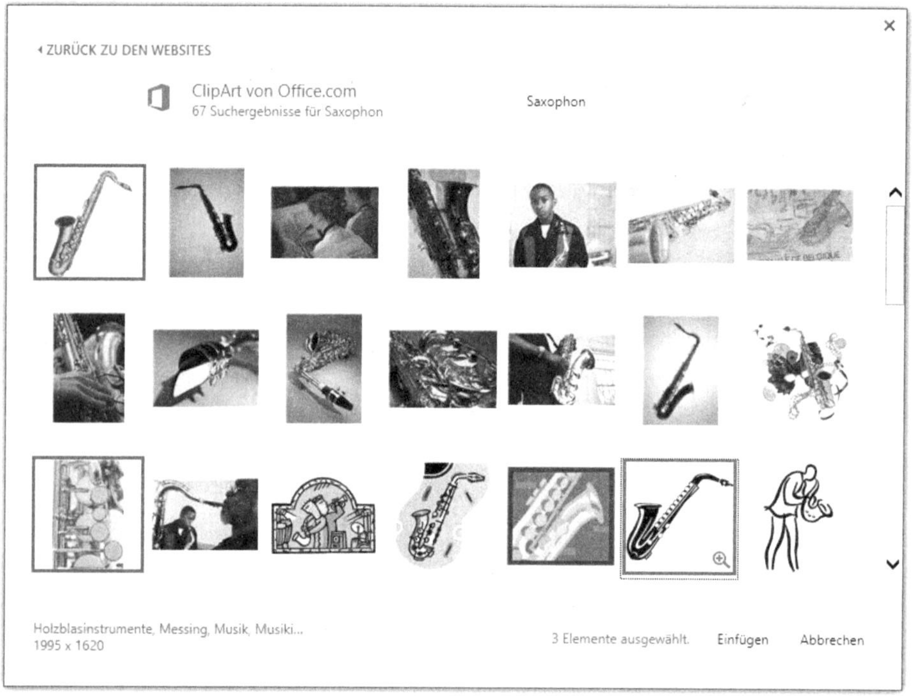

4. Sie können eine vergrößerte Darstellung der Bilder anzeigen, indem Sie mit der Maus auf das Bild zeigen und dann auf das kleine Lupensymbol klicken.
5. Wenn Sie den Mauszeiger auf ein Bild bewegen, wird ein Hinweisfenster mit Stichworten zum Bild angezeigt. Mit ihrer Hilfe können Sie versuchen, weitere geeignete Bilder zu finden.

Bild 17.7 Über die Stichwörter lassen sich passende Bilder finden

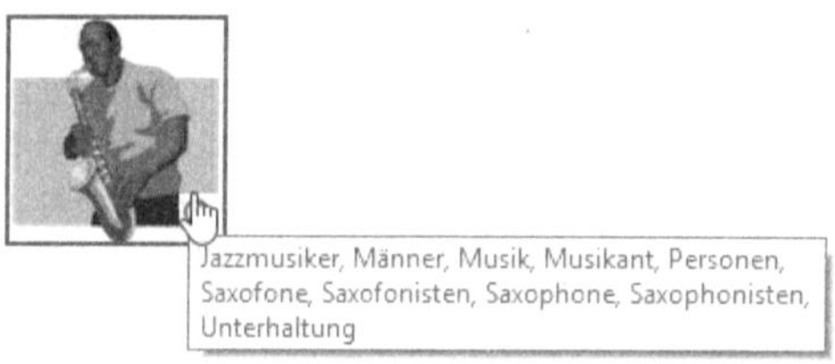

6. Markieren Sie das gewünschte Bild. Falls Sie mehrere Bilder gleichzeitig einfügen wollen, ziehen Sie entweder einen Rahmen um die betreffenden Bilder auf oder Sie klicken sie einzeln bei gedrückter `Strg`-Taste an.
7. Klicken Sie auf *Einfügen,* um das gewählte Bild bzw. die gewählten Bilder herunterzuladen und in Ihr Dokument einzufügen.

Screenshots einfügen

Seit Office 2010 können Sie nun auch Bildschirmabbildungen direkt aus den Programmen heraus erstellen. Dabei kann es sich z.B. um eine im Browser angezeigte Webseite oder ein Dialogfeld handeln, das Sie in eine Präsentation oder eine technische Dokumentation einfügen möchten. Außerdem lassen sich auch beliebige, rechteckige Bildschirmbereiche »abfotografieren«.

Grundsätzlich können Sie von allen Fenstern, die aktuell auf dem Bildschirm zu sehen sind, einen Screenshot erstellen. Auch wenn ein Fenster nur zum Teil sichtbar ist, wird es anschließend vollständig in Ihr Dokument übernommen. Minimierte Fenster lassen sich hingegen nicht aufnehmen.

Die Vorgehensweise beim Einfügen eines Screenshots ist denkbar einfach:

1. Legen Sie die Position fest, an der Sie den Screenshot einfügen möchten.
2. Klicken Sie auf der Registerkarte *EINFÜGEN* auf die Schaltfläche *Screenshot*. Dadurch klappt eine Liste mit Vorschaubildern aller momentan geöffneten Fenster auf – allerdings mit Ausnahme des Programms, in dem Sie sich gerade befinden. Auch Fenster, die sich regelmäßig aktualisieren, wie zum Beispiel der Taskmanager, werden nicht korrekt angezeigt. Selbst mit Browserfenstern hat die Funktion gelegentlich Schwierigkeiten.

Bild 17.8 Zeigen Sie mit der Maus auf eines der Vorschaubilder, um den Fenstertitel anzuzeigen

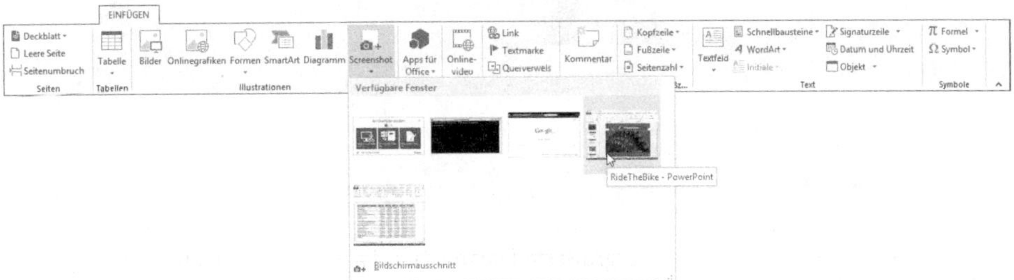

3. Wenn Sie ein Fenster nicht eindeutig identifizieren können, lassen Sie sich seinen Titel anzeigen, indem Sie mit der Maus auf das Vorschaubild zeigen.
4. Fügen Sie den Screenshot des gewünschten Fensters ein, indem Sie seine Vorschau anklicken.

Falls Sie nicht das gesamte Fenster eines Programms, sondern nur einen bestimmten Ausschnitt abbilden möchten, wählen Sie im Menü der Schaltfläche *Screenshot* den Befehl *Bildschirmausschnitt*. Dadurch verschwindet das Programm, in dem Sie sich gerade befinden, vom Bildschirm, der nun eine blasse Darstellung bekommen hat. Jetzt können Sie den gewünschten (rechteckigen) Bereich mit der Maus markieren. Sie haben dabei leider keine Möglichkeit, Ihre Auswahl zu korrigieren: Sobald Sie die Maustaste loslassen, wird der Ausschnitt in Ihr Dokument eingefügt.

TIPP Wie Sie in der obigen Abbildung sehen, taucht in der Screenshot-Liste kein Fenster von Word auf. Ein Office-Programm kann sich also nicht selbst aufnehmen. Wenn Sie einen Screenshot von einem Word-Dokument erstellen möchten, müssen Sie daher ein zweites Word-Dokument öffnen oder den Umweg über ein anderes Programm der Office-Familie gehen.

Alternativ können Sie natürlich auch das Snipping-Tool von Windows oder ein anderes Programm Ihrer Wahl verwenden.

Formen einfügen

Wenn Sie eine kleine Skizze oder auch ein Flussdiagramm in Ihrem Dokument verwenden wollen, brauchen Sie nicht gleich zu einem Grafikprogramm zu greifen. Arbeiten Sie einfach mit *Formen*, die in einer verschwenderischen Fülle vorhanden sind. Formen gehören bereits seit langem zum Portfolio von Office. Sie hießen früher *AutoFormen*, da sie aus einer Ära stammen, in der das Präfix »Auto« inflationär benutzt wurde.

Formen werden, genau wie Bilder und ClipArts, über die Registerkarte *EINFÜGEN* erstellt. Klicken Sie dazu in der Gruppe *Illustrationen* auf das Symbol *Formen*, um eine Liste der angebotenen Formen anzuzeigen.

Bild 17.9 Die Auswahl an Formen ist überaus reichhaltig

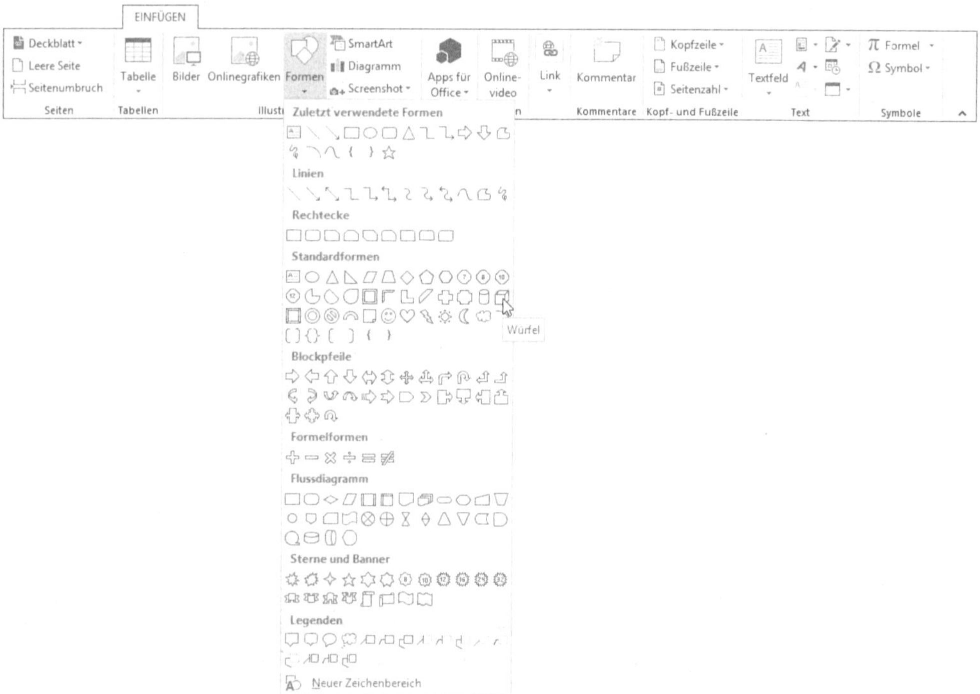

Um eine Form einzufügen, wählen Sie das gewünschte Symbol aus der Liste aus, klicken mit der Maus in Ihr Dokument und ziehen dann mit gedrückter Maustaste einen Rahmen in der gewünschten Größe auf.

Die Bedeutung der gelben Rauten

Viele Formen verfügen neben den normalen Anfassern noch über eine oder mehrere gelbe Rauten. Mit ihnen können Sie die Proportionen einer Form nachträglich modifizieren, indem Sie sie mit der Maus verschieben.

Bild 17.10 Mit Hilfe der gelben Rauten lassen sich die Formen verändern

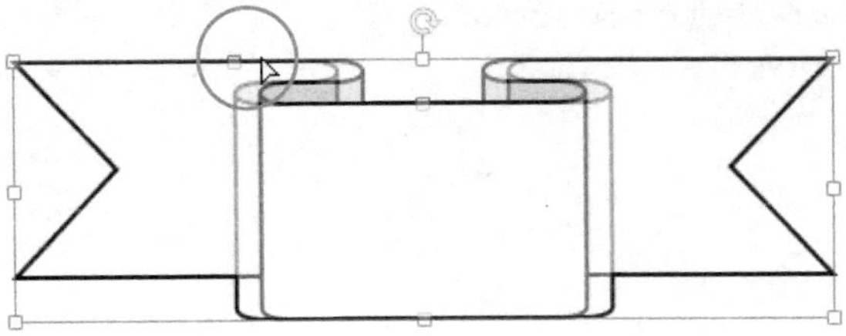

Drehen einer Form

Mit dem kreisförmigen Pfeil können Sie eine Form um ihren Mittelpunkt drehen. Durch gleichzeitiges Drücken der [⇧]-Taste erreichen Sie, dass die Drehung in 15°-Schritten erfolgt.

Bild 17.11 Mit Hilfe der grünen Punkte können Sie eine Form drehen

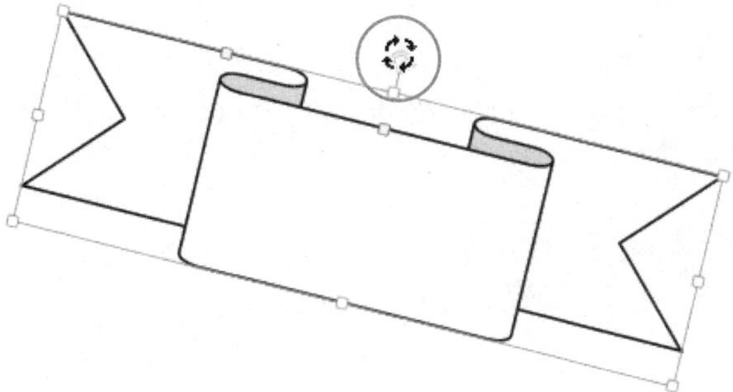

HINWEIS In älteren Versionen von Microsoft Word konnte man durch Drücken der Taste [Strg] erreichen, dass die Drehung nicht um den Mittelpunkt, sondern um den gegenüberliegenden Anfasser ausgeführt wurde. Dieser »Trick« funktioniert seit Word 2010 nicht mehr.

Formen mit Text füllen

Wenn Sie eine Form beschriften wollen, können Sie den betreffenden Text direkt der Form zuweisen. Dies funktioniert bei allen geschlossenen Formen (und zusätzlich bei Kurven):

1. Markieren Sie die Form und tippen Sie den gewünschten Text einfach ein. Dabei erscheint innerhalb der Form ein blinkender Cursor.

2. Anschließend können Sie den Text mit den gewohnten Werkzeugen formatieren und zum Beispiel die Größe und Auszeichnung der Schrift ändern.

Bild 17.12 Eine beschriftete Form

Schnellformatvorlagen zuweisen

In der Regel werden Sie bei einer neuen Form die vorgegebene Darstellung noch verändern wollen. Dazu verwenden Sie am besten eine der Schnellformatvorlagen, mit deren Hilfe sich diese Aufgabe in wenigen Sekunden erledigen lässt:

1. Markieren Sie die gewünschte Form.
2. Zeigen Sie die Registerkarte *ZEICHENTOOLS/FORMAT* an und öffnen Sie den Auswahlkatalog der Gruppe *Formenarten*.

Bild 17.13 Zuweisen einer Schnellformatvorlage

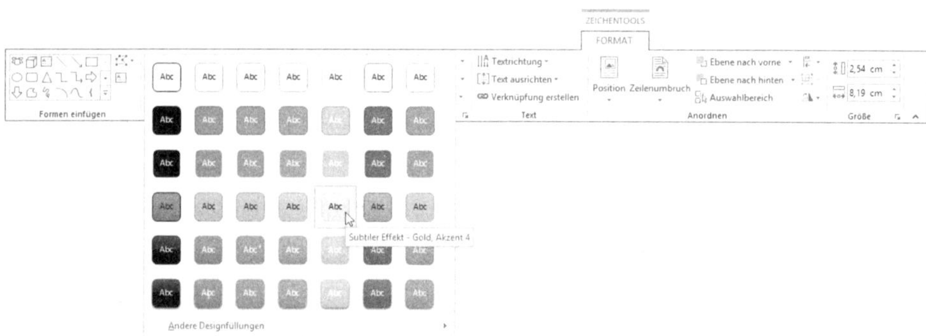

3. Wandern Sie mit dem Mauszeiger über die Einträge des Auswahlkatalogs und begutachten Sie die Wirkung der Formatvorlagen direkt im Dokument. Übernehmen Sie die gewünschte Vorlage durch Anklicken.

TIPP Die in der Liste angebotene Auswahl hängt von dem jeweiligen Design ab, das Sie dem aktuellen Dokument zugewiesen haben. Ausführliche Informationen über das Design-Konzept finden Sie in den Kapiteln 5 und 8.

SmartArts einfügen

SmartArts sollen Ihnen helfen, Sachverhalte grafisch umzusetzen – frei nach dem Motto: »Ein Bild sagt mehr als tausend Worte«. Wie Sie gleich noch sehen werden, liegt die besondere Stärke von SmartArts in ihrer enormen Effektivität. Es ist in der Tat mit erstaunlich wenig Aufwand möglich, professionelle Illustrationen zu erstellen, die Ihre Dokumente deutlich aufwerten können.

In diesem Abschnitt werden wir mit Hilfe von SmartArts ein Diagramm anfertigen, das den Kreislauf der Software-Entwicklung nach dem Modell des *Extreme Programming (XP)* verdeutlichen soll. Die dazu erforderliche Vorgehensweise zeigt die folgende Grafik, die selbst eine SmartArt ist.

Bild 17.14 Entstehungsprozess einer SmartArt-Grafik

1. Legen Sie die Position fest, an der Sie die SmartArt einfügen möchten.
2. Wechseln Sie auf die Registerkarte *EINFÜGEN* und klicken Sie dort in der Gruppe *Illustrationen* auf die Schaltfläche *SmartArt*. Es erscheint der SmartArt-Katalog, in dem die verschiedenen Layouts nach Typen geordnet aufgeführt sind (siehe Bild 17.15).
3. Wählen Sie einen Typ aus, mit dem sich die Zusammenhänge, die Sie darstellen möchten, am besten visualisieren lassen. In unserem Fall ist dies sicherlich der Typ *Zyklus*. Im Katalog werden dann nur noch die Layouts des gewählten Typs angezeigt.
4. Wenn Sie die einzelnen SmartArt-Layouts anklicken, erscheint rechts im Fenster eine kurze Erläuterung, die Hinweise zum sinnvollen Einsatz der jeweiligen Layouts liefert.

Bild 17.15 Der SmartArt-Katalog enthält eine reichhaltige Auswahl

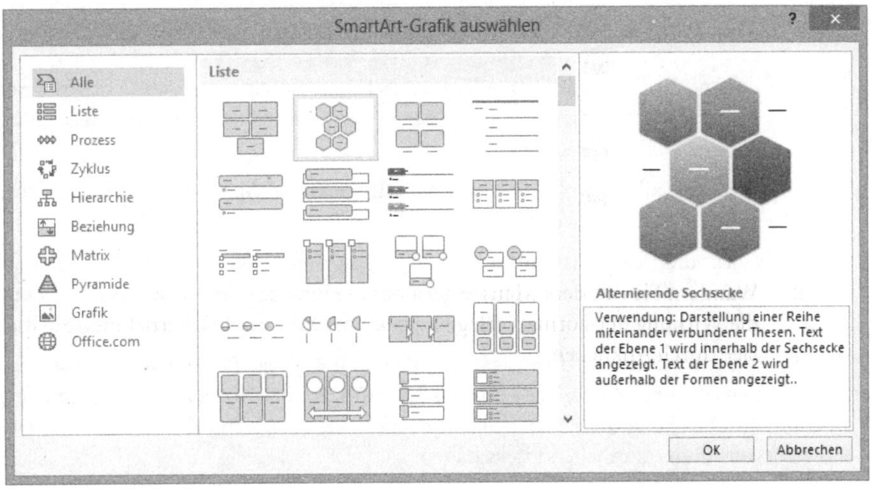

5. Übernehmen Sie das gewählte Layout mit *OK.* Dadurch wird die Rohfassung der SmartArt in das Dokument eingefügt. Außerdem tauchen im Menüband zwei Registerkarten auf, auf die wir gleich noch eingehen werden.

6. Sie könnten nun die Textplatzhalter bereits im Diagramm durch eigene Texte ersetzen. Das lässt sich jedoch komfortabler in einem speziellen Textbereich vornehmen, den Sie durch einen Klick auf den kleinen Griff am linken Rand des SmartArt-Rahmens ein- und ausschalten können.

Bild 17.16 Im Textbereich lassen sich die Texte der SmartArt bequem editieren

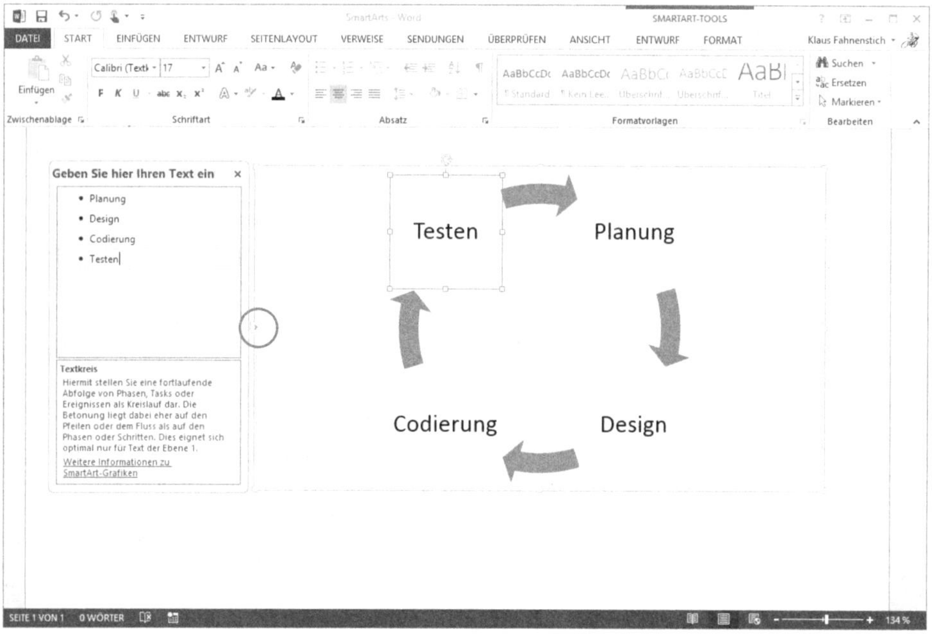

7. Geben Sie die Texte in den Textbereich ein. Beachten Sie, dass sich die Schriftgröße an die eingegebene Textmenge anpasst. Bei Bedarf können Sie nicht benötigte Listeneinträge löschen oder neue Einträge ergänzen.

8. Wenn Sie alle Textplatzhalter ausgefüllt haben, können Sie den Textbereich über seine *Schließen*-Schaltfläche wieder ausblenden.

Damit liegt die Grundstruktur der SmartArt fest und Sie können im nächsten Schritt ihre optische Gestaltung ändern. Dazu verwenden Sie am besten eine der angebotenen Formatvorlagen, auch wenn es prinzipiell möglich ist, die einzelnen Bestandteile einer SmartArt individuell zu bearbeiten.

9. Öffnen Sie in der Registerkarte *SMARTART-TOOLS/ENTWURF* die Auswahlliste für die *SmartArt-Formatvorlagen.* Zeigen Sie dann mit der Maus auf die verschiedenen Vorlagen, um ihre Wirkung direkt im Dokument anzuzeigen. Beachten Sie auch, dass einige Formatvorlagen einen räumlichen Effekt haben.

Bild 17.17 Zeigen Sie mit der Maus auf die verschiedenen Formatvorlagen, um ihre Wirkung direkt im Dokument beurteilen zu können

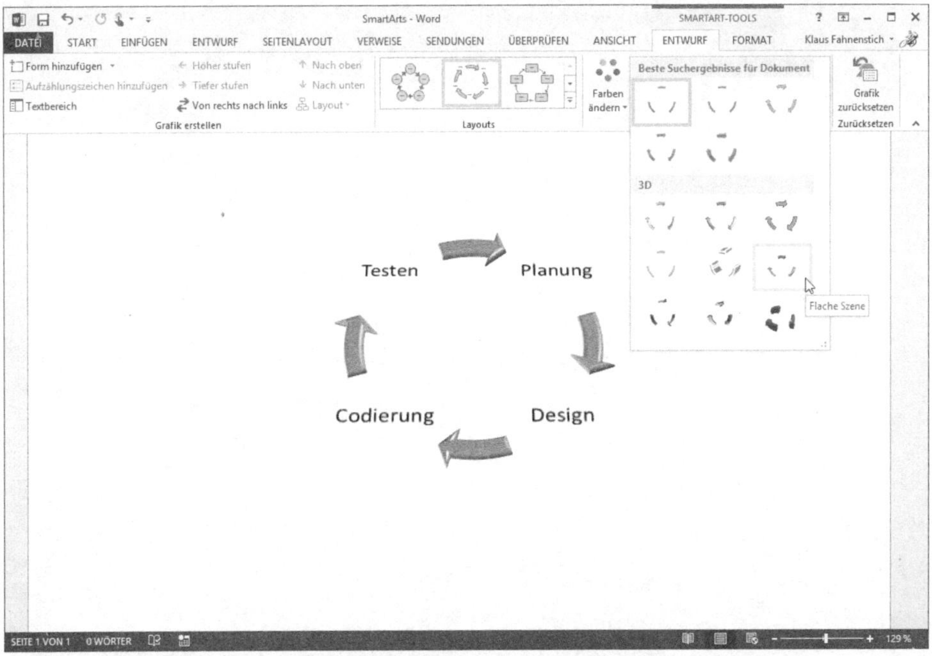

10. Nachdem Sie eine geeignete Formatvorlage ausgewählt haben, können Sie noch die Farbgebung der SmartArt ändern. Klicken Sie dazu auf die Schaltfläche *Farben ändern* und übernehmen Sie eine der angebotenen Varianten.

Wenn Sie sich das letzte Bild noch einmal ansehen, werden Sie bemerken, dass der Text noch nicht optimal mit den Pfeilen harmoniert. Der Text ist zwar, genau wie die Pfeile, optisch nach hinten gekippt, aber der fehlende Schatten stört den Gesamteindruck. Dieses Manko soll nun noch mit möglichst wenig Aufwand behoben werden.

11. Klicken Sie die SmartArt an und schalten Sie den Textbereich ein.

12. Markieren Sie im Textbereich den gesamten Text.

13. Wechseln Sie auf die Registerkarte *SMARTART-TOOLS/FORMAT*, öffnen Sie das Menü der Schaltfläche *Texteffekte* und klappen Sie das Untermenü *Schatten* auf.

14. Suchen Sie für die Texte einen passenden Effekt aus. Dank der Live-Vorschau brauchen Sie dazu nur mit dem Mauszeiger auf die verschiedenen Vorschaubilder des Katalogs zeigen (siehe Bild 17.18 auf der folgenden Seite).

An dieser Stelle wollen wir die Vorstellung der SmartArts beenden – auch wenn auf den Registerkarten *ENTWURF* und *FORMAT* der *SMARTART-TOOLS* noch eine Fülle von interessanten Funktionen schlummert. Am besten probieren Sie in einer ruhigen Stunde die verschiedenen Effekte der Reihe nach aus.

Bild 17.18 Der markierte Text lässt sich mit diversen Spezialeffekten versehen

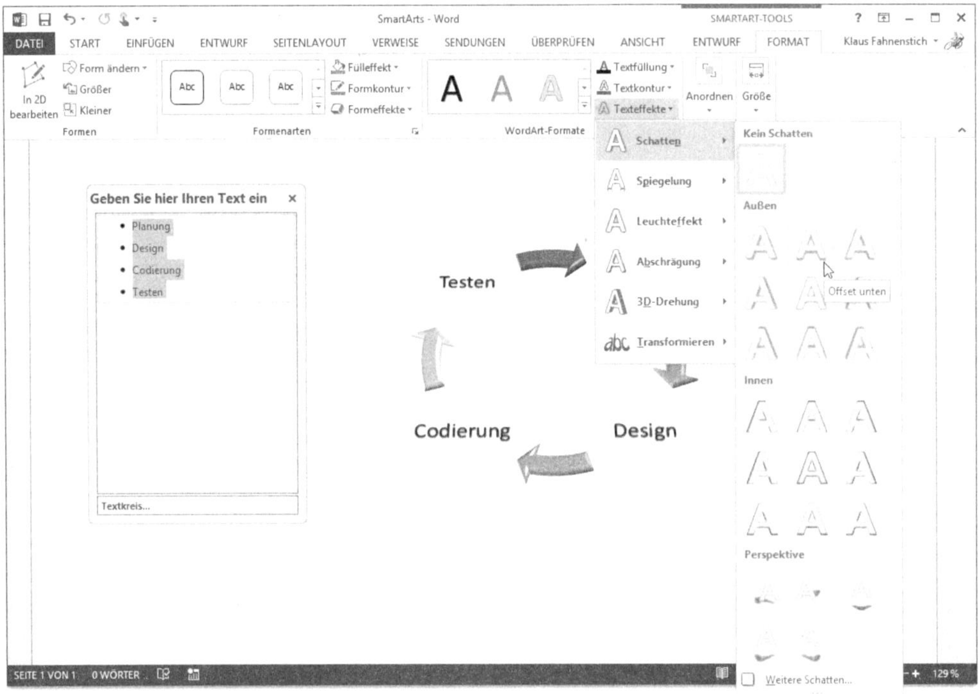

SmartArt-Grafiken

Durch die Kombination von Grafiken und SmartArts lassen sich mit Word 2013 attraktive Schaubilder erstellen, die als SmartArt-Grafiken bezeichnet werden. Auf diese Weise können Sie zum Beispiel sehr einfach ein Organigramm Ihrer Firma oder einen Familienstammbaum erstellen, bei denen die einzelnen Personen durch ein Foto dargestellt werden.

Im nächsten Beispiel werden wir mit Hilfe dieser Funktion einen kleinen Familienstammbaum anfertigen. Wir haben dazu ein Dokument vorbereitet, in dem sich die Familienbilder dreier Generationen befinden. Zusätzlich finden Sie die Grafiken auch als separate Dateien im Beispielordner.

1. Öffnen Sie die Übungsdatei *SmartArt-Grafiken* in Word.
2. Markieren Sie die ersten beiden Bilder im Dokument. Halten Sie dazu die Taste Strg fest und klicken Sie die Grafiken dann einzeln an. Damit dies funktioniert, darf der Zeilenumbruch der Grafiken nicht auf der Option *Mit Text in Zeile* stehen.
3. Wechseln Sie auf die Registerkarte *BILDTOOLS/FORMAT* und klicken Sie in der Gruppe *Bildformatvorlagen* auf die Schaltfläche *In eine SmartArt-Grafik* konvertieren. Dadurch klappt ein Auswahlkatalog auf, in dem Ihnen die verschiedenen Varianten für SmartArt-Grafiken angeboten werden.
4. Fahren Sie mit der Maus über die einzelnen Einträge des Katalogs. Word zeigt deren Wirkung dabei direkt im Dokument an.

Bild 17.19 Bilder und Text lassen sich auf vielfältige Weise als SmartArt-Grafiken kombinieren

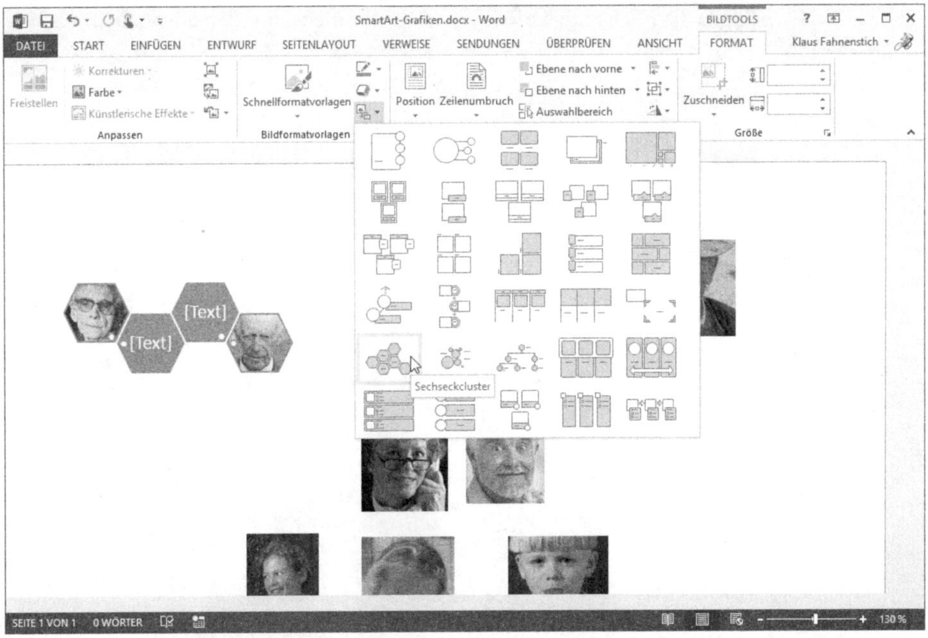

5. Wählen Sie eine geeignete Darstellung aus.
6. Geben Sie einen Text für die Bilder ein.

Bild 17.20 Die Texte der SmartArt-Grafik lassen sich in gewohnter Weise editieren

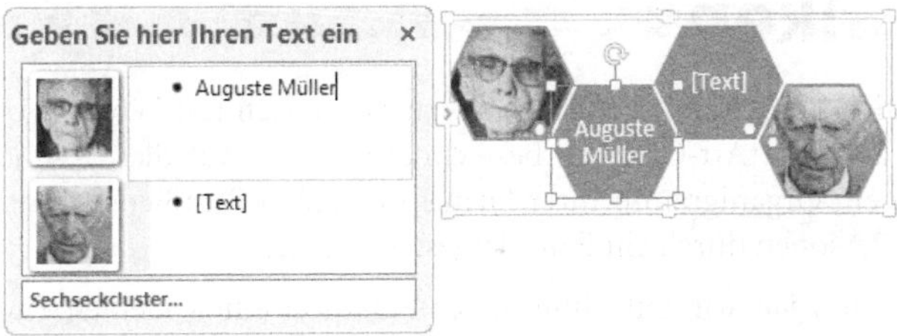

7. Wechseln Sie auf die Registerkarte *SMARTART-TOOLS/ENTWURF* und wählen Sie in der Gruppe *SmartArt-Formatvorlagen* eine der vorgeschlagenen Farb- und Formatvarianten.

Bild 17.21 Die Texte der SmartArt-Grafik lassen sich in gewohnter Weise editieren

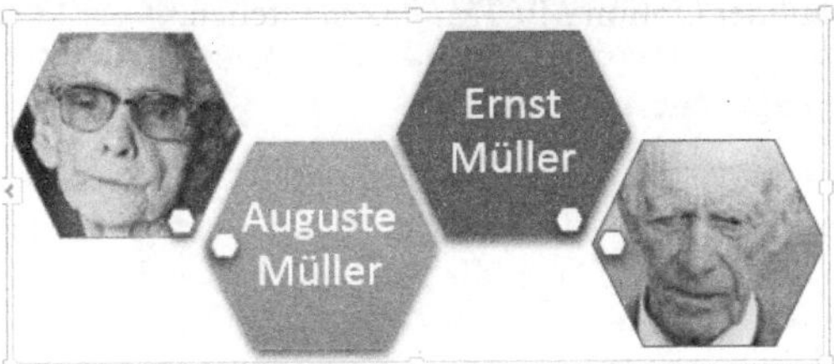

8. Wandeln Sie nach dem gleichen Verfahren auch die übrigen Bilder in SmartArt-Grafiken um.
9. Fügen Sie noch einige Pfeile ein (über Formen), um den Stammbaum zu vervollständigen.

Bild 17.22 Der fertige Familienstammbaum

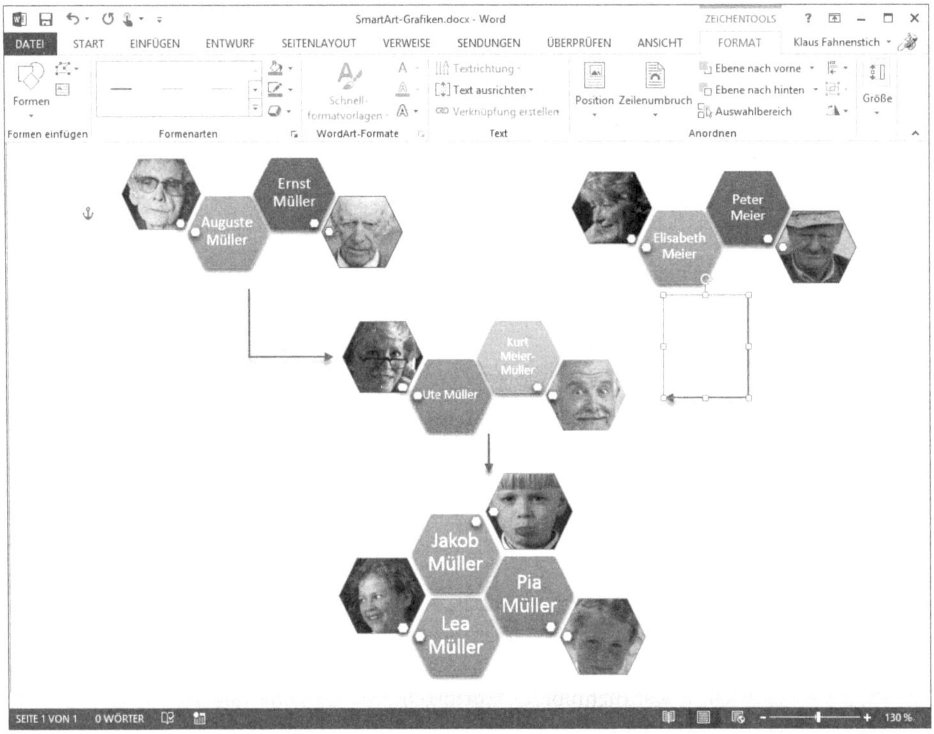

Ausrichtungslinien

Office 2013 unterstützt die Positionierung von Grafiken jetzt auch mit Hilfe der neuen Ausrichtungslinien. Diese praktischen Linien tauchen beim Verschieben eines Objekts automatisch auf, wenn sich das Objekt einem anderen Objekt oder einer Textbegrenzung nähert.

Leider verhalten sich die einzelnen Programme nicht gleich: PowerPoint berücksichtigt zum Beispiel beim Verschieben einer Form auch andere Objekte, die sich auf der Folie befinden, während Word diese ignoriert und sich ausschließlich an Textbegrenzungen orientiert. Diese Inkonsistenz ist aus unserer Sicht zwar bedauerlich, lässt sich aber verschmerzen, da Formen auch auf andere Weise ausgerichtet werden können. Wir werden Ihnen diese Funktionen weiter unten im Abschnitt »Objekte aneinander ausrichten« auf Seite 411 vorstellen.

Die Handhabung der Ausrichtungslinien müssen wir Ihnen nicht großartig erklären, sie ist absolut intuitiv. Für die nächste Abbildung haben wir das Lineal eingeblendet, damit Sie die Seitenränder gut erkennen können. Alternativ können Sie auch die Anzeige der Textbegrenzungen einschalten. Sie finden diese Einstellung in den Word-Optionen unter *Erweitert/Dokumentinhalt anzeigen.*

Bild 17.23 Ausrichtungslinien in Word orientieren sich nur an den Textbegrenzungen

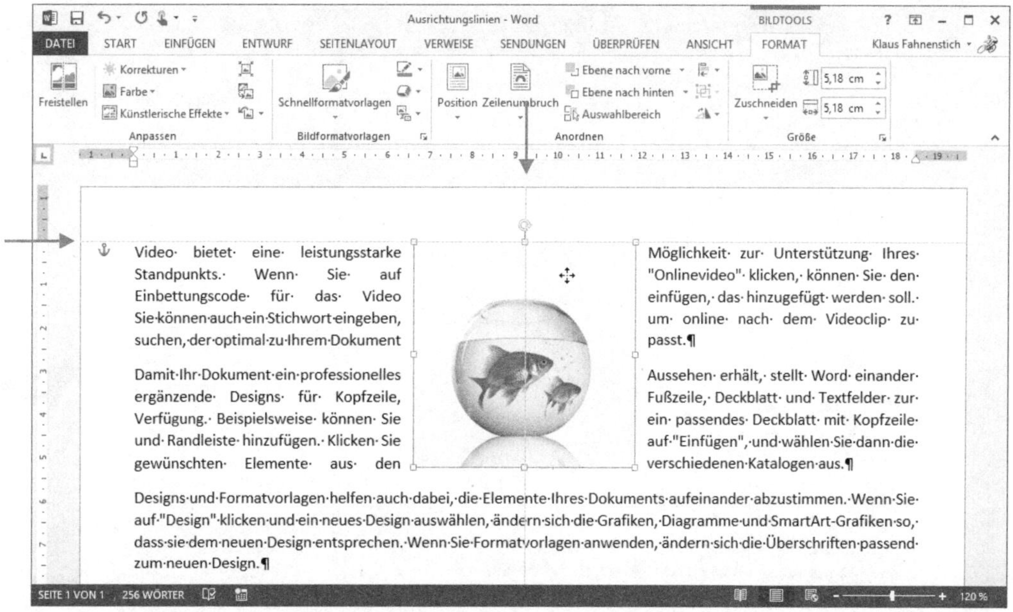

Das Zeichnungsraster

Wenn Sie eine Grafik oder eine Form verschieben, bewegt sie sich nicht gleichmäßig, sondern in kleinen kaum wahrnehmbaren Sprüngen. Die Ursache für dieses Verhalten ist das so genannte Zeichnungsraster, mit dem Word das exakte Positionieren von Grafiken und das Zeichnen von Formen unterstützt. Dieser Abschnitt beschreibt, wie Sie dieses Raster auf dem Bildschirm sichtbar machen und wie Sie seine Einstellungen verändern können.

Das automatische Einrasten beim Zeichnen bzw. beim Verschieben von Objekten können Sie beeinflussen, indem Sie die automatische Ausrichtung von Objekten ein- bzw. ausschalten. Sie haben dabei die Wahl zwischen einer kurzzeitigen Deaktivierung und einem dauerhaften Ausschalten.

Wenn Sie die automatische Ausrichtung nur für das Verschieben eines einzelnen Objektes umschalten wollen, drücken Sie beim Verschieben die `Alt`-Taste. Dadurch wird die Wirkung der Funktion umgekehrt: Ist die automatische Ausrichtung zurzeit aktiv, wird sie durch Drücken von `Alt` temporär deaktiviert und Sie können das Objekt frei verschieben. Im anderen Fall, also wenn die Funktion ausgeschaltet war, wird sie durch das Drücken der Taste wieder wirksam.

In Word ist das Zeichnungsraster normalerweise ausgeschaltet. Um es auf dem Bildschirm sichtbar zu machen, müssen Sie auf der Registerkarte *ANSICHT* in der Gruppe *Anzeigen* die Option *Gitternetzlinien* einschalten. Für die eigentliche Konfiguration des Rasters existiert ein eigenes Dialogfeld:

1. Wechseln Sie auf die Registerkarte *SEITENLAYOUT.*
2. Klicken Sie in der Gruppe *Anordnen* auf die Schaltfläche *Ausrichten* und wählen Sie in ihrem Menü den Befehl *Rastereinstellungen.*

Bild 17.24 Konfiguration des Zeichnungsrasters und der Ausrichtungslinien in Word

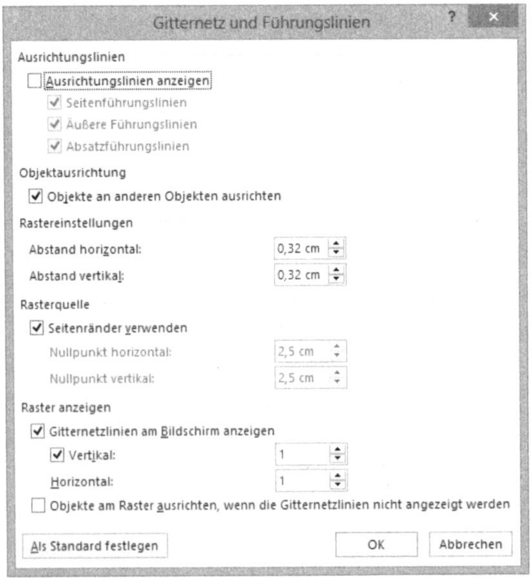

HINWEIS **Ausrichtungslinien** Beim Einschalten der Gitternetzlinien werden die Ausrichtungslinien automatisch ausgeschaltet. Wenn Sie die Ausrichtungslinien erneut nutzen möchten, müssen Sie sie explizit wieder einschalten *(SEITENLAYOUT/Ausrichten/Ausrichtungslinien verwenden).*

Dieses Dialogfeld ist sowohl für die Konfiguration der Gitternetzlinien wie auch der Ausrichtungslinien verantwortlich. Dabei ist es wichtig zu wissen, dass immer nur eines der beiden Hilfsmittel genutzt werden kann: entweder die Ausrichtungslinien oder das Gitternetz.

3. In der Gruppe *Ausrichtungslinien* können Sie steuern, welche der verschiedenen Führungslinien angezeigt werden sollen. Der Sinn dieser Flexibilität erschließt sich uns auf Anhieb nicht, aber es mag durchaus Anwendungsfälle geben, in denen es praktisch ist, einzelne Linien auszuschalten.

4. Mit den beiden Eingabefeldern *Abstand horizontal* und *Abstand vertikal* können Sie die Weite des Rasters einstellen. Der etwas merkwürdig anmutende Vorgabewert von 0,32 cm kommt dadurch zustande, dass Word nicht in Zentimetern rechnet, sondern in der typographischen Maßeinheit *Punkt.* (Diese ist intern sogar noch in *Twips* unterteilt, wobei in einem Punkt 20 Twips enthalten sind.) Der Wert 0,32 cm entspricht dabei exakt 9 Punkt.

5. Normalerweise beginnt das Zeichnungsraster in der linken oberen Ecke des Textbereichs, also des Bereichs, der durch die festgelegten Seitenränder definiert ist. Sie können aber auch die Papierränder als Referenzpunkte benutzen. Schalten Sie dann im Dialogfeld die Option *Seitenränder verwenden* aus und tragen Sie die gewünschten Maßangaben in die Felder *Nullpunkt horizontal* und *Nullpunkt vertikal* ein.

6. Um die Rasterlinien anzuzeigen, schalten Sie die Option *Gitternetzlinien am Bildschirm anzeigen* ein. Zusätzlich können Sie mit der Option *Vertikal* steuern, ob zusätzlich zu den waagerechten auch die senkrechten Linien angezeigt werden sollen. Mit den beiden Zahlenangaben der Optionen *Vertikal* und *Horizontal* legen Sie fest, ob alle Linien des Rasters angezeigt werden sollen – das entspricht der Eingabe einer 1 – oder nur jede zweite, dritte usw.

7. Normalerweise rasten die Objekte beim Verschieben nur dann im Zeichnungsraster ein, wenn die Rasterlinien auf dem Bildschirm angezeigt werden. Wenn Sie das Raster jedoch dauerhaft aktivieren wollen, schalten Sie unten im Dialogfeld die Option *Objekte am Raster ausrichten, wenn die Gitternetzlinien nicht angezeigt werden* ein.

8. Wenn Sie möchten, dass die im Dialogfeld vorgenommenen Einstellungen nicht nur für das aktuelle, sondern für alle Dokumente gelten, klicken Sie auf die Schaltfläche *Als Standard festlegen* und bestätigen die anschließende Nachfrage mit *Ja.* Dieser Schritt wirkt sich jedoch nur auf die Konfiguration des Rasters aus (also auf den Rasterabstand, die Rasterquelle und die Anzahl der Rasterlinien). Die Sichtbarkeit der Rasterlinien betrifft immer alle Dokumente.

Bild 17.25 Word mit eingeschaltetem Zeichnungsraster. Beachten Sie, dass nicht die Ecken der Formen, sondern ihre Anfasser auf den Kreuzungspunkten der Gitternetzlinien einrasten

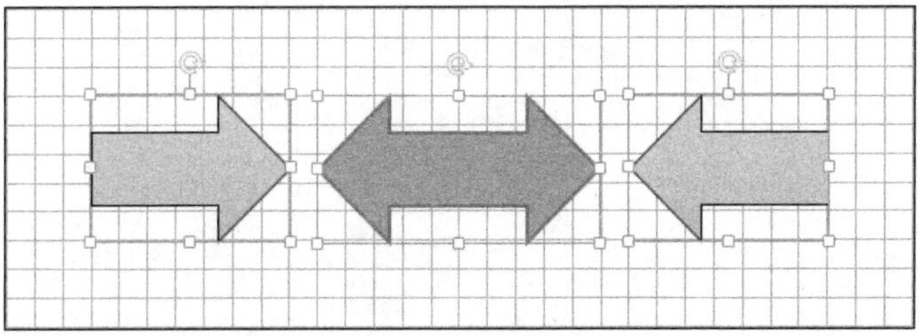

Objekte aneinander ausrichten

So praktisch die automatischen Führungslinien auch sein mögen: In einigen Situationen gehen Sie beim Ausrichten von Objekten besser anders vor. Im folgenden Beispiel sollen fünf Formen auf einer Linie positioniert werden und dabei exakt den gleichen Abstand voneinander haben. Diese Aufgabe lösen Sie am einfachsten über die Befehle der Schaltfläche *Ausrichten,* die Sie auf der Registerkarte *ZEICHENTOOLS/FORMAT finden.*

Bild 17.26 Die Aufgabe: Alle Kugeln sollen mit gleichmäßigen Abständen auf der Linie stehen

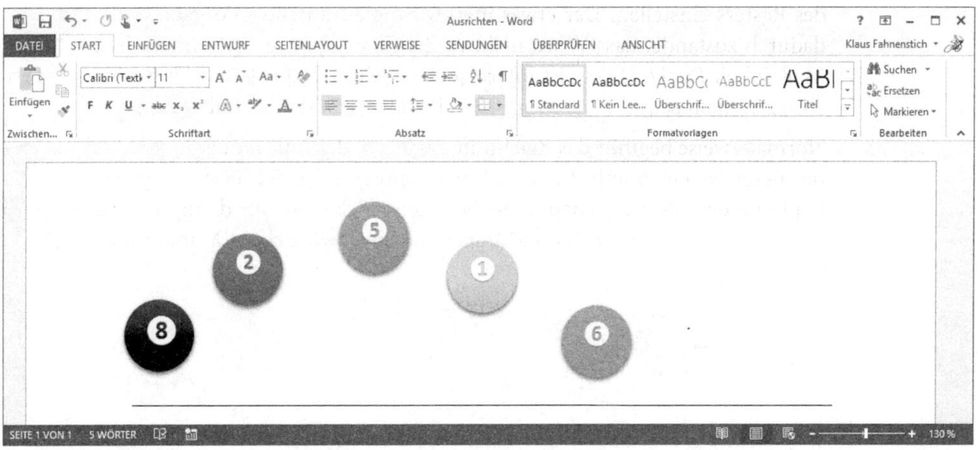

1. Öffnen Sie die Übungsdatei *Ausrichten* in Word.
2. Schieben Sie die linke Kugel nach unten, bis sie die Linie berührt.
3. Markieren Sie alle Kugeln. Klicken Sie dazu entweder die Kugeln nacheinander mit gedrückter Strg-Taste an (am Rand!) oder wählen Sie auf der Registerkarte *START* ganz rechts den Befehl *Markieren/Objekte markieren* und ziehen dann einen Rahmen um alle Kugeln auf.
4. Wechseln Sie auf die Registerkarte *ZEICHENTOOLS/FORMAT*, klicken dort auf die Schaltfläche *Objekte ausrichten* und wählen in ihrem Menü den Befehl *Unten ausrichten*. Das Ergebnis sollte dann ungefähr so aussehen, wie im folgenden Bild.

Bild 17.27 Sämtliche Kugeln stehen jetzt in einer Höhe auf der Linie

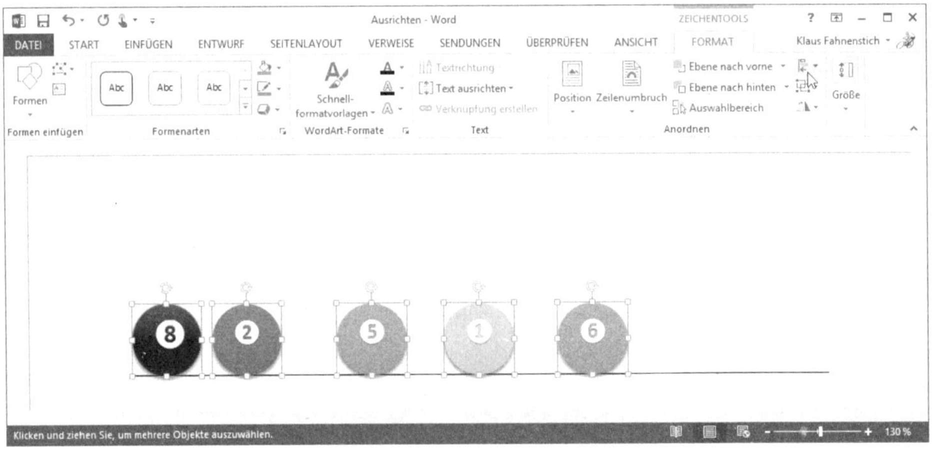

5. Jetzt müssen die Kugeln nur noch gleichmäßig verteilt werden. Nichts leichter als das: Wählen Sie diesmal den Befehl *Ausrichten/Horizontal verteilen*.
6. Drücken Sie Esc, um die Markierung der Kugeln aufzuheben. Dadurch verlassen Sie auch den Markierungsmodus, falls Sie ihn in Schritt 3 eingeschaltet haben.

Bild 17.28 Die Kugeln stehen jetzt in gleichmäßigen Abständen auf der Linie

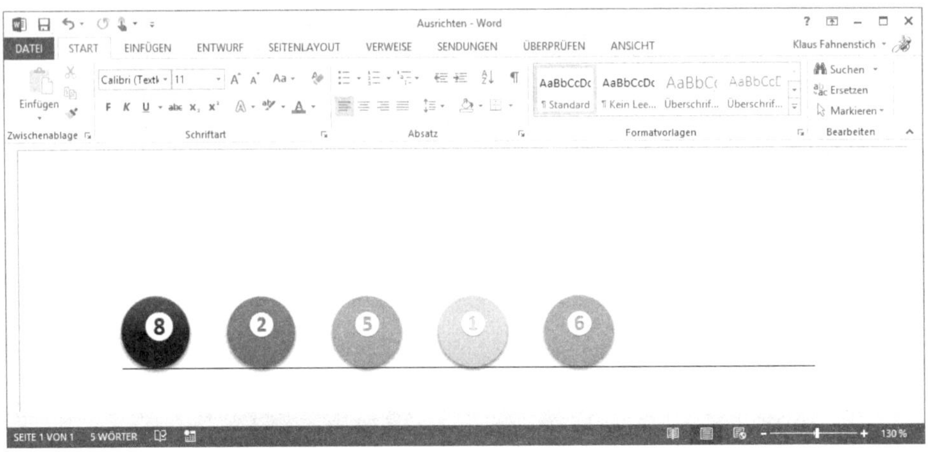

Objekte überlappen

Wenn ein Dokument mehrere, sich überlappende Grafiken enthält, können Sie die Art und Weise, wie sich die einzelnen Grafiken abdecken, genau einstellen:

1. Fügen Sie mehrere Formen ein und verschieben Sie sie anschließend so, dass sich die Formen teilweise überdecken.

Bild 17.29 Die Formen wurden in der Reihenfolge ihrer Nummern eingefügt

2. In einem ersten Schritt soll nun die Form mit der Ziffer 3 ganz nach hinten gestellt werden. Klicken Sie dazu die betreffende Form an.
3. Wechseln Sie auf die Registerkarte *ZEICHENTOOLS/FORMAT,* öffnen Sie in der Gruppe *Anordnen* das Menü der Schaltfläche *Ebene nach hinten* und wählen Sie dort *In den Hintergrund.* Die Form liegt jetzt zuunterst, das heißt, sie wird von den beiden anderen Formen überdeckt.

Bild 17.30 Die dritte Form befindet sich nun ganz hinten

4. Im zweiten und letzten Schritt soll nun noch die zweite Form zwischen die beiden anderen Formen gestellt werden. Markieren Sie dazu die Form mit der Ziffer 2.
5. Wählen Sie nun auf der Registerkarte *ZEICHENTOOLS/FORMAT* den Befehl *Ebene nach hinten.* Dadurch rutscht die Form wie gewünscht zwischen die beiden anderen Formen.

Bild 17.31 Die drei Formen in umgekehrter Reihenfolge

Wenn Ihnen der Weg über die Registerkarte zu umständlich ist, können Sie zum Umstellen der Ebenen auch auf das Kontextmenü der Formen zurückgreifen. Durch die verkürzten Mauswege ist dies in der Praxis das schnellere Verfahren.

Bild 17.32 Die Befehle des Kontextmenüs erlauben ein schnelleres Arbeiten

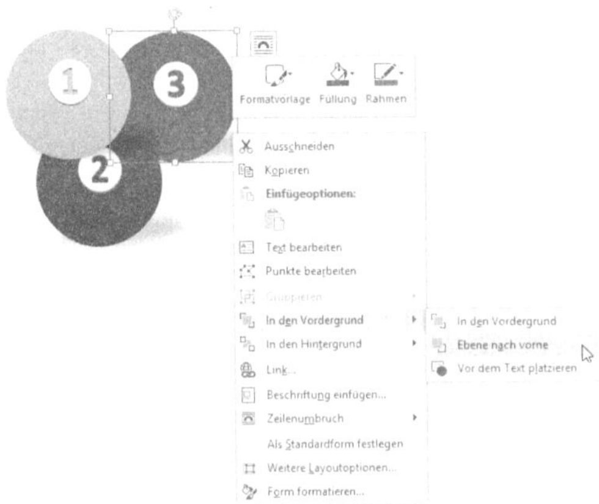

Der Aufgabenbereich »Auswahl«

Seit Word 2010 gibt es einen neuen Aufgabenbereich, mit dem sich Objekte besonders komfortabel auswählen und anordnen lassen. Es ist sogar möglich, die Sichtbarkeit der einzelnen Objekte zu steuern. Zum Anzeigen des Bereichs wählen Sie den Befehl *START/Markieren/Auswahlbereich.*

Bild 17.33 Der Aufgabenbereich *Auswahl* zeigt die Reihenfolge der Objekte als Liste an

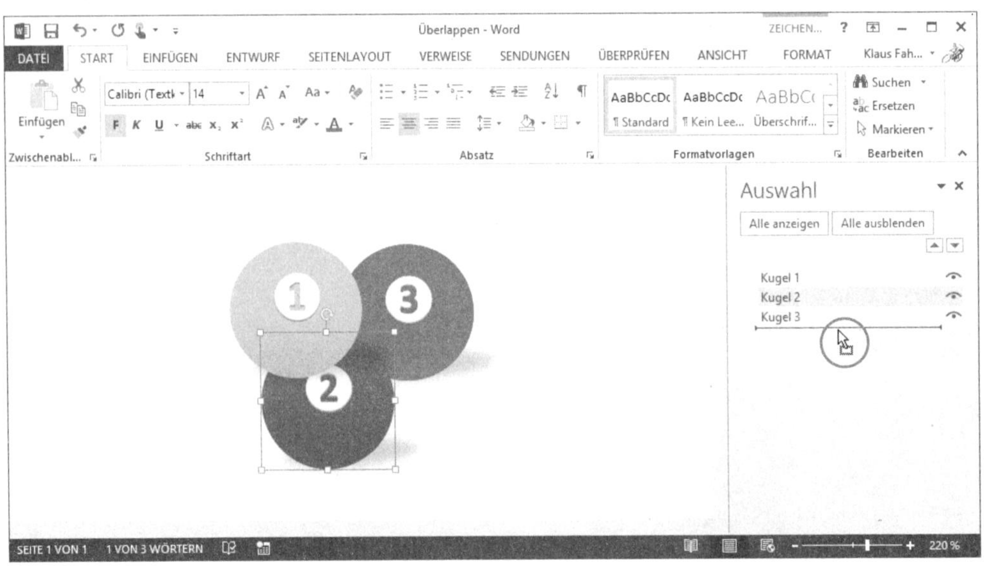

In diesem Aufgabenbereich können Sie folgende Aktionen vornehmen:

- **Markieren** Um ein Objekt auszuwählen, klicken Sie einfach seinen Namen in der Liste an. Falls ein Dokument sehr viele Objekte enthält, kann es allerdings manchmal schwierig sein, das gesuchte Objekt auf Anhieb anhand seines Namens zu identifizieren. Wenn Sie einen bereits markierten Namen in der Liste anklicken, können Sie den Eintrag ändern. Auf diese Weise haben wir im obigen Bild die Namen der Objekte von *Ellipse...* in *Kugel...* umbenannt.
- **Anordnen** Wenn Sie ein Objekt nach vorne oder nach hinten schieben möchten, markieren Sie es in der Liste und bewegen den Eintrag dann mithilfe der beiden Pfeilschaltflächen nach oben bzw. nach unten. Alternativ ziehen Sie den Eintrag, wie im Bild zu sehen, mit der Maus an seine gewünschte Position.
- **Ein-/Ausblenden** Indem Sie das Augensymbol eines Listeneintrags anklicken, können Sie das zugehörige Objekt ausblenden. Das betreffende Objekt wird dann nicht mehr auf dem Bildschirm angezeigt und auch nicht mit ausgedruckt. Um das Objekt wieder sichtbar zu machen, klicken Sie das Symbol, das sich dann zu einem waagerechten Strich (der wohl ein geschlossenes Auge darstellen soll) erneut an.

Objekte gruppieren

Wenn eine Figur, die Sie aus mehreren Formen zusammengestellt haben, vollendet ist, können Sie ihre Einzelteile zu einer Gruppe zusammenfassen. Die Gruppe verhält sich dann wie eine einzelne Illustration und kann dadurch leichter verschoben oder kopiert werden.

Das folgende Beispiel beschreibt, wie Sie beim Gruppieren vorgehen müssen:

1. Fügen Sie mehrere Formen in ein Dokument ein oder öffnen Sie die Übungsdatei *Gruppieren*.
2. Markieren Sie die gewünschten Formen, indem Sie sie bei gedrückter [Strg]-Taste anklicken.

Bild 17.34 Die zu gruppierenden Formen wurden einzeln mit der Maus markiert

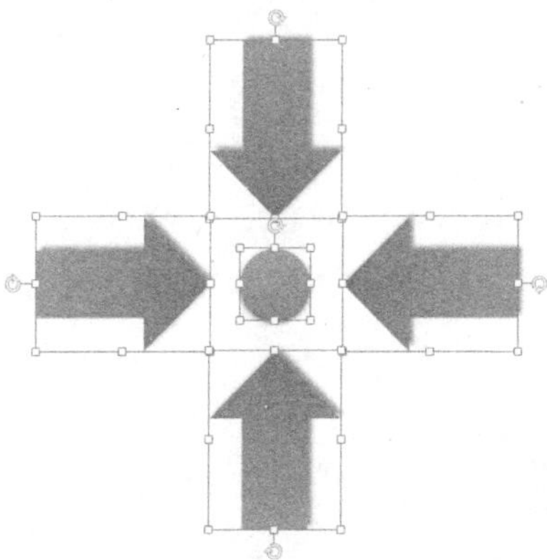

3. Wechseln Sie auf die Registerkarte *ZEICHENTOOLS/FORMAT*, klicken Sie in der Gruppe *Anordnen* auf die Schaltfläche *Objekte gruppieren* und wählen Sie in deren Ausklappmenü den Befehl *Gruppieren*. Die Formen erhalten dadurch eine gemeinsame Markierung – sie sind gruppiert.

Bild 17.35 Die Formen sind zu einer Gruppe zusammengefasst

Sie können die Gruppe nun als Ganzes im Dokument verschieben. Auch eine Bearbeitung der Formen ist in gewissen Grenzen möglich. Sie können z. B. der Gruppe neue Farben und Effekte zuweisen oder sie insgesamt vergrößern bzw. verkleinern. Die einzelnen Formen lassen sich ebenfalls noch separat anklicken und können so auch individuell formatiert werden.

4. Um die Gruppierung anschließend wieder zu lösen, rufen Sie den Befehl *Gruppierung aufheben* auf. Sie finden ihn sowohl in dem Ausklappmenü der Schaltfläche *Gruppieren*, als auch im Kontextmenü der gruppierten Formen.

Bild 17.36 Die Gruppierung kann jederzeit wieder gelöst werden

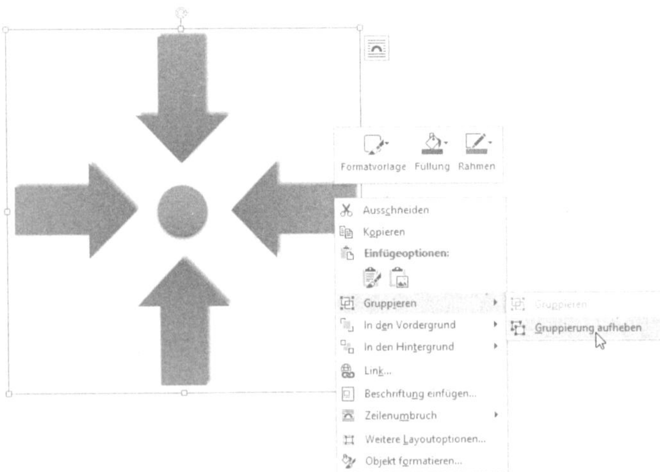

HINWEIS **Gruppierung wiederherstellen** Bis zur Version von Word 2007 ließ sich eine aufgehobene Gruppierung mit Hilfe des Befehls *Gruppierung wiederherstellen* rekonstruieren. Die einzelnen Objekte »wussten«, mit welchen Objekten sie zuvor eine Gruppe gebildet hatten. Dieser Befehl steht leider seit Word 2010 nicht mehr zur Verfügung.

Zeilenumbruch einstellen

Mit dem reinen Einfügen einer Grafik ist die Arbeit in den seltensten Fällen getan. In aller Regel müssen Sie die Grafik anschließend noch skalieren und verschieben. Und auch das Zusammenspiel zwischen Grafik und Text kann sehr vielseitig gestaltet werden: Die Grafik kann vor oder hinter dem Text stehen oder sie kann auf verschiedene Arten vom Text umflossen werden.

Beim Zusammenspiel zwischen Text und Grafik unterscheidet man in Word grundsätzlich zwischen zwei Varianten:

- **Mit Text in Zeile** Die Grafik verhält sich in diesem Fall wie ein normales Zeichen. Diese Art der Positionierung eignet sich vor allem für kleine Grafiken, die in den Fließtext aufgenommen werden sollen.
- **Mit Textumbruch** Bei dieser Form der Positionierung fließt der Text um die Grafik herum. Die Grafik kann frei auf der Seite positioniert werden.

Im nächsten Beispiel werden Sie die beiden Verfahren kennen lernen. Dazu fügen wir eine ClipArt in ein Dokument ein und werden die Position und den Textfluss Schritt für Schritt optimieren.

1. Öffnen bzw. erstellen Sie ein Dokument, in das Sie eine Grafik einfügen können.
2. Setzen Sie die Einfügemarke an den Beginn des Dokuments und fügen Sie, wie in Abschnitt »Onlinegrafiken einfügen« auf Seite 397 beschrieben, eine ClipArt ein. Das Ergebnis sollte ungefähr so aussehen:

Bild 17.37 Die eingefügte ClipArt steht mit dem Text in einer Zeile

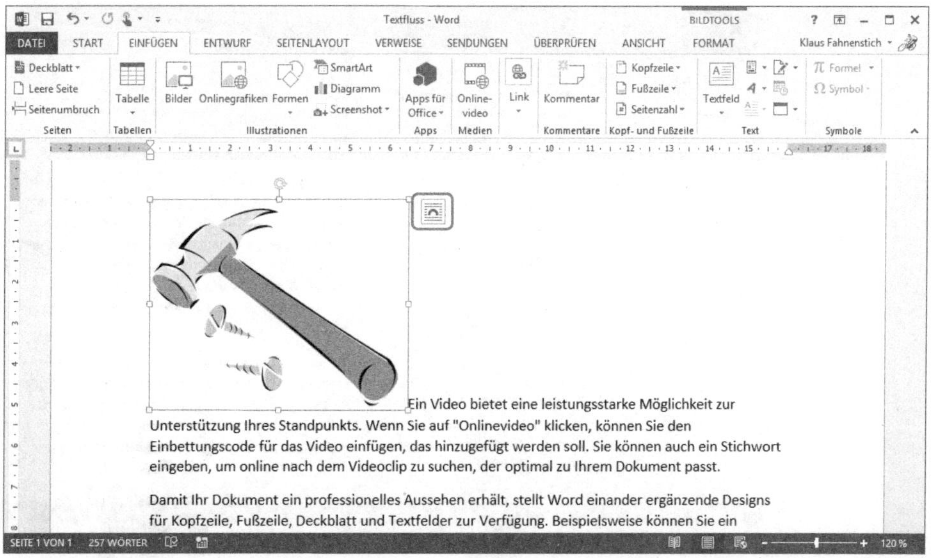

Wie Sie in Bild 17.37 sehen können, hat die eingefügte ClipArt den Text der ersten Zeile nach rechts geschoben; sie verhält sich also in etwa so, wie es ein sehr großer Buchstabe tun würde. Aus diesem Grund nennt man diese Art der Formatierung *Mit Text in Zeile.*

3. Markieren Sie die ClipArt und klicken Sie dann auf das Symbol, das rechts neben der ClipArt angezeigt wird (im Bild 17.37 mit einem blauen Rahmen gekennzeichnet).

Bild 17.38 Auswahl der Umbruchart

4. Wählen Sie die Option *Quadrat*. Wie Sie sehen, steht die Grafik nun in der linken oberen Ecke der Seite. Der vorhandene Text spart diesen Bereich aus und fließt um ihn herum.

Bild 17.39 Die Grafik wird jetzt – mit einem kleinen Abstand – vom Text umflossen

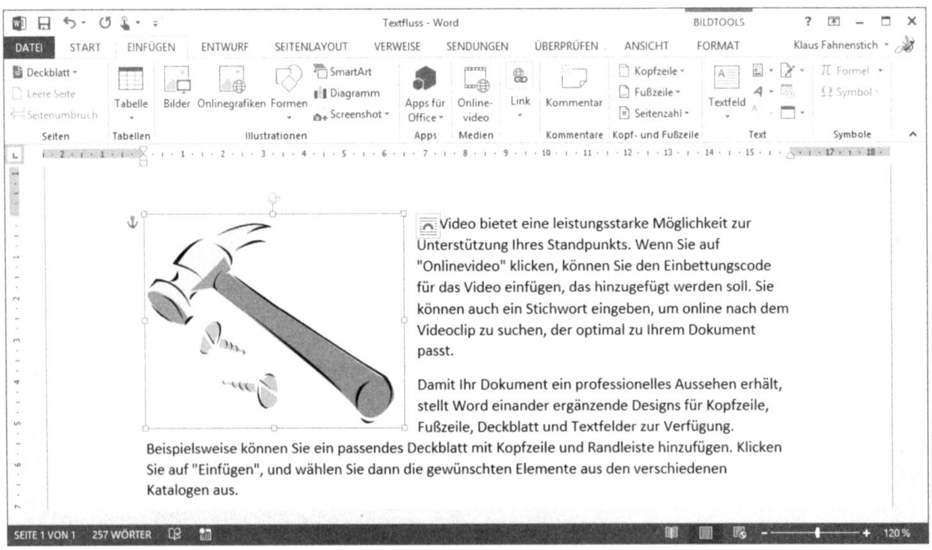

5. Um den Textfluss an die Kontur der ClipArt anzupassen, klicken Sie erneut auf das Symbol neben der ClipArt und wählen diesmal die Option *Passend*.

6. Falls Sie den Textfluss noch optimieren wollen, können Sie auf der Registerkarte *BILDTOOLS/FORMAT* im Menü der Schaltfläche *Zeilenumbruch* den Befehl *Rahmenpunkte bearbeiten*

aufrufen. Dadurch wird die Grenzlinie sichtbar, die der Text nicht überschreiten kann. Durch Verschieben einzelner Punkte können Sie dann den Textfluss beliebig steuern.

Bild 17.40 Durch Anpassen der Rahmenlinie lässt sich der Textfluss perfektionieren

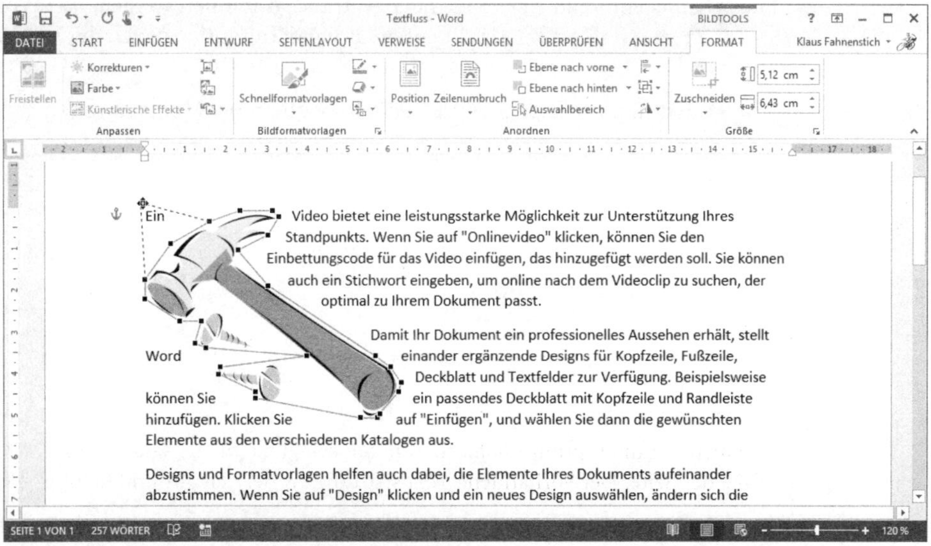

7. Um einen störenden Rahmenpunkt zu löschen, klicken Sie ihn bei gedrückter `Strg`-Taste an.
8. Wenn Sie der Rahmenlinie noch weitere Punkte hinzufügen möchten, drücken Sie ebenfalls die Taste `Strg` und klicken die betreffenden Stellen dann an.

Bild 17.41 Links neben der Grafik steht nun kein Text mehr

Bild auf der Seite verschieben

Bilder, deren Umbruchart nicht auf *Mit Text in Zeile* eingestellt ist, lassen sich einfach positionieren, indem Sie sie mit der Maus anklicken und an die gewünschte Position schieben. Da Bilder in der Praxis häufig am Rand einer Seite oder zentriert positioniert werden, hält Word eine Funktion bereit, mit der Sie Grafiken sehr leicht auf diese Standardpositionen verschieben können.

Bild 17.42 Die Standardpositionen einer Grafik lassen sich bequem per Menü zuweisen

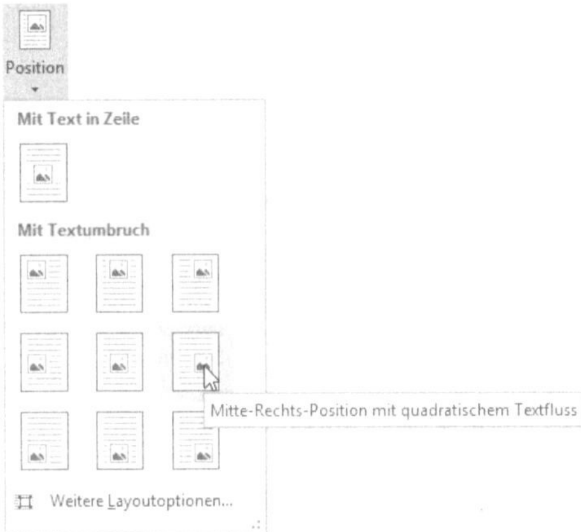

Um die Funktion zu nutzen, müssen Sie das Bild zunächst markieren. Anschließend wechseln Sie auf die Registerkarte *BILDTOOLS/FORMAT* und klicken dort auf die Schaltfläche *Position*. Im Ausklappmenü der Schaltfläche können Sie dann die gewünschte Position auswählen, wobei Sie die angebotenen Varianten dank der Live-Vorschau ohne großen Aufwand ausprobieren können.

Über den Befehl *Weitere Layoutoptionen* der Schaltfläche *Position* können Sie das Dialogfeld *Layout* aufrufen. Interessant ist hier vor allem die Möglichkeit der absoluten Positionierung. Auf der Registerkarte *Position* können Sie exakt angeben, wo genau die Grafik auf der Seite stehen soll.

Bild 17.43 Sie können die Position einer Grafik auch mit absoluten Werten angeben

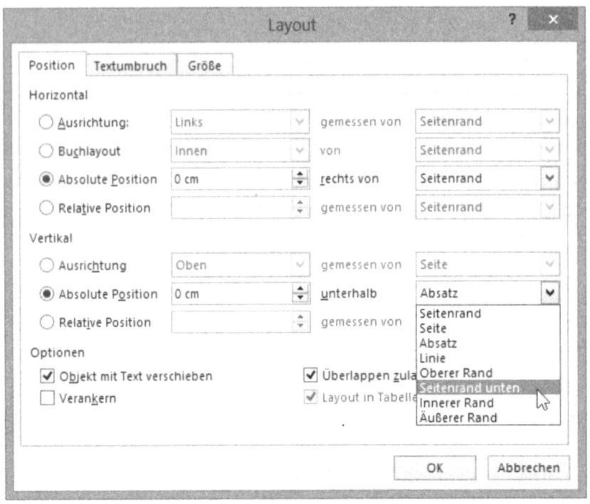

Beim Bezugspunkt Ihrer Maßangaben haben Sie unter anderem die Wahl zwischen:

- **Seite** die Papierkante
- **Seitenrand** der im Seitenlayout eingestellte Seitenrand
- **Spalte** bei mehrspaltigen Texten der linke Rand der aktuellen Spalte
- **Zeichen** die Position des Zeichens, an dem die Grafik eingefügt wurde.

Die Begriffe *Innerer Rand* und *Äußerer Rand* beziehen sich auf ein gespiegeltes Layout (Bundsteg), da dort eine Angabe wie »Links« oder »Rechts« keinen Sinn machen würde.

TIPP **Grafiken hinter dem Text anklicken** Wenn Sie eine Grafik hinter den Text gestellt haben, können Sie sie nicht mehr mit dem normalen Mauszeiger anklicken. Um eine solche Grafik markieren zu können, müssen Sie daher zuerst auf der Registerkarte *START* die Schaltfläche *Markieren* anklicken und aus ihrem Menü den Befehl *Objekte markieren* auswählen. Anschließend lässt sich die Grafik wie gewohnt anklicken. Um diesen Markierungsmodus wieder zu verlassen, können Sie entweder den Befehl erneut aufrufen oder die Esc-Taste drücken.

Alternativ können Sie im Menü der Schaltfläche *Markieren* auch den Aufgabenbereich *Auswahlbereich* anzeigen, der sich ebenfalls zum Markieren von Grafiken eignet. Nähere Hinweise zu diesem Aufgabenbereich finden Sie auf der Seite 414.

Kapitel 18

Illustrationen bearbeiten

In diesem Kapitel:

Dieses Kapitel stellt die verschiedenen Werkzeuge von Word vor, mit denen Sie eine Illustration nachträglich bearbeiten können. Word hat auch auf diesem Gebiet eine Menge zu bieten. Wie wir schon an anderer Stelle erwähnt haben, liegt der Fokus dabei vor allem auf grafischen »Komplettlösungen«, mit denen Sie eine Illustration ohne viel Aufwand optisch aufwerten können.

Grafiken zuschneiden

Manchmal will man eine Grafik nicht komplett verwenden, sondern nur einen bestimmten Teil davon. Den notwendigen Zuschnitt müssen Sie jedoch nicht in einem Grafikprogramm vornehmen, sondern Sie können die nicht benötigten Teile der Grafik direkt im Dokument abschneiden. So können Sie sich z. B. von überflüssigen Rändern trennen oder einem Bild andere Proportionen geben.

1. Fügen Sie eine Grafik ein bzw. markieren Sie eine Grafik.
2. Wechseln Sie auf die Registerkarte *BILDTOOLS/FORMAT* und klicken Sie in der Gruppe *Größe* auf die Schaltfläche *Zuschneiden.* Word befindet sich nun im Zuschneidemodus, was Sie an dem geänderten Mauszeiger und der geänderten Bildmarkierung erkennen.

Bild 18.1 Grafik im Zuschneidemodus

3. Ziehen Sie an den Anfassern der Grafik, um die unerwünschten Bildränder wegzuschneiden.

Bild 18.2 Der gewünschte Ausschnitt ist festgelegt

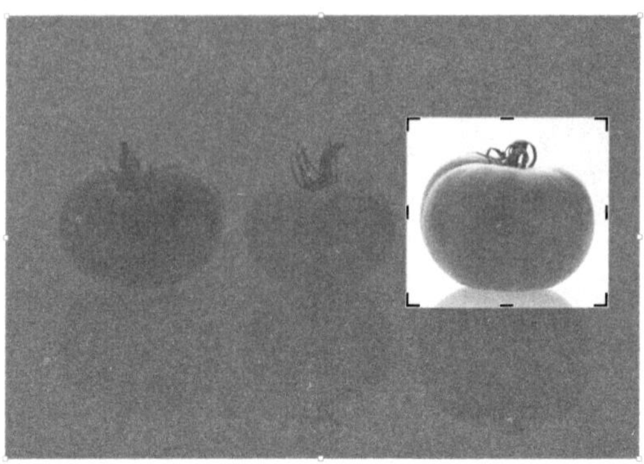

4. Um den Zuschneidemodus zu beenden, betätigen Sie entweder erneut die Schaltfläche *Zuschneiden* oder Sie klicken außerhalb der Grafik in das Dokument.
5. Passen Sie zum Schluss noch die Größe und die Position der Grafik an.

Bild 18.3 Der fertige Bildausschnitt

HINWEIS **Es geht nichts verloren** Beim Zuschneiden wird nur der sichtbare Bereich der Grafik geändert, die Grafik selbst bleibt unverändert. Sie können also den Zuschnitt nachträglich korrigieren oder sogar ganz rückgängig machen (dazu klicken Sie das Bild mit der rechten Maustaste an, wählen den Befehl *Größe und Position* und klicken im Dialogfeld auf *Zurücksetzen*).

Motive freistellen

Dass Word sich vor einem echten Bildbearbeitungsprogramm nicht verstecken muss, merken Sie spätestens, wenn Sie das erste Mal ein Bildmotiv mit Word freistellen. Diese Funktion ist in Word 2010 eingeführt worden und kann sich wirklich sehen lassen. Auch wenn ihre Handhabung auf den ersten Blick etwas sperrig wirken mag: Die Ergebnisse sind absolut überzeugend!

Bild 18.4 Die Person im Vordergrund soll freigestellt werden

1. Fügen Sie eine Grafik ein bzw. markieren Sie eine Grafik.
2. Wechseln Sie auf die Registerkarte *FORMAT* und klicken Sie ganz links auf *Freistellen.* Word analysiert das Bild und stellt im ersten Schritt automatisch einen Bereich des Bildes frei. Die Teile des Bildes, die Word entfernen möchte, erhalten eine violette Farbgebung.

Bild 18.5 Word stellt automatisch die Person in der Mitte frei, da sie den größten Kontrast hat

3. O.K., die automatische Erkennung hat in diesem Fall nicht funktioniert. Passen Sie also den Rahmen mithilfe seiner Anfasser so an, dass er den freizustellenden Bereich umfasst.

Bild 18.6 Nach dem Anpassen des Rahmens ist die Person bereits nahezu vollständig freigestellt

4. Um die jetzt noch fehlenden bzw. überschüssigen Bildbereiche (z.B. die Hand der Frau) freizustellen, müssen Sie noch etwas nacharbeiten. Dazu benötigen Sie die Schaltflächen der Registerkarte *FREISTELLEN*, die Sie in der nächsten Abbildung sehen.

Bild 18.7 Mit den ersten drei Schaltflächen können Sie den freigestellten Bereich beeinflussen.

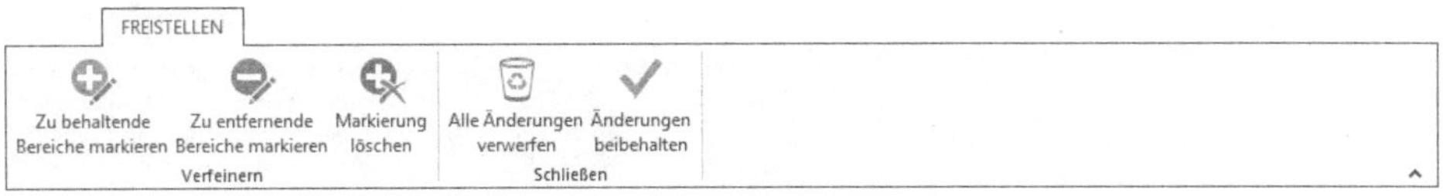

5. Klicken Sie die erste Schaltfläche an und ziehen Sie mit dem Stift-Werkzeug kurze Linien in die Bereiche des Bildes, die zusätzlich freigestellt werden sollen. Sobald Sie die Maustaste loslassen, können Sie die Wirkung der Linien beurteilen.

6. Leider lassen sich die Linien nicht nachträglich bearbeiten. Sie müssen die Linien daher bei Bedarf löschen und einen neuen Versuch starten. Verwenden Sie dazu entweder die normale Rückgängig-Funktion aus der Symbolleiste für den Schnellzugriff oder benutzen Sie das Werkzeug *Markierung löschen* aus der Registerkarte *FREISTELLEN.*

7. Um einen freigestellten Bereich zu entfernen, fügen Sie mit der Schaltfläche *Zu entfernende Bereiche markieren* nach dem gleichen Prinzip »negative« Linien ein. Wie Sie in der folgenden Abbildung erkennen, müssen die Linien nicht unbedingt exakt den Konturen der Figur folgen, sondern können auch etwas Abstand dazu einhalten.

Bild 18.8 Der freizustellende Bereich lässt sich durch Markierungslinien vergrößern und verkleinern

8. Wenn Sie mit dem Ergebnis zufrieden sind, klicken Sie auf *Änderungen beibehalten.*

Bild 18.9 Das Ergebnis ist trotz minimalem Aufwand beeindruckend

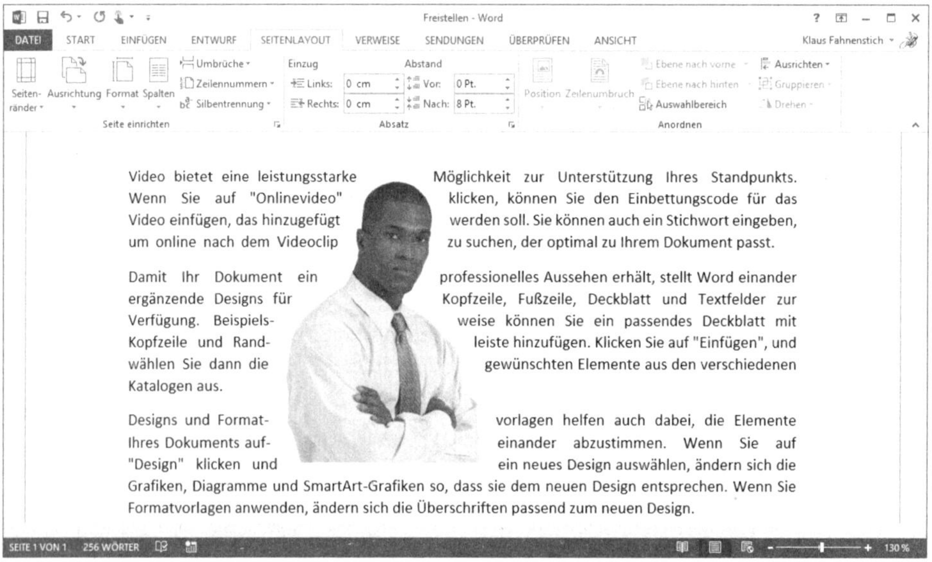

Wenn Sie das hier gezeigte Beispiel nachvollziehen möchten, öffnen Sie die Übungsdatei *Freistellen* in Word. Markieren Sie das Bild und klicken Sie dann vorne auf der Registerkarte *BILDTOOLS/ FORMAT* auf die Schaltfläche *Freistellen.*

Farben einer Grafik bearbeiten

In Word können Sie auch verschiedene Farbeinstellungen einer Grafik ändern. Diese Funktionen sind zum Beispiel hilfreich, um mehrere Grafiken aufeinander abzustimmen und so einen einheitlichen Gesamteindruck zu erzeugen. Ihnen stehen dabei folgende Möglichkeiten zur Verfügung:

- Schärfen und Weichzeichnen
- Helligkeit und Kontrast einstellen
- Wählen zwischen verschiedenen Farbmodi
- Bilder neu einfärben
- Transparente Farbe definieren

Sie finden diese Funktionen auf der Registerkarte *BILDTOOLS/FORMAT* in der Gruppe *Anpassen.*

Helligkeit und Kontrast einstellen

Zum Einstellen von Helligkeit und Kontrast finden Sie auf der Registerkarte die Schaltfläche *Korrekturen.* (In Word 2007 gab es zu diesem Zweck noch zwei separate Schaltflächen.) Die Schaltfläche besitzt ein einfaches Auswahlmenü mit Vorschaubildern, über das Sie die entsprechenden Werte in 20%-Schritten vergrößern oder verkleinern können. Diese Abstufung ist zwar relativ grob, aber in den meisten Fällen durchaus ausreichend.

Bild 18.10 Über das Auswahlmenü lassen sich Helligkeit und Kontrast einer Grafik in 20%-Schritten ändern

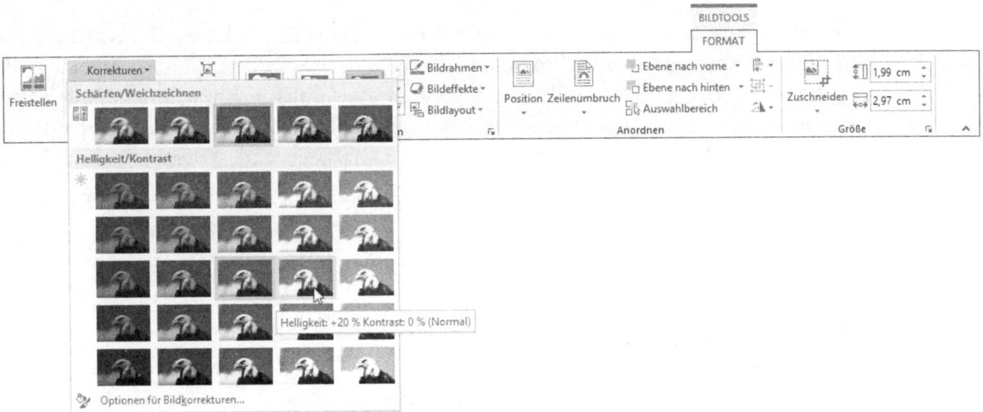

Wenn Sie die Helligkeit oder den Kontrast einer Grafik in feineren Abstufungen verändern wollen, müssen Sie auf den Aufgabenbereich *Grafik formatieren* zurückgreifen. Dazu wählen Sie entweder den Befehl *Optionen für Bildkorrekturen,* der sich ganz unten im Ausklappmenü der Schaltfläche *Korrekturen* befindet, oder Sie klicken die Grafik mit der rechten Maustaste an und rufen aus ihrem Kontextmenü den Befehl *Grafik formatieren* auf.

Bild 18.11 In diesem Aufgabenbereich können Sie die Helligkeit und den Kontrast stufenlos einstellen. Benutzen Sie dazu entweder die jeweiligen Regler oder geben Sie die gewünschten Werte ein.

Neu einfärben

Über die Schaltfläche *Farbe* lässt sich die Farbgebung eines Bildes beeinflussen. Sie können nicht nur die Sättigung und den Farbton einer Grafik ändern, sondern ihr auch eine neue Farbe geben. Bei diesem Vorgang wird das Bild zunächst in ein Graustufenbild umgewandelt und dann die Graustufen gegen eine andere Farbe ausgetauscht. Zudem können Sie eine Farbe des Bildes transparent machen. Dadurch kann z.B. ein hinter der Grafik liegendes Element durchscheinen.

Bild 18.12 Über dieses Menü können Sie die Farbgebung einer Grafik modifizieren

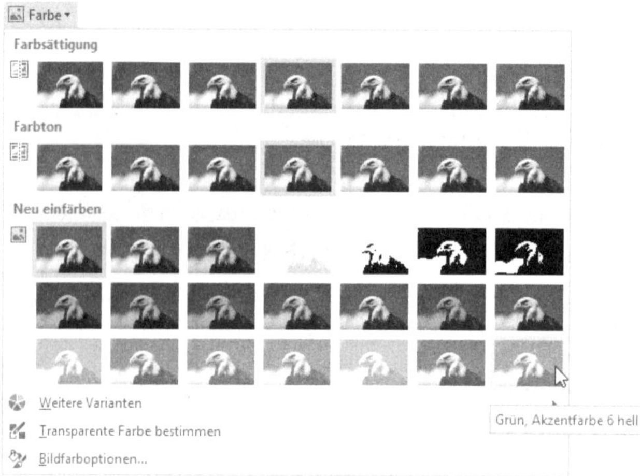

Auch hier gilt wieder, dass Sie für eine Feineinstellung der Werte den Aufgabenbereich *Grafik formatieren* verwenden können bzw. müssen. Sie erreichen ihn über den Menübefehl *Bildfarboptionen* oder wie gewohnt über den Befehl *Grafik formatieren* aus dem Kontextmenü der Grafik.

Bilder verfremden

Seit der Version 2010 kann Word mit einer Funktion aufwarten, die sonst nur bei »echten« Bildbearbeitungsprogramme anzutreffen ist: Über die Schaltfläche *Künstlerische Effekte* haben Sie Zugriff auf über 20 Effekte, mit denen Sie Ihre Bilder auf interessante Weise verfremden können.

Bild 18.13 Word kann jetzt sogar Filtereffekte auf Bilder anwenden

Bildformatvorlagen

Neben der bereits erwähnten Einstellung von Helligkeit, Kontrast und Farbe können Sie einer Grafik auch noch Schatten-, Licht- und 3D-Effekte zuweisen oder sie mit einem Rahmen versehen, der natürlich ebenfalls in Linienart, -stärke und -farbe veränderbar ist. Diese Vielzahl an Grafikeffekten ist zwar durchaus beeindruckend, sie kann aber auch erschlagend wirken. Es stehen Ihnen damit zwar alle Möglichkeiten bei der Bildgestaltung offen, aber Sie laufen gleichzeitig Gefahr, sich beim Erstellen Ihrer Grafiken zu verzetteln und zu viel Zeit zu investieren, die Sie lieber für andere Aufgaben eingesetzt hätten.

Dieser Problematik versucht Word mit den sogenannten *Bildformatvorlagen* entgegenzutreten. Dabei handelt es sich um vorgefertigte Schablonen, mit denen Sie eine festgelegte Kombination von grafischen Effekten per Mausklick auf eine Grafik übertragen können. Dieses Konzept ist konkurrenzlos schnell und ermöglicht Ihnen zudem reproduzierbare Ergebnisse, d.h. Sie können mehrere Grafiken mit exakt den gleichen Effekten versehen.

Natürlich lassen sich Bildformatvorlagen auch als Ausgangspunkt für eigene Kreationen verwenden, die Sie dann mit einigen zusätzlichen Effekten »individualisieren« können. Genau diesen Ansatz werden wir auf den folgenden Seiten verwenden, um ein Foto ins rechte Licht zu setzen.

1. Erstellen Sie ein neues leeres Dokument und fügen Sie eine Grafik Ihrer Wahl ein.
2. Klicken Sie die Grafik an, wechseln Sie auf die Registerkarte *BILDTOOLS/FORMAT* und öffnen Sie dort den Katalog der Bildformatvorlagen. Bewegen Sie den Mauszeiger über die verschiedenen Symbole. Die jeweilige Bildformatvorlage wird der markierten Grafik direkt zugewiesen.

Bild 18.14 Die Wirkung der Bildformatvorlagen können Sie direkt im Dokument begutachten

3. Wenn Sie sich für eine Vorlage entschieden haben, klicken Sie ihr Symbol an und sind fertig.

Bildform

Die im letzten Abschnitt vorgestellte Bildformatvorlage hat das Bild nicht nur mit einem Rahmen und einem Schattenwurf versehen, sondern ihm darüber hinaus auch eine spezielle Form gegeben (die beiden abgerundeten Ecken). Von dieser Vorgabe können Sie sich jedoch ohne Schwierigkeiten lösen und der Grafik eine vollkommen andere Gestalt geben.

1. Markieren Sie die Grafik, deren Form Sie verändern möchten.
2. Wechseln Sie auf die Registerkarte *BILDTOOLS/FORMAT* und klappen Sie das Auswahlfenster der Schaltfläche *Zuschneiden* auf. Dort finden Sie den Befehl *Auf Form zuschneiden*, der ebenfalls mit einem Auswahlmenü aufwarten kann.

Bild 18.15 Die Auswahl der Formen ist sehr reichhaltig

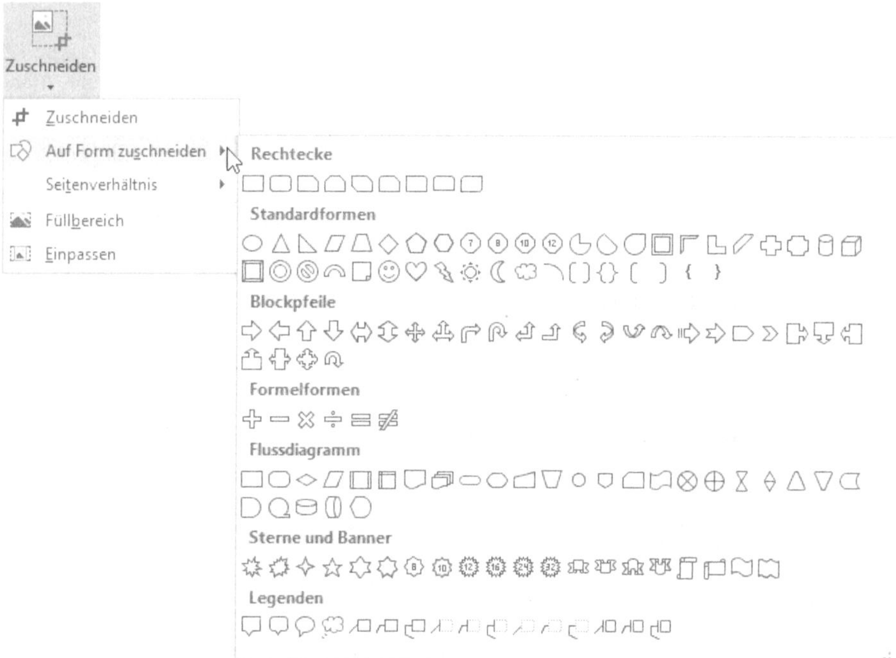

Wenn Ihnen diese Auswahl bekannt vorkommt, so hat das seinen guten Grund. Es handelt sich nämlich exakt um dieselbe Auswahl an Formen, die Sie bereits im letzten Kapitel bei der Einführung des Befehls *EINFÜGEN/Formen* kennen gelernt haben.

3. Wählen Sie eine der Formen aus (leider müssen Sie hier ohne Live-Vorschau zurechtkommen). Natürlich sind nicht alle Formen gleichermaßen brauchbar, aber seien Sie ruhig etwas experimentierfreudig und probieren Sie auch Formen aus, die auf den ersten Blick weniger geeignet erscheinen.

Bild 18.16 Bildformatvorlage kombiniert mit einer Form

Bildeffekte

Hinter dem schlichten Begriff *Bildeffekte* verbirgt sich ein halbes Dutzend grafischer Effekte, die jeweils über diverse Varianten verfügen:

- **Schatten** können in drei verschiedenen Varianten dargestellt werden: innerhalb oder außerhalb des Rahmens sowie in einer perspektivischen Form, die den Eindruck erweckt, als würde die Grafik über dem Dokument schweben. Die Farbe des Schattens kann dabei frei gewählt werden.
- **Spiegelung** erweckt den Eindruck, als würde die Grafik auf einem spiegelnden Untergrund bzw. knapp darüber in der Luft stehen.
- **Leuchteffekt** versieht den Rahmen einer Grafik mit fluoreszierendem Licht. Auch hier gilt, dass Sie die Leuchtfarbe und deren Transparenz frei einstellen können.
- **Weiche Kanten** hellt die Ränder einer Grafik auf, um so einen fließenden Übergang zur Umgebung zu schaffen.
- **Abschrägung** versieht den Rand (bzw. den Rahmen) einer Grafik mit einem eingeprägten Profil.
- **3D-Drehung** dreht und kippt die Grafik, sodass eine räumliche Wirkung erzielt wird.
- **Allgemeine Effekte** Bei allen oben genannten Effekten können Sie zusätzlich einstellen, welche Beschaffenheit die Oberfläche des Bildes haben soll (zum Beispiel matt oder metallisch). Und auch bei der Art der Beleuchtung haben Sie die Qual der Wahl: Soll das Licht hart oder weich sein? Warm oder kalt? Und wenn Sie sich für warmes Licht entscheiden: Soll es wie am frühen Morgen, wie beim Sonnenaufgang oder eher wie beim Sonnenuntergang scheinen?

Wie Sie sehen, können Sie Ihre Kreativität hier voll entfalten.

Wir wollen uns jedoch beschränken und zeigen Ihnen die Anwendung dieser Funktionen beispielhaft an einem 3D-Effekt:

1. Markieren Sie die Grafik, die Sie mit einem Bildeffekt belegen wollen.
2. Wechseln Sie auf die Registerkarte *BILDTOOLS/Format* und klicken Sie in der Gruppe *Bildformatvorlagen* auf die Schaltfläche *Bildeffekte.*
3. Zeigen Sie mit der Maus auf den gewünschten Effekt, hier also *3D-Drehung.*
4. Bewegen Sie die Maus über die angebotenen Varianten und prüfen Sie ihre Wirkung in der Live-Vorschau.

Bild 18.17 Auch 3D-Effekte lassen sich mit wenigen Mausklicks realisieren

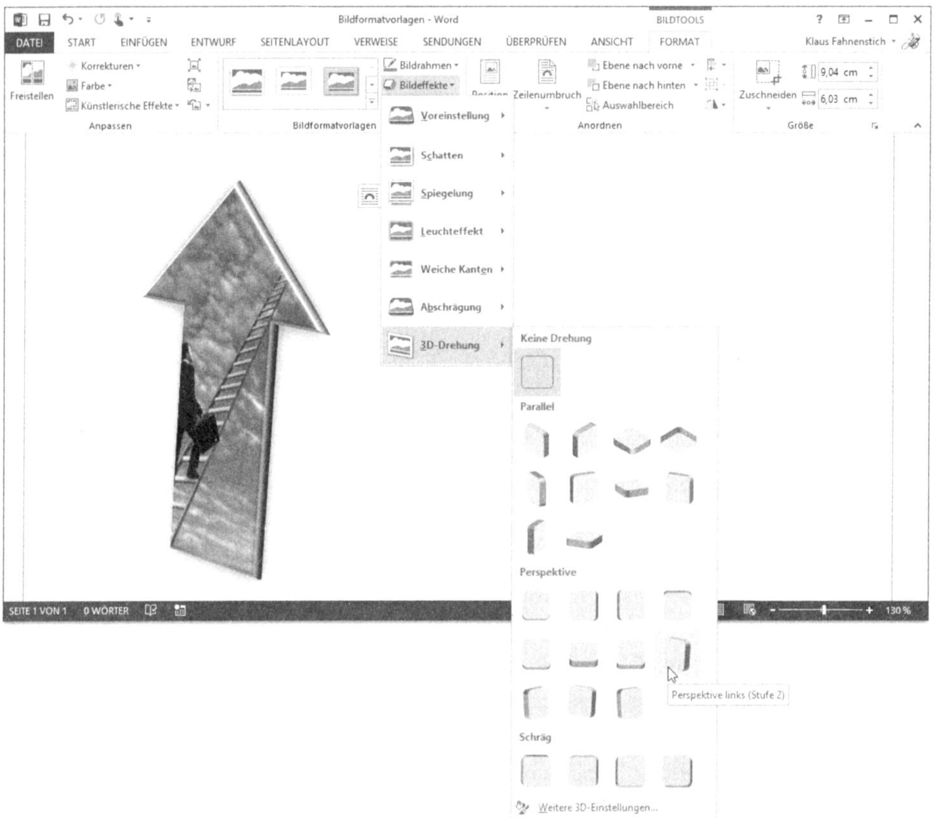

5. Haben Sie eine Voreinstellung übernommen, klicken Sie die Grafik mit der rechten Maustaste an und wählen im Kontextmenü den Befehl *Grafik formatieren.* Dadurch wird der Aufgabenbereich *Grafik formatieren* eingeblendet, den Sie in Bild 18.18 sehen können.
6. Hier können Sie die Grafik mit Hilfe der verschiedenen Regler in allen drei Richtungen des Raumes drehen sowie die Perspektive verändern. Beachten Sie, dass Ihre Einstellungen direkt übernommen werden, da es keine Schaltfläche *Abbrechen* gibt. Bei Bedarf verwenden Sie den Befehl *Rückgängig.*

Bild 18.18 Für die Feineinstellung eignet sich der Aufgabenbereich *Grafik formatieren/Effekte*

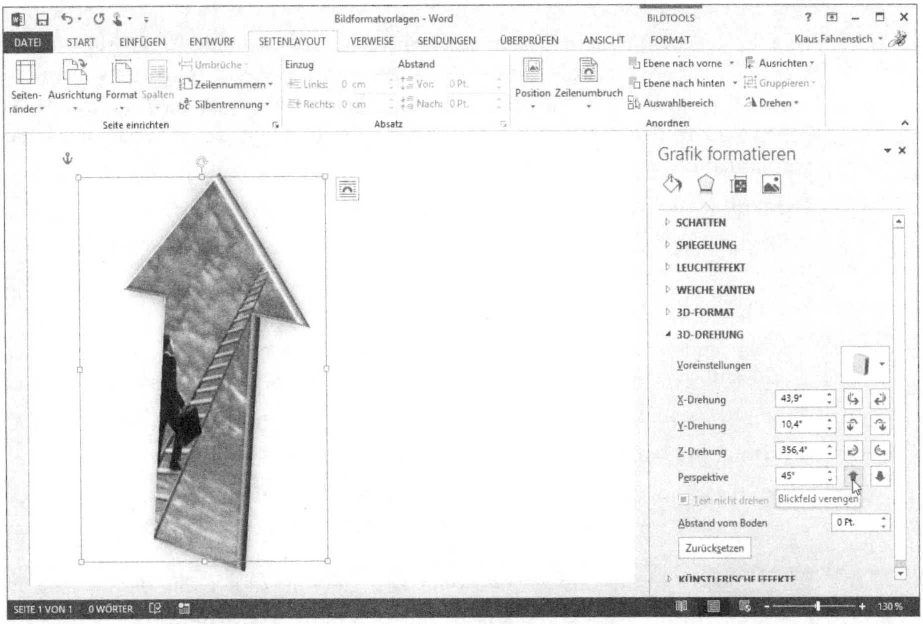

7. Wenn Sie Einstellungen an der Art der Beleuchtung oder der Oberflächenbeschaffenheit der Grafik vornehmen möchten, wechseln Sie im Aufgabenbereich zur Rubrik *3D-Format.*

Bild 18.19 Einstellen der Lichteffekte (hier: Sonnenuntergang)

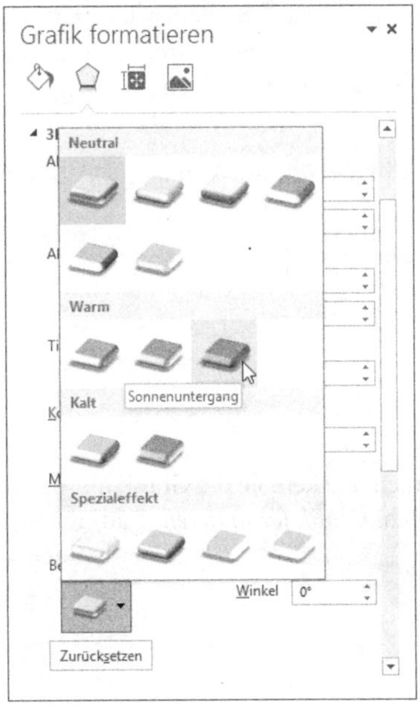

Bildeffekte übertragen

In aller Regel enthält ein Dokument mehrere Grafiken, sodass Sie häufig vor der Aufgabe stehen werden, mehrere Grafiken auf die gleiche Art und Weise zu bearbeiten. Wenn Sie sich dabei nur auf die Verwendung der Bildformatvorlagen beschränken, ist das kein großes Problem. Wie aber gehen Sie vor, wenn Sie individuelle Bildeffekte wünschen, deren Erzeugung mit einigem Aufwand verbunden ist?

Die Lösung ist mit Word 2013 verblüffend einfach:

1. Markieren Sie die Grafik, deren Bildeffekte Sie übernehmen möchten.
2. Wechseln Sie auf die Registerkarte *START* und klicken Sie dort auf den Pinsel – er befindet sich vorne in der Gruppe *Zwischenablage*. Wenn Sie ein Format auf mehrere Grafiken anwenden wollen, doppelklicken Sie auf den Pinsel. Die Funktion »rastet« dann ein und schaltet sich nicht mehr automatisch ab, sobald Sie die erste Grafik angeklickt haben.
3. Jetzt brauchen Sie nur noch mit dem Pinsel-Cursor die gewünschte(n) Grafik(en) anklicken und sind fertig!
4. Falls Sie im 2. Schritt die Pinsel-Schaltfläche doppelt angeklickt haben, drücken Sie jetzt noch die Taste Esc, um den Modus wieder zu beenden.

HINWEIS Tastaturfans können eine Formatierung auch mit dem Shortcut ⇧+Strg+C kopieren und anschließend mit ⇧+Strg+V einem anderen Objekt zuweisen.

Bild austauschen

Wenn Sie in die Gestaltung einer Grafik einige Zeit investiert haben und nachträglich feststellen, dass eine andere Bilddatei als Grundlage geeigneter gewesen wäre, müssen Sie nicht die ganze Arbeit verwerfen, sondern können einfach die Bilddatei der fertigen Grafik gegen eine andere austauschen.

1. Markieren Sie die Grafik, deren Bild Sie austauschen möchten.

Bild 18.20 Das Motiv der Illustration soll ausgetauscht werden

2. Wechseln Sie auf die Registerkarte *BILDTOOLS/FORMAT* und klicken Sie in der Gruppe *Anpassen* auf *Bild ändern.* Word zeigt das Fenster *Bilder einfügen* an, das Sie bereits aus dem vorherigen Kapitel kennen.
3. Navigieren Sie entweder zu dem Ordner, in dem sich die neue Bilddatei befindet, oder suchen Sie online nach einer geeigneten Grafik.
4. Markieren Sie die Grafik und klicken Sie dann auf *Einfügen,* um die Bilddatei zu ersetzen.

Bild 18.21 Beim Ändern eines Bildes bleiben alle Grafikeffekte erhalten

Grafikrahmen

Auch wenn 3D-Effekte auf den ersten Blick sehr spektakulär aussehen, sollte man sie in der Praxis möglichst sparsam einsetzen. Gerade in technisch orientierten Präsentationen empfiehlt sich häufig eine etwas zurückhaltendere Form der Darstellung. Hierzu eignen sich einfache Rahmen, die mit Word 2013 durchaus ansprechend formatiert werden können.

Folgende Eigenschaften eines Rahmens können Sie beeinflussen:

- Linienstärke (Linienbreite)
- Strichtyp (durchgezogen, punktiert etc.)
- Die Ausformung der Ecken (abgerundet, abgeschrägt etc.)
- Linienfarbe (hier sind auch Farbverläufe und Transparenz möglich)

Im einfachsten Fall erstellen Sie einen Grafikrahmen mit folgenden Schritten:

1. Markieren Sie die gewünschte Grafik.
2. Wechseln Sie auf die Registerkarte *BILDTOOLS/FORMAT* und klicken Sie dort in der Gruppe *Bildformatvorlagen* auf die Schaltfläche *Bildrahmen.*
3. Mit den Befehlen dieses Menüs können Sie die Farbe, die Stärke und die Strichart der Linien einstellen.

Bild 18.22 Zuweisen eines einfachen Grafikrahmens

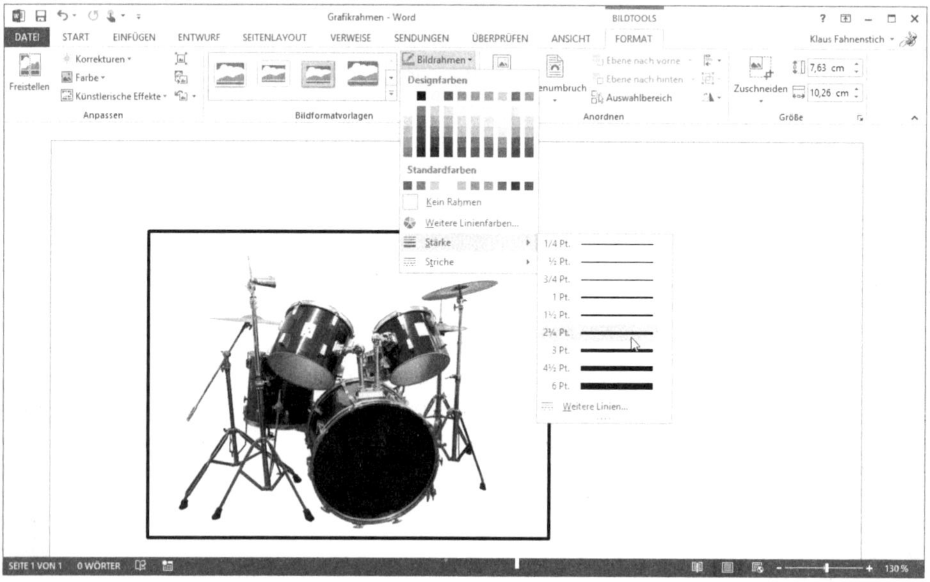

4. Für weitergehende Formatierungen klicken Sie die Grafik mit der rechten Maustaste an und wählen im Kontextmenü den Befehl *Grafik formatieren.*
5. Zum Einstellen von Linienart und -stärke wechseln Sie im Aufgabenbereich durch einen Klick auf das Eimer-Symbol auf die Seite *Füllung und Linie/LINIE.*

Bild 18.23 Rahmen mit abgerundeten Ecken erstellen

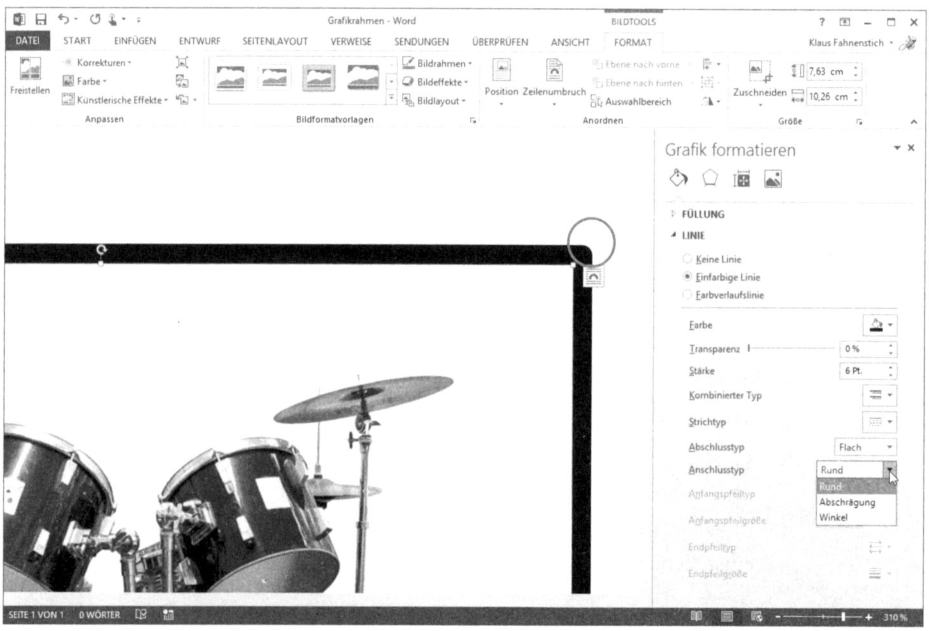

HINWEIS Den Aufgabenbereich *Grafik formatieren* erreichen Sie übrigens auch über die Schaltfläche *Form formatieren,* die sich in der Gruppe *Bildformatvorlagen* in der rechten unteren Ecke befindet. Der Weg über das Kontextmenü ist jedoch deutlich bequemer.

6. Falls die Grafik momentan noch keinen Rahmen besitzt, müssen Sie zunächst die Breite der Linie einstellen.
7. Wenn der Grafikrahmen aus einer doppelten oder dreifachen Linie bestehen soll, können Sie im Listenfeld *Kombinierter Typ* die entsprechende Einstellung vornehmen.
8. Anschließend können Sie dann den gewünschten Strichtyp (also punktiert, gestrichelt, usw.) auswählen.
9. Um die Ecken eines Rahmens abzurunden, stellen Sie die Option *Anschlusstyp* auf *Rund* (siehe Bild 18.23).
10. Linien sind in Word standardmäßig einfarbig. Für optisch anspruchsvollere Rahmen sollten Sie die Option *Farbverlaufslinie* aktivieren. Der Aufgabenbereich wird dann durch einen ganzen Schwung weiterer Eingabefelder und Schaltflächen ergänzt, mit denen Sie die diversen Farbeinstellungen vornehmen können.
11. Wenn Sie nicht einen der angebotenen Farbverläufe verwenden wollen, können Sie auch eigene Verläufe erzeugen. Dazu müssen Sie so genannte *Stopppositionen* anlegen, mit denen Sie den Farbwert und die Transparenz an einer bestimmten Stelle des Rahmens festlegen. Am besten sehen Sie sich die Stopppositionen der vordefinierten Farbverläufe einmal an, um das Prinzip zu verstehen.

Bild 18.24 Farbverläufe werden durch so genannte *Stopppositionen* definiert

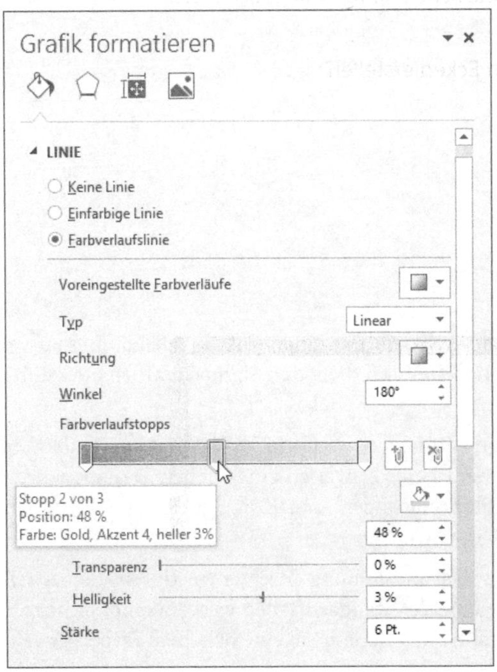

Formen füllen

Alle Formen, die eine Fläche umspannen (dazu gehören auch offene Figuren wie Bögen), können mit folgenden grafischen Effekten bzw. Elementen gefüllt werden:

- Einfarbige Füllungen
- Farbverlauf (wobei verschiedene Richtungen wählbar sind)
- Muster
- Struktur (kleine Grafiken, die kachelförmig aneinandergelegt werden)
- Bild (beliebige Bilddatei, die auf Ihrem Rechner gespeichert ist)

HINWEIS Beachten Sie, dass auch SmartArts, Textfelder und die einzelnen »Bauteile« von ClipArts zur Familie der Formen gehören.

Um eine Form zu füllen, müssen Sie sie zunächst markieren und können dann auf der Registerkarte ZEICHENTOOLS/*FORMAT* das Ausklappmenü der Schaltfläche *Fülleffekt* öffnen.

Bild 18.25 Über dieses Menü erreichen Sie die verschiedenen Fülleffekte

Einfarbige Füllungen

Wenn Sie sich dafür entscheiden, die Form mit einer einfarbigen Füllung zu versehen, haben Sie die Wahl zwischen den angebotenen Designfarben, den Standardfarben oder einer beliebigen anderen darstellbaren Farbe.

Designfarben sind immer dann zu empfehlen, wenn Ihr Dokument »designbar« bleiben soll. Damit ist gemeint, dass sich Ihr Dokument beim Zuweisen eines neuen Designs vollständig an die neue Farbgebung anpasst. Ausführliche Erklärungen zum Konzept und zur Handhabung von Designs finden Sie in den Kapiteln 5 und 8.

Wenn Sie erreichen wollen, dass sich die Füllung Ihrer Form durch die Zuweisung eines neuen Designs nicht ändert, müssen Sie eine der Standardfarben verwenden oder über den Befehl *Weitere Füllfarben* das Dialogfeld *Farben* aufrufen, in dem Sie eine beliebige Farbe auswählen können.

Bild 18.26 Sie können entweder eine Farbe aus der Palette wählen oder einen eigenen Farbwert einstellen

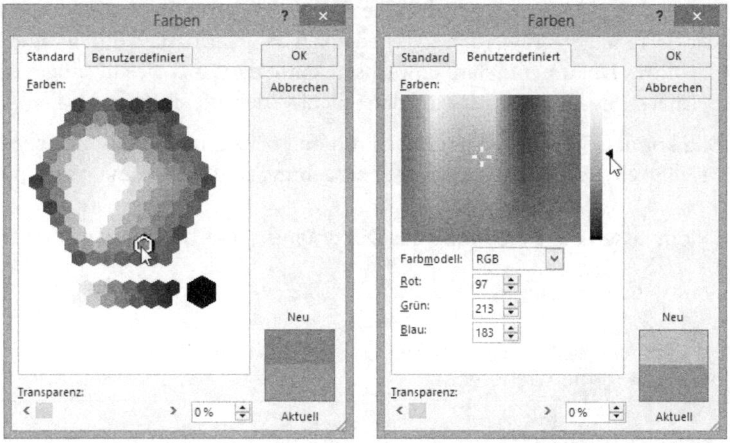

Mit dem Schieberegler am unteren Rand des Dialogfeldes können Sie die Transparenz der Füllung einstellen. Der gewählte Wert bleibt auch bei einem späteren Wechsel der Farbe erhalten.

Farbverläufe

Wollen Sie einer Form eine plastischere Wirkung geben, verwenden Sie für die Füllung besser einen Farbverlauf. Dabei können Sie aus einfarbigen Verläufen bis hin zu mehrstufigen Farbverläufen wählen, die Ihnen bereits im Abschnitt über Grafikrahmen begegnet sind (ab Seite 437).

Bild 18.27 Im Normalfall sind einfache Farbverläufe absolut ausreichend

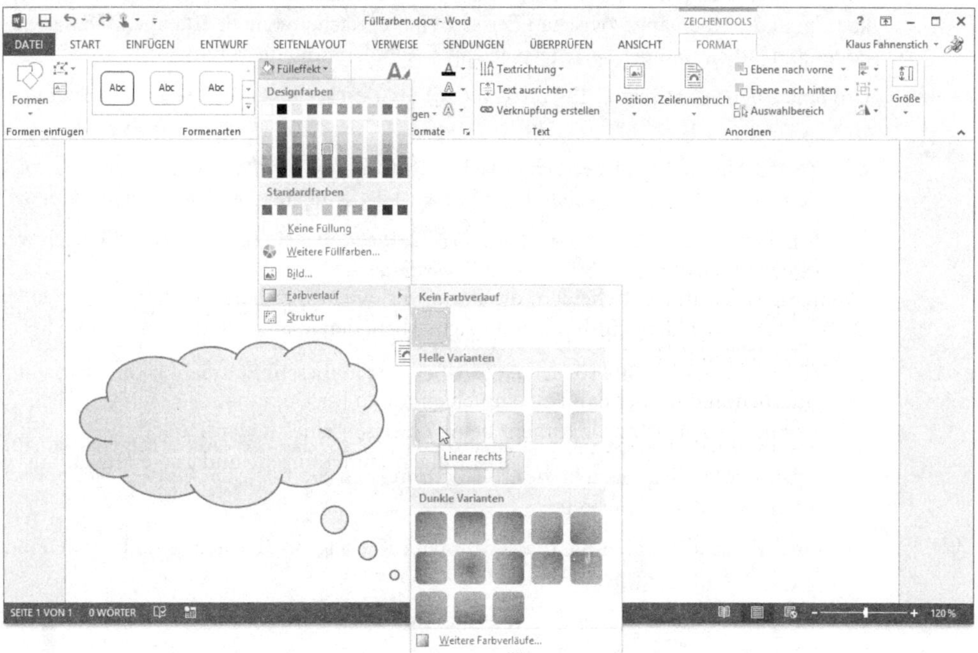

Form mit Bild füllen

Mit dem Befehl *Bild* aus dem Menü der Schaltfläche *Fülleffekt* können Sie eine Bilddatei auswählen, die im Inneren der Form angezeigt werden soll. Bedenken Sie jedoch, dass durch diese Effekte der Speicherplatzbedarf Ihres Dokuments stark anwachsen kann, da Word die eingefügte Datei immer im Dokument speichert. (Sie können die Grafikdatei nicht verknüpft einfügen.)

Das eingefügte Bild können Sie anschließend noch mit den bekannten Funktionen bearbeiten, um zum Beispiel die Helligkeit, den Kontrast oder die Farbgebung an das Dokument anzupassen.

Bild 18.28 Füllungen mit Bildern lassen die Dateigröße des Dokuments unter Umständen stark anwachsen

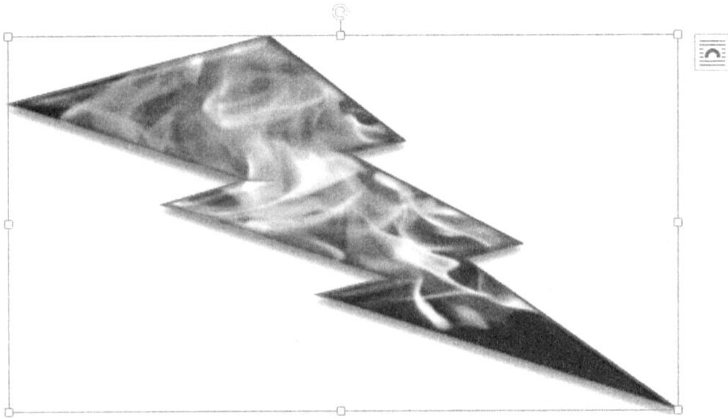

Form mit Strukturen füllen

Beim Füllen einer Form mit einer Struktur, die auch als Textur bezeichnet wird, wird eine kleine Grafik so oft aneinander gesetzt, bis sie die Form ausfüllt. Bei einer entsprechend geeigneten Grafik kann man die Übergänge zwischen den einzelnen »Kacheln« nicht erkennen. Diese Art der Füllung benötigt deutlich weniger Speicherplatz, als das Füllen mit einem Bild.

Um eine eigene Grafik (z.B. Ihr Firmenlogo) als Textur zu verwenden, gehen Sie folgendermaßen vor:

1. Zeigen Sie im Menü der Schaltfläche *Fülleffekt* auf *Struktur* und wählen Sie im Untermenü den Befehl *Weitere Texturen.* Dadurch wird der Aufgabenbereich *Form formatieren* angezeigt.
2. Schalten Sie hier die Option *Bild- oder Texturfüllung* ein. Der Aufgabenbereich wechselt dann seinen Namen und heißt jetzt *Grafik formatieren.*
3. Klicken Sie im Aufgabenbereich auf *Datei* und wählen Sie die gewünschte Grafikdatei aus. Alternativ können Sie die Datei auch aus der Zwischenablage einfügen oder online nach einem geeigneten Bild suchen. Wir haben uns in diesem Beispiel für das Logo von Word 2013 entschieden.
4. Standardmäßig skaliert Word 2013 die Grafik so, dass sie die Form genau ausfüllt. Um den gewünschten Kacheleffekt zu erreichen, müssen Sie noch die Option *Bild nebeneinander als Textur anordnen* einschalten.
5. Anschließend können Sie die gewünschte Kachelgröße einstellen, indem Sie eine Skalierung für die Grafik vorgeben.
6. Sie können die Grafik auch horizontal und oder vertikal spiegeln, was je nach Grafik zu sehr interessanten Effekten führt.

Bild 18.29 Im Aufgabenbereich können Sie auch eigene Strukturen laden

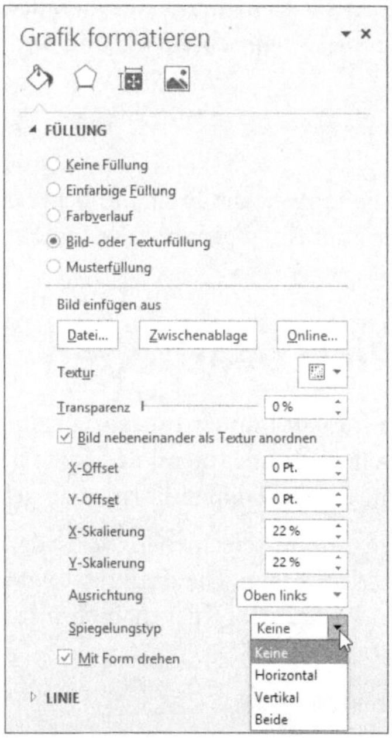

7. Wenn die Form, die Sie mit der Struktur füllen wollen, gedreht wurde bzw. gedreht werden soll, können Sie im Aufgabenbereich die Option *Mit Form drehen* einschalten, damit die Struktur der Drehung folgt. Um das Prinzip zu verdeutlichen, haben wir in der nächsten Abbildung das Word-Logo zum Füllen einer Form verwendet und diese dann gedreht.

Bild 18.30 Bei der rechten Form folgt die Struktur der Drehung

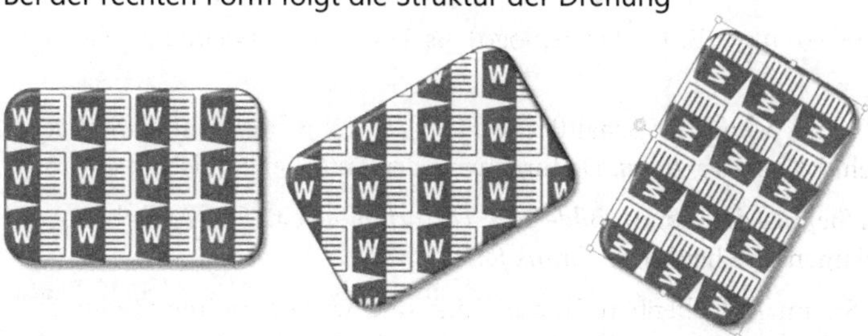

Freihandformen

Mit Hilfe von Freihandformen können Sie beliebige Konturen erstellen. Sie finden die zugehörige Schaltfläche im Menü der Schaltfläche *Formen* (Registerkarte *EINFÜGEN*) in der Gruppe *Linien*.

Klicken Sie auf den Startpunkt der zu erstellenden Kontur und fahren Sie dann mit gedrückter Maustaste über die Seite. Der Mauszeiger verwandelt sich zu einem Stift und Sie werden sehen, dass es gar nicht so einfach ist, beim Zeichnen eine ruhige Hand zu behalten. Um kleinere Fehler zu korrigieren, können Sie die Linie mit der Taste [←] Punkt für Punkt löschen.

Geraden zeichnen

Sie können die Maustaste auch während des Zeichnens loslassen, um eine Gerade an die Freihandform anzuhängen. Ziehen Sie dann eine Gerade in die gewünschte Richtung und drücken Sie die Maustaste, um den Endpunkt zu verankern.

Zeichnen der Freihandform beenden

Durch einen Doppelklick auf den Endpunkt wird die Eingabe der Freihandform beendet. Wenn Sie eine geschlossene Linie erstellen wollen, müssen Sie zum Anfangspunkt der Linie zurückkehren.

Freihandformen nachträglich bearbeiten

Wenn Ihnen eine Freihandform beim ersten Anlauf nicht hundertprozentig gelungen ist, können Sie sie nachträglich korrigieren. Dazu rufen Sie aus dem Kontextmenü der Form den Befehl *Punkte bearbeiten* auf, um in den speziellen Bearbeitungsmodus für Freihandformen zu gelangen.

In diesem Modus können Sie jeden Punkt der Form einzeln verschieben. Bei Bedarf können Sie der Linie auch Punkte hinzufügen oder störende Punkte entfernen. Die dazu benötigten Befehle finden Sie im Kontextmenü der Form bzw. der markierten Punkte und Kurvenabschnitte.

Bild 18.31 Freihandformen lassen sich Punkt für Punkt bearbeiten

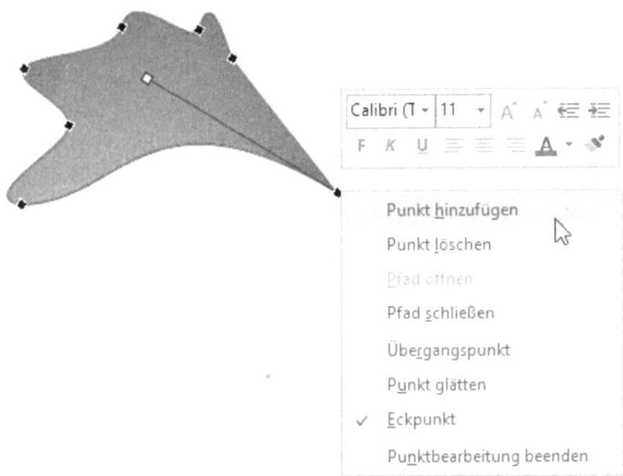

In diesem Modus können Sie eine Kurve auch automatisch mit dem Befehl *Pfad schließen* aus dem Kontextmenü der Form schließen. Zum Verlassen des Bearbeitungsmodus klicken Sie einfach außerhalb der Form auf die Seite.

Kapitel 19

Diagramme erstellen

In diesem Kapitel:

Diagramme helfen dabei, viele oder unübersichtliche Werte grafisch darzustellen und somit überschaubarer und verständlicher zu machen. Für die Darstellung prozentualer Verteilungen oder zeitlicher Verläufe sind Diagramme nahezu unverzichtbar, denn eine Zahlenreihe ist für einen menschlichen Betrachter bei weitem nicht so aussagekräftig wie eine steigende oder fallende Linie.

In diesem Kapitel beschreiben wir zunächst, welche Möglichkeiten es in Word 2013 gibt, um ein fertiges Excel-Diagramm in ein Dokument aufzunehmen. Die Stichworte lauten hier *einbetten* und *verknüpfen*.

Anschließend zeigen wir Ihnen, wie Sie in Word mit wenig Aufwand professionelle Diagramme erstellen und erklären, wie sich die einzelnen Bestandteile eines Diagramms verändern lassen, um die Aussagekraft des Diagramms zu optimieren.

Vorhandene Excel-Diagramme einfügen

In der Praxis werden Sie häufig auf ein bereits vorhandenes Diagramm zurückgreifen können, das in einer Excel-Arbeitsmappe gespeichert ist. Ein solches Diagramm können Sie vom Prinzip her einfach mit Hilfe der Zwischenablage in Ihr Dokument kopieren. Allerdings gilt es dabei zwei Besonderheiten zu beachten:

- Sie können bzw. müssen entscheiden, ob das Design des Diagramms (siehe Kapitel 8) übernommen werden soll oder nicht.
- Sie müssen festlegen, wo die dem Diagramm zugrunde liegenden Daten gespeichert werden sollen: im Word-Dokument oder in der Excel-Arbeitsmappe. Im ersten Fall spricht man vom *Einbetten* des Diagramms, sonst vom *Verknüpfen*.

Einbetten vs. Verknüpfen

Der Unterschied dieser beiden Verfahren besteht im Wesentlichen darin, ob das im Word-Dokument eingefügte Diagramm noch eine Verbindung zu seinen Originaldaten besitzt oder nicht. Wenn Sie das Diagramm einbetten, wird nicht nur das Diagramm im Word-Dokument gespeichert, sondern auch ein Tabellenblatt, das die für das Diagramm benötigten Daten enthält. Dadurch wird das Word-Dokument vollkommen unabhängig von der ursprünglichen Excel-Arbeitsmappe, aus der Sie das Diagramm kopiert haben. Das Tabellenblatt wird dabei natürlich nicht sichtbar im Dokument abgelegt, sondern gewissermaßen in ihm »versteckt«. Nur wenn Sie die Daten nachträglich bearbeiten wollen, sorgt Word dafür, dass das Tabellenblatt in einem Excel-Fenster angezeigt wird.

Oft ist es jedoch erwünscht, dass ein Diagramm die Verbindung zu seinen Originaldaten behält. Das hat nämlich den Vorteil, dass sich etwaige Änderungen an der betreffenden Excel-Arbeitsmappe automatisch in das Diagramm übernehmen lassen. Auf diese Weise können Sie zum Beispiel Ihre Daten zentral in einer Arbeitmappe verwalten und haben die Gewähr, dass in Ihren Word-Dokumenten (oder auch PowerPoint-Präsentationen) immer die aktuellen Daten dargestellt werden. Damit Sie von diesem Mechanismus profitieren können, müssen Ihre Dokumente natürlich auf die Arbeitsmappe zugreifen können.

Beispiel: Excel-Diagramm einfügen

Im folgenden Beispiel zeigen wir Ihnen, wie Sie ein Diagramm aus einer Arbeitsmappe in ein Word-Dokument kopieren und wie Sie steuern, ob das Diagramm eingebettet oder verknüpft wird. Außerdem werden wir auch den Einfluss des Designs veranschaulichen.

1. Öffnen Sie ein Word-Dokument, in das Sie das Diagramm einfügen wollen oder erstellen Sie ein neues leeres Dokument.
2. Starten Sie Excel 2013 und öffnen Sie die Übungsdatei *Umsatz*. Diese Arbeitsmappe enthält nur ein einziges Tabellenblatt, auf dem sich das Diagramm befindet.
3. Klicken Sie das Diagramm an, um es zu markieren.
4. Kopieren Sie das Diagramm mit Strg+C in die Zwischenablage. Alternativ können Sie auf der Registerkarte *START* in der Gruppe *Zwischenablage* den Befehl *Kopieren* aufrufen oder Sie klicken den Rahmen des Diagramms mit der rechten Maustaste an und wählen im Kontextmenü den Befehl *Kopieren.*
5. Wechseln Sie zurück zu Word, positionieren Sie die Einfügemarkte und drücken Sie den Shortcut Strg+V. Alternativ klicken Sie auf *START/Zwischenablage/Einfügen.* Word fügt dann eine Kopie des Diagramms in das Dokument ein. Beachten Sie, dass sich an der unteren rechten Ecke des Diagramms eine kleine Schaltfläche befindet.
6. Öffnen Sie das Menü dieser Schaltfläche. Sie sehen dann mehrere Symbole, mit denen Sie den Einfügemodus steuern können.

Bild 19.1 Mit den Symbolen der Schaltfläche *Einfügeoptionen* lässt sich unter anderem steuern, ob das Diagramm eingebettet oder verknüpft eingefügt wird

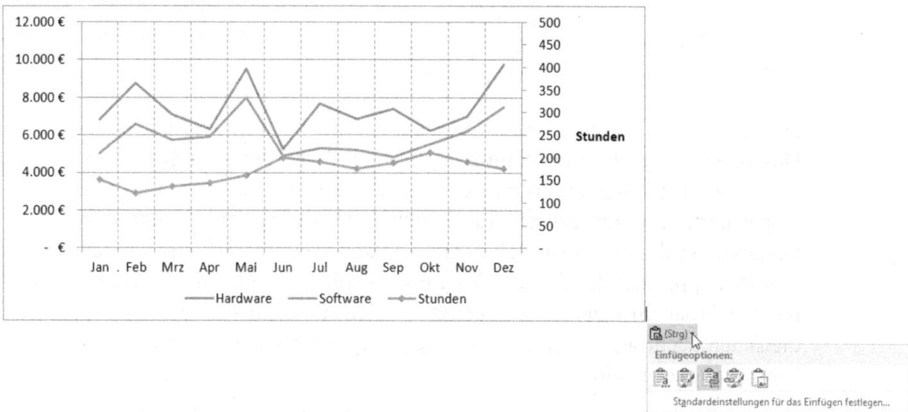

7. Mit den ersten beiden Symbolen können Sie das Diagramm im Dokument einbetten. Dabei können Sie wählen, ob die im Diagramm benutzten Farben und Schriften an das Design des Word-Dokuments angepasst werden (erste Option) oder ob das Diagramm unverändert übernommen wird. Damit Sie den Unterschied der beiden Varianten gut erkennen können, haben wir der Arbeitsmappe das Design *Metis* zugewiesen. Da neue Word-Dokumente standardmäßig das Design *Larissa* verwenden, lässt sich der Unterschied der beiden Einfügevarianten deutlich wahrnehmen.

Die beiden nächsten Symbole fügen das Diagramm verknüpft ein (zu erkennen an dem kleinen Kettenglied). Auch hier können Sie entscheiden, ob das Design des Diagramms angepasst werden soll oder nicht.

Als letzte Variante können Sie das Diagramm in eine Grafik umwandeln lassen. Diese Option bietet sich an, wenn Sie verhindern wollen, dass das Diagramm nachträglich geändert wird.

8. Nachdem Sie eine der Optionen ausgewählt haben, können Sie das Diagramm bei Bedarf mithilfe seiner Anfasser skalieren und mit den üblichen Techniken auf der Seite positionieren.

ACHTUNG **Daten einbetten** Word 2013 bettet tatsächlich die ganze (!) Arbeitsmappe in das Dokument ein, also z.B. auch Tabellenblätter, deren Inhalt für das eingefügte Diagramm gar nicht relevant ist. Dadurch kann die Größe des Word-Dokuments erheblich anwachsen.

Verknüpfte Daten aktualisieren

Wann Word bei einem verknüpften Diagramm auf eine Änderung der zugrunde liegenden Daten reagiert, hängt davon ab, ob für die Verknüpfung eine automatische oder eine manuelle Aktualisierung festgelegt wurde. Im ersten Fall, also bei einer automatischen Aktualisierung, erscheint beim Öffnen des Word-Dokuments ein Dialogfeld, das Sie darauf hinweist, dass sich in dem Dokument verknüpfte Objekte befinden.

Bild 19.2 Diese Meldung erscheint beim Öffnen eines Dokuments, wenn das Dokument verknüpfte Objekte enthält, für die eine automatische Aktualisierung festgelegt ist

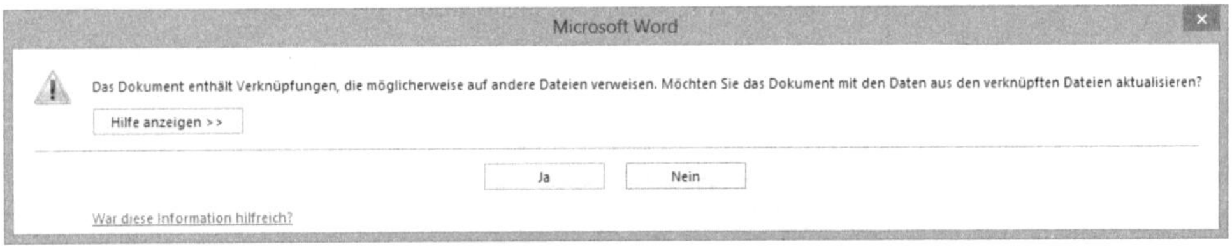

Sie können dann einer Aktualisierung mit *Ja* zustimmen oder sie mit *Nein* ablehnen.

Diagramme, die eine manuelle Verknüpfung besitzen, werden nur dann aktualisiert, wenn Sie explizit den Befehl dazu geben. Zu diesem Zweck markieren Sie das betreffende Diagramm und drücken dann entweder den Shortcut F9 oder Sie klicken auf der Registerkarte *DIAGRAMM-TOOLS/ENTWURF* in der Gruppe *Daten* auf die Schaltfläche *Daten aktualisieren.*

Verknüpfungen bearbeiten

Jetzt bleibt nur noch die Frage zu klären, wie bzw. wo Sie den Aktualisierungsmodus für eine Verknüpfung einstellen können. Grundsätzlich stehen Ihnen dazu zwei Wege offen: diverse Shortcuts und das Dialogfeld *Verknüpfungen.* Die Verwendung der Shortcuts ist unserer Erfahrung nach nicht empfehlenswert, da sie stellenweise ohne ersichtlichen Grund ignoriert wird. Sie sollten daher besser das Dialogfeld benutzen, das Ihnen zudem auch den aktuellen Zustand der Verknüpfung anzeigt.

Zum Aufrufen des Dialogfelds *Verknüpfungen* wechseln Sie via *DATEI* in die Backstage-Ansicht und wählen dort auf der Seite *Informationen* den Befehl *Verknüpfungen mit Dateien bearbeiten* aus. Der Befehl befindet sich, etwas versteckt, unten rechts auf der Seite.

Bild 19.3 Dialogfeld zum Konfigurieren der Verknüpfungen

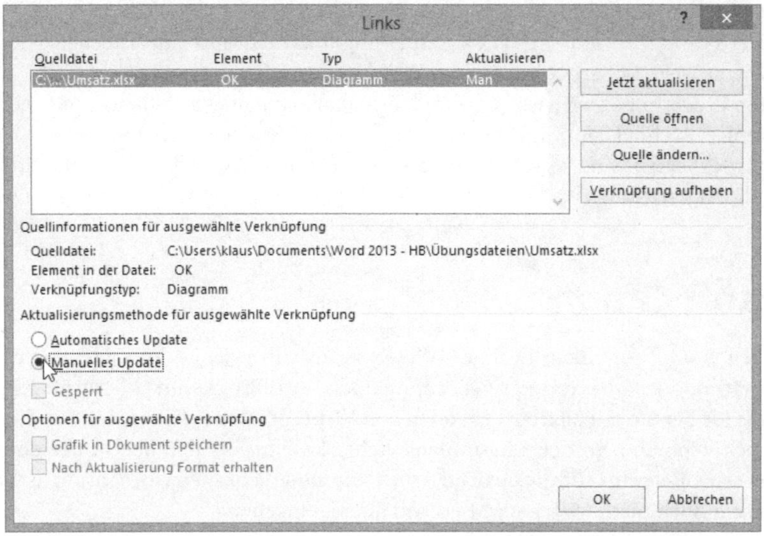

Bevor Sie eine bestimmte Verknüpfung bearbeiten können, müssen Sie sie zunächst in der Auswahlliste markieren. Normalerweise markieren Sie dazu einfach vor dem Aufruf des Dialogs das gewünschte Objekt (in diesem Fall also das Diagramm). Zumindest in früheren Word-Versionen war dann automatisch der entsprechende Listeneintrag im Dialogfeld ausgewählt. Nach unseren Erfahrungen verhält sich Word 2013 hier jedoch absolut unvorhersehbar. Der Versuch von Microsoft, den Anwender vor technischen Details abzuschotten, ist hier offensichtlich »nach hinten losgegangen«.

Wie Sie in Bild 19.3 erkennen können, stehen Ihnen im Dialogfeld *Verknüpfungen* diverse Einstellungsmöglichkeiten zur Verfügung, die jedoch – je nach Typ der Verknüpfung – teilweise deaktiviert sein können:

- **Jetzt aktualisieren** Löst eine manuelle Aktualisierung aus
- **Quelle öffnen** Öffnet die Quelldatei zur Bearbeitung
- **Quelle ändern** Zeigt ein Dateiauswahldialogfeld an, mit dem Sie eine neue Quelldatei auswählen können. Die Funktion benötigen Sie zum Beispiel, wenn die Quelldatei in ein anderes Verzeichnis verschoben wurde.
- **Verknüpfung aufheben** Löst die Verbindung des Objekts zur Quelldatei
- **Automatisches Update** Schalten Sie diese Option ein, wenn Word die betreffende Verknüpfung automatisch (zum Beispiel beim Öffnen des Dokuments) aktualisieren soll
- **Manuelles Update** Wenn diese Option aktiv ist, wird die Verknüpfung nur aktualisiert, wenn Sie den Befehl dazu geben (mit F9 oder via *DIAGRAMMTOOLS/ENTWURF/Daten/Daten aktualisieren)*
- **Gesperrt** Mit dieser Option können Sie verhindern, dass die Verknüpfung aktualisiert werden kann (weder manuell noch automatisch)
- **Grafik in Dokument speichern** Wird für Diagramme nicht benötigt
- **Nach Aktualisierung Format erhalten** Wird für Diagramme nicht benötigt

Neue Diagramme von Word aus erstellen

Da es sich bei Word 2013 um eine Textverarbeitung und nicht um eine Tabellenkalkulation handelt, ist es nicht weiter überraschend, dass Word zum Einfügen von Diagrammen auf die Hilfe eines anderen Programms angewiesen ist. Im Normalfall handelt es sich dabei um Excel, da es wohl nur sehr wenige Rechner gibt, auf denen Word 2013 als einziges Programm der Office-Familie installiert ist. Schließlich sind sowohl Word als auch Excel in allen Editionen von Office 2013 enthalten und die Anschaffung einer einzelnen Word-Lizenz ist wirtschaftlich kaum sinnvoll.

Microsoft Graph

Sollte wirklich einmal auf einem Rechner kein Excel installiert sein oder sollten Sie mit Word im Kompatibilitätsmodus arbeiten, springt automatisch das Programm Microsoft Graph in die Bresche. Falls Sie bereits mit älteren Versionen von Word gearbeitet haben, werden Sie dieses Tool vielleicht noch kennen. Sein Leistungsumfang steht allerdings so deutlich hinter dem von Excel zurück, dass seine Relevanz für die tägliche Arbeit von untergeordneter Bedeutung ist. Wir werden daher in diesem Buch nicht weiter auf Microsoft Graph eingehen.

Bild 19.4 Das Erstellen von Diagrammen mit Hilfe von Microsoft Graph ist nicht nur aufwendiger, sondern führt auch zu deutlich schlechteren Ergebnissen

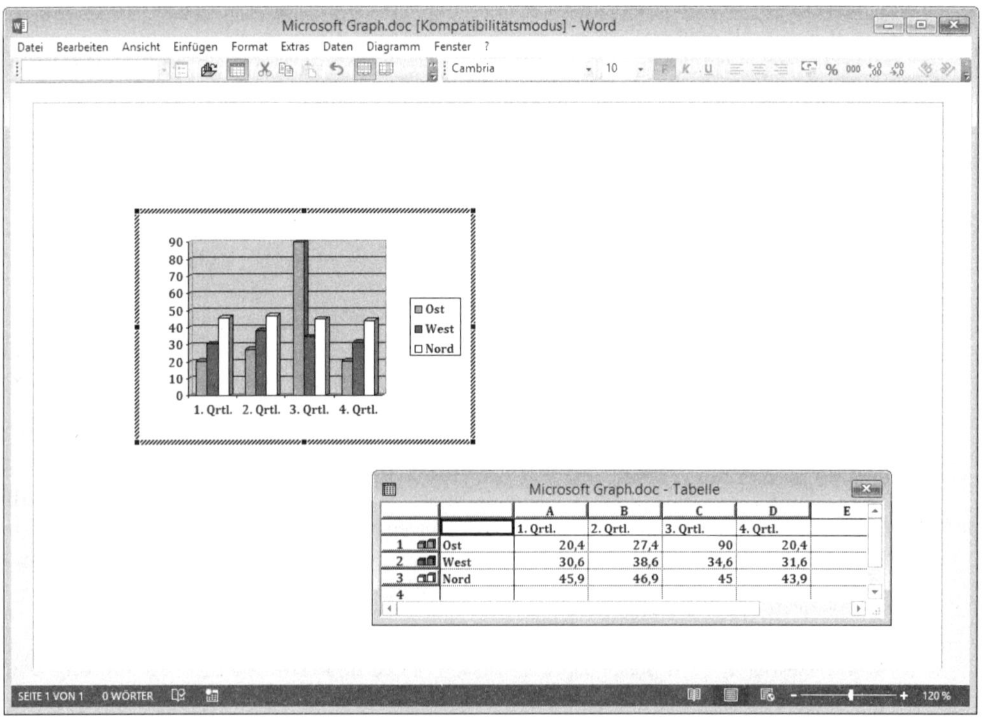

Excel-Diagramme mit neuen Daten erstellen

Mit der Unterstützung von Excel ist das Erstellen eines neuen Diagramms in Word eine Sache von wenigen Minuten. Ihre Aufgabe beschränkt sich dabei im Wesentlichen auf das Eingeben der zugrunde liegenden Daten und der Wahl eines geeigneten Diagrammtyps. In einem zweiten Schritt können Sie dann das Diagramm optimieren, indem Sie Formatierungsmerkmale ändern, Achsen hinzufügen oder entfernen usw.

Gehen Sie dazu am besten folgendermaßen vor:

1. Öffnen Sie das Word-Dokument, in das Sie das Diagramm einfügen möchten und setzen Sie die Einfügemarke an die gewünschte Stelle. (Natürlich ist es später jederzeit möglich, das fertige Diagramm im Dokument zu verschieben.)
2. Wechseln Sie auf die Registerkarte *EINFÜGEN* und klicken Sie in der Gruppe *Illustrationen* auf das Symbol *Diagramm.*

Bild 19.5 Die verschiedenen Diagrammtypen werden nach Kategorien sortiert angezeigt

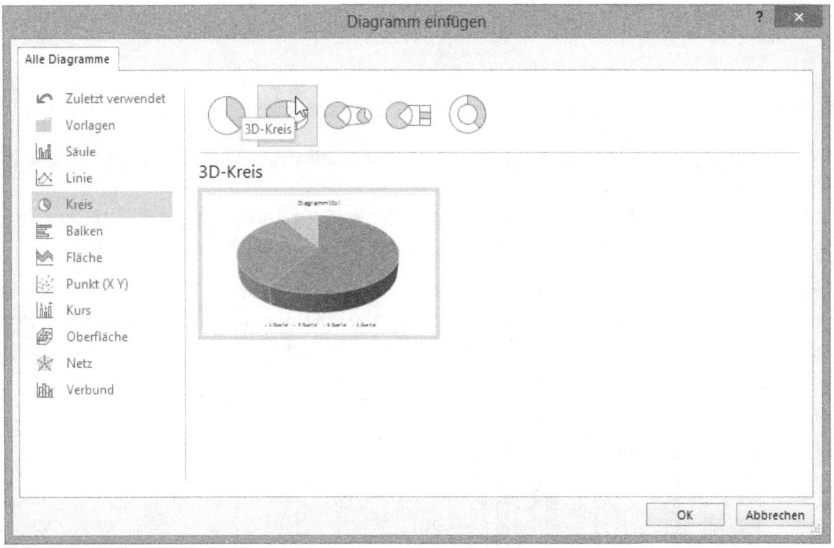

3. Klicken Sie den gewünschten Diagrammtyp an und bestätigen Sie Ihre Wahl mit *OK.*

   Word fügt nun ein Diagramm in das Dokument ein, dem zunächst noch Beispieldaten zugrunde liegen. Diese Daten können Sie in einem separaten Fenster bearbeiten. Diese Daten werden in das Word-Dokument *eingebettet,* das heißt, sie befinden sich innerhalb der Word-Datei und werden nicht als separate Excel-Datei gespeichert. Das hat den Vorteil, dass Ihr Word-Dokument weiterhin aus einer einzelnen Datei besteht, was zum Beispiel die Weitergabe an Dritte erleichtert.

HINWEIS **Diagrammtyp** Sie können den gewählten Diagrammtyp auch im Nachhinein noch ändern, falls Sie sich später für eine andere Form der Darstellung entscheiden.

Bild 19.6 Das neue Diagramm basiert zunächst auf Beispieldaten, die in einem separaten Fenster bearbeitet werden können

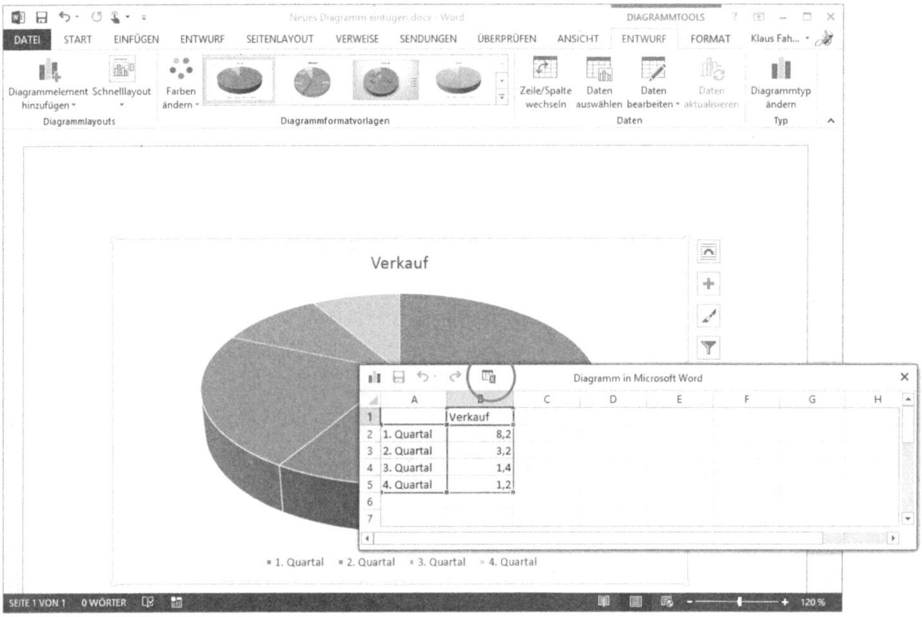

4. Ersetzen Sie die Beispieldaten durch die von Ihnen benötigen Werte. Beachten Sie, dass Word das neue Diagramm kontinuierlich gemäß Ihren Änderungen anpasst.

5. Wenn Sie die Zahlenwerte formatieren möchten, um zum Beispiel Geldbeträge korrekt darzustellen, können Sie dies entweder über das Dialogfeld *Zellen formatieren* erledigen, das Sie mit dem Shortcut [Strg]+[1] aufrufen können, oder Sie klicken auf die oben im Bild gekennzeichnete Schaltfläche, um die Daten direkt in Excel zu bearbeiten.

Bild 19.7 Bearbeiten der Daten in Excel

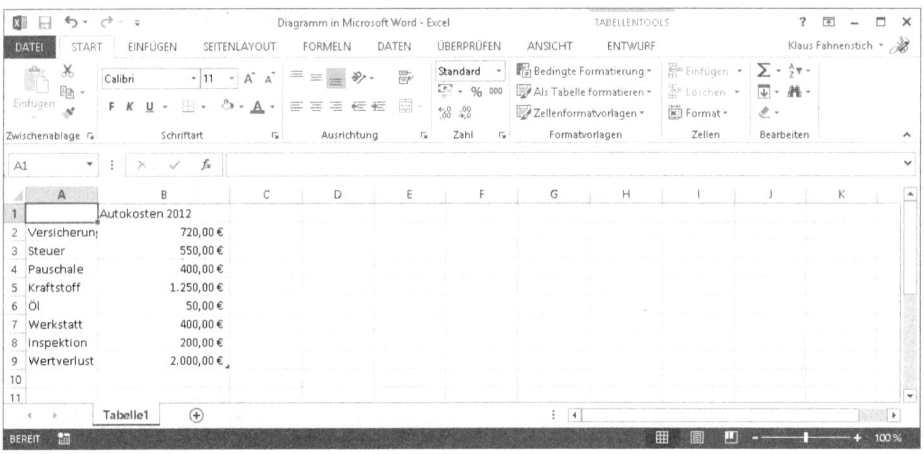

6. Schließen Sie das Excel-Fenster über *DATEI/Schließen.*

Bild 19.8 Die Beispieldaten wurden durch die vom Diagramm darzustellenden Daten ersetzt. Beachten Sie auch die vier Schaltflächen rechts neben dem Diagramm.

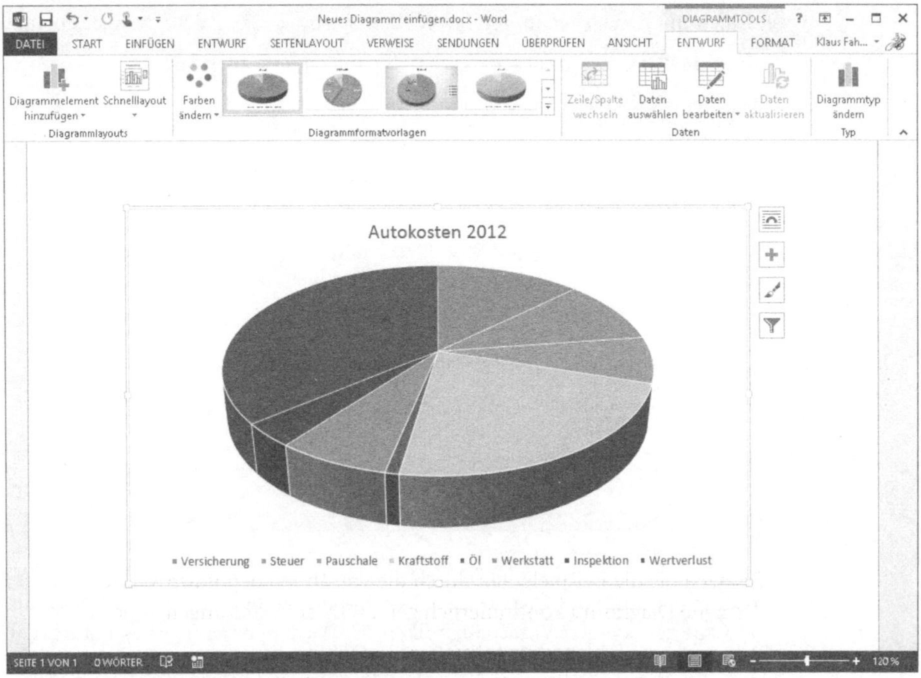

Beachten Sie auch die Symbole rechts neben dem Diagramm. Sie wurden in Word 2013 neu eingeführt und erlauben eine sehr komfortable Bearbeitung der Diagramme. Wir werden Ihnen diese wichtigen Funktionen im nächsten Abschnitt vorstellen.

7. Wenn Sie das Diagramm noch auf der Seite verschieben wollen, fassen Sie dazu am besten den Rahmen des Diagramms an. Mit dessen Anfassern (das sind die kleinen Kästchen) lässt sich das Diagramm vergrößern oder verkleinern.

HINWEIS **Daten bearbeiten** Falls Sie die Diagrammdaten zu einem späteren Zeitpunkt erneut bearbeiten wollen, markieren Sie das Diagramm im Word-Dokument und klicken auf der Registerkarte *DIAGRAMMTOOLS/ENTWURF* in der Gruppe *Daten* auf *Daten bearbeiten.* Dieser Befehl ist auch über das Kontextmenü des Diagramms erreichbar.

Damit ist das neue Diagramm im Grunde genommen schon fertig. Wir wollen trotzdem noch etwas an seinem Layout und seinem Aussehen feilen, denn auf der Registerkarte *ENTWURF* befinden sich noch zwei effektive Funktionen, mit denen Sie ein Diagramm bei minimalem Aufwand optisch aufwerten können. Und die Gelegenheit sollten Sie sich nicht entgehen lassen.

Schnelllayout

Jedes Excel-Diagramm besteht aus verschiedenen Elementen wie zum Beispiel einem Titel, einer Legende, Beschriftungen usw. Wie Sie im weiteren Verlauf des Kapitels noch sehen werden, können Sie jedes dieser Elemente separat verändern. Oft ist dies jedoch gar nicht nötig, denn Word bietet Ihnen mit den so genannten *Schnelllayouts* eine ganze Palette fertiger Formatierungen an.

Um ein Schnelllayout anzuwenden, gehen Sie folgendermaßen vor:

1. Markieren Sie das Diagramm und zeigen Sie die Registerkarte *DIAGRAMMTOOLS/ENTWURF* an.
2. Klicken Sie auf die Schaltfläche *Schnelllayout.*

Bild 19.9 Art und Umfang der Layoutvorschläge hängen vom Diagrammtyp ab

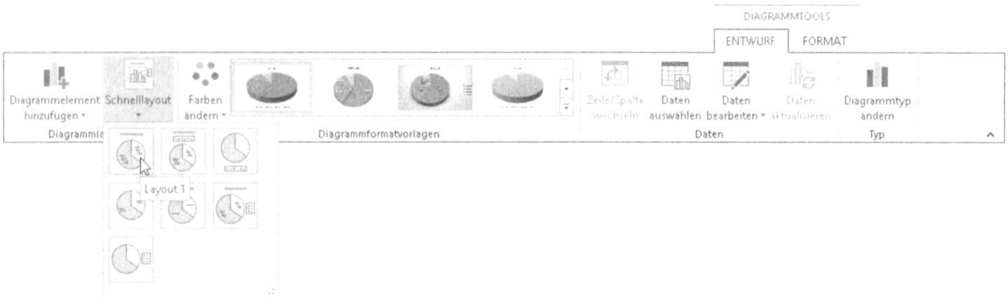

3. Wählen Sie eines der angebotenen Layouts aus. Leider zeigt Word hier keine Livevorschau an und auf den kleinen Vorschaugrafiken des Ausklappmenüs ist es manchmal recht schwierig, die Details der Layouts zu erkennen.

Bild 19.10 Die Legende des Diagramms wurde durch Beschriftungen ersetzt

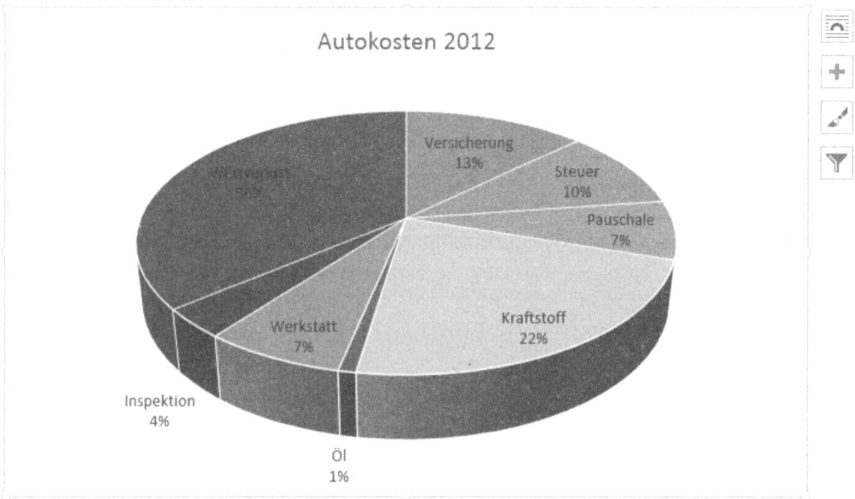

Diagrammformatvorlagen zuweisen

Nachdem Sie den Typ des Diagramms festgelegt haben, können Sie jetzt seine farbliche Gestaltung ändern. Dies lässt sich am einfachsten und schnellsten über das Symbol *Diagrammformatvorlagen* erledigen, das automatisch neben einem markierten Diagramm angezeigt wird.

Wenn Sie das Symbol anklicken, erscheint ein Fenster mit einer Liste von Formatierungsvarianten für das gewählte Diagramm. Die einzelnen Varianten unterscheiden sich dabei nicht nur durch die benutzten grafischen Effekte, sondern auch durch die Anzahl und Position von Beschriftungsfeldern und Legenden. Hier unterscheidet sich Word 2013 von seinem Vorgänger, bei dem Dokumentvorlagen nur Auswirkungen auf die farbliche Gestaltung eines Diagramms hatten.

Bild 19.11 In Word 2013 haben Diagrammformatvorlagen nicht nur Einfluss auf Farben und Effekte, sondern auch auf Legenden und Beschriftungsfelder. Word 2010 verhielt sich hier noch anders.

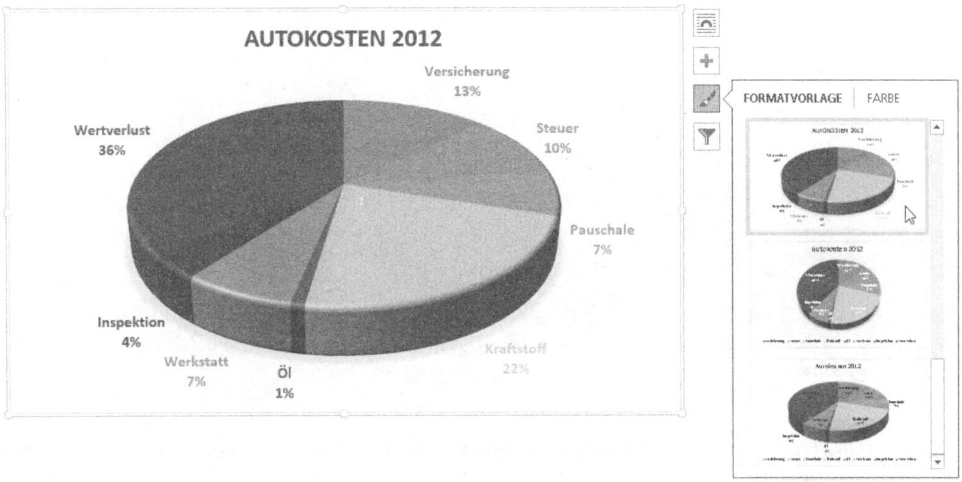

Auf der Seite *Farbe* haben Sie die Auswahl zwischen mehreren Farbpaletten. Dabei wird grundsätzlich unterschieden, ob die einzelnen Daten durch verschiedene Farben (farbige Paletten) oder nur durch die Intensität des gewählten Farbtons (monochrome Paletten) dargestellt werden.

HINWEIS **Diagrammformatvorlagen mit dem Menüband zuweisen** Die Funktionen des Symbols *Diagrammformatvorlagen* finden Sie 1:1 auf der Registerkarte *DIAGRAMMTOOLS/ ENTWURF* in der Gruppe *Diagrammformatvorlagen*.

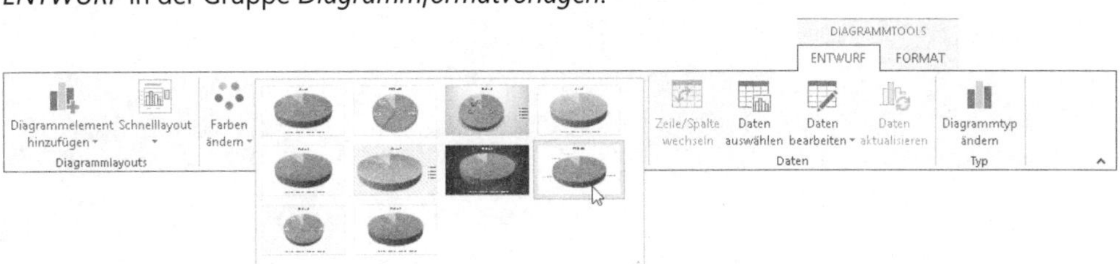

Diagrammelemente ein- und ausblenden

Ein Diagramm besteht je nach Typ aus verschiedenen Elementen. So können zum Beispiel alle Diagramme einen Titel und eine Legende besitzen. Andere Elemente, wie Achsen oder Trendlinien machen jedoch nur bei bestimmten Diagrammtypen Sinn und werden auch nur dort angeboten.

Zum Ein- und Ausblenden solcher Elemente verwenden Sie das zweite der Symbole, die neben einem markierten Diagramm erscheinen (das Pluszeichen). Sein Fenster enthält eine Liste aller für den jeweiligen Diagrammtyp erlaubten Elemente. Bei einigen Elementen können Sie über ein Untermenü noch weitere Optionen auswählen (siehe Bild 19.12). Der kleine Pfeil erscheint übrigens erst, wenn Sie mit dem Mauszeiger auf den Befehl zeigen.

Bild 19.12 Diagrammelemente wie Titel oder Legenden lassen sich über das Symbol *Diagrammelemente* nicht nur ein- und ausschalten, sondern auch positionieren

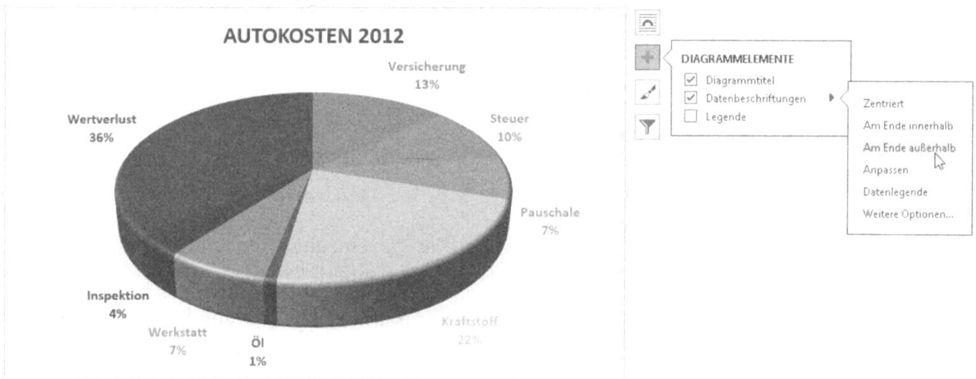

HINWEIS **Diagrammelemente mit dem Menüband zuweisen** Auch diese Funktion finden Sie auf der Registerkarte *DIAGRAMMTOOLS/ENTWURF*. Dort sind die einzelnen Optionen mit kleinen Grafiken bebildert.

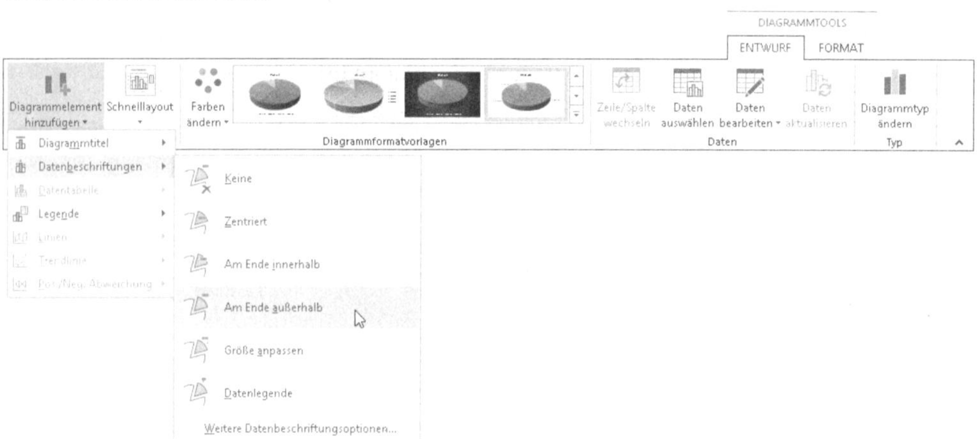

Weitergehende Informationen finden Sie im Abschnitt »Beschriftung ändern« ab Seite 458.

Diagrammelemente auswählen

Wie wir bereits weiter oben gesagt haben, können Sie viele der Komponenten, aus denen ein Diagramm zusammengesetzt ist, nachträglich ändern oder ihre Formatierung auf andere Merkmale einstellen. Vor dem Formatieren müssen Sie natürlich zuerst das entsprechende Diagrammelement markieren. Dazu haben Sie verschiedene Möglichkeiten:

- Sie klicken das gewünschte Element direkt im Diagramm an. Dieses Verfahren eignet sich jedoch nicht für alle Teile eines Diagramms, da einige Elemente nur schwer mit der Maus zu treffen sind (ganz zu schweigen von der Fingereingabe).
- Alternativ verwenden Sie die Registerkarte *DIAGRAMMTOOLS/FORMAT,* deren Gruppe *Aktuelle Auswahl* ein Listenfeld enthält, mit dem Sie die Elemente auswählen können.
- Auch die verschiedenen Aufgabenbereiche bieten entsprechende Auswahllisten an.

Wenn ein Element im Diagramm mehrfach auftritt, werden in der Regel zunächst alle Vorkommen markiert. Das ist zum Beispiel bei Datenbeschriftungen oder auch bei Datenreihen der Fall. Wollen Sie nur ein bestimmtes Element markieren, müssen Sie es anschließend noch einmal explizit anklicken.

Beispiel: Tortenstück herausziehen

Ein typischer Anwendungsfall, bei dem Sie ein einzelnes Element aus einer Gruppe markieren müssen, ist das Herausziehen eines Segments aus einem Kreisdiagramm:

1. Klicken Sie das gewünschte Diagramm an und wählen Sie auf der Registerkarte *DIAGRAMM-TOOLS/FORMAT* in der Gruppe *Aktuelle Auswahl* den Eintrag *Reihen "xy".* Danach sind alle Segmente des Kreises markiert.
2. Klicken Sie das gewünschte Segment direkt im Diagramm an und achten Sie dabei darauf, dass Sie nicht in der Nähe einer eventuell vorhandenen Datenbeschriftung klicken. Anschließend ist nur noch das eine Segment markiert.
3. Ziehen Sie das markierte Segment mit der Maus ein Stück aus dem Kreis.

Bild 19.13 Einzelne Elemente können nur im Diagramm markiert werden

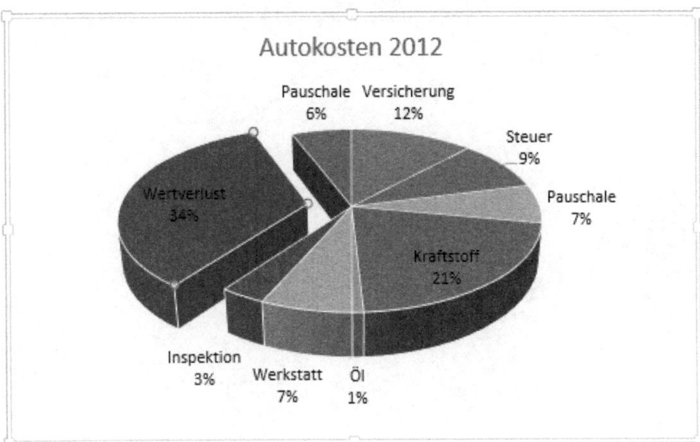

Beschriftung ändern

In jedem Diagramm sind diverse Beschriftungen enthalten, die Sie individuell positionieren und formatieren können. Weiter vorne in diesem Kapitel (in Abschnitt »Diagrammelemente ein- und ausblenden« auf Seite 456) haben Sie bereits erfahren, wie Sie diese Elemente hinzufügen und entfernen können. Auf den folgenden Seiten gehen wir noch etwas näher auf dieses Thema ein und zeigen Ihnen, wie Sie die verschiedenen Beschriftungselemente manuell nachbearbeiten können.

Position des Diagrammtitels ändern

Wenn das Diagramm bereits einen Titel enthält, können Sie ihn jederzeit mit der Maus verschieben oder ihn mit der `Entf`-Taste löschen. Wie sich der Rest des Diagramms beim Verschieben bzw. Löschen des Titels verhält, hängt davon ab, ob der Titel das Diagramm überlagert oder ob er sich den Diagrammbereich, also den Rahmen, in dem das Diagramm eingefasst ist, teilt.

Über das Auswahlmenü der Schaltfläche *Diagrammelemente* (das Pluszeichen neben dem Diagramm) können Sie zwischen den beiden Darstellungsarten wechseln:

- **Über Diagramm** Titel und Diagramm können sich nicht überlappen, sondern müssen den Platz innerhalb des Rahmens aufteilen. Wenn Sie den Titel vergrößern (z.B. indem Sie Text ergänzen oder die Schrift vergrößern), wird das Diagramm automatisch verkleinert.
- **Zentrierte Überlagerung** Der Titel kann das Diagramm überlappen. Die Größe des Diagramms ist dadurch unabhängig von der Größe des Titels.

Achsentitel bearbeiten

Mit Ausnahme der Kreis-, Ring- und Netzdiagrammtypen haben alle Diagramme Achsen. Dabei wird die horizontale (waagerechte) Achse eines Diagramms auch als *Kategorienachse* bezeichnet (früher: Rubrikenachse) und die vertikale (senkrechte) Achse als *Wertachse* (früher: Größenachse). Jede Achse kann neben ihrer Beschriftung auch einen Titel besitzen, dessen Sichtbarkeit und Positionierung mit der Schaltfläche *Diagrammelemente* gesteuert wird.

Bild 19.14 Einstellen eines Titels für eine horizontale (waagerechte) Achse

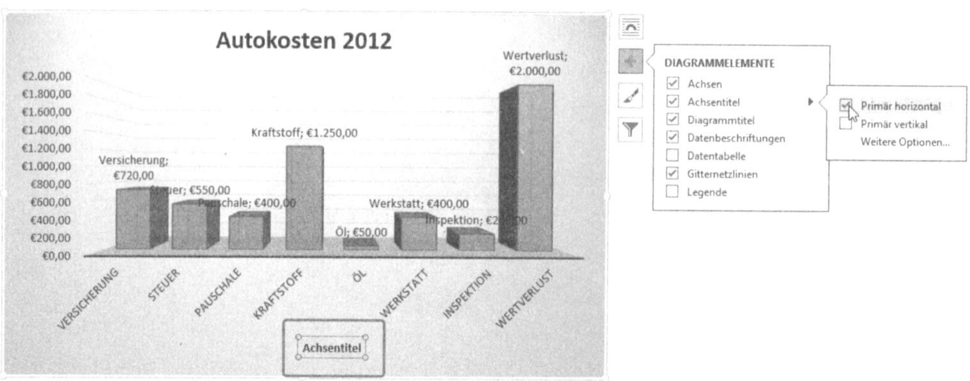

PROFITIPP

Primär- und Sekundärachse

In mehreren Ausklappmenüs der Schaltfläche *Diagrammelemente* taucht der Begriff der Primärachse auf. Die Verwendung dieses Begriffs ist unserer Meinung nach bei Standarddiagrammen überflüssig. Denn von einer Primärachse zu sprechen macht eigentlich erst dann Sinn, wenn das Diagramm auch eine Sekundärachse besitzt. Bei einer Sekundärachse handelt es sich um eine zusätzliche Achse, auf der die Werte einer Datenreihe angezeigt werden können, die einen abweichenden Datentyp oder einen anderen Maßstab als die übrigen Datenreihen besitzen.

Legende

Häufig sind die Daten eines Diagramms nicht direkt beschriftet, sondern es gibt eine Legende, in der die Bedeutung der verschiedenen Farben erläutert ist. Ihre Position steuern Sie über das Untermenü des Befehls *Legende*, der sich ganz unten im Fenster der Schaltfläche *Diagrammelemente* befindet. Ähnlich wie beim Diagrammtitel können Sie auch bei der Legende entscheiden, ob sie das Diagramm überlagern darf oder nicht.

Neben der Position können Sie aber auch die Größe der Legende beeinflussen. Ziehen Sie dazu einfach den Rahmen der Legende auf das gewünschte Format. Word passt dann die Anordnung der einzelnen Elemente an den neuen Rahmen an und ändert dabei sowohl die Schriftgröße als auch die Zeilen- und Spaltenanzahl. Vorsicht: Wenn Sie den Rahmen zu klein machen, zeigt Word die Elemente der Legende nicht mehr vollständig an. Sie erhalten dabei keinen Warnhinweis!

Bild 19.15 Vorsicht: Wenn Sie die Legende zu klein machen, werden nicht mehr alle Kategorien angezeigt

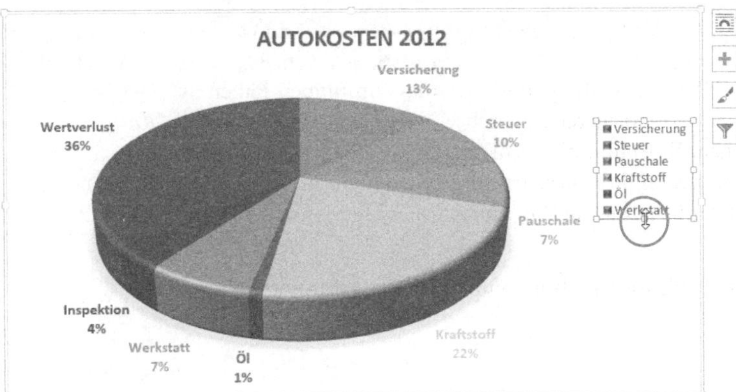

Datenbeschriftungen

Wenn in einem Diagramm die einzelnen Werte einer Datenreihe angezeigt werden, wird dies als *Datenbeschriftung* bezeichnet. Die optimale Positionierung dieser Beschriftungen hängt nicht nur vom Typ des Diagramms ab, sondern auch von seiner farblichen Darstellung. Wenn Sie zum Beispiel beim Tortendiagramm aus dem obigen Bild die Beschriftung auf den einzelnen Segmenten anzeigen lassen würden, wären sie – besonders auf den dunklen Flächen – nur schwer lesbar. In diesem Fall wäre es sicher sinnvoller, die Werte außerhalb der Grafik zu positionieren.

1. Markieren Sie das Diagramm und klicken Sie auf die Schaltfläche *Diagrammelemente.*
2. Wählen Sie im Untermenü des Befehls *Datenbeschriftungen* die Variante *Am Ende außerhalb.*
3. Falls Word nicht alle Elemente optimal positionieren konnte, klicken Sie die Elemente an und ziehen sie dann mit der Maus an die gewünschte Stelle.

Bild 19.16 Eventuell müssen Sie einzelne Beschriftungen etwas verschieben

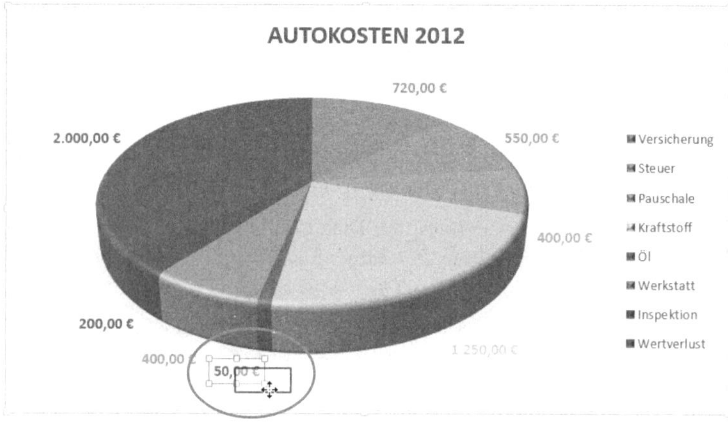

Sie können aber nicht nur die Position einer Datenbeschriftung steuern, sondern auch den Inhalt:

1. Wählen Sie das gewünschte Diagramm aus und achten Sie darauf, dass entweder kein Datenbeschriftungselement markiert ist oder aber alle.
2. Klicken Sie auf die Schaltfläche *Diagrammelemente* und wählen Sie im Untermenü des Befehls *Datenbeschriftungen* den Befehl *Weitere Optionen.* Word zeigt einen Aufgabenbereich an.

Bild 19.17 Hier können Sie den Inhalt der Datenbeschriftung steuern

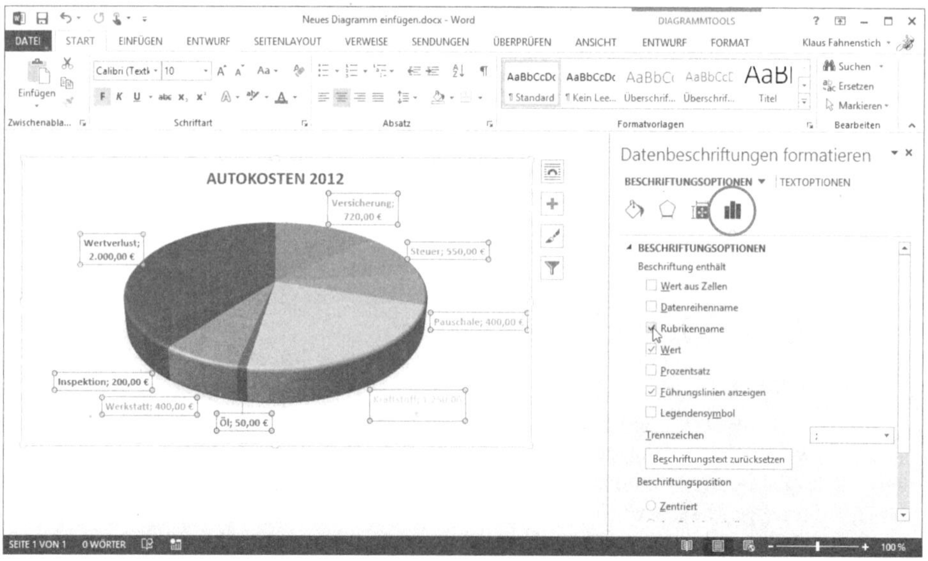

3. Mit den Einstellungen der Gruppe *Beschriftungsoptionen* können Sie bestimmen, welche Informationen in die Beschriftung aufgenommen werden. Im abgebildeten Beispiel soll nicht nur der Wert, sondern auch der Name der Rubrik (früher: Kategorie) angezeigt werden.
4. Bei Bedarf können Sie auch das Legendensymbol mit in die Beschriftung aufnehmen. Ob dies der Übersichtlichkeit zugute kommt, lässt sich nicht allgemein sagen, sondern hängt vom konkreten Diagramm ab.
5. Wenn Sie für die Beschriftung mehrere Elemente ausgewählt haben, können Sie mit dem Listenfeld *Trennzeichen* festlegen, wie die einzelnen Elemente voneinander getrennt werden sollen. Sie sind dabei nicht auf das Angebot des Listenfeldes beschränkt, sondern können auch eigene Zeichen (auch mehrere) in das Feld eintragen. Hinweis: Sie müssen Ihre Eingabe mit ↵ bestätigen, damit sie von Word erkannt und übernommen wird.
6. Die nächste Gruppe ist für die Positionierung der Beschriftungen verantwortlich und korrespondiert mit den Befehlen der Schaltfläche *Diagrammelemente*.
7. Falls Ihre Beschriftung zuviel Raum im Diagramm beansprucht, können Sie unter Umständen etwas Platz schaffen, indem Sie das Zahlenformat ändern und zum Beispiel auf die Anzeige von Nachkommastellen verzichten. Öffnen Sie dazu im Aufgabenbereich die Rubrik *Zahl*.
8. Wählen Sie die Rubrik *Währung* und geben Sie im Feld *Dezimalstellen* eine Null ein.

Bild 19.18 Entfernen der Nachkommastellen

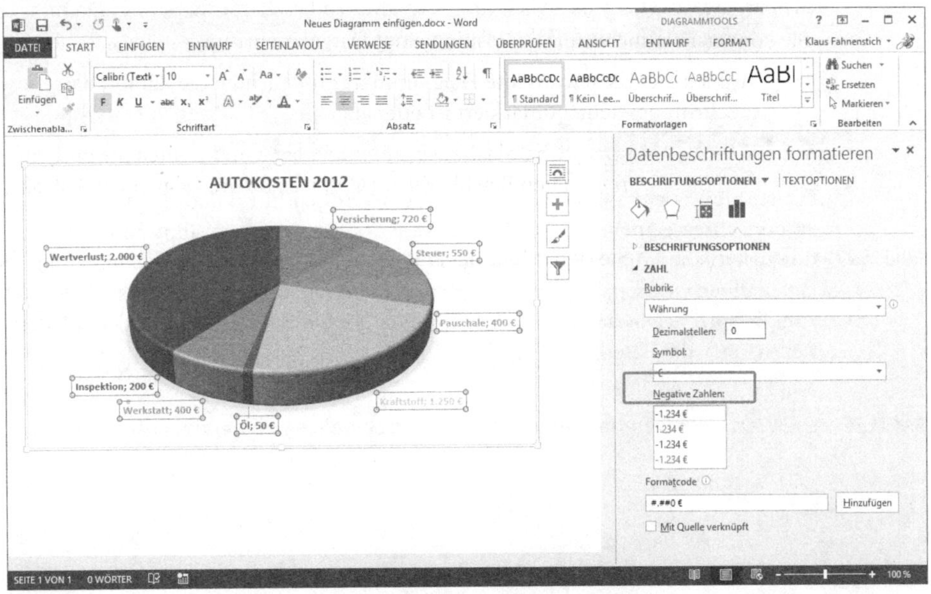

9. Eventuell müssen Sie in einzelnen Beschriftungsrahmen noch manuelle Zeilenumbrüche einfügen. Dazu klicken Sie ein bereits markiertes Beschriftungsfeld erneut an, bis der Rahmen zu einer gestrichelten Linie wird. Jetzt können Sie die Beschriftung wie einen normalen Text bearbeiten (und sogar formatieren).

Bild 19.19 Der Text der Datenbeschriftung lässt sich auch direkt editieren

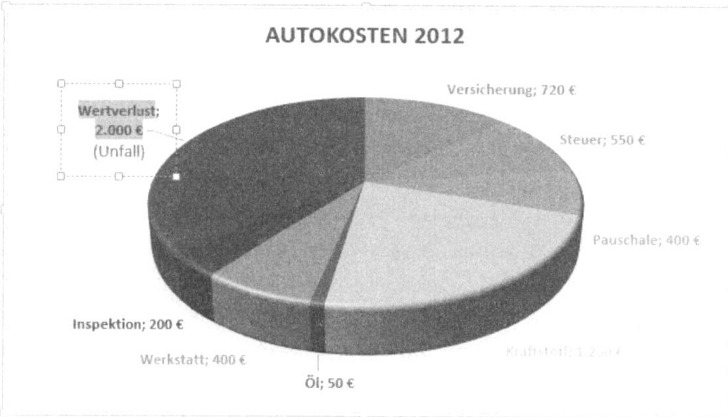

Achsen bearbeiten

Seit Word 2007 ist die Bezeichnung der Diagrammachsen endlich auch für Anwender nachvollziehbar, die sich nicht tagtäglich mit Diagrammen beschäftigen. Sie werden nun schlicht *horizontale Achse, vertikale Achse* und *Tiefenachse* genannt.

Primär- und Sekundärachsen

Für leichte Verwirrung sorgt höchstens noch der Begriff *Primärachsen,* mit dem die normalen Diagrammachsen gemeint sind. Wie wir weiter vorne schon erwähnt haben, lassen sich Diagramme mit zusätzlichen Achsen – den so genannten *Sekundärachsen* – ausstatten, auf denen für einzelne Datenreihen eine separate Skalierung vorgenommen werden kann. Das folgende Diagramm enthält zum Beispiel neben den beiden Datenreihen *Hardware* und *Software,* deren Werte Geldbeträge darstellen, noch die Datenreihe *Stunden.*

Bild 19.20 Die Werte der Datenreihen besitzen unterschiedliche Einheiten (Euro und Stunden)

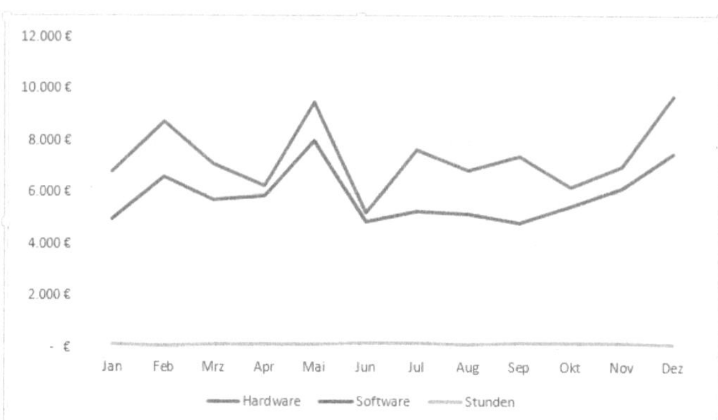

In dieser Form ist das Diagramm natürlich noch nicht zu gebrauchen. Um das Diagramm mit einer Sekundärachse auszustatten, gehen Sie wie folgt vor:

1. Öffnen Sie die Übungsdatei *Sekundärachse.*
2. Markieren Sie das Diagramm und zeigen Sie die Registerkarte *DIAGRAMMTOOLS/FORMAT* an.
3. Wählen Sie in der Gruppe *Aktuelle Auswahl* den Eintrag *Reihe "Stunden".*

Bild 19.21 Auswählen der gewünschten Datenreihe des Diagramms

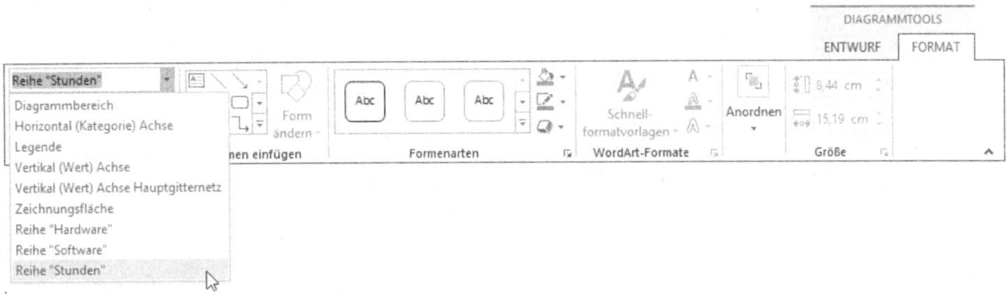

4. Klicken Sie dann in der Gruppe *Aktuelle Auswahl* auf *Auswahl formatieren.* Word zeigt den Aufgabenbereich *Datenreihen formatieren* an.
5. Schalten Sie in der Rubrik *Reihenoptionen* die Option *Sekundärachse* ein.
6. Klicken Sie im Aufgabenbereich auf das Eimer-Symbol und wechseln Sie dann auf die Seite *MARKIERUNG.* Jetzt können Sie bei den *MARKIERUNGSOPTIONEN* eine Einstellung wählen, die sich von denen der anderen Datenreihen unterscheidet.

Bild 19.22 Darstellung der Datenpunkte wählen

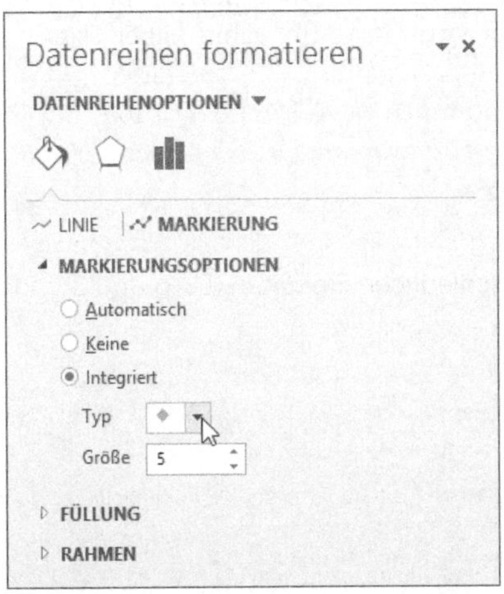

7. Versehen Sie nun die Sekundärachse mit einem Titel, indem Sie die Schaltfläche *Diagrammelemente* (das Plus-Symbol neben dem Diagramm) anklicken und die Option *Achsentitel/Sekundär vertikal* einschalten.
8. Klicken Sie den neuen Achsentitel an und ändern Sie seinen Text sinnvoll ab.

Bild 19.23 Die Stunden werden auf der neuen Sekundärachse ausgegeben

Skalierung der Achsen ändern

Die automatische Skalierung der Diagrammachsen lässt sich nachträglich ändern, wobei Sie nahezu alle Aspekte beeinflussen können. Egal ob Sie den Maximalwert ändern, ob Sie den Nullpunkt verschieben oder eine logarithmische Skalierung wünschen – alles ist möglich.

1. Markieren Sie das Diagramm, klicken Sie auf die Schaltfläche *Diagrammelemente* (das Pluszeichen) und wählen Sie im angezeigten Fenster den Befehl *Achsen/Weitere Optionen.* Word zeigt dann den Aufgabenbereich *Achse formatieren* an.
2. Klicken Sie oben im Aufgabenbereich auf den Pfeil neben *ACHSENOPTIONEN* und wählen Sie im Ausklappmenü die gewünschte Achse aus (hier *Sekundär Vertikal (Wert) Achse).*
3. Jetzt müssen Sie gegebenenfalls noch auf die Seite *Achsenoptionen* wechseln, indem Sie das Symbol mit den drei Balken anklicken. Der Aufgabenbereich sieht nun folgendermaßen aus:

Bild 19.24 Ändern der automatischen Skalierung

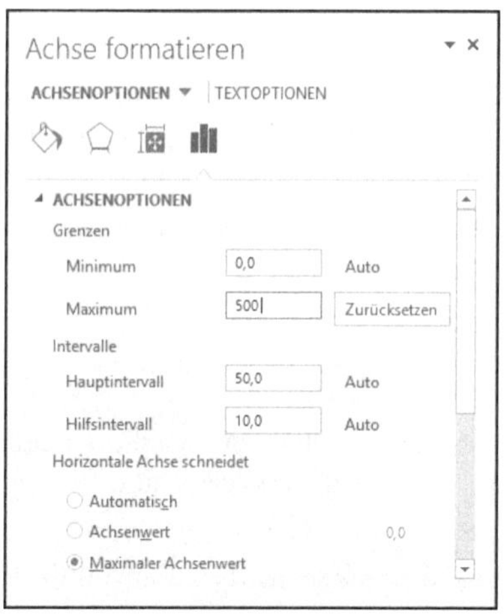

4. Nehmen Sie die gewünschten Änderungen im Aufgabenbereich vor. Ihre Einstellungen wirken sich direkt auf das Diagramm aus!
5. Schließen Sie den Aufgabenbereich wieder.

Im nächsten Bild sehen Sie das Diagramm aus Bild 19.23, bei dem wir die Skalierung der Sekundärachse geändert haben, damit die Linie der Datenreihe *Stunden* etwas nach unten rutscht.

Bild 19.25 Die Sekundärachse besitzt nun die vorgegebene Skalierung

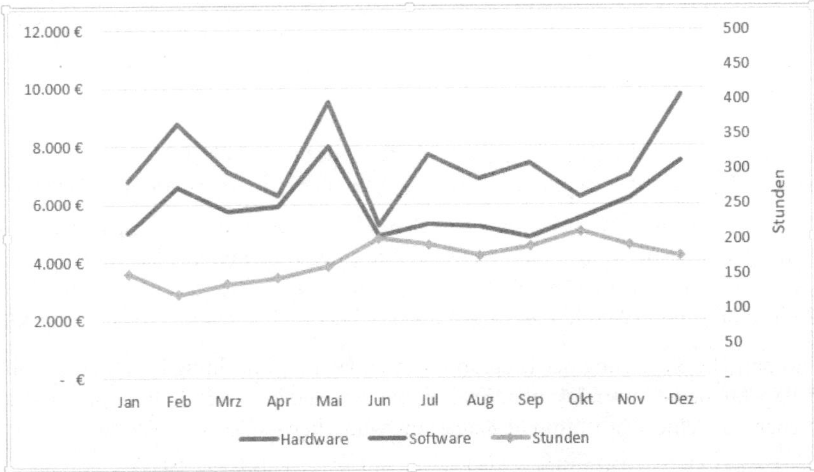

TIPP Den Aufgabenbereich *Achse formatieren* können Sie auch aufrufen, indem Sie die gewünschte Achse mit der rechten Maustaste anklicken und in ihrem Kontextmenü den Befehl *Achse formatieren* wählen. Falls der Aufgabenbereich bereits angezeigt wird, wechseln Sie am schnellsten auf die passende Seite, indem Sie das gewünschte Element im Diagramm anklicken.

Gitternetzlinien

Gitternetzlinien können Diagramme deutlich übersichtlicher machen, denn mit ihrer Hilfe lassen sich die Werte der Datenpunkte leichter ablesen. Word unterscheidet dabei für jede Achse zwischen dem *Hauptgitter* und dem feiner unterteilten *Hilfsgitter*.

Um für ein Diagramm festzulegen, ob und wie viele senkrechte und/oder waagerechte Gitternetzlinien angezeigt werden, gehen Sie folgendermaßen vor:

1. Markieren Sie das betreffende Diagramm.
2. Klicken Sie auf die Schaltfläche *Diagrammelemente* und schalten Sie dann im Untermenü des Befehls *Gitternetzlinien* die gewünschten Gitternetzlinien ein bzw. aus (siehe Bild 19.26 auf der nächsten Seite).

Bild 19.26 Gitternetzlinien können für jede Achse separat konfiguriert werden

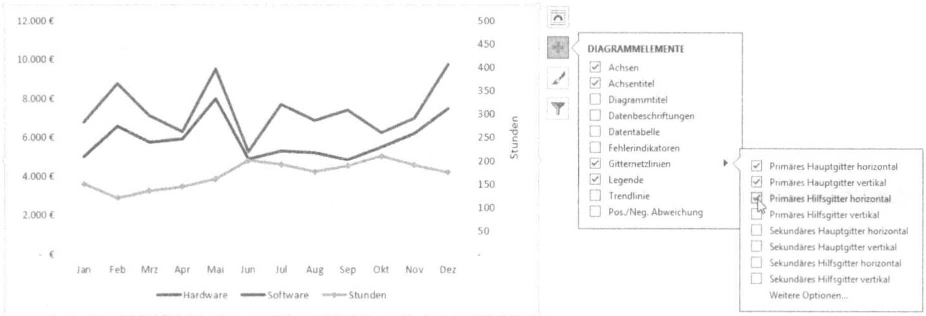

3. Wollen Sie auch die Darstellung der Linien ändern, wählen Sie im Untermenü den Befehl *Weitere Optionen.* Word zeigt dann den Aufgabenbereich *Hauptgitternetz formatieren* an.
4. Klicken Sie oben im Aufgabenbereich neben *HAUPTGITTERNETZ-OPTIONEN* auf den Pfeil und wählen Sie die gewünschte Gitternetzlinie aus. Beachten Sie dabei, dass die horizontalen (waagerechten) Linien zu den vertikalen (senkrechten) Achsen gehören und umgekehrt. In der nachfolgenden Abbildung werden also die senkrechten Hauptgitternetzlinien gewählt.

Bild 19.27 Auswahl des gewünschten Gitternetzes

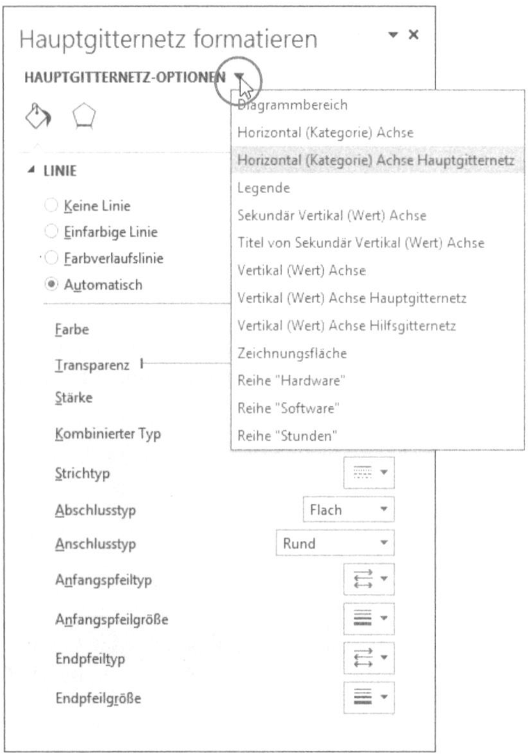

5. Nun können Sie im Aufgabenbereich diverse Einstellungen für die Linien des Gitternetzes vornehmen. Die Änderungen werden wie gewohnt direkt umgesetzt.
6. Wenn Sie jetzt noch das Gitternetz anderer Achsen bearbeiten möchten, können Sie die betreffenden Linien auch direkt im Diagramm anklicken. Im Aufgabenbereich werden dann die Optionen des ausgewählten Gitternetzes angezeigt.
7. Schließen Sie den Aufgabenbereich, wenn Sie mit dem Ergebnis zufrieden sind.

Bild 19.28 Das Diagramm wurde um ein Gitternetz für die horizontale Achse ergänzt. Um dieses Gitternetz nicht zu sehr in den Vordergrund treten zu lassen, sind seine Linien gestrichelt.

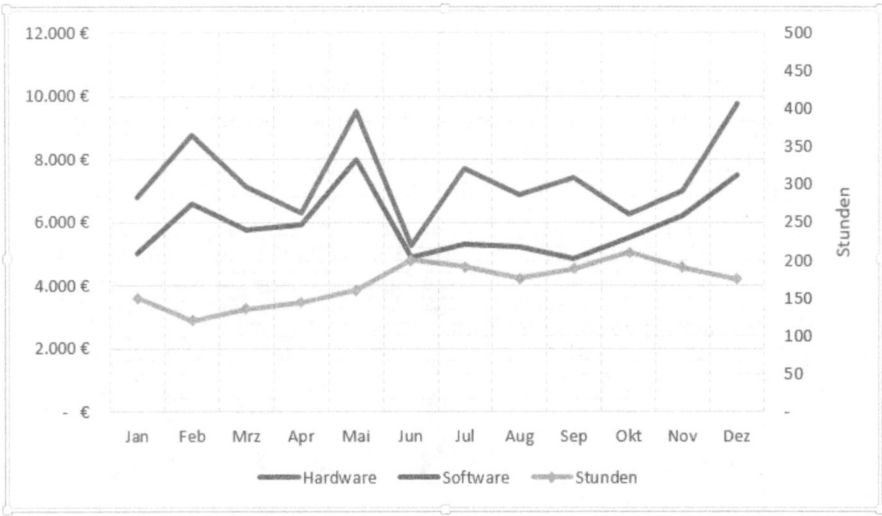

Die Registerkarte »FORMAT«

Auf der Registerkarte *DIAGRAMMTOOLS/FORMAT* finden Sie diverse Funktionen, mit denen Sie die Form und Farbgebung aller Diagrammelemente aufpolieren können: Farbverläufe, 3D-Effekte, Schatten, Beleuchtung, Kantengestaltung etc.

Bild 19.29 Die Registerkarte *FORMAT* der *DIAGRAMMTOOLS*

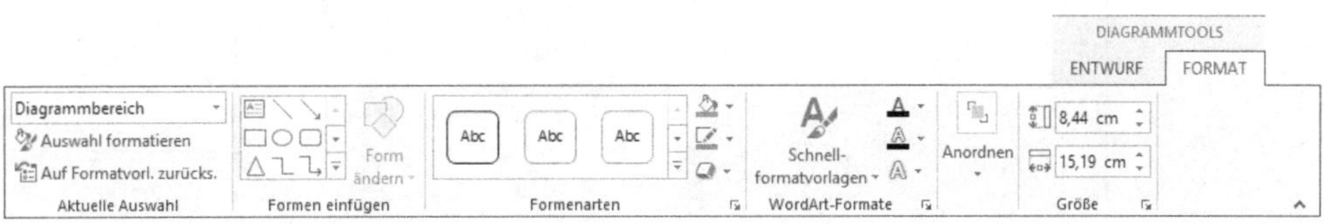

Diese Vielfalt birgt natürlich auch die Gefahr, sich zu verzetteln. Ob sich die Zeit, die Sie benötigen, um Ihr Diagramm mit optischen Finessen auszustatten, am Ende des Tages wirklich lohnt, müssen Sie letztendlich selbst entscheiden.

Am Beispiel eines Diagramms, das mit einem Rahmen versehen werden soll, wollen wir die Vorgehensweise beim Formatieren eines Diagrammelements kurz skizzieren:

1. Öffnen Sie die Übungsdatei *Diagramme formatieren.*
2. Markieren Sie das Diagramm und holen Sie die Registerkarte *DIAGRAMMTOOLS/FORMAT* nach vorne.
3. Wählen Sie den Diagrammbereich aus, indem Sie ihn direkt im Diagramm anklicken (das ist der Hintergrund des Diagramms) oder auf der Registerkarte im Listenfeld der Gruppe *Aktuelle Auswahl* einstellen.
4. Öffnen Sie den Auswahlkatalog der Gruppe *Formenarten* und wählen Sie eine Variante aus der ersten Reihe, die mit Ihrem Diagramm harmoniert.

Bild 19.30 Die Formen der ersten Zeile besitzen keine Füllung

5. Klicken Sie anschließend noch auf die Schaltfläche *Formeffekte* und ändern Sie die Art der Abschrägung für den Rahmen.
6. Wenn Sie den Rahmen noch etwas dicker machen wollen, klicken Sie auf *Formkontur* und wählen dort die gewünschte Strichstärke aus.

Bild 19.31 Der fertige Rahmen des Diagramms

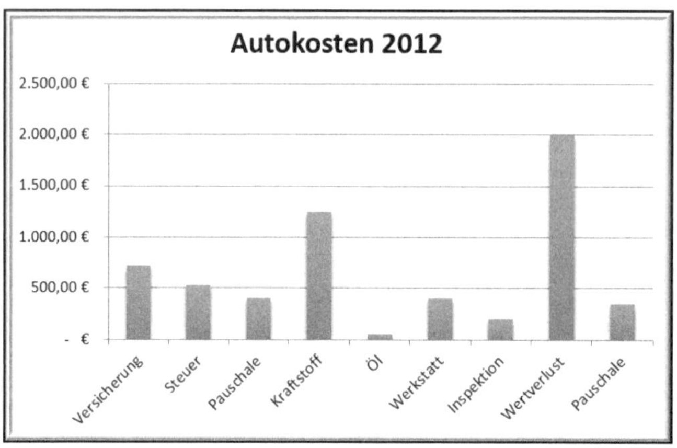

Kapitel 20

WordArt

In diesem Kapitel:

Tabellen & Grafiken

In diesem Kapitel beschäftigen wir uns mit den sogenannten *WordArts.* Hinter diesem Kunstwort steckt eine Funktion, mit der Sie einen Text graphisch verändern können. In früheren Versionen von Microsoft Word ließen sich WordArt-Texte in nahezu unendlich vielen Variationen verfremden: So konnte man einen Schriftzug nicht nur mit einem beliebigen Muster füllen oder mit einem Schatten versehen, sondern auch kreis- oder wellenförmig verzerren.

Seit Word 2010 deutet sich das Ende der WordArt-Ära an. Zwar gibt es nach wie vor einen Befehl zum Einfügen von WordArts, doch hinter den so erstellten »WordArts« verbirgt sich nichts anderes als ansprechend formatierte Textfelder. Diese Entwicklung kommt nicht ganz überraschend, denn WordArts waren schon immer ein »Fremdkörper in Word; ihr Text ließ sich zum Beispiel nicht direkt im Dokument, sondern nur in einem speziellen Dialogfeld ändern.

Doch da Abwärtskompatibilität eine der großen Stärken von Microsoft-Produkten ist, lassen sich auch mit der aktuellen Word-Version noch die »Original-WordArts« bearbeiten und sogar erstellen. Daher werden wir in den nächsten Abschnitten kurz auf die aktuelle Umsetzung von WordArts eingehen und uns dann der ursprünglichen – deutlich leistungsfähigeren – Version zuwenden.

WordArts: Die Fälschung

Die nicht ganz ernst gemeinte Überschrift dieses Abschnitts deutet darauf hin, dass uns bei dem Gedanken an frühere Word-Versionen im Zusammenhang mit WordArts eine gewisse Wehmut überkommt. Sie soll uns jedoch nicht davon abhalten, Ihnen die aktuelle WordArt-Funktion kurz vorzustellen.

Das Einfügen einer neuen WordArt ist denkbar einfach und schnell erklärt:

1. Für Ihre ersten Versuche legen Sie am besten ein neues Dokument an.
2. Wechseln Sie auf die Registerkarte *EINFÜGEN* und klicken Sie in der Gruppe *Text* auf *WordArt.* Word zeigt Ihnen dann den WordArt-Katalog an.

Bild 20.1 Der WordArt-Katalog bietet eine kleine Auswahl fertiger Texteffekte

3. Wählen Sie aus dem Vorlagenkatalog eine der angebotenen Varianten aus. Word fügt dann ein entsprechend formatiertes Textfeld ein, das den hilfreichen Hinweis »Hier steht Ihr Text.« enthält. (Wie hätte man den auch sonst finden sollen?)

Bild 20.2 Bei der eingefügten WordArt handelt es sich in Wirklichkeit um ein Textfeld

4. Löschen Sie den Mustertext und ersetzen Sie ihn durch einen eigenen Text.
5. Öffnen Sie auf der Registerkarte *ZEICHENTOOLS/FORMAT* in der Gruppe *WordArt-Formate* das Menü der Schaltfläche *Texteffekte* und lassen Sie die angebotenen Transformationen anzeigen.

Bild 20.3 Die Form einer WordArt lässt sich durch Transformationen verzerren

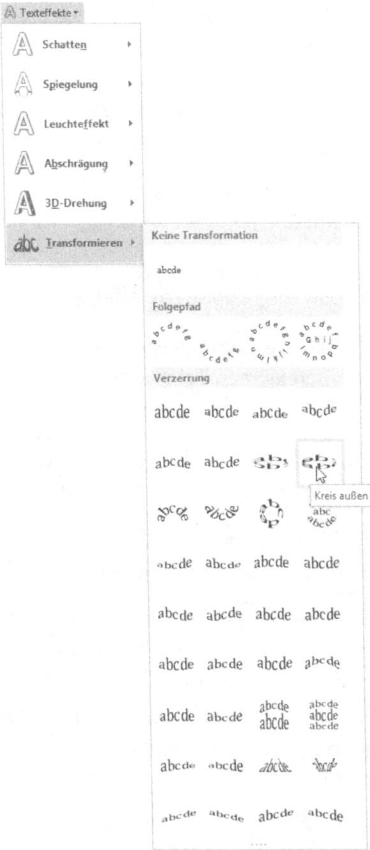

Tabellen & Grafiken

6. Wählen Sie eine der angebotenen Verzerrungen aus.

Bild 20.4 Durch eine Verzerrung des Textes lassen sich interessante Effekte erzielen

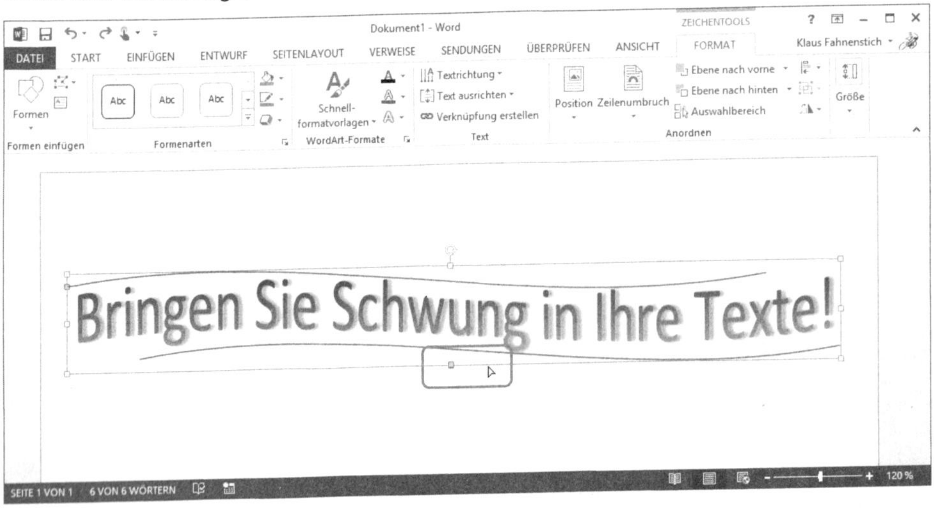

7. Wenn Ihnen die Formatierung noch nicht ganz zusagt, können Sie das Textfeld mit den Befehlen der Registerkarte *ZEICHENTOOLS/FORMAT* bearbeiten (siehe auch Kapitel 22). Dazu müssen Sie zunächst den Text der WordArt oder die WordArt als Ganzes markieren. Im letzteren Fall klicken Sie erst auf die WordArt und anschließend auf ihren Rahmen, der dann zu einer durchgezogenen Linie wird. In diesem Zustand können Sie auch die Verzerrung der WordArt durch Verschieben der rosa Anfasser weiter verfremden (siehe Bild oben).

WordArts: Das Original

Der Rest dieses Kapitels ist der originalen WordArt-Funktion gewidmet. Damit Sie in den Genuss dieser Funktion gelangen, müssen Sie lediglich einen kleinen Trick anwenden:

1. Erstellen Sie ein neues leeres Dokument.
2. Klicken Sie in der Symbolleiste für den Schnellzugriff auf das Diskettensymbol oder drücken Sie Strg+S. Word zeigt dann das bekannte Dialogfeld *Speichern unter* an.
3. Wählen Sie hier als *Dateityp* die Einstellung *Word 97-2003-Dokument.*
4. Geben Sie den gewünschten Dateinamen ein und klicken Sie auf *Speichern.*
5. Dass Sie so gewissermaßen einen Sprung in die Vergangenheit gemacht haben, erkennen Sie zunächst nur an der Titelleiste des Word-Fensters, die jetzt um den Hinweis »[Kompatibilitätsmodus]« erweitert ist.
6. Wenn Sie jetzt auf die Registerkarte *EINFÜGEN* wechseln und auf die Schaltfläche *WordArt* klicken, sehen Sie die eigentliche Veränderung: Der Auswahlkatalog sieht nun völlig anders aus und enthält deutlich vielseitigere und aufwendigere Formatierungen.

Bild 20.5 WordArts der letzten Generation

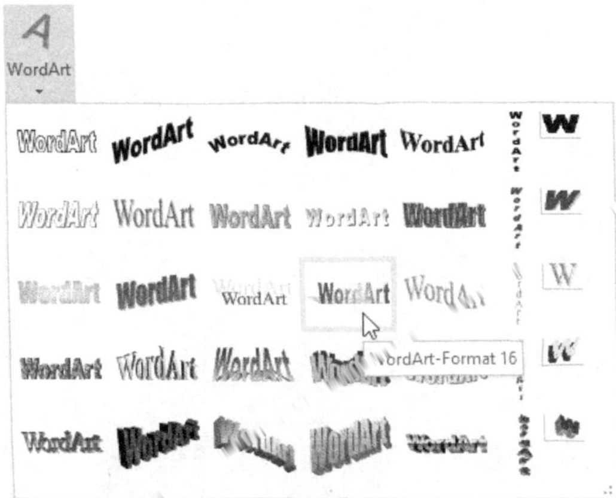

7. Klicken Sie in der Auswahlpalette die Variante an, die Ihren Vorstellungen am nächsten kommt, damit Sie anschließend nur noch an den Details zu feilen brauchen.

   Nun erscheint zunächst ein Fenster, in dem Sie den Text eingeben, den Sie mit der WordArt »aufpeppen« wollen. Dieser Umweg über ein Dialogfeld sieht auf den ersten Blick reichlich umständlich aus. Er ist jedoch eine praktikable Lösung, da Sie den Text grafisch so stark verfremden können, dass er sich kaum noch direkt editieren lässt.

Bild 20.6 In diesem Fenster können Sie den Text Ihrer WordArt editieren

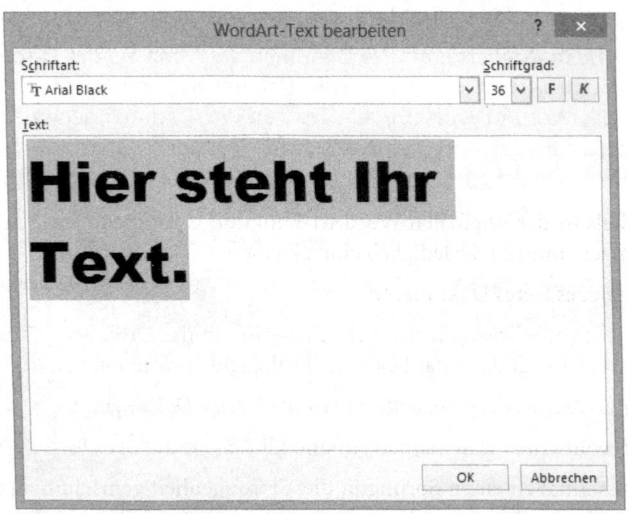

8. Wählen Sie eine geeignete Schriftart und -größe aus. Die Wahl der Schriftart hat natürlich entscheidenden Einfluss auf die Optik der fertigen WordArt. Hier brauchen Sie etwas Erfahrung, um das Zusammenwirken der Schriftart mit den verschiedenen Verzerrungseffekten zu optimieren. Generell lässt sich sagen, dass sich »fette« Schriften besser eignen als »magere«.

9. Tippen Sie anschließend noch den gewünschten Text ein und klicken Sie auf *OK*. Im Dokument erscheint nun die Rohfassung der WordArt.

Bild 20.7 Word hat die Rohfassung der WordArt eingefügt und zeigt die WordArt-Registerkarte an

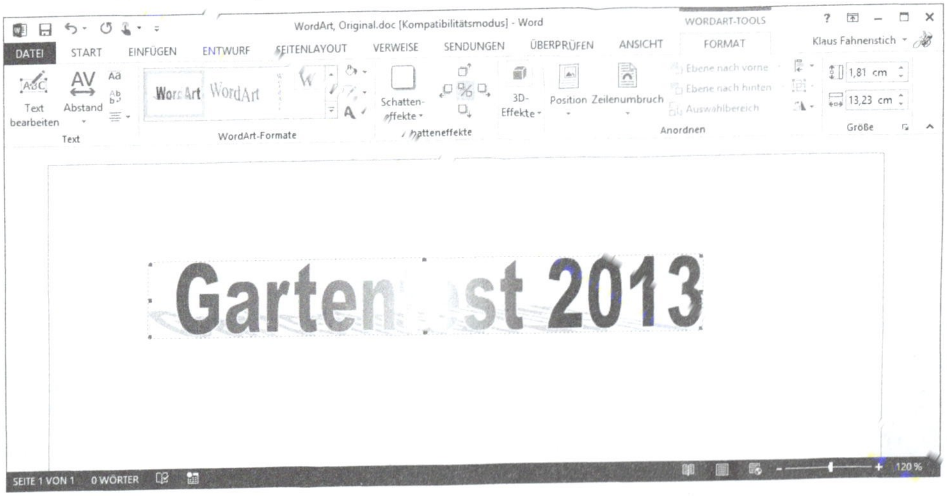

Wenn Sie sich die obige Abbildung genau anschauen, werden Sie feststellen, dass Word jetzt nicht die Registerkarte *ZEICHENTOOLS/FORMAT* anzeigt, sondern die Registerkarte *WORDART-TOOLS/FORMAT*. Schon ein kurzer Blick auf diese Registerkarte macht deutlich, dass wir mit dem angepriesenen Funktionsumfang von WordArts nicht übertrieben haben.

HINWEIS **Vorsicht beim Konvertieren des Dokuments** Wenn Sie das Dokument jetzt über *DATEI/Informationen/Konvertieren* in das aktuelle Dateiformat von Word 2013 konvertieren, wandelt Word 2013 das WordArt-Objekt in ein Textfeld um. Dadurch gehen einige spezifische Eigenschaften verloren (z.B. wenn Sie die Groß- und Kleinbuchstaben auf die gleiche Höhe gebracht haben), andere werden hingegen übernommen (z.B. die voreingestellten Farbverläufe). Word 2010 war hier nachsichtiger und hat das WordArt-Objekt nicht verändert.

PROFITIPP

WordArt-Objekt in Word 2013-Dokumenten benutzen

Mit einem kleinen Trick können Sie Word 2013 jedoch trotzdem dazu bringen, ein originales WordArt-Objekt in einem Dokument zu akzeptieren, das im aktuellen Dateiformat gespeichert ist. Dazu erstellen Sie die WordArt zunächst wie in diesem Abschnitt beschrieben im Kompatibilitätsmodus von Word 2013. Die fertige WordArt kopieren Sie dann in die Zwischenablage.

Anschließend öffnen Sie das gewünschte Word 2013-Dokument, wechseln auf die Registerkarte *START* und fügen dann die WordArt über den Befehl *Einfügen/Inhalte einfügen* als *Microsoft Word 97-2003-Dokument-Objekt* in das Dokument ein.

Falls Sie die WordArt anschließend noch bearbeiten wollen, klicken Sie sie mit der rechten Maustaste an und wählen den Befehl *Dokument-Objekt/Öffnen*. Word 2013 öffnet die WordArt dann in einem separaten Dokumentfenster im Kompatibilitätsmodus. Wenn Sie das Fenster nach der Bearbeitung der WordArt schließen, werden Ihre Änderungen automatisch übernommen.

WordArt bearbeiten

Das Schwierigste beim Erstellen einer WordArt ist wohl die Abstimmung der unterschiedlichen Effekte, die auf eine WordArt angewendet werden können. Ihnen sind vermutlich auch schon Einladungen, Flyer oder Speisekarten begegnet, deren WordArts Ihnen förmlich ins Gesicht sprangen. Schrift, Form, Farbe und Schatten zu einem ausgewogenen Zusammenspiel zu bringen, erfordert neben einem guten Augenmaß auch eine gehörige Portion Geduld.

In den folgenden Abschnitten stellen wir Ihnen die verschiedenen Funktionen vor, die Ihnen zur Gestaltung einer WordArt zur Verfügung stehen. Dabei folgen wir nicht der durch die Registerkarte *WORDART-TOOLS/FORMAT* vorgegebenen Reihenfolge, sondern schlagen einen anderen Weg ein.

Form der WordArt ändern

Beim Einfügen der WordArt haben Sie im WordArt-Katalog sicherlich bemerkt, dass eine WordArt verschiedene Formen annehmen kann, z.B. wellige, keilartige oder gebogene Formen. Da die gewählte Verzerrung einen sehr entscheidenden Einfluss auf die Wirkung der WordArt hat, sollten Sie sie in einer frühen Phase festlegen.

Zur Auswahl einer neuen Grundform klicken Sie in der Gruppe *WordArt-Formate* auf die Schaltfläche *WordArt-Form ändern.* Word zeigt dann einen reichhaltigen Katalog an, in dem Sie die gewünschte Form auswählen können.

Bild 20.8 Die Grundform einer WordArt sollten Sie möglichst früh festlegen

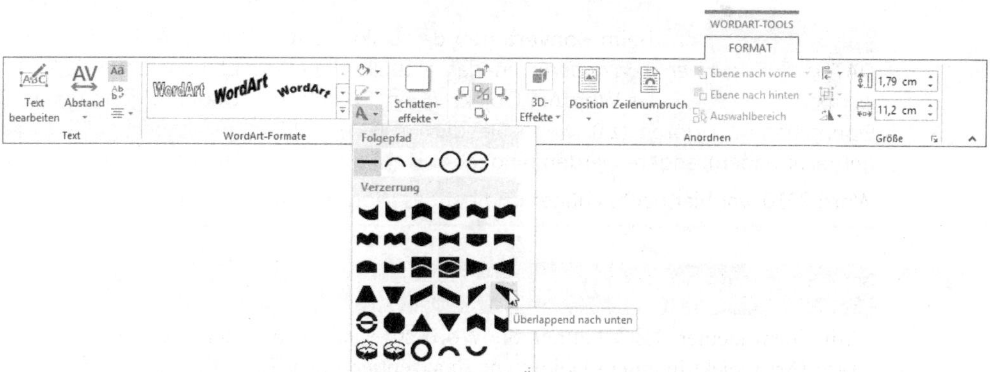

Dank der in Word 2013 üblichen Livevorschau können Sie die Wirkung der verschiedenen Formen leicht beurteilen, indem Sie einfach mit der Maus darauf zeigen. Word 2013 wendet die Form dann direkt im Dokument auf Ihre WordArt an.

Lassen Sie sich dabei nicht abschrecken, wenn das Ergebnis einer Form »zusammengequetscht« aussieht. Solche Verzerrungen lassen sich nachträglich leicht korrigieren, indem Sie die Höhe und Breite der WordArt mit Hilfe ihrer Anfasser verändern.

Bild 20.9 Auch durch Ändern der Höhe und Breite können Sie die Form entscheidend beeinflussen

Drehen einer WordArt

Mit einem kleinen Trick können Sie eine WordArt auch um einen beliebigen Winkel drehen. Dazu müssen Sie lediglich den Zeilenumbruch so einstellen, dass er nicht mehr auf der Option *Mit Text in Zeile* steht (in der Gruppe *Anordnen* der Registerkarte). In der Regel empfiehlt sich die Einstellung *Vor dem Text*. Anschließend lässt sich die WordArt an ihrem grünen Anfasser drehen.

Bild 20.10 Wenn der Zeilenumbruch **nicht** auf *Mit Text in Zeile* steht, lässt sich die WordArt auch drehen

TIPP **Grafiken schrittweise drehen** Wenn Sie beim Drehen die Taste ⇧ gedrückt halten, dreht sich die WordArt in Schritten von 15°. Halten Sie Strg fest, dann dreht sie sich nicht um ihren Mittelpunkt, sondern um den gegenüberliegenden Eckpunkt.

Sobald die Einstellung für den Zeilenumbruch nicht mehr auf *Mit Text in Zeile* steht, taucht neben dem grünen Anfasser auch noch eine kleine gelbe Raute auf, mit der Sie ebenfalls Einfluss auf die Form der WordArt nehmen können.

Bild 20.11 Mit Hilfe der gelben Rauten können Sie die Grundform der WordArt verändern

Texteinstellung der WordArt ändern

In der Gruppe *Text* der Registerkarte *WORDART-TOOLS/FORMAT* finden Sie verschiedene Funktionen, mit denen Sie in der Hauptsache die Ausrichtung des Textes beeinflussen können.

Wie wir eingangs schon kurz erwähnt haben, können Sie den Text einer WordArt nicht direkt im Dokument ändern. Stattdessen müssen Sie die Korrekturen in dem Dialogfeld vornehmen, dem Sie bereits beim Einfügen der WordArt begegnet sind. Auch wenn Sie die Schriftart ändern wollen, führt kein Weg an diesem Dialogfeld vorbei. Sie erreichen es entweder über die hier abgebildete Schaltfläche oder über den Befehl *Text bearbeiten* aus dem Kontextmenü der WordArt.

Diese Schaltfläche zeigt ein Menü an, in dem Sie den Abstand der einzelnen Zeichen zueinander festlegen können. Zur Auswahl stehen die Optionen *Sehr eng, Eng, Normal, Weit* und *Sehr weit.* Den Befehl *Zeichenpaarkerning* sollten Sie in der Regel eingeschaltet lassen. Dadurch werden bestimmte Buchstabenkombinationen näher aneinandergerückt, um unschöne Leerräume zu vermeiden. Für die Kombination »Te« bedeutet das zum Beispiel, dass das »e« so nah an das »T« geschoben wird, dass es sogar unter dem Querbalken zu stehen kommt; also Te statt Te.

Bestimmte Formen kommen besser zur Geltung, wenn Sie alle Buchstaben der WordArt auf die gleiche Höhe bringen. Das heißt, Kleinbuchstaben werden genauso hoch wie Großbuchstaben.

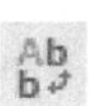

Diese Schaltfläche ändert die Textrichtung von horizontal in vertikal (und umgekehrt). Sie können den Text also nicht nur von links nach rechts, sondern auch von oben nach unten laufen lassen. Eine vertikale Textrichtung bedeutet übrigens nicht automatisch, dass der Text von oben nach unten verlaufen muss. Sie können den Effekt z. B. auch bei kreisförmigen WordArts anwenden, wie im rechten Beispiel der nächsten Abbildung.

Bild 20.12 Auch kreisförmige WordArts können eine vertikale Textrichtung verwenden (rechte WordArt)

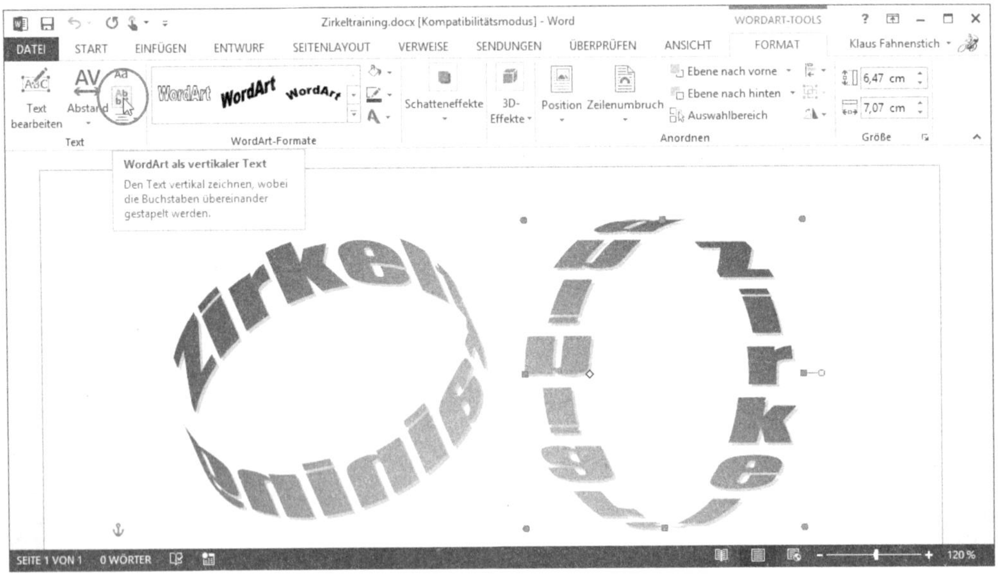

Sie können den Text einer WordArt auf mehrere Arten ausrichten: Neben den bekannten Ausrichtungen *Linksbündig, Zentriert* und *Rechtsbündig* gibt es noch die Varianten *Wortausrichtung* (Wörter werden gleichmäßig in der Zeile verteilt), *Zeichen ausrichten* (bei Bedarf werden auch die einzelnen Buchstaben der Wörter weiter auseinander gestellt) und *Streckung ausrichten* (die Buchstaben werden bei Bedarf in die Breite gezerrt).

Farben, Schatten und 3D-Effekte

Auf der Registerkarte *WORDART-TOOLS/FORMAT* befinden sich auch die gängigen Schaltflächen zum Bearbeiten von Grafiken, SmartArts und Formen. Da wir diese Funktionen bereits in Kapitel 18 vorgestellt haben, werden wir an dieser Stelle nicht näher darauf eingehen.

Kapitel 21

Arbeiten mit Formeln

In diesem Kapitel:

Bislang galt die Eingabe und Darstellung von Formeln nicht gerade als Paradedisziplin von Word. Nachdem Microsoft in der Version 1.x von Word für Windows noch versucht hatte, eine eigene Lösung anzubieten, enthielt Word seit der Version 2.0 einen eigenständigen Formeleditor, der gewissermaßen der kleine Bruder des *MathType-Formel-Editors* von Design Science Inc. ist. Er wurde dazu speziell an Word und andere Windows-Anwendungen angepasst.

Mit diesem Tool ließen sich durchaus auch sehr komplexe Formeln erzeugen, aber seine Handhabung war doch recht sperrig. Dieses Manko führte in der Vergangenheit dazu, dass Anwender zum Erstellen technischer und wissenschaftlicher Dokumente in der Regel auf bewährte Programme wie LaTex zurückgriffen.

Mit der Version 2007 von Word wurde der Formel-Editor der Geschichte anheim gegeben. Soll heißen: Microsoft hat einen klaren Schnitt gemacht und sich vom Formel-Editor getrennt. Stattdessen unterstützt Word nun die MathML-Technologie. Formeln, die mit dem Formel-Editor erstellt wurden, können zwar noch in Word bearbeitet werden (dazu gleich mehr), sie lassen sich jedoch nicht in das neue Formelformat konvertieren.

Mit den neuen Funktionen zur Formelbearbeitung hat Microsoft definitiv einen Schritt in die richtige Richtung unternommen. Die verschiedenen Strukturelemente einer Formel wie Integrale, Brüche, Wurzeln, Klammern usw. werden in vielseitigen Variationen angeboten und erlauben eine weitestgehend intuitive Eingabe von Formeln. Aber um es gleich vorwegzunehmen: Sobald Sie versuchen, einzelne Details einer Formel zu ändern – etwa um die Grenzwerte eines Integrals anders zu positionieren – wird es problematisch. Denn die mehr als dürftige Dokumentation – wobei der Begriff *Dokumentation* in diesem Zusammenhang schon etwas gewagt anmutet – trübt das Vergnügen doch erheblich.

Was ist eigentlich MathML?

MathML ist ein auf XML basierendes Dokumentenformat, mit dem sich mathematische Ausdrücke darstellen lassen. Der MathML-Standard wurde 2001 vom World Wide Web Consortium spezifiziert und liegt mittlerweile in der Verion 3.0 vor (siehe *www.w3.org/Math*).

MathML beschreibt dabei nicht nur die Gestaltung einer Formel, sondern auch deren Struktur. Dazu unterscheidet MathML zum Beispiel zwischen Variablen (Identifier), Operatoren (Operator) und Zahlen (Number). Durch dieses Konzept lassen sich Formeln problemlos programmgesteuert in MathML erstellen bzw. weiterverarbeiten.

Auch moderne Browser, wie zum Beispiel Mozilla Firefox, sind in der Lage, MathML zu interpretieren. Um einen ersten Eindruck vom Aufbau des MathML-Codes zu bekommen, können Sie mit folgenden Schritten einen Blick hinter die Kulissen werfen:

1. Starten Sie Ihren Browser. Verwenden Sie dazu vorzugsweise Mozilla Firefox; mit dem Internet Explorer 10.0 oder mit Google Chrome funktioniert es leider nicht.

2. Surfen Sie auf die Seite *http://www.linkwerk.com/pub/math/test.math.* Unter dieser Adresse befindet sich eine MathML-Testseite mit einer einfachen Formel ($W_{nk}=e^{i\pi nk/N}$), anhand deren Darstellung Sie prüfen können, ob der von Ihnen verwendete Browser MathML interpretieren kann.

   Durch Anzeigen des zugrunde liegenden MathML-Quellcodes können Sie gut erkennen, wie MathML die Struktur der Formel beschreibt und mit welchen Tags die einzelnen Elemente bezeichnet werden.

Bild 21.1 Mit dieser Testseite können Sie prüfen, ob Ihr Browser MathML korrekt interpretieren kann. Außerdem erlaubt sie einen schnellen Blick hinter die Kulissen von MathML.

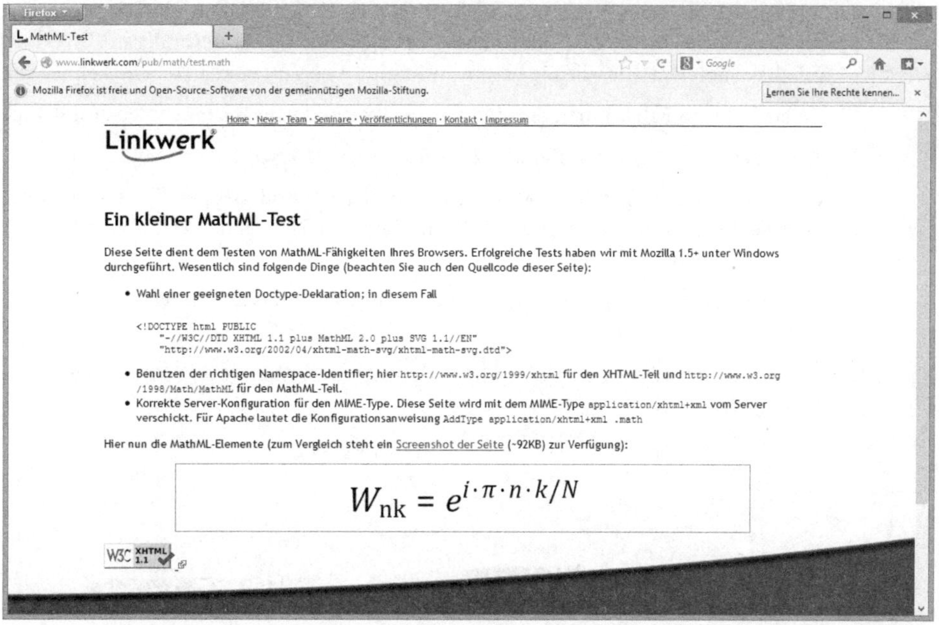

3. Klicken Sie die Formel (!) mit der rechten Maustaste an und wählen Sie im Kontextmenü *MathML-Quelle anzeigen* (bzw. einen vergleichbaren Befehl zum Anzeigen des Quelltextes).

Bild 21.2 Im Quelltext lässt sich gut erkennen, wie MathML die Struktur der Formel abbildet

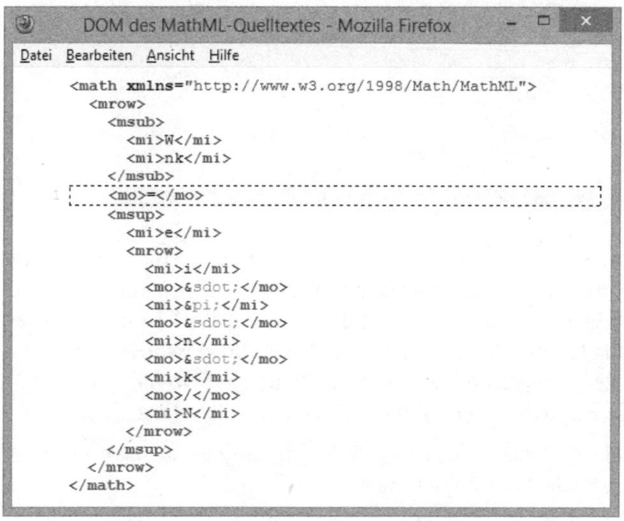

Formeln eingeben

In Word 2013 werden Formeln nicht direkt in das Dokument eingefügt, sondern in so genannte *mathematische Bereiche.* Dabei handelt es sich um einen besonderen Typ der (XML-basierten) Inhaltssteuerelemente, die Sie bereits in Kapitel 14 »Vorlagen erstellen« kennengelernt haben.

Im einfachsten Fall können Sie eine Formel fix und fertig aus einem Auswahlkatalog übernehmen:

1. Setzen Sie den Cursor an die gewünschte Eingabeposition.
2. Wechseln Sie auf die Registerkarte *EINFÜGEN* und klappen Sie das Auswahlmenü der Schaltfläche *Formel* auf. Die Schaltfläche befindet sich ganz rechts auf der Registerkarte in der Gruppe *Symbole.*
3. Klicken Sie die gewünschte Formel an, um sie in das Dokument einzufügen.

Bild 21.3 Im Lieferumfang von Word befinden sich bereits einige Formeln, die Sie schlüsselfertig in Ihr Dokument einfügen können

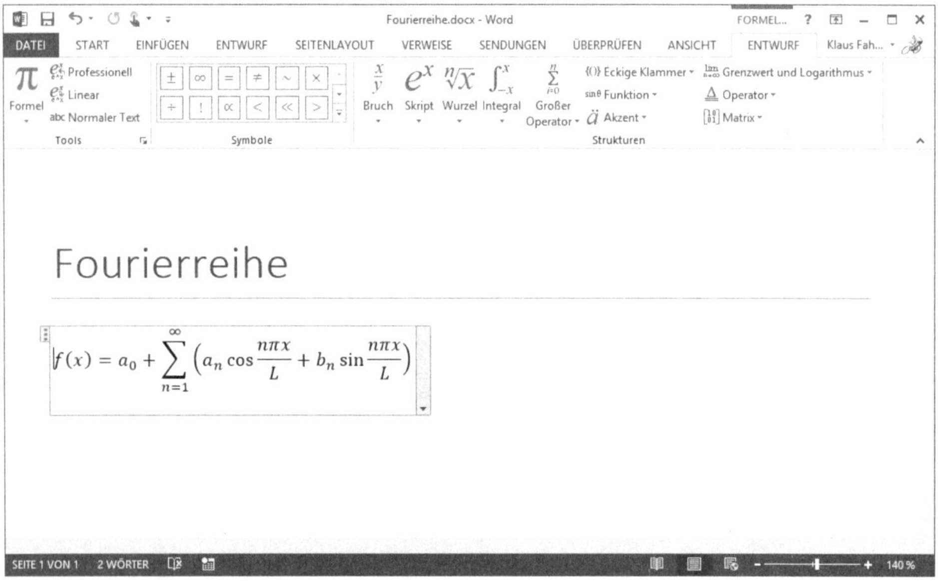

Wenn Sie die Formel im Dokument anklicken, wird sie von einem blauen Rahmen eingefasst. Dabei handelt es sich um den oben erwähnten mathematischen Bereich, der als Container für die Formel fungiert. Der kleine Reiter an seiner linken oberen Ecke ist der Anfasser, an dem Sie den Rahmen mit der Maus fassen und an eine andere Textstelle verschieben können. Über den blauen Streifen am rechten Rand des Rahmens haben Sie Zugriff auf ein kleines Menü, mit dessen Befehlen sich die Darstellung und die Ausrichtung der Formel ändern lassen:

- **Als neue Formeln speichern** Mit diesem Befehl können Sie eine neue oder eine geänderte Formel in den Formelkatalog aufnehmen.
- **Professionell** Zeigt die Formel in ihrer normalen Darstellung wie in der obigen Abbildung an.
- **Linear** Stellt alle Elemente der Formel in einer einzelnen Zeile dar.

- **In 'Inline' ändern / In 'Anzeige' ändern** Standardmäßig fügt Word eine Formel im Inline-Modus in den Text ein. Die Formel verhält sich dann wie ein normales Textzeichen. Wenn Sie den Befehl *In 'Anzeige' ändern* aufrufen, fügt Word an der Position der Formel zwei Zeilenschaltungen ein, um die Formel zwischen die Textzeilen zu stellen.
- **Ausrichtung** Der Befehl ist nur im Anzeige-Modus aktiv. Mit den Befehlen seines Untermenüs können Sie die horizontale Ausrichtung der Formel steuern. Wenn mehrere Formeln direkt untereinander stehen, lassen sie sich mit den Befehlen *Zentriert* und *Zentriert als Gruppe* entweder individuell oder als Gruppe zentrieren. Im letzten Fall sind die Formeln innerhalb der Gruppe linksbündig angeordnet und die gesamte Gruppe wird zentriert auf der Seite positioniert. Weitere Ausrichtungsdetails können Sie in den Formeloptionen (siehe Seite 488) einstellen.

Die Registerkarte zur Formelbearbeitung

Sobald Sie eine Formel markieren, blendet Word die Registerkarte *FORMELTOOLS/ENTWURF* ein, auf der sich die Werkzeuge zur Formeleingabe bzw. -bearbeitung befinden. Im Wesentlichen enthält die Registerkarte die beiden Gruppen *Symbole* und *Strukturen*, die die benötigten Formelbausteine bereithalten. Die Auswahl der Gruppe *Symbole* wirkt dabei auf den ersten Blick relativ bescheiden. Sie können jedoch in der Titelleiste des Ausklappmenüs zwischen mehreren Gruppen umschalten, wodurch das Angebot an Symbolen dann doch recht beeindruckend ausfällt.

Bild 21.4 Die Auswahl der Gruppe *Symbole* können Sie in der Titelleiste des Auswahlkatalogs erweitern

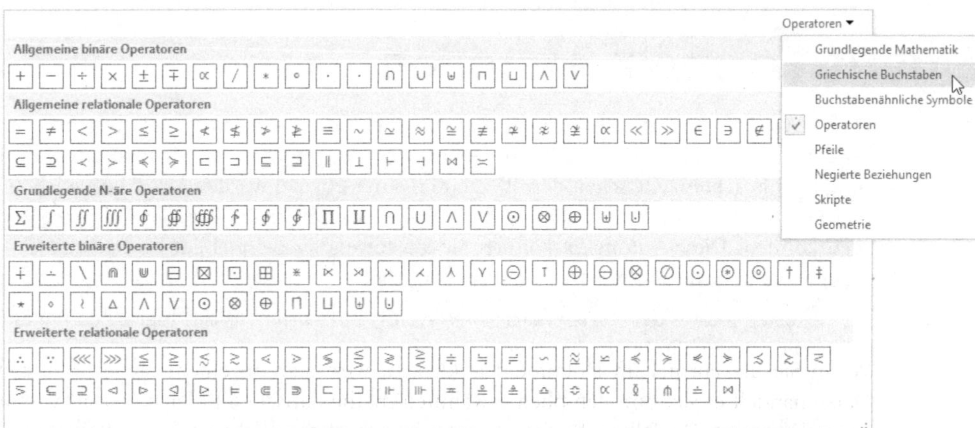

Der eigentliche Clou der Formeleingabe verbirgt sich hinter den Schaltflächen der Gruppe *Strukturen*. Wenn Sie beispielsweise ein Integral eingeben wollen, suchen Sie im Auswahlmenü der Schaltfläche *Integral* das passende Gerüst aus (zum Beispiel mit oder ohne Intervallgrenzen). Diese Struktur gibt dann für alle Elemente des Symbols die genauen Positionen vor, so dass Sie nur noch die jeweiligen Werte eintragen müssen. Das ist nicht nur ein sehr schnelles Verfahren, sondern es verhilft Ihren Formeln auch zu einem einheitlichen Aussehen.

Bild 21.5 Jede der verschiedenen Grundstrukturen liegt in mehreren Variationen vor

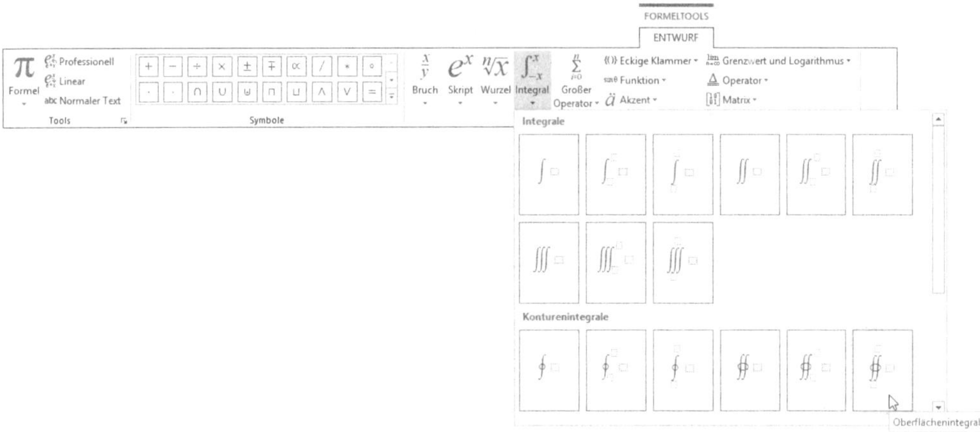

Formeln löschen

Um eine Formel wieder aus dem Dokument zu entfernen, klicken Sie am einfachsten die kleine Griffleiste am linken Rand des Rahmens an, um die gesamte Formel zu markieren, und drücken dann die Entf-Taste.

Eigene Formeln erstellen

Da die Auswahl an fertigen Formeln recht bescheiden ist, werden Sie relativ schnell an den Punkt kommen, eigene Formeln erstellen zu wollen. Beim Eingeben Ihrer Formeln müssen Sie eine wichtige Regel beachten: Zwischen den Elementen einer Formel werden keine Leerzeichen eingegeben. Der Formeleditor nimmt selbständig die richtige Positionierung vor, die Sie in der Regel übernehmen können. Diese Automatik können Sie am folgenden Beispiel gut beobachten, in dem wir die wohl weltweit bekannteste Formel $E = mc^2$ erstellen:

1. Klicken Sie auf der Registerkarte *EINFÜGEN* auf *Formel*. Word fügt einen neuen mathematischen Bereich in Ihr Dokument ein.
2. Tippen Sie nun zuerst die drei Zeichen **E=m** ein. Geben Sie dabei keine Leerzeichen ein und beobachten Sie, wie Word die Zwischenräume automatisch korrekt einstellt.
3. Zur Eingabe des Ausdrucks c^2 benötigen Sie ein Strukturelement. Klicken Sie dazu in der Gruppe *Strukturen* auf *Skript* und wählen Sie im Ausklappmenü das Element *Hochgestellt* aus. Word fügt dann zwei kleine Quadrate in die Formel ein, die als Platzhalter für die beiden Elemente des Ausdrucks fungieren.
4. Geben Sie in das erste Kästchen ein **c** und in das zweite eine **2** ein. Dazu klicken Sie einfach den betreffenden Platzhalter an und tippen dann das gewünschte Zeichen ein. Damit ist die Eingabe der Formel abgeschlossen.

Bild 21.6 Beim Einfügen einer Formel fügt Word die notwendigen Abstände automatisch ein

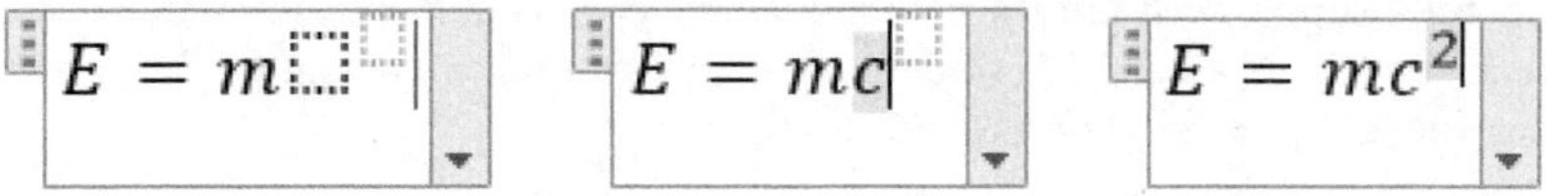

Auf die gleiche Art und Weise können Sie nahezu beliebig komplizierte Formeln erstellen. Wichtig dabei ist, dass Sie sich während der Eingabe der verschiedenen Strukturtypen an der hierarchischen Struktur der Formel orientieren und von außen nach innen vorgehen. Um zum Beispiel den Ausdruck $(a + b)^2$ einzugeben, müssen Sie folgende Reihenfolge einhalten:

1. Strukturtyp *Skript/Hochgestellt* einfügen.
2. In den ersten Platzhalter den Strukturtyp *Eckige Klammer* einfügen.
3. Innerhalb der Klammern den Ausdruck a + b eingeben.
4. Zum Schluss den Exponenten in den zweiten Platzhalter der Skriptstruktur eintragen.

Symbole per AutoKorrektur einfügen

Im nächsten Beispiel wollen wir Ihnen anhand der Formel zur Berechnung einer Kugeloberfläche ($A = 4\,\pi\,r^2$) zeigen, wie Sie am einfachsten Symbole in Ihre Formeln aufnehmen.

1. Klicken Sie auf der Registerkarte *EINFÜGEN* auf *Formel*, um eine neue Formel zu erstellen.
2. Geben Sie zunächst **A=4** ein (ohne Leerzeichen).
3. Um nun die Kreiskonstante π einzugeben, gehen Sie nicht den Weg über die Gruppe *Symbole* (was auch funktionieren würde), sondern geben stattdessen das Kürzel **\pi** ein. Anschließend drücken Sie die Leertaste, damit Word dieses Kürzel in das Zeichen π umwandelt.

Bild 21.7 Symbole geben Sie am schnellsten über die Autokorrektur-Funktion ein

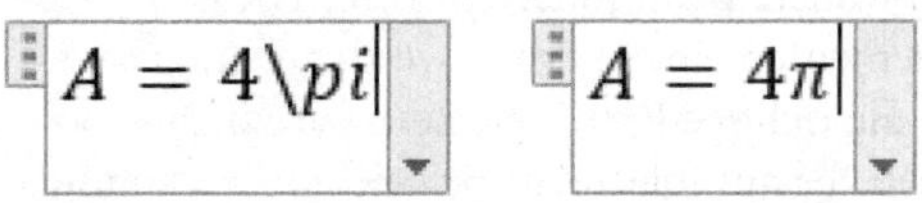

4. Fügen Sie nun noch mit der im letzten Beispiel beschriebenen Struktur *Skript* den Faktor $\mathbf{r^2}$ in die Formel ein.

Einträge der AutoKorrektur anzeigen

Wenn wir bisher von der AutoKorrektur-Funktion gesprochen haben, war das nicht ganz richtig. Word unterscheidet nämlich zwischen zwei verschiedenen Formen der AutoKorrektur: der normalen AutoKorrektur und der *Mathematischen AutoKorrektur*, mit der wir es hier zu tun haben.

Wenn Sie das Dialogfeld dieser AutoKorrektur aufrufen, können Sie sich einen Überblick über die vorhandenen Einträge verschaffen. Sie erreichen das Dialogfeld (siehe Bild auf der nächsten Seite) auf zwei Wegen:

- Markieren Sie eine Formel und klicken Sie auf der Registerkarte *FORMELTOOLS/ENTWURF* in der Gruppe *Tools* auf die kleine quadratische Schaltfläche, die sich in der rechten unteren Ecke der Gruppe befindet. In dem dadurch angezeigten Dialogfeld *Formeloptionen* klicken Sie auf die Schaltfläche *Math. AutoKorrekt.*
- Klicken Sie im Menüband auf *DATEI*, wählen Sie in der Backstageansicht den Befehl *Optionen* und wechseln Sie dort auf die Seite *Dokumentprüfung*. Klicken Sie in der Gruppe *AutoKorrektur-Optionen* auf die gleichnamige Schaltfläche. Im nächsten Dialogfeld finden Sie dann die gesuchte Registerkarte *Math. AutoKorrektur*.

Bild 21.8 Auf der Registerkarte *Math. AutoKorrektur* können Sie die Liste der vorhandenen Kürzel ansehen bzw. bearbeiten

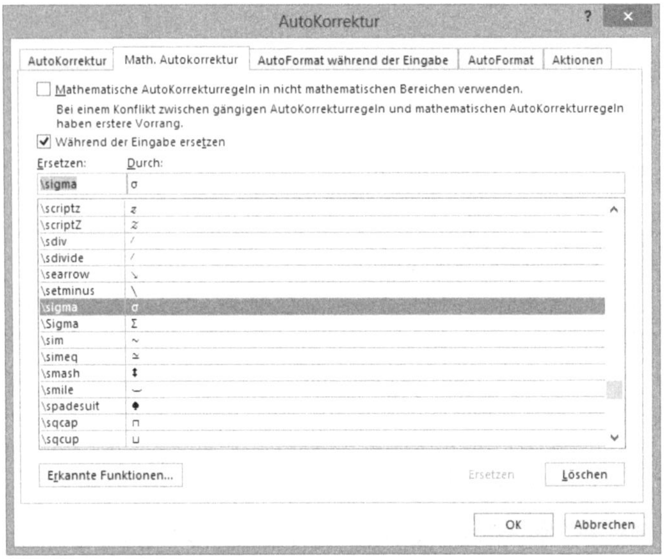

Um der Liste neue Einträge hinzuzufügen, gehen Sie genauso vor wie bei der traditionellen Autokorrektur: Sie fügen zunächst das gewünschte Symbol in Ihr Dokument ein, markieren es und rufen dann das Dialogfeld der AutoKorrektur auf. Dort tragen Sie in das Feld *Ersetzen* ein geeignetes Kürzel ein und übernehmen es mit einem Klick auf *Hinzufügen*.

HINWEIS **Groß-/Kleinschreibung** Beachten Sie, dass Word hier im Gegensatz zur normalen AutoKorrektur zwischen der Groß- und Kleinschreibung unterscheidet. So wird z.B. das Kürzel \sigma durch den entsprechenden griechischen Kleinbuchstaben ersetzt, während \Sigma einen Großbuchstaben erzeugt.

TIPP **Mathematische AutoKorrektur im normalen Text nutzen** Wie Sie in der obigen Abbildung erkennen können, lässt sich die AutoKorrektur von Mathematik nicht nur in mathematischen Bereichen verwenden, sondern auch im normalen Text. Schalten Sie dazu einfach auf der Registerkarte *AutoKorrektur von Mathematik* das erste Kontrollkästchen ein.

Text in Formeln umwandeln

Sehr einfache Formeln, wie zum Beispiel der Bruch 4/7, lassen sich mit folgendem Trick erstellen:

1. Geben Sie die Formeln in den normalen Fließtext ein, also hier **4/7**.
2. Markieren Sie die Formel.
3. Klappen Sie in der Registerkarte *EINFÜGEN* das Menü der Schaltfläche *Formel* auf und wählen Sie dort den Befehl *Neue Formel einfügen* aus. Word wandelt die Markierung dann in eine Formel um.
4. Klicken Sie auf den rechten Rand des mathematischen Bereichs und wählen Sie im Menü den Befehl *Professionell*, um den Bruch mit einem waagerechten Bruchstrich darzustellen.

Dieses Verfahren ist jedoch wirklich nur für einfache mathematische Ausdrücke praktikabel. Die von Word erwartete Schreibweise können Sie übrigens aus der linearen Darstellung von Formeln ableiten, die Sie über den Befehl *Linear* aus dem Menü des mathematischen Bereichs einschalten können.

Formeln nachbearbeiten

Sie können auch Einfluss auf die Darstellung einzelner Formelbestandteile nehmen, indem Sie die betreffenden Elemente mit der rechten Maustaste anklicken und die im Kontextmenü angebotenen Befehle nutzen. Auf diese Weise ist es zum Beispiel möglich, die Position von Grenzwerten oder die Darstellung von Brüchen zu modifizieren.

Aufgrund der dürftigen Dokumentation sind Sie hier allerdings auf Ihre Intuition und nicht zuletzt auf Ihre Geduld angewiesen, denn das Verhalten von Word lässt sich nicht immer auf den ersten Blick nachvollziehen.

Bild 21.9 Die einzelnen Komponenten einer Formel lassen sich über ihre Kontextmenüs nachbearbeiten

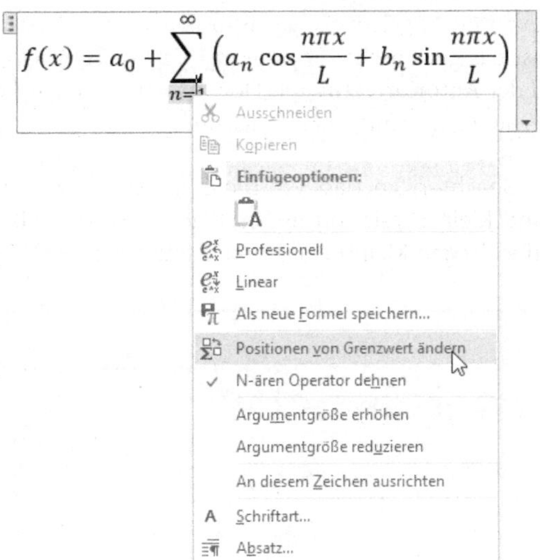

Formeln in den Formelkatalog aufnehmen

Eigene Formeln, die Sie häufiger benötigen, sollten Sie in den Formelkatalog aufnehmen. Nehmen Sie dazu folgende Schritte vor:

1. Klicken Sie auf die Leiste am rechten Rand des mathematischen Bereichs und rufen Sie den Befehl *Als neue Formel speichern* auf.
2. Word zeigt dann das Dialogfeld *Neuen Baustein erstellen* an, in dem Sie der Formel einen Namen geben und sie einer der angebotenen Kategorien zuweisen können.
3. Um eine neue Kategorie anzulegen, wählen Sie im Listenfeld den Eintrag *Neue Kategorie erstellen.* Word zeigt dann ein weiteres Dialogfeld an, in dem Sie den gewünschten Namen für die Kategorie eintragen können.
4. Nachdem Sie das Dialogfeld *Neuen Baustein erstellen* mit *OK* geschlossen haben, finden Sie die neue Formel im Auswahlmenü der Schaltfläche *Formel.*

Bild 21.10 Neue Formel in den Formelkatalog aufnehmen.

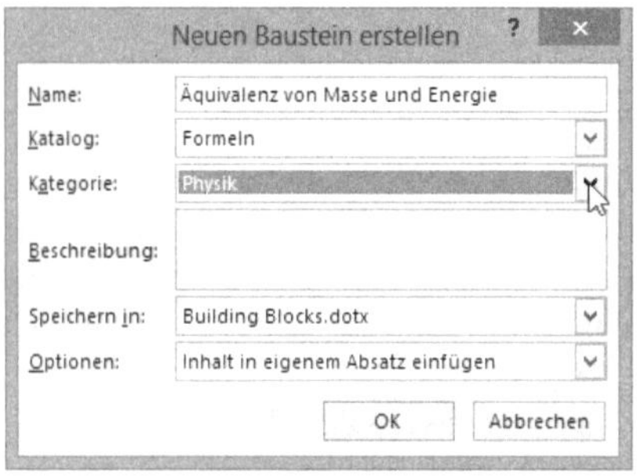

Verwendung von Funktionen

Bei der Eingabe von Funktionen wie z.B. *sin* oder *cos* ist noch eine kleine Besonderheit zu beachten: Damit Word diese Funktionen erkennen kann, müssen Sie hinter dem Funktionsnamen ein Leerzeichen eingeben. Dass Word eine Funktion korrekt identifiziert hat, erkennen Sie daran, dass Word die Formatierung des Namens ändert (Funktionsnamen werden nicht kursiv dargestellt).

Um die Liste der von Word erkannten Funktionen zu erweitern, rufen Sie das Dialogfeld *Formeloptionen* auf (siehe nächster Abschnitt) und klicken dort auf *Erkannte Funktionen.* Es erscheint ein weiterer Dialog, in dem Sie die gewünschten Änderungen bzw. Ergänzungen vornehmen können.

Optionen für die Formeleingabe

Auch wenn Word die Positionierung und Formatierung der Formeln weitestgehend in Eigenregie vornimmt, können Sie doch auf einige Bereiche der Darstellung Einfluss nehmen. Die betreffenden Einstellungen erreichen Sie über das Dialogfeld *Formularoptionen,* das sich über die kleine quadratische Schaltfläche in der rechten unteren Ecke der Gruppe *Tools* aufrufen lässt.

Bild 21.11 Das Dialogfeld zum Einstellen der Formeloptionen

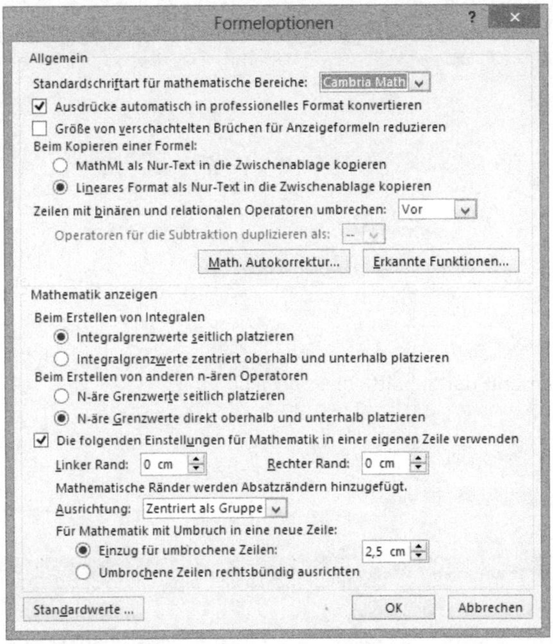

Die Bedeutung der verschiedenen Optionen wird anhand ihrer Bezeichnung schnell klar. Besonders interessant ist unserer Meinung nach die Gruppe im unteren Drittel des Dialogs, mit der sich die Abstände einstellen lassen, die eine Formel zum sie umgebenden Text einhält. Diese Vorgaben sind natürlich nur dann relevant, wenn Sie den Darstellungsmodus *Anzeige* gewählt haben. (Weitere Hinweise zu den Anzeigemodi *Inline* und *Anzeige* finden Sie auf der Seite 483.)

Kompatibilität mit dem Formel-Editor 3.0

Wie wir zu Beginn des Kapitels bereits kurz erwähnt haben, gehört der von früheren Word-Versionen genutzte Formel-Editor nun der Vergangenheit an. Aber natürlich können Sie alte Word-Dokumente, die Formeln enthalten, problemlos im Kompatibilitätsmodus öffnen und auch via *DATEI/Informationen/Konvertieren* in das neue Dokumentformat von Word 2013 überführen. Die Formeln werden dabei allerdings nicht verändert, das heißt, es handelt sich bei ihnen auch nach erfolgter Konvertierung um Formel-Editor 3.0-Objekte, die sich nur mit dem Formel-Editor bearbeiten lassen.

Durch einen Doppelklick auf die Formel bzw. durch den Befehl *Formel-Objekt/Bearbeiten* aus dem Kontextmenü der Formel lässt sich die Formel innerhalb des Dokuments bearbeiten. Bei dieser, als *In-Place-Editing* bezeichneten Technik, übernimmt der Formel-Editor die Befehlsgewalt über das Word-Fenster, was Sie zum Beispiel an der traditionellen Menüleiste erkennen. Sie können die Formel anschließend gewissermaßen innerhalb des Dokuments bearbeiten.

Bild 21.12 Formel-Editor 3.0-Objekte lassen sich innerhalb des Word-Dokuments bearbeiten (Beachten Sie die abgerundeten Fensterecken!)

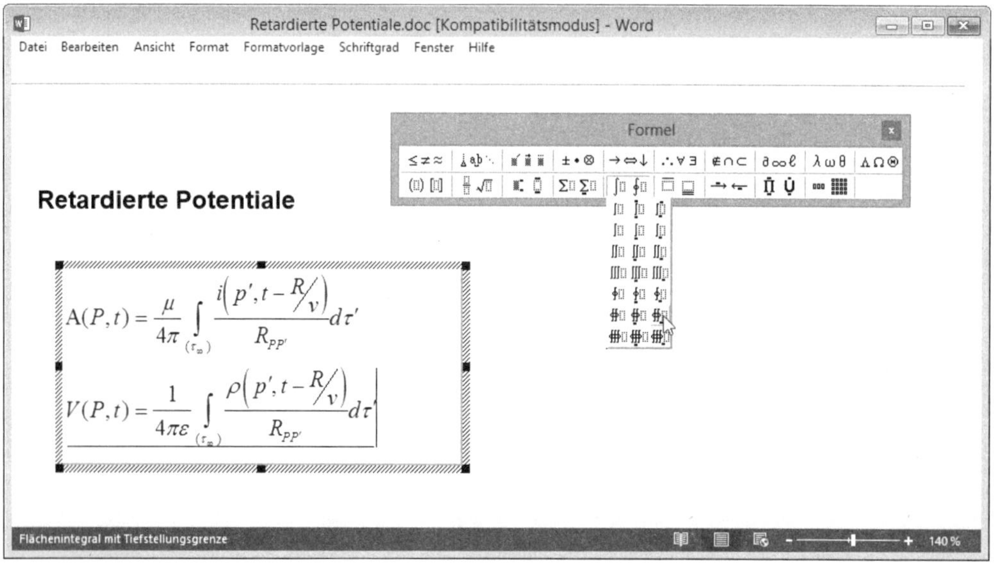

Um die Bearbeitung der Formel abzuschließen und wieder zur normalen Darstellung des Word-Fensters zurückzukehren, klicken Sie einfach außerhalb der Formel in das Dokument.

Alternativ können Sie die Formel auch im Formel-Editor selbst bearbeiten. Dazu klicken Sie die Formel mit der rechten Maustaste an und wählen im Kontextmenü den Befehl *Formel-Objekt/Öffnen*. Der Formel-Editor wird dann parallel zu Word in einem eigenständigen Programmfenster angezeigt, das nur die zu bearbeitende Formel enthält.

Damit die Änderungen an der Formel in das Word-Dokument übernommen werden, müssen Sie den Formel-Editor mit dem Befehl *Datei/Beenden und zurückkehren zu …* schließen.

Bild 21.13 Formel-Editor 3.0-Objekte lassen sich auch direkt im Formel-Editor bearbeiten

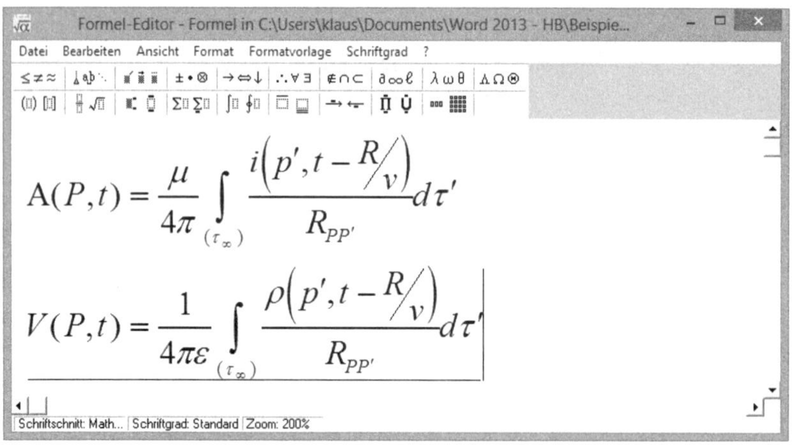

Hilfedatei des Formel-Editors anzeigen

Der Formel-Editor verfügt im Gegensatz zu Word 2013 über eine umfangreiche Onlinehilfe. Beim Aufruf der Hilfe werden Sie jedoch eine unangenehme Überraschung erleben.

Bild 21.14 Die Onlinehilfe des Formel-Editors lässt sich unter Windows 7/8 (zunächst) nicht aufrufen

Windows 7 und Windows 8 verwenden für ihre Onlinehilfe nämlich eine gänzlich andere Technologie und enthalten standardmäßig leider keine Unterstützung für das nunmehr veraltete Windows-Hilfeprogramm *WinHlp32.exe.*

Über den auf der angezeigten Fehlerseite enthaltenen Link, können Sie zu einer Seite im Microsoft Download Center gelangen, auf der Sie das Programm *WinHlp.exe* herunterladen können. Nach seiner Installation, lässt sich die Hilfe des Formel-Editors wie gewohnt aufrufen. Sie müssen allerdings damit rechnen, dass gelegentlich Fehlermeldungen auftreten, die in der Regel durch in der Hilfedatei enthaltene Makros ausgelöst werden.

Bild 21.15 Nach der Installation von *WinHlp.exe* lässt sich die Hilfe des Formel-Editors anzeigen

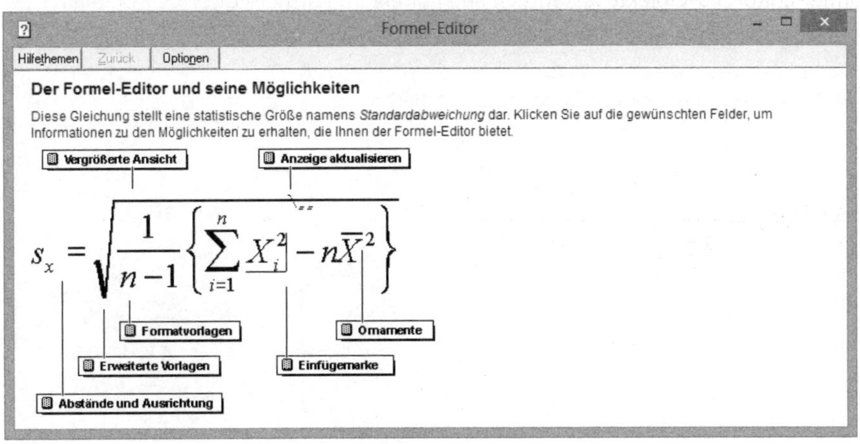

Schade, dass Word 2013 hier nicht mithalten kann!

Kapitel 22

Textfelder

In diesem Kapitel:

In diesem Kapitel beschäftigen wir uns mit Textfeldern. Gemeint sind hier jedoch nicht die Textfelder, wie Sie sie zum Beispiel aus Dialogfeldern kennen, sondern eine spezielle Word-Funktion, mit der Sie Text frei auf einer Seite positionieren können. Wie Sie im Verlauf dieses Kapitels feststellen werden, lassen sich mit Hilfe von Textfeldern sehr anspruchsvolle Seitenlayouts realisieren.

Vereinfacht gesagt, handelt es sich bei Textfeldern um Formen, die mit Text gefüllt werden können. Formen kennen Sie bereits aus Kapitel 17, in dem Sie gelernt haben, wie Formen in ein Dokument eingefügt und auf der Seite positioniert werden. Dieses Wissen können Sie 1:1 auf Textfelder übertragen.

Textfelder besitzen folgende wichtige Fähigkeiten bzw. Eigenschaften:

- sie können eine nahezu beliebige Gestalt annehmen (da sie Formen sind)
- sie können frei auf der Seite verschoben werden
- sie können vor bzw. hinter dem Haupttext des Dokuments stehen
- der Text kann von oben nach unten bzw. umgekehrt verlaufen
- sie können miteinander verkettet werden.

Textfelder einfügen

In diesem Abschnitt wollen wir Ihnen zunächst zeigen, wie Sie ein einfaches rechteckiges Textfeld erstellen. Anschließend werden wir auf die enge Verwandtschaft zu Formen eingehen und zeigen Ihnen dazu, wie Sie eine Form in ein Textfeld umwandeln. Zum Schluss werden wir Ihnen die fertigen Textfelder vorstellen, die Word in seinem Baustein-Katalog für Sie bereit hält.

Eigene Textfelder erstellen

Im folgenden Beispiel werden wir ein Textfeld erstellen, das Sie zum Beispiel in einer Briefvorlage für Fensterumschläge als Anschriftenfeld verwenden könnten. Indem Sie das Textfeld auf der Seite einmal richtig positionieren und es dann anschließend verankern, können Sie gewährleisten, dass die Anschrift des Empfängers unabhängig von dem eigentlichen Brieftext immer korrekt auf der Seite steht.

1. Erstellen Sie ein neues leeres Dokument.
2. Wenn Sie möchten, können Sie einen Blindtext erzeugen, indem Sie =**rand**() eintippen und dann [↵] drücken.
3. Wechseln Sie auf die Registerkarte *EINFÜGEN* und klappen Sie das Menü der Schaltfläche *Textfeld* auf (in der Gruppe *Text*).
4. Wählen Sie unten im Menü den Befehl *Textfeld erstellen*. Das Menü verschwindet wieder und der Mauszeiger verändert sich zu einem Fadenkreuz.
5. Ziehen Sie mit der Maus einen Rahmen in der gewünschten Größe auf. Sobald Sie die Maustaste wieder loslassen, erscheint das Textfeld auf dem Bildschirm, der anschließend etwa so wie in der folgenden Abbildung aussehen sollte.

Bild 22.1 Das eingefügte Textfeld hat sich über den Haupttext des Dokuments gelegt

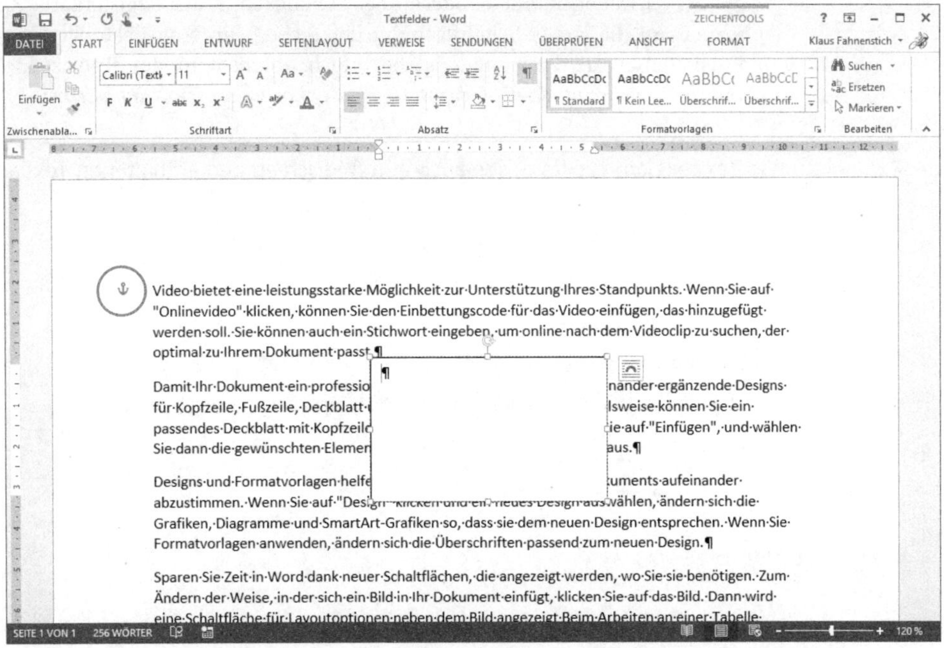

Beachten Sie auch das Ankersymbol in Bild 22.1. Dieses Zeichen signalisiert, mit welchem Absatz das Textfeld verankert ist. Sollte bei Ihnen kein Anker zu sehen sein, müssen Sie auf der Registerkarte *START* die Schaltfläche *Alle anzeigen* betätigen bzw. die Tastenkombination [⇧]+[Strg]+[+] drücken.

6. Tippen Sie einen beliebigen Text in das Textfeld ein. Beobachten Sie, wie Word reagiert, wenn Sie zuviel Text eingeben. Sie werden feststellen, dass überschüssiger Text unten herausläuft.

Bild 22.2 Überschüssiger Text verschwindet am unteren Rand des Textfeldes

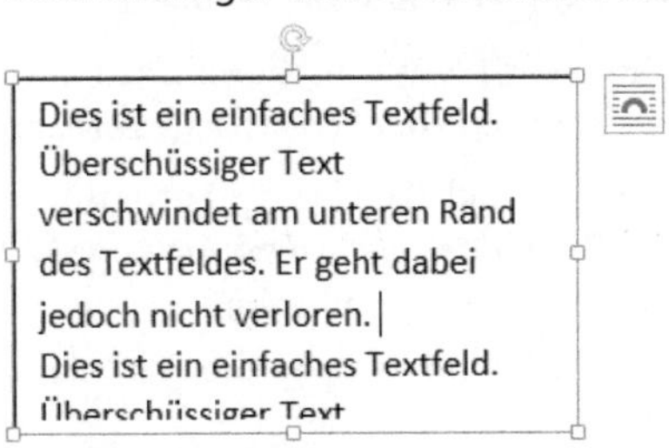

7. Innerhalb des Textfeldes können Sie zum Formatieren des Textes die gleichen Befehle verwenden wie im Haupttext des Dokuments. Das bezieht sich sowohl auf die Zeichen- als auch auf die Absatzformatierung.

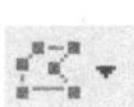

8. Sie können dem Textfeld auch nachträglich eine andere Form geben. Wechseln Sie dazu auf die Registerkarte *ZEICHENTOOLS/FORMAT* und klicken Sie dort auf die Schaltfläche *Form bearbeiten* (in der Gruppe *Formen einfügen).* Deren Menü enthält den Befehl *Form ändern* über dessen Formenkatalog Sie die neue Form auswählen können.

9. Falls die neue Form den Text nicht vollständig aufnehmen kann, können Sie die Größe des Textfeldes entweder manuell ändern oder Sie klicken in der Registerkarte *ZEICHENTOOLS/ FORMAT* auf die kleine Schaltfläche in der rechten unteren Ecke der Gruppe *Formenarten* und schalten in dem so angezeigten Aufgabenbereich in der Rubrik *FORMOPTIONEN/ Layout und Eigenschaften* die Option *Größe der Form dem Text anpassen* ein.

Bild 22.3 Ein Textfeld kann seine Größe auch automatisch an den enthaltenen Text anpassen

Formen in Textfelder umwandeln

Im letzten Abschnitt haben Sie gesehen, wie sich die äußere Form eines Textfelds im Nachhinein verändern lässt. Sie können aber auch auf direkterem Weg ans Ziel gelangen:

1. Erstellen Sie eine Form in der gewünschten Größe. Wechseln Sie dazu auf die Registerkarte *EINFÜGEN* und verwenden Sie den Auswahlkatalog der Schaltfläche *Formen.*
2. Um die Form jetzt in ein Textfeld umzuwandeln, klicken Sie die Form mit der rechten Maustaste an und wählen im Kontextmenü der Form den Befehl *Text hinzufügen.* Word zeigt dann innerhalb der Form eine blinkende Einfügemarke an und rahmt die Form mit einer gestrichelten Linie ein.

Bild 22.4 Textfelder werden im Gegensatz zu Formen von einer gestrichelten Linie eingerahmt

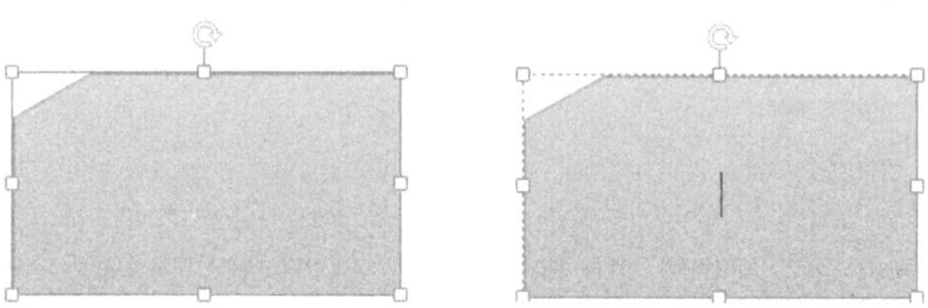

Vorgefertigte Textfelder verwenden

Was Sie bisher von Textfeldern gesehen haben, war vielleicht noch nicht unbedingt dazu angetan, Sie zu beeindrucken. Das wird sich gleich ändern, denn nun werden Sie fertig formatierte Textfelder kennenlernen, mit denen Sie Ihre Dokumente ohne großen Aufwand aufwerten können. Und um die Wahrheit zu sagen: Wir waren selbst ehrlich davon beeindruckt, was sich mit etwas Raffinesse aus einem Textfeld alles machen lässt.

Die hier behandelten Textfelder gehören zu den Bausteinen aus dem Lieferumfang von Word.

1. Erstellen Sie ein neues leeres Dokument.
2. Wechseln Sie auf die Registerkarte *EINFÜGEN* und öffnen Sie den Auswahlkatalog der Schaltfläche *Textfeld* (in der Gruppe *Text*).

Bild 22.5 Der Auswahlkatalog für Textfelder enthält einige sehr trickreiche Textfelder

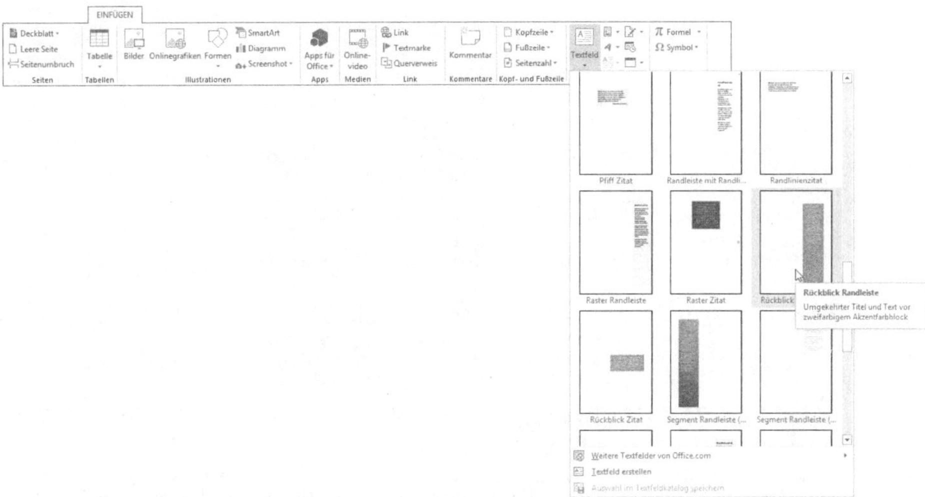

3. Wählen Sie im Auswahlkatalog das Textfeld *Rückblick Randleiste* aus, das in der obigen Abbildung markiert ist. Dieses Textfeld eignet sich gut, um das gestalterische Potential von Textfeldern zu zeigen.
4. Stellen Sie den Zoomfaktor des Word-Fensters so ein, dass Sie die Seite mit dem Textfeld vollständig sehen können. Im nächsten Abschnitt werden wir auf einzelne Aspekte dieses Textfeldes eingehen, um Ihnen an einem konkreten Beispiel einige der angewandten Kniffe vorzustellen.

HINWEIS **Eigene Textfelder in den Textfeldkatalog aufnehmen** Natürlich können Sie den Textfeldkatalog, wie alle anderen Kataloge auch, um eigene Einträge erweitern. Markieren Sie dazu das Textfeld, das Sie der Auswahl hinzufügen möchten (auf den Rahmen klicken!) und wählen Sie im Menü der Schaltfläche *Textfeld* den Befehl *Auswahl im Textfeldkatalog speichern.*

Kleine Ursache, große Wirkung

Lassen Sie uns zunächst die Frage klären, wie der farbige linke Rand des Textfeldes entsteht. Denn wie sich anhand der Anfasser erkennen lässt, gehört diese Fläche offensichtlich nicht zum Textfeld. Doch der Schein trügt: Denn diese Fläche ist nichts anderes als der Schatten des Textfeldes!

Bild 22.6 Gewusst wie: Die dicke Rahmenlinie ist eigentlich ein Schatten

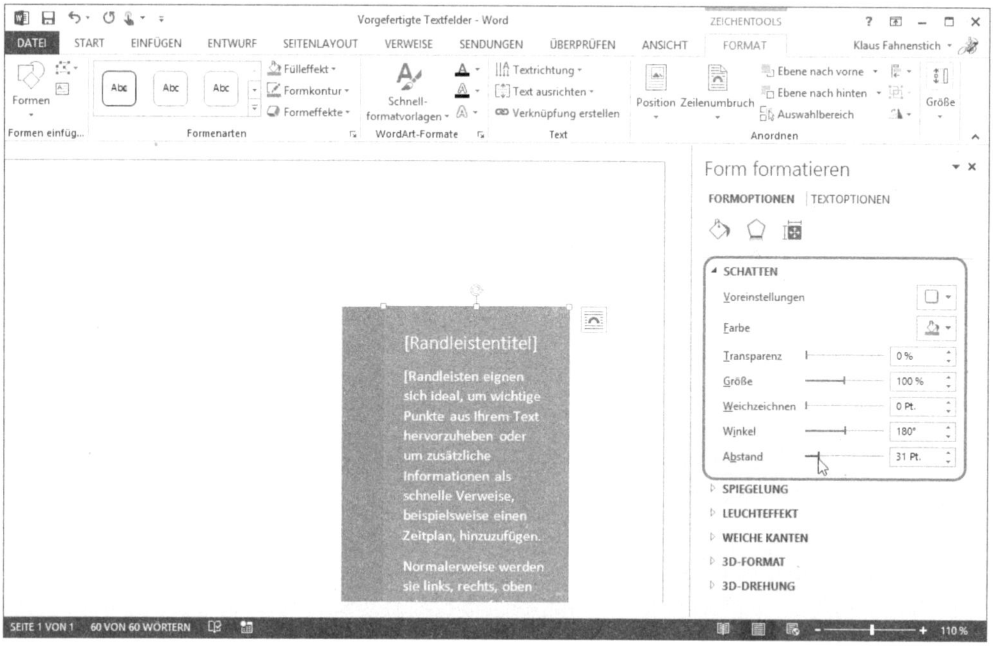

Und was glauben Sie, was passiert, wenn Sie die Seitenorientierung auf *Querformat* ändern? Nun, probieren Sie es aus (Registerkarte *SEITENLAYOUT*). Sie werden feststellen, dass sich das Textfeld problemlos an das neue Seitenformat anpasst. Dahinter verbirgt sich die Möglichkeit, die Größe eines Objekts relativ zur Seitengröße angeben zu können. Das Textfeld ist in diesem Fall so eingestellt, dass es immer 37% der Seitenbreite und 90% der Seitenhöhe einnimmt (s. a. Bild 22.8).

Bild 22.7 Die Größe des Textfeldes passt sich automatisch an die Seitenorientierung an

Textfelder formatieren

Textfelder lassen sich im Großen und Ganzen genau wie Formen formatieren. Das betrifft vor allem die farbliche Gestaltung, aber auch andere Einstellungen wie zum Beispiel den Textumbruch. Wir werden daher in diesem Kapitel nur auf die Besonderheiten von Textfeldern eingehen und möchten Sie ansonsten auf die entsprechenden Abschnitte des Kapitels 36 verweisen.

Textfelder positionieren

Um Textfelder auf einer Seite zu positionieren, können Sie zwischen folgenden Varianten wählen:

- Sie fassen das Textfeld mit der Maus an seiner gestrichelten Begrenzungslinie an und schieben es auf die gewünschte Position. Damit dieses Verfahren funktioniert, darf die Umbruchart für das Textfeld nicht auf der Option *Mit Text in Zeile* stehen.
- Auf der Registerkarte *ZEICHENTOOLS/FORMAT* befindet sich die Schaltfläche *Position*, mit der Sie das Textfeld auf eine der angebotenen Standardpositionen setzen können.
- Im Dialogfeld *Layout* sind alle Möglichkeiten zur Positionierung von Textfeldern vereint. Um dieses Dialogfeld aufzurufen, markieren Sie das Textfeld und wählen dann im Menü der Schaltfläche *Position* den Befehl *Weitere Layoutoptionen*.

Bild 22.8 Das Dialogfeld *Layout*

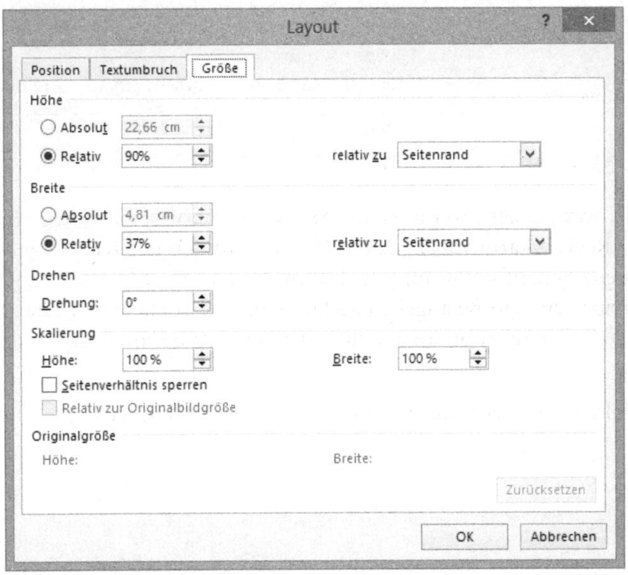

Auf der Registerkarte *Größe* können Sie sowohl für die Höhe als auch für die Breite des Textfeldes festlegen, ob Sie einen absoluten Wert angeben möchten oder einen der angebotenen Bezugspunkte verwenden wollen. Wie Sie im letzten Abschnitt bei der Besprechung des eingefügten Textfeldes gesehen haben, ist vor allem die Angabe eines prozentualen Wertes interessant, da Sie dadurch unabhängig von der aktuellen Seitengröße sind.

Textrichtung und Ausrichtung

Wie bereits weiter oben erwähnt, kann der Text in einem Textfeld auch von oben nach unten und von unten nach oben laufen. Um die Textrichtung für ein Textfeld zu ändern, gehen Sie so vor:

1. Markieren Sie das Textfeld und zeigen Sie die Registerkarte *ZEICHENTOOLS/FORMAT* an.
2. Wählen Sie im Ausklappmenü der Schaltfläche *Textrichtung* die gewünschte Textrichtung.

Bild 22.9 Wählen der gewünschten Textrichtung

3. Neben der Textrichtung können Sie auch seine vertikale bzw. horizontale (bei senkrecht stehendem Text) Ausrichtung ändern. Die entsprechenden Befehle finden Sie im Menü der Schaltfläche *Text ausrichten*, die sich auch auf der Registerkarte *ZEICHENTOOLS/FORMAT* befindet.

Zusammen mit den drei Textrichtungen, die in Textfeldern möglich sind, ergeben sich insgesamt neun verschiedene Variationen, die wir in der folgenden Abbildung gegenübergestellt haben.

Bild 22.10 Der Text eines Textfeldes kann auf neun verschiedene Arten angeordnet werden

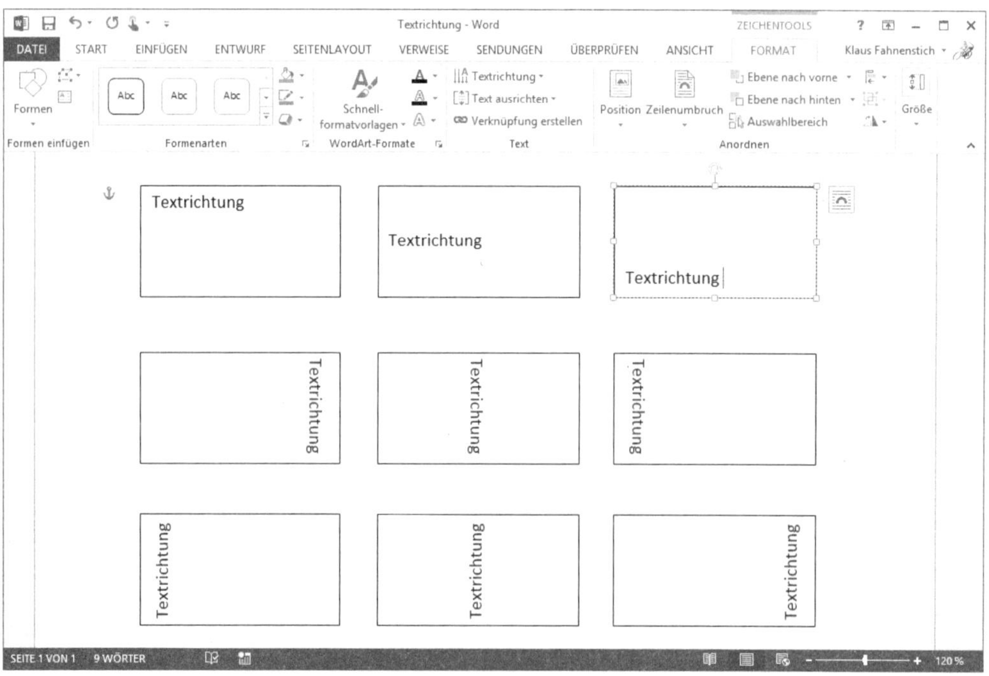

TIPP **Richtig zentrieren** Damit der Text korrekt im Textfeld platziert wird, sollten Sie unbedingt die Abstände vor dem ersten und nach dem letzten Absatz auf 0 setzen. Klicken Sie dazu die betreffenden Absätze mit der rechten Maustaste an und wählen Sie im Kontextmenü den Befehl *Absatz*. Anschließend stellen Sie im Dialogfeld *Absatz* die Felder *Vor* bzw. *Nach* auf den Wert 0.

Innerer Seitenrand

Bei einem Textfeld können Sie auch den Abstand zwischen dem Rahmen und dem von ihm eingeschlossenen Text einstellen.

1. Zeigen Sie dazu den Aufgabenbereich *Form formatieren* an, indem Sie den Rahmen des Textfeldes mit der rechten Maustaste anklicken und im Kontextmenü den Befehl *Form formatieren* aufrufen.
2. Zeigen Sie die Rubrik *TEXTOPTIONEN* an und wechseln Sie dort auf die Seite *Layout und Eigenschaften.*
3. Tragen Sie die gewünschten Werte in die Textfelder ein.

Bild 22.11 Der Abstand zwischen Text und Rahmen ist variabel

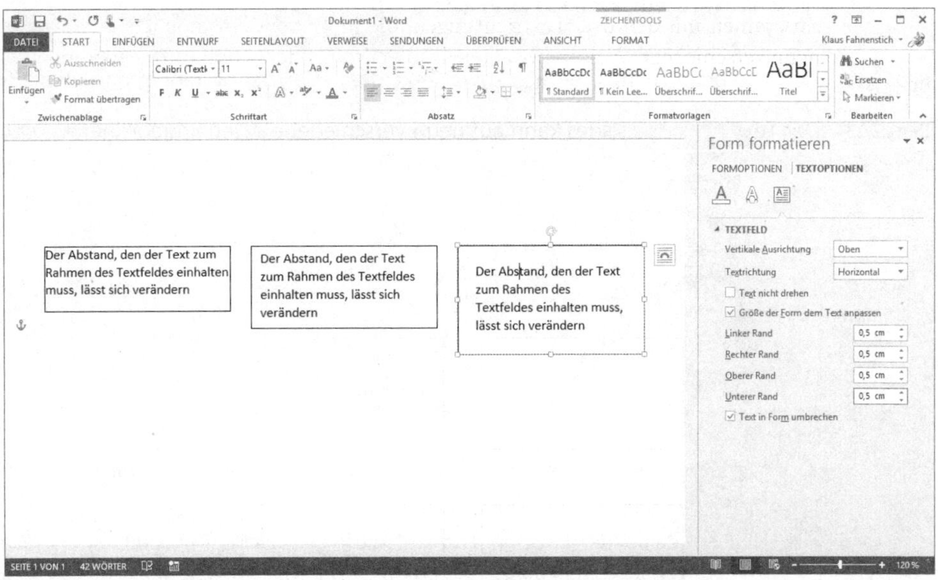

TIPP **Gleichmäßige Abstände** Wenn der Text – so wie im obigen Bild – zum oberen und unteren Rand den gleichen Abstand einhalten soll, empfiehlt es sich, die Abstände vor dem ersten und nach dem letzten Absatz auf 0 zu setzen. Dazu klicken Sie die betreffenden Absätze mit der rechten Maustaste an und wählen im Kontextmenü den Befehl *Absatz*. Anschließend stellen Sie im Dialogfeld *Absatz* die Felder *Vor* bzw. *Nach* auf den Wert 0.

Textfelder verknüpfen

Wenn Sie mehrere Textfelder erstellen, können Sie diese miteinander verbinden bzw. *verknüpfen.* Diese Verknüpfung bewirkt, dass überschüssiger Text, der nicht mehr in das erste Textfeld hineinpasst, nicht »verschwindet«, sondern in das zweite Feld hineinfließt. Auch wenn Sie die Größe des ersten Textfeldes ändern, passt Word den Textfluss automatisch an. Die verknüpften Textfelder müssen dazu nicht auf derselben Seite stehen, sondern können sich auch auf verschiedenen Seiten des Dokuments befinden.

Beispiel: Textfelder verknüpfen

Im folgenden Beispiel erstellen Sie drei einfache Textfelder und fügen in das erste Textfeld soviel Text ein, dass er nicht vollständig in das Textfeld passt. Anschließend verknüpfen Sie die Textfelder miteinander und können beobachten, wie sich der überschüssige Text auf die anderen Textfelder verteilt.

1. Erstellen Sie ein leeres Dokument und fügen Sie drei rechteckige Textfelder ein, wie wir es auf Seite 494 beschrieben haben.
2. Geben Sie im ersten Textfeld einen beliebigen Text ein. Am schnellsten geht das, indem Sie in das Textfeld =**rand**() eintippen und dann die Taste [↵] drücken. Ihre Textfelder sollten anschließend in etwa so aussehen:

Bild 22.12 Das erste Textfeld enthält soviel Text, dass er nicht vollständig darin Platz findet

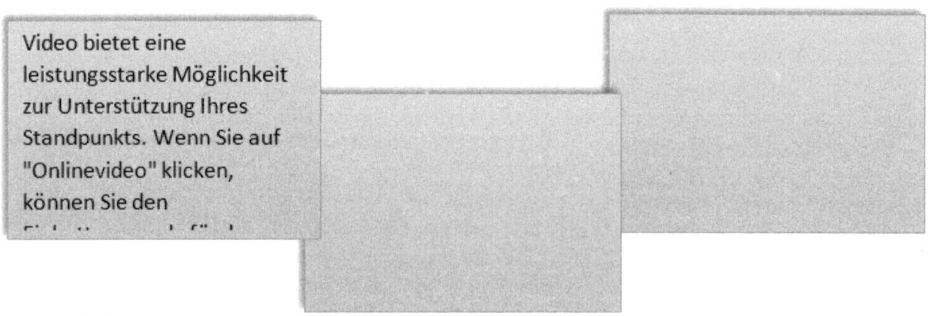

3. Markieren Sie das erste Textfeld und wechseln Sie auf die Registerkarte *ZEICHENTOOLS/ FORMAT.*
4. Klicken Sie in der Gruppe *Text* auf die Schaltfläche *Verknüpfung erstellen.* Wenn Sie den Mauszeiger anschließend auf das Dokument bewegen, verändert er sich zu einem Krug.
5. Klicken Sie in das zweite Textfeld, um den Text »hineinlaufen« zu lassen.
6. Um das zweite mit dem dritten Textfeld zu verknüpfen, gehen Sie analog vor. In früheren Word-Versionen war der Befehl *Textfeld verknüpfen* auch im Kontextmenü eines Textfeldes enthalten. Diesen Komfort hat Microsoft in Word 2010 jedoch leider entfernt.

Bild 22.13 Das dritte Textfeld wird mit dem zweiten (markierten) Textfeld verknüpft

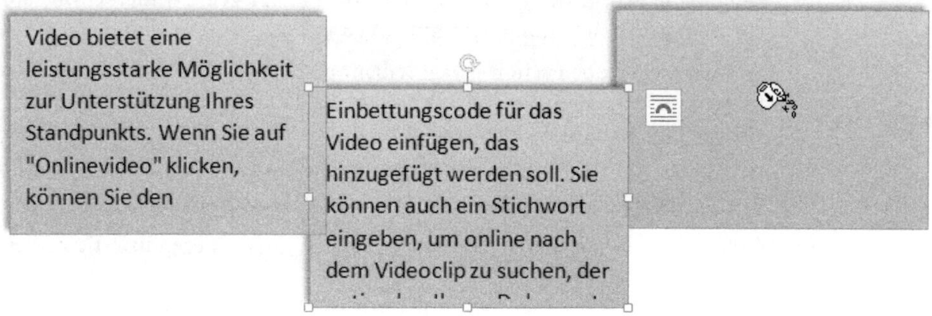

Um die Verknüpfung zweier Textfelder wieder zu lösen, markieren Sie das erste der beiden Felder und klicken dann in der Registerkarte *ZEICHENTOOLS/FORMAT* auf die Schaltfläche *Verknüpfung aufheben.* Dadurch wird nur die Verknüpfung zu dem nachfolgenden Textfeld entfernt. Das heißt, wenn Sie diesen Befehl im obigen Beispiel für das erste Textfeld aufrufen, wird nur die Verknüpfung zum zweiten Textfeld aufgehoben; die Verknüpfung zwischen dem zweiten und dem dritten Textfeld bleibt weiter bestehen.

TIPP **Zwischen verketteten Textfeldern springen** Bis zur Version 2007 enthielten die Kontextmenüs von Textfeldern zwei Befehle, mit denen Sie zwischen den einzelnen »Kettengliedern« mehrerer miteinander verknüpfter Textfelder hin- und herspringen konnten.

Die Befehle sind auch in Word 2013 noch enthalten und können nachträglich in das Menüband aufgenommen werden. Ihre Namen lauten *Nächstes Textfeld* und *Vorheriges Textfeld.* Sie sind vor allem dann hilfreich, wenn sich die verknüpften Textfelder auf verschiedenen Seiten befinden.

Wie Sie Befehle ins Menüband aufnehmen können, beschreiben wir in Kapitel 40 im Abschnitt »Befehle in eine Gruppe einfügen« (Seite 785). Beachten Sie, dass Sie erst eine benutzerdefinierte Gruppe erstellen müssen, in die Sie dann die Befehle aufnehmen können.

Legenden

Legenden sind eine spezielle Form der Textfelder, mit denen Sie zum Beispiel Grafiken beschriften können. Vereinfacht gesagt, handelt es sich bei einer Legende um ein Textfeld, das mit einer Linie versehen ist. Für die Formatierungen von Legenden gelten daher bis auf wenige Ausnahmen die gleichen Regeln wie für Textfelder.

Um eine Legende einzufügen, gehen Sie folgendermaßen vor:

1. Zeigen Sie die Stelle im Dokument, die Sie mit einer Legende versehen wollen, auf dem Bildschirm an.
2. Wechseln Sie auf die Registerkarte *EINFÜGEN.*
3. Öffnen Sie den Auswahlkatalog der Schaltfläche *Formen* (in der Gruppe *Illustrationen)* und wählen Sie eine der angebotenen Form-Varianten aus der Kategorie *Legenden.* Der Mauszeiger verändert sich dann zu einem Fadenkreuz.

4. Klicken Sie in dem Dokument an die Stelle, an der Sie die Legende platzieren wollen und ziehen Sie mit gedrückter Maustaste eine Form in der gewünschten Größe auf. Word verankert die Textform dann automatisch mit dem an dieser Position befindlichen Absatz.

   Wie wir weiter oben schon gesagt haben, passen sich Textfelder nicht automatisch an ihren Inhalt an; Sie müssen also entweder selbst für die richtige Größe sorgen oder die automatische Größenanpassung aktivieren (Bild 22.3).

5. Die Gestalt der Linie können Sie mit Hilfe ihrer Anfasser (der gelben Rauten) beliebig verändern. Ziehen Sie sie einfach mit der Maus an die gewünschte Position.

6. Geben Sie jetzt noch einen passenden Text ein, um die Legende fertig zu stellen.

Bild 22.14 Die fertige Legende

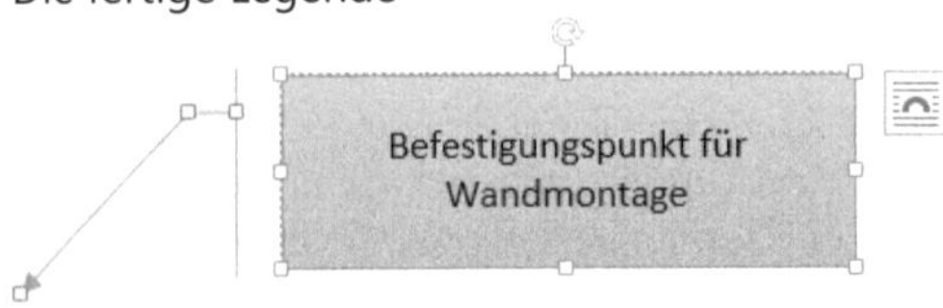

TIPP **Legende mit Pfeilspitze versehen** Um die Linie einer Legende zu formatieren, wechseln Sie bei markierter Legende im Menüband auf die Registerkarte *ZEICHENTOOLS/FORMAT* und klicken dort auf die Schaltfläche *Formkontur* (in der Gruppe *Formenarten).* In ihrem Menü finden Sie den Befehl *Pfeile,* über den Sie die verschiedenen Pfeiltypen einstellen können.

Kapitel 23

Tabellen und Grafiken beschriften

In diesem Kapitel:

In den meisten Publikationen besitzen Bilder, Tabellen oder auch Formeln eine fortlaufend nummerierte Beschriftung. Für solche Fälle sind Sie mit Word bestens gerüstet, denn Word kann diese Art von Beschriftung nahezu vollautomatisch erstellen.

Der große Vorteil bei der Verwendung der Beschriftungen besteht darin, dass die Nummerierung von Word automatisch angepasst wird, wenn Sie beim Bearbeiten des Dokuments beispielsweise eine Abbildung löschen oder eine weitere hinzufügen. In den eingefügten Beschriftungen verwendet Word die Feldart SEQ, die automatisch für die richtige Nummerierung sorgt.

Die Verwendung der Beschriftungsfunktion ist für Sie aber noch mit einem weiteren Vorteil verbunden: Word kann nämlich aus den eingefügten Beschriftungen automatisch ein Verzeichnis erstellen, in dem alle beschrifteten Elemente aufgeführt sind. Selbstverständlich kann Word dabei zwischen Bildern und Tabellen unterscheiden.

Die Schaltflächen zum Einfügen von Beschriftungen und Verzeichnissen befinden sich auf der Registerkarte *VERWEISE* in der Gruppe *Beschriftungen*.

Bild 23.1 Die Befehle zum Erstellen von Beschriftungen finden Sie auf der Registerkarte *VERWEISE*

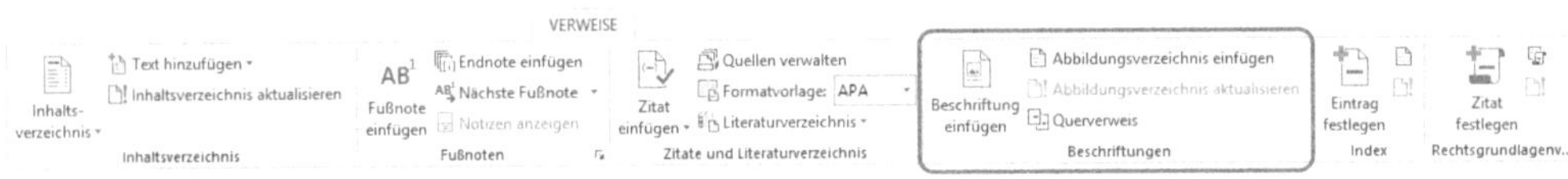

Beschriftungen einfügen

Der gängigste Anwendungsfall für automatische Beschriftung sind in der Praxis sicherlich Bilder und Tabellen. Um diese Elemente mit einer Beschriftung zu versehen, gehen Sie so vor:

1. Markieren Sie das Bild bzw. das Element, für das Sie eine Beschriftung erstellen wollen.

2. Wechseln Sie zur Registerkarte *VERWEISE* und klicken Sie in der Gruppe *Beschriftungen* auf die Schaltfläche *Beschriftung einfügen*. Word zeigt das Dialogfeld *Beschriftung* an.

Bild 23.2 Erstellen einer neuen Beschriftung

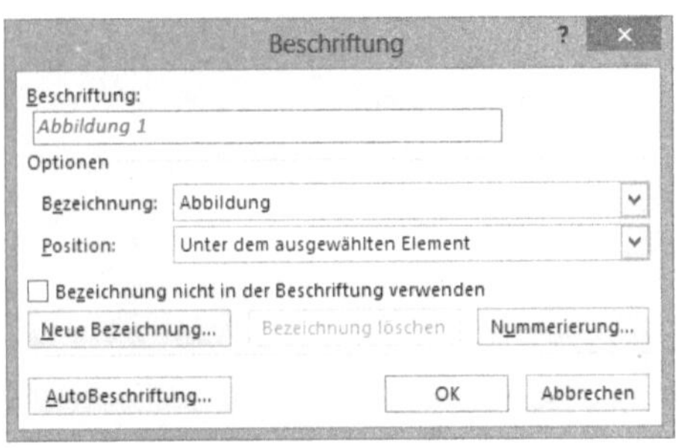

Im Feld *Beschriftung* hat Word bereits die sogenannte *Bezeichnung* und eine Nummer eingetragen. Wenn Sie diese Bezeichnung nicht in die Beschriftung aufnehmen wollen, müssen Sie das Kontrollkästchen *Bezeichnung nicht in der Beschriftung verwenden* einschalten.

3. Ergänzen Sie das Feld *Beschriftung* mit der eigentlichen Bildunterschrift.
4. Im Listenfeld *Bezeichnung* können Sie wählen, für welche Art von Elementen Sie eine Beschriftung einfügen wollen. Abbildungen, Tabellen und Formeln werden von Word selbstständig erkannt.
5. Öffnen Sie das Listenfeld *Position* und legen Sie fest, ob die Beschriftung unter oder über dem ausgewählten Element eingefügt werden soll. (Wenn Sie vor dem Öffnen des Dialogfeldes *Beschriftung* kein Element markiert haben, wird die Beschriftung an der aktuellen Position der Einfügemarke erstellt.)
6. Klicken Sie auf die Schaltfläche *Nummerierung.*

Bild 23.3 In diesem Dialogfeld können Sie die Nummerierung konfigurieren

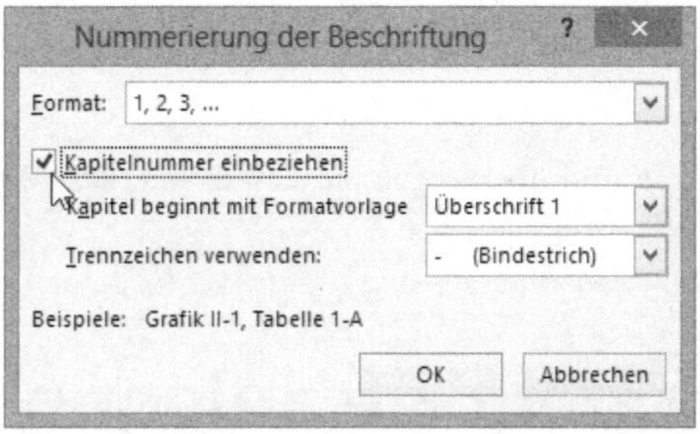

7. Stellen Sie im Listenfeld *Format* die Art der Nummerierung ein und entscheiden Sie, ob (und wie genau) eine eventuell vorhandene Kapitelnummer in die Beschriftung integriert werden soll. Hierfür wählen Sie die Formatvorlage aus, mit der die Kapitelüberschrift formatiert ist (Hinweise zur Verwendung von Formatvorlagen finden Sie in Kapitel 11). Anschließend klicken Sie auf *OK* und kehren damit zum Dialogfeld *Beschriftung* zurück.
8. Klicken Sie auch hier auf *OK*, um die Beschriftung einzufügen. Beachten Sie, dass Word allen so eingefügten Beschriftungen die Formatvorlage *Beschriftung* zuweist.

Bild 23.4 Mit dem Formatinspektor lässt sich die Formatvorlage der Beschriftung ermitteln

9. Erstellen Sie weitere Beschriftungen und überzeugen Sie sich davon, dass Word automatisch für eine konsistente Nummerierung sorgt.

Neue Beschriftungskategorie anlegen

Standardmäßig kann Word drei verschiedene Elemente beschriften: Abbildungen, Tabellen und Formeln. Es ist aber auch problemlos möglich, neue Bezeichnungen für Diagramme, Folien, Tipps usw. anzulegen. Diese Bezeichnungen können dann allerdings nicht automatisch von Word zugeordnet werden.

Um eine neue Bezeichnung anzulegen, nehmen Sie folgende Schritte vor:

1. Wechseln Sie zur Registerkarte *VERWEISE* und klicken Sie in der Gruppe *Beschriftungen* auf die Schaltfläche *Beschriftung einfügen.*
2. Klicken Sie im Dialogfeld *Beschriftung* auf die Schaltfläche *Neue Bezeichnung.* Word zeigt dann das Dialogfeld *Beschriftung hinzufügen* an.

Bild 23.5 Erstellen einer neuen Bezeichnung

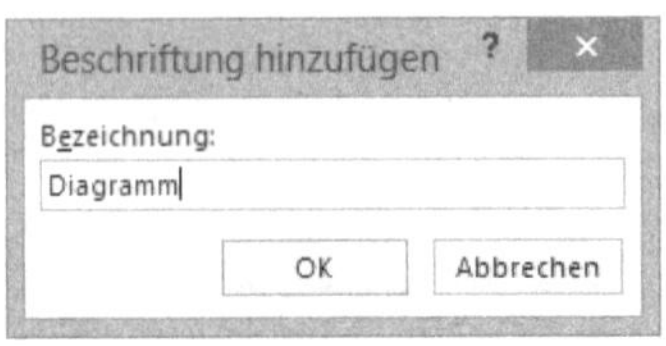

3. Tragen Sie den Namen der neuen Bezeichnung in das Dialogfeld ein und klicken Sie auf *OK.*

4. Im Dialogfeld *Beschriftung* ist die neue Bezeichnung bereits im Listenfeld *Bezeichnung* ausgewählt und kann von nun an genauso benutzt werden wie die drei Standardbezeichnungen von Word.

Bild 23.6 Die neue Bezeichnung ist einsatzbereit

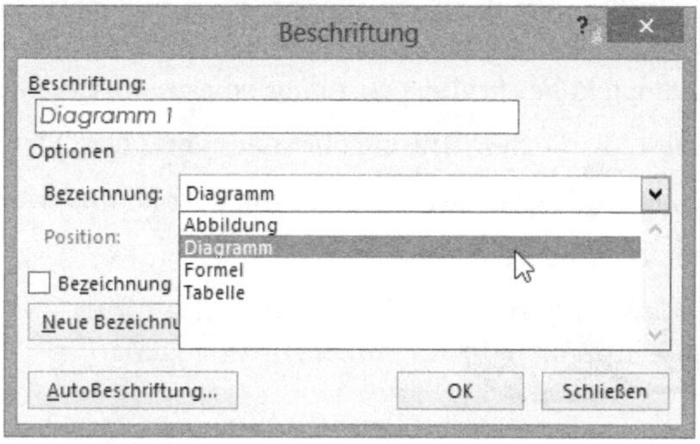

Objekte automatisch beschriften

Sie können Word auch so konfigurieren, dass eingefügte Objekte (also Bilder, Folien, Diagramme usw.) automatisch eine Beschriftung erhalten. Dazu müssen Sie Word lediglich mitteilen, für welche Objekte dieses Komfortmerkmal aktiviert werden soll, und die gewünschte Beschriftungskategorie vorgeben.

1. Wechseln Sie zur Registerkarte *VERWEISE* und klicken Sie in der Gruppe *Beschriftungen* auf die Schaltfläche *Beschriftung einfügen.*
2. Klicken Sie im Dialogfeld *Beschriftung* auf die Schaltfläche *AutoBeschriftung.*

Bild 23.7 In diesem Dialogfeld können Sie die Objekttypen festlegen, für die Word eine automatische Beschriftung erstellen soll

3. Die Liste im oberen Bereich des Dialogfeldes zeigt alle Dokumenttypen an, die bei Windows registriert sind und die Sie in ein Word-Dokument einfügen können. Schalten Sie die Kontrollkästchen vor den Dokumenttypen ein, die die gleiche Bezeichnung erhalten sollen. Wenn Sie beispielsweise die Beschriftung *Folie* für alle PowerPoint-Folien verwenden wollen, schalten Sie die in der Abbildung auf der vorigen Seite gezeigten Kontrollkästchen ein.
4. Wählen Sie im Listenfeld *Bezeichnung* den Text aus, der in der Beschriftung enthalten sein soll. Wenn die gewünschte Bezeichnung dort nicht vorhanden ist, klicken Sie auf *Neue Beschriftung* und geben im Dialogfeld *Beschriftung hinzufügen* die gewünschte Beschriftung ein.
5. Legen Sie im Feld *Position* fest, ob die Beschriftung über oder unter dem Element stehen soll.
6. Klicken Sie auf *Nummerierung* und legen Sie dort das Format der Nummerierung fest.
7. Klicken Sie auf *OK*, um den Vorgang abzuschließen.

Die Einstellungen für die automatische Beschriftung gelten nicht nur für das aktuelle Dokument, sondern stehen Ihnen ab diesem Zeitpunkt in Word immer zur Verfügung.

Automatisch beschriftetes Objekt einfügen

Damit die automatische Beschriftung funktioniert, müssen Sie die Elemente mit dem Dialogfeld *Objekt* einfügen. Sie können diese Elemente weder über die Zwischenablage noch mit den Schaltflächen aus der Gruppe *Illustrationen* der Registerkarte *EINFÜGEN* in das Dokument aufnehmen.

Um z. B. eine neue PowerPoint-Folie in ein Dokument einzufügen, gehen Sie so vor:

1. Setzen Sie die Einfügemarke an die Stelle, an der Sie die Folie einfügen wollen.
2. Wechseln Sie zur Registerkarte *EINFÜGEN* und klicken Sie in der Gruppe *Text* auf *Objekt*.
3. Word zeigt das Dialogfeld *Objekt* an. Wechseln Sie dort zur Registerkarte *Neu erstellen*.

Bild 23.8 Über dieses Dialogfeld können Sie neue Objekte einfügen

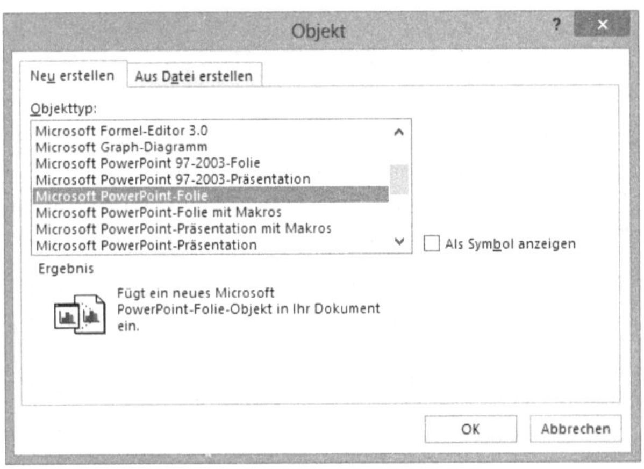

4. Markieren Sie in der Liste *Objekttyp* den Eintrag *Microsoft PowerPoint-Folie* bzw. den Typ des Elements, das Sie einfügen wollen.

5. Klicken Sie auf *OK*, um das neue Objekt zu erstellen. Wie Sie in der Abbildung sehen, fügt Word zusätzlich zum Objekt automatisch eine Beschriftung in das Dokument ein.

Bild 23.9 Das neue Objekt hat automatisch die richtige Beschriftung erhalten

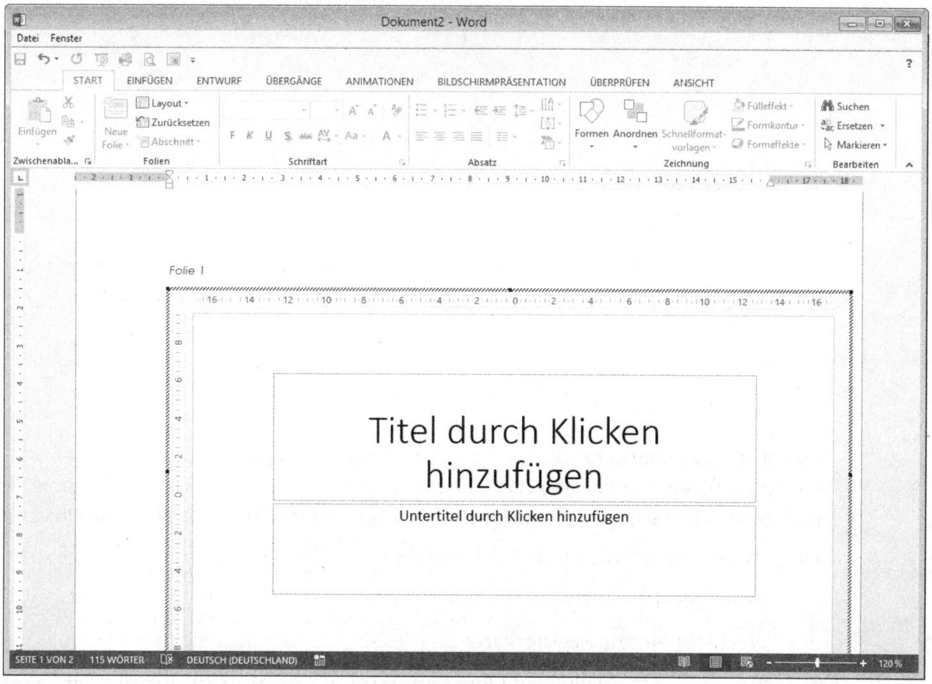

6. Vervollständigen Sie das Objekt und ergänzen Sie die Beschriftung.

Abbildungsverzeichnis erstellen

Ein weiterer Vorteil bei der Verwendung von Beschriftungen besteht darin, dass Word aus den im Dokument enthaltenen Beschriftungen automatisch Verzeichnisse erstellen kann. Auch wenn der zugehörige Befehl in Word *Abbildungsverzeichnis* lautet, kann Word für alle Beschriftungskategorien, die Sie erstellt und verwendet haben, ein separates Verzeichnis erstellen.

Gehen Sie so vor, um ein Verzeichnis der beschrifteten Elemente zu erstellen:

1. Öffnen Sie ein Dokument, in dem sich mehrere Grafiken befinden, die mit einer Beschriftung versehen sind.
2. Setzen Sie die Einfügemarke an die Stelle, an der Sie das Verzeichnis einfügen wollen.
3. Wechseln Sie zur Registerkarte *VERWEISE* und klicken Sie in der Gruppe *Beschriftungen* auf die Schaltfläche *Abbildungsverzeichnis einfügen.* Das Dialogfeld *Abbildungsverzeichnis* wird angezeigt.
4. Stellen Sie im Listenfeld *Beschriftungskategorie* ein, für welchen Beschriftungstyp das Verzeichnis erstellt werden soll.

Bild 23.10 Word kann aus den Beschriftungen eines Dokuments automatisch ein Verzeichnis erstellen

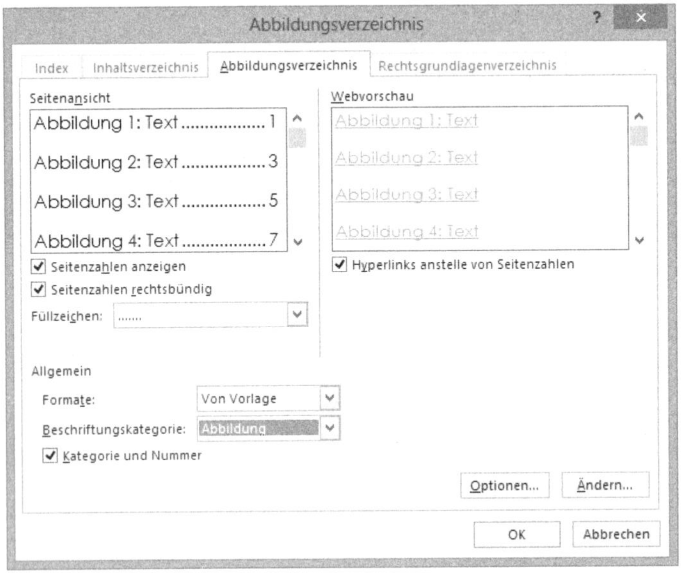

5. Nehmen Sie die verschiedenen Formatierungseinstellungen im Dialogfeld vor und beurteilen Sie ihre Wirkung im Vorschaubereich des Dialogfeldes. Lassen Sie bitte die Option *Seitenzahlen anzeigen* eingeschaltet, da wir die Seitenzahlen gleich noch benötigen.

6. Abschließend fügen Sie das Verzeichnis mit *OK* in das Dokument ein.

   In Bild 23.11 sehen Sie ein Abbildungsverzeichnis, das wir aus den Bildüberschriften dieses Kapitels erstellt haben. Dieses Verzeichnis und die in ihm steckende »Technik« werden wir im nächsten Abschnitt etwas eingehender untersuchen.

Bild 23.11 Das fertige Abbildungsverzeichnis

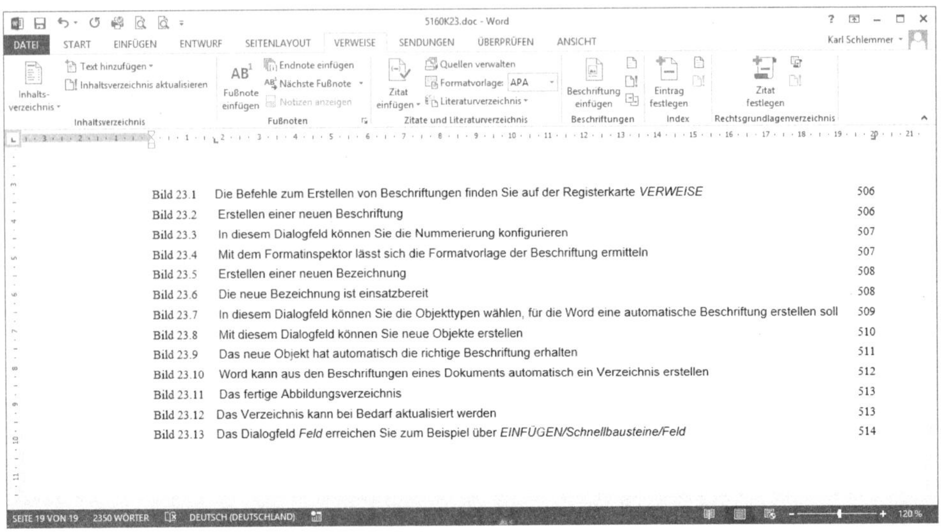

7. Zeigen Sie mit der Maus auf eine der Seitenzahlen im Verzeichnis. Wenn Sie nun die Taste [Strg] drücken, ändert sich der Mauszeiger zu einer Hand. Klicken Sie die Seitenzahl dann an, damit Word zu der betreffenden Abbildung springt.

Abbildungsverzeichnis aktualisieren

Wenn Sie das Verzeichnis zu einem späteren Zeitpunkt aktualisieren wollen bzw. müssen, setzen Sie die Einfügemarke in das Abbildungsverzeichnis und drücken die Taste [F9]. Alternativ können Sie auch die Einfügemarke in das Verzeichnis setzen, zur Registerkarte *VERWEISE* wechseln und in der Gruppe *Beschriftungen* auf die Schaltfläche *Tabelle aktualisieren* klicken. Word fragt dann nach, ob das gesamte Verzeichnis neu erstellt werden soll oder ob Sie lediglich die Seitenzahlen aktualisieren möchten.

Bild 23.12 Das Verzeichnis kann bei Bedarf aktualisiert werden

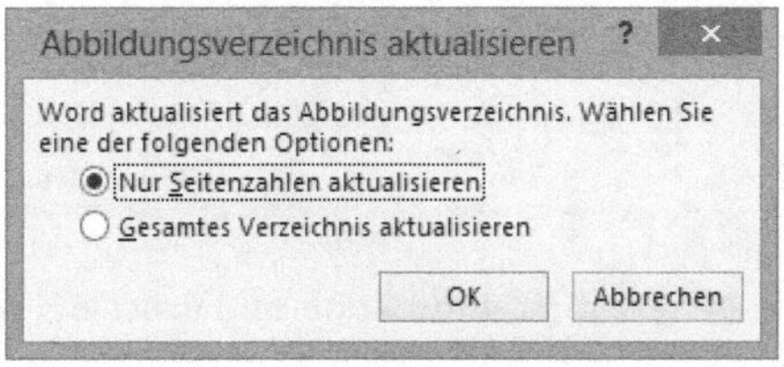

Die Feldfunktion TOC

Abhängig davon, wie Sie die Ansichtsoptionen von Word eingestellt haben, werden Sie eventuell schon bemerkt haben, dass Word das gesamte Abbildungsverzeichnis grau hinterlegt, wenn Sie die Einfügemarke irgendwo innerhalb des Verzeichnisses platzieren.

Dieser Effekt hat damit zu tun, dass das Verzeichnis kein normaler Text ist (dann ließe er sich ja auch nicht aktualisieren), sondern von einer Feldfunktion erzeugt wird. Wir werden im nächsten Kapitel noch ausführlich über Feldfunktionen sprechen, sodass wir an dieser Stelle nur einen kurzen Blick hinter die Kulissen werfen wollen.

Um die Feldfunktion sichtbar zu machen, müssen Sie das Verzeichnis vollständig markieren und dann die Tastenkombination [⇧]+[F9] drücken. Das Verzeichnis schrumpft dadurch zu folgenden kryptischen Zeichen zusammen:

```
{ TOC \h \z \c "Abbildung" }
```

Das Kürzel TOC (Abkürzung für Table Of Contents) ist der Name der Feldfunktion; die restlichen Buchstaben – die als Schalter bezeichnet werden – sind für das »Feintuning« verantwortlich. So ist z.B. unschwer zu erkennen, dass der Code `\c "Abbildung"` angibt, für welche Kategorie das Verzeichnis erstellt werden soll.

Eine vollständige Übersicht der von der TOC-Funktion unterstützten Schalter erhalten Sie, wenn Sie die Feldfunktion mit der rechten Maustaste anklicken, im Kontextmenü den Befehl *Feld bearbeiten* wählen und dann im Dialogfeld erst auf die Schaltfläche *Feldfunktionen* und anschließend auf die Schaltfläche *Optionen* klicken.

Bild 23.13 Das Dialogfeld *Feld* erreichen Sie z. B. über *EINFÜGEN/Schnellbausteine/Feld*

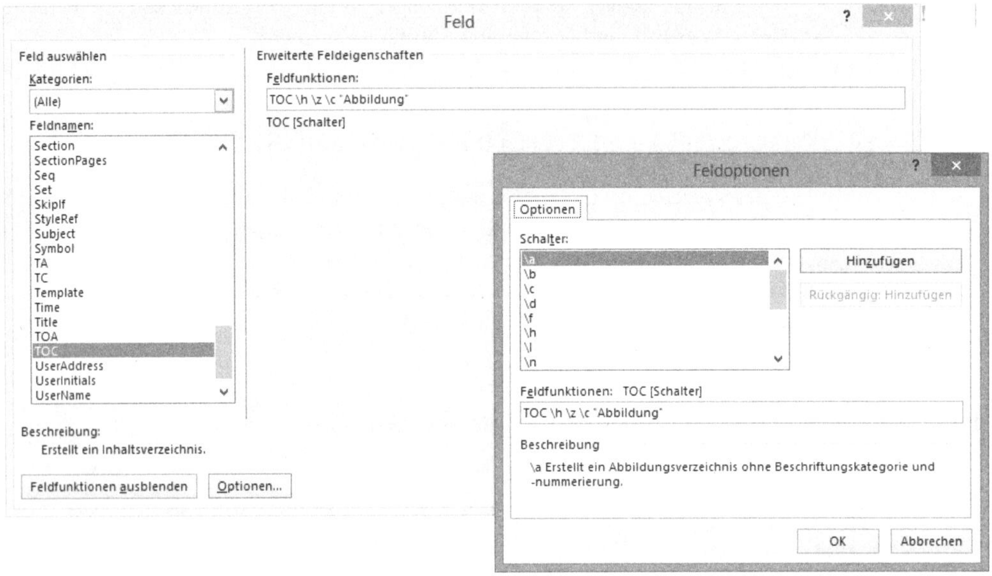

Um wieder das Verzeichnis anzuzeigen, markieren Sie die Feldfunktion und drücken ⇧+F9.

Teil E

Mit speziellen Dokumenttypen arbeiten

In diesem Teil:

Kapitel 24

Feldfunktionen verstehen und verwenden

In diesem Kapitel:

In diesem Kapitel stellen wir Ihnen ein sehr interessantes Feature von Word vor: die sogenannten *Feldfunktionen*, die manchmal auch einfach nur *Felder* genannt werden. Felder sind Anweisungen an Word, bestimmte Informationen zu ermitteln und anstelle des Feldes das Ergebnis des Feldes in das Dokument einzufügen. Diese Information kann z.B. das aktuelle Datum, das Druckdatum oder der Name des Dokuments, der Name des Autors oder die aktuelle Seitenzahl sein.

Die Feldfunktionen von Word sind derart vielseitig und leistungsfähig, dass man ihnen ohne Weiteres ein eigenes Buch widmen könnte. Dieses Kapitel hat das Ziel, Ihr Interesse an diesem Thema zu wecken, und es versucht, einen einfachen Einstieg in das Thema aufzuzeigen. Sie finden in diesem Kapitel:

- eine allgemeine Einführung in das Thema Felder,
- Anweisungen für die Formatierung von Feldern und
- die Erläuterung einiger interessanter Sonderfelder.

Schnellkurs: Felder

Lassen Sie uns das Datumbeispiel aus der Einführung zu diesem Kapitel aufgreifen und daran die Grundbegriffe der Felder erläutern. Um das Feld einzufügen, das als Ergebnis das aktuelle Datum und die aktuelle Uhrzeit in den Text einfügt, sind nur wenige Schritte erforderlich:

1. Klicken Sie auf die Registerkarte *DATEI*, dann auf *Neu* und erstellen Sie ein leeres Dokument, damit Sie sich ganz auf das eingefügte Feld konzentrieren können.
2. Klicken Sie erneut auf die Registerkarte *DATEI*, dann auf *Optionen* und wechseln Sie im Dialogfeld *Word-Optionen* zur Kategorie *Erweitert*.

Bild 24.1 Im Abschnitt *Dokumentinhalt anzeigen* legen Sie fest, wie Word die Feldfunktionen im Dokument anzeigt

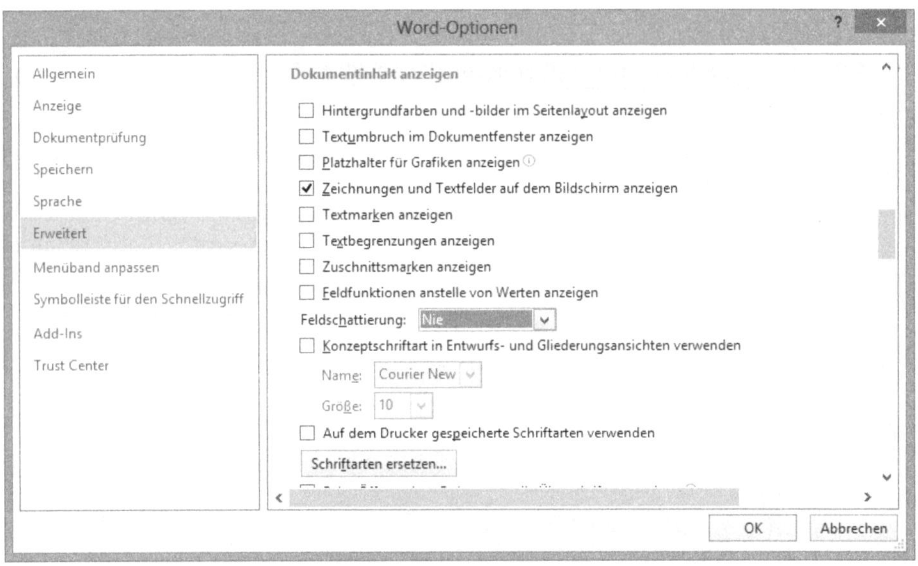

3. Scrollen Sie zum Abschnitt *Dokumentinhalt anzeigen,* schalten Sie das Kontrollkästchen *Feldfunktionen anstelle von Werten anzeigen* aus und wählen Sie in der Liste *Feldschattierung* die Option *Nie* aus (wir gehen auf die beiden Optionen gleich noch genauer ein). Schließen Sie dann das Dialogfeld mit einem Klick auf *OK.*
4. Wechseln Sie zur Registerkarte *EINFÜGEN* und klicken Sie in der Gruppe *Text* auf *Datum und Uhrzeit.* Word zeigt das gleichnamige Dialogfeld an.

Bild 24.2 Das Dialogfeld *Datum und Uhrzeit*

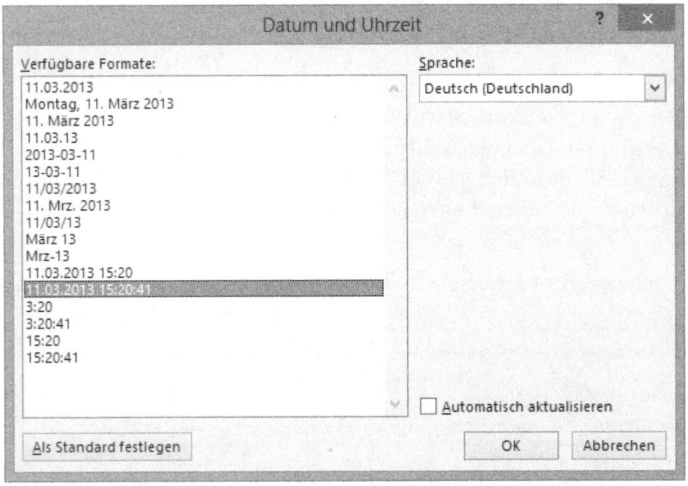

In diesem Dialogfeld bietet Ihnen Word verschiedene Formate für die Ausgabe des Datums und der Uhrzeit an. Entscheidender als die große Auswahl der Formate ist das Kontrollkästchen *Automatisch aktualisieren.* Hiermit können Sie steuern, ob Word das Datum bzw. die Uhrzeit als normalen Text oder als Feld einfügt.

5. Schalten Sie das Kontrollkästchen *Automatisch aktualisieren* zunächst **aus**, damit Word das Datum als normalen Text in Ihr Dokument einfügt.
6. Doppelklicken Sie auf den in Bild 24.2 markierten Eintrag.

   Ihr Dokument enthält jetzt das aktuelle Datum und die Uhrzeit in dem Format, das Sie via Doppelklick eingefügt haben. An den Zahlen, die Word in Ihr Dokument eingefügt hat, ist absolut nichts Besonderes. Sie können sie formatieren, löschen etc. wie jeden anderen Text auch. Fügen Sie die Zeitangabe hingegen als Feld ein, sieht die Sache schon anders aus:
7. Drücken Sie [↵], um die Einfügemarke in eine neue Zeile zu setzen.
8. Klicken Sie auf der Registerkarte *EINFÜGEN* erneut auf *Datum und Uhrzeit.*
9. Schalten Sie das Kontrollkästchen *Automatisch aktualisieren* ein, damit Word das Datum als Feldfunktion in Ihr Dokument einfügt.
10. Doppelklicken Sie auf den gleichen Eintrag wie in Schritt 6.

Word fügt nun erneut eine Zeitangabe an, die sich in nichts von der ersten Version zu unterscheiden scheint (bis auf die Uhrzeit natürlich). Doch wie Sie gleich im nächsten Abschnitt sehen werden: Der Schein trügt.

Felder aktualisieren

Die zuletzt eingefügte Datumsangabe sieht auf den ersten Blick so aus wie ein normaler Text. In Wirklichkeit hat Word jedoch an dieser Stelle eine Feldfunktion in das Dokument eingefügt, die die Fähigkeit hat, das aktuelle Datum und die momentane Uhrzeit zu ermitteln und als Text anzuzeigen. Natürlich wird die Zeitangabe nicht ständig aktualisiert, da Sie mit einem Text, dessen Inhalt sich selbstständig ändert, kaum einverstanden sein werden.

Sie können Word jedoch anweisen, ein Feld neu zu berechnen. In unserem Beispiel bedeutet das, dass die eingefügte Uhrzeit aktualisiert wird.

1. Setzen Sie die Einfügemarke in die zuletzt eingefügte Datums- und Uhrzeitangabe.
2. Drücken Sie [F9].

Beim Drücken der [F9]-Taste aktualisiert Word sofort die Zeitangabe. Sie können den Vorgang beliebig oft wiederholen und dabei beobachten, wie die Sekunden und Minuten hochgezählt werden. Am besten markieren Sie dazu den ganzen Absatz, da Sie dann die Einfügemarke nicht nach jeder Aktualisierung erneut in die Uhrzeit setzen müssen.

Bild 24.3 Felder können auch durch einen Befehl in ihrem Kontextmenü aktualisiert werden

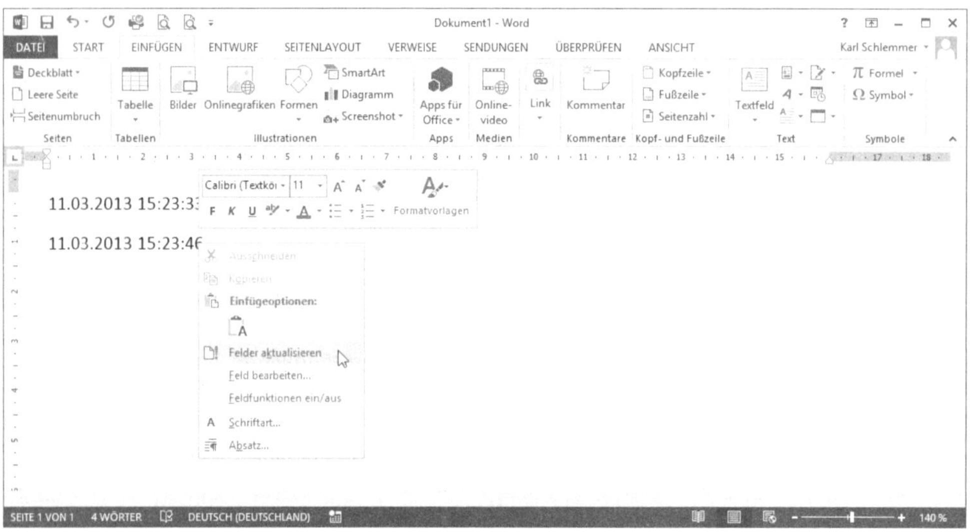

Alternativ können Sie auch das Kontextmenü des Feldes aufrufen (mit der rechten Maustaste in das Feld klicken) und dort den Befehl *Felder aktualisieren* wählen.

Feldschattierung anzeigen lassen

Wie Sie im Beispiel gesehen haben, lässt sich ein Feld rein optisch nicht von normalem Text unterscheiden. Die Ursache für dieses Verwirrspiel liegt in den Einstellungen des Dialogfeldes *Word-Optionen* begründet, die wir zu Beginn des Beispiels entsprechend manipuliert haben. Word ist nämlich durchaus in der Lage, die Felder eines Dokuments besonders zu kennzeichnen. Es benutzt dazu die sogenannte *Feldschattierung*.

1. Klicken Sie auf die Registerkarte *DATEI*, dann auf *Optionen* und wechseln Sie im Dialogfeld *Word-Optionen* zur Kategorie *Erweitert*.
2. Scrollen Sie zum Abschnitt *Dokumentinhalt anzeigen* und wählen Sie in der Liste *Feldschattierung* die Option *Wenn ausgewählt* aus. Klicken Sie auf *OK*.
3. Bewegen Sie nun die Einfügemarke durch das Dokument und beobachten Sie, wie Word das Feld schattiert.

HINWEIS **Die Optionen für die Feldschattierung** Mit der Option *Nie* schalten Sie die Feldschattierungen komplett aus, d.h., Word markiert die Felder eines Dokuments in keinem Fall. Mit *Immer* erzielen Sie genau das Gegenteil, die Felder werden also permanent durch eine Schattierung kenntlich gemacht. Die Variante *Wenn ausgewählt* bewirkt, dass die Schattierung eines Feldes nur dann eingeschaltet wird, wenn das Feld markiert ist bzw. wenn die Einfügemarke im Feld steht.

Zwischen Feldfunktion und Feldergebnis umschalten

In diesem und dem folgenden Abschnitt werden wir hinter die Kulissen der Felder schauen. Dazu lassen wir uns den Code anzeigen, der sich hinter dem eingefügten Datumsfeld verbirgt. Dieser Code wird in Word als *Feldfunktion*, sein Resultat als *Feldergebnis* bezeichnet. In unserem Beispiel ist das Feldergebnis das aktuelle Datum/die aktuelle Uhrzeit und die Feldfunktion ist der Code, mit dem Word angewiesen wird, das aktuelle Datum und die Uhrzeit zu ermitteln.

Word kann entweder die Funktion oder das Ergebnis eines Feldes anzeigen. Um zwischen diesen beiden Anzeigemodi zu wechseln, stehen Ihnen drei Möglichkeiten zur Verfügung, die wir im Folgenden kurz beschreiben. (Lassen Sie sich dabei von den Hieroglyphen der Feldfunktion nicht irritieren; wir werden sie im Anschluss an diesen Abschnitt erläutern.)

- **Mit dem Dialogfeld *Word-Optionen*** Die umständlichste, aber dafür auch eindeutigste Methode, um zwischen der Anzeige der Feldfunktion und dem Feldergebnis umzuschalten, ist das Dialogfeld *Word-Optionen* mit der Kategorie *Erweitert*. Schalten Sie im Bereich *Dokumentinhalt anzeigen* das Kontrollkästchen *Feldfunktionen anstelle von Werten anzeigen* ein, dann zeigt Word im gesamten Dokument die Feldfunktionen an; schalten Sie es aus, werden die Feldergebnisse sichtbar.
- **Mit der Tastatur** Deutlich schneller geht das Umschalten mit der Tastatur. Setzen Sie die Einfügemarke in ein Feld und drücken Sie ⇧+F9. Diese Tastenkombination wirkt sich nur auf das Feld aus, in dem sich die Einfügemarke befindet. Wenn Sie hingegen Alt+F9 drücken, können Sie zwischen der Anzeige der Feldfunktion und der Anzeige der Werte im gesamten Dokument hin- und herschalten.

Bild 24.4 Feldfunktionen oder Feldergebnisse anzeigen

- **Mit dem Kontextmenü der Felder** Zu guter Letzt können Sie die Darstellung der Felder auch mit deren Kontextmenü umschalten, das Sie durch einen Klick mit der rechten Maustaste auf eines der Felder öffnen. Der richtige Befehl ist in diesem Fall *Feldfunktionen ein/aus.* Er hat die gleiche Wirkung wie die Tastenkombination ⇧+F9, d.h., er schaltet immer nur die Ansicht des aktuellen Feldes um.

Elemente von Feldfunktionen

Wenn Sie das einleitende Beispiel dieses Kapitels nachvollzogen haben, enthält Ihr Dokument jetzt das Feld TIME, das wir im nächsten Bild wiedergegeben haben. An diesem Beispiel wollen wir den prinzipiellen Aufbau einer Feldfunktion beschreiben.

Bild 24.5 Die Bestandteile einer Feldfunktion

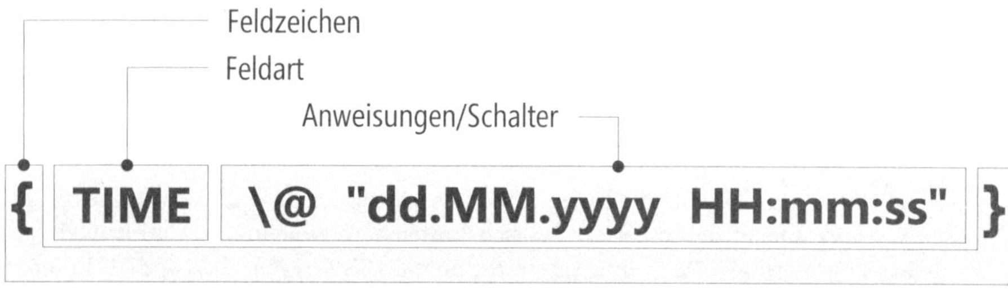

- { } = **Feldzeichen** Die Feldzeichen kennzeichnen den Anfang und das Ende eines Feldes und müssen immer vorhanden sein. Auch wenn diese Zeichen genauso aussehen wie geschweifte Klammern, sind es keine normalen geschweiften Klammern, sondern eben Feldzeichen. Wenn Sie die geschweiften Klammern über die Tastatur eingeben, werden sie von Word nicht als Feldzeichen erkannt. Das Eingeben der Feldzeichen behandeln wir ausführlich im Abschnitt »Felder einfügen« gleich im Anschluss.
- TIME = **Feldart** Nach dem öffnenden Feldzeichen steht im Feld zuerst die Feldart, in unserem Beispiel also TIME. Die Feldart beschreibt die Aktion, die mit dem Feld verbunden ist.
- \... = **Feldschalter** Das dritte Element sind Anweisungen und Schalter. Sie verändern die Aktion des Feldes oder beeinflussen die Darstellung des Feldergebnisses. Die Schalter beginnen immer mit dem Zeichen \. In unserem Beispiel wird der Schalter \@ verwendet, dem ein weiteres Argument folgt, das in Anführungszeichen eingeschlossen wird. Hiermit wird die Ausgabeform des Datums festgelegt.

Felder einfügen

Zum Einfügen von Feldern stellt Ihnen Word verschiedene Möglichkeiten zur Verfügung, die wir Ihnen nun der Reihe nach vorstellen möchten.

Einfügen über spezialisierte Schaltflächen

Am einfachsten ist das Einfügen von Feldern mit den entsprechenden Schaltflächen im Menüband von Word. Eine dieser Schaltflächen, *Datum und Uhrzeit,* haben Sie bereits zu Beginn dieses Kapitels kennengelernt. In der folgenden Tabelle finden Sie eine vollständige Aufstellung der entsprechenden Schaltflächen, von denen einige auch mehrere Feldarten einfügen können.

Tabelle 24.1 Schaltflächen im Menüband, mit denen Feldfunktionen eingefügt werden

Schaltfläche	Eingefügte Feldfunktion
EINFÜGEN/Link/Link	HYPERLINK
EINFÜGEN/Illustrationen/Bilder	INCLUDEPICTURE
EINFÜGEN/Kopf- und Fußzeile/Seitenzahl	PAGE
EINFÜGEN/Link/Querverweis/Fußnote	NOTEREF
EINFÜGEN/Link/Querverweis/Seitenzahl	PAGEREF
EINFÜGEN/Link/Querverweis/Textmarke	REF
EINFÜGEN/Symbole/Symbol	SYMBOL
EINFÜGEN/Text/Datum und Uhrzeit	DATE
EINFÜGEN/Text/Datum und Uhrzeit	TIME
EINFÜGEN/Text/Objekt/Objekt	EMBED
EINFÜGEN/Text/Objekt/Text aus Datei	INCLUDETEXT
TABELLENTOOLS/LAYOUT/Daten/Formel	= (Feldfunktion Formel)
VERWEISE/Beschriftungen/Beschriftung einfügen	SEQ
VERWEISE/Index/Eintrag festlegen	XE
VERWEISE/Index/Index einfügen	INDEX
VERWEISE/Inhaltsverzeichnis/Inhaltsverzeichnis einfügen	TOC
VERWEISE/Rechtsgrundlagenverzeichnis/ Rechtsgrundlagenverzeichnis einfügen	TOA
VERWEISE/Rechtsgrundlagenverzeichnis/Zitat festlegen	TA
VERWEISE/Zitate und Literaturverzeichnis/ Literaturverzeichnis einfügen	BIBLIOGRAPHY
VERWEISE/Zitate und Literaturverzeichnis/Zitat einfügen	CITATION

Einfügen über ein Dialogfeld

Der Befehl *EINFÜGEN/Text/Schnellbausteine/Feld* stellt Ihnen ein Dialogfeld zur Verfügung, mit dem das Einfügen von Feldern sehr komfortabel wird. Dieses Dialogfeld bietet Ihnen nicht nur eine vollständige Übersicht über die verfügbaren Feldarten und deren Optionen (Schalter und Anweisungen), sondern auch einen direkten Zugang zum Hilfesystem von Word. Wir werden seine Bedienung an einem kleinen Beispiel vorstellen:

1. Wechseln Sie zur Registerkarte *EINFÜGEN*, klicken Sie in der Gruppe *Text* auf *Schnellbausteine* und dann auf *Feld*. Das Dialogfeld *Feld* wird angezeigt.

Bild 24.6 Einfügen von Feldfunktionen über das Dialogfeld *Feld*

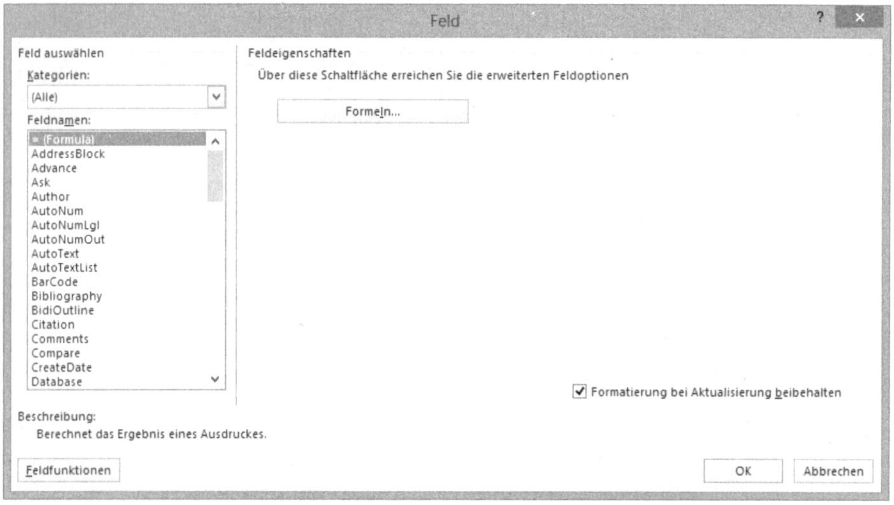

Im linken Listenfeld des Dialogfeldes sind die verschiedenen Feldartenkategorien von Word aufgeführt. Wenn Sie die Markierung mit den Pfeiltasten durch die Liste bewegen, sehen Sie, wie im Listenfeld rechts daneben die Feldarten der markierten Kategorie auftauchen. Wenn Sie nicht genau wissen, in welcher Kategorie sich die von Ihnen gesuchte Feldart befindet, markieren Sie einfach die Kategorie *(Alle)*. Im Listenfeld *Feldnamen* werden dann sämtliche Word-Felder angezeigt.

Wenn bei einer Feldfunktion weitere Anweisungen und Schalter verwendet werden können, werden diese im Bereich *Feldeigenschaften* angezeigt. Sie können sie dort auswählen oder einschalten.

Wenn Sie die Schaltfläche *Feldfunktionen* im unteren Bereich des Dialogfeldes anklicken, wird statt der umgangssprachlichen Beschreibung der Optionen ein Textfeld eingeblendet. Word übernimmt die im Listenfeld *Feldnamen* markierte Feldfunktion in das Textfeld *Feldfunktionen*. In diesem Textfeld wird die zu erstellende Feldfunktion zusammengestellt. Dazu können Sie entweder die benötigten Schalter von Hand eintragen oder Sie benutzen die Schaltfläche *Optionen*, mit der Sie zu einem weiteren Dialogfeld verzweigen.

Als kleine Hilfestellung sehen Sie unterhalb des Textfeldes die allgemeine Syntax der Feldart.

Nach diesen eher theoretischen Beschreibungen wollen wir in die Praxis einsteigen:

2. Wechseln Sie zur Kategorie *Dokumentautomation.*
3. Markieren Sie im Feld *Feldnamen* den Eintrag *MacroButton.*
4. Markieren Sie im Feld *Makroname* den Eintrag *MicrosoftExcel.*
5. Geben Sie in das Feld *Text anzeigen* **Excel starten** ein.

Bild 24.7 Die Optionen von Feldfunktionen lassen sich mit dem Dialogfeld *Feld* interaktiv festlegen

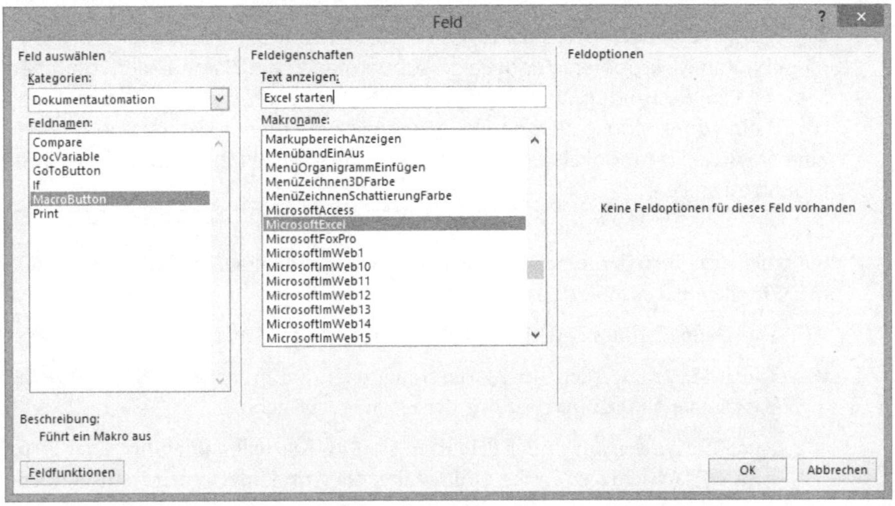

6. Klicken Sie unten im Dialogfeld auf *Feldfunktionen.*

   Sie können nun im Textfeld *Feldfunktionen* erkennen, wie Word die in den vorherigen Schritten ausgewählten Optionen zu einer Feldfunktion zusammengebaut hat.

Bild 24.8 Word hat aus Ihren Eingaben eine Feldfunktion erstellt

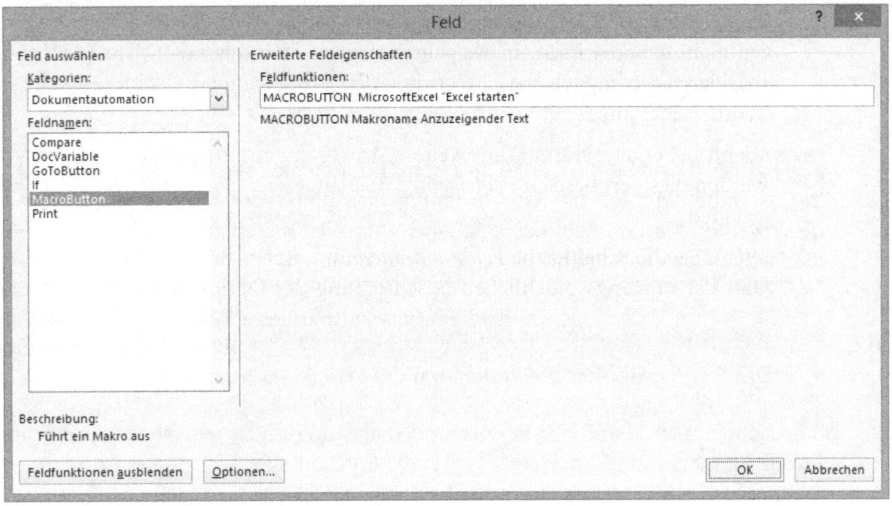

Mit speziellen Dokumenttypen arbeiten

7. Schließen Sie das Dialogfeld *Feld* mit *OK*.
8. Drücken Sie [Alt]+[F9], wenn Word das vollständige Feld anzeigt.
9. Doppelklicken Sie auf den Text *Excel starten*, um das Feld zu aktivieren.

   Wenn alles geklappt hat, wird nun Microsoft Excel gestartet. Statt des Doppelklicks können Sie auch die Einfügemarke in den Text *Excel starten* bewegen und die Tastenkombination [Alt]+[⇧]+[F9] drücken.

HINWEIS **Eigene Makros aufrufen** In der Liste *Makroname* werden nicht nur die in Word eingebauten Makrobefehle angezeigt, sondern auch die Namen aller von Ihnen selbst erstellten Makros. Die Verwendung der Feldfunktion *MacroButton* stellt neben der Anpassung des Menübands eine gute Möglichkeit dar, beispielsweise in eigenen Dokumentvorlagen den Anwendern eine einfache Startmöglichkeit auf erweiterte Funktionalität, die in Makros enthalten ist, zur Verfügung zu stellen.

Sie sehen, das Erstellen eines Feldes wird durch das Dialogfeld *Feld* enorm erleichtert. Fassen wir die Vorteile noch einmal zusammen:

- Das Dialogfeld des Befehls zeigt alle Feldarten an.
- Die Feldarten werden im Klartext angezeigt. Sie brauchen z.B. nicht auswendig zu wissen, dass zu der Feldart *Indexeintrag* der Feldcode *XE* gehört.
- Auch die Anweisungen der Feldarten sind im Klartext aufgeführt. Dies erspart Ihnen zeitraubendes Nachschlagen in der Onlinehilfe, die – im Unterschied zu bisherigen Word-Versionen – auch leider nicht alle Feldfunktionen dokumentiert.

Feld mit einer Tastenkombination einfügen

Wenn Sie die Feldart und die Schalter und Anweisungen kennen, können Sie ein Feld auch direkt in das Dokument eingeben:

1. Drücken Sie die Tastenkombination [Strg]+[F9]. Word fügt die Feldzeichen in das Dokument ein und die Einfügemarke wird automatisch ins neu eingefügte Feld positioniert.
2. Geben Sie die Feldart und die Schalter ein.

WICHTIG Den Namen der Feldfunktion können Sie sowohl in Klein- als auch in Großbuchstaben eingeben. Achten Sie jedoch darauf, dass hinter der öffnenden und vor der schließenden geschweiften Klammer ein Leerzeichen steht; sollte es fehlen, kann dies dazu führen, dass Word die Feldfunktion nicht richtig interpretieren kann.

3. Drücken Sie [F9], um das Feldergebnis zu aktualisieren.
4. Drücken Sie eine der Pfeiltasten, um das Feld zu verlassen.

Sie können auch zuerst die Feldart und die Anweisungen eingeben, den gesamten zukünftigen Feldinhalt markieren und dann [Strg]+[F9] drücken.

Felder bearbeiten

Feldinhalte können genau wie anderer Text bearbeitet, markiert, gelöscht oder formatiert werden. Beim Markieren gibt es jedoch die Besonderheit, dass das gesamte Feld markiert wird, wenn die Markierung eines der Feldzeichen einschließt. Wenn Sie zum Erweitern der Markierung die Pfeiltasten benutzen (mit gleichzeitig gedrückter ⇧-Taste), können Sie die Markierung eines Feldes nicht wieder durch das Verkleinern der Markierung rückgängig machen.

Um ein Feld zu löschen, müssen Sie es **ganz** markieren und dann die Taste Entf drücken.

Neben den normalen Editierbefehlen enthält Word einige Befehle, die dem besonderen Charakter von Feldern Rechnung tragen. Sie werden mit Tastenkombinationen aufgerufen, in denen die Tasten F9 und F11 benutzt werden. Am Ende dieses Kapitels finden Sie eine Tabelle, in der alle Tastenkombinationen aufgeführt sind.

Felder aktualisieren

Wenn Sie ein Feld aktualisieren, wird Word aufgefordert, die Anweisungen in den Feldern auszuführen und die Ergebnisse auf den aktuellen Stand zu bringen. Einige der Felder werden beim Drucken automatisch aktualisiert, andere nicht.

1. Setzen Sie die Einfügemarke in das Feld, das aktualisiert werden soll. Wenn Sie mehrere Felder aktualisieren wollen, markieren Sie den Teil des Dokuments, in dem sich die Felder befinden, oder drücken Sie Strg+A, um das gesamte Dokument zu markieren.

2. Drücken Sie die Taste F9.

   Alternativ können Sie auch mit der rechten Maustaste in die Markierung klicken. Das dadurch angezeigte Kontextmenü enthält automatisch den Befehl *Felder aktualisieren,* wenn sich in der Markierung ein Feld befindet.

3. Schalten Sie, falls erforderlich, mit Alt+F9 zur Anzeige der Feldergebnisse um, um das Resultat der Aktualisierung zu sehen.

   Wenn Sie die Anzeige der Feldfunktionen lieber über das Kontextmenü ändern wollen, klicken Sie einfach mit der rechten Maustaste auf eines der Felder und wählen dann den Befehl *Feldfunktionen ein/aus.*

Als kleines Anschauungsmaterial haben wir einen Beispieltext vorbereitet, in dem ein Autohändler einen Brief an seine Kundschaft verschickt, der für die Einführung eines Tempolimits wirbt. Da das Tempolimit auch unter seinen Kunden heiß diskutiert ist, möchte der Autohändler natürlich einen möglichst flexiblen Brief aufsetzen. Der Text befindet sich in der Beispieldatei *Tempolimit.* Öffnen Sie das Dokument und schalten Sie die Anzeige der Feldfunktionen ein.

Bild 24.9 Beispiel für die Verwendung der Felder *SET* und *REF*

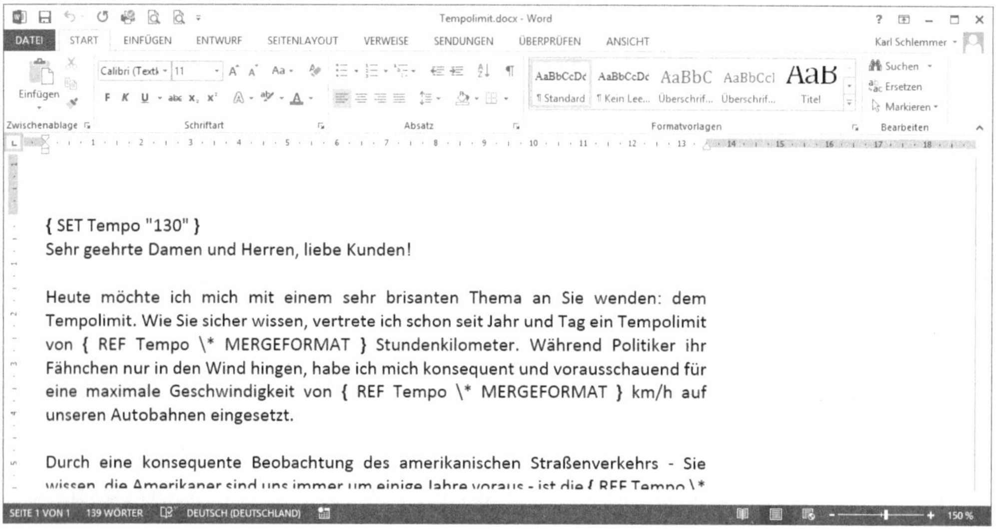

Sie sehen dann in der ersten Zeile des Textes das Feld:

```
{ SET Tempo 130 }
```

Mit dieser Feldfunktion wird eine Textmarke mit dem Namen »Tempo« definiert und ihr der Text »130« zugewiesen. Wenn Sie mit dem Begriff der Textmarke noch nicht vertraut sind, stellen Sie sich darunter einfach einen Ersatznamen für einen beliebig wählbaren Text vor. Wir befassen uns in Kapitel 35 ausführlich mit dem Thema. Nach dem Aktualisieren des SET-Feldes verbindet Word also mit dem Namen »Tempo« den Text »130«.

Um den mit der Textmarke »Tempo« verbundenen Text an anderer Stelle in das Dokument aufzunehmen, verwenden wir die Feldart REF. Die vollständige Feldfunktion `{REF Tempo}` finden Sie gleich mehrfach im Text.

Wenn Sie diese Feldfunktion aktualisieren, erhalten Sie als Ergebnis den Inhalt der Textmarke »Tempo«, der momentan »130« lautet. Wenn Sie mit Alt+F9 die Feldergebnisse anzeigen lassen, sehen Sie, dass die »130« mehrfach im Text auftaucht. Um alle Vorkommen auf einen Schlag zu ändern, sind folgende Schritte notwendig:

1. Schalten Sie mit Alt+F9 die Anzeige der Feldfunktionen ein.
2. Ersetzen Sie in dem SET-Feld die `130` durch eine Zahl Ihrer Wahl.
3. Schalten Sie mit Alt+F9 die Anzeige der Feldfunktionen wieder aus.
4. Markieren Sie mit Strg+A das gesamte Dokument.
5. Drücken Sie nun F9, um alle Felder zu aktualisieren, oder benutzen Sie den Befehl *Felder aktualisieren* aus dem Kontextmenü. Nach einem kurzen Moment erscheinen die neuen Ergebnisse auf dem Bildschirm.

Felder, die nicht auf das Aktualisieren reagieren

Wenn Sie zur Aktualisierung eines Feldes die Taste F9 drücken und dieses Feld gesperrt ist, gibt Word einen Signalton aus. Sollte von mehreren markierten Feldern eines oder mehrere gesperrt sein, hören Sie kein akustisches Signal. In beiden Fällen werden die gesperrten Felder nicht aktualisiert.

Der Befehl für die Feldaktualisierung hat auf folgende Felder keine Auswirkung: AUTONUM, AUTONUMLGL, AUTONUMOUT, FORMULA, GOTO, MACROBUTTON und PRINT.

Felder beim Drucken aktualisieren

Wenn Sie möchten, dass vor dem Drucken im gesamten Dokument alle Felder aktualisiert werden, müssen Sie das Kontrollkästchen *Felder vor dem Drucken aktualisieren* im Dialogfeld *Word-Optionen* einschalten. Klicken Sie dazu auf die Registerkarte *DATEI* und dann auf *Optionen*. Wechseln Sie im Dialogfeld *Word-Optionen* zur Kategorie *Anzeige* und scrollen Sie, bis der Bereich *Druckoptionen* sichtbar ist.

Bild 24.10 Durch Aktivieren dieses Kontrollkästchens können Sie die Felder vor dem Drucken automatisch aktualisieren lassen

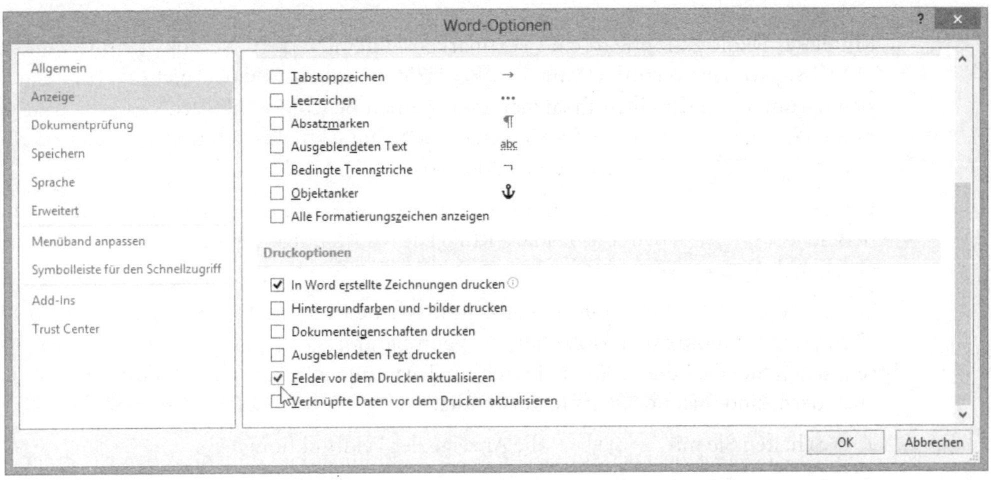

Feldaktion ausführen

Normalerweise sind Felder dafür vorgesehen, ein bestimmtes Ergebnis in ein Dokument aufzunehmen. Das kann z.B. ein Datum, eine Seitenzahl oder das Ergebnis einer mathematischen Berechnung sein. Einige Felder arbeiten im Verborgenen und können kein vorzeigbares Ergebnis vorweisen. Die beiden Feldarten MACROBUTTON und GOTOBUTTON genießen hier eine echte Sonderstellung: Mit ihnen ist es möglich, eine Aktion ausführen zu lassen. Die Feldart MACROBUTTON, die einen beliebigen Word-Befehl oder ein Makro starten kann, haben Sie bereits weiter vorn in diesem Kapitel kennengelernt.

Es fehlt also noch die Feldart GOTOBUTTON. Mit dieser Feldfunktion können Sie die Einfügemarke an eine andere Stelle im Dokument setzen und so das Bewegen in langen Dokumenten vereinfachen. Auch hier haben wir wieder ein kleines Beispiel vorbereitet, mit dem wir die Feldart GOTOBUTTON und das Auslösen der Feldaktion veranschaulichen wollen. Es befindet sich in der Datei *FeldartGoToButton*.

1. Öffnen Sie die Beispieldatei *FeldartGoToButton* und schalten Sie die Ansicht der Feldfunktionen aus (mit `Alt`+`F9`).
2. Schalten Sie auch die Anzeige der nicht druckbaren Zeichen aus. Klicken Sie dazu auf der Registerkarte *START* in der Gruppe *Absatz* auf die Schaltfläche *Alle anzeigen* oder benutzen Sie die Tastenkombination `Strg`+`⇧`+`*`.
3. Doppelklicken Sie auf einen der eingeklammerten Ausdrücke. Mit der Tastatur müssen Sie zunächst die Einfügemarke vor eine der eckigen öffnenden Klammern setzen und die Tastenkombination `Alt`+`⇧`+`F9` drücken. Beobachten Sie, wie die Einfügemarke an ihre neue Position springt.

Bild 24.11 Beispiel für die Verwendung der Feldfunktion *GOTOBUTTON*

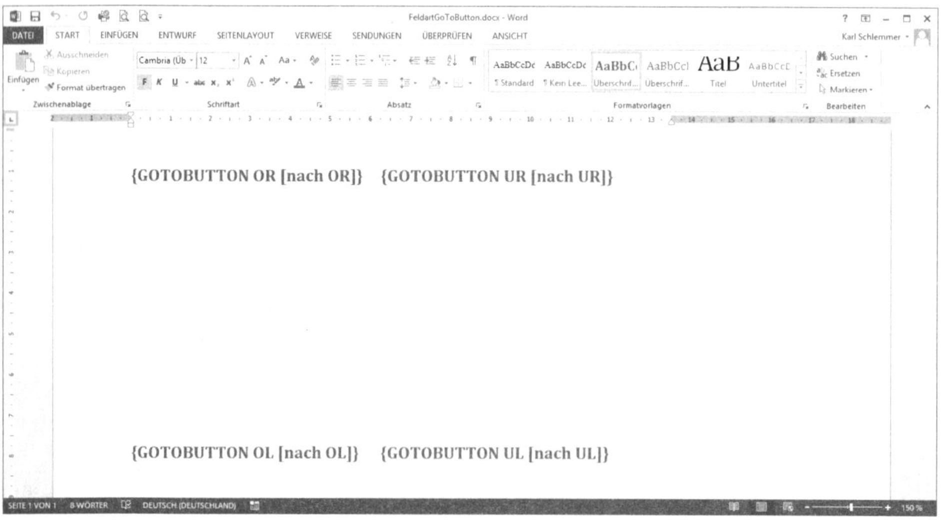

Damit Sie das Beispiel auch für eigene Zwecke modifizieren können, wollen wir Ihnen seinen prinzipiellen Aufbau kurz vorstellen. Schalten Sie dazu die Anzeige der Feldfunktionen ein. Sie sehen nun vier Feldfunktionen, die alle den gleichen Aufbau haben. Gleich zu Beginn sehen Sie das Feld

```
{GOTOBUTTON OR [nach OR]}
```

dessen Aufgabe es ist, die Einfügemarke zur Textmarke OR zu bewegen. Die Buchstaben OR stehen dabei für »oben rechts«. Der eingeklammerte Text in der Feldfunktion ist für die Arbeitsweise des Feldes nicht von Belang. Er wird lediglich zur Anzeige benutzt und dient als »Schaltfläche« für den Doppelklick, mit dem die Feldaktion ausgeführt werden kann.

Die Textmarke OR befindet sich im zweiten Feld des Beispieldokuments. Dies können Sie am besten erkennen, wenn Sie auf der Registerkarte *START* in der Gruppe *Bearbeiten* auf den Pfeil der Schaltfläche *Suchen* und dann auf *Gehe zu* klicken (oder [Strg]+[G] drücken) und die Textmarke OR im Listenfeld des Dialogfeldes auswählen. Word bewegt dann die Einfügemarke an die entsprechende Position und markiert den mit der Textmarke OR verknüpften Text. (Nähere Informationen zu Textmarken finden Sie in Kapitel 35.)

Zum nächsten oder vorherigen Feld springen

Zwei weitere Tastenkombinationen ermöglichen es, im Dokument schnell von Feld zu Feld zu springen. Die Feldarten XE, TOC und RD werden von diesen Tasten nicht erreicht:

- Drücken Sie die Taste [F11], um zum nächsten Feld zu gelangen.
- Drücken Sie die Tastenkombination [⇧]+[F11], um zum vorherigen Feld zu gelangen.

Felder sperren

Zwei weitere Tastenkombinationen können Sie verwenden, wenn Sie zwar das Feld im Dokument stehen lassen, jedoch seine Aktualisierung verhindern wollen. Diese Möglichkeit können Sie einsetzen, um eine versehentliche Änderung an einem Feld zu vermeiden, wenn mehrere Personen an ein und demselben Dokument arbeiten.

So können Sie Felder sperren:

1. Setzen Sie die Einfügemarke in das Feld, das gesperrt werden soll. Wenn Sie mehrere Felder sperren wollen, markieren Sie den Teil des Dokuments, in dem sich die Felder befinden.
2. Drücken Sie [Strg]+[F11], um das Feld bzw. die Felder zu sperren.

Und so heben Sie die Feldsperrung wieder auf:

1. Setzen Sie die Einfügemarke in das Feld, dessen Sperrung aufgehoben werden soll. Wenn Sie die Sperrung mehrerer Felder aufheben wollen, markieren Sie den Teil des Dokuments, in dem sich die Felder befinden.
2. Drücken Sie die Tastenkombination [⇧]+[Strg]+[F11], um die Sperrung aufzuheben.

Feldfunktionen statt Feldergebnisse drucken

Word druckt normalerweise die Ergebnisse der Felder, und nicht die Feldfunktionen, wenn Sie den *Drucken*-Befehl verwenden. Es ist jedoch auch möglich, die Felder mit ihren Anweisungen drucken zu lassen:

1. Klicken Sie auf die Registerkarte *DATEI* und dann auf *Optionen*.
2. Wechseln Sie zur Kategorie *Erweitert* und scrollen Sie zum Abschnitt *Drucken*.
3. Schalten Sie das Kontrollkästchen *Feldfunktionen anstelle von Werten drucken* ein.

Feld dauerhaft durch letztes Ergebnis ersetzen

Sie können eines oder alle Felder eines Dokuments durch das letzte Feldergebnis ersetzen. Dieser Vorgang heißt bei Word *Verknüpfung eines Feldes lösen*:

1. Setzen Sie die Einfügemarke in das Feld, dessen Verknüpfung gelöst werden soll. Wenn Sie die Verknüpfung bei mehreren Feldern lösen wollen, markieren Sie den Teil des Dokuments, in dem sich die Felder befinden, oder drücken Sie Strg+A, um das gesamte Dokument zu markieren.
2. Drücken Sie die Tastenkombination Strg+⇧+F9.

Felder formatieren

Die meisten Felder besitzen spezifische Schalter und Anweisungen, mit denen die Aktion und das Aussehen des Feldes festgelegt werden kann. Diese Schalter stellen wir Ihnen jeweils mit der vertieften Betrachtung des Feldes vor.

Darüber hinaus stehen Ihnen für Felder allgemeine Schalter zur Verfügung, die sich in vier Kategorien einteilen lassen:

- Formatierungsschalter, die mit den Zeichen * eingeleitet werden und bei denen mit dem Schalter eine Umwandlung von Groß- und Kleinbuchstaben, die Umwandlung von Zahlen und die Zeichenformatierung festgelegt wird.
- Schalter zur Formatierung eines numerischen Ergebnisses, mit denen das Erscheinungsbild der Zahl festgelegt wird, werden mit den Zeichen \# eingeleitet.
- Datum/Uhrzeit-Bildschalter, die mit den Zeichen \@ eingeleitet werden und mit denen Felder formatiert werden können, deren Ergebnis ein Datum oder eine Uhrzeit ist.
- Der Schalter \!, mit dem die Aktualisierung eines Feldes, das ein Ergebnis hat, verhindert wird.

In den Feldern der folgenden Tabelle dürfen die allgemeinen Schalter nicht verwendet werden.

Tabelle 24.2 Felder, in denen keine allgemeinen Feldschalter erlaubt sind

Feldart	Kurzbeschreibung
AUTONUM	Dient zur Nummerierung mit arabischen Ziffern.
AUTONUMLGL	Dient zur Dezimal- oder DIN-Nummerierung.
AUTONUMOUT	Dient zur Nummerierung im Gliederungsformat.
EMBED	Fügt ein Objekt in ein Dokument ein.
FORMULA	Fügt eine mathematische Formel ein.
GOTOBUTTON	Bewegt die Einfügemarke.
MACROBUTTON	Führt ein Makro aus. ►

Tabelle 24.2 Felder, in denen keine allgemeinen Feldschalter erlaubt sind *(Fortsetzung)*

Feldart	Kurzbeschreibung
RD	Erstellt dateiübergreifende Verzeichnisse.
TC	Legt einen Eintrag für ein Inhaltsverzeichnis fest.
XE	Legt einen Eintrag für einen Index fest.

Formatschalter

Jede Feldart gibt das Ergebnis in einem bestimmten Zahlenformat bzw. als Groß- oder Kleinbuchstaben zurück. Zur Zeichenformatierung wird das Format des ersten Zeichens nach dem Feldzeichen verwendet. Mit den Formatschaltern können Sie diese Vorgabe überschreiben. Die Schalter lassen sich in drei Gruppen unterteilen:

- Schalter zur Umwandlung der Groß- und Kleinschreibung,
- Schalter zur Umwandlung von Zahlen und
- Schalter zum Festlegen der Zeichenformatierung.

Alle Formatierungsschalter werden mit den Zeichen * eingeleitet, denen der Name des Schalters folgt. Der Schalter kann vor oder nach weiteren Anweisungen stehen.

Das Feld

```
{ QUOTE "WinWord" \*Upper }
```

liefert als Ergebnis `WINWORD`.

Bei der Zeichenformatierung übernimmt Word die Formatierung des ersten Zeichens der Feldart. Diese Vorgabe kann mit den Schaltern * *Mergeformat* und * *Charformat* überschrieben werden.

Tabelle 24.3 Die Formatierungsschalter

Schalter	Beschreibung
* Alphabetic	Dieser Schalter wandelt das Ergebnis in alphabetische Zahlen um. Die Schreibweise des ersten Buchstabens von »Alphabetic« bestimmt, ob das Ergebnis ein Klein- oder ein Großbuchstabe ist. Beispiel: { =2+1 * Alphabetic } liefert als Ergebnis: C
* Arabic	Dieser Schalter wandelt das Ergebnis des Feldes in arabische Ziffern um. Wenn Sie diesen Schalter gemeinsam mit der Feldart PAGE verwenden, wird die Einstellung überschrieben, die Sie im Dialogfeld Seitenzahlenformat (Befehl: *EINFÜGEN/Kopf- und Fußzeile/Seitenzahl/Seitenzahlen formatieren)* vorgenommen haben. Beispiel: { PAGE * Arabic } liefert als Ergebnis z. B.: 55 ▸

Tabelle 24.3 Die Formatierungsschalter *(Fortsetzung)*

Schalter	Beschreibung
* CardText	Wandelt das Feldergebnis in die Grundtextform um. Standardmäßig beginnt der Text mit einem Kleinbuchstaben. Wenn Sie eine andere Groß-/Kleinschreibung verwenden wollen, fügen Sie noch einen Schalter für die Zeichenumwandlung ein. Beispiel: { =20+4 * CardText } liefert als Ergebnis: vierundzwanzig
* Caps	Der erste Buchstabe jedes Wortes wird in Großbuchstaben umgewandelt. Beispiel: { QUOTE "otto normal" * Caps } liefert als Ergebnis: Otto Normal
* Charformat	Dieser Schalter weist Word an, die Formatierung des ersten Zeichens hinter dem Feldzeichen auf sämtliche Zeichen des Feldergebnisses anzuwenden. Beispiel: { **Q**UOTE "Winword" * Charformat } liefert als Ergebnis: **Winword**
* Dollartext	Dieser Schalter wandelt die Zahlen im Ergebnis in Grundtext um und gibt die Nachkommastellen als Hunderterbruchteile aus. Beispiel: { =7,5*1,19 * Dollartext } Euro liefert das Ergebnis: acht und 93/100 Euro
* FirstCap	Der erste Buchstabe des ersten Wortes wird in Großbuchstaben umgewandelt. Beispiel: { QUOTE "otto normal" * FirstCap} liefert als Ergebnis: Otto normal
* Hex	Die Zahlen im Feldergebnis werden in Hexadezimalzahlen umgewandelt. Beispiel: { =1023 * Hex } liefert als Ergebnis: 3FF
* Lower	Alle Zeichen der Wörter im Feldergebnis werden in Kleinbuchstaben umgewandelt. Beispiel: { QUOTE "otTO norMal" * Lower } liefert als Ergebnis: otto normal
* MergeFormat	Die Formatierung des letzten Ergebnisses des Feldes wird übernommen und nicht durch die Feldaktualisierung überschrieben. Wenn das Feld noch kein Ergebnis hat, wendet Word die Formatierung des ersten Zeichens nach dem Feldzeichen auf das Feldergebnis an. Dieser Schalter wird von dem Dialogfeld *Feld* automatisch in die eingefügte Feldfunktion aufgenommen, sofern Sie in dem Dialogfeld des Befehls nicht das Optionsfeld *Formatierung bei Aktualisierung beibehalten* ausschalten.
* Ordinal	Dieser Schalter wandelt Zahlen im Feldergebnis in arabische Ordnungszahlen um, d.h., ihnen wird ein Punkt nachgestellt. Beispiel: { =3+3 * Ordinal } liefert als Ergebnis: 6. ▸

Tabelle 24.3 Die Formatierungsschalter *(Fortsetzung)*

Schalter	Beschreibung
* OrdText	Dieser Schalter wandelt das Feldergebnis in die Ordnungszahl-Textform um. Standardmäßig beginnt der Text mit einem Kleinbuchstaben. Wenn Sie eine andere Groß-/Kleinschreibung verwenden wollen, fügen Sie einen weiteren Schalter für die Zeichenumwandlung ein. Beispiel: { =3+4 * OrdText } liefert als Ergebnis: siebte
* Roman * roman	Dieser Schalter wandelt das Feldergebnis in römische Ziffern um. Es werden Kleinbuchstaben verwendet, wenn Sie * roman angeben, und Großbuchstaben, wenn Sie * Roman verwenden. Beispiel: { =1994 * Roman } liefert als Ergebnis: MCMXCIV
* Upper	Alle Zeichen der Wörter im Feldergebnis werden in Großbuchstaben umgewandelt. Beispiel: { QUOTE "otTO norMal" * Upper } liefert als Ergebnis: OTTO NORMAL

Feldfunktionen und Schalter für die Ausgabe von Datum und Uhrzeit

Einige der Felder liefern als Ergebnis ein Datum oder eine Uhrzeit, die Sie mit speziell für diese Feldarten vorgesehenen Feldern formatieren können. Diese Schalter werden mit den Sonderzeichen \@ eingeleitet, denen das gewünschte Format des Datums bzw. der Uhrzeit als Zeichenfolge folgt, das in Anführungszeichen eingeschlossen wird. Wenn Sie im Dialogfeld *Feld* eines der Felder für die Ausgabe eines Datums oder die Uhrzeit auswählen, zeigt Word einige mögliche Kombinationen an, aus denen Sie eine auswählen können.

Bild 24.12 Auswahlliste für das Format eines Datums und/oder einer Uhrzeit

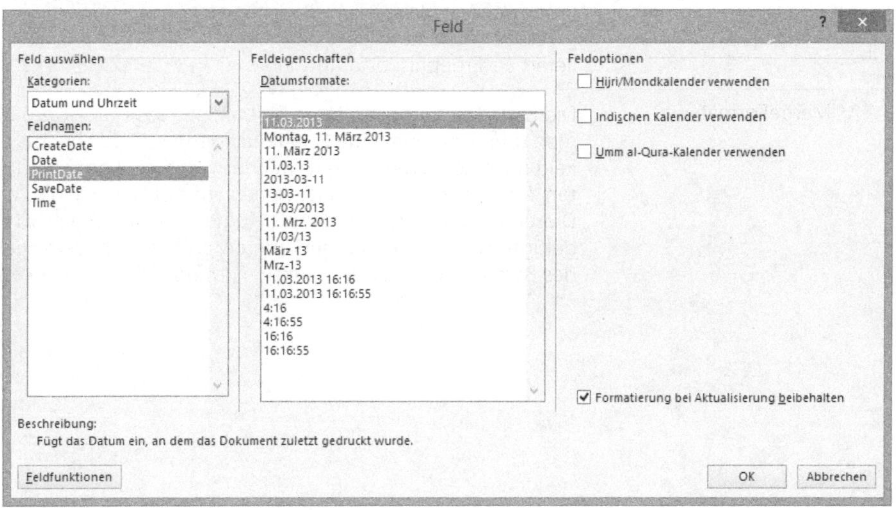

Word stellt Ihnen die folgenden Feldfunktionen zur Verfügung, die alle ein Datum oder eine Uhrzeit als Ergebnis liefern und die Sie mit den Bildschaltern, die weiter unten beschrieben sind, formatieren können.

Tabelle 24.4 Feldfunktionen, die ein Datum/eine Uhrzeit als Ergebnis liefern

Feldfunktion	Beschreibung
DATE TIME	Liefert das aktuelle Datum und/oder die aktuelle Uhrzeit.
CREATEDATE	Liefert das Datum/die Uhrzeit, an dem das Dokument, in dem sich das Feld befindet, erstellt wurde.
PRINTDATE	Liefert das Datum/die Uhrzeit, an dem das Dokument, in dem sich das Feld befindet, zum letzten Mal gedruckt wurde.
SAVEDATE	Liefert das Datum/die Uhrzeit, an dem das Dokument, in dem sich das Feld befindet, zum letzten Mal gespeichert wurde.

Die letzten drei Feldfunktionen eignen sich beispielsweise für den Einsatz in einer Kopf- oder Fußzeile, oder Sie verwenden sie auf einem Deckblatt für ein Dokument. Alle Felder, die ein Datum als Ergebnis liefern, können auch mit den Bildern für die Uhrzeitausgabe versehen werden.

Die Bildschalter, die den Wochentag oder den Monat als Text liefern, berücksichtigen automatisch die Sprache, mit der das Feld formatiert wurde. Die Abbildung auf der folgenden Seite zeigt ein Beispieldokument, das die Feldfunktion CREATEDATE verwendet. Den vier Feldern wurden unterschiedliche Sprachen zugewiesen und Word »übersetzt« dann für Sie den Namen des Wochentags und den Namen des Monats.

Bild 24.13 Namen für Wochentag und Monat werden von Word automatisch in die korrekte Sprache übersetzt

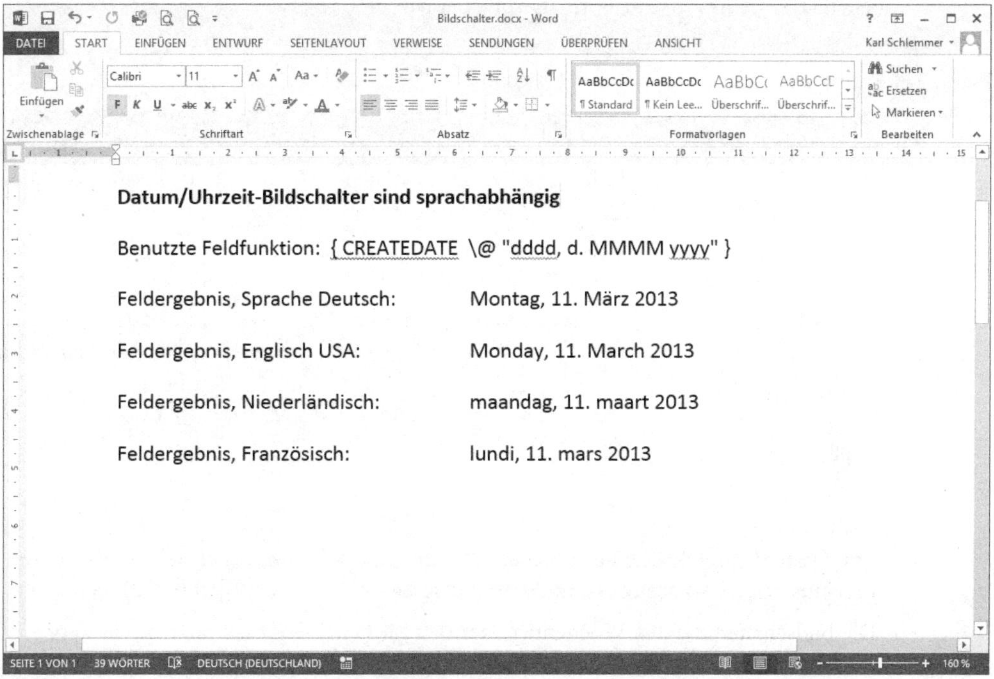

Die in den folgenden Tabellen aufgeführten Buchstaben können in einer beliebigen Kombination im Datum-/Uhrzeit-Bildschalter vorkommen. Wenn Sie die Datums- oder Uhrzeitangabe durch wörtlichen Text ergänzen wollen, setzen Sie diesen in doppelte Anführungszeichen und schließen ihn in einfache Anführungszeichen ein.

Tag

Um das Datum oder den Wochentag im Feldergebnis zu erhalten, verwenden Sie den Buchstaben »d« wobei es keine Rolle spielt, ob Sie ihn als Klein- oder Großbuchstaben eingeben. Der Buchstabe »d« kann bis zu viermal hintereinander vorkommen.

Tabelle 24.5 Bildschalter für die Ausgabe des Tages

Bildschalter	Beschreibung
\@ "d"	Liefert den Tag des Monats als Ziffer. Die Ziffern für die ersten neun Tage des Monats erhalten keine führende Null (1-31).
\@ "dd"	Liefert den Tag des Monats als Ziffer. Die Ziffern für die ersten neun Tage des Monats erhalten eine führende Null (01-31).
\@ "ddd"	Liefert den Wochentag als Text, wobei er mit den ersten drei Buchstaben abgekürzt wird (Mon-Son).
\@ "dddd"	Liefert den Wochentag mit dem vollen Namen (Montag-Sonntag).

Monat

Um den Monat im Feldergebnis zu erhalten, verwenden Sie den Buchstaben »M« als Großbuchstaben, da das kleine »m« zur Formatierung der Minuten reserviert ist.

Tabelle 24.6 Bildschalter für die Ausgabe des Monats

Bildschalter	Beschreibung
\@ "M"	Liefert den Monat als Ziffer. Die Ziffern für die ersten neun Monate erhalten keine führende Null (1-12).
\@ "MM"	Liefert den Monat als Ziffer. Die Ziffern für die ersten neun Monate erhalten eine führende Null (01-12).
\@ "MMM"	Liefert den Monatsnamen als Text, wobei er mit den ersten drei Buchstaben abgekürzt wird (Jan-Dez). Word berücksichtigt hierbei die Sprache, mit der das Feld formatiert wurde.
\@ "MMMM"	Liefert den Monat mit dem vollen Namen (Januar-Dezember). Word berücksichtigt hierbei die Sprache, mit der das Feld formatiert wurde.

Jahr

Um das Jahr im Feldergebnis zu erhalten, verwenden Sie den Buchstaben »y« in zwei möglichen Varianten. Hierbei spielt es keine Rolle, ob Sie sie in Groß- oder Kleinbuchstaben eingeben.

Tabelle 24.7 Bildschalter für die Ausgabe des Jahres

Bildschalter	Beschreibung
\@ "yy"	Ergibt die beiden letzten Ziffern der Jahreszahl, wobei, falls erforderlich, eine führende Null vorangestellt wird.
\@ "yyyy"	Ergibt alle vier Ziffern der Jahreszahl.

Stunden

Zur Formatierung der Stunden verwenden Sie die Buchstaben »h« und »H«. Wenn Sie ein kleines »h« verwenden, erfolgt die Ausgabe im 12-Stunden-Format. Ein großes »H« ergibt die Stunden im 24-Stunden-Format. Die Anzahl der Buchstaben beeinflusst die Voranstellung einer führenden Null.

Tabelle 24.8 Bildschalter für die Ausgabe der Stunden

Bildschalter	Beschreibung
\@ "h"	Liefert die Stunden als Ziffern im 12-Stunden-Format. Die einstelligen Stunden erhalten keine führende Null (1-12).
\@ "hh"	Liefert die Stunden als Ziffern im 12-Stunden-Format. Die einstelligen Stunden erhalten eine führende Null (01-12). ▸

Tabelle 24.8 Bildschalter für die Ausgabe der Stunden *(Fortsetzung)*

Bildschalter	Beschreibung
\@ "H"	Liefert die Stunden als Ziffern im 24-Stunden-Format. Die einstelligen Stunden erhalten keine führende Null (1-23).
\@ "HH"	Liefert die Stunden als Ziffern im 24-Stunden-Format. Die einstelligen Stunden erhalten eine führende Null (01-23).

Minuten

Um die Ausgabeform der Minuten festzulegen, verwenden Sie den Buchstaben »m«. Hier muss der Kleinbuchstabe verwendet werden, da das große »M« für die Formatierung des Monats vorgesehen ist.

Tabelle 24.9 Bildschalter für die Ausgabe der Minuten

Bildschalter	Beschreibung
\@ "m"	Liefert die Minuten als Ziffern. Die einstelligen Minuten erhalten keine führende Null (0-59).
\@ "mm"	Liefert die Minuten als Ziffern. Alle einstelligen Minuten erhalten eine führende Null (00-59).

AM/PM

Mit den Bildschaltern AM/PM können Sie die Zeit in einem von vier Vor- und Nachmittagsformaten anzeigen lassen, wie sie im englischen Sprachraum üblich sind. AM ist die Abkürzung für »ante meridiem« (vor Mittag) und bezeichnet die Stunden 0 bis12. PM ist die Abkürzung für »post meridiem« (nach Mittag) und bezeichnet die Stunden 13 bis 23. Ob die Stunden selber im 12- oder 24-Stunden-Format angezeigt werden, wird in den *Regions- und Sprachoptionen* der Windows-Systemsteuerung festgelegt. Dort können Sie auch die beiden Kürzel AM und PM ändern.

Tabelle 24.10 Bildschalter für die Ausgabe der Uhrzeit in Vor- und Nachmittagsformaten

Bildschalter	Beschreibung
AM/PM	Gibt die Tageshälfte mit AM und PM an.
am/pm	Gibt die Tageshälfte mit am und pm an.
A/P	Gibt die Tageshälfte mit A und P an.
a/p	Gibt die Tageshälfte mit a und p an.

Alle Zeichenkombinationen, die nicht in eine der oben beschriebenen Kategorien passen, werden von Word unverändert in das Feld kopiert. Sie können die einzelnen Bilder beliebig miteinander kombinieren und auch die Reihenfolge ändern. Damit ist es beispielsweise möglich, das amerikanische Datumsformat, bei dem der Monat vor dem Tag steht, zu erzeugen. Die folgende Tabelle enthält einige Beispiele mit den wichtigsten Datumsformaten.

Tabelle 24.11 Beispiele für die Anwendung der Datum/Uhrzeit-Bildschalter

Feldfunktion	Feldergebnis
{ DATE \@ "MMM. yy" }	Jul. 13
{ DATE \@ "d. MMMM yyyy" }	13. Juli 2013
{ DATE \@ "MMMM yyyy" }	Juli 2013
{ DATE \@ "dd.MM.yy" }	13.07.13
{ DATE \@ "MM-dd-yy" }	07-13-13
{ DATE \@ "dd.MM.yy H:mm" }	13.07.13 9:23
{ DATE \@ "dd. MMM. yy" }	13. Jul. 13
{ TIME \@ "HH:mm" }	09:23
{ TIME \@ "hh:mm" }	09:23
{ TIME \@ "hh:mm AM/PM" }	09:23 AM (Text muss die Sprache »Englisch« besitzen)
{ TIME \@ "hh:mm A/P" }	11:44 A (Text muss die Sprache »Englisch« besitzen)

Numerische Feldergebnisse formatieren

Die letzte Gruppe von Formatierungsschaltern dient der Formatierung von numerischen Feldergebnissen. Die Zeichenformatierung der Zahlbilder wird übernommen. Wenn das Ergebnis des Feldes keine Zahl ist, haben die Schalter keine Wirkung. Alle Schalter werden mit den Zeichen \# eingeleitet.

Platzhalter für erforderliche Ziffern (0)

Mit der Null können Sie die Anzahl der erforderlichen Ziffern im Feldergebnis festlegen. Wenn das Ergebnis auf irgendeiner Seite weniger Ziffern enthält als im Nummernbild Nullen vorhanden sind, werden die Nullen hinzugefügt. Enthält das Ergebnis auf der rechten Seite des Dezimalzeichens mehr Stellen als im numerischen Bild vorgeschrieben sind, wird das Ergebnis gerundet. Weitere Ziffern auf der linken Seite des Dezimalzeichens werden angezeigt.

Tabelle 24.12 Beispiele für die Angabe erforderlicher Ziffern im Feldergebnis

Feldfunktion	Feldergebnis
{ =0,7 \# "0,00" }	0,70
{ =7 \# "0,00" }	7,00
{ =7,777 \# "0,00" }	7,78
{ =77,777 \# "0,00" }	77,78

Platzhalter für optionale Ziffern (#)

Mit dem Zeichen # können Sie die Anzahl der Zeichen bestimmen, die im Ergebnis ausgegeben werden. Da keine Nullen, sondern Leerzeichen hinzugefügt werden, wenn das Ergebnis weniger Ziffern besitzt als das Nummernbild, können Sie das Zeichen # zur Ausrichtung von Feldergebnissen verwenden.

Tabelle 24.13 Beispiele für optionale Platzhalter für Ziffern

Feldfunktion	Feldergebnis
{ =20*2 \# "Euro ####,##" }	Euro 40,
{ =2000*2 \# "Euro ####,00" }	Euro 4000,00
{ =98 * 19% \# "Euro #,00" }	Euro 116,72

Platzhalter für abschneidende Ziffern (x)

Wenn Sie ein x in das numerische Bild aufnehmen, legen Sie die exakte Anzahl der Ziffern fest, die im Ergebnis enthalten sein sollen. Sie müssen den Kleinbuchstaben verwenden. Überzählige Ziffern (auf beiden Seiten des Ergebnisses) werden gerundet und der Rest abgeschnitten. Enthält das Ergebnis weniger Ziffern, werden auf der linken Seite des Dezimalzeichens Leerzeichen vorangestellt.

Tabelle 24.14 Beispiele für das Festlegen der exakten Ziffernanzahl

Feldfunktion	Feldergebnis
{ =1 \# "xx,xx" }	1,
{ =123,5 \# "xx,xx" }	23,5
{ =1,255 \# "xx,xx" }	1,26

Dezimalzeichen

Durch die Eingabe eines Dezimalzeichens im numerischen Bild legen Sie die Anzahl der Stellen vor und nach dem Dezimalzeichen fest. Ob die weiteren Ziffern angezeigt werden oder nicht, hängt von den anderen Platzhaltern ab. Sie müssen hier das Dezimalzeichen verwenden, das in der Systemsteuerung von Windows in den *Spracheinstellungen* im Feld *Dezimaltrennzeichen* festgelegt wurde.

Tausendertrennzeichen

Wenn Sie in eines der numerischen Bilder ein Tausendertrennzeichen eingeben, erscheint es im Feldergebnis, wenn

- auf jeder Seite des Trennzeichens ein # oder eine Null steht und
- wenn die Zahl so groß ist, dass sie ein Trennzeichen benötigt.

Sie müssen hier das gleiche Trennzeichen verwenden, das in der Windows-Systemsteuerung bei den *Spracheinstellungen* im Feld *Symbol für Zifferngruppierung* festgelegt wurde.

Tabelle 24.15 Angabe der Position des Tausendertrennzeichens

Feldfunktion	Feldergebnis
{ =500 \# "Euro ###.###" }	Euro 500
{ =345*213 \# "Euro #.###" }	Euro 73.485

Vorzeichen

Sie haben zwei Möglichkeiten, die Ausgabe eines Vorzeichens zu erreichen und können außerdem verschiedene numerische Bilder festlegen, die von Word in Abhängigkeit vom Vorzeichen verwendet werden.

Mit dem Pluszeichen erreichen Sie, dass das Vorzeichen immer angezeigt wird. Nur wenn das Feldergebnis 0 ist, wird kein Vorzeichen, sondern ein Leerzeichen ausgegeben.

Durch Voranstellen eines Minuszeichens wird nur dann das Vorzeichen angezeigt, wenn die Zahl negativ ist. Ist das Feldergebnis positiv oder null, wird ein Leerzeichen ausgegeben. Der Unterschied bei der Verwendung von Plus- und Minuszeichen besteht darin, dass beim Pluszeichen auch bei einem positiven Feldergebnis das Vorzeichen ausgegeben wird.

Tabelle 24.16 Beispiele für die Ausgabe des Vorzeichens

Feldfunktion	Feldergebnis
{ =3+3 \# "+##0" }	+6
{ =3-3 \# "+##0" }	0
{ =3-4 \# "+##0 "}	–1
{ =3-3 \# "-##0" }	0
{ =3-4 \# "-##0" }	–1

Bei der sogenannten *negativen Variante* legen Sie zwei Bildschalter fest. Der erste wird von Word zur Ausgabe verwendet, wenn das Feldergebnis positiv oder null ist. Der zweite numerische Bildschalter, der nach dem ersten Bildschalter und einem trennenden Semikolon steht, wird von Word zur Ausgabe benutzt, wenn das Feldergebnis negativ ist. Bei der *vollen Variante* legen Sie drei numerische Bildschalter fest: Der erste Bildschalter wird verwendet, wenn das Ergebnis positiv ist, der zweite, wenn es negativ ist, und der dritte, wenn es null ist. Auch hier werden die einzelnen Bildschalter durch ein Semikolon voneinander getrennt.

Tabelle 24.17 Angeben von verschiedenen Varianten

Feldfunktion	Wert an Textmarke	Feldergebnis
{Zahl \# "0,00; (0,00)"}	23,50	23,50
	–23,50	(23,50) ▸

Tabelle 24.17 Angeben von verschiedenen Varianten *(Fortsetzung)*

Feldfunktion	Wert an Textmarke	Feldergebnis
{Zahl \# "0,00; -0,00; Null"}	23,50	23,50
	–23,50	–23,50
	0	Null

Schalter zum Sperren eines Feldes

Der Schalter »\!« hat keine weiteren Argumente und verhindert, dass ein Feld, zu dem ein Ergebnis gehört, aktualisiert werden kann. Die Aufnahme des Schalters entspricht dem Drücken der Tastenkombination Strg+F11.

Das Löschen des Schalters aus dem Feld hebt die Sperrung wieder auf und entspricht somit der Tastenkombination Strg+⇧+F11.

Mit Feldern rechnen

Mit der Feldart FORMULA, die durch das Gleichheitszeichen symbolisiert wird, können Sie mathematische Gleichungen berechnen. In diesen Feldern können Sie zahlreiche Operatoren und Funktionen verwenden, die wir Ihnen in diesem Abschnitt vorstellen. Operanden in den Ausdrücken können Zahlen, Textmarken oder Positionsangaben in Tabellen sein.

Um ein Feld zur Berechnung einer mathematischen Gleichung zu erhalten, gibt es wie immer zwei Alternativen: Sie können auf die gute alte Handarbeit zurückgreifen oder Sie lassen sich von Word mit dem Dialogfeld *Formel* helfen.

Ein Formelfeld von Hand eingeben

Kurze Formeln können Sie durchaus ohne den Umweg über ein Dialogfeld eingeben. Drücken Sie einfach die Tasten Strg+F9, damit Word ein leeres Feld in Ihr Dokument einfügt. Geben Sie dann als erstes Zeichen ein Gleichheitszeichen ein und schreiben Sie danach den gewünschten mathematischen Ausdruck. Bei der Aktualisierung des Feldes wird das Ergebnis berechnet. Haben Sie bei der Eingabe einen Fehler gemacht, lesen Sie allerdings nur `Syntaxfehler` auf dem Bildschirm.

Formelfelder mit einem Dialogfeld eingeben

Das Dialogfeld *Formel* können Sie auf zwei Wegen aufrufen. Wenn sich die Einfügemarke in einer Tabelle befindet, blendet Word die kontextbezogenen Registerkarten *TABELLENTOOLS* ein. In der Gruppe *Daten* der Registerkarte *TABELLENTOOLS/LAYOUT* befindet sich die Schaltfläche *Formel*, mit der Sie das Dialogfeld *Formel* anzeigen lassen und dort den Ausdruck eingeben können, der berechnet werden soll.

Die Feldart FORMULA können Sie jedoch nicht nur in Tabellen, sondern auch an anderen Stellen innerhalb eines Word-Dokuments verwenden. Wenn sich die Einfügemarke nicht in einer Tabelle befindet, müssen Sie den Umweg über das Dialogfeld *Feld* nehmen, dort die Feldart *FORMULA* markieren und schließlich auf die Schaltfläche *Formeln* klicken, um das Dialogfeld *Formel* aufzurufen.

Bild 24.14 Das Dialogfeld zum Eingeben einer Formel

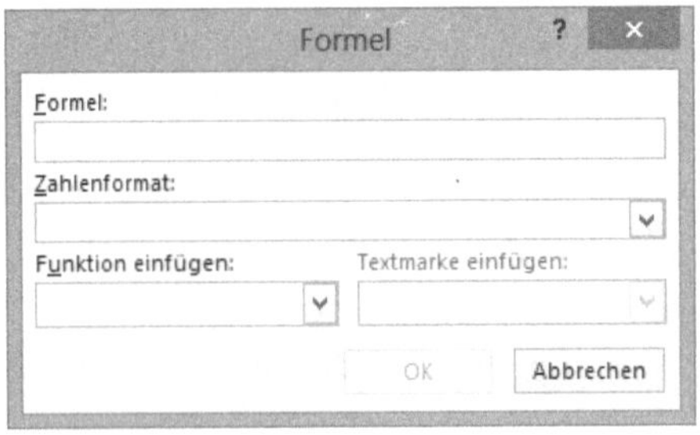

Der Aufbau des Dialogfeldes ist recht einfach gehalten. Im Textfeld *Formel* müssen Sie das gewünschte Formelfeld eingeben. Die für die Formel benötigten Funktionen können Sie sich direkt aus dem Listenfeld *Funktion einfügen* besorgen. Wenn Sie einen der Einträge auswählen, fügt Word ihn an der aktuellen Cursorposition in das Textfeld *Formel* ein. Das gleiche Prinzip gilt auch für Textmarken, auf die Sie in der Formel Bezug nehmen wollen. Sie werden im Listenfeld *Textmarke einfügen* angeboten.

WICHTIG Wenn Sie in Ihrer Formel Textmarken einsetzen wollen, müssen Sie darauf achten, dass die Namen der Textmarken nicht mit den Formelfunktionen identisch sind. Zum Beispiel werden Sie mit der Textmarke Summe immer die Meldung `Syntaxfehler` erhalten, da Word davon ausgeht, dass Sie die Funktion Summe benutzen wollen, bei der nach dem Namen eine Klammer stehen muss.

Im Listenfeld *Zahlenformat* des Dialogfeldes *Formel* bietet Ihnen Word die wichtigsten Möglichkeiten an, wie Sie das Ergebnis des Formelfeldes formatieren können. Wenn Ihnen keines der Formate gefällt, können Sie auch ein völlig neues Format eingeben und dazu gegebenenfalls einen der Listeneinträge als Ausgangsbasis nehmen.

Operatoren und Operanden

In den zu berechnenden Ausdrücken können Sie die mathematischen Operatoren verwenden, die Sie in der Tabelle auf der folgenden Seite sehen.

Tabelle 24.18 Die Operatoren, die in Ausdrücken verwendet werden können

Operator	Beschreibung	Operator	Beschreibung
+	Addition	=	gleich
–	Subtraktion	<	kleiner als
*	Multiplikation	<=	kleiner oder gleich
/	Division	>	größer als
%	Prozentrechnung	>=	größer oder gleich
^	Potenz/Wurzel	<>	ungleich

Als Operanden können Sie Zahlen, Felder, die ein numerisches Ergebnis zurückgeben, Textmarken, die mit einer Zahl verbunden sind, oder Zeilen, Spalten, Zellen oder Bereiche einer Tabelle verwenden. Die folgende Tabelle enthält einige Beispiele. Auf der linken Seite sehen Sie die Feldfunktion mit dem Ausdruck, auf der rechten Seite das Ergebnis. Beachten Sie auch, dass im letzten Beispiel zwei Felder verschachtelt sind.

Tabelle 24.19 Beispiele für die Verwendung von Operatoren

Feldfunktion	Feldergebnis
{ = 34+7 }	41
{ = Ums –Kst \# "#.###,00" }	200.000,00
{ = { NUMPAGES }/4 \# "#" }	83

Um Verweise auf Tabellen zu erzeugen, verwenden Sie die Notation, die Ihnen vielleicht schon aus Tabellenkalkulationsprogrammen geläufig ist. Die Adresse jeder Zelle setzt sich aus der Angabe der Spalte und der Zeile zusammen. Die Spalten werden dabei mit Buchstaben nummeriert, die Zeilen mit Zahlen. So bezieht sich z.B. die Angabe A3 auf die erste Spalte der dritten Zeile; C1 hingegen auf die dritte Spalte der ersten Zeile.

Word kennt dabei keine relativen Adressen, wie Sie es vielleicht aus Microsoft Excel gewohnt sind. Die Word-Adresse A3 ist daher mit der Excel-Adresse A3 identisch (in Excel werden absolute Adressen durch ein Dollarzeichen gekennzeichnet).

Tabelle 24.20 Tabellenfelder als Operanden

Operand (Beispiel)	Bezeichnet
`A3`	eine einzelne Tabellenzelle
`2:2`	eine Tabellenzeile (die zweite)
`C:C`	eine Tabellenspalte (die dritte)
`A1:C3`	einen Tabellenbereich (die ersten drei Spalten der ersten drei Zeilen) ▸

Tabelle 24.20 Tabellenfelder als Operanden *(Fortsetzung)*

Operand (Beispiel)	Bezeichnet
Textmarke[A3]	eine Tabellenzelle in der Tabelle, der die angegebene Textmarke zugewiesen wurde
Textmarke[A4:E4]	einen Bereich in der Tabelle, dem die angegebene Textmarke zugewiesen wurde

Funktionen in Formelfeldern

In Ausdrücken können außerdem verschiedene Funktionen und Bedingungen verwendet werden. Bedingungen ergeben entweder das Ergebnis *True* (wahr) oder *False* (falsch). Auch diese beiden Wahrheitswerte sind definiert, wobei *True* den Wert 1 und *False* den Wert 0 besitzt.

Funktionen, die eine beliebige Anzahl von Argumenten verarbeiten können, sind durch leere runde Klammern gekennzeichnet. Die einzelnen Argumente der Liste werden durch Semikola voneinander getrennt. Bei Funktionen mit einer festgelegten Anzahl von Argumenten sehen Sie als Platzhalter Buchstaben in Kleinschreibweise.

Tabelle 24.21 Funktionen, die in Formelfeldern benutzt werden können

Operand (Beispiel)	Beschreibung
ABS(x)	Liefert den Absolutwert einer Zahl. Der Absolutwert einer Zahl ist ihr Abstand zur 0. Beispiel: { =ABS(-3) } und { =ABS(3) } liefern als Ergebnis: 3
AND(x;y)	Logische UND-Verknüpfung. Der gesamte Ausdruck ergibt nur True, wenn beide Argumente das Ergebnis True ergeben. Andernfalls ist das Ergebnis False. Beispiel: { =AND(True;False) } liefert das Ergebnis: False
AVERAGE ()	Bildet die Summe aus den Elementen der Liste und teilt sie durch die Anzahl der Elemente. Beispiel: { =AVERAGE (6;7;2) } liefert das Ergebnis: 5
COUNT()	Liefert die Anzahl der übergebenen Argumente. Beispiel: { =COUNT(a;b;c) } liefert das Ergebnis: 3
DEFINED(x)	Ergibt den Wert True, wenn der Ausdruck ein Ergebnis liefert oder der angegebene Operand (beispielsweise eine Textmarke) definiert ist. Andernfalls ist das Ergebnis False.
IF (x;y;z)	Mit der IF-Funktion wird der Ausdruck *x* ausgewertet. Ergibt er den Wert True, ist das Ergebnis *y*, sonst *z*. Beispiel: { =IF (2>3;7;5) } liefert das Ergebnis: 5 ▸

Tabelle 24.21 Funktionen, die in Formelfeldern benutzt werden können *(Fortsetzung)*

Operand (Beispiel)	Beschreibung
INT(x)	Ermittelt die nächstkleinere ganze Zahl des Arguments.
MAX()	Liefert den Wert der größten Zahl einer Liste. Beispiel: { =MAX(6;7;2) } liefert das Ergebnis: 7
MIN()	Liefert den Wert der kleinsten Zahl einer Liste. Beispiel: { =MIN(6;7;2) } liefert das Ergebnis: 2
MOD (x;y)	Ermittelt den Rest einer Ganzzahldivision, bei der *x* durch *y* dividiert wird. Das Ergebnis hat das gleiche Vorzeichen wie *y*. Beispiel: { =MOD (5;2) } liefert das Ergebnis: 1
NOT (x)	Logische NICHT-Verknüpfung. Verkehrt den Wahrheitswert des Ausdrucks in sein Gegenteil. Aus True wird False und aus False wird True.
OR(x;y)	Logische ODER-Verknüpfung von zwei Ausdrücken. Ergibt Wahr, wenn mindestens einer der ausgewerteten Ausdrücke den Wert Wahr ergibt. Ergibt Falsch, wenn beide Ausdrücke den Wert Falsch ergeben. Beispiel: { =OR(WAHR;FALSCH) } liefert das Ergebnis: Wahr
PRODUCT()	Multipliziert alle Argumente der übergebenen Liste und gibt das Ergebnis zurück. Beispiel: { =PRODUCT(6;7;2) } liefert das Ergebnis: 84
ROUND (x;y)	Rundet die Zahl *x* auf *y* Stellen.
SIGN (x)	Ergibt das Vorzeichen des angegebenen Ausdrucks. Das Ergebnis ist 1, wenn die Zahl positiv ist, -1, wenn die Zahl negativ ist, und 0, wenn das Argument den Wert null hat.
SUM()	Alle Zahlen, die in der Liste enthalten sind, werden addiert und das Ergebnis zurückgegeben. Beispiel: { =SUM(20;14;5) } liefert das Ergebnis: 39

Alle Tastenkombinationen für Felder

Dieses Kapitel hat Sie mit den Feldfunktionen von Word vertraut gemacht, die Ihnen dabei helfen können, Texte und Dokumente noch flexibler zu gestalten. Bei der Nutzung von Feldern sind Sie stärker als bei anderen Textverarbeitungsaufgaben auf den Einsatz der Tastatur angewiesen, da sich für viele der Aktionen im Menüband kein entsprechender Befehl findet. Hier darum noch einmal eine Aufstellung aller Tasten, die im Zusammenhang mit Feldern relevant sind.

Tabelle 24.22 Die Tastenkombinationen beim Einsatz von Feldern

Tastenkombination	Beschreibung
Strg + ⇧ + F7	verknüpfte Daten aktualisieren
F9	markierte Felder aktualisieren
⇧ + F9 Alt + F9	zwischen Anzeige der Feldfunktionen und der Feldergebnisse umschalten
Strg + F9	neues Feld einfügen
Strg + ⇧ + F9	markierte Felder durch letztes Ergebnis ersetzen (Feldverknüpfung lösen)
Alt + ⇧ + F9	Feldaktion ausführen, entspricht einem Doppelklick auf das Feld
F11	zum nächsten Feld springen
⇧ + F11	zum vorherigen Feld springen
Strg + F11	Feld sperren und Aktualisierung verhindern
⇧ + Strg + F11	Feldsperrung aufheben und Aktualisierung ermöglichen
Alt + ⇧ + D	Feld DATE einfügen
Alt + ⇧ + P	Feld PAGE einfügen
Alt + ⇧ + T	Feld TIME einfügen

Kapitel 25

Serienbriefe erstellen

In diesem Kapitel:

Die Seriendruckfunktionalität befindet sich bei Word 2013 auf einer eigenen Registerkarte mit dem Namen *SENDUNGEN*. Dort finden Sie die Befehle, die bei Word 2003 über den Menübefehl *Extras/Briefe und Sendungen* und dessen Untermenü und über die *Seriendruck*-Symbolleiste verfügbar waren. Die Befehlsgruppe *Erstellen* der Registerkarte *SENDUNGEN* können Sie verwenden, um Etiketten und Umschläge zu erstellen.

Dieses Kapitel stellt Ihnen exemplarisch anhand eines Rundbriefs das Erstellen eines Serienbriefs vor. Der erste Abschnitt macht Sie zunächst mit einigen der Begriffe bekannt, die im Zusammenhang mit dem Seriendruck von Bedeutung sind, und beschreibt die prinzipiellen Schritte beim Erstellen eines Serienbriefs, die von der Reihenfolge der Befehlsgruppen auf der Registerkarte *SENDUNGEN* gut abgebildet werden. Die nachfolgenden Abschnitte stellen dann die einzelnen Schritte ausführlich vor.

Wenn Sie bereits in einer früheren Version mit der Seriendruckfunktion gearbeitet haben, reicht es aus, dieses Kapitel zu überfliegen (seit Word 2007 hat sich an dieser Funktion nichts geändert). Sollten Sie zum ersten Mal einen Serienbrief erstellen, gelangen Sie mit den Schritt-für-Schritt-Anleitungen dieses Kapitels schnell ans Ziel.

Grundlagenwissen für den Seriendruck

Beim Seriendruck, der im Englischen »mail merge« heißt, was so viel wie »Briefe zusammenführen« bedeutet, arbeiten Sie mit zwei verschiedenen Elementen: einem Hauptdokument und einer Datenquelle.

- Beim *Hauptdokument* handelt es sich um ein Word-Dokument, das neben dem Text, der in allen zu erstellenden Briefen identisch sein soll, Platzhalter für variable Elemente enthält, die sich je nach Empfänger des Briefes ändern können. Sie können ein Hauptdokument komplett neu erstellen oder auch ein bestehendes Word-Dokument in ein Hauptdokument für den Seriendruck umwandeln lassen.
- Die variablen Elemente jedes einzelnen Briefes befinden sich in einer *Datenquelle,* bei der es sich in den meisten Anwendungsfällen des Seriendrucks um eine Adressenliste handelt. Sie können in Word beispielsweise die Outlook-Kontakte verwenden, damit Sie die Adressen, die in Outlook bereits vorliegen, nicht erneut eingeben müssen. Auch die Verwendung von anderen Datenformaten ist möglich.

Auf der Registerkarte *SENDUNGEN* stehen Ihnen alle Werkzeuge zur Verfügung, die Sie zum Erstellen eines Serienbriefs benötigen. Die Anordnung der Befehlsgruppen und Befehle entspricht den einzelnen Schritten, die Sie beim Seriendruck erledigen müssen und die nachfolgend beschrieben werden.

Bild 25.1 Die Registerkarte *SENDUNGEN* fasst alle Werkzeuge zusammen, die Sie zum Erstellen eines Serienbriefs benötigen

1. **Erstellen des Hauptdokuments** Im ersten Schritt erstellen Sie das Seriendruck-Hauptdokument. Das Hauptdokument enthält den Text und die Grafiken, die in allen Versionen des zusammengeführten Dokuments identisch sein sollen, wie beispielsweise die Absenderadresse, den eigentlichen Text des Briefes und die Grußformel.
2. **Verbinden des Hauptdokuments mit einer Datenquelle** Im nächsten Schritt legen Sie die Datenquelle fest, in der sich die variablen Elemente befinden, die beim Zusammenführen in das Hauptdokument eingefügt werden sollen.
3. **Bearbeiten der Empfängerliste** Wenn Sie als Datenquelle beispielsweise die Outlook-Kontakte verwenden, erstellt Word eine Kopie der gesamten Daten des Kontakte-Ordners. Wenn Sie den Serienbrief nicht an alle Personen der Adressliste senden wollen, können Sie die Liste in Word sortieren und filtern und so die tatsächlichen Empfänger des Serienbriefs festlegen.
4. **Einfügen der Platzhalter in das Hauptdokument** Damit Word weiß, an welchen Stellen im Hauptdokument beispielsweise die Adresse stehen soll, fügen Sie in das Hauptdokument Platzhalter ein, die festlegen, wo beim Zusammenführen welche Daten aus der Datenquelle eingefügt werden sollen. Diese Platzhalter werden auch Seriendruckfelder genannt.
5. **Prüfen in der Seriendruckvorschau** Lassen Sie sich anschließend in der Seriendruckvorschau anzeigen, wie die Ergebnisse des Zusammenführens aussehen. Dies entspricht in etwa der Druckvorschau, wie Sie sie bei normalen Word-Dokumenten verwenden; der Unterschied besteht darin, dass bei der Seriendruckvorschau zusätzlich die Platzhalter durch die tatsächlichen Daten der Datenquelle ersetzt werden.
6. **Zusammenführen und fertigstellen** Wenn Sie mit den Ergebnissen der Seriendruckvorschau zufrieden sind, können Sie die Briefe zusammenführen und ausdrucken lassen.

Hauptdokument einrichten

In der ersten Phase der Serienbrieferstellung erstellen Sie das Hauptdokument. Sie können hierfür ein neues Dokument erstellen oder ein bereits vorhandenes öffnen.

1. Wechseln Sie zur Registerkarte *DATEI* und verwenden Sie dort den Befehl *Neu* oder *Öffnen*, um das Dokument zu erstellen bzw. zu laden, das Sie als Hauptdokument für den Seriendruck verwenden wollen.
2. Wenn Sie ein neues Dokument erstellen, geben Sie in das Dokument den Text ein, der in allen Versionen des zusammengeführten Dokuments gleich sein soll. Sie können wie bei anderen Word-Dokumenten auch die Registerkarte *EINFÜGEN* verwenden, um Tabellen, Abbildungen, SmartArts und weitere Elemente in das Dokument einzufügen.
3. Öffnen Sie die Registerkarte *SENDUNGEN* und klicken Sie in der Gruppe *Seriendruck starten* auf die Schaltfläche *Seriendruck starten*.
4. Wählen Sie im Menü den Dokumenttyp aus, den Sie erstellen möchten. Um einen Brief zu erstellen, klicken Sie hier auf *Briefe*.

Bild 25.2 Klicken Sie auf die Schaltfläche *Seriendruck starten*, um den Dokumenttyp festzulegen, den Sie erstellen wollen

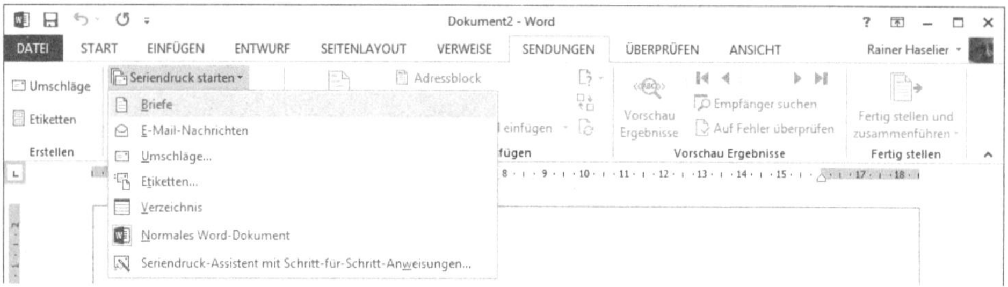

Sie können mit der Seriendruckfunktion die folgenden Dokumenttypen erstellen:

- **Briefe** und **E-Mail-Nachrichten** Bei diesen beiden Optionen ist der Inhalt in allen Briefen oder E-Mails im Wesentlichen identisch, aber Name, Adresse oder andere spezifische Daten hängen vom jeweiligen Empfänger ab.
- **Etiketten** Klicken Sie diesen Befehl an, damit Word das Dialogfeld *Etiketten einrichten* anzeigt. Dort können Sie den Hersteller und den Typ der Etiketten auswählen, die Sie bedrucken wollen. Word fügt hierfür dann eine Tabelle in das Dokument ein.

Bild 25.3 Wählen Sie für den Dokumenttyp *Etiketten* in diesem Dialogfeld den Hersteller und den Typ der Etiketten aus

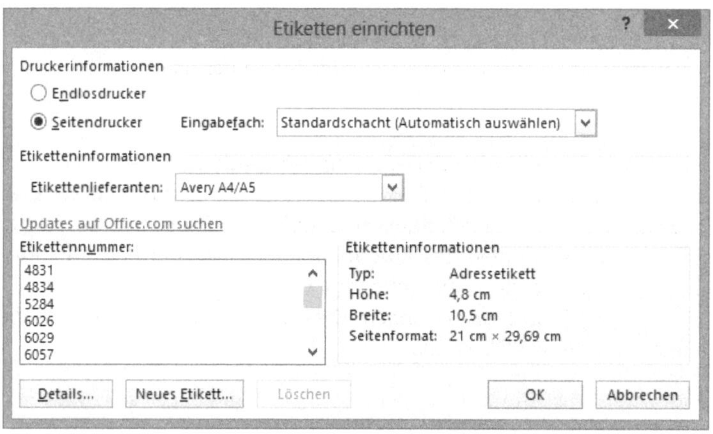

- **Umschläge** Wenn Sie den Befehl *Umschläge* anklicken, wird das Dialogfeld *Umschlagoptionen* angezeigt. Dort können Sie auf der Registerkarte *Umschlagoptionen* das *Umschlagformat* (beispielsweise DIN lang) auswählen und die Zeichenformatierungen festlegen. Bei den mit der Option *Umschläge* erstellten Seriendruckdokumenten ist die Absenderadresse auf allen Umschlägen identisch, die Empfängeradresse ist jedoch unterschiedlich. Die Absenderadresse geben Sie direkt in das Dokument ein, für die Empfängeradresse verwenden Sie Seriendruckfelder.

Bild 25.4 Im Dialogfeld *Umschlagoptionen* wählen Sie das Format der Umschläge aus. Sie können auch die Position der Empfänger- und Absenderadresse ändern und die Zeichenformatierung für beide Elemente einstellen.

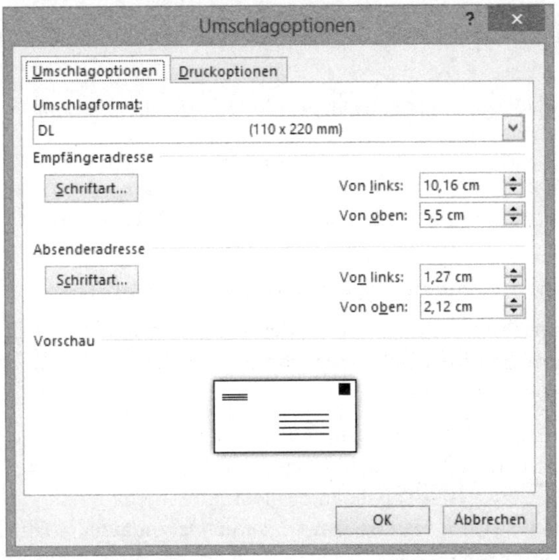

- **Normales Word-Dokument** Wenn Sie die Option *Normales Word-Dokument* anklicken (die ausgewählt ist, bevor Sie den Dokumenttyp festlegen), können Sie aus einem Seriendruck-Hauptdokument wieder ein normales Word-Dokument machen. Die speziell für den Seriendruck erforderlichen Informationen (wie der Name der Datenquelle) werden dann aus dem Dokument entfernt.

HINWEIS **Den Aufgabenbereich *Seriendruck* verwenden** Sie können für das Durchführen eines Seriendruckprojekts auch den Aufgabenbereich *Seriendruck* verwenden, der bereits in Word 2003 vorhanden war. Dieser Aufgabenbereich führt Sie Schritt für Schritt durch den Vorgang. Klicken Sie zum Verwenden des Aufgabenbereichs auf der Registerkarte *SENDUNGEN* in der Gruppe *Seriendruck starten* auf *Seriendruck starten* und anschließend auf *Seriendruck-Assistent mit Schritt-für-Schritt-Anweisungen.* Dieses Kapitel beschreibt die Serienbrieferstellung anhand der Registerkarte *SENDUNGEN.*

Fortsetzen eines Seriendruckprojekts

Wenn Sie die Arbeit an einem Seriendruckprojekt vorübergehend unterbrechen müssen, können Sie das Hauptdokument speichern und den Seriendruck zu einem späteren Zeitpunkt fortsetzen. Word speichert alle Informationen zum Seriendruck (wie den Namen der Datenquelle) gemeinsam mit dem Dokument, sodass Sie diese Informationen nicht erneut eingeben müssen. Um den Seriendruck fortzusetzen, öffnen Sie das Dokument wieder.

Während des Öffnens wird eine Meldung angezeigt, in der Sie aufgefordert werden, das Öffnen des Dokuments zu bestätigen. Daraufhin wird ein SQL-Befehl ausgeführt, durch den das Hauptdokument erneut mit der Datenquelle verbunden wird. Sie können dann die Registerkarte *SENDUNGEN* anklicken und Ihre Arbeit fortsetzen.

Hauptdokument mit der Datenquelle verbinden

Im nächsten Schritt legen Sie fest, welche Datenquelle für das Hauptdokument verwendet werden soll.

1. Klicken Sie in der Gruppe *Seriendruck starten* auf die Schaltfläche *Empfänger auswählen.*

Bild 25.5 Klicken Sie in der Gruppe *Seriendruck starten* auf *Empfänger auswählen* und legen Sie dann fest, woher die Daten kommen, die in dem Seriendruckprojekt verwendet werden

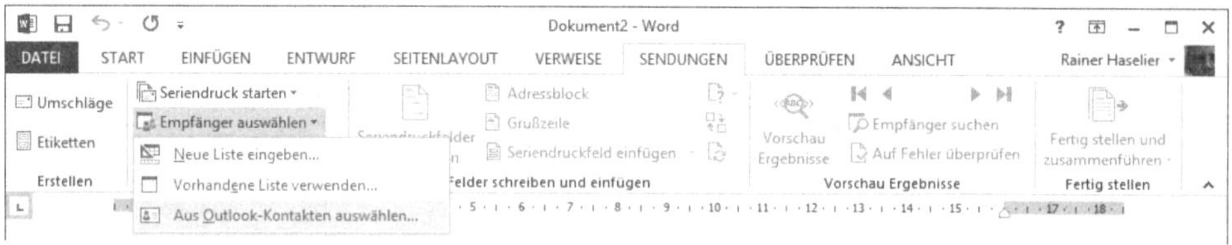

2. Wählen Sie eine der folgenden Optionen aus:

 - **Neue Liste eingeben** Wenn Sie bisher noch keine Datendatei erstellt haben, die Sie für den Seriendruck verwenden wollen, oder nur Microsoft Word 2013 und nicht eine der Office-Suiten installiert haben, in denen auch Outlook enthalten ist, wählen Sie den Befehl *Neue Liste eingeben* aus. Word zeigt daraufhin ein Formular an, in dem Sie die Adressdaten eingeben können (siehe folgende Abbildung). Um einen weiteren Listeneintrag zu erstellen, klicken Sie die Schaltfläche *Neuer Eintrag* an.

Bild 25.6 Geben Sie in dieses Formular die Adressdaten ein, die Sie für das Seriendruckprojekt benötigen

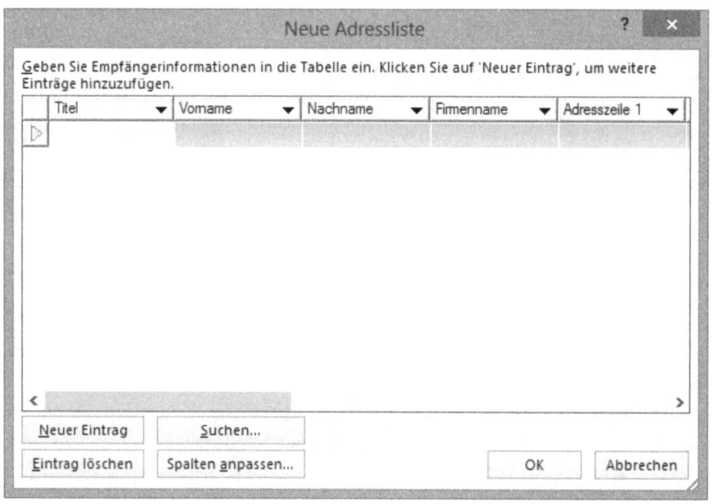

Wenn Sie im Formular auf *OK* klicken, wird das Dialogfeld *Adressliste speichern* angezeigt. Geben Sie dort einen aussagekräftigen Namen für die Liste ein und klicken Sie

dann auf *Speichern*. Die Adressliste wird im MDB-Format gespeichert, dem Dateiformat, das von Microsoft Access genutzt wird. Sie können diese Liste dann in anderen Seriendruckprojekten wiederverwenden.

- **Vorhandene Liste verwenden** Den Befehl *Vorhandene Liste verwenden* können Sie auswählen, wenn Sie bereits früher eine Office-Adressliste erstellt und gespeichert haben oder wenn die Daten in einem anderen Format vorliegen. Sie können in Word die unterschiedlichsten Formate (Word-Tabelle, Excel-Arbeitsblatt, Tabelle oder Abfrage in Access-Datenbank und viele weitere mehr) importieren und beim Seriendruck verwenden. Leider reicht in diesem Buch der Platz nicht aus, um all die verschiedenen Optionen vorzustellen.
- **Aus Outlook-Kontakten auswählen** Wenn Sie Ihre Adressen im Kontakte-Ordner von Outlook verwalten, klicken Sie die Option *Aus Outlook-Kontakten auswählen* an.

  Word zeigt daraufhin das Dialogfeld *Kontakte auswählen* an, in dem alle Kontakte-Ordner aufgeführt werden, die in Ihrem Outlook-Profil enthalten sind. Klicken Sie in der Liste zuerst die Kontakte an, die Sie verwenden wollen, und dann auf *OK*.

Bild 25.7 Wählen Sie in diesem Dialogfeld den Kontakte-Ordner aus, den Sie im aktuellen Seriendruckprojekt verwenden wollen

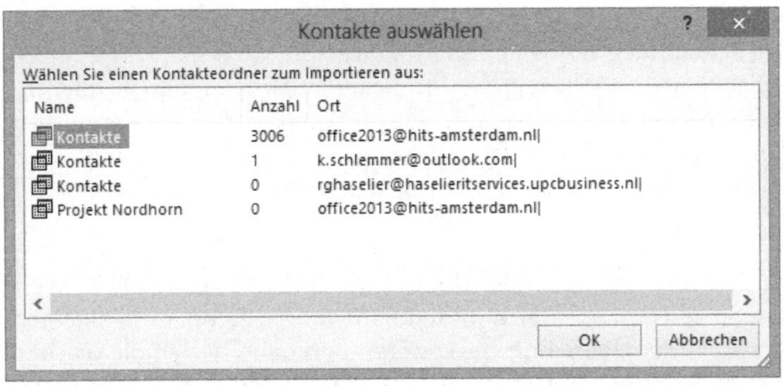

3. Nachdem Sie den gewünschten Kontakte-Ordner ausgewählt haben, wird das Dialogfeld *Seriendruckempfänger* angezeigt. Dort können Sie die Empfängerliste bearbeiten und auswählen, wer den Serienbrief erhalten soll. Mehr hierzu finden Sie im folgenden Abschnitt.

Empfängerliste filtern und sortieren

Sie möchten nicht immer alle Datensätze, die in der Datenquelle vorhanden sind, auch tatsächlich mit dem Hauptdokument zusammenführen. Um festzulegen, wer den Serienbrief erhalten soll, verwenden Sie das Dialogfeld *Seriendruckempfänger*.

1. Wenn nach der Auswahl der Datenquelle das Dialogfeld *Seriendruckempfänger* nicht automatisch angezeigt wird, klicken Sie in der Gruppe *Seriendruck starten* auf die Schaltfläche *Empfängerliste bearbeiten*.

Bild 25.8 Im Dialogfeld *Seriendruckempfänger* legen Sie fest, für welche Datensätze ein zusammengeführtes Dokument erstellt werden soll

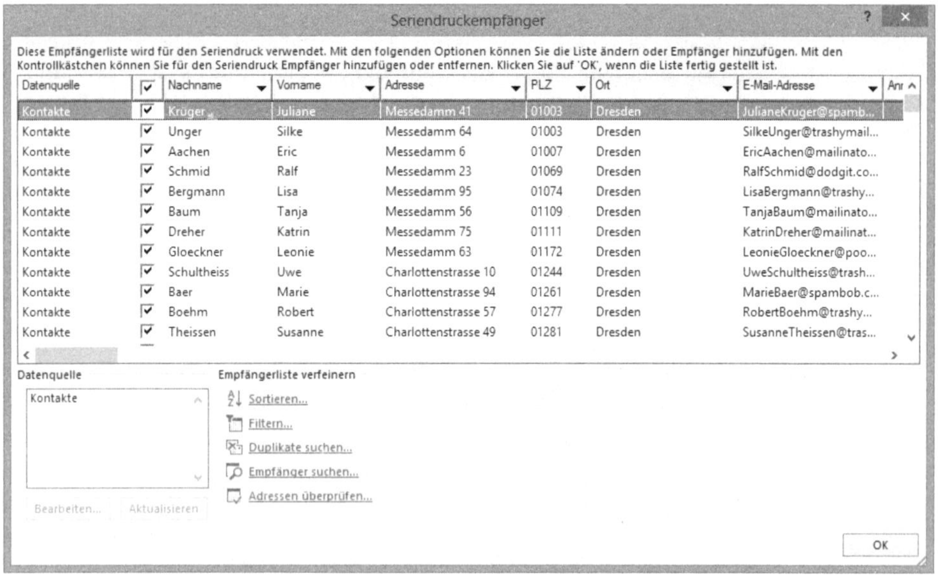

2. Wenn Sie lediglich mit einer kurzen Adressliste arbeiten, können Sie die Empfänger auswählen, indem Sie die Kontrollkästchen neben den gewünschten Empfängern einschalten und die Kontrollkästchen neben den Einträgen deaktivieren, die Sie nicht in die Empfängerliste aufnehmen möchten.

TIPP **Das Kontrollkästchen in der Überschrift der Liste verwenden** Wenn Sie bereits wissen, dass Sie nur einige Datensätze in den Seriendruck aufnehmen möchten, können Sie das Kontrollkästchen in der Überschrift deaktivieren und dann gezielt die gewünschten Datensätze auswählen. Wenn Sie dagegen fast alle Datensätze aufnehmen möchten, aktivieren Sie das Kontrollkästchen in der Überschrift und deaktivieren dann die Kontrollkästchen für die Datensätze, die Sie ausschließen möchten.

3. Um die Liste nach einer bestimmten Spalte zu sortieren, klicken Sie auf die Spaltenüberschrift des Elements, nach dem Sie die Sortierung vornehmen möchten. Die Liste wird in aufsteigender alphabetischer Reihenfolge (A bis Z) sortiert. Klicken Sie erneut auf die Spaltenüberschrift, um die Liste in absteigender alphabetischer Reihenfolge zu sortieren (Z bis A).

   Sie können auch die Filterfunktionen verwenden, wenn die Liste Datensätze enthält, die nicht angezeigt werden bzw. nicht im Seriendruck enthalten sein sollen:

4. Klicken Sie unterhalb von *Empfängerliste verfeinern* auf *Filtern.*

5. Legen Sie auf der Registerkarte *Datensätze filtern* des Dialogfeldes *Filtern und sortieren* die Kriterien fest, die für den Filter verwendet werden sollen.

   Die Liste in Abbildung 25.8 enthält sowohl Adressen aus Deutschland als auch aus den Niederlanden. Wenn Sie das Hauptdokument beispielsweise mit Adressen zusammenführen möchten, in denen Deutschland als Land/Region festgelegt ist, klicken Sie in der Liste *Feld* auf

Land/Region, in der Liste *Vergleich* auf *Gleich* und geben dann in das Feld *Vergleichen mit* den Text **Deutschland** ein. Das sieht dann wie in der folgenden Abbildung gezeigt aus.

Bild 25.9 Auf der Registerkarte *Datensätze filtern* können Sie Filterregeln festlegen und so bestimmte Personen aus der Empfängerliste ausschließen

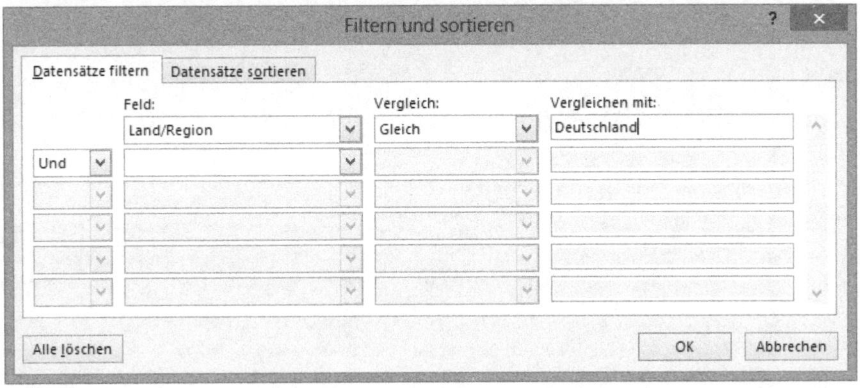

6. Sie können den Filter weiter anpassen, indem Sie auf *Und* bzw. *Oder* klicken und dann weitere Kriterien angeben.
7. Schließen Sie das Dialogfeld *Seriendruckempfänger* mit einem Klick auf *OK*.

Sie können das Dialogfeld *Seriendruckempfänger* jederzeit erneut aufrufen, indem Sie die Schaltfläche *Empfängerliste bearbeiten* anklicken, falls Sie Änderungen an der Auswahl der Empfänger vornehmen möchten.

Platzhalter einfügen

Nachdem Sie das Gerüst des Hauptdokuments erstellt und die Seriendruckempfänger ausgewählt haben, können Sie sich nun an das Fertigstellen des Hauptdokuments machen und die Platzhalter einfügen. Dieser Abschnitt zeigt, wie Sie die Adresse in das Hauptdokument einfügen und wie Sie mit einer Regel eine geschlechtsabhängige Briefanrede (Sehr geehrter Herr, Sehr geehrte Frau) erstellen.

1. Setzen Sie die Einfügemarke im Hauptdokument an die Stelle, an der die Empfängeradresse stehen soll.
2. Klicken Sie auf der Registerkarte *SENDUNGEN* in der Gruppe *Felder schreiben und einfügen* auf *Adressblock*. Word zeigt das Dialogfeld *Adressblock einfügen* an (siehe Abbildung auf der nächsten Seite).

   Das Seriendruckfeld *Adressblock* ist ein zusammengesetzter Platzhalter, in dem mehrere Felder der Datenquelle miteinander kombiniert und zu einem Seriendruckfeld gruppiert werden. Das Seriendruckfeld *Adressblock* kombiniert u.a. die Felder *Vorname, Nachname, Adresse, Postleitzahl* und *Stadt.*

   Über das Dialogfeld *Adressblock einfügen* können Sie festlegen, welche Adresselemente im Adressblock enthalten sein sollen, und weitere Formatierungsmerkmale bestimmen.

Bild 25.10 Im Dialogfeld *Adressblock einfügen* können Sie die Adresselemente auswählen, die in der Adresse enthalten sein sollen, und einige Formateinstellungen vornehmen

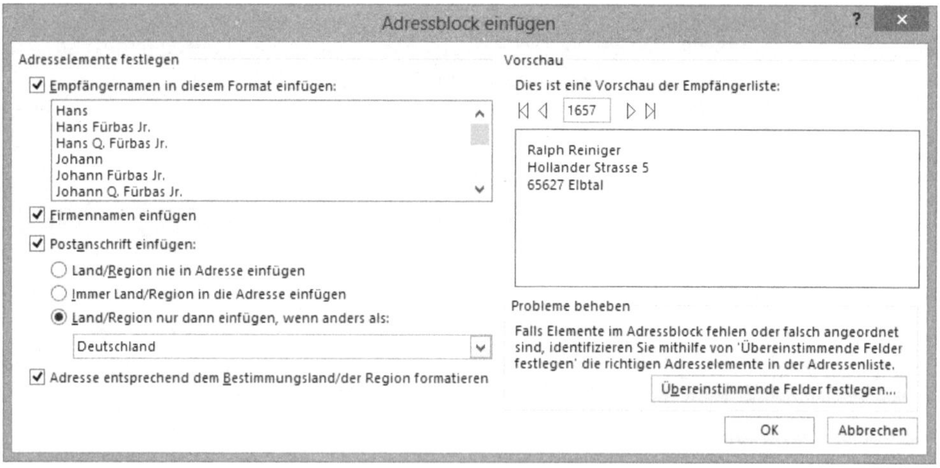

3. Klicken Sie in der Liste *Empfängernamen in diesem Format einfügen* die Option an, die Sie verwenden wollen. Bei manchen der Formate werden der Vor- und der Nachname verwendet; andere wiederum verwenden nur den Nachnamen und ergänzen diesen dann mit *Herrn und Frau* oder *Familie*. Das Feld *Vorschau* zeigt eine Vorschau des ausgewählten Formats an.

TIPP **Andere Adresse im Vorschaufeld anzeigen lassen** Das Feld *Vorschau* verwendet keine fiktiven, sondern die realen Adressen, die in der Datenquelle des aktuellen Seriendruckprojekts enthalten sind. Auch die Filter- und Sortieroptionen, die Sie eingestellt haben, werden berücksichtigt. Daher können Sie die Pfeilschaltflächen oberhalb des Vorschaufeldes verwenden, um eine andere Adresse der aktuellen Empfängerliste anzeigen zu lassen.

4. Wenn der Firmenname nicht in der Anschrift enthalten sein soll, schalten Sie das Kontrollkästchen *Firmennamen einfügen* aus. Anderenfalls lassen Sie es eingeschaltet.
5. Mit den Optionsfeldern unterhalb von *Postanschrift einfügen* können Sie festlegen, ob und wann das Empfängerland in die Adresse eingefügt werden soll.
6. Die Postanschrift besitzt in den verschiedenen Ländern ein anderes Format. Wenn Sie möchten, dass die Adresse so formatiert wird, wie es im Land des Empfängers Standard ist, lassen Sie das Kontrollkäschen *Adresse entsprechend dem Bestimmungsland/der Region formatieren* eingeschaltet.
7. Klicken Sie auf *OK*.

Bild 25.11 Der Platzhalter *«Adresse»* wurde in das Hauptdokument eingefügt

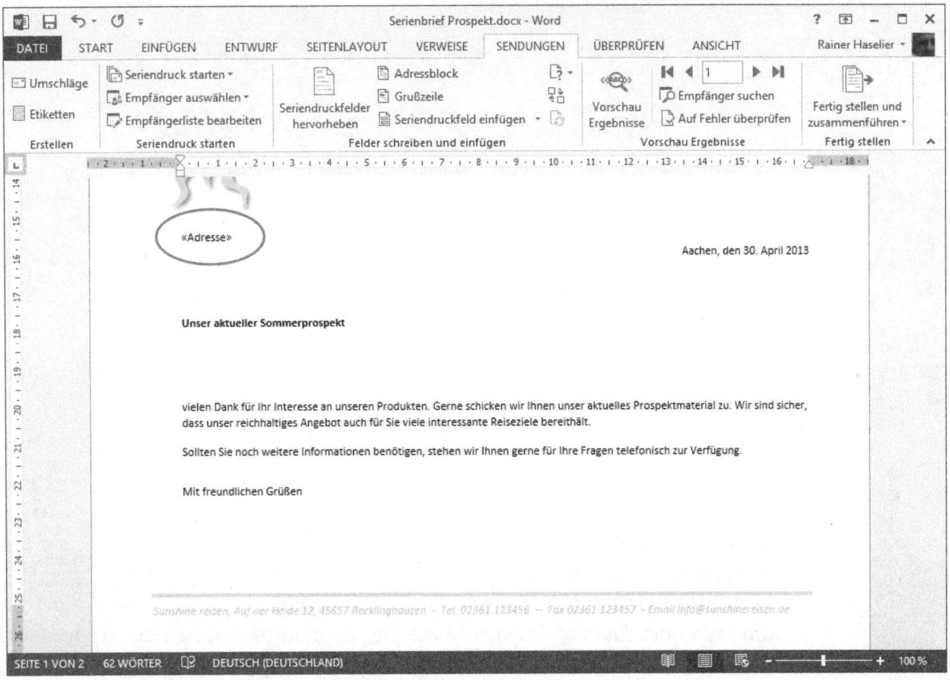

In das Dokument wird der Platzhalter «**Adresse**» eingefügt. Die Platzhalter werden immer von den Zeichen «» eingeschlossen.

8. Klicken Sie in der Gruppe *Felder schreiben und einfügen* auf *Seriendruckfelder hervorheben.* Das Seriendruckfeld «**Adresse**» wird nun grau unterlegt. So können Sie die Seriendruckfelder besser von dem normalen Text des Hauptdokuments unterscheiden.

Verwenden einer Regel

Neben dem kombinierten Seriendruckfeld *Adressblock* können Sie auch einzelne Felder der Datenquelle in das Hauptdokument einfügen. Außerdem ist es möglich, Regeln festzulegen und so den Vorgang des Zusammenführens genauer einzustellen. Dieser Abschnitt zeigt exemplarisch, wie das geht. Hierzu soll zwischen der Betreffzeile im Brief und dem eigentlichen Text eine persönliche Anrede (Sehr geehrte ...) eingefügt werden, die berücksichtigt, ob der Empfänger eine Frau oder ein Mann ist.

1. Setzen Sie die Einfügemarke im Hauptdokument an die Stelle, an der die Grußformel stehen soll.

2. Klicken Sie in der Gruppe *Felder schreiben und einfügen* auf die Schaltfläche *Regeln* und dann auf *Wenn...Dann...Sonst.*

Bild 25.12 Über die Schaltfläche *Regeln* können Sie beispielsweise Bedingungen festlegen, die das Zusammenführen beeinflussen

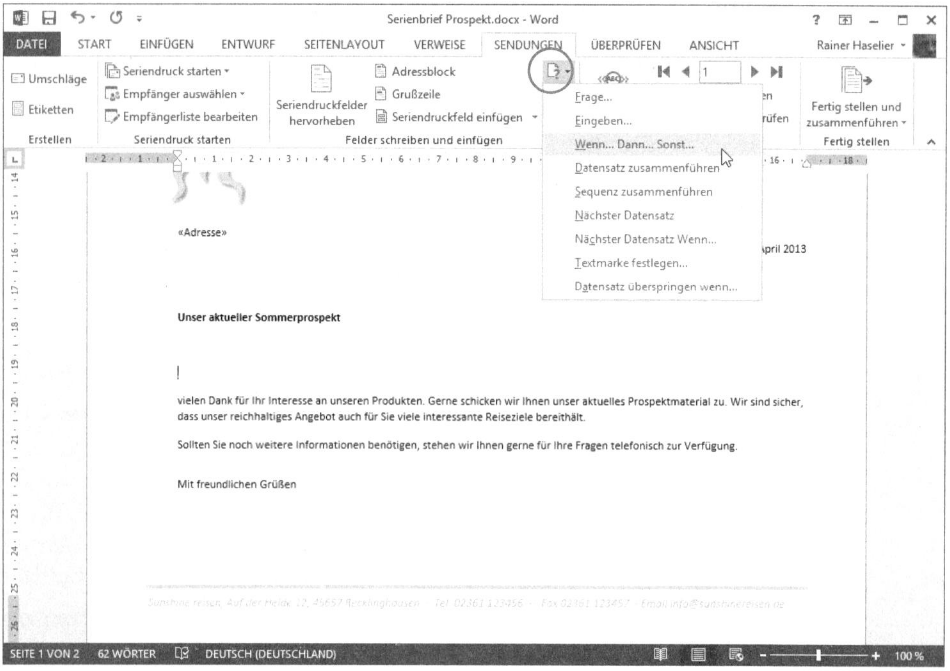

Im Dialogfeld *Bedingungsfeld einfügen: WENN* können Sie nun die Regel festlegen, die je nach Geschlecht des Empfängers entweder den Text *Sehr geehrte Frau* oder *Sehr geehrter Herr* beim Zusammenführen einfügt.

3. Wählen Sie in der Liste *Feldname* den Eintrag *Geschlecht* und im Feld *Vergleich* den Eintrag *Gleich* aus.

4. Geben Sie in das Feld *Vergleichen mit* eine 1 ein, wenn Sie als Empfängerliste die Outlook-Kontakte verwenden. (Wenn Sie in Outlook als Geschlecht weiblich eintragen, speichert Outlook hierfür intern eine 1 ab, für männlich eine 2. Wenn Sie eine andere Datenquelle verwenden, müssen Sie hier den Text eingeben, mit dem weibliche Empfänger identifiziert werden können.)

Bild 25.13 Legen Sie hier die Bedingung und die Texte fest, die in Abhängigkeit von der Auswertung der Bedingung eingefügt werden sollen

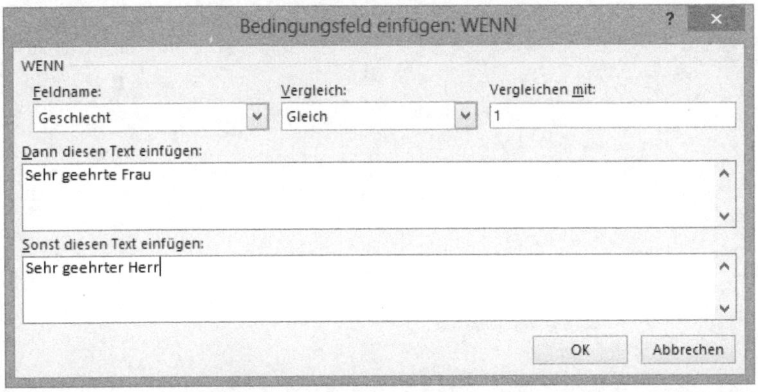

PROFITIPP

Geschlecht für Outlook 2013-Kontakt eintragen

Damit die Bedingung wie oben beschrieben ausgewertet werden kann, muss in der Datenquelle das Feld *Geschlecht* enthalten sein. Um das Geschlecht für einen Outlook-Kontakt festzulegen, öffnen Sie den Kontakt, klicken auf der Registerkarte *Kontakt* auf *Alle Felder* und wählen dann in der Liste *Auswählen aus* den Eintrag *Persönliche Felder* aus. Das Feld *Geschlecht* befindet sich im oberen Bereich der Eingabemaske.

5. Geben Sie in das Feld *Dann diesen Text einfügen* **Sehr geehrte Frau** und in das Feld *Sonst diesen Text einfügen* **Sehr geehrter Herr** ein. Schließen Sie das Dialogfeld mit *OK*. Word fügt die Regel in das Hauptdokument ein.

HINWEIS **Hervorheben der Regelfelder** Standardmäßig werden die Regeln nicht hervorgehoben dargestellt, auch dann nicht, wenn Sie die Schaltfläche *Seriendruckfelder hervorheben* eingeschaltet haben. Damit die Regelfelder auf dem Bildschirm mit einer Schattierung angezeigt werden, klicken Sie auf die Registerkarte *DATEI* und dann auf *Optionen*. Wechseln Sie im Dialogfeld *Word-Optionen* zur Seite *Erweitert* und scrollen Sie zur Gruppe *Dokumentinhalt anzeigen*. Öffnen Sie die Liste *Feldschattierung* und wählen Sie dort den Eintrag *Immer* aus.

6. Jetzt fehlt in der Grußzeile lediglich noch der Nachname. Setzen Sie die Einfügemarke hinter die soeben eingefügte Regel, geben Sie ein Leerzeichen ein und klicken Sie dann in der Gruppe *Felder schreiben und einfügen* auf *Seriendruckfeld einfügen*.

Bild 25.14 Mit dieser Liste können Sie alle Seriendruckfelder auswählen und in das Hauptdokument einfügen, die in der Datenquelle enthalten sind

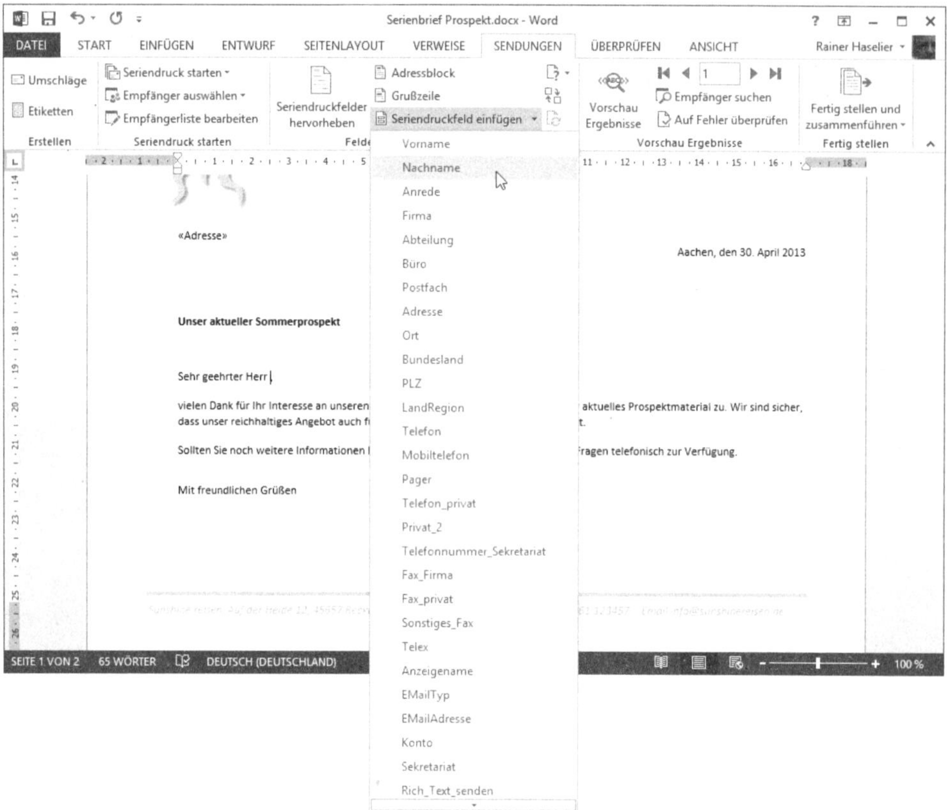

7. Klicken Sie auf *Nachname*.
8. Ergänzen Sie hinter dem Seriendruckfeld «Nachname» ein Komma.

Damit sind die Arbeiten am Hauptdokument für das Beispiel-Seriendruckprojekt abgeschlossen.

Seriendruckvorschau verwenden

Um sich vor dem tatsächlichen Zusammenführen von Hauptdokument und Datenquelle die Ergebnisse auf dem Bildschirm anzusehen und so eventuelle Fehler erkennen und beheben zu können, verwenden Sie die Seriendruckvorschau.

Bild 25.15 Die Seriendruckvorschau zeigt die Dokumente so an, wie sie beim Zusammenführen ausgedruckt würden

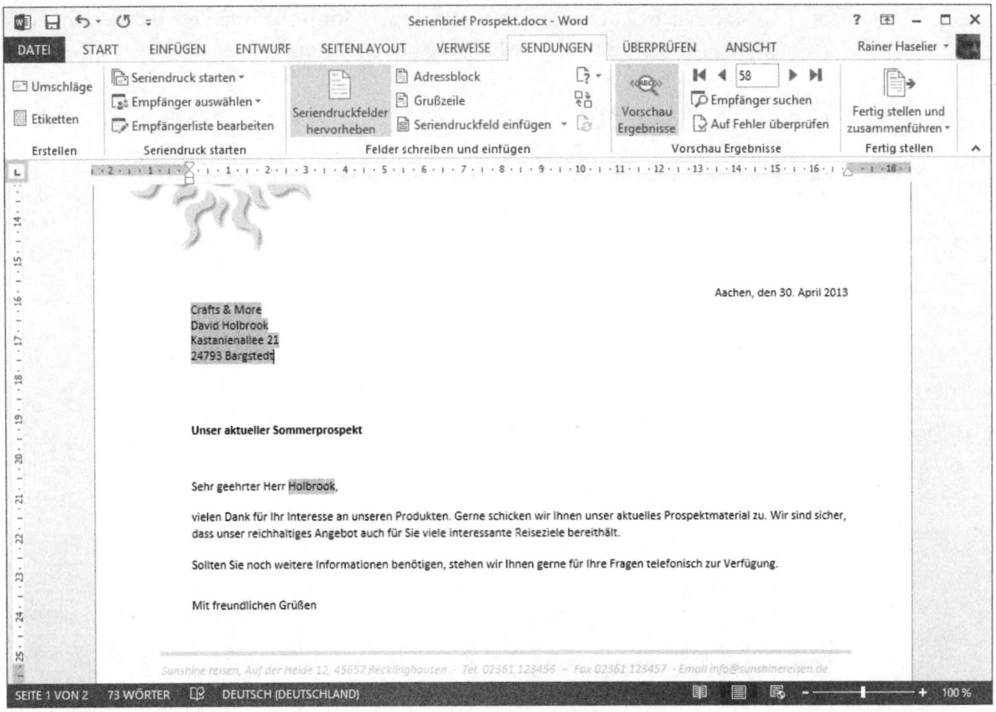

Klicken Sie dazu in der Gruppe *Vorschau Ergebnisse* auf die gleichnamige Schaltfläche. Word zeigt dann das Dokument so an, wie es nach dem Zusammenführen ausgedruckt würde. Mit den Navigationsschaltflächen in der Gruppe *Vorschau Ergebnisse* können Sie sich alle Empfänger anzeigen lassen, die in der Adressliste enthalten sind.

Um zur Bearbeitung des Hauptdokuments zurückzukehren, klicken Sie die Schaltfläche *Vorschau Ergebnisse* ein weiteres Mal an.

Zusammenführen und Drucken

Wenn die Seriendruckvorschau keine Probleme ergeben hat, können Sie im letzten Schritt das Hauptdokument mit der Datenquelle zusammenführen lassen.

1. Klicken Sie in der Gruppe *Fertig stellen* die Schaltfläche *Fertig stellen und zusammenführen* an. Ein kleines Menü wird geöffnet.
2. Wählen Sie eine der folgenden Optionen:
   - **Einzelne Dokumente bearbeiten** Klicken Sie diese Option an, wenn Word aus den zusammengeführten Daten ein neues Dokument erstellen soll. Sie können so die Dokumente einzeln bearbeiten und verwenden dann den normalen *Drucken*-Befehl, um die Dokumente auszudrucken.

- **Dokumente drucken** Wählen Sie diesen Befehl, wenn die zusammengeführten Dokumente direkt ausgedruckt werden sollen.
- **E-Mail-Nachrichten senden** Mit dieser Option können Sie das Seriendruckprojekt zusammenführen und als E-Mails versenden lassen.

Bild 25.16 In dem kleinen Menü legen Sie fest, was als Nächstes getan werden soll

3. Wenn Sie eine der ersten beiden Optionen ausgewählt haben, wird das Dialogfeld *Seriendruck in neues Dokument* angezeigt, in dem Sie die Datensätze auswählen können, die zusammengeführt werden sollen. Bei einem E-Mail-Seriendruckprojekt können Sie zusätzlich noch die Betreffzeile und das E-Mail-Format festlegen.

Bild 25.17 Hier können Sie die Datensätze auswählen, die zusammengeführt werden sollen

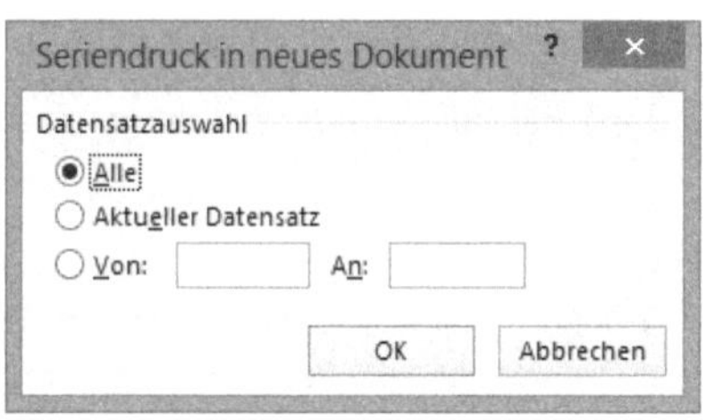

4. Klicken Sie auf *OK*.

Kapitel 26

Briefumschläge und Etiketten

In diesem Kapitel:

Word stellt Ihnen für das Drucken von Briefumschlägen und Etiketten zwei Möglichkeiten zur Verfügung: Wenn Sie Etiketten oder Umschläge für unterschiedliche Empfänger erstellen und drucken wollen, verwenden Sie am besten die Funktion Serienbriefe, die in Kapitel 25 dieses Buches beschrieben ist. Wollen Sie lediglich einen Umschlag drucken oder Etiketten erstellen, die den gleichen Text beinhalten, verwenden Sie die Schaltflächen *Umschläge* und *Beschriftungen,* die sich auf der Registerkarte *SENDUNGEN* befinden und deren Einsatz in diesem Kapitel beschrieben wird.

Etiketten erstellen und drucken

Mit der Etikettenfunktion von Word können Sie sowohl Adressetiketten erstellen und bedrucken als auch Etiketten, die einen anderen beliebigen Text enthalten. Wenn Sie ein neues Etikettendokument erstellen, fügt Word in das Dokument eine Tabelle ein, deren Tabellenzellen die Größe des Etikettenformats besitzen, das Sie verwenden. Daher stehen Ihnen zum Formatieren der Etiketten neben den üblichen Schrift- und Absatzmerkmalen auch alle Möglichkeiten zur Tabellenformatierung zur Verfügung, die in Kapitel 15 dieses Buches beschrieben sind.

Gehen Sie folgendermaßen vor, um Etiketten zu erstellen:

1. Wechseln Sie zur Registerkarte *SENDUNGEN* und klicken Sie in der Gruppe *Erstellen* auf *Etiketten.*

Bild 26.1 Mit den Schaltflächen der Gruppe *Erstellen* können Sie in Word Etiketten und Umschläge erstellen

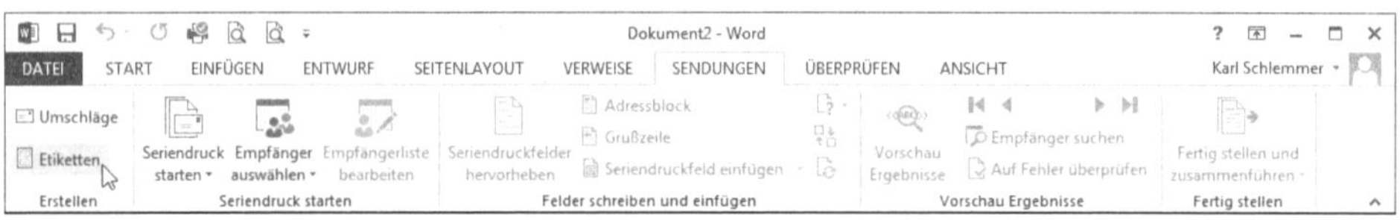

Das Dialogfeld *Umschläge und Etiketten* wird angezeigt; die Registerkarte *Etiketten* ist geöffnet.

HINWEIS **Automatisches Erkennen der Adresse** Wenn Sie die Schaltfläche *Etiketten* anklicken, während ein Dokument geöffnet ist, das auf einer der Briefvorlagen von Word basiert, versucht Word die Adresse dem Dokument zu entnehmen und sucht dazu nach Absätzen, die mit der Formatvorlage *Empfängeradresse* formatiert sind. Diese Erkennung funktioniert jedoch nicht sehr sicher, was auch daran liegt, dass diese Formatvorlage nicht in allen Briefvorlagen an den richtigen Stellen verwendet wurde.

2. Führen Sie eine der folgenden Aktionen durch:
   - Geben Sie in das Feld *Adresse* die Adresse (oder den Text) ein, der auf dem Etikett erscheinen soll.
   - Schalten Sie das Kontrollkästchen *Absenderadresse verwenden* ein, wenn auf dem Etikett Ihre eigene Postanschrift stehen soll. Diese Anschrift entnimmt Word den Einstellungen, die im Dialogfeld *Word-Optionen* im Abschnitt *Allgemein* der Kategorie *Erweitert* im Feld *Postanschrift* eingetragen wurde. Die Absenderadresse kann auch festgelegt werden, während Sie mit Word Briefumschläge erstellen. Mehr hierzu finden Sie im Tippkasten auf Seite 573.

- Klicken Sie auf die Schaltfläche *Adressbuch.* Wenn Sie aufgefordert werden, ein E-Mail-Profil auszuwählen, wählen Sie das gewünschte Profil aus. Markieren Sie im Dialogfeld *Namen auswählen* die Adresse, die Sie verwenden wollen, und klicken Sie auf *OK.* Die ausgewählte Adresse wird in das Feld *Adresse* übertragen.

  In Abhängigkeit davon, welches E-Mail-Programm installiert ist, können Sie im Dialogfeld *Namen auswählen* in der Liste *Adressbuch* noch das Adressbuch auswählen, das Sie verwenden wollen.

Bild 26.2 Die Adresse, die auf dem Etikett stehen soll, wurde eingetragen

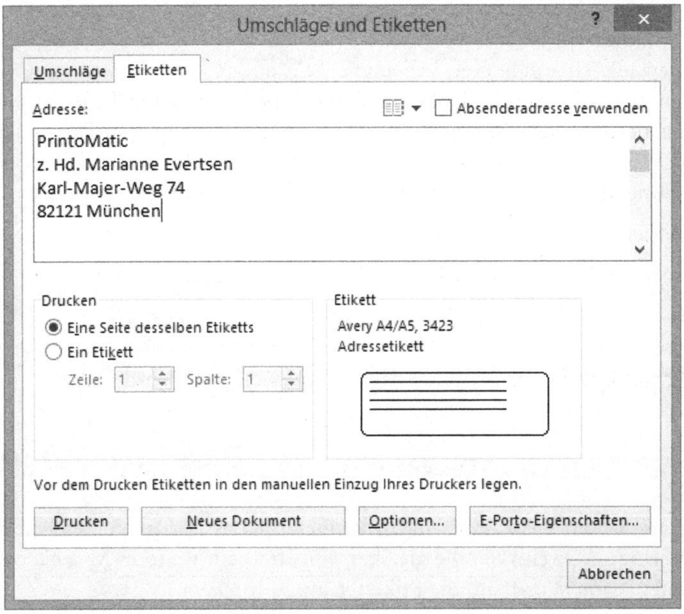

3. Markieren Sie im Abschnitt *Drucken* die Option *Eine Seite desselben Etiketts.*
4. Klicken Sie im Abschnitt *Etikett* auf das Musteretikett, falls dort nicht der Etikettentyp angezeigt wird, auf dem die Druckausgabe erfolgen soll, und ändern Sie das Etikettenformat.

   Wie Sie das Etikettenformat ändern und wie Sie ein benutzerdefiniertes Etikettenformat einrichten, ist in den betreffenden Abschnitten ab Seite 569 beschrieben.
5. Führen Sie eine der folgenden Aktionen durch:
   - Klicken Sie auf *Drucken,* wenn die Seite mit den Etiketten sofort ausgedruckt werden soll. Legen Sie vorher das Papier in den manuellen Einzug Ihres Druckers ein. Die Druckausgabe erfolgt auf dem Drucker, der in Windows als Standarddrucker eingerichtet ist. Weitere Druckoptionen können Sie nicht mehr einstellen.
   - Klicken Sie auf *Neues Dokument,* damit Word ein neues Dokument erstellt, das eine Tabelle mit Tabellenzellen enthält, die der Größe eines Etiketts entsprechen. Sie können dieses Dokument noch formatieren, beispielsweise die Schriftart ändern oder eine Schattierung einstellen.

Bild 26.3 Aus den im Dialogfeld *Umschläge und Etiketten* vorgenommenen Einstellungen wurde ein neues Dokument erstellt, das wie alle Word-Dokumente noch formatiert werden kann

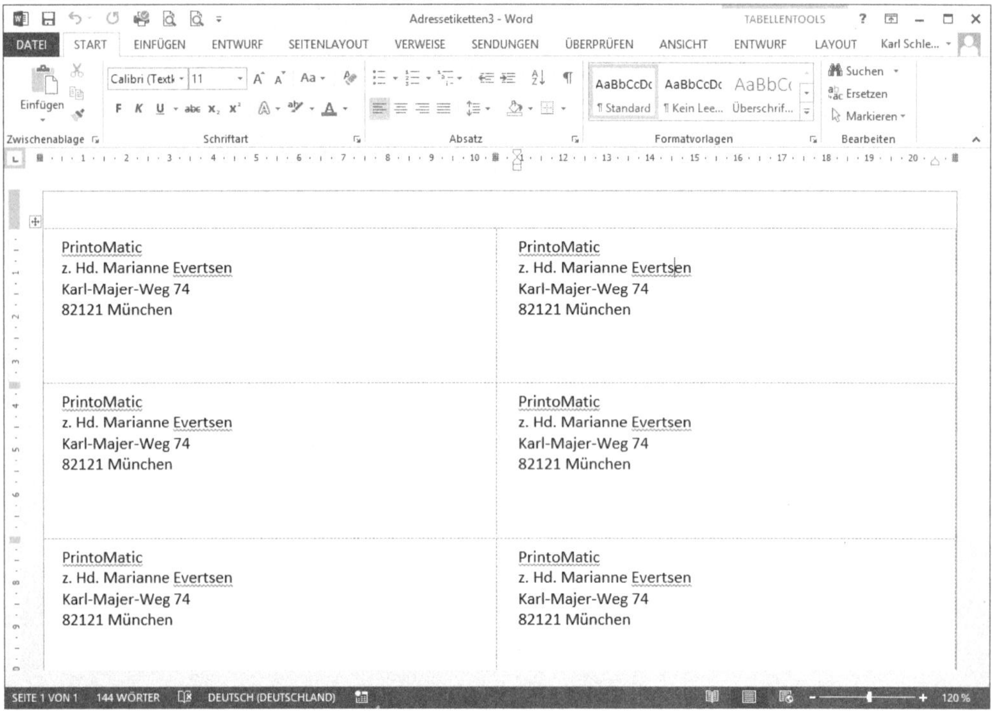

Nach den vorgenommenen Formatierungen können Sie das Dokument speichern; es steht Ihnen so später zur Verfügung, wenn Sie die gleichen Etiketten ein weiteres Mal benötigen. Verwenden Sie die Druckbefehle von Word, um die Etiketten auszudrucken.

HINWEIS **Papierart beim Drucken einstellen** Wenn Sie einen Drucker verwenden, in dessen Druckereinstellungen Sie auch den Papiertyp festlegen können, sollten Sie in Schritt 5 ein neues Dokument erstellen lassen. Klicken Sie zum Drucken auf die Registerkarte *DATEI* und dann auf *Drucken.* Klicken Sie in der Backstage-Ansicht auf *Druckereigenschaften,* damit das Dialogfeld mit den Druckereinstellungen angezeigt wird.

Die Abbildung auf der folgenden Seite zeigt exemplarisch die Druckereinstellungen für einen Hewlett-Packard Laserjet 2015. Bei diesem Drucker würden Sie zur Registerkarte *Papier/Qualität* wechseln, das Listenfeld *Papiersorte* öffnen und dort die Option *Etiketten* auswählen. Wenn Sie einen anderen Drucker verwenden, kann sich diese Einstellung möglicherweise auf einer anderen Registerkarte befinden oder anders lauten. ▶

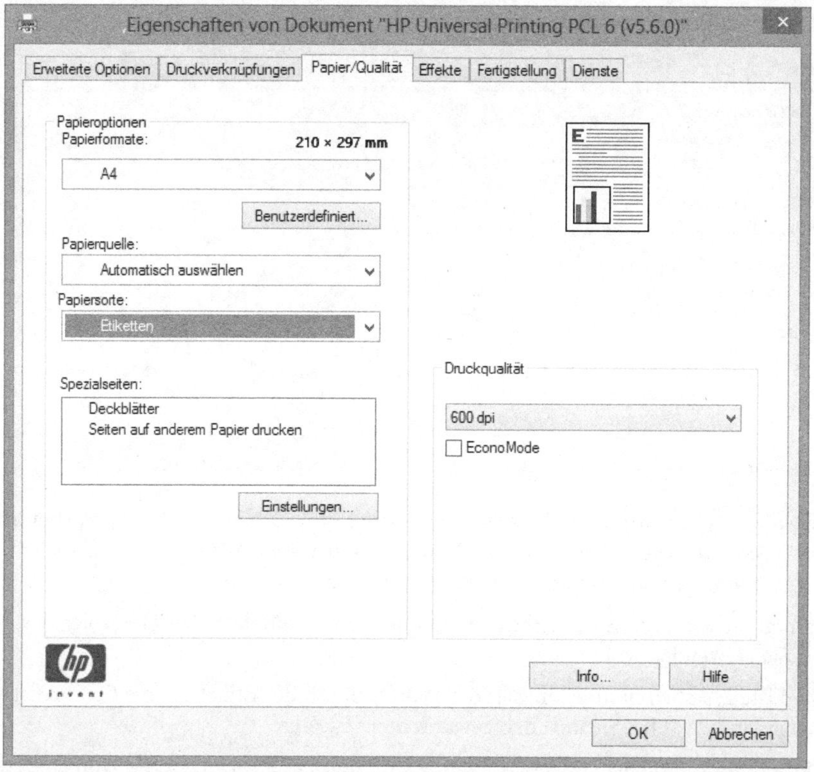

Wenn Ihr Drucker diese Einstellmöglichkeit bietet und Sie den Papiertyp nicht richtig einstellen, kann dies eventuell dazu führen, dass die Etiketten nicht richtig fixiert werden und der Toner beim Lösen der Etiketten von der Trägerfolie abbröselt.

Etikettenformat ändern

Im Abschnitt *Etikett* des Dialogfeldes *Umschläge und Etiketten* zeigt Word das derzeit benutzte Etikettenformat an. Hier werden der Hersteller, die Typbezeichnung und die Art des Etiketts angegeben. Wenn Sie ein anderes Format benutzen wollen, gehen Sie folgendermaßen vor:

1. Klicken Sie das Musteretikett an oder benutzen Sie die Schaltfläche *Optionen.*

Das Dialogfeld *Etiketten einrichten* wird angezeigt (siehe Abbildung auf der folgenden Seite).

Bild 26.4 Wählen Sie hier eines der Standardetikettenformate aus

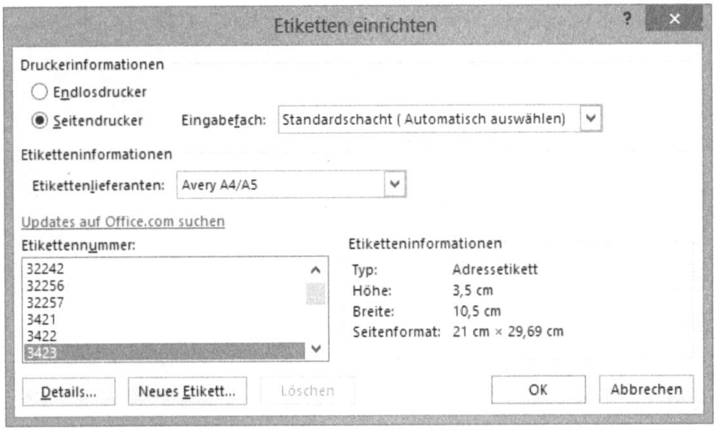

2. Legen Sie in der Gruppe *Druckerinformationen* fest, welchen Druckertyp Sie benutzen. Bei einem Seitendrucker (Laser- oder Tintenstrahldrucker) können Sie außerdem noch den Schacht festlegen, aus dem das Etikett entnommen werden soll.
3. Öffnen Sie die Liste *Etikettenlieferanten* und wählen Sie dort den Hersteller des Etiketts aus, das Sie verwenden wollen.
4. Die Liste *Etikettennummer* enthält die Typnummern der Etiketten, die für Ihren Drucker verfügbar sind. Wählen Sie dort den gewünschten Typ aus.
5. Klicken Sie auf die Schaltfläche *Details,* wenn Sie Detailinformationen zum ausgewählten Etikett sehen wollen. Schließen Sie das Dialogfeld *Informationen* mit einem Klick auf *Abbrechen.*
6. Klicken Sie auf *OK,* um das Dialogfeld *Etiketten einrichten* zu schließen.

   Sie kehren zum Dialogfeld *Umschläge und Etiketten* zurück. Der ausgewählte Etikettentyp wird im Abschnitt *Etikett* angezeigt.

Benutzerdefiniertes Etikettenformat einrichten

Trotz der großen Anzahl vordefinierter Etikettenformate kann es sein, dass das Etikett, das Sie verwenden wollen, in Word nicht verfügbar ist. In diesem Fall können Sie ein eigenes, benutzerdefiniertes Etikettenformat einrichten. Gehen Sie dazu so vor:

1. Klicken Sie das Musteretikett an oder benutzen Sie die Schaltfläche *Optionen.*

   Das Dialogfeld *Etiketten einrichten* wird angezeigt.
2. Wählen Sie mithilfe der Listen *Etikettenlieferanten* und *Etikettennummer* ein Etikett aus, das demjenigen, das Sie verwenden wollen, am nächsten kommt. Achten Sie dabei besonders auf die Größe der Etiketten, die im Bereich *Etiketteninformationen* angezeigt wird.
3. Klicken Sie die Schaltfläche *Neues Etikett* an.

   Das Dialogfeld *Etikettendetails* wird angezeigt (siehe Abbildung auf der folgenden Seite).
4. Geben Sie in das Feld *Etikettenname* einen Namen für das neue Etikett ein.

Bild 26.5 Definieren Sie in diesem Dialogfeld ein eigenes Etikettenformat

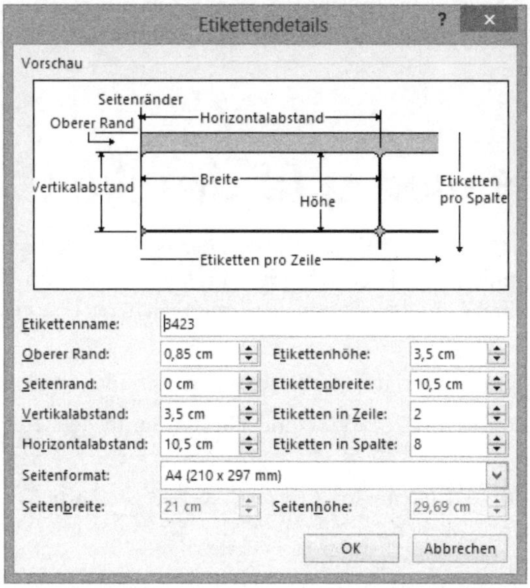

5. Verwenden Sie die weiteren Felder des Dialogfeldes, um die Maße Ihrer Etiketten und die Anzahl der Etiketten je Zeile/Spalte anzugeben.
6. Klicken Sie auf *OK*, um die vorgenommenen Einstellungen zu übernehmen.

   Sie kehren zum Dialogfeld *Etiketten einrichten* zurück. Im Listenfeld *Etikettenlieferanten* wird der Text *Andere/Benutzerdefiniert* angezeigt. Der von Ihnen festgelegte Name erscheint in der Liste *Etikettennummer*.
7. Klicken Sie auf *OK*, um zum Dialogfeld *Umschläge und Etiketten* zurückzukehren, und fahren Sie mit dem Erstellen/Drucken der Etiketten fort.

Ein einzelnes Etikett ausdrucken

Sie können mit Word nicht nur eine Seite desselben Etiketts drucken, sondern auch ein einzelnes Etikett. Hierbei können Sie dann die Spalte und Zeile angeben, auf denen sich auf dem Blatt noch ein unbenutztes Etikett befindet. Dies ist besonders dann praktisch, wenn Sie nicht immer alle Etiketten eines Blattes bedrucken wollen.

Sie sollten diese Möglichkeit jedoch mit Vorsicht einsetzen, da es passieren kann, dass sich ein Etikett von der Trägerfolie löst, im Innenleben Ihres Druckers verbleibt und diesen so beschädigt. Beachten Sie auf jeden Fall auch die Hinweise, die Sie in der Dokumentation zu Ihrem Drucker finden.

Beim Drucken von Etiketten ist es generell empfehlenswert, die hintere Abdeckklappe am Drucker zu öffnen (sofern er eine solche besitzt), da dann das Papier den geraden Weg durch den Drucker nehmen kann und so mechanisch weniger beansprucht wird.

Wenn Sie nach diesen Warnhinweisen ein einzelnes Etikett drucken wollen, gehen Sie so vor, wie in der Schrittfolge ab Seite 566 beschrieben. In Schritt 3 wählen Sie jedoch die Option *Ein Etikett* und geben dann in die Felder *Zeile* und *Spalte* die Zeile/Spalte des Etiketts ein, das bedruckt werden soll.

Briefumschlag erstellen und drucken

Briefumschläge werden meistens für einen Brief gedruckt, bei dem sich die Adresse des Empfängers bereits im Word-Dokument befindet. Word versucht, die Empfängerangabe im Dokument zu ermitteln und für die Erstellung eines Umschlags zu übernehmen. Sicherer ist es jedoch, im Dokument die Adresse zu markieren.

1. Wenn sich die Adresse des Empfängers im Word-Dokument befindet, markieren Sie sie.
2. Wechseln Sie zur Registerkarte *SENDUNGEN* und klicken Sie in der Gruppe *Erstellen* auf *Umschläge*.

   Das Dialogfeld *Umschläge und Etiketten* wird angezeigt; die Registerkarte *Umschläge* ist geöffnet. Im Feld *Empfänger(adresse)* sehen Sie den Text, den Sie zuvor im Dokument markiert haben bzw. den Word als Adresse erkannt hat.

Bild 26.6 In diesem Dialogfeld legen Sie die Einstellungen für das Erstellen eines Briefumschlags fest

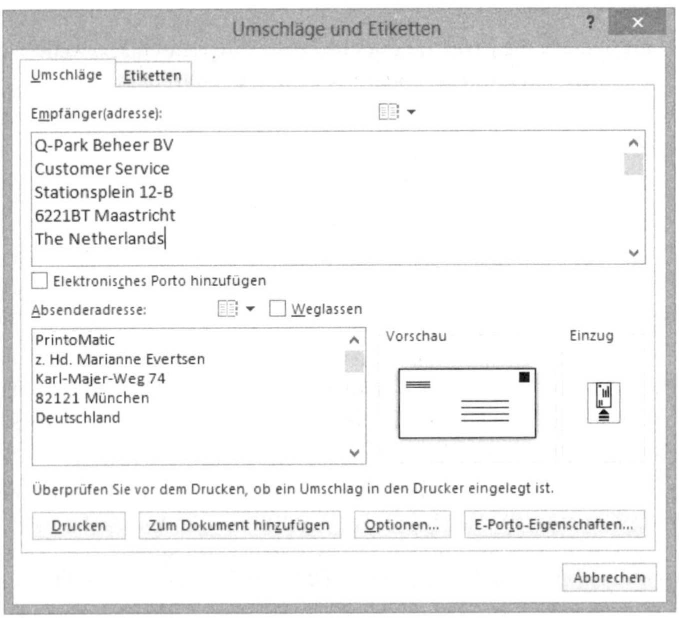

3. Führen Sie eine der folgenden Aktionen durch:
   - Korrigieren Sie – falls erforderlich – die Anschrift des Empfängers.

- Klicken Sie im oberen Bereich des Dialogfeldes auf die Schaltfläche *Adressbuch.* Wenn Sie aufgefordert werden, ein E-Mail-Profil auszuwählen, wählen Sie das gewünschte Profil aus. Markieren Sie im Dialogfeld *Namen auswählen* die Adresse, die Sie verwenden wollen, und klicken Sie auf *OK.* Die ausgewählte Adresse wird in das Feld *Empfänger(adresse)* übertragen.

4. Das Feld *Absenderadresse* enthält die Angaben aus dem Feld *Postanschrift* (Dialogfeld *Word-Optionen,* Kategorie *Erweitert,* Abschnitt *Allgemein).* Falls das Feld leer ist, geben Sie hier Ihren Namen und Ihre Anschrift ein.

TIPP **Word kann sich die Angaben zum Absender merken** Wenn Sie die Absenderadresse eingegeben bzw. geändert haben, werden Sie beim Schließen des Dialogfeldes gefragt, ob die Absenderadresse als Standardadresse gespeichert werden soll. Klicken Sie dann auf *Ja,* wenn Word Ihre Eingaben in das Feld *Postanschrift* des Dialogfeldes *Word-Optionen* übernehmen soll.

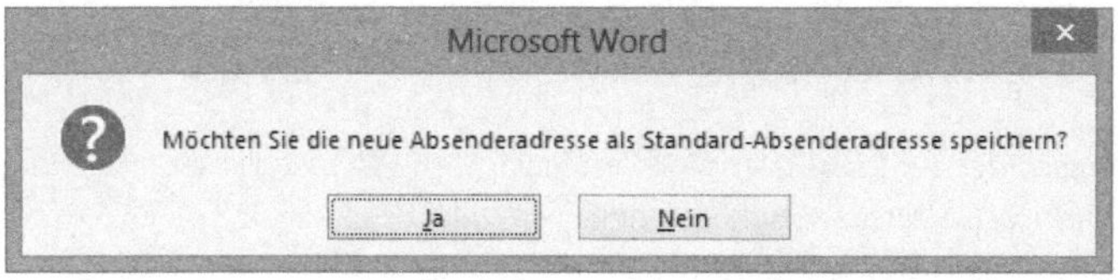

5. Schalten Sie das Kontrollkäschen *Weglassen* ein, wenn auf dem Umschlag keine Absenderadresse enthalten sein soll.
6. Klicken Sie im Bereich *Vorschau* auf die Grafik des Briefumschlags, wenn Sie das Format des Umschlags und weitere Optionen ändern wollen. (Ausführliche Informationen dazu, welche Optionen Sie einstellen können, finden Sie im Abschnitt »Optionen für Briefumschläge einstellen« ab Seite 574.)
7. Führen Sie eine der folgenden Aktionen durch:
   - Klicken Sie auf *Drucken,* wenn Sie den Umschlag sofort ausdrucken wollen. Wenn Ihr Drucker keine separate Zufuhr für Briefumschläge besitzt, legen Sie den Umschlag in die manuelle Papierzufuhr ein. Besitzt der Drucker einen Schacht für Umschläge, sendet Word den Steuerbefehl an den Drucker, um von dort einen Umschlag zuzuführen.
   - Klicken Sie auf *Dokument ändern,* wenn der Umschlag dem Dokument hinzugefügt werden soll. Word fügt dann am Anfang des Dokuments einen eigenen Abschnitt ein, der den Briefumschlag enthält. Die Seitenabmessungen für diesen Abschnitt werden auf das Maß des Umschlags festgelegt.

Die Abbildung auf der folgenden Seite zeigt ein Word-Dokument in der Seitenansicht, in das ein Briefumschlag eingefügt wurde.

Bild 26.7 Der Umschlag befindet sich in einem eigenen Abschnitt am Anfang des Word-Dokuments

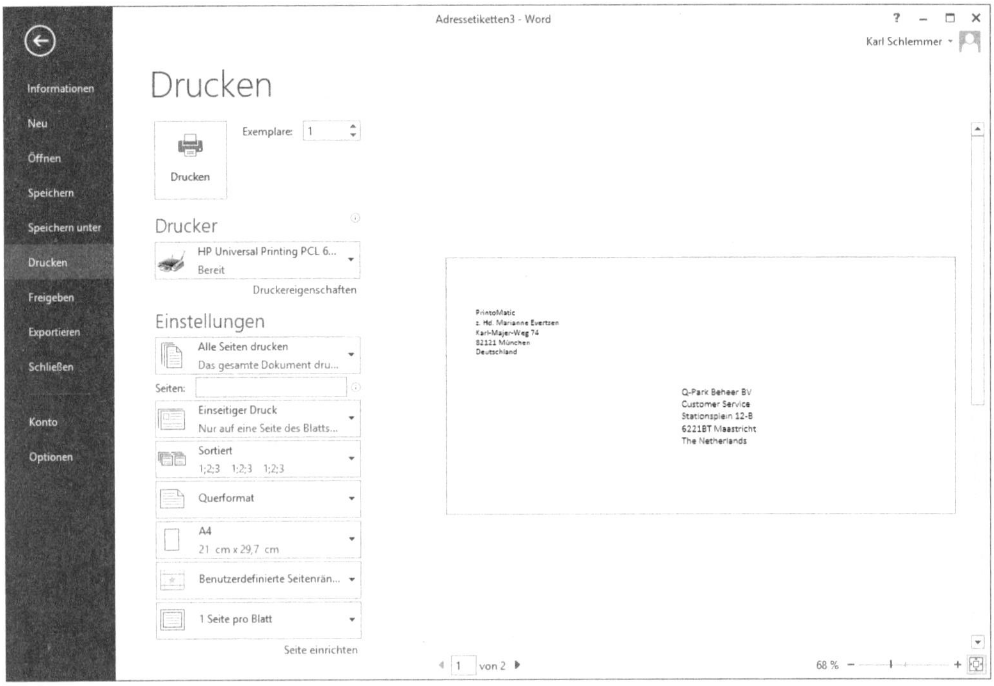

Optionen für Briefumschläge einstellen

Im Bereich *Vorschau* der Registerkarte *Umschläge* sehen Sie eine kleine Grafik des Umschlags; rechts daneben zeigt ein weiteres Symbol an, wie der Umschlag in den Drucker eingelegt werden muss. Beide Einstellungen können Sie ändern.

1. Öffnen Sie die Registerkarte *Umschläge* des Dialogfeldes *Umschläge und Etiketten.*
2. Klicken Sie auf das Vorschaubild des Briefumschlags.

   Das Dialogfeld *Umschlagoptionen* wird angezeigt.

Bild 26.8 Hier können Sie u. a. das Format des Briefumschlags einstellen

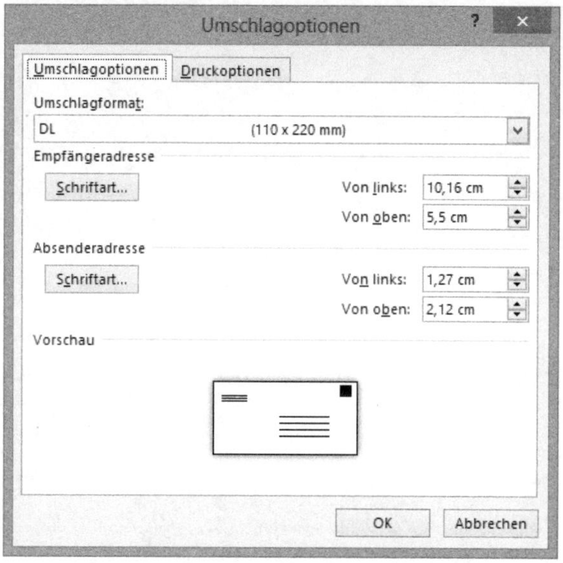

3. Führen Sie eine der folgenden Aktionen durch:
   - Wählen Sie in der Liste *Umschlagformat* das von Ihnen benutzte Format aus und machen Sie bei Schritt 5 weiter.
   - Sollte das von Ihnen benutzte Format nicht in der Liste enthalten sein, wählen Sie den letzten Eintrag *Benutzerdefiniertes Format,* um das Dialogfeld *Umschlagformat* anzuzeigen. Machen Sie bei Schritt 4 weiter.

Bild 26.9 Sie können auch ein benutzerdefiniertes Umschlagformat anlegen

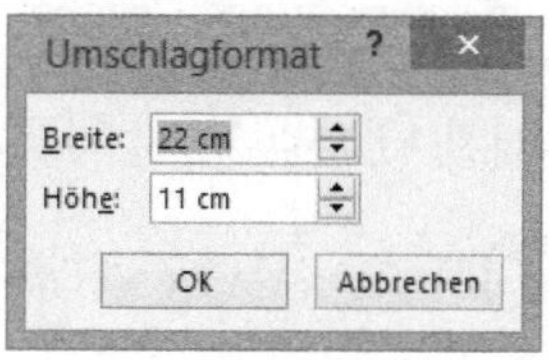

4. Geben Sie in die Felder *Breite* und *Höhe* die Abmessungen des von Ihnen benutzten Umschlags ein und klicken Sie danach auf *OK.*
5. Wechseln Sie zur Registerkarte *Druckoptionen* (siehe Abbildung auf der nächsten Seite).

   In der Gruppe *Zufuhrmethode* sehen Sie die Einzugsarten, die Ihr Drucker unterstützt. Das Bild zeigt exemplarisch die Einzugsarten für einen Laserdrucker. Falls Sie einen anderen Drucker, etwa einen Tintenstrahldrucker, verwenden, werden die für Ihren Drucker gültigen Optionen angezeigt.

Bild 26.10 Legen Sie die Zufuhrmethode und den Einzugsschacht fest

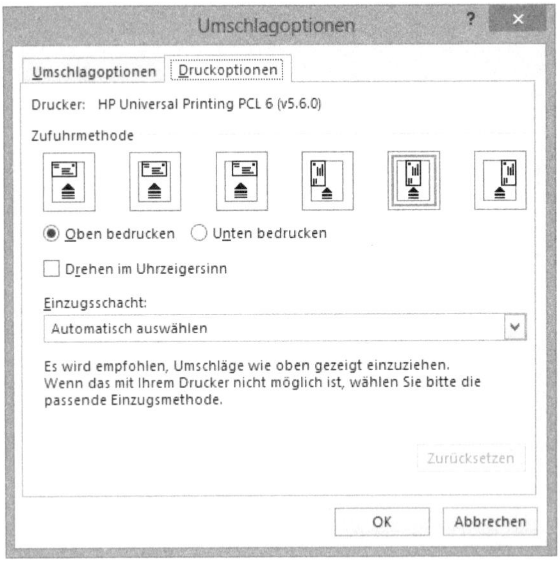

6. Legen Sie in der Gruppe *Zufuhrmethode* die gewünschte Methode fest.
7. Legen Sie in der Liste *Einzugsschacht* den Schacht fest, aus dem der Drucker den Umschlag entnehmen soll.
8. Klicken Sie auf *OK*.

Schriftarten und Position der Adressen festlegen

Wenn Sie den Briefumschlag dem Dokument hinzugefügt haben, können Sie die Schriftart und die Position der Absender- und Empfängeradresse direkt im Dokument ändern. Wollen Sie den Umschlag sofort ausdrucken, können Sie die Schriftart und die Position auf der Registerkarte *Umschlagoptionen* des gleichnamigen Dialogfeldes ändern:

1. Öffnen Sie die Registerkarte *Umschläge* des Dialogfeldes *Umschläge und Etiketten* und klicken Sie auf das Vorschaubild des Briefumschlags.

   Das Dialogfeld *Umschlagoptionen* wird angezeigt.
2. Wechseln Sie, falls erforderlich, zur Registerkarte *Umschlagoptionen*.

Bild 26.11 Auf der Registerkarte *Umschlagoptionen* können Sie die Schriftart und die Position der Adressen einstellen

3. Klicken Sie im Bereich *Empfängeradresse* oder *Absenderadresse* auf die Schaltfläche *Schriftart.*

   Word zeigt das Dialogfeld für die Zeichenformatierung an, wie Sie es auch über die Registerkarte *Start* aufrufen können.

4. Nehmen Sie die gewünschten Einstellungen vor und klicken Sie anschließend auf *OK.*
5. Passen Sie bei Bedarf die Position der Adresse auf dem Umschlag mit den Feldern *Von links* und *Von oben* an.
6. Schließen Sie das Dialogfeld mit einem Klick auf *OK.*

Kapitel 27

Formulare erstellen

In diesem Kapitel:

Word bietet Ihnen die Möglichkeit, eigene Formulare zu erstellen, die Sie auf dem Bildschirm ausfüllen und dann ausdrucken können. »Das ist doch eigentlich nichts Besonderes«, werden Sie vielleicht sagen, wenn Sie bereits eigene Dokumentvorlagen (siehe auch Kapitel 14) erstellt haben. Im Prinzip stimmen wir Ihnen zu, allerdings nur im Prinzip.

Es gibt ein paar wesentliche Unterschiede zwischen einfachen Dokumentvorlagen und Formularen:

- Bei einem Formular legen Sie die Bereiche fest, in denen Eingaben vorgenommen werden können. Alle anderen Bereiche können beim Ausfüllen nicht geändert werden.
- Word stellt Ihnen drei verschiedene Formularfelder zur Verfügung (Kontrollkästchen, Textfelder und Dropdown-Listenfelder), die Sie in ein Formular einbauen können und in denen der Anwender des Formulars dann Eingaben vornehmen kann.
- Sie können beim Drucken eines Formulars festlegen, ob das gesamte Formular oder nur die eingegebenen Daten ausgegeben werden sollen.
- Wenn Sie ein ausgefülltes Formular speichern, können Sie festlegen, ob das gesamte Formular oder nur die in die Formularfelder eingegebenen Daten als Textdatei gespeichert werden sollen.

HINWEIS **Inhaltssteuerelemente** Seit der Version 2007 stellt Ihnen Word die sogenannten Inhaltssteuerelemente zur Verfügung, mit denen Sie ebenfalls Text- und Listenfelder, aber auch ein Datumsauswahl-Steuerelement in ein Dokument (oder eine Vorlage bzw. ein Formular) einfügen können. Im Unterschied zu den drei oben genannten Formularfeldern ist es bei der Verwendung der Inhaltssteuerelemente nicht möglich, lediglich die eingegebenen Daten in einer Textdatei abspeichern zu lassen. Daher eignen sich die Inhaltssteuerelemente dann nicht für den Einsatz in einem Formular, wenn Sie die eingegebenen Daten in ein Datenbankprogramm, wie Access, importieren und weiterverarbeiten wollen. Wenn Sie jedoch Dokumentvorlagen erstellen, was in Kapitel 14 beschrieben ist, sind die Inhaltssteuerelemente einfacher zu verwenden. Daher konzentrieren wir uns in diesem Kapitel auf die Beschreibung und die Verwendung der drei Formularfelder.

In diesem Kapitel können Sie zuerst ein einfaches Formular selbst erstellen. Anschließend stellen wir Ihnen die Formularfelder vor und erläutern an einem etwas komplexeren Beispiel die Verwendung von Makros bei Formularen. Im letzten Abschnitt wollen wir schließlich einige allgemeine Optionen für Formulare vorstellen.

Das Beispielformular im Überblick

Um Ihnen die Schritte, die beim Erstellen eines Formulars erforderlich sind, an einem einfachen Beispiel deutlich zu machen, haben wir ein Dokument vorbereitet, in das Notizen zu einem Telefonat eingegeben werden können. Dieses Dokument wird im Verlauf dieses Kapitels in ein Formular umgewandelt.

1. Klicken Sie auf die Registerkarte *DATEI* und dann auf *Öffnen*.
2. Wechseln Sie im Dialogfeld *Öffnen* zu dem Ordner mit den Beispieldateien zu diesem Buch, und markieren Sie die Datei *Telefonnotiz Start*. Klicken Sie auf den Pfeil der Schaltfläche *Öffnen* und dann auf *Als Kopie öffnen*.

Bild 27.1 Der Ausgangspunkt für das Formular

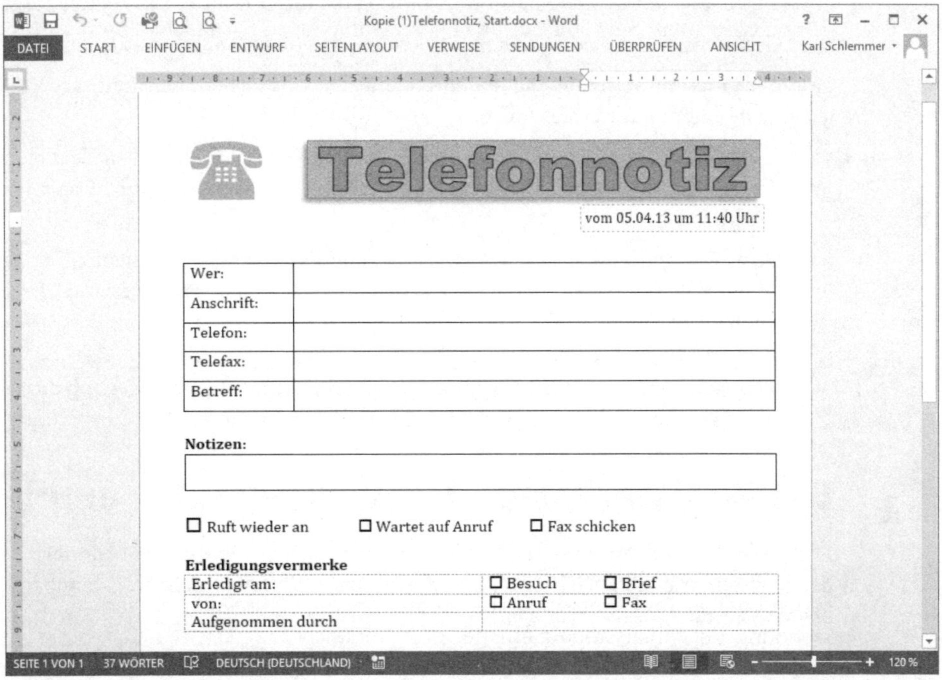

3. Klicken Sie auf die Registerkarte *DATEI* und dann auf *Exportieren.*
4. Klicken Sie im linken Bereich der Backstage-Ansicht *Exportieren* auf *Dateityp ändern.*

Bild 27.2 Über die Backstage-Ansicht *Exportieren* können Sie den Typ der Datei ändern

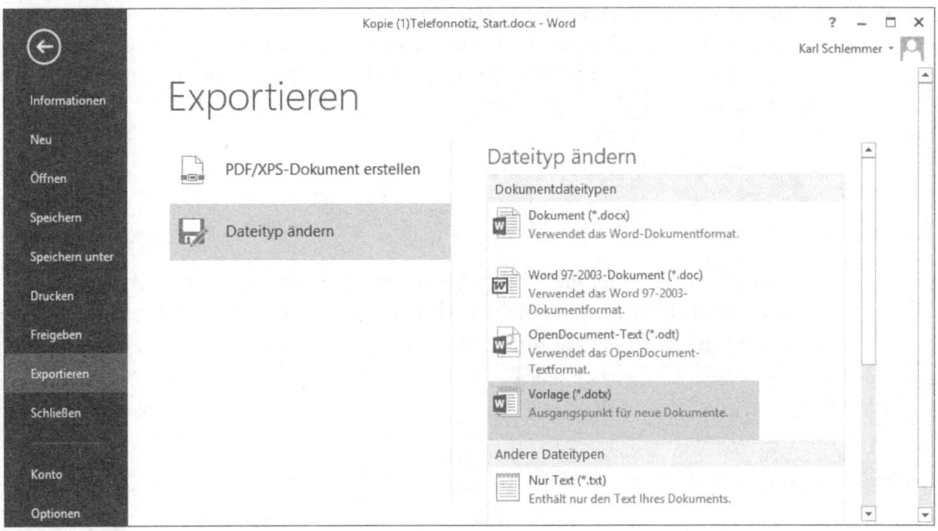

5. Doppelklicken Sie im Bereich *Dokumentdateitypen* auf *Vorlage (*.dotx)*. Word zeigt das Dialogfeld *Speichern unter* an. Im Feld *Dateityp* ist die Option *Word-Vorlage* ausgewählt.
6. Geben Sie in das Feld *Dateiname* **Telefonnotiz Formular** ein und klicken Sie auf *Speichern*.

Lassen Sie uns ein wenig innehalten und überlegen, an welcher Stelle in dieser Vorlage welche Eingaben vorgenommen werden sollen:

- In die Tabellenfelder auf der rechten Seite der oberen Tabelle sollen Textfelder eingefügt werden, in denen ein beliebig langer Text eingegeben werden kann. Das Gleiche gilt für den Notizbereich.
- Dort, wo derzeit der Text »Wer:« steht, soll ein Dropdown-Listenfeld eingefügt werden, in dem der Benutzer des Formulars aus den Optionen *Herr, Frau, Mr* und *Mrs* eine Angabe auswählen kann.
- In den unteren Bereich sollen Kontrollkästchen eingefügt werden, bei denen der Benutzer des Formulars anklicken kann, welche Reaktionsform der Anrufer erwartet.

Die Registerkarte »Entwicklertools« einblenden

Die Werkzeuge, die Sie zum Erstellen und Bearbeiten eines Formulars benötigen, befinden sich auf der Registerkarte *ENTWICKLERTOOLS*, die standardmäßig nicht im Menüband sichtbar ist. So blenden Sie diese Registerkarte ein:

1. Klicken Sie auf die Registerkarte *DATEI* und dann auf *Optionen*.
2. Wechseln Sie zur Kategorie *Menüband anpassen*.

Bild 27.3 Hier schalten Sie die Registerkarte *ENTWICKLERTOOLS* ein

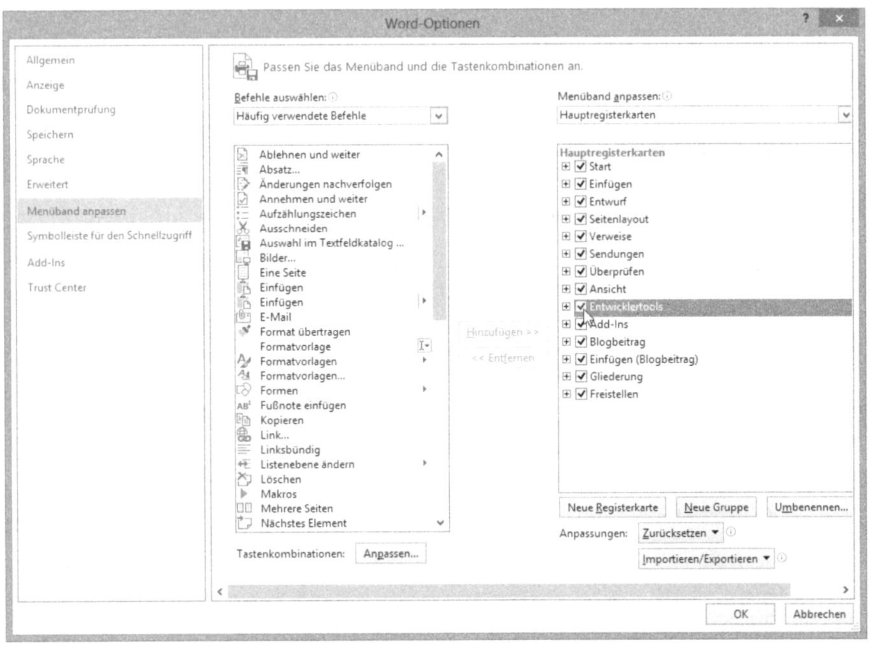

3. Schalten Sie im Listenfeld unterhalb von *Menüband anpassen* das Kontrollkästchen vor *Entwicklertools* ein.

Die Registerkarte *ENTWICKLERTOOLS* sehen Sie in der folgenden Abbildung. Die Schaltflächen für das Einfügen der Formularfelder werden sichtbar, wenn Sie in der Gruppe *Steuerelemente* die Schaltfläche *Vorversionstools* anklicken.

Bild 27.4 Die Registerkarte *ENTWICKLERTOOLS* und die Schaltflächen zum Einfügen von Formularfeldern

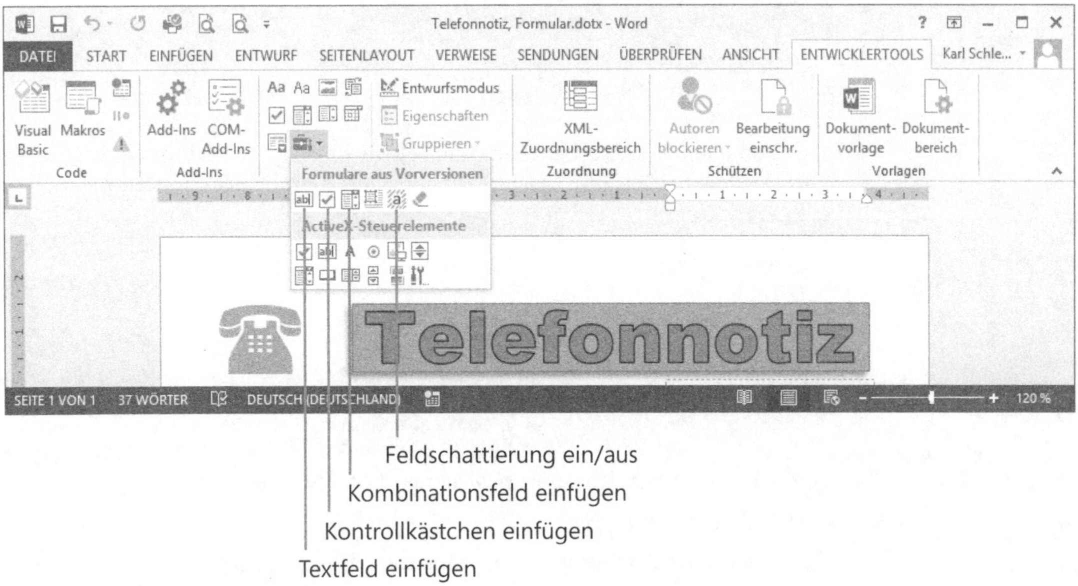

Textfeld einfügen

Nachdem Sie die Registerkarte *ENTWICKLERTOOLS* eingeblendet haben, können Sie die Formularfelder in das Dokument einfügen. Lassen Sie uns mit den Textfeldern beginnen.

1. Setzen Sie die Einfügemarke in das zweite Tabellenfeld der Zeile *Wer:*.
2. Klicken Sie auf der Registerkarte *ENTWICKLERTOOLS* in der Gruppe *Steuerelemente* auf die Schaltfläche *Vorversionstools* und dann auf *Textfeld.* Word fügt das Formularfeld ein.
3. Wiederholen Sie diese Schritte für alle Felder in der oberen Tabelle und für das Feld in der Tabelle *Notizen.*

Kombinationsfeld einfügen

Lassen Sie uns nun den Text *Wer:* durch ein Kombinationsfeld mit verschiedenen Anredeformen ersetzen.

1. Löschen Sie im ersten Tabellenfeld den Text *Wer:* und lassen Sie die Einfügemarke in diesem Feld stehen.

2. Klicken Sie auf der Registerkarte *ENTWICKLERTOOLS* in der Gruppe *Steuerelemente* auf die Schaltfläche *Vorversionstools* und dann auf *Kombinationsfeld.* Word fügt ein leeres Kombinationsfeld ein. Diese Liste muss nun noch mit Einträgen gefüllt werden.
3. Doppelklicken Sie auf das leere Kombinationsformularfeld. Das Dialogfeld *Optionen für Dropdown-Formularfelder* wird geöffnet.

Bild 27.5 Optionen für ein Dropdown-Formularfeld einstellen

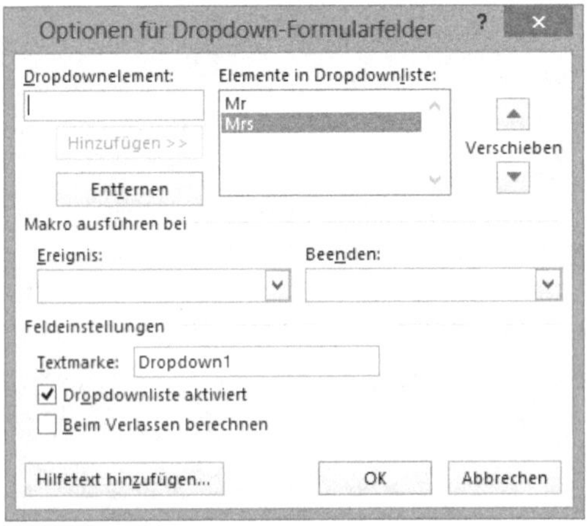

4. Geben Sie in das Feld *Dropdownelement* den Text *Frau* ein.
5. Klicken Sie auf *Hinzufügen.*
6. Wiederholen Sie diese beiden Schritte für *Herr, Mr* sowie *Mrs.*
7. Schließen Sie das Dialogfeld mit einem Klick auf *OK.*

Kontrollkästchen einfügen

Lassen Sie uns zum Abschluss die drei Quadrate bei *Ruft wieder an ...* durch Kontrollkästchen ersetzen.

1. Löschen Sie das Quadrat vor *Ruft wieder an.*
2. Klicken Sie auf der Registerkarte *ENTWICKLERTOOLS* in der Gruppe *Steuerelemente* auf die Schaltfläche *Vorversionstools* und dann auf *Kontrollkästchen.* Word fügt ein aktiviertes Kontrollkästchen ein.
3. Wiederholen Sie die beiden Schritte für *Wartet auf Anruf* und *Fax schicken.*

Eins der drei Kontrollkästchen soll standardmäßig eingeschaltet sein. Nehmen wir für dieses Beispiel das Kontrollkästchen *Ruft wieder an:*

1. Doppelklicken Sie auf das Kontrollkästchen vor *Ruft wieder an.* Sie sehen dann das Dialogfeld *Optionen für Kontrollkästchen-Formularfelder* (siehe Abbildung auf der nächsten Seite).
2. Wählen Sie in der Gruppe *Standardwert die* Option *Aktiviert.*
3. Schließen Sie das Dialogfeld mit einem Klick auf *OK.*

Bild 27.6 Optionen für Kontrollkästchen-Formularfelder einstellen

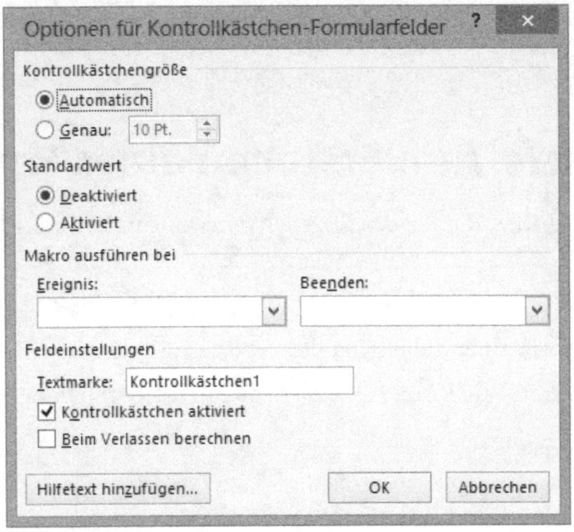

Formular testen

Wenn Sie ein Formular erstellt haben, in dem Sie die drei beschriebenen Word-Formularfelder verwenden, müssen Sie es zuerst schützen, damit diese Felder ausgefüllt werden und Sie die Funktionsweise des Formulars testen können.

1. Klicken Sie auf der Registerkarte *ENTWICKLERTOOLS* in der Gruppe *Schützen* auf *Bearbeitung einschränken.* Der Aufgabenbereich *Formatierung und Bearbeitung einschränken* wird eingeblendet.
2. Achten Sie darauf, dass die Schaltfläche *Entwurfsmodus* auf der Registerkarte *Entwicklertools* nicht aktiviert ist.
3. Schalten Sie unterhalb von *2. Bearbeitungseinschränkungen* das Kontrollkästchen *Nur diese Bearbeitungen im Dokument zulassen* ein.
4. Öffnen Sie das Listenfeld unterhalb des eingeschalteten Kontrollkästchens und wählen Sie den Eintrag *Ausfüllen von Formularen* aus.
5. Klicken Sie auf die Schaltfläche *Ja, Schutz jetzt anwenden.* Das Dialogfeld *Dokumentschutz anwenden* wird angezeigt.
6. Da Sie in der jetzigen Phase das Formular lediglich testen, brauchen Sie kein Kennwort einzugeben (mehr Informationen zum Schützen eines Dokuments finden Sie ab Seite 589). Klicken Sie daher lediglich auf *OK.*

Testen Sie nun, ob das Formular wie gewünscht funktioniert. Wenn Sie eine Stelle finden, die Sie ändern wollen, müssen Sie den Dokumentschutz zuerst wieder aufheben:

1. Klicken Sie auf der Registerkarte *ENTWICKLERTOOLS* in der Gruppe *Schützen* auf *Bearbeitung einschränken.* Der Aufgabenbereich *Formatierung und Bearbeitung einschränken* wird eingeblendet.
2. Klicken Sie auf die Schaltfläche *Schutz aufheben.*

3. Nehmen Sie die gewünschten Änderungen am Formular vor.

Bevor Sie das fertige Formular speichern, sollten Sie den Schutz wieder einschalten, damit sich beim Öffnen eines neuen Dokuments das Formular bereits in der richtigen Betriebsart befindet.

Überblick: Schritte zum Erstellen eines Formulars

Lassen Sie uns die einzelnen Schritte, die für das Erstellen eines Formulars erforderlich sind, noch einmal zusammenfassen:

1. neue Vorlage erstellen
2. leeres Formular (z.B. in Form einer Tabelle) in die Vorlage aufnehmen
3. mithilfe der Registerkarte *ENTWICKLERTOOLS* Formularfelder aufnehmen
4. Vorlage schützen
5. testen
6. Schutz aufheben
7. Korrekturen anbringen
8. Vorlage schützen und speichern

Bild 27.7 Das fertige Formular mit geöffneter Dropdownliste

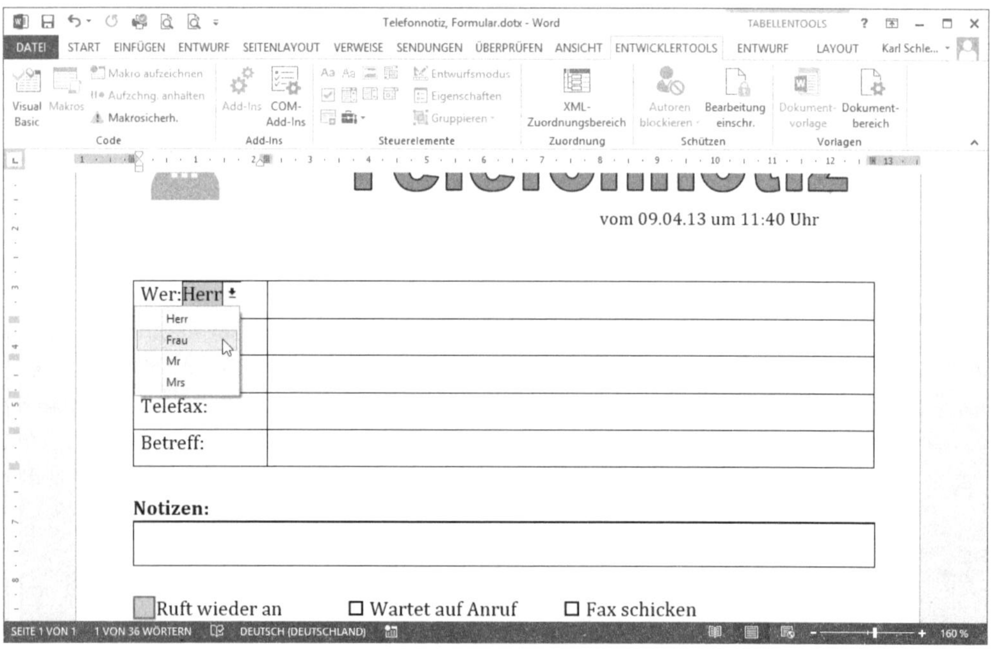

Formularfelder im Überblick

Sie haben im vorigen Abschnitt dieses Kapitels bereits die drei Arten der Formularfelder kennengelernt, die Ihnen Word zur Verfügung stellt. Wir wollen in diesem Abschnitt weitere Optionen für die Formularfelder vorstellen und beschreiben, wie Sie zu jedem Feld einen eigenen Hilfetext definieren können.

Optionen für Formularfelder

Für jedes Formularfeld können Sie verschiedene Optionen festlegen. Hierzu dient ein Dialogfeld, das angezeigt wird, wenn Sie im Entwurfsmodus auf das Formularfeld doppelklicken bzw. die Einfügemarke in das Feld setzen und die Schaltfläche für die Optionen auswählen.

Optionen für Textfelder

Textfelder in Formularen bieten die meisten Eigenschaften an, die eingestellt werden können. Im Listenfeld *Typ* können Sie zwischen einfachem Text, Zahlen und verschiedenen Datumsformaten wählen. Interessant sind die beiden Typen *Aktuelles Datum* und *Aktuelle Uhrzeit,* die beim Öffnen des Formulars automatisch aktualisiert werden und vom Benutzer nicht verändert werden können.

Im Textfeld *Standardtext/Vorgabezahl/Vorgabedatum* können Sie den Text bzw. die Zahl/das Datum eintragen, der bzw. das als Standardwert im Formular erscheinen soll.

Die Vorgabe im Feld *Maximale Länge* lautet zwar *Unbegrenzt,* jedoch bedeutet dies bei Formularen maximal 255 Zeichen. Wenn Sie die mögliche Eingabe auf weniger Zeichen einschränken wollen, geben Sie die Zeichenanzahl hier ein.

Je nach ausgewähltem Texttyp ändert sich die Überschrift oberhalb der Formatliste. Bei *Normalem Text* können Sie in der Liste *Textformat* die Groß-/Kleinschreibung festlegen, in die der eingegebene Text vom Formular umgewandelt werden soll. Bei Zahlen bzw. bei Datums- und Uhrzeiteingaben stehen Ihnen die vielfältigen Zahl- und Zeitschalter zur Verfügung, die Sie auch bei den Word-Feldfunktionen verwenden können.

Optionen für Dropdown-Formularfelder

Bei Dropdown-Formularfeldern haben Sie etwas weniger Einstellmöglichkeiten. Sie können im Dialogfeld lediglich neue Listeneinträge hinzufügen, vorhandene löschen oder mit den beiden Schaltflächen neben der Liste die Reihenfolge der Einträge verändern.

Optionen für Kontrollkästchen

Bei Kontrollkästchen haben Sie drei Einstellmöglichkeiten. Zum einen können Sie die Standardeinstellung *(Deaktiviert/Aktiviert)* festlegen, die beim Öffnen des Formulars verwendet werden soll. Mit der Gruppe *Kontrollkästchengröße* legen Sie fest, in welcher Schriftgröße das Kästchen angezeigt werden soll. Wenn Sie die Option *Automatisch* wählen, passt sich das Kontrollkästchen an den nebenstehenden Text an.

Wenn Sie das Ein- bzw. Ausschalten des Kontrollkästchens verhindern wollen, schalten Sie die Option *Kontrollkästchen aktiviert* aus.

Hilfe für Formularfelder

In den drei Dialogfeldern zu den Optionen der Formularfelder finden Sie die Schaltfläche *Hilfetext hinzufügen,* mit der Sie für jedes Feld zwei eigene Hilfetexte definieren können: Einer wird in der Statusleiste angezeigt, wenn die Einfügemarke in das Feld gesetzt wird; der andere wird in einem Dialogfeld ausgegeben, sobald der Benutzer die Taste F1 drückt, während sich die Einfügemarke in dem zugehörigen Feld befindet.

Bild 27.8 Hilfetext für Formularfelder ergänzen

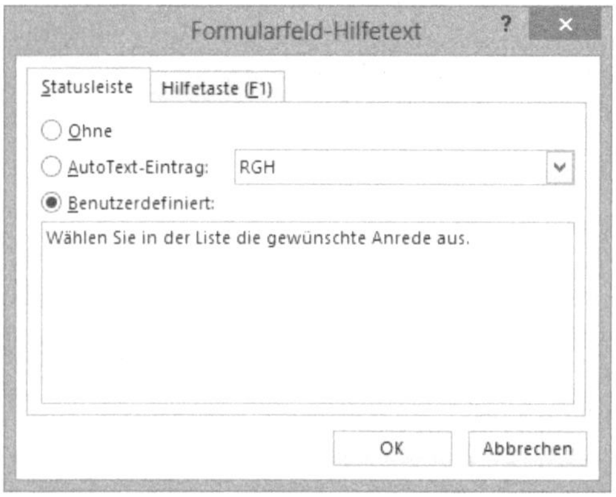

Um einen Hilfetext festzulegen, führen Sie folgende Schritte durch:

1. Doppelklicken Sie auf das gewünschte Formularfeld.
2. Klicken Sie im Dialogfeld die Schaltfläche *Hilfetext hinzufügen* an.
3. Wählen Sie, je nachdem, wofür Sie den Hilfetext definieren wollen, die Registerkarte *Statusleiste* oder die Registerkarte *Hilfetaste (F1)* aus.
4. Wenn sich der Hilfetext bereits in einem AutoText-Eintrag befindet, wählen Sie seinen Namen aus der Liste aus. Sie können durch die Verwendung der AutoTexte mehreren Formularfeldern den gleichen Hilfetext zuordnen. Wenn Sie keinen AutoText-Eintrag definiert haben, geben Sie den Text im Feld *Benutzerdefiniert* ein.
5. Schließen Sie das Dialogfeld mit *OK.*

Formulare speichern

Wenn Sie ein Formular speichern, können Sie entweder das gesamte Formular speichern (dies geschieht standardmäßig im Word-Format) oder nur die eingegebenen Daten. Um das gesamte Formular zu speichern, verwenden Sie den »normalen« *Speichern*-Befehl.

Wenn nur die Daten des Formulars gespeichert werden sollen, erstellt Word eine Textdatei, in der die Inhalte der einzelnen Felder jeweils durch Semikolon voneinander getrennt sind. Texte, die das Ergebnis eines Text- oder Dropdown-Listenfeldes sind, werden dabei von Anführungszeichen eingeschlossen. Ergebnisse der Kontrollkästchen werden als Zahl in die Datei geschrieben, wobei 1 dem Zustand »markiert« und 0 dem Zustand »nicht markiert« entspricht. Um lediglich die Formulardaten zu speichern, gehen Sie folgendermaßen vor:

1. Klicken Sie auf die Registerkarte *DATEI* und dann auf *Optionen*.
2. Wechseln Sie zur Kategorie *Erweitert* und scrollen Sie zum Abschnitt *Genauigkeit beim Freigeben dieses Dokuments beibehalten*.
3. Schalten Sie das Kontrollkästchen *In Formulardaten als durch Trennzeichen getrennte Textdatei speichern* ein. Achtung: Diese Option bezieht sich nur auf das aktuelle Dokument!

HINWEIS **Inhaltssteuerelemente** Beachten Sie, dass sich die in die neuen Inhaltssteuerelemente eingegebenen Daten mit dieser Methode nicht getrennt speichern lassen, sondern dass dies nur für die sogenannten Vorversionsformularfelder funktioniert.

Einlesen der Textdateien

Das Einlesen der mit einem Word-Formular erzeugten Dateien in eine Datenbank ist u.U. problematisch. Da Word als Trennzeichen das auch im normalen Text übliche Semikolon benutzt, kann die einlesende Datenbank die Daten nicht mehr richtig zuordnen, sobald beim Ausfüllen des Formulars in einem Textfeld ein Semikolon eingetragen wurde.

Formulare drucken

Auch beim Drucken können Sie festlegen, ob das gesamte Dokument oder nur die Inhalte der Formularfelder ausgegeben werden. Diese Option ist sinnvoll, wenn Sie Word lediglich zum Ausfüllen von Formularen verwenden wollen, die bereits gedruckt vorliegen.

1. Klicken Sie auf die Registerkarte *DATEI* und dann auf *Optionen*.
2. Wechseln Sie zur Kategorie *Erweitert* und scrollen Sie zum Abschnitt *Beim Drucken dieses Dokuments*.
3. Schalten Sie das Kontrollkästchen *Nur Formulardaten drucken* ein. Achtung: Diese Option gilt nur für das aktuelle Dokument und muss vor dem Drucken explizit eingestellt werden.

Weitere Optionen zum Schützen eines Formulars

Wie bereits weiter vorn erwähnt wurde, muss ein Formular zunächst geschützt werden, bevor Daten darin eingegeben werden können. Sie können dabei entweder das ganze Formular schützen oder auch nur einen Teil des Dokuments. Letzteres bietet sich an, wenn Sie ein Formular erstellt haben, das sowohl eine Tabelle enthält, in die Werte eingegeben werden sollen, als auch einen Bereich, in dem der Benutzer die Möglichkeit haben soll, weiteren Text zu erfassen. Um dies zu realisieren, trennen Sie die verschiedenen Teile des Formulars durch Abschnittsumbrüche. Zum Einfügen eines Abschnittsumbruchs setzen Sie den Cursor an die gewünschte Position, wechseln zur

Registerkarte *SEITENLAYOUT*, klicken auf die Schaltfläche *Umbrüche* und dann auf *Abschnittsumbrüche/Fortlaufend*. Wiederholen Sie dies, bis Sie das Formular wie gewünscht in verschiedene Abschnitte unterteilt haben.

Um das Dokument zu schützen, gehen Sie dann folgendermaßen vor:

1. Wechseln Sie zur Registerkarte *ENTWICKLERTOOLS* und klicken Sie in der Gruppe *Schützen* auf *Bearbeitung einschränken*. Der gleichnamige Aufgabenbereich wird angezeigt.

Bild 27.9 Mit diesem Aufgabenbereich konfigurieren Sie den Dokumentschutz

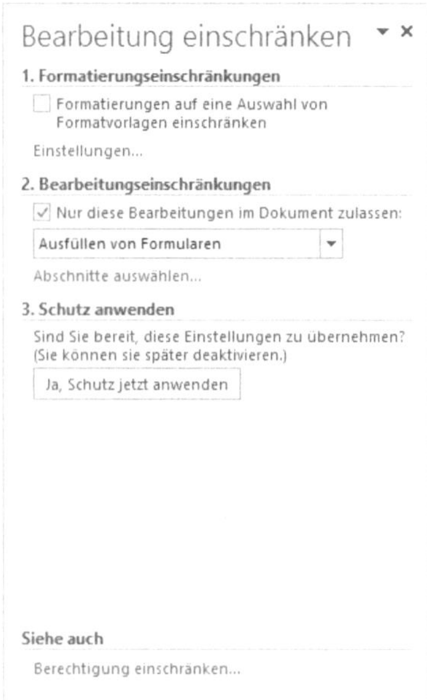

2. Schalten Sie im Aufgabenbereich das Kontrollkästchen *Nur diese Bearbeitungen im Dokument zulassen* ein und wählen Sie im darunter liegenden Listenfeld den Eintrag *Ausfüllen von Formularen* aus.
3. Klicken Sie unterhalb des Listenfeldes auf *Abschnitte auswählen* und schalten Sie im Dialogfeld *Abschnitt schützen* den/die Abschnitt(e) aus, der/die nicht geschützt werden soll(en). Schließen Sie dann das Dialogfeld.

Bild 27.10 So schützen Sie einzelne Abschnitte in einem Formular

4. Klicken Sie im Aufgabenbereich auf die Schaltfläche *Ja, Schutz jetzt anwenden.* Word zeigt ein Dialogfeld an, in dem Sie ein Kennwort festlegen können, ohne das der Dokumentschutz nicht entfernt werden kann.

Bild 27.11 Vergabe eines Kennwortes

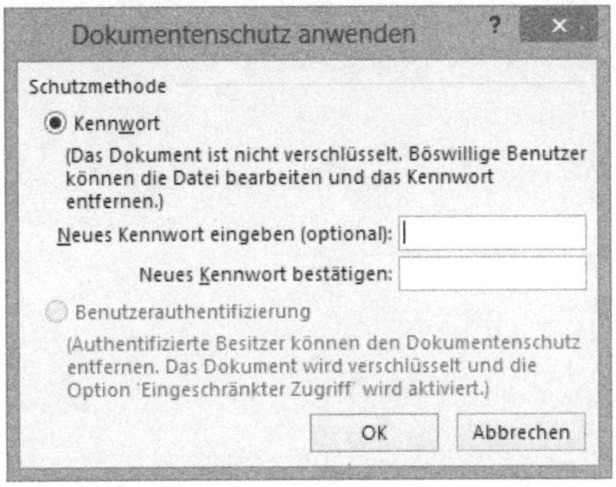

5. Speichern Sie das Formular.

Nachdem Sie das Dokument geschützt haben, wird im Aufgabenbereich *Formatierung und Bearbeitung einschränken* die Schaltfläche *Schutz aufheben* angezeigt. Klicken Sie diese an, um den Dokumentschutz aufzuheben. Wenn Sie beim Schützen des Formulars ein Kennwort vergeben haben, werden Sie aufgefordert, dieses einzugeben.

Teil F

Dokumente gemeinsam nutzen

In diesem Teil:

Kapitel 28

Dokumente im Team bearbeiten

In diesem Kapitel:

Word 2013 stellt Ihnen in Kombination mit SkyDrive und Word Web App verschiedene Features zur Verfügung, die die Dokumentbearbeitung im Team unterstützen. Dieses Kapitel beschreibt die unterschiedlichen Möglichkeiten, mit denen Sie mit mehreren Personen an einem Word-Dokument arbeiten können. Hier ein kurzer Überblick über die zentralen Inhalte dieses Kapitels:

- **Freigeben** Wenn Sie gemeinsam mit mehreren Personen an einem Dokument arbeiten möchten, sollten Sie die Datei auf SkyDrive speichern und dann freigeben. Das Speichern auf SkyDrive ist ausführlich in Kapitel 4 dieses Buches beschrieben. Die Schritte zum Freigeben erläutert der erste Abschnitt dieses Kapitels.
- **Hervorhebungen** Eine sehr einfache Möglichkeit, um in Word auf bestimmte Textstellen in einem Dokument aufmerksam zu machen, ist die farbige Hervorhebung im Stil eines Textmarkers. Mit diesem Word-Werkzeug können Sie sehr schnell bestimmte Textpassagen kennzeichnen, auf die Sie den Autor oder einen anderen Leser hinweisen möchten.
- **Kommentare** Wenn Sie ein Dokument mit einer Bemerkung versehen wollen, ohne dabei den eigentlichen Text zu ändern, können Sie einen sogenannten *Kommentar* einfügen. Dabei handelt es sich um eine Art Sprechblase, die neben dem eigentlichen Kommentar auch Ihren enthält.
- **Bearbeitungsverlauf** Beim gemeinsamen Arbeiten an einem Dokument ist es oft nützlich, nachvollziehen zu können, wer welche Überarbeitung vorgenommen hat. Das in diesem Zusammenhang von Word zur Verfügung gestellte Feature wird *Änderungen nachverfolgen* genannt. Word kann hierbei sowohl Textänderungen als auch Änderungen an der Formatierung protokollieren.
- **Bearbeitungsmöglichkeiten einschränken** Wenn Sie ein Dokument zum Lesen oder zur Bearbeitung freigeben, können die anderen Personen standardmäßig das gesamte Dokument sehen. Word ermöglicht es, die Art der Bearbeitung einzuschränken und Abschnitte von der Bearbeitung auszunehmen. Wenn Sie die Bearbeitungsmöglichkeiten einschränken, lässt sich das Dokument nicht mehr in Word Web App nutzen.
- **Gleichzeitige Bearbeitung** Word-Dokumente können gleichzeitig von mehreren Personen bearbeitet werden. Es spielt hierbei keine Rolle, ob zur Bearbeitung Word 2013, Word für Mac 2011 oder Word Web App verwendet wird. Word informiert Sie automatisch, wenn eine Aktualisierung vorliegt, und Sie können diese dann in Ihre Version des Dokuments integrieren. Alle Details zum gleichzeitigen Bearbeiten von Word-Dokumenten finden Sie gegen Ende des Kapitels.

Dokumente freigeben

Der erste Schritt beim gemeinsamen Arbeiten an einem Word-Dokument besteht darin, dass der Ersteller bzw. Besitzer des Dokuments dieses auf SkyDrive speichert und dann freigibt. Da das Speichern auf SkyDrive und die Verwendung und Einrichtung eines Microsoft-Kontos ausführlich in Kapitel 4 beschrieben sind, gehen wir im Folgenden davon aus, dass das Dokument bereits auf SkyDrive liegt.

Sie können ein Dokument sowohl in der Desktopanwendung als auch über SkyDrive freigeben. Bei der Freigabe eines Dokuments wird ein Link erzeugt, den die eingeladenen Personen verwenden, um das Dokument zu öffnen.

Sie können beim Freigeben festlegen,

- ob es sich um einen Anzeigelink oder einen Bearbeitungslink handelt. Mit einem Anzeigelink kann das Dokument nur gelesen, mit einem Bearbeitungslink auch bearbeitet werden.
- ob die eingeladenen Personen das freigegebene Dokument anzeigen/bearbeiten können, ohne sich hierfür mit ihrem Microsoft-Konto anzumelden, oder ob eine vorherige Anmeldung erforderlich ist.

Führen Sie folgende Schritte durch, um ein Dokument in Word 2013 oder in Word Web App freizugeben:

1. Klicken Sie auf die Registerkarte *DATEI* und dann auf *Freigeben.*

2. Wenn Sie Word Web App verwenden, klicken Sie auf *Für andere Personen freigeben.*

   In Word 2013 sehen Sie nun die Backstage-Ansicht *Freigeben* (siehe Bild 28.1) und in Word Web App die Backstage-Ansicht *Teilen* (siehe Bild 28.2 auf der folgenden Seite).

Bild 28.1 Die Backstage-Ansicht *Freigeben* von Word 2013. Über den Bereich *Personen einladen* können Sie anderen Zugriff auf eines Ihrer Dokumente einräumen.

Bild 28.2 Die Backstage-Ansicht *Teilen* von Word Web App. Über den Bereich *E-Mail senden* laden Sie andere ein, ein von Ihnen freigegebenes Dokument anzusehen bzw. zu bearbeiten.

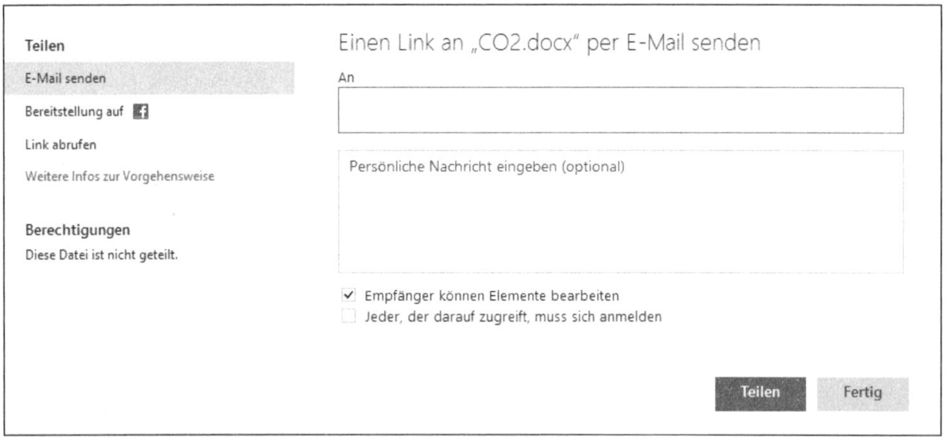

Mit den Optionen in den Bereichen *Personen einladen* und *E-Mail senden* können Sie anderen Personen per E-Mail einen Link zu der freigegebenen Datei senden und verschiedene Zugriffsberechtigungen festlegen.

3. Wenn Sie lediglich einen Anzeigelink oder einen Bearbeitungslink erzeugen lassen wollen und diesen auf andere Weise, z. B. in einer Chatnachricht, weiterreichen wollen, lesen Sie im Abschnitt »Freigabelinks anfordern« ab Seite 600 weiter. Anderenfalls machen Sie bei Schritt 4 weiter.

4. Geben Sie in das Feld für die E-Mail-Adresse bzw. das Feld *An* die Namen bzw. E-Mail-Adressen der Personen ein, die Sie einladen wollen.

   In der Backstage-Ansicht *Freigeben* können Sie optional die Schaltfläche *Adressbuch* anklicken, wenn Sie die Personen in Ihrem Adressbuch suchen wollen.

5. Geben Sie in das große Textfeld die Nachricht an, die in der E-Mail an die eingeladenen Personen enthalten sein soll.

6. Legen Sie fest, ob die Personen das Dokument nur anzeigen oder auch bearbeiten dürfen. Führen Sie dazu eine der folgenden Aktionen durch:

   - **Word 2013** Öffnen Sie das Listenfeld rechts vom Namensfeld. Wählen Sie *Kann anzeigen,* wenn die Personen das Dokument nur lesen dürfen. Wählen Sie *Kann bearbeiten,* wenn die Personen das Dokument lesen und ändern dürfen.

   - **Word Web App** Lassen Sie das Kontrollkästchen *Empfänger können Elemente bearbeiten* eingeschaltet, wenn die Empfänger einen Bearbeitungslink erhalten sollen. Wenn die Empfänger das Dokument nur anzeigen dürfen, schalten Sie das Kontrollkästchen *Empfänger können Elemente bearbeiten* aus.

7. Legen Sie fest, ob sich die Empfänger vor dem Öffnen des freigegebenen Dokuments mit ihrem Microsoft-Konto anmelden müssen. Führen Sie dazu eine der folgenden Aktionen durch:

   - **Word 2013** Schalten Sie das Kontrollkästchen *Vor dem Zugriff auf das Dokument Anmeldung anfordern* ein, wenn sich die eingeladenen Personen mit ihrem Microsoft-Konto anmelden müssen, um Zugriff auf das Dokument zu erhalten.

- **Word Web App** Schalten Sie das Kontrollkästchen *Jeder, der darauf zugreift, muss sich anmelden* ein, wenn sich die eingeladenen Personen mit ihrem Microsoft-Konto anmelden müssen, um Zugriff auf das freigegebene Dokument zu erhalten.

Bild 28.3 Beispiel für einen ausgefüllten Bereich *Personen einladen*

Bild 28.4 Beispiel für einen ausgefüllten Bereich *E-Mail senden* der Backstage-Ansicht *Teilen* der Word Web App

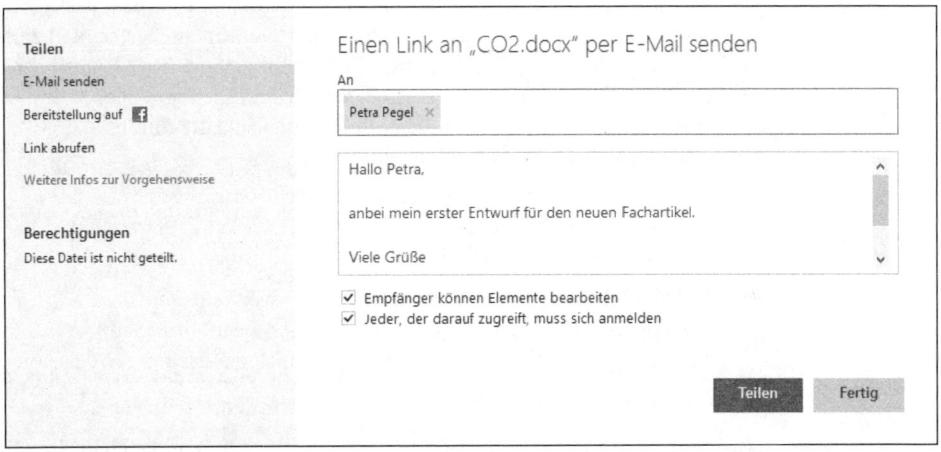

8. Führen Sie eine der folgenden Aktionen durch:
   - **Word 2013** Klicken Sie auf *Freigeben*.
   - **Word Web App** Klicken Sie auf *Teilen*.

Die Personen, für die Sie das Dokument freigegeben haben, erhalten nun eine E-Mail-Nachricht ähnlich wie die, die Sie in Bild 28.5 sehen. Die Mail enthält einen Link zu dem freigegebenen Dokument. Die Empfänger können diesen Link anklicken, um das Dokument in Word Web App zu öffnen. Von dort aus ist es dann möglich, das Dokument in Word 2013 zu öffnen und/oder zu bearbeiten.

Alternativ können die eingeladenen Personen ihre SkyDrive-Website öffnen und dort links auf der Webseite auf *Geteilt* klicken. SkyDrive öffnet dann eine Seite, auf der alle Dokumente aufgeführt sind, die mit dieser Person geteilt werden.

Bild 28.5 Die eingeladenen Personen erhalten eine E-Mail ähnlich wie die hier gezeigte

Freigabelinks anfordern

Mit den Schritten, die im vorigen Abschnitt beschrieben sind, erhalten zwar die Empfänger der E-Mail-Nachricht einen Link zu dem freigegebenen Dokument, Sie selbst kennen den Link aber nicht. Falls Sie den Link zum freigegebenen Dokument z. B. in einer Chatnachricht oder auf Ihrer persönlichen Website im firmeneigenen Intranet veröffentlichen wollen, können Sie bei SkyDrive einen Freigabelink anfordern. Führen Sie dazu folgende Schritte durch:

1. Klicken Sie auf die Registerkarte *DATEI* und dann auf *Freigeben.*

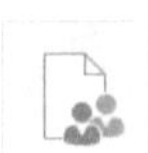

2. Wenn Sie Word Web App verwenden, klicken Sie auf *Für andere Personen freigeben.*
3. Führen Sie einen der folgenden Schritte durch:
   - **Word 2013** Klicken Sie auf *Freigabelink abrufen.*
   - **Word Web App** Klicken Sie auf *Link abrufen.*

   Sie sehen dann in der Backstage-Ansicht den Bereich *Einen Freigabelink abrufen* (Desktopanwendung) bzw. *Einen Link zu <Dateiname>* abrufen.

   Sowohl in Word 2013 als auch in Word Web App können Sie einen Bearbeitungslink, einen Anzeigelink oder beide anfordern.

Bild 28.6 Im Bereich *Einen Freigabelink abrufen* können Sie von SkyDrive Links erzeugen lassen, mit denen andere Personen das Dokument entweder nur lesen oder auch bearbeiten können

Bild 28.7 In Word Web App finden Sie auf der Seite *Link abrufen* zusätzlich noch den Abschnitt *Öffentlich*. Wenn Sie dort auf *Veröffentlichen* klicken, kann das freigegebene Dokument auch von Suchmaschinen gefunden werden.

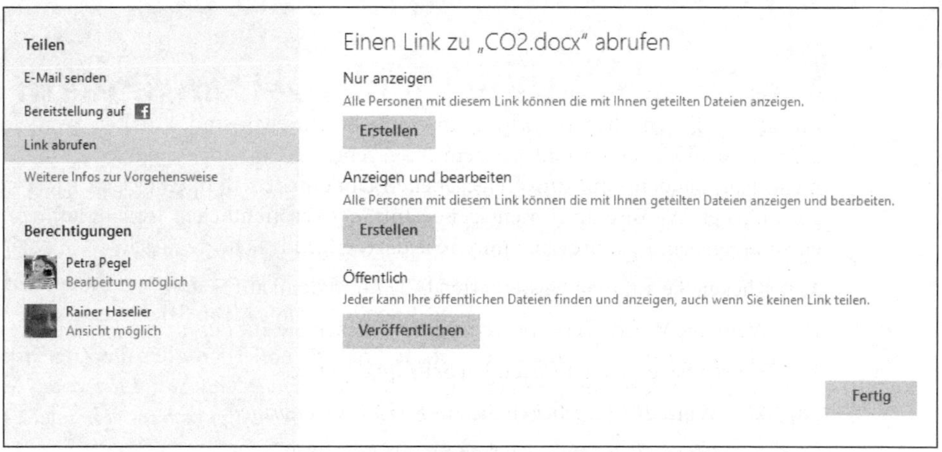

4. Führen Sie eine oder mehrere der folgenden Aktionen durch:

   - **Anzeigelink anfordern** Klicken Sie in Word 2013 im Bereich *Link anzeigen* auf *Link erstellen*. Klicken Sie in Word Web App im Bereich *Nur anzeigen* auf *Erstellen*.
   - **Bearbeitungslink anfordern** Klicken Sie in Word 2013 im Bereich *Link bearbeiten* auf *Link erstellen*. Klicken Sie in Word Web App im Bereich *Anzeigen und bearbeiten* auf *Erstellen*.

Bild 28.8 In Word 2013 wurde sowohl ein Anzeige- als auch ein Bearbeitungslink angefordert

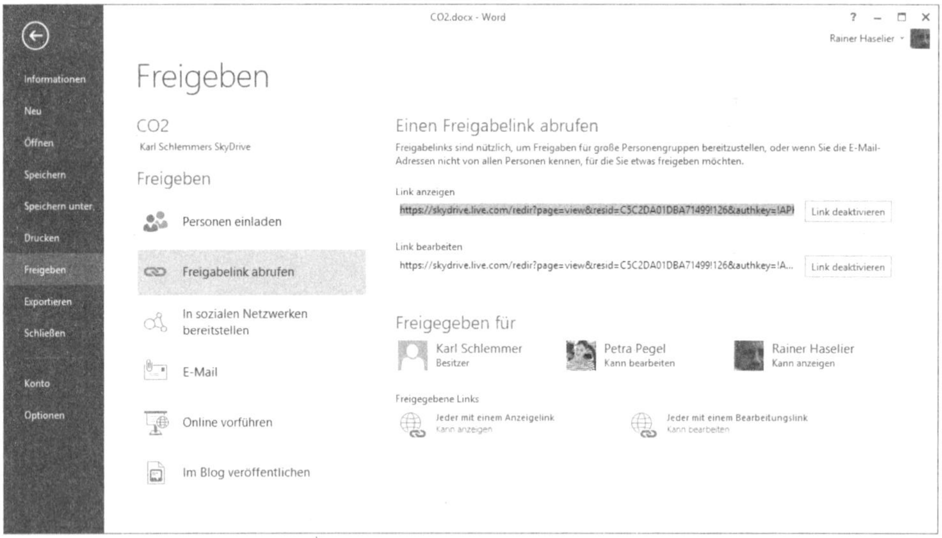

5. In Word Web App können Sie den Freigabelink noch einkürzen lassen. Klicken Sie dazu neben dem Textfeld mit dem Link auf *Kürzen*. SkyDrive erzeugt dann eine Kurzform des Freigabelinks (siehe untere Abbildung in Bild 28.9).
6. Markieren Sie den Freigabelink, kopieren Sie ihn mit Strg+C in die Zwischenablage und verteilen Sie ihn.

Zugriffsberechtigungen anzeigen, ändern und entfernen

Wenn Sie überprüfen möchten, in welcher Form Sie ein Dokument freigegeben haben, öffnen Sie in Word 2013 die Backstage-Ansicht *Freigeben* und in Word Web App die Backstage-Ansicht *Teilen*. In der Desktopanwendung werden alle vorgenommenen Freigaben im Bereich *Freigegeben für* angezeigt (siehe Bild oben auf dieser Seite) und in der Web App auf der linken Seite der Backstage-Ansicht im Bereich *Berechtigungen* (siehe Bild auf der folgenden Seite).

Wenn Sie in Word eine personenbezogene Freigabe entfernen oder die Zugriffsberechtigung ändern möchten, klicken Sie den Namen der betreffenden Person mit der rechten Maustaste an und wählen im Menü den Befehl *Benutzer entfernen* oder *Berechtigung ändern in* (siehe Bild 28.10).

In Word Web App markieren Sie im Bereich *Berechtigungen* den Namen der Person, deren Freigabeeinstellung Sie ändern möchten. Klicken Sie auf *Berechtigungen entfernen*, um die Freigabe zu entfernen. Falls das Dokument derzeit bearbeitet werden kann und Sie die Berechtigung in Nur-Lesen ändern wollen, schalten Sie das Kontrollkästchen *Bearbeitung möglich* aus und klicken dann auf *Fertig* (siehe Bild 28.11).

Bild 28.9 In Word Web App wurde ein Bearbeitungslink angefordert (oben). Um eine kürzere URL zu erhalten, können Sie neben dem Textfeld mit dem Link auf *Kürzen* klicken. SkyDrive erzeugt dann eine Kurzform der URL (unten).

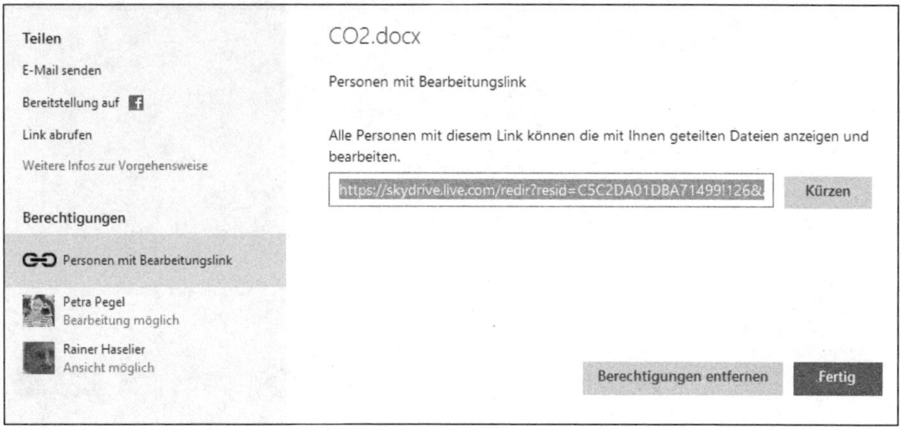

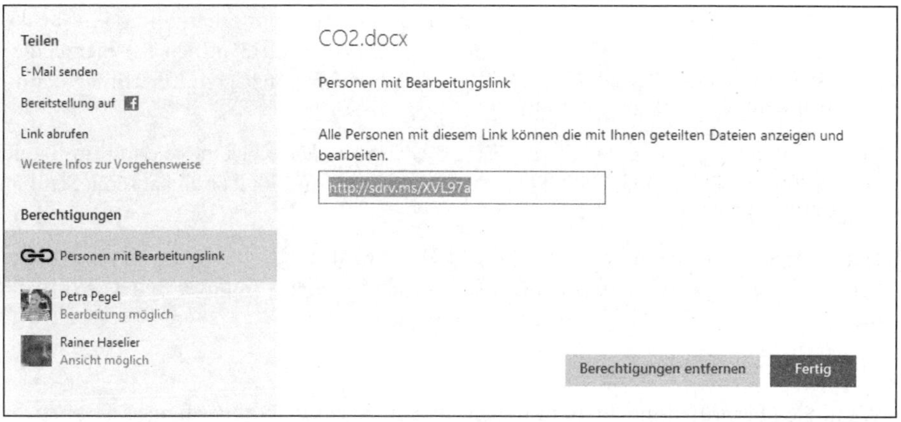

Bild 28.10 Im Bereich *Freigegeben für* der Backstage-Ansicht *Freigeben* von Word 2013 können Sie die Freigabe entfernen und/oder die Art der Zugriffsberechtigung ändern

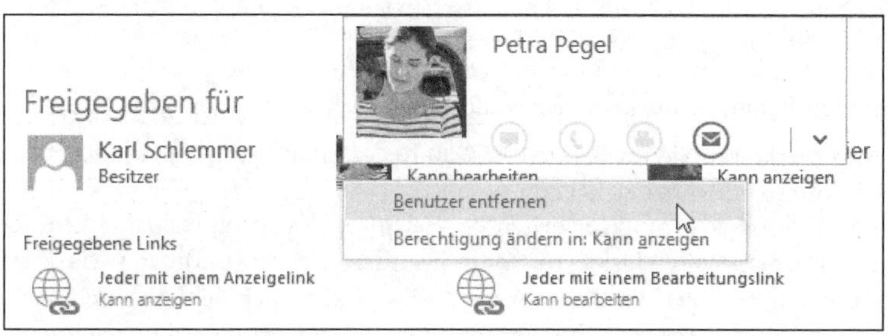

Bild 28.11 Auch in Word Web App können Sie jederzeit sehen, wer auf ein von Ihnen freigegebenes Dokument zugreifen darf. Außerdem können Sie die Zugriffsberechtigung entfernen und die Art der Zugriffsberechtigung ändern.

Sie können auch die von SkyDrive erzeugten Freigabelinks entfernen und damit deaktivieren lassen. Die Links werden hierdurch unbrauchbar. In Word 2013 öffnen Sie hierzu die Backstage-Ansicht *Freigeben* und lassen die Seite *Freigabelink abrufen* anzeigen. Klicken Sie dann neben dem Link, den Sie löschen wollen, auf *Link deaktivieren.*

In Word Web App öffnen Sie die Backstage-Ansicht *Teilen.* Klicken Sie dann im Bereich *Berechtigungen* den Freigabelink an, den Sie löschen möchten, und klicken Sie abschließend auf *Berechtigungen entfernen.*

Nachdem Sie nun wissen, wie Sie ein Word-Dokument freigeben, damit Sie mit anderen daran arbeiten können, stellen Ihnen die folgenden Abschnitte dieses Kapitels weitere Word-Features vor, die die Dokumentbearbeitung im Team unterstützen.

Textstellen hervorheben

Eine sehr einfache Möglichkeit, um in einem Word-Dokument auf bestimmte Textstellen aufmerksam zu machen, ist die farbige Hervorhebung im Stil eines Textmarkers. Mit diesem Werkzeug können Sie sehr schnell bestimmte Textpassagen kennzeichnen, auf die Sie den Autor oder einen anderen Leser hinweisen möchten.

HINWEIS Das Feature Texthervorhebung steht Ihnen nur in Word 2013 und nicht in Word Web App zur Verfügung. Word Web App kann den hervorgehobenen Text jedoch anzeigen.

Damit lassen sich Änderungsvorschläge gewichten. Beispielsweise nach Dringlichkeit: Rot Markiertes muss geändert werden, gelb Markiertes sollte geändert werden und grün Markiertes braucht nur geändert zu werden, wenn es der Zeitrahmen zulässt. Oder nach Fehlerklassen: Rot ist sachlich falsch, gelb Markiertes ist unverständlich, aber trotzdem richtig, grün Gekennzeichnetes ist sprachlich unsauber.

Natürlich können Sie die Markierungen auch als Gedächtnisstütze dafür verwenden, dass Sie die entsprechenden Stellen noch bearbeiten bzw. vervollständigen müssen.

Um eine oder mehrere Textstellen im Dokument hervorzuheben, gehen Sie so vor:

1. Wechseln Sie zur Registerkarte *START* und öffnen Sie in der Gruppe *Schriftart* das Menü der Schaltfläche *Texthervorhebungsfarbe.*

Bild 28.12 Die Farbpalette für Texthervorhebungen

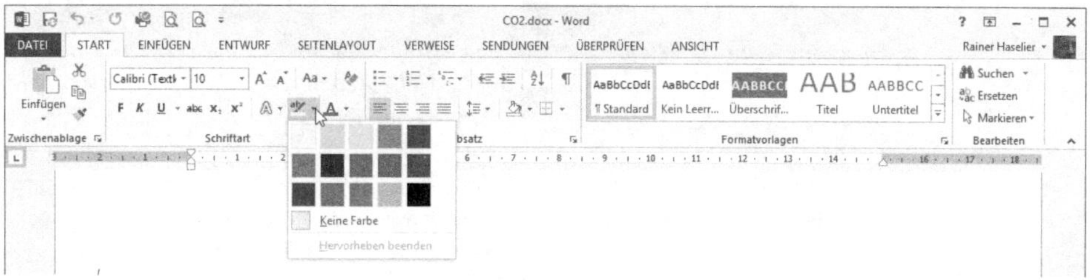

2. Wählen Sie eine Farbe aus. Die Farbe wird auf der Schaltfläche angezeigt, damit Sie sie beim nächsten Mal direkt durch Anklicken der Schaltfläche verwenden können und nicht wieder den Umweg über die Farbpalette nehmen müssen.

3. Der Mauszeiger befindet sich jetzt im *Textmarkermodus.* Kennzeichnen Sie die gewünschte(n) Textstelle(n), indem Sie mit gedrückter Maustaste darüberfahren. Überflüssige oder falsche Markierungen können Sie entfernen, indem Sie noch einmal mit dem Stift darüberfahren. Das funktioniert jedoch nur, wenn Sie dabei nicht über einen bisher noch nicht hervorgehobenen Text streichen.

4. Wenn Sie den Modus wieder beenden wollen, klicken Sie entweder die Schaltfläche *Texthervorhebungsfarbe* erneut an oder Sie drücken die Taste Esc.

HINWEIS **Erst markieren, dann hervorheben** Sie können natürlich auch den umgekehrten Weg gehen, d.h., Sie markieren erst die gewünschte(n) Textstelle(n) mit der Maus und weisen der (Mehrfach-)Markierung anschließend die gewünschte Hervorhebungsfarbe zu.

Zur Erinnerung: Um mehrere, nicht zusammenhängende Textstellen zu markieren, müssen Sie die Strg-Taste drücken.

Einzelne Textstelle hervorheben

Wenn Sie nur eine einzelne Textstelle hervorheben wollen, gehen Sie besser etwas anders vor. In diesem Fall empfiehlt sich folgende Variante, bei der Sie mit deutlich kürzeren Mauswegen auskommen:

1. Markieren Sie die gewünschte Textpassage.

2. Bewegen Sie den Mauszeiger nach rechts oben aus der Markierung hinaus. Dadurch zeigt Word die Minisymbolleiste an.

Bild 28.13 Einzelne Textstellen lassen sich bequemer mithilfe der Minisymbolleiste markieren

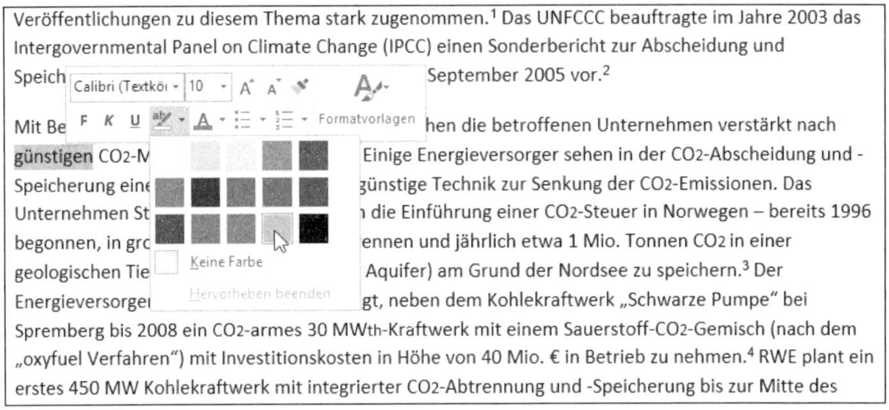

3. Öffnen Sie das Menü der Schaltfläche *Texthervorhebungsfarbe* und wählen Sie in der Palette die gewünschte Markierungsfarbe aus.

Hervorheben im Lesemodus

Sie können die Hervorhebungsfunktion auch im Lesemodus von Word verwenden. Markieren Sie dazu die Textstelle, die Sie hervorheben wollen, und klicken Sie die Markierung mit der rechten Maustaste an. Zeigen Sie im Kontextmenü auf *Hervorheben* und klicken Sie die gewünschte Hervorhebungsfarbe an.

Bild 28.14 Auch im Lesemodus von Word können Sie die Hervorhebungsfunktion verwenden

Texthervorhebung löschen

Um eine vorhandene Hervorhebung wieder zu löschen, müssen Sie die Hervorhebungsfarbe *Keine* wählen und mit gedrückter Maustaste über die entsprechende Textpassage ziehen. Dabei brauchen Sie in der Regel nicht besonders genau zu zielen und können den umgebenden, nicht hervorgehobenen Text ruhig mit überstreichen.

TIPP **Hervorhebungen lassen sich ausblenden** Wenn Sie die Hervorhebungen eines Dokuments beim Lesen stören oder wenn Sie ein Dokument ohne die vorhandenen Hervorhebungen ausdrucken möchten, können Sie die Markierungen temporär ausblenden.

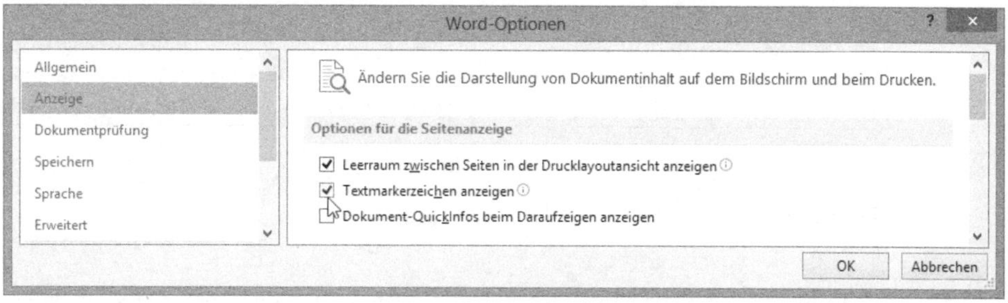

Schalten Sie dazu im Dialogfeld *Word-Optionen* in der Kategorie *Anzeige* die Option *Textmarkerzeichen anzeigen* aus. Sobald Sie eine weitere Hervorhebung in Ihren Text aufnehmen, aktiviert Word die Option wieder und zeigt alle bereits vorhandenen Hervorhebungen auf dem Bildschirm an.

Kommentare verwenden

Wenn Sie ein Dokument mit einer Bemerkung versehen wollen, ohne dabei den eigentlichen Text zu ändern, können Sie einen *Kommentar* einfügen. Ein Kommentar besteht aus einer Markierung, die sich an der Stelle befindet, die Sie kommentiert haben, und dem eigentlichen Kommentar, der mit dem Namen der Person versehen wird, die den Kommentar erstellt hat. Außerdem hält Word Datum und Uhrzeit der Kommentarerstellung mit.

Kommentare können Sie in Word 2013 sowie in Word Web App erstellen und sehen.

TIPP **In Word-Dokumenten nur das Einfügen von Kommentaren erlauben** Bevor Sie ein Word-Dokument von jemand anders mit Kommentaren versehen lassen, können Sie dieses Word-Dokument so schützen, dass am Text keine Änderungen vorgenommen werden können. Es ist dann lediglich möglich, Kommentare in das Dokument einzufügen. Ausführliche Hinweise, wie Sie diesen Dokumentschutz aktivieren können, finden Sie in diesem Kapitel ab Seite 627 im Abschnitt »Die Bearbeitungsmöglichkeiten einschränken«.

Kommentare einfügen

Um einen Kommentar in ein Word-Dokument einzufügen, nehmen Sie folgende Schritte vor:

1. Achten Sie darauf, dass die Ansicht *Seitenlayout* aktiviert ist. In dieser Ansicht werden die Kommentare in komfortablen Sprechblasen am rechten Rand der Seiten angezeigt.
2. Markieren Sie die Textstelle bzw. das Objekt im Dokument, die/das Sie kommentieren möchten.
3. Öffnen Sie die Registerkarte *ÜBERPRÜFEN* und klicken Sie in der Gruppe *Kommentare* auf *Neuer Kommentar*.

Bild 28.15 Die Kommentarfunktion von Word steuern Sie mit den Schaltflächen der Gruppe *Kommentare* auf der Registerkarte *ÜBERPRÜFEN*

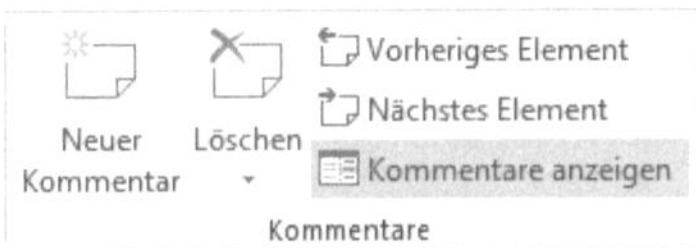

Word blendet, sofern er noch nicht sichtbar ist, am rechten Rand der Seite den Kommentarbereich ein. Eine farbige Linie verbindet die kommentierte Stelle, die ebenfalls farbig hervorgehoben wird, mit dem Kommentar im Kommentarbereich. Im Feld im Kommentarbereich wird Ihr Name angezeigt

4. Klicken Sie in das Feld im Kommentarbereich und geben Sie Ihren Kommentar ein.

Bild 28.16 In Word werden Kommentare standardmäßig im Kommentarbereich rechts neben der Seite angezeigt

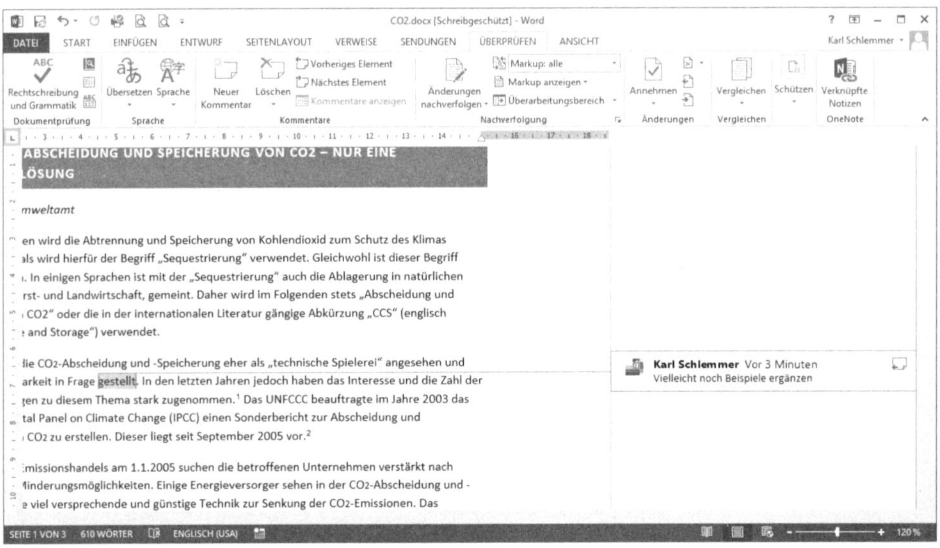

5. Sie können den Text des Kommentars mit den Schaltflächen der Gruppe *Schriftart* auf der Registerkarte *START* formatieren. Die Formatierungen werden jedoch nicht im Kommentarbereich angezeigt, sondern lediglich im Überabeitungsbereich, den Sie mit der gleichnamigen Schaltfläche in der Gruppe *Nachverfolgung* auf der Registerkarte *ÜBERPRÜFEN* öffnen können.
6. Erstellen Sie bei Bedarf weitere Kommentare. Beachten Sie, dass Sie in Word auf bereits vorhandene Kommentare antworten können. Klicken Sie dazu neben einem vorhandenen Kommentar auf die Schaltfläche *Antworten.*
7. Wenn Sie die Kommentare wieder ausblenden wollen, können Sie dies mit weiteren Schaltflächen auf der Registerkarte *ÜBERPRÜFEN* tun (die Sie auch für das Einblenden der Kommentare verwenden können, sollten diese nicht sichtbar sein).

   Öffnen Sie dazu auf der Registerkarte *ÜBERPRÜFEN* in der Gruppe *Nachverfolgung* die Dropdownliste *Für Überarbeitung anzeigen* und wählen dort die Option *Markup: Keine.* Alternativ schalten Sie im Menü der Schaltfläche *Markup anzeigen* die Option *Kommentare* aus.

Kommentare im Lesemodus eingeben

Eine Besonderheit bei den Kommentaren stellt die Ansicht *Lesemodus* von Word zur Verfügung. Dieser Modus ist zum Kommentieren eines umfangreichen Dokuments gut geeignet, da Ihnen dort fast der ganze Bildschirm zur Anzeige des Dokuments zur Verfügung steht. Um die bereits vorhandenen Kommentare zu sehen, klicken Sie auf *ANSICHT* und wählen *Kommentare anzeigen.*

Bild 28.17 Der Lesemodus von Word eignet sich ebenfalls gut zum Kommentieren eines Dokuments

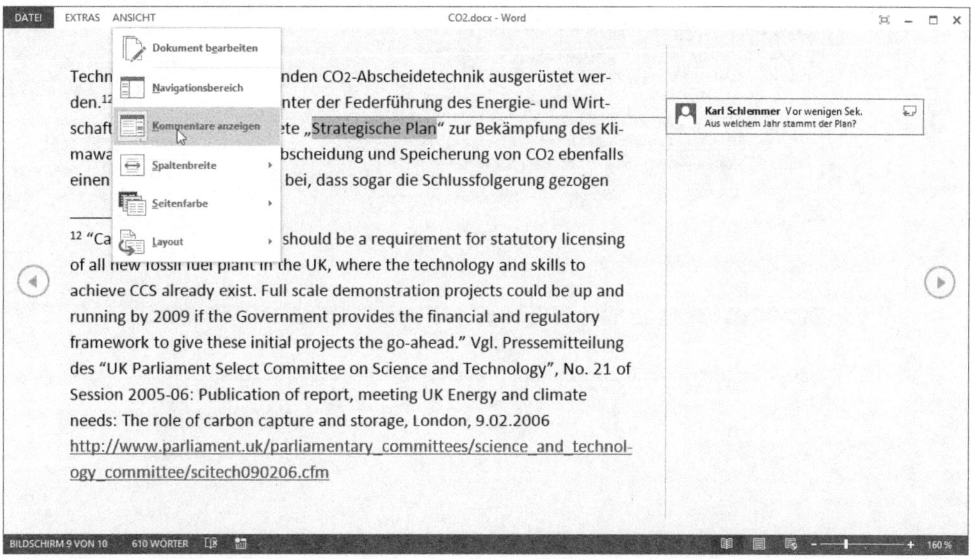

Word blendet dann rechts neben dem Dokument den Kommentarbereich ein. Um einen neuen Kommentar einzugeben, markieren Sie die Textstelle, die Sie kommentieren wollen. Klicken Sie die Markierung mit der rechten Maustaste an, wählen Sie *Neuer Kommentar* und geben Sie Ihren Kommentar im Kommentarbereich ein.

Kommentare bearbeiten

Wenn Sie die Kommentare in einem Dokument noch einmal der Reihe nach prüfen bzw. korrigieren möchten, können Sie systematisch von Kommentar zu Kommentar springen, indem Sie auf der Registerkarte *ÜBERPRÜFEN* in der Gruppe *Kommentare* die Schaltflächen *Vorheriges Element* und *Nächstes Element* verwenden (siehe Bild 28.15 auf Seite 608).

Kommentare anderer Benutzer ausblenden

Wenn sich in einem Word-Dokument bereits Kommentare anderer Benutzer befinden, können Sie diese Kommentare bei Bedarf ausblenden:

1. Klicken Sie auf der Registerkarte *ÜBERPRÜFEN* in der Gruppe *Nachverfolgung* auf die Schaltfläche *Markup anzeigen* und zeigen Sie in dem Menü der Schaltfläche auf *Bestimmte Personen.*

Bild 28.18 Kommentare anderer Benutzer können ausgeblendet werden

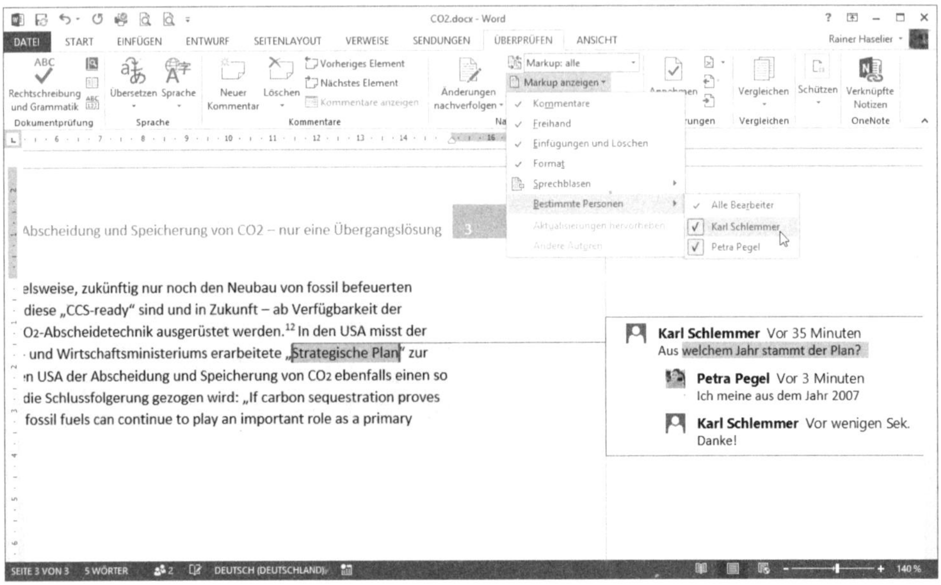

2. Schalten Sie die Häkchen bei den betreffenden Bearbeitern aus.

Kommentare löschen

Um einen Kommentar aus dem Dokument zu entfernen, markieren Sie den Kommentar und klicken dann auf der Registerkarte *ÜBERPRÜFEN* in der Gruppe *Kommentare* auf die Schaltfläche *Kommentar löschen.*

Außerdem stehen Ihnen in Word folgende weitere Möglichkeiten zur Verfügung:

- Sie können den Kommentar mit der rechten Maustaste anklicken und in seinem Kontextmenü den Befehl *Löschen* wählen.
- Um alle eigenen Kommentare zu löschen, blenden Sie erst die Kommentare aller anderen Bearbeiter aus, markieren dann einen beliebigen Kommentar und wählen im Dropdownmenü der Schaltfläche *Kommentar löschen* den Befehl *Alle angezeigten Kommentare löschen.*
- Wollen Sie sämtliche Kommentare im Dokument löschen, markieren Sie einfach einen beliebigen Kommentar und wählen im Dropdownmenü der Schaltfläche *Kommentar löschen* den Befehl *Alle Kommentare im Dokument löschen.*

Bild 28.19 Das Menü der Schaltfläche *Kommentar löschen*

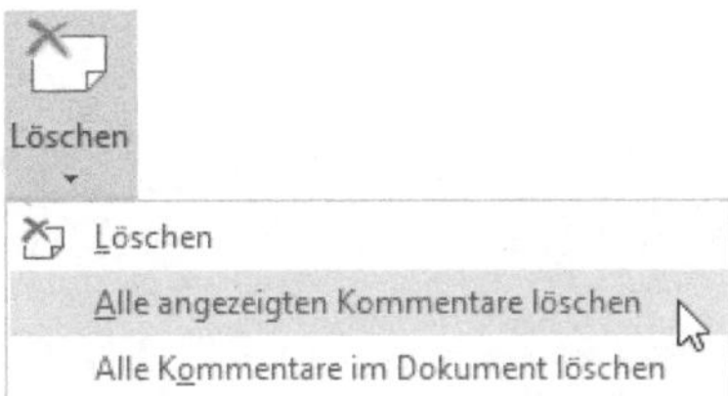

Kommentare drucken

Beim Drucken eines Word-Dokuments, das mit Kommentaren versehen ist, können bzw. müssen Sie beim Ausdrucken entscheiden, ob nur die Kommentare, nur das Dokument oder beide gemeinsam und wo die Kommentare gedruckt werden sollen.

Hierzu klicken Sie auf die Registerkarte *DATEI* und dann auf *Drucken.* Öffnen Sie das Listenfeld *Einstellungen* und schalten Sie bei *Dokumentinformationen* die Option *Markupliste* ein. Hiermit erreichen Sie, dass Word nur eine Liste aller Kommentare und der am Dokument mit der Überarbeitungsfunktion (siehe Abschnitt »Änderungen nachverfolgen« ab Seite 613) vorgenommenen Änderungen ausdruckt.

Wenn Sie im Bereich *Dokument* die Option *Alle Seiten drucken* oder eine der anderen Optionen auswählen, können Sie im Bereich *Dokumentinformationen* die Option *Markup drucken* ein- bzw. ausschalten. Wenn diese Option eingeschaltet ist, druckt Word die Kommentare und die am Dokument mit der Überarbeitungsfunktion vorgenommenen Änderungen in einem Randbereich aus, ähnlich wie Sie es auf dem Bildschirm sehen. Je nach Seitenabmessungen kann dies dazu führen, dass das Dokument verkleinert ausgedruckt wird.

Bild 28.20 Hier legen Sie in Word fest, ob und wie Kommentare gedruckt werden sollen

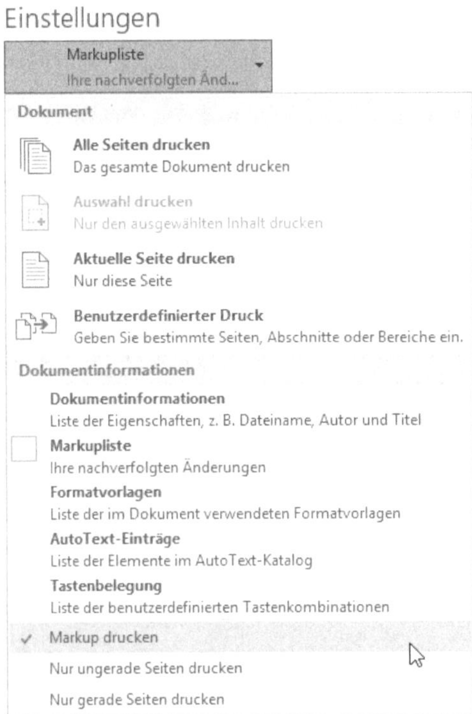

Kommentare und Word Web App

Bisher haben wir uns nur mit den Möglichkeiten der Kommentarfunktion in Word 2013 beschäftigt. Zum Schluss dieses Abschnitts wollen wir noch einen Blick auf die Kommentarfunktion in Word Web App werfen.

In Word Web App können Sie Kommentare anzeigen und Kommentare erstellen. Dies geht jedoch nur in der Leseansicht und nicht in der Bearbeitungsansicht. Wenn derzeit die Bearbeitungsansicht aktiv ist, öffnen Sie die Registerkarte *ANSICHT* und klicken dann in der Gruppe *Dokumentansichten* auf *Leseansicht*. Word Web App aktiviert die Leseansicht und Sie finden im Menüband den Befehl *KOMMENTARE*. Klicken Sie ihn an, damit Word Web App den Kommentarbereich einblendet. Sie können dort alle Kommentare sehen, neue Kommentare erstellen (die sich dann immer auf den markierten Absatz beziehen) und auf vorhandene Kommentare antworten.

Bild 28.21 Im Kommentarbereich von Word Web App können Sie Kommentare sehen und einfügen

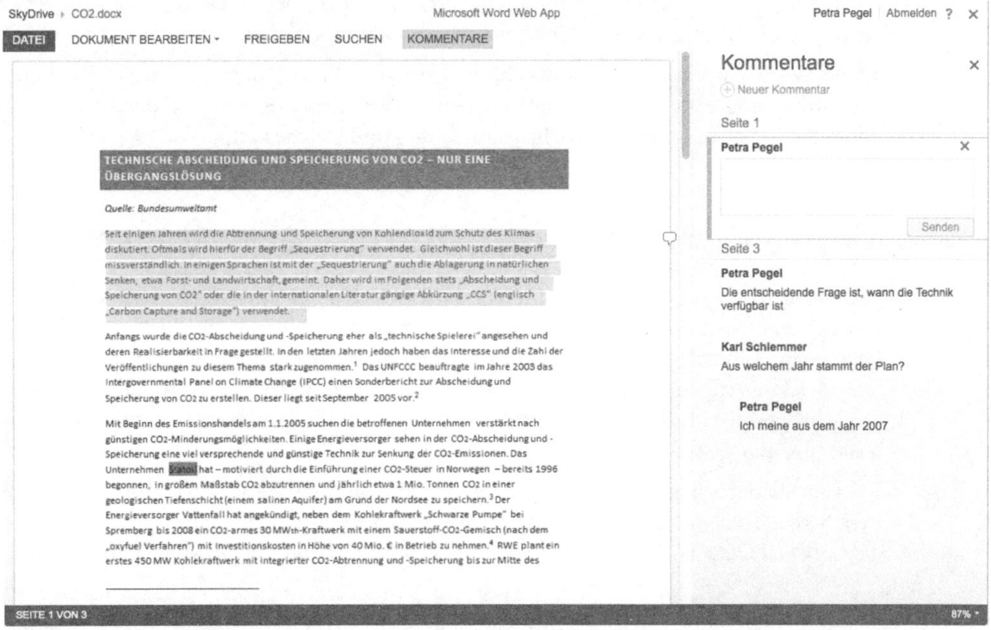

Änderungen nachverfolgen

Nachdem Sie in den vorherigen Abschnitten gelernt haben, wie Sie Textstellen hervorheben und mit Kommentaren versehen, geht es jetzt darum, wie Sie die während der Bearbeitung eines Dokuments vorgenommenen Änderungen dokumentieren. In der Word-Terminologie wird dieses Feature *Änderungen nachverfolgen* genannt.

Wenn Sie das Feature *Änderungen nachverfolgen* verwenden, um mit mehreren Personen ein Word-Dokument zu erstellen, lässt sich dieser Prozess in mehrere Phasen einteilen.

1. Der Autor erstellt ein Word-Dokument und leitet das Dokument zur Überarbeitung an Kollegen oder an externe Bearbeiter (Korrektorat, Fachlektorat o. Ä.) weiter.
2. Das Dokument wird überarbeitet. Dabei werden die vorgenommenen Änderungen protokolliert. Word kann hierbei Ergänzungen, Streichungen und Formatierungen protokollieren. Zusätzlich werden noch der Name des Benutzers und der Zeitpunkt der einzelnen Änderung gespeichert. Die beiden letzten Angaben werden benötigt, um die Historie der vorgenommenen Änderungen rekonstruieren zu können.

   An diesem Vorgang können auch mehrere Personen beteiligt sein, die das Dokument entweder parallel oder nacheinander bearbeiten. Anschließend kehrt das Dokument zum Autor zurück.
3. Der Autor begutachtet die vorgenommenen Änderungen und entscheidet, welche der Änderung er übernehmen und welche er verwerfen will.

Word kann alle vorgenommenen Änderungen, Ergänzungen, Streichungen und Formatierungen, die an einem Dokument vorgenommen werden, protokollieren. Hierzu müssen Sie vor der Überarbeitung des Dokuments den Überarbeitungsmodus aktivieren.

Wenn Sie ein im Überarbeitungsmodus bearbeitetes Word-Dokument zurückerhalten, können Sie alle durch andere Autoren vorgenommenen Änderungen ansehen und entscheiden, welche Sie in das endgültige Dokument übernehmen möchten und welche nicht.

Word-Überarbeitungsmodus einschalten

Wenn Sie Ihre Änderungen an einem fremden Dokument protokollieren wollen, ist es wichtig, dass Sie den Überarbeitungsmodus auch definitiv eingeschaltet haben, während Sie das Dokument bearbeiten. Deshalb empfehlen wir Ihnen, den Status der Überarbeitungsfunktion in der Word-Statusleiste anzeigen zu lassen. Das hat nicht nur den Vorteil, dass Sie den aktuellen Status der Funktion immer im Blick haben, sondern Sie können die Funktion auch bequem über die Statusleiste ein- und ausschalten.

Klicken Sie dazu die Statusleiste mit der rechten Maustaste an und wählen Sie im Kontextmenü den Befehl *Änderungen nachverfolgen.* In der Statusleiste wird dann entweder *ÄNDERUNGEN NACHVERFOLGEN: EIN* oder *ÄNDERUNGEN NACHVERFOLGEN: AUS* angezeigt.

Bild 28.22 Der Status der Überarbeitungsfunktion kann in der Word-Statusleiste angezeigt werden

Sie können den Überarbeitungsmodus mit folgenden Methoden ein- bzw. ausschalten:

- Klicken Sie in der Statusleiste auf die Statusanzeige der Funktion Änderungen nachverfolgen.
- Drücken Sie die Tastenkombination ⇧+Strg+E.
- Klicken Sie auf der Registerkarte *ÜBERPRÜFEN* in der Gruppe *Nachverfolgung* auf den oberen Teil der Schaltfläche *Änderungen nachverfolgen.* Wenn die Funktion eingeschaltet ist, bleibt die Schaltfläche hervorgehoben.

Bild 28.23 Im Menüband schalten Sie hier den Überarbeitungsmodus ein

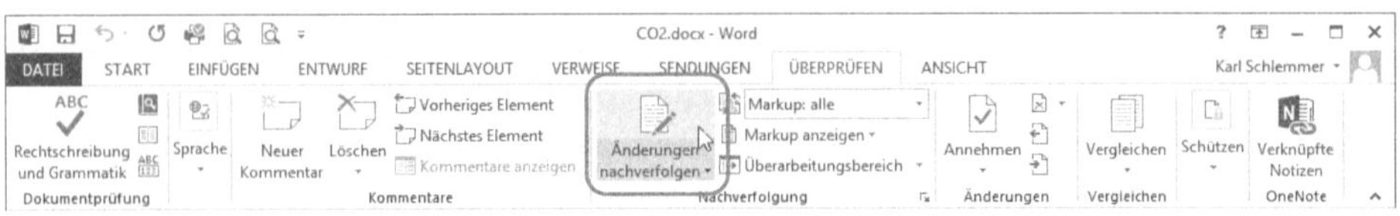

Wenn Sie jetzt das Dokument bearbeiten, speichert Word alle Änderungen und nimmt auf dem Bildschirm eine entsprechende Kennzeichnung vor. Dafür stehen verschiedene Darstellungsvarianten zur Verfügung, auf die wir gleich noch näher eingehen. Dies sind die einzigen Besonderheiten; ansonsten können Sie Ihr Dokument genauso bearbeiten wie gewohnt.

Beim Status des Überarbeitungsmodus handelt es sich übrigens um eine Dokumenteigenschaft. Das heißt, wenn Sie mit mehreren Dokumentfenstern arbeiten, können Sie ein anderes Fenster aktivieren, ohne vorher die Überarbeitungsfunktion ausschalten zu müssen.

Bild 28.24 Word »merkt« sich alle am Dokument vorgenommenen Änderungen

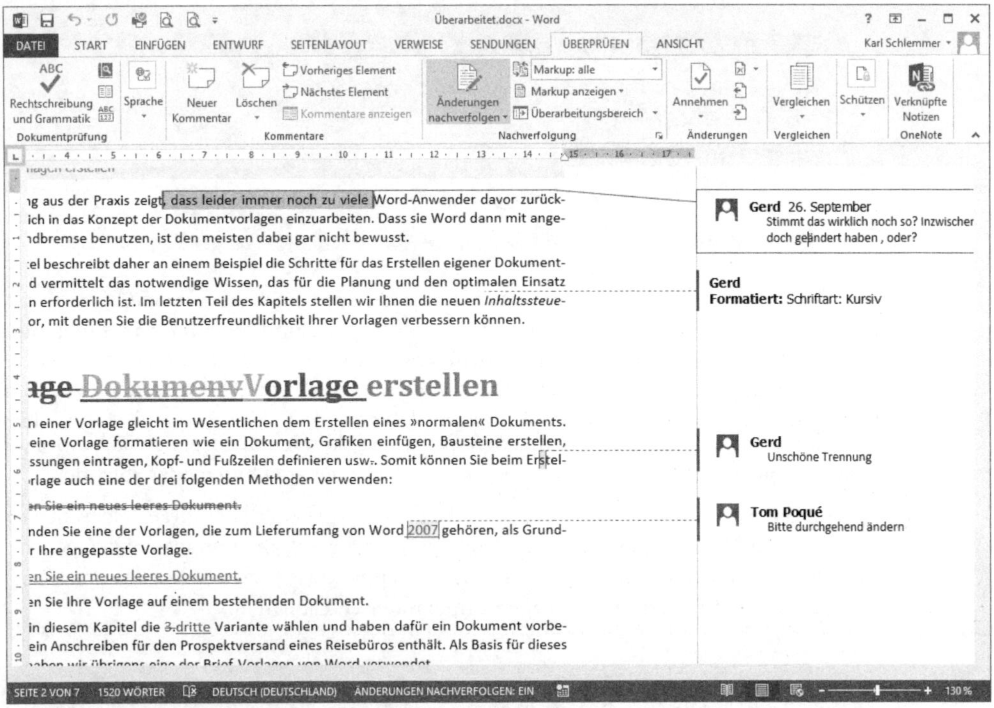

Verhindern, dass der Überarbeitungsmodus ausgeschaltet wird

Wenn Sie ein Dokument an andere Personen zur Überarbeitung senden, können Sie den Überarbeitungsmodus vor dem Versenden einschalten. Word 2013 enthält ein neues Feature, mit dem Sie verhindern können, dass die Bearbeiter den Überarbeitungsmodus deaktivieren. Hierzu wird der aktivierte Überarbeitungsmodus durch ein Kennwort geschützt.

Führen Sie folgende Schritte durch, um das Ausschalten des Überarbeitungsmodus durch ein Kennwort zu schützen.

1. Öffnen Sie die Registerkarte *ÜBERPRÜFEN.*
2. Klicken Sie in der Gruppe *Nachverfolgung* auf den Pfeil der Schaltfläche *Änderungen nachverfolgen* und dann auf *Nachverfolgung sperren.* Word zeigt das Dialogfeld *Nachverfolgung sperren* an (siehe Abbildung auf der folgenden Seite).

Bild 28.25 Sie können das Deaktivieren der Nachverfolgung von Änderungen mit einem Kennwort schützen

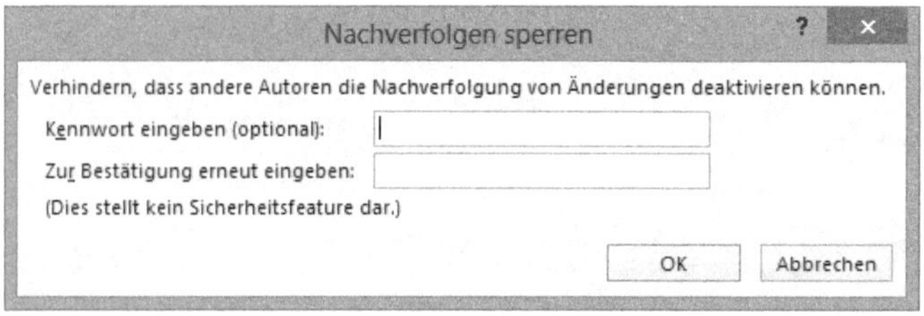

3. Geben Sie ein Kennwort ein, das Sie anschließend im Feld *Zur Bestätigung erneut eingeben* wiederholen. (Merken Sie sich das Kennwort gut, damit Sie zum Annehmen oder Ablehnen der Änderungen die Sperre aufheben können.)
4. Klicken Sie auf *OK*.

Wenn die nachverfolgten Änderungen gesperrt sind, können andere die Nachverfolgung von Änderungen nicht deaktivieren und auch keine Änderungen annehmen oder ablehnen.

Klicken Sie zum Aufheben der Sperre auf den Pfeil neben *Änderungen nachverfolgen* und dann nochmals auf *Nachverfolgung sperren*. Word fordert Sie auf, Ihr Kennwort einzugeben. Klicken Sie nach dem Eingeben des Kennworts auf *OK*. Die Funktion *Änderungen nachverfolgen* ist weiter aktiviert, doch Sie können nun Änderungen annehmen und ablehnen.

Darstellung der Änderungen konfigurieren

Wie Sie in der Abbildung auf der folgenden Seite erkennen können, hat Word einen Teil der Änderungen – und zwar den eingefügten Text – direkt im Dokument gekennzeichnet und den anderen Teil – die Löschungen etc. – in Form von Sprechblasen angezeigt, wie sie auch für Kommentare verwendet werden.

Wenn Ihnen diese Form der Darstellung nicht zusagt, können Sie alternativ auch alle Änderungen einheitlich in Sprechblasen oder innerhalb des Textes anzeigen lassen. Wählen Sie dazu einfach die gewünschte Option im Menü *Sprechblasen* der Schaltfläche *Markup anzeigen* aus.

Bild 28.26 Verwendung der Sprechblasen steuern

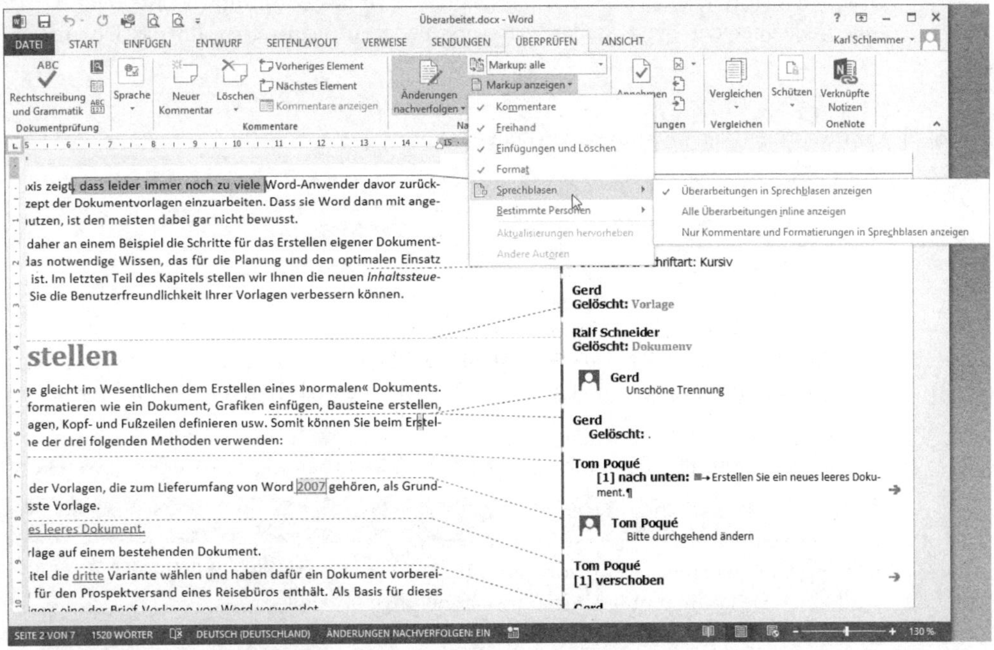

Auswahl der zu kennzeichnenden Änderungen

Wenn ein Dokument sehr intensiv im Überarbeitungsmodus bearbeitet wurde, ist es u.U. sinnvoll, einen Teil der Markierungen auszublenden. Klappen Sie dazu das Menü der Schaltfläche *Markup anzeigen* auf und schalten Sie die betreffenden Optionen ein bzw. aus.

Bild 28.27 Auswahl der anzuzeigenden Änderungen nach Art der Änderung (links) und nach Bearbeiter (rechts)

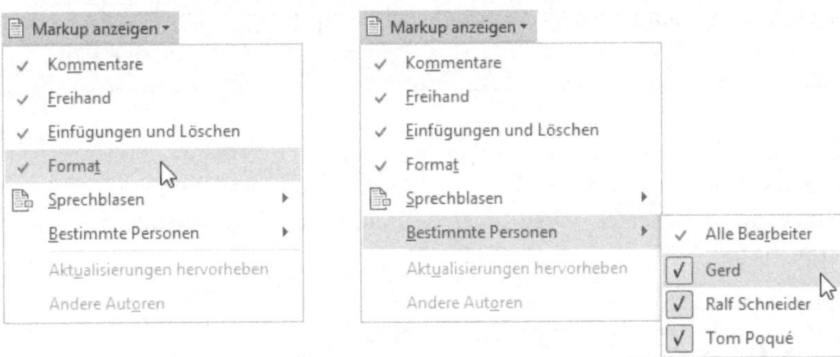

Außerdem können Sie die Änderungen anderer Benutzer ausblenden, indem Sie in dem Menü auf den Eintrag *Bestimmte Personen* zeigen und im Untermenü des Befehls die Kontrollkästchen vor den betreffenden Benutzernamen ein- bzw. ausschalten.

Die vier Sichtweisen auf ein geändertes Dokument

Auf der Registerkarte *ÜBERPRÜFEN* befindet sich das Dropwdown-Listenfeld *Für Überarbeitung anzeigen,* über das Sie zwischen vier verschiedenen Sichtweisen auf das Dokument umschalten können.

Bild 28.28 Sichtweise auf das Dokument einstellen

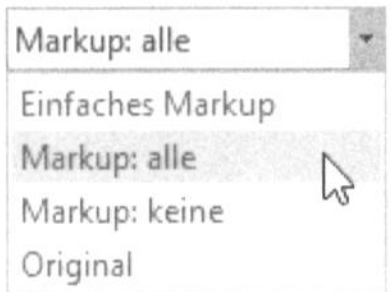

Für die in der folgenden Tabelle abgebildeten Beispiele haben wir das Wort »Prospekt«, das im Originaldokument kursiv gesetzt war, nachträglich zusätzlich in fetter Schrift formatiert.

Tabelle 28.1 Die verschiedenen Optionen, in denen Sie die Überarbeitungen anzeigen lassen können

Option	Beispiel	Beschreibung
Einfaches Markup	***Prospekt***	Das Dokument wird so angezeigt, als ob alle Änderungen übernommen wurden. Geänderte Absätze werden auf der linken Seite des Dokuments durch Linien gekennzeichnet.
Markup: alle	*Prospekt* — **Karl Schlemmer** **Formatiert:** Schriftart: Fett	Das Dokument wird in der Originalversion angezeigt; eingefügte Textpassagen sind im Text gekennzeichnet, Löschungen, Formatierungen etc. werden in Sprechblasen am Seitenrand ausgegeben.
Markup: keine	***Prospekt***	Das Dokument wird so angezeigt, als ob alle Änderungen übernommen worden wären.
Original	*Prospekt*	Das Dokument wird in seiner ursprünglichen Fassung angezeigt.

Im nächsten Abschnitt lernen Sie weitere Optionen zur Nachverfolgung von Änderungen aus der Perspektive eines Autors kennen, der die Korrekturvorschläge und Anmerkungen anderer Benutzer begutachtet und entscheiden muss, ob er sie in die endgültige Fassung des Dokuments übernimmt oder nicht.

Änderungen überprüfen, annehmen und verwerfen

Wenn Sie ein Dokument erhalten, das von anderen Benutzern überarbeitet wurde, können Sie deren Änderungen bzw. Korrekturvorschläge der Reihe nach ansehen und einzeln entscheiden, ob Sie sie annehmen oder ablehnen.

Für diesen Abschnitt haben wir für Sie eine Beispieldatei vorbereitet, die Änderungen und Kommentare von drei verschiedenen Personen enthält.

1. Öffnen Sie das Beispieldokument *Kapitel 17 – überarbeitet* oder ein beliebiges anderes Dokument, das Änderungen und/oder Kommentare von anderen Benutzern enthält.
2. Zeigen Sie die Registerkarte *ÜBERPRÜFEN* an.
3. Falls der Überarbeitungsmodus noch aktiv sein sollte, schalten Sie ihn aus. Klicken Sie dazu in der Gruppe *Nachverfolgung* auf *Änderungen nachverfolgen.*

   Falls das Deaktivieren der Überarbeitungsfunktion gesperrt wurde, klicken Sie in der Gruppe Nachverfolgung auf den Pfeil der Schaltfläche *Änderungen nachverfolgen* und dann auf *Nachverfolgung sperren.* Word zeigt ein Dialogfeld an, in dem Sie das Kennwort eingeben müssen, das beim Sperren der Nachverfolgung eingegeben wurde. Erst nach Eingabe des Kennworts können Sie den Überarbeitungsmodus ausschalten.

Bild 28.29 Wenn die Nachverfolgung gesperrt wurde, müssen Sie das Kennwort eingeben, um die Sperre aufzuheben

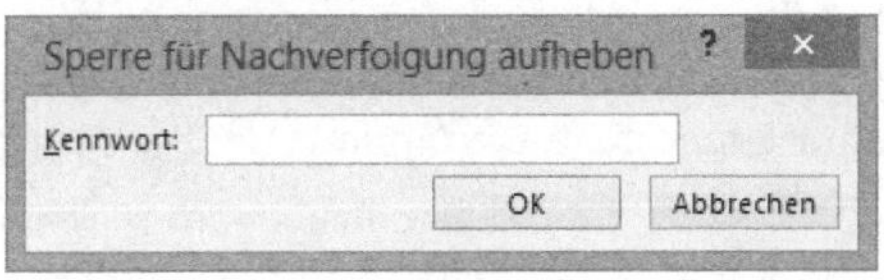

4. Zuerst sollten Sie überprüfen, welche Änderungen an dem Dokument vorgenommen wurden. Wählen Sie dazu im Listenfeld *Für Überarbeitung anzeigen* die Option *Markup: alle* aus.

Bild 28.30 Ein überarbeitetes Dokument kann auf den ersten Blick sehr unübersichtlich wirken

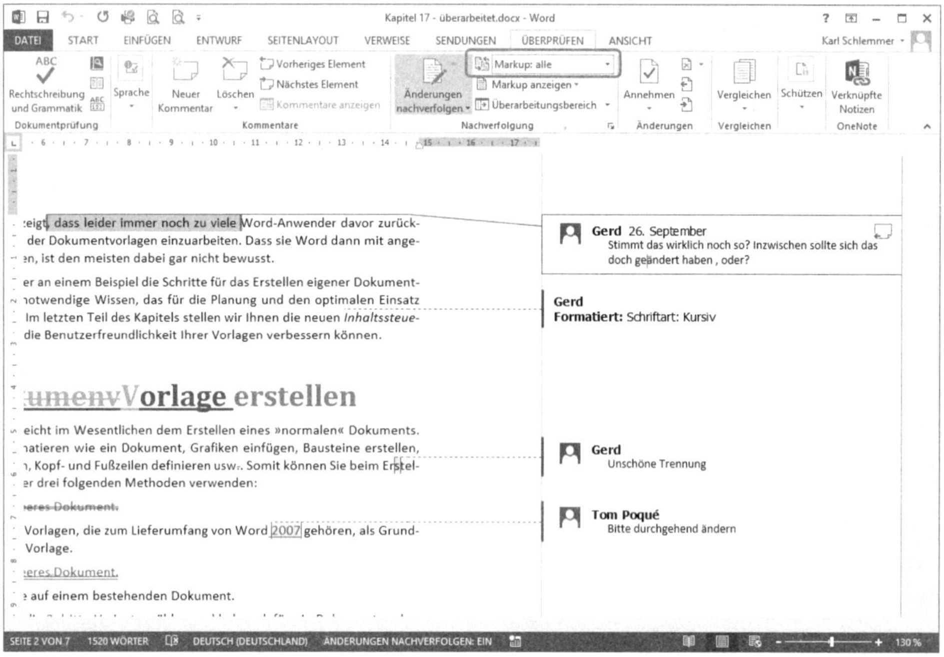

5. Klicken Sie dann noch auf die Schaltfläche *Markup anzeigen* und prüfen Sie, ob in ihrem Menü alle Optionen eingeschaltet sind. Zeigen Sie auch auf den Eintrag *Bestimmte Personen* und aktivieren Sie gegebenenfalls im Untermenü die Option *Alle Bearbeiter*, falls das Dokument von mehreren Personen überarbeitet wurde.

6. Analysieren Sie das Dokument und überlegen Sie, wie Sie die Änderungen am besten einarbeiten können. Falls das Dokument von mehreren Personen korrigiert wurde, empfiehlt es sich, die individuellen Änderungen getrennt anzuzeigen.

7. Sehr hilfreich ist auch der Überarbeitungsbereich, in dem alle Änderungen und Kommentare unter Angabe des Bearbeiters und des Änderungsdatums (nur im horizontalen Überarbeitungsbereich) aufgelistet werden. Zum Einschalten des Überarbeitungsbereichs verwenden Sie die gleichnamige Schaltfläche in der Gruppe *Nachverfolgung*.

Bild 28.31 Im Überarbeitungsbereich wird auch die Uhrzeit der Änderung angezeigt

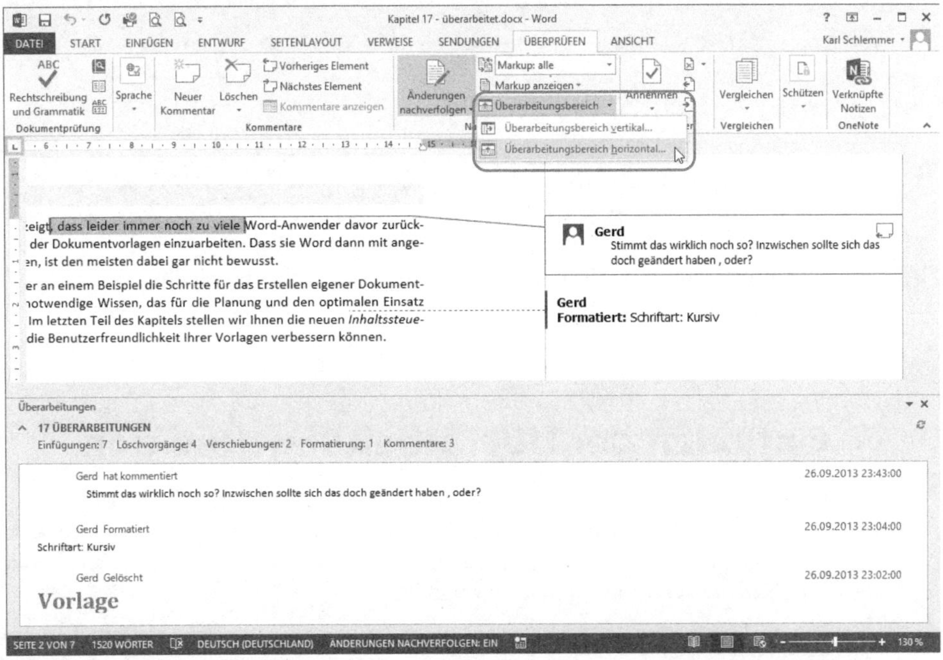

Beachten Sie, dass Word die Änderungen in den verschiedenen Dokumentbereichen getrennt aufführt. Das hat seine Ursache in den sogenannten *Dokumentkomponenten* (StoryRanges), in die Word jedes Dokument unterteilt. So befindet sich z.B. der Text einer Fußzeile in einer anderen Dokumentkomponente als der normale Fließtext des Dokuments.

Änderungen annehmen und verwerfen

Nachdem Sie sich einen Überblick über den Zustand des Dokuments verschafft haben, können Sie damit beginnen, die Änderungsvorschläge zu bearbeiten:

Weiter

1. Klicken Sie auf der Registerkarte *ÜBERPRÜFEN* in der Gruppe *Änderungen* auf *Weiter*. Word markiert die erste Änderung des Dokuments; die betreffende Textstelle und eine eventuell vorhandene Sprechblase werden markiert. Falls Sie den Überarbeitungsbereich geöffnet haben, wird die Liste automatisch mit dem Hauptfenster synchronisiert.
2. Wenn Sie den Mauszeiger auf die Markierung bewegen, werden in einem Tooltipp-Fenster der Name des Überarbeiters, das Datum, die Uhrzeit und die Art der Änderung angezeigt.
3. Bestimmen Sie mit den Schaltflächen *Annehmen* und *Ablehnen* (sie befinden sich ebenfalls in der Gruppe *Änderungen)*, ob Sie die Korrektur in Ihr Dokument übernehmen wollen oder nicht. Word springt anschließend automatisch zur nächsten Änderung.
4. Alternativ können Sie auch mit den Menüs der Schaltflächen *Annehmen* und *Ablehnen* alle angezeigten Änderungen oder sogar alle Änderungen im Dokument auf einen Schlag akzeptieren oder verwerfen.

Bild 28.32 Sie können auch mehrere Änderungen annehmen bzw. ablehnen

Zurück

5. Wiederholen Sie die obigen Schritte (eventuell in Kombination mit der Schaltfläche *Zurück*, um die vorherige Änderung anzeigen zu lassen), bis alle Änderungen bearbeitet und entweder in das endgültige Dokument integriert oder verworfen wurden.

Optionen der Überarbeitungsfunktion

In den vorherigen Abschnitten haben Sie gesehen, dass Sie die Art und Weise, wie Word die Änderungen der verschiedenen Bearbeiter kennzeichnet, beeinflussen können. Dabei haben wir uns jedoch noch auf das Ein- und Ausblenden der Sprechblasen beschränkt. Jetzt wollen wir Ihnen die verschiedenen Optionen im Detail vorstellen.

Um die Darstellung der Änderungen zu konfigurieren, rufen Sie das Dialogfeld *Erweiterte Optionen zum Nachverfolgen von Änderungen* auf, indem Sie auf der Registerkarte *ÜBERPRÜFEN* in der Gruppe *Nachverfolgung* auf das Startprogramm für ein Dialogfeld klicken. Klicken Sie anschließend im Dialogfeld *Optionen zum Nachverfolgen von Änderungen* auf *Erweitere Optionen.* Wie Sie in der Abbildung auf der nächsten Seite sehen können, hat das Dialogfeld *Erweiterte Optionen zum Nachverfolgen von Änderungen* einiges zu bieten.

Markup

Mit den ersten beiden Listenfeldern der Gruppe *Markup* können Sie festlegen, ob bzw. wie eingefügter und gelöschter Text innerhalb des Dokuments gekennzeichnet werden soll. Zum Beispiel können Sie einstellen, dass gelöschter Text gar nicht angezeigt wird, wodurch der Text deutlich besser zu lesen ist.

Eine weitere interessante Option ist die Möglichkeit, die betreffenden Textstellen lediglich farbig zu kennzeichnen. In diesem Fall sollten Sie jedoch immer nur die Änderungen eines Bearbeiters anzeigen, da Sie sonst vermutlich mit den Farben durcheinanderkommen.

Apropos Farben: Standardmäßig weist Word jedem Bearbeiter eine eigene Farbe zu. Sie können aber auch feste Farben zuweisen und eingefügten Text z. B. immer grün und gelöschten rot anzeigen lassen.

Bild 28.33 Das Dialogfeld zum Konfigurieren der Überarbeitungsfunktion

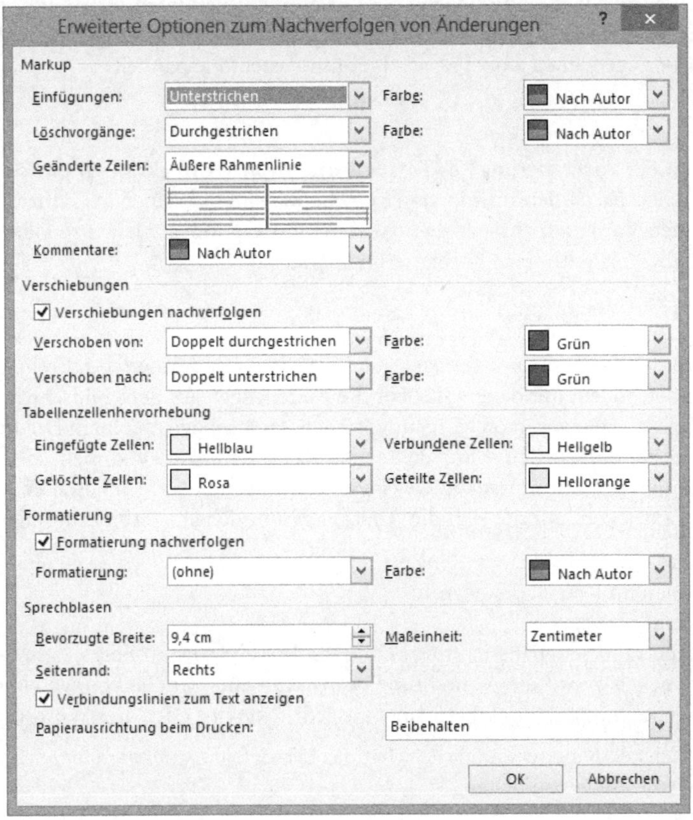

Mit dem Listenfeld *Geänderte Zeilen* beeinflussen Sie die Darstellung der Korrekturleisten auf dem Bildschirm und beim Ausdruck auf dem Papier. Korrekturleisten werden als vertikale Striche links oder rechts neben dem Text angezeigt. Wollen Sie auf die Korrekturleisten verzichten, wählen Sie die Einstellung *(ohne)*.

Das letzte Listenfeld der Gruppe *Markup, Kommentare,* steuert die Markierungsfarbe für eingefügte Kommentare. Auch hier können Sie sich zwischen einer individuellen Farbe für jeden Bearbeiter und einer fest vorgegebenen Farbe entscheiden.

Verschiebungen

Seit der Version 2010 kann Word auch Textumstellungen erkennen und durch separate Markierungsoptionen kenntlich machen. Wir halten die Voreinstellung der Optionen in dieser Gruppe für recht sinnvoll: Die grüne Farbe signalisiert, dass hier weder Text gelöscht noch eingefügt wurde und die doppelte Durch- bzw. Unterstreichung macht den Sonderstatus dieser Aktion zusätzlich deutlich.

Tabellenzellenhervorhebung

Wie Sie sehen, kann Word sogar Änderungen an Tabellen dokumentieren. Erkannt werden eingefügte, gelöschte, verbundene und geteilte Zellen. In der Voreinstellung wird diesen Aktionen jeweils eine eigene Farbe zugeordnet, wobei es sich hier um Pastelltöne handelt.

Formatierung

Auch Änderungen an der Formatierung des Textes werden von Word akribisch protokolliert, falls Sie das Kontrollkästchen *Formatierung nachverfolgen* eingeschaltet lassen. Zur Kennzeichnung stehen Ihnen die üblichen Varianten zur Verfügung, wobei uns Optionen wie *Kursiv* oder *Fett* wenig sinnvoll erscheinen, da sie ja selbst eine Formatierung darstellen.

Sprechblasen

Mit den Optionen in der Gruppe *Sprechblasen* legen Sie fest, wo und in welcher Breite die Sprechblasen angezeigt werden sollen, mit denen Sie über die Änderungen auf dem Bildschirm informiert werden. Mit Sprechblasen lassen sich die vorgenommenen Änderungen an einem Dokument übersichtlich in der Randspalte darstellen, ohne dass dabei das eigentliche Dokument zu sehr gestört wird. Außerdem können Sie bestimmen, an welchem Seitenrand die Sprechblasen erscheinen sollen und ob zu den Textstellen, auf die sich die Änderungen beziehen, Verbindungslinien gezogen werden sollen.

Papierausrichtung beim Drucken

Die letzte Option steuert die Seitenausrichtung beim Drucken eines Dokuments, das Markups enthält. Normalerweise behält Word die Ausrichtung des Dokuments bei; Sie können aber auch einstellen, dass das Dokument immer im Querformat ausgedruckt wird oder dass Word das geeignete Format selbst auswählen darf.

Festlegen, welcher Benutzer welche Bearbeitung vornehmen darf

Wenn Sie ein Word-Dokument zur Bearbeitung versenden oder bereitstellen und das Dokument nicht schützen, haben die Bearbeiter standardmäßig Zugriff auf das gesamte Dokument.

Sie können die Zugriffsberechtigungen jedoch auch feiner einstellen und dabei beispielsweise nur bestimmte Bearbeitungen zulassen, die Verwendung von Formatvorlagen einschränken und dies dann zusätzlich noch für verschiedene Benutzer unterschiedlich konfigurieren.

Die Formatierungsmöglichkeiten einschränken

Gehen Sie folgendermaßen vor, um Formatierungsmöglichkeiten an einem Word-Dokument zu beschränken:

1. Wechseln Sie zur Registerkarte *ÜBERPRÜFEN* und klicken Sie in der Gruppe *Schützen* auf *Bearbeitung einschr.*

   Der Aufgabenbereich *Bearbeitung einschränken* wird angezeigt.

Bild 28.34 Mit diesem Aufgabenbereich konfigurieren Sie den Dokumentschutz

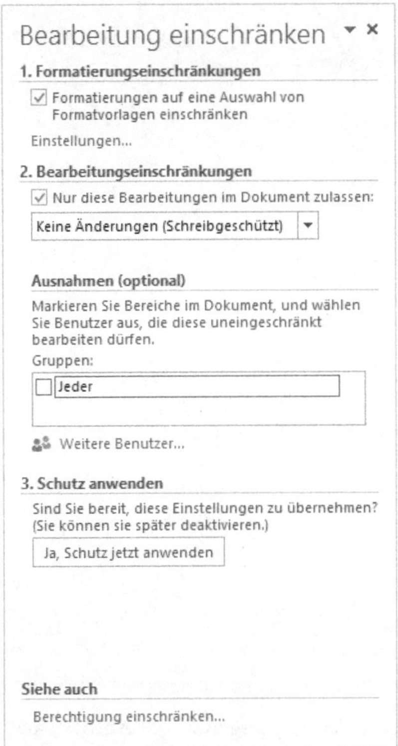

2. Schalten Sie das Kontrollkästchen *Formatierungen auf eine Auswahl von Formatvorlagen einschränken* ein und klicken Sie dann auf *Einstellungen.*

   Das Dialogfeld *Formatierungseinschränkungen* (siehe Abbildung auf der folgenden Seite) wird angezeigt.

3. Schalten Sie das Kontrollkästchen *Formatierungen auf eine Auswahl von Formatvorlagen beschränken* ein.

4. Schalten Sie das Kontrollkästchen vor allen Formatvorlagen ein, die verwendet werden dürfen. Sie können die Schaltflächen *Alle, Empfohlenes Minimum* und *Keine* verwenden, um eine erste Vorauswahl der Formatvorlagen zu treffen.

Bild 28.35 Mit diesem Dialogfeld legen Sie fest, welche Formatierungen vorgenommen werden dürfen

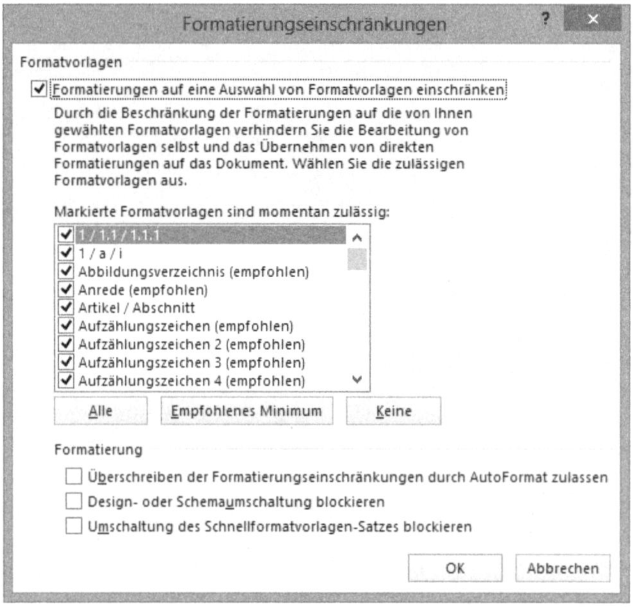

5. Schalten Sie eines oder mehrere der folgenden Kontrollkästchen ein:
   - **Überschreiben der Formatierungseinschränkungen durch AutoFormat zulassen** Wenn Sie dieses Kontrollkästchen einschalten, kann die Funktion AutoFormat weiterhin verwendet werden und es können dem Dokument auch Formatvorlagen zugewiesen werden, die Sie im vorherigen Schritt ausgeschaltet haben.
   - **Design- oder Schemaumschaltung blockieren** Wenn Sie dieses Kontrollkästchen einschalten, ist es nicht mehr möglich, dem Dokument ein anderes Design zuzuweisen.
   - **Umschalten des Schnellformatvorlagen-Satzes blockieren** Wenn Sie dieses Kontrollkästchen einschalten, kann der Befehl *Formatvorlagensatz* der Schaltfläche *Formatvorlage ändern* (Registerkarte *START*, Gruppe *Formatvorlagen)* nicht mehr verwendet werden.
6. Klicken Sie auf *OK*.
7. Klicken Sie im Aufgabenbereich auf die Schaltfläche *Ja, Schutz jetzt anwenden*.

   Word zeigt dann ein Dialogfeld an, in dem Sie ein Kennwort festlegen können, ohne das der Dokumentschutz nicht entfernt werden kann.

Bild 28.36 Vergabe eines Kennworts

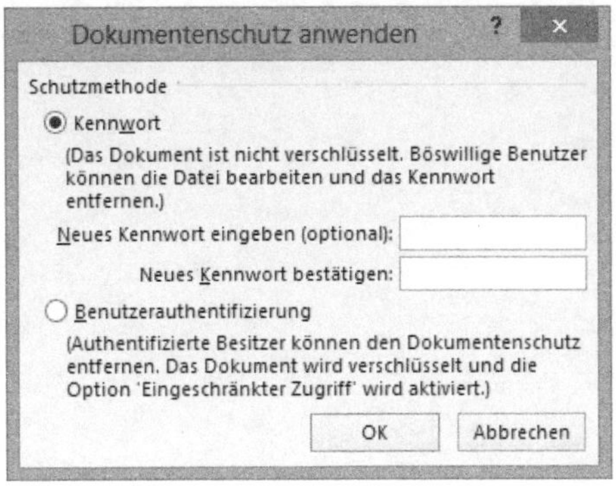

8. Führen Sie eine der folgenden Aktionen durch:
   - Schalten Sie die Option *Kennwort* ein, legen Sie das Kennwort fest, klicken Sie auf *OK* und speichern Sie das Dokument. Mit dieser Option ist das Dokument durch ein Kennwort geschützt.
   - Schalten Sie die Option *Benutzerauthentifizierung* ein. Mit dieser Option müssen sich Personen, die dieses Dokument öffnen wollen, bei einem Server für die Windows-Rechteverwaltung authentifizieren. Sie geben die E-Mail-Adressen der Personen an, die das Dokument öffnen dürfen.
9. Klicken Sie auf *OK*. Wenn Sie die Option *Benutzerauthentifizierung* ausgewählt haben, muss eventuell noch der Client für die Windows-Rechteverwaltung installiert werden, für den Sie eine Windows Live ID benötigen.

Nachdem Sie das Dokument geschützt haben, wird im Aufgabenbereich *Bearbeitung einschränken* die Schaltfläche *Schutz aufheben* angezeigt. Klicken Sie diese an, um den Dokumentschutz aufzuheben. Wenn Sie beim Schützen des Dokuments ein Kennwort vergeben haben, werden Sie aufgefordert, dieses einzugeben.

Die Bearbeitungsmöglichkeiten einschränken

Alternativ oder auch zusätzlich zu den Formatierungsmöglichkeiten können Sie auch die Art der Bearbeitung, die am Dokument vorgenommen werden kann, beschränken. So können Sie beispielsweise nur das Einfügen von Kommentaren erlauben. Außerdem können Sie diese Beschränkung für einzelne Benutzer auch wieder aufheben.

1. Wechseln Sie zur Registerkarte *ÜBERPRÜFEN* und klicken Sie in der Gruppe *Schützen* auf *Bearbeitungen einschr.*
2. Schalten Sie das Kontrollkästchen *Nur diese Bearbeitungen im Dokument zulassen* ein.
3. Öffnen Sie das Listenfeld unter *2. Bearbeitungseinschränkungen* und legen Sie fest, welche Bearbeitung im Dokument erlaubt sein soll (siehe Abbildung auf der nächsten Seite).

Bild 28.37 Mit den Optionen dieses Listenfeldes können Sie die Bearbeitungsmöglichkeiten des Dokuments auf bestimmte Funktionen einschränken

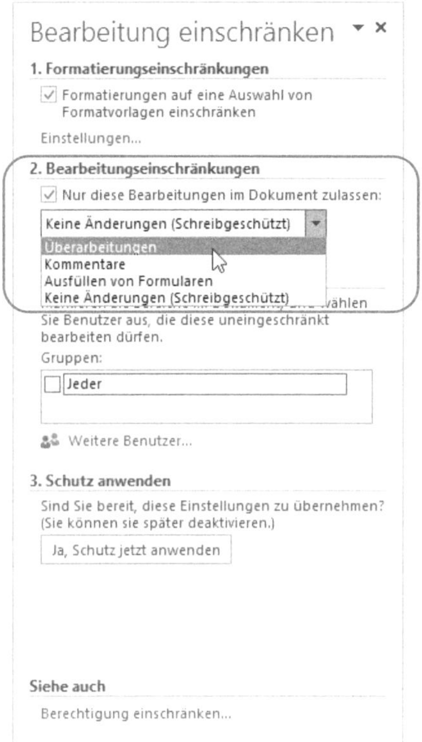

Wenn Sie die Option *Keine Änderungen (Schreibgeschützt)* auswählen, entspricht dies dem Zuweisen eines Schreibschutzkennworts. Sie können im folgenden Schritt für einzelne Benutzer diese Einschränkung wieder aufheben. Diese Benutzer benötigen dann auch kein Kennwort, um die Datei zu öffnen.

4. Klicken Sie im Bereich *Ausnahmen* auf *Weitere Benutzer*, um die Einschränkung für einzelne Benutzer wieder aufzuheben. Das Dialogfeld *Benutzer hinzufügen* wird angezeigt.

Bild 28.38 Legen Sie hier die Benutzer fest, für die die Einschränkung nicht gelten soll

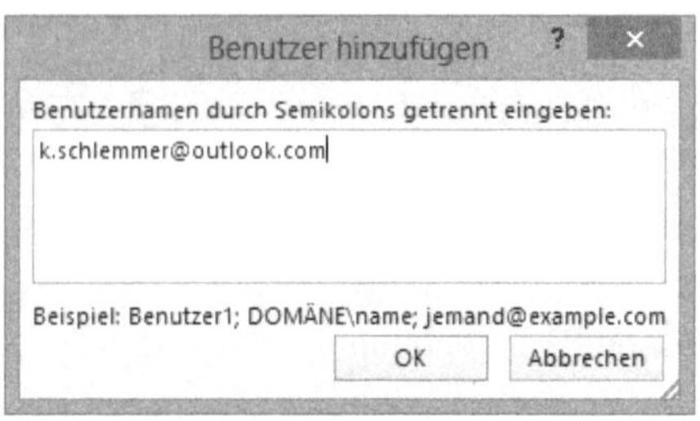

5. Geben Sie in das Textfeld die Namen der Benutzer ein, für die die Einschränkung nicht gelten soll. Sie können hier entweder den Benutzernamen eines lokalen Kontos auf dem Computer

angeben, eine E-Mail-Adresse, wenn Sie das Dokument per E-Mail weiterleiten wollen, oder bei Netzwerkbenutzern das Format *Domänenname\Benutzername* verwenden.

6. Klicken Sie auf *OK*, um zum Aufgabenbereich zurückzukehren.
7. Klicken Sie im Aufgabenbereich auf die Schaltfläche *Ja, Schutz jetzt anwenden.*

   Word zeigt dann ein Dialogfeld an, in dem Sie ein Kennwort festlegen können, ohne das der Dokumentschutz nicht entfernt werden kann.
8. Legen Sie das Kennwort fest, klicken Sie auf *OK* und speichern Sie das Dokument.

Nachdem Sie das Dokument geschützt haben, wird im Aufgabenbereich *Bearbeitung einschränken* die Schaltfläche *Schutz aufheben* angezeigt. Klicken Sie diese an, um den Dokumentschutz wieder aufzuheben. Wenn Sie beim Schützen des Dokuments ein Kennwort vergeben haben, werden Sie aufgefordert, dieses einzugeben.

Dokumente gleichzeitig bearbeiten

Wenn Sie, wie im ersten Abschnitt dieses Kapitels beschrieben, ein Dokument auf SkyDrive speichern und es freigeben, können Sie es mit anderen gleichzeitig bearbeiten. (Die gleichzeitige Bearbeitung ist auch möglich, wenn das Dokument auf einem SharePoint-Server gespeichert wurde. Jedoch darf das Dokument dann vor dem Bearbeiten nicht ausgecheckt werden, da der Auscheckvorgang exklusiven Zugriff auf das Dokument ermöglicht.)

Sie können zur gleichzeitigen Bearbeitung eines Dokuments die Desktopanwendung Word 2013 oder die Word Web App verwenden. Word zeigt Ihnen in der Statusleiste an, wer sonst noch das Dokument bearbeitet. Absätze, die derzeit von anderen bearbeitet werden, werden besonders gekennzeichnet.

Lassen Sie uns ein wenig die Details bei der gemeinsamen Bearbeitung eines Word-Dokuments anschauen, damit Sie sehen wie sich dieser Vorgang aus der Perspektive der Benutzer darstellt.

Word-Datei gleichzeitig mit mehreren Personen bearbeiten

Dieser Abschnitt beschreibt, was bei der gemeinsamen Bearbeitung eines Word-Dokuments auf dem Bildschirm vor sich geht. In den folgenden Ausführungen tauchen wieder die beiden Benutzer Karl Schlemmer und Petra Pegel auf, die Sie schon von anderen Beispielen und Bildschirmabbildungen kennen. Karl Schlemmer bearbeitet das Word-Dokument mit Word 2013 und Petra Pegel verwendet Word Web App. Das Word-Dokument wurde von Karl Schlemmer auf SkyDrive gespeichert und anschließend mit Bearbeitungsrechten für Petra Pegel freigegeben.

Karl Schlemmer hat das Word-Dokument mit Word 2013 von SkyDrive geöffnet. Etwas später öffnet Petra Pegel das gleiche Dokument. Kurz danach blendet Word 2013 bei Karl Schlemmer ein Popupfenster ein und informiert Karl darüber, dass Petra Pegel ebenfalls das Dokument bearbeitet.

Bild 28.39 Word 2013 zeigt oberhalb der Statusleiste ein Popupfenster an, wenn eine weitere Person das aktuelle Dokument bearbeitet

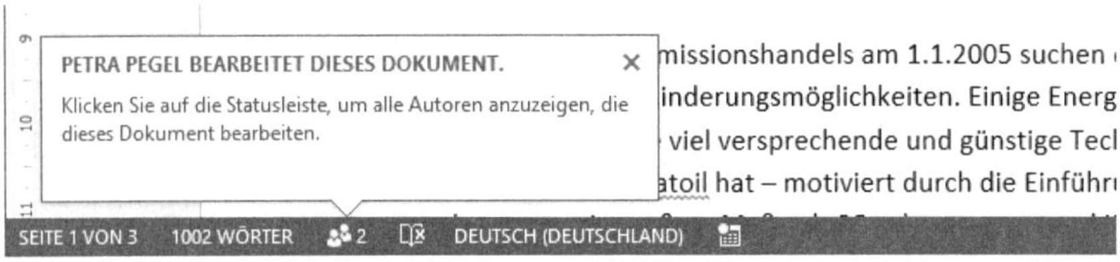

Außerdem zeigt Word 2013 in der Statusleiste die Anzahl der bearbeitenden Autoren an. Diese Information ist in der Statusleiste standardmäßig enthalten. Falls Sie sie nicht sehen, klicken Sie die Statusleiste mit der rechten Maustaste an und wählen *Anzahl der bearbeitenden Personen.* Wenn Sie die Anzahl der bearbeitenden Personen anklicken, sehen Sie, welche Personen dies sind. Falls Sie einen Bearbeitungslink erstellt haben, bei dem keine vorherige Anmeldung mit einem Microsoft-Konto erforderlich ist, wird im Menü mit den bearbeitenden Personen statt des Namens lediglich *Guest* angezeigt.

Bild 28.40 Klicken Sie in der Statusleiste die Anzahl der Bearbeiter an, um die Namen der Autoren zu sehen

Word 2013

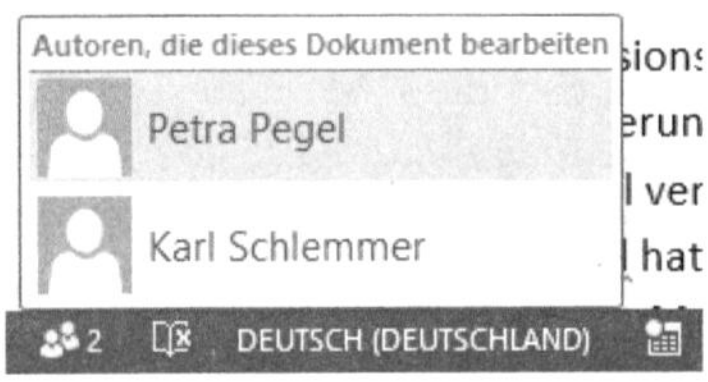

Word Web App

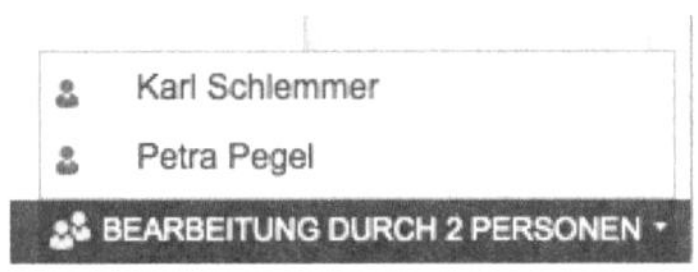

Petra Pegel beginnt mit der Bearbeitung eines Absatzes. Der betreffende Absatz wird daraufhin am linken Rand mit einer gestrichelten Klammer gekennzeichnet. Petra hat jetzt Schreibrechte auf diesen Absatz (rechts in Bild 28.41).

Der gleiche Absatz wird bei Karl mit einem kleinen Namensschild versehen angezeigt, wie Sie es links in Bild 28.41 sehen. Karl kann diesen Bereich nicht mehr bearbeiten. Umgekehrt werden natürlich die von Karl bearbeiteten Bereiche für alle anderen Benutzer gesperrt.

Bild 28.41 Der Absatz, der derzeit von Petra Pegel in Word Web App bearbeitet wird, ist für Karl zur Bearbeitung gesperrt

Word 2013 – gesperrter Bereich

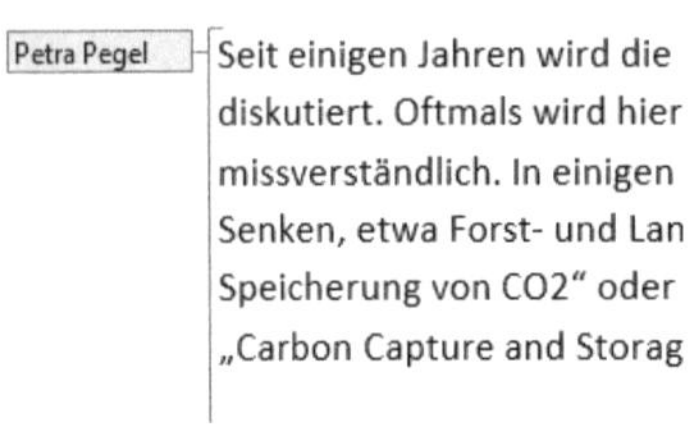

Word Web App – Bereich der bearbeitet wird

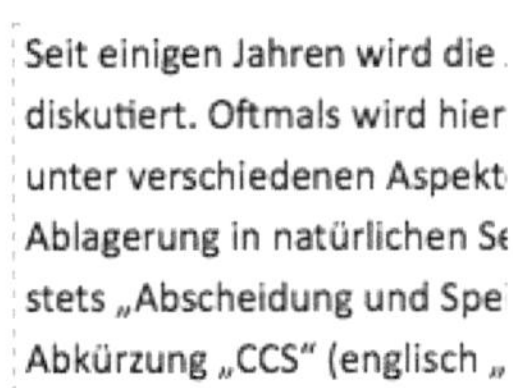

Sobald Petra das Dokument speichert, wird Karl in der Statusleiste darüber informiert, dass für das Dokument Aktualisierungen verfügbar sind.

Bild 28.42 Für das Dokument sind Aktualisierungen verfügbar

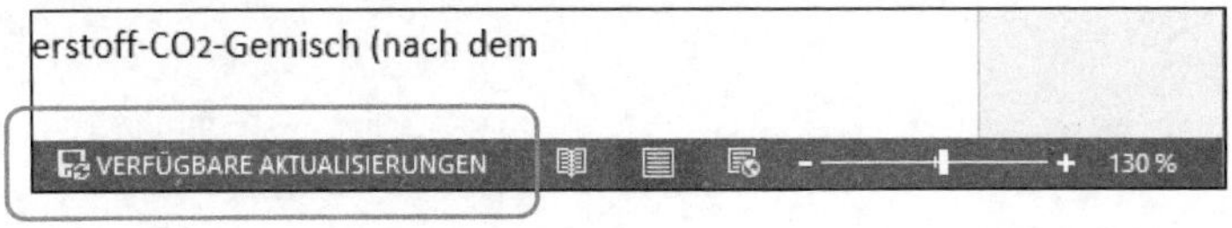

Karl klickt auf *VERFÜGBARE AKTUALSIERUNGEN*. Word zeigt das folgende Dialogfeld an. (Karl schaltet das Kontrollkästchen *Diese Meldung nicht mehr anzeigen ein* und klickt auf *OK.)* Word aktualisiert das Dokument mit den Änderungen, die von Petra Pegel vorgenommen wurden (siehe Bild 28.44).

Bild 28.43 Dieses Dialogfeld informiert Karl darüber, dass neue Inhalte an der grünen Unterlegung zu erkennen sind

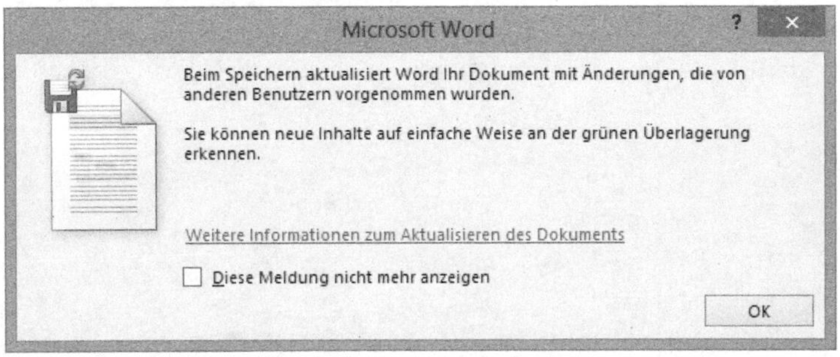

Bild 28.44 Der von Petra bearbeitete Absatz ist jetzt in Word 2013 zu sehen. Geänderte Textstellen lassen sich an der Hervorhebung leicht erkennen.

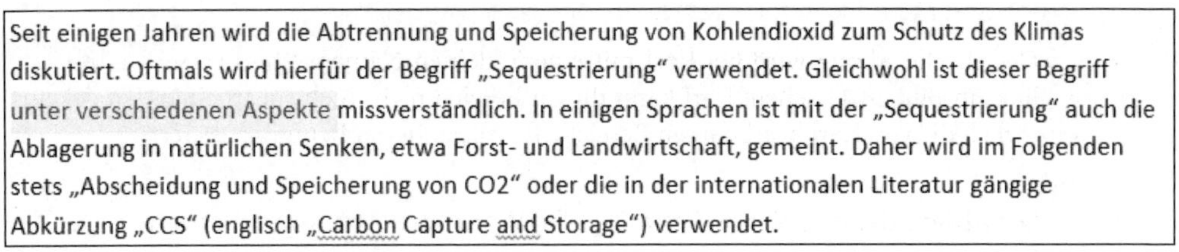

Seit einigen Jahren wird die Abtrennung und Speicherung von Kohlendioxid zum Schutz des Klimas diskutiert. Oftmals wird hierfür der Begriff „Sequestrierung" verwendet. Gleichwohl ist dieser Begriff unter verschiedenen Aspekte missverständlich. In einigen Sprachen ist mit der „Sequestrierung" auch die Ablagerung in natürlichen Senken, etwa Forst- und Landwirtschaft, gemeint. Daher wird im Folgenden stets „Abscheidung und Speicherung von CO2" oder die in der internationalen Literatur gängige Abkürzung „CCS" (englisch „Carbon Capture and Storage") verwendet.

Kapitel 29

Änderungen zusammenführen und Dokumente vergleichen

In diesem Kapitel:

Im Idealfall kann ein Dokument mit Word durchgehend elektronisch bearbeitet werden, ohne dass es für einzelne Bearbeitungsschritte ausgedruckt werden muss. Die Vorteile liegen auf der Hand: Das Drucken eines Dokuments kostet Zeit und Geld und das Papier eignet sich nur bedingt für den elektronischen Versand (nämlich maximal als Faxvorlage). Außerdem müssen handschriftliche Änderungen auf dem Papier aufwendig in das Dokument übertragen werden. Der damit verbundene Zeitaufwand ist in der Praxis erheblich.

Lassen Sie uns die verschiedenen Alternativen beim gemeinsamen Arbeiten an einem Dokument in einer Übersicht zusammenfassen:

- **Mehrere Personen bearbeiten *nacheinander dieselbe Datei*, Änderungsnachverfolgung ist aktiviert** Wenn mehrere Personen ein Dokument bearbeiten und alle Bearbeiter ihre Änderungen an derselben Datei vornehmen, verwenden Sie am besten die Überarbeitungsfunktion, die Sie im vorigen Kapitel kennengelernt haben. In diesem Modell der gemeinsamen Dokumentbearbeitung wird ein und dieselbe Datei von einem oder mehreren Bearbeitern nacheinander überarbeitet. Wie Sie in Kapitel 28 gesehen haben, zeigt Word im Überarbeitungsbereich an, welche Person welche Änderung vorgenommen hat.
- **Mehrere Personen bearbeiten eine *eigene Datei* ein und desselben Dokuments, Änderungsnachverfolgung ist aktiviert** Es kann jedoch auch Situationen geben, in denen ein Dokument von mehreren Personen nicht nacheinander, sondern parallel bearbeitet werden soll.

  Angenommen, Sie haben die Seite *E-Mail* der Backstage-Ansicht *Freigeben* verwendet, um ein Dokument an mehrere Personen zur Überarbeitung zu versenden (siehe hierzu auch den Abschnitt »Dokument per E-Mail versenden« in Kapitel 7). Alle Bearbeiter verwenden die Überarbeitungsfunktion von Word, während sie Änderungen vornehmen. Sie erhalten die verschiedenen Versionen per E-Mail zurück. Um die Überarbeitungen aller Bearbeiter übersichtlich in einem Dokument sehen und nachbearbeiten zu können, verwenden Sie das Word-Feature *Kombinieren.* Dieses Feature wird im ersten Abschnitt dieses Kapitels beschrieben.
- **Mehrere Personen bearbeiten eine *eigene Datei* ein und desselben Dokuments, Änderungsnachverfolgung ist nicht aktiviert** Wenn Sie ein Dokument in einer Originalversion und einer bearbeiteten Version vorliegen haben und bei der Bearbeitung das Feature *Änderungen nachverfolgen* nicht aktiviert war, können Sie Word die beiden Dokumentversionen vergleichen lassen. Word zeigt dann in einer Zusammenfassung die Unterschiede zwischen den beiden Dateiversionen an. Hierfür verwenden Sie das Word-Feature *Vergleichen.* Dieses Feature wird im zweiten Abschnitt dieses Kapitels beschrieben.

Änderungen in überarbeiteten Dokumenten zusammenführen

Beim Zusammenführen von Dokumenten werden zwei Dokumente, die mit aktivierter Überarbeitungsfunktion bearbeitet wurden, so kombiniert, dass die Änderungen aus beiden Dokumenten nach dem Zusammenführen in einem Dokument vorliegen und dann in diesem Dokument angenommen oder verworfen werden können. Damit Sie dieses Word-Feature ausprobieren können, haben wir zwei Beispieldateien mit ein und demselben Originaldokument vorbereitet. Eine Datei wurde von Karl Schlemmer und die zweite von Petra Pegel bearbeitet.

1. Starten Sie Word und wechseln Sie zur Registerkarte *ÜBERPRÜFEN*.
2. Klicken Sie in der Gruppe *Vergleichen* auf die Schaltfläche *Vergleichen* und wählen Sie im Dropdownmenü den Befehl *Kombinieren*.

Bild 29.1 Die Optionen der Schaltfläche *Vergleichen* auf der Registerkarte *ÜBERPRÜFEN*

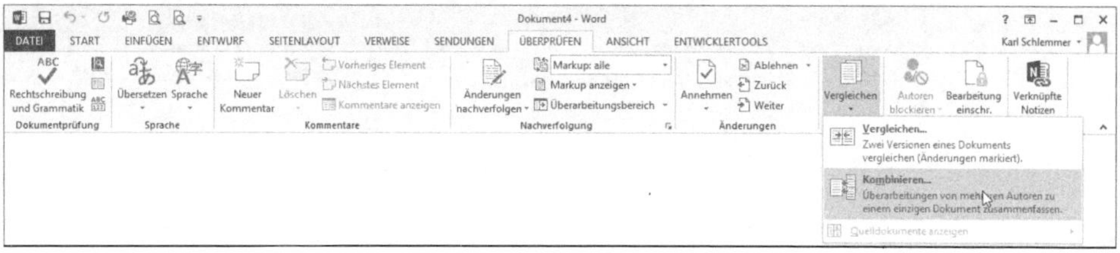

Word zeigt das Dialogfeld *Dokumente zusammenfassen* an.

Bild 29.2 Auswahl der Dateien und Konfiguration des Zusammenführens

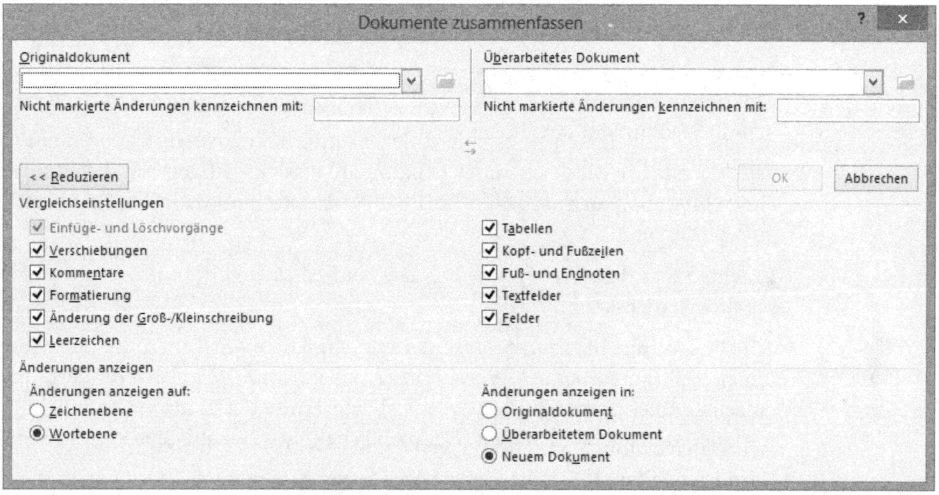

HINWEIS Falls das Dialogfeld bei Ihnen in seiner reduzierten Form angezeigt wird, können Sie die weiteren Optionen mit einem Klick auf die Schaltfläche *Erweitern* einblenden.

3. Wählen Sie in den Listenfeldern *Originaldokument* und *Überarbeitetes Dokument* die beiden Dokumente aus, deren Änderungen kombiniert werden sollen. Verwenden Sie für dieses Beispiel die Dateien *Kombinieren, Karl Schlemmer* und *Kombinieren, Petra Pegel* aus dem Ordner mit den Beispieldateien für dieses Buch.
4. Geben Sie in die beiden Textfelder unterhalb der Listenfelder mit den Dateinamen einen Namen oder eine Bezeichnung ein, mit der die Änderungen der betreffenden Datei gekennzeichnet werden sollen.

   Word trägt in beide Felder standardmäßig den Namen der Person ein, die die Datei zuletzt geändert/gespeichert hat.

5. Falls Sie die als Originaldokument und überarbeitetes Dokument ausgewählten Dateien tauschen wollen, klicken Sie auf die Schaltfläche mit dem blauen Doppelpfeil.

Bild 29.3 Die beiden zu kombinierenden Dateien wurden ausgewählt

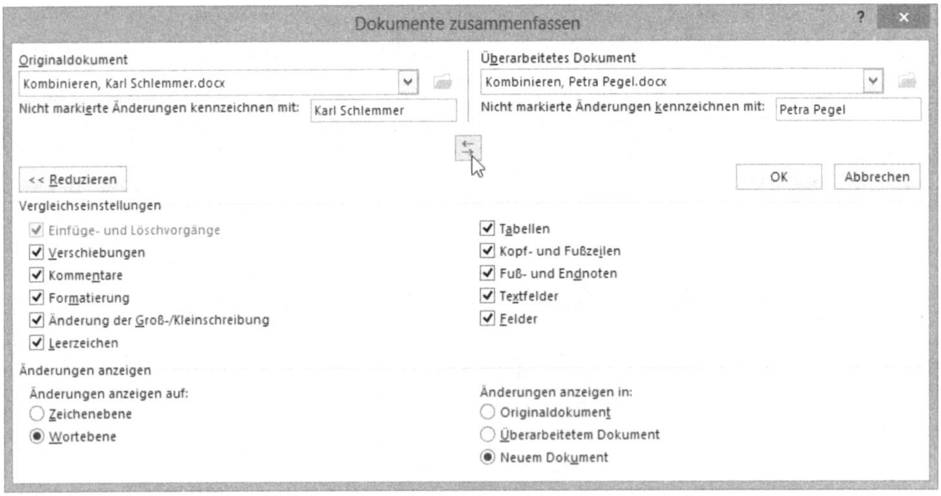

6. Stellen Sie mit den Optionsfeldern der Gruppe *Vergleichseinstellungen* ein, welche Änderungen Word beim Vergleichen der Dokumente berücksichtigen soll. Eventuell empfiehlt es sich, einige Optionen auszuschalten (z. B. *Formatierung*), um dadurch die Anzahl der Änderungen zu reduzieren.

   Beachten Sie, dass die Option *Einfüge- und Löschvorgänge* immer aktiv ist und nicht ausgeschaltet werden kann.

7. Für die Option *Änderungen anzeigen auf* empfehlen wir Ihnen die Einstellung *Wortebene*. In diesem Fall kennzeichnet Word immer das gesamte Wort als geändert, auch wenn nur ein einzelner Buchstabe geändert wurde. Diese Form der Kennzeichnung ist unserer Meinung nach deutlich leichter zu lesen (Beispiel: Schaltfläche~~Schaltlfäche~~ anstelle von Schaltlfläche).

8. Zum Schluss können Sie noch mit der Option *Änderung anzeigen in* entscheiden, ob Word die beim Kombinieren gefundenen Änderungen in einem neuen Dokument oder in einem der beiden in Schritt 3 ausgewählten Dokumente anzeigen soll.

9. Klicken Sie dann auf *OK*, um das Zusammenfassen zu starten.

Bild 29.4 Standardmäßig werden die Änderungen in einem neuen Dokument angezeigt

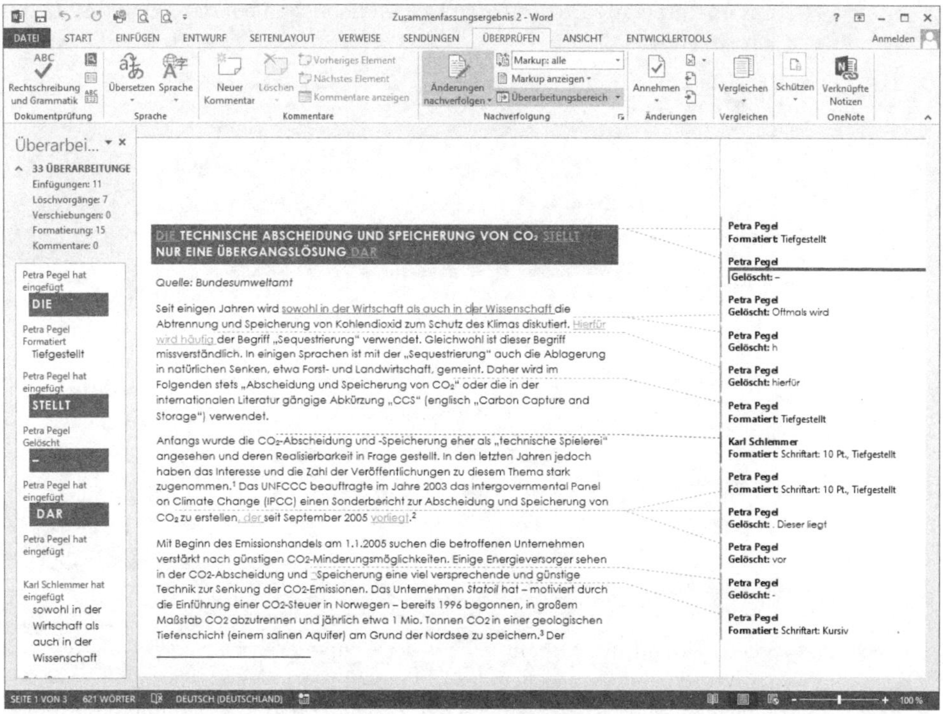

Im Aufgabenbereich *Überarbeitungen* (links im Fenster) sehen Sie eine Liste mit allen Änderungen, die am Dokument vorgenommen wurden. Rechts im Fenster sehen Sie den Markupbereich. Mit dem Listenfeld *Für Überarbeitung anzeigen* in der Gruppe *Nachverfolgung* steuern Sie, wie die kombinierten Änderungen im Dokument angezeigt werden.

10. Wenn Sie nachvollziehen möchten, wie eine bestimmte Änderungsmarkierung zustande gekommen ist, können Sie sich auch alle beteiligten Dokumente gleichzeitig anzeigen lassen. Klicken Sie dazu in der Gruppe *Vergleichen* auf die Schaltfläche *Quelldokumente anzeigen* und wählen Sie im Menü den Befehl *Beide anzeigen.*

Word teilt dann die Ansicht auf die beteiligten Dokumente so ein, wie es die Abbildung auf der folgenden Seite zeigt.

Bild 29.5 Wenn Sie auch die Quelldokumente anzeigen lassen, werden das Originaldokument und das überarbeitete Dokument in kleinen Bereichen auf der rechten Seite des Word-Fensters eingeblendet

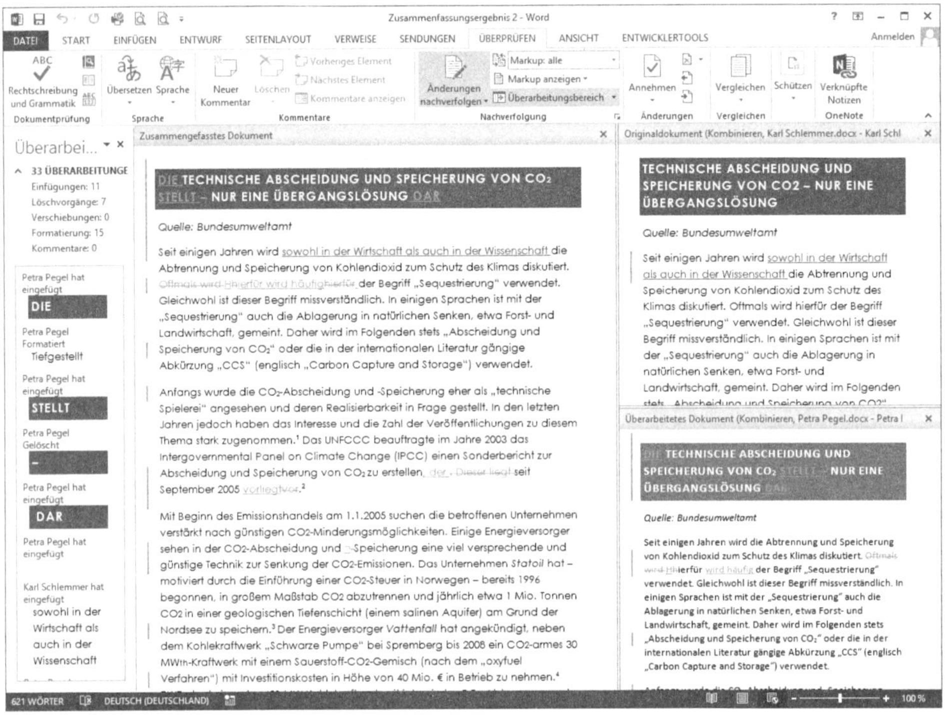

Word hält den Inhalt der verschiedenen Fenster automatisch synchron, d. h., wenn Sie in einem der Fenster einen Bildlauf durchführen, folgen die anderen Fenster dieser Bewegung.

Dieses Beispiel ging davon aus, dass die Originalversion des Dokuments *Kombinieren,* die an Karl Schlemmer und Petra Pegel per E-Mail versendet wurde, nach dem Versand nicht mehr bearbeitet wurde. Somit erhalten Sie nach dem Zusammenführen der beiden oben genannten Dateien eigentlich eine Kombination von drei Dateien, nämlich der Dateien *Kombinieren*, *Kombinieren Karl Schlemmer* und *Kombinieren Petra Pegel.*

Falls Sie nach dem Versand des Dokuments weitere Änderungen vorgenommen haben, müssen Sie daher das Kombinieren in mehreren Schritten durchführen:

- Kombinieren Sie zuerst Ihre Originalversion mit der Version des ersten Bearbeiters.
- Kombinieren Sie anschließend das zusammengefasste Dokument mit der Version des zweiten Bearbeiters.

Das Kombinieren lässt sich auf diese Weise erweitern, wenn noch weitere Personen am Vorgang beteiligt sind.

Dokumente vergleichen

Wenn Sie von einem Dokument zwei verschiedene Versionen besitzen und keine der Versionen mit aktivierter Änderungsnachverfolgung bearbeitet wurde, können Sie mithilfe von Word relativ leicht feststellen, wie bzw. wo sich die beiden Dokumente unterscheiden. Die vorhandenen Unterschiede werden dabei als Änderungen in ein neu erstelltes oder wahlweise auch in eines der beiden Dokumente, die miteinander verglichen werden, eingetragen. Ohne diese Funktion wäre es kaum zu schaffen, die Unterschiede der beiden Dokumente mit vertretbarem Aufwand zu finden.

Für das Vergleichen von Dokumenten haben wir zwei Beispieldateien vorbereitet: *Kap17, Original* enthält die Ursprungsfassung des Dokuments und *Kap17, überarbeitet* eine bearbeitete Fassung, die jedoch nicht im Überarbeitungsmodus erstellt wurde.

1. Starten Sie Word und wechseln Sie zur Registerkarte *ÜBERPRÜFEN.*
2. Klicken Sie in der Gruppe *Vergleichen* auf die Schaltfläche *Vergleichen* und wählen Sie in deren Menü den Befehl *Vergleichen.* Word zeigt das Dialogfeld *Dokumente vergleichen* an. Mit der Schaltfläche *Erweitern* können Sie sich alle Optionen anzeigen lassen.

Bild 29.6 Auswahl der Dateien und Konfiguration des Vergleichsvorgangs

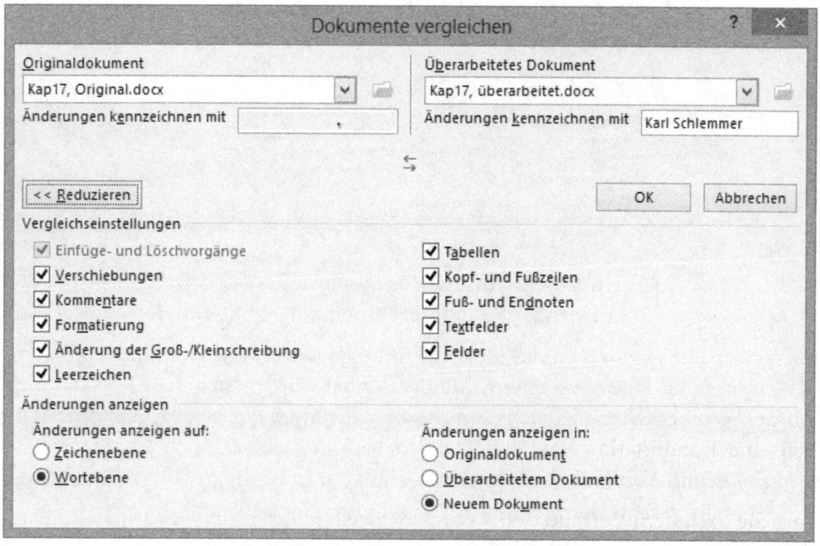

3. Wählen Sie in den beiden Listenfeldern des Dialogfeldes die zu vergleichenden Dokumente aus. Wenn Sie die Übungsdateien verwenden, sollten Sie links die Datei *Kap17, Original* und rechts die Datei *Kap17, überarbeitet* eintragen. Wenn Sie möchten, können Sie auch einen Namen oder eine Bezeichnung angeben, mit der die Änderungen gekennzeichnet werden.
4. Stellen Sie mit den Optionsfeldern der Gruppe *Vergleichseinstellungen* ein, welche Änderungen Word beim Vergleichen der Dokumente berücksichtigen soll. Eventuell empfiehlt es sich, einige Optionen auszuschalten (z. B. *Formatierung*), um dadurch die Anzahl der Änderungen zu reduzieren.

5. Auch beim Vergleichen von Dokumenten empfehlen wir Ihnen für die Option *Änderungen anzeigen auf* die Einstellung *Wortebene.*

6. Schließlich können Sie noch mit der Option *Änderung anzeigen in* entscheiden, ob Word die gefundenen Änderungen in einem neuen Dokument oder in einem der beiden verglichenen Dokumente anzeigen soll.

7. Klicken Sie dann auf *OK,* um den Vergleich zu starten.

Bild 29.7 Standardmäßig werden die Änderungen in einem neuen Dokument angezeigt

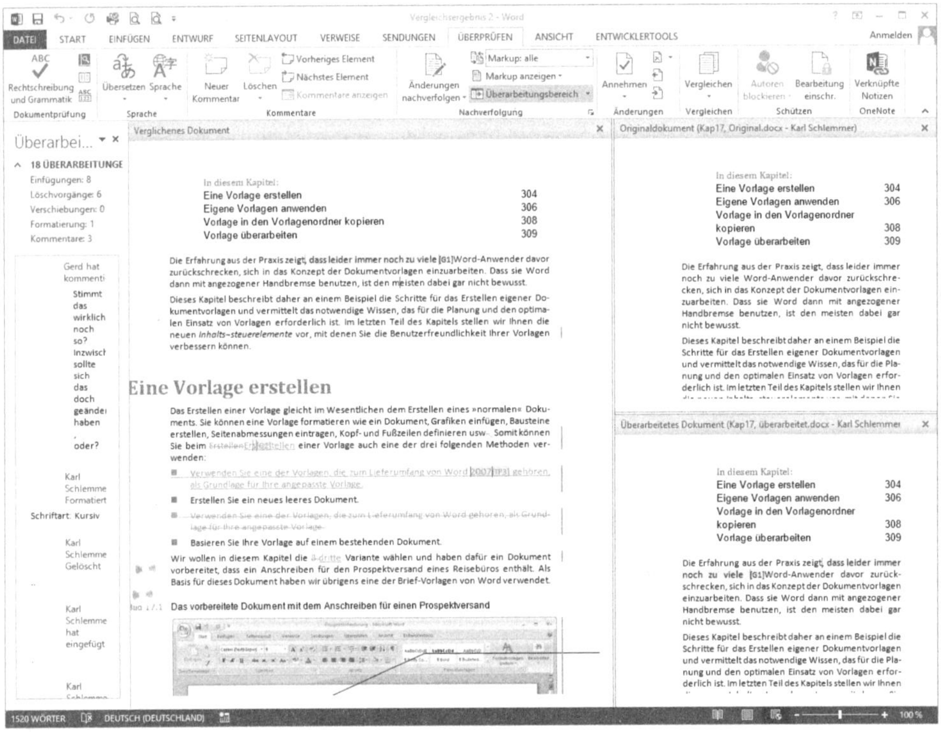

8. Ob Word die Änderungen als Sprechblasen oder direkt im Dokument anzeigt, steuern Sie über die Befehle des Menüs *Markup anzeigen/Sprechblasen.*

9. Außerdem können Sie über das Menü der Schaltfläche *Markup anzeigen* einzelne Änderungstypen (z. B. Formatierungen) ausblenden.

Word hält den Inhalt der verschiedenen Fenster automatisch synchron, d. h., wenn Sie in einem der Fenster einen Bildlauf durchführen, folgen die anderen Fenster dieser Bewegung.

Synchronen Bildlauf verwenden

Mit Word können Sie den Inhalt zweier Dokumente aber auch noch auf eine andere Weise vergleichen, die wir Ihnen im letzten Abschnitt dieses Kapitels vorstellen wollen:

1. Öffnen Sie die beiden Dokumente, die Sie miteinander vergleichen wollen (zum Beispiel die Übungsdateien *Kap17, Original* und *Kap17, überarbeitet).*
2. Wechseln Sie in einem der Dokumente (das dann links angezeigt wird) auf die Registerkarte *ANSICHT* und klicken Sie in der Gruppe *Fenster* auf die Schaltfläche *Nebeneinander anzeigen.*
3. Wenn Sie zurzeit mehr als zwei Dokumente in Word geöffnet haben, erscheint ein Dialogfeld, in dem Sie das zweite Dokument auswählen können.

Bild 29.8 Auswahl des zweiten Dokuments

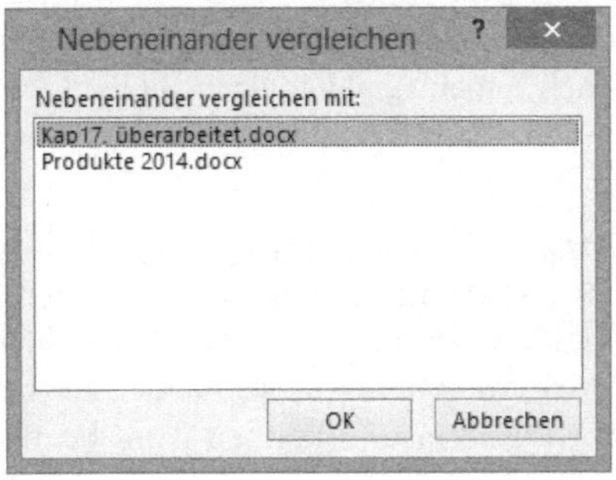

Andernfalls zeigt Word die beiden Dokumente sofort nebeneinander an.

Bild 29.9 Word hat die beiden Dokumente bildschirmfüllend nebeneinander angeordnet

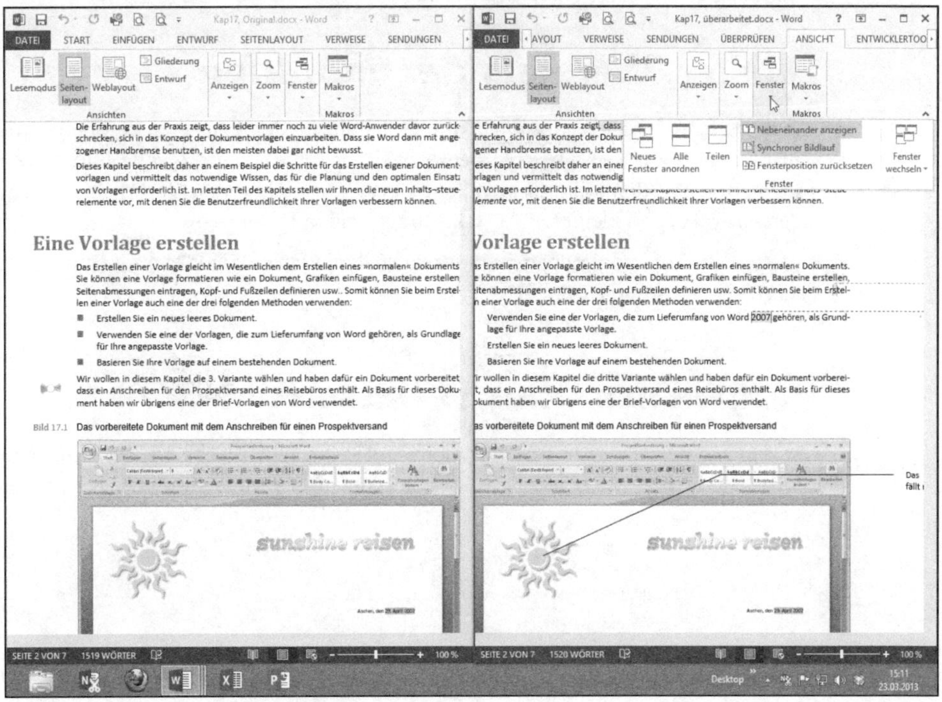

Zum Anzeigen der beiden Dokumente passt Word deren Fenstergröße so an, dass sie die gesamte Fläche des Bildschirms ausnutzen. Die aktuelle Bildlaufposition der beiden Dokumente wird dabei nicht geändert! Wenn Sie also vor dem Aufruf des Befehls im ersten Dokument die fünfte Seite angezeigt hatten und im zweiten Dokument die siebte, werden genau diese beiden Seiten nebeneinander dargestellt.

4. Wenn Sie nun in einem der beiden Fenster einen Bildlauf vornehmen, folgt ihm das Dokument im anderen Fenster synchron.

Zu Beginn ist die Schaltfläche *Synchroner Bildlauf* (sie befindet sich auf der Registerkarte *ANSICHT* in der Gruppe *Fenster)* aktiviert, d.h., die beiden Dokumente hängen gewissermaßen aneinander fest. Wenn Sie diese Schaltfläche deaktivieren (also einmal anklicken), wird die Verbindung gelöst und Sie können wieder in beiden Dokumenten einen unabhängigen Bildlauf vornehmen. Das ist z.B. notwendig, wenn Sie die Dokumente anders »nebeneinander legen« wollen, sie also gewissermaßen gegeneinander verschieben möchten.

Stellen Sie sich z.B. vor, eines der beiden Dokumente wurde am Textanfang um vier Seiten erweitert, sodass die gemeinsamen Passagen dort erst ab der fünften Seite beginnen. Sie können sich dann bei ausgeschaltetem synchronem Bildlauf zu der entsprechenden Textstelle bewegen, bis sich diese auf gleicher Höhe mit ihrem Gegenstück im anderen Dokumentfenster befindet. Anschließend schalten Sie den synchronen Bildlauf wieder ein und können dann bequem nach weiteren Abweichungen der Dokumente suchen.

Sobald Sie beim synchronen Bildlauf den Anfang oder das Ende eines der beiden Dokumente erreicht haben, bleibt das betreffende Dokument an dieser Position stehen. Dies ist z.B. der Fall, wenn die Dokumente unterschiedlich lang sind.

Fenster übereinander anordnen

Mit der Schaltfläche *Alle anordnen* können Sie die beiden Fenster auch übereinander auf dem Bildschirm anzeigen lassen. Dies hat den Vorteil, dass Sie dann die volle Bildschirmbreite zur Verfügung haben und den Text auf den Seiten besser lesen können. Natürlich sehen Sie dann auch nur einen entsprechend kleineren Ausschnitt der beiden Dokumente.

Um die Fenster wieder nebeneinander zu stellen, klicken Sie in der Gruppe *Fenster* auf die Schaltfläche *Fensterposition zurücksetzen.*

Vergleichsmodus verlassen

Um den Modus wieder zu verlassen, klicken Sie die Schaltfläche *Nebeneinander anzeigen* erneut an. Word stellt beim Verlassen der Ansicht die alte Größe und Position der beiden Fenster wieder her.

Kapitel 30

Dokumente schützen

In diesem Kapitel:

Dem Wunsch, ein Word-Dokument vor dem Zugriff durch andere Personen zu schützen, liegen in aller Regel zwei Motive zugrunde: Entweder sollen unberechtigte Personen erst gar keinen Zugriff auf die Daten erhalten oder das Dokument soll vor Änderungen durch autorisierte Benutzer geschützt werden.

In diesem Kapitel lernen Sie verschiedene Möglichkeiten kennen, mit denen Sie Ihre Word-Dokumente vor unberechtigtem Zugriff schützen können. Zum Thema Dokumentschutz gehören weitere Word-Features, die bereits in anderen Kapiteln dieses Buches beschrieben wurden:

- Im Abschnitt »Persönliche Informationen entfernen« in Kapitel 7 ist beschrieben, wie Sie die Dokumentprüfung von Word verwenden, um ein Dokument auf normalerweise nicht sichtbare Metadaten sowie weitere persönliche Informationen hin untersuchen und diese entfernen.
- Im Abschnitt »Festlegen, welcher Benutzer welche Bearbeitung vornehmen darf« in Kapitel 28 ist beschrieben, wie Sie bei der gemeinsamen Bearbeitung von Dokumenten festlegen können, dass nur bestimmte Bearbeitungen möglich sind und dass nur bestimmte Formatvorlagen verwendet werden dürfen. Diese Bearbeitungs- und Formatierungseinschränkungen lassen sich für verschiedene Benutzer unterschiedlich konfigurieren.

Dokument abschließen

Wenn Sie ein Word-Dokument als *abgeschlossen* kennzeichnen, deaktiviert Word alle Funktionen, mit denen ein Word-Dokument bearbeitet werden kann. Das Dokument lässt sich dann also nicht mehr ändern.

Da diese Eigenschaft jedoch nicht durch ein Kennwort abgesichert werden kann, handelt es sich dabei nicht um eine Schutzfunktion, sondern eher um eine Statusinformation. Sie dient also dazu, anderen Anwendern zu signalisieren, dass es sich um die endgültige Version des Word-Dokuments handelt.

Um ein Word-Dokument abzuschließen, führen Sie folgende Schritte durch:

1. Klicken Sie auf die Registerkarte *DATEI* und dann auf *Informationen.*
2. Klicken Sie in der Backstage-Ansicht auf *Dokument schützen* und dann auf *Als abgeschlossen kennzeichnen.*
3. Bestätigen Sie die nächste Meldung mit *OK.* Das Dokument wird gespeichert und als abgeschlossen gekennzeichnet. Anschließend erscheint eine weitere Meldung mit Informationen über den neuen Status des Dokuments.

Bild 30.1 Das Dokument ist als abgeschlossen gekennzeichnet

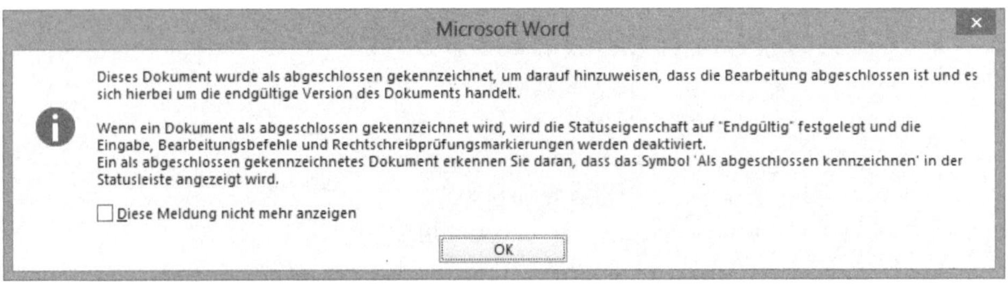

4. Klicken Sie auf *OK*, um die Meldung zu schließen. Wenn Sie nicht möchten, dass diese Meldung in Zukunft erneut erscheint, schalten Sie vorher noch das Kontrollkästchen *Diese Meldung nicht mehr anzeigen* ein.

Dass ein Dokument abgeschlossen ist, erkennen Sie zum einen daran, dass in der Statusleiste ein weiteres kleines Symbol angezeigt wird.

Bild 30.2 Nach dem Öffnen abgeschlossener Dokumente sind die Bearbeitungsfunktionen deaktiviert

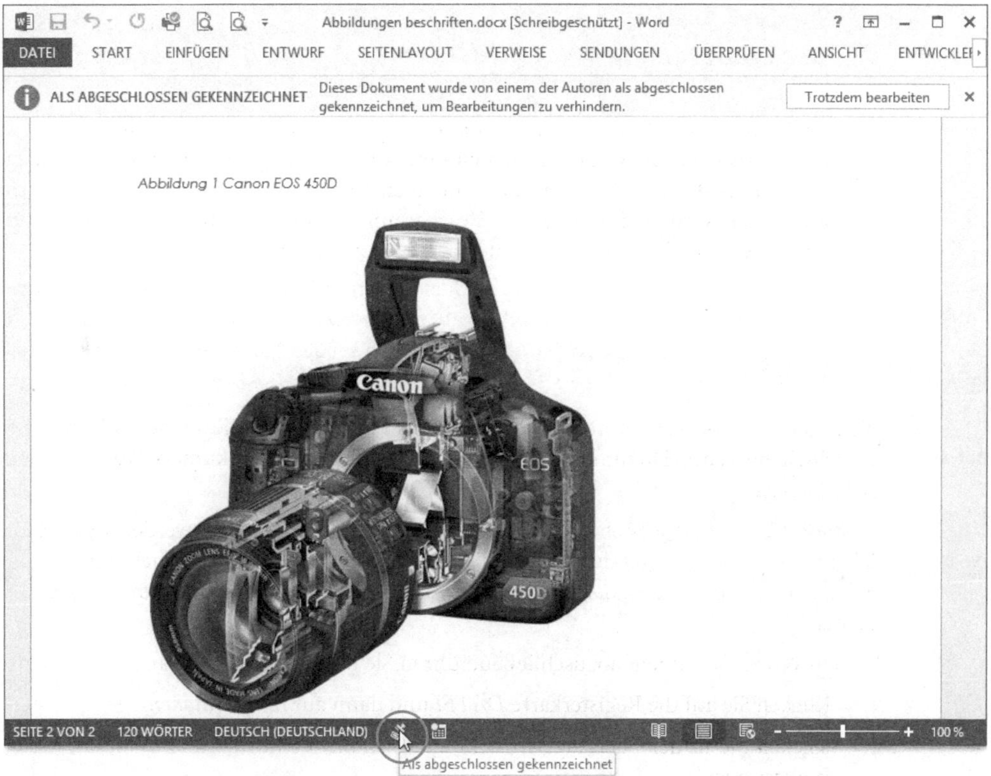

Außerdem wird das Menüband minimiert und stattdessen eine Meldung angezeigt. Wenn Sie das Menüband erweitern, sehen Sie außerdem, dass nahezu alle Befehle deaktiviert sind.

Wenn Sie das Dokument dennoch bearbeiten möchten, klicken Sie auf *Trotzdem bearbeiten*

Dokument verschlüsseln

Die größtmögliche Sicherheit für Ihre Daten erhalten Sie, wenn Sie das Dokument verschlüsseln. Um diesen Schutzmechanismus zu aktivieren, führen Sie folgende Schritte durch:

1. Klicken Sie auf die Registerkarte *DATEI* und dann auf *Informationen.*
2. Klicken Sie in der Backstage-Ansicht auf *Dokument schützen* und dann auf *Mit Kennwort verschlüsseln.*

3. Das Dialogfeld *Dokument verschlüsseln* wird angezeigt und Sie werden zur Eingabe eines Kennwortes aufgefordert. Dieses Kennwort wird nach dem Verschlüsseln benötigt, um das Dokument öffnen zu können.

Bild 30.3 Kennworteingabe

4. Geben Sie ein Kennwort ein und klicken Sie auf *OK*. Beachten Sie bei der Wahl des Kennwortes die Ausführungen im Abschnitt »Hinweise zur Kennwortwahl« (auf Seite 649). Es erscheint ein weiteres Dialogfeld, in dem Sie das soeben eingegebene Kennwort bestätigen müssen.

Bild 30.4 Kennwort bestätigen

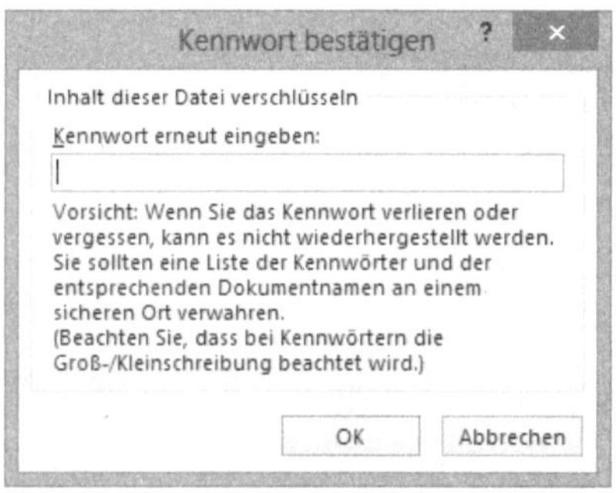

5. Geben Sie das Kennwort erneut ein. Damit wird kontrolliert, ob Sie sich beim ersten Eingeben des Kennwortes nicht vertan haben. Klicken Sie abschließend auf *OK*.

Ein so gesichertes Dokument kann nur noch von jemand geöffnet werden, der im Besitz des richtigen Kennwortes ist. (Das gilt auch für Sie persönlich – vergessen Sie das Kennwort also nicht.) Zusätzlich bietet die Verschlüsselung einen weiteren Schutz gegen Datenspionage, da auch jemand, der die Datei mit einem Hex-Editor öffnet, keine lesbaren Inhalte vorfindet.

Bild 30.5 Öffnen eines verschlüsselten Dokuments

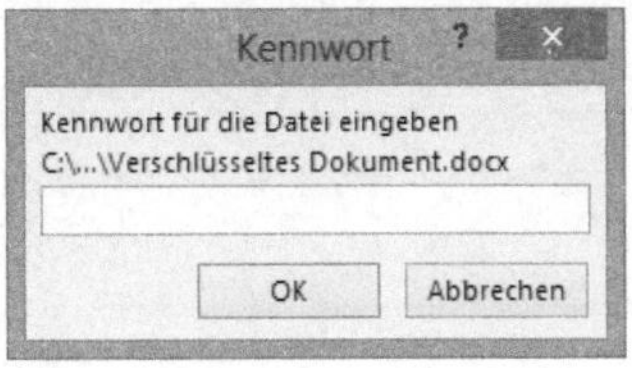

Wenn Sie die Verschlüsselung wieder aufheben möchten, rufen Sie den Befehl *Mit Kennwort verschlüsseln* erneut auf und löschen den Inhalt des Kennwortfeldes.

Dokument mit Schreibschutz versehen

Wenn Sie zwar das Öffnen eines Dokuments ohne Kennwort zulassen wollen, aber andererseits verhindern möchten, dass jemand am Dokument Änderungen vornimmt, können Sie es mit einem Schreibschutz versehen.

Um diesen Schutzmechanismus zu aktivieren, ist es erforderlich, dass Sie das Dokument speichern:

1. Klicken Sie auf die Registerkarte *DATEI.*
2. Wählen Sie den Befehl *Speichern unter.* Wählen Sie ggf. einen Speicherort aus, falls Sie die Backstage-Ansicht beim Speichern nicht deaktiviert haben. Word zeigt das gleichnamige Dialogfeld an.
3. Klicken Sie unten im Dialogfeld auf die Schaltfläche *Tools* und wählen Sie in deren Dropdownmenü den Befehl *Allgemeine Optionen.*

Bild 30.6 Hinter der Schaltfläche *Tools* verbergen sich weitere Optionen, mit denen Sie das Speichern von Word-Dokumenten beeinflussen können

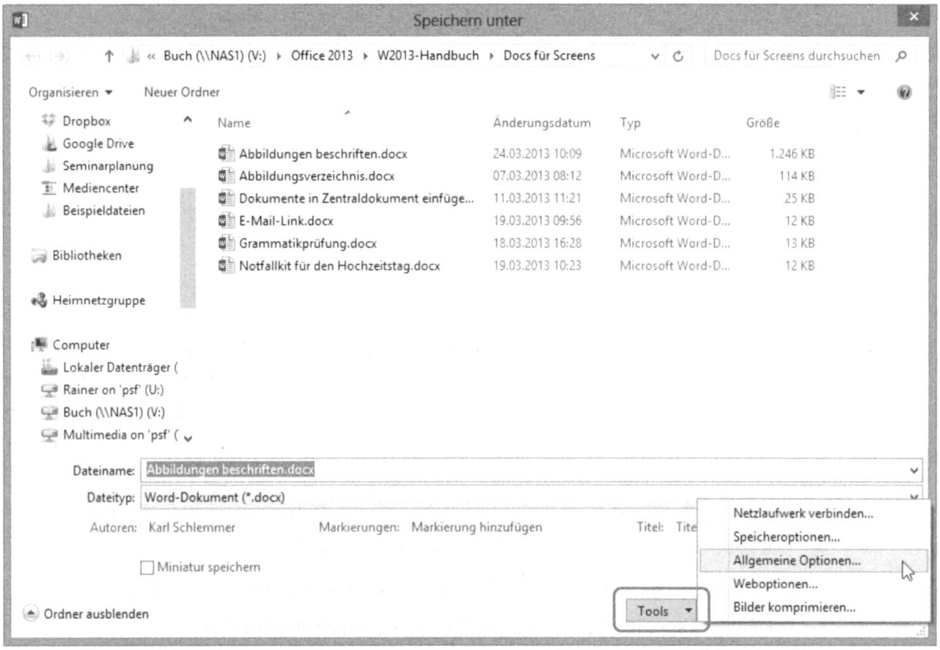

Das Dialogfeld *Allgemeine Optionen* wird angezeigt.

Bild 30.7 Dokumente können mit einem Schreibschutz versehen werden

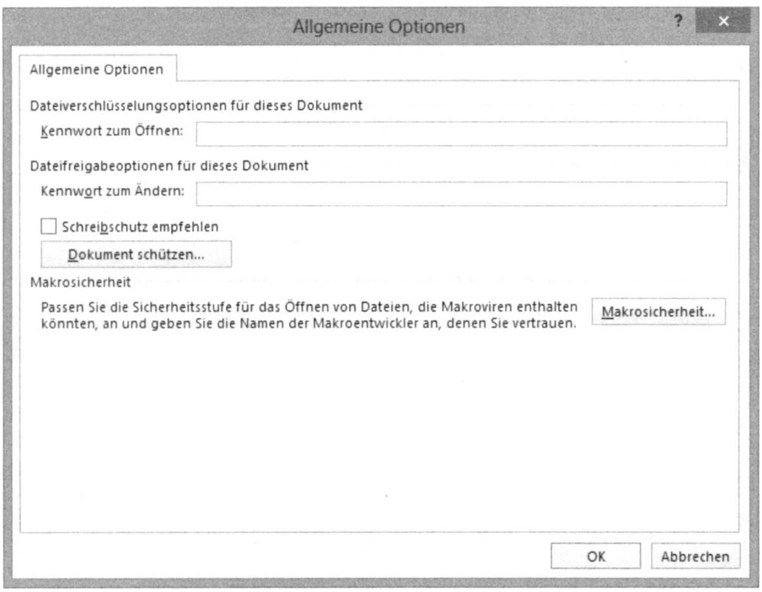

Die Felder im Dialogfeld *Allgemeine Optionen* haben folgende Bedeutung:

- **Kennwort zum Öffnen** Wenn Sie in diesem Feld eine Eingabe vornehmen, hat das die gleiche Wirkung wie der im letzten Abschnitt vorgestellte Befehl *Mit Kennwort verschlüsseln.*
- **Kennwort zum Ändern** Wenn Sie hier ein Kennwort eingeben, wird das Dokument mit einem Schreibschutz versehen. Das Dokument kann anschließend zwar ohne Kennwort geöffnet werden, jedoch nur im Schreibschutzmodus. Benutzer, die am Dokument Änderungen vornehmen wollen, benötigen dazu das richtige Kennwort.

  Beachten Sie, dass das Dokument hierdurch nicht verschlüsselt wird und böswillige Benutzer das Kennwort entfernen und die Datei bearbeiten können.
- **Schreibschutz empfehlen** Schalten Sie dieses Kontrollkästchen ein, wenn Sie verhindern möchten, dass die Bearbeiter von Inhalten versehentlich eine Datei ändern. Hierdurch zeigt Word beim Öffnen der Datei eine Meldung an, die darauf hinweist (aber es nicht zwingend erfordert), dass die Bearbeiter die Datei mit Schreibschutz öffnen sollen. Eine Datei mit Schreibschutz kann gelesen oder kopiert werden. Werden an einer Datei mit Schreibschutz Änderungen vorgenommen, können die Änderungen nur gespeichert werden, indem der Datei ein neuer Name gegeben wird.

4. Nehmen Sie im Feld *Kennwort zum Ändern* eine Eingabe vor, um das Dokument mit einem Schreibschutz zu versehen, und klicken Sie auf *OK*.
5. Bestätigen Sie das Kennwort im nächsten Dialogfeld.
6. Klicken Sie auf *Speichern*, um den Vorgang abzuschließen.

Wenn Sie ein Dokument öffnen wollen, das mit einem Kennwort schreibgeschützt ist, erscheint ein Dialogfeld, mit dem Sie entweder den Schreibschutz per Kennworteingabe aufheben oder das Dokument mit der Schaltfläche *Schreibgeschützt* im schreibgeschützten Modus öffnen können.

Bild 30.8 Der Schreibschutz kann per Kennwort aufgehoben werden

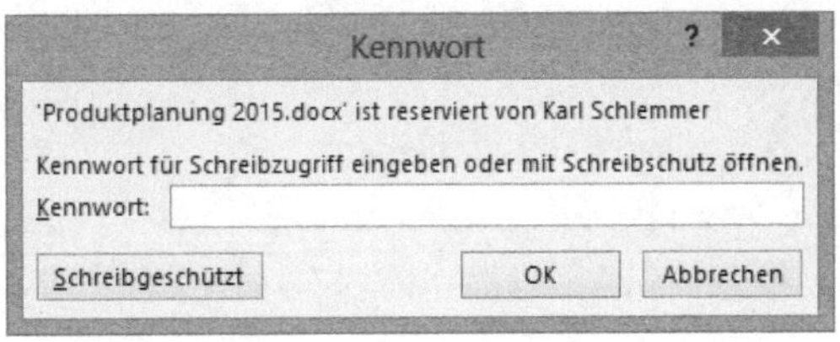

Um den Schreibschutz zu einem späteren Zeitpunkt wieder zu entfernen, rufen Sie das Dialogfeld *Allgemeine Optionen* erneut auf, löschen das Kennwort und speichern das Dokument anschließend wieder.

Hinweise zur Kennwortwahl

Einige Schutzfunktionen müssen, andere können optional mit einem Kennwort gesichert werden. Bei der Wahl eines Kennwortes sollten Sie folgende Punkte bedenken:

- Word berücksichtigt bei Kennwörtern die Groß- und Kleinschreibung. Die Kennwörter *Geheim* und *geheim* sind also verschieden.
- Apropos geheim: Vermeiden Sie Kennwörter, die leicht zu erraten sind. Dazu gehören z.B. Namen und Begriffe aus Ihrem privaten bzw. beruflichen Umfeld, Reiseziele oder Kennwörter wie *12345, Geheim, Password* etc. Ein gutes Kennwort sollte sich auch in keinem Lexikon finden lassen. Wie wäre es z. B. mit *DirdGwinnl* (»Die ich rief, die Geister, werd ich nun nicht los« aus dem Zauberlehrling) oder *DsiniaTUbskawz* (»Da steh ich nun, ich armer Tor! Und bin so klug als wie zuvor« aus Faust)?
- Verwenden Sie in Ihren Kennwörtern keine Umlaute oder Buchstaben mit Akzent, wenn es notwendig sein könnte, das Dokument auch auf einem Macintosh zu öffnen.
- Notieren Sie Ihre Kennwörter nach Möglichkeit nicht. Falls Sie es doch machen, legen Sie den Zettel bitte nicht unter die Tastatur und hängen Sie ihn auch nicht an die nächste Pinnwand!
- Gehen Sie nicht davon aus, dass Ihre Daten durch Vergeben eines Kennwortes hundertprozentig sicher sind. Bis jetzt ist noch jeder Kopierschutz früher oder später geknackt worden. Allerdings muss man zur Ehrenrettung von Microsoft sagen, dass der Kennwortschutz gegenüber früheren Office-Versionen erheblich verbessert wurde.
- Auch wenn wir gerade gesagt haben, dass sich jeder Kopierschutz aushebeln lässt: Verlassen Sie sich nicht darauf! Wenn Sie wirklich einmal das Kennwort für ein Dokument mit wichtigen Daten vergessen, würde es Sie mit Sicherheit Zeit und Geld kosten, um das Kennwort zu rekonstruieren (falls es dann im konkreten Einzelfall überhaupt möglich ist).

Digitale Signaturen verwenden

Beim digitalen Signieren versehen Sie ein Dokument mit einem digitalen Zertifikat, mit dem die Integrität des Dokuments verbürgt werden kann. Ein Dokument, das mit einer digitalen Signatur versehen ist, kann nicht geändert werden, ohne dass die Signatur dadurch ungültig wird. Wenn Sie einem Word-Dokument eine digitale Signatur hinzufügen, wird es automatisch als abgeschlossen gekennzeichnet und verschlüsselt gespeichert.

Grundsätzlich lassen sich zwei Arten von Zertifikaten unterscheiden:

- eigene digitale IDs, die Sie direkt aus Word heraus erstellen können
- Zertifikate, die von anerkannten Zertifizierungsstellen ausgegeben werden

Eigene digitale IDs haben den Vorteil, dass sie kostenlos sind. Dafür können sie aber auch nur eine eingeschränkte Sicherheit bieten, da sie prinzipiell von jedem gefälscht werden können. Kommerzielle Zertifikate garantieren zwar, dass ein Dokument wirklich von der Person mit dem Zertifikat versehen wurde, die sie zu sein vorgibt, aber diese Sicherheit hat auch ihren Preis.

Eigene digitale ID erstellen

Falls Sie kein von einer anerkannten Zertifizierungsstelle herausgegebenes Zertifikat besitzen, können Sie mit dem Programm *SELFCERT.EXE* ein selbst signiertes Zertifikat erstellen und dieses Zertifikat verwenden, um Ihre Word-Dokumente digital zu signieren. Führen Sie zum Erstellen eines selbst signierten Zertifikats folgende Schritte durch:

1. Starten Sie den Windows-Explorer und wechseln Sie zum Ordner *C:\Programme\Microsoft Office\Office15*. Dies ist der Standardordner, in dem Microsoft Office 2013 installiert wird.

Bild 30.9 Hier finden Sie das Tool *SELFCERT.EXE*, mit dem Sie ein selbst signiertes Zertifikat erstellen können

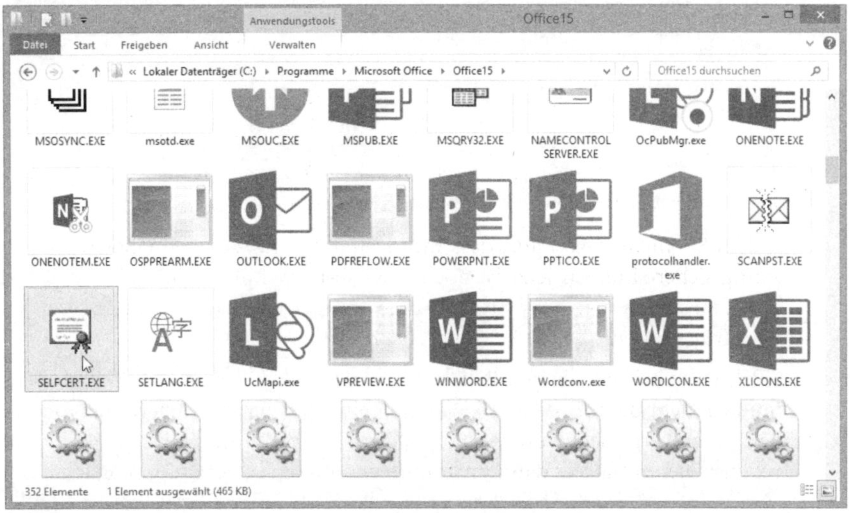

2. Suchen Sie nach dem Programm *SELFCERT.EXE* und doppelklicken Sie dann auf das Programmsymbol. Das Dialogfeld *Digitales Zertifikat erstellen* wird angezeigt.

Bild 30.10 Geben Sie in dieses Dialogfeld den Zertifikatsnamen ein

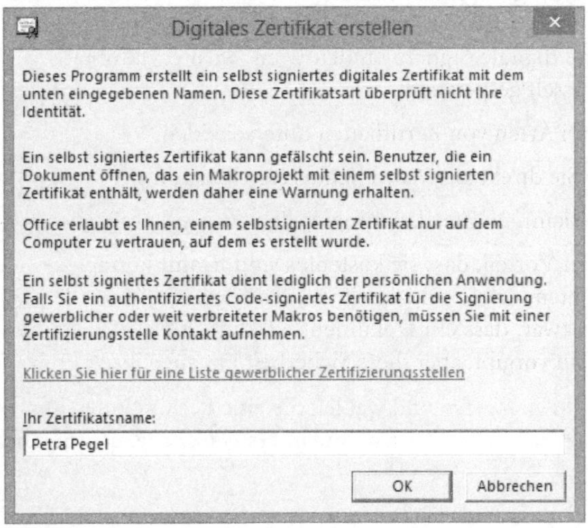

3. Geben Sie in das Feld *Ihr Zertifikatsname* einen Namen für das Zertifikat ein und klicken Sie auf *OK*. Das neue Zertifikat wird erstellt und Sie sehen eine Meldung ähnlich wie die in der folgenden Abbildung gezeigte.

Bild 30.11 Das Zertifikat wurde erstellt

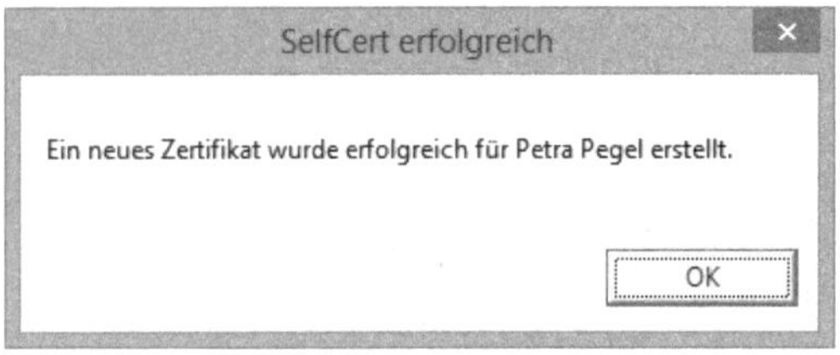

Dokument digital signieren

Um ein Dokument digital zu signieren, führen Sie folgende Schritte durch:

1. Öffnen Sie das Dokument, das Sie mit einem Zertifikat schützen wollen.
2. Klicken Sie auf die Registerkarte *DATEI* und dann auf *Informationen.*
3. Klicken Sie in der Backstage-Ansicht auf *Dokument schützen* und dann auf *Digitale Signatur hinzufügen.* Word zeigt das Dialogfeld *Signieren* an.

Bild 30.12 Mit diesem Dialogfeld fügen Sie dem Dokument eine digitale Signatur hinzu

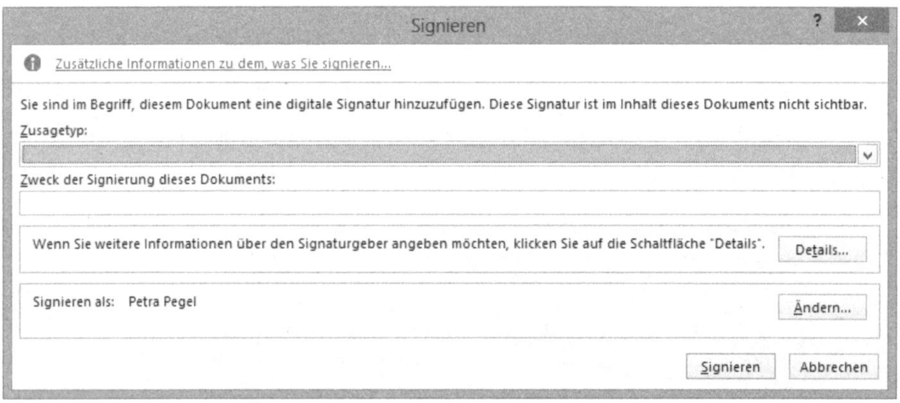

4. Öffnen Sie das Listenfeld *Zusagetyp* und wählen Sie eine der Optionen aus. Mit diesen Optionen können Sie bestätigen, dass Sie das Dokument erstellt bzw. genehmigt haben.

Bild 30.13 Mit den Optionen im Listenfeld *Zusagetyp* bestätigen Sie, dass Sie das Dokument erstellt, genehmigt bzw. erstellt und genehmigt haben

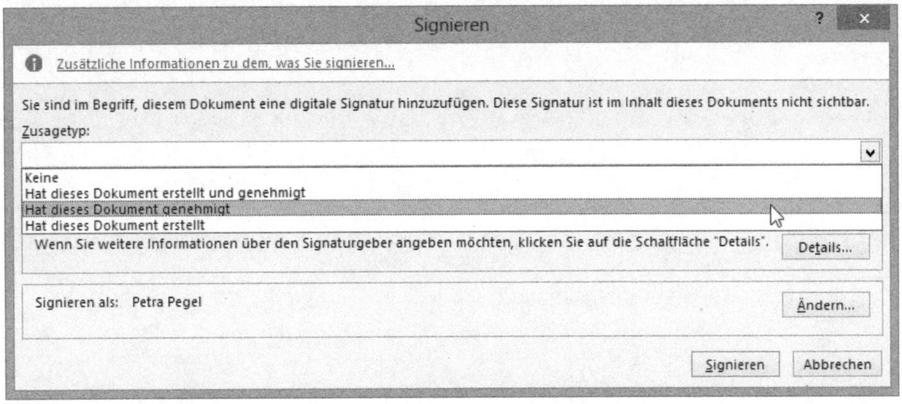

5. Geben Sie optional einen Zweck für die Signierung ein und klicken Sie dann auf *Signieren.*

Word blendet den Aufgabenbereich *Signaturen* ein und informiert Sie darüber, dass das Dokument signiert wurde und die Signatur gültig ist. Da das Dokument gleichzeitig als abgeschlossen gekennzeichnet wurde, können Sie keine Änderungen mehr vornehmen. Dies ist natürlich auch der Sinn und Zweck einer digitalen Signatur, die ja gerade sicherstellen soll, dass sich das Dokument noch im gleichen Zustand befindet, in dem es sein »Eigentümer« mit der Signatur versehen hat.

Um wieder Änderungen an dem Dokument vornehmen zu können, klicken Sie auf die Registerkarte *DATEI* und öffnen die Backstage-Ansicht *Informationen.* Klicken Sie auf *Dokument schützen* und dann auf *Als abgeschlossen kennzeichnen.* Ein Meldungsfeld informiert Sie darüber, dass durch Änderungen am Dokument die Signatur ungültig wird.

Teil G

Umfangreiche und wissenschaftliche Dokumente erstellen

In diesem Teil:

Kapitel 31

Die Gliederungsfunktion verwenden

In diesem Kapitel:

In diesem Teil des Buches stellen wir Ihnen Word-Funktionen vor, die Sie beim Erstellen von wissenschaftlichen und von umfangreichen Dokumenten unterstützen. Wir beginnen dabei in diesem Kapitel mit der Gliederungsfunktion, die Ihnen vor allem beim Schreiben längerer Texte helfen kann, Ihre Gedanken zu strukturieren. Wenn Sie dieses Werkzeug effektiv einsetzen, können Sie die Struktur Ihrer Dokumente mit wenigen Mausklicks neu organisieren.

Die Gliederungsansicht

Wenn Sie ein umfangreiches Dokument erstellen, z. B. einen Vortrag oder eine wissenschaftliche Arbeit, beginnen Sie diese Aufgabe vermutlich damit, die Themen bzw. Aspekte festzulegen, die Sie behandeln wollen, und die Struktur des Textes zu planen. Sinnvollerweise legen Sie dabei schon Haupt- und Unterpunkte fest und überlegen, welche Inhalte in den einzelnen Abschnitten behandelt werden sollen. Sobald die Gliederung des Textes einmal steht, können Sie dieses Textskelett füllen und Ihren Text um die Gliederung herum schreiben.

Wenn Sie dann beim Schreiben des Textes z. B. bemerken, dass einzelne Abschnitte an anderer Stelle besser untergebracht wären, können Sie die Struktur des Dokuments in der Gliederungsansicht von Word mit wenig Aufwand modifizieren oder ergänzen. Wie Sie gleich noch im Detail sehen werden, ziehen Sie dazu einfach die betreffenden Überschriften mit der Maus an ihre neue Position. Dabei wandert der der verschobenen Überschrift untergeordnete Text mit.

Um in die Gliederungsansicht zu gelangen, klicken Sie auf der Registerkarte *ANSICHT* in der Gruppe *Ansichten* auf die Schaltfläche *Gliederung*.

Bild 31.1 Die Gliederungsansicht

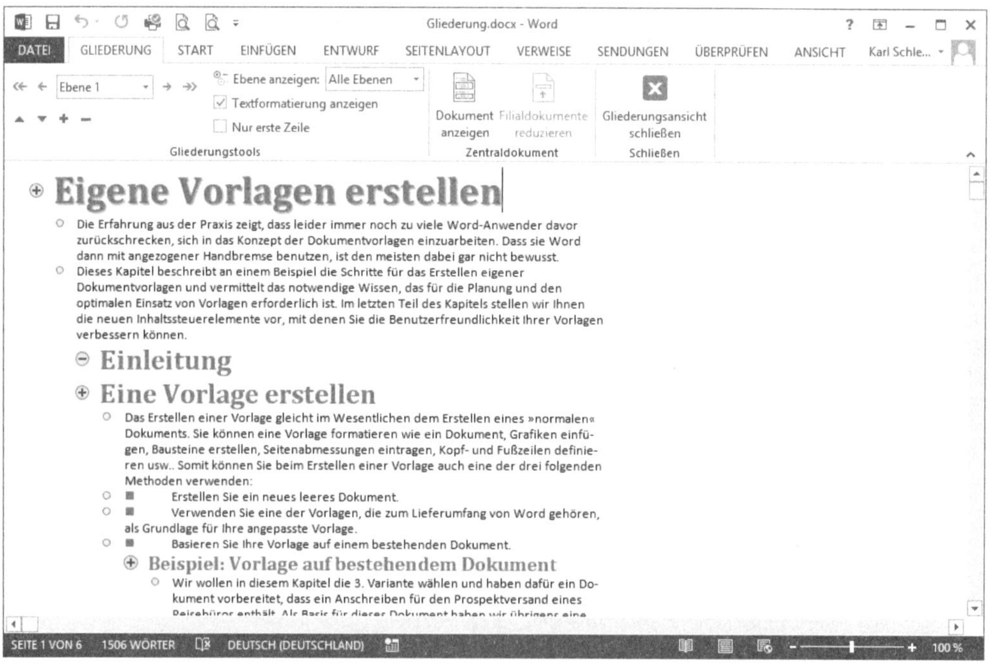

Im Dokumentfenster sind die verschiedenen Ebenen des Textes gut zu erkennen, da tiefere Ebenen gegenüber den höheren etwas eingerückt werden. Damit dies funktioniert, müssen Sie die Überschriften Ihres Dokuments mit den dafür vorgesehenen Formatvorlagen *Überschrift 1*, *Überschrift 2* usw. formatiert haben, denn sonst ist Word natürlich nicht in der Lage, die Struktur Ihres Textes zu erfassen. (Formatvorlagen werden ausführlich in Kapitel 11 vorgestellt.)

Vor jedem Absatz erscheint ein Symbol, das folgende Informationen liefert:

- Steht vor einem Absatz ein Pluszeichen, handelt es sich um eine Überschrift, zu der noch weitere Textkörper und/oder untergeordnete Gliederungsebenen gehören.
- Sehen Sie vor einem Absatz ein Minuszeichen (wie bei der Überschrift »Einleitung« in der Abbildung auf der vorigen Seite), handelt es sich um eine Überschrift, zu der weder eine weitere Gliederungsebene noch ein Textkörper existiert.
- Kleine Punkte zeigen an, dass es sich bei den Absätzen nicht um Überschriften, sondern um Textkörper handelt.

HINWEIS **Lineal** Beim Wechsel zur Gliederungsansicht wird das Lineal – sofern es aktiv war – ausgeschaltet, da es sich in dieser Ansicht grundsätzlich nicht benutzen lässt.

Die Registerkarte »Gliederung«

Im Menüband ist die Registerkarte *GLIEDERUNG* aufgetaucht, mit deren Schaltflächen Sie die meisten Aufgaben, für die die Gliederungsansicht geschaffen wurde, erledigen können.

Bild 31.2 Die Registerkarte *GLIEDERUNG*

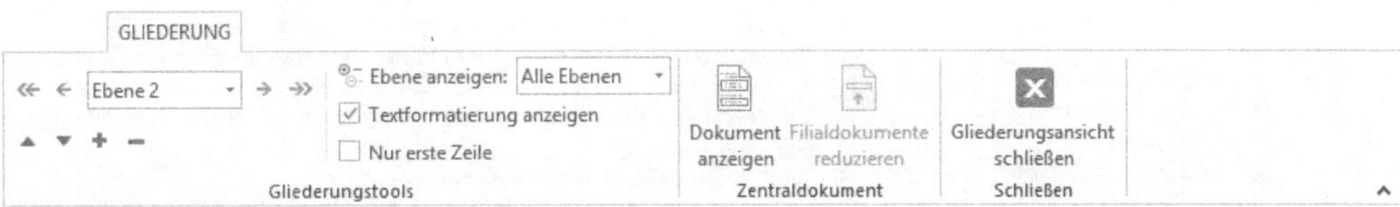

In diesem Kapitel werden wir uns mit den Funktionen der Gruppe *Gliederungstools* beschäftigen. Wie Sie sehen, ist diese Gruppe in zwei Bereiche unterteilt:

- Die Schaltflächen im linken Teil der Gruppe dienen dazu, einen Absatz in der Gliederungshierarchie höher- oder tieferzustufen. Das heißt, mit diesen Schaltflächen ändern Sie Ihr Dokument; gehen Sie mit ihnen also entsprechend vorsichtig um.
- Die Optionen im rechten Bereich der Gruppe *Gliederungstools* beeinflussen hingegen nur die Darstellung. Mit ihnen können Sie z.B. steuern, wie viele Ebenen der Gliederung angezeigt werden sollen.

Ganz rechts auf der Registerkarte *GLIEDERUNG* finden Sie noch die Schaltfläche *Gliederungsansicht schließen*, mit der Sie die Gliederungsansicht wieder verlassen können. Wirklich sinnvoll ist sie unserer Meinung nach nicht, da Sie genauso gut die Schaltflächen in der Statusleiste oder auf der Registerkarte *ANSICHT* verwenden können. Es ist sogar noch nicht einmal so, dass Sie bei Verwendung dieser Schaltfläche automatisch zur letzten Ansicht gelangen.

Formatvorlagenbereich anzeigen

Wenn Ihnen die genaue Ebene einer Überschrift aufgrund der Einrückung nicht ganz klar ist, können Sie den sogenannten *Formatvorlagenbereich* einblenden. Word zeigt dann am linken Fensterrand die Namen der verwendeten Formatvorlagen an.

Zum Einschalten des Bereichs öffnen Sie das Dialogfeld *Word-Optionen*, zeigen die Kategorie *Erweitert* an und tragen in der Gruppe *Anzeigen* im Feld *Breite des Formatvorlagenbereichs in Entwurfs- und Gliederungsansichten* einen Wert größer als 0 cm ein.

Bild 31.3 Im Formatvorlagenbereich zeigt Word die Namen der Formatvorlagen an, mit denen die nebenstehenden Absätze formatiert wurden

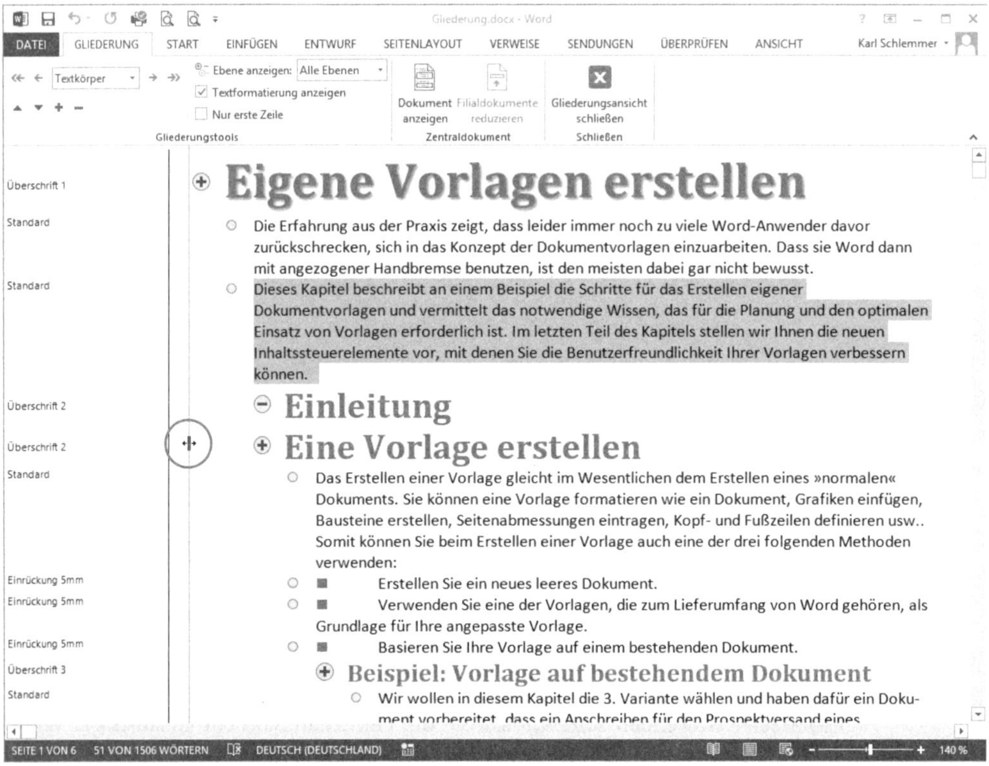

Der Formatvorlagenbereich ist übrigens keine Spezialität der Gliederungsansicht, sondern steht Ihnen auch in der Entwurfsansicht zur Verfügung.

Um den Bereich breiter oder schmaler zu machen, verschieben Sie einfach die Trennlinie mit der Maus in die gewünschte Richtung. Auf diese Weise können Sie den Bereich auch wieder schließen: Schieben Sie die Trennlinie dazu einfach ganz nach links.

Gliederungsebenen ein- und ausblenden

Die Gliederungsfunktion soll Ihnen helfen, die Übersicht über umfangreiche Dokumente zu behalten. Dies wird natürlich umso schwieriger, je mehr Ebenen, Überschriften und Text ein Dokument besitzt. In der Gliederungsansicht können Sie jedoch die Menge der angezeigten Informationen ausgezeichnet dosieren.

Mit dem Listenfeld *Ebene anzeigen,* das sich auf der Registerkarte *GLIEDERUNG* rechts in der Gruppe *Gliederungstools* befindet, können Sie festlegen, bis zu welcher Ebene die Überschriften angezeigt werden sollen. Wollen Sie z.B. alle Ebenen bis einschließlich zur dritten Ebene sehen, wählen Sie den Eintrag *Ebene 3.*

Bild 31.4 Auswahl der anzuzeigenden Ebenen

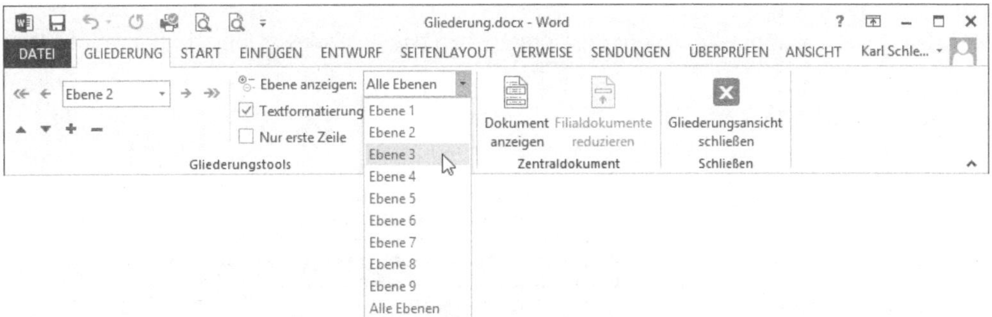

Alternativ können Sie auch die Tastenkombinationen ⇧+Alt+1 bis ⇧+Alt+9 verwenden, um die entsprechenden Ebenen einzublenden. (Vorsicht: Mit ⇧+Alt+0 fügen Sie eine Formel ein.)

Um den gesamten Text des Dokuments zu sehen, wählen Sie den Listeneintrag *Alle Ebenen* bzw. drücken Sie die Tastenkombination ⇧+Alt+A. Dadurch werden nicht nur sämtliche Überschriften, sondern auch der vollständige Text des Dokuments eingeblendet.

Nur erste Zeile anzeigen

Falls Sie jetzt einwenden sollten, dass Sie die Gliederungsansicht genauso gut verlassen können, wenn Sie den gesamten Text einblenden, haben Sie nur bedingt recht. Auf der Registerkarte *GLIEDERUNG* befindet sich nämlich noch das Kontrollkästchen *Nur erste Zeile.* Diese Einstellung veranlasst Word, nur noch die erste Zeile der Textkörper anzuzeigen, wodurch sich eine kompakte und dennoch übersichtliche Sicht auf Ihr Dokument ergibt.

Einzelne Ebenen ein-/ausblenden

Sie können die Gliederungsansicht auch benutzen, um schnell zu einer gesuchten Textstelle zu springen. Dazu ist ein dokumentenweites Ein- und Ausschalten der Gliederungsebenen allerdings eher unpraktisch. In diesem Fall ist es effektiver, wenn Sie die Ebenen nur für einzelne Überschriften einblenden.

Damit Sie die nächsten Schritte nachvollziehen können, haben wir für Sie eine Beispieldatei vorbereitet, deren Überschriften mit den Formatvorlagen *Überschrift 1* bis *Überschrift 4* formatiert sind.

1. Öffnen Sie die Beispieldatei *Gliederung*.
2. Zeigen Sie das Dokument in der Gliederungsansicht an.
3. Blenden Sie zunächst nur die Ebene 2 ein (per Listenfeld bzw. per Tastenkombination), damit Sie sich einen schnellen Überblick verschaffen können.
4. Setzen Sie die Einfügemarke in die Überschrift, deren untergeordnete Ebenen Sie einblenden möchten (z.B. in die Überschrift »Eine Vorlage erstellen«).
5. Klicken Sie auf der Registerkarte *GLIEDERUNG* auf die Schaltfläche mit dem Pluszeichen oder drücken Sie die Tastenkombination [Alt]+[+]. Wie Sie sehen, erscheinen die 3er-Ebenen jetzt nur für die Überschrift, in der sich der Cursor befindet.

Bild 31.5 Sie können auch nur die Unterebenen einer einzelnen Überschrift anzeigen lassen

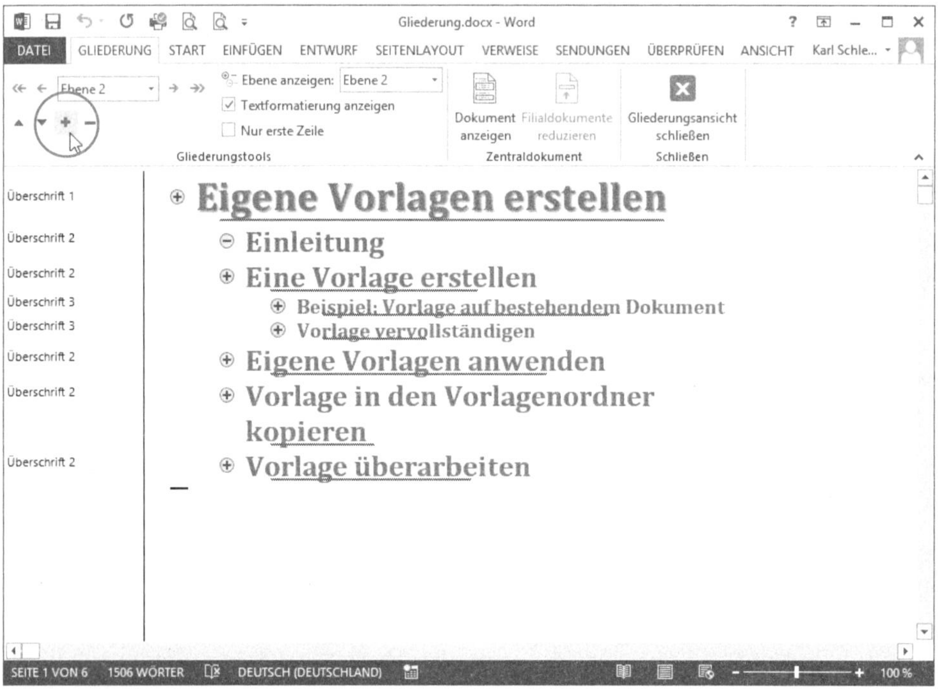

6. Auf die gleiche Weise können Sie weitere Überschriften gezielt aufklappen, bis Sie auf der Ebene der Textkörper angelangt sind.

Für den umgekehrten Weg, also das Ausblenden der untergeordneten Ebenen, benutzen Sie die Minusschaltfläche (bzw. den Shortcut [⇧]+[Alt]+[-]). Mit jedem Klick wird eine Ebene weniger angezeigt.

TIPP **Navigationsbereich verwenden** Zur Navigation in umfangreichen Dokumenten können Sie natürlich auch den Navigationsbereich einblenden (siehe Kapitel 5, Seite 138).

Gliederungsaufbau überarbeiten

Die wahren Stärken der Gliederungsfunktion kommen jedoch erst beim Überarbeiten der Textstruktur zum Tragen. Wie Sie gleich noch sehen werden, ist das Höher- und Tieferstufen einer Überschrift eine Sache von wenigen Sekunden. Und auch das Umstellen von Textabschnitten lässt sich in der Gliederungsansicht hervorragend erledigen.

Gliederungsebenen zuordnen

Um einer Überschrift eine bestimmte Ebene zuzuweisen, sind folgende Wege möglich:

Ebene 2

- Sie weisen ihr über das Listenfeld *Gliederungsebene* direkt die gewünschte Formatvorlage zu.

Alt+1

- Für die ersten drei Ebenen können Sie die Tastenkombinationen Alt+1 bis Alt+3 verwenden. Wenn Sie häufiger mit Shortcuts arbeiten, lohnt es sich für Sie u. U., auch den Formatvorlagen für die weiteren Gliederungsebenen Tastenkombinationen zuzuweisen (siehe dazu den Abschnitt »Formatvorlagen und Shortcuts« in Kapitel 11 auf Seite 287).
- Sie benutzen die Schaltflächen *Höher stufen* (Pfeil nach links) und *Tiefer stufen* (Pfeil nach rechts). Jeder Klick auf eine der beiden Schaltflächen bewegt die Überschrift eine Ebene nach oben bzw. unten. Ob die untergeordneten Ebenen diese Beförderung bzw. Degradierung mitmachen, hängt von ihrer Sichtbarkeit ab. Wenn Sie die Überschriften eingeblendet haben, folgen sie der übergeordneten Überschrift **nicht**. Sind sie allerdings ausgeblendet, werden sie ebenfalls von der Höher-/Tieferstufung betroffen.
- Sie ziehen das Plus- bzw. Minuszeichen vor der Überschrift wie in der Abbildung auf der folgenden Seite gezeigt nach links oder rechts, bis es sich in der gewünschten Ebene befindet. Achtung: Bei dieser Technik werden die untergeordneten Ebenen immer mitgezogen!

Wenn Sie aus einer Überschrift normalen Text machen wollen, müssen Sie sie zum Textkörper degradieren. Zu diesem Zweck setzen Sie die Einfügemarke in die betreffende Überschrift und klicken auf die Schaltfläche *Tieferstufen zu Textkörper* (Doppelpfeil nach rechts). Auch hier müssen Sie vorsichtig sein: Sind die untergeordneten Überschriften ausgeblendet, werden sie ebenfalls zu Textkörpern umgewandelt.

Bild 31.6 Überschriften mit der Maus tiefer- und höherstufen

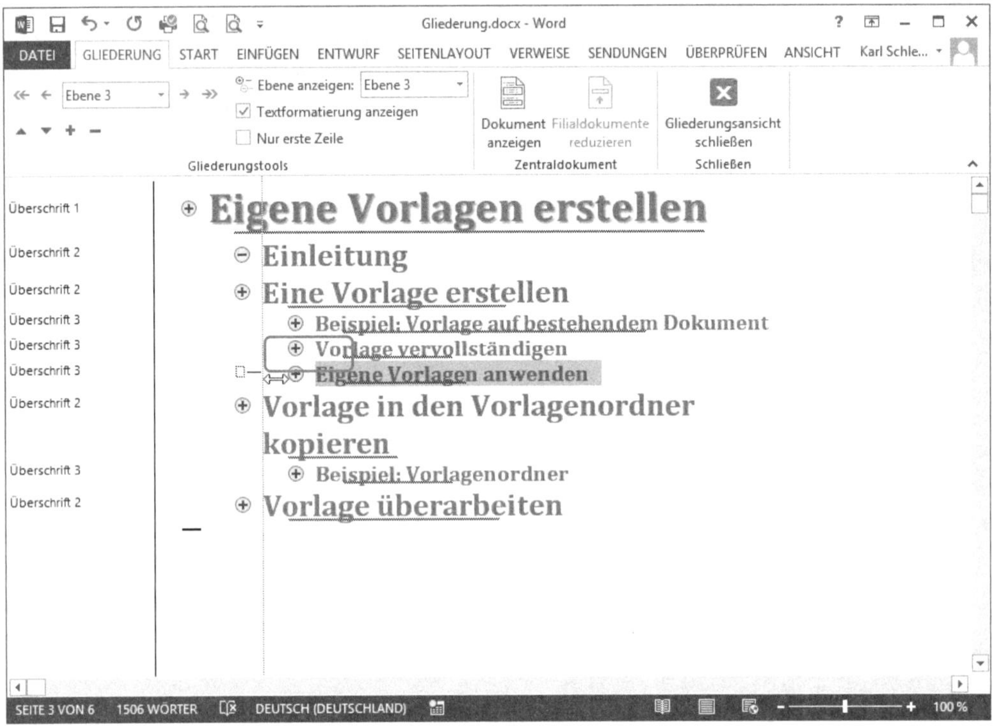

Der Vollständigkeit halber sei auch noch die Schaltfläche mit dem nach links zeigenden Doppelpfeil erwähnt. Mit ihr weisen Sie einem Absatz die Überschriftebene 1 zu.

Texte umstellen

Der Clou beim Bearbeiten des Gliederungsaufbaus besteht darin, dass eine markierte Überschrift mit allen niedrigeren **ausgeblendeten** Überschriften und den dazugehörigen Textkörpern eine Einheit bildet. Wenn Sie also eine Überschrift umstellen, folgt ihr der untergeordnete Text an die neue Position. Das Gleiche gilt analog für das Kopieren, Einfügen und Löschen von Überschriften.

Das Umstellen erfolgt dabei entweder über die Schaltflächen *Nach oben* und *Nach unten* oder direkt mit der Maus, mit der Sie die Überschriften an ihren vorangestellten Plus- bzw. Minuszeichen durch das Dokument ziehen können. Die Einfügeposition wird dabei mit einer dünnen waagerechten Linie gekennzeichnet, auf der ein kleiner Pfeil zu sehen ist, der die Ebene der verschobenen Überschrift kennzeichnet. Diese Methode hat den Vorteil, dass dabei die untergeordneten Ebenen, unabhängig von ihrer Sichtbarkeit, auf jeden Fall mitgezogen werden.

Bild 31.7 Verschieben einer Überschrift mit der Maus

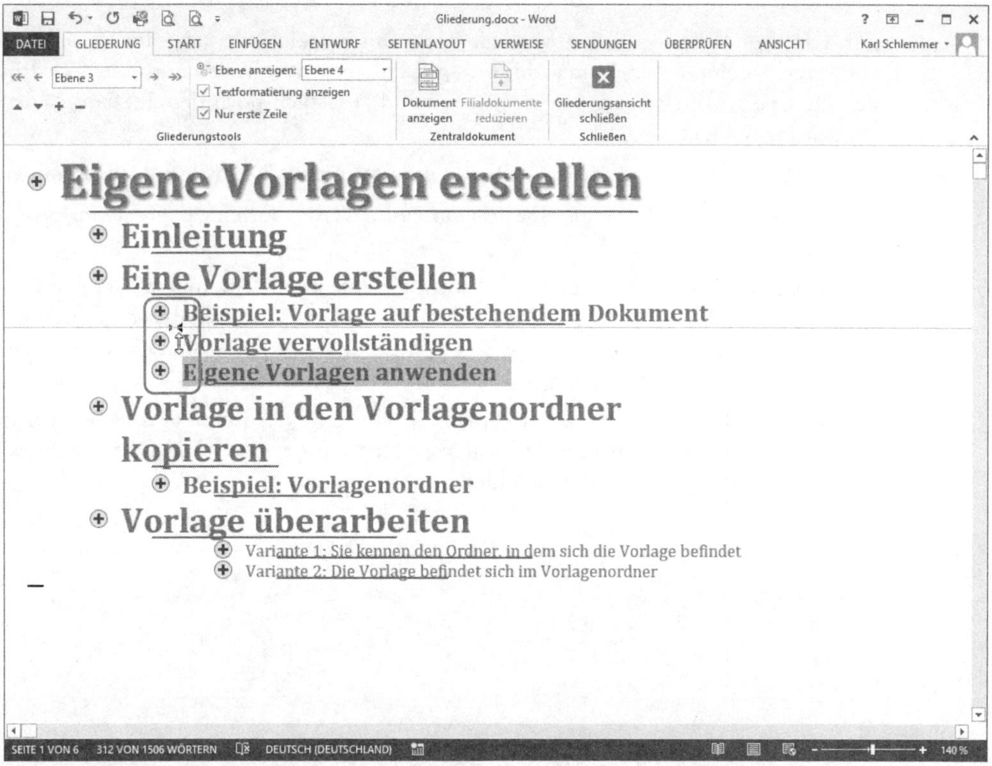

HINWEIS Beim Umstellen einer Überschrift mit den Schaltflächen werden die untergeordneten Ebenen nur mitgenommen, wenn sie **ausgeblendet** oder aber **markiert** sind. Machen Sie unbedingt ausgiebige Tests, bevor Sie sich an einen wichtigen Text heranwagen.

Gliederung ausdrucken

Wenn ein Dokument in der Gliederungsansicht dargestellt wird, können Sie nicht nur den Text bearbeiten, sondern außerdem bestimmen, welche Teile des Textes gedruckt werden sollen. Das heißt, Sie können in der Gliederungsansicht die gewünschten Textelemente auf dem Bildschirm anzeigen und anschließend drucken.

Dabei kann es sich z.B. um einen Ausdruck handeln, der nur die Überschriften bis zur zweiten Ebene enthält, oder um eine Textgliederung, bei der alle Ebenen sichtbar sind, oder um eine Gliederung, bei der zusätzlich zu den Überschriften einige Textkörper eingeblendet sind.

Beispiel: Auszüge eines Dokuments drucken

Für das folgende Beispiel haben wird die letzte Übungsdatei etwas abgeändert, indem wir den zuvor leeren Abschnitt »Einleitung« mit Text gefüllt haben. Wir wollen nun einen Ausdruck erstellen, der alle Überschriften bis zur dritten Ebene und zusätzlich noch den Textkörper des Abschnitts »Einleitung« enthält.

1. Öffnen Sie die Beispieldatei *Gliederung drucken* und wechseln Sie zur Gliederungsansicht.
2. Wählen Sie auf der Registerkarte *GLIEDERUNG* im Listenfeld *Ebene anzeigen* den Eintrag *Ebene 3*.
3. Blenden Sie den Textkörper des Abschnitts »Einleitung« ein, indem Sie seine Überschrift anklicken und auf der Registerkarte *GLIEDERUNG* auf die Schaltfläche mit dem Pluszeichen klicken. Achten Sie darauf, dass das Kontrollkästchen *Nur erste Zeile* ausgeschaltet ist. Jetzt wird genau der Text angezeigt, den wir ausdrucken wollen.
4. Markieren Sie den Text. Dazu können Sie entweder das runde Pluszeichen vor der obersten Überschrift anklicken oder die Tastenkombination Strg+A drücken. Ihr Bildschirm sollte nun so aussehen wie in der Abbildung.

Bild 31.8 Der auszudruckende Text ist angezeigt und markiert

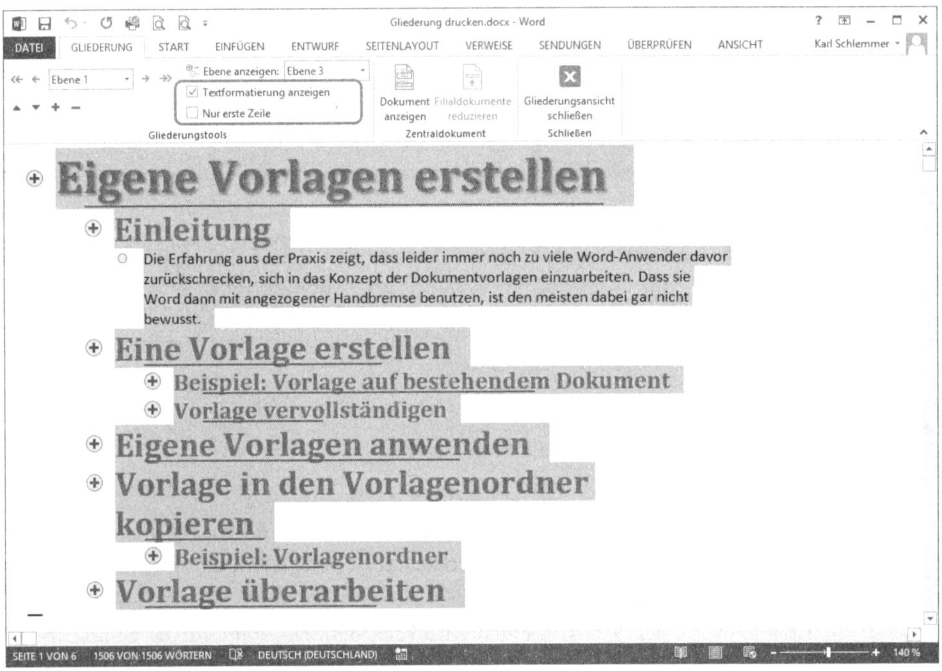

5. Mit der Option *Textformatierung anzeigen,* können Sie steuern, ob beim Drucken die Formatierung des Textes berücksichtigt werden soll oder nicht. Diesen Effekt können Sie natürlich auch auf dem Bildschirm beobachten.

6. Klicken Sie auf die Registerkarte *DATEI* und wählen Sie den Befehl *Drucken* (schneller geht es mit der Tastenkombination Strg+P). Word zeigt dann die Backstage-Ansicht *Drucken* an.

Bild 31.9 In der Backstage-Ansicht *Drucken* ist die Option *Auswahl drucken* aktiv

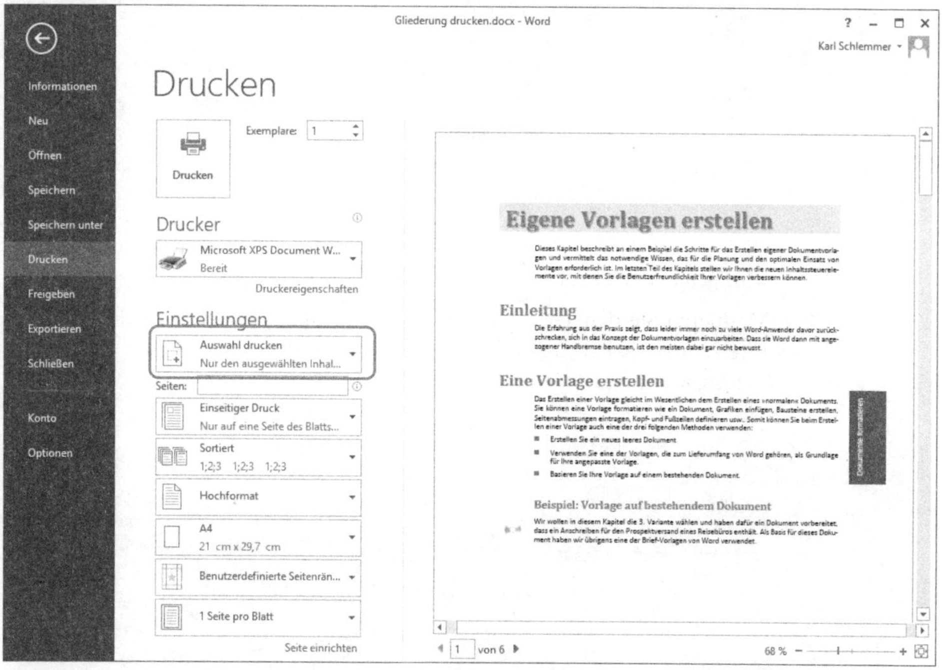

7. Wählen Sie unter *Einstellungen* als Druckbereich die Option *Auswahl drucken*. Diese Option ist nur aktiv, wenn Sie vor dem Öffnen der Backstage-Ansicht Text markiert haben. Leider passt sich die Vorschau nicht der geänderten Einstellung an. Genau genommen handelt es sich hier auch gar nicht um eine echte Druckvorschau, sondern um die aus früheren Word-Versionen bekannte *Seitenansicht*.
8. Wählen Sie einen Drucker und nehmen Sie gegebenenfalls noch weitere Einstellungen vor.
9. Starten Sie den Ausdruck mit einem Klick auf *Drucken*.

Das Ergebnis eines solchen Ausdrucks sehen Sie in der Abbildung auf der folgenden Seite.

HINWEIS **Mehrfachmarkierung drucken** Das gleiche Ergebnis hätten Sie natürlich auch erzielen können, indem Sie z. B. in der Ansicht *Seitenlayout* die gewünschten Textpassagen mit einer Mehrfachmarkierung ausgewählt hätten (dazu müssen Sie beim Markieren die Strg-Taste gedrückt halten; siehe dazu auch den Abschnitt »Nicht zusammenhängenden Text markieren« auf Seite 116).

Bild 31.10 Word druckt nur die in der Gliederungsansicht markierten Textbereiche

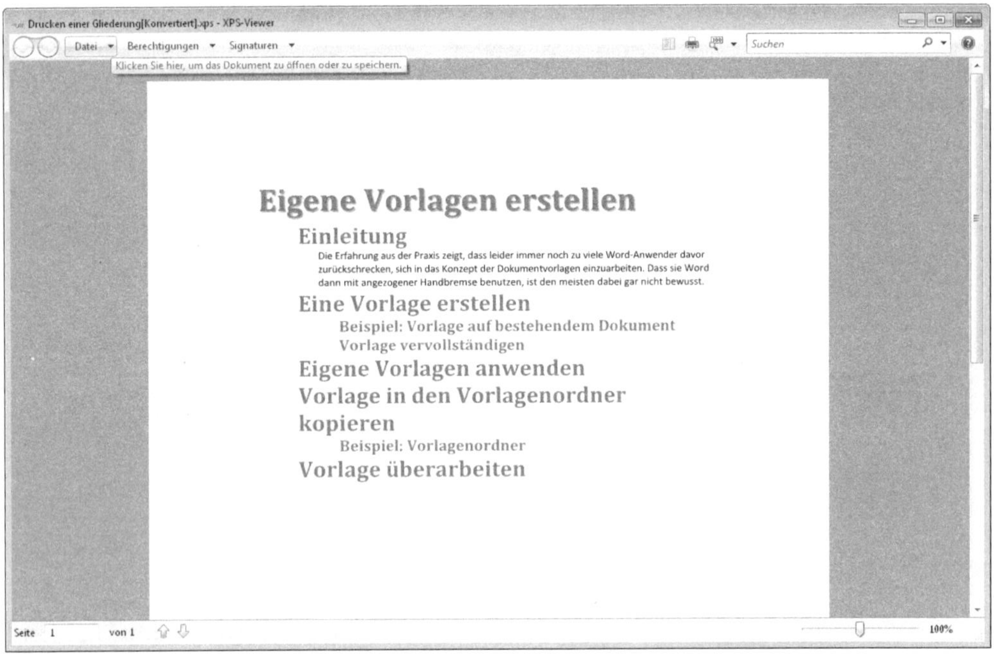

Kapitel 32

Mit Zentraldokumenten arbeiten

In diesem Kapitel:

Das Konzept der Zentraldokumente ist vor allem für umfangreiche Dokumente wie Bücher, Diplomarbeiten etc. gedacht. Die Grundidee besteht darin, ein Projekt von einer einzigen Datei aus, dem sogenannten Zentraldokument, zu verwalten. Alle anderen Dateien, in denen sich z.B. die verschiedenen Kapitel eines Buches befinden, sind dem Zentraldokument untergeordnet und treten nicht mehr als eigenständige Dateien in Erscheinung.

Das Zentraldokument (auch Masterdokument genannt) enthält Verknüpfungen zu einer Gruppe von zusammengehörigen Filialdokumenten. Sie können Zentraldokumente verwenden, um ein umfangreiches Dokument zu organisieren und zu verwalten, indem Sie es in kleinere, einfacher zu handhabende Filialdokumente aufteilen. In einer Arbeitsgruppe können Sie ein Zentraldokument in einem Netzwerkordner freigeben und in Filialdokumente aufteilen.

Pro und Kontra Zentraldokumente

Der Ruf der Zentraldokumente war bei früheren Word-Versionen eher zweifelhaft. Das Konzept wurde zwar durchgängig als gelungen betrachtet, aber viele Anwender berichten von massiven Problemen, die bis hin zum Verlust des gesamten Zentraldokuments reichen. Zwar ist die Zentraldokumentfunktion mittlerweile deutlich zuverlässiger geworden, jedoch ist es nie verkehrt, ein wenig Sorgfalt walten zu lassen:

- Sichern Sie alle Dokumente Ihres Projekts in regelmäßigen Abständen (mindestens einmal am Tag).
- Sie sollten über gute Word-Kenntnisse verfügen (Formatvorlagen und Dokumentvorlagen sind ein absolutes Muss). Ohne diese Kenntnisse werden Sie die besonderen Möglichkeiten von Zentraldokumenten – wie dokumentübergreifende Querverweise oder Inhaltsverzeichnisse – nicht gewinnbringend einsetzen können.
- Arbeiten Sie möglichst »gradlinig«. Das heißt, entwickeln Sie zunächst eine Dokumentvorlage, erstellen Sie dann eine Gliederung und legen Sie erst dann mit dem eigentlichen Schreiben los.

Wenn Sie diese Ratschläge berücksichtigen, werden im Normalfall keine großen Probleme auftauchen. Falls Sie dennoch auf Schwierigkeiten stoßen, raten wir Ihnen, nicht zu viel Energie in deren Lösung zu investieren. Die auftretenden Fehler sind in der Regel kaum reproduzierbar und hängen vermutlich mit bestimmten Besonderheiten der erstellten Dokumente zusammen (Tabellen, AutoFormen, mehrere Spalten etc. etc.). Bedingt durch ihre interne Struktur sind Word-Dokumente sehr empfindlich gegenüber »Beschädigungen«. Selbst kleine Schäden können das gesamte Dokument unbrauchbar machen. Nach dieser, zugegebenermaßen etwas düsteren, Einstimmung wollen wir uns nun den positiven Aspekten von Zentraldokumenten widmen.

Warum Zentraldokumente sinnvoll sind ...

Es gibt viele gute Gründe, warum Sie ein langes Dokument auf mehrere Dateien verteilen sollten. Dass Word bei kleinen Texthäppchen wesentlich flotter arbeitet, ist dabei noch der geringste Vorteil. Viel entscheidender ist, dass Sie so einen besseren Überblick über Ihr Projekt bekommen und sogar mit mehreren Personen gleichzeitig daran arbeiten können, da so unterschiedliche Bearbeiter verschiedene Filialdokumente editieren können.

Das Zentraldokument spielt dabei die Rolle eines Cheforganisators, der über die Aktivitäten aller am Projekt Beteiligten bestens Bescheid weiß. Sämtliche untergeordneten Dateien, die bei Word *Filialdokumente* heißen, sind im Zentraldokument registriert und übernehmen von ihm wichtige Eigenschaften, wie Seiteneinrichtung, Formatvorlagen etc. Dank dieser Vorbildfunktion können Sie Dokumenten, die über mehrere Dateien verteilt sind, zu einer einheitlichen Optik verhelfen.

Auch die Kopf- und Fußzeilen, die Sie im Zentraldokument definieren, werden an die Filialdokumente weitergegeben. Sollte eines der Filialdokumente eine Kopf- oder Fußzeile enthalten, die sich von der des Zentraldokuments unterscheidet, wird die Kopf-/Fußzeile des Filialdokuments unterdrückt, wenn es im Kontext des Zentraldokuments angesehen wird.

Außerdem können Sie im Zentraldokument die Rechtschreibprüfung durchführen: Word prüft dann automatisch auch alle eingefügten Filialdokumente. Die fortlaufende Nummerierung der einzelnen Seiten stellt bei der Verwendung der Zentraldokumente auch kein Problem dar: Die Nummer der ersten Seite eines Filialdokuments ergibt sich automatisch aus der Nummer der letzten Seite des vorherigen Filialdokuments. Die gleichen Vorteile ergeben sich auch bei der Nummerierung der Fußnoten und der Nummerierung der Beschriftungen für Abbildungen und Tabellen.

Ein Zentraldokument können Sie auf zwei unterschiedliche Weisen erstellen. Wenn die verschiedenen Einzeldokumente, beispielsweise die verschiedenen Kapitel eines Buches, bereits existieren, können Sie diese in einem Zentraldokument zusammenfassen. Wenn sich der gesamte Text in einer einzigen Datei befindet und Sie ihn in verschiedene Abschnitte aufteilen wollen, verwenden Sie dieses Dokument und weisen Word an, aus bestimmten Teilen Filialdokumente zu erstellen. Beide Vorgehensweisen werden in den folgenden Abschnitten beschrieben.

Dokumente in einem Zentraldokument zusammenfassen

Falls verschiedene Dokumente eines größeren Projekts bereits als Einzeldateien vorliegen, können Sie diese mittels eines Zentraldokuments zusammenfassen. Gehen Sie dazu folgendermaßen vor:

1. Erstellen Sie ein neues, leeres Dokument.

   Dieses Dokument wird als Zentraldokument fungieren.

2. Geben Sie in das Dokument den Text ein, der außerhalb der einzelnen Filialdokumente vorhanden sein soll.

   Hierbei kann es sich beispielsweise um ein Deckblatt handeln, das Sie mittels *EINFÜGEN/ Seiten/Deckblatt* in das Zentraldokument einfügen. Dies können Sie auch zu einem späteren Zeitpunkt erledigen, es muss nicht direkt beim Erstellen des Zentraldokuments passieren.

3. Klicken Sie auf der Registerkarte *ANSICHT* in der Gruppe *Ansichten* auf *Gliederung*, um zur Gliederungsansicht zu wechseln.

   Dieser Schritt ist erforderlich, weil sich alle Schaltflächen zum Arbeiten mit Zentral- und Filialdokumenten auf der Registerkarte *GLIEDERUNG* befinden, die nur dann eingeblendet wird, wenn auch die Gliederungsansicht aktiv ist.

4. Klicken Sie auf der Registerkarte *GLIEDERUNG* in der Gruppe *Zentraldokument* auf *Dokument anzeigen.*

   Mit dieser Schaltfläche blenden Sie in der Gruppe *Zentraldokument* die weiteren Schaltflächen zum Arbeiten mit dem Zentraldokument ein.

Bild 32.1 Die Schaltflächen zum Arbeiten mit einem Zentraldokument

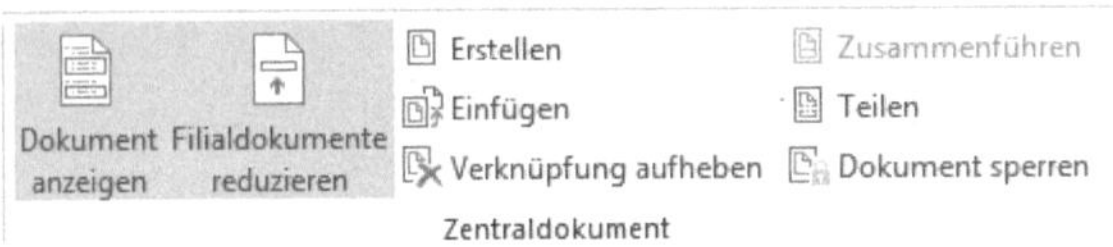

5. Klicken Sie auf der Registerkarte *GLIEDERUNG* in der Gruppe *Zentraldokument* auf *Einfügen.*
6. Wählen Sie im Dialogfeld *Filialdokument einfügen* die Datei aus, die Sie in das Zentraldokument integrieren wollen, und klicken Sie auf *Öffnen.*

Bild 32.2 Wählen Sie das Dokument aus, das Sie in das Zentraldokument einfügen wollen

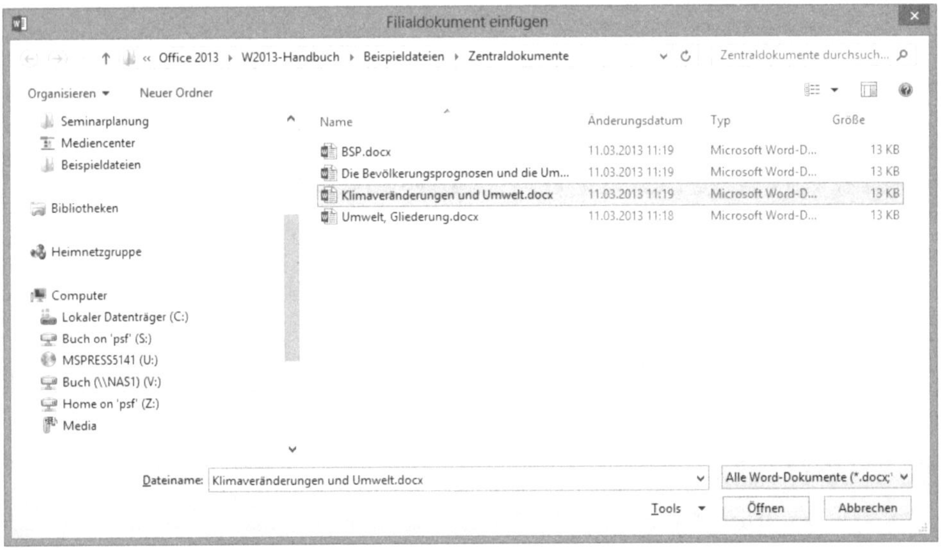

7. Wiederholen Sie den letzten Schritt für alle weiteren Filialdokumente.

Die eingefügten Filialdokumente werden im Zentraldokument mit einem gestrichelten Rahmen versehen. Am Symbol in der linken, oberen Ecke erkennen Sie, dass es sich hierbei um ein Filialdokument handelt. Wenn Sie dieses Symbol anklicken, wird der gesamte Inhalt dieses Filialdokuments markiert.

Bild 32.3 Die einzelnen Filialdokumente sind an dem gestrichelten Rahmen zu erkennen

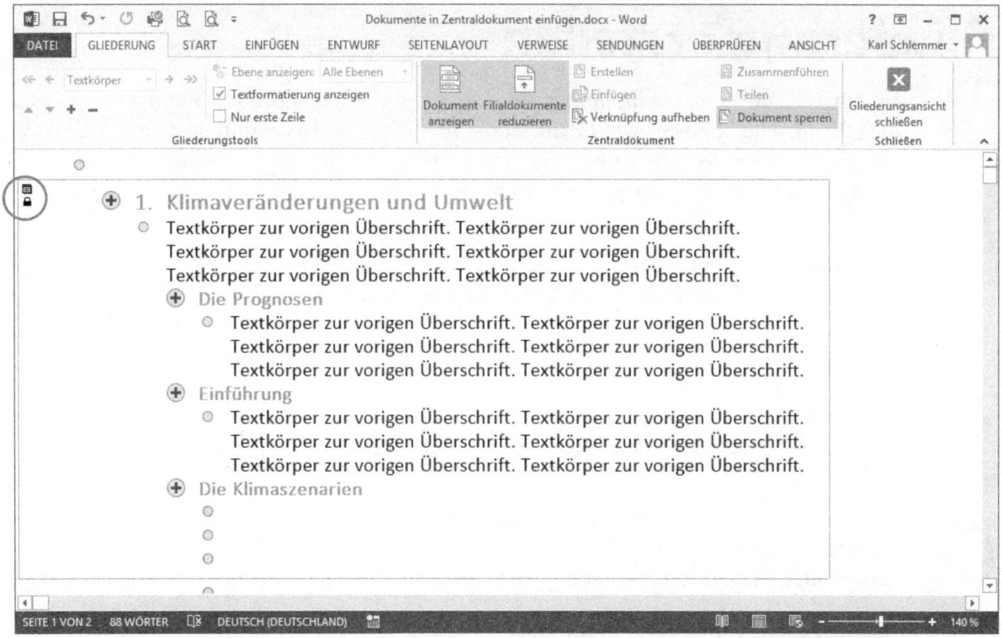

Nachdem Sie alle Filialdokumente eingefügt haben, können Sie die Texte weiter in der Gliederungsansicht bearbeiten, aber auch alle anderen Ansichten auswählen. Schalten Sie beispielsweise zur Ansicht *Seitenlayout* um, ist der Zentraldokumentaufbau nicht mehr zu erkennen, wie es das folgende Bild zeigt.

Bild 32.4 In der Ansicht *Seitenlayout* ist nicht mehr zu erkennen, dass es sich um ein Zentraldokument handelt

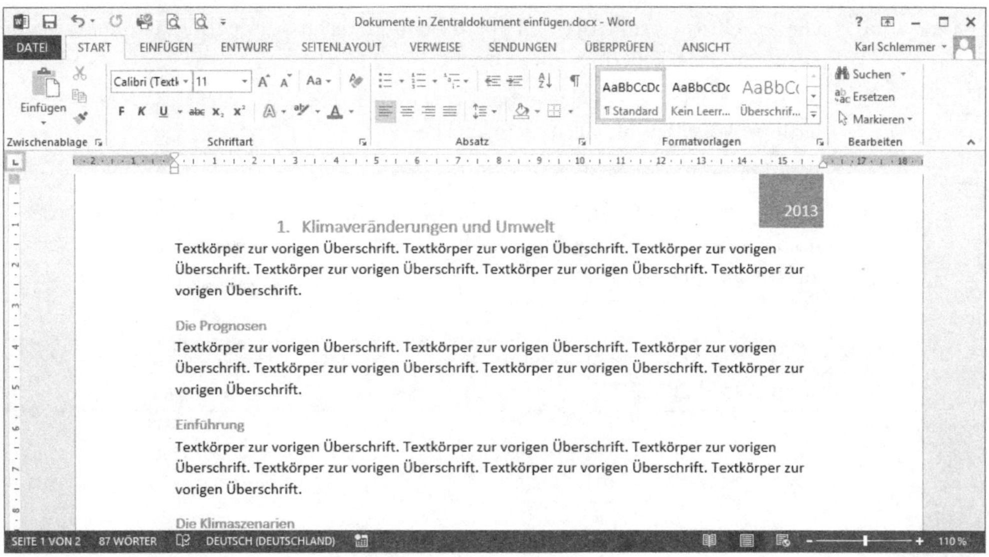

Zentral- und Filialdokumente aus Gliederung erstellen

Wenn Sie ein Projekt vollkommen neu beginnen und noch keine Dokumente existieren, beginnen Sie die Erstellung eines neuen Zentraldokuments am besten damit, dass Sie die Gliederungsansicht verwenden und dort die Gliederung des Textes erstellen. Die Überschriften, die Sie in der Gliederungsansicht erstellt haben, werden von Word verwendet, um das Gesamtdokument in einzelne Filialdokumente aufzuteilen.

Bei dieser Vorgehensweise erstellen Sie am besten einen neuen Ordner, der dann als Speicherort für das Zentraldokument und alle Filialdokumente dient. Auf diese Weise befinden sich alle für dieses Projekt relevanten Daten an einer Stelle, was die Verwaltung und die Sicherung der Dateien vereinfacht.

Die Beispieldatei *Umwelt*

Für diesen Abschnitt haben wir eine Beispieldatei erstellt, die Sie im Ordner *Zentraldokumente* unterhalb des Ordners mit den Beispielen für dieses Buch finden. Die Datei enthält bereits eine knapp zweiseitige Gliederung, die auf den Standardformatvorlagen *Überschrift 1* bis *Überschrift 3* aufbaut.

HINWEIS Ausführliche Informationen zur Gliederungsfunktion von Word finden Sie in diesem Buch in Kapitel 31.

Da Word beim Erstellen des Zentraldokuments auch neue Dateien anlegt (die Filialdokumente), sollten Sie die Beispieldatei am besten in einen neuen Ordner kopieren, den Sie dann nach Abschluss aller Versuche vollständig löschen können.

1. Öffnen Sie die Beispieldatei *Umwelt, Gliederung* und speichern Sie diese unter einem anderen Namen, beispielsweise *Umwelt, Zentraldokument.*

   Dieser Schritt ist sinnvoll, weil Word beim Erstellen des Zentraldokuments die ursprüngliche Datei mit der Gliederung überschreibt.

2. Aktivieren Sie die Gliederungsansicht, indem Sie auf der Registerkarte *ANSICHT* in der Gruppe *Ansichten* auf *Gliederung* klicken.

   Word blendet die Registerkarte *GLIEDERUNG* ein.

3. Die Schaltflächen für das Arbeiten mit Zentraldokumenten befinden sich in der Gruppe *Zentraldokument.* Damit die Schaltflächen sichtbar werden, müssen Sie in dieser Gruppe zuerst auf *Dokument anzeigen* klicken.

HINWEIS Die Schaltfläche *Dokument anzeigen* entspricht der Schaltfläche *Masterdokumentansicht* aus Word 2003.

Bild 32.5 Aus dieser Gliederung soll ein Zentraldokument erstellt werden

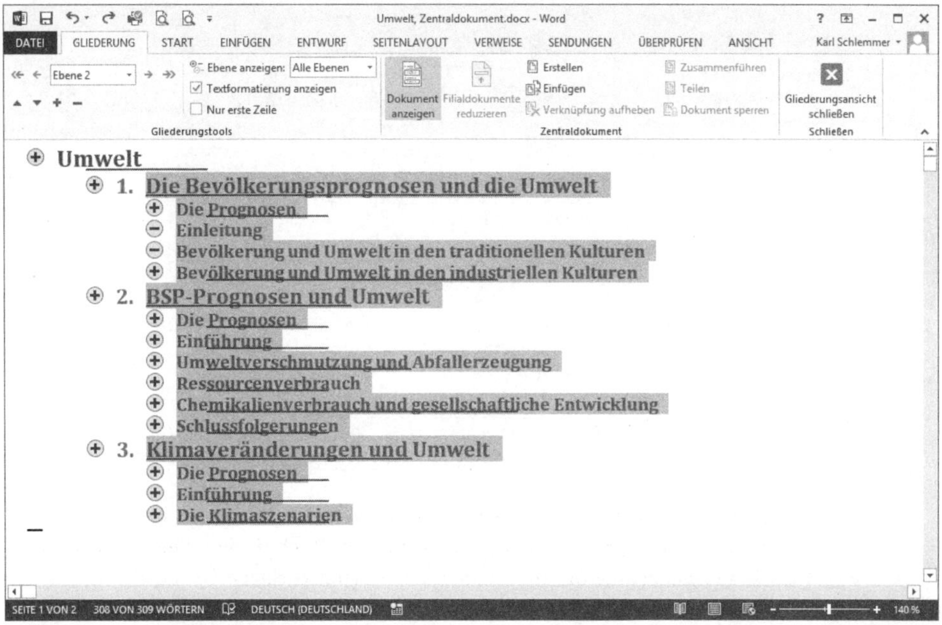

4. Markieren Sie den Textbereich, den Sie in verschiedene Dateien aufteilen wollen. Für diese Übung markieren Sie alle Überschriften der Ebene 2 und der Ebene 3.

Word orientiert sich beim Aufteilen des Textes an der ersten markierten Gliederungsebene. Das heißt, wenn die erste markierte Gliederungsüberschrift mit der Formatvorlage *Überschrift 2* formatiert ist, legt Word für jede 2er-Ebene eine eigene Datei an. Achten Sie darauf, dass hinter der Markierung noch mindestens ein Absatz im Zentraldokument stehen bleibt. Ansonsten wird das letzte Filialdokument später nicht korrekt angezeigt.

5. Klicken Sie in der Gruppe *Zentraldokument* auf die Schaltfläche *Erstellen.*

Word zerlegt das Dokument nun gemäß den markierten Gliederungsebenen (siehe Abbildung auf der nächsten Seite).

Bild 32.6 Das Dokument wurde anhand der Gliederungsebene 2 in Filialdokumente aufgeteilt

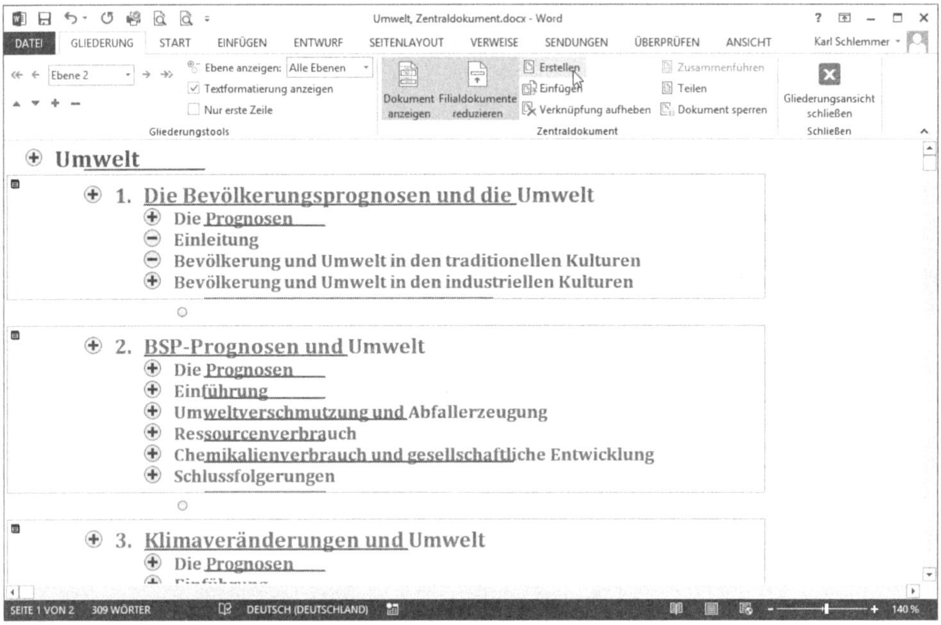

6. Speichern Sie das Dokument, damit Word die Filialdokumente anlegt.

   Auf dem Bildschirm haben sich diese Ereignisse kaum bemerkbar gemacht. Es tauchen lediglich einige Rahmen auf, die die einzelnen Filialdokumente markieren, und verschiedene Abschnittswechsel, mit denen die Filialdokumente voneinander getrennt werden.

7. Klicken Sie in der Gruppe *Zentraldokument* auf die Schaltfläche *Filialdokumente reduzieren.*

Bild 32.7 Jetzt sind die Verknüpfungen zu den Filialdokumenten sichtbar

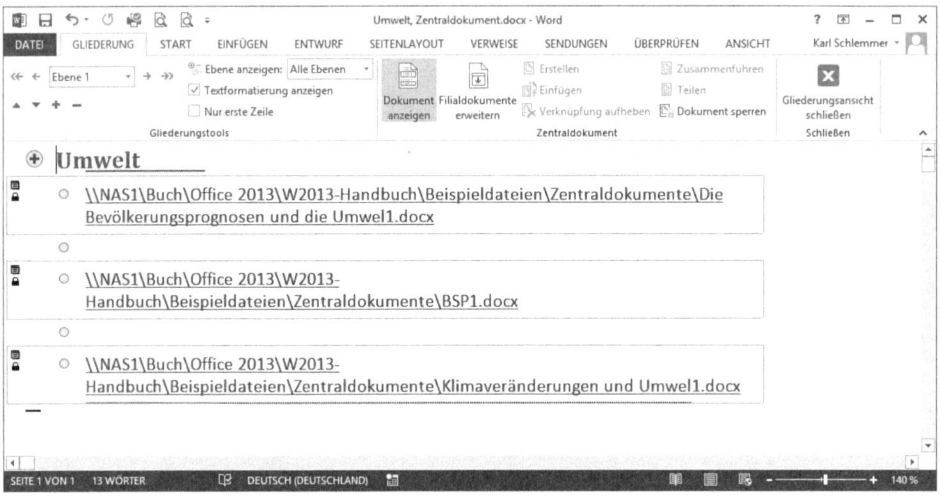

Mit der Schaltfläche *Filialdokumente reduzieren* in der Gruppe *Zentraldokument* können Sie zwischen zwei verschiedenen Ansichten des Zentraldokuments umschalten: Entweder wird der Inhalt der Filialdokumente angezeigt (Bild oben auf der vorherigen Seite) oder Sie sehen die Verknüpfungen zu den verschiedenen Filialdokumenten (Bild unten auf der vorherigen Seite).

Auch bei dieser Vorgehensweise können Sie zu den anderen Dokumentansichten wie der Ansicht *Seitenlayout* umschalten, um den Text zu bearbeiten.

Mit Filialdokumenten arbeiten

Für das reibungslose Arbeiten mit Filialdokumenten sind einige Punkte zu beachten, die wir in den folgenden Abschnitten ansprechen wollen. Wir hatten ja schon zu Beginn des Kapitels gesagt, dass der Umgang mit Zentraldokumenten zwar vom Prinzip her relativ einfach ist, jedoch einiges Wissen über die grundsätzliche Arbeitsweise von Word voraussetzt.

Filialdokumente öffnen

Die Filialdokumente eines Zentraldokuments sind eigenständige Dateien, die Sie wie jede andere Datei öffnen und bearbeiten können. Es ist jedoch sicherer, wenn Sie zunächst das Zentraldokument öffnen und dann von dort aus in die gewünschten Filialdokumente verzweigen.

Andernfalls kann es passieren, dass die Verwaltungsdaten des Zentraldokuments inkonsistent werden. Wenn Sie z.B. ein Filialdokument allein öffnen und es unter einem anderen Namen speichern, hat Word keine Chance, diese Änderung im Zentraldokument zu berücksichtigen.

Um ein Filialdokument in der erweiterten Ansicht (die zweite Schaltfläche der Gruppe *Zentraldokument* heißt dann *Filialdokumente reduzieren)* zu öffnen, doppelklicken Sie im Zentraldokument auf das kleine Symbol, das Sie in der linken oberen Ecke des zugehörigen Rahmens sehen. In der reduzierten Ansicht (die zweite Schaltfläche der Gruppe *Zentraldokument* heißt dann *Filialdokumente erweitern)* drücken Sie die Strg-Taste und klicken den Hyperlink des gewünschten Filialdokuments an.

Wenn Sie nach dem Öffnen des Filialdokuments zurück zum Zentraldokument wechseln, werden Sie feststellen, dass Word das Filialdokument nun mit einem kleinen Schloss gesperrt hat. Dieser Schutzmechanismus ist für die Arbeit in Netzwerken notwendig, damit nicht mehrere Benutzer im selben Filialdokument Änderungen vornehmen.

Diese Sperre können Sie auch im Zentraldokument aktivieren, wenn Sie möchten, dass die Datei nicht mehr bearbeitet werden kann. Markieren Sie dazu das gewünschte Filialdokument und klicken Sie in der Gruppe *Zentraldokument* die Schaltfläche *Dokument sperren* an. Das Dokument kann anschließend nur noch geöffnet, jedoch nicht mehr gespeichert werden.

Filialdokumente löschen und hinzufügen

Sie können die Struktur des Zentraldokuments und die Anzahl der Filialdokumente auch nachträglich ändern. So ist es z.B. möglich, ein Filialdokument zu löschen, indem Sie die Schaltfläche *Verknüpfung aufheben* verwenden. Bei diesem Vorgang wird der Inhalt des Filialdokuments wieder in das Zentraldokument eingefügt und das Filialdokument anschließend gelöscht. Bei diesem Vorgang geht also kein Text verloren.

Mit der Schaltfläche *Einfügen* können Sie eine bereits vorhandene Datei in das Zentraldokument einfügen. Wir raten allerdings von solchen Aktionen ab, da es dadurch gelegentlich zu den eingangs erwähnten Schwierigkeiten kommen kann.

Filialdokumente verbinden

Wenn Sie im Nachhinein feststellen, dass sich in Ihrem Projekt zu viele Filialdokumente befinden, können Sie einzelne Filialdokumente zu einem Filialdokument zusammenfassen:

1. Öffnen Sie das Zentraldokument und wechseln Sie zur erweiterten Ansicht, indem Sie auf der Registerkarte *GLIEDERUNG* in der Gruppe *Zentraldokument* die Schaltfläche *Filialdokumente erweitern* anklicken.
2. Markieren Sie zwei oder mehr Filialdokumente, die direkt hintereinander stehen. Drücken Sie dazu die ⇧-Taste und klicken Sie nacheinander die kleinen Symbole der Filialdokumente an. So ist gewährleistet, dass Sie die Filialdokumente vollständig, d.h. mit allen zugehörigen Abschnittswechseln, markieren.
3. Klicken Sie auf der Registerkarte *GLIEDERUNG* in der Gruppe *Zentraldokument* auf die Schaltfläche *Zusammenführen.*
4. Speichern Sie das Zentraldokument, damit die Änderung wirksam wird.

Filialdokumente teilen

Zu guter Letzt können Sie ein Filialdokument auch aufteilen. Das kann z.B. erforderlich werden, wenn ein Filialdokument sehr umfangreich geworden ist. Gehen Sie in diesem Fall folgendermaßen vor:

1. Öffnen Sie das Zentraldokument und wechseln Sie zur erweiterten Ansicht, indem Sie auf der Registerkarte *GLIEDERUNG* in der Gruppe *Zentraldokument* die Schaltfläche *Filialdokumente erweitern* anklicken.
2. Markieren Sie die Überschrift, an der das Dokument geteilt werden soll. Die Teilung findet unmittelbar vor der markierten Überschrift statt.

Bild 32.8 Die Überschrift, an der das Dokument geteilt werden soll, wurde markiert

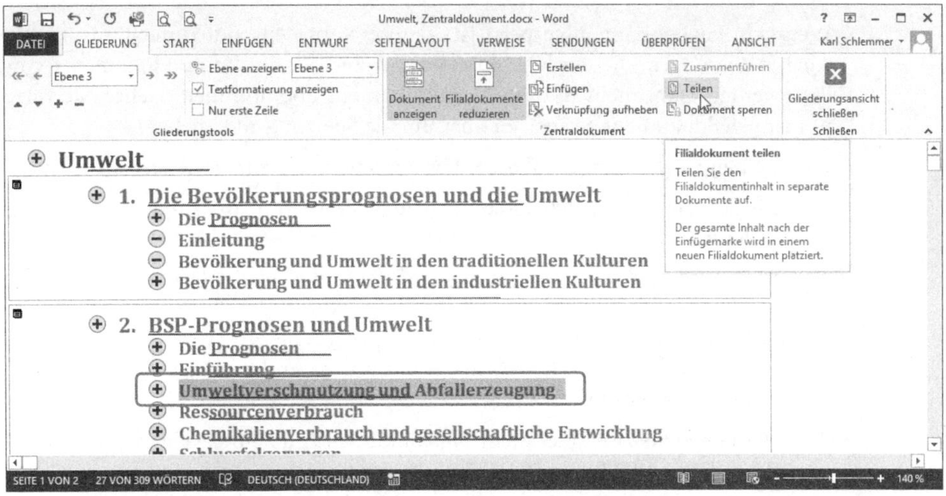

3. Klicken Sie auf der Registerkarte *GLIEDERUNG* in der Gruppe *Zentraldokument* auf die Schaltfläche *Teilen.*
4. Speichern Sie das Zentraldokument.

Bild 32.9 Das Filialdokument wurde geteilt. Der Inhalt des geteilten Dokuments befindet sich nun in zwei Filialdokumenten

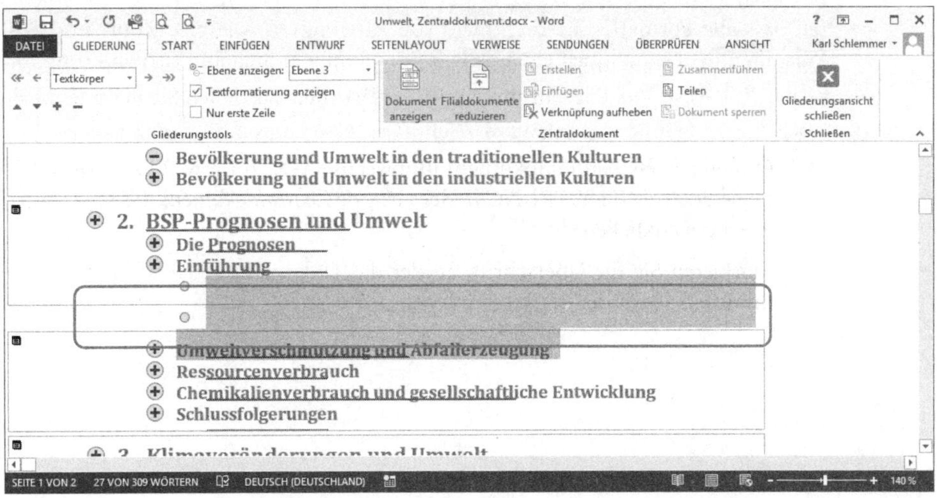

Filialdokument sperren oder Sperrung aufheben

Wenn ein Filialdokument gesperrt ist, kann es vom Zentraldokument aus nicht geändert werden, Auch Änderungen, die am Filialdokument außerhalb des Zentraldokuments vorgenommen wurden, werden dann nicht in das Zentraldokument übernommen. Gehen Sie folgendermaßen vor, um ein Filialdokument zu sperren oder um die Sperrung aufzuheben:

1. Öffnen Sie das Zentraldokument und wechseln Sie zur erweiterten Ansicht.
2. Klicken Sie in dem Filialdokument, das Sie sperren bzw. freigeben möchten, eine beliebige Stelle an.
3. Klicken Sie auf der Registerkarte *GLIEDERUNG* in der Gruppe *Zentraldokument* auf *Dokument sperren.*

Es gibt einige Situationen, in denen die Filialdokumente von Word automatisch gesperrt werden:

- Die Filialdokumente sind reduziert.
- Das Zentraldokument wird von einer Arbeitsgruppe gemeinsam genutzt und das Filialdokument wird momentan von einer anderen Person bearbeitet.
- Bei der früheren Bearbeitung des Filialdokuments wurde der gemeinsame Dateizugriff auf schreibgeschützt gesetzt.
- Das Filialdokument ist in einem freigegebenen, schreibgeschützten Ordner gespeichert.

Übergreifende Formatierungsaufgaben

Die Filialdokumente sind im Zentraldokument in eigenen Abschnitten untergebracht. Das bedeutet, dass alle Formatierungsmerkmale von Abschnitten, wie z.B. Kopf- und Fußzeilen, für jedes Filialdokument individuell eingestellt werden können. Soll eine Formatierung für alle Dokumente gelten, müssen Sie sie im Zentraldokument zuweisen.

Auch die Erstellung des Inhaltsverzeichnisses, des Index und der Querverweise funktioniert nur vom Zentraldokument aus. Es ist jedoch durchaus möglich, einen Index bzw. ein Inhaltsverzeichnis in ein Filialdokument zu verwandeln. Aber auch in diesem Fall müssen Sie den Index und das Inhaltsverzeichnis vom Zentraldokument aus aktualisieren.

Kapitel 33

Fuß- und Endnoten

In diesem Kapitel:

Fuß- und Endnoten sind kleine, meist hochgestellte Zeichen, die auf einen ausgelagerten Text, eine die direkte Argumentation eher störende Bemerkung, auf einen Verweis, einen Beleg oder Ähnliches hindeuten. Im wissenschaftlichen Gebrauch werden sie üblicherweise durchnummeriert.

Fußnoten werden standardmäßig unten auf der Seite ausgegeben, auf der auch das Fußnotenzeichen steht. Endnoten, die ebenfalls automatisch und in einem anderen Format nummeriert werden, können wahlweise am Ende des Dokuments oder am Ende des aktuellen Abschnitts gedruckt werden.

Die meisten Aktionen, die Sie in Word mit Fußnoten vornehmen können, gelten auch für Endnoten. Wir werden daher im weiteren Verlauf des Kapitels den Ausdruck Fußnoten als Oberbegriff für Fuß- und Endnoten verwenden. Falls sich eine beschriebene Vorgehensweise für Fuß- und Endnoten unterscheidet, weisen wir Sie ausdrücklich darauf hin.

Die Tücken der Fußnoten

Der Umgang mit Fuß- und Endnoten hat schon so manchen Word-Anwender an den Rand der Verzweiflung gebracht. Schwierigkeiten macht dabei weniger das Einfügen, sondern eher das Formatieren der Fuß- bzw. Endnoten, das in Word nicht gerade intuitiv funktioniert.

Das größte Problem im Zusammenhang mit Fußnoten ist ihre Positionierung im Text bzw. auf der Seite. Eine simple Quellenangabe, mit der ein Autor z.B. ein Zitat belegt, ist für den Leser in der Regel wenig interessant und kann sich daher am Ende des Dokuments befinden.

Eine Bemerkung zur Forschungslage, eine Kritik an Kollegen, eine Diskussion anderer Meinungen und Standpunkte scheinbar gegenläufiger Mess- und Forschungsergebnisse, all dies kann für den Leser dagegen von großer Wichtigkeit sein. Solcher Fußnoten werden üblicherweise unten auf der Seite ausgegeben, auf der auch das zugehörige Fußnotenzeichen steht.

Dadurch entstehen – gerade bei umfangreichen Fußnotentexten – nahezu zwangsläufig Schwierigkeiten beim Seitenumbruch. Ein typischer Fall ist ein Fußnotenzeichen, das relativ weit unten auf der Seite steht und zu dem ein umfangreicher Fußnotentext gehört. Wenn der Fußnotentext nun so viel Platz auf der Seite benötigt, dass er den Textbereich, der das Fußnotenzeichen enthält, verdrängen würde, entsteht eine Pattsituation, die auf den ersten Blick kaum lösbar scheint. Word behilft sich in solchen Fällen dann einfach damit, dass es den Fußnotentext auf zwei Seiten verteilt (dazu später mehr).

Fußnoten einfügen

Um Ihnen die Vorgehensweise beim Erstellen von Fußnoten zu verdeutlichen, haben wir eine kleine Übungsdatei vorbereitet. Wir verwenden dazu einen kurzen wissenschaftlichen Textauszug zum Thema »CO_2«, der bereits einige Fußnoten enthält. Im folgenden Beispiel werden Sie eine weitere Fußnote in den Text einfügen und mit den verschiedenen Darstellungsarten von Fußnoten auf dem Bildschirm experimentieren.

1. Öffnen Sie die Übungsdatei *Fußnoten* und wechseln Sie zur Ansicht *Seitenlayout.*
2. Setzen Sie die Einfügemarke direkt hinter die Abkürzung »UNFCCC«. Wir haben diese Stelle im nächsten Bild mit einem Pfeil gekennzeichnet. Beachten Sie, dass sich die Position der neuen Fußnote zwischen der ersten und der zweiten bereits vorhandenen Fußnote befindet.

Bild 33.1 In der Übungsdatei befinden sich bereits mehrere Fußnoten (siehe Markierungen)

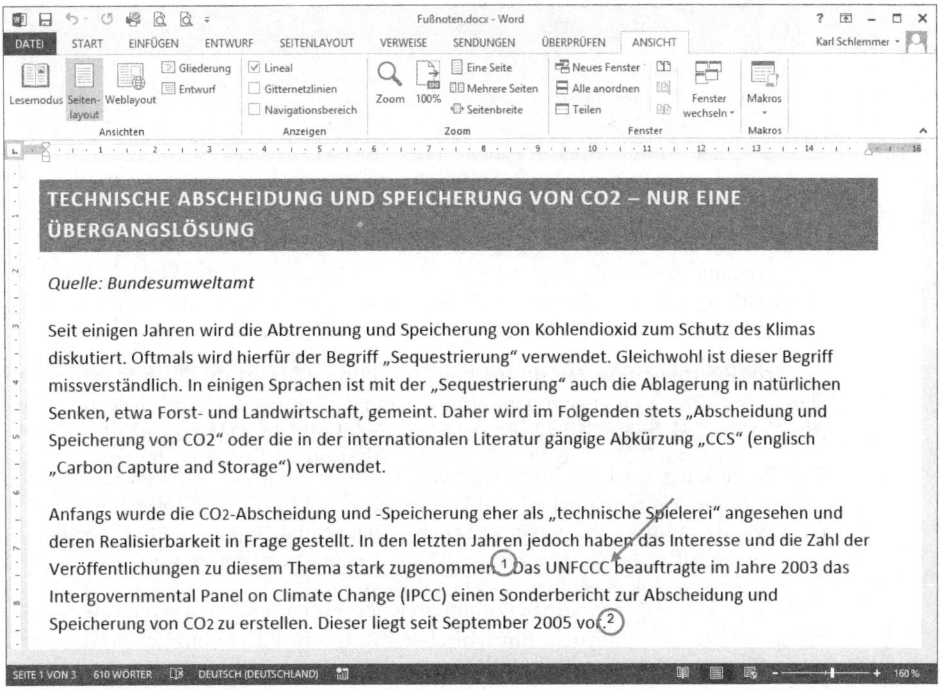

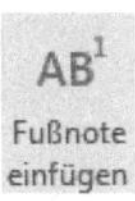

3. Wechseln Sie zur Registerkarte *VERWEISE* und klicken Sie in der Gruppe *Fußnoten* auf die Schaltfläche *Fußnote einfügen.*

   Word springt nach unten auf die Seite und erstellt eine neue, leere Fußnote. Wie Sie in der Abbildung auf der folgenden Seite sehen, passt Word die Nummerierung automatisch an. Die ehemals zweite Fußnote besitzt nun die Nummer 3.

Bild 33.2 Haupttext und Fußnoten werden durch eine kurze Linie getrennt (siehe Pfeil)

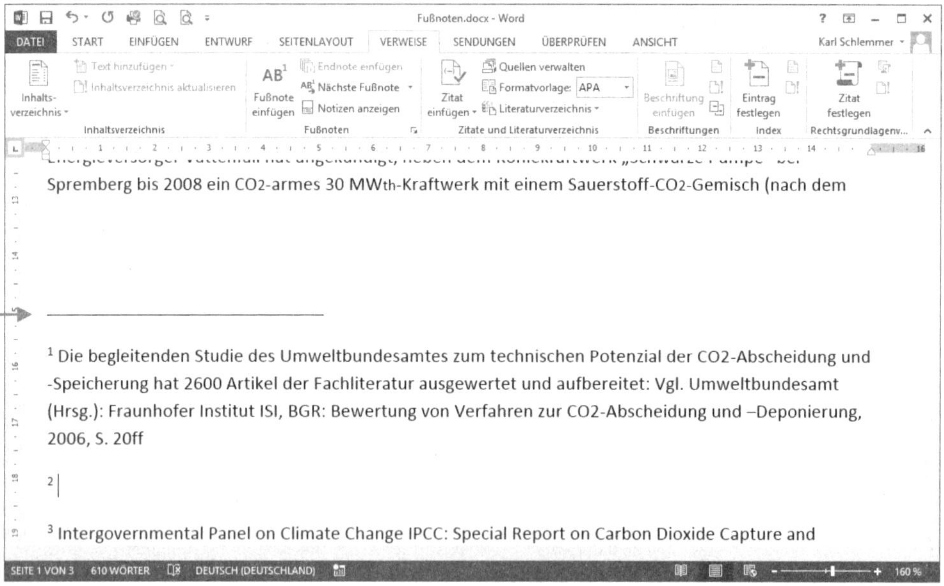

4. Geben Sie folgenden Fußnotentext ein: **Hinweis: UNFCCC ist die Abkürzung für das englische United Nations Framework Convention on Climate Change.**
5. Doppelklicken Sie auf das Fußnotenzeichen, um wieder an die Textstelle zu springen, an der Sie die Fußnote eingefügt haben. Alternativ klicken Sie auf der Registerkarte *VERWEISE* auf die Schaltfläche *Notizen anzeigen*, mit der Sie zwischen dem Fußnotentext und dem Fußnotenzeichen hin- und herspringen können.
6. Zeigen Sie mit der Maus auf das Fußnotenzeichen. Word zeigt dann den eingegebenen Fußnotentext in einer QuickInfo an.

Bild 33.3 Der Fußnotentext wird in einer QuickInfo angezeigt

HINWEIS Damit Word den Text der Fußnote in einer QuickInfo anzeigt, muss das Kontrollkästchen *Dokument-QuickInfos beim Daraufzeigen anzeigen* eingeschaltet sein. Sie finden diese Einstellung in der Kategorie *Anzeige*, Abschnitt *Optionen für die Seitenanzeige* des Dialogfeldes *Word-Optionen.*

Der Fußnotenausschnitt

Wenn Sie eine Fußnote nicht in der Ansicht *Seitenlayout*, sondern in der Ansicht *Entwurf* einfügen, blendet Word den sogenannten *Fußnotenausschnitt* ein, in dem Sie dann den Fußnotentext eingeben können. Word sorgt bei einem Bildlauf automatisch dafür, dass die beiden Ausschnitte synchronisiert werden.

Bild 33.4 In der Ansicht *Entwurf* werden Fuß- und Endnoten in einem Fensterausschnitt bearbeitet

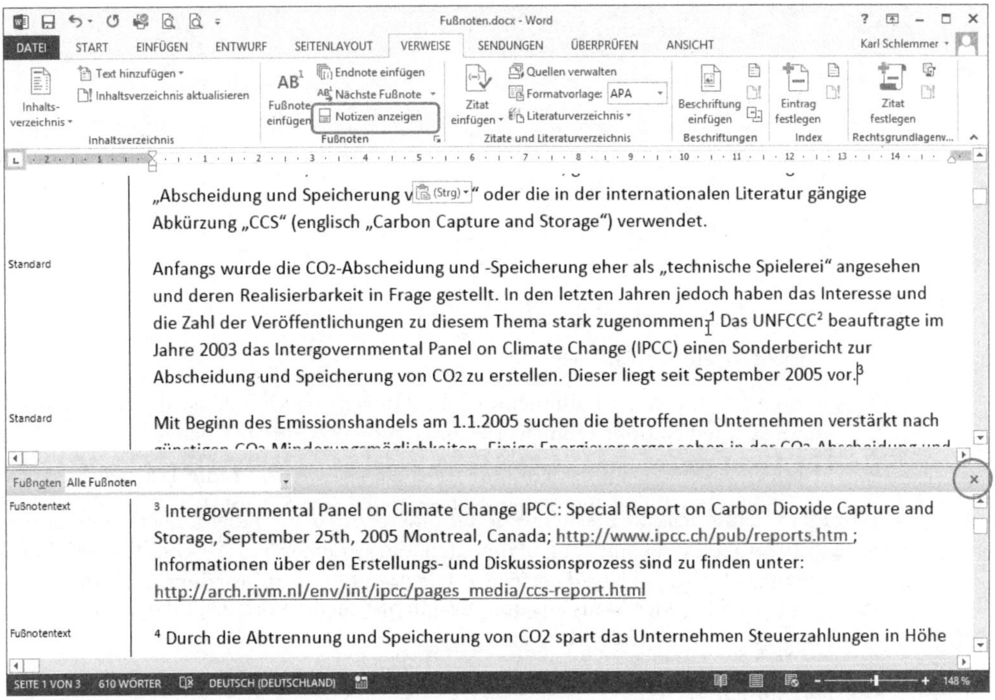

Zum Schließen verwenden Sie die *Schließen*-Schaltfläche oder die Schaltfläche *Notizen anzeigen.*

Nummerierung der Fußnoten ändern

Word beginnt die Nummerierung der Fußnoten normalerweise bei eins. Wenn neue Fußnoten zwischen bereits vorhandenen eingeschoben werden, passt Word die gesamte Fußnotennummerierung entsprechend an, d.h., die Fußnoten sind immer fortlaufend nummeriert.

Wenn Sie jedoch einen längeren Text erstellen, der aus mehreren Dateien besteht, und wenn Sie nicht mit einem Zentraldokument arbeiten (Zentraldokumente behandeln wir in Kapitel 32), müssen bzw. können Sie die Fußnotenzählung für jede Datei nachträglich neu festlegen. Gehen Sie dazu folgendermaßen vor:

1. Klicken Sie auf der Registerkarte *VERWEISE* in der Gruppe *Fußnoten* rechts unten auf das Startprogramm für ein Dialogfeld. Word zeigt das Dialogfeld *Fuß- und Endnote* an.

Bild 33.5 In diesem Dialogfeld können Sie u. a. die Nummerierung der Fußnoten konfigurieren

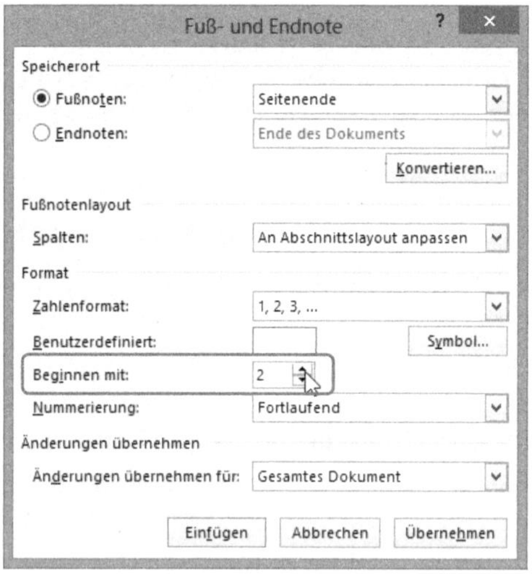

2. Stellen Sie die gewünschte Startnummer im Feld *Beginnen mit* ein.
3. Klicken Sie auf *Übernehmen.*

Seiten- oder abschnittsweise nummerieren

Word kann Fußnoten auch seitenweise nummerieren, d. h., die Nummerierung beginnt auf jeder Seite mit 1. Außerdem kann bei Dokumenten, die aus mehreren Abschnitten bestehen, die Fußnotenzählung auch abschnittsweise erfolgen. Die dazu nötigen Einstellungen können Sie ebenfalls im Dialogfeld *Fuß- und Endnote* vornehmen (siehe Bild oben).

Zur Auswahl stehen die folgenden drei Optionen:

- *Fortlaufend*
- *Jeden Abschnitt neu beginnen*
- *Jede Seite neu beginnen*

Benutzerdefinierte Fußnotenzeichen

Anstelle der automatisch nummerierten Fußnoten können Sie auch spezielle Fußnotenzeichen oder kurze Texte verwenden. Benutzerdefinierte Fußnotenzeichen bieten sich beispielsweise an, wenn Sie nur einen einzigen Verweis, beispielsweise mit einem Stern (*), auf das Ende der Seite bringen wollen. Durch die Verwendung eines Fußnotenzeichens erhalten Sie wegen der Hochstellung und des kleineren Schriftgrades schnell eine passende Formatierung. Außerdem brauchen Sie sich beim Drucken nicht darum zu kümmern, dass die Fußnote auf der Seite richtig platziert wird.

Um eine benutzerdefinierte Fußnote einzufügen, führen Sie folgende Schritte aus:

1. Rufen Sie das Dialogfeld *Fuß- und Endnote* auf, indem Sie auf der Registerkarte *VERWEISE* in der Gruppe *Fußnoten* das Startprogramm für ein Dialogfeld anklicken oder eine der beiden Tastenkombinationen [Strg]+[Alt]+[F] (Fußnoten) und [Strg]+[Alt]+[D] (Endnoten) verwenden.
2. Geben Sie das gewünschte Zeichen im Textfeld *Benutzerdefiniert* ein. Sie können hier maximal zehn Zeichen eingeben. (Vorsicht: Wenn Sie mehr Zeichen eingeben, werden von Word trotzdem nur die ersten zehn übernommen.) Über die Schaltfläche *Symbol* können Sie für ein Fußnotenzeichen auch beliebige Sonderzeichen verwenden.
3. Klicken Sie auf *Einfügen*, um die Fußnote zu erstellen.

Die automatische Nummerierung anderer Fußnoten wird von benutzerdefinierten Fußnotenzeichen nicht gestört. Wenn Sie z.B. zwischen den nummerierten Fußnoten 15 und 16 ein Sternchen (*) als Fußnotenzeichen verwenden, behält die Fußnote 16 ihre Nummer.

Position der Fuß- und Endnoten

Die Druckposition der Fuß- und Endnoten wird über zwei Dialogfelder gesteuert. Im Dialogfeld *Fuß- und Endnote*, das Sie über das Startprogramm für ein Dialogfeld in der Gruppe *Fußnoten* auf der Registerkarte *VERWEISE* erreichen, können Sie zunächst die Druckposition für das gesamte Dokument bestimmen.

Hier sind folgende Varianten möglich:

- **Fußnoten**
  - **Seitenende** Dies ist die Voreinstellung von Word für die Positionierung der Fußnoten, da sie wohl die am häufigsten anzutreffende Form darstellt. Word versucht bei jeder Seite, die Fußnotentexte aller Fußnoten an das Ende der Seite zu bringen und vergrößert bei Bedarf den Platz, der den Fußnoten zur Verfügung gestellt wird. Fließtext und Fußnoten werden von einer ca. 5 cm langen Linie getrennt. Sie können die Linie beliebig ändern und formatieren (siehe Abschnitt »Trennlinien und Fortsetzungshinweise« auf der Seite 689).
  - **Unterhalb des Textes** Wenn Sie diese Option wählen, beginnt Word mit dem Ausdrucken der Fußnoten direkt unterhalb der letzten Zeile auf der Seite. (Die Fußnoten werden also nicht nach unten geschoben.) Sie vermeiden damit große Zwischenräume zwischen Fließtext und Fußnoten.
- **Endnoten**
  - **Abschnittsende** Mit dieser Option lassen sich die Endnoten am Ende des aktuellen Abschnitts ausgeben.
  - **Ende des Dokuments** Wenn Sie diese Option auswählen, werden alle Endnoten am Ende des Dokuments ausgedruckt, unabhängig davon, aus wie vielen Abschnitten das Dokument besteht.

Endnoten abschnittsweise unterdrücken

Falls Ihr Dokument aus mehreren Abschnitten besteht, können Sie zusätzlich im Dialogfeld *Seite einrichten* auf der Registerkarte *Layout* die Option *Endnoten unterdrücken* verwenden, um für einen Abschnitt das Drucken der Endnoten ein- bzw. auszuschalten. Unterdrückte Endnoten werden im nächsten Abschnitt vor dessen Endnoten ausgedruckt. Die Option ist logischerweise nur verfügbar, wenn Sie als Druckposition für die Endnoten die Option *Abschnittsende* eingestellt haben.

Sie erreichen das Dialogfeld *Seite einrichten*, indem Sie auf der Registerkarte *SEITENLAYOUT* das Startprogramm für Dialogfelder der Gruppe *Seite einrichten* verwenden.

Fuß- und Endnoten umwandeln

Falls Sie in einem Dokument sowohl mit Fuß- als auch mit Endnoten arbeiten, kann es sein, dass Sie aus einer Endnote eine Fußnote machen wollen und umgekehrt. Oder aber Sie haben im gesamten Dokument Fußnoten eingegeben und entscheiden sich später, alle in Endnoten umzuwandeln, damit sie am Dokumentende platziert werden können. Auch für diese Fälle hat Word vorgesorgt und stellt Ihnen entsprechende Befehle zur Verfügung.

Einzelne Fußnote umwandeln

Um eine einzelne Fußnote in eine Endnote umzuwandeln, gehen Sie so vor:

1. Doppelklicken Sie auf das Fußnotenzeichen, um zum Fußnotentext zu gelangen.
2. Klicken Sie den zugehörigen Fußnotentext mit der rechten Maustaste an und wählen Sie im Kontextmenü *In Endnoten umwandeln.*

Die Fußnote verschwindet und taucht am Ende des Dokuments wieder auf.

Alle Fußnoten des Dokuments umwandeln

Um alle Fußnoten in einem Rutsch in Endnoten umzuwandeln, sind folgende Schritte notwendig:

1. Wechseln Sie zur Registerkarte *VERWEISE* und klicken Sie in der Gruppe *Fußnoten* auf das Startprogramm für Dialogfelder. Word zeigt das Dialogfeld *Fuß- und Endnote* an.
2. Klicken Sie oben im Dialogfeld auf die Schaltfläche *Konvertieren* (siehe Bild 33.5). Word zeigt ein kleines Dialogfeld an, in dem Sie sich zwischen drei Optionen entscheiden können.

Bild 33.6 Umwandeln von Fuß- und Endnoten

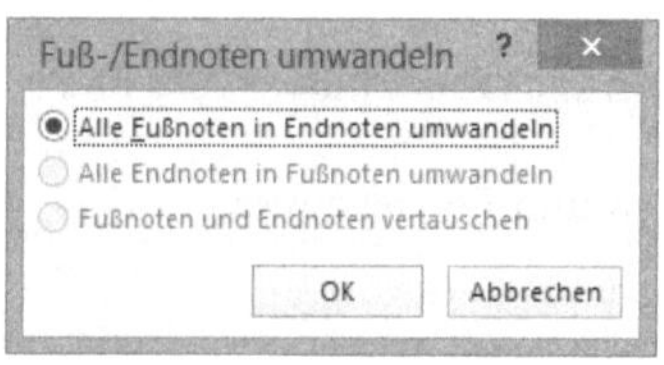

3. Markieren Sie eine der möglichen Optionen und beenden Sie dann das Dialogfeld mit *OK.*

Wenn Sie nur Endnoten oder nur Fußnoten in einem Dokument benutzt haben, ist in dem Dialogfeld nur die erste bzw. die zweite Option aktiv.

Fußnoten bearbeiten

Beim Bearbeiten von Fußnotenzeichen und -text sind folgende Besonderheiten zu beachten:

- Fußnotentext kann wie jeder andere Text bearbeitet und formatiert werden. Dazu gehört auch die zu Beginn des Fußnotentextes erfolgende Wiederholung des Fußnotenzeichens. Sie ist hier bloß ein Textteil, der bearbeitet und gelöscht werden kann.
- Automatisch nummerierte Fußnotenzeichen können Sie nicht editieren, jedoch formatieren.

Fußnoten formatieren

Wenn Sie Fußnoten in Ihr Dokument aufgenommen haben, werden dem Fußnotenzeichen und dem Fußnotentext automatisch die Formatvorlagen *Fußnotenzeichen* und *Fußnotentext* zugewiesen. So ist garantiert, dass sämtliche Fußnoten ein einheitliches Aussehen erhalten. Nehmen Sie daher die gewünschten Formatierungen nach Möglichkeit direkt an diesen Formatvorlagen vor.

Selbstverständlich gilt das eben Gesagte analog für das Arbeiten mit Endnoten. Dort heißen die beiden Formatvorlagen *Endnotenzeichen* und *Endnotentext.*

Trennlinien und Fortsetzungshinweise

Word kennt für Fuß- und Endnoten jeweils zwei verschiedene Linien und ein Textelement:

- Die eingangs erwähnte Trennlinie, mit der die Fuß- bzw. Endnoten vom Fließtext getrennt werden. Diese Linie ist standardmäßig 5 cm breit.
- Wenn eine Fuß- bzw. Endnote aus Platzgründen auf der nächsten Seite fortgesetzt werden muss, macht Word dies durch die Verwendung einer sogenannten *Fortsetzungstrennlinie* kenntlich. Diese Linie ersetzt die normale Trennlinie und verläuft normalerweise über den gesamten Satzspiegel.

Zusätzlich verwaltet Word noch den sogenannten *Fortsetzungshinweis,* mit dem Sie dem Leser signalisieren können, dass eine Fuß- bzw. Endnote auf der nächsten Seite fortgesetzt wird. Dieser Text wird jedoch in der Voreinstellung von Word nicht angezeigt und muss erst eingegeben und formatiert werden.

Viele Word-Anwender sind schon bei dem Versuch verzweifelt, die Trennlinie für Fußnoten zu löschen, da sie die Linie einfach nicht »zu fassen kriegten«. Word macht es einem an dieser Stelle auch wirklich nicht einfach, denn der Zugriff auf diese Elemente ist gut versteckt.

Beispiel: Fortsetzungstrennlinien ändern

Das Bearbeiten der Trennlinien, Fortsetzungslinien und Fortsetzungshinweise erfolgt immer nach dem gleichen Muster. Wir beschreiben die Vorgehensweise beispielhaft für die Bearbeitung der Fortsetzungstrennlinie:

1. Öffnen Sie die Registerkarte *ANSICHT* und klicken Sie in der Gruppe *Ansichten* auf *Entwurf,* um die Entwurfsansicht zu aktivieren. In der Ansicht *Seitenlayout* haben Sie keinen Zugriff auf die gleich benötigten Auswahlfelder und Schaltflächen.

2. Zeigen Sie die Registerkarte *VERWEISE* an und klicken Sie in der Gruppe *Fußnoten* auf die Schaltfläche *Notizen anzeigen*. (Der Befehl ist nur verfügbar, wenn das Dokument Fuß- und/oder Endnoten enthält.)
3. Falls das aktuelle Dokument sowohl Fuß- als auch Endnoten enthält, müssen Sie zunächst in einem kleinen Dialog entscheiden, ob der Fußnoten- oder der Endnotenbereich angezeigt werden soll.

Bild 33.7 Wahl des zu öffnenden Bereichs

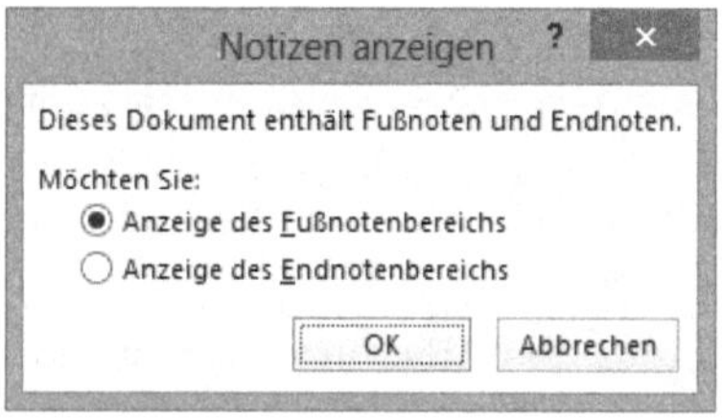

4. Anschließend können Sie unten im Fußnotenbereich die Fußnoten-Fortsetzungstrennlinie anzeigen lassen.

Bild 33.8 Wahl des zu bearbeitenden Elements

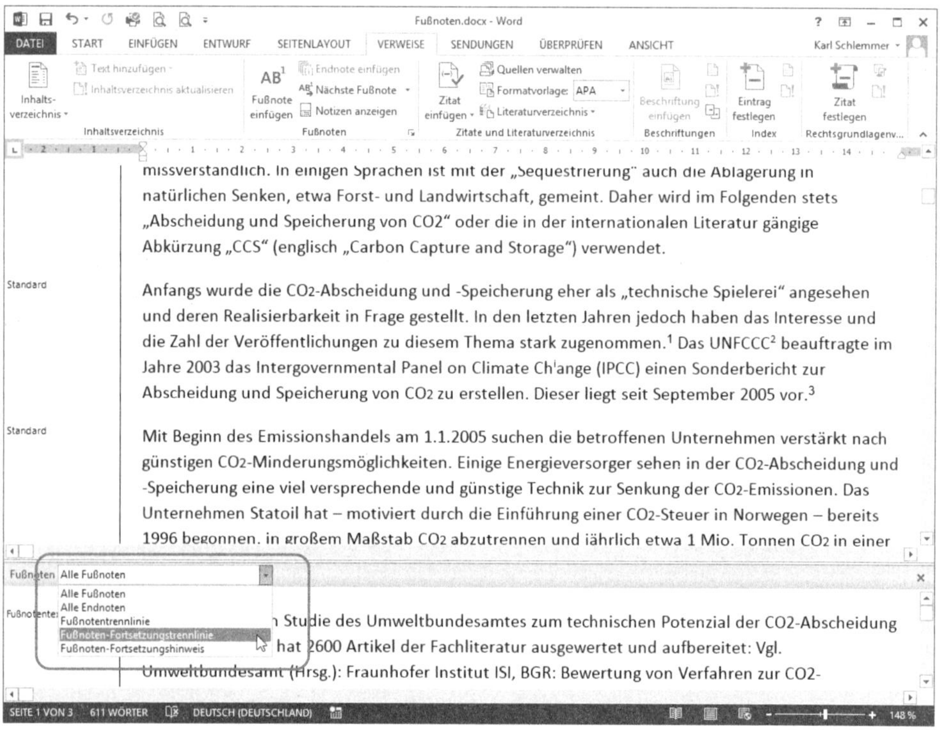

5. Löschen Sie die Linie, indem Sie sie markieren und Entf drücken.

6. Sie können den leeren Absatz nun nach Belieben formatieren. Vielleicht gefällt Ihnen ja die (nicht ganz ernst gemeinte) Variante aus der folgenden Abbildung.

Bild 33.9 Statt einer Linie können Sie auch beliebige anderen Zeichen verwenden

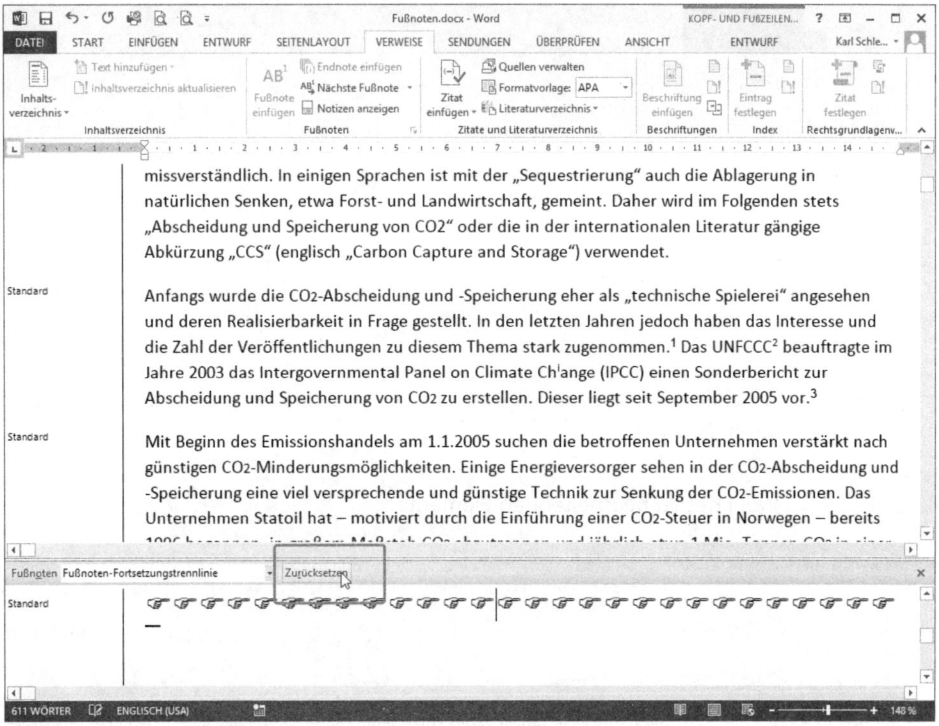

HINWEIS **Trennlinien zurücksetzen** Im Fuß-/Endnotenausschnitt befindet sich die Schaltfläche *Zurücksetzen* (siehe Markierung in der obigen Abbildung), mit der Sie den Inhalt des entsprechenden Ausschnitts wieder auf die Standardwerte von Word einstellen können.

Kapitel 34

Zitate und Literatur-verzeichnis erstellen

In diesem Kapitel:

Word kann automatisch ein Literaturverzeichnis erstellen, das in der Regel am Ende eines Dokuments die Quellenangaben aufführt, die beim Erstellen des Dokuments verwendet oder zitiert wurden. Alle Befehle, die Sie hierfür benötigen, finden Sie in der Gruppe *Zitate und Literaturverzeichnis* auf der Registerkarte *VERWEISE*.

Wenn Sie mit Word ein Literaturverzeichnis erstellen, führen Sie in der Regel die folgenden Schritte durch:

- **Formatvorlage auswählen** Bevor Sie mit dem Erfassen von Quellen beginnen, ist es am besten, die Formatvorlage auszuwählen, die Sie für die Inlinezitate und für das Literaturverzeichnis verwenden wollen bzw. verwenden müssen. Sie können die Formatvorlage zwar auch zu einem späteren Zeitpunkt festlegen, da sich jedoch das Eingabeformular für das Erfassen der Quellen je nach verwendeter Formatvorlage ein wenig unterscheidet, ist es sinnvoll, die Entscheidung über die Formatvorlage zu treffen, bevor Sie die erste Quelle erfassen.
- **Quellen erfassen** Je nach Art der Quellen (Buch, Zeitschrift usw.) stellt Ihnen Word Formulare mit unterschiedlichen Feldern zur Verfügung, in die Sie die Informationen zu der Quelle eintragen können. Word verwaltet eine sogenannte Masterliste für Quellen, auf die Sie von verschiedenen Dokumenten aus zugreifen können. Jedes Dokument wiederum enthält eine eigene Liste mit den Quellen, die im betreffenden Dokument verwendet wurden. In der Quellenverwaltung können Sie u. a. einen Eintrag aus der Masterliste in die Quellenliste des Dokuments kopieren. Außerdem können Sie von verschiedenen Stellen im Dokument auf die gleiche Quelle verweisen, sodass Sie jede Quelle nur einmal erfassen müssen.
- **Zitat in das Dokument einfügen** Immer wenn Sie innerhalb Ihres Dokuments auf eine Quelle verweisen wollen, fügen Sie mit der entsprechenden Schaltfläche ein Zitat in das Dokument ein.
- **Literaturverzeichnis erstellen** Nachdem Sie alle Quellen und Zitate für das Dokument erstellt haben, können Sie von Word das Literaturverzeichnis erstellen lassen.

Formatvorlage auswählen

Word stellt Ihnen verschiedene Formatvorlagen zur Verfügung, mit denen sowohl die in das Dokument eingefügten Inlinezitate als auch das aus den Quellen generierte Literaturverzeichnis formatiert werden. So legen Sie fest, welches der Formate verwendet werden soll:

1. Wechseln Sie zur Registerkarte *VERWEISE*.
2. Klicken Sie in der Gruppe *Zitate und Literaturverzeichnis* auf den Pfeil bei *Formatvorlage* und wählen Sie dort das gewünschte Format aus.

Bild 34.1 Auswahl der Formatvorlage für die Zitate und das Literaturverzeichnis

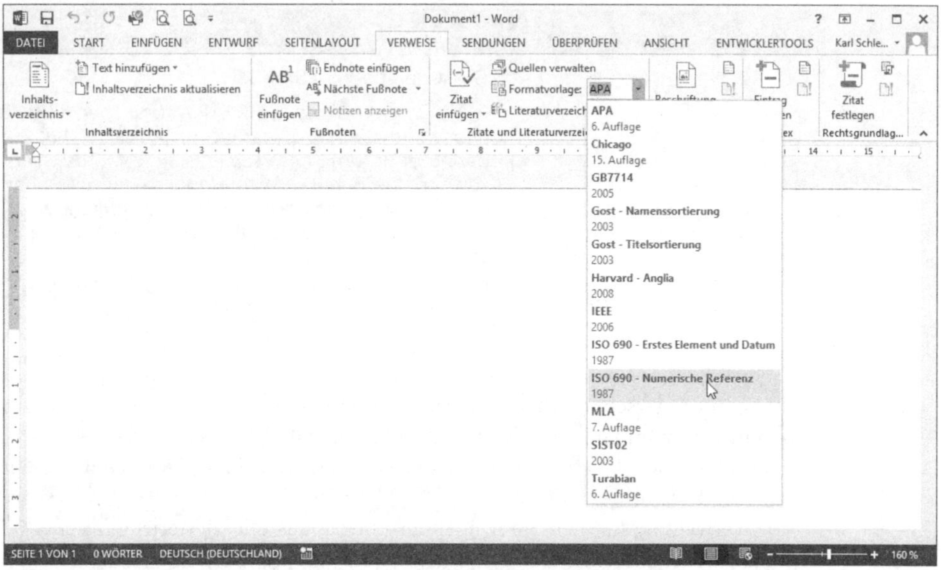

Die verschiedenen Formatvorlagen, die Ihnen zur Verfügung stehen, sind in der folgenden Tabelle beschrieben. Im deutschsprachigen Raum wird hauptsächlich ein Format verwendet, das weitestgehend der Formatvorlage *ISO 690 – Numerische Referenz* entspricht.

Tabelle 34.1 Die verschiedenen Formatvorlagen für Zitate und das Literaturverzeichnis

Formatvorlage	Beschreibung
APA	**American Psychological Association** Hierbei handelt es sich um die von der American Psychological Association herausgegebenen Richtlinien zur Gestaltung wissenschaftlicher Texte. Der APA-Standard ist mittlerweile in der fünften Auflage verfügbar und ist in dem von der APA herausgegebenen Buch *The Publication Manual of the American Psychological Association* beschrieben.
Chicago	**The Chicago Manual of Style** Beim Chicago-Standard handelt es sich um Gestaltungsrichtlinien für amerikanisches Englisch, die vom Verlag *University of Chicago Press* veröffentlicht werden.
GB7714	Hierbei handelt es sich um einen Standard, der von der Standardization Administration of China herausgegeben wurde. ▸

Tabelle 34.1 Die verschiedenen Formatvorlagen für Zitate und das Literaturverzeichnis *(Fortsetzung)*

Formatvorlage	Beschreibung
GOST – Namenssortierung	**Gossudarstwenny Standart** GOST ist die Abkürzung für den russischen Ausdruck *Gossudarstwenny Standart*, was wörtlich übersetzt *Staatlicher Standard* bedeutet und mit dem sowjetische bzw. russische Normen bezeichnet werden. Diese werden von der russischen Normungsorganisation *Föderale Agentur für technische Regulierung und Metrologie* (ähnlich der DIN in Deutschland) herausgeben und verwaltet. Bei dieser Variante werden die Quellen im Literaturverzeichnis nach den Namen der Autoren sortiert.
GOST – Titelsortierung	Wie *GOST – Namenssortierung*, jedoch werden hier die Quellen im Literaturverzeichnis nach dem Titel sortiert.
ISO 690	**International Organization for Standardization** Dieser von der ISO herausgegebene Standard legt die Elemente fest, die in bibliografischen Verweisen enthalten sein sollen. Die beiden Varianten unterscheiden sich darin, ob im Zitat und im Verzeichnis das erste Element (meist der Autor) und das Datum der Veröffentlichung oder ein durchlaufender Index verwendet wird.
MLA	**Modern Language Association** Die *Modern Language Association of America* ist der wichtigste US-Berufsverband für Literaturwissenschaftler und Literaturkritiker. Die von ihr herausgegebenen und als MLA-Standard bezeichneten Festlegungen zur Verfassung wissenschaftlicher Papiere, etwa zur Gliederung und Zitierweise, sind Grundlage auch vieler Nachbardisziplinen.
SIST02	**Standards for Information of Science and Technology by Japan Science and Technology Agency** Hierbei handelt es sich um einen Standard, der fast ausschließlich in Asien verwendet wird.
Turabian	Beim Turabian-Format, das nach seiner Erfinderin Kate L. Turabian benannt ist, handelt es sich um eine vereinfachte Version des Chicago-Standards. Während sich der Chicago-Standard mit Gestaltungsrichtlinien im Allgemeinen auseinandersetzt, konzentriert sich der Turabian-Standard auf Regeln für Dissertationen und Studienarbeiten.

Quelle und Zitat hinzufügen

Nachdem Sie die gewünschte Formatvorlage ausgewählt haben, können Sie beginnen, Quellen und Zitate in das Dokument einzufügen. Gehen Sie wie folgt vor, um eine neue Quelle zu erfassen und gleichzeitig ein Zitat einzufügen:

1. Setzen Sie die Einfügemarke an die Stelle des Dokuments, an der Sie das neue Zitat einfügen wollen.
2. Wechseln Sie zur Registerkarte *VERWEISE* und klicken Sie in der Gruppe *Zitate und Literaturverzeichnis* auf *Zitat einfügen.*

Bild 34.2 Neues Zitat einfügen

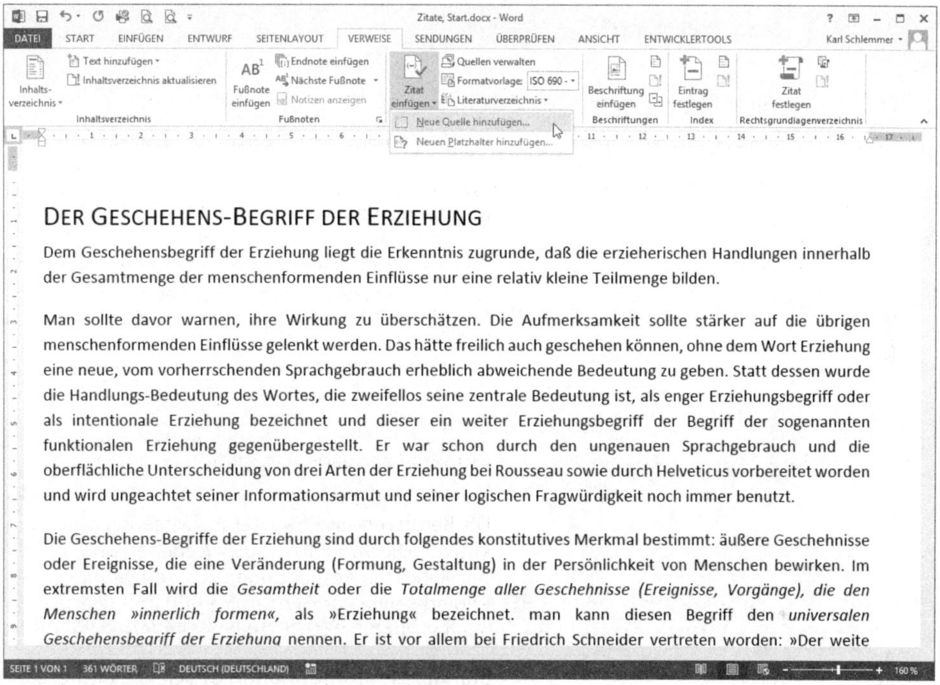

3. Führen Sie einen der folgenden Schritte durch:
   - Klicken Sie auf *Neue Quelle hinzufügen,* wenn Sie aus einer Quelle das erste Mal zitieren. Das Dialogfeld *Quelle erstellen* wird angezeigt. Machen Sie dann bei Schritt 5 weiter.
   - Klicken Sie auf *Neuen Platzhalter hinzufügen,* wenn Sie einen Zitatplatzhalter hinzufügen möchten. Sie können so ein Zitat erstellen und die Quellenangaben später einfügen. Das Dialogfeld *Platzerhaltername* wird angezeigt. Machen Sie bei Schritt 4 weiter.

Bild 34.3 In diesem Dialogfeld legen Sie den Platzhalternamen für eine Quelle fest, deren bibliografische Angaben Sie später erfassen

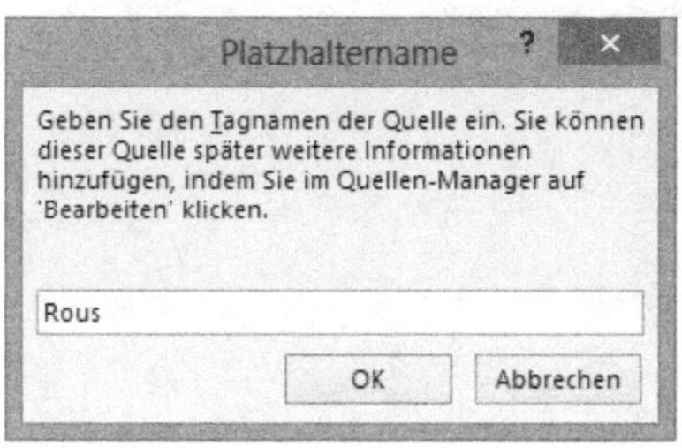

4. Geben Sie im Dialogfeld *Platzerhaltername* einen Tagnamen für die Quelle ein, auf die Sie verweisen wollen. Sie können die genauen Daten der Quelle zu einem späteren Zeitpunkt im Quellen-Manager erfassen. Weitere Informationen zur Verwendung von Zitatplatzhaltern finden Sie ab Seite 705. Klicken Sie auf *OK*.

5. Öffnen Sie die Liste *Quellentyp* und legen Sie fest, aus welcher Art von Quelle (*Buch, Zeitschriftenartikel, Konferenzprotokoll* usw.) Sie zitieren. Word passt die Eingabefelder im Dialogfeld *Quelle erstellen* an, damit diejenigen angezeigt werden, die Sie für den ausgewählten Quellentyp benötigen.

Bild 34.4 Hinzufügen einer neuen Quelle

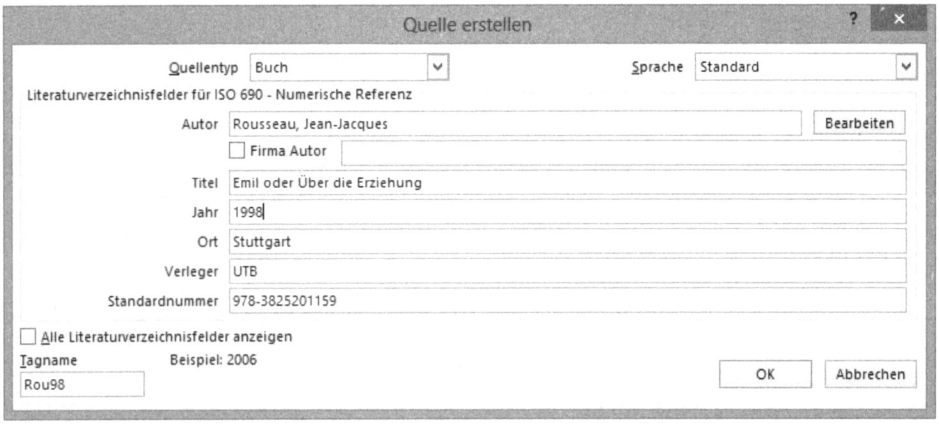

6. Tippen Sie den Namen des Autors in das Feld *Autor* ein. Sie können hier entweder das Format **Vorname Nachname** oder **Nachname, Vorname** verwenden. Anhand des Kommas kann Word Vor- und Nachnamen richtig zuordnen.

   Wenn Sie mehrere Autoren eingeben wollen, trennen Sie die Angaben durch Semikolon. Word sortiert die Autoren dann automatisch nach dem Nachnamen.

   Falls Sie eine andere Sortierung angeben wollen, klicken Sie auf *Bearbeiten*. Word zeigt das Dialogfeld *Name bearbeiten* an. Markieren Sie in der Liste *Namen* den Autorennamen, den Sie verschieben wollen, und verwenden Sie dann die Schaltflächen *Nach oben* bzw. *Nach unten*. Klicken Sie abschließend auf *OK*.

Bild 34.5 Festlegen der Autorenreihenfolge bei Werken mit mehreren Autoren

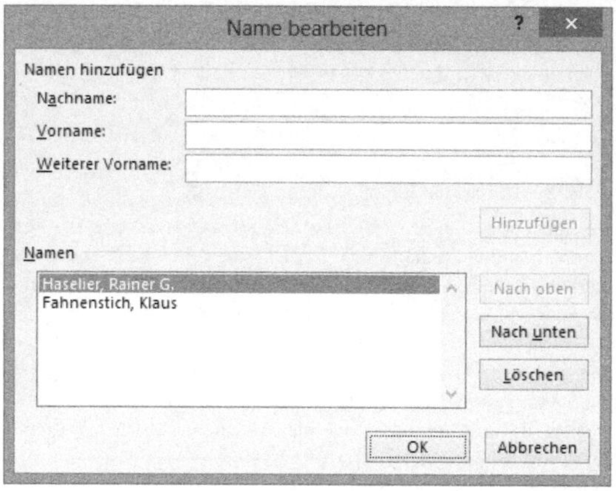

7. Füllen Sie die weiteren Felder des Eingabeformulars aus.
8. Wenn Sie für Ihre Quellen die ISO 690-Formatvorlage verwenden und ein Zitat nicht eindeutig ist, fügen Sie ein alphabetisches Zeichen an die Jahreszahl an. Das Zitat wird dann beispielsweise als [Rousseau 1998a] dargestellt.
9. Optional können Sie das Kontrollkästchen *Alle Literaturverzeichnisfelder anzeigen* einschalten, wenn Sie für eine Quelle weitere Informationen hinzufügen wollen.

Bild 34.6 Im Formular sind zusätzliche Eingabefelder sichtbar, wenn Sie das Kontrollkästchen *Alle Literaturverzeichnisfelder anzeigen* einschalten

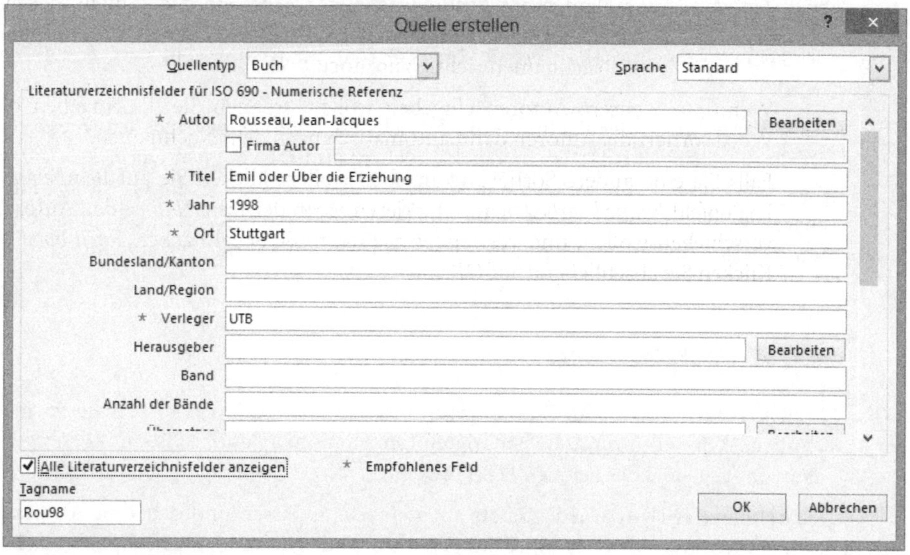

10. Klicken Sie auf *OK*.

Word fügt den Zitathinweis in das Dokument ein. Das Format des Zitatverweises wird durch die Formatvorlage bestimmt, die Sie festgelegt haben.

Bild 34.7 Hinter dem Zitat verbirgt sich ein CITATION-Feld

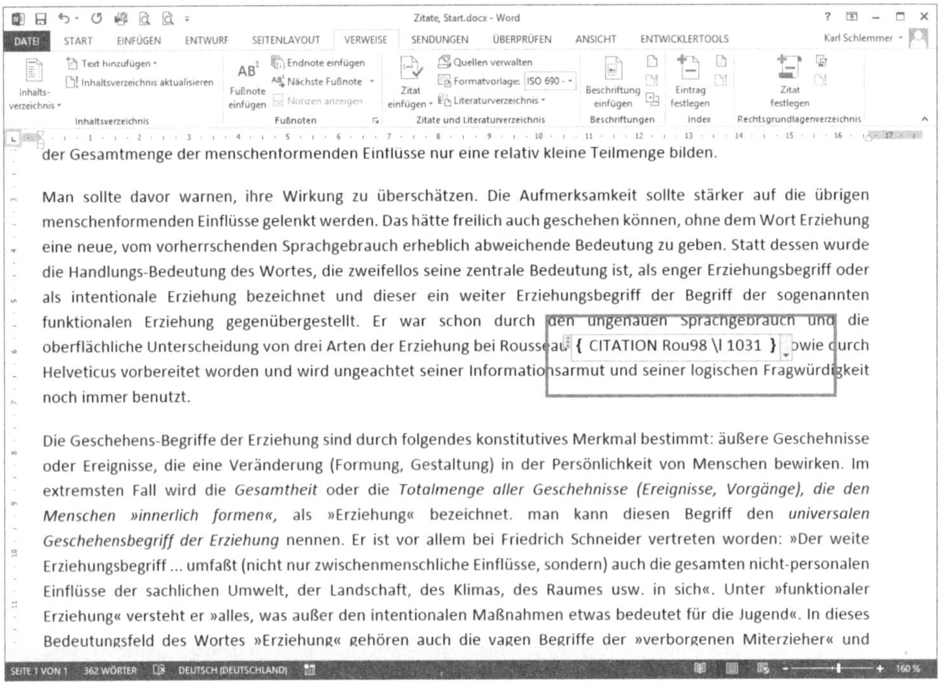

Die Zitate werden in das Word-Dokument als Inhaltssteuerelemente eingefügt. Im Inhaltssteuerelement befindet sich die Feldfunktion CITATION (weitere Informationen zu Feldfunktionen finden Sie in Kapitel 24), die als einen Parameter den Tagnamen enthält, wie er im unteren Bereich des Dialogfeldes *Quelle bearbeiten* von Word automatisch erstellt bzw. von Ihnen überschrieben wurde.

Außerdem wird in der Feldfunktion der Schalter \l verwendet, mit dem die Sprache der zitierten Quelle angegeben wird. Die Sprache kann ebenfalls im Dialogfeld *Quelle bearbeiten* eingestellt werden. Die zugewiesene Sprache hat Auswirkungen darauf, wie die Quelle im Literaturverzeichnis angezeigt wird. Haben Sie z. B. einer Quelle mit mehreren Autoren die Sprache Englisch zugewiesen, werden die Namen der Autoren mit »and« statt mit »und« verbunden.

Zitat anpassen

Welche Informationen im Zitat angezeigt werden, hängt davon ab, welche Formatvorlage Sie verwenden. Word entnimmt die benötigten Informationen aus der Liste mit den Quellen; diese stellen dann das Ergebnis des Feldes CITATION dar.

Sie können das Format jedes Zitats auch einzeln anpassen und dabei die Ausgabe bestimmter Informationen unterdrücken oder das Zitat um eine Seitenzahlangabe ergänzen. Gehen Sie dazu folgendermaßen vor:

1. Klicken Sie das Zitat an, das Sie bearbeiten wollen. Word blendet den Rahmen des Inhaltssteuerelements ein, in dem sich das Zitat befindet.

Bild 34.8 Zitate werden im Dokument als Inhaltssteuerelemente eingefügt

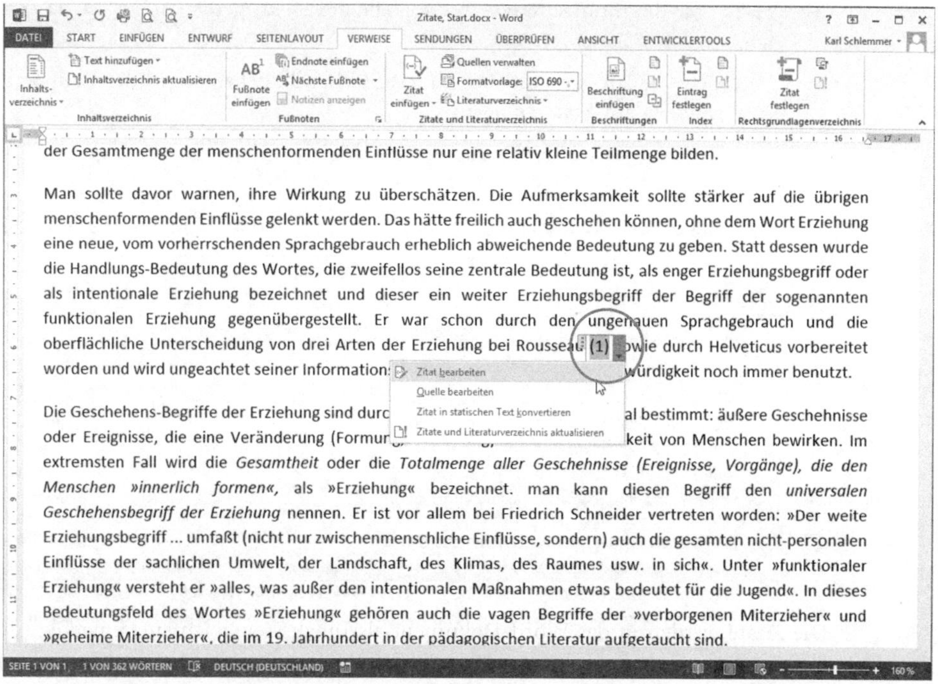

2. Klicken Sie auf den Pfeil an der rechten Seite des Inhaltssteuerelements, um das Dropdownmenü zu öffnen, und klicken Sie auf *Zitat bearbeiten.* Das gleichnamige Dialogfeld erscheint.

Bild 34.9 In diesem Dialogfeld legen Sie fest, welche Informationsfelder im Zitat enthalten sein sollen

3. Geben Sie in das Feld *Seiten* die Seite(n) der Quelle an, auf die Sie verweisen wollen. Wenn Sie auf mehrere Seiten verweisen, verbinden Sie die Seitenzahlen der Bereichsangabe durch einen Gedankenstrich.
4. Schalten Sie im Bereich *Unterdrücken* die Kontrollkästchen der Informationsfelder ein, die im Zitat nicht enthalten sein sollen.
5. Klicken Sie auf *OK.*

Eine bereits vorhandene Quelle zitieren

Wenn Sie für das aktuelle Dokument eine Quelle bereits erfasst haben, können Sie diese Quelle an mehreren Stellen im Dokument zitieren. Gehen Sie dazu wie folgt vor:

1. Setzen Sie die Einfügemarke an die Stelle des Dokuments, an der Sie das Zitat einfügen wollen.
2. Wechseln Sie zur Registerkarte *VERWEISE* und klicken Sie in der Gruppe *Zitate und Literaturverzeichnis* auf *Zitat einfügen.*

   Im Menü werden alle im Dokument vorhandenen Quellen angezeigt.

Bild 34.10 Das Menü der Schaltfläche *Zitat einfügen* zeigt alle im Dokument vorhandenen Quellen an

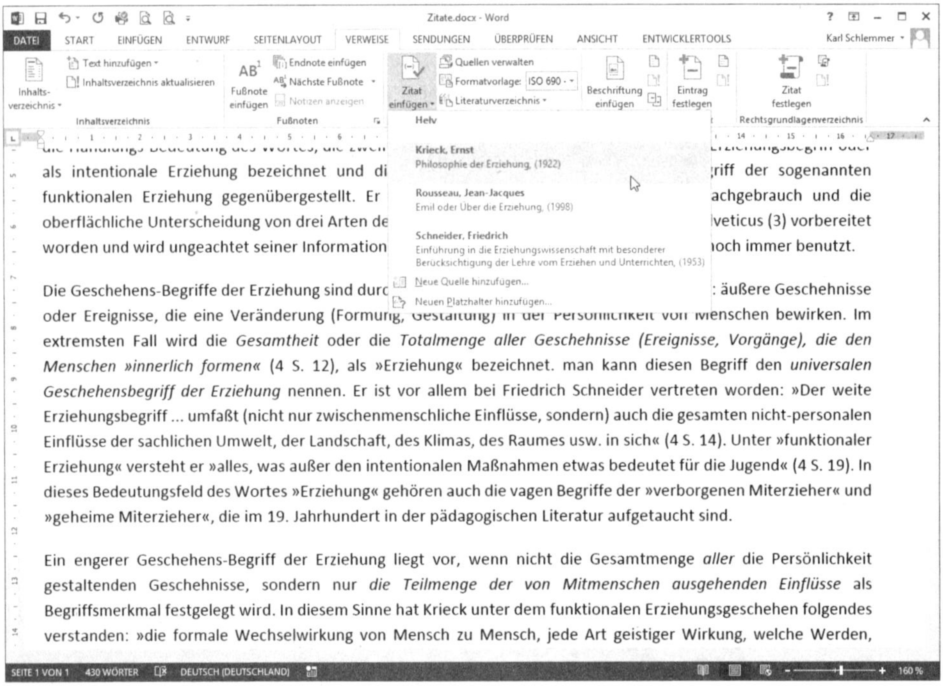

3. Klicken Sie die Quelle an, die Sie zitieren wollen.

   Word fügt das Zitat in das Dokument ein.
4. Führen Sie optional die Schritte durch, die im Abschnitt »Zitat anpassen« (Seite 700) beschrieben sind.

Quellen verwalten und bearbeiten

Word verwaltet die Quellenangaben in zwei verschiedenen Listen:

- **Masterliste** Die Masterliste enthält alle Quellen, die Sie auf Ihrem Computer erfasst haben. Diese Masterliste wird für jeden Benutzer erstellt, für den sich auf dem Computer ein Benutzerkonto befindet. Die Liste liegt im XML-Format vor und befindet sich standardmäßig in der Datei *C:\Users\<Benutzername>\AppData\Roaming\Microsoft\Bibliography\sources.xml.*

  Wenn Sie mit mehreren Personen an einem Dokument arbeiten, können Sie die gleiche Masterliste verwenden, die dann am besten in einem freigegebenen Ordner abgelegt wird, auf den alle Autoren zugreifen können. Mehr hierzu finden Sie im nächsten Abschnitt »Masterliste festlegen«.

- **Quellenliste des Dokuments** Alle zitierten Quellen werden im Word-Dokument selbst abgelegt. Das hat den großen Vorteil, dass die Quellenangaben immer zur Verfügung stehen, auch wenn Sie das Dokument beispielsweise per E-Mail versenden. Wenn sich in der Masterliste Angaben zu einer Quelle befinden, die Sie im aktuellen Dokument noch nicht verwendet haben, müssen Sie die Daten zuerst von der Masterliste in die Quellenliste des Dokuments kopieren, bevor Sie sie zitieren können. Die dafür nötigen Schritte sind weiter unten beschrieben.

Masterliste festlegen

Wenn Sie von Ihrem Dokument aus auf eine andere Liste als die Standardmasterliste zugreifen wollen, gehen Sie folgendermaßen vor:

1. Wechseln Sie zur Registerkarte *VERWEISE* und klicken Sie in der Gruppe *Zitate und Literaturverzeichnis* auf *Quellen verwalten.*

   Das Dialogfeld *Quellen-Manager* wird angezeigt.

2. Klicken Sie auf *Durchsuchen.*

   Das Dialogfeld *Quellliste öffnen* wird angezeigt.

3. Wechseln Sie zu dem Laufwerk/Ordner, in dem sich die gewünschte Masterliste befindet, markieren Sie die betreffende Datei und klicken Sie auf *Öffnen.*

   In der Liste *Masterliste* werden die Quellen aus der ausgewählten Datei angezeigt.

4. Klicken Sie auf *Schließen.*

Quelle aus Masterliste in Quellenliste des Dokuments übernehmen

Wenn sich die Daten zu einer Quelle bereits in der Masterliste befinden, brauchen Sie diese nicht erneut einzugeben, um diese Quelle in Ihrem Dokument zu zitieren. Stattdessen kopieren Sie die

Informationen aus der Masterliste in die Quellenliste des Dokuments. Hierzu führen Sie folgende Schritte durch:

1. Wechseln Sie zur Registerkarte *VERWEISE* und klicken Sie in der Gruppe *Zitate und Literaturverzeichnis* auf *Quellen verwalten.*

   Das Dialogfeld *Quellen-Manager* wird angezeigt.

2. Markieren Sie in der Liste *Masterliste* den Eintrag, den Sie in die Quellenliste des aktuellen Dokuments einfügen wollen.

Bild 34.11 Eine Quelle aus der Masterliste in die Quellenliste des aktuellen Dokuments kopieren

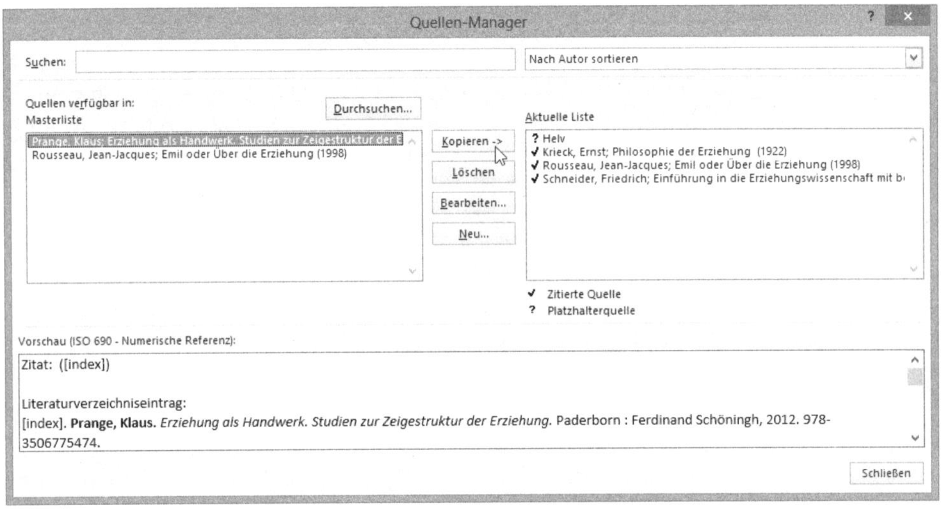

3. Klicken Sie auf *Kopieren.*

Mit diesem Dialogfeld können Sie außerdem Quellen aus der Quellenliste des aktuellen Dokuments in die Masterliste aufnehmen. Hierzu markieren Sie den gewünschten Eintrag in der Liste auf der rechten Seite und klicken dann auf *Kopieren.*

Wenn Sie eine Quelle nicht mehr benötigen, können Sie sie löschen. Einträge in der Masterliste können immer gelöscht werden; Einträge in der Quellenliste des aktuellen Dokuments lassen sich nur löschen, wenn die Quelle nicht im Dokument zitiert ist. Markieren Sie die betreffende Quelle in einer der beiden Listen und klicken Sie dann auf *Löschen.* (Falls die Schaltfläche *Löschen* deaktiviert ist, haben Sie in der Quellenliste des aktuellen Dokuments eine Quelle markiert, die im Dokument zitiert wird.)

Quelle bearbeiten

Falls Sie feststellen, dass sich bei der Erfassung einer Quelle ein Fehler eingeschlichen hat, oder wenn Sie zu einem späteren Zeitpunkt weitere Informationen zur Quelle entdecken und diese ergänzen wollen, können Sie die Quellenangaben bearbeiten, indem Sie folgende Schritte durchführen:

1. Führen Sie eine der folgenden Aktionen durch:

- Wechseln Sie zur Registerkarte *VERWEISE* und klicken Sie in der Gruppe *Zitate und Literaturverzeichnis* auf *Quellen verwalten.* Markieren Sie in einer der beiden Listen des Dialogfeldes die Quelle, die Sie bearbeiten wollen, und klicken Sie auf *Bearbeiten.*
- Klicken Sie im Dokument das Inlinezitat an, damit der Rahmen des Inhaltssteuerelements angezeigt wird. Klicken Sie auf den Pfeil an der rechten Seite des Rahmens und wählen Sie im Menü den Befehl *Quelle bearbeiten.*

Das Dialogfeld *Quelle bearbeiten* wird angezeigt.

2. Nehmen Sie im Dialogfeld *Quelle bearbeiten* die gewünschten Änderungen an den Literaturverzeichnisfeldern vor.
3. Klicken Sie auf *OK.*

Wenn die bearbeitete Quelle sowohl in der Masterliste als auch in der Quellenliste des aktuellen Dokuments vorhanden ist, zeigt Word das folgende Meldungsfeld an:

Bild 34.12 Hier legen Sie fest, in welcher Liste die Aktualisierung vorgenommen werden soll

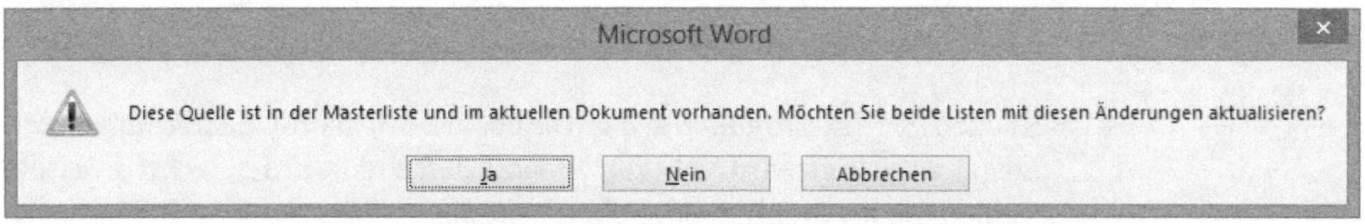

4. Führen Sie einen der folgenden Schritte durch:
   - Klicken Sie auf *Ja,* wenn die Änderungen an den Daten der Quelle sowohl in die Masterliste als auch in die Quellenliste des aktuellen Dokuments übernommen werden sollen.
   - Klicken Sie auf *Nein,* wenn die Änderungen nur in die Liste übernommen werden sollen, in der Sie den Quelleintrag im Dialogfeld *Quellen-Manager* markiert haben. Wenn Sie die Quellenänderung aus dem Zitat selbst initiiert haben, werden die Änderungen immer in der Quellenliste des aktuellen Dokuments gespeichert.
   - Klicken Sie auf *Abbrechen,* um zum Dialogfeld *Quelle bearbeiten* zurückzukehren.
5. Bearbeiten Sie weitere Quellen oder klicken Sie auf *Schließen.*

Zitatplatzhalter verwenden

Wenn Sie beim Hinzufügen eines Zitats einen Platzhalter haben einfügen lassen (siehe Seite 697), können Sie den Platzhalter zu einem späteren Zeitpunkt bearbeiten und die fehlenden bibliografischen Angaben zur Quelle ergänzen.

1. Führen Sie einen der folgenden Schritte durch:
   - Wechseln Sie zur Registerkarte *VERWEISE* und klicken Sie in der Gruppe *Zitate und Literaturverzeichnis* auf *Quellen verwalten.* Markieren Sie in der Liste *Aktuelle Liste* den Eintrag, für den Sie einen Platzhalter eingefügt haben. Zitatplatzhalter sind an dem Fragezeichen vor dem Eintrag zu erkennen (siehe Abbildung auf der nächsten Seite). Klicken Sie auf *Bearbeiten.*

Bild 34.13 Zitatplatzhalter sind im Quellen-Manager am Fragezeichen zu erkennen

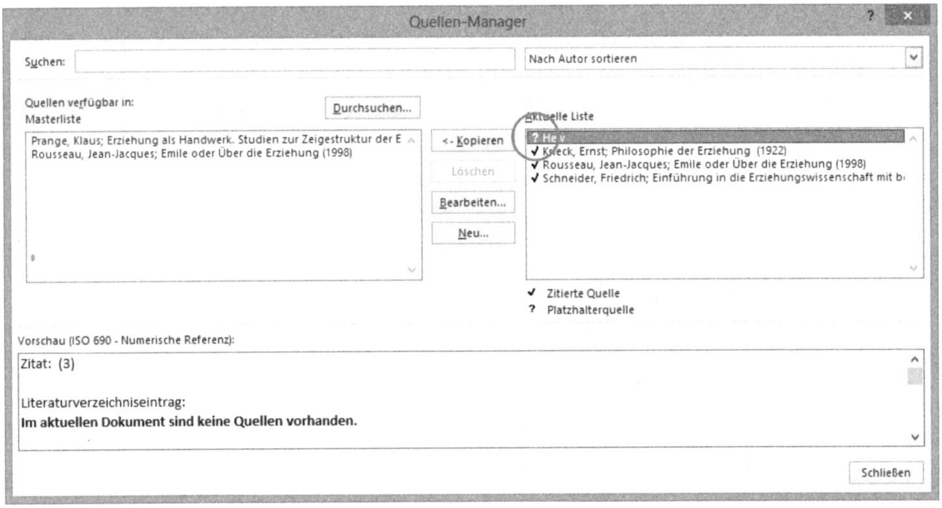

- Klicken Sie im Dokument das Inlinezitat an, damit der Rahmen des Inhaltssteuerelements angezeigt wird. Klicken Sie auf den Pfeil an der rechten Seite des Rahmens und wählen Sie im Menü den Befehl *Quelle bearbeiten.*

Das Dialogfeld *Quelle bearbeiten* wird angezeigt.

2. Nehmen Sie im Dialogfeld *Quelle bearbeiten* die gewünschten Änderungen an den Literaturverzeichnisfeldern vor.
3. Klicken Sie auf *OK.*
4. Bearbeiten Sie weitere Platzhalter oder klicken Sie auf *Schließen.*

Literaturverzeichnis erstellen

Sie können das Literaturverzeichnis zu jedem beliebigen Zeitpunkt nach dem Einfügen von Quellen in ein Dokument erstellen lassen. Wenn Ihnen noch nicht alle erforderlichen Informationen zu einer Quelle zur Verfügung stehen, um ein Zitat vollständig zu erstellen, können Sie ein Platzhalterzitat erstellen und die Quellenangaben zu einem späteren Zeitpunkt vervollständigen (siehe vorigen Abschnitt).

HINWEIS **Platzhalterzitate** Bitte beachten Sie, dass Platzhalterzitate im Literaturverzeichnis nicht angezeigt werden.

1. Setzen Sie die Einfügemarke an die Stelle, an der das Literaturverzeichnis eingefügt werden soll (in der Regel am Ende des Dokuments).
2. Wechseln Sie zur Registerkarte *VERWEISE* und klicken Sie in der Gruppe *Zitate und Literaturverzeichnis* auf *Literaturverzeichnis.*

Bild 34.14 Im Menü der Schaltfläche *Literaturverzeichnis* wählen Sie das Literaturverzeichnisformat aus

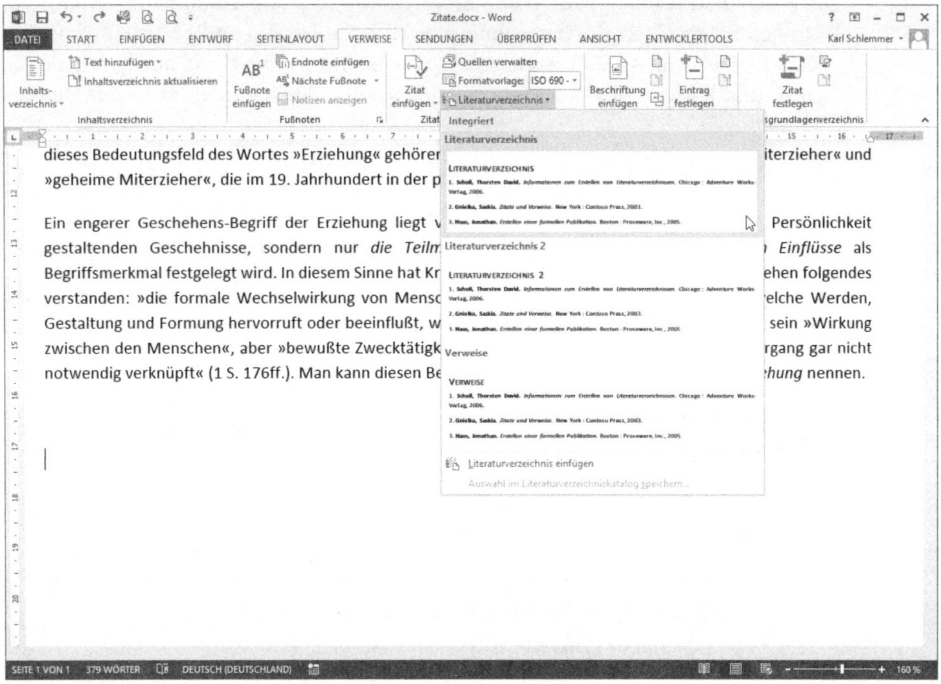

3. Klicken Sie ein vordefiniertes Literaturverzeichnisformat an.
Word fügt das Literaturverzeichnis ein.

Bild 34.15 Das eingefügte Literaturverzeichnis

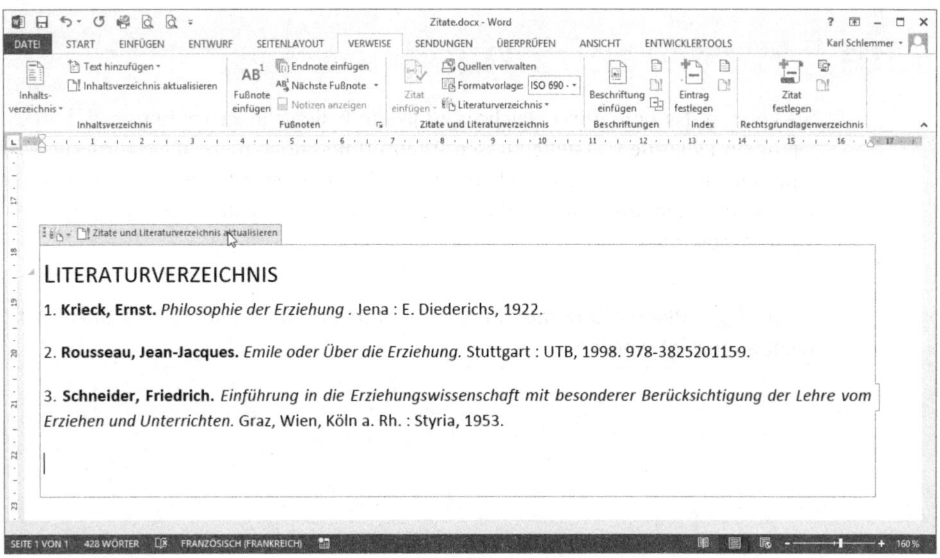

Beim Literaturverzeichnis handelt es sich um ein Inhaltssteuerelement, in dem sich das Feld BIBLIOGRAPHY befindet. Wenn Sie bei der Arbeit am Dokument weitere Quellen hinzufügen, können Sie das Literaturverzeichnis aktualisieren lassen (und brauchen es nicht neu einzufügen). Klicken Sie zum Aktualisieren zuerst das Literaturverzeichnis an, damit der Rahmen angezeigt wird, und klicken Sie danach im oberen Bereich des Rahmens auf *Zitate und Literaturverzeichnis aktualisieren.*

Kapitel 35

Links, Textmarken und Querverweise

In diesem Kapitel:

Links, auch Hyperlinks genannt, kennen Sie aus dem Web. Wenn Sie auf einer Webseite einen Link anklicken, zeigt der Browser entweder eine andere Stelle auf der gleichen Webseite an, oder er öffnet eine neue Seite. Genauso können Sie Links in ein Word-Dokument einfügen, um damit ein anderes Dokument, eine Webseite oder eine andere Stelle im gleichen Dokument anzuzeigen.

Die verschiedenen Stellen im Dokument, die Sie über einen Link ansteuern können, werden durch Textmarken definiert. In Word stehen automatisch alle Überschriften als Linkziel zur Verfügung und Sie können für andere Bereiche neue Textmarken definieren.

In Word können Sie Textmarken noch für weitere Zwecke verwenden, und zwar für das Erstellen von Querverweisen. Der einfachste Fall ist sicherlich der Verweis auf eine Seite, die eine Textstelle oder eine Abbildung enthält, auf die Sie den Leser aufmerksam machen möchten. Natürlich können Sie die Seitenzahl einfach als normalen Text eingeben, doch dann laufen Sie Gefahr, dass der Verweis nicht mehr stimmt, sobald Sie Ihren Text weiter bearbeiten und sich die Seitenumbrüche ändern. Fügen Sie die Seitenzahl hingegen als Querverweis ein, ist ihre dauerhafte Aktualität gesichert.

Links verwenden

In diesem Abschnitt lernen Sie die Schritte kennen, mit denen Sie in Word Links zu einer Datei, zu einer Stelle im aktuellen Dokument und zu einer Webseite erstellen, bearbeiten und löschen.

Link zu einer Datei einfügen

Mit den folgenden Schritten erstellen Sie einen neuen Hyperlink zu einer Datei:

1. Legen Sie zuerst die Stelle fest, an der der Link eingefügt werden soll. Führen Sie dazu eine der folgenden Aktionen durch:
   - Markieren Sie die Textstelle, die als Link dienen soll. Wenn Sie keinen Text markieren, können Sie den Text später noch definieren.
   - Sie können auch andere Elemente als Link verwenden, z. B. Formen, Diagramme, Abbildungen usw.; markieren Sie hierzu das gewünschte Element.

2. Öffnen Sie die Registerkarte *EINFÜGEN* und klicken Sie in der Gruppe *Link* auf *Link*. Word öffnet das Dialogfeld *Link einfügen*. Wenn die Schaltfläche *Link* nicht aktiv ist, haben Sie im Dokument ein Element markiert, das nicht als Link verwendet werden kann.

Bild 35.1 Das Dialogfeld *Link einfügen*

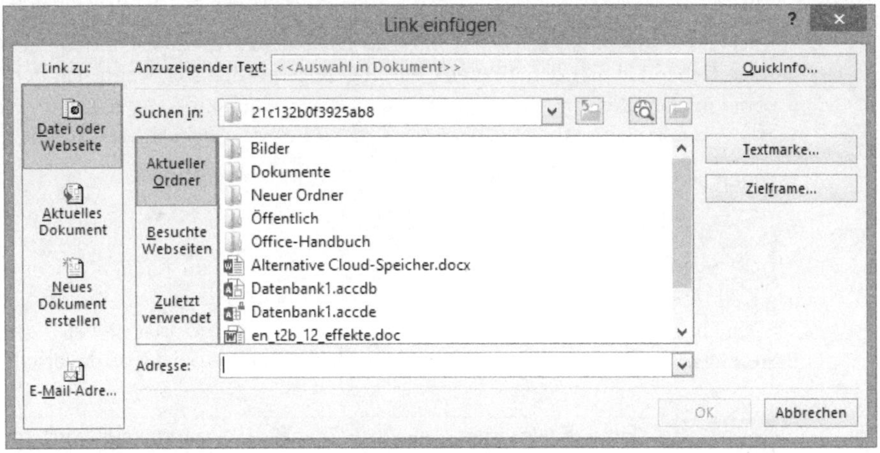

3. Geben Sie in das Feld *Anzuzeigender Text* den Text ein, der in Ihrem Dokument als Link dienen soll.
   - Wenn Sie vor dem Öffnen des Dialogfeldes bereits Text markiert haben, wird dieser hier angezeigt.
   - Wenn Sie vor dem Öffnen des Dialogfeldes ein anderes Element, wie eine Form oder eine Grafik, markiert haben, wird im Feld *Anzuzeigender Text* die Angabe <<*Auswahl in Dokument*>> angezeigt. Sie können den Text dann nicht ändern.
   - Wenn Sie vor dem Öffnen des Dialogfeldes keinen Text markiert haben, ist das Feld *Anzuzeigender Text* leer.
4. Achten Sie darauf, dass in der Leiste *Link zu* der Eintrag *Datei oder Webseite* aktiviert ist.
5. Verwenden Sie das Dropdown-Listenfeld *Suchen in,* um zu dem Ordner zu wechseln, in dem sich die Datei befindet, auf die Sie verlinken wollen.

Bild 35.2 Das Linkziel wurde ausgewählt

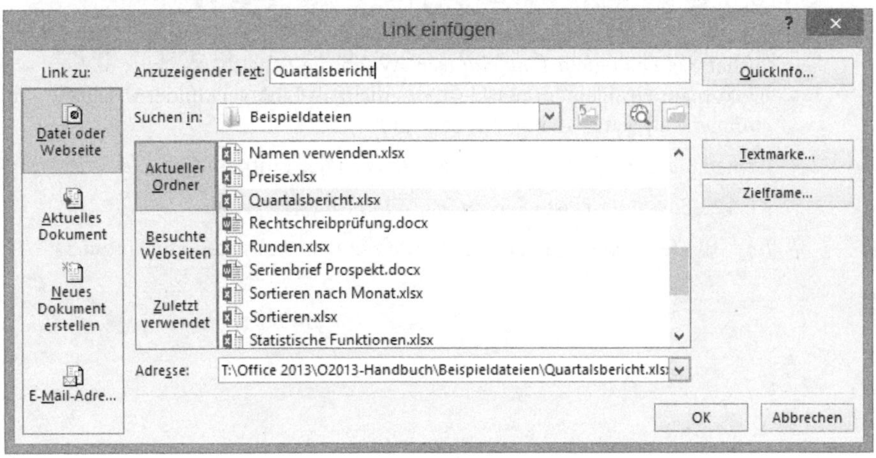

6. Markieren Sie die gewünschte Datei. Der Speicherort der Datei wird im Feld *Adresse* eingetragen.
7. Klicken Sie (optional) auf *QuickInfo*. Das Dialogfeld *Hyperlink-Quickinfo festlegen* wird angezeigt. Geben Sie hier den Text ein, der angezeigt werden soll, wenn sich der Mauszeiger über dem Link befindet.

Bild 35.3 Legen Sie hier den optionalen QuickInfo-Text fest

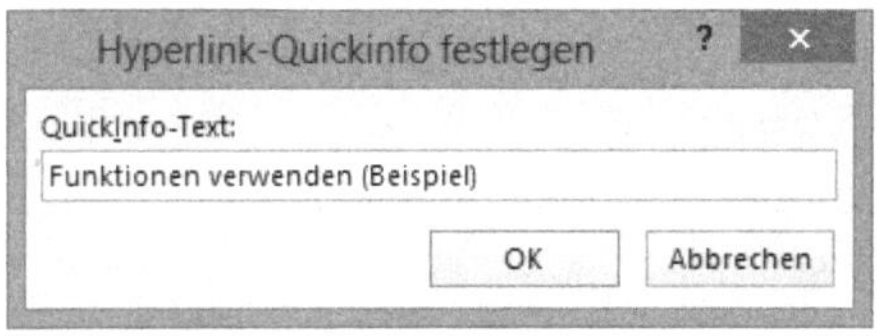

HINWEIS Damit in Word der QuickInfo-Text für Links angezeigt wird, muss das Kontrollkästchen *Dokument-Quickinfos beim Daraufzeigen anzeigen* eingeschaltet sein. Sie finden diese Einstellung im Dialogfeld *Word-Optionen*, Kategorie *Anzeige*, Abschnitt *Optionen für die Seitenanzeige*.

8. Klicken Sie auf *OK*.

   Der Link wird in das Dokument eingefügt; im Word-Dokument sieht er beispielsweise so aus:

Bild 35.4 Der eingefügte Link im Word-Dokument

Link zu einer Webseite einfügen

Mit den folgenden Schritten erstellen Sie einen neuen Link zu einer Webseite:

1. Führen Sie die Schritte 1 bis 3 durch, die im vorhergehenden Abschnitt »Link zu einer Datei einfügen« ab Seite 710 beschrieben sind.
2. Achten Sie darauf, dass in der Leiste *Link zu* der Eintrag *Datei oder Webseite* aktiviert ist.
3. Klicken Sie in der Leiste *Suchen in* auf *Besuchte Webseiten*.

   Im Listenfeld sehen Sie dann eine Liste mit den Webseiten, die Sie zuletzt besucht haben.

Bild 35.5 Das Linkziel wurde ausgewählt

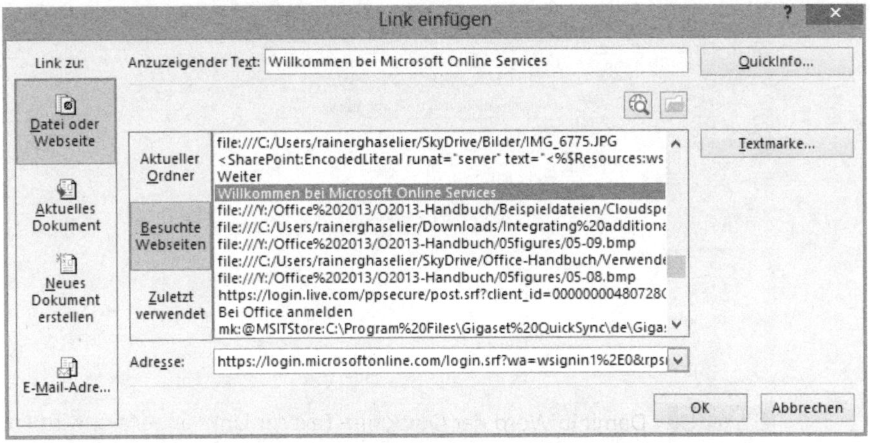

4. Führen Sie eine der folgenden Aktionen durch:
   - Wenn die gewünschte Webseite in der Liste angezeigt wird, klicken Sie den betreffenden Eintrag an. Die Adresse wird in das Feld *Adresse* übernommen.
   - Wenn die gewünschte Webseite nicht in der Liste angezeigt wird, löschen Sie den Inhalt des Feldes *Adresse* und geben dort die Adresse ein. Bitte achten Sie darauf, dass die Webseitenadresse mit **http://** bzw. mit **https://** beginnt.
5. Klicken Sie (optional) auf *QuickInfo*. Das Dialogfeld *Hyperlink-Quickinfo festlegen* wird angezeigt. Geben Sie hier den Text ein, der angezeigt werden soll, wenn sich der Mauszeiger über dem Link befindet.
6. Klicken Sie auf *OK*.

   Der Link wird in das Dokument eingefügt.

Link zu einer Stelle in der aktuellen Datei einfügen

Mit den folgenden Schritten erstellen Sie einen neuen Link zu einer Stelle in der aktuellen Datei:

1. Führen Sie die Schritte 1 bis 3 durch, die im Abschnitt »Link zu einer Datei einfügen« ab Seite 710 beschrieben sind.
2. Klicken Sie im Dialogfeld *Link einfügen* in der Leiste *Link zu* auf *Aktuelles Dokument*.

Bild 35.6 Word erzeugt aus den Überschriften des Dokuments automatisch Linkziele

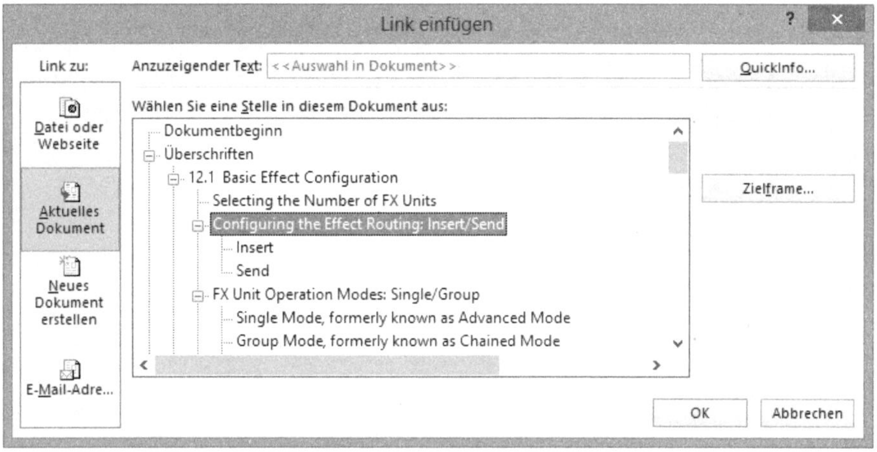

3. Word zeigt automatisch eine Liste mit allen Überschriften des Dokuments an, vorausgesetzt, Sie haben die Überschriften mit den Formatvorlagen für Überschriften formatiert. Wenn Sie in der Liste weiter nach unten scrollen, sehen Sie außerdem eine Liste aller Textmarken, die Sie in das Dokument eingefügt haben (mehr zu Textmarken finden Sie im Abschnitt ab Seite 716). Klicken Sie in der Liste die Überschrift bzw. die Textmarke an, die als Linkziel dienen soll.
4. Klicken Sie (optional) auf *QuickInfo*. Das Dialogfeld *Hyperlink-Quickinfo festlegen* wird angezeigt. Geben Sie hier den Text ein, der angezeigt werden soll, wenn sich der Mauszeiger über dem Link befindet.
5. Klicken Sie auf *OK*.

E-Mail-Link einfügen

Das Einfügen eines E-Mail-Links ist z.B. nützlich, wenn Sie aus einem Office-Dokument eine PDF-Datei erstellen und Sie den Empfängern der Datei ermöglichen möchten, direkt mit Ihnen per Mail Kontakt aufzunehmen.

Führen Sie folgende Schritte durch, um einen E-Mail-Link zu erstellen:

1. Führen Sie die Schritte 1 bis 3 durch, die im Abschnitt »Link zu einer Datei einfügen« ab Seite 710 beschrieben sind.
2. Klicken Sie im Dialogfeld *Link einfügen* in der Leiste *Link zu* auf *E-Mail-Adresse*.

Bild 35.7 So fügen Sie einen E-Mail-Link in ein Word-Dokument ein

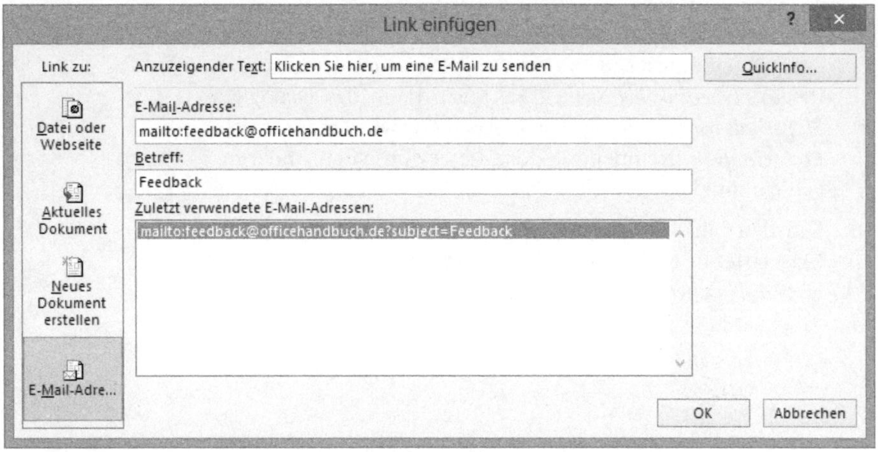

3. Geben Sie in das Feld *Anzuzeigender Text* den Text ein, der als Link verwendet werden soll.
4. Geben Sie in das Feld *E-Mail-Adresse* die Empfängeradresse der E-Mail ein.
5. Geben Sie in das Feld *Betreff* den Betreff der E-Mail ein.
6. Klicken Sie auf *OK*.

   Der Link wird in das Dokument eingefügt.

Bild 35.8 So sieht der E-Mail-Link im Word-Dokument aus

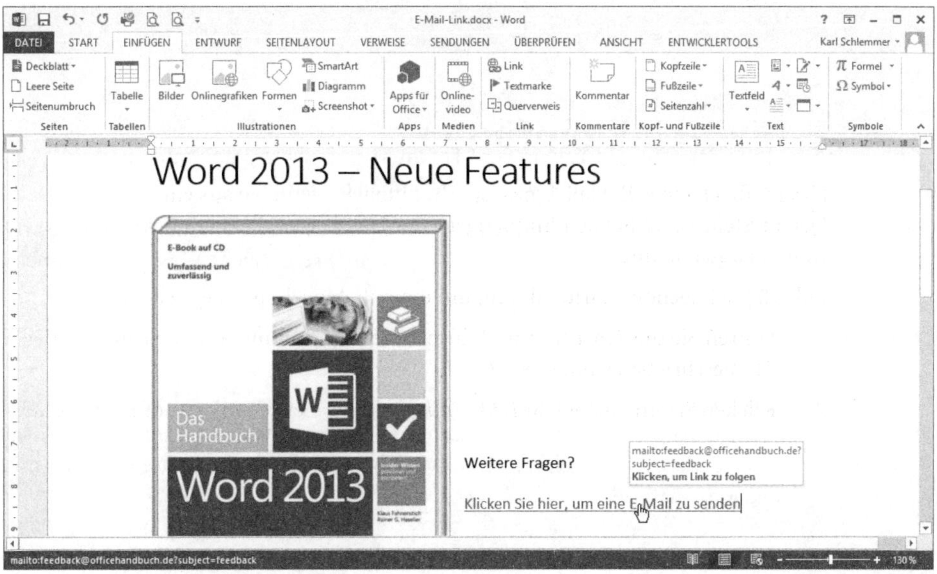

Link bearbeiten und entfernen

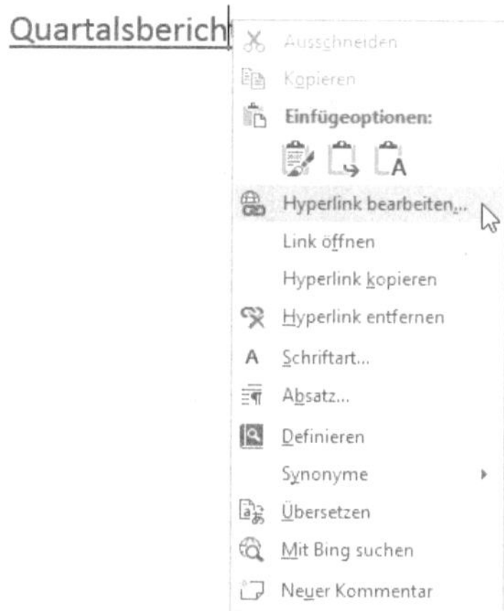

Wenn Sie einen Link bearbeiten wollen, klicken Sie ihn mit der rechten Maustaste an und wählen im Kontextmenü den Befehl *Hyperlink bearbeiten*. Sie sehen dann das Dialogfeld *Hyperlink bearbeiten*, das so aufgebaut ist wie das Dialogfeld *Link einfügen*. Nehmen Sie dort die gewünschten Änderungen vor und klicken Sie auf *OK*.

Um den Link zu löschen, klicken Sie ihn mit der rechten Maustaste an und wählen Sie im Kontextmenü den Befehl *Hyperlink entfernen*.

Textmarken erstellen und ansteuern

In Word ist eine Textmarke ein Name, den Sie einer markierten Textstelle zuweisen. Die Passage, die als Textmarke formatiert werden soll, kann ein einzelnes Zeichen, eine Grafik, eine Zeile oder auch ein umfangreicher Text sein. Textmarken können Sie beim Einfügen von Links verwenden (wie im vorhergehenden Abschnitt beschrieben) und Sie können sie verwenden, wenn Sie z. B. Seitenverweise in ein Word-Dokument einfügen.

Textmarken erstellen

Bevor Sie die Möglichkeiten von Textmarken nutzen können, müssen Sie zuerst Textmarken erstellen. Und das geschieht mit den folgenden Schritten:

1. Markieren Sie den Textabschnitt, dem ein Textmarkenname zugewiesen werden soll. Es kann sich hierbei um ein einzelnes oder um mehrere Zeichen, eine Zeile, einen Absatz oder eine größere Textpassage handeln.

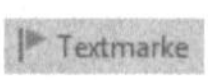

2. Wechseln Sie zur Registerkarte *EINFÜGEN* und klicken Sie in der Gruppe *Link* auf *Textmarke*. Das Dialogfeld *Textmarke* wird angezeigt.
3. Geben Sie im Textfeld des Dialogfeldes den Namen für die Textmarke ein. Wenn sich in Ihrem Dokument bereits Textmarken befinden, enthält das Textfeld des Dialogfeldes eine der vorhandenen Textmarken. Überschreiben Sie den Eintrag dann einfach mit dem Namen der neuen Textmarke.

Bild 35.9 Dialogfeld zum Erstellen von Textmarken

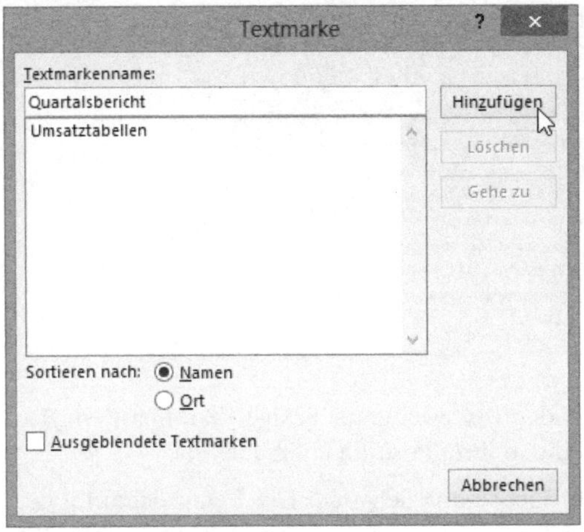

4. Klicken Sie auf *Hinzufügen,* um die Textmarke zu erstellen. Das Dialogfeld verschwindet dadurch vom Bildschirm.
5. Klicken Sie ein weiteres Mal auf der Registerkarte *EINFÜGEN* in der Gruppe *Link* auf *Textmarke* und überprüfen Sie, ob die neue Textmarke jetzt in der Liste des Dialogfeldes aufgeführt wird.

HINWEIS Der Name einer Textmarke kann zwischen 1 und 40 Zeichen lang sein und darf nur aus Buchstaben und Zahlen bestehen. Das erste Zeichen muss immer ein Buchstabe sein. Zur Trennung einzelner Wörter in den Namen der Textmarken können Sie den Unterstrich (_) verwenden; Punkte und Bindestriche im Namen sind nicht erlaubt. Wenn Sie einen ungültigen Namen eingeben, wird die Beschriftung der Schaltfläche *Hinzufügen* in grauer Schrift dargestellt.

Textmarken hervorheben

Normalerweise sind auf dem Bildschirm die Stellen, denen eine Textmarke zugewiesen wurde, nicht sichtbar. So kann es schnell passieren, dass eine Textmarke aus Versehen gelöscht wird. Sie können sich jedoch die Textmarken in Ihren Dokumenten auf dem Bildschirm besonders kennzeichnen lassen:

1. Klicken Sie auf die Registerkarte *DATEI* und dann auf *Optionen.*
2. Lassen Sie die Kategorie *Erweitert* anzeigen und scrollen Sie bis zum Abschnitt *Dokumentinhalt anzeigen.*
3. Schalten Sie das Kontrollkästchen *Textmarken anzeigen* ein.

Bild 35.10 Hiermit können Sie die mit Textmarken versehenen Stellen sichtbar machen

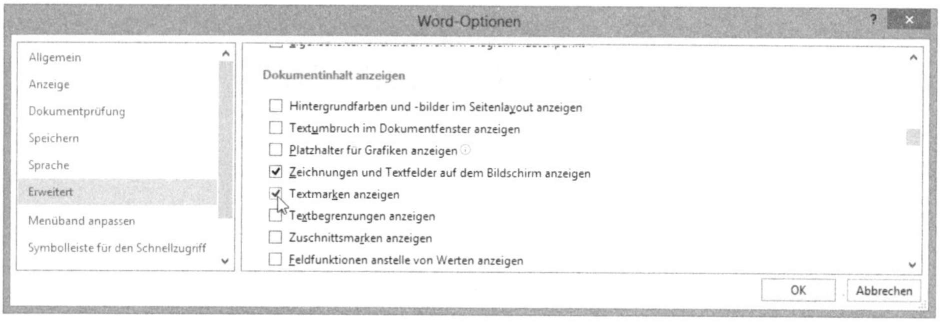

Word fasst Ihre Textmarken dann in zwei graue eckige Klammern ein. Ist einer Textmarke kein Text zugeordnet, erscheint an ihrer Position ein graues »I«.

Doch wie heißt es so schön: Kein Licht ohne Schatten. Die Kennzeichnung der Textmarken hat auch ihre Tücken. Haben Sie zwei Textmarken definiert, deren Bereiche sich überschneiden, können die Klammern auch irreführend sein. In diesem Fall sollten Sie auf der Registerkarte *EINFÜGEN* in der Gruppe *Link* auf *Textmarke* klicken, im Dialogfeld die Textmarke markieren und auf *Gehe zu* klicken. Word springt dann zu der unklaren Textmarke, die vollständig markiert wird.

Textmarken löschen

Wenn Sie eine Textmarke nicht mehr benötigen, können Sie sie wieder löschen:

1. Wechseln Sie zur Registerkarte *EINFÜGEN* und klicken Sie in der Gruppe *Link* auf *Textmarke*. Das Dialogfeld *Textmarke* wird angezeigt.
2. Geben Sie im Textfeld den Namen der Textmarke ein oder wählen Sie ihn in der Liste aus.
3. Klicken Sie auf die Schaltfläche *Löschen*, um die Textmarke zu entfernen.

Wenn Sie den mit der Textmarke verbundenen Text aus Ihrem Dokument löschen, ist die Textmarke natürlich ebenfalls verschwunden.

Textmarken als Sprungziel verwenden

Nachdem Sie Textmarken festgelegt haben, können Sie diese als Ziel beim Einfügen von Links und in den Dialogfeldern *Suchen und Ersetzen/Gehe zu* und *Textmarke* als Navigationsziel verwenden. Das Prinzip ist bei beiden Befehlen das gleiche.

Der Befehl *Gehe zu* hat den Vorteil, dass Sie ihn auch über einen Doppelklick auf die Seitenzahl in der Statusleiste aufrufen können. Dafür ist die Bedienung des Dialogfeldes etwas aufwendiger.

1. Klicken Sie auf der Registerkarte *START* in der Gruppe *Bearbeiten* auf *Suchen* und dann auf *Gehe zu*.

Bild 35.11 Der Befehl *Gehe zu* ist ein wenig versteckt ...

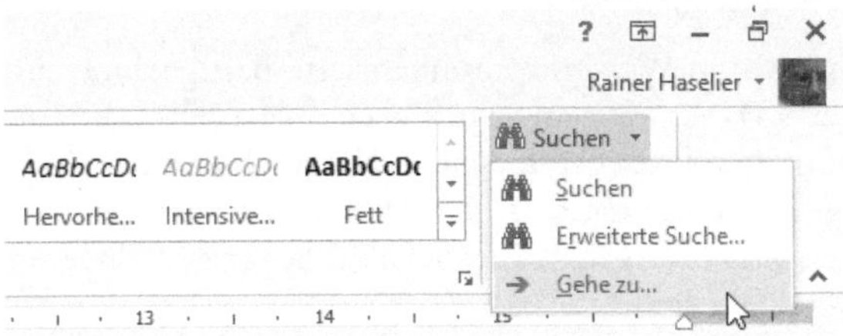

2. Wählen Sie im linken Listenfeld den Eintrag *Textmarke.*
3. Klappen Sie dann das rechts daneben erschienene Dropdown-Listenfeld *Textmarkennamen eingeben* auf und wählen Sie die gewünschte Textmarke aus.

Bild 35.12 Über die Registerkarte *Gehe zu* können Sie zu Textmarken springen

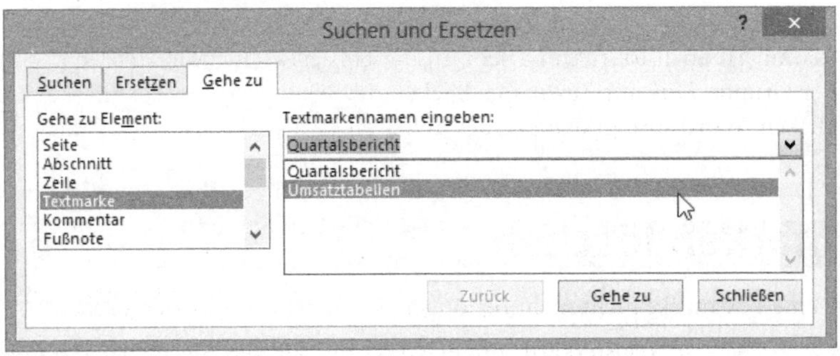

4. Klicken Sie auf *Gehe zu,* damit Word die zugehörige Textstelle anzeigt.
5. Springen Sie zu einer weiteren Textmarke oder schließen Sie das Dialogfeld direkt mit *Schließen.*

Mit dem Dialogfeld *Textmarke* ist das Ansteuern von Textmarken deutlich einfacher, schließlich ist dieses Dialogfeld auf diese Aufgabe spezialisiert:

1. Klicken Sie auf der Registerkarte *EINFÜGEN* in der Gruppe *Link* auf *Textmarke.*
2. Legen Sie mit den Optionsfeldern *Namen* und *Ort* fest, ob die Textmarken alphabetisch sortiert oder in der Reihenfolge ihres Auftretens im Dokument angezeigt werden.
3. Markieren Sie die gewünschte Textmarke und klicken Sie auf *Gehe zu.* Alternativ können Sie auch auf den Namen doppelklicken.
4. Lassen Sie sich weitere Textmarken anzeigen oder schließen Sie das Dialogfeld direkt mit *Schließen.*

Der Einsatz als Lesezeichen ist jedoch nur eine der Verwendungsmöglichkeiten von Textmarken. Weitaus spannender wird es, wenn Sie sie zum automatischen Erstellen von Querverweisen einsetzen.

Querverweise erzeugen

Unter Querverweisen versteht man in Word die automatisierte Bezugnahme auf Textstellen. Der einfachste Fall ist sicherlich der Verweis auf eine Seite, die eine Textstelle oder eine Abbildung enthält, auf die Sie den Leser aufmerksam machen möchten. Natürlich können Sie die Seitenzahl einfach als normalen Text eingeben, doch dann laufen Sie Gefahr, dass der Verweis nicht mehr stimmt, sobald Sie Ihren Text weiter bearbeiten. Fügen Sie die Seitenzahl hingegen als Querverweis ein, ist ihre dauerhafte Aktualität gesichert.

Beispiel: Auf Textmarken verweisen

Am Beispiel der Textmarken wollen wir Ihnen zeigen, wie Sie auf andere Textstellen verweisen. Da das Prinzip bei allen Verweistypen gleich ist, können Sie es leicht auf andere Typen wie Bildunterschriften, Fußnoten, Überschriften usw. übertragen.

1. Öffnen Sie ein Dokument, in dem sich einige Textmarken befinden.
2. Setzen Sie die Einfügemarke an die Stelle, an der Sie einen Verweis einfügen möchten.

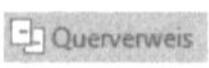

3. Wechseln Sie zur Registerkarte *EINFÜGEN* und klicken Sie in der Gruppe *Link* auf *Querverweis;* das gleichnamige Dialogfeld wird angezeigt.

   Das Dialogfeld enthält drei Listenfelder, mit denen Sie Ihre Querverweise »komponieren« können. Im Dropdown-Listenfeld *Verweistyp* sehen Sie, dass Sie nicht nur auf Textmarken, sondern auch auf viele andere Textelemente verweisen können. Um auf fortlaufend nummerierte Elemente wie Abbildungen oder Tabellen verweisen zu können, müssen Sie sie zuvor mit der Schaltfläche *Beschriftung einfügen* gekennzeichnet haben.

Bild 35.13 Einfügen von Querverweisen

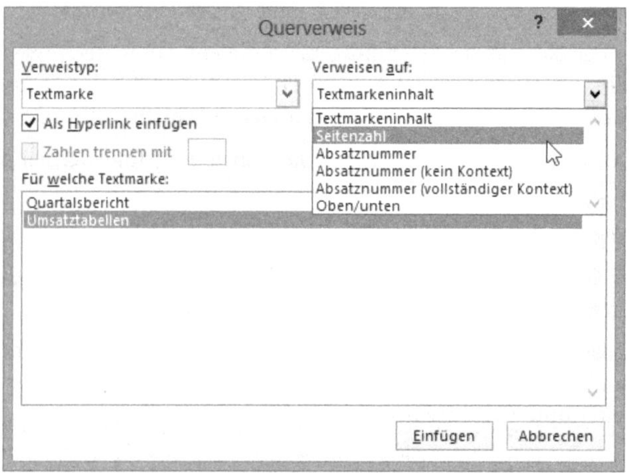

4. Da wir in diesem Beispiel auf eine Textmarke verweisen wollen, markieren Sie im Dropdown-Listenfeld *Verweistyp* den Eintrag *Textmarke.*

5. Anschließend können Sie im Dropdown-Listenfeld *Verweisen auf* festlegen, ob Sie auf den Textmarkeninhalt (also den Text, dem Sie die Textmarke zugewiesen haben), auf die Seitenzahl der Textmarke oder auf ihre Absatznummer verweisen wollen. Letztere Wahlmöglichkeit ist nur von Interesse, wenn sich die Textmarke in einem Absatz befindet, der von Word automatisch nummeriert wurde.
6. Im letzten Listenfeld wählen Sie die Textmarke, auf die Sie sich beziehen wollen.
7. Wenn Sie Ihre Wahl getroffen haben, können Sie den fertigen Querverweis mit einem Klick auf die Schaltfläche *Einfügen* in Ihr Dokument einfügen und das Dialogfeld mit *Schließen* verlassen.

Sie sehen nun, dass der Inhalt der gewählten Textmarke an der aktuellen Position der Einfügemarke steht. Erscheint statt des Textes eine Feldfunktion, wie z.B. *{REF Textmarke * MERGEFORMAT}* oder *{PAGEREF Textmarke}*, drücken Sie Alt+F9, um zur Anzeige der Feldergebnisse umzuschalten.

Auf Textmarken in anderen Dokumenten verweisen

Mit Word können Sie auch auf Textmarken in anderen Dokumenten zugreifen. Auf diese Weise lassen sich z.B. einzelne Textpassagen aus anderen Textdateien einbinden. Wenn Sie von dieser Möglichkeit Gebrauch machen wollen, müssen Sie sich zunächst überlegen, ob Sie die einzufügende Passage später aktualisieren lassen wollen oder ob sie als normaler Text eingefügt werden kann.

Statisch einfügen

Wenn Sie sicher sind, dass Sie den eingefügten Text nicht mehr mit seinem Originaldokument abstimmen möchten, können Sie ihn statisch einfügen. In diesem Fall besteht zwischen dem Dokument, in dem sich die Textmarke befindet, und dem Dokument, in das der Textmarkeninhalt eingefügt wird, keinerlei Verbindung. Nehmen Sie dann folgende Schritte vor:

1. Öffnen Sie das Dokument, in das der Textmarkeninhalt eingefügt werden soll, und positionieren Sie die Einfügemarke.
2. Wechseln Sie zur Registerkarte *EINFÜGEN*.
3. Klicken Sie in der Gruppe *Text* auf den Pfeil der Schaltfläche *Objekt* und dann auf *Text aus Datei*. Das Dialogfeld *Datei einfügen* wird angezeigt.

   Dieses Dialogfeld ist vom Aufbau her mit dem *Öffnen*-Dialogfeld fast identisch. Die beiden Besonderheiten sind der Pfeil an der Schaltfläche *Einfügen* und die Schaltfläche *Bereich*, deren Bedeutung wir weiter unten beschreiben.

Bild 35.14 Einfügen einer Textpassage aus einer anderen Datei

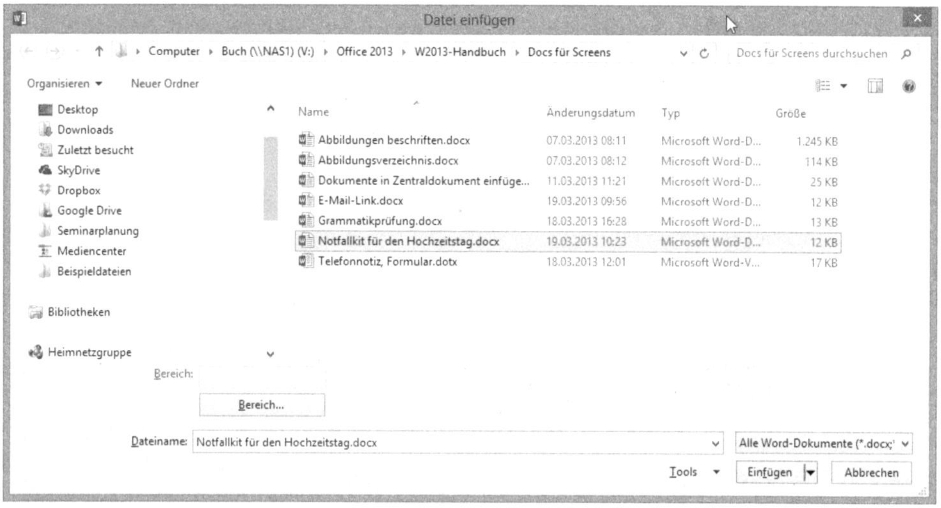

4. Wählen Sie die Datei aus, die die Textmarke enthält.
5. Klicken Sie dann auf die Schaltfläche *Bereich,* um das Dialogfeld *Text eingeben* anzuzeigen.

Bild 35.15 Geben Sie hier den Namen der Textmarke ein

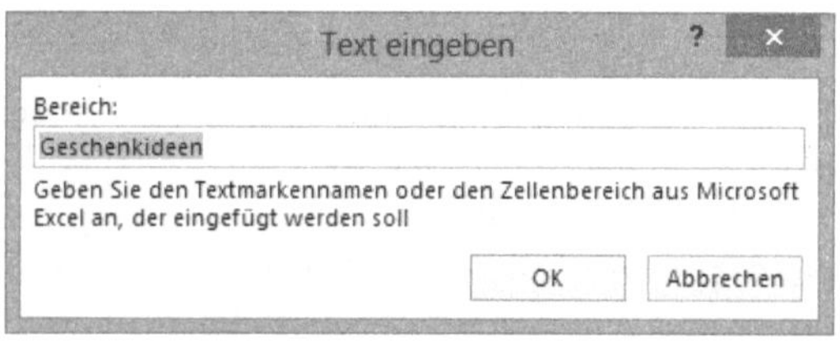

6. Geben Sie dann im Textfeld *Bereich* den Namen der Textmarke an.
7. Klicken Sie auf *OK,* um das Dialogfeld *Text eingeben* zu schließen.
8. Klicken Sie auf *Einfügen,* um den Textmarkeninhalt in Ihr Dokument einzufügen.

Word hat den Inhalt der Textmarke vollständig in Ihr Dokument übernommen. Das heißt, der eingefügte Text ist ebenfalls mit einer Textmarke verbunden. Sie haben also gewissermaßen eine Kopie der Textmarke erzeugt. Wenn Sie die Textmarke in dem Dokument, in das Sie den Text eingefügt haben, nicht benötigen, können Sie sie ohne Weiteres löschen.

Textmarken verknüpfen

Manchmal ist die eben vorgestellte statische Übernahme von Textmarken ungünstig. Angenommen, Sie müssen einen Prospekt oder ein Pflichtenheft zu einem Produkt schreiben, das bislang nur in den Köpfen Ihrer Marketingleute existiert. Daher sind wichtige Daten, die Sie für Ihre Arbeit benötigen, wie Leistungsmerkmale oder Ausstattung des Produkts, noch nicht festgelegt. Es ist also abzusehen, dass Sie noch etliche Angaben in Ihrem Text werden ändern müssen, wenn das Produkt fertiggestellt ist. Hier können Ihnen die Textmarken von Word entscheidend weiterhelfen.

Die Lösung für diese Problemstellung ist einfach: Sie erstellen ein Dokument, in dem Sie alle variablen Daten des Projekts zusammenstellen. Benötigen Sie z.B. den Preis des Produkts, geben Sie einfach eine Zahl in der gewünschten Größenordnung ein und weisen ihr die Textmarke *Preis* zu.

Nach dieser Vorarbeit können Sie folgendermaßen auf die Früchte Ihrer Arbeit zugreifen:

1. Wechseln Sie zur Registerkarte *EINFÜGEN* und klicken Sie in der Gruppe *Text* zuerst auf den Pfeil der Schaltfläche *Objekt* und dann auf *Text aus Datei.* Markieren Sie die Datei, in der Sie die Textmarken gespeichert haben.
2. Klicken Sie optional auf die Schaltfläche *Bereich* und geben Sie im Dialogfeld den Namen der Textmarke ein.
3. Klicken Sie auf den Pfeil der Schaltfläche *Einfügen,* um das Menü zu öffnen, und wählen Sie *Als Verknüpfung einfügen.*

Dem eingefügten Text ist seine Flexibilität auf den ersten Blick nicht anzusehen. Wenn Sie jedoch mit der Tastenkombination Alt+F9 zur Anzeige der Feldfunktionen umschalten, sehen Sie, dass Word keinen reinen Text, sondern das Feld *INCLUDETEXT* in das Dokument aufgenommen hat. In diesem Feld ist sowohl der Name der Textmarke als auch der Name der Datei gespeichert, in der diese Textmarke zu finden ist. Beispielsweise:

{INCLUDETEXT "C:\\Eigene Dateien\\Akte.docx" Preis}

Verknüpfung aktualisieren

Haben sich die Daten in der Quelldatei der Textmarke geändert, können Sie sie durch das Aktualisieren der Feldfunktion in Ihr Dokument übernehmen. Dazu setzen Sie einfach den Cursor in den eingefügten Text bzw. die Feldfunktion und drücken F9. Um alle verknüpften Textmarken auf den neuen Stand zu bringen, markieren Sie vor dem Drücken der F9-Taste das gesamte Dokument.

Anstelle von F9 können Sie auch auf die Registerkarte *DATEI* und dann auf *Informationen* klicken. Auf der rechten Seite der Backstage-Ansicht finden Sie im Abschnitt *Verwandte Dokumente* den Befehl *Verknüpfungen mit Dateien bearbeiten.* Ein Klick auf diesen Befehl öffnet das Dialogfeld *Verknüpfungen;* dort können Sie dann die Aktualisierung mit der Schaltfläche *Jetzt aktualisieren* vornehmen. Außerdem können Sie über das Dialogfeld eine andere Quelle festlegen, wenn Sie z.B. die Datei in einen anderen Ordner verschoben haben.

Bild 35.16 Bearbeiten der Verknüpfung

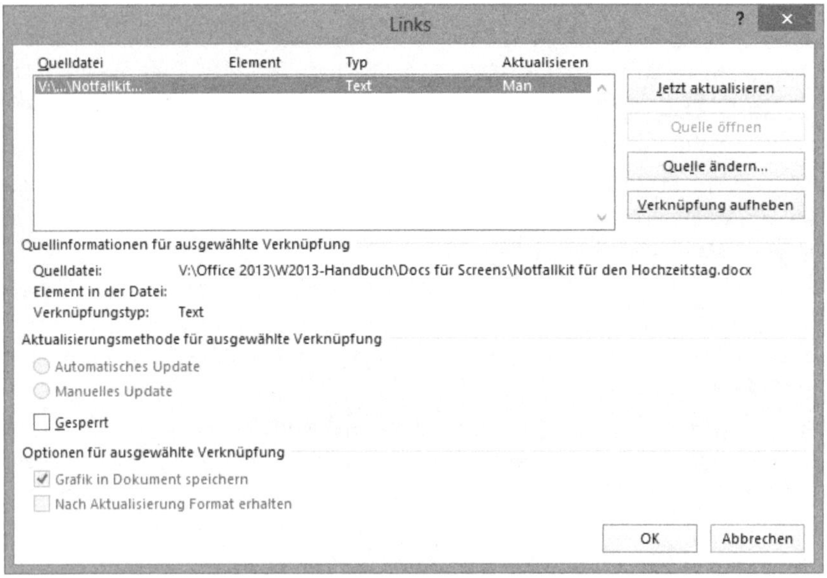

Sie können bei der Aktualisierung sogar den umgekehrten Weg gehen. Das heißt, Sie ändern die eingefügte Textmarke und können diese Änderung dann in die Quelldatei übertragen. Diesen Vorgang nennt man in Word Quellaktualisierung. Stellen Sie dazu die Einfügemarke in die geänderte Textmarke und drücken Sie Strg+⇧+F7. Anschließend können Sie sich davon überzeugen, dass die Änderung in der Quelldatei »angekommen« ist.

Übernahme von Formatierungen aus der eingefügten Datei

Der mit der Feldart *{INCLUDETEXT}* aufgenommene Teil einer Datei behält seine ursprünglichen Druckformate und Zeichenformatierungen, wenn der Text eine Absatzmarke enthält. Fehlt die Absatzmarke, übernimmt der eingefügte Text die Formatierung der Zieldatei.

Wenn der eingefügte Text mit einer Abschnittsmarke endet, bleibt die Abschnittsformatierung im Zieldokument erhalten. Anderenfalls übernimmt der eingefügte Text die Abschnittsmerkmale der Zielstelle.

Kapitel 36

Inhaltsverzeichnis erstellen

In diesem Kapitel:

Wenn Sie ein langes Dokument, eine wissenschaftliche Arbeit oder ein Buch-Manuskript schreiben, gehört zu diesen Texten natürlich auch ein Inhaltsverzeichnis. Das manuelle Erstellen eines Inhaltsverzeichnisses wäre allerdings nicht nur eine zeitraubende, sondern auch eine fehlerträchtige Aufgabe, die Sie besser an Word delegieren.

Und Word hat auch auf diesem Gebiet einiges zu bieten: Wenn Sie die Überschriften Ihrer Dokumente mit den dafür vorgesehenen Formatvorlagen formatiert haben, müssen Sie für Ihr Inhaltsverzeichnis nicht viel mehr als einen einzigen Mausklick investieren.

Von dieser »Ein-Klick-Lösung für den Sofortgebrauch« wollen wir einen Bogen bis hin zur selbst erstellten Feldfunktion spannen, mit der Sie den Umfang und die Funktionalität eines Inhaltsverzeichnisses präzise steuern können.

Inhaltsverzeichnisse aus dem Baukasten

Wir beginnen das Kapitel mit einem Beispiel, in dem wir Ihnen zunächst einmal demonstrieren, wie schnell sich ein Inhaltsverzeichnis mit Word erstellen lässt.

1. Öffnen Sie die Beispieldatei *Makroprogrammierung.*
2. Setzen Sie die Einfügemarke an den Anfang des Dokuments.
3. Wechseln Sie auf die Registerkarte *VERWEISE* und klicken Sie auf die Schaltfläche *Inhaltsverzeichnis.* Sie sehen dann folgendes Ausklappmenü:

Bild 36.1 Das Menü zum Einfügen von Inhaltsverzeichnissen

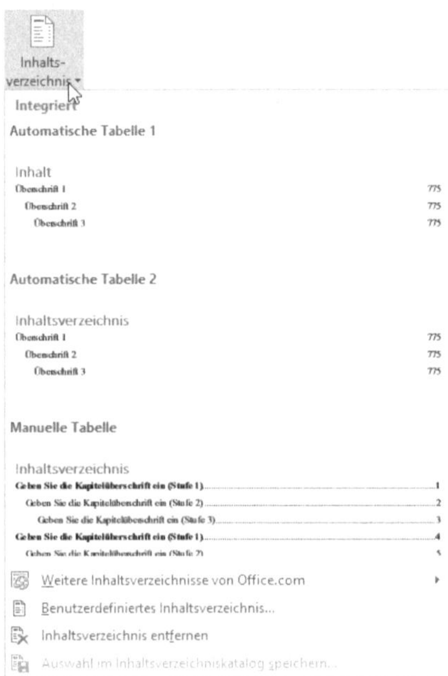

4. Wählen Sie eines der beiden automatischen Formate aus. Word fügt dann das fertige Inhaltsverzeichnis an der aktuellen Position der Einfügemarke ein.

Bild 36.2 Das fertige Inhaltsverzeichnis

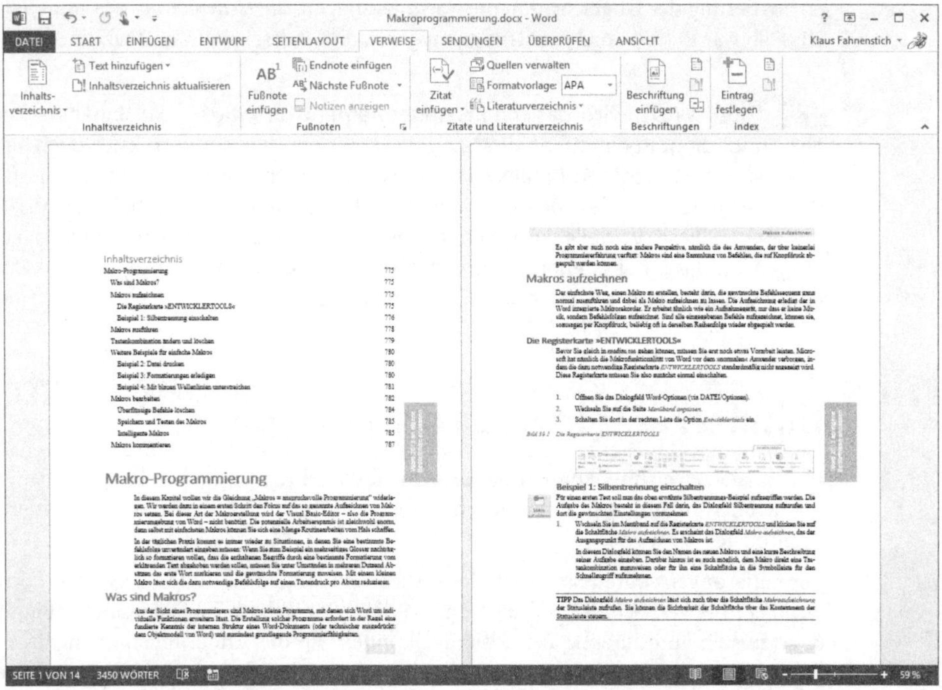

5. Klicken Sie das Wort »Inhaltsverzeichnis« an. Jetzt können Sie erkennen, dass Word das Verzeichnis in ein Inhaltssteuerelement eingefügt hat. (Inhaltssteuerelemente behandeln wir in diesem Buch in Kapitel 14.)

Bild 36.3 Das Verzeichnis ist in ein Inhaltssteuerelement eingebettet

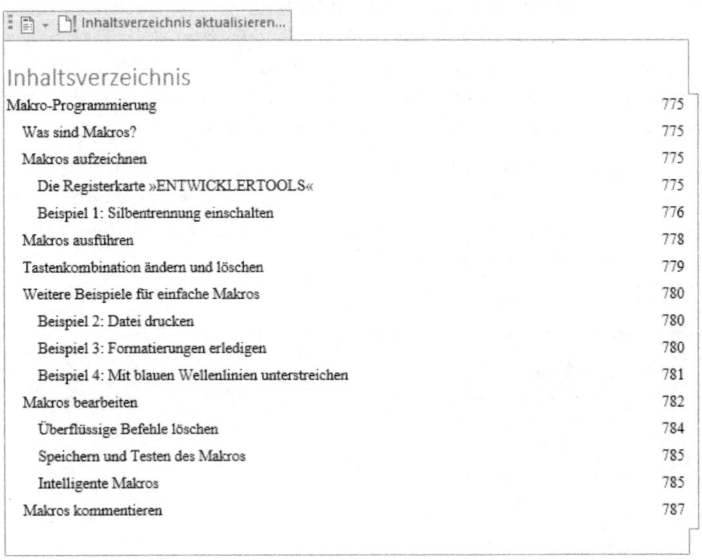
Inhaltsverzeichnis aktualisieren...

Inhaltsverzeichnis

Das Inhaltsverzeichnis lässt sich so wunderbar leicht erstellen, da im Beispieldokument für die Formatierung der Überschriften die Formatvorlagen *Überschrift 1* bis *Überschrift 3* benutzt wurden. Deshalb war es für Word problemlos möglich, die Überschriften im Dokument zu identifizieren.

HINWEIS **Wozu wird das Inhaltssteuerelement benötigt?** Ein Inhaltsverzeichnis muss sich nicht unbedingt in einem Inhaltssteuerelement befinden, sondern kann auch »alleine« im Dokument stehen. Sie sollten Inhaltsverzeichnisse dennoch immer auf die im Beispiel beschriebene Weise erstellen, da das Inhaltssteuerelement auch eine erweiterte, unsichtbare Funktionalität mitbringt. Diese Vorteile kommen besonders beim Löschen eines Inhaltsverzeichnisses zum Tragen, da das Inhaltssteuerelement in diesem Fall auch dafür sorgt, dass im Dokument »aufgeräumt« wird, indem es unsichtbare Textmarken löscht.

Inhaltsverzeichnis formatieren

Ein Inhaltsverzeichnis können Sie prinzipiell wie einen normalen Text bearbeiten. Das heißt, Sie können den Inhalt eines automatisch erstellen Verzeichnisses nicht nur formatieren, sondern auch nachträglich ergänzen.

Formatierungen sollten Sie sinnvollerweise direkt an den zugrunde liegenden Formatvorlagen *Verzeichnis 1* bis *Verzeichnis 9* vornehmen. Da diese Formatvorlagen standardmäßig so eingestellt sind, dass sie sich automatisch aktualisieren, können Sie die Änderungen auch direkt im Verzeichnis durchführen. Wenn Sie zum Beispiel einen Absatz der obersten Verzeichnisebene markieren und dann seine Schriftgröße ändern, wird die neue Formatierung von allen anderen Absätzen mit dieser Ebene übernommen.

Inhaltsverzeichnis aktualisieren

Wenn sich die Überschriften, aus denen das Inhaltsverzeichnis erstellt wurde, geändert haben, werden Sie in der Regel auch das Inhaltsverzeichnis aktualisieren wollen. Diese Aktualisierung wird von Word nicht selbstständig vorgenommen, denn wie Sie im letzten Abschnitt gelernt haben, können Sie ein automatisch erzeugtes Inhaltsverzeichnis manuell bearbeiten – und diese Änderungen gehen bei einer Aktualisierung unter Umständen verloren.

Zum Aktualisieren eines Inhaltsverzeichnisses klicken Sie entweder im Reiter des Inhaltssteuerelements auf *Inhaltsverzeichnis aktualisieren* oder Sie klicken das Verzeichnis an und drücken F9. In beiden Fällen erscheint folgendes Dialogfeld, mit dem Sie entscheiden können, ob Sie nur die Seitenzahlen oder das gesamte Verzeichnis aktualisieren wollen:

Bild 36.4 Nachfrage beim Aktualisieren eines Inhaltsverzeichnisses

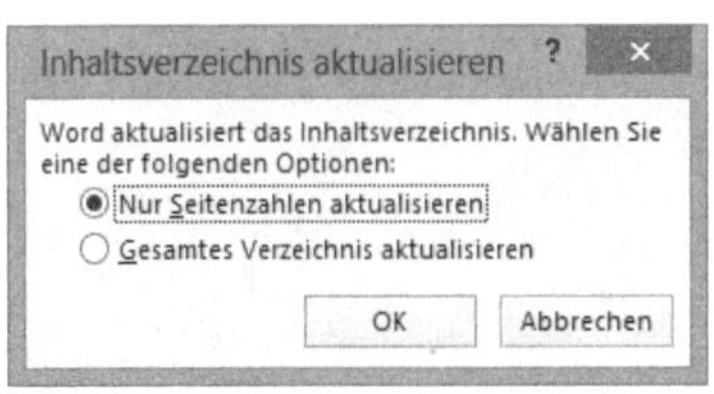

Inhaltsverzeichnis löschen

Wenn Sie ein Inhaltsverzeichnis löschen wollen, sollten Sie dazu immer den dafür vorgesehenen Befehl *Inhaltsverzeichnis entfernen* verwenden und das Verzeichnis nicht mit [Entf] löschen. Sie finden den Befehl im Ausklappmenü der Schaltfläche *Inhaltsverzeichnis,* die sich auf der Registerkarte *VERWEISE* und im Reiter des Inhaltssteuerelements befindet.

Bild 36.5 Ein Inhaltsverzeichnis sollten Sie immer über den Befehl *Inhaltsverzeichnis entfernen* löschen

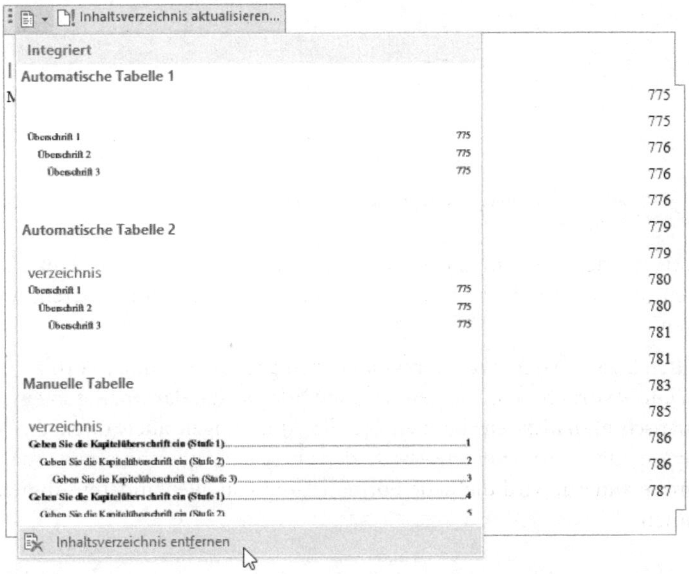

Die Gliederungsebene

Die so genannte *Gliederungsebene* spielt im Zusammenhang mit Inhaltsverzeichnissen eine ganz zentrale Rolle. Wir wollen Sie daher in diesem Abschnitt mit ein wenig Theorie versorgen, denn erst mit diesem Wissen können Sie die Fähigkeiten von Word beim Erstellen von Inhaltsverzeichnissen voll ausschöpfen.

Die zehn Gliederungsebenen von Word

Jedem (!) Absatz eines Word-Dokuments ist eine Gliederungsebene zugewiesen, wobei Word insgesamt zwischen zehn verschiedenen Gliederungsebenen unterscheidet:

- **Ebene 1 … Ebene 9** *Ebene 1* ist die oberste, *Ebene 9* die unterste Ebene
- **Textkörper** Diese Gliederungsebene ist dem »normalen« Text vorbehalten, der keiner der anderen neun Ebenen zugeordnet wurde

Bei der Gliederungsebene handelt es sich also um ein Formatierungsmerkmal auf Absatzebene, ähnlich wie z.B. die Ausrichtung oder der Einzug eines Absatzes. Diese Formatierung kann einem Absatz daher entweder direkt oder über eine Formatvorlage zugewiesen werden.

Gliederungsebene eines Absatze anzeigen und ändern

Wenn Sie einen Absatz mit der rechten Maustaste anklicken und im Kontextmenü den Befehl *Absatz* aufrufen, können Sie im Dialogfeld *Absatz* auf der Registerkarte *Einzüge und Abstände* nachsehen, welche Gliederungsebene der Absatz besitzt (bzw. ihm eine neue Ebene zuweisen).

Bild 36.6 Zuweisen einer neuen Gliederungsebene

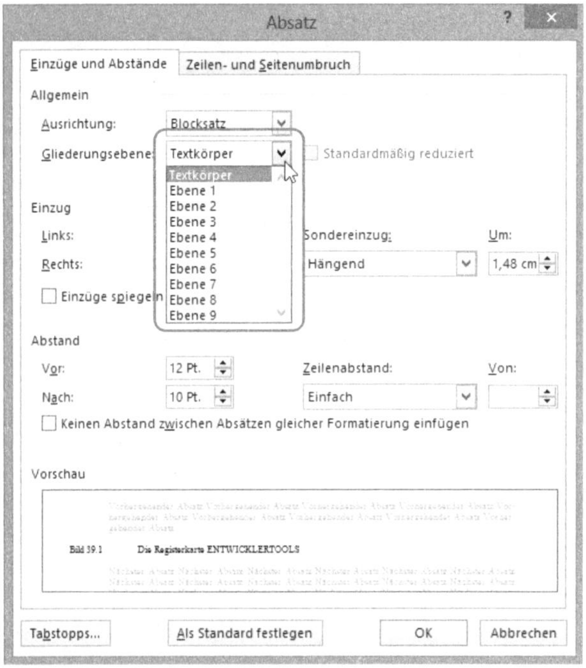

Diese Eigenschaft eines Absatzes können Sie auch in der Gliederungsansicht ändern (siehe Kapitel 31), indem Sie ihm mit den beiden Schaltflächen *Höher stufen* und *Tiefer stufen* der Registerkarte *GLIEDERUNG* eine neue Ebene zuweisen.

Und auch auf der Registerkarte *VERWEISE* gibt es eine Schaltfläche, die die Gliederungsebene eines Absatzes beeinflusst: Es ist die Schaltfläche *Text hinzufügen* aus der Gruppe *Inhaltsverzeichnis,* die einem Absatz eine der Gliederungsebenen *Textkörper, Ebene 1, Ebene 2* oder *Ebene 3* zuweist.

Die Formatvorlagen Überschrift 1 bis Überschrift 9

Natürlich kann die Gliederungsebene auch über eine Formatvorlage zugewiesen werden. Hier kommt den Formatvorlagen *Überschrift 1* bis *Überschrift* 9 eine besondere Rolle zu, denn sie unterscheiden sich in zwei wichtigen Punkten von »normalen« Formatvorlagen:

- Sie können die Formatvorlagen *Überschrift 1* bis *Überschrift* 9 nicht löschen
- Sie können die Gliederungsebenen der Formatvorlagen *Überschrift 1* bis *Überschrift* 9 nicht ändern

Mit diesen Einschränkungen soll gewährleistet werden, dass Ihnen immer ein funktionierender und gewissermaßen unzerstörbarer Mechanismus zum Erstellen von Inhaltsverzeichnissen zur Verfügung steht.

Inhaltsverzeichnis bearbeiten

Mit dem Wissen aus dem letzten Abschnitt wollen wir nun etwas tiefer in die Materie einsteigen und einen Blick hinter die Kulissen werfen. Wir stellen Ihnen dazu zunächst das Dialogfeld *Inhaltsverzeichnis* vor und machen Sie anschließend mit der Feldfunktion TOC bekannt, die sich hinter jedem Inhaltsverzeichnis verbirgt.

Das Dialogfeld *Inhaltsverzeichnis*

Im ersten Beispiel dieses Kapitels haben Sie ein Standard-Inhaltsverzeichnis eingefügt. Dieser Weg empfiehlt sich, wenn Sie keine großen Ansprüche an das Aussehen eines Inhaltsverzeichnisses stellen und mit den Vorgaben von Word zufrieden sind. Wenn Sie jedoch Einfluss auf den Inhalt und die Gestaltung des Verzeichnisses nehmen wollen, müssen Sie einen anderen Weg einschlagen:

1. Öffnen Sie wieder die Beispieldatei *Makroprogrammierung* und setzen Sie die Einfügemarke an den Anfang des Dokuments.
2. Wählen Sie auf der Registerkarte *VERWEISE* im Menü der Schaltfläche *Inhaltsverzeichnis* den Befehl *Benutzerdefiniertes Inhaltsverzeichnis.* Word zeigt dann das folgende Dialogfeld an.

Bild 36.7 Im Dialogfeld *Inhaltsverzeichnis* können Sie Inhalt und Gestalt des Verzeichnisses steuern

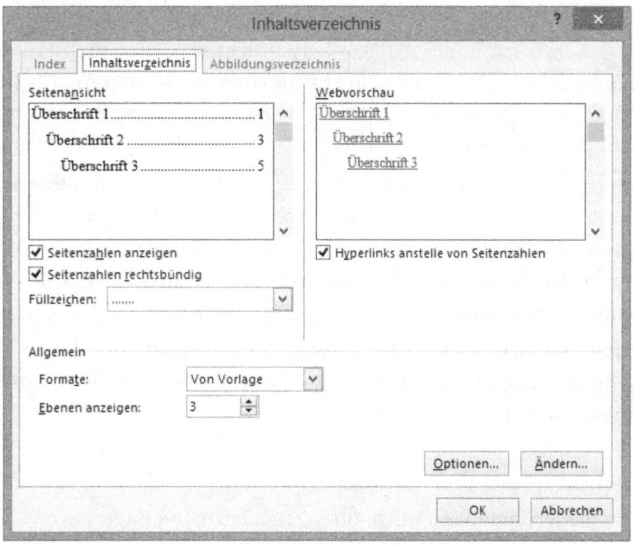

3. Im oberen Bereich dieses Dialogfeldes können Sie einstellen, ob das Inhaltsverzeichnis Seitenzahlen enthalten soll und wie diese formatiert werden. Die Wirkung Ihrer Einstellungen können Sie direkt in den beiden Vorschaubereichen des Dialogfeldes beurteilen.
4. Im Listenfeld *Formate* legen Sie fest, ob das Inhaltsverzeichnis auf Basis der aktuellen Einstellungen der Formatvorlagen *Verzeichnis 1* bis *Verzeichnis 9* formatiert werden soll oder ob eine der Standardeinstellungen *Klassisch, Modern, Elegant* usw. zum Einsatz kommen soll.
5. Die Anzahl der Gliederungsebenen steuern Sie mit dem Feld *Ebenen anzeigen.*

Optionen für Inhaltsverzeichnis

Wenn Sie im Dialogfeld *Inhaltsverzeichnis* auf die Schaltfläche *Optionen* klicken, erscheint das folgende Dialogfeld, mit dem Sie genau festlegen können, aus welchen Inhalten Word das Verzeichnis aufbaut.

Bild 36.8 Hier können Sie festlegen, welche Absätze in das Inhaltsverzeichnis gelangen

In diesem Dialogfeld wird am besten deutlich, dass Word sich beim Erstellen eines Inhaltsverzeichnisses aus drei verschiedenen »Textpools« bedient:

- **Formatvorlagen** Word kann alle Absätze berücksichtigen, die eine bestimmte Formatvorlage besitzen. Normalerweise sind dies die Formatvorlagen *Überschrift 1* bis *Überschrift 3*. Sie können dem Inhaltsverzeichnis jedoch auch beliebige andere Formatvorlagen zugrunde legen, indem Sie in der Spalte *Inhaltsverzeichnisebene* eine andere Zuordnung vornehmen.
- **Gliederungsebenen** Wenn diese Option eingeschaltet ist, werden alle Absätze berücksichtigt, die eine passende Gliederungsebene besitzen. D.h. wenn Sie einem beliebigen Absatz z.B. die Gliederungsebene 1 zuweisen, taucht er im Inhaltsverzeichnis auf. Genau dies passiert, wenn Sie auf der Registerkarte *VERWEISE* die Schaltfläche *Text hinzufügen* benutzen.
- **Verzeichniseintragsfelder** Mit der Feldfunktion TC können Sie beliebige Inhalte in ein Verzeichnis schleusen. Sie funktioniert ähnlich wie ein Indexeintrag, d.h. sie ist im Dokument nicht sichtbar. Weitere Informationen finden Sie im Dialogfeld *Feld* (siehe dazu auch den Tipp auf der folgenden Seite).

Sie können für ein Verzeichnis jede beliebige Kombination dieser Quellen nutzen, indem Sie die entsprechenden Optionsfelder ein- bzw. ausschalten.

Die Feldfunktion TOC

Wie Sie im letzten Abschnitt gesehen haben, können Sie mit dem Dialogfeld *Inhaltsverzeichnis* das Aussehen eines Inhaltsverzeichnisses schon recht genau steuern. Die volle Kontrolle erhalten Sie jedoch erst, wenn Sie sich an die Feldfunktion heranwagen, die dem Inhaltsverzeichnis zugrunde liegt. Wenn man sich einmal an deren etwas kryptische Syntax gewöhnt hat, ist das im Prinzip auch nicht besonders schwierig. (Feldfunktionen haben wir in Kapitel 24 ausführlich beschrieben.)

Um die Feldfunktion auf dem Bildschirm anzuzeigen und zu bearbeiten, gehen Sie so vor:

1. Erstellen Sie ein Inhaltsverzeichnis, wie wir es zu Beginn dieses Kapitels beschrieben haben. Am besten verwenden Sie eine der beiden ersten Varianten aus dem Menü der Schaltfläche *Inhaltsverzeichnis*, da Word das Feld dann direkt in ein Inhaltssteuerelement einfügt.
2. Setzen Sie die Einfügemarke direkt vor die erste Zeile des Inhaltsverzeichnisses und drücken Sie [⇧]+[F9]. Das Inhaltssteuerelement sieht anschließend so aus wie im nächsten Bild. Um wieder zur Anzeige des Feldergebnisses zu gelangen, drücken Sie erneut [⇧]+[F9].

Bild 36.9 Die Feldfunktion *TOC* im Inhaltssteuerelement

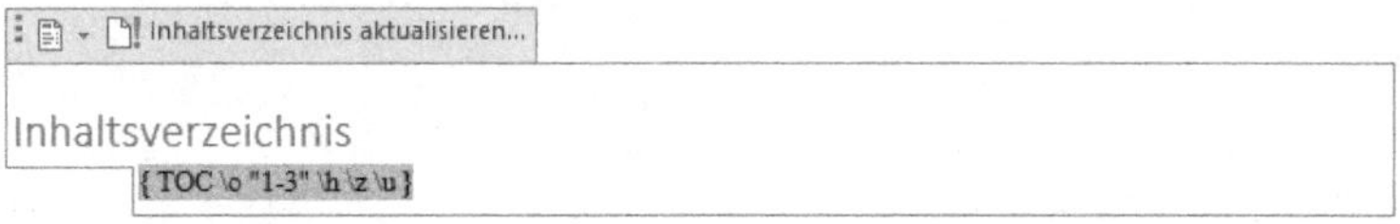

Die Wirkungsweise der TOC-Funktion steuern Sie über die verschiedenen Schalter, von denen wir die wichtigsten in der Tabelle auf der nächsten Seite zusammengestellt haben.

3. Fangen Sie am besten klein an und ändern Sie die Anzahl der anzuzeigenden Gliederungsebenen, indem Sie **\o** "1-3" zum Beispiel durch **\o** "2-2" ersetzen.
4. Nach der Änderung müssen Sie das TOC-Feld mit [F9] aktualisieren. Für die Beispieldatei *Makroprogrammierung* sollten Sie dann folgendes Ergebnis erhalten:

Bild 36.10 Das Inhaltsverzeichnis zeigt jetzt nur noch die zweite Ebene an

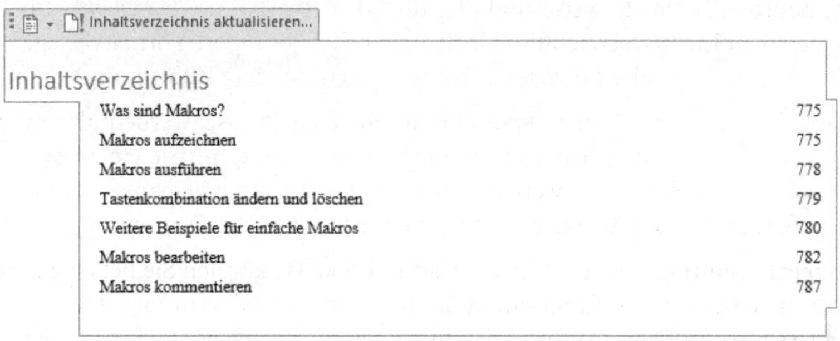

TIPP **Informationen über Feld-Schalter aufrufen** Wenn Sie sich über die Schalter eines Feldes informieren möchten, um sich zum Beispiel einen Überblick über die generellen Fähigkeiten des Feldes zu verschaffen oder um die Syntax eines bestimmten Schalters nachzuschlagen, rufen Sie am besten das Dialogfeld *Feld* auf.

Dazu wählen Sie entweder im Auswahlmenü der Schaltfläche *Schnellbausteine* (auf der Registerkarte *EINFÜGEN)* den Befehl *Feld* oder Sie klicken ein Feld im Dokument mit der rechten Maustaste an und wählen in seinem Kontextmenü den Befehl *Feld bearbeiten.*

Anschließend lassen Sie im Dialogfeld *Feld* die Feldfunktionen für das Feld anzeigen und rufen mit der Schaltfläche *Optionen* das Dialogfeld *Feldoptionen* auf. Dieses Dialogfeld enthält eine Liste, in der alle Schalter der ausgewählten Feldfunktion aufgeführt sind. Klicken Sie einfach einen der Listeneinträge an, um eine kurze Beschreibung des Schalters zu erhalten.

Tabelle 36.1 Wichtige Schalter des TOC-Feldes für Inhaltsverzeichnisse

Schalter	Beschreibung
\b "*Textmarke*"	Word berücksichtigt für das Inhaltsverzeichnis nur den Bereich, der durch die angegebene Textmarke festgelegt wird
\f	Nimmt die durch TC-Felder festgelegten Inhalte in das Verzeichnis auf. Der Schalter entspricht der Option *Verzeichniseintragsfeldern* im Dialogfeld *Optionen für Inhaltsverzeichnis* (siehe Bild 36.8).
\h	Seitenzahlen werden als Hyperlinks dargestellt
\n *Ebenen*	Schaltet die Seitenzahlen aus. Sie können das Unterdrücken der Seitenzahlen auch auf bestimmte Ebenen beschränken. Beispiel: \n 2-3
\o *Ebenen*	Nimmt Absätze auf, die mit den internen Formatvorlagen *Überschrift 1* bis *Überschrift 9* formatiert sind
\p "*c*"	Trennzeichen zwischen Text und Seitenzahl. Sie können maximal 5 Zeichen eingeben. Standardmäßig verwendet Word einen Tabulator mit Füllpunkten.
\t	Gibt die Formatvorlagen an, die für das Inhaltsverzeichnis berücksichtigt werden sollen. Diese Einstellung nehmen Sie besser im Dialogfeld *Optionen für Inhaltsverzeichnis* vor (siehe Bild 36.8).
\u *Ebenen*	Nimmt alle Absätze in das Verzeichnis auf, die mit den angegebenen Gliederungsebenen formatiert sind. Korrespondiert mit der Option *Gliederungsebenen* des Dialogfelds *Optionen für Inhaltsverzeichnis* (siehe Bild 36.8).
\w	Normalerweise werden Tabulatoren in Überschriften im Inhaltsverzeichnis entfernt. Mit diesem Schalter können Sie das verhindern.
\x	Entspricht \w für Zeilenschaltungen
\z	Unterdrückt die Seitenzahlen in der Weblayoutansicht

Verzeichnis aus mehreren Dateien erstellen

Ein längerer Text besteht selten aus einer einzigen Datei. Wenn Sie für mehrere zusammengehörende Dateien ein gemeinsames Verzeichnis oder einen Index mit fortlaufenden Seitenzahlen erstellen wollen, können Sie die Zentraldokument-Funktion verwenden, die wir in Kapitel 32 vorgestellt haben.

Es gibt aber noch einen anderen Weg, den wir übrigens auch bei der Herstellung dieses Buches benutzt haben: Dabei kommt die Feldfunktion RD (referenced document = Dokument, auf das Bezug genommen wird) zum Einsatz, die speziell für den Einsatz mit den Feldfunktionen TOC und INDEX vorgesehen ist.

Allgemeine Vorgehensweise

Um mit Hilfe der RD-Feldfunktion ein Verzeichnis zu erstellen, das auf mehreren Dokumenten basiert, müssen Sie folgende Schritte durchführen:

1. Erstellen Sie ein Hauptdokument, das für alle benötigten Dateien ein RD-Feld enthält.
2. Nehmen Sie die Feldfunktion für das Verzeichnis (also TOC oder INDEX) in das Hauptdokument auf. Sie können dabei alle Schalter der Feldfunktion verwenden.
3. Stellen Sie für die einzelnen Dokumente die korrekte Seitenzahl ein.
4. Aktualisieren Sie die Feldfunktion im Hauptdokument (z.B. mit [F9]).

Beispiel: Inhaltsverzeichnis aus mehreren Dateien

Für das folgende Beispiel haben wir die drei Übungsdateien *A*, *B* und C erstellt. Diese Dokumente enthalten jeweils drei Überschriften, denen die Formatvorlagen *Überschrift 1* bis *Überschrift 3* zugewiesen sind. Für diese Dateien soll nun ein gemeinsames Inhaltsverzeichnis erstellt werden.

Schritt 1: Hauptdokument erstellen

Zuerst erstellen Sie ein neues Dokument und fügen dort die benötigten RD-Felder ein:

1. Legen Sie ein neues Dokument an und speichern Sie es. Am einfachsten ist es, wenn Sie das Dokument in dem Ordner speichern, in dem sich auch die Beispieldateien befinden.
2. Schalten Sie die Anzeige der Formatierungssymbole ein. Verwenden Sie dazu entweder den Shortcut [⇧]+[Strg]+[*] oder klicken Sie auf der Registerkarte *START* in der Gruppe *Absatz* auf die Schaltfläche *Alle anzeigen*.
3. Drücken Sie [Strg]+[F9], um eine leere Feldfunktion einzufügen. Auf dem Bildschirm tauchen zwei geschweifte Klammern ({}) auf.
4. Tippen Sie innerhalb der Klammern **RD A.docx** ein. Falls sich die Datei *A* in einem anderen Verzeichnis befindet, müssen Sie entweder den gesamten Pfad angeben oder eine relative Pfadangabe vornehmen. Bei einem relativen Pfad ergänzen Sie zusätzlich den Schalter \f. Beachten Sie, dass Sie in einer Pfadangabe den Backslash verdoppeln müssen, damit Word ihn nicht als Einleitungszeichen für einen Schalter interpretiert.

   Anschließend sollte das RD-Feld etwa so aussehen:

   - { **RD A.docx** } (Datei befindet sich im gleichen Verzeichnis)
   - { **RD C:\\Beispiele\\A.docx** } (absolute Pfadangabe)
   - { **RD ..\\Kapitel\\A.docx \f** } (relative Pfadangabe)
5. Duplizieren Sie das RD-Feld zweimal und passen Sie die Kopien für die Dateien *B* und *C* an.
6. Schalten Sie die Anzeige der Formatierungszeichen wieder aus. Die RD-Felder verschwinden vom Bildschirm. Damit haben Sie den Grundstein für das übergeordnete Inhaltsverzeichnis gelegt.

Schritt 2: Feldfunktion für das Inhaltsverzeichnis einfügen

1. Wechseln Sie auf die Registerkarte *VERWEISE.*
2. Klicken Sie auf die Schaltfläche *Inhaltsverzeichnis* und wählen Sie in deren Menü eine der beiden automatischen Varianten aus.

   Sobald Sie das Verzeichnis eingefügt haben, beginnt Word damit, die in den RD-Feldern angegebenen Dateien zu durchsuchen. Diesen Vorgang können Sie in der Statuszeile beobachten. Wenn Sie sich beim Erstellen der RD-Felder nicht vertan haben, sehen Sie anschließend das neue Inhaltsverzeichnis.

Bild 36.11 Das Inhaltsverzeichnis der drei Beispieldateien (mit eingeblendeten RD-Feldern)

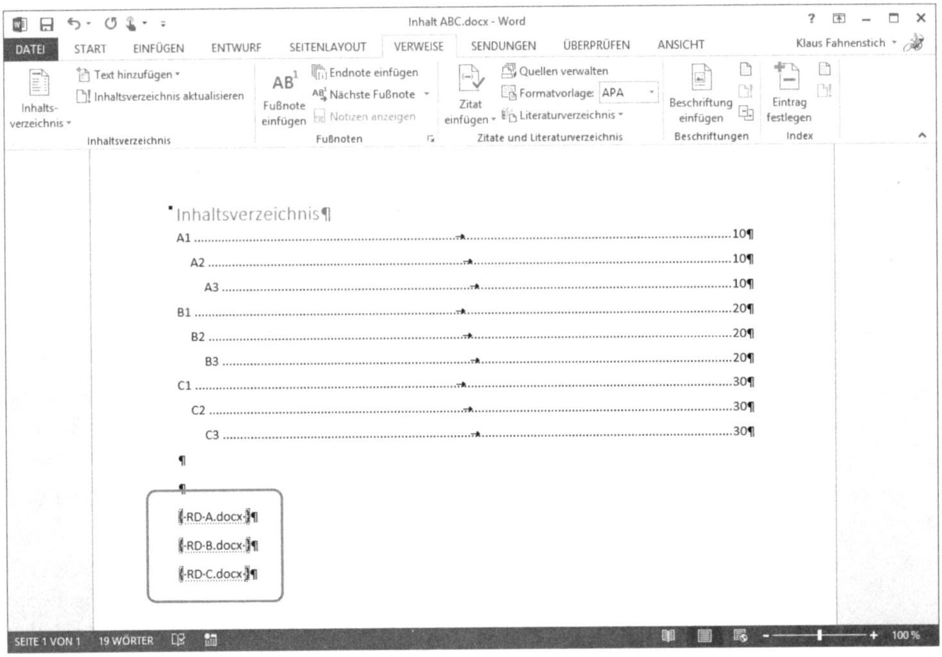

In der obigen Abbildung können Sie unterhalb des Verzeichnisses die drei RD-Felder erkennen, die die Verbindung zu den drei Beispieldateien herstellen. Wie Sie sehen, spielt es keine Rolle, ob sich diese Felder unter- oder oberhalb des Inhaltsverzeichnisses befinden.

Schritt 3: Seitenzahlen anpassen

Nun müssen Sie noch in allen Dateien manuell die Startnummer für die Seitennummerierung ändern. Dieser Schritt ist gewissermaßen der Wermutstropfen dieser Lösung. Aber da ein Inhaltsverzeichnis üblicherweise erst dann erzeugt wird, wenn alle anderen Dateien fertig gestellt sind, handelt es sich dabei in der Praxis um keine große Einschränkung.

1. Öffnen Sie die erste Datei.
2. Zeigen Sie die Registerkarte *EINFÜGEN* an, klicken Sie in der Gruppe *Kopf- und Fußzeile* auf die Schaltfläche *Seitenzahl* und wählen Sie in deren Menü den Befehl *Seitenzahlen formatieren.*

Bild 36.12 Start der Seitenzählung festlegen

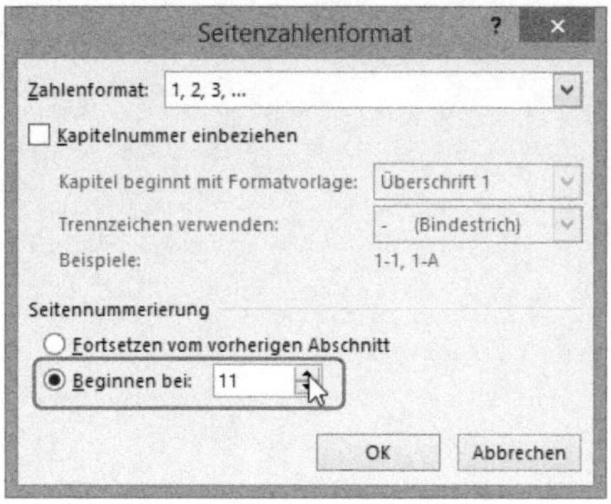

3. Geben Sie die gewünschte Seitenzahl im Feld *Beginnen bei* ein und klicken Sie auf *OK*.
4. Gehen Sie zur letzten Seite der Datei und merken Sie sich deren Seitennummer. Anschließend können Sie die Datei wieder schließen.
5. Öffnen Sie nun die nächste Datei und tragen Sie dort die passende Anfangsseitenzahl ein.
6. Wiederholen Sie die Schritte 4 und 5, bis alle Dateien mit der richten Seitenzahl beginnen.

Schritt 4: Inhaltsverzeichnis aktualisieren

Jetzt müssen Sie noch das Inhaltsverzeichnis aktualisieren, damit die geänderten Seitenzahlen übernommen werden:

1. Wechseln Sie zu dem Dokument, in dem sich das Inhaltsverzeichnis befindet.
2. Setzen Sie die Einfügemarke in das Inhaltsverzeichnis und drücken Sie F9.

Kapitel 37

Stichwortverzeichnis erstellen

In diesem Kapitel:

Die meisten Bücher (so auch dieses) besitzen einen Index, in dem der Leser zu einzelnen Stichwörtern die Angabe einer Seitenzahl oder einen Verweis auf inhaltsverwandte Indexeinträge finden kann. Bei einem kurzen Text ist es vielleicht noch möglich, den Index von Hand zu erstellen. Bei größeren Projekten wäre dies eine langwierige und fehlerträchtige Arbeit.

Mit Hilfe von Word geht die Erstellung eines Index deutlich leichter von der Hand. Wir zeigen Ihnen in diesem Kapitel Schritt für Schritt, wie Sie Ihre Dokumente aufbereiten müssen, damit Word daraus einen automatischen Index erzeugen kann.

Das Prinzip der Index-Funktion

Word unterscheidet zwischen den Begriffen *Index* und *Indexeintrag*. Während der Begriff Index das fertige Stichwortverzeichnis meint, versteht man unter einem Indexeintrag eine im Dokument verborgene Textstelle, deren Inhalt in den Index übernommen werden soll.

Zum Erstellen eines Stichwortverzeichnisses gehören demnach zwei verschiedene Arbeitsschritte:

1. Damit Word weiß, welche Einträge in das Stichwortverzeichnis aufgenommen werden sollen, müssen Sie diese zunächst markieren bzw. in das Dokument einfügen. Hierzu wird an den betreffenden Stellen die Feldfunktion XE (Indexeintrag) aufgenommen (entweder manuell oder mit Hilfe des Dialogfeldes *Indexeintrag festlegen*). Darüber hinaus gibt es in Word auch die Möglichkeit, die Indexeinträge mit Hilfe einer Konkordanzdatei automatisch festlegen zu lassen. Auf diese Spezialität gehen wir weiter hinten in diesem Kapitel noch genauer ein.
2. Anschließend fügen Sie den eigentlichen Index ein. Dabei handelt es sich ebenfalls um eine Feldfunktion, nämlich die Funktion INDEX.

Indexeinträge festlegen

Wie soeben erwähnt, wird beim Festlegen eines Indexeintrags die Feldart XE in den Text aufgenommen. Ein typisches Beispiel für solch ein Feld sieht folgendermaßen aus:

{XE "Grafik" \i}

Wie die meisten Feldfunktionen besteht auch das XE-Feld aus vier Teilen:

- dem Felderkennungszeichen {}
- der Angabe der Feldart: XE
- der Angabe des Textes für den Index, der in Anführungszeichen eingeschlossen wird
- den möglichen Schaltern für die Formatierung des Eintrags. In dem Beispiel bewirkt der Schalter \i, dass die Seitenzahl kursiv formatiert wird.

Ein XE-Feld wird, wie andere Felder auch, als ausgeblendeter (verborgener) Text formatiert. Sie erkennen diese Art der Formatierung an ihrer punktierten Unterstreichung. Um einen Indexeintrag auf dem Bildschirm anzuzeigen, schalten Sie entweder in den Word-Optionen in der Kategorie *Anzeige* die Option *Ausgeblendeten Text* ein oder – was deutlich schneller geht – Sie verwenden den Shortcut ⇧+Strg+*, um alle Formatierungszeichen einzublenden.

Indexeintrag einfügen

Am schnellsten können Sie einen Indexeintrag mit dem Shortcut [⇧]+[Alt]+[X] aufnehmen. Dadurch wird das Dialogfeld *Indexeintrag festlegen* angezeigt, das Sie auch über die Schaltfläche *Eintrag festlegen* der Registerkarte *VERWEISE* aufrufen können.

1. Öffnen Sie ein Dokument, in das Sie Indexeinträge einfügen wollen.
2. Markieren Sie ein Wort, das Sie in den Index aufnehmen wollen.
3. Rufen Sie das Dialogfeld *Indexeintrag festlegen* auf, am besten direkt mit [⇧]+[Alt]+[X]. Dies ist gleichzeitig eine gute Übung, um die Gelenkigkeit Ihrer linken Hand zu trainieren. ;)

Bild 37.1 Word hat das markierte Wort ins Dialogfeld übernommen

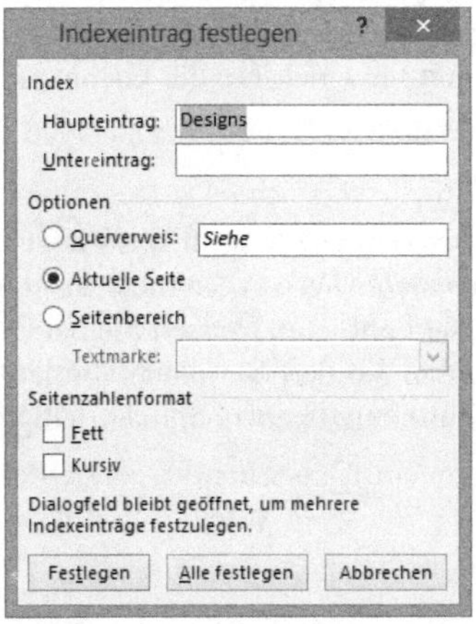

Wie Sie sehen, hat Word den markierten Begriff in das Feld *Haupteintrag* übernommen.

4. Wenn Sie einen einfachen Eintrag erstellen wollen, lassen Sie das Feld *Untereintrag* frei, sonst geben Sie einen entsprechenden Begriff ein.
5. Mit den Feldern der Gruppe *Optionen* können Sie entscheiden, welche Art von Eintrag Sie erstellen möchten:
   - **Querverweis** Für Einträge wie »Grafik, *siehe* Illustration«
   - **Aktuelle Seite** Normaler Indexeintrag mit Angabe einer Seitenzahl
   - **Seitenbereich** Fügt den Seitenzahlbereich einer Textmarke ein
6. Wenn Sie einen einzelnen Indexeintrag erstellen wollen, klicken Sie jetzt auf *Festlegen.* Mit der Schaltfläche *Alle festlegen* erreichen Sie, dass Word für jedes Vorkommen des Begriffs einen Indexeintrag erstellt. Das hört sich vielleicht ganz praktisch an, führt aber in der Regel zu völlig unbrauchbaren Stichwortverzeichnissen, da ein Begriff natürlich auch dann aufgenommen wird, wenn er nur kurz erwähnt, aber nicht weiter erläutert wird.

Das Dialogfeld bleibt nach dem Festlegen eines Eintrags so lange auf dem Bildschirm stehen, bis Sie es explizit schließen. Sie haben dadurch die Möglichkeit, mehrere Indexeinträge zu erstellen, ohne dafür den Befehl immer wieder neu aufrufen zu müssen.

Außerdem übernimmt das Dialogfeld jedes Mal den momentan markierten Text in das Feld *Haupteintrag*, sobald Sie es anklicken.

Haupt- und Untereinträge

Stichwortverzeichnisse bestehen häufig aus mehreren Ebenen, sie besitzen Haupt- und Untereinträge. Um bei der Festlegung eines Indexeintrages den Haupt- von seinem Untereintrag zu unterscheiden, finden Sie im oberen Bereich des Dialogs neben dem Feld *Haupteintrag* noch das Feld *Untereintrag*. Wenn Sie beide Textfelder ausfüllen, werden sie von Word im XE-Feld durch einen Doppelpunkt getrennt. Das XE-Feld sieht dann zum Beispiel folgendermaßen aus:

{XE "Grafik:einfügen"}

Bei der Erstellung eines Standard-Index erscheinen der Haupt- und Untereintrag jeweils in einer eigenen Zeile, wobei die Untereinträge gegenüber dem Haupteintrag eingerückt werden.

Beachten Sie, dass die Seitennummer bei unserem Beispiel nur für den Untereintrag ausgegeben wird. Dies wäre auch der Fall, wenn es sich um einen Untereintrag der dritten, vierten oder fünften Ebene handeln würde. Wenn Sie wollen, dass Word für jede Ebene die Seitenzahl mit aufnimmt, müssen Sie mehrere Einträge in den Text aufnehmen: je einen für die Ebene, die eine Seitenzahl erhalten soll. In unserem Fall wären dies also zwei Einträge:

{XE "Grafik"}{XE "Grafik:einfügen"}

Sie können in einem Index bis zu neun Ebenen verwenden, obwohl die Verwendung von neun Ebenen den Index eher unübersichtlicher als klarer macht. Wenn Sie mehr als die beiden Ebenen verwenden wollen, die Word Ihnen in dem Dialogfeld anbietet, müssen Sie bei der Eingabe selbst die Doppelpunkte eingeben. Es reicht dann aus, wenn Sie den kompletten Indexeintrag mit allen Ebenen in das Feld *Haupteintrag* eingeben; die einzelnen Ebenen müssen lediglich durch einen Doppelpunkt getrennt sein.

Seitenbereich festlegen

Normalerweise wird im Index für jeden Indexeintrag nur eine Seitenzahl ausgegeben. In manchen Fällen ist es jedoch wünschenswert, auf Textpassagen zu verweisen, die sich über mehrere Seiten erstrecken. Um dies zu erreichen, müssen Sie die Textpassage markieren und ihr eine Textmarke zuweisen (vgl. Kapitel 35). Sie können dann das Listenfeld *Textmarke* öffnen und aus der Liste die passende Textmarke auswählen. Word nimmt dann in den Index die erste und die letzte Seitenzahl des Bereichs auf. Beispiel: Grafik, 123-135.

Sonderzeichen verwenden

Anführungszeichen, die in einem Indexeintrag erscheinen sollen, können Sie im Textfeld Haupt- oder Untereintrag genauso eingeben, wie sie nachher angezeigt werden sollen. Wenn Sie dort z.B. eingeben: **Grafik:"aufpeppen"**, macht Word daraus folgendes Feld:

{XE "Grafik:\"aufpeppen\""}

Word fügt also vor den Anführungszeichen den umgekehrten Schrägstrich (Backslash) ein, der signalisiert, dass das folgende Zeichen seine besondere Bedeutung innerhalb des XE-Feldes verliert und als normaler Text behandelt wird. Falls Sie einen Doppelpunkt in einem Eintrag verwenden wollen, müssen Sie den Backslash bereits im Dialogfeld eingeben, damit der Doppelpunkt nicht als Signal für einen Untereintrag interpretiert wird.

Indexeinträge automatisch markieren

Mit Word können Sie Ihre Indexeinträge sogar automatisch erstellen. Dazu benötigen Sie eine so genannte *Konkordanzdatei*. Eine Konkordanzdatei ist ein Word-Dokument, in das Sie eine zweispaltige Tabelle aufnehmen. Tragen Sie in die linke Spalte den Begriff ein, nach dem Word suchen soll und in die rechte Spalte den Indexeintrag, den Word für diesen Begriff erstellen soll. Achten Sie darauf, dass Sie die Begriffe in der Groß-/Kleinschreibung eingeben, wie sie im Dokument erscheinen bzw. im Index stehen sollen.

Anschließend können Sie mit folgenden Schritten Ihre Dokumente automatisch mit Indexeinträgen versehen lassen:

1. Öffnen Sie das Dokument, für das Sie Indexeinträge erstellen wollen.
2. Klicken Sie auf der Registerkarte *VERWEISE* in der Gruppe *Index* auf die Schaltfläche *Index einfügen*. Word zeigt dann das Dialogfeld *Index* an.
3. Klicken Sie im Dialogfeld auf die Schaltfläche *AutoMarkierung*. Word zeigt dann das Dialogfeld *Index-AutoFestlegungsdatei öffnen* an.
4. Wählen Sie Ihre Konkordanzdatei aus und klicken Sie auf *Öffnen*. Word durchsucht dann die Datei nach den Begriffen, die in der linken Spalte der Konkordanztabelle eingetragen haben und erstellt die zugehörigen Indexeinträge.

HINWEIS **Indexeinträge werden nur einmal pro Absatz eingefügt** Beim automatischen Markieren von Indexeinträgen sorgt Word dafür, dass Indexeinträge nicht mehrfach in den gleichen Absatz eingefügt werden. Das heißt, selbst wenn ein bestimmter Begriff mehrmals in einem Absatz gefunden wird, fügt Word lediglich einen Indexeintrag ein.

Das gilt auch für den Fall, dass zwei verschiedenen Wörtern der gleiche Indexeintrag zugeordnet wurde. Nehmen Sie zum Beispiel an, in Ihrer Konkordanzdatei haben Sie für die Begriffe »Illustration« und »Bild« jeweils den Indexeintrag »Grafik« festgelegt. Wenn nun ein Absatz sowohl das Wort »Illustration« als auch das Wort »Bild« enthält, fügt Word dennoch nur einen Indexeintrag ein.

Index erzeugen

Nachdem Sie alle gewünschten Indexeinträge in das Dokument eingefügt haben, können Sie Word anweisen, den Index zu generieren. Dabei prüft Word, ob das Dokument bereits einen Index enthält. In diesem Fall können Sie sich entscheiden, ob Sie den vorhandenen Index aktualisieren, d.h. ersetzen wollen oder ob Word einen weiteren Index in das Dokument einfügen soll.

1. Öffnen Sie ein Dokument, in dem sich einige Indexeinträge befinden.
2. Setzen Sie die Einfügemarke an die Stelle, an der Word den Index einfügen soll. (Das ist üblicherweise das Ende des Dokuments.)
3. Zeigen Sie die Registerkarte *VERWEISE* an und klicken Sie in der Gruppe *Index* auf die Schaltfläche *Index einfügen*. Word zeigt das Dialogfeld *Index* an.

Bild 37.2 Dialogfeld zum Einfügen eines Stichwortverzeichnisses (Index)

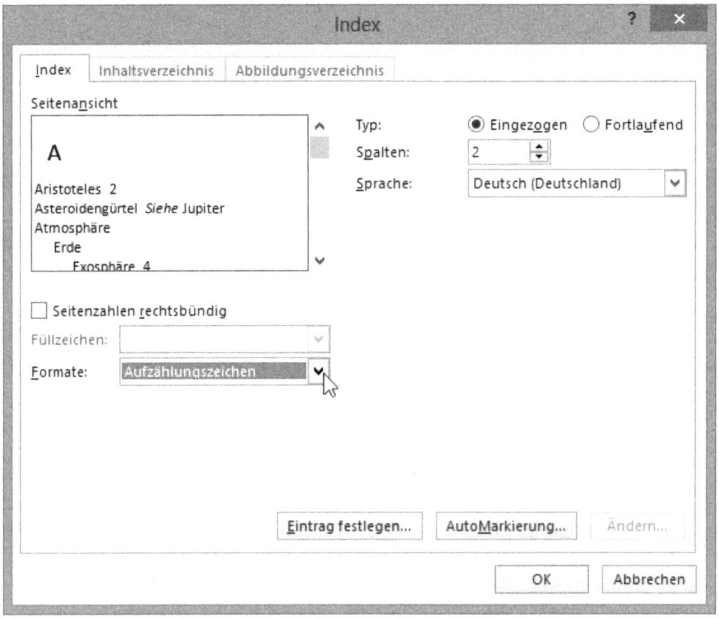

4. Legen Sie in der Gruppe *Typ* fest, ob Sie einen eingezogenen oder einen fortlaufenden Index erstellen wollen. Bei einem eingezogenen Index stehen die Untereinträge unter dem Haupteintrag. Beim fortlaufenden Index werden die Untereinträge in der gleichen Zeile wie der Haupteintrag ausgegeben.
5. Im Feld *Spalten* können Sie die Spaltenanzahl für den Index festlegen. Hier sind Werte im Bereich von 1 bis 4 möglich. Word fügt vor dem Index automatisch einen Abschnittswechsel ein, um die neue Spaltenanzahl formatieren zu können.
6. Im Listenfeld *Formate* bietet Ihnen Word einige Formatierungsvorschläge für Ihren Index an. Stellen Sie die verschiedenen Optionen ein und beurteilen Sie im Vorschaufenster, ob sie Ihnen gefallen.
7. Wenn Sie das Optionsfeld *Seitenzahlen rechtsbündig* einschalten, nimmt Word zwischen dem Eintrag und der Seitenzahl einen Tabulator auf. Sie können dann in der Liste *Füllzeichen* eine der Varianten auswählen, die auch bei der Formatierung der Tabstopps benutzt werden.
8. Bestätigen Sie die vorgenommenen Einstellungen und klicken Sie auf *OK*, damit Word den Index in Ihr Dokument einfügt. Falls im Dokument bereits ein Index existiert, erscheint noch eine Nachfrage, ob dieser Index ersetzt werden soll oder nicht.

Die automatischen Index-Formatvorlagen

Wenn Sie im Listenfeld *Formate* den Eintrag *Von Vorlage* wählen, wird gleichzeitig die Schaltfläche *Ändern* aktiviert. Über diese Schaltfläche gelangen Sie zum Dialogfeld *Formatvorlage*. Dort können Sie die Formatierung der neun Indexebenen vornehmen, wie Sie es bereits von den anderen Formatvorlagen her kennen.

Bild 37.3 Über dieses Dialogfeld lassen sich die Index-Formatvorlagen bequem bearbeiten

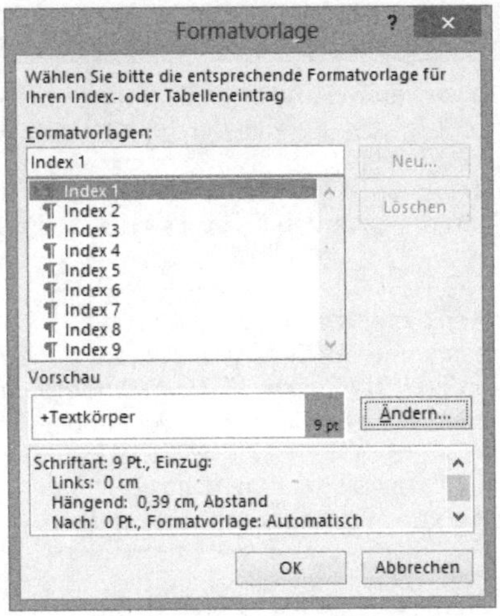

Index aus mehreren Dokumenten erstellen

Wenn sich die Einträge, aus denen Sie ein Stichwortverzeichnis erstellen wollen, in mehreren Dateien befinden, können Sie diese entweder über ein Zentraldokument miteinander koppeln oder Sie greifen mit Hilfe von RD-Feldern von einer zentralen Datei darauf zu.

Hinweise zur Verwendung von Zentraldokumenten finden Sie in Kapitel 32. Das Verfahren mit RD-Feldern haben wir im letzten Kapitel am Beispiel eines Inhaltsverzeichnisses ausführlich vorgestellt (ab Seite 734). Sie können diese Beschreibung eins zu eins auf die Erzeugung eines Index übertragen.

Die Feldfunktion INDEX

Wenn Sie mit dem Dialogfeld *Index* einen Index erstellen, fügt Word keinen normalen Text in Ihr Dokument ein, sondern eine Feld-Funktion. Sie kennen diese Technik bereits aus dem letzten Kapitel, in dem wir uns mit Inhaltsverzeichnissen beschäftigt haben. Während dort die Feldfunktion TOC verwendet wurde, benutzt Word für ein Stichwortverzeichnis die Funktion INDEX.

Da wir den Umgang mit Feldfunktionen bereits mehrfach beschrieben haben, beschränken wir uns an dieser Stelle auf einige kurze Hinweise:

- Zum Ein- und Ausblenden der Feldfunktion setzen Sie die Einfügemarke in das Stichwortverzeichnis und drücken die Tastenkombination ⇧+F9.
- Um das Stichwortverzeichnis zu aktualisieren, markieren Sie es und drücken F9.
- Das genaue Verhalten einer Feldfunktion wird mit Schaltern gesteuert. In der Tabelle auf der nächsten Seite haben wir für Sie die Schalter des INDEX-Feldes zusammengestellt. Bitte beachten Sie, dass Sie einen Teil der Schalterargumente in Anführungszeichen einschließen müssen, andere jedoch nicht.

Tabelle 37.1 Die Schalter der Feldart *INDEX*

Schalter	Beschreibung
\b Textmarke	Wenn Sie den Schalter \b verwenden und den Namen einer Textmarke angeben, wird der Index nur für den Bereich der Textmarke erstellt
\c Zahl	Erstellt einen mehrspaltigen Index. Wenn Sie beispielsweise *\c 3* eingeben, erzeugt Word einen dreispaltigen Index. Es sind maximal vier Spalten möglich.
\d "Zeichen"	Mit dem Schalter \d können Sie bis zu fünf Zeichen festlegen, die von Word zwischen der Folgezahl und der Seitennummer ausgegeben werden sollen. Word verwendet standardmäßig den Bindestrich. Dieser Schalter kann nur zusammen mit dem Schalter \s verwendet werden.
\e "Zeichen"	Legt das/die Zeichen fest, mit dem/denen der Eintrag von der Seitenzahl getrennt wird. Die Vorgabe von Word sind zwei Leerzeichen.
\f Zeichen	Verwendet für den Index nur diejenigen XE-Felder, die mit dem gleichen Zeichen markiert sind. In diesem Buch haben zum Beispiel die XE-Felder für den Praxisindex die Form *{ XE "Eintrag" \f p }*. Der Praxisindex kann dann mit der Funktion *{ INDEX \f p }* erstellt werden.
\g Zeichen	Legt das/die Zeichen fest, mit dem/denen von Word die Zahlen einer Seitenfolge getrennt werden. Die Vorgabe ist der Bindestrich (-). Sie können maximal 5 Zeichen angeben.
\h "Zeichen"	Legt das Zeichen fest, mit dem die einzelnen Buchstabenabschnitte voneinander getrennt werden. In diesem Buch haben wir zum Beispiel den Schalter *\h "A"* verwendet, damit Word den jeweiligen Großbuchstaben vor die einzelnen Buchstabenabschnitte setzt.
\k	Legt das Trennzeichen zwischen Querverweisen und anderen Einträgen fest
\l "Zeichen"	Legt das Zeichen fest, mit dem die einzelnen Seitenzahlen im Index voneinander getrennt werden. Die Vorgabe von Word ist das Komma.
\p Buchst1-Buchst2	Erstellt den Index nur für die angegebenen Buchstaben
\r	Erstellt einen fortlaufenden Index. Dieser Schalter entspricht dem gleichnamigen Optionsfeld im Dialogfeld *Index*.
\s SEQ-Name	Legt fest, dass die aktuelle Nummer der Folge mit dem Erkennungszeichen *SEQ-Name* den ersten Teil der Seitenzahl bildet, die aus Kapitelnummer und Seite besteht
\y	Ermöglicht die Verwendung von Yomi-Text in Indexeinträgen. Nach unseren Recherchen handelt es sich dabei um Hinweise zur korrekten Aussprache von japanischen Wörtern, die eine unübliche Aussprache besitzen (vor allem Eigennamen). Wenn Sie diesen Schalter benötigen, verstehen Sie von diesem Thema sicherlich mehr als wir.
\z "####"	Legt die Sprache fest, die Word dem Index zuweist. Um zum Beispiel für einen Index als Sprache Englisch festzulegen, verwenden Sie den Schalter *\z "1033"*.

Trennzeichen festlegen

Da zum Festlegen der verschiedenen Trennzeichen gleich drei Schalter benötigt werden, wollen wir auf diese Schalter noch etwas näher eingehen.

Bild 37.4 Die verschiedenen Trennzeichen in einem Stichwortverzeichnis

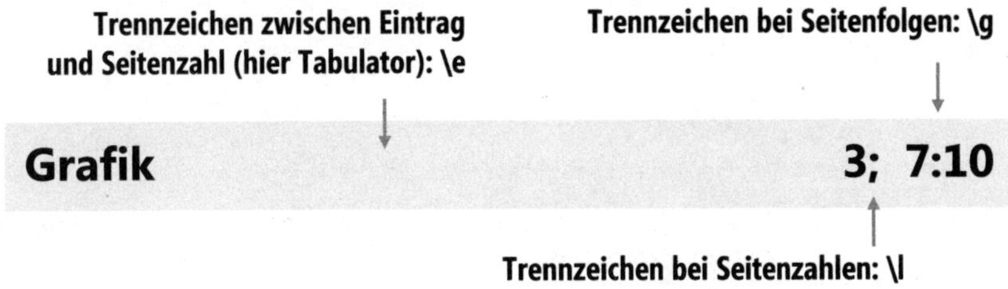

Mit dem Schalter \e können Sie bis zu fünf Zeichen festlegen, die zwischen dem Eintrag und den Seitenzahlen ausgegeben werden. Word verwendet standardmäßig zwei Leerzeichen als Trennzeichen. Sinnvoll ist beispielsweise die Verwendung des Tabulators, wenn Sie die Seitenzahlen rechtsbündig ausrichten wollen.

Der Schalter \g legt das Zeichen fest, das zwischen zwei Zahlen einer Seitenfolge ausgegeben wird. Seitenfolgen im Index erhalten Sie, wenn Sie einen Indexeintrag mit dem Schalter \r und einer Textmarke aufnehmen. Für Seitenfolgen verwendet Word normalerweise den Bindestrich. Beachten Sie, dass Sie das Zeichen nicht in Anführungszeichen setzen dürfen.

Das dritte Trennzeichen, das Sie festlegen können, trennt die einzelnen Seitenzahlen voneinander. Sie geben dazu hinter dem Schalter \l (jetzt wieder in Anführungszeichen) bis zu drei Zeichen an. Auch hier sind neben Buchstaben und Sonderzeichen das Leerzeichen und der Tabulator erlaubt.

Teil H

Word 2013 an eigene Bedürfnisse anpassen

In diesem Teil:

Kapitel 38

Word-Optionen

In diesem Kapitel:

In diesem Kapitel stellen wir Ihnen die zahlreichen Einstellungsmöglichkeiten von Word 2013 vor, mit denen Sie das Verhalten von Word und die Bildschirmdarstellung der Dokumente an Ihre Wünsche und Bedürfnisse anpassen können. Wir beschränken uns dabei auf die Beschreibung der wichtigsten Optionen.

Die Palette reicht vom Ein- und Ausschalten des Warntons bis hin zur Wahl der verwendeten Maßeinheit. Schauen Sie sich die Optionen der Reihe nach an, da sich neben vielen banalen auch etliche wichtige Funktionen dahinter verstecken.

Um das Dialogfeld aufzurufen, mit dem Sie die Word-Optionen einsehen und bearbeiten können, wechseln Sie durch einen Klick auf *DATEI* in die Backstage-Ansicht und wählen dort den Befehl *Optionen*. Word zeigt dann das Dialogfeld *Word-Optionen* an, in dem die verschiedenen Optionen thematisch in Gruppen zusammengefasst sind, sodass Sie sich relativ schnell darin orientieren können.

Bild 38.1 Die zahlreichen Optionen sind thematisch gegliedert. Wenn Sie mit dem Mauszeiger auf ein Info-Symbol zeigen, erscheint ein kurzer erklärender Text.

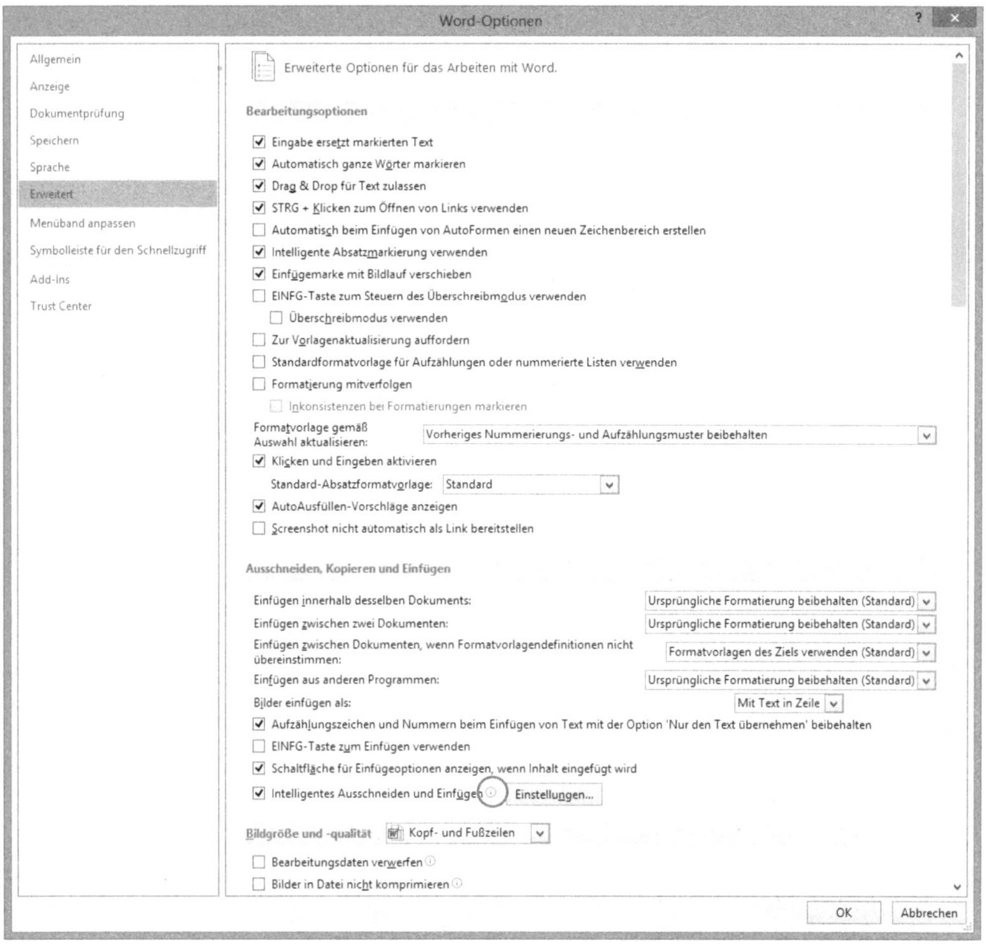

Allgemein

Minisymbolleiste Wenn Sie es als störend empfinden, dass Word jedes Mal die Minisymbolleiste einblendet, sobald Sie einen Text markieren, können Sie die Symbolleiste durch Ausschalten der Option vom Bildschirm verbannen. Da die Minisymbolleiste jedoch das Formatieren erheblich beschleunigt, macht das wohl in den seltensten Fällen wirklich Sinn.

Livevorschau Auch die Livevorschau lässt sich bei Bedarf deaktivieren. Da diese Funktion das Arbeiten mit Word erheblich erleichtert, sollten Sie dieses Feature nur dann ausschalten, wenn es Sie beim flüssigen Arbeiten mit Word behindert. Moderne Rechner sind mittlerweile allerdings so leistungsstark, dass die Performance durch die Livevorschau nicht spürbar beeinträchtigt wird. Anders sieht es auf Tablet-PCs aus, da deren Prozessoren deutlich schwächer sind.

Dokumentinhalte Diese Option korrespondiert mit dem in Word 2013 neu eingeführten Feature, dass der Umbruch des Textes beim Verschieben eines Objektes, z. B. einer Grafik, permanent aktualisiert wird. So können Sie sehr schnell die beste Position für ein Objekt ermitteln. Bei langsamen Tablet-Rechnern oder wenn Ihnen der Bildschirm dadurch zu unruhig wird, können Sie diese Funktion ausschalten.

QuickInfo-Format QuickInfos sind die kleinen Fenster, die Word automatisch anzeigt, wenn Sie den Mauszeiger über eine Schaltfläche halten. Mit dieser Option können Sie festlegen, ob überhaupt und wenn ja, in welcher Form Word diese QuickInfos anzeigen soll:

- **QuickInfos nicht anzeigen** Die automatische Anzeige wird unterbunden.
- **Featurebeschreibungen in QuickInfos nicht anzeigen** Wenn Sie diese Einstellung auswählen, zeigt Word lediglich den Namen der Schaltfläche an.
- **Featurebeschreibungen in QuickInfos anzeigen** Im QuickInfo erscheint zusätzlich zum Namen der Schaltfläche ein kurzer erläuternder Text. Falls zu diesem Thema in der Online-Hilfe eine eigene Seite existiert, wird zusätzlich der Text »Weitere Infos« angezeigt. Um die Hilfeseite aufzurufen, können Sie den Hinweis einfach anklicken. Zum Zeitpunkt der Drucklegung dieses Buches, führten diese Links jedoch noch oft ins Leere.

Bild 38.2 QuickInfo mit Featurebeschreibung

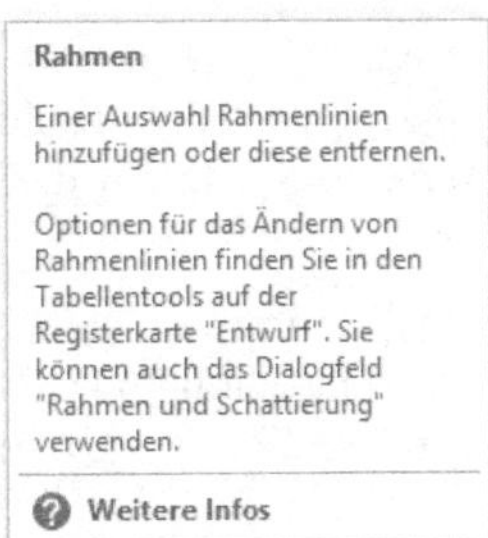

Office-Hintergrund Hier können Sie eine Verzierung für die Fenster der Office-Programme wählen. Probieren Sie es einfach mal aus – vielleicht gefällt Ihnen so etwas ja.

Office-Design Mit dieser Option können Sie die Hintergrundfarbe des Menübandes und anderer Elemente der Programmfenster steuern. Groß ist die Auswahl gerade nicht und von Farbe kann man auch nicht wirklich sprechen, aber wem der weiße Hintergrund zu kahl ist, kann hier zumindest auf zwei Grautöne ausweichen.

Anzeige

Leerraum zwischen Seiten in der Drucklayoutansicht anzeigen Diese Option ist normalerweise eingeschaltet und bewirkt, dass Word in der Seitenlayout-Ansicht die Seiten vollständig anzeigt. Mit vollständig ist hier gemeint, dass auch die oberen und unteren Seitenränder auf dem Bildschirm sichtbar sind. Da diese Bereiche aber in aller Regel leer sind, wird wertvoller Platz auf dem Bildschirm verschwendet.

Wenn Sie die Option ausschalten, »schneidet« Word die weißen Ränder ab, sodass die Textbereiche der Seiten direkt aneinander stoßen.

Bild 38.3 Word zeigt die leeren Randbereiche der beiden Seiten nicht mehr an

Um zwischen den beiden Darstellungsarten hin- und herzuschalten, können Sie den Mauszeiger zwischen zwei Seiten positionieren, bis er die Form aus Bild 38.3 annimmt, und dort doppelklicken.

Diese Formatierungszeichen immer auf dem Bildschirm anzeigen Mit den Optionen dieser Gruppe können Sie festlegen, ob bestimmte Formatierungszeichen, unabhängig vom Status der Schaltfläche *Alle anzeigen* (sie befindet sich auf der Registerkarte *START* in der Gruppe *Absatz)*, immer auf dem Bildschirm angezeigt werden sollen.

In Word erstellte Zeichnungen drucken Wenn Sie diese Option ausschalten, werden in Word erstellte Zeichnungen (z.B. SmartArts) nicht ausgedruckt. Die Einstellung bietet sich an, wenn Sie einen schnellen Konzeptausdruck Ihres Dokuments benötigen.

Dokumentprüfung

In dieser Rubrik können Sie das Verhalten der Rechtschreib- und Grammatikprüfung steuern. Dieses Thema wird ausführlich in Kapitel 6 behandelt.

Speichern

AutoWiederherstellen-Informationen speichern Diese Option sollten Sie unbedingt eingeschaltet lassen. Word speichert dann in dem von Ihnen vorgegebenen Rhythmus nicht nur die gerade von Ihnen bearbeiteten Dokumente, sondern darüber hinaus auch Informationen über den aktuellen Zustand von Word selbst.

Wenn Word oder Ihr Rechner aus irgendeinem Grund abstürzen, lädt Word beim nächsten Programmstart nicht nur die zuletzt geöffneten Dateien, sondern versucht zusätzlich, die Bearbeitungssituation kurz vor dem Absturz zu rekonstruieren (wie z. B. die Anordnung der Fenster).

Schriftarten in der Datei einbetten Wenn Sie ein Dokument verschicken, werden Sie in aller Regel wünschen, dass es beim Empfänger genauso aussieht wie bei Ihnen. Damit dies gelingt, müssen auf dem Computer des Empfängers die im Dokument verwendeten Schriften installiert sein.

Wenn Sie die Option *Schriftarten in der Datei einbetten* einschalten, speichert Word die vom Dokument benötigten Schriften mit im Dokument ab. Beim Anzeigen des Dokuments werden die Schriften dann bei Bedarf automatisch installiert.

Da sich dadurch der Umfang des Dokuments zum Teil deutlich erhöht, können Sie mit der Option *Nur im Dokument verwendete Zeichen einbetten* das Speichern unbenutzter Zeichen vermeiden. Außerdem lässt sich über die Option *Allgemeine Systemschriftarten nicht einbetten* das unnötige Verschicken von Schriften, die mit hoher Wahrscheinlichkeit auf jedem Rechner zu finden sind, vermeiden.

HINWEIS **Beachten Sie die Urheberrechte der Schriften** Seit Jahr und Tag herrscht bei vielen Anwendern die Meinung vor, dass Schriften beliebig kopiert und weitergegeben werden dürfen. Diese Annahme ist jedoch falsch. Auch Schriften unterliegen dem Urheberrecht und der Hersteller einer Schrift kann somit genau festlegen, ob bzw. in welcher Art und Weise seine Schrift weitergegeben werden darf.

Sprache

Auf dieser Seite können Sie fremdsprachige Wörterbücher für die Rechtschreib- und Grammatikprüfung einrichten.

Außerdem lässt sich hier auch die Sprache der Bedieneroberfläche von Word ändern. In der Standardeinstellung übernimmt Word die für Windows eingestellte Sprache. Wenn Sie also einmal in die Verlegenheit kommen, auf einem fremdsprachlichen PC mit Word arbeiten zu müssen, wissen Sie nun, wie Sie sich helfen können.

TIPP **QuickInfo-Sprache ändern** Falls Sie Ihre Dokumente gemeinsam mit mehreren Kollegen bearbeiten und Sie untereinander in einer anderen Sprache kommunizieren, können Sie auch einfach nur die Sprache der QuickInfos umschalten. Auf diese Weise können Sie normal mit Office arbeiten und haben im Bedarfsfall über die QuickInfos sofort den fremdsprachlichen Befehlsnamen zur Hand.

Erweitert

In diesem Bereich finden Sie eine Fülle von Optionen, mit denen Sie die verschiedensten Bereiche von Word beeinflussen können.

Eingabe ersetzt markierten Text Wenn diese Option eingeschaltet ist, wird ein markierter Text durch die Eingabe des nächsten Zeichens überschrieben. Dieses Verhalten löst bei Word-Neulingen oft einen kleinen Schock aus, da sie den Zusammenhang zwischen Tastendruck und Löschen des markierten Textes nicht unmittelbar erkennen. Natürlich sind die gelöschten Daten nicht verloren und können über den Befehl *Rückgängig* wiederhergestellt werden.

Automatisch ganze Wörter markieren Bei aktivierter Option erleichtert Word das wortweise Markieren mit der Maus. Zum Markieren mehrerer Wörter brauchen Sie nur noch in das erste Wort zu klicken und können die Markierung dann wortweise aufziehen. Für das Markieren eines einzelnen Wortes hat diese Option keine Bedeutung, da Sie das am schnellsten über einen Doppelklick erledigen.

Drag und Drop für Text zulassen Mit diesem Optionsfeld können Sie das Umstellen von Text via Drag & Drop ein- bzw. ausschalten. Der Sinn dieser Flexibilität will nicht unbedingt einleuchten. Es mag einen triftigen Grund geben, wir kennen ihn leider nicht.

Automatisch beim Einfügen von AutoFormen einen neuen Zeichenbereich erstellen Zeichenbereiche sollen Sie beim Erstellen von Grafiken unterstützen, die aus mehreren Formen bestehen. Dieses Feature hat sich in der Praxis jedoch nie richtig durchsetzen können. Außerdem gibt es seit der Einführung der SmartArts in Word 2007 noch weniger Gründe als früher, aufwendige Grafiken mühselig mit Hilfe von Formen zu erstellen.

EINFG-Taste zum Steuern des Überschreibmodus verwenden Mit dieser Option können Sie ein altes Relikt aus der Mottenkiste von Word herausholen: den Überschreibmodus. In diesem Modus ersetzen neu eingegebene Zeichen den bereits vorhandenen Text.

Es mag zwar Situationen geben, in denen diese Funktion einen gewissen Nutzwert hat. In aller Regel führt es jedoch eher zu Irritationen, wenn Word scheinbar unvermittelt Text überschreibt, nur weil Sie als Anwender möglicherweise unbeabsichtigt die Einfg-Taste gedrückt haben.

Klicken und Eingeben aktivieren Wenn Sie den Mauszeiger bei eingeschalteter Option über die Seite bewegen, sehen Sie, dass an dem Mauszeiger das Symbol für die Textausrichtung (linksbündig, zentriert, rechtsbündig) klebt. Wenn Sie dann eine beliebige Stelle doppelt anklicken, setzt Word die Einfügemarke an diese Stelle und Sie können dort Ihren Text eingeben.

Diese Funktion eignet sich besonders für das Erstellen von zentrierten Überschriften, rechtsbündigen Datumsangaben in einem Brief oder um ein einzelnes Wort an einer bestimmten Stelle in das Dokument aufzunehmen. Die notwendigen Formatierungen (Einzüge, Tabulatoren, Textumbruch usw.) werden von Word eigenständig vorgenommen.

Intelligentes Ausschneiden Mit dieser Option können Sie eine der praktischsten Funktionen von Word ein- bzw. ausschalten. Bei aktivierter Option sorgt Word dafür, dass beim Umstellen von Text die Leerzeichen anschließend richtig gesetzt werden. Wenn Sie zum Beispiel ein Wort an das Satzende stellen, ist automatisch gewährleistet, dass vor dem Punkt kein Leerzeichen steht.

Da sich das Verhalten von Word im Laufe der verschiedenen Programmversionen etwas geändert hat, haben Sie hier zusätzlich noch die Möglichkeit, die genaue Wirkungsweise dieser Funktion zu steuern. Klicken Sie dazu auf die Schaltfläche *Einstellungen* und wählen Sie in dem angezeigten Dialogfeld Ihre bevorzugte Konfiguration.

Bild 38.4 Konfiguration des Leerstellenausgleichs

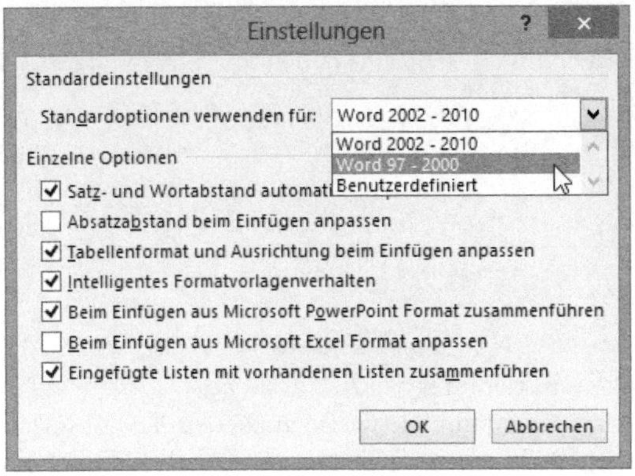

Platzhalter für Grafiken anzeigen Wenn Sie diese Option einschalten, zeigt Word anstelle einer Grafik einen leeren Rahmen an. Diese Option ist sinnvoll, um zum Beispiel einen schnelleren Bildlauf durchzuführen oder um bei einem Testausdruck Zeit und Tinte zu sparen.

Textanimationen anzeigen Diese Option werden Sie in Word 2013 vergeblich suchen. In früheren Versionen von Word (bis einschließlich Word 2003) war es noch möglich, Text mit Effekten zu versehen. So ließen sich z. B. funkelnde Buchstaben *(funkelnder Text)* oder wild blinkende Rahmen *(Las Vegas)* erzeugen. Diese Effekte werden seit Word 2007 nicht mehr unterstützt, ließen sich aber bis einschließlich Word 2010 noch anzeigen. Word 2013 setzt jetzt den endgültigen Schlussstrich.

Textbegrenzungen anzeigen Bei aktivierter Option macht Word die eingestellten Seitenränder durch eine dünne punktierte Linie auf dem Bildschirm sichtbar. Auf diese Weise können Sie zum Beispiel besser abschätzen, wie weit der Text eine Seite bereits gefüllt hat beziehungsweise wie viel Platz auf der Seite noch frei ist.

Beim Öffnen eines Dokuments alle Überschriften erweitern Seit Word 2013 können Sie den untergeordneten Text einer Überschrift nicht nur in der Gliederungsansicht, sondern auch im Lesemodus und in der Seitenlayoutansicht ein- und ausblenden. Ob ein Text beim Öffnen eines Dokuments angezeigt wird oder nicht, lässt sich über das Absatzformatmerkmal *Standardmäßig reduziert* steuern. So können Sie z. B. Hintergrundinformationen ausblenden, um den Leser nicht von vorneherein mit zu vielen Informationen zu überfluten. Wollen Sie jedoch, dass Word beim Öffnen eines Dokuments den Text generell vollständig anzeigt, schalten Sie diese Option ein.

Diese Anzahl zuletzt verwendeter Dokumente anzeigen Hier stellen Sie ein, wie viele Einträge die Seite *Zuletzt verwendet* im Backstage-Bereich maximal enthalten soll. Standardmäßig merkt sich Word die letzten 25 Dateien; Sie können diese Liste aber auf bis zu 50 Dateien ausbauen. Wenn Sie nicht möchten, dass jemand feststellen kann, an welchen Dokumenten Sie zuletzt gearbeitet haben, geben Sie hier eine Null ein.

Schnellzugriff auf diese Anzahl zuletzt verwendeter Dokumente Wenn Sie sich beim erneuten Öffnen eines Dokuments einen Mausklick sparen möchten, können Sie diese Option einschalten und einen Wert zwischen 1 und 25 einstellen. Word zeigt dann die zuletzt bearbeiteten Dokumente in der Menüleiste der Backstage-Ansicht an (siehe Bild 38.5 auf der nächsten Seite).

Bild 38.5 Schnellzugriff auf die zuletzt geöffneten Dokumente in der Backstage-Ansicht

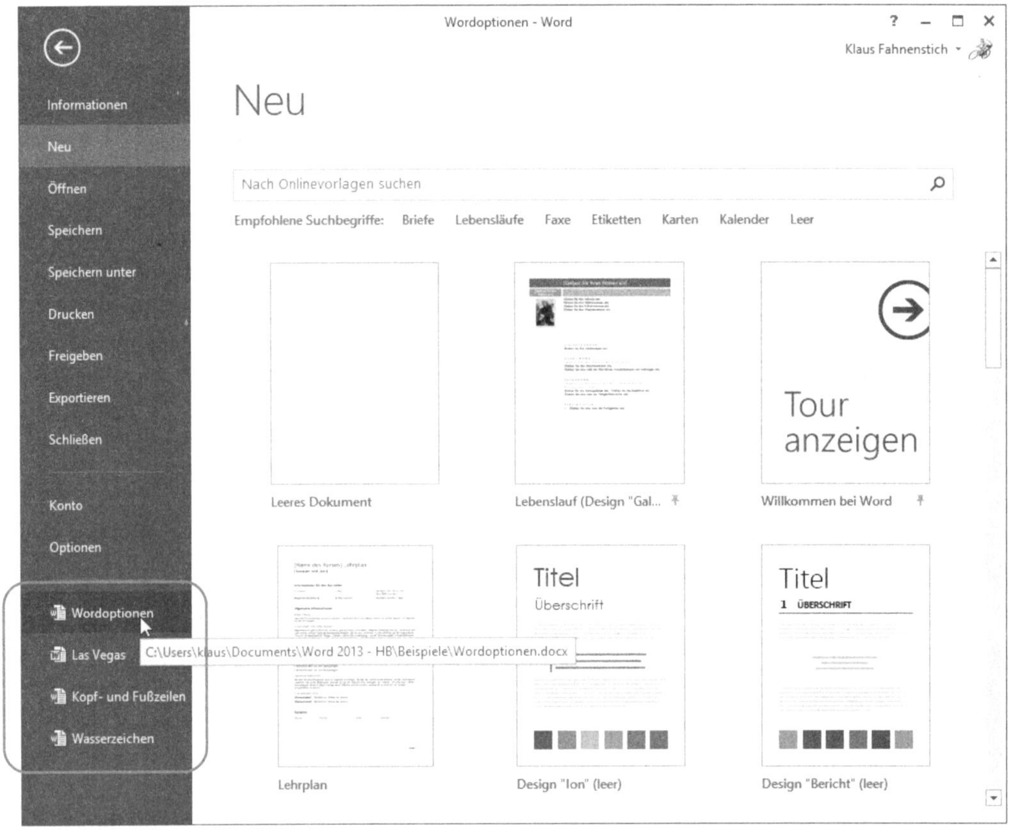

Maße in folgenden Einheiten anzeigen Die im Listenfeld gewählte Maßeinheit wird von Word für das horizontale und das vertikale Lineal und für die meisten Maßangaben in Dialogfeldern verwendet. Einige Maßangaben, wie zum Beispiel die Abstände vor und nach einem Absatz, sind von der Einstellung unabhängig.

Feedback mit Sound bereitstellen Wenn Sie bei der Eingabe eines ungültigen Befehls bzw. einer ungültigen Tastenkombination von Word mit einem akustischen Signal gewarnt werden möchten, dann schalten Sie die Option ein. Das hat u.a. den Vorteil, dass Sie bei falschen Eingaben eine Reaktion von Word bekommen und Fehler so schneller bemerken.

Feedback mit Animation Mit dieser Einstellung können Sie verschiedene animierte Mauszeiger und kleine Animationen in der Statuszeile aktivieren, die erscheinen, wenn Word z.B. ein Dokument druckt oder speichert.

Dateiformatkonvertierung beim Öffnen bestätigen Sie können mit Word auch Texte bearbeiten, die mit anderen Programmen erstellt worden sind. Hinter dieser sich vielleicht banal anhörenden Aussage steckt ein Problem: Jeder Anbieter von Textverarbeitungsprogrammen verwendet in den Dateien, in denen die Texte abgespeichert werden, ein anderes Format. Damit Word z.B. ein mit OpenOffice erstelltes Dokument lesen und Sie das Dokument in Word bearbeiten können, muss das OpenOffice-Format zuerst in das Word-Format umgewandelt werden.

Word versucht beim Öffnen eines Fremdformates dessen Dateityp zu erkennen. Bei eingeschalteter Option haben Sie die Möglichkeit, Words Annahme über das Format zu überprüfen und evtl. korrigierend einzugreifen. Ist das Feld ausgeschaltet, findet die Konvertierung ohne Rückfrage statt.

Automatische Verknüpfungen beim Öffnen aktualisieren Diese Option wird für Sie wichtig, wenn Sie Objekte mit Ihren Dokumenten verknüpft haben. Bei eingeschaltetem Feld aktualisiert Word die Objekte automatisch beim Öffnen des Dokuments. Schalten Sie die Option aus, müssen Sie die Objekte manuell auf den neuesten Stand bringen.

Beide Varianten haben ihre Vor- und Nachteile: Aktivieren Sie das Optionsfeld, so ist zwar garantiert, dass sich die angezeigten Daten immer auf dem neuesten Stand befinden; das Öffnen der Dokumente dauert dann aber u. U. länger.

Seitenumbruch im Hintergrund Bei eingeschalteter Option hält Word die Seitenwechsel Ihres Dokuments immer auf dem aktuellen Stand und nimmt dazu in bestimmten Zeitabständen selbstständig einen Seitenumbruch vor. Besonders bei langen Dokumenten kann Word dadurch spürbar langsamer werden.

Wenn Sie sich beim Aufruf des Dialogfeldes in der Seitenlayoutansicht befunden haben, können Sie die Option nicht verändern. Das würde allerdings auch keinen Sinn machen, da diese Ansicht ja den Zweck hat, das Dokument möglichst so darzustellen, wie es später auf dem Papier aussieht.

Dokument so gestalten, als ob es erstellt wurde in Die Kompatibilitätsoptionen von Word steuern die Art und Weise, wie Word ein Dokument auf dem Bildschirm darstellt bzw. ausdruckt. Das heißt, durch das Ein- oder Ausschalten bestimmter Optionen wird ein Word-Dokument nicht geändert. Es wird lediglich die Art der Darstellung beeinflusst.

Die meisten Optionen haben die Aufgabe, ein spezielles Verhalten älterer Word-Versionen nachzuahmen. Dadurch ist es in aller Regel möglich, dass ein Dokument, das mit einer früheren Version von Word erstellt wurde, in der aktuellen Programmversion korrekt dargestellt werden kann.

Ohne Kompatibilitätsoptionen würde sich bei älteren Dokumenten häufig der Seitenumbruch ändern, da neue Word-Versionen auf ein- und dieselbe Formatierung unterschiedlich reagieren. Ein gutes Beispiel ist die Behandlung des Anfangs- und des Endeabstandes von Absätzen, die sich mit Word 2000 deutlich geändert hat.

Um ein Gefühl für die vielen kleinen Unterschiede im Verhalten der einzelnen Word-Versionen zu bekommen, können Sie interessehalber eine ältere Word-Version im Listenfeld einstellen und dann auf *Layoutoptionen* klicken. Im Dialogfeld taucht dann eine schier endlose Liste von Optionen auf. Aktivierte Optionen deuten darauf hin, dass Word 2010 sich in dem betreffenden Punkt anders verhält, als die im Listenfeld gewählte Word-Version.

Diese Optionen sind in Word 2013 allerdings nur dann sichtbar, wenn Sie ein Dokument geöffnet haben, das mit einer früheren Word-Version erstellt wurde. Word 2013 verhält sich an dieser Stelle deutlich anders als seine Vorgängerversionen, bei denen die Optionen generell aktiviert waren. Man mag es kaum glauben, aber Microsoft bricht – erfreulicherweise – immer häufiger sein altes Dogma der unbedingten Abwärtskompatibilität.

Menüband anpassen

In dieser Rubrik können Sie die Registerkarten des Menübands konfigurieren. Ausführliche Informationen zu diesem Thema finden Sie in Kapitel 40.

Symbolleiste für den Schnellzugriff

Hier können Sie weitere Befehle in die Symbolleiste für den Schnellzugriff aufnehmen bzw. nicht benötigte Befehle aus ihr entfernen. Außerdem lässt sich hier die Reihenfolge der Schaltflächen auf der Symbolleiste verändern. Weitere Informationen zu diesem Thema finden Sie in Kapitel 40.

Add-Ins

In dieser Rubrik können Sie die Verwaltung der Add-Ins vornehmen, mit denen die Funktionalität von Word erweitert werden kann. Dieses Thema wird in diesem Buch nicht näher behandelt.

Trust Center

In der Vergangenheit waren Word-Dokumente, die Makros enthalten, ein großes Einfallstor für Computerviren. Das Grundproblem bestand darin, dass der Programmcode, der sich in diesen Dokumenten befindet, automatisch ausgeführt wurde, sobald das Dokument geöffnet wurde.

Um hier einen Riegel vorzuschieben, gibt es in Word 2013 verschiedene Sicherheitsmechanismen, mit denen Sie verhindern können, dass der Programmcode eines Dokuments unbemerkt bzw. unbeabsichtigt ausgeführt wird. Diese Einstellungen erreichen Sie, indem Sie in den Word-Optionen auf der Seite *Trust Center* auf die Schaltfläche *Einstellungen für das Trust Center* klicken.

Vertrauenswürdige Herausgeber

Damit Sie nicht ständig von Nachfragen der Art »Sind Sie sicher, dass Sie dieses Makro ausführen wollen?« gestört werden, können Sie im Trust Center bestimmte Herausgeber als vertrauenswürdig einstufen. Word öffnet dann Dokumente aus diesen Quellen ohne Nachfrage.

Um einen Herausgeber in die Liste der vertrauenswürdigen Herausgeber aufzunehmen, benötigen Sie ein von ihm signiertes Dokument (z. B. eine Vorlage oder ein Add-In). Die Signatur muss dabei von einem zertifizierten Anbieter stammen.

1. Wenn Sie ein solches Dokument öffnen, deaktiviert Word zunächst die enthaltenen Makros und zeigt eine entsprechende Sicherheitswarnung an.

Bild 38.6 Makros werden von Word standardmäßig beim Öffnen eines Dokumentes deaktiviert

2. Wenn Sie dann in die Backstage-Ansicht wechseln, können Sie auf der Seite *Informationen* über die Schaltfläche *Inhalt aktivieren* das Dialogfeld für die erweiterten Sicherheitsoptionen aufrufen.

Bild 38.7 Aufruf der erweiterten Sicherheitsoptionen

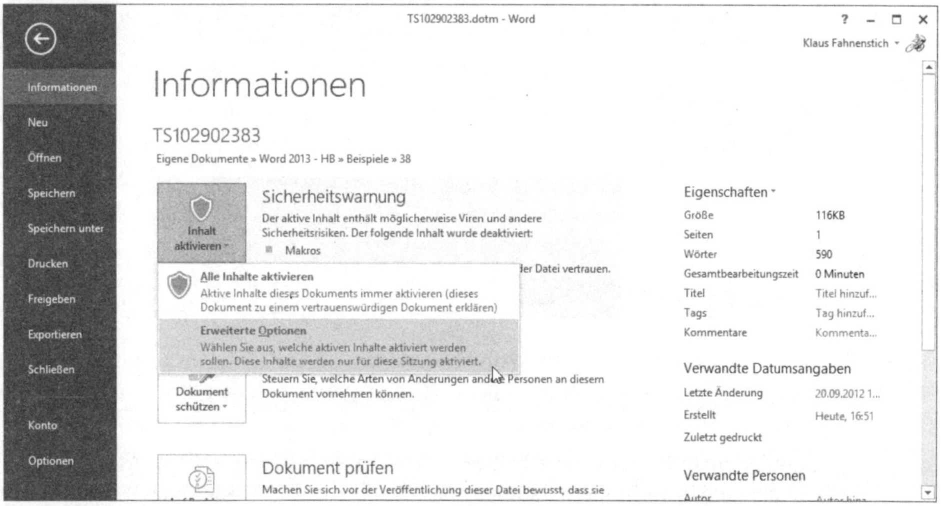

3. In dem dann angezeigten Dialogfeld können Sie Word mitteilen, dass Sie allen Dokumenten dieses Herausgebers vertrauen.

Bild 38.8 Hier legen Sie fest, ob Sie einem Herausgeber generell trauen oder nicht

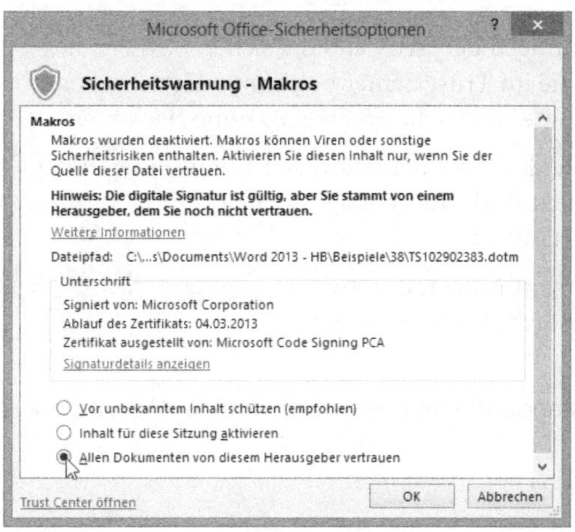

4. Wenn Sie diese Einstellung mit *OK* bestätigen, taucht dieser Herausgeber anschließend im Trust Center in der Liste der vertrauenswürdigen Herausgeber auf (siehe Bild 38.9 auf der folgenden Seite).

Bild 38.9 Dokumentinhalte von vertrauenswürdigen Herausgebern werden ohne Nachfrage aktiviert

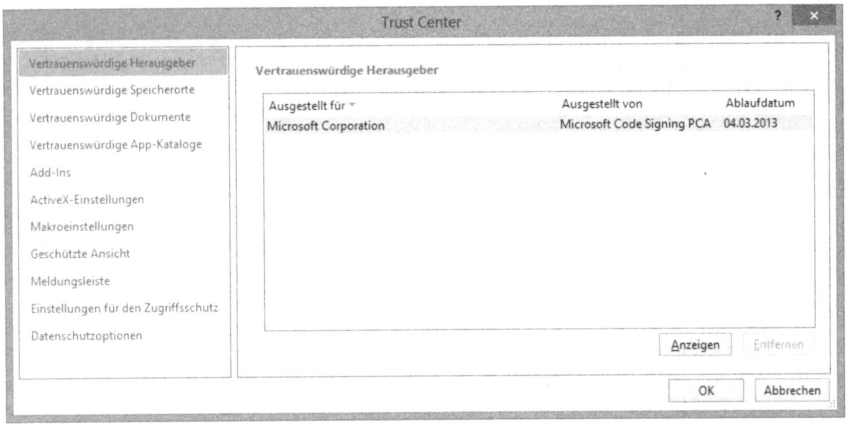

Vertrauenswürdige Speicherorte

Dokumente, die in einem Ordner gespeichert sind, den Sie als vertrauenswürdig eingestuft haben, werden ebenfalls ohne Nachfrage geöffnet. Hier sollten Sie beachten, dass Word in seiner Standardeinstellung Netzwerkordner grundsätzlich als nicht vertrauenswürdig einstuft. Das hat auch durchaus seinen Sinn, da Sie nicht zuverlässig verhindern können, dass jemand Dritter dort ein manipuliertes Dokument ablegt. Wenn Sie dieses Schutzprinzip für sich als zu unsicher einstufen, können Sie es mit der Option *Alle vertrauenswürdigen Speicherorte deaktivieren* abschalten.

Add-Ins

In der Kategorie *Add-Ins* legen Sie fest, welche Sicherheitsüberprüfungen ein Add-In durchlaufen muss, bevor der in ihm enthaltene Programmcode von Word aktiviert wird.

Bild 38.10 Sicherheitseinstellung für Add-Ins

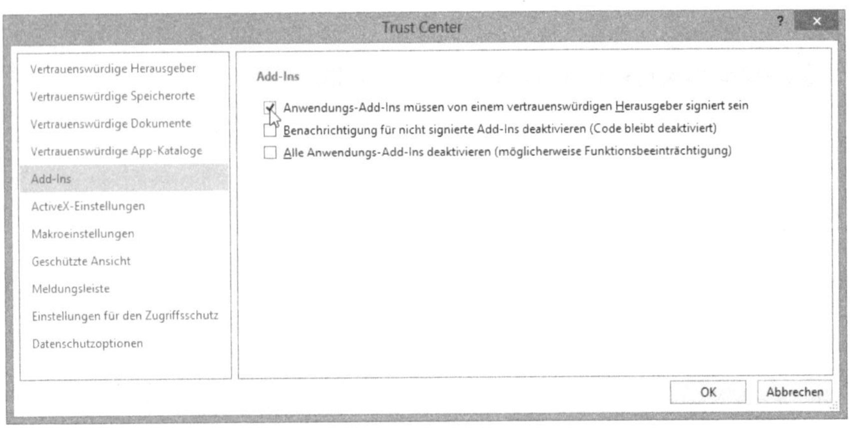

Wenn Sie die erste Option aktivieren, können nur noch signierte Add-Ins ausgeführt werden, deren Signatur von einer anerkannten Zertifizierungsstelle bestätigt wurde. Wurde eine Signatur von Word nicht akzeptiert, wird das Add-In deaktiviert und Word zeigt eine entsprechende Benachrichtigung an. Wollen Sie das Ausführen von Add-Ins grundsätzlich verhindern, schalten Sie die dritte Option ein. Allerdings weist Word Sie zu Recht darauf hin, dass Sie dann mit Funktionsbeeinträchtigungen rechnen müssen.

Einstellungen für Makros

Makros werden in der Standardeinstellung von Word automatisch deaktiviert, wenn sie nicht aus einer vertrauenswürdigen Quelle stammen. In der Kategorie *Einstellungen für Makros* können Sie diesen Schutz in drei Stufen (früher: *Hoch, Mittel Niedrig*) variieren bzw. ganz ausschalten.

Bild 38.11 Sicherheitseinstellung für Makros

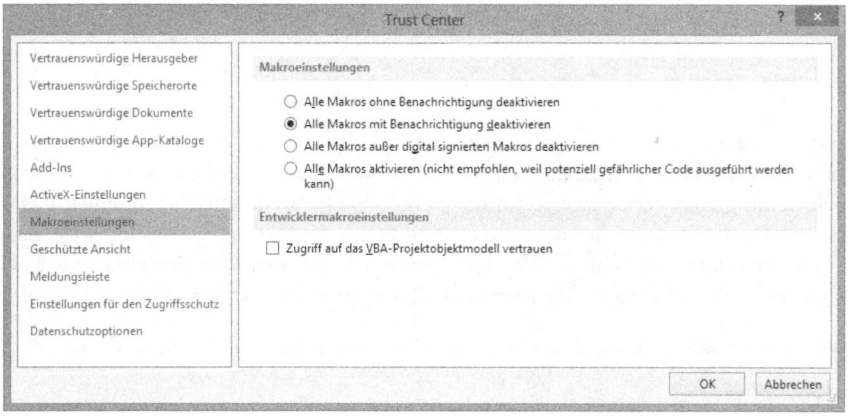

Meldungsleiste

Auf dieser Seite können Sie festlegen, ob Sie von Word informiert werden möchten, wenn der Inhalt eines Dokuments aufgrund der aktuellen Sicherheitseinstellungen gesperrt wurde.

Bild 38.12 Die Meldungsleiste wird direkt unterhalb des Menübands angezeigt

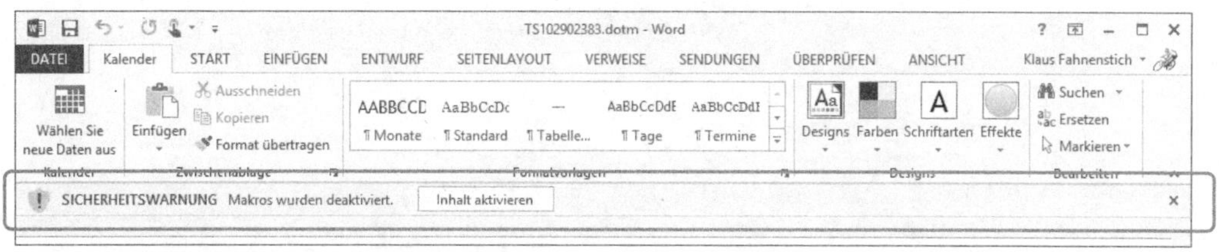

Wenn Sie diese Leiste ausschalten – wovon wir dringend abraten – haben Sie keinen Zugriff mehr auf die Schaltfläche *Inhalt aktivieren*, mit der sich der gesperrte Inhalt nachträglich aktivieren lässt.

Datenschutzoptionen

Von besonderem Interesse sind auch die *Datenschutzoptionen*, mit denen Sie zum Beispiel steuern können, in welchem Umfang Office auf das Internet zugreift, um nach Aktualisierungen zu suchen.

Bild 38.13 Hier legen Sie die »Kommunikationsfreudigkeit« von Word 2013 fest

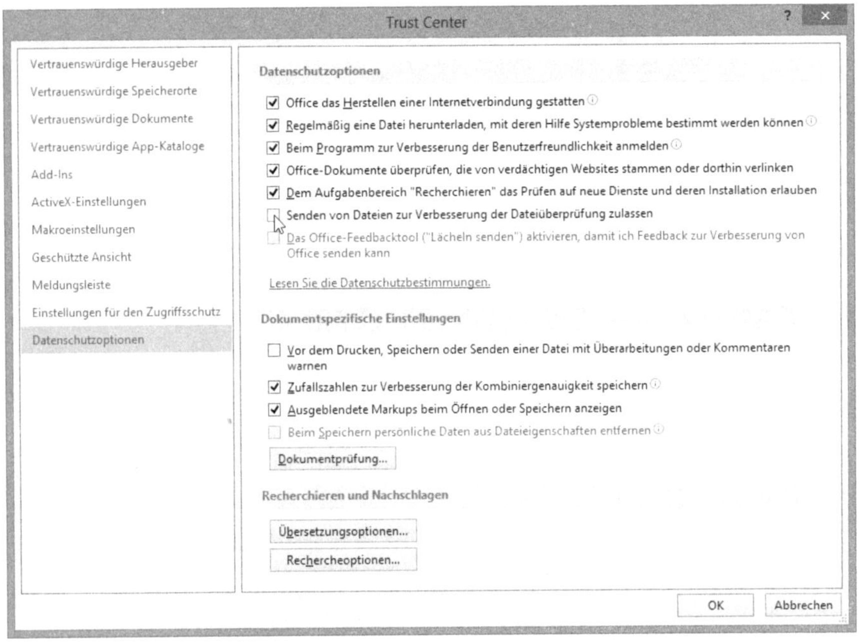

Kapitel 39

Makro-Programmierung

In diesem Kapitel:

In diesem Kapitel wollen wir die Gleichung „Makros = anspruchsvolle Programmierung" widerlegen. Wir werden dazu in einem ersten Schritt den Fokus auf das so genannte *Aufzeichnen* von Makros setzen. Bei dieser Art der Makroerstellung wird der Visual Basic-Editor – also die Programmierumgebung von Word – nicht benötigt. Die potenzielle Arbeitsersparnis ist gleichwohl enorm, denn selbst mit einfachsten Makros können Sie sich eine Menge Routinearbeiten vom Hals schaffen.

In der täglichen Praxis kommt es immer wieder zu Situationen, in denen Sie eine bestimmte Befehlsfolge unverändert eingeben müssen: Wenn Sie zum Beispiel ein mehrseitiges Glossar nachträglich so formatieren wollen, dass die enthaltenen Begriffe durch eine bestimmte Formatierung vom erklärenden Text abgehoben werden sollen, müssen Sie unter Umständen in mehreren Dutzend Absätzen das erste Wort markieren und die gewünschte Formatierung zuweisen. Mit einem kleinen Makro lässt sich die dazu notwendige Befehlsfolge auf einen Tastendruck pro Absatz reduzieren.

Oft existieren im Alltag lästige Routineaufgaben, die sich ebenfalls per Makro abkürzen lassen: Wer z.B. jeden Tag mehrfach die Silbentrennung in einem Dokument einschalten muss, kann dank eines Makros den dazu erforderlichen Mausslalom durch Registerkarte und Dialogfeld durch einen Shortcut überflüssig machen.

Was sind Makros?

Aus der Sicht eines Programmierers sind Makros kleine Programme, mit denen sich Word um individuelle Funktionen erweitern lässt. Die Erstellung solcher Programme erfordert in der Regel eine fundierte Kenntnis der internen Struktur eines Word-Dokuments (oder technischer ausgedrückt: dem Objektmodell von Word) und zumindest grundlegende Programmierfähigkeiten.

Es gibt aber auch noch eine andere Perspektive, nämlich die des Anwenders, der über keinerlei Programmiererfahrung verfügt: Makros sind eine Sammlung von Befehlen, die auf Knopfdruck abgespult werden können.

Makros aufzeichnen

Der einfachste Weg, einen Makro zu erstellen, besteht darin, die gewünschte Befehlssequenz ganz normal auszuführen und dabei als Makro aufzeichnen zu lassen. Die Aufzeichnung erledigt der in Word integrierte Makrorekorder. Er arbeitet ähnlich wie ein Aufnahmegerät, nur dass er keine Musik, sondern Befehlsfolgen aufzeichnet. Sind alle eingegebenen Befehle aufgezeichnet, können sie, sozusagen per Knopfdruck, beliebig oft in derselben Reihenfolge wieder abgespielt werden.

Die Registerkarte »ENTWICKLERTOOLS«

Bevor Sie gleich in medias res gehen können, müssen Sie erst noch etwas Vorarbeit leisten. Microsoft hat nämlich die Makrofunktionalität von Word vor dem »normalen« Anwender verborgen, indem die dazu notwendige Registerkarte *ENTWICKLERTOOLS* standardmäßig nicht angezeigt wird. Diese Registerkarte müssen Sie also zunächst einmal einschalten.

1. Öffnen Sie das Dialogfeld *Word-Optionen* (via *DATEI/Optionen*).
2. Wechseln Sie auf die Seite *Menüband anpassen.*
3. Schalten Sie dort in der rechten Liste die Option *Entwicklertools* ein.

Bild 39.1 Die Registerkarte *ENTWICKLERTOOLS*

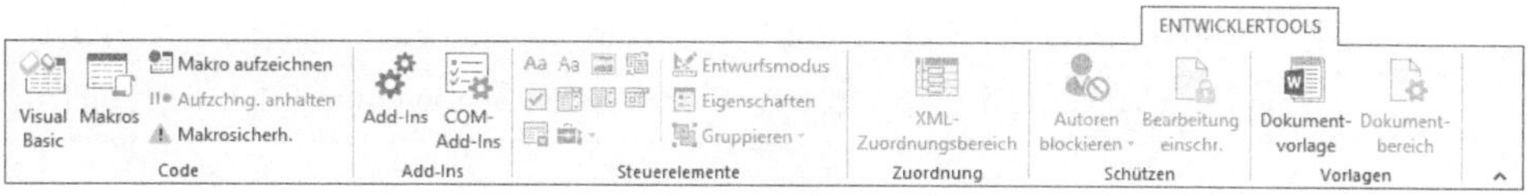

Beispiel 1: Silbentrennung einschalten

Für einen ersten Test soll nun das oben erwähnte Silbentrennungs-Beispiel aufgegriffen werden. Die Aufgabe des Makros besteht in diesem Fall darin, das Dialogfeld *Silbentrennung* aufzurufen und dort die gewünschten Einstellungen vorzunehmen.

1. Wechseln Sie im Menüband auf die Registerkarte *ENTWICKLERTOOLS* und klicken Sie auf die Schaltfläche *Makro aufzeichnen.* Es erscheint das Dialogfeld *Makro aufzeichnen,* das der Ausgangspunkt für das Aufzeichnen von Makros ist.

   In diesem Dialogfeld können Sie den Namen des neuen Makros und eine kurze Beschreibung seiner Aufgabe eingeben. Darüber hinaus ist es auch möglich, dem Makro direkt eine Tastenkombination zuzuweisen oder für ihn eine Schaltfläche in die Symbolleiste für den Schnellzugriff aufzunehmen.

TIPP Das Dialogfeld *Makro aufzeichnen* lässt sich auch über die Schaltfläche *Makroaufzeichnung* der Statusleiste aufrufen. Sie können die Sichtbarkeit der Schaltfläche über das Kontextmenü der Statusleiste steuern.

2. Tragen Sie in das Feld *Makroname* den Namen **Silbentrennung** ein.

Bild 39.2 Zuerst wird der Name festgelegt und ein Shortcut zugewiesen

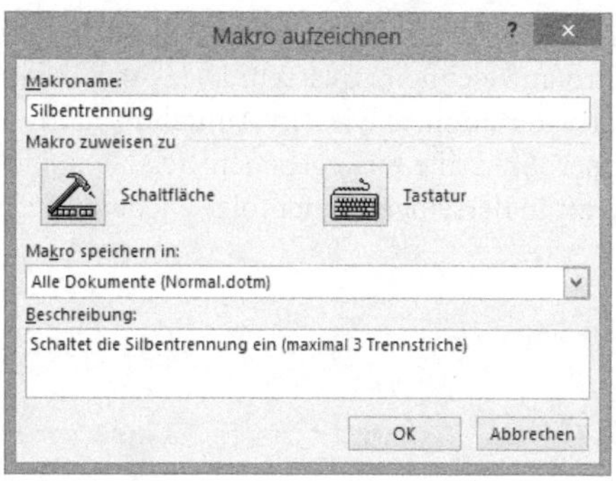

HINWEIS Bei der Wahl des Namens müssen bestimmte Regeln eingehalten werden:

- Das erste Zeichen muss ein Buchstabe sein. Der Name *1tesMakro* ist also unzulässig.
- Folgende Zeichen dürfen nicht im Namen enthalten sein: Punkt (.), !, @, &, $ und #.
- Der Name darf höchstens 255 Zeichen lang sein. Diese Bedingung stellt in der Praxis keine echte Einschränkung dar.
- Der Name darf nicht mit dem Namen eines Visual Basic-Befehls identisch sein.

Wenn Sie gegen eine der Regeln verstoßen, erscheint eine entsprechende Fehlermeldung.

3. Legen Sie im Listenfeld *Makro speichern in* fest, wo der neue Makro gespeichert werden soll. Wenn Sie sich für die Dokumentvorlage *Normal.dotm* entscheiden, steht der Makro später allen Dokumenten zur Verfügung und wird dann als *globaler* Makro bezeichnet. Legen Sie ihn in der aktuellen Vorlage ab, kann er nur in den Dokumenten benutzt werden, die auf eben dieser Vorlage basieren. Für unser Beispiel ist es am einfachsten, wenn Sie den Makro als globalen Makro speichern.
4. Geben Sie im Feld *Beschreibung* eine kurze Beschreibung ein, die Sinn und Zweck des Makros dokumentiert.
5. Klicken Sie auf die Schaltfläche mit der Tastatur, um dem Makro einen Shortcut zuzuweisen. Es erscheint das Dialogfeld *Tastatur anpassen.*
6. Drücken Sie den gewünschten Shortcut. Er wird automatisch in das Textfeld *Neue Tastenkombination* eingetragen. Versuchen Sie zum Beispiel ⇧+Alt+S. Sollte der gewählte Shortcut bereits für einen anderen Befehl vergeben sein, wird die aktuelle Belegung im Dialogfeld angezeigt und Sie müssen auf eine andere Tastenkombination ausweichen.

Bild 39.3 Zuweisen eines Shortcuts, mit dem der Makro später aufgerufen werden kann

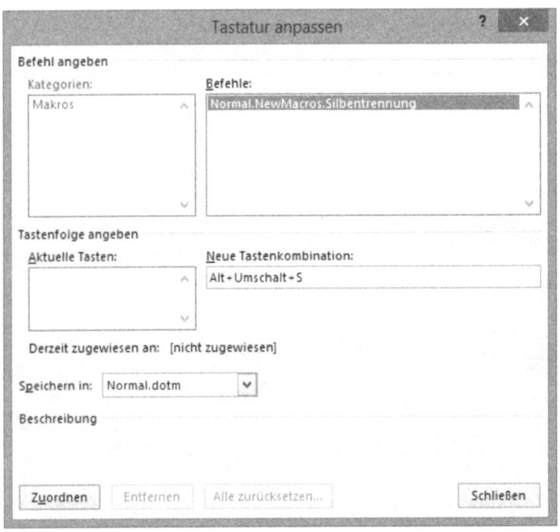

7. Wenn Sie Ihre Wahl getroffen haben, klicken Sie auf die Schaltfläche *Zuordnen*, um die Verbindung von Makro und Shortcut zu besiegeln. Beenden Sie das Dialogfeld mit *Schließen.*

Die Aufzeichnung läuft! In der Statusleiste hat die Schaltfläche *Makroaufzeichnung* ihr Aussehen verändert und hat nun die Form einer Stopptaste angenommen (ein einfaches Quadrat). Mit ihr können Sie die Aufzeichnung später wieder beenden.

Auch beim Mauszeiger hat sich etwas getan. Er ist jetzt mit einem kleinen Kassetten-Symbol versehen, um Ihnen anzuzeigen, dass momentan eine Makroaufzeichnung läuft.

8. Tun Sie nun so, als wüssten Sie vom Makrorekorder überhaupt nichts, und nehmen Sie die Schritte vor, mit denen Sie die Silbentrennung unter normalen Umständen einschalten bzw. konfigurieren würden. Vielleicht zählen Sie spaßeshalber mit, wie viele Einzelschritte dazu nötig sind (Wechsel auf die Registerkarte *SEITENLAYOUT,* Menü der Schaltfläche *Silbentrennung* öffnen, Dialogfeld mit dem Befehl *Silbentrennungsoptionen* aufrufen, drei Eingabefelder kontrollieren bzw. einstellen, Dialogfeld schließen).

Bild 39.4 Diese Einstellungen soll der Makro später auf Knopfdruck vornehmen

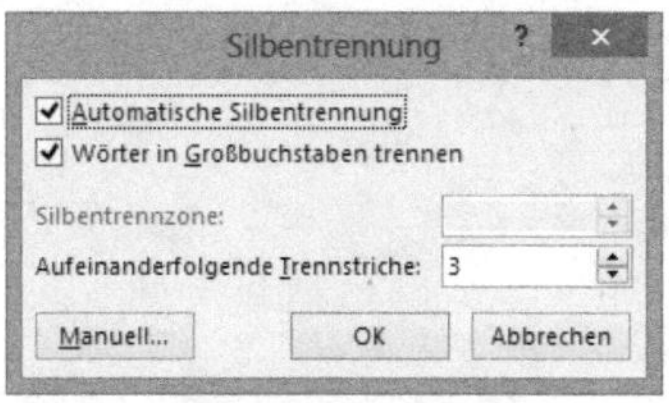

9. Anschließend klicken Sie in der Statusleiste auf die Stopptaste. Die Makroaufzeichnung ist damit beendet.

Herzlichen Glückwunsch, das war schon alles! Sie haben Ihren ersten Makro erstellt, der alle eingegebenen Schritte unter dem neuen Befehl *Silbentrennung* zusammenfasst. Da Sie dem Makro vor der Aufzeichnung eine Tastenkombination zugewiesen haben, können Sie ihn mit ihrer Hilfe sofort aufrufen.

HINWEIS Die Silbentrennzone lässt sich in Word 2013 nur noch im Kompatibilitätsmodus einstellen (also für Dokumente alter Word-Versionen). Angeblich hat Microsoft dieses Feature nach eigener Aussage deshalb entfernt, weil der Algorithmus für die Silbentrennung so stark verbessert wurde, dass die Funktion nicht mehr benötigt wird. Wirklich sehr einleuchtend.

Makros ausführen

Um einen Makro zu starten, gehen Sie folgendermaßen vor:

1. Klicken Sie in der Registerkarte *ENTWICKLERTOOLS* auf die Schaltfläche *Makros* oder drücken Sie den Shortcut `Alt`+`F8`. Word zeigt das Dialogfeld *Makros* an (siehe Bild 39.5 auf der folgenden Seite).
2. Wählen Sie im Listenfeld *Makros in* die Vorlage aus, in der Ihr Makro gespeichert ist. Um alle zurzeit verfügbaren Makros anzuzeigen, markieren Sie den Eintrag *Allen aktiven Dokumentvorlagen und Dokumenten.*
3. Wählen Sie aus der Liste den gewünschten Makro aus.

4. Klicken Sie auf die Schaltfläche *Ausführen*, um den Makro zu starten. Alternativ können Sie auch direkt auf den Makronamen doppelklicken.

Bild 39.5 Aufruf des soeben aufgezeichneten Makros

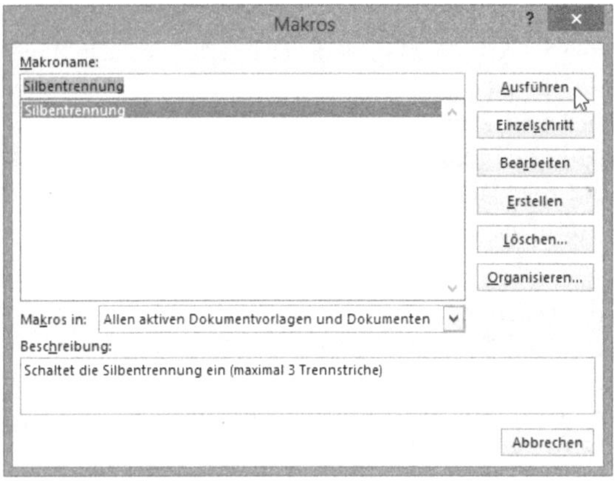

Tastenkombination ändern und löschen

Wenn Sie die Zuweisung einer Tastenkombination aufheben oder ändern wollen, können Sie die folgende Methode benutzen:

1. Öffnen Sie das Dialogfeld *Word-Optionen* (via *DATEI/Optionen).*
2. Wechseln Sie in die Rubrik *Menüband anpassen* und klicken Sie anschließend im unteren Bereich des Fensters auf die Schaltfläche *Anpassen* (davor steht noch *Tastenkombinationen).* Word zeigt dann das Dialogfeld *Tastatur anpassen* an.

Bild 39.6 Tastenkombination löschen und neu zuweisen

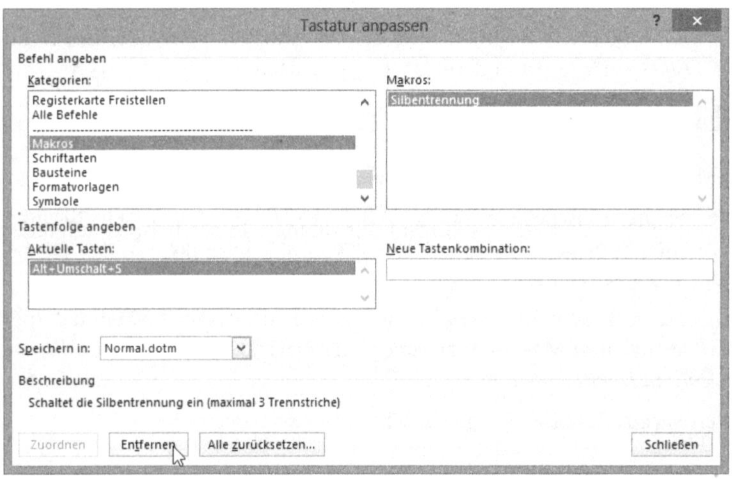

3. Markieren Sie im Listenfeld *Kategorien* den Eintrag *Makros*.
4. Jetzt können Sie rechts im Listenfeld *Makros* den gewünschten Makro markieren. Die aktuelle Tastenkombination wird im Listenfeld *Aktuelle Tasten* angezeigt.
5. Um einen Shortcut zu löschen, markieren Sie ihn im Listenfeld *Aktuelle Tasten* und klicken auf *Entfernen*.
6. Wollen Sie dem Makro einen neuen Shortcut zuweisen, setzen Sie den Cursor in das Textfeld *Neue Tastenkombination* und drücken dann die gewünschte Tastenkombination. Falls diese bereits für eine andere Funktion vergeben ist, erscheint unter dem Textfeld eine entsprechende Meldung. Um den Shortcut endgültig zu übernehmen, müssen Sie zwingend auf die Schaltfläche *Zuordnen* klicken. (Diesen Schritt dürfen Sie nicht vergessen.)

Weitere Beispiele für einfache Makros

In diesem Abschnitt wollen wir Ihnen noch drei weitere Anwendungsfälle vorstellen, in denen sich das Erstellen eines kleinen Makros lohnen kann.

Beispiel 2: Datei drucken

Die Aufgabenstellung für den nächsten Makro lautet, dass er nicht ein, sondern zwei Exemplare des aktuellen Dokuments drucken soll. Auch diesen Makro können Sie einmal aufzeichnen und dann immer wieder verwenden. Nehmen Sie dazu die gleichen Schritte vor wie beim ersten Beispiel. Hier noch einmal die Kurzfassung:

1. Dialogfeld *Makro aufzeichnen* aufrufen. Das geht am schnellsten über die Schaltfläche *Makroaufzeichnung* in der Statusleiste.
2. Makronamen eingeben und (auf Wunsch) einen Shortcut festlegen.
3. Schritte ausführen, die aufgezeichnet werden sollen. Also: *DATEI/Drucken*, das Feld *Exemplare* auf 2 einstellen und dann den Druck mit einem Klick auf *Drucken* starten.
4. Den Makrorekorder über die Stopptaste in der Statusleiste beenden.

Anschließend können Sie den Makro mit seinem Shortcut oder über das Dialogfeld *Makros* (via *ENTWICKLERTOOLS/Makros* oder Alt+F8) starten.

Beispiel 3: Formatierungen erledigen

In diesem Beispiel wollen wir das eingangs erwähnte Glossar-Beispiel aufgreifen. Der Makro soll folgende Aufgaben erledigen:

1. An den Anfang des aktuellen Absatzes springen.
2. Das erste Wort markieren.
3. Das markierte Wort fett formatieren.
4. Die Markierung aufheben.

Word 2013 an eigene Bedürfnisse anpassen

Für diese Aufgabe existieren in Visual Basic spezielle Befehle, mit denen sich das erste Wort eines Absatzes gezielt ansprechen lässt. Mit den richtigen Shortcuts kommt man jedoch auch ohne dieses Spezialwissen ans Ziel:

1. Rufen Sie das Dialogfeld *Makro aufzeichnen* auf.
2. Vergeben Sie einen Namen und weisen Sie eine Tastenkombination zu.
3. Drücken Sie Strg+↑. Dadurch springt die Einfügemarke an den Anfang des aktuellen Absatzes. (Sie darf vorher jedoch nicht bereits am Absatzanfang stehen.)
4. Markieren Sie das erste Wort des Absatzes mit ⇧+Strg+→.
5. Weisen Sie die gewünschte Formatierung mit ⇧+Strg+F zu.
6. Drücken Sie →, um die Markierung aufzuheben. Unter Umständen ist es auch sinnvoll, direkt mit Strg+↓ zum nächsten Absatz zu springen, um die Einfügemarke bereits für den nächsten Aufruf des Makros in eine geeignete Position zu bringen. In diesem Fall muss die Einfügemarke noch mit → ein Zeichen nach rechts bewegt werden, damit der im 3. Schritt aufgezeichnete Befehl an den Anfang des aktuellen Absatzes springt und nicht zum vorherigen Absatz.
7. Beenden Sie die Makroaufzeichnung mit der Stopptaste.

Mit dem so erstellten Makro können Sie das erste Wort des aktuellen Absatzes mit einem Tastendruck formatieren.

TIPP Wenn Sie zum Beispiel den Anfang eines Absatzes bis zu einem bestimmten Zeichen markieren wollen, können Sie folgenden Trick anwenden:

1. Springen Sie an den Anfang des Absatzes (mit Strg+↑).
2. Drücken Sie F8, damit Word die Markierung in den Erweiterungsmodus schaltet.
3. Springen Sie mit *START/Bearbeiten/Suchen/Erweiterte Suche* zu dem gewünschten Zeichen (z.B. einem Doppelpunkt). Der gewünschte Text ist nun markiert.
4. Drücken Sie Esc, um den Erweiterungsmodus wieder zu verlassen. Fertig!

Beispiel 4: Mit blauen Wellenlinien unterstreichen

Im letzten Beispiel soll ein Makro entstehen, mit dem Sie ein Wort oder einen markierten Textbereich mit einer bestimmten Formatierung versehen können. Für unser Beispiel haben wir uns für die Unterstreichung mit zwei blauen Wellenlinien entschieden. Für diese Formatierung sind bei Verwendung der normalen Menübefehle etliche Einzelschritte erforderlich, so dass sich der Aufwand der Makroerstellung lohnen wird.

Im ersten Schritt werden wir den Makrorekorder einsetzen, um die Aktionen zum Unterstreichen eines markierten Textes aufzuzeichnen. Wie Sie gleich noch sehen werden, werden dabei auch überflüssige bzw. störende Befehle aufgezeichnet, die wir in einem zweiten Schritt aus dem Makro entfernen müssen.

1. Rufen Sie das Dialogfeld *Makro aufzeichnen* auf.
2. Geben Sie als Makronamen **BlaueWellenlinien** ein.
3. Wählen Sie im Listenfeld *Makro speichern* den Eintrag *Alle Dokumente (Normal.dotm).*

4. Geben Sie im Textfeld *Beschreibung* eine kurze Beschreibung des Makros ein.

Bild 39.7 Dialogfeld mit den Angaben für den neuen Makro

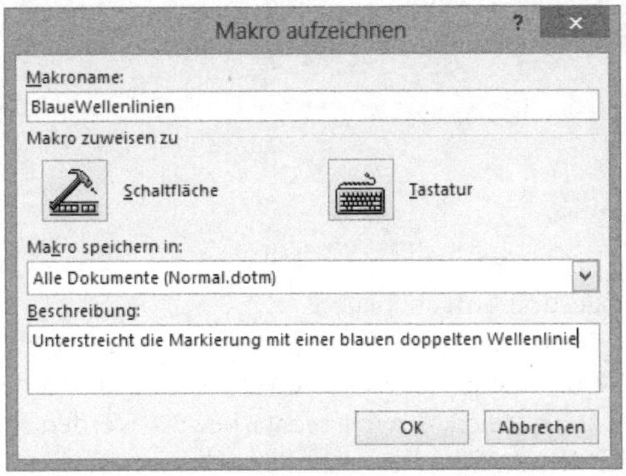

5. Klicken Sie auf die Schaltfläche mit der Tastatur und definieren Sie eine Tastenkombination, mit der Sie den Makro später komfortabel aufrufen können. Die dazu notwendigen Schritte haben wir im Abschnitt »Makros aufzeichnen« auf Seite 766 beschrieben.
6. Klicken Sie im Dialogfeld *Tastatur anpassen* auf *Schließen*. Dadurch wird der Makrorekorder gestartet, was Sie u.a. an dem geänderten Mauszeiger erkennen.
7. Wechseln Sie auf die Registerkarte *START* und rufen Sie das Dialogfeld *Schriftart* auf (über die kleine quadratische Schaltfläche unten rechts in der Gruppe *Schriftart*). Nehmen Sie die gewünschten Einstellungen im Dialogfeld vor. Anschließend klicken Sie auf *OK*, um die Formatierung zuzuweisen.
8. Schalten Sie den Makrorekorder wieder ab.

Sie sehen, man benötigt durchaus keine jahrelange Programmiererfahrung, um mit Word eigene Makros zu erzeugen. Einige wenige Handgriffe und Befehle genügen und schon haben Sie einen Makro erstellt. Da Sie das Prinzip nun kennen, werden Ihnen sicherlich zahlreiche Situationen und Aktionen einfallen, bei denen Ihnen ein aufgezeichneter Makro die Arbeit mit Word erleichtern kann.

Makros bearbeiten

Im zweiten Teil dieses Workshops werfen wir einen Blick hinter die Kulissen und werden den in Beispiel 4 aufgezeichneten Makro *BlaueWellenlinien* bearbeiten. Auch in diesem Teil werden keine Programmierkenntnisse vorausgesetzt.

Zum Bearbeiten von Makros wird der so genannte *Visual Basic-Editor* benutzt. Wenn Sie noch nie programmiert haben, wird dieses Programm vermutlich etwas Unbehagen bei Ihnen auslösen. Ignorieren Sie dieses Gefühl einfach in dem Bewusstsein, dass Sie sich nicht mit unnötigen technischen Details belasten wollen.

1. Rufen Sie das Dialogfeld *Makros* mit Alt+F8 auf.
2. Wählen Sie im Listenfeld *Makros in* den Eintrag *Allen aktiven Dokumentvorlagen und Dokumenten.*

Bild 39.8 Auswahl eines aufgezeichneten Makros, um ihn zu bearbeiten

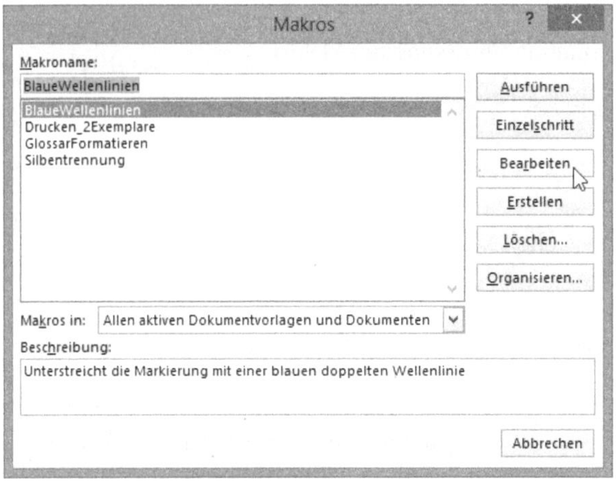

3. Markieren Sie den Makro in der Liste und klicken Sie auf *Bearbeiten*. Ihr Bildschirm sollte nun in etwa so aussehen wie im nächsten Bild.

Bild 39.9 Der aufgezeichnete Makro im Visual Basic-Editor

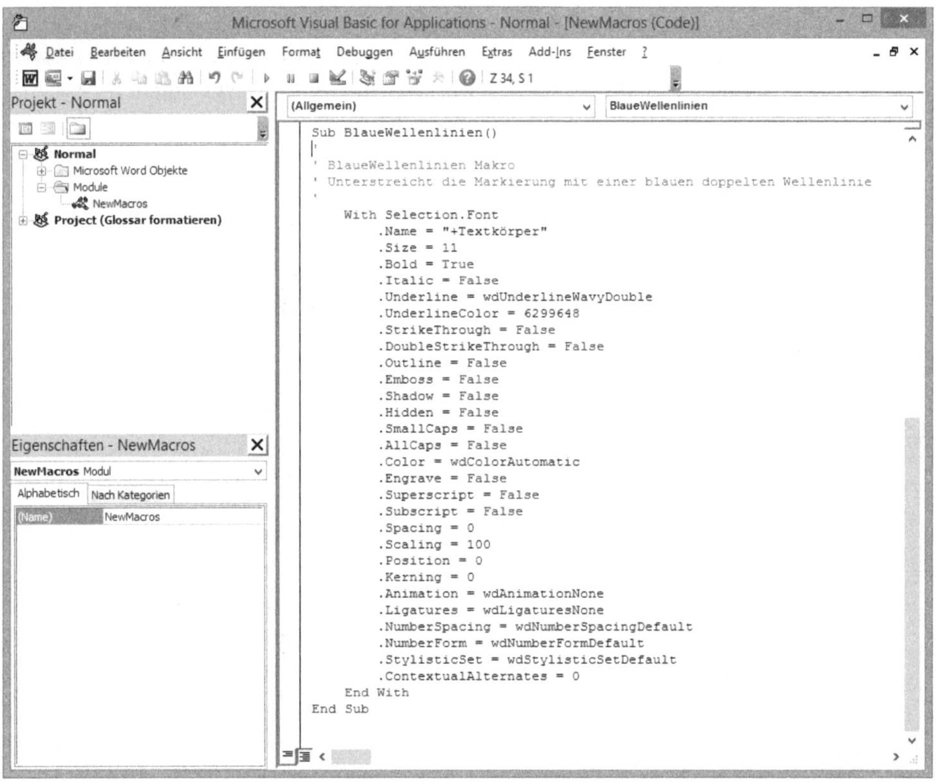

In diesem – zugegebenermaßen – etwas unübersichtlichen Fensterkonglomerat interessiert Sie nur der große Bereich auf der rechten Seite. Dort ist gut zu erkennen, dass der Makro mit der Zeile

```
Sub BlaueWellenlinien()
```

beginnt. Anschließend folgen einige Zeilen in grüner Schrift, die mit einem einfachen Anführungszeichen beginnen:

```
'
' BlaueWellenlinien Makro
' Unterstreicht die Markierung mit einer blauen doppelten Wellenlinie
'
```

Bei diesen Zeilen handelt es sich um Kommentare, die keine Aktionen auslösen, sondern lediglich dazu dienen, die Aufgabe bzw. die Funktionsweise des Makros zu beschreiben.

Unterhalb der Kommentarzeilen taucht dann eine erschreckend lange Liste von Befehlen auf, was die berechtigte Frage aufwirft, warum der Makrorekorder gleich zwei Dutzend Befehle aufgezeichnet hat, obwohl wir nur eine einzige Aktion – nämlich die Unterstreichung – vorgenommen haben.

Dies erklärt sich daraus, dass der Makrorekorder nicht die vorgenommene *Änderung* der Formatierung registriert, sondern *sämtliche* Einstellungen des Dialogfeldes *Schriftart* berücksichtigt. Wenn Sie sich die Liste der Befehle ansehen, werden Sie feststellen, dass dort sämtliche Optionen des Dialogfeldes auftauchen.

Dadurch ist der aufgezeichnete Makro natürlich nicht mehr universell verwendbar. In dieser Form würde ein Aufruf des Makros nicht nur die Unterstreichung vornehmen, sondern auch alle anderen Zeichenformatierungen auf die Werte einstellen, die im Makro gespeichert sind. Der Makro stellt also genau den Zustand her, den er bei seiner Aufzeichnung vorgefunden hat.

Überflüssige Befehle löschen

Da der Makro aber nur die Art der Unterstreichung beeinflussen soll, ist er für unseren Zweck etwas übereifrig. Löschen Sie daher die störenden Zeilen, so dass der Makro folgendes Aussehen erhält:

```
Sub BlaueWellenlinien()
'
' BlaueWellenlinien Makro
' Unterstreicht die Markierung mit einer blauen doppelten Wellenlinie
'
    With Selection.Font
        .Underline = wdUnderlineWavyDouble
        .UnderlineColor = 6299648
    End With
End Sub
```

In dieser Form wirkt sich der Makro nur noch auf die Unterstreichung des markierten Textes aus, das heißt, er wird alle anderen Formatierungseigenschaften ignorieren bzw. unverändert lassen.

Mit dieser Technik kommen Sie in vielen Fällen problemlos zum Ziel, da sich die Bedeutung der meisten Befehle dank ihrer »sprechenden Namen« auch ohne tiefer gehende Programmierkenntnisse aus dem Kontext erschließt.

HINWEIS Vielleicht haben Sie sich schon über die beiden Zeilen gewundert, in denen das Wort *With* auftaucht. Dabei handelt es sich lediglich um eine Methode, mit der man sich beim Programmieren viel Schreibarbeit ersparen kann. Umgangssprachlich könnte man die Bedeutung von *With* in etwa so formulieren: „Wenn nichts anderes angegeben ist, beziehen sich die folgenden Befehle auf *Selection.Font.*". Ohne dieses Hilfsmittel sähe der aufgezeichnete Makro so aus:

```
Sub BlaueWellenlinien2()
'
' BlaueWellenlinien Makro
' Unterstreicht die Markierung mit einer blauen doppelten Wellenlinie
'
    Selection.Font.Underline = wdUnderlineWavyDouble
    Selection.Font.UnderlineColor = 6299648
    Selection.Font.StrikeThrough = False
    ...
    Selection.Font.StylisticSet = wdStylisticSetDefault
    Selection.Font.ContextualAlternates = 0
End Sub
```

Speichern und Testen des Makros

Speichern Sie den modifizierten Makro mit *Datei/Normal speichern.* Anschließend können Sie den Visual Basic-Editor beenden und den neuen Makro testen. Markieren Sie dazu einen beliebigen Text und geben Sie dann den Shortcut ein, den Sie bei der Aufzeichnung des Makros definiert haben. Der markierte Text ist anschließend mit einer blauen Wellenlinie unterstrichen, ohne dass irgendwelche anderen Zeichenformatierungen davon beeinflusst werden.

Intelligente Makros

Haben wir Ihr Interesse geweckt? Dann wollen wir den Makro *BlaueWellenlinien* noch etwas erweitern. Er soll in seiner endgültigen Form die Unterstreichung ein- und ausschalten können. Dazu benötigt er etwas »Intelligenz«, damit er seine Aktionen an die Ausgangsbedingungen anpassen kann.

Wir beschreiben die Anweisungen, die der Makro ausführen muss, zuerst in der Umgangssprache und übertragen sie dann in die Programmierwelt. (Dies ist übrigens eine gängige Vorgehensweise beim Programmieren.)

1. »Prüfe, ob der markierte Text mit einer doppelten Wellenlinie unterstrichen ist.«
2. »Wenn der Text mit einer doppelten Wellenlinie unterstrichen ist, entferne sie.«
3. »In allen anderen Fällen (d.h. der Text ist nicht oder auf irgendeine andere Art unterstrichen) unterstreiche ihn mit einer blauen doppelten Wellenlinie.«

Entscheidungen fällen

Um diese Anforderung in Programmcode umzusetzen, benötigt man spezielle Befehle, die dem Makro erlauben, eine Entscheidung zu fällen. Der häufigste Befehl für solche Fälle ist die *If-Then-Else*-Anweisung (Wenn-Dann-Sonst). Ihre allgemeine Form sieht folgendermaßen aus (die kursiv dargestellten Wörter müssen noch durch den konkreten Programmcode ersetzt werden):

```
If Bedingung Then
        AnweisungWennWahr
Else
        AnweisungWennFalsch
End If
```

Im Falle unseres Makros sieht das Ergebnis wie folgt aus:

```
Sub BlaueWellenlinien()
'
' BlaueWellenlinien Makro
' Unterstreichung mit doppelter Wellenlinie ein- und ausschalten
'
    With Selection.Font
        If .Underline = wdUnderlineWavyDouble Then
            .Underline = wdUnderlineNone
        Else
            .Underline = wdUnderlineWavyDouble
            .UnderlineColor = 6299648
        End If
    End With
End Sub
```

Und so funktioniert der Makro: Zuerst prüft er mit der Bedingung `.Underline = wdUnderlineWavyDouble`, ob der Text zurzeit mit einer doppelten Wellenlinie unterstrichen ist. Wenn das der Fall ist, entfernt der Makro die Unterstreichung, indem er der Formatierungseigenschaft *Underline* den neuen Wert *wdUnderlineNone* zuweist. Sollte der Text jedoch noch nicht mit einer doppelten Wellenlinie unterstrichen sein (zum Beispiel wenn der Text gar nicht oder auf andere Weise unterstrichen ist), erhält die Eigenschaft *Underline* den Wert *wdUnderlineWavyDouble,* was Word als Aufforderung versteht, den Text mit einer doppelten Wellenlinie zu unterstreichen. In diesem Fall wird auch die Farbe der Linie auf Blau gesetzt.

Das Prinzip ist übertragbar

Diese Technik des Ein- und Ausschaltens können Sie auf viele Anwendungsfälle übertragen. Wenn Sie zum Beispiel einen Makro erstellen möchten, der die Ausrichtung eines Absatzes zwischen *Blocksatz* und *Rechts* wechseln soll, gehen Sie so vor:

1. Starten Sie den Makrorekorder.
2. Ändern Sie die Ausrichtung des aktuellen Absatzes auf *Rechts.*
3. Ändern Sie die Ausrichtung auf *Blocksatz.*
4. Stoppen Sie die Aufzeichnung.

5. Drücken Sie Alt+F8, markieren Sie den aufgezeichneten Makro und klicken Sie auf *Bearbeiten.*
6. Löschen Sie die überflüssigen Befehle (falls vorhanden).
7. Ergänzen Sie den Makro um eine *If-Then-Else*-Anweisung.
8. Speichern Sie den Makro.

Der fertige Makro sollte anschließend so aussehen:

```
Sub AbsatzAusrichtung()
'
' AbsatzAusrichtung Makro
'
    With Selection.ParagraphFormat
        If .Alignment = wdAlignParagraphRight Then
            .Alignment = wdAlignParagraphJustify
        Else
            .Alignment = wdAlignParagraphRight
        End If
    End With
End Sub
```

Makros kommentieren

Um den Zweck und die Arbeitsweise Ihrer Makros auch nach längerer Zeit noch nachvollziehen zu können, ist es sinnvoll, die Makros beim Schreiben zu kommentieren. Ein Kommentar ist ein erklärender Text, der für den Ablauf des Makros ohne Bedeutung ist. Damit Word diesen Text bei der Ausführung des Makros ignoriert, muss er mit einem besonderen Zeichen beginnen. In Visual Basic wird dazu das Hochkomma benutzt, das sich in der Regel auf der Taste mit dem Nummernzeichen (#) befindet. Die Akzent-Zeichen, die sich links neben der Rücktaste befinden, werden nicht akzeptiert.

In dem folgenden Listing finden Sie die endgültige Version des Makros *BlaueWellenlinien*, die wir mit einigen Kommentaren versehen haben. Beachten Sie, dass Kommentare auch hinter einem Befehl stehen dürfen:

```
Sub BlaueWellenlinien()
'
' BlaueWellenlinien Makro
' Unterstreichung mit doppelter Wellenlinie ein- und ausschalten
'
    With Selection.Font
        If .Underline = wdUnderlineWavyDouble Then   ' Markierung mit dop. Wellenlinie unterstrichen?
            .Underline = wdUnderlineNone             ' ja:   Unterstreichung entfernen
        Else
            .Underline = wdUnderlineWavyDouble       ' nein: Mit blauer Wellenlinie unterstreichen
            .UnderlineColor = 6299648
        End If
    End With
End Sub
```

Kapitel 40

Menüband und Symbolleiste für den Schnellzugriff anpassen

In diesem Kapitel:

In Word 2013 können Sie nicht nur die Symbolleiste für den Schnellzugriff anpassen, sondern auch das Menüband. (Anpassungen der Multifunktionsleiste waren zwar auch in Word 2007 möglich, jedoch waren Sie dort auf Anwendungen von Drittanbietern angewiesen und die Anpassungsmöglichkeiten waren nicht so umfangreich, wie es seit Word 2010 der Fall ist.)

Symbolleiste für den Schnellzugriff

In Kapitel 2 haben Sie bereits gesehen, dass Sie die Befehle des Menübands komfortabel mit Hilfe ihrer Kontextmenüs in die Symbolleiste für den Schnellzugriff aufnehmen können.

Bild 40.1 Über ihr Kontextmenü lassen sich die Befehle des Menübands in die Symbolleiste für den Schnellzugriff übernehmen

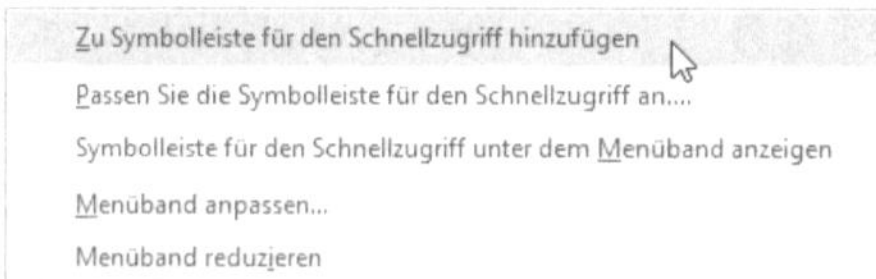

Mit den Befehlen der Backstage-Ansicht funktioniert dieses bequeme Verfahren leider nicht. In solchen Fällen müssen Sie etwas anders vorgehen. Das Verfahren ist zwar etwas umständlicher, dafür können Sie sich aber auch aus der gesamten Befehlspalette von Word 2013 bedienen.

1. Klicken Sie auf *DATEI,* um in die Backstage-Ansicht zu gelangen und rufen Sie dort den Befehl *Optionen* auf.
2. Wählen Sie im Fenster *Optionen* die Kategorie *Symbolleiste für den Schnellzugriff* aus.
3. Öffnen Sie das Listenfeld *Befehle auswählen* und klicken Sie auf *Registerkarte "Datei".*

TIPP Wenn Sie lediglich die Befehle sehen möchten, die nicht im Menüband enthalten sind, klicken Sie im Listenfeld *Befehle auswählen* auf *Nicht im Menüband enthaltene Befehle.* Die vollständige Liste aller Befehle erhalten Sie über die Auswahl *Alle Befehle.*

4. Öffnen Sie das Listenfeld *Symbolleiste für den Schnellzugriff anpassen* und legen Sie fest, ob die angepasste Symbolleiste für alle Dokumente oder nur für das zurzeit geöffnete Dokument zur Verfügung stehen soll.
5. Scrollen Sie in der linken Liste, bis Sie den Befehl sehen, den Sie in die Symbolleiste für den Schnellzugriff einfügen wollen, markieren Sie ihn und klicken Sie dann auf *Hinzufügen* (siehe Bild 40.2 auf der nächsten Seite). Der Befehl befindet sich anschließend am Ende der rechten Liste. Bei Bedarf können Sie ihn mit den beiden Pfeilschaltflächen verschieben, um die Schaltflächen in eine für Sie praktikable Reihenfolge zu bringen.
6. Wiederholen Sie den letzten Schritt für alle Befehle, die Sie in die Symbolleiste für den Schnellzugriff aufnehmen wollen.
7. Klicken Sie auf *OK,* um das Dialogfeld wieder zu schließen.

Bild 40.2 Auf der Seite *Symbolleiste für den Schnellzugriff* können Sie die Symbolleiste konfigurieren

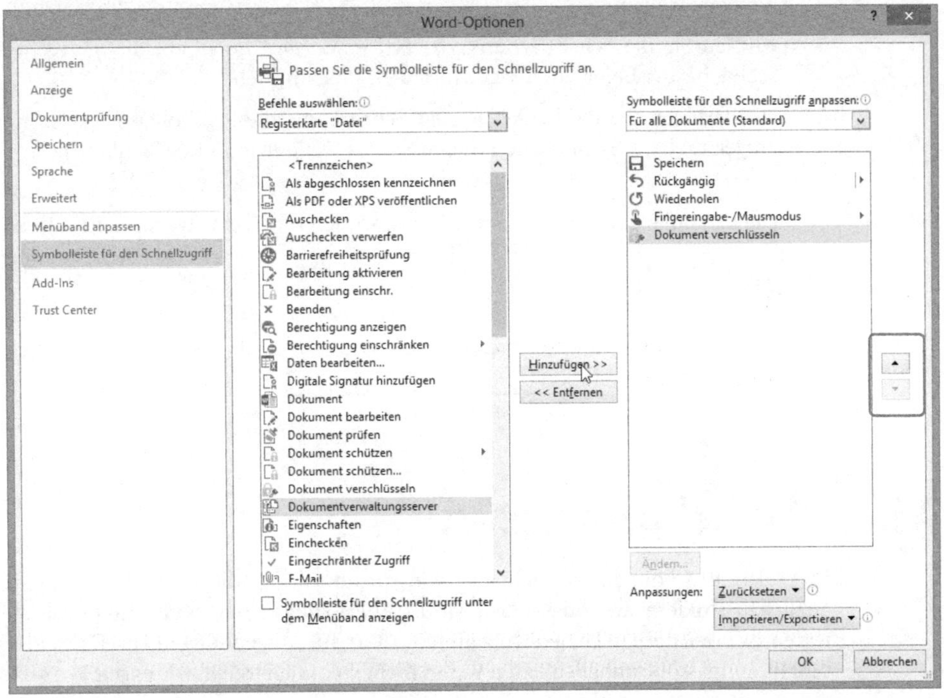

Trennzeichen einfügen

In der Symbolleiste für den Schnellzugriff werden die Schaltflächen in der Reihenfolge angezeigt, in der Sie sie dort eingefügt haben. Wenn Sie ein wenig Struktur in der Symbolleiste bevorzugen, können Sie die Reihenfolge der Schaltflächen verändern, sie zu logischen Gruppen zusammenfassen und die einzelnen Gruppen durch Trennzeichen voneinander abheben.

Gehen Sie dazu wie folgt vor:

1. Klicken Sie die Pfeil-Schaltfläche der Symbolleiste für den Schnellzugriff an und wählen Sie dann in ihrem Menü *Weitere Befehle*. Das Dialogfeld *Word-Optionen* wird angezeigt, die Seite *Symbolleiste für den Schnellzugriff* ist geöffnet.
2. Wählen Sie zunächst rechts oben in der Liste *Symbolleiste für den Schnellzugriff anpassen*, ob die Änderungen nur für das aktuelle oder für alle Dokumente gelten sollen.
3. Markieren Sie in der Befehlsliste den Eintrag *<Trennzeichen>* (er befindet sich am Anfang der Liste) und klicken Sie auf *Hinzufügen*. Wiederholen Sie diesen Schritt, bis die Liste auf der rechten Seite die benötigte Anzahl an Trennzeichen enthält.

TIPP Sie können die Befehle auch mit einem Doppelklick in die Liste übernehmen. Wenn Sie in der rechten Liste auf einen Befehl doppelklicken, wird er aus der Liste entfernt.

4. Markieren Sie in der Liste auf der rechten Seite den Befehl, den Sie an eine neue Position verschieben wollen.
5. Klicken Sie die Schaltfläche *Nach oben* bzw. *Nach unten* an, die Sie rechts neben der Liste sehen, bis der Befehl an der gewünschten Position steht.
6. Wiederholen Sie die beiden letzten Schritte, bis die Symbolleiste nach Ihren Vorstellungen aufgebaut ist. Anschließend können Sie das Dialogfeld mit *OK* schließen.

Bild 40.3 Die Schaltflächen der Symbolleiste lassen sich mit Trennstrichen gruppieren

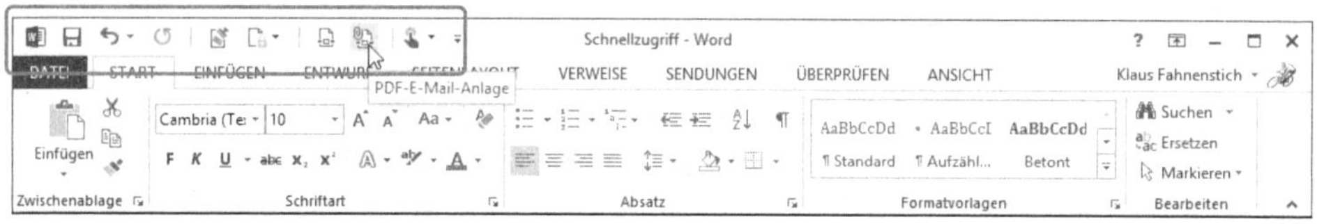

Menüband anpassen

In Word 2013 können Sie nicht nur wie vorhin gezeigt, die Symbolleiste für den Schnellzugriff anpassen, sondern auch das Menüband. (Anpassungen der Multifunktionsleiste in Word 2007 waren zwar auch möglich, jedoch waren Sie dort auf Anwendungen von Drittanbietern angewiesen und die Anpassungsmöglichkeiten waren nicht so umfangreich, wie es seit Word 2010 der Fall ist.)

Word 2013 unterscheidet zwischen drei verschiedenen Typen von Registerkarten:

- **Hauptregisterkarten** Dies sind die Registerkarten, die nach dem Öffnen der Anwendung sichtbar sind, also die Registerkarten *START, EINFÜGEN, ANSICHT* usw.
- **Registerkarten 'Tool'** Dies sind die kontextbezogenen Registerkarten, die im Menüband eingeblendet werden, wenn Sie bestimmte Objekte wie eine Tabelle oder eine Grafik ausgewählt haben. Beispiele für diesen Typ Registerkarte sind *TABELLENTOOLS/LAYOUT, DIAGRAMMTOOLS/ENTWURF* oder *BILDTOOLS/FORMAT.*
- **Benutzerdefinierte Registerkarten** Hierbei handelt es sich um Registerkarten, die Sie selbst erstellt und in die Sie benutzerdefinierte Gruppen und Befehle eingefügt haben.

Die vorhandenen Anpassungsmöglichkeiten hängen immer vom Typ der Registerkarte ab:

- **Ein-/ausblenden** Alle Registerkarten können ein- und ausgeblendet werden.
- **Umbenennen** Alle Registerkarten und alle Befehlsgruppen können umbenannt werden.
- **Entfernen** Alle Befehlsgruppen können entfernt werden; es lassen sich jedoch nur benutzerdefinierte Registerkarten entfernen. Befehle können nur aus benutzerdefinierten Gruppen entfernt werden.
- **Einfügen von Registerkarten und Gruppen** Registerkarten können sowohl in das Menüband als auch in die Registerkarten für Tools eingefügt werden. Befehlsgruppen können in alle Arten von Registerkarten eingefügt werden.

Die folgenden Abschnitte erläutern, wie Sie beim Anpassen des Menübandes vorgehen.

Registerkarten und Gruppen einfügen

Um eine benutzerdefinierte Registerkarte oder Gruppe einzufügen, gehen Sie folgendermaßen vor:

1. Klicken Sie auf die Registerkarte *DATEI.*
2. Klicken Sie in der Backstage-Ansicht auf *Optionen.*
3. Wählen Sie im Optionen-Dialogfeld die Seite *Menüband anpassen.*
4. Öffnen Sie die Liste *Menüband anpassen* und wählen Sie aus, welche Registerkarten angezeigt werden sollen.
5. Wenn Sie eine neue Gruppe erstellen wollen, klicken Sie auf das Pluszeichen der betreffenden Registerkarte, damit die vorhandenen Gruppen angezeigt werden.
6. Markieren Sie die Registerkarte, unterhalb derer Sie eine neue Registerkarte einfügen wollen. Wollen Sie eine neue Befehlsgruppe einfügen, markieren Sie die Gruppe unterhalb derer die neue Gruppe eingefügt werden soll.
7. Klicken Sie auf *Neue Registerkarte* bzw. auf *Neue Gruppe.*

Bild 40.4 Wenn Sie eine neue Registerkarte einfügen, erstellt die Anwendung automatisch eine neue Befehlsgruppe in dieser Registerkarte

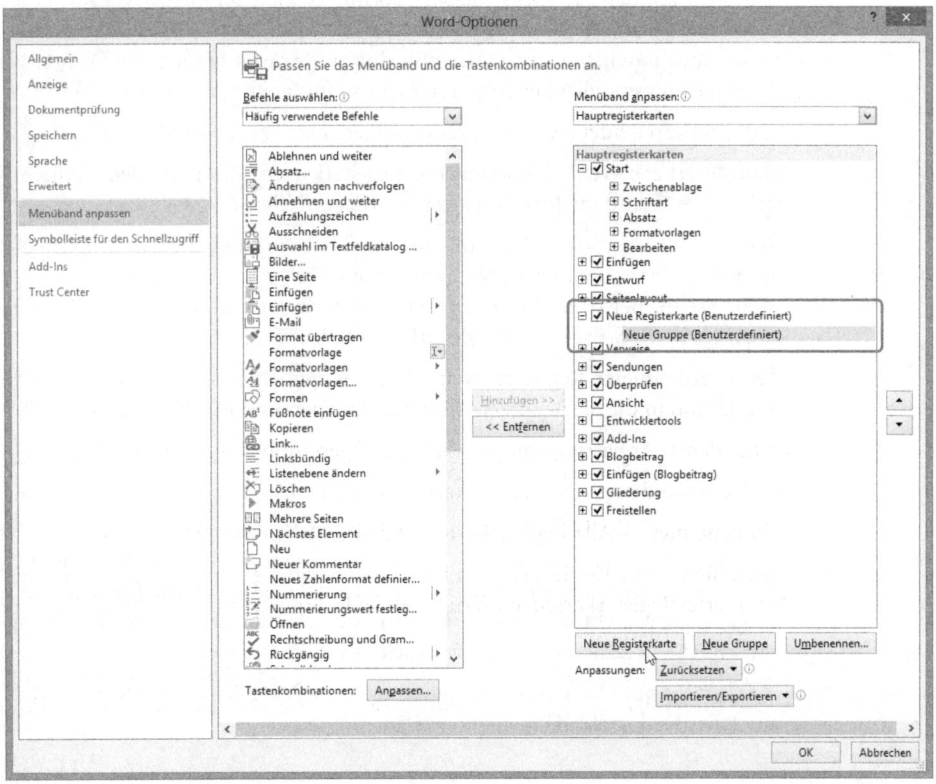

Registerkarte oder Gruppe umbenennen

Gehen Sie wie folgt vor, um den Namen einer Registerkarte oder einer Gruppe zu ändern:

1. Klicken Sie auf die Registerkarte *DATEI* und anschließend auf *Optionen*. Öffnen Sie im Dialogfeld *Word-Optionen* die Seite *Menüband anpassen*.
2. Markieren Sie die Registerkarte bzw. die Befehlsgruppe, deren Namen Sie ändern möchten.
3. Klicken Sie auf *Umbenennen*.

Bild 40.5 Die Namen von Registerkarten können beliebig geändert werden

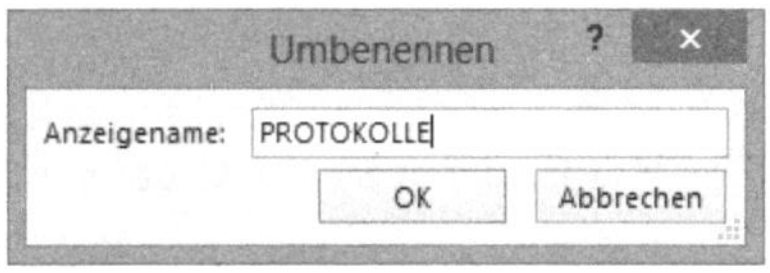

Bild 40.6 Befehlsgruppen muss auch ein Symbol zugewiesen werden

4. Geben Sie im Dialogfeld *Umbenennen* den neuen Namen ein und denken Sie daran, dass die Namen von Registerkarten in Word 2013 groß geschrieben werden. Bei Befehlsgruppen müssen Sie zusätzlich ein Symbol auswählen (siehe Bild 40.6), das angezeigt wird, falls auf der Registerkarte nicht genügend Platz für die Schaltflächen der neuen Gruppe vorhanden ist. Anschließend können Sie das Dialogfeld mit *OK* schließen.
5. Klicken Sie auf *OK*, damit die Änderungen im Menüband angezeigt werden. Hierdurch wird auch das Dialogfeld *Word-Optionen* geschlossen.

Befehle in eine Gruppe einfügen

Neue Befehle lassen sich nur in benutzerdefinierte Gruppen einfügen und zwar unabhängig davon, ob sich diese auf Standardregisterkarten oder auf benutzerdefinierten Registerkarten befinden.

Gehen Sie dazu wie folgt vor:

1. Klicken Sie auf die Registerkarte *DATEI* und anschließend auf *Optionen.* Öffnen Sie im Dialogfeld *Word-Optionen* die Seite *Menüband anpassen.*
2. Markieren Sie in der rechten Liste die Gruppe, in die Sie einen Befehl einfügen möchten.
3. Öffnen Sie links oben das Listenfeld *Befehle auswählen* und wählen Sie aus, welche Befehle in der linken Liste angezeigt werden sollen, z. B. *Alle Befehle* oder *Befehle nicht im Menüband.*

Bild 40.7 Wählen Sie hier die gewünschte Befehlsliste aus

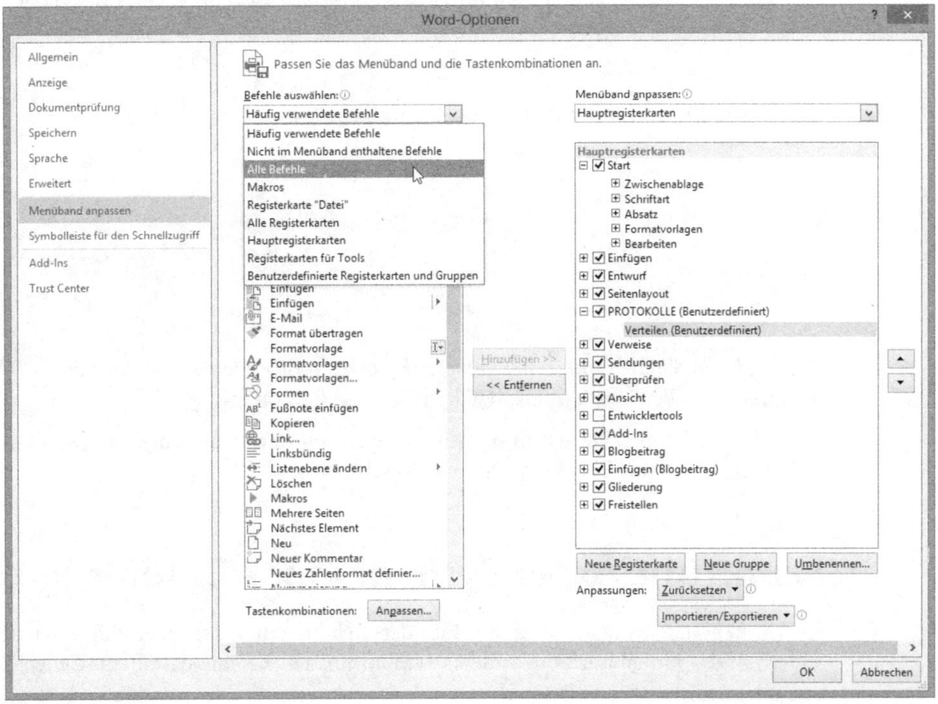

4. Markieren Sie den gewünschten Befehl und klicken Sie auf *Hinzufügen.* Leider können Sie die Befehle nicht per Doppelklick übertragen; das geht nur bei der Symbolleiste für den Schnellzugriff.
5. Um die Reihenfolge der Befehle innerhalb der Gruppe zu ändern, können Sie die Befehle einfach mit der Maus an ihre neue Position schieben. Alternativ können Sie auch die beiden Pfeilschaltflächen verwenden, was auf einem Tablet vermutlich einfacher ist.
6. Klicken Sie auf *OK,* damit die Änderungen im Menüband angezeigt werden. Hierdurch wird auch das Dialogfeld *Word-Optionen* geschlossen.

Symbolbeschriftungen anzeigen/verbergen

Neue Befehle, die Sie in eine Gruppe eingefügt haben, werden automatisch angeordnet, ähnlich wie Sie es von den Standardgruppen her gewohnt sind. Sie können jedoch festlegen, ob in der benutzerdefinierten Gruppe nur die Symbole der Befehle oder zusätzlich auch deren Beschriftungen angezeigt werden. Gehen Sie hierzu wie folgt vor:

1. Klicken Sie auf die Registerkarte *DATEI* und anschließend auf Optionen. Öffnen Sie im Dialogfeld *Word-Optionen* die Seite *Menüband anpassen.*
2. Markieren Sie in der Liste unterhalb von *Menüband anpassen* die benutzerdefinierte Gruppe, die Sie bearbeiten möchten.
3. Klicken Sie den Gruppennamen mit der rechten Maustaste an, um das Kontextmenü zu öffnen.

Bild 40.8 Wählen Sie hier, ob die Befehlsnamen angezeigt werden sollen oder nicht

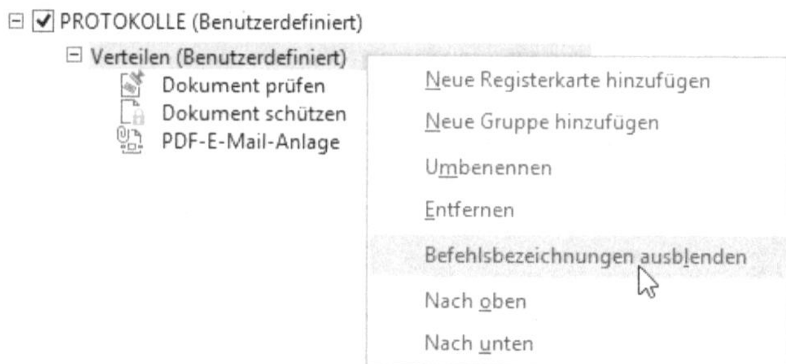

4. Schalten Sie die Option *Befehlsbezeichnungen ausblenden* ein, wenn nur die Symbole angezeigt werden sollen. Andernfalls schalten Sie diese Option aus.
5. Klicken Sie auf *OK,* damit die Änderungen im Menüband angezeigt werden. Hierdurch wird auch das Dialogfeld *Word-Optionen* geschlossen.

Name und/oder Symbol eines Befehls ändern

Sie können den Namen eines Befehls, der sich in einer benutzerdefinierten Gruppe befindet, ändern und optional auch ein anderes Symbol für den Befehl auswählen. Gehen Sie hierzu folgendermaßen vor:

1. Klicken Sie auf die Registerkarte *DATEI* und anschließend auf *Optionen.* Öffnen Sie im Dialogfeld *Word-Optionen* die Seite *Menüband anpassen.*
2. Markieren Sie in einer benutzerdefinierten Gruppe den Befehl, dessen Namen bzw. Symbol Sie ändern möchten.
3. Klicken Sie auf *Umbenennen.*
4. Geben Sie in das Feld *Anzeigename* den neuen Namen ein.
5. Wenn Sie auch das Symbol ändern wollen, klicken Sie eines der angezeigten Symbole an. Leider ist die Auswahl an Symbolen ziemlich bescheiden und es ist auch nicht möglich, eigene Symboldateien zu öffnen bzw. eigene Symbole zu erstellen. Frühere Office-Versionen waren an dieser Stelle deutlich besser ausgestattet.

Bild 40.9 In diesem Dialogfeld können Sie sowohl den Namen als auch das Symbol eines Befehls ändern

6. Klicken Sie auf *OK*, um das Dialogfeld *Umbenennen* zu schließen.
7. Klicken Sie im Dialogfeld *Word-Optionen* auf *OK*, damit die vorgenommenen Änderungen im Menüband angezeigt werden. Hierdurch wird auch das Dialogfeld *Word-Optionen* geschlossen.

Registerkarte ausblenden/einblenden

Alle Arten von Registerkarten können ausgeblendet werden; ausgeblendete Registerkarten werden nicht im Menüband angezeigt. Gehen Sie folgendermaßen vor, um eine Registerkarte auszublenden bzw. um eine ausgeblendete Registerkarte wieder einzublenden:

1. Klicken Sie auf die Registerkarte *DATEI* und auf *Optionen*. Öffnen Sie im Dialogfeld *Word-Optionen* die Seite *Menüband anpassen*.
2. Deaktivieren Sie das Kontrollkästchen neben der Registerkarte, die Sie ausblenden möchten, oder aktivieren Sie es, um eine ausgeblendete Registerkarte wieder einzublenden.

Gesamtes Menüband oder einzelne Standardregisterkarte zurücksetzen

Ihre Änderungen am Menüband können Sie entweder vollständig oder nur für eine einzelne Registerkarte zurücknehmen. Wenn Sie alle Registerkarten im Menüband wiederherstellen lassen, wird auch die Symbolleiste für den Schnellzugriff in ihren ursprünglichen Zustand versetzt.

1. Klicken Sie auf die Registerkarte *DATEI* und anschließend auf *Optionen*. Öffnen Sie im Dialogfeld *[Programmname]-Optionen* die Seite *Menüband anpassen*.
2. Wenn Sie nur eine der Standardregisterkarten zurücksetzen wollen, markieren Sie diese in der rechten Liste.
3. Klicken Sie auf *Zurücksetzen*.

Bild 40.10 Legen Sie in diesem Menü fest, ob alle Anpassungen oder nur die markierte Registerkarte zurückgesetzt werden soll

4. Klicken Sie auf *Nur ausgewählte Registerkarte des Menübandes zurücksetzen*, um nur diese eine Registerkarte zurückzusetzen. Oder klicken Sie auf *Alle Anpassungen zurücksetzen*, wenn Sie alle Änderungen am Menüband und auch alle Änderungen an der Symbolleiste für den Schnellzugriff zurücksetzen wollen. Falls der obere Befehl nicht aktiviert ist, haben Sie an der ausgewählten Registerkarte keine Änderung vorgenommen.
5. Klicken Sie im Dialogfeld *Word-Optionen* auf *OK*, damit die Änderungen im Menüband angezeigt werden. Hierdurch wird auch das Dialogfeld *Word-Optionen* geschlossen.

Anpassungsdateien verwenden

Änderungen, die Sie am Menüband und der Symbolleiste für den Schnellzugriff vorgenommen haben, können Sie in eine sogenannte Anpassungsdatei exportieren. Diese Datei kann dann von einem Kollegen oder auf einem anderen Computer importiert und verwendet werden.

Führen Sie folgende Schritte durch, um die Anpassungsdatei zu exportieren:

1. Klicken Sie auf die Registerkarte *Datei* und anschließend auf *Optionen*. Öffnen Sie im Dialogfeld *Word-Optionen* die Seite *Menüband anpassen*.
2. Klicken Sie auf *Importieren/Exportieren*.

Bild 40.11 Über das Menü der Schaltfläche *Importieren/Exportieren* können Sie Anpassungen am Menüband und der Symbolleiste für den Schnellzugriff laden bzw. speichern

3. Klicken Sie auf *Alle Anpassungen exportieren.*
4. Wechseln Sie im Dialogfeld *Datei speichern* zu dem gewünschten Ordner, geben Sie einen Namen für die Datei ein und klicken Sie auf *Speichern.*

Bild 40.12 Legen Sie im Dialogfeld *Datei speichern* den Speicherort und den Namen der Anpassungsdatei fest

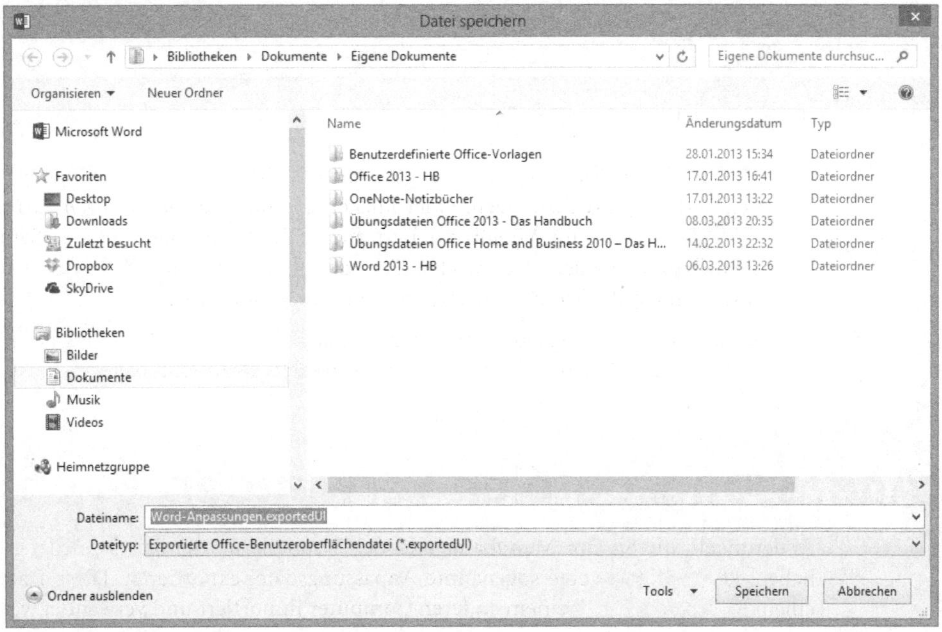

Anpassungsdatei importieren

Anpassungsdateien lassen sich importieren. Beim Importvorgang wird das aktuelle Layout des Menübands und der Symbolleiste für den Schnellzugriff durch das in der Anpassungsdatei gespeicherte Layout ersetzt.

TIPP Wenn Sie eine Anpassungsdatei für das Menüband importieren, gehen alle vorherigen Anpassungen des Menübands und der Symbolleiste für den Schnellzugriff verloren. Wenn Sie später lieber die aktuelle Anpassung wiederherstellen möchten, müssen Sie diese Anpassungen exportieren, bevor Sie neue Anpassungen importieren.

Führen Sie folgende Schritte durch, um eine Anpassungsdatei zu importieren:

1. Klicken Sie auf die Registerkarte *Datei* und anschließend auf *Optionen.* Öffnen Sie im Dialogfeld *Word-Optionen* die Seite *Menüband anpassen.*
2. Klicken Sie auf *Importieren/Exportieren.*
3. Klicken Sie auf *Anpassungsdatei importieren.*

4. Wechseln Sie im Dialogfeld *Datei öffnen* zu dem Ordner, in dem sich die Anpassungsdatei befindet, markieren Sie sie und klicken Sie dann auf *Öffnen*.

   Word zeigt die folgende Meldung an:

Bild 40.13 Diese Meldung hilft, das versehentliche Überschreiben der aktuellen Anpassungen zu verhindern

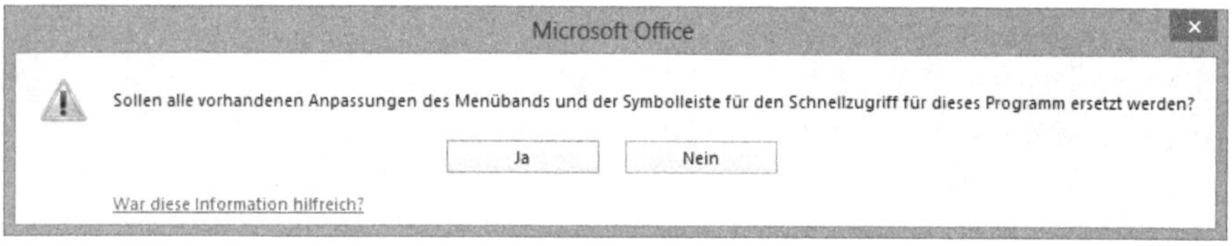

5. Klicken Sie auf *Ja*, um den Importvorgang fortzusetzen.

Teil I

Anhänge

In diesem Teil:

Anhang A

Installation und Aktivierung

In diesem Kapitel:

In diesem Anhang erhalten Sie einige Informationen über die Installation von Word 2013 bzw. Office 2013, da Sie Word 2013 höchstwahrscheinlich im Rahmen einer Office-Edition erworben haben. Außerdem zeigen wir, wie Sie die Beispieldateien der Begleit-CD installieren und stellen Ihnen das E-Book vor, das diesem Buch ebenfalls beiliegt.

Installation und Aktivierung

Erstmalig liegt den im Handel erworbenen Office-Paketen kein Datenträger bei. Sie enthalten lediglich eine Seriennummer, die als Product Key bezeichnet wird. Das Stück Papier im Scheckkartenformat, auf dem diese Nummer aufgedruckt ist, heißt dementsprechend Product Key Card.

Wenn Sie Office 2013 als Download-Version kaufen, erhalten Sie den zur Installation benötigten Product Key ebenfalls direkt beim Kauf. Haben Sie ein Abonnement von Office 365 erworben, benötigen Sie keinen Key. Die Lizenz wird in diesem Fall direkt über Ihr Microsoft-Konto verwaltet.

Installation von einem Image

Wenn Sie Office 2013 als Image heruntergeladen haben, gehen Sie zum Installieren so vor:

1. Starten Sie das Installationsprogramm:
   - Unter Windows 7 müssen Sie die heruntergeladene Datei zunächst auf eine CD brennen. Anschließend können Sie das Setup-Programm von der CD aus starten.
   - Unter Windows 8 lässt sich die Image-Datei direkt durch einen Doppelklick öffnen. In dem dann angezeigten Ordnerfenster doppelklicken Sie auf der Datei *setup*.
2. Nach dem Start werden Sie zunächst aufgefordert, die Lizenzbestimmungen anzunehmen.
3. Falls das nächste Fenster die Schaltflächen *Upgrade* und *Anpassen* enthält, hat das Installationsprogramm eine alte Version von Office entdeckt. Wenn Sie jetzt auf *Upgrade* klicken, wird diese Version entfernt! Ein Klick auf *Anpassen* bringt Sie zu folgendem Fenster.

Bild A.1 Anpassen der Installation bei einem Upgrade

4. Hier können Sie entscheiden, welche der bereits installierten Office-Programme entfernt(!) werden sollen. Außerdem können Sie auf der Registerkarte *Dateispeicherorte* wählen, in welches Verzeichnis Office 2013 installiert werden soll. Wenn auf dem Laufwerk C: Ihres Rechners nur noch relativ wenig freier Speicherplatz verfügbar ist, können Sie die bis zu 3 GByte großen Programmdaten von Office auch auf einem anderen Laufwerk unterbringen.
5. Klicken Sie dann auf *Upgrade* bzw. auf *Jetzt installieren*, um die eigentliche Installation zu starten. Der Vorgang ist bereits nach wenigen Minuten abgeschlossen.

Office 2013 aktivieren

Damit Sie nach der Installation überhaupt mit Office 2013 arbeiten können, müssen Sie das Programm *aktivieren*. Bei diesem Vorgang, der auch für die Testversionen von Office 2013 erforderlich ist, wird überprüft, ob Sie im Besitz einer gültigen Lizenz sind.

Ohne diese Aktivierung schalten sich die Office-Programme direkt in einen Modus mit eingeschränkter Funktionalität. Sie können dann zwar noch Dokumente betrachten, sie jedoch nicht mehr bearbeiten. Eine Schonfrist von 25 Tagen wie in älteren Office-Versionen gibt es in Office 2013 nicht mehr.

Bild A.2 Ohne Aktivierung können Sie Dokumente zwar öffnen, jedoch nicht bearbeiten

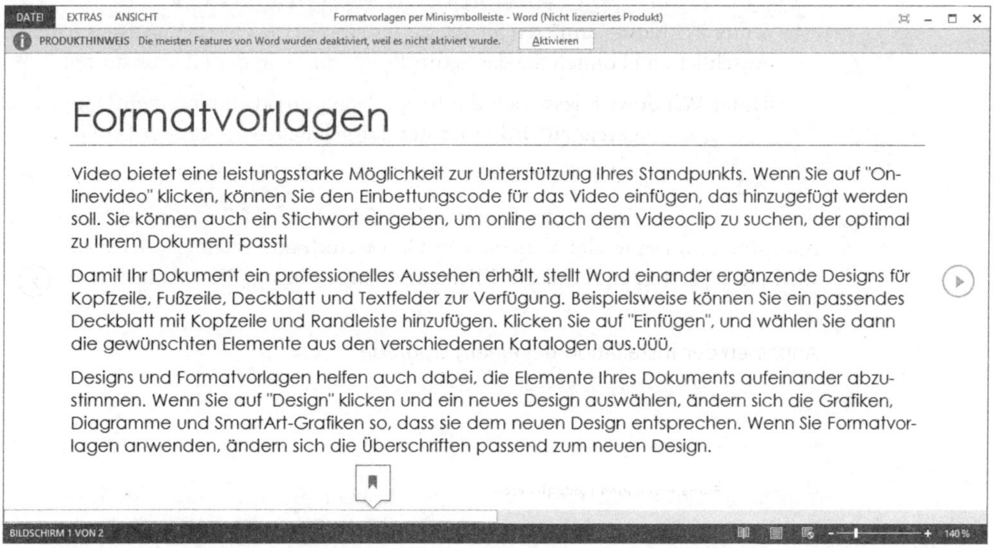

Wie Sie Office 2013 aktivieren, hängt davon ab, ob Sie Ihre Office-Lizenz abonniert oder gekauft haben. Wenn die Lizenz im Rahmen eines Office 365-Pakets erworben wurde, müssen Sie sich für die Aktivierung lediglich an Ihrem Microsoft-Konto anmelden.

Haben Sie die Office-Lizenz gekauft, klicken Sie im Aktivierungsdialogfenster auf den Link *Stattdessen einen Product Key eingeben* und können dann den Key in einem separaten Fenster eingeben.

Testversion in Vollversion umwandeln

Falls Sie momentan noch eine Testversion von Office 2013 installiert haben und diese Version nun in eine Vollversion umwandeln möchten, zeigen Sie in einem der Office-Programme die Backstage-Ansicht an und wechseln auf die Seite *Konto*. Dort finden Sie die Schaltfläche *In Vollversion umwandeln*. Die Schaltfläche zeigt ein Fenster an, über das Sie entweder einen bereits gekauften Product Key eingeben oder die Website von *Office.com* aufrufen können, um Office zu kaufen.

Installation über Office 365

Wenn Sie Office im Rahmen von Office 365 gekauft haben (also als Abonnement), benötigen Sie kein Installationsmedium. In diesem Fall können Sie die Installation direkt aus Ihrem Microsoft-Konto vornehmen.

1. Gehen Sie auf die Website *Office.com* und melden Sie sich bei Ihrem Microsoft-Konto an.
2. Klicken Sie auf den Link *Mein Konto*. Sie gelangen dann auf folgende Seite:

Bild A.3 Installation einer Office-Lizenz von Office 365 Home Premium

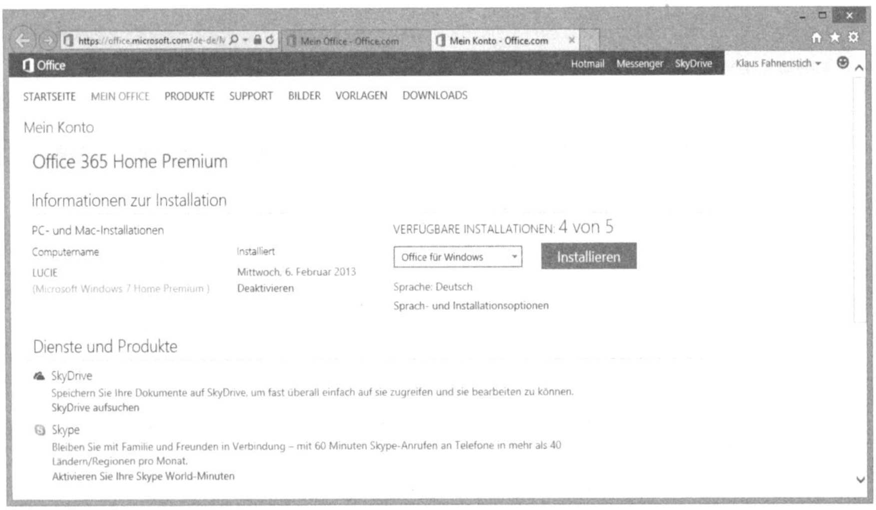

3. Wählen Sie aus, ob Sie Office auf einem Rechner mit Windows oder auf einem Macintosh installieren wollen und klicken Sie dann auf *Installieren*. Dadurch wird zunächst ein kleines, nur ca. 500 KByte großes Installationsprogramm heruntergeladen.

Bild A.4 Das Installationsprogramm kann direkt ausgeführt werden

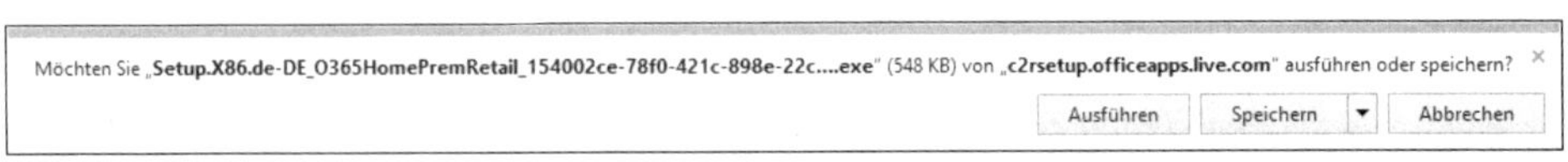

4. Klicken Sie auf *Ausführen*.

Bild A.5 Die Vorbereitungen laufen...

5. Jetzt müssen Sie je nach Geschwindigkeit Ihrer Internetverbindung einige Zeit warten. An dem Fortschrittsbalken können Sie relativ schnell ablesen, ob es sich lohnt, am Rechner zu warten oder ob Sie in der Zwischenzeit etwas anderes erledigen.

Bild A.6 Und jetzt noch etwas Geduld mitbringen...

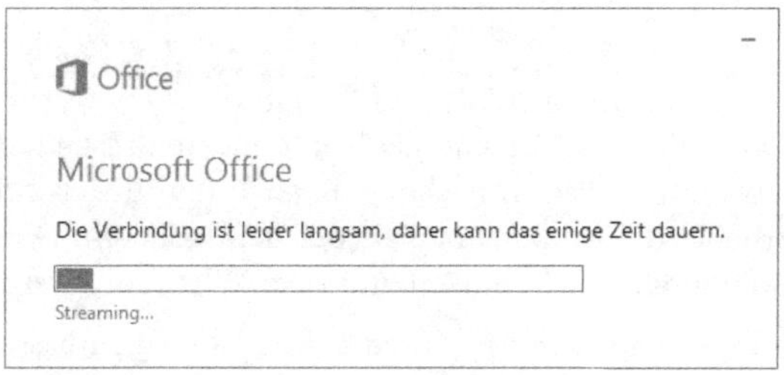

6. Sobald das Herunterladen abgeschlossen ist, sehen Sie die Willkommensmeldung.
7. Bevor es weitergeht, müssen Sie den obligatorischen Lizenzbedingungen zustimmen.
8. Dann können Sie zunächst den Hintergrund für Ihre Office-Programme wählen. Dabei handelt es sich um eine Art Verzierung, mit denen der obere Rand der Programmfenster hinterlegt wird. Unserer Meinung nach nicht wirklich schön, aber die Geschmäcker sind ja bekanntlich verschieden.
9. Im letzten Fenster werden Ihnen noch einige Informationen angeboten, was Sie aber auch mit einem Klick auf *Nein, danke* ablehnen können.
10. Mit einem letzten Klick auf *Alles erledigt* ist die Installation abgeschlossen und Sie können eines der Programme starten.

In Ihrem Microsoft-Konto taucht der Name Ihres Rechners nun in der Liste der bereits zugeteilten Office-Lizenzen auf. Hier können Sie dem Rechner die Lizenz auch wieder entziehen.

Office 2013 erneut aktivieren

Beim Deaktivieren wird Office nicht vom Rechner deinstalliert, sondern lediglich deaktiviert. Das heißt, Sie können Office auf diesem Rechner bei Bedarf ohne Neuinstallation erneut aktivieren. Dazu müssen Sie zunächst den Installationsprozess wie in diesem Abschnitt beschrieben starten, gelangen dann jedoch ohne Download von Office sofort zum Begrüßungsbildschirm.

Office on Demand

Wenn Sie Office 2013 im Rahmen eines Office 365-Abos gekauft haben, können Sie Word auch an Rechnern nutzen, auf denen Office 2013 gar nicht installiert ist. Das hört sich vielleicht unlogisch an, aber es funktioniert hervorragend! Word wird dabei auf den Rechner »gestreamt«, wie es zum Beispiel auch bei einem Video passiert, das Sie sich auf YouTube ansehen.

Wir haben dieses Feature in der Praxis getestet und waren auf Anhieb begeistert. Bereits nach einer knappen Minute konnten wir mit Word flüssig arbeiten. Nur gelegentlich treten kurze »Hänger« auf, wenn einzelne Funktionen des Programms nachgeladen werden.

Die Vorgehensweise ist denkbar einfach: Melden Sie sich bei Ihrem Microsoft-Konto, über das Sie Office 365 erworben haben, an und klicken Sie im Bereich *Office On Demand* auf das gewünschte Programmsymbol (aktuell stehen neben Word auch Excel, PowerPoint, Access und Publisher zur Auswahl). Sie werden dann zum Ausführen eines AddIns aufgefordert und bereits nach wenigen Sekunden meldet sich das Programm einsatzbereit auf dem Bildschirm.

Installation von Office 2013 anpassen

Wenn Sie bei der Installation von Office 2013 nicht alle Komponenten installiert haben, können Sie dies jederzeit über eine Wartungsinstallation nachholen. Auch der umgekehrte Weg ist möglich, d. h. Sie können bereits installierte Komponenten wieder deinstallieren. Das kann z. B. sinnvoll sein, wenn Sie eine der Anwendungen nicht nutzen und wenig Platz auf Ihrer Festplatte frei ist.

Verwenden Sie dann die Windows Systemsteuerung, um die Installation anzupassen:

1. Starten Sie die Systemsteuerung:
   - **Windows 7** Klicken Sie auf *Start* und dann auf *Systemsteuerung*. Klicken Sie im Fenster *Systemsteuerung* in der Gruppe *Programme* auf den Link *Programme deinstallieren.*
   - **Windows 8** Bewegen Sie den Mauszeiger in die linke untere Ecke des Bildschirms und klicken Sie das Start-Symbol mit der rechten Maustaste an. Im angezeigten Kontextmenü wählen Sie den Befehl *Programme und Features.*

Bild A.7 Liste der installierten Programme

2. Markieren Sie den Eintrag *Microsoft Office … 2013* und klicken Sie auf die Schaltfläche *Ändern*, um das Setup-Programm zu starten.

3. Im ersten Schritt des Programms haben Sie die Wahl zwischen einer Anpassung oder einer Reparatur Ihrer Office-Installation. Lassen Sie die Option *Features hinzufügen oder entfernen* markiert und klicken Sie auf *Weiter*. Das Setup-Programm zeigt dann eine Liste der Anwendungen an, die in der installierten Edition von Office 2013 enthalten sind.

Bild A.8 Liste der Office-Anwendungen (hier: Microsoft Office Professional Plus)

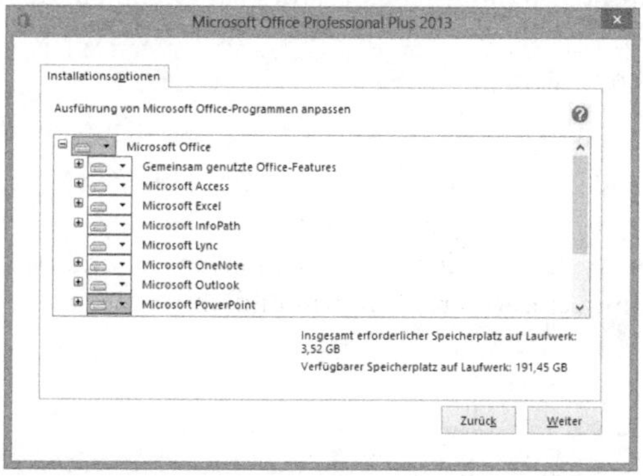

4. Wenn das Symbol vor einer Option grau eingefärbt ist, ist diese Option aktuell nicht vollständig installiert. Um im Detail zu sehen, welche Features einer Anwendung installiert sind, klicken Sie auf das Pluszeichen vor den Einträgen in der Liste.

Bild A.9 Anzeigen der Features für eine Anwendung

5. Die Symbole neben den einzelnen Einträgen zeigen an, wie die zugehörigen Komponenten installiert sind (bzw. werden). Um die Installationsweise zu ändern, klicken Sie das Symbol an und wählen aus dem dann angezeigten Menü die gewünschte Installationsweise aus.

Bild A.10 Auswahl des Installationsmodus

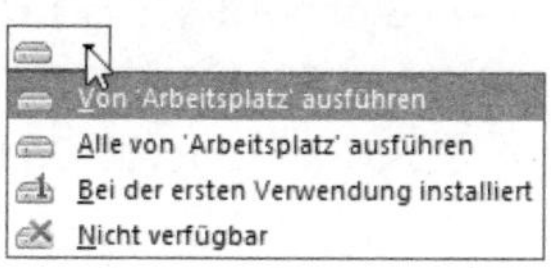

Hier stehen Ihnen folgende Optionen zur Verfügung:

- **Von 'Arbeitsplatz' ausführen** Das Feature wird auf der Festplatte installiert und es steht sofort zur Verfügung.
- **Alle von 'Arbeitsplatz' ausführen** Das Feature und alle zugehörigen Unterfeatures werden auf der Festplatte installiert und stehen sofort zur Verfügung.
- **Bei der ersten Verwendung installiert** Das Feature wird dann auf der Festplatte installiert, wenn Sie es zum ersten Mal verwenden wollen. Zu diesem Zeitpunkt benötigen Sie Zugriff auf das Installationsmedium.
- **Nicht verfügbar** Das Feature wird nicht installiert bzw. wieder entfernt.

6. Treffen Sie die gewünschte Auswahl und klicken Sie auf *Weiter*, um den Vorgang zu starten.

Die Begleit-CD zu diesem Buch

Auf der CD-ROM zu diesem Buch finden Sie u. a.:

- *Übungs- und Beispieldateien*, mit denen Sie das Gelernte ausprobieren können oder Schritte, die in den verschiedenen Kapiteln beschrieben werden, nachvollziehen können
- das komplette Handbuch als *E-Book* im PDF-Format, damit Sie auch unterwegs schnell auf das gesamte Wissen zurückgreifen können.

Dieser Abschnitt zeigt Ihnen Schritt für Schritt, wie Sie die Dateien von der CD-ROM installieren und verwenden. Wenn Sie dieses Buch als E-Book erworben haben, finden Sie die Beispieldateien unter *www.microsoft-press.de/support/9783866451605* oder *msp.oreilly.de/support/2312/786.*

Die Autorun-Funktion der CD-ROM

Die CD-ROM beinhaltet eine Autorun-Funktion, durch die nach dem Einlegen der CD automatisch das Startfenster erscheint, aus dem heraus Sie die verschiedenen Inhalte der CD installieren können.

Gehen Sie dazu wie folgt vor:

1. Nehmen Sie die CD-ROM aus der Verpackung und legen Sie sie in das CD-ROM-Laufwerk Ihres Computers ein.
2. Wenn Sie die Autorun-Funktion von Windows aktiviert haben (dies ist die Standardeinstellung von Windows), startet nach kurzer Zeit automatisch das Startprogramm der CD-ROM.

HINWEIS Was tun, wenn das Startfenster der CD-ROM nicht automatisch erscheint?

1. Öffnen Sie den Windows-Explorer, indem Sie die Windows-Taste festhalten und dann die Taste E drücken.
2. Suchen Sie im angezeigten Ordnerfenster nach dem Symbol für das CD-ROM-Laufwerk und doppelklicken Sie darauf. Der Inhalt der CD-ROM wird angezeigt.
3. Sie sehen dann ein Symbol mit der Beschriftung *StartCD*. Doppelklicken Sie auf dieses Symbol, damit das Fenster erscheint.

Bild A.11 Das Startfenster der CD-ROM

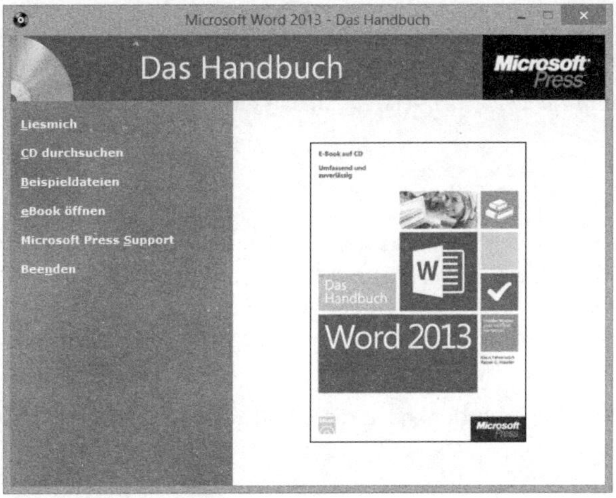

3. Klicken Sie im Menü auf der linken Seite des Startfensters das Element an, das Sie installieren möchten. Um das Startfenster zu schließen, klicken Sie im Menü auf *Beenden.*

Installation der Übungen und Beispiele

Dieser Abschnitt beschreibt, wie Sie die Beispiel- und Übungsdateien installieren.

1. Klicken Sie im Startfenster auf *Beispieldateien,* um das Installationsprogramm zu starten.
2. Bestätigen Sie die Willkommensmeldung mit *Weiter.* Das Fenster *Zielordner* wird angezeigt.
3. Hier können Sie den Ordner angeben, in den die Übungsdateien installiert werden. Standardmäßig werden die Übungsdateien in einen Unterordner unterhalb Ihres Ordners *Eigene Dokumente* installiert. Wir empfehlen, diese Vorgabe zu übernehmen. Klicken Sie auf *Weiter.*
4. Klicken Sie im nächsten Fenster auf *Installieren,* damit die eigentliche Installation beginnt.

   Nun werden die Dateien auf die Festplatte kopiert. Wenn die Installation beendet ist, werden Sie darüber in einem Dialogfeld informiert.
5. Klicken Sie auf *Fertig stellen.* Sie kehren dann zum Startfenster der CD-ROM zurück.
6. Klicken Sie im linken Bereich des Fensters auf *Beenden.*

Die Übungsdateien verwenden

Um die Übungsdateien zu verwenden, können Sie folgendermaßen vorgehen:

1. Öffnen Sie den Ordner, in den Sie die Beispieldateien installiert haben.
2. Doppelklicken Sie auf die Datei, die Sie öffnen möchten. Die Datei wird in dem Programm geöffnet, in dem Sie sie bearbeiten können.

Sie können die Dokumente auch direkt aus Word heraus öffnen. Eine Beschreibung dazu finden Sie in Kapitel 4.

Das E-Book verwenden

Das E-Book enthält das vollständige Handbuch im PDF-Format und liegt im Unterordner *eBook* der Begleit-CD. Der Name der Datei lautet *Word2013Handbuch.pdf.* Zum Anzeigen können Sie zum Beispiel das Programm *Adobe Reader* verwenden, das Sie kostenlos von *www.adobe.de* herunterladen können.

Anzeigen des E-Books

Zum Anzeigen des *E-Books* doppelklicken Sie auf die Datei *Word2013Handbuch.pdf* oder klicken links im Startfenster auf den Eintrag *E-Book.* Um die Navigation zu erleichtern, enthält das E-Book Lesezeichen, mit denen Sie die einzelnen Kapitel gezielt ansteuern können. Zum Anzeigen der Lesezeichen klicken Sie links im Fenster auf die Registerkarte *Lesezeichen.*

Bild A.12 Das E-Book enthält Lesezeichen, mit denen Sie die einzelnen Kapitel gezielt ansteuern können

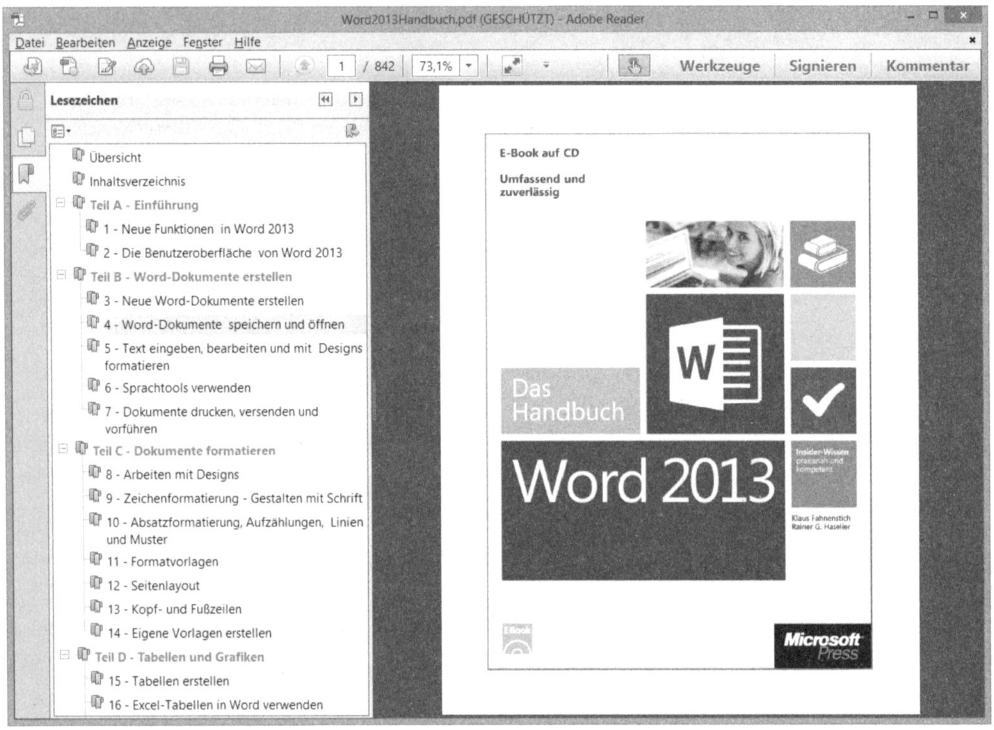

Navigieren im E-Book

Wenn Sie eine bestimmte Seite des E-Books anzeigen möchten, gehen Sie folgendermaßen vor:

1. Tragen Sie die Seitenzahl – die Sie zum Beispiel dem Inhalts- oder dem Stichwortverzeichnis entnommen haben – in der Statusleiste des *Adobe Reader* ein.

2. Drücken Sie die [↵]-Taste, um die gewünschte Seite anzuzeigen.

Sie können die Informationen des E-Books jedoch nicht nur mit Hilfe des Inhalts- und des Stichwortverzeichnisses auffinden. Alternativ können Sie das E-Books auch nach beliebigen Stichwörtern durchsuchen. In der hier abgebildeten Version XI des Adobe Reader erreichen Sie die Volltextsuche über den Befehl *Bearbeiten/Erweiterte Suche* bzw. über den Shortcut [⇧]+[Strg]+[F].

Bild A.13 Die Volltextsuche des E-Books rufen Sie mit *Bearbeiten/Erweiterte Suche* auf

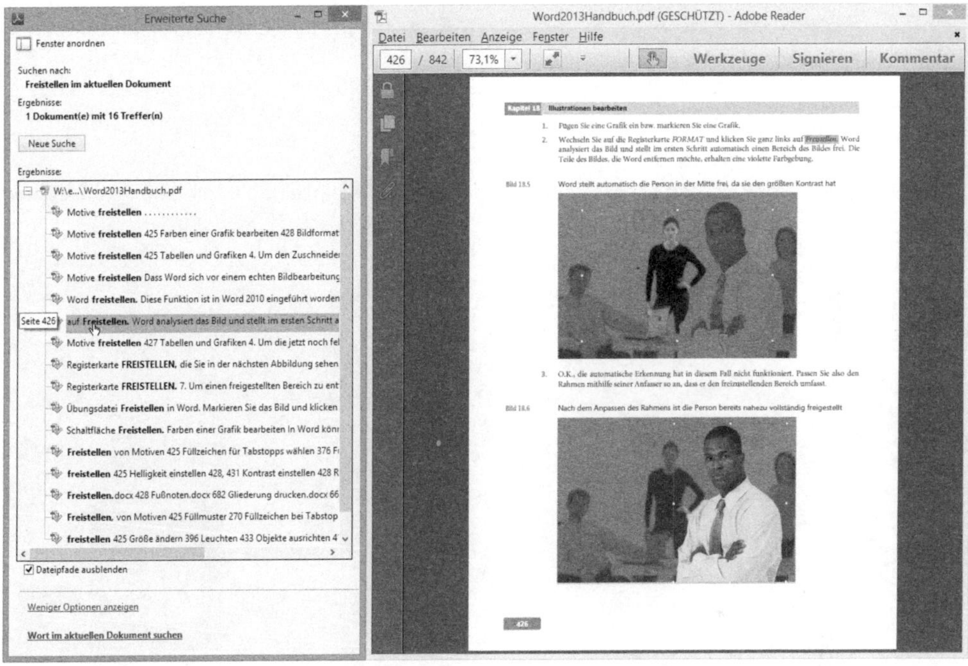

Anhang B

Office Web Apps

In diesem Kapitel:

Office Web Apps sind die browserbasierten Versionen der Office-Programme Word, Excel, PowerPoint und OneNote. In diesem Anhang haben wir die wichtigsten Informationen rund um das Thema Office Web Apps zusammengestellt. Sie lernen die Voraussetzungen für den Einsatz der Web Apps kennen und erfahren, wie Sie mit ihnen Dokumente erstellen und bearbeiten.

Voraussetzungen

Um die Office Web Apps nutzen zu können, benötigen Sie natürlich in erster Linie einen aktuellen Browser. Wenn Sie nicht gerade mit einem sehr exotischen Browser im Internet unterwegs sind, sind von dieser Seite keine Probleme zu erwarten. Bei der Wahl des Betriebssystems sind Sie völlig frei: Auch auf einem Macintosh, einem Linux-Rechner oder einem Smartphone stehen Ihnen die Office Web Apps zur Verfügung.

Um ein Dokument mit den Web Apps anzeigen und bearbeiten zu können, muss es auf SkyDrive gespeichert sein. Falls Sie in einer Organisation arbeiten, die eine entsprechende Infrastruktur vorhält, können die Dokumente auch alternativ im firmeneigenen Intranet abgelegt sein. Da dies aber eher die Ausnahme sein dürfte, gehen wir in diesem Kapitel davon aus, dass Sie SkyDrive nutzen.

Microsoft-Konto anlegen

Falls Sie keinen Zugriff auf SkyDrive haben, müssen Sie zunächst ein Microsoft-Konto anlegen. Die Einrichtung ist kostenlos und schnell erledigt. Sie benötigen dazu lediglich eine E-Mail-Adresse. Die Anmeldeseite erreichen Sie z.B. über den Link auf der Startseite von *www.skydrive.com.*

Bild B.1 Die Anmeldeseite von SkyDrive

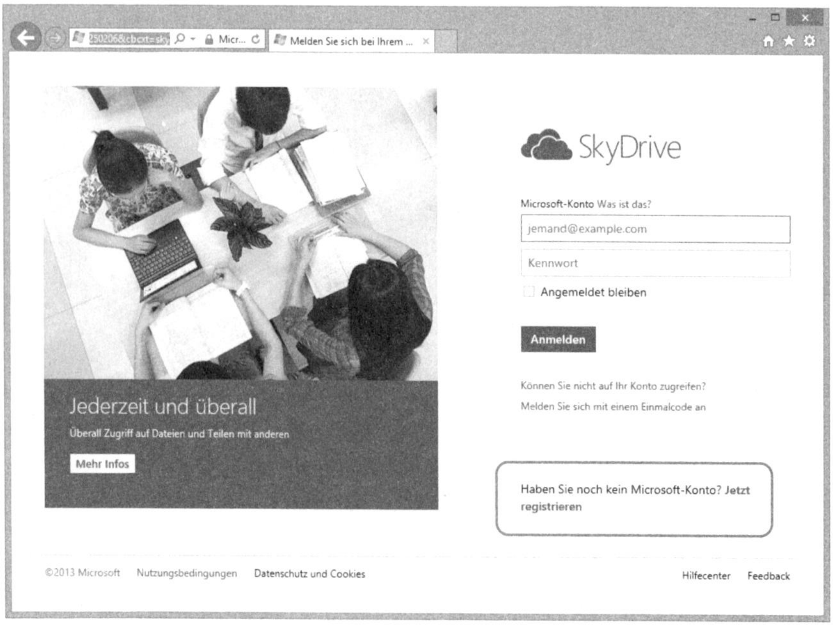

Neue Dokumente erstellen

Sobald Sie sich bei SkyDrive angemeldet haben, können Sie direkt im Browser ein Office-Dokument erstellen. Gehen Sie dazu folgendermaßen vor.

1. Melden Sie sich bei SkyDrive mit Ihrem Microsoft-Konto an.
2. Klicken Sie oben in der Leiste auf *Erstellen* und wählen Sie den gewünschten Dokumenttyp.

Bild B.2 Neues Dokument auf SkyDrive erstellen

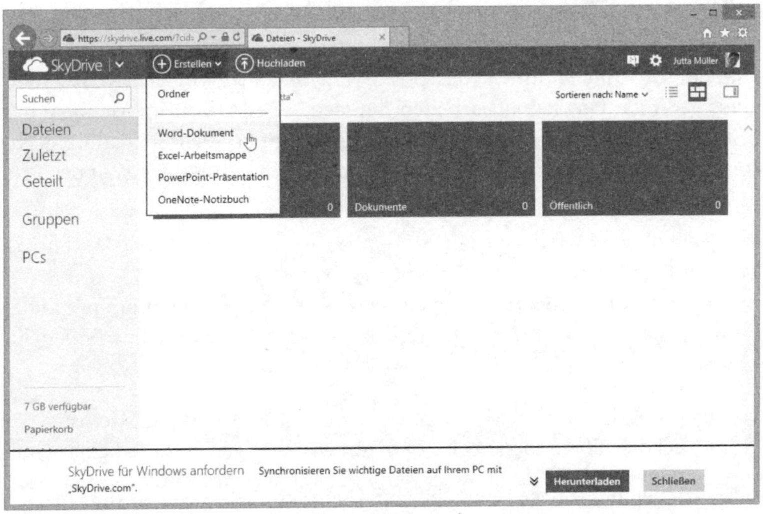

3. Geben Sie einen Namen für das neue Dokument an. Das neue Dokument wird angelegt und Sie können direkt mit dem Eingeben beginnen.

Bild B.3 Formatieren mit Formatvorlagen in Word Web App

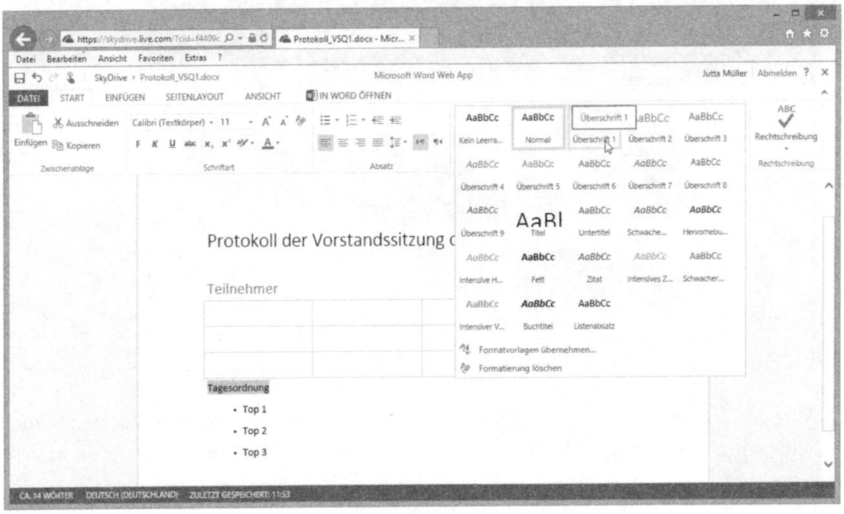

Anhänge

Wie Sie in Bild B3 sehen, ist die Bedieneroberfläche der Web Apps genauso aufgebaut wie bei den Desktop-Anwendungen. An den fehlenden Registerkarten können Sie unschwer erkennen, dass die Web Apps jedoch einen deutlich reduzierten Funktionsumfang besitzen. Letztendlich müssen Sie sich auf die wirklich elementaren Funktionen beschränken. Und auch dann werden Sie noch auf die eine oder andere Ungereimtheit stoßen. So können Sie z.B. im Word Web App keine Tabulatoren eingeben. Immerhin können Sie aber einfache Tabellen und Bilder einfügen. Mittelfristig kann man sicher damit rechnen, dass die Leistungsfähigkeit der Web Apps noch zunehmen wird.

Vorhandene Dokumente bearbeiten

Wenn Sie ein Dokument öffnen, das bereits auf SkyDrive gespeichert ist, wird es zunächst im Lesemodus geöffnet. Um es zu bearbeiten, müssen Sie erst oben im Menüband auf *DOKUMENT BEARBEITEN* klicken. In einem kleinen Auswahlmenü können Sie dann entscheiden, ob Sie das Dokument direkt in der passenden Web App oder in der Desktopversion des Programms bearbeiten möchten.

Mit mehreren Benutzern an einem Dokument arbeiten
Ein bestechender Vorteil von Web Apps ist es, dass Sie auch gemeinsam mit anderen Benutzern an einem Dokument arbeiten können. Weitere Hinweise zu diesem Thema finden Sie in Kapitel 28.

Web Apps auf dem Smartphone

Und sollte mal gerade kein Rechner zur Hand sein, können Sie auch Ihr Smartphone zücken, um »mal eben« ein Dokument zu öffnen. Nach der Anmeldung bei SkyDrive sehen Sie direkt Ihre gewohnte Umgebung und können das gewünschte Dokument öffnen.

Bild B.4 SkyDrive auf einem Smartphone mit Android

Wie Sie in der folgenden Abbildung am fehlenden Menüband erkennen können, ist es aktuell leider noch nicht möglich, die Dokumente auch zu bearbeiten.

Bild B.5 Auf einem Smartphone unter Android ist keine Bearbeitung möglich

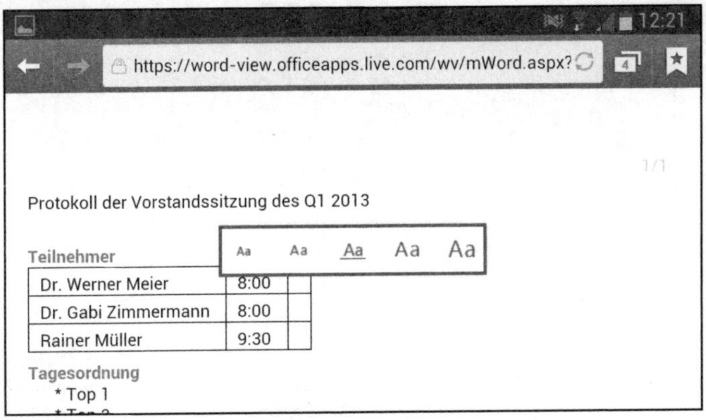

Web Apps unter Linux

Selbstverständlich können Sie auch unter Linux mit den Web Apps von Microsoft Office arbeiten. Die einzige Voraussetzung ist ein Internetzugang und ein Browser, der von den Web Apps unterstützt wird. In der Praxis werden Sie hier keinen Unterschied zur Windows-Welt bemerken.

Bild B.6 Word Web App in Chrome unter Ubuntu

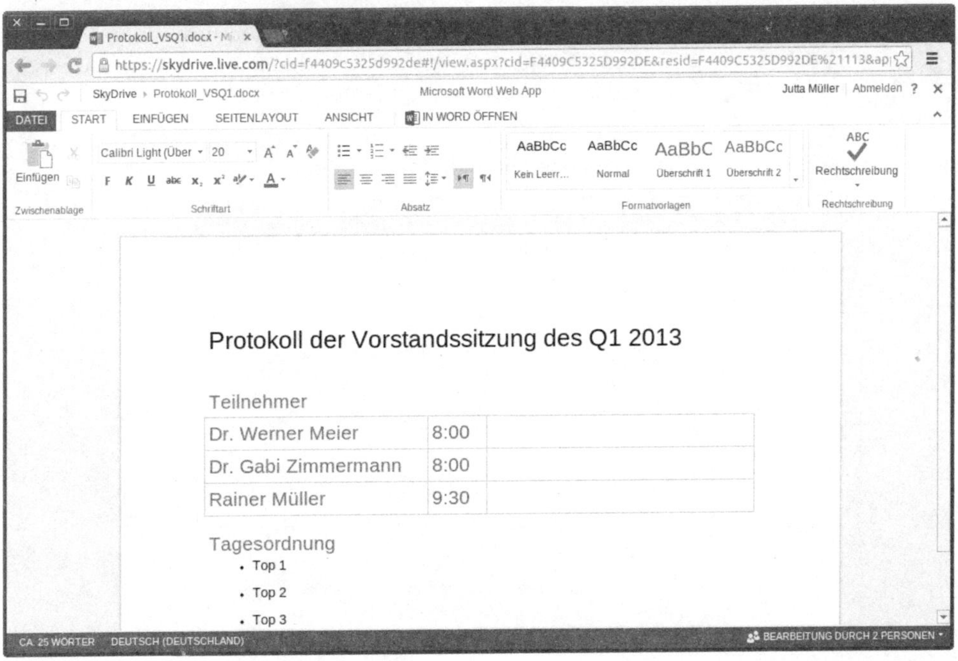

Anhang C

Hilfe für Microsoft Word 2013

In diesem Kapitel:

Neben den umfangreichen Funktionen zum Erstellen von Texten bietet Ihnen Word auch eine Hilfestellung an, die Sie auf dem Bildschirm lesen können. In diesem Kapitel zeigen wir Ihnen, wie Sie die Hilfe verwenden, schnell und unkompliziert Hilfe zu den Dialogfeldern bekommen und welche Unterstützung Sie – einen Internetzugang vorausgesetzt – von Microsoft Office.com erwarten dürfen.

Bild C.1 Die Online-Hilfe von Word 2013

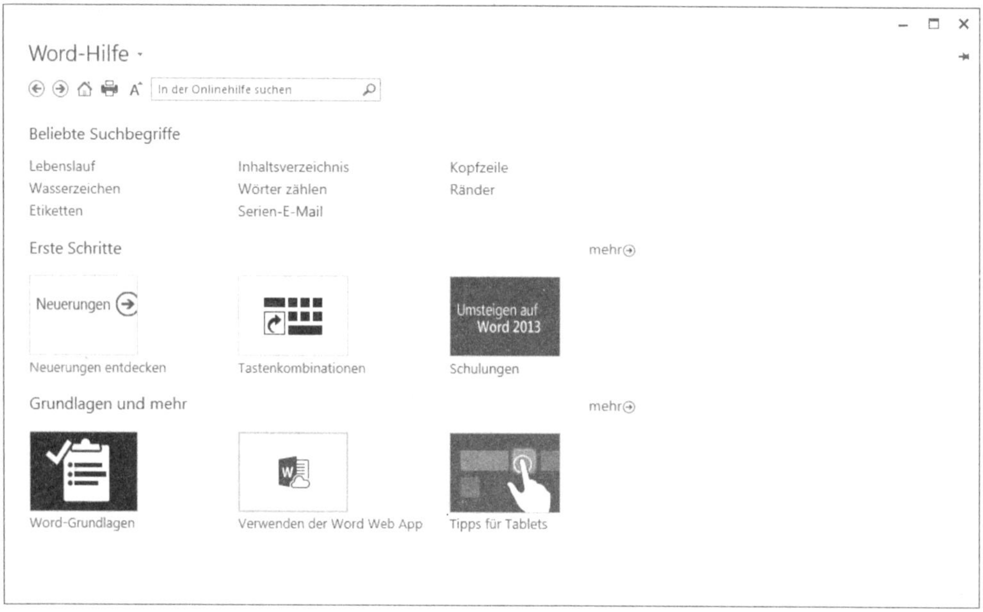

Online vs. Offline

Die Word-Hilfe existiert in zwei Versionen: der Offline- und der Online-Hilfe. Bei der Offline-Hilfe handelt es sich um die Hilfsinformationen, die während der Installation auf Ihren Computer kopiert werden. Die Online-Hilfe meint die Hilfsinformationen, die Sie, einen Internetzugang vorausgesetzt, von der Microsoft Office-Website abrufen können.

Die Online-Hilfe hat den Vorteil, dass sie wesentlich umfangreicher ist und zudem kontinuierlich aktualisiert wird. Da es aber auch Situationen geben wird, in denen Sie ohne Internetzugang arbeiten (z.B. auf Reisen), hat auch die Offline-Hilfe ihre Existenzberechtigung.

Wie Sie gleich im weiteren Verlauf des Kapitels noch sehen werden, können Sie problemlos zwischen den beiden Hilfe-Systemen wechseln.

Die Elemente des Hilfe-Fensters

Wie Sie in Bild C.1 sehen, steht die Hilfe in einem separaten Fenster zur Verfügung. Sie können es entweder über die Fragezeichen-Schaltfläche in der rechten oberen Ecke des Programmfensters oder mit F1 aufrufen. Jedes Office-Programm verfügt dabei über ein eigenes Hilfe-Fenster, dessen Einstellungen (Größe, Position etc.) separat verwaltet werden.

Die Bedienung der Online-Hilfe funktioniert ähnlich wie bei einem Browser, sodass Sie sich ohne große Probleme zurechtfinden werden. In den folgenden Abschnitten gehen wir kurz auf die verschiedenen Elemente des Hilfe-Fensters ein.

Tabelle C.1 Die Schaltflächen auf der Symbolleiste des Hilfe-Fensters

Schaltfläche	Wirkung
	Blättert eine Seite zurück/vor
	Zeigt die Startseite der Hilfe an
	Druckt die angezeigte Seite aus
	Wechselt zwischen zwei Schriftgrößen
	Wenn die Pinn-Nadel senkrecht steht, legt sich das Hilfe-Fenster immer vor das Programmfenster; liegt sie waagerecht, kann sich das Programmfenster über das Hilfe-Fenster legen, d.h. das Hilfe-Fenster kann dann hinter dem Programmfenster verschwinden. Im Gegensatz zu früheren Office-Versionen können die Hilfe-Fenster jetzt auch alle anderen Programmfenster überdecken.

Wechseln zwischen Offline- und Online-Modus

Mit dem kleinen Pfeil, der sich neben dem Titel des Hilfe-Fensters befindet, können Sie zwischen dem Online- und Offline-Modus umschalten. Klappen Sie dazu sein Menü auf und wählen Sie den gewünschten Modus. In welchem Modus sich die Hilfe gerade befindet, erkennen Sie daran, ob neben der Pfeilschaltfläche das Word OFFLINE steht oder nicht.

Anhänge

Bild C.2 Die Hilfe lässt sich zwischen Online- und Offline-Betrieb umschalten

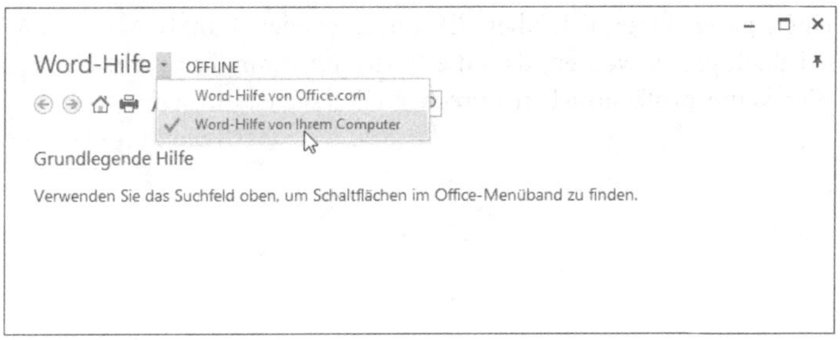

HINWEIS Wenn Sie nicht möchten, dass sich die Office-Programme mit dem Internet verbinden, können Sie im Trust-Center die Option *Office das Herstellen einer Internetverbindung gestatten* ausschalten. Sie finden diese Option über *DATEI/Optionen/Trust Center/Einstellungen für das Trust Center/Datenschutzoptionen*. Die Einstellung, die Sie hier vornehmen, wirkt sich auf alle Office-Programme aus.

Kontextsensitive Hilfe

Als weitere Hilfe stellt Ihnen Word auf den meisten Dialogfeldern eine kontextsensitive Hilfe zur Verfügung. Ob die kontextsensitive Hilfe angeboten wird oder nicht, erkennen Sie am Vorhandensein einer kleinen Schaltfläche mit einem Fragezeichen. Wenn Sie das Fragezeichen anklicken, wird das Hilfe-Fenster geöffnet und Sie sehen auf einen Blick, welche Informationen die Hilfe für das betreffende Dialogfeld zu bieten hat.

Bild C.3 Das Word-Dialogfeld *Absatz* und die zugehörige Seite der Onlinehilfe

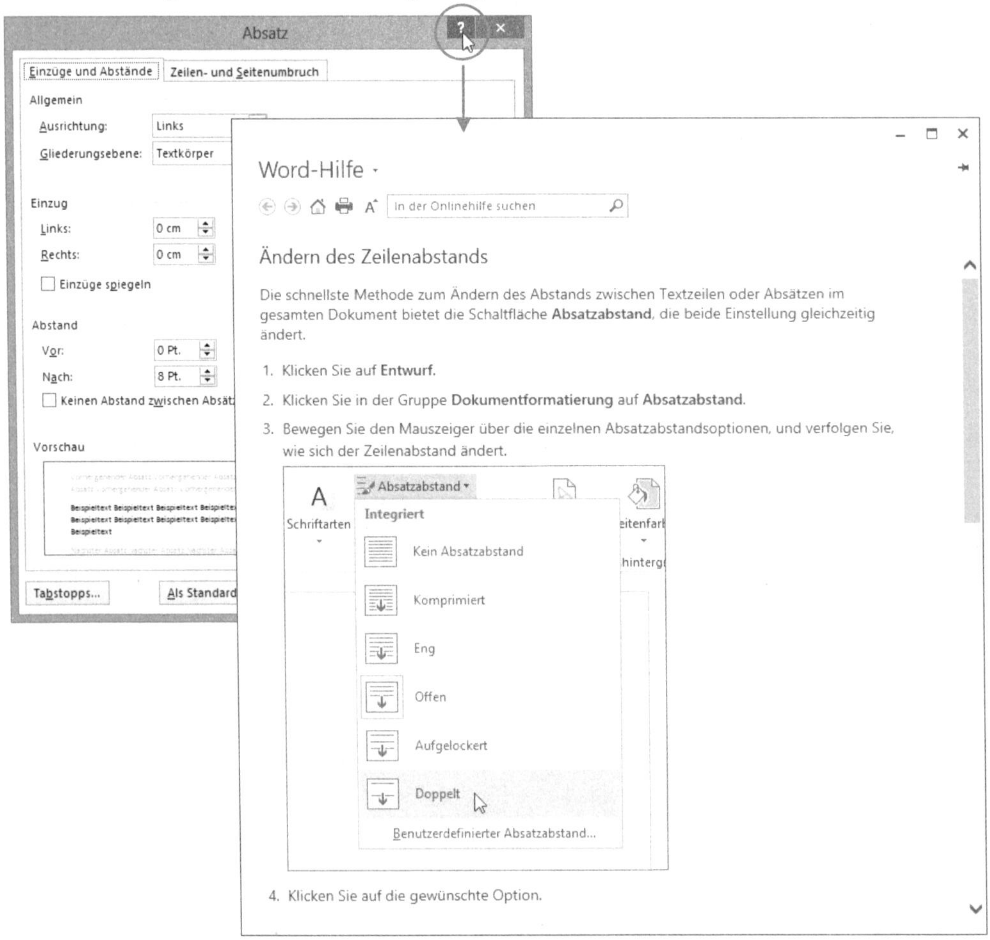

Hilfe zu einzelnen Befehlen anzeigen

Mit Word 2013 ist es auch möglich, gezielt Hilfe zu einzelnen Befehlen aufzurufen. Dazu zeigen Sie mit der Maus auf den Befehl bzw. die gewünschte Schaltfläche und drücken dann [F1]. Wenn dieser »Trick« bei Ihnen nicht funktioniert, müssen Sie noch folgende Vorbereitung treffen:

1. Klicken Sie auf *DATEI,* um in die Backstage-Ansicht zu gelangen und klicken Sie dort unten links im Fenster auf die Schaltfläche *Optionen.*
2. Klicken Sie im angezeigten Dialogfeld auf *Allgemein.*
3. Wählen Sie im Listenfeld *QuickInfo-Format* die Einstellung *Featurebeschreibungen in QuickInfos anzeigen.* Sie finden das Listenfeld in der Gruppe *Benutzeroberflächenoptionen.*
4. Schließen Sie das Dialogfeld mit *OK.*
5. Zeigen Sie im Menüband auf eine Schaltfläche. Wenn im angezeigten QuickInfo der Hinweis »Weitere Infos« auftaucht, existiert zu diesem Element ein eigener Hilfeeintrag.

Bild C.4 Für die Schaltfläche *Formel einfügen* existiert ein eigener Hilfeeintrag

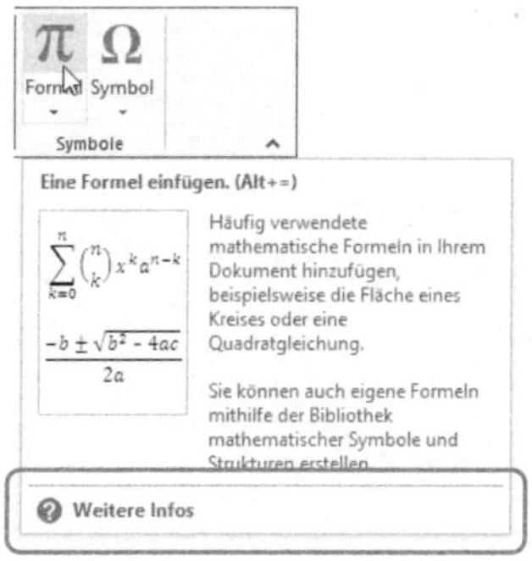

6. Klicken Sie auf den Link oder drücken Sie die Taste [F1], um das Hilfe-Fenster anzuzeigen.

Bild C.5 Im Hilfe-Fenster wird die passende Seite angezeigt

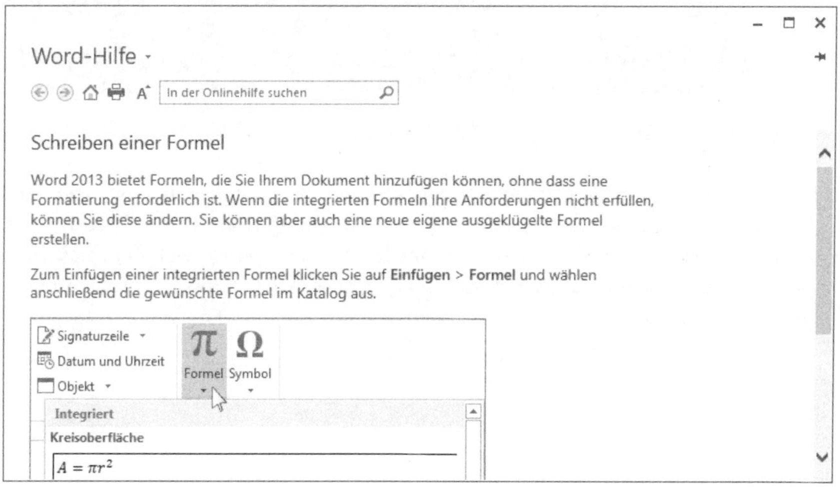

Schulungsvideos

Über die Startseite der Online-Hilfe (siehe Bild C.1) gelangen Sie auch zu einigen Schulungsvideos, die Ihnen zum Beispiel beim Umstieg auf Word 2013 helfen können. Zum Abspielen der Videos benötigen Sie PowerPoint 2013, das auf Ihrem Rechner mit ziemlicher Sicherheit ebenfalls installiert sein wird, wenn Sie mit Word 2013 arbeiten.

Die Präsentationen enthalten in der Regel mehrere Videos, die Sie über die verschiedenen Folien der Präsentation aufrufen können. Um ein Video zu starten, klicken Sie es einfach an.

Bild C.6 Dieses Schulungsvideo richtet sich an Umsteiger auf Word 2013

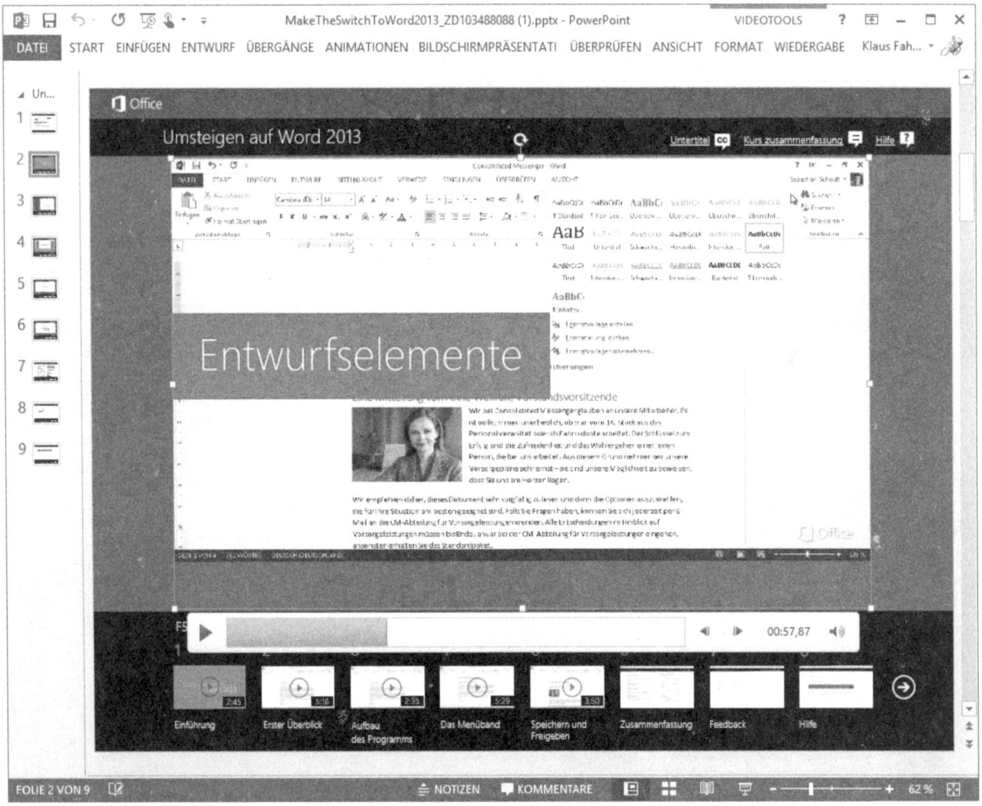

Die Videos geben einen guten Überblick über die verschiedenen Funktionen von Word 2013. Einschränkend muss jedoch gesagt werden, dass die Vertonung zum Teil mehr als bescheiden ist. Warum Microsoft hier keine professionellen Sprecher eingesetzt hat, bleibt uns ein Rätsel. Die bemüht deutliche und langsame Sprechweise ist wirklich kaum zu ertragen und weckt Erinnerungen an Dokumentarsendungen der ersten Stunde.

Direkt auf Office.com suchen

Ein Bereich, der in den letzten Jahren kontinuierlich ausgebaut wurde, ist die Website zu Office, die Sie unter *http://www.office.com* erreichen. Sie haben von allen Office-Programmen aus direkten Zugriff auf die Website. Informationen von der Website können entweder ganz normal im Internet Explorer angezeigt werden oder aber auch in den Listen mit den gefundenen Hilfethemen integriert sein.

Bild C.7 Die Website zu Microsoft Office

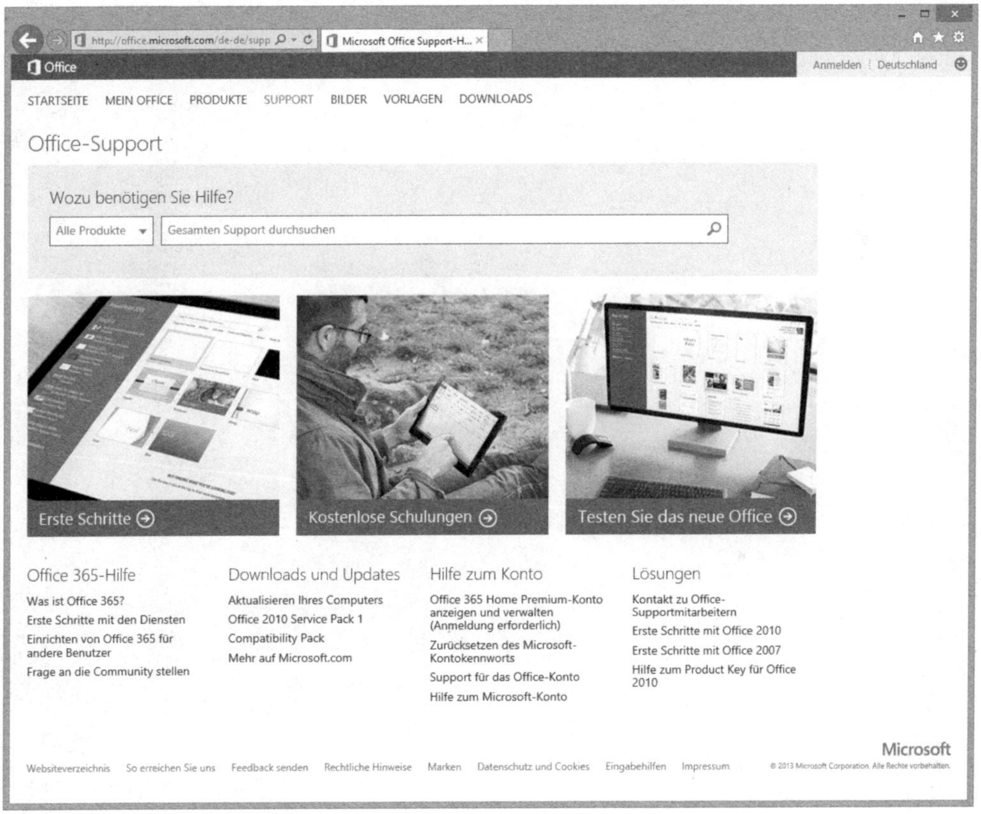

Auf dieser Website finden Sie unter anderem

- zahlreiche Artikel zu Einsatzmöglichkeiten von allen Office-Anwendungen
- Kurse, die mit kleinen Demos in die Verwendung der Programme einführen
- weitere Vorlagen, die nach dem Veröffentlichen von Office erstellt wurden und die Sie auf Ihren Computer herunterladen können

Stöbern Sie einfach ein wenig dort herum, damit Sie sich mit dem Angebot vertraut machen und so im Bedarfsfall dieses zusätzliche Hilfsangebot nutzen können.

Der Office-Assistent

Wenn Sie bereits mit einer älteren Version von Word gearbeitet haben, kennen Sie sicher den Office-Assistenten, der als Büroklammer oder auch als kleines Hündchen sein Unwesen auf dem Bildschirm trieb. Da dieses Feature von der Mehrheit der Anwender als lästig und störend empfunden wurde, ist es seit Office 2007 nicht mehr enthalten. Wie heißt es doch so schön? Und tschüss!

Praxisindex

Die Einträge im Praxisindex verweisen auf Schritt-für-Schritt-Anleitungen zu spezifischen Arbeitsgängen.

A

B

C

D

E

F

G

H

I

K

T

Stichwortverzeichnis

B

C

D

E

F

G

H

I

S

T

U

V

W

X

Z